2024

法律法规全书系列

# 中华人民共和国民事诉讼法及司法解释全书

（含指导案例）

中国法制出版社
CHINA LEGAL PUBLISHING HOUSE

# 出 版 说 明

随着中国特色社会主义法律体系的建成，中国的立法进入了"修法时代"。在这一时期，为了使法律体系进一步保持内部的科学、和谐、统一，会频繁出现对法律各层级文件的适时清理。目前，清理工作已经全面展开且取得了阶段性的成果，但这一清理过程在未来几年仍将持续。这对于读者如何了解最新法律修改信息、如何准确适用法律带来了使用上的不便。基于这一考虑，我们精心编辑出版了本书，一方面重在向读者展示我国立法的成果与现状，另一方面旨在帮助读者在法律文件修改频率较高的时代准确适用法律。

本书独具以下四重价值：

1. **文本权威，内容全面**。本书涵盖民事诉讼领域相关的常用法律、行政法规、国务院文件、部门规章、规范性文件、司法解释，及最高人民法院公布的典型案例、示范文本，独家梳理和收录人大代表建议、政协委员提案的重要答复；书中收录文件均为经过清理修改的现行有效文本，方便读者及时掌握最新法律文件。

2. **查找方便，附录实用**。全书法律文件按照紧密程度排列，方便读者对某一类问题的集中查找；重点法律附加条旨，指引读者快速找到目标条文；附录相关典型案例、文书范本，其中案例具有指引"同案同判"的作用。同时，本书采用可平摊使用的独特开本，避免因书籍太厚难以摊开使用的弊端。

3. **免费增补，动态更新**。为保持本书与新法的同步更新，避免读者因部分法律的修改而反复购买同类图书，我们为读者专门设置了以下服务：（1）扫码添加书后"法规编辑部"公众号→点击菜单栏→进入资料下载栏→选择法律法规全书资料项→点击网址或扫码下载，即可获取本书每次改版修订内容的电子版文件；（2）通过"法规编辑部"公众号，及时了解最新立法信息，并可线上留言，编辑团队会就图书相关疑问动态解答。

4. **目录赠送，配套使用**。赠送本书目录的电子版，与纸书配套，立体化、电子化使用，便于检索、快速定位；同时实现将本书装进电脑，随时随地查。

# 修 订 说 明

本书自出版以来，深受广大读者喜爱。此次修订再版，在基本保持上一版分类及文件排列的情况下，根据法律文件的制定和修改情况，进行了相应地修改。情况如下：

**一、新增分类**

新增简易程序、公益诉讼、公证等类别。

**二、新增文件**

《最高人民法院关于生态环境侵权民事诉讼证据的若干规定》《最高人民法院关于诉前调解中委托鉴定工作规程（试行）》《最高人民法院关于适用〈中华人民共和国涉外民事关系法律适用法〉若干问题的解释（二）》等。

**三、修订或修正的文件**

《中华人民共和国民事诉讼法》《最高人民法院关于知识产权法庭若干问题的规定》。

为方便广大读者学习修改后的《中华人民共和国民事诉讼法》，在书末附录民事诉讼法条文新旧对照表。

**四、新增案例**

"打造枫桥式人民法庭 服务基层社会治理"典型案例——传承红色司法文化篇；"打造枫桥式人民法庭 服务基层社会治理"典型案例——服务新型城镇化建设篇；昆明闽某纸业有限责任公司等污染环境刑事附带民事公益诉讼案；黄某辉、陈某等8人非法捕捞水产品刑事附带民事公益诉讼案等。

**五、文书范本**

新增民事判决书（环境污染或者生态破坏公益诉讼用）、民事判决书（侵害消费者权益公益诉讼用）、民事裁定书（作出人身安全保护令用）等。

**六、选收2023年人大代表建议、政协委员提案答复。**

# 总 目 录

一、综　　合 ················ （1）
二、审判组织 ················ （68）
三、主管和管辖 ·············· （104）
四、回　　避 ················ （158）
五、诉讼参加人 ·············· （161）
六、证　　据 ················ （185）
七、期间、送达 ·············· （204）
八、调　　解 ················ （208）
九、保全和先予执行 ·········· （270）
十、对妨害民事诉讼的强制措施 ······ （282）
十一、诉讼费用 ·············· （284）
十二、第一审程序 ············ （297）
十三、简易程序 ·············· （337）
十四、公益诉讼 ·············· （343）
十五、第二审程序 ············ （361）
十六、特别程序 ·············· （368）
十七、审判监督程序 ·········· （398）
十八、督促程序 ·············· （416）
十九、公示催告程序 ·········· （420）
二十、执行程序 ·············· （428）
二十一、涉港澳台民事诉讼程序 ······ （553）
二十二、涉外民事诉讼程序 ···· （595）
二十三、仲　　裁 ············ （612）
二十四、公　　证 ············ （630）
二十五、人大代表建议、政协委员提
　　　　案答复 ·············· （643）
附录 ······················· （668）

# 目 录*

## 一、综 合

中华人民共和国民事诉讼法 …………………… (1)
　　(2023 年 9 月 1 日)
中华人民共和国海事诉讼特别程序法 ………… (23)
　　(1999 年 12 月 25 日)
最高人民法院关于适用《中华人民共和国民事诉讼法》的解释 ……………………………… (31)
　　(2022 年 4 月 1 日)

## 二、审判组织

中华人民共和国人民法院组织法 ……………… (68)
　　(2018 年 10 月 26 日)
中华人民共和国法官法 ………………………… (71)
　　(2019 年 4 月 23 日)
中华人民共和国人民陪审员法 ………………… (75)
　　(2018 年 4 月 27 日)
最高人民法院关于适用《中华人民共和国人民陪审员法》若干问题的解释 ……………… (77)
　　(2019 年 4 月 24 日)
最高人民法院关于技术调查官参与知识产权案件诉讼活动的若干规定 ………………… (78)
　　(2019 年 3 月 18 日)
最高人民法院关于人民法院合议庭工作的若干规定 ………………………………………… (79)
　　(2002 年 8 月 12 日)
最高人民法院关于规范合议庭运行机制的意见 …… (81)
　　(2022 年 10 月 26 日)
法官惩戒工作程序规定(试行) ………………… (82)
　　(2021 年 12 月 8 日)
关于加强和完善法官考核工作的指导意见 ……… (85)
　　(2021 年 10 月 12 日)
最高人民法院关于完善人民法院专业法官会议工作机制的指导意见 …………………… (89)
　　(2021 年 1 月 6 日)
人民法院法官员额退出办法(试行) …………… (91)
　　(2020 年 1 月 8 日)
省级以下人民法院法官员额动态调整指导意见(试行) …………………………………… (92)
　　(2020 年 1 月 8 日)
最高人民法院关于健全完善人民法院审判委员会工作机制的意见 ……………………… (93)
　　(2019 年 8 月 2 日)
最高人民法院、司法部关于印发《人民陪审员培训、考核、奖惩工作办法》的通知 ……… (95)
　　(2019 年 4 月 24 日)
·典型案例·
人民陪审员参审十大典型案例 ………………… (97)

---

\* 编者按：本目录中的时间为法律文件的公布时间或最后一次修正、修订公布时间。

## 三、主管和管辖

最高人民法院关于人民法院登记立案若干问题的规定 …………………………………（104）
　　（2015年4月15日）
最高人民法院关于审理民事级别管辖异议案件若干问题的规定 …………………（105）
　　（2020年12月29日）
最高人民法院关于海事法院受理案件范围的规定 …………………………………（106）
　　（2016年2月24日）
最高人民法院关于互联网法院审理案件若干问题的规定 …………………………（109）
　　（2018年9月6日）
最高人民法院关于铁路运输法院案件管辖范围的若干规定 ………………………（111）
　　（2012年7月17日）
最高人民法院关于军事法院管辖民事案件若干问题的规定 ………………………（112）
　　（2020年12月29日）
最高人民法院关于北京金融法院案件管辖的规定 …………………………………（113）
　　（2021年3月16日）
最高人民法院关于上海金融法院案件管辖的规定 …………………………………（114）
　　（2021年3月1日）
最高人民法院关于成渝金融法院案件管辖的规定 …………………………………（114）
　　（2022年12月20日）
最高人民法院关于对与证券交易所监管职能相关的诉讼案件管辖与受理问题的规定 ……（115）
　　（2020年12月29日）
最高人民法院关于涉外民商事案件诉讼管辖若干问题的规定 ……………………（116）
　　（2020年12月29日）
最高人民法院关于审理商标案件有关管辖和法律适用范围问题的解释 …………（116）
　　（2020年12月29日）
最高人民法院关于调整高级人民法院和中级人民法院管辖第一审民事案件标准的通知 …（117）
　　（2019年4月30日）
最高人民法院关于同意上海市第三中级人民法院内设专门审判机构并集中管辖部分破产案件的批复 ………………………（118）
　　（2019年1月15日）
最高人民法院关于调整部分高级人民法院和中级人民法院管辖第一审民商事案件标准的通知 ………………………………（118）
　　（2018年7月17日）
最高人民法院关于调整高级人民法院和中级人民法院管辖第一审民商事案件标准的通知 ………………………………（119）
　　（2015年4月30日）
最高人民法院关于调整高级人民法院和中级人民法院管辖第一审民商事案件标准的通知 ………………………………（119）
　　（2008年2月3日）
全国各省、自治区、直辖市高级人民法院和中级人民法院管辖第一审民商事案件标准 …（120）
　　（2008年3月31日）
最高人民法院关于印发修改后的《民事案件案由规定》的通知 …………………（128）
　　（2020年12月29日）
最高人民法院关于为跨境诉讼当事人提供网上立案服务的若干规定 ……………（142）
　　（2021年2月3日）
最高人民法院关于印发《关于人民法院推行立案登记制改革的意见》的通知 …（144）
　　（2015年4月15日）
最高人民法院关于破产案件立案受理有关问题的通知 ……………………………（145）
　　（2016年7月28日）
最高人民法院关于人民法院受理共同诉讼案件问题的通知 ………………………（146）
　　（2005年12月30日）
最高人民法院关于涉及驰名商标认定的民事纠纷案件管辖问题的通知 …………（146）
　　（2009年1月5日）

最高人民法院关于人民法院应否受理低价倾销不正当竞争纠纷及其管辖确定问题的批复 …… (146)
(2010年10月15日)
·典型案例·
1. 准格尔旗鼎峰商贸有限责任公司与中铁十局集团有限公司铁路修建合同纠纷管辖权异议案 …… (147)
2. 招商银行股份有限公司无锡分行与中国光大银行股份有限公司长春分行委托合同纠纷管辖权异议案 …… (148)
3. 华泰财产保险有限公司北京分公司诉李志贵、天安财产保险股份有限公司河北省分公司张家口支公司保险人代位求偿权纠纷案 …… (153)
·文书范本·
异议书（对管辖权提出异议用） …… (154)
民事裁定书（管辖权异议用） …… (155)
民事裁定书（依职权移送管辖用） …… (155)
民事裁定书（依职权提级管辖用） …… (156)
民事裁定书（受移送人民法院报请指定管辖案件用） …… (156)
民事裁定书（因管辖权争议报请指定管辖案件用） …… (157)

## 四、回　避

最高人民法院关于对配偶父母子女从事律师职业的法院领导干部和审判执行人员实行任职回避的规定 …… (158)
(2020年4月17日)

最高人民法院关于审判人员在诉讼活动中执行回避制度若干问题的规定 …… (159)
(2011年6月10日)

## 五、诉讼参加人

中华人民共和国律师法（节录） …… (161)
(2017年9月1日)
最高人民法院关于行政机关负责人出庭应诉若干问题的规定 …… (163)
(2020年6月22日)
最高人民法院关于产品侵权案件的受害人能否以产品的商标所有人为被告提起民事诉讼的批复 …… (165)
(2020年12月29日)
关于进一步规范法院、检察院离任人员从事律师职业的意见 …… (165)
(2021年9月30日)
关于建立健全禁止法官、检察官与律师不正当接触交往制度机制的意见 …… (167)
(2021年9月30日)
最高人民法院、司法部关于为律师提供一站式诉讼服务的意见 …… (168)
(2020年12月16日)
最高人民法院关于依法切实保障律师诉讼权利的规定 …… (170)
(2015年12月29日)
·请示答复·
最高人民法院关于春雨花园业主委员会是否具有民事诉讼主体资格的复函 …… (170)
(2005年8月15日)
·典型案例·
海南南洋房地产有限公司、海南成功投资有限公司与南洋航运集团股份有限公司、陈霖、海南金灿商贸有限公司第三人撤销之诉案 …… (171)
·文书范本·
共同诉讼代表人推选书（共同诉讼当事人推选代表人用） …… (183)
授权委托书（公民委托诉讼代理人用） …… (183)
授权委托书（法人或者其他组织委托诉讼代理人用） …… (184)

## 六、证　据

最高人民法院关于生态环境侵权民事诉讼证
　据的若干规定 …………………………（185）
　　（2023 年 8 月 14 日）
最高人民法院关于民事诉讼证据的若干规定 …（187）
　　（2019 年 12 月 25 日）
最高人民法院关于知识产权民事诉讼证据的
　若干规定 ………………………………（195）
　　（2020 年 11 月 16 日）
·典型案例·
　1. 陈明、徐炎芳、陈洁诉上海携程国际
　　旅行社有限公司旅游合同纠纷案 …………（198）
　2. 余恩惠、李赞、李芊与重庆西南医院
　　医疗损害赔偿纠纷再审案 …………………（201）
·文书范本·
　申请书（申请延长举证期限用）……………（202）
　申请书（申请诉前证据保全用）……………（203）
　申请书（申请诉讼证据保全用）……………（203）

## 七、期间、送达

中华人民共和国民法典（节录）………………（204）
　　（2020 年 5 月 28 日）
最高人民法院印发《关于进一步加强民事送
　达工作的若干意见》的通知 …………（205）
　　（2017 年 7 月 19 日）
·文书范本·
　1. 延长第一审普通程序审理期限请示
　　（报请上级人民法院批准用）……………（206）
　2. 延长第一审普通程序审理期限批复
　　（上级人民法院对申请延长审理期限批
　　复用）………………………………………（207）
　3. 申请书（申请顺延期限用）………………（207）

## 八、调　解

人民法院在线调解规则 …………………………（208）
　　（2021 年 12 月 30 日）
最高人民法院关于人民法院民事调解工作若
　干问题的规定 …………………………（211）
　　（2020 年 12 月 29 日）
最高人民法院关于诉前调解中委托鉴定工作
　规程（试行）……………………………（212）
　　（2023 年 7 月 26 日）
最高人民法院关于加快推进人民法院调解平台
　进乡村、进社区、进网格工作的指导意见 …（213）
　　（2021 年 10 月 18 日）
·典型案例·
　"打造枫桥式人民法庭　服务基层社会治
　理"典型案例 ……………………………（215）
　　——传承红色司法文化篇
　"打造枫桥式人民法庭　服务基层社会治
　理"典型案例 ……………………………（220）
　　——服务新型城镇化建设篇
　"打造枫桥式人民法庭　服务基层社会治
　理"典型案例 ……………………………（231）
　　——推进乡村治理现代化篇
　"打造枫桥式人民法庭　服务基层社会治
　理"典型案例 ……………………………（247）
　　——融入基层社会治理体系篇
·文书范本·
　1. 民事调解书（第一审普通程序用）………（267）

2. 民事调解书（第二审程序用）………（267）
3. 民事调解书（申请撤销劳动争议仲裁裁决案件用）………………………（268）
4. 民事调解书（简易程序用）…………（269）

## 九、保全和先予执行

最高人民法院关于生态环境侵权案件适用禁止令保全措施的若干规定 ………（270）
（2021年12月27日）
最高人民法院关于人民法院办理财产保全案件若干问题的规定 ……………（273）
（2020年12月29日）
最高人民法院关于人民法院对注册商标权进行财产保全的解释 ………………（276）
（2020年12月29日）
最高人民法院关于审查知识产权纠纷行为保全案件适用法律若干问题的规定 …………（276）
（2018年12月12日）

· 文书范本 ·
1. 民事裁定书（诉前财产保全用）…………（278）
2. 民事裁定书（执行前保全用）……………（279）
3. 民事裁定书（诉讼财产保全用）…………（279）
4. 民事裁定书（诉讼行为保全用）…………（280）
5. 提供担保通知书（责令提供担保用）……（280）
6. 申请书（诉前或者仲裁前申请财产保全用）…………………………………………（280）
7. 申请书（申请诉前/仲裁前行为保全用）……（281）

## 十、对妨害民事诉讼的强制措施

最高人民法院关于采取民事强制措施不得逐级变更由行为人的上级机构承担责任的通知………（282）
（2004年7月9日）

· 文书范本 ·
复议申请书（司法制裁复议案件用）…………（283）
悔过书（司法拘留案件具结悔过用）…………（283）

## 十一、诉讼费用

中华人民共和国法律援助法 ……………（284）
（2021年8月20日）
诉讼费用交纳办法 ………………………（288）
（2006年12月19日）
人民法院诉讼费管理办法 ………………（292）
（2003年12月26日）

最高人民法院关于适用《诉讼费用交纳办法》的通知 …………………………………（294）
（2007年4月20日）

· 实用图表 ·
诉讼费用收费速算表 ……………………（295）

## 十二、第一审程序

人民法院在线诉讼规则 …………………（297）
（2021年6月16日）
最高人民法院关于严格规范民商事案件延长

审限和延期开庭问题的规定……………（301）
（2019年3月27日）

最高人民法院关于知识产权法庭若干问题的
　　规定 …………………………………（302）
　　（2023年10月21日）
最高人民法院关于人民法院通过互联网公开
　　审判流程信息的规定 ………………（303）
　　（2018年3月4日）
最高人民法院关于人民法院庭审录音录像的
　　若干规定 ……………………………（304）
　　（2017年2月22日）
最高人民法院关于巡回法庭审理案件若干问
　　题的规定 ……………………………（305）
　　（2016年12月27日）
最高人民法院关于严格执行案件审理期限制
　　度的若干规定 ………………………（306）
　　（2000年9月22日）
最高人民法院关于推动新时代人民法庭工作
　　高质量发展的意见 …………………（309）
　　（2021年9月13日）
最高人民法院关于进一步健全完善民事诉讼
　　程序繁简分流改革试点法院特邀调解名册
　　制度的通知 …………………………（313）
　　（2021年6月16日）
最高人民法院关于印发《民事诉讼程序繁简
　　分流改革试点问答口径（一）》的通知 …（314）
　　（2020年4月15日）
最高人民法院关于印发《民事诉讼程序繁简
　　分流改革试点问答口径（二）》的通知 …（320）
　　（2020年10月23日）
最高人民法院印发《关于在审判执行工作中
　　切实规范自由裁量权行使保障法律统一适
　　用的指导意见》的通知 ………………（323）
　　（2012年2月28日）

·典型案例·
1. 永安市燕诚房地产开发有限公司诉郑
　　耀南、远东（厦门）房地产发展有限
　　公司等第三人撤销之诉案 …………（325）
2. 鞍山市中小企业信用担保中心诉汪薇、
　　鲁金英第三人撤销之诉案 …………（326）
3. 台州德力奥汽车部件制造有限公司诉浙
　　江建环机械有限公司管理人浙工安天律
　　师事务所、中国光大银行股份有限公司
　　台州温岭支行第三人撤销之诉案 …（328）
4. 中国民生银行股份有限公司温州分行
　　诉浙江山口建筑工程有限公司、青田
　　依利高鞋业有限公司第三人撤销之诉案 …（329）
5. 长沙广大建筑装饰有限公司诉中国工
　　商银行股份有限公司广州粤秀支行、
　　林传式、长沙广大建筑装饰有限公司
　　广州分公司等第三人撤销之诉案 …（330）
6. 高光诉三亚天通国际酒店有限公司、
　　海南博超房地产开发有限公司等第三
　　人撤销之诉案 ………………………（331）

·文书范本·
民事起诉状（公民提起民事诉讼用）……（332）
民事起诉状（法人或者其他组织提起民事
　　诉讼用） ……………………………（333）
民事反诉状（公民提起民事反诉用）……（333）
民事反诉状（法人或者其他组织提起民事
　　反诉用） ……………………………（334）
民事答辩状（公民对民事起诉提出答辩用）…（334）
民事答辩状（法人或者其他组织对民事起
　　诉提出答辩用） ……………………（335）

·实用图表·
民事诉讼流程图（一审） ………………（336）

# 十三、简易程序

最高人民法院关于适用简易程序审理民事案
　　件的若干规定 ………………………（337）
　　（2020年12月29日）
·文书范本·
1. 民事判决书（当事人对案件事实没有
　　争议的用） …………………………（340）
2. 民事判决书（被告承认原告全部诉讼
　　请求的用） …………………………（340）
3. 民事裁定书（简易程序转为普通程
　　序用） ………………………………（341）
4. 异议书（对适用简易程序提出异议用）…（342）

## 十四、公益诉讼

最高人民法院、最高人民检察院关于办理海洋自然资源与生态环境公益诉讼案件若干问题的规定 ……………（343）
（2022年5月10日）
最高人民法院关于审理环境民事公益诉讼案件适用法律若干问题的解释 …………（343）
（2020年12月29日）
最高人民法院关于审理消费民事公益诉讼案件适用法律若干问题的解释 …………（346）
（2020年12月29日）
最高人民法院、最高人民检察院关于人民检察院提起刑事附带民事公益诉讼应否履行诉前公告程序问题的批复 …………（347）
（2019年11月25日）
·典型案例·
1. 昆明闽某纸业有限责任公司等污染环境刑事附带民事公益诉讼案 ……………（348）
2. 黄某辉、陈某等8人非法捕捞水产品刑事附带民事公益诉讼案 ………………（349）
3. 浙江省遂昌县人民检察院诉叶继成生态破坏民事公益诉讼案 …………………（351）
4. 江西省上饶市人民检察院诉张永明、张鹭、毛伟明生态破坏民事公益诉讼案 ……………………………………（352）
5. 江苏省消费者权益保护委员会诉乐融致新电子科技（天津）有限公司消费民事公益诉讼案 ……………………（354）
·文书范本·
1. 民事判决书（环境污染或者生态破坏公益诉讼用） …………………………（357）
2. 民事判决书（侵害消费者权益公益诉讼用） ………………………………………（358）
3. 受理公益诉讼告知书（告知相关行政主管部门用） ………………………（359）

## 十五、第二审程序

·请示答复·
最高人民法院关于第二审人民法院在审理过程中可否对当事人的违法行为迳行制裁等问题的批复 …………………（361）
（1990年7月25日）
最高人民法院关于如何确定涉港澳台当事人公告送达期限和答辩、上诉期限的请示的复函 ……………………………（361）
（2001年8月7日）
最高人民法院关于第二审人民法院发现原审人民法院已生效的民事制裁决定确有错误应如何纠正问题的复函 …………（363）
（1994年11月21日）
最高人民法院关于第二审人民法院因追加、更换当事人发回重审的民事裁定书上，应如何列当事人问题的批复 …………（363）
（1990年4月14日）
·文书范本·
1. 民事判决书（驳回上诉，维持原判用） …（363）
2. 民事判决书（二审改判用） ……………（364）
3. 民事裁定书（二审发回重审用） ………（365）
4. 民事上诉状（当事人提起上诉用） ……（366）
·实用图表·
民事诉讼流程图（二审） …………………（367）

## 十六、特别程序

中华人民共和国民法典（节录） …………（368）
　　（2020 年 5 月 28 日）
中华人民共和国人民调解法 …………（374）
　　（2010 年 8 月 28 日）
最高人民法院关于办理人身安全保护令案件
　　适用法律若干问题的规定 …………（376）
　　（2022 年 7 月 14 日）
最高人民法院关于适用《中华人民共和国民
　　法典》有关担保制度的解释 …………（377）
　　（2020 年 12 月 31 日）
最高人民法院关于人民调解协议司法确认程
　　序的若干规定 …………………………（386）
　　（2011 年 3 月 23 日）

最高人民法院关于人民法院特邀调解的规定 …（387）
　　（2016 年 6 月 28 日）
· 典型案例·
1. 吴少晖不服选民资格处理决定案 …………（389）
2. 最高人民法院人身安全保护令十大典型
　　案例 …………………………………（391）
· 文书范本·
1. 民事裁定书（作出人身安全保护令用）…（395）
2. 民事裁定书（驳回人身安全保护令申
　　请用）………………………………（396）
3. 民事判决书（申请宣告公民失踪用）……（396）

## 十七、审判监督程序

最高人民法院关于适用《中华人民共和国民
　　事诉讼法》审判监督程序若干问题的解释 …（398）
　　（2020 年 12 月 29 日）
最高人民法院关于民事审判监督程序严格依法
　　适用指令再审和发回重审若干问题的规定 …（399）
　　（2015 年 2 月 16 日）
最高人民法院关于判决生效后当事人将判决
　　确认的债权转让债权受让人对该判决不服
　　提出再审申请人民法院是否受理问题的
　　批复 …………………………………（400）
　　（2011 年 1 月 7 日）
最高人民法院办公厅关于印发《进一步加强
　　最高人民法院审判监督管理工作的意见
　　（试行）》的通知 ……………………（401）
　　（2019 年 9 月 26 日）
最高人民法院关于受理审查民事申请再审案
　　件的若干意见 …………………………（403）
　　（2009 年 4 月 27 日）
最高人民法院关于统一再审立案阶段和再
　　审理阶段民事案件编号的通知 ………（406）
　　（2008 年 4 月 7 日）

最高人民法院、最高人民检察院关于规范办
　　理民事再审检察建议案件若干问题的意见 …（406）
　　（2023 年 11 月 24 日）
最高人民法院印发《关于加强和规范案件提
　　级管辖和再审提审工作的指导意见》的通知 …
　　…………………………………………（407）
　　（2023 年 7 月 28 日）
最高人民法院关于开展审判监督工作若干问
　　题的通知 ……………………………（410）
　　（2004 年 5 月 18 日）
最高人民法院关于规范人民法院再审立案的
　　若干意见（试行）……………………（411）
　　（2002 年 9 月 10 日）
· 典型案例·
1. 牡丹江市宏阁建筑安装有限责任公司诉
　　牡丹江市华隆房地产开发有限责任公
　　司、张继增建设工程施工合同纠纷案 …（413）
2. 某某纺织机械股份有限公司与裘某某
　　等分期付款买卖合同纠纷案 …………（413）
· 文书范本·
民事再审申请书（申请再审用）……………（415）

## 十八、督促程序

- 请示答复

最高人民法院关于支付令生效后发现确有错误应当如何处理问题的复函 ………… (416)
　　(1992年7月13日)
- 文书范本 ·

支付令（督促程序用）………………… (416)
民事裁定书（驳回支付令申请用）……… (417)
民事裁定书（驳回支付令异议用）……… (417)
民事裁定书（准许撤回支付令异议用）… (417)
民事裁定书（终结督促程序用）………… (418)
民事裁定书（撤销支付令用）…………… (419)
不予受理支付令申请通知书（通知申请人不予受理用）……………………………… (419)

## 十九、公示催告程序

中华人民共和国票据法 ………………… (420)
　　(2004年8月28日)
最高人民法院关于人民法院发布公示催告程序中公告有关问题的通知 ………… (426)
　　(2016年4月11日)
- 请示答复

最高人民法院关于对遗失金融债券可否按"公示催告"程序办理的复函 ………… (426)
　　(1992年5月8日)
- 文书范本 ·

申请书（申请公示催告用）……………… (426)
申请书（撤回公示催告申请用）………… (427)
申报书（利害关系人申报权利用）……… (427)

## 二十、执行程序

最高人民法院关于审理涉执行司法赔偿案件适用法律若干问题的解释 ………… (428)
　　(2022年2月8日)
最高人民法院关于适用《中华人民共和国民事诉讼法》执行程序若干问题的解释 … (430)
　　(2020年12月29日)
最高人民法院关于人民法院强制执行股权若干问题的规定 …………………………… (432)
　　(2021年12月20日)
最高人民法院关于执行担保若干问题的规定 … (434)
　　(2020年12月29日)
最高人民法院关于执行和解若干问题的规定 … (435)
　　(2020年12月29日)
最高人民法院关于民事执行中财产调查若干问题的规定 …………………………… (436)
　　(2020年12月29日)
最高人民法院关于民事执行中变更、追加当事人若干问题的规定 ………………… (438)
　　(2020年12月29日)
最高人民法院关于人民法院办理执行异议和复议案件若干问题的规定 …………… (441)
　　(2020年12月29日)
最高人民法院关于委托执行若干问题的规定 … (444)
　　(2020年12月29日)
最高人民法院关于人民法院民事执行中拍卖、变卖财产的规定 …………………… (446)
　　(2020年12月29日)
最高人民法院关于人民法院民事执行中查封、扣押、冻结财产的规定 …………… (448)
　　(2020年12月29日)

最高人民法院关于人民法院执行工作若干问题的规定（试行）……………………（451）
（2020年12月29日）

最高人民法院关于人民法院扣押铁路运输货物若干问题的规定 ………………（456）
（2020年12月29日）

最高人民法院关于人民法院确定财产处置参考价若干问题的规定 ……………（456）
（2018年8月28日）

最高人民法院关于人民法院办理仲裁裁决执行案件若干问题的规定 …………（460）
（2018年2月22日）

最高人民法院关于人民法院网络司法拍卖若干问题的规定 ………………………（462）
（2016年8月2日）

最高人民法院关于首先查封法院与优先债权执行法院处分查封财产有关问题的批复 …（466）
（2016年4月12日）

最高人民法院关于对人民法院终结执行行为提出执行异议期限问题的批复 …（467）
（2016年2月14日）

最高人民法院关于限制被执行人高消费及有关消费的若干规定 …………………（467）
（2015年7月6日）

最高人民法院关于执行程序中计算迟延履行期间的债务利息适用法律若干问题的解释 …（468）
（2014年7月7日）

最高人民法院关于网络查询、冻结被执行人存款的规定 …………………………（469）
（2013年8月29日）

最高人民法院关于在执行工作中如何计算迟延履行期间的债务利息等问题的批复 ……（470）
（2009年5月11日）

最高人民法院关于办理申请执行监督案件若干问题的意见 ………………………（470）
（2023年1月19日）

最高人民法院关于进一步完善执行权制约机制加强执行监督的意见 …………（472）
（2021年12月6日）

最高法关于印发《人民法院办理执行案件"十个必须"》的通知 ………………（477）
（2021年11月11日）

最高人民法院印发《关于严格规范执行事项委托工作的管理办法（试行）》的通知 ……（477）
（2017年9月8日）

最高人民法院印发《关于执行款物管理工作的规定》的通知 ……………………（478）
（2017年2月27日）

最高人民法院印发《关于执行案件移送破产审查若干问题的指导意见》的通知 …（480）
（2017年1月20日）

最高人民法院、最高人民检察院印发《关于民事执行活动法律监督若干问题的规定》的通知 ………………………………（482）
（2016年11月2日）

最高人民法院关于严格规范终结本次执行程序的规定（试行） …………………（484）
（2016年10月29日）

最高人民法院关于执行案件立案、结案若干问题的意见 …………………………（485）
（2014年12月17日）

最高人民法院印发《关于人民法院执行流程公开的若干意见》的通知 …………（490）
（2014年9月3日）

最高人民法院办公厅关于切实保障执行当事人及案外人异议权的通知 …………（492）
（2014年5月9日）

最高人民法院印发《关于依法制裁规避执行行为的若干意见》的通知 …………（493）
（2011年5月27日）

最高人民法院印发《关于人民法院预防和处理执行突发事件的若干规定》（试行）的通知 ……（495）
（2009年9月22日）

最高人民法院印发《关于进一步加强和规范执行工作的若干意见》的通知 ……（497）
（2009年7月17日）

最高人民法院关于查封法院全部处分标的物后轮候查封的效力问题的批复 ……（499）
（2007年9月11日）

最高人民法院印发《关于人民法院执行公开的若干规定》和《关于人民法院办理执行案件若干期限的规定》的通知 ……（499）
（2006年12月23日）

最高人民法院印发《关于执行案件督办工作的规定》等三项执行工作制度的通知 ………(501)
　　(2006年5月18日)
最高人民法院关于冻结、扣划证券交易结算资金有关问题的通知 ………………(504)
　　(2004年11月9日)
最高人民法院关于在审理和执行民事、经济纠纷案件时不得查封、冻结和扣划社会保险基金的通知 …………………………(505)
　　(2000年2月18日)
·典型案例·
1. 江苏天宇建设集团有限公司与无锡时代盛业房地产开发有限公司执行监督案 …(506)
2. 陈载果与刘荣坤、广东省汕头渔业用品进出口公司等申请撤销拍卖执行监督案 …(507)
3. 中国防卫科技学院与联合资源教育发展（燕郊）有限公司执行监督案 …………(509)
4. 于红岩与锡林郭勒盟隆兴矿业有限责任公司执行监督案 ……………………(511)
5. 安徽省滁州市建筑安装工程有限公司与湖北追日电气股份有限公司执行复议案 …(513)
6. 东北电气发展股份有限公司与国家开发银行股份有限公司、沈阳高压开关有限责任公司等执行复议案 ……………(514)
7. 中建三局第一建设工程有限责任公司与澳中财富（合肥）投资置业有限公司、安徽文峰置业有限公司执行复议案 …(517)
8. 善意文明执行典型案例 ………………(518)
9. 富滇银行股份有限公司大理分行与杨凤鸣、大理建标房地产开发有限公司案外人执行异议之诉案 …………………(522)
10. 最高法发布依法惩戒规避和抗拒执行典型案例 …………………………………(526)
11. 武汉和平华裕物流有限公司与乐昌市粤汉钢铁贸易有限公司等案外人执行异议之诉案 …………………………………(529)
12. 国家开发银行河南省分行申请执行监督案 ………………………………………(535)
13. 中国建设银行股份有限公司怀化市分行与中国华融资产管理股份有限公司湖南省分公司等案外人执行异议之诉案 ……(540)
·文书范本·
申请书（申请执行用） ……………………(551)
申请书（申请提级执行用） ………………(551)
保证书（执行担保用） ……………………(552)

## 二十一、涉港澳台民事诉讼程序

**（一）涉港民事诉讼程序**
最高人民法院关于内地与香港特别行政区法院相互认可和执行婚姻家庭民事案件判决的安排 …………………………………(553)
　　(2022年2月14日)
最高人民法院关于内地与香港特别行政区法院就仲裁程序相互协助保全的安排 …(555)
　　(2019年9月26日)
最高人民法院关于内地与香港特别行政区法院就民商事案件相互委托提取证据的安排 …(556)
　　(2017年2月27日)
最高人民法院关于内地与香港特别行政区法院相互认可和执行当事人协议管辖的民商事案件判决的安排 …………………(558)
　　(2008年7月3日)
最高人民法院关于内地与香港特别行政区相互执行仲裁裁决的安排 ……………(560)
　　(2000年1月24日)
最高人民法院关于内地与香港特别行政区相互执行仲裁裁决的补充安排 ………(561)
　　(2020年11月26日)
最高人民法院关于内地与香港特别行政区法院相互委托送达民商事司法文书的安排 …(561)
　　(1999年3月29日)
最高人民法院关于开展认可和协助香港特别行政区破产程序试点工作的意见 ……(562)
　　(2021年5月11日)

**（二）涉澳民事诉讼程序**
最高人民法院关于内地与澳门特别行政区就仲裁程序相互协助保全的安排 ……(564)
　　(2022年2月24日)

最高人民法院关于内地与澳门特别行政区法
　院就民商事案件相互委托送达司法文书和
　调取证据的安排 ……………………（565）
　（2020 年 1 月 14 日）
最高人民法院关于内地与澳门特别行政区相
　互认可和执行仲裁裁决的安排 …………（567）
　（2007 年 12 月 12 日）
最高人民法院关于内地与澳门特别行政区相
　互认可和执行民商事判决的安排 ………（568）
　（2006 年 3 月 21 日）
（三）涉台民事诉讼程序
最高人民法院关于审理涉台民商事案件法律
　适用问题的规定 …………………………（570）
　（2020 年 12 月 29 日）
最高人民法院关于认可和执行台湾地区法院
　民事判决的规定 …………………………（570）
　（2015 年 6 月 29 日）
最高人民法院关于认可和执行台湾地区仲裁
　裁决的规定 ………………………………（572）
　（2015 年 6 月 29 日）
最高人民法院关于人民法院办理海峡两岸送
　达文书和调查取证司法互助案件的规定 …（574）
　（2011 年 6 月 14 日）
最高人民法院关于涉台民事诉讼文书送达的
　若干规定 …………………………………（577）
　（2008 年 4 月 17 日）
·典型案例·
　1. 黄艺明、苏月弟与周大福代理人有限
　　公司、亨满发展有限公司以及宝宜发
　　展有限公司合同纠纷案 ……………（578）
　2. 人民法院台胞权益保障十大典型案例 …（590）

# 二十二、涉外民事诉讼程序

中华人民共和国涉外民事关系法律适用法 …（595）
　（2010 年 10 月 28 日）
最高人民法院关于适用《中华人民共和国涉外
　民事关系法律适用法》若干问题的解释（一）…（597）
　（2020 年 12 月 29 日）
最高人民法院关于适用《中华人民共和国涉外
　民事关系法律适用法》若干问题的解释（二）…（598）
　（2023 年 11 月 30 日）
最高人民法院关于涉外民商事案件管辖若干
　问题的规定 ………………………………（599）
　（2022 年 11 月 14 日）
最高人民法院关于涉外民事或商事案件司法
　文书送达问题若干规定 …………………（600）
　（2020 年 12 月 29 日）
最高人民法院关于设立国际商事法庭若干问
　题的规定 …………………………………（601）
　（2018 年 6 月 27 日）
最高人民法院办公厅关于印发《最高人民法院
　国际商事法庭程序规则（试行）》的通知 …（602）
　（2018 年 11 月 21 日）
最高人民法院关于明确第一审涉外民商事案件
　级别管辖标准以及归口办理有关问题的通知 …（605）
　（2017 年 12 月 7 日）
·典型案例·
　1. 安徽省外经建设（集团）有限公司诉
　　东方置业房地产有限公司保函欺诈纠
　　纷案 …………………………………（606）
　2. 斯万斯克蜂蜜加工公司申请承认和执
　　行外国仲裁裁决案 …………………（609）
·文书范本·
　申请书（当事人申请承认和执行外国法院生
　　效判决、裁定或仲裁裁决用）……………（610）

## 二十三、仲　裁

中华人民共和国仲裁法 …………………（612）
　　（2017年9月1日）
最高人民法院关于适用《中华人民共和国仲裁法》若干问题的解释 …………（616）
　　（2006年8月23日）
最高人民法院关于仲裁司法审查案件报核问题的有关规定 …………………（618）
　　（2021年11月15日）
最高人民法院关于审理仲裁司法审查案件若干问题的规定 …………………（619）
　　（2017年12月26日）
· 典型案例 ·
1. 湖南华厦建筑有限责任公司与常德工艺美术学校不服执行裁定申诉案 …（621）
2. 高哲宇与深圳市云丝路创新发展基金企业、李斌申请撤销仲裁裁决案 ……（624）
3. 中国工商银行股份有限公司岳阳分行与刘友良申请撤销仲裁裁决案 ……（625）
4. 深圳市实正共盈投资控股有限公司与深圳市交通运输局申请确认仲裁协议效力案 ……………………………（625）
5. 运裕有限公司与深圳市中苑城商业投资控股有限公司申请确认仲裁协议效力案 ……（626）
· 文书范本 ·
仲裁申请书 …………………………（629）
仲裁答辩书 …………………………（629）

## 二十四、公　证

中华人民共和国公证法 ………………（630）
　　（2017年9月1日）
公证程序规则 …………………………（633）
　　（2020年10月20日）
最高人民法院关于审理涉及公证活动相关民事案件的若干规定 ……………（639）
　　（2020年12月29日）
最高人民法院关于公证债权文书执行若干问题的规定 …………………………（640）
　　（2018年9月30日）

## 二十五、人大代表建议、政协委员提案答复

**（一）人大代表建议的答复**
对十三届全国人大五次会议第8238号建议的答复 ……………………………（643）
　　（2022年6月30日）
对十三届全国人大五次会议第7481号建议的答复 ……………………………（644）
　　（2022年7月18日）
对十三届全国人大五次会议第7003号建议的答复 ……………………………（645）
　　（2022年8月16日）
对十三届全国人大五次会议第6912号建议的答复 ……………………………（648）
　　（2022年7月12日）
对十三届全国人大五次会议第6824号建议的答复 ……………………………（649）
　　（2022年8月30日）
对十三届全国人大五次会议第6141号建议的答复 ……………………………（650）
　　（2022年8月17日）

对十三届全国人大五次会议第 5730 号建议
　　的答复 ……………………………………（651）
　　（2022 年 7 月 8 日）
对十三届全国人大五次会议第 5368 号建议
　　的答复 ……………………………………（651）
　　（2022 年 7 月 1 日）
对十三届全国人大五次会议第 3813 号建议
　　的答复 ……………………………………（653）
　　（2022 年 7 月 1 日）
对十三届全国人大五次会议第 3418 号建议
　　的答复 ……………………………………（654）
　　（2022 年 7 月 1 日）
对十三届全国人大五次会议第 3194 号建议
　　的答复 ……………………………………（654）
　　（2022 年 7 月 1 日）
对十三届全国人大五次会议第 2430 号建议
　　的答复 ……………………………………（655）
　　（2022 年 7 月 1 日）
对十三届全国人大五次会议第 2260 号建议
　　的答复 ……………………………………（657）
　　（2022 年 6 月 30 日）
对十三届全国人大五次会议第 1343 号建议
　　的答复 ……………………………………（657）
　　（2022 年 7 月 29 日）
对十三届全国人大五次会议第 0209 号建议
　　的答复 ……………………………………（659）
　　（2022 年 6 月 30 日）

（二）政协委员提案的答复
关于政协第十三届全国委员会第五次会议
　　第 04784 号（政治法律类 343 号）提案答
　　复的函 ……………………………………（660）
　　（2022 年 7 月 1 日）
关于政协第十三届全国委员会第五次会议
　　第 04183 号（政治法律类 307 号）提案答
　　复的函 ……………………………………（662）
　　（2022 年 7 月 2 日）
关于政协第十三届全国委员会第五次会议
　　第 03836 号（财税金融类 250 号）提案答
　　复的函 ……………………………………（662）
　　（2022 年 8 月 29 日）
关于政协第十三届全国委员会第五次会议
　　第 03437 号（政治法律类 272 号）提案答
　　复的函 ……………………………………（663）
　　（2022 年 7 月 2 日）
关于政协第十三届全国委员会第五次会议
　　第 02548 号（商贸监管类 107 号）提案答
　　复的函 ……………………………………（664）
　　（2022 年 8 月 16 日）
关于政协第十三届全国委员会第五次会议
　　第 02423 号（政治法律类 196 号）提案答
　　复的函 ……………………………………（665）
　　（2022 年 7 月 15 日）
关于政协第十三届全国委员会第五次会议
　　第 01804 号（政治法律类 142 号）提案答
　　复的函 ……………………………………（667）
　　（2022 年 7 月 6 日）

# 附　录

民事诉讼法条文新旧对照表 ………………………………………………………………………（668）

# 一、综　合

## 中华人民共和国民事诉讼法

- 1991年4月9日第七届全国人民代表大会第四次会议通过
- 根据2007年10月28日第十届全国人民代表大会常务委员会第三十次会议《关于修改〈中华人民共和国民事诉讼法〉的决定》第一次修正
- 根据2012年8月31日第十一届全国人民代表大会常务委员会第二十八次会议《关于修改〈中华人民共和国民事诉讼法〉的决定》第二次修正
- 根据2017年6月27日第十二届全国人民代表大会常务委员会第二十八次会议《关于修改〈中华人民共和国民事诉讼法〉和〈中华人民共和国行政诉讼法〉的决定》第三次修正
- 根据2021年12月24日第十三届全国人民代表大会常务委员会第三十二次会议《关于修改〈中华人民共和国民事诉讼法〉的决定》第四次修正
- 根据2023年9月1日第十四届全国人民代表大会常务委员会第五次会议《关于修改〈中华人民共和国民事诉讼法〉的决定》第五次修正

### 第一编　总　则

#### 第一章　任务、适用范围和基本原则

**第一条**　【立法依据】*中华人民共和国民事诉讼法以宪法为根据，结合我国民事审判工作的经验和实际情况制定。

**第二条**　【立法目的】中华人民共和国民事诉讼法的任务，是保护当事人行使诉讼权利，保证人民法院查明事实，分清是非，正确适用法律，及时审理民事案件，确认民事权利义务关系，制裁民事违法行为，保护当事人的合法权益，教育公民自觉遵守法律，维护社会秩序、经济秩序，保障社会主义建设事业顺利进行。

**第三条**　【适用范围】人民法院受理公民之间、法人之间、其他组织之间以及他们相互之间因财产关系和人身关系提起的民事诉讼，适用本法的规定。

**第四条**　【空间效力】凡在中华人民共和国领域内进行民事诉讼，必须遵守本法。

**第五条**　【同等原则和对等原则】外国人、无国籍人、外国企业和组织在人民法院起诉、应诉，同中华人民共和国公民、法人和其他组织有同等的诉讼权利义务。

外国法院对中华人民共和国公民、法人和其他组织的民事诉讼权利加以限制的，中华人民共和国人民法院对该国公民、企业和组织的民事诉讼权利，实行对等原则。

**第六条**　【独立审判原则】民事案件的审判权由人民法院行使。

人民法院依照法律规定对民事案件独立进行审判，不受行政机关、社会团体和个人的干涉。

**第七条**　【以事实为根据，以法律为准绳原则】人民法院审理民事案件，必须以事实为根据，以法律为准绳。

**第八条**　【诉讼权利平等原则】民事诉讼当事人有平等的诉讼权利。人民法院审理民事案件，应当保障和便利当事人行使诉讼权利，对当事人在适用法律上一律平等。

**第九条**　【法院调解原则】人民法院审理民事案件，应当根据自愿和合法的原则进行调解；调解不成的，应当及时判决。

**第十条**　【合议、回避、公开审判、两审终审制度】人民法院审理民事案件，依照法律规定实行合议、回避、公开审判和两审终审制度。

**第十一条**　【使用本民族语言文字原则】各民族公民都有用本民族语言、文字进行民事诉讼的权利。

在少数民族聚居或者多民族共同居住的地区，人民法院应当用当地民族通用的语言、文字进行审理和发布法律文书。

人民法院应当对不通晓当地民族通用的语言、文字的诉讼参与人提供翻译。

**第十二条**　【辩论原则】人民法院审理民事案件时，当事人有权进行辩论。

**第十三条**　【诚信原则和处分原则】民事诉讼应当遵循诚信原则。

---

\* 条文主旨为编者所加，下同。

当事人有权在法律规定的范围内处分自己的民事权利和诉讼权利。

**第十四条　【检察监督原则】**人民检察院有权对民事诉讼实行法律监督。

**第十五条　【支持起诉原则】**机关、社会团体、企业事业单位对损害国家、集体或者个人民事权益的行为，可以支持受损害的单位或者个人向人民法院起诉。

**第十六条　【在线诉讼法律效力】**经当事人同意，民事诉讼活动可以通过信息网络平台在线进行。

民事诉讼活动通过信息网络平台在线进行的，与线下诉讼活动具有同等法律效力。

**第十七条　【民族自治地方的变通或者补充规定】**民族自治地方的人民代表大会根据宪法和本法的原则，结合当地民族的具体情况，可以制定变通或者补充的规定。自治区的规定，报全国人民代表大会常务委员会批准。自治州、自治县的规定，报省或者自治区的人民代表大会常务委员会批准，并报全国人民代表大会常务委员会备案。

## 第二章　管　辖

### 第一节　级别管辖

**第十八条　【基层法院管辖】**基层人民法院管辖第一审民事案件，但本法另有规定的除外。

**第十九条　【中级法院管辖】**中级人民法院管辖下列第一审民事案件：

（一）重大涉外案件；

（二）在本辖区有重大影响的案件；

（三）最高人民法院确定由中级人民法院管辖的案件。

**第二十条　【高级法院管辖】**高级人民法院管辖在本辖区有重大影响的第一审民事案件。

**第二十一条　【最高法院管辖】**最高人民法院管辖下列第一审民事案件：

（一）在全国有重大影响的案件；

（二）认为应当由本院审理的案件。

### 第二节　地域管辖

**第二十二条　【被告住所地、经常居住地法院管辖】**对公民提起的民事诉讼，由被告住所地人民法院管辖；被告住所地与经常居住地不一致的，由经常居住地人民法院管辖。

对法人或者其他组织提起的民事诉讼，由被告住所地人民法院管辖。

同一诉讼的几个被告住所地、经常居住地在两个以上人民法院辖区的，各该人民法院都有管辖权。

**第二十三条　【原告住所地、经常居住地法院管辖】**下列民事诉讼，由原告住所地人民法院管辖；原告住所地与经常居住地不一致的，由原告经常居住地人民法院管辖：

（一）对不在中华人民共和国领域内居住的人提起的有关身份关系的诉讼；

（二）对下落不明或者宣告失踪的人提起的有关身份关系的诉讼；

（三）对被采取强制性教育措施的人提起的诉讼；

（四）对被监禁的人提起的诉讼。

**第二十四条　【合同纠纷的地域管辖】**因合同纠纷提起的诉讼，由被告住所地或者合同履行地人民法院管辖。

**第二十五条　【保险合同纠纷的地域管辖】**因保险合同纠纷提起的诉讼，由被告住所地或者保险标的物所在地人民法院管辖。

**第二十六条　【票据纠纷的地域管辖】**因票据纠纷提起的诉讼，由票据支付地或者被告住所地人民法院管辖。

**第二十七条　【公司纠纷的地域管辖】**因公司设立、确认股东资格、分配利润、解散等纠纷提起的诉讼，由公司住所地人民法院管辖。

**第二十八条　【运输合同纠纷的地域管辖】**因铁路、公路、水上、航空运输和联合运输合同纠纷提起的诉讼，由运输始发地、目的地或者被告住所地人民法院管辖。

**第二十九条　【侵权纠纷的地域管辖】**因侵权行为提起的诉讼，由侵权行为地或者被告住所地人民法院管辖。

**第三十条　【交通事故损害赔偿纠纷的地域管辖】**因铁路、公路、水上和航空事故请求损害赔偿提起的诉讼，由事故发生地或者车辆、船舶最先到达地、航空器最先降落地或者被告住所地人民法院管辖。

**第三十一条　【海事损害事故赔偿纠纷的地域管辖】**因船舶碰撞或者其他海事损害事故请求损害赔偿提起的诉讼，由碰撞发生地、碰撞船舶最先到达地、加害船舶被扣留地或者被告住所地人民法院管辖。

**第三十二条　【海难救助费用纠纷的地域管辖】**因海难救助费用提起的诉讼，由救助地或者被救助船舶最先到达地人民法院管辖。

**第三十三条　【共同海损纠纷的地域管辖】**因共同

海损提起的诉讼，由船舶最先到达地、共同海损理算地或者航程终止地的人民法院管辖。

第三十四条 【专属管辖】下列案件，由本条规定的人民法院专属管辖：

（一）因不动产纠纷提起的诉讼，由不动产所在地人民法院管辖；

（二）因港口作业中发生纠纷提起的诉讼，由港口所在地人民法院管辖；

（三）因继承遗产纠纷提起的诉讼，由被继承人死亡时住所地或者主要遗产所在地人民法院管辖。

第三十五条 【协议管辖】合同或者其他财产权益纠纷的当事人可以书面协议选择被告住所地、合同履行地、合同签订地、原告住所地、标的物所在地等与争议有实际联系的地点的人民法院管辖，但不得违反本法对级别管辖和专属管辖的规定。

第三十六条 【选择管辖】两个以上人民法院都有管辖权的诉讼，原告可以向其中一个人民法院起诉；原告向两个以上有管辖权的人民法院起诉的，由最先立案的人民法院管辖。

### 第三节 移送管辖和指定管辖

第三十七条 【移送管辖】人民法院发现受理的案件不属于本院管辖的，应当移送有管辖权的人民法院，受移送的人民法院应当受理。受移送的人民法院认为受移送的案件依照规定不属于本院管辖的，应当报请上级人民法院指定管辖，不得再自行移送。

第三十八条 【指定管辖】有管辖权的人民法院由于特殊原因，不能行使管辖权的，由上级人民法院指定管辖。

人民法院之间因管辖权发生争议，由争议双方协商解决；协商解决不了的，报请它们的共同上级人民法院指定管辖。

第三十九条 【管辖权的转移】上级人民法院有权审理下级人民法院管辖的第一审民事案件；确有必要将本院管辖的第一审民事案件交下级人民法院审理的，应当报请其上级人民法院批准。

下级人民法院对它所管辖的第一审民事案件，认为需要由上级人民法院审理的，可以报请上级人民法院审理。

### 第三章 审判组织

第四十条 【一审审判组织】人民法院审理第一审民事案件，由审判员、人民陪审员共同组成合议庭或者由审判员组成合议庭。合议庭的成员人数，必须是单数。

适用简易程序审理的民事案件，由审判员一人独任审理。基层人民法院审理的基本事实清楚、权利义务关系明确的第一审民事案件，可以由审判员一人适用普通程序独任审理。

人民陪审员在参加审判活动时，除法律另有规定外，与审判员有同等的权利义务。

第四十一条 【二审和再审审判组织】人民法院审理第二审民事案件，由审判员组成合议庭。合议庭的成员人数，必须是单数。

中级人民法院对第一审适用简易程序审结或者不服裁定提起上诉的第二审民事案件，事实清楚、权利义务关系明确的，经双方当事人同意，可以由审判员一人独任审理。

发回重审的案件，原审人民法院应当按照第一审程序另行组成合议庭。

审理再审案件，原来是第一审的，按照第一审程序另行组成合议庭；原来是第二审的或者是上级人民法院提审的，按照第二审程序另行组成合议庭。

第四十二条 【不适用独任制的情形】人民法院审理下列民事案件，不得由审判员一人独任审理：

（一）涉及国家利益、社会公共利益的案件；

（二）涉及群体性纠纷，可能影响社会稳定的案件；

（三）人民群众广泛关注或者其他社会影响较大的案件；

（四）属于新类型或者疑难复杂的案件；

（五）法律规定应当组成合议庭审理的案件；

（六）其他不宜由审判员一人独任审理的案件。

第四十三条 【独任制向合议制转换】人民法院在审理过程中，发现案件不宜由审判员一人独任审理的，应当裁定转由合议庭审理。

当事人认为案件由审判员一人独任审理违反法律规定的，可以向人民法院提出异议。人民法院对当事人提出的异议应当审查，异议成立的，裁定转由合议庭审理；异议不成立的，裁定驳回。

第四十四条 【合议庭审判长的产生】合议庭的审判长由院长或者庭长指定审判员一人担任；院长或者庭长参加审判的，由院长或者庭长担任。

第四十五条 【合议庭的评议规则】合议庭评议案件，实行少数服从多数的原则。评议应当制作笔录，由合议庭成员签名。评议中的不同意见，必须如实记入笔录。

第四十六条 【审判人员工作纪律】审判人员应当

依法秉公办案。

审判人员不得接受当事人及其诉讼代理人请客送礼。

审判人员有贪污受贿、徇私舞弊、枉法裁判行为的,应当追究法律责任;构成犯罪的,依法追究刑事责任。

## 第四章 回 避

**第四十七条 【回避的对象、条件和方式】**审判人员有下列情形之一的,应当自行回避,当事人有权用口头或者书面方式申请他们回避:

(一) 是本案当事人或者当事人、诉讼代理人近亲属的;

(二) 与本案有利害关系的;

(三) 与本案当事人、诉讼代理人有其他关系,可能影响对案件公正审理的。

审判人员接受当事人、诉讼代理人请客送礼,或者违反规定会见当事人、诉讼代理人的,当事人有权要求他们回避。

审判人员有前款规定的行为的,应当依法追究法律责任。

前三款规定,适用于法官助理、书记员、司法技术人员、翻译人员、鉴定人、勘验人。

**第四十八条 【回避申请】**当事人提出回避申请,应当说明理由,在案件开始审理时提出;回避事由在案件开始审理后知道的,也可以在法庭辩论终结前提出。

被申请回避的人员在人民法院作出是否回避的决定前,应当暂停参与本案的工作,但案件需要采取紧急措施的除外。

**第四十九条 【回避决定的程序】**院长担任审判长或者独任审判员时的回避,由审判委员会决定;审判人员的回避,由院长决定;其他人员的回避,由审判长或者独任审判员决定。

**第五十条 【回避决定的时限及效力】**人民法院对当事人提出的回避申请,应当在申请提出的三日内,以口头或者书面形式作出决定。申请人对决定不服的,可以在接到决定时申请复议一次。复议期间,被申请回避的人员,不停止参与本案的工作。人民法院对复议申请,应当在三日内作出复议决定,并通知复议申请人。

## 第五章 诉讼参加人

### 第一节 当事人

**第五十一条 【当事人范围】**公民、法人和其他组织可以作为民事诉讼的当事人。

法人由其法定代表人进行诉讼。其他组织由其主要负责人进行诉讼。

**第五十二条 【诉讼权利义务】**当事人有权委托代理人,提出回避申请,收集、提供证据,进行辩论,请求调解,提起上诉,申请执行。

当事人可以查阅本案有关材料,并可以复制本案有关材料和法律文书。查阅、复制本案有关材料的范围和办法由最高人民法院规定。

当事人必须依法行使诉讼权利,遵守诉讼秩序,履行发生法律效力的判决书、裁定书和调解书。

**第五十三条 【自行和解】**双方当事人可以自行和解。

**第五十四条 【诉讼请求的放弃、变更、承认、反驳及反诉】**原告可以放弃或者变更诉讼请求。被告可以承认或者反驳诉讼请求,有权提起反诉。

**第五十五条 【共同诉讼】**当事人一方或者双方为二人以上,其诉讼标的是共同的,或者诉讼标的是同一种类、人民法院认为可以合并审理并经当事人同意的,为共同诉讼。

共同诉讼的一方当事人对诉讼标的有共同权利义务的,其中一人的诉讼行为经其他共同诉讼人承认,对其他共同诉讼人发生效力;对诉讼标的没有共同权利义务的,其中一人的诉讼行为对其他共同诉讼人不发生效力。

**第五十六条 【当事人人数确定的代表人诉讼】**当事人一方人数众多的共同诉讼,可以由当事人推选代表人进行诉讼。代表人的诉讼行为对其所代表的当事人发生效力,但代表人变更、放弃诉讼请求或者承认对方当事人的诉讼请求,进行和解,必须经被代表的当事人同意。

**第五十七条 【当事人人数不确定的代表人诉讼】**诉讼标的是同一种类、当事人一方人数众多在起诉时人数尚未确定的,人民法院可以发出公告,说明案件情况和诉讼请求,通知权利人在一定期间向人民法院登记。

向人民法院登记的权利人可以推选代表人进行诉讼;推选不出代表人的,人民法院可以与参加登记的权利人商定代表人。

代表人的诉讼行为对其所代表的当事人发生效力,但代表人变更、放弃诉讼请求或者承认对方当事人的诉讼请求,进行和解,必须经被代表的当事人同意。

人民法院作出的判决、裁定,对参加登记的全体权利人发生效力。未参加登记的权利人在诉讼时效期间提起诉讼的,适用该判决、裁定。

**第五十八条 【公益诉讼】**对污染环境、侵害众多消费者合法权益等损害社会公共利益的行为,法律规定的机关和有关组织可以向人民法院提起诉讼。

人民检察院在履行职责中发现破坏生态环境和资源保护、食品药品安全领域侵害众多消费者合法权益等损害社会公共利益的行为,在没有前款规定的机关和组织或者前款规定的机关和组织不提起诉讼的情况下,可以向人民法院提起诉讼。前款规定的机关或者组织提起诉讼的,人民检察院可以支持起诉。

**第五十九条** 【第三人】对当事人双方的诉讼标的,第三人认为有独立请求权的,有权提起诉讼。

对当事人双方的诉讼标的,第三人虽然没有独立请求权,但案件处理结果同他有法律上的利害关系的,可以申请参加诉讼,或者由人民法院通知他参加诉讼。人民法院判决承担民事责任的第三人,有当事人的诉讼权利义务。

前两款规定的第三人,因不能归责于本人的事由未参加诉讼,但有证据证明发生法律效力的判决、裁定、调解书的部分或者全部内容错误,损害其民事权益的,可以自知道或者应当知道其民事权益受到损害之日起六个月内,向作出该判决、裁定、调解书的人民法院提起诉讼。人民法院经审理,诉讼请求成立的,应当改变或者撤销原判决、裁定、调解书;诉讼请求不成立的,驳回诉讼请求。

### 第二节 诉讼代理人

**第六十条** 【法定诉讼代理人】无诉讼行为能力人由他的监护人作为法定代理人代为诉讼。法定代理人之间互相推诿代理责任的,由人民法院指定其中一人代为诉讼。

**第六十一条** 【委托诉讼代理人】当事人、法定代理人可以委托一至二人作为诉讼代理人。

下列人员可以被委托为诉讼代理人:

(一)律师、基层法律服务工作者;

(二)当事人的近亲属或者工作人员;

(三)当事人所在社区、单位以及有关社会团体推荐的公民。

**第六十二条** 【委托诉讼代理权的取得和权限】委托他人代为诉讼,必须向人民法院提交由委托人签名或者盖章的授权委托书。

授权委托书必须记明委托事项和权限。诉讼代理人代为承认、放弃、变更诉讼请求,进行和解,提起反诉或者上诉,必须有委托人的特别授权。

侨居在国外的中华人民共和国公民从国外寄交或者托交的授权委托书,必须经中华人民共和国驻该国的使领馆证明;没有使领馆的,由与中华人民共和国有外交关系的第三国驻该国的使领馆证明,再转由中华人民共和国驻该第三国使领馆证明,或者由当地的爱国华侨团体证明。

**第六十三条** 【诉讼代理权的变更和解除】诉讼代理人的权限如果变更或者解除,当事人应当书面告知人民法院,并由人民法院通知对方当事人。

**第六十四条** 【诉讼代理人调查收集证据和查阅有关资料的权利】代理诉讼的律师和其他诉讼代理人有权调查收集证据,可以查阅本案有关材料。查阅本案有关材料的范围和办法由最高人民法院规定。

**第六十五条** 【离婚诉讼代理的特别规定】离婚案件有诉讼代理人的,本人除不能表达意思的以外,仍应出庭;确因特殊情况无法出庭的,必须向人民法院提交书面意见。

### 第六章 证 据

**第六十六条** 【证据的种类】证据包括:

(一)当事人的陈述;

(二)书证;

(三)物证;

(四)视听资料;

(五)电子数据;

(六)证人证言;

(七)鉴定意见;

(八)勘验笔录。

证据必须查证属实,才能作为认定事实的根据。

**第六十七条** 【举证责任与查证】当事人对自己提出的主张,有责任提供证据。

当事人及其诉讼代理人因客观原因不能自行收集的证据,或者人民法院认为审理案件需要的证据,人民法院应当调查收集。

人民法院应当按照法定程序,全面地、客观地审查核实证据。

**第六十八条** 【举证期限及逾期后果】当事人对自己提出的主张应当及时提供证据。

人民法院根据当事人的主张和案件审理情况,确定当事人应当提供的证据及其期限。当事人在该期限内提供证据确有困难的,可以向人民法院申请延长期限,人民法院根据当事人的申请适当延长。当事人逾期提供证据的,人民法院应当责令其说明理由;拒不说明理由或者理由不成立的,人民法院根据不同情形可以不予采纳该证据,或者采纳该证据但予以训诫、罚款。

第六十九条 【人民法院签收证据】人民法院收到当事人提交的证据材料,应当出具收据,写明证据名称、页数、份数、原件或者复印件以及收到时间等,并由经办人员签名或者盖章。

第七十条 【人民法院调查取证】人民法院有权向有关单位和个人调查取证,有关单位和个人不得拒绝。

人民法院对有关单位和个人提出的证明文书,应当辨别真伪,审查确定其效力。

第七十一条 【证据的公开与质证】证据应当在法庭上出示,并由当事人互相质证。对涉及国家秘密、商业秘密和个人隐私的证据应当保密,需要在法庭出示的,不得在公开开庭时出示。

第七十二条 【公证证据】经过法定程序公证证明的法律事实和文书,人民法院应当作为认定事实的根据,但有相反证据足以推翻公证证明的除外。

第七十三条 【书证和物证】书证应当提交原件。物证应当提交原物。提交原件或者原物确有困难的,可以提交复制品、照片、副本、节录本。

提交外文书证,必须附有中文译本。

第七十四条 【视听资料】人民法院对视听资料,应当辨别真伪,并结合本案的其他证据,审查确定能否作为认定事实的根据。

第七十五条 【证人的义务】凡是知道案件情况的单位和个人,都有义务出庭作证。有关单位的负责人应当支持证人作证。

不能正确表达意思的人,不能作证。

第七十六条 【证人不出庭作证的情形】经人民法院通知,证人应当出庭作证。有下列情形之一的,经人民法院许可,可以通过书面证言、视听传输技术或者视听资料等方式作证:

(一)因健康原因不能出庭的;
(二)因路途遥远,交通不便不能出庭的;
(三)因自然灾害等不可抗力不能出庭的;
(四)其他有正当理由不能出庭的。

第七十七条 【证人出庭作证费用的承担】证人因履行出庭作证义务而支出的交通、住宿、就餐等必要费用以及误工损失,由败诉一方当事人负担。当事人申请证人作证的,由该当事人先行垫付;当事人没有申请,人民法院通知证人作证的,由人民法院先行垫付。

第七十八条 【当事人陈述】人民法院对当事人的陈述,应当结合本案的其他证据,审查确定能否作为认定事实的根据。

当事人拒绝陈述的,不影响人民法院根据证据认定案件事实。

第七十九条 【申请鉴定】当事人可以就查明事实的专门性问题向人民法院申请鉴定。当事人申请鉴定的,由双方当事人协商确定具备资格的鉴定人;协商不成的,由人民法院指定。

当事人未申请鉴定,人民法院对专门性问题认为需要鉴定的,应当委托具备资格的鉴定人进行鉴定。

第八十条 【鉴定人的职责】鉴定人有权了解进行鉴定所需要的案件材料,必要时可以询问当事人、证人。

鉴定人应当提出书面鉴定意见,在鉴定书上签名或者盖章。

第八十一条 【鉴定人出庭作证的义务】当事人对鉴定意见有异议或者人民法院认为鉴定人有必要出庭的,鉴定人应当出庭作证。经人民法院通知,鉴定人拒不出庭作证的,鉴定意见不得作为认定事实的根据;支付鉴定费用的当事人可以要求返还鉴定费用。

第八十二条 【对鉴定意见的查证】当事人可以申请人民法院通知有专门知识的人出庭,就鉴定人作出的鉴定意见或者专业问题提出意见。

第八十三条 【勘验笔录】勘验物证或者现场,勘验人必须出示人民法院的证件,并邀请当地基层组织或者当事人所在单位派人参加。当事人或者当事人的成年家属应当到场,拒不到场的,不影响勘验的进行。

有关单位和个人根据人民法院的通知,有义务保护现场,协助勘验工作。

勘验人应当将勘验情况和结果制作笔录,由勘验人、当事人和被邀参加人签名或者盖章。

第八十四条 【证据保全】在证据可能灭失或者以后难以取得的情况下,当事人可以在诉讼过程中向人民法院申请保全证据,人民法院也可以主动采取保全措施。

因情况紧急,在证据可能灭失或者以后难以取得的情况下,利害关系人可以在提起诉讼或者申请仲裁前向证据所在地、被申请人住所地或者对案件有管辖权的人民法院申请保全证据。

证据保全的其他程序,参照适用本法第九章保全的有关规定。

## 第七章 期间、送达

### 第一节 期 间

第八十五条 【期间的种类和计算】期间包括法定期间和人民法院指定的期间。

期间以时、日、月、年计算。期间开始的时和日,不计算在期间内。

期间届满的最后一日是法定休假日的,以法定休假日后的第一日为期间届满的日期。

期间不包括在途时间,诉讼文书在期满前交邮的,不算过期。

**第八十六条　【期间的耽误和顺延】**当事人因不可抗拒的事由或者其他正当理由耽误期限的,在障碍消除后的十日内,可以申请顺延期限,是否准许,由人民法院决定。

## 第二节　送　达

**第八十七条　【送达回证】**送达诉讼文书必须有送达回证,由受送达人在送达回证上记明收到日期,签名或者盖章。

受送达人在送达回证上的签收日期为送达日期。

**第八十八条　【直接送达】**送达诉讼文书,应当直接送交受送达人。受送达人是公民的,本人不在交他的同住成年家属签收;受送达人是法人或者其他组织的,应当由法人的法定代表人、其他组织的主要负责人或者该法人、组织负责收件的人签收;受送达人有诉讼代理人的,可以送交其代理人签收;受送达人已向人民法院指定代收人的,送交代收人签收。

受送达人的同住成年家属,法人或者其他组织的负责收件的人,诉讼代理人或者代收人在送达回证上签收的日期为送达日期。

**第八十九条　【留置送达】**受送达人或者他的同住成年家属拒绝接收诉讼文书的,送达人可以邀请有关基层组织或者所在单位的代表到场,说明情况,在送达回证上记明拒收事由和日期,由送达人、见证人签名或者盖章,把诉讼文书留在受送达人的住所;也可以把诉讼文书留在受送达人的住所,并采用拍照、录像等方式记录送达过程,即视为送达。

**第九十条　【电子送达】**经受送达人同意,人民法院可以采用能够确认其收悉的电子方式送达诉讼文书。通过电子方式送达的判决书、裁定书、调解书,受送达人提出需要纸质文书的,人民法院应当提供。

采用前款方式送达的,以送达信息到达受送达人特定系统的日期为送达日期。

**第九十一条　【委托送达与邮寄送达】**直接送达诉讼文书有困难的,可以委托其他人民法院代为送达,或者邮寄送达。邮寄送达的,以回执上注明的收件日期为送达日期。

**第九十二条　【军人的转交送达】**受送达人是军人的,通过其所在部队团以上单位的政治机关转交。

**第九十三条　【被监禁人或被采取强制性教育措施人的转交送达】**受送达人被监禁的,通过其所在监所转交。

受送达人被采取强制性教育措施的,通过其所在强制性教育机构转交。

**第九十四条　【转交送达的送达日期】**代为转交的机关、单位收到诉讼文书后,必须立即交受送达人签收,以在送达回证上的签收日期,为送达日期。

**第九十五条　【公告送达】**受送达人下落不明,或者用本节规定的其他方式无法送达的,公告送达。自发出公告之日起,经过三十日,即视为送达。

公告送达,应当在案卷中记明原因和经过。

## 第八章　调　解

**第九十六条　【法院调解原则】**人民法院审理民事案件,根据当事人自愿的原则,在事实清楚的基础上,分清是非,进行调解。

**第九十七条　【法院调解的程序】**人民法院进行调解,可以由审判员一人主持,也可以由合议庭主持,并尽可能就地进行。

人民法院进行调解,可以用简便方式通知当事人、证人到庭。

**第九十八条　【对法院调解的协助】**人民法院进行调解,可以邀请有关单位和个人协助。被邀请的单位和个人,应当协助人民法院进行调解。

**第九十九条　【调解协议的达成】**调解达成协议,必须双方自愿,不得强迫。调解协议的内容不得违反法律规定。

**第一百条　【调解书的制作、送达和效力】**调解达成协议,人民法院应当制作调解书。调解书应当写明诉讼请求、案件的事实和调解结果。

调解书由审判人员、书记员署名,加盖人民法院印章,送达双方当事人。

调解书经双方当事人签收后,即具有法律效力。

**第一百零一条　【不需要制作调解书的案件】**下列案件调解达成协议,人民法院可以不制作调解书:

(一)调解和好的离婚案件;

(二)调解维持收养关系的案件;

(三)能够即时履行的案件;

(四)其他不需要制作调解书的案件。

对不需要制作调解书的协议,应当记入笔录,由双方当事人、审判人员、书记员签名或者盖章后,即具有法律效力。

**第一百零二条 【调解不成或调解后反悔的处理】** 调解未达成协议或者调解书送达前一方反悔的,人民法院应当及时判决。

## 第九章 保全和先予执行

**第一百零三条 【诉讼保全】** 人民法院对于可能因当事人一方的行为或者其他原因,使判决难以执行或者造成当事人其他损害的案件,根据对方当事人的申请,可以裁定对其财产进行保全、责令其作出一定行为或者禁止其作出一定行为;当事人没有提出申请的,人民法院在必要时也可以裁定采取保全措施。

人民法院采取保全措施,可以责令申请人提供担保,申请人不提供担保的,裁定驳回申请。

人民法院接受申请后,对情况紧急的,必须在四十八小时内作出裁定;裁定采取保全措施的,应当立即开始执行。

**第一百零四条 【诉前保全】** 利害关系人因情况紧急,不立即申请保全将会使其合法权益受到难以弥补的损害的,可以在提起诉讼或者申请仲裁前向被保全财产所在地、被申请人住所地或者对案件有管辖权的人民法院申请采取保全措施。申请人应当提供担保,不提供担保的,裁定驳回申请。

人民法院接受申请后,必须在四十八小时内作出裁定;裁定采取保全措施的,应当立即开始执行。

申请人在人民法院采取保全措施后三十日内不依法提起诉讼或者申请仲裁的,人民法院应当解除保全。

**第一百零五条 【保全的范围】** 保全限于请求的范围,或者与本案有关的财物。

**第一百零六条 【财产保全的措施】** 财产保全采取查封、扣押、冻结或者法律规定的其他方法。人民法院保全财产后,应当立即通知被保全财产的人。

财产已被查封、冻结的,不得重复查封、冻结。

**第一百零七条 【保全的解除】** 财产纠纷案件,被申请人提供担保的,人民法院应当裁定解除保全。

**第一百零八条 【保全申请错误的处理】** 申请有错误的,申请人应当赔偿被申请人因保全所遭受的损失。

**第一百零九条 【先予执行的适用范围】** 人民法院对下列案件,根据当事人的申请,可以裁定先予执行:

(一)追索赡养费、扶养费、抚养费、抚恤金、医疗费用的;

(二)追索劳动报酬的;

(三)因情况紧急需要先予执行的。

**第一百一十条 【先予执行的条件】** 人民法院裁定先予执行的,应当符合下列条件:

(一)当事人之间权利义务关系明确,不先予执行将严重影响申请人的生活或者生产经营的;

(二)被申请人有履行能力。

人民法院可以责令申请人提供担保,申请人不提供担保的,驳回申请。申请人败诉的,应当赔偿被申请人因先予执行遭受的财产损失。

**第一百一十一条 【对保全或先予执行不服的救济程序】** 当事人对保全或者先予执行的裁定不服的,可以申请复议一次。复议期间不停止裁定的执行。

## 第十章 对妨害民事诉讼的强制措施

**第一百一十二条 【拘传的适用】** 人民法院对必须到庭的被告,经两次传票传唤,无正当理由拒不到庭的,可以拘传。

**第一百一十三条 【对违反法庭规则、扰乱法庭秩序行为的强制措施】** 诉讼参与人和其他人应当遵守法庭规则。

人民法院对违反法庭规则的人,可以予以训诫,责令退出法庭或者予以罚款、拘留。

人民法院对哄闹、冲击法庭,侮辱、诽谤、威胁、殴打审判人员,严重扰乱法庭秩序的人,依法追究刑事责任;情节较轻的,予以罚款、拘留。

**第一百一十四条 【对妨害诉讼证据的收集、调查和阻拦、干扰诉讼进行的强制措施】** 诉讼参与人或者其他人有下列行为之一的,人民法院可以根据情节轻重予以罚款、拘留;构成犯罪的,依法追究刑事责任:

(一)伪造、毁灭重要证据,妨碍人民法院审理案件的;

(二)以暴力、威胁、贿买方法阻止证人作证或者指使、贿买、胁迫他人作伪证的;

(三)隐藏、转移、变卖、毁损已被查封、扣押的财产,或者已被清点并责令其保管的财产,转移已被冻结的财产的;

(四)对司法工作人员、诉讼参加人、证人、翻译人员、鉴定人、勘验人、协助执行的人,进行侮辱、诽谤、诬陷、殴打或者打击报复的;

(五)以暴力、威胁或者其他方法阻碍司法工作人员执行职务的;

(六)拒不履行人民法院已经发生法律效力的判决、裁定的。

人民法院对有前款规定的行为之一的单位,可以对其主要负责人或者直接责任人员予以罚款、拘留;构成犯罪的,依法追究刑事责任。

**第一百一十五条　【虚假诉讼的认定】**当事人之间恶意串通,企图通过诉讼、调解等方式侵害国家利益、社会公共利益或者他人合法权益的,人民法院应当驳回其请求,并根据情节轻重予以罚款、拘留;构成犯罪的,依法追究刑事责任。

当事人单方捏造民事案件基本事实,向人民法院提起诉讼,企图侵害国家利益、社会公共利益或者他人合法权益的,适用前款规定。

**第一百一十六条　【对恶意串通,通过诉讼、仲裁、调解等方式逃避履行法律文书确定的义务的强制措施】**被执行人与他人恶意串通,通过诉讼、仲裁、调解等方式逃避履行法律文书确定的义务的,人民法院应当根据情节轻重予以罚款、拘留;构成犯罪的,依法追究刑事责任。

**第一百一十七条　【对拒不履行协助义务的单位的强制措施】**有义务协助调查、执行的单位有下列行为之一的,人民法院除责令其履行协助义务外,并可以予以罚款:

(一)有关单位拒绝或者妨碍人民法院调查取证的;

(二)有关单位接到人民法院协助执行通知书后,拒不协助查询、扣押、冻结、划拨、变价财产的;

(三)有关单位接到人民法院协助执行通知书后,拒不协助扣留被执行人的收入、办理有关财产权证照转移手续、转交有关票证、证照或者其他财产的;

(四)其他拒绝协助执行的。

人民法院对有前款规定的行为之一的单位,可以对其主要负责人或者直接责任人员予以罚款;对仍不履行协助义务的,可以予以拘留;并可以向监察机关或者有关机关提出予以纪律处分的司法建议。

**第一百一十八条　【罚款金额和拘留期限】**对个人的罚款金额,为人民币十万元以下。对单位的罚款金额,为人民币五万元以上一百万元以下。

拘留的期限,为十五日以下。

被拘留的人,由人民法院交公安机关看管。在拘留期间,被拘留人承认并改正错误的,人民法院可以决定提前解除拘留。

**第一百一十九条　【拘传、罚款、拘留的批准】**拘传、罚款、拘留必须经院长批准。

拘传应当发拘传票。

罚款、拘留应当用决定书。对决定不服的,可以向上一级人民法院申请复议一次。复议期间不停止执行。

**第一百二十条　【强制措施由法院决定】**采取对妨害民事诉讼的强制措施必须由人民法院决定。任何单位和个人采取非法拘禁他人或者非法私自扣押他人财产追索债务的,应当依法追究刑事责任,或者予以拘留、罚款。

### 第十一章　诉讼费用

**第一百二十一条　【诉讼费用】**当事人进行民事诉讼,应当按照规定交纳案件受理费。财产案件除交纳案件受理费外,并按照规定交纳其他诉讼费用。

当事人交纳诉讼费用确有困难的,可以按照规定向人民法院申请缓交、减交或者免交。

收取诉讼费用的办法另行制定。

## 第二编　审判程序

### 第十二章　第一审普通程序

#### 第一节　起诉和受理

**第一百二十二条　【起诉的实质要件】**起诉必须符合下列条件:

(一)原告是与本案有直接利害关系的公民、法人和其他组织;

(二)有明确的被告;

(三)有具体的诉讼请求和事实、理由;

(四)属于人民法院受理民事诉讼的范围和受诉人民法院管辖。

**第一百二十三条　【起诉的形式要件】**起诉应当向人民法院递交起诉状,并按照被告人数提出副本。

书写起诉状确有困难的,可以口头起诉,由人民法院记入笔录,并告知对方当事人。

**第一百二十四条　【起诉状的内容】**起诉状应当记明下列事项:

(一)原告的姓名、性别、年龄、民族、职业、工作单位、住所、联系方式,法人或者其他组织的名称、住所和法定代表人或者主要负责人的姓名、职务、联系方式;

(二)被告的姓名、性别、工作单位、住所等信息,法人或者其他组织的名称、住所等信息;

(三)诉讼请求和所根据的事实与理由;

(四)证据和证据来源,证人姓名和住所。

**第一百二十五条　【先行调解】**当事人起诉到人民法院的民事纠纷,适宜调解的,先行调解,但当事人拒绝调解的除外。

**第一百二十六条　【起诉权和受理程序】**人民法院应当保障当事人依照法律规定享有的起诉权利。对符合本法第一百二十二条的起诉,必须受理。符合起诉条件的,应当在七日内立案,并通知当事人;不符合起诉条件的,应当在七日内作出裁定书,不予受理;原告对裁定不服的,可以提起上诉。

**第一百二十七条 【对特殊情形的处理】**人民法院对下列起诉,分别情形,予以处理:

(一)依照行政诉讼法的规定,属于行政诉讼受案范围的,告知原告提起行政诉讼;

(二)依照法律规定,双方当事人达成书面仲裁协议申请仲裁、不得向人民法院起诉的,告知原告向仲裁机构申请仲裁;

(三)依照法律规定,应当由其他机关处理的争议,告知原告向有关机关申请解决;

(四)对不属于本院管辖的案件,告知原告向有管辖权的人民法院起诉;

(五)对判决、裁定、调解书已经发生法律效力的案件,当事人又起诉的,告知原告申请再审,但人民法院准许撤诉的裁定除外;

(六)依照法律规定,在一定期限内不得起诉的案件,在不得起诉的期限内起诉的,不予受理;

(七)判决不准离婚和调解和好的离婚案件,判决、调解维持收养关系的案件,没有新情况、新理由,原告在六个月内又起诉的,不予受理。

## 第二节 审理前的准备

**第一百二十八条 【送达起诉状和答辩状】**人民法院应当在立案之日起五日内将起诉状副本发送被告,被告应当在收到之日起十五日内提出答辩状。答辩状应当记明被告的姓名、性别、年龄、民族、职业、工作单位、住所、联系方式;法人或者其他组织的名称、住所和法定代表人或者主要负责人的姓名、职务、联系方式。人民法院应当在收到答辩状之日起五日内将答辩状副本发送原告。

被告不提出答辩状的,不影响人民法院审理。

**第一百二十九条 【诉讼权利义务的告知】**人民法院对决定受理的案件,应当在受理案件通知书和应诉通知书中向当事人告知有关的诉讼权利义务,或者口头告知。

**第一百三十条 【对管辖权异议的审查和处理】**人民法院受理案件后,当事人对管辖权有异议的,应当在提交答辩状期间提出。人民法院对当事人提出的异议,应当审查。异议成立的,裁定将案件移送有管辖权的人民法院;异议不成立的,裁定驳回。

当事人未提出管辖异议,并应诉答辩或者提出反诉的,视为受诉人民法院有管辖权,但违反级别管辖和专属管辖规定的除外。

**第一百三十一条 【审判人员的告知】**审判人员确定后,应当在三日内告知当事人。

**第一百三十二条 【审核取证】**审判人员必须认真审核诉讼材料,调查收集必要的证据。

**第一百三十三条 【调查取证的程序】**人民法院派出人员进行调查时,应当向被调查人出示证件。

调查笔录经被调查人校阅后,由被调查人、调查人签名或者盖章。

**第一百三十四条 【委托调查】**人民法院在必要时可以委托外地人民法院调查。

委托调查,必须提出明确的项目和要求。受委托人民法院可以主动补充调查。

受委托人民法院收到委托书后,应当在三十日内完成调查。因故不能完成的,应当在上述期限内函告委托人民法院。

**第一百三十五条 【当事人的追加】**必须共同进行诉讼的当事人没有参加诉讼的,人民法院应当通知其参加诉讼。

**第一百三十六条 【案件受理后的处理】**人民法院对受理的案件,分别情形,予以处理:

(一)当事人没有争议,符合督促程序规定条件的,可以转入督促程序;

(二)开庭前可以调解的,采取调解方式及时解决纠纷;

(三)根据案件情况,确定适用简易程序或者普通程序;

(四)需要开庭审理的,通过要求当事人交换证据等方式,明确争议焦点。

## 第三节 开庭审理

**第一百三十七条 【公开审理及例外】**人民法院审理民事案件,除涉及国家秘密、个人隐私或者法律另有规定的以外,应当公开进行。

离婚案件,涉及商业秘密的案件,当事人申请不公开审理的,可以不公开审理。

**第一百三十八条 【巡回审理】**人民法院审理民事案件,根据需要进行巡回审理,就地办案。

**第一百三十九条 【开庭通知与公告】**人民法院审理民事案件,应当在开庭三日前通知当事人和其他诉讼参与人。公开审理的,应当公告当事人姓名、案由和开庭的时间、地点。

**第一百四十条　【宣布开庭】**开庭审理前,书记员应当查明当事人和其他诉讼参与人是否到庭,宣布法庭纪律。

开庭审理时,由审判长或者独任审判员核对当事人,宣布案由,宣布审判人员、法官助理、书记员等的名单,告知当事人有关的诉讼权利义务,询问当事人是否提出回避申请。

**第一百四十一条　【法庭调查顺序】**法庭调查按照下列顺序进行:

(一)当事人陈述;

(二)告知证人的权利义务,证人作证,宣读未到庭的证人证言;

(三)出示书证、物证、视听资料和电子数据;

(四)宣读鉴定意见;

(五)宣读勘验笔录。

**第一百四十二条　【当事人庭审诉讼权利】**当事人在法庭上可以提出新的证据。

当事人经法庭许可,可以向证人、鉴定人、勘验人发问。

当事人要求重新进行调查、鉴定或者勘验的,是否准许,由人民法院决定。

**第一百四十三条　【合并审理】**原告增加诉讼请求,被告提出反诉,第三人提出与本案有关的诉讼请求,可以合并审理。

**第一百四十四条　【法庭辩论】**法庭辩论按照下列顺序进行:

(一)原告及其诉讼代理人发言;

(二)被告及其诉讼代理人答辩;

(三)第三人及其诉讼代理人发言或者答辩;

(四)互相辩论。

法庭辩论终结,由审判长或者独任审判员按照原告、被告、第三人的先后顺序征询各方最后意见。

**第一百四十五条　【法庭调解】**法庭辩论终结,应当依法作出判决。判决前能够调解的,还可以进行调解,调解不成的,应当及时判决。

**第一百四十六条　【原告不到庭和中途退庭的处理】**原告经传票传唤,无正当理由拒不到庭的,或者未经法庭许可中途退庭的,可以按撤诉处理;被告反诉的,可以缺席判决。

**第一百四十七条　【被告不到庭和中途退庭的处理】**被告经传票传唤,无正当理由拒不到庭的,或者未经法庭许可中途退庭的,可以缺席判决。

**第一百四十八条　【原告申请撤诉的处理】**宣判前,原告申请撤诉的,是否准许,由人民法院裁定。

人民法院裁定不准许撤诉的,原告经传票传唤,无正当理由拒不到庭的,可以缺席判决。

**第一百四十九条　【延期审理】**有下列情形之一的,可以延期开庭审理:

(一)必须到庭的当事人和其他诉讼参与人有正当理由没有到庭的;

(二)当事人临时提出回避申请的;

(三)需要通知新的证人到庭,调取新的证据,重新鉴定、勘验,或者需要补充调查的;

(四)其他应当延期的情形。

**第一百五十条　【法庭笔录】**书记员应当将法庭审理的全部活动记入笔录,由审判人员和书记员签名。

法庭笔录应当当庭宣读,也可以告知当事人和其他诉讼参与人当庭或者在五日内阅读。当事人和其他诉讼参与人认为对自己的陈述记录有遗漏或者差错的,有权申请补正。如果不予补正,应当将申请记录在案。

法庭笔录由当事人和其他诉讼参与人签名或者盖章。拒绝签名盖章的,记明情况附卷。

**第一百五十一条　【宣告判决】**人民法院对公开审理或者不公开审理的案件,一律公开宣告判决。

当庭宣判的,应当在十日内发送判决书;定期宣判的,宣判后立即发给判决书。

宣告判决时,必须告知当事人上诉权利、上诉期限和上诉的法院。

宣告离婚判决,必须告知当事人在判决发生法律效力前不得另行结婚。

**第一百五十二条　【一审审限】**人民法院适用普通程序审理的案件,应当在立案之日起六个月内审结。有特殊情况需要延长的,经本院院长批准,可以延长六个月;还需要延长的,报请上级人民法院批准。

### 第四节　诉讼中止和终结

**第一百五十三条　【诉讼中止】**有下列情形之一的,中止诉讼:

(一)一方当事人死亡,需要等待继承人表明是否参加诉讼的;

(二)一方当事人丧失诉讼行为能力,尚未确定法定代理人的;

(三)作为一方当事人的法人或者其他组织终止,尚未确定权利义务承受人的;

(四)一方当事人因不可抗拒的事由,不能参加诉讼的；

（五）本案必须以另一案的审理结果为依据，而另一案尚未审结的；

（六）其他应当中止诉讼的情形。

中止诉讼的原因消除后，恢复诉讼。

**第一百五十四条　【诉讼终结】**有下列情形之一的，终结诉讼：

（一）原告死亡，没有继承人，或者继承人放弃诉讼权利的；

（二）被告死亡，没有遗产，也没有应当承担义务的人的；

（三）离婚案件一方当事人死亡的；

（四）追索赡养费、扶养费、抚养费以及解除收养关系案件的一方当事人死亡的。

### 第五节　判决和裁定

**第一百五十五条　【判决书的内容】**判决书应当写明判决结果和作出该判决的理由。判决书内容包括：

（一）案由、诉讼请求、争议的事实和理由；

（二）判决认定的事实和理由、适用的法律和理由；

（三）判决结果和诉讼费用的负担；

（四）上诉期间和上诉的法院。

判决书由审判人员、书记员署名，加盖人民法院印章。

**第一百五十六条　【先行判决】**人民法院审理案件，其中一部分事实已经清楚，可以就该部分先行判决。

**第一百五十七条　【裁定】**裁定适用于下列范围：

（一）不予受理；

（二）对管辖权有异议的；

（三）驳回起诉；

（四）保全和先予执行；

（五）准许或者不准许撤诉；

（六）中止或者终结诉讼；

（七）补正判决书中的笔误；

（八）中止或者终结执行；

（九）撤销或者不予执行仲裁裁决；

（十）不予执行公证机关赋予强制执行效力的债权文书；

（十一）其他需要裁定解决的事项。

对前款第一项至第三项裁定，可以上诉。

裁定书应当写明裁定结果和作出该裁定的理由。裁定书由审判人员、书记员署名，加盖人民法院印章。口头裁定的，记入笔录。

**第一百五十八条　【一审裁判的生效】**最高人民法院的判决、裁定，以及依法不准上诉或者超过上诉期没有上诉的判决、裁定，是发生法律效力的判决、裁定。

**第一百五十九条　【判决、裁定的公开】**公众可以查阅发生法律效力的判决书、裁定书，但涉及国家秘密、商业秘密和个人隐私的内容除外。

### 第十三章　简易程序

**第一百六十条　【简易程序的适用范围】**基层人民法院和它派出的法庭审理事实清楚、权利义务关系明确、争议不大的简单的民事案件，适用本章规定。

基层人民法院和它派出的法庭审理前款规定以外的民事案件，当事人双方也可以约定适用简易程序。

**第一百六十一条　【简易程序的起诉方式和受理程序】**对简单的民事案件，原告可以口头起诉。

当事人双方可以同时到基层人民法院或者它派出的法庭，请求解决纠纷。基层人民法院或者它派出的法庭可以当即审理，也可以另定日期审理。

**第一百六十二条　【简易程序的传唤方式】**基层人民法院和它派出的法庭审理简单的民事案件，可以用简便方式传唤当事人和证人、送达诉讼文书、审理案件，但应当保障当事人陈述意见的权利。

**第一百六十三条　【简易程序的独任审理】**简单的民事案件由审判员一人独任审理，并不受本法第一百三十九条、第一百四十一条、第一百四十四条规定的限制。

**第一百六十四条　【简易程序的审限】**人民法院适用简易程序审理案件，应当在立案之日起三个月内审结。有特殊情况需要延长的，经本院院长批准，可以延长一个月。

**第一百六十五条　【小额诉讼程序】**基层人民法院和它派出的法庭审理事实清楚、权利义务关系明确、争议不大的简单金钱给付民事案件，标的额为各省、自治区、直辖市上年度就业人员年平均工资百分之五十以下的，适用小额诉讼的程序审理，实行一审终审。

基层人民法院和它派出的法庭审理前款规定的民事案件，标的额超过各省、自治区、直辖市上年度就业人员年平均工资百分之五十但在二倍以下的，当事人双方也可以约定适用小额诉讼的程序。

**第一百六十六条　【不适用小额诉讼程序的案件】**人民法院审理下列民事案件，不适用小额诉讼的程序：

（一）人身关系、财产确权案件；

（二）涉外案件；

（三）需要评估、鉴定或者对诉前评估、鉴定结果有异议的案件；

（四）一方当事人下落不明的案件；

（五）当事人提出反诉的案件；

（六）其他不宜适用小额诉讼的程序审理的案件。

第一百六十七条 【小额诉讼的审理方式】人民法院适用小额诉讼的程序审理案件，可以一次开庭审结并且当庭宣判。

第一百六十八条 【小额诉讼的审限】人民法院适用小额诉讼的程序审理案件，应当在立案之日起两个月内审结。有特殊情况需要延长的，经本院院长批准，可以延长一个月。

第一百六十九条 【小额诉讼程序转化及当事人异议权】人民法院在审理过程中，发现案件不宜适用小额诉讼的程序的，应当适用简易程序的其他规定审理或者裁定转为普通程序。

当事人认为案件适用小额诉讼的程序审理违反法律规定的，可以向人民法院提出异议。人民法院对当事人提出的异议应当审查，异议成立的，应当适用简易程序的其他规定审理或者裁定转为普通程序；异议不成立的，裁定驳回。

第一百七十条 【简易程序转为普通程序】人民法院在审理过程中，发现案件不宜适用简易程序的，裁定转为普通程序。

## 第十四章 第二审程序

第一百七十一条 【上诉权】当事人不服地方人民法院第一审判决的，有权在判决书送达之日起十五日内向上一级人民法院提起上诉。

当事人不服地方人民法院第一审裁定的，有权在裁定书送达之日起十日内向上一级人民法院提起上诉。

第一百七十二条 【上诉状的内容】上诉应当递交上诉状。上诉状的内容，应当包括当事人的姓名，法人的名称及其法定代表人的姓名或者其他组织的名称及其主要负责人的姓名；原审人民法院名称、案件的编号和案由；上诉的请求和理由。

第一百七十三条 【上诉的提起】上诉状应当通过原审人民法院提出，并按照对方当事人或者代表人的人数提出副本。

当事人直接向第二审人民法院上诉的，第二审人民法院应当在五日内将上诉状移交原审人民法院。

第一百七十四条 【上诉的受理】原审人民法院收到上诉状，应当在五日内将上诉状副本送达对方当事人，对方当事人在收到之日起十五日内提出答辩状。人民法院应当在收到答辩状之日起五日内将副本送达上诉人。对方当事人不提出答辩状的，不影响人民法院审理。

原审人民法院收到上诉状、答辩状，应当在五日内连同全部案卷和证据，报送第二审人民法院。

第一百七十五条 【二审的审理范围】第二审人民法院应当对上诉请求的有关事实和适用法律进行审查。

第一百七十六条 【二审的审理方式和地点】第二审人民法院对上诉案件应当开庭审理。经过阅卷、调查和询问当事人，对没有提出新的事实、证据或者理由，人民法院认为不需要开庭审理的，可以不开庭审理。

第二审人民法院审理上诉案件，可以在本院进行，也可以到案件发生地或者原审人民法院所在地进行。

第一百七十七条 【二审裁判】第二审人民法院对上诉案件，经过审理，按照下列情形，分别处理：

（一）原判决、裁定认定事实清楚，适用法律正确的，以判决、裁定方式驳回上诉，维持原判决、裁定；

（二）原判决、裁定认定事实错误或者适用法律错误的，以判决、裁定方式依法改判、撤销或者变更；

（三）原判决认定基本事实不清的，裁定撤销原判决，发回原审人民法院重审，或者查清事实后改判；

（四）原判决遗漏当事人或者违法缺席判决等严重违反法定程序的，裁定撤销原判决，发回原审人民法院重审。

原审人民法院对发回重审的案件作出判决后，当事人提起上诉的，第二审人民法院不得再次发回重审。

第一百七十八条 【对一审适用裁定的上诉案件的处理】第二审人民法院对不服第一审人民法院裁定的上诉案件的处理，一律使用裁定。

第一百七十九条 【上诉案件的调解】第二审人民法院审理上诉案件，可以进行调解。调解达成协议，应当制作调解书，由审判人员、书记员署名，加盖人民法院印章。调解书送达后，原审人民法院的判决即视为撤销。

第一百八十条 【上诉的撤回】第二审人民法院判决宣告前，上诉人申请撤回上诉的，是否准许，由第二审人民法院裁定。

第一百八十一条 【二审适用的程序】第二审人民法院审理上诉案件，除依照本章规定外，适用第一审普通程序。

第一百八十二条 【二审裁判的效力】第二审人民法院的判决、裁定，是终审的判决、裁定。

第一百八十三条 【二审审限】人民法院审理对判决的上诉案件，应当在第二审立案之日起三个月内审结。

有特殊情况需要延长的,由本院院长批准。

人民法院审理对裁定的上诉案件,应当在第二审立案之日起三十日内作出终审裁定。

## 第十五章 特别程序
### 第一节 一般规定

**第一百八十四条** 【特别程序的适用范围】人民法院审理选民资格案件、宣告失踪或者宣告死亡案件、指定遗产管理人案件、认定公民无民事行为能力或者限制民事行为能力案件、认定财产无主案件、确认调解协议案件和实现担保物权案件,适用本章规定。本章没有规定的,适用本法和其他法律的有关规定。

**第一百八十五条** 【一审终审与独任审理】依照本章程序审理的案件,实行一审终审。选民资格案件或者重大、疑难的案件,由审判员组成合议庭审理;其他案件由审判员一人独任审理。

**第一百八十六条** 【特别程序的转换】人民法院在依照本章程序审理案件的过程中,发现本案属于民事权益争议的,应当裁定终结特别程序,并告知利害关系人可以另行起诉。

**第一百八十七条** 【特别程序的审限】人民法院适用特别程序审理的案件,应当在立案之日起三十日内或者公告期满后三十日内审结。有特殊情况需要延长的,由本院院长批准。但审理选民资格的案件除外。

### 第二节 选民资格案件

**第一百八十八条** 【起诉与管辖】公民不服选举委员会对选民资格的申诉所作的处理决定,可以在选举日的五日以前向选区所在地基层人民法院起诉。

**第一百八十九条** 【审理、审限及判决】人民法院受理选民资格案件后,必须在选举日前审结。

审理时,起诉人、选举委员会的代表和有关公民必须参加。

人民法院的判决书,应当在选举日前送达选举委员会和起诉人,并通知有关公民。

### 第三节 宣告失踪、宣告死亡案件

**第一百九十条** 【宣告失踪案件的提起】公民下落不明满二年,利害关系人申请宣告其失踪的,向下落不明人住所地基层人民法院提出。

申请书应当写明失踪的事实、时间和请求,并附有公安机关或者其他有关机关关于该公民下落不明的书面证明。

**第一百九十一条** 【宣告死亡案件的提起】公民下落不明满四年,或者因意外事件下落不明满二年,或者因意外事件下落不明,经有关机关证明该公民不可能生存,利害关系人申请宣告其死亡的,向下落不明人住所地基层人民法院提出。

申请书应当写明下落不明的事实、时间和请求,并附有公安机关或者其他有关机关关于该公民下落不明的书面证明。

**第一百九十二条** 【公告与判决】人民法院受理宣告失踪、宣告死亡案件后,应当发出寻找下落不明人的公告。宣告失踪的公告期间为三个月,宣告死亡的公告期间为一年。因意外事件下落不明,经有关机关证明该公民不可能生存的,宣告死亡的公告期间为三个月。

公告期间届满,人民法院应当根据被宣告失踪、宣告死亡的事实是否得到确认,作出宣告失踪、宣告死亡的判决或者驳回申请的判决。

**第一百九十三条** 【判决的撤销】被宣告失踪、宣告死亡的公民重新出现,经本人或者利害关系人申请,人民法院应当作出新判决,撤销原判决。

### 第四节 指定遗产管理人案件

**第一百九十四条** 【指定遗产管理人的管辖】对遗产管理人的确定有争议,利害关系人申请指定遗产管理人的,向被继承人死亡时住所地或者主要遗产所在地基层人民法院提出。

申请书应当写明被继承人死亡的时间、申请事由和具体请求,并附有被继承人死亡的相关证据。

**第一百九十五条** 【遗产管理人的指定原则】人民法院受理申请后,应当审查核实,并按照有利于遗产管理的原则,判决指定遗产管理人。

**第一百九十六条** 【遗产管理人的变更】被指定的遗产管理人死亡、终止、丧失民事行为能力或者存在其他无法继续履行遗产管理职责情形的,人民法院可以根据利害关系人或者本人的申请另行指定遗产管理人。

**第一百九十七条** 【遗产管理人的另行指定】遗产管理人违反遗产管理职责,严重侵害继承人、受遗赠人或者债权人合法权益的,人民法院可以根据利害关系人的申请,撤销其遗产管理人资格,并依法指定新的遗产管理人。

### 第五节 认定公民无民事行为能力、限制民事行为能力案件

**第一百九十八条** 【认定公民无民事行为能力、限制民事行为能力案件的提起】申请认定公民无民事行为能

力或者限制民事行为能力，由利害关系人或者有关组织向该公民住所地基层人民法院提出。

申请书应当写明该公民无民事行为能力或者限制民事行为能力的事实和根据。

**第一百九十九条** 【民事行为能力鉴定】人民法院受理申请后，必要时应当对被请求认定为无民事行为能力或者限制民事行为能力的公民进行鉴定。申请人已提供鉴定意见的，应当对鉴定意见进行审查。

**第二百条** 【审理及判决】人民法院审理认定公民无民事行为能力或者限制民事行为能力的案件，应当由该公民的近亲属为代理人，但申请人除外。近亲属互相推诿的，由人民法院指定其中一人为代理人。该公民健康情况许可的，还应当询问本人的意见。

人民法院经审理认定申请有事实根据的，判决该公民为无民事行为能力或者限制民事行为能力人；认定申请没有事实根据的，应当判决予以驳回。

**第二百零一条** 【判决的撤销】人民法院根据被认定为无民事行为能力人、限制民事行为能力人本人、利害关系人或者有关组织的申请，证实该公民无民事行为能力或者限制民事行为能力的原因已经消除的，应当作出新判决，撤销原判决。

### 第六节 认定财产无主案件

**第二百零二条** 【财产无主案件的提起】申请认定财产无主，由公民、法人或者其他组织向财产所在地基层人民法院提出。

申请书应当写明财产的种类、数量以及要求认定财产无主的根据。

**第二百零三条** 【公告及判决】人民法院受理申请后，经审查核实，应当发出财产认领公告。公告满一年无人认领的，判决认定财产无主，收归国家或者集体所有。

**第二百零四条** 【判决的撤销】判决认定财产无主后，原财产所有人或者继承人出现，在民法典规定的诉讼时效期间可以对财产提出请求，人民法院审查属实后，应当作出新判决，撤销原判决。

### 第七节 确认调解协议案件

**第二百零五条** 【调解协议的司法确认】经依法设立的调解组织调解达成调解协议，申请司法确认的，由双方当事人自调解协议生效之日起三十日内，共同向下列人民法院提出：

（一）人民法院邀请调解组织开展先行调解的，向作出邀请的人民法院提出；

（二）调解组织自行开展调解的，向当事人住所地、标的物所在地、调解组织所在地的基层人民法院提出；调解协议所涉纠纷应当由中级人民法院管辖的，向相应的中级人民法院提出。

**第二百零六条** 【审查及裁定】人民法院受理申请后，经审查，符合法律规定的，裁定调解协议有效，一方当事人拒绝履行或者未全部履行的，对方当事人可以向人民法院申请执行；不符合法律规定的，裁定驳回申请，当事人可以通过调解方式变更原调解协议或者达成新的调解协议，也可以向人民法院提起诉讼。

### 第八节 实现担保物权案件

**第二百零七条** 【实现担保物权案件的提起】申请实现担保物权，由担保物权人以及其他有权请求实现担保物权的人依照民法典等法律，向担保财产所在地或者担保物权登记地基层人民法院提出。

**第二百零八条** 【审查及裁定】人民法院受理申请后，经审查，符合法律规定的，裁定拍卖、变卖担保财产，当事人依据该裁定可以向人民法院申请执行；不符合法律规定的，裁定驳回申请，当事人可以向人民法院提起诉讼。

## 第十六章 审判监督程序

**第二百零九条** 【人民法院决定再审】各级人民法院院长对本院已经发生法律效力的判决、裁定、调解书，发现确有错误，认为需要再审的，应当提交审判委员会讨论决定。

最高人民法院对地方各级人民法院已经发生法律效力的判决、裁定、调解书，上级人民法院对下级人民法院已经发生法律效力的判决、裁定、调解书，发现确有错误的，有权提审或者指令下级人民法院再审。

**第二百一十条** 【当事人申请再审】当事人对已经发生法律效力的判决、裁定，认为有错误的，可以向上一级人民法院申请再审；当事人一方人数众多或者当事人双方为公民的案件，也可以向原审人民法院申请再审。当事人申请再审的，不停止判决、裁定的执行。

**第二百一十一条** 【再审事由】当事人的申请符合下列情形之一的，人民法院应当再审：

（一）有新的证据，足以推翻原判决、裁定的；

（二）原判决、裁定认定的基本事实缺乏证据证明的；

（三）原判决、裁定认定事实的主要证据是伪造的；

（四）原判决、裁定认定事实的主要证据未经质证的；

（五）对审理案件需要的主要证据，当事人因客观原因不能自行收集，书面申请人民法院调查收集，人民法院未调查收集的；

（六）原判决、裁定适用法律确有错误的；

（七）审判组织的组成不合法或者依法应当回避的审判人员没有回避的；

（八）无诉讼行为能力人未经法定代理人代为诉讼或者应当参加诉讼的当事人，因不能归责于本人或者其诉讼代理人的事由，未参加诉讼的；

（九）违反法律规定，剥夺当事人辩论权利的；

（十）未经传票传唤，缺席判决的；

（十一）原判决、裁定遗漏或者超出诉讼请求的；

（十二）据以作出原判决、裁定的法律文书被撤销或者变更的；

（十三）审判人员审理该案件时有贪污受贿，徇私舞弊，枉法裁判行为的。

第二百一十二条　【调解书的再审】当事人对已经发生法律效力的调解书，提出证据证明调解违反自愿原则或者调解协议的内容违反法律的，可以申请再审。经人民法院审查属实的，应当再审。

第二百一十三条　【不得申请再审的案件】当事人对已经发生法律效力的解除婚姻关系的判决、调解书，不得申请再审。

第二百一十四条　【再审申请以及审查】当事人申请再审的，应当提交再审申请书等材料。人民法院应当自收到再审申请书之日起五日内将再审申请书副本发送对方当事人。对方当事人应当自收到再审申请书副本之日起十五日内提交书面意见；不提交书面意见的，不影响人民法院审查。人民法院可以要求申请人和对方当事人补充有关材料，询问有关事项。

第二百一十五条　【再审申请的审查期限以及再审案件管辖法院】人民法院应当自收到再审申请书之日起三个月内审查，符合本法规定的，裁定再审；不符合本法规定的，裁定驳回申请。有特殊情况需要延长的，由本院院长批准。

因当事人申请裁定再审的案件由中级人民法院以上的人民法院审理，但当事人依照本法第二百一十条的规定选择向基层人民法院申请再审的除外。最高人民法院、高级人民法院裁定再审的案件，由本院再审或者交其他人民法院再审，也可以交原审人民法院再审。

第二百一十六条　【当事人申请再审的期限】当事人申请再审，应当在判决、裁定发生法律效力后六个月内提出；有本法第二百一十一条第一项、第三项、第十二项、第十三项规定情形的，自知道或者应当知道之日起六个月内提出。

第二百一十七条　【中止原判决的执行及例外】按照审判监督程序决定再审的案件，裁定中止原判决、裁定、调解书的执行，但追索赡养费、扶养费、抚养费、抚恤金、医疗费用、劳动报酬等案件，可以不中止执行。

第二百一十八条　【再审案件的审理程序】人民法院按照审判监督程序再审的案件，发生法律效力的判决、裁定是由第一审法院作出的，按照第一审程序审理，所作的判决、裁定，当事人可以上诉；发生法律效力的判决、裁定是由第二审法院作出的，按照第二审程序审理，所作的判决、裁定，是发生法律效力的判决、裁定；上级人民法院按照审判监督程序提审的，按照第二审程序审理，所作的判决、裁定是发生法律效力的判决、裁定。

人民法院审理再审案件，应当另行组成合议庭。

第二百一十九条　【人民检察院提起抗诉】最高人民检察院对各级人民法院已经发生法律效力的判决、裁定，上级人民检察院对下级人民法院已经发生法律效力的判决、裁定，发现有本法第二百一十一条规定情形之一的，或者发现调解书损害国家利益、社会公共利益的，应当提出抗诉。

地方各级人民检察院对同级人民法院已经发生法律效力的判决、裁定，发现有本法第二百一十一条规定情形之一的，或者发现调解书损害国家利益、社会公共利益的，可以向同级人民法院提出检察建议，并报上级人民检察院备案；也可以提请上级人民检察院向同级人民法院提出抗诉。

各级人民检察院对审判监督程序以外的其他审判程序中审判人员的违法行为，有权向同级人民法院提出检察建议。

第二百二十条　【当事人申请再审检察建议及抗诉的条件】有下列情形之一的，当事人可以向人民检察院申请检察建议或者抗诉：

（一）人民法院驳回再审申请的；

（二）人民法院逾期未对再审申请作出裁定的；

（三）再审判决、裁定有明显错误的。

人民检察院对当事人的申请应当在三个月内进行审查，作出提出或者不予提出检察建议或者抗诉的决定。当事人不得再次向人民检察院申请检察建议或者抗诉。

第二百二十一条　【抗诉案件的调查】人民检察院因履行法律监督职责提出检察建议或者抗诉的需要，可以向当事人或者案外人调查核实有关情况。

**第二百二十二条 【抗诉案件裁定再审的期限及审理法院】**人民检察院提出抗诉的案件,接受抗诉的人民法院应当自收到抗诉书之日起三十日内作出再审的裁定;有本法第二百一十一条第一项至第五项规定情形之一的,可以交下一级人民法院再审,但经该下一级人民法院再审的除外。

**第二百二十三条 【抗诉书】**人民检察院决定对人民法院的判决、裁定、调解书提出抗诉的,应当制作抗诉书。

**第二百二十四条 【人民检察院派员出庭】**人民检察院提出抗诉的案件,人民法院再审时,应当通知人民检察院派员出席法庭。

### 第十七章 督促程序

**第二百二十五条 【支付令的申请】**债权人请求债务人给付金钱、有价证券,符合下列条件的,可以向有管辖权的基层人民法院申请支付令:

(一)债权人与债务人没有其他债务纠纷的;

(二)支付令能够送达债务人的。

申请书应当写明请求给付金钱或者有价证券的数量和所根据的事实、证据。

**第二百二十六条 【支付令申请的受理】**债权人提出申请后,人民法院应当在五日内通知债权人是否受理。

**第二百二十七条 【审理】**人民法院受理申请后,经审查债权人提供的事实、证据,对债权债务关系明确、合法的,应当在受理之日起十五日内向债务人发出支付令;申请不成立的,裁定予以驳回。

债务人应当自收到支付令之日起十五日内清偿债务,或者向人民法院提出书面异议。

债务人在前款规定的期间不提出异议又不履行支付令的,债权人可以向人民法院申请执行。

**第二百二十八条 【支付令的异议及失效的处理】**人民法院收到债务人提出的书面异议后,经审查,异议成立的,应当裁定终结督促程序,支付令自行失效。

支付令失效的,转入诉讼程序,但申请支付令的一方当事人不同意提起诉讼的除外。

### 第十八章 公示催告程序

**第二百二十九条 【公示催告程序的提起】**按照规定可以背书转让的票据持有人,因票据被盗、遗失或者灭失,可以向票据支付地的基层人民法院申请公示催告。依照法律规定可以申请公示催告的其他事项,适用本章规定。

申请人应当向人民法院递交申请书,写明票面金额、发票人、持票人、背书人等票据主要内容和申请的理由、事实。

**第二百三十条 【受理、止付通知与公告】**人民法院决定受理申请,应当同时通知支付人停止支付,并在三日内发出公告,催促利害关系人申报权利。公示催告的期间,由人民法院根据情况决定,但不得少于六十日。

**第二百三十一条 【止付通知和公告的效力】**支付人收到人民法院停止支付的通知,应当停止支付,至公示催告程序终结。

公示催告期间,转让票据权利的行为无效。

**第二百三十二条 【利害关系人申报权利】**利害关系人应当在公示催告期间向人民法院申报。

人民法院收到利害关系人的申报后,应当裁定终结公示催告程序,并通知申请人和支付人。

申请人或者申报人可以向人民法院起诉。

**第二百三十三条 【除权判决】**没有人申报的,人民法院应当根据申请人的申请,作出判决,宣告票据无效。判决应当公告,并通知支付人。自判决公告之日起,申请人有权向支付人请求支付。

**第二百三十四条 【除权判决的撤销】**利害关系人因正当理由不能在判决前向人民法院申报的,自知道或者应当知道判决公告之日起一年内,可以向作出判决的人民法院起诉。

## 第三编 执行程序

### 第十九章 一般规定

**第二百三十五条 【执行依据及管辖】**发生法律效力的民事判决、裁定,以及刑事判决、裁定中的财产部分,由第一审人民法院或者与第一审人民法院同级的被执行的财产所在地人民法院执行。

法律规定由人民法院执行的其他法律文书,由被执行人住所地或者被执行的财产所在地人民法院执行。

**第二百三十六条 【对违法的执行行为的异议】**当事人、利害关系人认为执行行为违反法律规定的,可以向负责执行的人民法院提出书面异议。当事人、利害关系人提出书面异议的,人民法院应当自收到书面异议之日起十五日内审查,理由成立的,裁定撤销或者改正;理由不成立的,裁定驳回。当事人、利害关系人对裁定不服的,可以自裁定送达之日起十日内向上一级人民法院申请复议。

**第二百三十七条 【变更执行法院】**人民法院自收到申请执行书之日起超过六个月未执行的,申请执行人可以向上一级人民法院申请执行。上一级人民法院经审查，可以责令原人民法院在一定期限内执行，也可以决定由本院执行或者指令其他人民法院执行。

第二百三十八条 【案外人异议】执行过程中，案外人对执行标的提出书面异议的，人民法院应当自收到书面异议之日起十五日内审查，理由成立的，裁定中止对该标的的执行；理由不成立的，裁定驳回。案外人、当事人对裁定不服，认为原判决、裁定错误的，依照审判监督程序办理；与原判决、裁定无关的，可以自裁定送达之日起十五日内向人民法院提起诉讼。

第二百三十九条 【执行员与执行机构】执行工作由执行员进行。

采取强制执行措施时，执行员应当出示证件。执行完毕后，应当将执行情况制作笔录，由在场的有关人员签名或者盖章。

人民法院根据需要可以设立执行机构。

第二百四十条 【委托执行】被执行人或者被执行的财产在外地的，可以委托当地人民法院代为执行。受委托人民法院收到委托函件后，必须在十五日内开始执行，不得拒绝。执行完毕后，应当将执行结果及时函复委托人民法院；在三十日内如果还未执行完毕，也应当将执行情况函告委托人民法院。

受委托人民法院自收到委托函件之日起十五日内不执行的，委托人民法院可以请求受委托人民法院的上级人民法院指令受委托人民法院执行。

第二百四十一条 【执行和解】在执行中，双方当事人自行和解达成协议的，执行员应当将协议内容记入笔录，由双方当事人签名或者盖章。

申请执行人因受欺诈、胁迫与被执行人达成和解协议，或者当事人不履行和解协议的，人民法院可以根据当事人的申请，恢复对原生效法律文书的执行。

第二百四十二条 【执行担保】在执行中，被执行人向人民法院提供担保，并经申请执行人同意的，人民法院可以决定暂缓执行及暂缓执行的期限。被执行人逾期仍不履行的，人民法院有权执行被执行人的担保财产或者担保人的财产。

第二百四十三条 【被执行主体的变更】作为被执行人的公民死亡的，以其遗产偿还债务。作为被执行人的法人或者其他组织终止的，由其权利义务承受人履行义务。

第二百四十四条 【执行回转】执行完毕后，据以执行的判决、裁定和其他法律文书确有错误，被人民法院撤销的，对已被执行的财产，人民法院应当作出裁定，责令取得财产的人返还；拒不返还的，强制执行。

第二百四十五条 【法院调解书的执行】人民法院制作的调解书的执行，适用本编的规定。

第二百四十六条 【对执行的法律监督】人民检察院有权对民事执行活动实行法律监督。

## 第二十章 执行的申请和移送

第二百四十七条 【申请执行与移送执行】发生法律效力的民事判决、裁定，当事人必须履行。一方拒绝履行的，对方当事人可以向人民法院申请执行，也可以由审判员移送执行员执行。

调解书和其他应当由人民法院执行的法律文书，当事人必须履行。一方拒绝履行的，对方当事人可以向人民法院申请执行。

第二百四十八条 【仲裁裁决的申请执行】对依法设立的仲裁机构的裁决，一方当事人不履行的，对方当事人可以向有管辖权的人民法院申请执行。受申请的人民法院应当执行。

被申请人提出证据证明仲裁裁决有下列情形之一的，经人民法院组成合议庭审查核实，裁定不予执行：

（一）当事人在合同中没有订有仲裁条款或者事后没有达成书面仲裁协议的；

（二）裁决的事项不属于仲裁协议的范围或者仲裁机构无权仲裁的；

（三）仲裁庭的组成或者仲裁的程序违反法定程序的；

（四）裁决所根据的证据是伪造的；

（五）对方当事人向仲裁机构隐瞒了足以影响公正裁决的证据的；

（六）仲裁员在仲裁该案时有贪污受贿，徇私舞弊，枉法裁决行为的。

人民法院认定执行该裁决违背社会公共利益的，裁定不予执行。

裁定书应当送达双方当事人和仲裁机构。

仲裁裁决被人民法院裁定不予执行的，当事人可以根据双方达成的书面仲裁协议重新申请仲裁，也可以向人民法院起诉。

第二百四十九条 【公证债权文书的申请执行】对公证机关依法赋予强制执行效力的债权文书，一方当事人不履行的，对方当事人可以向有管辖权的人民法院申请执行，受申请的人民法院应当执行。

公证债权文书确有错误的，人民法院裁定不予执行，并将裁定书送达双方当事人和公证机关。

**第二百五十条** 【申请执行期间】申请执行的期间为二年。申请执行时效的中止、中断,适用法律有关诉讼时效中止、中断的规定。

前款规定的期间,从法律文书规定履行期间的最后一日起计算;法律文书规定分期履行的,从最后一期履行期限届满之日起计算;法律文书未规定履行期间的,从法律文书生效之日起计算。

**第二百五十一条** 【执行通知】执行员接到申请执行书或者移交执行书,应当向被执行人发出执行通知,并可以立即采取强制执行措施。

## 第二十一章 执行措施

**第二百五十二条** 【被执行人报告财产情况】被执行人未按执行通知履行法律文书确定的义务,应当报告当前以及收到执行通知之日前一年的财产情况。被执行人拒绝报告或者虚假报告的,人民法院可以根据情节轻重对被执行人或者其法定代理人、有关单位的主要负责人或者直接责任人员予以罚款、拘留。

**第二百五十三条** 【被执行人存款等财产的执行】被执行人未按执行通知履行法律文书确定的义务,人民法院有权向有关单位查询被执行人的存款、债券、股票、基金份额等财产情况。人民法院有权根据不同情形扣押、冻结、划拨、变价被执行人的财产。人民法院查询、扣押、冻结、划拨、变价的财产不得超出被执行人应当履行义务的范围。

人民法院决定扣押、冻结、划拨、变价财产,应当作出裁定,并发出协助执行通知书,有关单位必须办理。

**第二百五十四条** 【被执行人收入的执行】被执行人未按执行通知履行法律文书确定的义务,人民法院有权扣留、提取被执行人应当履行义务部分的收入。但应当保留被执行人及其所扶养家属的生活必需费用。

人民法院扣留、提取收入时,应当作出裁定,并发出协助执行通知书,被执行人所在单位、银行、信用合作社和其他有储蓄业务的单位必须办理。

**第二百五十五条** 【被执行人其他财产的执行】被执行人未按执行通知履行法律文书确定的义务,人民法院有权查封、扣押、冻结、拍卖、变卖被执行人应当履行义务部分的财产。但应当保留被执行人及其所扶养家属的生活必需品。

采取前款措施,人民法院应当作出裁定。

**第二百五十六条** 【查封、扣押】人民法院查封、扣押财产时,被执行人是公民的,应当通知被执行人或者他的成年家属到场;被执行人是法人或者其他组织的,应当通知其法定代表人或者主要负责人到场。拒不到场的,不影响执行。被执行人是公民的,其工作单位或者财产所在地的基层组织应当派人参加。

对被查封、扣押的财产,执行员必须造具清单,由在场人签名或者盖章后,交被执行人一份。被执行人是公民的,也可以交他的成年家属一份。

**第二百五十七条** 【被查封财产的保管】被查封的财产,执行员可以指定被执行人负责保管。因被执行人的过错造成的损失,由被执行人承担。

**第二百五十八条** 【拍卖、变卖】财产被查封、扣押后,执行员应当责令被执行人在指定期间履行法律文书确定的义务。被执行人逾期不履行的,人民法院应当拍卖被查封、扣押的财产;不适于拍卖或者当事人双方同意不进行拍卖的,人民法院可以委托有关单位变卖或者自行变卖。国家禁止自由买卖的物品,交有关单位按照国家规定的价格收购。

**第二百五十九条** 【搜查】被执行人不履行法律文书确定的义务,并隐匿财产的,人民法院有权发出搜查令,对被执行人及其住所或者财产隐匿地进行搜查。

采取前款措施,由院长签发搜查令。

**第二百六十条** 【指定交付】法律文书指定交付的财物或者票证,由执行员传唤双方当事人当面交付,或者由执行员转交,并由被交付人签收。

有关单位持有该项财物或者票证的,应当根据人民法院的协助执行通知书转交,并由被交付人签收。

有关公民持有该项财物或者票证的,人民法院通知其交出。拒不交出的,强制执行。

**第二百六十一条** 【强制迁出】强制迁出房屋或者强制退出土地,由院长签发公告,责令被执行人在指定期间履行。被执行人逾期不履行的,由执行员强制执行。

强制执行时,被执行人是公民的,应当通知被执行人或者他的成年家属到场;被执行人是法人或者其他组织的,应当通知其法定代表人或者主要负责人到场。拒不到场的,不影响执行。被执行人是公民的,其工作单位或者房屋、土地所在地的基层组织应当派人参加。执行员应当将强制执行情况记入笔录,由在场人签名或者盖章。

强制迁出房屋被搬出的财物,由人民法院派人运至指定处所,交给被执行人。被执行人是公民的,也可以交给他的成年家属。因拒绝接收而造成的损失,由被执行人承担。

**第二百六十二条** 【财产权证照转移】在执行中,需要办理有关财产权证照转移手续的,人民法院可以向有关单位发出协助执行通知书,有关单位必须办理。

第二百六十三条 【行为的执行】对判决、裁定和其他法律文书指定的行为,被执行人未按执行通知履行的,人民法院可以强制执行或者委托有关单位或者其他人完成,费用由被执行人承担。

第二百六十四条 【迟延履行的责任】被执行人未按判决、裁定和其他法律文书指定的期间履行给付金钱义务的,应当加倍支付迟延履行期间的债务利息。被执行人未按判决、裁定和其他法律文书指定的期间履行其他义务的,应当支付迟延履行金。

第二百六十五条 【继续执行】人民法院采取本法第二百五十三条、第二百五十四条、第二百五十五条规定的执行措施后,被执行人仍不能偿还债务的,应当继续履行义务。债权人发现被执行人有其他财产的,可以随时请求人民法院执行。

第二百六十六条 【对被执行人的限制措施】被执行人不履行法律文书确定的义务的,人民法院可以对其采取或者通知有关单位协助采取限制出境,在征信系统记录、通过媒体公布不履行义务信息以及法律规定的其他措施。

### 第二十二章 执行中止和终结

第二百六十七条 【中止执行】有下列情形之一的,人民法院应当裁定中止执行:
(一)申请人表示可以延期执行的;
(二)案外人对执行标的提出确有理由的异议的;
(三)作为一方当事人的公民死亡,需要等待继承人继承权利或者承担义务的;
(四)作为一方当事人的法人或者其他组织终止,尚未确定权利义务承受人的;
(五)人民法院认为应当中止执行的其他情形。
中止的情形消失后,恢复执行。

第二百六十八条 【终结执行】有下列情形之一的,人民法院裁定终结执行:
(一)申请人撤销申请的;
(二)据以执行的法律文书被撤销的;
(三)作为被执行人的公民死亡,无遗产可供执行,又无义务承担人的;
(四)追索赡养费、扶养费、抚养费案件的权利人死亡的;
(五)作为被执行人的公民因生活困难无力偿还借款,无收入来源,又丧失劳动能力的;
(六)人民法院认为应当终结执行的其他情形。

第二百六十九条 【执行中止、终结裁定的生效】中止和终结执行的裁定,送达当事人后立即生效。

## 第四编 涉外民事诉讼程序的特别规定

### 第二十三章 一般原则

第二百七十条 【适用本法原则】在中华人民共和国领域内进行涉外民事诉讼,适用本编规定。本编没有规定的,适用本法其他有关规定。

第二百七十一条 【信守国际条约原则】中华人民共和国缔结或者参加的国际条约同本法有不同规定的,适用该国际条约的规定,但中华人民共和国声明保留的条款除外。

第二百七十二条 【司法豁免原则】对享有外交特权与豁免的外国人、外国组织或者国际组织提起的民事诉讼,应当依照中华人民共和国有关法律和中华人民共和国缔结或者参加的国际条约的规定办理。

第二百七十三条 【使用我国通用语言、文字原则】人民法院审理涉外民事案件,应当使用中华人民共和国通用的语言、文字。当事人要求提供翻译的,可以提供,费用由当事人承担。

第二百七十四条 【委托中国律师代理诉讼原则】外国人、无国籍人、外国企业和组织在人民法院起诉、应诉,需要委托律师代理诉讼的,必须委托中华人民共和国的律师。

第二百七十五条 【委托授权书的公证与认证】在中华人民共和国领域内没有住所的外国人、无国籍人、外国企业和组织委托中华人民共和国律师或者其他人代理诉讼,从中华人民共和国领域外寄交或者托交的授权委托书,应当经所在国公证机关证明,并经中华人民共和国驻该国使领馆认证,或者履行中华人民共和国与该所在国订立的有关条约中规定的证明手续后,才具有效力。

### 第二十四章 管 辖

第二百七十六条 【特殊地域管辖】因涉外民事纠纷,对在中华人民共和国领域内没有住所的被告提起除身份关系以外的诉讼,如果合同签订地、合同履行地、诉讼标的物所在地、可供扣押财产所在地、侵权行为地、代表机构住所地位于中华人民共和国领域内的,可以由合同签订地、合同履行地、诉讼标的物所在地、可供扣押财产所在地、侵权行为地、代表机构住所地人民法院管辖。

除前款规定外,涉外民事纠纷与中华人民共和国存在其他适当联系的,可以由人民法院管辖。

第二百七十七条 【涉外民事纠纷的协议管辖】涉

外民事纠纷的当事人书面协议选择人民法院管辖的,可以由人民法院管辖。

**第二百七十八条** 【涉外民事纠纷的应诉管辖】当事人未提出管辖异议,并应诉答辩或者提出反诉的,视为人民法院有管辖权。

**第二百七十九条** 【专属管辖】下列民事案件,由人民法院专属管辖:

(一)因在中华人民共和国领域内设立的法人或者其他组织的设立、解散、清算,以及该法人或者其他组织作出的决议的效力等纠纷提起的诉讼;

(二)因与在中华人民共和国领域内审查授予的知识产权的有效性有关的纠纷提起的诉讼;

(三)因在中华人民共和国领域内履行中外合资经营企业合同、中外合作经营企业合同、中外合作勘探开发自然资源合同发生纠纷提起的诉讼。

**第二百八十条** 【排他性管辖协议】当事人之间的同一纠纷,一方当事人向外国法院起诉,另一方当事人向人民法院起诉,或者一方当事人既向外国法院起诉,又向人民法院起诉,人民法院依照本法有管辖权的,可以受理。当事人订立排他性管辖协议选择外国法院管辖且不违反本法对专属管辖的规定,不涉及中华人民共和国主权、安全或者社会公共利益的,人民法院可以裁定不予受理;已经受理的,裁定驳回起诉。

**第二百八十一条** 【平行诉讼的处理】人民法院依据前条规定受理案件后,当事人以外国法院已经先于人民法院受理为由,书面申请人民法院中止诉讼的,人民法院可以裁定中止诉讼,但是存在下列情形之一的除外:

(一)当事人协议选择人民法院管辖,或者纠纷属于人民法院专属管辖;

(二)由人民法院审理明显更为方便。

外国法院未采取必要措施审理案件,或者未在合理期限内审结的,依当事人的书面申请,人民法院应当恢复诉讼。

外国法院作出的发生法律效力的判决、裁定,已经被人民法院全部或者部分承认,当事人对已经获得承认的部分又向人民法院起诉的,裁定不予受理;已经受理的,裁定驳回起诉。

**第二百八十二条** 【不方便法院原则】人民法院受理的涉外民事案件,被告提出管辖异议,且同时有下列情形的,可以裁定驳回起诉,告知原告向更为方便的外国法院提起诉讼:

(一)案件争议的基本事实不是发生在中华人民共和国领域内,人民法院审理案件和当事人参加诉讼均明显不方便;

(二)当事人之间不存在选择人民法院管辖的协议;

(三)案件不属于人民法院专属管辖;

(四)案件不涉及中华人民共和国主权、安全或者社会公共利益;

(五)外国法院审理案件更为方便。

裁定驳回起诉后,外国法院对纠纷拒绝行使管辖权,或者未采取必要措施审理案件,或者未在合理期限内审结,当事人又向人民法院起诉的,人民法院应当受理。

## 第二十五章 送达、调查取证、期间

**第二百八十三条** 【送达方式】人民法院对在中华人民共和国领域内没有住所的当事人送达诉讼文书,可以采用下列方式:

(一)依照受送达人所在国与中华人民共和国缔结或者共同参加的国际条约中规定的方式送达;

(二)通过外交途径送达;

(三)对具有中华人民共和国国籍的受送达人,可以委托中华人民共和国驻受送达人所在国的使领馆代为送达;

(四)向受送达人在本案中委托的诉讼代理人送达;

(五)向受送达人在中华人民共和国领域内设立的独资企业、代表机构、分支机构或者有权接受送达的业务代办人送达;

(六)受送达人为外国人、无国籍人,其在中华人民共和国领域内设立的法人或者其他组织担任法定代表人或者主要负责人,且与该法人或者其他组织为共同被告的,向该法人或者其他组织送达;

(七)受送达人为外国法人或者其他组织,其法定代表人或者主要负责人在中华人民共和国领域内的,向其法定代表人或者主要负责人送达;

(八)受送达人所在国的法律允许邮寄送达的,可以邮寄送达,自邮寄之日起满三个月,送达回证没有退回,但根据各种情况足以认定已经送达的,期间届满之日视为送达;

(九)采用能够确认受送达人收悉的电子方式送达,但是受送达人所在国法律禁止的除外;

(十)以受送达人同意的其他方式送达,但是受送达人所在国法律禁止的除外。

不能用上述方式送达的,公告送达,自发出公告之日起,经过六十日,即视为送达。

**第二百八十四条** 【域外调查取证】当事人申请人民法院调查收集的证据位于中华人民共和国领域外,人民法院可以依照证据所在国与中华人民共和国缔结或者共同参加的国际条约中规定的方式，或者通过外交途径调查收集。

在所在国法律不禁止的情况下，人民法院可以采用下列方式调查收集：

（一）对具有中华人民共和国国籍的当事人、证人，可以委托中华人民共和国驻当事人、证人所在国的使领馆代为取证；

（二）经双方当事人同意，通过即时通讯工具取证；

（三）以双方当事人同意的其他方式取证。

第二百八十五条　【答辩期间】被告在中华人民共和国领域内没有住所的，人民法院应当将起诉状副本送达被告，并通知被告在收到起诉状副本后三十日内提出答辩状。被告申请延期的，是否准许，由人民法院决定。

第二百八十六条　【上诉期间】在中华人民共和国领域内没有住所的当事人，不服第一审人民法院判决、裁定的，有权在判决书、裁定书送达之日起三十日内提起上诉。被上诉人在收到上诉状副本后，应当在三十日内提出答辩状。当事人不能在法定期间提起上诉或者提出答辩状，申请延期的，是否准许，由人民法院决定。

第二百八十七条　【审理期间】人民法院审理涉外民事案件的期间，不受本法第一百五十二条、第一百八十三条规定的限制。

## 第二十六章　仲　裁

第二百八十八条　【或裁或审原则】涉外经济贸易、运输和海事中发生的纠纷，当事人在合同中订有仲裁条款或者事后达成书面仲裁协议，提交中华人民共和国涉外仲裁机构或者其他仲裁机构仲裁的，当事人不得向人民法院起诉。

当事人在合同中没有订有仲裁条款或者事后没有达成书面仲裁协议的，可以向人民法院起诉。

第二百八十九条　【仲裁程序中的保全】当事人申请采取保全的，中华人民共和国的涉外仲裁机构应当将当事人的申请，提交被申请人住所地或者财产所在地的中级人民法院裁定。

第二百九十条　【仲裁裁决的执行】经中华人民共和国涉外仲裁机构裁决的，当事人不得向人民法院起诉。一方当事人不履行仲裁裁决的，对方当事人可以向被申请人住所地或者财产所在地的中级人民法院申请执行。

第二百九十一条　【仲裁裁决不予执行的情形】对中华人民共和国涉外仲裁机构作出的裁决，被申请人提出证据证明仲裁裁决有下列情形之一的，经人民法院组成合议庭审查核实，裁定不予执行：

（一）当事人在合同中没有订有仲裁条款或者事后没有达成书面仲裁协议的；

（二）被申请人没有得到指定仲裁员或者进行仲裁程序的通知，或者由于其他不属于被申请人负责的原因未能陈述意见的；

（三）仲裁庭的组成或者仲裁的程序与仲裁规则不符的；

（四）裁决的事项不属于仲裁协议的范围或者仲裁机构无权仲裁的。

人民法院认定执行该裁决违背社会公共利益的，裁定不予执行。

第二百九十二条　【仲裁裁决不予执行的法律后果】仲裁裁决被人民法院裁定不予执行的，当事人可以根据双方达成的书面仲裁协议重新申请仲裁，也可以向人民法院起诉。

## 第二十七章　司法协助

第二百九十三条　【司法协助的原则】根据中华人民共和国缔结或者参加的国际条约，或者按照互惠原则，人民法院和外国法院可以相互请求，代为送达文书、调查取证以及进行其他诉讼行为。

外国法院请求协助的事项有损于中华人民共和国的主权、安全或者社会公共利益的，人民法院不予执行。

第二百九十四条　【司法协助的途径】请求和提供司法协助，应当依照中华人民共和国缔结或者参加的国际条约所规定的途径进行；没有条约关系的，通过外交途径进行。

外国驻中华人民共和国的使领馆可以向该国公民送达文书和调查取证，但不得违反中华人民共和国的法律，并不得采取强制措施。

除前款规定的情况外，未经中华人民共和国主管机关准许，任何外国机关或者个人不得在中华人民共和国领域内送达文书、调查取证。

第二百九十五条　【司法协助请求使用的文字】外国法院请求人民法院提供司法协助的请求书及其所附文件，应当附有中文译本或者国际条约规定的其他文字文本。

人民法院请求外国法院提供司法协助的请求书及其所附文件，应当附有该国文字译本或者国际条约规定的其他文字文本。

第二百九十六条　【司法协助程序】人民法院提供司法协助，依照中华人民共和国法律规定的程序进行。外国法院请求采用特殊方式的，也可以按照其请求的特殊方式进行,但请求采用的特殊方式不得违反中华人民共和国法律。

**第二百九十七条** 【申请外国承认和执行】人民法院作出的发生法律效力的判决、裁定,如果被执行人或者其财产不在中华人民共和国领域内,当事人请求执行的,可以由当事人直接向有管辖权的外国法院申请承认和执行,也可以由人民法院依照中华人民共和国缔结或者参加的国际条约的规定,或者按照互惠原则,请求外国法院承认和执行。

在中华人民共和国领域内依法作出的发生法律效力的仲裁裁决,当事人请求执行的,如果被执行人或者其财产不在中华人民共和国领域内,当事人可以直接向有管辖权的外国法院申请承认和执行。

**第二百九十八条** 【外国申请承认和执行】外国法院作出的发生法律效力的判决、裁定,需要人民法院承认和执行的,可以由当事人直接向有管辖权的中级人民法院申请承认和执行,也可以由外国法院依照该国与中华人民共和国缔结或者参加的国际条约的规定,或者按照互惠原则,请求人民法院承认和执行。

**第二百九十九条** 【外国法院裁判的承认与执行】人民法院对申请或者请求承认和执行的外国法院作出的发生法律效力的判决、裁定,依照中华人民共和国缔结或者参加的国际条约,或者按照互惠原则进行审查后,认为不违反中华人民共和国法律的基本原则且不损害国家主权、安全、社会公共利益的,裁定承认其效力;需要执行的,发出执行令,依照本法的有关规定执行。

**第三百条** 【外国法院裁判的不予承认和执行】对申请或者请求承认和执行的外国法院作出的发生法律效力的判决、裁定,人民法院经审查,有下列情形之一的,裁定不予承认和执行:

(一)依据本法第三百零一条的规定,外国法院对案件无管辖权;

(二)被申请人未得到合法传唤或者虽经合法传唤但未获得合理的陈述、辩论机会,或者无诉讼行为能力的当事人未得到适当代理;

(三)判决、裁定是通过欺诈方式取得;

(四)人民法院已对同一纠纷作出判决、裁定,或者已经承认第三国法院对同一纠纷作出的判决、裁定;

(五)违反中华人民共和国法律的基本原则或者损害国家主权、安全、社会公共利益。

**第三百零一条** 【外国法院无管辖权的认定】有下列情形之一的,人民法院应当认定该外国法院对案件无管辖权:

(一)外国法院依照其法律对案件没有管辖权,或者虽然依照其法律有管辖权但与案件所涉纠纷无适当联系;

(二)违反本法对专属管辖的规定;

(三)违反当事人排他性选择法院管辖的协议。

**第三百零二条** 【同一争议的处理】当事人向人民法院申请承认和执行外国法院作出的发生法律效力的判决、裁定,该判决、裁定涉及的纠纷与人民法院正在审理的纠纷属于同一纠纷的,人民法院可以裁定中止诉讼。

外国法院作出的发生法律效力的判决、裁定不符合本法规定的承认条件的,人民法院裁定不予承认和执行,并恢复已经中止的诉讼;符合本法规定的承认条件的,人民法院裁定承认其效力;需要执行的,发出执行令,依照本法的有关规定执行;对已经中止的诉讼,裁定驳回起诉。

**第三百零三条** 【承认和执行的复议】当事人对承认和执行或者不予承认和执行的裁定不服的,可以自裁定送达之日起十日内向上一级人民法院申请复议。

**第三百零四条** 【外国仲裁裁决的承认和执行】在中华人民共和国领域外作出的发生法律效力的仲裁裁决,需要人民法院承认和执行的,当事人可以直接向被执行人住所地或者其财产所在地的中级人民法院申请。被执行人住所地或者其财产不在中华人民共和国领域内的,当事人可以向申请人住所地或者与裁决的纠纷有适当联系的地点的中级人民法院申请。人民法院应当依照中华人民共和国缔结或者参加的国际条约,或者按照互惠原则办理。

**第三百零五条** 【外国国家豁免】涉及外国国家的民事诉讼,适用中华人民共和国有关外国国家豁免的法律规定;有关法律没有规定的,适用本法。

**第三百零六条** 【施行时间】本法自公布之日起施行,《中华人民共和国民事诉讼法(试行)》同时废止。

## 中华人民共和国海事诉讼特别程序法

- 1999年12月25日第九届全国人民代表大会常务委员会第十三次会议通过
- 1999年12月25日中华人民共和国主席令第28号公布
- 自2000年7月1日起施行

### 第一章 总 则

**第一条** 为维护海事诉讼当事人的诉讼权利,保证人民法院查明事实,分清责任,正确适用法律,及时审理海事案件,制定本法。

**第二条** 在中华人民共和国领域内进行海事诉讼,

适用《中华人民共和国民事诉讼法》和本法。本法有规定的，依照其规定。

第三条 中华人民共和国缔结或者参加的国际条约与《中华人民共和国民事诉讼法》和本法对涉外海事诉讼有不同规定的，适用该国际条约的规定，但中华人民共和国声明保留的条款除外。

第四条 海事法院受理当事人因海事侵权纠纷、海商合同纠纷以及法律规定的其他海事纠纷提起的诉讼。

第五条 海事法院及其所在地的高级人民法院和最高人民法院审理海事案件的，适用本法。

## 第二章 管 辖

第六条 海事诉讼的地域管辖，依照《中华人民共和国民事诉讼法》的有关规定。

下列海事诉讼的地域管辖，依照以下规定：

（一）因海事侵权行为提起的诉讼，除依照《中华人民共和国民事诉讼法》第二十九条至第三十一条的规定以外，还可以由船籍港所在地海事法院管辖；

（二）因海上运输合同纠纷提起的诉讼，除依照《中华人民共和国民事诉讼法》第二十八条的规定以外，还可以由转运港所在地海事法院管辖；

（三）因海船租用合同纠纷提起的诉讼，由交船港、还船港、船籍港所在地、被告住所地海事法院管辖；

（四）因海上保赔合同纠纷提起的诉讼，由保赔标的物所在地、事故发生地、被告住所地海事法院管辖；

（五）因海船的船员劳务合同纠纷提起的诉讼，由原告住所地、合同签订地、船员登船港或者离船港所在地、被告住所地海事法院管辖；

（六）因海事担保纠纷提起的诉讼，由担保物所在地、被告住所地海事法院管辖；因船舶抵押纠纷提起的诉讼，还可以由船籍港所在地海事法院管辖；

（七）因海船的船舶所有权、占有权、使用权、优先权纠纷提起的诉讼，由船舶所在地、船籍港所在地、被告住所地海事法院管辖。

第七条 下列海事诉讼，由本条规定的海事法院专属管辖：

（一）因沿海港口作业纠纷提起的诉讼，由港口所在地海事法院管辖；

（二）因船舶排放、泄漏、倾倒油类或者其他有害物质，海上生产、作业或者拆船、修船作业造成海域污染损害提起的诉讼，由污染发生地、损害结果地或者采取预防污染措施地海事法院管辖；

（三）因在中华人民共和国领域和有管辖权的海域履行的海洋勘探开发合同纠纷提起的诉讼，由合同履行地海事法院管辖。

第八条 海事纠纷的当事人都是外国人、无国籍人、外国企业或者组织，当事人书面协议选择中华人民共和国海事法院管辖的，即使与纠纷有实际联系的地点不在中华人民共和国领域内，中华人民共和国海事法院对该纠纷也具有管辖权。

第九条 当事人申请认定海上财产无主的，向财产所在地海事法院提出；申请因海上事故宣告死亡的，向处理海事事故主管机关所在地或者受理相关海事案件的海事法院提出。

第十条 海事法院与地方人民法院之间因管辖权发生争议，由争议双方协商解决；协商解决不了的，报请他们的共同上级人民法院指定管辖。

第十一条 当事人申请执行海事仲裁裁决，申请承认和执行外国法院判决、裁定以及国外海事仲裁裁决的，向被执行的财产所在地或者被执行人住所地海事法院提出。被执行的财产所在地或者被执行人住所地没有海事法院的，向被执行的财产所在地或者被执行人住所地中级人民法院提出。

## 第三章 海事请求保全

### 第一节 一般规定

第十二条 海事请求保全是指海事法院根据海事请求人的申请，为保障其海事请求的实现，对被请求人的财产所采取的强制措施。

第十三条 当事人在起诉前申请海事请求保全，应当向被保全的财产所在地海事法院提出。

第十四条 海事请求保全不受当事人之间关于该海事请求的诉讼管辖协议或者仲裁协议的约束。

第十五条 海事请求人申请海事请求保全，应当向海事法院提交书面申请。申请书应当载明海事请求事项、申请理由、保全的标的物以及要求提供担保的数额，并附有关证据。

第十六条 海事法院受理海事请求保全申请，可以责令海事请求人提供担保。海事请求人不提供的，驳回其申请。

第十七条 海事法院接受申请后，应当在四十八小时内作出裁定。裁定采取海事请求保全措施的，应当立即执行；对不符合海事请求保全条件的，裁定驳回其申请。

当事人对裁定不服的，可以在收到裁定书之日起五日内申请复议一次。海事法院应当在收到复议申请之日起五日内作出复议决定。复议期间不停止裁定的执行。

利害关系人对海事请求保全提出异议,海事法院经审查,认为理由成立的,应当解除对其财产的保全。

第十八条　被请求人提供担保,或者当事人有正当理由申请解除海事请求保全的,海事法院应当及时解除保全。

海事请求人在本法规定的期间内,未提起诉讼或者未按照仲裁协议申请仲裁的,海事法院应当及时解除保全或者返还担保。

第十九条　海事请求保全执行后,有关海事纠纷未进入诉讼或者仲裁程序的,当事人就该海事请求,可以向采取海事请求保全的海事法院或者其他有管辖权的海事法院提起诉讼,但当事人之间订有诉讼管辖协议或者仲裁协议的除外。

第二十条　海事请求人申请海事请求保全错误的,应当赔偿被请求人或者利害关系人因此所遭受的损失。

## 第二节　船舶的扣押与拍卖

第二十一条　下列海事请求,可以申请扣押船舶:

(一)船舶营运造成的财产灭失或者损坏;

(二)与船舶营运直接有关的人身伤亡;

(三)海难救助;

(四)船舶对环境、海岸或者有关利益方造成的损害或者损害威胁;为预防、减少或者消除此种损害而采取的措施;为此种损害而支付的赔偿;为恢复环境而实际采取或者准备采取的合理措施的费用;第三方因此种损害而蒙受或者可能蒙受的损失;以及与本项所指的性质类似的损害、费用或者损失;

(五)与起浮、清除、回收或者摧毁沉船、残骸、搁浅船、被弃船或者使其无害有关的费用,包括与起浮、清除、回收或者摧毁仍在或者曾在该船上的物件或者使其无害的费用,以及与维护放弃的船舶和维持其船员有关的费用;

(六)船舶的使用或者租用的协议;

(七)货物运输或者旅客运输的协议;

(八)船载货物(包括行李)或者与其有关的灭失或者损坏;

(九)共同海损;

(十)拖航;

(十一)引航;

(十二)为船舶营运、管理、维护、维修提供物资或者服务;

(十三)船舶的建造、改建、修理、改装或者装备;

(十四)港口、运河、码头、港湾以及其他水道规费和费用;

(十五)船员的工资和其他款项,包括应当为船员支付的遣返费和社会保险费;

(十六)为船舶或者船舶所有人支付的费用;

(十七)船舶所有人或者光船承租人应当支付或者他人为其支付的船舶保险费(包括互保会费);

(十八)船舶所有人或者光船承租人应当支付的或者他人为其支付的与船舶有关的佣金、经纪费或者代理费;

(十九)有关船舶所有权或者占有的纠纷;

(二十)船舶共有人之间有关船舶的使用或者收益的纠纷;

(二十一)船舶抵押权或者同样性质的权利;

(二十二)因船舶买卖合同产生的纠纷。

第二十二条　非因本法第二十一条规定的海事请求不得申请扣押船舶,但为执行判决、仲裁裁决以及其他法律文书的除外。

第二十三条　有下列情形之一的,海事法院可以扣押当事船舶:

(一)船舶所有人对海事请求负有责任,并且在实施扣押时是该船的所有人;

(二)船舶的光船承租人对海事请求负有责任,并且在实施扣押时是该船的光船承租人或者所有人;

(三)具有船舶抵押权或者同样性质的权利的海事请求;

(四)有关船舶所有权或者占有的海事请求;

(五)具有船舶优先权的海事请求。

海事法院可以扣押对海事请求负有责任的船舶所有人、光船承租人、定期租船人或者航次租船人在实施扣押时所有的其他船舶,但与船舶所有权或者占有有关的请求除外。

从事军事、政府公务的船舶不得被扣押。

第二十四条　海事请求人不得因同一海事请求申请扣押已被扣押过的船舶,但有下列情形之一的除外:

(一)被请求人未提供充分的担保;

(二)担保人有可能不能全部或者部分履行担保义务;

(三)海事请求人因合理的原因同意释放被扣押的船舶或者返还已提供的担保;或者不能通过合理措施阻止释放被扣押的船舶或者返还已提供的担保。

**第二十五条** 海事请求人申请扣押当事船舶,不能立即查明被请求人名称的,不影响申请的提出。

**第二十六条** 海事法院在发布或者解除扣押船舶命令的同时,可以向有关部门发出协助执行通知书,通知书应当载明协助执行的范围和内容,有关部门有义务协助执行。海事法院认为必要,可以直接派员登轮监护。

**第二十七条** 海事法院裁定对船舶实施保全后,经海事请求人同意,可以采取限制船舶处分或者抵押等方式允许该船舶继续营运。

**第二十八条** 海事请求保全扣押船舶的期限为三十日。

海事请求人在三十日内提起诉讼或者申请仲裁以及在诉讼或者仲裁过程中申请扣押船舶的,扣押船舶不受前款规定期限的限制。

**第二十九条** 船舶扣押期间届满,被请求人不提供担保,而且船舶不宜继续扣押的,海事请求人可以在提起诉讼或者申请仲裁后,向扣押船舶的海事法院申请拍卖船舶。

**第三十条** 海事法院收到拍卖船舶的申请后,应当进行审查,作出准予或者不准予拍卖船舶的裁定。

当事人对裁定不服的,可以在收到裁定书之日起五日内申请复议一次。海事法院应当在收到复议申请之日起五日内作出复议决定。复议期间停止裁定的执行。

**第三十一条** 海事请求人提交拍卖船舶申请后,又申请终止拍卖的,是否准许由海事法院裁定。海事法院裁定终止拍卖船舶的,为准备拍卖船舶所发生的费用由海事请求人承担。

**第三十二条** 海事法院裁定拍卖船舶,应当通过报纸或者其他新闻媒体发布公告。拍卖外籍船舶的,应当通过对外发行的报纸或者其他新闻媒体发布公告。

公告包括以下内容:
(一)被拍卖船舶的名称和国籍;
(二)拍卖船舶的理由和依据;
(三)拍卖船舶委员会的组成;
(四)拍卖船舶的时间和地点;
(五)被拍卖船舶的展示时间和地点;
(六)参加竞买应当办理的手续;
(七)办理债权登记事项;
(八)需要公告的其他事项。

拍卖船舶的公告期间不少于三十日。

**第三十三条** 海事法院应当在拍卖船舶三十日前,向被拍卖船舶登记国的登记机关和已知的船舶优先权人、抵押权人和船舶所有人发出通知。

通知内容包括被拍卖船舶的名称、拍卖船舶的时间和地点、拍卖船舶的理由和依据以及债权登记等。

通知方式包括书面方式和能够确认收悉的其他适当方式。

**第三十四条** 拍卖船舶由拍卖船舶委员会实施。拍卖船舶委员会由海事法院指定的本院执行人员和聘请的拍卖师、验船师三人或者五人组成。

拍卖船舶委员会组织对船舶鉴定、估价;组织和主持拍卖;与竞买人签订拍卖成交确认书;办理船舶移交手续。

拍卖船舶委员会对海事法院负责,受海事法院监督。

**第三十五条** 竞买人应当在规定的期限内向拍卖船舶委员会登记。登记时应当交验本人、企业法定代表人或者其他组织负责人身份证明和委托代理人的授权委托书,并交纳一定数额的买船保证金。

**第三十六条** 拍卖船舶委员会应当在拍卖船舶前,展示被拍卖船舶,并提供察看被拍卖船舶的条件和有关资料。

**第三十七条** 买受人在签署拍卖成交确认书后,应当立即交付不低于百分之二十的船舶价款,其余价款在成交之日起七日内付清,但拍卖船舶委员会与买受人另有约定的除外。

**第三十八条** 买受人付清全部价款后,原船舶所有人应当在指定的期限内于船舶停泊地以船舶现状向买受人移交船舶。拍卖船舶委员会组织和监督船舶的移交,并在船舶移交后与买受人签署船舶移交完毕确认书。

移交船舶完毕,海事法院发布解除扣押船舶命令。

**第三十九条** 船舶移交后,海事法院应当通过报纸或者其他新闻媒体发布公告,公布船舶已经公开拍卖并移交给买受人。

**第四十条** 买受人接收船舶后,应当持拍卖成交确认书和有关材料,向船舶登记机关办理船舶所有权登记手续。原船舶所有人应当向原船舶登记机关办理船舶所有权注销登记。原船舶所有人不办理船舶所有权注销登记的,不影响船舶所有权的转让。

**第四十一条** 竞买人之间恶意串通的,拍卖无效。参与恶意串通的竞买人应当承担拍卖船舶费用并赔偿有关损失。海事法院可以对参与恶意串通的竞买人处最高应价百分之二十以上百分之三十以下的罚款。

**第四十二条** 除本节规定的以外,拍卖适用《中华人民共和国拍卖法》的有关规定。

第四十三条 执行程序中拍卖被扣押船舶清偿债务的,可以参照本节有关规定。

### 第三节 船载货物的扣押与拍卖

第四十四条 海事请求人为保障其海事请求的实现,可以申请扣押船载货物。

申请扣押的船载货物,应当属于被请求人所有。

第四十五条 海事请求人申请扣押船载货物的价值,应当与其债权数额相当。

第四十六条 海事请求保全扣押船载货物的期限为十五日。

海事请求人在十五日内提起诉讼或者申请仲裁以及在诉讼或者仲裁过程中申请扣押船载货物的,扣押船载货物不受前款规定期限的限制。

第四十七条 船载货物扣押期间届满,被请求人不提供担保,而且货物不宜继续扣押的,海事请求人可以在提起诉讼或者申请仲裁后,向扣押船载货物的海事法院申请拍卖货物。

对无法保管、不易保管或者保管费用可能超过其价值的物品,海事请求人可以申请提前拍卖。

第四十八条 海事法院收到拍卖船载货物的申请后,应当进行审查,在七日内作出准予或者不准予拍卖船载货物的裁定。

当事人对裁定不服的,可以在收到裁定书之日起五日内申请复议一次。海事法院应当在收到复议申请之日起五日内作出复议决定。复议期间停止裁定的执行。

第四十九条 拍卖船载货物由海事法院指定的本院执行人员和聘请的拍卖师组成的拍卖组织实施,或者由海事法院委托的机构实施。

拍卖船载货物,本节没有规定的,参照本章第二节拍卖船舶的有关规定。

第五十条 海事请求人对与海事请求有关的船用燃油、船用物料申请海事请求保全,适用本节规定。

### 第四章 海事强制令

第五十一条 海事强制令是指海事法院根据海事请求人的申请,为使其合法权益免受侵害,责令被请求人作为或者不作为的强制措施。

第五十二条 当事人在起诉前申请海事强制令,应当向海事纠纷发生地海事法院提出。

第五十三条 海事强制令不受当事人之间关于该海事请求的诉讼管辖协议或者仲裁协议的约束。

第五十四条 海事请求人申请海事强制令,应当向海事法院提交书面申请。申请书应当载明申请理由,并附有关证据。

第五十五条 海事法院受理海事强制令申请,可以责令海事请求人提供担保。海事请求人不提供的,驳回其申请。

第五十六条 作出海事强制令,应当具备下列条件:

(一)请求人有具体的海事请求;

(二)需要纠正被请求人违反法律规定或者合同约定的行为;

(三)情况紧急,不立即作出海事强制令将造成损害或者使损害扩大。

第五十七条 海事法院接受申请后,应当在四十八小时内作出裁定。裁定作出海事强制令的,应当立即执行;对不符合海事强制令条件的,裁定驳回其申请。

第五十八条 当事人对裁定不服的,可以在收到裁定书之日起五日内申请复议一次。海事法院应当在收到复议申请之日起五日内作出复议决定。复议期间不停止裁定的执行。

利害关系人对海事强制令提出异议,海事法院经审查,认为理由成立的,应当裁定撤销海事强制令。

第五十九条 被请求人拒不执行海事强制令的,海事法院可以根据情节轻重处以罚款、拘留;构成犯罪的,依法追究刑事责任。

对个人的罚款金额,为一千元以上三万元以下。对单位的罚款金额,为三万元以上十万元以下。

拘留的期限,为十五日以下。

第六十条 海事请求人申请海事强制令错误的,应当赔偿被请求人或者利害关系人因此所遭受的损失。

第六十一条 海事强制令执行后,有关海事纠纷未进入诉讼或者仲裁程序的,当事人就该海事请求,可以向作出海事强制令的海事法院或者其他有管辖权的海事法院提起诉讼,但当事人之间订有诉讼管辖协议或者仲裁协议的除外。

### 第五章 海事证据保全

第六十二条 海事证据保全是指海事法院根据海事请求人的申请,对有关海事请求的证据予以提取、保存或者封存的强制措施。

第六十三条 当事人在起诉前申请海事证据保全,应当向被保全的证据所在地海事法院提出。

第六十四条 海事证据保全不受当事人之间关于该海事请求的诉讼管辖协议或者仲裁协议的约束。

第六十五条 海事请求人申请海事证据保全,应当向海事法院提交书面申请。申请书应当载明请求保全的证据、该证据与海事请求的联系、申请理由。

**第六十六条** 海事法院受理海事证据保全申请,可以责令海事请求人提供担保。海事请求人不提供的,驳回其申请。

**第六十七条** 采取海事证据保全,应当具备下列条件:

(一)请求人是海事请求的当事人;

(二)请求保全的证据对该海事请求具有证明作用;

(三)被请求人是与请求保全的证据有关的人;

(四)情况紧急,不立即采取证据保全就会使该海事请求的证据灭失或者难以取得。

**第六十八条** 海事法院接受申请后,应当在四十八小时内作出裁定。裁定采取海事证据保全措施的,应当立即执行;对不符合海事证据保全条件的,裁定驳回其申请。

**第六十九条** 当事人对裁定不服,可以在收到裁定书之日起五日内申请复议一次。海事法院应当在收到复议申请之日起五日内作出复议决定。复议期间不停止裁定的执行。被请求人申请复议的理由成立的,应当将保全的证据返还被请求人。

利害关系人对海事证据保全提出异议,海事法院经审查,认为理由成立的,应当裁定撤销海事证据保全;已经执行的,应当将与利害关系人有关的证据返还利害关系人。

**第七十条** 海事法院进行海事证据保全,根据具体情况,可以对证据予以封存,也可以提取复制件、副本,或者进行拍照、录相、制作节录本、调查笔录等。确有必要的,也可以提取证据原件。

**第七十一条** 海事请求人申请海事证据保全错误的,应当赔偿被请求人或者利害关系人因此所遭受的损失。

**第七十二条** 海事证据保全后,有关海事纠纷未进入诉讼或者仲裁程序的,当事人就该海事请求,可以向采取证据保全的海事法院或者其他有管辖权的海事法院提起诉讼,但当事人之间订有诉讼管辖协议或者仲裁协议的除外。

## 第六章 海事担保

**第七十三条** 海事担保包括本法规定的海事请求保全、海事强制令、海事证据保全等程序中所涉及的担保。

担保的方式为提供现金或者保证、设置抵押或者质押。

**第七十四条** 海事请求人的担保应当提交给海事法院;被请求人的担保可以提交给海事法院,也可以提供给海事请求人。

**第七十五条** 海事请求人提供的担保,其方式、数额由海事法院决定。被请求人提供的担保,其方式、数额由海事请求人和被请求人协商;协商不成的,由海事法院决定。

**第七十六条** 海事请求人要求被请求人就海事请求保全提供担保的数额,应当与其债权数额相当,但不得超过被保全的财产价值。

海事请求人提供担保的数额,应当相当于因其申请可能给被请求人造成的损失。具体数额由海事法院决定。

**第七十七条** 担保提供后,提供担保的人有正当理由的,可以向海事法院申请减少、变更或者取消该担保。

**第七十八条** 海事请求人请求担保的数额过高,造成被请求人损失的,应当承担赔偿责任。

**第七十九条** 设立海事赔偿责任限制基金和先予执行等程序所涉及的担保,可以参照本章规定。

## 第七章 送达

**第八十条** 海事诉讼法律文书的送达,适用《中华人民共和国民事诉讼法》的有关规定,还可以采用下列方式:

(一)向受送达人委托的诉讼代理人送达;

(二)向受送达人在中华人民共和国领域内设立的代表机构、分支机构或者业务代办人送达;

(三)通过能够确认收悉的其他适当方式送达。

有关扣押船舶的法律文书也可以向当事船舶的船长送达。

**第八十一条** 有义务接受法律文书的人拒绝签收,送达人在送达回证上记明情况,经送达人、见证人签名或者盖章,将法律文书留在其住所或者办公处所的,视为送达。

## 第八章 审判程序

### 第一节 审理船舶碰撞案件的规定

**第八十二条** 原告在起诉时、被告在答辩时,应当如实填写《海事事故调查表》。

**第八十三条** 海事法院向当事人送达起诉状或者答辩状时,不附送有关证据材料。

**第八十四条** 当事人应当在开庭审理前完成举证。当事人完成举证并向海事法院出具完成举证说明书后,可以申请查阅有关船舶碰撞的事实证据材料。

**第八十五条** 当事人不能推翻其在《海事事故调查表》中的陈述和已经完成的举证，但有新的证据，并有充分的理由说明该证据不能在举证期间内提交的除外。

**第八十六条** 船舶检验、估价应当由国家授权或者其他具有专业资格的机构或者个人承担。非经国家授权或者未取得专业资格的机构或者个人所作的检验或者估价结论，海事法院不予采纳。

**第八十七条** 海事法院审理船舶碰撞案件，应当在立案后一年内审结。有特殊情况需要延长的，由本院院长批准。

### 第二节 审理共同海损案件的规定

**第八十八条** 当事人就共同海损的纠纷，可以协议委托理算机构理算，也可以直接向海事法院提起诉讼。海事法院受理未经理算的共同海损纠纷，可以委托理算机构理算。

**第八十九条** 理算机构作出的共同海损理算报告，当事人没有提出异议的，可以作为分摊责任的依据；当事人提出异议的，由海事法院决定是否采纳。

**第九十条** 当事人可以不受因同一海损事故提起的共同海损诉讼程序的影响，就非共同海损损失向责任人提起诉讼。

**第九十一条** 当事人就同一海损事故向受理共同海损案件的海事法院提起非共同海损的诉讼，以及对共同海损分摊向责任人提起追偿诉讼的，海事法院可以合并审理。

**第九十二条** 海事法院审理共同海损案件，应当在立案后一年内审结。有特殊情况需要延长的，由本院院长批准。

### 第三节 海上保险人行使代位请求赔偿权利的规定

**第九十三条** 因第三人造成保险事故，保险人向被保险人支付保险赔偿后，在保险赔偿范围内可以代位行使被保险人对第三人请求赔偿的权利。

**第九十四条** 保险人行使代位请求赔偿权利时，被保险人未向造成保险事故的第三人提起诉讼的，保险人应当以自己的名义向该第三人提起诉讼。

**第九十五条** 保险人行使代位请求赔偿权利时，被保险人已经向造成保险事故的第三人提起诉讼的，保险人可以向受理该案的法院提出变更当事人的请求，代位行使被保险人对第三人请求赔偿的权利。

被保险人取得的保险赔偿不能弥补第三人造成的全部损失的，保险人和被保险人可以作为共同原告向第三人请求赔偿。

**第九十六条** 保险人依照本法第九十四条、第九十五条的规定提起诉讼或者申请参加诉讼的，应当向受理该案的海事法院提交保险人支付保险赔偿的凭证，以及参加诉讼应当提交的其他文件。

**第九十七条** 对船舶造成油污损害的赔偿请求，受损害人可以向造成油污损害的船舶所有人提出，也可以直接向承担船舶所有人油污损害责任的保险人或者提供财务保证的其他人提出。

油污损害责任的保险人或者提供财务保证的其他人被起诉的，有权要求造成油污损害的船舶所有人参加诉讼。

### 第四节 简易程序、督促程序和公示催告程序

**第九十八条** 海事法院审理事实清楚、权利义务关系明确、争议不大的简单的海事案件，可以适用《中华人民共和国民事诉讼法》简易程序的规定。

**第九十九条** 债权人基于海事事由请求债务人给付金钱或者有价证券，符合《中华人民共和国民事诉讼法》有关规定的，可以向有管辖权的海事法院申请支付令。

债务人是外国人、无国籍人、外国企业或者组织，但在中华人民共和国领域内有住所、代表机构或者分支机构并能够送达支付令的，债权人可以向有管辖权的海事法院申请支付令。

**第一百条** 提单等提货凭证持有人，因提货凭证失控或者灭失，可以向货物所在地海事法院申请公示催告。

## 第九章 设立海事赔偿责任限制基金程序

**第一百零一条** 船舶所有人、承租人、经营人、救助人、保险人在发生海事事故后，依法申请责任限制的，可以向海事法院申请设立海事赔偿责任限制基金。

船舶造成油污损害的，船舶所有人及其责任保险人或者提供财务保证的其他人为取得法律规定的责任限制的权利，应当向海事法院设立油污损害的海事赔偿责任限制基金。

设立责任限制基金的申请可以在起诉前或者诉讼中提出，但最迟应当在一审判决作出前提出。

**第一百零二条** 当事人在起诉前申请设立海事赔偿责任限制基金的，应当向事故发生地、合同履行地或者船舶扣押地海事法院提出。

**第一百零三条** 设立海事赔偿责任限制基金，不受

当事人之间关于诉讼管辖协议或者仲裁协议的约束。

**第一百零四条** 申请人向海事法院申请设立海事赔偿责任限制基金，应当提交书面申请。申请书应当载明申请设立海事赔偿责任限制基金的数额、理由，以及已知的利害关系人的名称、地址和通讯方法，并附有关证据。

**第一百零五条** 海事法院受理设立海事赔偿责任限制基金申请后，应当在七日内向已知的利害关系人发出通知，同时通过报纸或者其他新闻媒体发布公告。

通知和公告包括下列内容：

（一）申请人的名称；

（二）申请的事实和理由；

（三）设立海事赔偿责任限制基金事项；

（四）办理债权登记事项；

（五）需要告知的其他事项。

**第一百零六条** 利害关系人对申请人申请设立海事赔偿责任限制基金有异议的，应当在收到通知之日起七日内或者未收到通知的在公告之日起三十日内，以书面形式向海事法院提出。

海事法院收到利害关系人提出的书面异议后，应当进行审查，在十五日内作出裁定。异议成立的，裁定驳回申请人的申请；异议不成立的，裁定准予申请人设立海事赔偿责任限制基金。

当事人对裁定不服的，可以在收到裁定书之日起七日内提起上诉。第二审人民法院应当在收到上诉状之日起十五日内作出裁定。

**第一百零七条** 利害关系人在规定的期间内没有提出异议的，海事法院裁定准予申请人设立海事赔偿责任限制基金。

**第一百零八条** 准予申请人设立海事赔偿责任限制基金的裁定生效后，申请人应当在海事法院设立海事赔偿责任限制基金。

设立海事赔偿责任限制基金可以提供现金，也可以提供经海事法院认可的担保。

海事赔偿责任限制基金的数额，为海事赔偿责任限额和自事故发生之日起至基金设立之日止的利息。以担保方式设立基金的，担保数额为基金数额及其在基金设立期间的利息。

以现金设立基金的，基金到达海事法院指定账户之日为基金设立之日。以担保设立基金的，海事法院接受担保之日为基金设立之日。

**第一百零九条** 设立海事赔偿责任限制基金以后，当事人就有关海事纠纷应当向设立海事赔偿责任限制基金的海事法院提起诉讼，但当事人之间订有诉讼管辖协议或者仲裁协议的除外。

**第一百一十条** 申请人申请设立海事赔偿责任限制基金错误的，应当赔偿利害关系人因此所遭受的损失。

## 第十章 债权登记与受偿程序

**第一百一十一条** 海事法院裁定强制拍卖船舶的公告发布后，债权人应当在公告期间，就与被拍卖船舶有关的债权申请登记。公告期间届满不登记的，视为放弃在本次拍卖船舶价款中受偿的权利。

**第一百一十二条** 海事法院受理设立海事赔偿责任限制基金的公告发布后，债权人应当在公告期间就与特定场合发生的海事事故有关的债权申请登记。公告期间届满不登记的，视为放弃债权。

**第一百一十三条** 债权人向海事法院申请登记债权的，应当提交书面申请，并提供有关债权证据。

债权证据，包括证明债权的具有法律效力的判决书、裁定书、调解书、仲裁裁决书和公证债权文书，以及其他证明具有海事请求的证据材料。

**第一百一十四条** 海事法院应当对债权人的申请进行审查，对提供债权证据的，裁定准予登记；对不提供债权证据的，裁定驳回申请。

**第一百一十五条** 债权人提供证明债权的判决书、裁定书、调解书、仲裁裁决书或者公证债权文书的，海事法院经审查认定上述文书真实合法的，裁定予以确认。

**第一百一十六条** 债权人提供其他海事请求证据的，应当在办理债权登记以后，在受理债权登记的海事法院提起确权诉讼。当事人之间有仲裁协议的，应当及时申请仲裁。

海事法院对确权诉讼作出的判决、裁定具有法律效力，当事人不得提起上诉。

**第一百一十七条** 海事法院审理并确认债权后，应当向债权人发出债权人会议通知书，组织召开债权人会议。

**第一百一十八条** 债权人会议可以协商提出船舶价款或者海事赔偿责任限制基金的分配方案，签订受偿协议。

受偿协议经海事法院裁定认可，具有法律效力。

债权人会议协商不成的，由海事法院依照《中华人民共和国海商法》以及其他有关法律规定的受偿顺序，裁定船舶价款或者海事赔偿责任限制基金的分配方案。

**第一百一十九条** 拍卖船舶所得价款及其利息，或者海事赔偿责任限制基金及其利息，应当一并予以分配。

分配船舶价款时,应当由责任人承担的诉讼费用,为保存、拍卖船舶和分配船舶价款产生的费用,以及为债权人的共同利益支付的其他费用,应当从船舶价款中先行拨付。

清偿债务后的余款,应当退还船舶原所有人或者海事赔偿责任限制基金设立人。

### 第十一章 船舶优先权催告程序

**第一百二十条** 船舶转让时,受让人可以向海事法院申请船舶优先权催告,催促船舶优先权人及时主张权利,消灭该船舶附有的船舶优先权。

**第一百二十一条** 受让人申请船舶优先权催告的,应当向转让船舶交付地或者受让人住所地海事法院提出。

**第一百二十二条** 申请船舶优先权催告,应当向海事法院提交申请书、船舶转让合同、船舶技术资料等文件。申请书应当载明船舶的名称、申请船舶优先权催告的事实和理由。

**第一百二十三条** 海事法院在收到申请书以及有关文件后,应当进行审查,在七日内作出准予或者不准予申请的裁定。

受让人对裁定不服的,可以申请复议一次。

**第一百二十四条** 海事法院在准予申请的裁定生效后,应当通过报纸或者其他新闻媒体发布公告,催促船舶优先权人在催告期间主张船舶优先权。

船舶优先权催告期间为六十日。

**第一百二十五条** 船舶优先权催告期间,船舶优先权人主张权利的,应当在海事法院办理登记;不主张权利的,视为放弃船舶优先权。

**第一百二十六条** 船舶优先权催告期间届满,无人主张船舶优先权的,海事法院应当根据当事人的申请作出判决,宣告该转让船舶不附有船舶优先权。判决内容应当公告。

### 第十二章 附 则

**第一百二十七条** 本法自 2000 年 7 月 1 日起施行。

## 最高人民法院关于适用《中华人民共和国民事诉讼法》的解释

- 2014 年 12 月 18 日最高人民法院审判委员会第 1636 次会议通过
- 根据 2020 年 12 月 23 日最高人民法院审判委员会第 1823 次会议通过的《最高人民法院关于修改〈最高人民法院关于人民法院民事调解工作若干问题的规定〉等十九件民事诉讼类司法解释的决定》第一次修正
- 根据 2022 年 3 月 22 日最高人民法院审判委员会第 1866 次会议通过的《最高人民法院关于修改〈最高人民法院关于适用《中华人民共和国民事诉讼法》的解释〉的决定》第二次修正
- 2022 年 4 月 1 日最高人民法院公告公布
- 自 2022 年 4 月 10 日起施行
- 法释〔2022〕11 号

2012 年 8 月 31 日,第十一届全国人民代表大会常务委员会第二十八次会议审议通过了《关于修改〈中华人民共和国民事诉讼法〉的决定》。根据修改后的民事诉讼法,结合人民法院民事审判和执行工作实际,制定本解释。

### 一、管 辖

**第一条** 民事诉讼法第十九条第一项规定的重大涉外案件,包括争议标的额大的案件、案情复杂的案件,或者一方当事人人数众多等具有重大影响的案件。

**第二条** 专利纠纷案件由知识产权法院、最高人民法院确定的中级人民法院和基层人民法院管辖。

海事、海商案件由海事法院管辖。

**第三条** 公民的住所地是指公民的户籍所在地,法人或者其他组织的住所地是指法人或者其他组织的主要办事机构所在地。

法人或者其他组织的主要办事机构所在地不能确定的,法人或者其他组织的注册地或者登记地为住所地。

**第四条** 公民的经常居住地是指公民离开住所地至起诉时已连续居住一年以上的地方,但公民住院就医的地方除外。

**第五条** 对没有办事机构的个人合伙、合伙型联营体提起的诉讼,由被告注册登记地人民法院管辖。没有注册登记,几个被告又不在同一辖区的,被告住所地的人民法院都有管辖权。

**第六条** 被告被注销户籍的,依照民事诉讼法第二十三条规定确定管辖;原告、被告均被注销户籍的,由被告居住地人民法院管辖。

**第七条** 当事人的户籍迁出后尚未落户，有经常居住地的，由该地人民法院管辖；没有经常居住地的，由其原户籍所在地人民法院管辖。

**第八条** 双方当事人都被监禁或者被采取强制性教育措施的，由被告原住所地人民法院管辖。被告被监禁或者被采取强制性教育措施一年以上的，由被告被监禁地或者被采取强制性教育措施地人民法院管辖。

**第九条** 追索赡养费、扶养费、抚养费案件的几个被告住所地不在同一辖区的，可以由原告住所地人民法院管辖。

**第十条** 不服指定监护或者变更监护关系的案件，可以由被监护人住所地人民法院管辖。

**第十一条** 双方当事人均为军人或者军队单位的民事案件由军事法院管辖。

**第十二条** 夫妻一方离开住所地超过一年，另一方起诉离婚的案件，可以由原告住所地人民法院管辖。

夫妻双方离开住所地超过一年，一方起诉离婚的案件，由被告经常居住地人民法院管辖；没有经常居住地的，由原告起诉时被告居住地人民法院管辖。

**第十三条** 在国内结婚并定居国外的华侨，如定居国法院以离婚诉讼须由婚姻缔结地法院管辖为由不予受理，当事人向人民法院提出离婚诉讼的，由婚姻缔结地或者一方在国内的最后居住地人民法院管辖。

**第十四条** 在国外结婚并定居国外的华侨，如定居国法院以离婚诉讼须由国籍所属国法院管辖为由不予受理，当事人向人民法院提出离婚诉讼的，由一方原住所地或者在国内的最后居住地人民法院管辖。

**第十五条** 中国公民一方居住在国外，一方居住在国内，不论哪一方向人民法院提起离婚诉讼，国内一方住所地人民法院都有权管辖。国外一方在居住国法院起诉，国内一方向人民法院起诉的，受诉人民法院有权管辖。

**第十六条** 中国公民双方在国外但未定居，一方向人民法院起诉离婚的，应由原告或者被告原住所地人民法院管辖。

**第十七条** 已经离婚的中国公民，双方均定居国外，仅就国内财产分割提起诉讼的，由主要财产所在地人民法院管辖。

**第十八条** 合同约定履行地点的，以约定的履行地点为合同履行地。

合同对履行地点没有约定或者约定不明确，争议标的为给付货币的，接收货币一方所在地为合同履行地；交付不动产的，不动产所在地为合同履行地；其他标的，履行义务一方所在地为合同履行地。即时结清的合同，交易行为地为合同履行地。

合同没有实际履行，当事人双方住所地都不在合同约定的履行地的，由被告住所地人民法院管辖。

**第十九条** 财产租赁合同、融资租赁合同以租赁物使用地为合同履行地。合同对履行地有约定的，从其约定。

**第二十条** 以信息网络方式订立的买卖合同，通过信息网络交付标的的，以买受人住所地为合同履行地；通过其他方式交付标的的，收货地为合同履行地。合同对履行地有约定的，从其约定。

**第二十一条** 因财产保险合同纠纷提起的诉讼，如果保险标的物是运输工具或者运输中的货物，可以由运输工具登记注册地、运输目的地、保险事故发生地人民法院管辖。

因人身保险合同纠纷提起的诉讼，可以由被保险人住所地人民法院管辖。

**第二十二条** 因股东名册记载、请求变更公司登记、股东知情权、公司决议、公司合并、公司分立、公司减资、公司增资等纠纷提起的诉讼，依照民事诉讼法第二十七条规定确定管辖。

**第二十三条** 债权人申请支付令，适用民事诉讼法第二十二条规定，由债务人住所地基层人民法院管辖。

**第二十四条** 民事诉讼法第二十九条规定的侵权行为地，包括侵权行为实施地、侵权结果发生地。

**第二十五条** 信息网络侵权行为实施地包括实施被诉侵权行为的计算机等信息设备所在地，侵权结果发生地包括被侵权人住所地。

**第二十六条** 因产品、服务质量不合格造成他人财产、人身损害提起的诉讼，产品制造地、产品销售地、服务提供地、侵权行为地和被告住所地人民法院都有管辖权。

**第二十七条** 当事人申请诉前保全后没有在法定期间起诉或者申请仲裁，给被申请人、利害关系人造成损失引起的诉讼，由采取保全措施的人民法院管辖。

当事人申请诉前保全后在法定期间内起诉或者申请仲裁，被申请人、利害关系人因保全受到损失提起的诉讼，由受理起诉的人民法院或者采取保全措施的人民法院管辖。

**第二十八条** 民事诉讼法第三十四条第一项规定的不动产纠纷是指因不动产的权利确认、分割、相邻关系等引起的物权纠纷。

农村土地承包经营合同纠纷、房屋租赁合同纠纷、建设工程施工合同纠纷、政策性房屋买卖合同纠纷，按照不动产纠纷确定管辖。

不动产已登记的，以不动产登记簿记载的所在地为不动产所在地；不动产未登记的，以不动产实际所在地为不动产所在地。

**第二十九条** 民事诉讼法第三十五条规定的书面协议，包括书面合同中的协议管辖条款或者诉讼前以书面形式达成的选择管辖的协议。

**第三十条** 根据管辖协议，起诉时能够确定管辖法院的，从其约定；不能确定的，依照民事诉讼法的相关规定确定管辖。

管辖协议约定两个以上与争议有实际联系的地点的人民法院管辖，原告可以向其中一个人民法院起诉。

**第三十一条** 经营者使用格式条款与消费者订立管辖协议，未采取合理方式提请消费者注意，消费者主张管辖协议无效的，人民法院应予支持。

**第三十二条** 管辖协议约定由一方当事人住所地人民法院管辖，协议签订后当事人住所地变更的，由签订管辖协议时的住所地人民法院管辖，但当事人另有约定的除外。

**第三十三条** 合同转让的，合同的管辖协议对合同受让人有效，但转让时受让人不知道有管辖协议，或者转让协议另有约定且原合同相对人同意的除外。

**第三十四条** 当事人因同居或者在解除婚姻、收养关系后发生财产争议，约定管辖的，可以适用民事诉讼法第三十五条规定确定管辖。

**第三十五条** 当事人在答辩期间届满后未应诉答辩，人民法院在一审开庭前，发现案件不属于本院管辖的，应当裁定移送有管辖权的人民法院。

**第三十六条** 两个以上人民法院都有管辖权的诉讼，先立案的人民法院不得将案件移送给另一个有管辖权的人民法院。人民法院在立案前发现其他有管辖权的人民法院已先立案的，不得重复立案；立案后发现其他有管辖权的人民法院已先立案的，裁定将案件移送给先立案的人民法院。

**第三十七条** 案件受理后，受诉人民法院的管辖权不受当事人住所地、经常居住地变更的影响。

**第三十八条** 有管辖权的人民法院受理案件后，不得以行政区域变更为由，将案件移送给变更后有管辖权的人民法院。判决后的上诉案件和依审判监督程序提审的案件，由原审人民法院的上级人民法院进行审判；上级人民法院指令再审、发回重审的案件，由原审人民法院再审或者重审。

**第三十九条** 人民法院对管辖异议审查后确定有管辖权的，不因当事人提起反诉、增加或者变更诉讼请求等改变管辖，但违反级别管辖、专属管辖规定的除外。

人民法院发回重审或者按第一审程序再审的案件，当事人提出管辖异议的，人民法院不予审查。

**第四十条** 依照民事诉讼法第三十八条第二款规定，发生管辖权争议的两个人民法院因协商不成报请它们的共同上级人民法院指定管辖时，双方为同属一个地、市辖区的基层人民法院的，由该地、市的中级人民法院及时指定管辖；同属一个省、自治区、直辖市的两个人民法院的，由该省、自治区、直辖市的高级人民法院及时指定管辖；双方为跨省、自治区、直辖市的人民法院，高级人民法院协商不成的，由最高人民法院及时指定管辖。

依照前款规定报请上级人民法院指定管辖时，应当逐级进行。

**第四十一条** 人民法院依照民事诉讼法第三十八条第二款规定指定管辖的，应当作出裁定。

对报请上级人民法院指定管辖的案件，下级人民法院应当中止审理。指定管辖裁定作出前，下级人民法院对案件作出判决、裁定的，上级人民法院应当在裁定指定管辖的同时，一并撤销下级人民法院的判决、裁定。

**第四十二条** 下列第一审民事案件，人民法院依照民事诉讼法第三十九条第一款规定，可以在开庭前交下级人民法院审理：

（一）破产程序中有关债务人的诉讼案件；

（二）当事人人数众多且不方便诉讼的案件；

（三）最高人民法院确定的其他类型案件。

人民法院交下级人民法院审理前，应当报请其上级人民法院批准。上级人民法院批准后，人民法院应当裁定将案件交下级人民法院审理。

## 二、回 避

**第四十三条** 审判人员有下列情形之一的，应当自行回避，当事人有权申请其回避：

（一）是本案当事人或者当事人近亲属的；

（二）本人或者其近亲属与本案有利害关系的；

（三）担任过本案的证人、鉴定人、辩护人、诉讼代理人、翻译人员的；

（四）是本案诉讼代理人近亲属的；

（五）本人或者其近亲属持有本案非上市公司当事

人的股份或者股权的；

（六）与本案当事人或者诉讼代理人有其他利害关系，可能影响公正审理的。

**第四十四条** 审判人员有下列情形之一的，当事人有权申请其回避：

（一）接受本案当事人及其受托人宴请，或者参加由其支付费用的活动的；

（二）索取、接受本案当事人及其受托人财物或者其他利益的；

（三）违反规定会见本案当事人、诉讼代理人的；

（四）为本案当事人推荐、介绍诉讼代理人，或者为律师、其他人员介绍代理本案的；

（五）向本案当事人及其受托人借用款物的；

（六）有其他不正当行为，可能影响公正审理的。

**第四十五条** 在一个审判程序中参与过本案审判工作的审判人员，不得再参与该案其他程序的审判。

发回重审的案件，在一审法院作出裁判后又进入第二审程序的，原第二审程序中审判人员不受前款规定的限制。

**第四十六条** 审判人员有应当回避的情形，没有自行回避，当事人也没有申请其回避的，由院长或者审判委员会决定其回避。

**第四十七条** 人民法院应当依法告知当事人对合议庭组成人员、独任审判员和书记员等人员有申请回避的权利。

**第四十八条** 民事诉讼法第四十七条所称的审判人员，包括参与本案审理的人民法院院长、副院长、审判委员会委员、庭长、副庭长、审判员和人民陪审员。

**第四十九条** 书记员和执行员适用审判人员回避的有关规定。

### 三、诉讼参加人

**第五十条** 法人的法定代表人以依法登记的为准，但法律另有规定的除外。依法不需要办理登记的法人，以其正职负责人为法定代表人；没有正职负责人的，以其主持工作的副职负责人为法定代表人。

法定代表人已经变更，但未完成登记，变更后的法定代表人要求代表法人参加诉讼的，人民法院可以准许。

其他组织，以其主要负责人为代表人。

**第五十一条** 在诉讼中，法人的法定代表人变更的，由新的法定代表人继续进行诉讼，并应向人民法院提交新的法定代表人身份证明书。原法定代表人进行的诉讼行为有效。

前款规定，适用于其他组织参加的诉讼。

**第五十二条** 民事诉讼法第五十一条规定的其他组织是指合法成立、有一定的组织机构和财产，但又不具备法人资格的组织，包括：

（一）依法登记领取营业执照的个人独资企业；

（二）依法登记领取营业执照的合伙企业；

（三）依法登记领取我国营业执照的中外合作经营企业、外资企业；

（四）依法成立的社会团体的分支机构、代表机构；

（五）依法设立并领取营业执照的法人的分支机构；

（六）依法设立并领取营业执照的商业银行、政策性银行和非银行金融机构的分支机构；

（七）经依法登记领取营业执照的乡镇企业、街道企业；

（八）其他符合本条规定条件的组织。

**第五十三条** 法人非依法设立的分支机构，或者虽依法设立，但没有领取营业执照的分支机构，以设立该分支机构的法人为当事人。

**第五十四条** 以挂靠形式从事民事活动，当事人请求由挂靠人和被挂靠人依法承担民事责任的，该挂靠人和被挂靠人为共同诉讼人。

**第五十五条** 在诉讼中，一方当事人死亡，需要等待继承人表明是否参加诉讼的，裁定中止诉讼。人民法院应当及时通知继承人作为当事人承担诉讼，被继承人已经进行的诉讼行为对承担诉讼的继承人有效。

**第五十六条** 法人或者其他组织的工作人员执行工作任务造成他人损害的，该法人或者其他组织为当事人。

**第五十七条** 提供劳务一方因劳务造成他人损害，受害人提起诉讼的，以接受劳务一方为被告。

**第五十八条** 在劳务派遣期间，被派遣的工作人员因执行工作任务造成他人损害的，以接受劳务派遣的用工单位为当事人。当事人主张劳务派遣单位承担责任的，该劳务派遣单位为共同被告。

**第五十九条** 在诉讼中，个体工商户以营业执照上登记的经营者为当事人。有字号的，以营业执照上登记的字号为当事人，但应同时注明该字号经营者的基本信息。

营业执照上登记的经营者与实际经营者不一致的，以登记的经营者和实际经营者为共同诉讼人。

**第六十条** 在诉讼中，未依法登记领取营业执照的个人合伙的全体合伙人为共同诉讼人。个人合伙有依法核准登记的字号的，应在法律文书中注明登记的字号。

全体合伙人可以推选代表人；被推选的代表人，应由全体合伙人出具推选书。

第六十一条　当事人之间的纠纷经人民调解委员会或者其他依法设立的调解组织调解达成协议后，一方当事人不履行调解协议，另一方当事人向人民法院提起诉讼的，应以对方当事人为被告。

第六十二条　下列情形，以行为人为当事人：

（一）法人或者其他组织应登记而未登记，行为人即以该法人或者其他组织名义进行民事活动的；

（二）行为人没有代理权、超越代理权或者代理权终止后以被代理人名义进行民事活动的，但相对人有理由相信行为人有代理权的除外；

（三）法人或者其他组织依法终止后，行为人仍以其名义进行民事活动的。

第六十三条　企业法人合并的，因合并前的民事活动发生的纠纷，以合并后的企业为当事人；企业法人分立的，因分立前的民事活动发生的纠纷，以分立后的企业为共同诉讼人。

第六十四条　企业法人解散的，依法清算并注销前，以该企业法人为当事人；未依法清算即被注销的，以该企业法人的股东、发起人或者出资人为当事人。

第六十五条　借用业务介绍信、合同专用章、盖章的空白合同书或者银行账户的，出借单位和借用人为共同诉讼人。

第六十六条　因保证合同纠纷提起的诉讼，债权人向保证人和被保证人一并主张权利的，人民法院应当将保证人和被保证人列为共同被告。保证合同约定为一般保证，债权人仅起诉保证人的，人民法院应当通知被保证人作为共同被告参加诉讼；债权人仅起诉被保证人的，可以只列被保证人为被告。

第六十七条　无民事行为能力人、限制民事行为能力人造成他人损害的，无民事行为能力人、限制民事行为能力人和其监护人为共同被告。

第六十八条　居民委员会、村民委员会或者村民小组与他人发生民事纠纷的，居民委员会、村民委员会或者有独立财产的村民小组为当事人。

第六十九条　对侵害死者遗体、遗骨以及姓名、肖像、名誉、荣誉、隐私等行为提起诉讼的，死者的近亲属为当事人。

第七十条　在继承遗产的诉讼中，部分继承人起诉的，人民法院应通知其他继承人作为共同原告参加诉讼；被通知的继承人不愿意参加诉讼又未明确表示放弃实体权利的，人民法院仍应将其列为共同原告。

第七十一条　原告起诉被代理人和代理人，要求承担连带责任的，被代理人和代理人为共同被告。

原告起诉代理人和相对人，要求承担连带责任的，代理人和相对人为共同被告。

第七十二条　共有财产权受到他人侵害，部分共有权人起诉的，其他共有权人为共同诉讼人。

第七十三条　必须共同进行诉讼的当事人没有参加诉讼的，人民法院应当依照民事诉讼法第一百三十五条的规定，通知其参加；当事人也可以向人民法院申请追加。人民法院对当事人提出的申请，应当进行审查，申请理由不成立的，裁定驳回；申请理由成立的，书面通知被追加的当事人参加诉讼。

第七十四条　人民法院追加共同诉讼的当事人时，应当通知其他当事人。应当追加的原告，已明确表示放弃实体权利的，可不予追加；既不愿意参加诉讼，又不放弃实体权利的，仍应追加为共同原告，其不参加诉讼，不影响人民法院对案件的审理和依法作出判决。

第七十五条　民事诉讼法第五十六条、第五十七条和第二百零六条规定的人数众多，一般指十人以上。

第七十六条　依照民事诉讼法第五十六条规定，当事人一方人数众多在起诉时确定的，可以由全体当事人推选共同的代表人，也可以由部分当事人推选自己的代表人；推选不出代表人的当事人，在必要的共同诉讼中可以自己参加诉讼，在普通的共同诉讼中可以另行起诉。

第七十七条　根据民事诉讼法第五十七条规定，当事人一方人数众多在起诉时不确定的，由当事人推选代表人。当事人推选不出的，可以由人民法院提出人选与当事人协商；协商不成的，也可以由人民法院在起诉的当事人中指定代表人。

第七十八条　民事诉讼法第五十六条和第五十七条规定的代表人为二至五人，每位代表人可以委托一至二人作为诉讼代理人。

第七十九条　依照民事诉讼法第五十七条规定受理的案件，人民法院可以发出公告，通知权利人向人民法院登记。公告期间根据案件的具体情况确定，但不得少于三十日。

第八十条　根据民事诉讼法第五十七条规定向人民法院登记的权利人，应当证明其与对方当事人的法律关系和所受到的损害。证明不了的，不予登记，权利人可以另行起诉。人民法院的裁判在登记的范围内执行。未参加登记的权利人提起诉讼，人民法院认定其请求成立的，裁定适用人民法院已作出的判决、裁定。

**第八十一条** 根据民事诉讼法第五十九条的规定，有独立请求权的第三人有权向人民法院提出诉讼请求和事实、理由，成为当事人；无独立请求权的第三人，可以申请或者由人民法院通知参加诉讼。

第一审程序中未参加诉讼的第三人，申请参加第二审程序的，人民法院可以准许。

**第八十二条** 在一审诉讼中，无独立请求权的第三人无权提出管辖异议，无权放弃、变更诉讼请求或者申请撤诉，被判决承担民事责任的，有权提起上诉。

**第八十三条** 在诉讼中，无民事行为能力人、限制民事行为能力人的监护人是他的法定代理人。事先没有确定监护人的，可以由有监护资格的人协商确定；协商不成的，由人民法院在他们之中指定诉讼中的法定代理人。当事人没有民法典第二十七条、第二十八条规定的监护人的，可以指定民法典第三十二条规定的有关组织担任诉讼中的法定代理人。

**第八十四条** 无民事行为能力人、限制民事行为能力人以及其他依法不能作为诉讼代理人的，当事人不得委托其作为诉讼代理人。

**第八十五条** 根据民事诉讼法第六十一条第二款第二项规定，与当事人有夫妻、直系血亲、三代以内旁系血亲、近姻亲关系以及其他有抚养、赡养关系的亲属，可以当事人近亲属的名义作为诉讼代理人。

**第八十六条** 根据民事诉讼法第六十一条第二款第二项规定，与当事人有合法劳动人事关系的职工，可以当事人工作人员的名义作为诉讼代理人。

**第八十七条** 根据民事诉讼法第六十一条第二款第三项规定，有关社会团体推荐公民担任诉讼代理人的，应当符合下列条件：

（一）社会团体属于依法登记设立或者依法免予登记设立的非营利性法人组织；

（二）被代理人属于该社会团体的成员，或者当事人一方住所地位于该社会团体的活动地域；

（三）代理事务属于该社会团体章程载明的业务范围；

（四）被推荐的公民是该社会团体的负责人或者与该社会团体有合法劳动人事关系的工作人员。

专利代理人经中华全国专利代理人协会推荐，可以在专利纠纷案件中担任诉讼代理人。

**第八十八条** 诉讼代理人除根据民事诉讼法第六十二条规定提交授权委托书外，还应当按照下列规定向人民法院提交相关材料：

（一）律师应当提交律师执业证、律师事务所证明材料；

（二）基层法律服务工作者应当提交法律服务工作者执业证、基层法律服务所出具的介绍信以及当事人一方位于本辖区内的证明材料；

（三）当事人的近亲属应当提交身份证件和与委托人有近亲属关系的证明材料；

（四）当事人的工作人员应当提交身份证件和与当事人有合法劳动人事关系的证明材料；

（五）当事人所在社区、单位推荐的公民应当提交身份证件、推荐材料和当事人属于该社区、单位的证明材料；

（六）有关社会团体推荐的公民应当提交身份证件和符合本解释第八十七条规定条件的证明材料。

**第八十九条** 当事人向人民法院提交的授权委托书，应当在开庭审理前送交人民法院。授权委托书仅写"全权代理"而无具体授权的，诉讼代理人无权代为承认、放弃、变更诉讼请求，进行和解，提出反诉或者提起上诉。

适用简易程序审理的案件，双方当事人同时到庭并径行开庭审理的，可以当场口头委托诉讼代理人，由人民法院记入笔录。

### 四、证 据

**第九十条** 当事人对自己提出的诉讼请求所依据的事实或者反驳对方诉讼请求所依据的事实，应当提供证据加以证明，但法律另有规定的除外。

在作出判决前，当事人未能提供证据或者证据不足以证明其事实主张的，由负有举证证明责任的当事人承担不利的后果。

**第九十一条** 人民法院应当依照下列原则确定举证证明责任的承担，但法律另有规定的除外：

（一）主张法律关系存在的当事人，应当对产生该法律关系的基本事实承担举证证明责任；

（二）主张法律关系变更、消灭或者权利受到妨害的当事人，应当对该法律关系变更、消灭或者权利受到妨害的基本事实承担举证证明责任。

**第九十二条** 一方当事人在法庭审理中，或者在起诉状、答辩状、代理词等书面材料中，对于己不利的事实明确表示承认的，另一方当事人无需举证证明。

对于涉及身份关系、国家利益、社会公共利益等应当由人民法院依职权调查的事实，不适用前款自认的规定。

自认的事实与查明的事实不符,人民法院不予确认。

**第九十三条** 下列事实,当事人无须举证证明:

(一)自然规律以及定理、定律;

(二)众所周知的事实;

(三)根据法律规定推定的事实;

(四)根据已知的事实和日常生活经验法则推定出的另一事实;

(五)已为人民法院发生法律效力的裁判所确认的事实;

(六)已为仲裁机构生效裁决所确认的事实;

(七)已为有效公证文书所证明的事实。

前款第二项至第四项规定的事实,当事人有相反证据足以反驳的除外;第五项至第七项规定的事实,当事人有相反证据足以推翻的除外。

**第九十四条** 民事诉讼法第六十七条第二款规定的当事人及其诉讼代理人因客观原因不能自行收集的证据包括:

(一)证据由国家有关部门保存,当事人及其诉讼代理人无权查阅调取的;

(二)涉及国家秘密、商业秘密或者个人隐私的;

(三)当事人及其诉讼代理人因客观原因不能自行收集的其他证据。

当事人及其诉讼代理人因客观原因不能自行收集的证据,可以在举证期限届满前书面申请人民法院调查收集。

**第九十五条** 当事人申请调查收集的证据,与待证事实无关联、对证明待证事实无意义或者其他无调查收集必要的,人民法院不予准许。

**第九十六条** 民事诉讼法第六十七条第二款规定的人民法院认为审理案件需要的证据包括:

(一)涉及可能损害国家利益、社会公共利益的;

(二)涉及身份关系的;

(三)涉及民事诉讼法第五十八条规定诉讼的;

(四)当事人有恶意串通损害他人合法权益可能的;

(五)涉及依职权追加当事人、中止诉讼、终结诉讼、回避等程序性事项的。

除前款规定外,人民法院调查收集证据,应当依照当事人的申请进行。

**第九十七条** 人民法院调查收集证据,应当由两人以上共同进行。调查材料要由调查人、被调查人、记录人签名、捺印或者盖章。

**第九十八条** 当事人根据民事诉讼法第八十四条第一款规定申请证据保全的,可以在举证期限届满前书面提出。

证据保全可能对他人造成损失的,人民法院应当责令申请人提供相应的担保。

**第九十九条** 人民法院应当在审理前的准备阶段确定当事人的举证期限。举证期限可以由当事人协商,并经人民法院准许。

人民法院确定举证期限,第一审普通程序案件不得少于十五日,当事人提供新的证据的第二审案件不得少于十日。

举证期限届满后,当事人对已经提供的证据,申请提供反驳证据或者对证据来源、形式等方面的瑕疵进行补正的,人民法院可以酌情再次确定举证期限,该期限不受前款规定的限制。

**第一百条** 当事人申请延长举证期限的,应当在举证期限届满前向人民法院提出书面申请。

申请理由成立的,人民法院应当准许,适当延长举证期限,并通知其他当事人。延长的举证期限适用于其他当事人。

申请理由不成立的,人民法院不予准许,并通知申请人。

**第一百零一条** 当事人逾期提供证据的,人民法院应当责令其说明理由,必要时可以要求其提供相应的证据。

当事人因客观原因逾期提供证据,或者对方当事人对逾期提供证据未提出异议的,视为未逾期。

**第一百零二条** 当事人因故意或者重大过失逾期提供的证据,人民法院不予采纳。但该证据与案件基本事实有关的,人民法院应当采纳,并依照民事诉讼法第六十八条、第一百一十八条第一款的规定予以训诫、罚款。

当事人非因故意或者重大过失逾期提供的证据,人民法院应当采纳,并对当事人予以训诫。

当事人一方要求另一方赔偿因逾期提供证据致使其增加的交通、住宿、就餐、误工、证人出庭作证等必要费用的,人民法院可予支持。

**第一百零三条** 证据应当在法庭上出示,由当事人互相质证。未经当事人质证的证据,不得作为认定案件事实的根据。

当事人在审理前的准备阶段认可的证据,经审判人员在庭审中说明后,视为质证过的证据。

涉及国家秘密、商业秘密、个人隐私或者法律规定应当保密的证据,不得公开质证。

**第一百零四条** 人民法院应当组织当事人围绕证据的真实性、合法性以及与待证事实的关联性进行质证,并针对证据有无证明力和证明力大小进行说明和辩论。

能够反映案件真实情况、与待证事实相关联、来源和形式符合法律规定的证据,应当作为认定案件事实的根据。

**第一百零五条** 人民法院应当按照法定程序,全面、客观地审核证据,依照法律规定,运用逻辑推理和日常生活经验法则,对证据有无证明力和证明力大小进行判断,并公开判断的理由和结果。

**第一百零六条** 对以严重侵害他人合法权益、违反法律禁止性规定或者严重违背公序良俗的方法形成或者获取的证据,不得作为认定案件事实的根据。

**第一百零七条** 在诉讼中,当事人为达成调解协议或者和解协议作出妥协而认可的事实,不得在后续的诉讼中作为对其不利的根据,但法律另有规定或者当事人均同意的除外。

**第一百零八条** 对负有举证证明责任的当事人提供的证据,人民法院经审查并结合相关事实,确信待证事实的存在具有高度可能性的,应当认定该事实存在。

对一方当事人为反驳负有举证证明责任的当事人所主张事实而提供的证据,人民法院经审查并结合相关事实,认为待证事实真伪不明的,应当认定该事实不存在。

法律对于待证事实所应达到的证明标准另有规定的,从其规定。

**第一百零九条** 当事人对欺诈、胁迫、恶意串通事实的证明,以及对口头遗嘱或者赠与事实的证明,人民法院确信该待证事实存在的可能性能够排除合理怀疑的,应当认定该事实存在。

**第一百一十条** 人民法院认为有必要的,可以要求当事人本人到庭,就案件有关事实接受询问。在询问当事人之前,可以要求其签署保证书。

保证书应当载明据实陈述、如有虚假陈述愿意接受处罚等内容。当事人应当在保证书上签名或者捺印。

负有举证证明责任的当事人拒绝到庭、拒绝接受询问或者拒绝签署保证书,待证事实又欠缺其他证据证明的,人民法院对其主张的事实不予认定。

**第一百一十一条** 民事诉讼法第七十三条规定的提交书证原件确有困难,包括下列情形:

(一)书证原件遗失、灭失或者毁损的;

(二)原件在对方当事人控制之下,经合法通知提交而拒不提交的;

(三)原件在他人控制之下,而其有权不提交的;

(四)原件因篇幅或者体积过大而不便提交的;

(五)承担举证证明责任的当事人通过申请人民法院调查收集或者其他方式无法获得书证原件的。

前款规定情形,人民法院应当结合其他证据和案件具体情况,审查判断书证复制品等能否作为认定案件事实的根据。

**第一百一十二条** 书证在对方当事人控制之下的,承担举证证明责任的当事人可以在举证期限届满前书面申请人民法院责令对方当事人提交。

申请理由成立的,人民法院应当责令对方当事人提交,因提交书证所产生的费用,由申请人负担。对方当事人无正当理由拒不提交的,人民法院可以认定申请人所主张的书证内容为真实。

**第一百一十三条** 持有书证的当事人以妨碍对方当事人使用为目的,毁灭有关书证或者实施其他致使书证不能使用行为的,人民法院可以依照民事诉讼法第一百一十四条规定,对其处以罚款、拘留。

**第一百一十四条** 国家机关或者其他依法具有社会管理职能的组织,在其职权范围内制作的文书所记载的事项推定为真实,但有相反证据足以推翻的除外。必要时,人民法院可以要求制作文书的机关或者组织对文书的真实性予以说明。

**第一百一十五条** 单位向人民法院提出的证明材料,应当由单位负责人及制作证明材料的人员签名或者盖章,并加盖单位印章。人民法院就单位出具的证明材料,可以向单位及制作证明材料的人员进行调查核实。必要时,可以要求制作证明材料的人员出庭作证。

单位及制作证明材料的人员拒绝人民法院调查核实,或者制作证明材料的人员无正当理由拒绝出庭作证的,该证明材料不得作为认定案件事实的根据。

**第一百一十六条** 视听资料包括录音资料和影像资料。

电子数据是指通过电子邮件、电子数据交换、网上聊天记录、博客、微博客、手机短信、电子签名、域名等形成或者存储在电子介质中的信息。

存储在电子介质中的录音资料和影像资料,适用电子数据的规定。

**第一百一十七条** 当事人申请证人出庭作证的,应当在举证期限届满前提出。

符合本解释第九十六条第一款规定情形的,人民法院可以依职权通知证人出庭作证。

未经人民法院通知，证人不得出庭作证，但双方当事人同意并经人民法院准许的除外。

**第一百一十八条** 民事诉讼法第七十七条规定的证人因履行出庭作证义务而支出的交通、住宿、就餐等必要费用，按照机关事业单位工作人员差旅费用和补贴标准计算；误工损失按照国家上年度职工日平均工资标准计算。

人民法院准许证人出庭作证申请的，应当通知申请人预缴证人出庭作证费用。

**第一百一十九条** 人民法院在证人出庭作证前应当告知其如实作证的义务以及作伪证的法律后果，并责令其签署保证书，但无民事行为能力人和限制民事行为能力人除外。

证人签署保证书适用本解释关于当事人签署保证书的规定。

**第一百二十条** 证人拒绝签署保证书的，不得作证，并自行承担相关费用。

**第一百二十一条** 当事人申请鉴定，可以在举证期限届满前提出。申请鉴定的事项与待证事实无关联，或者对证明待证事实无意义的，人民法院不予准许。

人民法院准许当事人鉴定申请的，应当组织双方当事人协商确定具备相应资格的鉴定人。当事人协商不成的，由人民法院指定。

符合依职权调查收集证据条件的，人民法院应依职权委托鉴定，在询问当事人的意见后，指定具备相应资格的鉴定人。

**第一百二十二条** 当事人可以依照民事诉讼法第八十二条的规定，在举证期限届满前申请一至二名具有专门知识的人出庭，代表当事人对鉴定意见进行质证，或者对案件事实所涉及的专业问题提出意见。

具有专门知识的人在法庭上就专业问题提出的意见，视为当事人的陈述。

人民法院准许当事人申请的，相关费用由提出申请的当事人负担。

**第一百二十三条** 人民法院可以对出庭的具有专门知识的人进行询问。经法庭准许，当事人可以对出庭的具有专门知识的人进行询问，当事人各自申请的具有专门知识的人可以就案件中的有关问题进行对质。

具有专门知识的人不得参与专业问题之外的法庭审理活动。

**第一百二十四条** 人民法院认为有必要的，可以根据当事人的申请或者依职权对物证或者现场进行勘验。勘验时应当保护他人的隐私和尊严。

人民法院可以要求鉴定人参与勘验。必要时，可以要求鉴定人在勘验中进行鉴定。

## 五、期间和送达

**第一百二十五条** 依照民事诉讼法第八十五条第二款规定，民事诉讼中以时起算的期间从次时起算；以日、月、年计算的期间从次日起算。

**第一百二十六条** 民事诉讼法第一百二十六条规定的立案期限，因起诉状内容欠缺通知原告补正的，从补正后交人民法院的次日起算。由上级人民法院转交下级人民法院立案的案件，从受诉人民法院收到起诉状的次日起算。

**第一百二十七条** 民事诉讼法第五十九条第三款、第二百一十二条以及本解释第三百七十二条、第三百八十二条、第三百九十九条、第四百二十条、第四百二十一条规定的六个月，民事诉讼法第二百三十条规定的一年，为不变期间，不适用诉讼时效中止、中断、延长的规定。

**第一百二十八条** 再审案件按照第一审程序或者第二审程序审理的，适用民事诉讼法第一百五十二条、第一百八十三条规定的审限。审限自再审立案的次日起算。

**第一百二十九条** 对申请再审案件，人民法院应当自受理之日起三个月内审查完毕，但公告期间、当事人和解期间等不计入审查期限。有特殊情况需要延长的，由本院院长批准。

**第一百三十条** 向法人或者其他组织送达诉讼文书，应当由法人的法定代表人、该组织的主要负责人或者办公室、收发室、值班室等负责收件的人签收或者盖章，拒绝签收或者盖章的，适用留置送达。

民事诉讼法第八十九条规定的有关基层组织和所在单位的代表，可以是受送达人住所地的居民委员会、村民委员会的工作人员以及受送达人所在单位的工作人员。

**第一百三十一条** 人民法院直接送达诉讼文书的，可以通知当事人到人民法院领取。当事人到达人民法院，拒绝签署送达回证的，视为送达。审判人员、书记员应当在送达回证上注明送达情况并签名。

人民法院可以在当事人住所地以外向当事人直接送达诉讼文书。当事人拒绝签署送达回证的，采用拍照、录像等方式记录送达过程即视为送达。审判人员、书记员应当在送达回证上注明送达情况并签名。

**第一百三十二条** 受送达人有诉讼代理人的，人民法院既可以向受送达人送达，也可以向其诉讼代理人送达。受送达人指定诉讼代理人为代收人的，向诉讼代理人送达时,适用留置送达。

**第一百三十三条** 调解书应当直接送达当事人本人,不适用留置送达。当事人本人因故不能签收的,可由其指定的代收人签收。

**第一百三十四条** 依照民事诉讼法第九十一条规定,委托其他人民法院代为送达的,委托法院应当出具委托函,并附需要送达的诉讼文书和送达回证,以受送达人在送达回证上签收的日期为送达日期。

委托送达的,受委托人民法院应当自收到委托函及相关诉讼文书之日起十日内代为送达。

**第一百三十五条** 电子送达可以采用传真、电子邮件、移动通信等即时收悉的特定系统作为送达媒介。

民事诉讼法第九十条第二款规定的到达受送达人特定系统的日期,为人民法院对应系统显示发送成功的日期,但受送达人证明到达其特定系统的日期与人民法院对应系统显示发送成功的日期不一致的,以受送达人证明到达其特定系统的日期为准。

**第一百三十六条** 受送达人同意采用电子方式送达的,应当在送达地址确认书中予以确认。

**第一百三十七条** 当事人在提起上诉、申请再审、申请执行时未书面变更送达地址的,其在第一审程序中确认的送达地址可以作为第二审程序、审判监督程序、执行程序的送达地址。

**第一百三十八条** 公告送达可以在法院的公告栏和受送达人住所地张贴公告,也可以在报纸、信息网络等媒体上刊登公告,发出公告日期以最后张贴或者刊登的日期为准。对公告送达方式有特殊要求的,应当按要求的方式进行。公告期满,即视为送达。

人民法院在受送达人住所地张贴公告的,应当采取拍照、录像等方式记录张贴过程。

**第一百三十九条** 公告送达应当说明公告送达的原因;公告送达起诉状或者上诉状副本的,应当说明起诉或者上诉要点,受送达人答辩期限及逾期不答辩的法律后果;公告送达传票,应当说明出庭的时间和地点及逾期不出庭的法律后果;公告送达判决书、裁定书的,应当说明裁判主要内容,当事人有权上诉的,还应当说明上诉权利、上诉期限和上诉的人民法院。

**第一百四十条** 适用简易程序的案件,不适用公告送达。

**第一百四十一条** 人民法院在定期宣判时,当事人拒不签收判决书、裁定书的,应视为送达,并在宣判笔录中记明。

### 六、调 解

**第一百四十二条** 人民法院受理案件后,经审查,认为法律关系明确、事实清楚,在征得当事人双方同意后,可以径行调解。

**第一百四十三条** 适用特别程序、督促程序、公示催告程序的案件,婚姻等身份关系确认案件以及其他根据案件性质不能进行调解的案件,不得调解。

**第一百四十四条** 人民法院审理民事案件,发现当事人之间恶意串通,企图通过和解、调解方式侵害他人合法权益的,应当依照民事诉讼法第一百一十五条的规定处理。

**第一百四十五条** 人民法院审理民事案件,应当根据自愿、合法的原则进行调解。当事人一方或者双方坚持不愿调解的,应当及时裁判。

人民法院审理离婚案件,应当进行调解,但不应久调不决。

**第一百四十六条** 人民法院审理民事案件,调解过程不公开,但当事人同意公开的除外。

调解协议内容不公开,但为保护国家利益、社会公共利益、他人合法权益,人民法院认为确有必要公开的除外。

主持调解以及参与调解的人员,对调解过程以及调解过程中获悉的国家秘密、商业秘密、个人隐私和其他不宜公开的信息,应当保守秘密,但为保护国家利益、社会公共利益、他人合法权益的除外。

**第一百四十七条** 人民法院调解案件时,当事人不能出庭的,经其特别授权,可由其委托代理人参加调解,达成的调解协议,可由委托代理人签名。

离婚案件当事人确因特殊情况无法出庭参加调解的,除本人不能表达意志的以外,应当出具书面意见。

**第一百四十八条** 当事人自行和解或者调解达成协议后,请求人民法院按照和解协议或者调解协议的内容制作判决书的,人民法院不予准许。

无民事行为能力人的离婚案件,由其法定代理人进行诉讼。法定代理人与对方达成协议要求发给判决书的,可根据协议内容制作判决书。

**第一百四十九条** 调解书需经当事人签收后才发生法律效力的,应当以最后收到调解书的当事人签收的日期为调解书生效日期。

**第一百五十条** 人民法院调解民事案件,需由无独立请求权的第三人承担责任的,应当经其同意。该第三人在调解书送达前反悔的,人民法院应当及时裁判。

第一百五十一条　根据民事诉讼法第一百零一条第一款第四项规定，当事人各方同意在调解协议上签名或者盖章后即发生法律效力的，经人民法院审查确认后，应当记入笔录或者将调解协议附卷，并由当事人、审判人员、书记员签名或者盖章后即具有法律效力。

前款规定情形，当事人请求制作调解书的，人民法院审查确认后可以制作调解书送交当事人。当事人拒收调解书的，不影响调解协议的效力。

### 七、保全和先予执行

第一百五十二条　人民法院依照民事诉讼法第一百零三条、第一百零四条规定，在采取诉前保全、诉讼保全措施时，责令利害关系人或者当事人提供担保的，应当书面通知。

利害关系人申请诉前保全的，应当提供担保。申请诉前财产保全的，应当提供相当于请求保全数额的担保；情况特殊的，人民法院可以酌情处理。申请诉前行为保全的，担保的数额由人民法院根据案件的具体情况决定。

在诉讼中，人民法院依申请或者依职权采取保全措施的，应当根据案件的具体情况，决定当事人是否应当提供担保以及担保的数额。

第一百五十三条　人民法院对季节性商品、鲜活、易腐烂变质以及其他不宜长期保存的物品采取保全措施时，可以责令当事人及时处理，由人民法院保存价款；必要时，人民法院可予以变卖，保存价款。

第一百五十四条　人民法院在财产保全中采取查封、扣押、冻结财产措施时，应当妥善保管被查封、扣押、冻结的财产。不宜由人民法院保管的，人民法院可以指定被保全人负责保管；不宜由被保全人保管的，可以委托他人或者申请保全人保管。

查封、扣押、冻结担保物权人占有的担保财产，一般由担保物权人保管；由人民法院保管的，质权、留置权不因采取保全措施而消灭。

第一百五十五条　由人民法院指定被保全人保管的财产，如果继续使用对该财产的价值无重大影响，可以允许被保全人继续使用；由人民法院保管或者委托他人、申请保全人保管的财产，人民法院和其他保管人不得使用。

第一百五十六条　人民法院采取财产保全的方法和措施，依照执行程序相关规定办理。

第一百五十七条　人民法院对抵押物、质押物、留置物可以采取财产保全措施，但不影响抵押权人、质权人、留置权人的优先受偿权。

第一百五十八条　人民法院对债务人到期应得的收益，可以采取财产保全措施，限制其支取，通知有关单位协助执行。

第一百五十九条　债务人的财产不能满足保全请求，但对他人有到期债权的，人民法院可以依债权人的申请裁定该他人不得对本案债务人清偿。该他人要求偿付的，由人民法院提存财物或者价款。

第一百六十条　当事人向采取诉前保全措施以外的其他有管辖权的人民法院起诉的，采取诉前保全措施的人民法院应当将保全手续移送受理案件的人民法院。诉前保全的裁定视为受移送人民法院作出的裁定。

第一百六十一条　对当事人不服一审判决提起上诉的案件，在第二审人民法院接到报送的案件之前，当事人有转移、隐匿、出卖或者毁损财产等行为，必须采取保全措施的，由第一审人民法院依当事人申请或者依职权采取。第一审人民法院的保全裁定，应当及时报送第二审人民法院。

第一百六十二条　第二审人民法院裁定对第一审人民法院采取的保全措施予以续保或者采取新的保全措施的，可以自行实施，也可以委托第一审人民法院实施。

再审人民法院裁定对原保全措施予以续保或者采取新的保全措施的，可以自行实施，也可以委托原审人民法院或者执行法院实施。

第一百六十三条　法律文书生效后，进入执行程序前，债权人因对方当事人转移财产等紧急情况，不申请保全将可能导致生效法律文书不能执行或者难以执行的，可以向执行法院申请采取保全措施。债权人在法律文书指定的履行期间届满后五日内不申请执行的，人民法院应当解除保全。

第一百六十四条　对申请保全人或者他人提供的担保财产，人民法院应当依法办理查封、扣押、冻结等手续。

第一百六十五条　人民法院裁定采取保全措施后，除作出保全裁定的人民法院自行解除或者其上级人民法院决定解除外，在保全期限内，任何单位不得解除保全措施。

第一百六十六条　裁定采取保全措施后，有下列情形之一的，人民法院应当作出解除保全裁定：

（一）保全错误的；

（二）申请人撤回保全申请的；

（三）申请人的起诉或者诉讼请求被生效裁判驳回的；

（四）人民法院认为应当解除保全的其他情形。

解除以登记方式实施的保全措施的,应当向登记机关发出协助执行通知书。

**第一百六十七条** 财产保全的被保全人提供其他等值担保财产且有利于执行的,人民法院可以裁定变更保全标的物为被保全人提供的担保财产。

**第一百六十八条** 保全裁定未经人民法院依法撤销或者解除,进入执行程序后,自动转为执行中的查封、扣押、冻结措施,期限连续计算,执行法院无需重新制作裁定书,但查封、扣押、冻结期限届满的除外。

**第一百六十九条** 民事诉讼法规定的先予执行,人民法院应当在受理案件后终审判决作出前采取。先予执行应当限于当事人诉讼请求的范围,并以当事人的生活、生产经营的急需为限。

**第一百七十条** 民事诉讼法第一百零九条第三项规定的情况紧急,包括:

(一)需要立即停止侵害、排除妨碍的;

(二)需要立即制止某项行为的;

(三)追索恢复生产、经营急需的保险理赔费的;

(四)需要立即返还社会保险金、社会救助资金的;

(五)不立即返还款项,将严重影响权利人生活和生产经营的。

**第一百七十一条** 当事人对保全或者先予执行裁定不服的,可以自收到裁定书之日起五日内向作出裁定的人民法院申请复议。人民法院应当在收到复议申请后十日内审查。裁定正确的,驳回当事人的申请;裁定不当的,变更或者撤销原裁定。

**第一百七十二条** 利害关系人对保全或者先予执行的裁定不服申请复议的,由作出裁定的人民法院依照民事诉讼法第一百一十一条规定处理。

**第一百七十三条** 人民法院先予执行后,根据发生法律效力的判决,申请人应当返还因先予执行所取得的利益,适用民事诉讼法第二百四十条的规定。

## 八、对妨害民事诉讼的强制措施

**第一百七十四条** 民事诉讼法第一百一十二条规定的必须到庭的被告,是指负有赡养、抚育、扶养义务和不到庭就无法查清案情的被告。

人民法院对必须到庭才能查清案件基本事实的原告,经两次传票传唤,无正当理由拒不到庭的,可以拘传。

**第一百七十五条** 拘传必须用拘传票,并直接送达被拘传人;在拘传前,应当向被拘传人说明拒不到庭的后果,经批评教育仍拒不到庭的,可以拘传其到庭。

**第一百七十六条** 诉讼参与人或者其他人有下列行为之一的,人民法院可以适用民事诉讼法第一百一十三条规定处理:

(一)未经准许进行录音、录像、摄影的;

(二)未经准许以移动通信等方式现场传播审判活动的;

(三)其他扰乱法庭秩序,妨害审判活动进行的。

有前款规定情形的,人民法院可以暂扣诉讼参与人或者其他人进行录音、录像、摄影、传播审判活动的器材,并责令其删除有关内容;拒不删除的,人民法院可以采取必要手段强制删除。

**第一百七十七条** 训诫、责令退出法庭由合议庭或者独任审判员决定。训诫的内容、被责令退出法庭者的违法事实应当记入庭审笔录。

**第一百七十八条** 人民法院依照民事诉讼法第一百一十三条至第一百一十七条的规定采取拘留措施的,应经院长批准,作出拘留决定书,由司法警察将被拘留人送交当地公安机关看管。

**第一百七十九条** 被拘留人不在本辖区的,作出拘留决定的人民法院应当派员到被拘留人所在地的人民法院,请该院协助执行,受委托的人民法院应当及时派员协助执行。被拘留人申请复议或者在拘留期间承认并改正错误,需要提前解除拘留的,受委托人民法院应当向委托人民法院转达或者提出建议,由委托人民法院审查决定。

**第一百八十条** 人民法院对被拘留人采取拘留措施后,应当在二十四小时内通知其家属;确实无法按时通知或者通知不到的,应当记录在案。

**第一百八十一条** 因哄闹、冲击法庭,用暴力、威胁等方法抗拒执行公务等紧急情况,必须立即采取拘留措施的,可在拘留后,立即报告院长补办批准手续。院长认为拘留不当的,应当解除拘留。

**第一百八十二条** 被拘留人在拘留期间认错悔改的,可以责令其具结悔过,提前解除拘留。提前解除拘留,应报经院长批准,并作出提前解除拘留决定书,交负责看管的公安机关执行。

**第一百八十三条** 民事诉讼法第一百一十三条至第一百一十六条规定的罚款、拘留可以单独适用,也可以合并适用。

**第一百八十四条** 对同一妨害民事诉讼行为的罚款、拘留不得连续适用。发生新的妨害民事诉讼行为的,人民法院可以重新予以罚款、拘留。

**第一百八十五条** 被罚款、拘留的人不服罚款、拘留决定申请复议的,应当自收到决定书之日起三日内提出。

上级人民法院应当在收到复议申请后五日内作出决定,并将复议结果通知下级人民法院和当事人。

第一百八十六条 上级人民法院复议时认为强制措施不当的,应当制作决定书,撤销或者变更下级人民法院作出的拘留、罚款决定。情况紧急的,可以在口头通知后三日内发出决定书。

第一百八十七条 民事诉讼法第一百一十四条第一款第五项规定的以暴力、威胁或者其他方法阻碍司法工作人员执行职务的行为,包括:
(一)在人民法院哄闹、滞留,不听从司法工作人员劝阻的;
(二)故意毁损、抢夺人民法院法律文书、查封标志的;
(三)哄闹、冲击执行公务现场,围困、扣押执行或者协助执行公务人员的;
(四)毁损、抢夺、扣留案件材料、执行公务车辆、其他执行公务器械、执行公务人员服装和执行公务证件的;
(五)以暴力、威胁或者其他方法阻碍司法工作人员查询、查封、扣押、冻结、划拨、拍卖、变卖财产的;
(六)以暴力、威胁或者其他方法阻碍司法工作人员执行职务的其他行为。

第一百八十八条 民事诉讼法第一百一十四条第一款第六项规定的拒不履行人民法院已经发生法律效力的判决、裁定的行为,包括:
(一)在法律文书发生法律效力后隐藏、转移、变卖、毁损财产或者无偿转让财产,以明显不合理的价格交易财产,放弃到期债权,无偿为他人提供担保等,致使人民法院无法执行的;
(二)隐藏、转移、毁损或者未经人民法院允许处分已向人民法院提供担保的财产的;
(三)违反人民法院限制高消费令进行消费的;
(四)有履行能力而拒不按照人民法院执行通知履行生效法律文书确定的义务的;
(五)有义务协助执行的个人接到人民法院协助执行通知书后,拒不协助执行的。

第一百八十九条 诉讼参与人或者其他人有下列行为之一的,人民法院可以适用民事诉讼法第一百一十四条的规定处理:
(一)冒充他人提起诉讼或者参加诉讼的;
(二)证人签署保证书后作虚假证言,妨碍人民法院审理案件的;
(三)伪造、隐藏、毁灭或者拒绝交出有关被执行人履行能力的重要证据,妨碍人民法院查明被执行人财产状况的;
(四)擅自解冻已被人民法院冻结的财产的;
(五)接到人民法院协助执行通知书后,给当事人通风报信,协助其转移、隐匿财产的。

第一百九十条 民事诉讼法第一百一十五条规定的他人合法权益,包括案外人的合法权益、国家利益、社会公共利益。

第三人根据民事诉讼法第五十九条第三款规定提起撤销之诉,经审查,原案当事人之间恶意串通进行虚假诉讼的,适用民事诉讼法第一百一十五条规定处理。

第一百九十一条 单位有民事诉讼法第一百一十五条或者第一百一十六条规定行为的,人民法院应当对该单位进行罚款,并可以对其主要负责人或者直接责任人员予以罚款、拘留;构成犯罪的,依法追究刑事责任。

第一百九十二条 有关单位接到人民法院协助执行通知书后,有下列行为之一的,人民法院可以适用民事诉讼法第一百一十七条规定处理:
(一)允许被执行人高消费的;
(二)允许被执行人出境的;
(三)拒不停止办理有关财产权证照转移手续、权属变更登记、规划审批等手续的;
(四)以需要内部请示、内部审批,有内部规定等为由拖延办理的。

第一百九十三条 人民法院对个人或者单位采取罚款措施时,应当根据其实施妨害民事诉讼行为的性质、情节、后果,当地的经济发展水平,以及诉讼标的额等因素,在民事诉讼法第一百一十八条第一款规定的限额内确定相应的罚款金额。

### 九、诉讼费用

第一百九十四条 依照民事诉讼法第五十七条审理的案件不预交案件受理费,结案后按照诉讼标的额由败诉方交纳。

第一百九十五条 支付令失效后转入诉讼程序的,债权人应当按照《诉讼费用交纳办法》补交案件受理费。

支付令被撤销后,债权人另行起诉的,按照《诉讼费用交纳办法》交纳诉讼费用。

第一百九十六条 人民法院改变原判决、裁定、调解结果的,应当在裁判文书中对原审诉讼费用的负担一并作出处理。

第一百九十七条 诉讼标的物是证券的,按照证券交易规则并根据当事人起诉之日前最后一个交易日的收盘价、当日的市场价或者其载明的金额计算诉讼标的金额。

**第一百九十八条** 诉讼标的物是房屋、土地、林木、车辆、船舶、文物等特定物或者知识产权，起诉时价值难以确定的，人民法院应当向原告释明主张过高或者过低的诉讼风险，以原告主张的价值确定诉讼标的金额。

**第一百九十九条** 适用简易程序审理的案件转为普通程序的，原告自接到人民法院交纳诉讼费用通知之日起七日内补交案件受理费。

原告无正当理由未按期足额补交的，按撤诉处理，已经收取的诉讼费用退还一半。

**第二百条** 破产程序中有关债务人的民事诉讼案件，按照财产案件标准交纳诉讼费，但劳动争议案件除外。

**第二百零一条** 既有财产性诉讼请求，又有非财产性诉讼请求的，按照财产性诉讼请求的标准交纳诉讼费。

有多个财产性诉讼请求的，合并计算交纳诉讼费；诉讼请求中有多个非财产性诉讼请求的，按一件交纳诉讼费。

**第二百零二条** 原告、被告、第三人分别上诉的，按照上诉请求分别预交二审案件受理费。

同一方多人共同上诉的，只预交一份二审案件受理费；分别上诉的，按照上诉请求分别预交二审案件受理费。

**第二百零三条** 承担连带责任的当事人败诉的，应当共同负担诉讼费用。

**第二百零四条** 实现担保物权案件，人民法院裁定拍卖、变卖担保财产的，申请费由债务人、担保人负担；人民法院裁定驳回申请的，申请费由申请人负担。

申请人另行起诉的，其已经交纳的申请费可以从案件受理费中扣除。

**第二百零五条** 拍卖、变卖担保财产的裁定作出后，人民法院强制执行的，按照执行金额收取执行申请费。

**第二百零六条** 人民法院决定减半收取案件受理费的，只能减半一次。

**第二百零七条** 判决生效后，胜诉方预交但不应负担的诉讼费用，人民法院应当退还，由败诉方向人民法院交纳，但胜诉方自愿承担或者同意败诉方直接向其支付的除外。

当事人拒不交纳诉讼费用的，人民法院可以强制执行。

### 十、第一审普通程序

**第二百零八条** 人民法院接到当事人提交的民事起诉状时，对符合民事诉讼法第一百二十二条的规定，且不属于第一百二十七条规定情形的，应当登记立案；对当场不能判定是否符合起诉条件的，应当接收起诉材料，并出具注明收到日期的书面凭证。

需要补充必要相关材料的，人民法院应当及时告知当事人。在补齐相关材料后，应当在七日内决定是否立案。

立案后发现不符合起诉条件或者属于民事诉讼法第一百二十七条规定情形的，裁定驳回起诉。

**第二百零九条** 原告提供被告的姓名或者名称、住所等信息具体明确，足以使被告与他人相区别的，可以认定为有明确的被告。

起诉状列写被告信息不足以认定明确的被告的，人民法院可以告知原告补正。原告补正后仍不能确定明确的被告的，人民法院裁定不予受理。

**第二百一十条** 原告在起诉状中有谩骂和人身攻击之辞的，人民法院应当告知其修改后提起诉讼。

**第二百一十一条** 对本院没有管辖权的案件，告知原告向有管辖权的人民法院起诉；原告坚持起诉的，裁定不予受理；立案后发现本院没有管辖权的，应当将案件移送有管辖权的人民法院。

**第二百一十二条** 裁定不予受理、驳回起诉的案件，原告再次起诉，符合起诉条件且不属于民事诉讼法第一百二十七条规定情形的，人民法院应予受理。

**第二百一十三条** 原告应当预交而未预交案件受理费，人民法院应当通知其预交，通知后仍不预交或者申请减、缓、免未获批准而仍不预交的，裁定按撤诉处理。

**第二百一十四条** 原告撤诉或者人民法院按撤诉处理后，原告以同一诉讼请求再次起诉的，人民法院应予受理。

原告撤诉或者按撤诉处理的离婚案件，没有新情况、新理由，六个月内又起诉的，比照民事诉讼法第一百二十七条第七项的规定不予受理。

**第二百一十五条** 依照民事诉讼法第一百二十七条第二项的规定，当事人在书面合同中订有仲裁条款，或者在发生纠纷后达成书面仲裁协议，一方向人民法院起诉的，人民法院应当告知原告向仲裁机构申请仲裁，其坚持起诉的，裁定不予受理，但仲裁条款或者仲裁协议不成立、无效、失效、内容不明确无法执行的除外。

**第二百一十六条** 在人民法院首次开庭前，被告以有书面仲裁协议为由对受理民事案件提出异议的,人民法院应当进行审查。

经审查符合下列情形之一的,人民法院应当裁定驳回起诉:

(一)仲裁机构或者人民法院已经确认仲裁协议有效的;

(二)当事人没有在仲裁庭首次开庭前对仲裁协议的效力提出异议的;

(三)仲裁协议符合仲裁法第十六条规定且不具有仲裁法第十七条规定情形的。

第二百一十七条　夫妻一方下落不明,另一方诉至人民法院,只要求离婚,不申请宣告下落不明人失踪或者死亡的案件,人民法院应当受理,对下落不明人公告送达诉讼文书。

第二百一十八条　赡养费、扶养费、抚养费案件,裁判发生法律效力后,因新情况、新理由,一方当事人再行起诉要求增加或者减少费用的,人民法院应作为新案受理。

第二百一十九条　当事人超过诉讼时效期间起诉的,人民法院应予受理。受理后对方当事人提出诉讼时效抗辩,人民法院经审理认为抗辩事由成立的,判决驳回原告的诉讼请求。

第二百二十条　民事诉讼法第七十一条、第一百三十七条、第一百五十九条规定的商业秘密,是指生产工艺、配方、贸易联系、购销渠道等当事人不愿公开的技术秘密、商业情报及信息。

第二百二十一条　基于同一事实发生的纠纷,当事人分别向同一人民法院起诉的,人民法院可以合并审理。

第二百二十二条　原告在起诉状中直接列写第三人的,视为其申请人民法院追加该第三人参加诉讼。是否通知第三人参加诉讼,由人民法院审查决定。

第二百二十三条　当事人在提交答辩状期间提出管辖异议,又针对起诉状的内容进行答辩的,人民法院应当依照民事诉讼法第一百三十条第一款的规定,对管辖异议进行审查。

当事人未提出管辖异议,就案件实体内容进行答辩、陈述或者反诉的,可以认定为民事诉讼法第一百三十条第二款规定的应诉答辩。

第二百二十四条　依照民事诉讼法第一百三十六条第四项规定,人民法院可以在答辩期间届满后,通过组织证据交换、召集庭前会议等方式,作好审理前的准备。

第二百二十五条　根据案件具体情况,庭前会议可以包括下列内容:

(一)明确原告的诉讼请求和被告的答辩意见;

(二)审查处理当事人增加、变更诉讼请求的申请和提出的反诉,以及第三人提出的与本案有关的诉讼请求;

(三)根据当事人的申请决定调查收集证据,委托鉴定,要求当事人提供证据,进行勘验,进行证据保全;

(四)组织交换证据;

(五)归纳争议焦点;

(六)进行调解。

第二百二十六条　人民法院应当根据当事人的诉讼请求、答辩意见以及证据交换的情况,归纳争议焦点,并就归纳的争议焦点征求当事人的意见。

第二百二十七条　人民法院适用普通程序审理案件,应当在开庭三日前用传票传唤当事人。对诉讼代理人、证人、鉴定人、勘验人、翻译人员应当用通知书通知其到庭。当事人或者其他诉讼参与人在外地的,应当留有必要的在途时间。

第二百二十八条　法庭审理应当围绕当事人争议的事实、证据和法律适用等焦点问题进行。

第二百二十九条　当事人在庭审中对其在审理前的准备阶段认可的事实和证据提出不同意见的,人民法院应当责令其说明理由。必要时,可以责令其提供相应证据。人民法院应当结合当事人的诉讼能力、证据和案件的具体情况进行审查。理由成立的,可以列入争议焦点进行审理。

第二百三十条　人民法院根据案件具体情况并征得当事人同意,可以将法庭调查和法庭辩论合并进行。

第二百三十一条　当事人在法庭上提出新的证据的,人民法院应当依照民事诉讼法第六十八条第二款规定和本解释相关规定处理。

第二百三十二条　在案件受理后,法庭辩论结束前,原告增加诉讼请求,被告提出反诉,第三人提出与本案有关的诉讼请求,可以合并审理的,人民法院应当合并审理。

第二百三十三条　反诉的当事人应当限于本诉的当事人的范围。

反诉与本诉的诉讼请求基于相同法律关系、诉讼请求之间具有因果关系,或者反诉与本诉的诉讼请求基于相同事实的,人民法院应当合并审理。

反诉应由其他人民法院专属管辖,或者与本诉的诉讼标的及诉讼请求所依据的事实、理由无关联的,裁定不予受理,告知另行起诉。

第二百三十四条　无民事行为能力人的离婚诉讼，当事人的法定代理人应当到庭；法定代理人不能到庭的，人民法院应当在查清事实的基础上，依法作出判决。

第二百三十五条　无民事行为能力的当事人的法定代理人，经传票传唤无正当理由拒不到庭，属于原告方的，比照民事诉讼法第一百四十六条的规定，按撤诉处理；属于被告方的，比照民事诉讼法第一百四十七条的规定，缺席判决。必要时，人民法院可以拘传其到庭。

第二百三十六条　有独立请求权的第三人经人民法院传票传唤，无正当理由拒不到庭的，或者未经法庭许可中途退庭的，比照民事诉讼法第一百四十六条的规定，按撤诉处理。

第二百三十七条　有独立请求权的第三人参加诉讼后，原告申请撤诉，人民法院在准许原告撤诉后，有独立请求权的第三人作为另案原告，原案原告、被告作为另案被告，诉讼继续进行。

第二百三十八条　当事人申请撤诉或者依法可以按撤诉处理的案件，如果当事人有违反法律的行为需要依法处理的，人民法院可以不准许撤诉或者不按撤诉处理。

法庭辩论终结后原告申请撤诉，被告不同意的，人民法院可以不予准许。

第二百三十九条　人民法院准许本诉原告撤诉的，应当对反诉继续审理；被告申请撤回反诉的，人民法院应予准许。

第二百四十条　无独立请求权的第三人经人民法院传票传唤，无正当理由拒不到庭，或者未经法庭许可中途退庭的，不影响案件的审理。

第二百四十一条　被告经传票传唤无正当理由拒不到庭，或者未经法庭许可中途退庭的，人民法院应当按期开庭或者继续开庭审理，对到庭的当事人诉讼请求、双方的诉辩理由以及已经提交的证据及其他诉讼材料进行审理后，可以依法缺席判决。

第二百四十二条　一审宣判后，原审人民法院发现判决有错误，当事人在上诉期内提出上诉的，原审人民法院可以提出原判决有错误的意见，报送第二审人民法院，由第二审人民法院按照第二审程序进行审理；当事人不上诉的，按审判监督程序处理。

第二百四十三条　民事诉讼法第一百五十二条规定的审限，是指从立案之日起至裁判宣告、调解书送达之日止的期间，但公告期间、鉴定期间、双方当事人和解期间、审当事人提出的管辖异议以及处理人民法院之间的管辖争议期间不应计算在内。

第二百四十四条　可以上诉的判决书、裁定书不能同时送达双方当事人的，上诉期从各自收到判决书、裁定书之日计算。

第二百四十五条　民事诉讼法第一百五十七条第一款第七项规定的笔误是指法律文书误写、误算，诉讼费用漏写、误算和其他笔误。

第二百四十六条　裁定中止诉讼的原因消除，恢复诉讼程序时，不必撤销原裁定，从人民法院通知或者准许当事人双方继续进行诉讼时起，中止诉讼的裁定即失去效力。

第二百四十七条　当事人就已经提起诉讼的事项在诉讼过程中或者裁判生效后再次起诉，同时符合下列条件的，构成重复起诉：

（一）后诉与前诉的当事人相同；

（二）后诉与前诉的诉讼标的相同；

（三）后诉与前诉的诉讼请求相同，或者后诉的诉讼请求实质上否定前诉裁判结果。

当事人重复起诉的，裁定不予受理；已经受理的，裁定驳回起诉，但法律、司法解释另有规定的除外。

第二百四十八条　裁判发生法律效力后，发生新的事实，当事人再次提起诉讼的，人民法院应当依法受理。

第二百四十九条　在诉讼中，争议的民事权利义务转移的，不影响当事人的诉讼主体资格和诉讼地位。人民法院作出的发生法律效力的判决、裁定对受让人具有拘束力。

受让人申请以无独立请求权的第三人身份参加诉讼的，人民法院可予准许。受让人申请替代当事人承担诉讼的，人民法院可以根据案件的具体情况决定是否准许；不予准许的，可以追加其为无独立请求权的第三人。

第二百五十条　依照本解释第二百四十九条规定，人民法院准许受让人替代当事人承担诉讼的，裁定变更当事人。

变更当事人后，诉讼程序以受让人为当事人继续进行，原当事人应当退出诉讼。原当事人已经完成的诉讼行为对受让人具有拘束力。

第二百五十一条　二审裁定撤销一审判决发回重审的案件，当事人申请变更、增加诉讼请求或者提出反诉，第三人提出与本案有关的诉讼请求的，依照民事诉讼法第一百四十三条规定处理。

第二百五十二条　再审裁定撤销原判决、裁定发回重审的案件，当事人申请变更、增加诉讼请求或者提出反诉，符合下列情形之一的，人民法院应当准许：

（一）原审未合法传唤缺席判决，影响当事人行使诉讼权利的；

（二）追加新的诉讼当事人的；

（三）诉讼标的物灭失或者发生变化致使原诉讼请求无法实现的；

（四）当事人申请变更、增加的诉讼请求或者提出的反诉，无法通过另诉解决的。

**第二百五十三条** 当庭宣判的案件，除当事人当庭要求邮寄发送裁判文书的外，人民法院应当告知当事人或者诉讼代理人领取裁判文书的时间和地点以及逾期不领取的法律后果。上述情况，应当记入笔录。

**第二百五十四条** 公民、法人或者其他组织申请查阅发生法律效力的判决书、裁定书的，应当向作出该生效裁判的人民法院提出。申请应当以书面形式提出，并提供具体的案号或者当事人姓名、名称。

**第二百五十五条** 对于查阅判决书、裁定书的申请，人民法院根据下列情形分别处理：

（一）判决书、裁定书已经通过信息网络向社会公开的，应当引导申请人自行查阅；

（二）判决书、裁定书未通过信息网络向社会公开，且申请符合要求的，应当及时提供便捷的查阅服务；

（三）判决书、裁定书尚未发生法律效力，或者已失去法律效力的，不提供查阅并告知申请人；

（四）发生法律效力的判决书、裁定书不是本院作出的，应当告知申请人向作出生效裁判的人民法院申请查阅；

（五）申请查阅的内容涉及国家秘密、商业秘密、个人隐私的，不予准许并告知申请人。

## 十一、简易程序

**第二百五十六条** 民事诉讼法第一百六十条规定的简单民事案件中的事实清楚，是指当事人对争议的事实陈述基本一致，并能提供相应的证据，无须人民法院调查收集证据即可查明事实；权利义务关系明确是指能明确区分谁是责任的承担者，谁是权利的享有者；争议不大是指当事人对案件的是非、责任承担以及诉讼标的争执无原则分歧。

**第二百五十七条** 下列案件，不适用简易程序：

（一）起诉时被告下落不明的；

（二）发回重审的；

（三）当事人一方人数众多的；

（四）适用审判监督程序的；

（五）涉及国家利益、社会公共利益的；

（六）第三人起诉请求改变或者撤销生效判决、裁定、调解书的；

（七）其他不宜适用简易程序的案件。

**第二百五十八条** 适用简易程序审理的案件，审理期限到期后，有特殊情况需要延长的，经本院院长批准，可以延长审理期限。延长后的审理期限累计不得超过四个月。

人民法院发现案件不宜适用简易程序，需要转为普通程序审理的，应当在审理期限届满前作出裁定并将审判人员及相关事项书面通知双方当事人。

案件转为普通程序审理的，审理期限自人民法院立案之日计算。

**第二百五十九条** 当事人双方可就开庭方式向人民法院提出申请，由人民法院决定是否准许。经当事人双方同意，可以采用视听传输技术等方式开庭。

**第二百六十条** 已经按照普通程序审理的案件，在开庭后不得转为简易程序审理。

**第二百六十一条** 适用简易程序审理案件，人民法院可以依照民事诉讼法第九十条、第一百六十二条的规定采取捎口信、电话、短信、传真、电子邮件等简便方式传唤双方当事人、通知证人和送达诉讼文书。

以简便方式送达的开庭通知，未经当事人确认或者没有其他证据证明当事人已经收到的，人民法院不得缺席判决。

适用简易程序审理案件，由审判员独任审判，书记员担任记录。

**第二百六十二条** 人民法庭制作的判决书、裁定书、调解书，必须加盖基层人民法院印章，不得用人民法庭的印章代替基层人民法院的印章。

**第二百六十三条** 适用简易程序审理案件，卷宗中应当具备以下材料：

（一）起诉状或者口头起诉笔录；

（二）答辩状或者口头答辩笔录；

（三）当事人身份证明材料；

（四）委托他人代理诉讼的授权委托书或者口头委托笔录；

（五）证据；

（六）询问当事人笔录；

（七）审理（包括调解）笔录；

（八）判决书、裁定书、调解书或者调解协议；

（九）送达和宣判笔录；

（十）执行情况；

（十一）诉讼费收据；

（十二）适用民事诉讼法第一百六十五条规定审理的，有关程序适用的书面告知。

**第二百六十四条** 当事人双方根据民事诉讼法第一百六十条第二款规定约定适用简易程序的，应当在开庭前提出。口头提出的，记入笔录，由双方当事人签名或者捺印确认。

本解释第二百五十七条规定的案件，当事人约定适用简易程序的，人民法院不予准许。

**第二百六十五条** 原告口头起诉的，人民法院应当将当事人的姓名、性别、工作单位、住所、联系方式等基本信息，诉讼请求，事实及理由等准确记入笔录，由原告核对无误后签名或者捺印。对当事人提交的证据材料，应当出具收据。

**第二百六十六条** 适用简易程序案件的举证期限由人民法院确定，也可以由当事人协商一致并经人民法院准许，但不得超过十五日。被告要求书面答辩的，人民法院可在征得其同意的基础上，合理确定答辩期间。

人民法院应当将举证期限和开庭日期告知双方当事人，并向当事人说明逾期举证以及拒不到庭的法律后果，由双方当事人在笔录和开庭传票的送达回证上签名或者捺印。

当事人双方均表示不需要举证期限、答辩期间的，人民法院可以立即开庭审理或者确定开庭日期。

**第二百六十七条** 适用简易程序审理案件，可以简便方式进行审理前的准备。

**第二百六十八条** 对没有委托律师、基层法律服务工作者代理诉讼的当事人，人民法院在庭审过程中可以对回避、自认、举证证明责任等相关内容向其作必要的解释或者说明，并在庭审过程中适当提示当事人正确行使诉讼权利、履行诉讼义务。

**第二百六十九条** 当事人就案件适用简易程序提出异议，人民法院经审查，异议成立的，裁定转为普通程序；异议不成立的，裁定驳回。裁定以口头方式作出的，应当记入笔录。

转为普通程序的，人民法院应当将审判人员及相关事项以书面形式通知双方当事人。

转为普通程序前，双方当事人已确认的事实，可以不再进行举证、质证。

**第二百七十条** 适用简易程序审理的案件，有下列情形之一的，人民法院在制作判决书、裁定书、调解书时，对认定事实或者裁判理由部分可以适当简化：

（一）当事人达成调解协议并需要制作民事调解书的；

（二）一方当事人明确表示承认对方全部或者部分诉讼请求的；

（三）涉及商业秘密、个人隐私的案件，当事人一方要求简化裁判文书中的相关内容，人民法院认为理由正当的；

（四）当事人双方同意简化的。

### 十二、简易程序中的小额诉讼

**第二百七十一条** 人民法院审理小额诉讼案件，适用民事诉讼法第一百六十五条的规定，实行一审终审。

**第二百七十二条** 民事诉讼法第一百六十五条规定的各省、自治区、直辖市上年度就业人员年平均工资，是指已经公布的各省、自治区、直辖市上一年度就业人员年平均工资。在上一年度就业人员年平均工资公布前，以已经公布的最近年度就业人员年平均工资为准。

**第二百七十三条** 海事法院可以适用小额诉讼的程序审理海事、海商案件。案件标的额应当以实际受理案件的海事法院或者其派出法庭所在的省、自治区、直辖市上年度就业人员年平均工资为基数计算。

**第二百七十四条** 人民法院受理小额诉讼案件，应当向当事人告知该类案件的审判组织、一审终审、审理期限、诉讼费用交纳标准等相关事项。

**第二百七十五条** 小额诉讼案件的举证期限由人民法院确定，也可以由当事人协商一致并经人民法院准许，但一般不超过七日。

被告要求书面答辩的，人民法院可以在征得其同意的基础上合理确定答辩期间，但最长不得超过十五日。

当事人到庭后表示不需要举证期限和答辩期间的，人民法院可立即开庭审理。

**第二百七十六条** 当事人对小额诉讼案件提出管辖异议的，人民法院应当作出裁定。裁定一经作出即生效。

**第二百七十七条** 人民法院受理小额诉讼案件后，发现起诉不符合民事诉讼法第一百二十二条规定的起诉条件的，裁定驳回起诉。裁定一经作出即生效。

**第二百七十八条** 因当事人申请增加或者变更诉讼请求、提出反诉、追加当事人等，致使案件不符合小额诉讼案件条件的，应当适用简易程序的其他规定审理。

前款规定案件，应当适用普通程序审理的，裁定转为普通程序。

适用简易程序的其他规定或者普通程序审理前，双方当事人已确认的事实，可以不再进行举证、质证。

**第二百七十九条** 当事人对按照小额诉讼案件审理有异议的,应当在开庭前提出。人民法院经审查,异议成立的,适用简易程序的其他规定审理或者裁定转为普通程序;异议不成立的,裁定驳回。裁定以口头方式作出的,应当记入笔录。

**第二百八十条** 小额诉讼案件的裁判文书可以简化,主要记载当事人基本信息、诉讼请求、裁判主文等内容。

**第二百八十一条** 人民法院审理小额诉讼案件,本解释没有规定的,适用简易程序的其他规定。

### 十三、公益诉讼

**第二百八十二条** 环境保护法、消费者权益保护法等法律规定的机关和有关组织对污染环境、侵害众多消费者合法权益等损害社会公共利益的行为,根据民事诉讼法第五十八条规定提起公益诉讼,符合下列条件的,人民法院应当受理:

(一)有明确的被告;
(二)有具体的诉讼请求;
(三)有社会公共利益受到损害的初步证据;
(四)属于人民法院受理民事诉讼的范围和受诉人民法院管辖。

**第二百八十三条** 公益诉讼案件由侵权行为地或者被告住所地中级人民法院管辖,但法律、司法解释另有规定的除外。

因污染海洋环境提起的公益诉讼,由污染发生地、损害结果地或者采取预防污染措施地海事法院管辖。

对同一侵权行为分别向两个以上人民法院提起公益诉讼的,由最先立案的人民法院管辖,必要时由它们的共同上级人民法院指定管辖。

**第二百八十四条** 人民法院受理公益诉讼案件后,应当在十日内书面告知相关行政主管部门。

**第二百八十五条** 人民法院受理公益诉讼案件后,依法可以提起诉讼的其他机关和有关组织,可以在开庭前向人民法院申请参加诉讼。人民法院准许参加诉讼的,列为共同原告。

**第二百八十六条** 人民法院受理公益诉讼案件,不影响同一侵权行为的受害人根据民事诉讼法第一百二十二条规定提起诉讼。

**第二百八十七条** 对公益诉讼案件,当事人可以和解,人民法院可以调解。

当事人达成和解或者调解协议后,人民法院应当将和解或者调解协议进行公告。公告期间不得少于三十日。

公告期满后,人民法院经审查,和解或者调解协议不违反社会公共利益的,应当出具调解书;和解或者调解协议违反社会公共利益的,不予出具调解书,继续对案件进行审理并依法作出裁判。

**第二百八十八条** 公益诉讼案件的原告在法庭辩论终结后申请撤诉的,人民法院不予准许。

**第二百八十九条** 公益诉讼案件的裁判发生法律效力后,其他依法具有原告资格的机关和有关组织就同一侵权行为另行提起公益诉讼的,人民法院裁定不予受理,但法律、司法解释另有规定的除外。

### 十四、第三人撤销之诉

**第二百九十条** 第三人对已经发生法律效力的判决、裁定、调解书提起撤销之诉的,应当自知道或者应当知道其民事权益受到损害之日起六个月内,向作出生效判决、裁定、调解书的人民法院提出,并应当提供存在下列情形的证据材料:

(一)因不能归责于本人的事由未参加诉讼;
(二)发生法律效力的判决、裁定、调解书的全部或者部分内容错误;
(三)发生法律效力的判决、裁定、调解书内容错误损害其民事权益。

**第二百九十一条** 人民法院应当在收到起诉状和证据材料之日起五日内送交对方当事人,对方当事人可以自收到起诉状之日起十日内提出书面意见。

人民法院应当对第三人提交的起诉状、证据材料以及对方当事人的书面意见进行审查。必要时,可以询问双方当事人。

经审查,符合起诉条件的,人民法院应当在收到起诉状之日起三十日内立案。不符合起诉条件的,应当在收到起诉状之日起三十日内裁定不予受理。

**第二百九十二条** 人民法院对第三人撤销之诉案件,应当组成合议庭开庭审理。

**第二百九十三条** 民事诉讼法第五十九条第三款规定的因不能归责于本人的事由未参加诉讼,是指没有被列为生效判决、裁定、调解书当事人,且无过错或者无明显过错的情形。包括:

(一)不知道诉讼而未参加的;
(二)申请参加未获准许的;
(三)知道诉讼,但因客观原因无法参加的;
(四)因其他不能归责于本人的事由未参加诉讼的。

**第二百九十四条** 民事诉讼法第五十九条第三款规

定的判决、裁定、调解书的部分或者全部内容,是指判决、裁定的主文,调解书中处理当事人民事权利义务的结果。

**第二百九十五条** 对下列情形提起第三人撤销之诉的,人民法院不予受理:

(一)适用特别程序、督促程序、公示催告程序、破产程序等非讼程序处理的案件;

(二)婚姻无效、撤销或者解除婚姻关系等判决、裁定、调解书中涉及身份关系的内容;

(三)民事诉讼法第五十七条规定的未参加登记的权利人对代表人诉讼案件的生效裁判;

(四)民事诉讼法第五十八条规定的损害社会公共利益行为的受害人对公益诉讼案件的生效裁判。

**第二百九十六条** 第三人提起撤销之诉,人民法院应当将该第三人列为原告,生效判决、裁定、调解书的当事人列为被告,但生效判决、裁定、调解书中没有承担责任的无独立请求权的第三人列为第三人。

**第二百九十七条** 受理第三人撤销之诉案件后,原告提供相应担保,请求中止执行的,人民法院可以准许。

**第二百九十八条** 对第三人撤销或者部分撤销发生法律效力的判决、裁定、调解书内容的请求,人民法院经审理,按下列情形分别处理:

(一)请求成立且确认其民事权利的主张全部或部分成立的,改变原判决、裁定、调解书内容的错误部分;

(二)请求成立,但确认其全部或部分民事权利的主张不成立,或者未提出确认其民事权利请求的,撤销原判决、裁定、调解书内容的错误部分;

(三)请求不成立的,驳回诉讼请求。

对前款规定裁判不服的,当事人可以上诉。

原判决、裁定、调解书的内容未改变或者未撤销的部分继续有效。

**第二百九十九条** 第三人撤销之诉案件审理期间,人民法院对生效判决、裁定、调解书裁定再审的,受理第三人撤销之诉的人民法院应当裁定将第三人的诉讼请求并入再审程序。但有证据证明原审当事人之间恶意串通损害第三人合法权益的,人民法院应当先行审理第三人撤销之诉案件,裁定中止再审诉讼。

**第三百条** 第三人诉讼请求并入再审程序审理的,按照下列情形分别处理:

(一)按照第一审程序审理的,人民法院应当对第三人的诉讼请求一并审理,所作的判决可以上诉;

(二)按照第二审程序审理的,人民法院可以调解,调解达不成协议的,应当裁定撤销原判决、裁定、调解书,发回一审法院重审,重审时应当列明第三人。

**第三百零一条** 第三人提起撤销之诉后,未中止生效判决、裁定、调解书执行的,执行法院对第三人依照民事诉讼法第二百三十四条规定提出的执行异议,应予审查。第三人不服驳回执行异议裁定,申请对原判决、裁定、调解书再审的,人民法院不予受理。

案外人对人民法院驳回其执行异议裁定不服,认为原判决、裁定、调解书内容错误损害其合法权益的,应当根据民事诉讼法第二百三十四条规定申请再审,提起第三人撤销之诉的,人民法院不予受理。

### 十五、执行异议之诉

**第三百零二条** 根据民事诉讼法第二百三十四条规定,案外人、当事人对执行异议裁定不服,自裁定送达之日起十五日内向人民法院提起执行异议之诉的,由执行法院管辖。

**第三百零三条** 案外人提起执行异议之诉,除符合民事诉讼法第一百二十二条规定外,还应当具备下列条件:

(一)案外人的执行异议申请已经被人民法院裁定驳回;

(二)有明确的排除对执行标的执行的诉讼请求,且诉讼请求与原判决、裁定无关;

(三)自执行异议裁定送达之日起十五日内提起。

人民法院应当在收到起诉状之日起十五日内决定是否立案。

**第三百零四条** 申请执行人提起执行异议之诉,除符合民事诉讼法第一百二十二条规定外,还应当具备下列条件:

(一)依案外人执行异议申请,人民法院裁定中止执行;

(二)有明确的对执行标的继续执行的诉讼请求,且诉讼请求与原判决、裁定无关;

(三)自执行异议裁定送达之日起十五日内提起。

人民法院应当在收到起诉状之日起十五日内决定是否立案。

**第三百零五条** 案外人提起执行异议之诉的,以申请执行人为被告。被执行人反对案外人异议的,被执行人为共同被告;被执行人不反对案外人异议的,可以列被执行人为第三人。

**第三百零六条** 申请执行人提起执行异议之诉的,以案外人为被告。被执行人反对申请执行人主张的,以案外人和被执行人为共同被告;被执行人不反对申请执行人主张的,可以列被执行人为第三人。

**第三百零七条** 申请执行人对中止执行裁定未提起执行异议之诉,被执行人提起执行异议之诉的,人民法院告知其另行起诉。

**第三百零八条** 人民法院审理执行异议之诉案件,适用普通程序。

**第三百零九条** 案外人或者申请执行人提起执行异议之诉,案外人应当就其对执行标的享有足以排除强制执行的民事权益承担举证证明责任。

**第三百一十条** 对案外人提起的执行异议之诉,人民法院经审理,按照下列情形分别处理:

(一)案外人就执行标的享有足以排除强制执行的民事权益的,判决不得执行该执行标的;

(二)案外人就执行标的不享有足以排除强制执行的民事权益的,判决驳回诉讼请求。

案外人同时提出确认其权利的诉讼请求的,人民法院可以在判决中一并作出裁判。

**第三百一十一条** 对申请执行人提起的执行异议之诉,人民法院经审理,按照下列情形分别处理:

(一)案外人就执行标的不享有足以排除强制执行的民事权益的,判决准许执行该执行标的;

(二)案外人就执行标的享有足以排除强制执行的民事权益的,判决驳回诉讼请求。

**第三百一十二条** 对案外人执行异议之诉,人民法院判决不得对执行标的执行的,执行异议裁定失效。

对申请执行人执行异议之诉,人民法院判决准许对该执行标的的执行的,执行异议裁定失效,执行法院可以根据申请执行人的申请或者依职权恢复执行。

**第三百一十三条** 案外人执行异议之诉审理期间,人民法院不得对执行标的进行处分。申请执行人请求人民法院继续执行并提供相应担保的,人民法院可以准许。

被执行人与案外人恶意串通,通过执行异议、执行异议之诉妨害执行的,人民法院应当依照民事诉讼法第一百一十六条规定处理。申请执行人因此受到损害的,可以提起诉讼要求被执行人、案外人赔偿。

**第三百一十四条** 人民法院对执行标的的裁定中止执行后,申请执行人在法律规定的期间内未提起执行异议之诉的,人民法院应当自起诉期限届满之日起七日内解除对该执行标的采取的执行措施。

### 十六、第二审程序

**第三百一十五条** 双方当事人和第三人都提起上诉的,均列为上诉人。人民法院可以依职权确定第二审程序中当事人的诉讼地位。

**第三百一十六条** 民事诉讼法第一百七十三条、第一百七十四条规定的对方当事人包括被上诉人和原审其他当事人。

**第三百一十七条** 必要共同诉讼人的一人或者部分人提起上诉的,按下列情形分别处理:

(一)上诉仅对与对方当事人之间权利义务分担有意见,不涉及其他共同诉讼人利益的,对方当事人为被上诉人,未上诉的同一方当事人依原审诉讼地位列明;

(二)上诉仅对共同诉讼人之间权利义务分担有意见,不涉及对方当事人利益的,未上诉的同一方当事人为被上诉人,对方当事人依原审诉讼地位列明;

(三)上诉对双方当事人之间以及共同诉讼人之间权利义务承担有意见的,未提起上诉的其他当事人均为被上诉人。

**第三百一十八条** 一审宣判时或者判决书、裁定书送达时,当事人口头表示上诉的,人民法院应告知其必须在法定上诉期间内递交上诉状。未在法定上诉期间内递交上诉状的,视为未提起上诉。虽递交上诉状,但未在指定的期限内交纳上诉费的,按自动撤回上诉处理。

**第三百一十九条** 无民事行为能力人、限制民事行为能力人的法定代理人,可以代理当事人提起上诉。

**第三百二十条** 上诉案件的当事人死亡或者终止的,人民法院依法通知其权利义务承继者参加诉讼。

需要终结诉讼的,适用民事诉讼法第一百五十四条规定。

**第三百二十一条** 第二审人民法院应当围绕当事人的上诉请求进行审理。

当事人没有提出请求的,不予审理,但一审判决违反法律禁止性规定,或者损害国家利益、社会公共利益、他人合法权益的除外。

**第三百二十二条** 开庭审理的上诉案件,第二审人民法院可以依照民事诉讼法第一百三十六条第四项规定进行审理前的准备。

**第三百二十三条** 下列情形,可以认定为民事诉讼法第一百七十七条第一款第四项规定的严重违反法定程序:

(一)审判组织的组成不合法的;

(二)应当回避的审判人员未回避的;

(三)无诉讼行为能力人未经法定代理人代为诉讼的;

(四)违法剥夺当事人辩论权利的。

第三百二十四条 对当事人在第一审程序中已经提出的诉讼请求,原审人民法院未作审理、判决的,第二审人民法院可以根据当事人自愿的原则进行调解;调解不成的,发回重审。

第三百二十五条 必须参加诉讼的当事人或者有独立请求权的第三人,在第一审程序中未参加诉讼,第二审人民法院可以根据当事人自愿的原则予以调解;调解不成的,发回重审。

第三百二十六条 在第二审程序中,原审原告增加独立的诉讼请求或者原审被告提出反诉的,第二审人民法院可以根据当事人自愿的原则就新增加的诉讼请求或者反诉进行调解;调解不成的,告知当事人另行起诉。

双方当事人同意由第二审人民法院一并审理的,第二审人民法院可以一并裁判。

第三百二十七条 一审判决不准离婚的案件,上诉后,第二审人民法院认为应当判决离婚的,可以根据当事人自愿的原则,与子女抚养、财产问题一并调解;调解不成的,发回重审。

双方当事人同意由第二审人民法院一并审理的,第二审人民法院可以一并裁判。

第三百二十八条 人民法院依照第二审程序审理案件,认为依法不应由人民法院受理的,可以由第二审人民法院直接裁定撤销原裁判,驳回起诉。

第三百二十九条 人民法院依照第二审程序审理案件,认为第一审人民法院受理案件违反专属管辖规定的,应当裁定撤销原裁判并移送有管辖权的人民法院。

第三百三十条 第二审人民法院查明第一审人民法院作出的不予受理裁定有错误的,应当在撤销原裁定的同时,指令第一审人民法院立案受理;查明第一审人民法院作出的驳回起诉裁定有错误的,应当在撤销原裁定的同时,指令第一审人民法院审理。

第三百三十一条 第二审人民法院对下列上诉案件,依照民事诉讼法第一百七十六条规定可以不开庭审理:

(一)不服不予受理、管辖权异议和驳回起诉裁定的;

(二)当事人提出的上诉请求明显不能成立的;

(三)原判决、裁定认定事实清楚,但适用法律错误的;

(四)原判决严重违反法定程序,需要发回重审的。

第三百三十二条 原判决、裁定认定事实或者适用法律虽有瑕疵,但裁判结果正确的,第二审人民法院可以在判决、裁定中纠正瑕疵后,依照民事诉讼法第一百七十七条第一款第一项规定予以维持。

第三百三十三条 民事诉讼法第一百七十七条第一款第三项规定的基本事实,是指用以确定当事人主体资格、案件性质、民事权利义务等对原判决、裁定的结果有实质性影响的事实。

第三百三十四条 在第二审程序中,作为当事人的法人或者其他组织分立的,人民法院可以直接将分立后的法人或者其他组织列为共同诉讼人;合并的,将合并后的法人或者其他组织列为当事人。

第三百三十五条 在第二审程序中,当事人申请撤回上诉,人民法院经审查认为一审判决确有错误,或者当事人之间恶意串通损害国家利益、社会公共利益、他人合法权益的,不应准许。

第三百三十六条 在第二审程序中,原审原告申请撤回起诉,经其他当事人同意,且不损害国家利益、社会公共利益、他人合法权益的,人民法院可以准许。准许撤诉的,应当一并裁定撤销一审裁判。

原审原告在第二审程序中撤回起诉后重复起诉的,人民法院不予受理。

第三百三十七条 当事人在第二审程序中达成和解协议的,人民法院可以根据当事人的请求,对双方达成的和解协议进行审查并制作调解书送达当事人;因和解而申请撤诉,经审查符合撤诉条件的,人民法院应予准许。

第三百三十八条 第二审人民法院宣判判决可以自行宣判,也可以委托原审人民法院或者当事人所在地人民法院代行宣判。

第三百三十九条 人民法院审理对裁定的上诉案件,应当在第二审立案之日起三十日内作出终审裁定。有特殊情况需要延长期限的,由本院院长批准。

第三百四十条 当事人在第一审程序中实施的诉讼行为,在第二审程序中对该当事人仍具有拘束力。

当事人推翻其在第一审程序中实施的诉讼行为时,人民法院应当责令其说明理由。理由不成立的,不予支持。

### 十七、特别程序

第三百四十一条 宣告失踪或者宣告死亡案件,人民法院可以根据申请人的请求,清理下落不明人的财产,并指定案件审理期间的财产管理人。公告期满后,人民法院判决宣告失踪的,应当同时依照民法典第四十二条的规定指定失踪人的财产代管人。

第三百四十二条 失踪人的财产代管人经人民法院

指定后,代管人申请变更代管的,比照民事诉讼法特别程序的有关规定进行审理。申请理由成立的,裁定撤销申请人的代管人身份,同时另行指定财产代管人;申请理由不成立的,裁定驳回申请。

失踪人的其他利害关系人申请变更代管的,人民法院应当告知其以原指定的代管人为被告起诉,并按普通程序进行审理。

**第三百四十三条** 人民法院判决宣告公民失踪后,利害关系人向人民法院申请宣告失踪人死亡,自失踪之日起满四年的,人民法院应当受理,宣告失踪的判决即是该公民失踪的证明,审理中仍应依照民事诉讼法第一百九十二条规定进行公告。

**第三百四十四条** 符合法律规定的多个利害关系人提出宣告失踪、宣告死亡申请的,列为共同申请人。

**第三百四十五条** 寻找下落不明人的公告应当记载下列内容:

(一)被申请人应当在规定期间内向受理法院申报其具体地址及其联系方式。否则,被申请人将被宣告失踪、宣告死亡;

(二)凡知悉被申请人生存现状的人,应当在公告期间内将其所知道情况向受理法院报告。

**第三百四十六条** 人民法院受理宣告失踪、宣告死亡案件后,作出判决前,申请人撤回申请的,人民法院应当裁定终结案件,但其他符合法律规定的利害关系人加入程序要求继续审理的除外。

**第三百四十七条** 在诉讼中,当事人的利害关系人或者有关组织提出该当事人不能辨认或者不能完全辨认自己的行为,要求宣告该当事人无民事行为能力或者限制民事行为能力的,应由利害关系人或者有关组织向人民法院提出申请,由受诉人民法院按照特别程序立案审理,原诉讼中止。

**第三百四十八条** 认定财产无主案件,公告期间有人对财产提出请求的,人民法院应当裁定终结特别程序,告知申请人另行起诉,适用普通程序审理。

**第三百四十九条** 被指定的监护人不服居民委员会、村民委员会或者民政部门指定,应当自接到通知之日起三十日内向人民法院提出异议。经审理,认为指定并无不当的,裁定驳回异议;指定不当的,判决撤销指定,同时另行指定监护人。判决书应当送达异议人、原指定单位及判决指定的监护人。

有关当事人依照民法典第三十一条第一款规定直接向人民法院申请指定监护人的,适用特别程序审理,判决指定监护人。判决书应当送达申请人、判决指定的监护人。

**第三百五十条** 申请认定公民无民事行为能力或者限制民事行为能力的案件,被申请人没有近亲属的,人民法院可以指定经被申请人住所地的居民委员会、村民委员会或者民政部门同意,且愿意担任代理人的个人或者组织为代理人。

没有前款规定的代理人的,由被申请人住所地的居民委员会、村民委员会或者民政部门担任代理人。

代理人可以是一人,也可以是同一顺序中的两人。

**第三百五十一条** 申请司法确认调解协议的,双方当事人应当本人或者由符合民事诉讼法第六十一条规定的代理人依照民事诉讼法第二百零一条的规定提出申请。

**第三百五十二条** 调解组织自行开展的调解,有两个以上调解组织参与的,符合民事诉讼法第二百零一条规定的各调解组织所在地人民法院均有管辖权。

双方当事人可以共同向符合民事诉讼法第二百零一条规定的其中一个有管辖权的人民法院提出申请;双方当事人共同向两个以上有管辖权的人民法院提出申请的,由最先立案的人民法院管辖。

**第三百五十三条** 当事人申请司法确认调解协议,可以采用书面形式或者口头形式。当事人口头申请的,人民法院应当记入笔录,并由当事人签名、捺印或者盖章。

**第三百五十四条** 当事人申请司法确认调解协议,应当向人民法院提交调解协议、调解组织主持调解的证明,以及与调解协议相关的财产权利证明等材料,并提供双方当事人的身份、住所、联系方式等基本信息。

当事人未提交上述材料的,人民法院应当要求当事人限期补交。

**第三百五十五条** 当事人申请司法确认调解协议,有下列情形之一的,人民法院裁定不予受理:

(一)不属于人民法院受理范围的;

(二)不属于收到申请的人民法院管辖的;

(三)申请确认婚姻关系、亲子关系、收养关系等身份关系无效、有效或者解除的;

(四)涉及适用其他特别程序、公示催告程序、破产程序审理的;

(五)调解协议内容涉及物权、知识产权确权的。

人民法院受理申请后,发现有上述不予受理情形的,应当裁定驳回当事人的申请。

**第三百五十六条** 人民法院审查相关情况时,应当通知双方当事人共同到场对案件进行核实。

人民法院经审查,认为当事人的陈述或者提供的证明材料不充分、不完备或者有疑义的,可以要求当事人限期补充陈述或者补充证明材料。必要时,人民法院可以向调解组织核实有关情况。

**第三百五十七条** 确认调解协议的裁定作出前,当事人撤回申请的,人民法院可以裁定准许。

当事人无正当理由未在限期内补充陈述、补充证明材料或者拒不接受询问的,人民法院可以按撤回申请处理。

**第三百五十八条** 经审查,调解协议有下列情形之一的,人民法院应当裁定驳回申请:

(一)违反法律强制性规定的;
(二)损害国家利益、社会公共利益、他人合法权益的;
(三)违背公序良俗的;
(四)违反自愿原则的;
(五)内容不明确的;
(六)其他不能进行司法确认的情形。

**第三百五十九条** 民事诉讼法第二百零三条规定的担保物权人,包括抵押权人、质权人、留置权人;其他有权请求实现担保物权的人,包括抵押人、出质人、财产被留置的债务人或者所有权人等。

**第三百六十条** 实现票据、仓单、提单等有权利凭证的权利质权案件,可以由权利凭证持有人住所地人民法院管辖;无权利凭证的权利质权,由出质登记地人民法院管辖。

**第三百六十一条** 实现担保物权案件属于海事法院等专门人民法院管辖的,由专门人民法院管辖。

**第三百六十二条** 同一债权的担保物有多个且所在地不同,申请人分别向有管辖权的人民法院申请实现担保物权的,人民法院应当依法受理。

**第三百六十三条** 依照民法典第三百九十二条的规定,被担保的债权既有物的担保又有人的担保,当事人对实现担保物权的顺序有约定,实现担保物权的申请违反该约定的,人民法院裁定不予受理;没有约定或者约定不明的,人民法院应当受理。

**第三百六十四条** 同一财产上设立多个担保物权,登记在先的担保物权尚未实现的,不影响后顺位的担保物权人向人民法院申请实现担保物权。

**第三百六十五条** 申请实现担保物权,应当提交下列材料:

(一)申请书。申请书应当记明申请人、被申请人的姓名或者名称、联系方式等基本信息,具体的请求和事实、理由;
(二)证明担保物权存在的材料,包括主合同、担保合同、抵押登记证明或者他项权利证书,权利质权的权利凭证或者质权出质登记证明等;
(三)证明实现担保物权条件成就的材料;
(四)担保财产现状的说明;
(五)人民法院认为需要提交的其他材料。

**第三百六十六条** 人民法院受理申请后,应当在五日内向被申请人送达申请书副本、异议权利告知书等文书。

被申请人有异议的,应当在收到人民法院通知后的五日内向人民法院提出,同时说明理由并提供相应的证据材料。

**第三百六十七条** 实现担保物权案件可以由审判员一人独任审查。担保财产标的额超过基层人民法院管辖范围的,应当组成合议庭进行审查。

**第三百六十八条** 人民法院审查实现担保物权案件,可以询问申请人、被申请人、利害关系人,必要时可以依职权调查相关事实。

**第三百六十九条** 人民法院应当就主合同的效力、期限、履行情况,担保物权是否有效设立、担保财产的范围、被担保的债权范围、被担保的债权是否已届清偿期等担保物权实现的条件,以及是否损害他人合法权益等内容进行审查。

被申请人或者利害关系人提出异议的,人民法院应当一并审查。

**第三百七十条** 人民法院审查后,按下列情形分别处理:

(一)当事人对实现担保物权无实质性争议且实现担保物权条件成就的,裁定准许拍卖、变卖担保财产;
(二)当事人对实现担保物权有部分实质性争议的,可以就无争议部分裁定准许拍卖、变卖担保财产;
(三)当事人对实现担保物权有实质性争议的,裁定驳回申请,并告知申请人向人民法院提起诉讼。

**第三百七十一条** 人民法院受理申请后,申请人对担保财产提出保全申请的,可以按照民事诉讼法关于诉讼保全的规定办理。

**第三百七十二条** 适用特别程序作出的判决、裁定,当事人、利害关系人认为有错误的,可以向作出该判决、裁定的人民法院提出异议。人民法院经审查,异议成立或者部分成立的,作出新的判决、裁定撤销或者改变原判决、裁定;异议不成立的,裁定驳回。

对人民法院作出的确认调解协议、准许实现担保物权的裁定,当事人有异议的,应当自收到裁定之日起十五日内提出;利害关系人有异议的,自知道或者应当知道其民事权益受到侵害之日起六个月内提出。

### 十八、审判监督程序

**第三百七十三条** 当事人死亡或者终止的,其权利义务承继者可以根据民事诉讼法第二百零六条、第二百零八条的规定申请再审。

判决、调解书生效后,当事人将判决、调解书确认的债权转让,债权受让人对该判决、调解书不服申请再审的,人民法院不予受理。

**第三百七十四条** 民事诉讼法第二百零六条规定的人数众多的一方当事人,包括公民、法人和其他组织。

民事诉讼法第二百零六条规定的当事人双方为公民的案件,是指原告和被告均为公民的案件。

**第三百七十五条** 当事人申请再审,应当提交下列材料:

(一)再审申请书,并按照被申请人和原审其他当事人的人数提交副本;

(二)再审申请人是自然人的,应当提交身份证明;再审申请人是法人或者其他组织的,应当提交营业执照、组织机构代码证书、法定代表人或者主要负责人身份证明书。委托他人代为申请的,应当提交授权委托书和代理人身份证明;

(三)原审判决书、裁定书、调解书;

(四)反映案件基本事实的主要证据及其他材料。

前款第二项、第三项、第四项规定的材料可以是与原件核对无异的复印件。

**第三百七十六条** 再审申请书应当记明下列事项:

(一)再审申请人与被申请人及原审其他当事人的基本信息;

(二)原审人民法院的名称,原审裁判文书案号;

(三)具体的再审请求;

(四)申请再审的法定情形及具体事实、理由。

再审申请书应当明确申请再审的人民法院,并由再审申请人签名、捺印或者盖章。

**第三百七十七条** 当事人一方人数众多或者当事人双方为公民的案件,当事人分别向原审人民法院和上一级人民法院申请再审且不能协商一致的,由原审人民法院受理。

**第三百七十八条** 适用特别程序、督促程序、公示催告程序、破产程序等非讼程序审理的案件,当事人不得申请再审。

**第三百七十九条** 当事人认为发生法律效力的不予受理、驳回起诉的裁定错误的,可以申请再审。

**第三百八十条** 当事人就离婚案件中的财产分割问题申请再审,如涉及判决中已分割的财产,人民法院应当依照民事诉讼法第二百零七条的规定进行审查,符合再审条件的,应当裁定再审;如涉及判决中未作处理的夫妻共同财产,应当告知当事人另行起诉。

**第三百八十一条** 当事人申请再审,有下列情形之一的,人民法院不予受理:

(一)再审申请被驳回后再次提出申请的;

(二)对再审判决、裁定提出申请的;

(三)在人民检察院对当事人的申请作出不予提出再审检察建议或者抗诉决定后又提出申请的。

前款第一项、第二项规定情形,人民法院应当告知当事人可以向人民检察院申请再审检察建议或者抗诉,但因人民检察院提出再审检察建议或者抗诉而再审作出的判决、裁定除外。

**第三百八十二条** 当事人对已经发生法律效力的调解书申请再审,应当在调解书发生法律效力后六个月内提出。

**第三百八十三条** 人民法院应当自收到符合条件的再审申请书等材料之日起五日内向再审申请人发送受理通知书,并向被申请人及原审其他当事人发送应诉通知书、再审申请书副本等材料。

**第三百八十四条** 人民法院受理申请再审案件后,应当依照民事诉讼法第二百零七条、第二百零八条、第二百一十一条等规定,对当事人主张的再审事由进行审查。

**第三百八十五条** 再审申请人提供的新的证据,能够证明原判决、裁定认定基本事实或者裁判结果错误的,应当认定为民事诉讼法第二百零七条第一项规定的情形。

对于符合前款规定的证据,人民法院应当责令再审申请人说明其逾期提供该证据的理由;拒不说明理由或者理由不成立的,依照民事诉讼法第六十八条第二款和本解释第一百零二条的规定处理。

**第三百八十六条** 再审申请人证明其提交的新的证据符合下列情形之一的,可以认定逾期提供证据的理由成立:

（一）在原审庭审结束前已经存在，因客观原因于庭审结束后才发现的；

（二）在原审庭审结束前已经发现，但因客观原因无法取得或者在规定的期限内不能提供的；

（三）在原审庭审结束后形成，无法据此另行提起诉讼的。

再审申请人提交的证据在原审中已经提供，原审人民法院未组织质证且未作为裁判根据的，视为逾期提供证据的理由成立，但原审人民法院依照民事诉讼法第六十八条规定不予采纳的除外。

**第三百八十七条** 当事人对原判决、裁定认定事实的主要证据在原审中拒绝发表质证意见或者质证中未对证据发表质证意见的，不属于民事诉讼法第二百零七条第四项规定的未经质证的情形。

**第三百八十八条** 有下列情形之一，导致判决、裁定结果错误的，应当认定为民事诉讼法第二百零七条第六项规定的原判决、裁定适用法律确有错误：

（一）适用的法律与案件性质明显不符的；

（二）确定民事责任明显违背当事人约定或者法律规定的；

（三）适用已经失效或者尚未施行的法律的；

（四）违反法律溯及力规定的；

（五）违反法律适用规则的；

（六）明显违背立法原意的。

**第三百八十九条** 原审开庭过程中有下列情形之一的，应当认定为民事诉讼法第二百零七条第九项规定的剥夺当事人辩论权利：

（一）不允许当事人发表辩论意见的；

（二）应当开庭审理而未开庭审理的；

（三）违反法律规定送达起诉状副本或者上诉状副本，致使当事人无法行使辩论权利的；

（四）违法剥夺当事人辩论权利的其他情形。

**第三百九十条** 民事诉讼法第二百零七条第十一项规定的诉讼请求，包括一审诉讼请求、二审上诉请求，但当事人未对一审判决、裁定遗漏或者超出诉讼请求提起上诉的除外。

**第三百九十一条** 民事诉讼法第二百零七条第十二项规定的法律文书包括：

（一）发生法律效力的判决书、裁定书、调解书；

（二）发生法律效力的仲裁裁决书；

（三）具有强制执行效力的公证债权文书。

**第三百九十二条** 民事诉讼法第二百零七条第十三项规定的审判人员审理该案件时有贪污受贿、徇私舞弊、枉法裁判行为，是指已经由生效刑事法律文书或者纪律处分决定所确认的行为。

**第三百九十三条** 当事人主张的再审事由成立，且符合民事诉讼法和本解释规定的申请再审条件的，人民法院应当裁定再审。

当事人主张的再审事由不成立，或者当事人申请再审超过法定申请再审期限、超出法定再审事由范围等不符合民事诉讼法和本解释规定的申请再审条件的，人民法院应当裁定驳回再审申请。

**第三百九十四条** 人民法院对已经发生法律效力的判决、裁定、调解书依法决定再审，依照民事诉讼法第二百一十三条规定，需要中止执行的，应当在再审裁定中同时写明中止原判决、裁定、调解书的执行；情况紧急的，可以将中止执行裁定口头通知负责执行的人民法院，并在通知后十日内发出裁定书。

**第三百九十五条** 人民法院根据审查案件的需要决定是否询问当事人。新的证据可能推翻原判决、裁定的，人民法院应当询问当事人。

**第三百九十六条** 审查再审申请期间，被申请人及原审其他当事人依法提出再审申请的，人民法院应当将其列为再审申请人，对其再审事由一并审查，审查期限重新计算。经审查，其中一方再审申请人主张的再审事由成立的，应当裁定再审。各方再审申请人主张的再审事由均不成立的，一并裁定驳回再审申请。

**第三百九十七条** 审查再审申请期间，再审申请人申请人民法院委托鉴定、勘验的，人民法院不予准许。

**第三百九十八条** 审查再审申请期间，再审申请人撤回再审申请的，是否准许，由人民法院裁定。

再审申请人经传票传唤，无正当理由拒不接受询问的，可以按撤回再审申请处理。

**第三百九十九条** 人民法院准许撤回再审申请或者按撤回再审申请处理后，再审申请人再次申请再审的，不予受理，但有民事诉讼法第二百零七条第一项、第三项、第十二项、第十三项规定情形，自知道或者应当知道之日起六个月内提出的除外。

**第四百条** 再审申请审查期间，有下列情形之一的，裁定终结审查：

（一）再审申请人死亡或者终止，无权利义务承继者或者权利义务承继者声明放弃再审申请的；

（二）在给付之诉中，负有给付义务的被申请人死亡或者终止，无可供执行的财产，也没有应当承担义务的人的；

（三）当事人达成和解协议且已履行完毕的，但当事人在和解协议中声明不放弃申请再审权利的除外；

（四）他人未经授权以当事人名义申请再审的；

（五）原审或者上一级人民法院已经裁定再审的；

（六）有本解释第三百八十一条第一款规定情形的。

**第四百零一条** 人民法院审理再审案件应当组成合议庭开庭审理，但按照第二审程序审理，有特殊情况或者双方当事人已经通过其他方式充分表达意见，且书面同意不开庭审理的除外。

符合缺席判决条件的，可以缺席判决。

**第四百零二条** 人民法院开庭审理再审案件，应当按照下列情形分别进行：

（一）因当事人申请再审的，先由再审申请人陈述再审请求及理由，后由被申请人答辩，其他原审当事人发表意见；

（二）因抗诉再审的，先由抗诉机关宣读抗诉书，再由申请抗诉的当事人陈述，后由被申请人答辩，其他原审当事人发表意见；

（三）人民法院依职权再审，有申诉人的，先由申诉人陈述再审请求及理由，后由被申诉人答辩，其他原审当事人发表意见；

（四）人民法院依职权再审，没有申诉人的，先由原审原告或者原审上诉人陈述，后由原审其他当事人发表意见。

对前款第一项至第三项规定的情形，人民法院应当要求当事人明确其再审请求。

**第四百零三条** 人民法院审理再审案件应当围绕再审请求进行。当事人的再审请求超出原审诉讼请求的，不予审理；符合另案诉讼条件的，告知当事人可以另行起诉。

被申请人及原审其他当事人在庭审辩论结束前提出的再审请求，符合民事诉讼法第二百一十二条规定的，人民法院应当一并审理。

人民法院经再审，发现已经发生法律效力的判决、裁定损害国家利益、社会公共利益、他人合法权益的，应当一并审理。

**第四百零四条** 再审审理期间，有下列情形之一的，可以裁定终结再审程序：

（一）再审申请人在再审期间撤回再审请求，人民法院准许的；

（二）再审申请人经传票传唤，无正当理由拒不到庭的，或者未经法庭许可中途退庭，按撤回再审请求处理的；

（三）人民检察院撤回抗诉的；

（四）有本解释第四百条第一项至第四项规定情形的。

因人民检察院提出抗诉裁定再审的案件，申请抗诉的当事人有前款规定的情形，且不损害国家利益、社会公共利益或者他人合法权益的，人民法院应当裁定终结再审程序。

再审程序终结后，人民法院裁定中止执行的原生效判决自动恢复执行。

**第四百零五条** 人民法院经再审审理认为，原判决、裁定认定事实清楚，适用法律正确的，应予维持；原判决、裁定认定事实、适用法律虽有瑕疵，但裁判结果正确的，应当在再审判决、裁定中纠正瑕疵后予以维持。

原判决、裁定认定事实、适用法律错误，导致裁判结果错误的，应当依法改判、撤销或者变更。

**第四百零六条** 按照第二审程序再审的案件，人民法院经审理认为不符合民事诉讼法规定的起诉条件或者符合民事诉讼法第一百二十七条规定不予受理情形的，应当裁定撤销一、二审判决，驳回起诉。

**第四百零七条** 人民法院对调解书裁定再审后，按照下列情形分别处理：

（一）当事人提出的调解违反自愿原则的事由不成立，且调解书的内容不违反法律强制性规定的，裁定驳回再审申请；

（二）人民检察院抗诉或者再审检察建议所主张的损害国家利益、社会公共利益的理由不成立的，裁定终结再审程序。

前款规定情形，人民法院裁定中止执行的调解书需要继续执行的，自动恢复执行。

**第四百零八条** 一审原告在再审审理程序中申请撤回起诉，经其他当事人同意，且不损害国家利益、社会公共利益、他人合法权益的，人民法院可以准许。裁定准许撤诉的，应当一并撤销原判决。

一审原告在再审审理程序中撤回起诉后重复起诉的，人民法院不予受理。

**第四百零九条** 当事人提交新的证据致使再审改判，因再审申请人或者申请检察监督当事人的过错未能在原审程序中及时举证，被申请人等当事人请求补偿其增加的交通、住宿、就餐、误工等必要费用的，人民法院应予支持。

**第四百一十条** 部分当事人到庭并达成调解协议,其他当事人未作出书面表示的,人民法院应当在判决中对该事实作出表述;调解协议内容不违反法律规定,且不损害其他当事人合法权益的,可以在判决主文中予以确认。

**第四百一十一条** 人民检察院依法对损害国家利益、社会公共利益的发生法律效力的判决、裁定、调解书提出抗诉,或者经人民检察院检察委员会讨论决定提出再审检察建议的,人民法院应予受理。

**第四百一十二条** 人民检察院对已经发生法律效力的判决以及不予受理、驳回起诉的裁定依法提出抗诉的,人民法院应予受理,但适用特别程序、督促程序、公示催告程序、破产程序以及解除婚姻关系的判决、裁定等不适用审判监督程序的判决、裁定除外。

**第四百一十三条** 人民检察院依照民事诉讼法第二百一十六条第一款第三项规定对有明显错误的再审判决、裁定提出抗诉或者再审检察建议的,人民法院应予受理。

**第四百一十四条** 地方各级人民检察院依当事人的申请对生效判决、裁定向同级人民法院提出再审检察建议,符合下列条件的,应予受理:

(一)再审检察建议书和原审当事人申请书及相关证据材料已经提交;

(二)建议再审的对象为依照民事诉讼法和本解释规定可以进行再审的判决、裁定;

(三)再审检察建议书列明该判决、裁定有民事诉讼法第二百一十五条第二款规定情形;

(四)符合民事诉讼法第二百一十六条第一款第一项、第二项规定情形;

(五)再审检察建议经该人民检察院检察委员会讨论决定。

不符合前款规定的,人民法院可以建议人民检察院予以补正或者撤回;不予补正或者撤回的,应当函告人民检察院不予受理。

**第四百一十五条** 人民检察院依当事人的申请对生效判决、裁定提出抗诉,符合下列条件的,人民法院应当在三十日内裁定再审:

(一)抗诉书和原审当事人申请书及相关证据材料已经提交;

(二)抗诉对象为依照民事诉讼法和本解释规定可以进行再审的判决、裁定;

(三)抗诉书列明该判决、裁定有民事诉讼法第二百一十五条第一款规定情形;

(四)符合民事诉讼法第二百一十六条第一款第一项、第二项规定情形。

不符合前款规定的,人民法院可以建议人民检察院予以补正或者撤回;不予补正或者撤回的,人民法院可以裁定不予受理。

**第四百一十六条** 当事人的再审申请被上级人民法院裁定驳回后,人民检察院对原判决、裁定、调解书提出抗诉,抗诉事由符合民事诉讼法第二百零七条第一项至第五项规定情形之一的,受理抗诉的人民法院可以交由下一级人民法院再审。

**第四百一十七条** 人民法院收到再审检察建议后,应当组成合议庭,在三个月内进行审查,发现原判决、裁定、调解书确有错误,需要再审的,依照民事诉讼法第二百零五条规定裁定再审,并通知当事人;经审查,决定不予再审的,应当书面回复人民检察院。

**第四百一十八条** 人民法院审理因人民检察院抗诉或者检察建议裁定再审的案件,不受此前已经作出的驳回当事人再审申请裁定的影响。

**第四百一十九条** 人民法院开庭审理抗诉案件,应当在开庭三日前通知人民检察院、当事人和其他诉讼参与人。同级人民检察院或者提出抗诉的人民检察院应当派员出庭。

人民检察院因履行法律监督职责向当事人或者案外人调查核实的情况,应当向法庭提交并予以说明,由双方当事人进行质证。

**第四百二十条** 必须共同进行诉讼的当事人因不能归责于本人或者其诉讼代理人的事由未参加诉讼的,可以根据民事诉讼法第二百零七条第八项规定,自知道或者应当知道之日起六个月内申请再审,但符合本解释第四百二十一条规定情形的除外。

人民法院因前款规定的当事人申请而裁定再审,按照第一审程序再审的,应当追加其为当事人,作出新的判决、裁定;按照第二审程序再审,经调解不能达成协议的,应当撤销原判决、裁定,发回重审,重审时应追加其为当事人。

**第四百二十一条** 根据民事诉讼法第二百三十四条规定,案外人对驳回其执行异议的裁定不服,认为原判决、裁定、调解书内容错误损害其民事权益的,可以自执行异议裁定送达之日起六个月内,向作出原判决、裁定、调解书的人民法院申请再审。

**第四百二十二条** 根据民事诉讼法第二百三十四条

规定,人民法院裁定再审后,案外人属于必要的共同诉讼当事人的,依照本解释第四百二十条第二款规定处理。

案外人不是必要的共同诉讼当事人的,人民法院仅审理原判决、裁定、调解书对其民事权益造成损害的内容。经审理,再审请求成立的,撤销或者改变原判决、裁定、调解书;再审请求不成立的,维持原判决、裁定、调解书。

**第四百二十三条** 本解释第三百三十八条规定适用于审判监督程序。

**第四百二十四条** 对小额诉讼案件的判决、裁定,当事人以民事诉讼法第二百零七条规定的事由向原审人民法院申请再审的,人民法院应当受理。申请再审事由成立的,应当裁定再审,组成合议庭进行审理。作出的再审判决、裁定,当事人不得上诉。

当事人以不应按小额诉讼案件审理为由向原审人民法院申请再审的,人民法院应当受理。理由成立的,应当裁定再审,组成合议庭审理。作出的再审判决、裁定,当事人可以上诉。

### 十九、督促程序

**第四百二十五条** 两个以上人民法院都有管辖权的,债权人可以向其中一个基层人民法院申请支付令。

债权人向两个以上有管辖权的基层人民法院申请支付令的,由最先立案的人民法院管辖。

**第四百二十六条** 人民法院收到债权人的支付令申请书后,认为申请书不符合要求的,可以通知债权人限期补正。人民法院应当自收到补正材料之日起五日内通知债权人是否受理。

**第四百二十七条** 债权人申请支付令,符合下列条件的,基层人民法院应当受理,并在收到支付令申请书后五日内通知债权人:

(一)请求给付金钱或者汇票、本票、支票、股票、债券、国库券、可转让的存款单等有价证券;

(二)请求给付的金钱或者有价证券已到期且数额确定,并写明了请求所根据的事实、证据;

(三)债权人没有对待给付义务;

(四)债务人在我国境内且未下落不明;

(五)支付令能够送达债务人;

(六)收到申请书的人民法院有管辖权;

(七)债权人未向人民法院申请诉前保全。

不符合前款规定的,人民法院应当在收到支付令申请书后五日内通知债权人不予受理。

基层人民法院受理申请支付令案件,不受债权金额的限制。

**第四百二十八条** 人民法院受理申请后,由审判员一人进行审查。经审查,有下列情形之一的,裁定驳回申请:

(一)申请人不具备当事人资格的;

(二)给付金钱或者有价证券的证明文件没有约定逾期给付利息或者违约金、赔偿金,债权人坚持要求给付利息或者违约金、赔偿金的;

(三)要求给付的金钱或者有价证券属于违法所得的;

(四)要求给付的金钱或者有价证券尚未到期或者数额不确定的。

人民法院受理支付令申请后,发现不符合本解释规定的受理条件的,应当在受理之日起十五日内裁定驳回申请。

**第四百二十九条** 向债务人本人送达支付令,债务人拒绝接收的,人民法院可以留置送达。

**第四百三十条** 有下列情形之一的,人民法院应当裁定终结督促程序,已发出支付令的,支付令自行失效:

(一)人民法院受理支付令申请后,债权人就同一债权债务关系又提起诉讼的;

(二)人民法院发出支付令之日起三十日内无法送达债务人的;

(三)债务人收到支付令前,债权人撤回申请的。

**第四百三十一条** 债务人在收到支付令后,未在法定期间提出书面异议,而向其他人民法院起诉的,不影响支付令的效力。

债务人超过法定期间提出异议的,视为未提出异议。

**第四百三十二条** 债权人基于同一债权债务关系,在同一支付令申请中向债务人提出多项支付请求,债务人仅就其中一项或者几项请求提出异议的,不影响其他各项请求的效力。

**第四百三十三条** 债权人基于同一债权债务关系,就可分之债向多个债务人提出支付请求,多个债务人中的一人或者几人提出异议的,不影响其他请求的效力。

**第四百三十四条** 对设有担保的债务的主债务人发出的支付令,对担保人没有拘束力。

债权人就担保关系单独提起诉讼的,支付令自人民法院受理案件之日起失效。

**第四百三十五条** 经形式审查,债务人提出的书面异议有下列情形之一的,应当认定异议成立,裁定终结督促程序,支付令自行失效:

（一）本解释规定的不予受理申请情形的；
（二）本解释规定的裁定驳回申请情形的；
（三）本解释规定的应当裁定终结督促程序情形的；
（四）人民法院对是否符合发出支付令条件产生合理怀疑的。

**第四百三十六条** 债务人对债务本身没有异议，只是提出缺乏清偿能力、延缓债务清偿期限、变更债务清偿方式等异议的，不影响支付令的效力。

人民法院经审查认为异议不成立的，裁定驳回。

债务人的口头异议无效。

**第四百三十七条** 人民法院作出终结督促程序或者驳回异议裁定前，债务人请求撤回异议的，应当裁定准许。

债务人对撤回异议反悔的，人民法院不予支持。

**第四百三十八条** 支付令失效后，申请支付令的一方当事人不同意提起诉讼的，应当自收到终结督促程序裁定之日起七日内向受理申请的人民法院提出。

申请支付令的一方当事人不同意提起诉讼的，不影响其向其他有管辖权的人民法院提起诉讼。

**第四百三十九条** 支付令失效后，申请支付令的一方当事人自收到终结督促程序裁定之日起七日内未向受理申请的人民法院表明不同意提起诉讼的，视为向受理申请的人民法院起诉。

债权人提出支付令申请的时间，即为向人民法院起诉的时间。

**第四百四十条** 债权人向人民法院申请执行支付令的期间，适用民事诉讼法第二百四十六条的规定。

**第四百四十一条** 人民法院院长发现本院已经发生法律效力的支付令确有错误，认为需要撤销的，应当提交本院审判委员会讨论决定后，裁定撤销支付令，驳回债权人的申请。

## 二十、公示催告程序

**第四百四十二条** 民事诉讼法第二百二十五条规定的票据持有人，是指票据被盗、遗失或者灭失前的最后持有人。

**第四百四十三条** 人民法院收到公示催告的申请后，应当立即审查，并决定是否受理。经审查认为符合受理条件的，通知予以受理，并同时通知支付人停止支付；认为不符合受理条件的，七日内裁定驳回申请。

**第四百四十四条** 因票据丧失，申请公示催告的，人民法院应结合票据存根、丧失票据的复印件、出票人关于签发票据的证明、申请人合法取得票据的证明、银行挂失止付通知书、报案证明等证据，决定是否受理。

**第四百四十五条** 人民法院依照民事诉讼法第二百二十六条规定发出的受理申请的公告，应当写明下列内容：
（一）公示催告申请人的姓名或者名称；
（二）票据的种类、号码、票面金额、出票人、背书人、持票人、付款期限等事项以及其他可以申请公示催告的权利凭证的种类、号码、权利范围、权利人、义务人、行权日期等事项；
（三）申报权利的期间；
（四）在公示催告期间转让票据等权利凭证，利害关系人不申报的法律后果。

**第四百四十六条** 公告应当在有关报纸或者其他媒体上刊登，并于同日公布于人民法院公告栏内。人民法院所在地有证券交易所的，还应当同日在该交易所公布。

**第四百四十七条** 公告期间不得少于六十日，且公示催告期间届满日不得早于票据付款日后十五日。

**第四百四十八条** 在申报期届满后、判决作出之前，利害关系人申报权利的，应当适用民事诉讼法第二百二十八条第二款、第三款规定处理。

**第四百四十九条** 利害关系人申报权利，人民法院应当通知其向法院出示票据，并通知公示催告申请人在指定的期间查看该票据。公示催告申请人申请公示催告的票据与利害关系人出示的票据不一致的，应当裁定驳回利害关系人的申报。

**第四百五十条** 在申报权利的期间无人申报权利，或者申报被驳回的，申请人应当自公示催告期间届满之日起一个月内申请作出判决。逾期不申请判决的，终结公示催告程序。

裁定终结公示催告程序的，应当通知申请人和支付人。

**第四百五十一条** 判决公告之日起，公示催告申请人有权依据判决向付款人请求付款。

付款人拒绝付款，申请人向人民法院起诉，符合民事诉讼法第一百二十二条规定的起诉条件的，人民法院应予受理。

**第四百五十二条** 适用公示催告程序审理案件，可由审判员一人独任审理；判决宣告票据无效的，应当组成合议庭审理。

**第四百五十三条** 公示催告申请人撤回申请，应在公示催告前提出；公示催告期间申请撤回的，人民法院可以径行裁定终结公示催告程序。

**第四百五十四条** 人民法院依照民事诉讼法第二百二十七条规定通知支付人停止支付,应当符合有关财产保全的规定。支付人收到停止支付通知后拒不止付的,除可依照民事诉讼法第一百一十四条、第一百一十七条规定采取强制措施外,在判决后,支付人仍应承担付款义务。

**第四百五十五条** 人民法院依照民事诉讼法第二百二十八条规定终结公示催告程序后,公示催告申请人或者申报人向人民法院提起诉讼,因票据权利纠纷提起的,由票据支付地或者被告住所地人民法院管辖;因非票据权利纠纷提起的,由被告住所地人民法院管辖。

**第四百五十六条** 依照民事诉讼法第二百二十八条规定制作的终结公示催告程序的裁定书,由审判员、书记员署名,加盖人民法院印章。

**第四百五十七条** 依照民事诉讼法第二百三十条的规定,利害关系人向人民法院起诉的,人民法院可按票据纠纷适用普通程序审理。

**第四百五十八条** 民事诉讼法第二百三十条规定的正当理由,包括:
(一)因发生意外事件或者不可抗力致使利害关系人无法知道公告事实的;
(二)利害关系人因被限制人身自由而无法知道公告事实,或者虽然知道公告事实,但无法自己或者委托他人代为申报权利的;
(三)不属于法定申请公示催告情形的;
(四)未予公告或者未按法定方式公告的;
(五)其他导致利害关系人在判决作出前未能向人民法院申报权利的客观事由。

**第四百五十九条** 根据民事诉讼法第二百三十条的规定,利害关系人请求人民法院撤销除权判决的,应当将申请人列为被告。

利害关系人仅诉请确认其为合法持票人的,人民法院应当在裁判文书中写明,确认利害关系人为票据权利人的判决作出后,除权判决即被撤销。

## 二十一、执行程序

**第四百六十条** 发生法律效力的实现担保物权裁定、确认调解协议裁定、支付令,由作出裁定、支付令的人民法院或者与其同级的被执行财产所在地的人民法院执行。

认定财产无主的判决,由作出判决的人民法院将无主财产收归国家或者集体所有。

**第四百六十一条** 当事人申请人民法院执行的生效法律文书应当具备下列条件:

(一)权利义务主体明确;
(二)给付内容明确。

法律文书确定继续履行合同的,应当明确继续履行的具体内容。

**第四百六十二条** 根据民事诉讼法第二百三十四条规定,案外人对执行标的提出异议的,应当在该执行标的执行程序终结前提出。

**第四百六十三条** 案外人对执行标的提出的异议,经审查,按照下列情形分别处理:
(一)案外人对执行标的不享有足以排除强制执行的权益的,裁定驳回其异议;
(二)案外人对执行标的享有足以排除强制执行的权益的,裁定中止执行。

驳回案外人执行异议裁定送达案外人之日起十五日内,人民法院不得对执行标的进行处分。

**第四百六十四条** 申请执行人与被执行人达成和解协议后请求中止执行或者撤回执行申请的,人民法院可以裁定中止执行或者终结执行。

**第四百六十五条** 一方当事人不履行或者不完全履行在执行中双方自愿达成的和解协议,对方当事人申请执行原生效法律文书的,人民法院应当恢复执行,但和解协议已履行的部分应当扣除。和解协议已经履行完毕的,人民法院不予恢复执行。

**第四百六十六条** 申请恢复执行原生效法律文书,适用民事诉讼法第二百四十六条申请执行期间的规定。申请执行期间因达成执行中的和解协议而中断,其期间自和解协议约定履行期限的最后一日起重新计算。

**第四百六十七条** 人民法院依照民事诉讼法第二百三十八条规定决定暂缓执行的,如果担保是有期限的,暂缓执行的期限应当与担保期限一致,但最长不得超过一年。被执行人或者担保人对担保的财产在暂缓执行期间有转移、隐藏、变卖、毁损等行为的,人民法院可以恢复强制执行。

**第四百六十八条** 根据民事诉讼法第二百三十八条规定向人民法院提供执行担保的,可以由被执行人或者他人提供财产担保,也可以由他人提供保证。担保人应当具有代为履行或者代为承担赔偿责任的能力。

他人提供执行保证的,应当向执行法院出具保证书,并将保证书副本送交申请执行人。被执行人或者他人提供财产担保的,应当参照民法典的有关规定办理相应手续。

**第四百六十九条** 被执行人在人民法院决定暂缓执

行的期限届满后仍不履行义务的,人民法院可以直接执行担保财产,或者裁定执行担保人的财产,但执行担保人的财产以担保人应当履行义务部分的财产为限。

**第四百七十条** 依照民事诉讼法第二百三十九条规定,执行中作为被执行人的法人或者其他组织分立、合并的,人民法院可以裁定变更后的法人或者其他组织为被执行人;被注销的,如果依照有关实体法的规定有权利义务承受人的,可以裁定该权利义务承受人为被执行人。

**第四百七十一条** 其他组织在执行中不能履行法律文书确定的义务的,人民法院可以裁定执行对该其他组织依法承担义务的法人或者公民个人的财产。

**第四百七十二条** 在执行中,作为被执行人的法人或者其他组织名称变更的,人民法院可以裁定变更后的法人或者其他组织为被执行人。

**第四百七十三条** 作为被执行人的公民死亡,其遗产继承人没有放弃继承的,人民法院可以裁定变更被执行人,由该继承人在遗产的范围内偿还债务。继承人放弃继承的,人民法院可以直接执行被执行人的遗产。

**第四百七十四条** 法律规定由人民法院执行的其他法律文书执行完毕后,该法律文书被有关机关或者组织依法撤销的,经当事人申请,适用民事诉讼法第二百四十条规定。

**第四百七十五条** 仲裁机构裁决的事项,部分有民事诉讼法第二百四十四条第二款、第三款规定情形的,人民法院应当裁定对该部分不予执行。

应当不予执行部分与其他部分不可分的,人民法院应当裁定不予执行仲裁裁决。

**第四百七十六条** 依照民事诉讼法第二百四十四条第二款、第三款规定,人民法院裁定不予执行仲裁裁决后,当事人对该裁定提出执行异议或者复议的,人民法院不予受理。当事人可以就该民事纠纷重新达成书面仲裁协议申请仲裁,也可以向人民法院起诉。

**第四百七十七条** 在执行中,被执行人通过仲裁程序将人民法院查封、扣押、冻结的财产确权或者分割给案外人的,不影响人民法院执行程序的进行。

案外人不服的,可以根据民事诉讼法第二百三十四条规定提出异议。

**第四百七十八条** 有下列情形之一的,可以认定为民事诉讼法第二百四十五条第二款规定的公证债权文书确有错误:

(一)公证债权文书属于不得赋予强制执行效力的债权文书的;

(二)被执行人一方未亲自或者未委托代理人到场公证等严重违反法律规定的公证程序的;

(三)公证债权文书的内容与事实不符或者违反法律强制性规定的;

(四)公证债权文书未载明被执行人不履行义务或者不完全履行义务时同意接受强制执行的。

人民法院认定执行该公证债权文书违背社会公共利益的,裁定不予执行。

公证债权文书被裁定不予执行后,当事人、公证事项的利害关系人可以就债权争议提起诉讼。

**第四百七十九条** 当事人请求不予执行仲裁裁决或者公证债权文书的,应当在执行终结前向执行法院提出。

**第四百八十条** 人民法院应当在收到申请执行书或者移交执行书后十日内发出执行通知。

执行通知中除应责令被执行人履行法律文书确定的义务外,还应通知其承担民事诉讼法第二百六十条规定的迟延履行利息或者迟延履行金。

**第四百八十一条** 申请执行人超过申请执行时效期间向人民法院申请强制执行的,人民法院应予受理。被执行人对申请执行时效期间提出异议,人民法院经审查异议成立的,裁定不予执行。

被执行人履行全部或者部分义务后,又以不知道申请执行时效期间届满为由请求执行回转的,人民法院不予支持。

**第四百八十二条** 对必须接受调查询问的被执行人、被执行人的法定代表人、负责人或者实际控制人,经依法传唤无正当理由拒不到场的,人民法院可以拘传其到场。

人民法院应当及时对被拘传人进行调查询问,调查询问的时间不得超过八小时;情况复杂,依法可能采取拘留措施的,调查询问的时间不得超过二十四小时。

人民法院在本辖区以外采取拘传措施时,可以将被拘传人拘传到当地人民法院,当地人民法院应予协助。

**第四百八十三条** 人民法院有权查询被执行人的身份信息与财产信息,掌握相关信息的单位和个人必须按照协助执行通知书办理。

**第四百八十四条** 对被执行的财产,人民法院非经查封、扣押、冻结不得处分。对银行存款等各类可以直接扣划的财产,人民法院的扣划裁定同时具有冻结的法律效力。

**第四百八十五条** 人民法院冻结被执行人的银行存款的期限不得超过一年,查封、扣押动产的期限不得超过两年,查封不动产、冻结其他财产权的期限不得超过三年。

申请执行人申请延长期限的,人民法院应当在查封、扣押、冻结期限届满前办理续行查封、扣押、冻结手续,续行期限不得超过前款规定的期限。

人民法院也可以依职权办理续行查封、扣押、冻结手续。

**第四百八十六条** 依照民事诉讼法第二百五十四条规定,人民法院在执行中需要拍卖被执行人财产的,可以由人民法院自行组织拍卖,也可以交由具备相应资质的拍卖机构拍卖。

交拍卖机构拍卖的,人民法院应当对拍卖活动进行监督。

**第四百八十七条** 拍卖评估需要对现场进行检查、勘验的,人民法院应当责令被执行人、协助义务人予以配合。被执行人、协助义务人不予配合的,人民法院可以强制进行。

**第四百八十八条** 人民法院在执行中需要变卖被执行人财产的,可以交有关单位变卖,也可以由人民法院直接变卖。

对变卖的财产,人民法院或者其工作人员不得买受。

**第四百八十九条** 经申请执行人和被执行人同意,且不损害其他债权人合法权益和社会公共利益的,人民法院可以不经拍卖、变卖,直接将被执行人的财产作价交申请执行人抵偿债务。对剩余债务,被执行人应当继续清偿。

**第四百九十条** 被执行人的财产无法拍卖或者变卖的,经申请执行人同意,且不损害其他债权人合法权益和社会公共利益的,人民法院可以将该项财产作价后交付申请执行人抵偿债务,或者交付申请执行人管理;申请执行人拒绝接收或者管理的,退回被执行人。

**第四百九十一条** 拍卖成交或者依法定程序裁定以物抵债的,标的物所有权自拍卖成交裁定或者抵债裁定送达买受人或者接受抵债物的债权人时转移。

**第四百九十二条** 执行标的物为特定物的,应当执行原物。原物确已毁损或者灭失的,经双方当事人同意,可以折价赔偿。

双方当事人对折价赔偿不能协商一致的,人民法院应当终结执行程序。申请执行人可以另行起诉。

**第四百九十三条** 他人持有法律文书指定交付的财物或者票证,人民法院依照民事诉讼法第二百五十六条第二款、第三款规定发出协助执行通知后,拒不转交的,可以强制执行,并可依照民事诉讼法第一百一十七条、第一百一十八条规定处理。

他人持有期间财物或者票证毁损、灭失的,参照本解释第四百九十二条规定处理。

他人主张合法持有财物或者票证的,可以根据民事诉讼法第二百三十四条规定提出执行异议。

**第四百九十四条** 在执行中,被执行人隐匿财产、会计账簿等资料的,人民法院除可依照民事诉讼法第一百一十四条第一款第六项规定对其处罚外,还应责令被执行人交出隐匿的财产、会计账簿等资料。被执行人拒不交出的,人民法院可以采取搜查措施。

**第四百九十五条** 搜查人员应当按规定着装并出示搜查令和工作证件。

**第四百九十六条** 人民法院搜查时禁止无关人员进入搜查现场;搜查对象是公民的,应当通知被执行人或者他的成年家属以及基层组织派员到场;搜查对象是法人或者其他组织的,应当通知法定代表人或者主要负责人到场。拒不到场的,不影响搜查。

搜查妇女身体,应当由女执行人员进行。

**第四百九十七条** 搜查中发现应当依法采取查封、扣押措施的财产,依照民事诉讼法第二百五十二条第二款和第二百五十四条规定办理。

**第四百九十八条** 搜查应当制作搜查笔录,由搜查人员、被搜查人及其他在场人签名、捺印或者盖章。拒绝签名、捺印或者盖章的,应当记入搜查笔录。

**第四百九十九条** 人民法院执行被执行人对他人的到期债权,可以作出冻结债权的裁定,并通知该他人向申请执行人履行。

该他人对到期债权有异议,申请执行人请求对异议部分强制执行的,人民法院不予支持。利害关系人对到期债权有异议的,人民法院应当按照民事诉讼法第二百三十四条规定处理。

对生效法律文书确定的到期债权,该他人予以否认的,人民法院不予支持。

**第五百条** 人民法院在执行中需要办理房产证、土地证、林权证、专利证书、商标证书、车船执照等有关财产权证照转移手续的,可以依照民事诉讼法第二百五十八条规定办理。

**第五百零一条** 被执行人不履行生效法律文书确定的行为义务,该义务可由他人完成的,人民法院可以选定代履行人;法律、行政法规对履行该行为义务有资格限制的,应当从有资格的人中选定。必要时,可以通过招标的方式确定代履行人。

申请执行人可以在符合条件的人中推荐代履行人,也可以申请自己代为履行,是否准许,由人民法院决定。

**第五百零二条** 代履行费用的数额由人民法院根据案件具体情况确定,并由被执行人在指定期限内预先支付。被执行人未预付的,人民法院可以对该费用强制执行。

代履行结束后,被执行人可以查阅、复制费用清单以及主要凭证。

**第五百零三条** 被执行人不履行法律文书指定的行为,且该项行为只能由被执行人完成的,人民法院可以依照民事诉讼法第一百一十四条第一款第六项规定处理。

被执行人在人民法院确定的履行期间内仍不履行的,人民法院可以依照民事诉讼法第一百一十四条第一款第六项规定再次处理。

**第五百零四条** 被执行人迟延履行的,迟延履行期间的利息或者迟延履行金自判决、裁定和其他法律文书指定的履行期间届满之日起计算。

**第五百零五条** 被执行人未按判决、裁定和其他法律文书指定的期间履行非金钱给付义务的,无论是否已给申请执行人造成损失,都应当支付迟延履行金。已经造成损失的,双倍补偿申请执行人已经受到的损失;没有造成损失的,迟延履行金可以由人民法院根据具体案件情况决定。

**第五百零六条** 被执行人为公民或者其他组织,在执行程序开始后,被执行人的其他已经取得执行依据的债权人发现被执行人的财产不能清偿所有债权的,可以向人民法院申请参与分配。

对人民法院查封、扣押、冻结的财产有优先权、担保物权的债权人,可以直接申请参与分配,主张优先受偿权。

**第五百零七条** 申请参与分配,申请人应当提交申请书。申请书应当写明参与分配和被执行人不能清偿所有债权的事实、理由,并附有执行依据。

参与分配申请应当在执行程序开始后,被执行人的财产执行终结前提出。

**第五百零八条** 参与分配执行中,执行所得价款扣除执行费用,并清偿应当优先受偿的债权后,对于普通债权,原则上按照其占全部申请参与分配债权数额的比例受偿。清偿后的剩余债务,被执行人应当继续清偿。债权人发现被执行人有其他财产的,可以随时请求人民法院执行。

**第五百零九条** 多个债权人对执行财产申请参与分配的,执行法院应当制作财产分配方案,并送达各债权人和被执行人。债权人或者被执行人对分配方案有异议的,应当自收到分配方案之日起十五日内向执行法院提出书面异议。

**第五百一十条** 债权人或者被执行人对分配方案提出书面异议的,执行法院应当通知未提出异议的债权人、被执行人。

未提出异议的债权人、被执行人自收到通知之日起十五日内未提出反对意见的,执行法院依异议人的意见对分配方案审查修正后进行分配;提出反对意见的,应当通知异议人。异议人可以自收到通知之日起十五日内,以提出反对意见的债权人、被执行人为被告,向执行法院提起诉讼;异议人逾期未提起诉讼的,执行法院按照原分配方案进行分配。

诉讼期间进行分配的,执行法院应当提存与争议债权数额相应的款项。

**第五百一十一条** 在执行中,作为被执行人的企业法人符合企业破产法第二条第一款规定情形的,执行法院经申请执行人之一或者被执行人同意,应当裁定中止对该被执行人的执行,将执行案件相关材料移送被执行人住所地人民法院。

**第五百一十二条** 被执行人住所地人民法院应当自收到执行案件相关材料之日起三十日内,将是否受理破产案件的裁定告知执行法院。不予受理的,应当将相关案件材料退回执行法院。

**第五百一十三条** 被执行人住所地人民法院裁定受理破产案件的,执行法院应当解除对被执行人财产的保全措施。被执行人住所地人民法院裁定宣告被执行人破产的,执行法院应当裁定终结对该被执行人的执行。

被执行人住所地人民法院不受理破产案件的,执行法院应当恢复执行。

**第五百一十四条** 当事人不同意移送破产或者被执行人住所地人民法院不受理破产案件的,执行法院就执行变价所得财产,在扣除执行费用及清偿优先受偿的债权后,对于普通债权,按照财产保全和执行中查封、扣押、冻结财产的先后顺序清偿。

**第五百一十五条** 债权人根据民事诉讼法第二百六十一条规定请求人民法院继续执行的,不受民事诉讼法第二百四十六条规定申请执行时效期间的限制。

**第五百一十六条** 被执行人不履行法律文书确定的义务的,人民法院除对被执行人予以处罚外,还可以根据情节将其纳入失信被执行人名单,将被执行人不履行或者不完全履行义务的信息向其所在单位、征信机构以及其他相关机构通报。

**第五百一十七条** 经过财产调查未发现可供执行的财产,在申请执行人签字确认或者执行法院组成合议庭审查核实并经院长批准后,可以裁定终结本次执行程序。

依照前款规定终结执行后,申请执行人发现被执行人有可供执行财产的,可以再次申请执行。再次申请不受申请执行时效期间的限制。

**第五百一十八条** 因撤销申请而终结执行后,当事人在民事诉讼法第二百四十六条规定的申请执行时效期间内再次申请执行的,人民法院应当受理。

**第五百一十九条** 在执行终结六个月内,被执行人或者其他人对已执行的标的有妨害行为的,人民法院可以依申请排除妨害,并可以依照民事诉讼法第一百一十四条规定进行处罚。因妨害行为给执行债权人或者其他人造成损失的,受害人可以另行起诉。

### 二十二、涉外民事诉讼程序的特别规定

**第五百二十条** 有下列情形之一,人民法院可以认定为涉外民事案件:

(一)当事人一方或者双方是外国人、无国籍人、外国企业或者组织的;

(二)当事人一方或者双方的经常居所地在中华人民共和国领域外的;

(三)标的物在中华人民共和国领域外的;

(四)产生、变更或者消灭民事关系的法律事实发生在中华人民共和国领域外的;

(五)可以认定为涉外民事案件的其他情形。

**第五百二十一条** 外国人参加诉讼,应当向人民法院提交护照等用以证明自己身份的证件。

外国企业或者组织参加诉讼,向人民法院提交的身份证明文件,应当经所在国公证机关公证,并经中华人民共和国驻该国使领馆认证,或者履行中华人民共和国与该所在国订立的有关条约中规定的证明手续。

代表外国企业或者组织参加诉讼的人,应当向人民法院提交其有权作为代表人参加诉讼的证明,该证明应当经所在国公证机关公证,并经中华人民共和国驻该国使领馆认证,或者履行中华人民共和国与该所在国订立的有关条约中规定的证明手续。

本条所称的"所在国",是指外国企业或者组织的设立登记地国,也可以是办理了营业登记手续的第三国。

**第五百二十二条** 依照民事诉讼法第二百七十一条以及本解释第五百二十一条规定,需要办理公证、认证手续,而外国当事人所在国与中华人民共和国没有建立外交关系的,可以经该国公证机关公证,经与中华人民共和国有外交关系的第三国驻该国使领馆认证,再转由中华人民共和国驻该第三国使领馆认证。

**第五百二十三条** 外国人、外国企业或者组织的代表人在人民法院法官的见证下签署授权委托书,委托代理人进行民事诉讼的,人民法院应予认可。

**第五百二十四条** 外国人、外国企业或者组织的代表人在中华人民共和国境内签署授权委托书,委托代理人进行民事诉讼,经中华人民共和国公证机构公证的,人民法院应予认可。

**第五百二十五条** 当事人向人民法院提交的书面材料是外文的,应当同时向人民法院提交中文翻译件。

当事人对中文翻译件有异议的,应当共同委托翻译机构提供翻译文本;当事人对翻译机构的选择不能达成一致的,由人民法院确定。

**第五百二十六条** 涉外民事诉讼中的外籍当事人,可以委托本国人为诉讼代理人,也可以委托本国律师以非律师身份担任诉讼代理人;外国驻华使领馆官员,受本国公民的委托,可以以个人名义担任诉讼代理人,但在诉讼中不享有外交或者领事特权和豁免。

**第五百二十七条** 涉外民事诉讼中,外国驻华使领馆授权其本馆官员,在作为当事人的本国国民不在中华人民共和国领域内的情况下,可以以外交代表身份为其本国国民在中华人民共和国聘请中华人民共和国律师或者中华人民共和国公民代理民事诉讼。

**第五百二十八条** 涉外民事诉讼中,经调解双方达成协议,应当制发调解书。当事人要求发给判决书的,可以依协议的内容制作判决书送达当事人。

**第五百二十九条** 涉外合同或者其他财产权益纠纷的当事人,可以书面协议选择被告住所地、合同履行地、合同签订地、原告住所地、标的物所在地、侵权行为地等与争议有实际联系地点的外国法院管辖。

根据民事诉讼法第三十四条和第二百七十三条规定,属于中华人民共和国法院专属管辖的案件,当事人不得协议选择外国法院管辖,但协议选择仲裁的除外。

**第五百三十条** 涉外民事案件同时符合下列情形的,人民法院可以裁定驳回原告的起诉,告知其向更方便的外国法院提起诉讼:

(一)被告提出案件应由更方便外国法院管辖的请求,或者提出管辖异议;

(二)当事人之间不存在选择中华人民共和国法院管辖的协议;

(三)案件不属于中华人民共和国法院专属管辖;

(四)案件不涉及中华人民共和国国家、公民、法人或者其他组织的利益;

(五)案件争议的主要事实不是发生在中华人民共和国境内,且案件不适用中华人民共和国法律,人民法院审理案件在认定事实和适用法律方面存在重大困难;

(六)外国法院对案件享有管辖权,且审理该案件更加方便。

**第五百三十一条** 中华人民共和国法院和外国法院都有管辖权的案件,一方当事人向外国法院起诉,而另一方当事人向中华人民共和国法院起诉的,人民法院可予受理。判决后,外国法院申请或者当事人请求人民法院承认和执行外国法院对本案作出的判决、裁定的,不予准许;但双方共同缔结或者参加的国际条约另有规定的除外。

外国法院判决、裁定已经被人民法院承认,当事人就同一争议向人民法院起诉的,人民法院不予受理。

**第五百三十二条** 对在中华人民共和国领域内没有住所的当事人,经用公告方式送达诉讼文书,公告期满不应诉,人民法院缺席判决后,仍应当将裁判文书依照民事诉讼法第二百七十四条第八项规定公告送达。自公告送达裁判文书满三个月之日起,经过三十日的上诉期当事人没有上诉的,一审判决即发生法律效力。

**第五百三十三条** 外国人或者外国企业、组织的代表人、主要负责人在中华人民共和国领域内的,人民法院可以向该自然人或者外国企业、组织的代表人、主要负责人送达。

外国企业、组织的主要负责人包括该企业、组织的董事、监事、高级管理人员等。

**第五百三十四条** 受送达人所在国允许邮寄送达的,人民法院可以邮寄送达。

邮寄送达时应当附有送达回证。受送达人未在送达回证上签收但在邮件回执上签收的,视为送达,签收日期为送达日期。

自邮寄之日起满三个月,如果未收到送达的证明文件,且根据各种情况不足以认定已经送达的,视为不能用邮寄方式送达。

**第五百三十五条** 人民法院一审时采取公告方式向当事人送达诉讼文书的,二审时可径行采取公告方式向其送达诉讼文书,但人民法院能够采取公告方式之外的其他方式送达的除外。

**第五百三十六条** 不服第一审人民法院判决、裁定的上诉期,对在中华人民共和国领域内有住所的当事人,适用民事诉讼法第一百七十一条规定的期限;对在中华人民共和国领域内没有住所的当事人,适用民事诉讼法第二百七十六条规定的期限。当事人的上诉期均已届满没有上诉的,第一审人民法院的判决、裁定即发生法律效力。

**第五百三十七条** 人民法院对涉外民事案件的当事人申请再审进行审查的期间,不受民事诉讼法第二百一十一条规定的限制。

**第五百三十八条** 申请人向人民法院申请执行中华人民共和国涉外仲裁机构的裁决,应当提出书面申请,并附裁决书正本。如申请人为外国当事人,其申请书应当用中文文本提出。

**第五百三十九条** 人民法院强制执行涉外仲裁机构的仲裁裁决时,被执行人以有民事诉讼法第二百八十一条第一款规定的情形为由提出抗辩的,人民法院应当对被执行人的抗辩进行审查,并根据审查结果裁定执行或者不予执行。

**第五百四十条** 依照民事诉讼法第二百七十九条规定,中华人民共和国涉外仲裁机构将当事人的保全申请提交人民法院裁定的,人民法院可以进行审查,裁定是否进行保全。裁定保全的,应当责令申请人提供担保,申请人不提供担保的,裁定驳回申请。

当事人申请证据保全,人民法院经审查认为无需提供担保的,申请人可以不提供担保。

**第五百四十一条** 申请人向人民法院申请承认和执行外国法院作出的发生法律效力的判决、裁定,应当提交申请书,并附外国法院作出的发生法律效力的判决、裁定正本或者经证明无误的副本以及中文译本。外国法院判决、裁定为缺席判决、裁定的,申请人应当同时提交该外国法院已经合法传唤的证明文件,但判决、裁定已经对此予以明确说明的除外。

中华人民共和国缔结或者参加的国际条约对提交文件有规定的,按照规定办理。

**第五百四十二条** 当事人向中华人民共和国有管辖权的中级人民法院申请承认和执行外国法院作出的发生法律效力的判决、裁定的,如果该法院所在国与中华人民共和国没有缔结或者共同参加国际条约,也没有互惠关系的,裁定驳回申请,但当事人向人民法院申请承认外国法院作出的发生法律效力的离婚判决的除外。

承认和执行申请被裁定驳回的,当事人可以向人民法院起诉。

**第五百四十三条** 对临时仲裁庭在中华人民共和国领域外作出的仲裁裁决,一方当事人向人民法院申请承认和执行的,人民法院应当依照民事诉讼法第二百九十条规定处理。

**第五百四十四条** 对外国法院作出的发生法律效力的判决、裁定或者外国仲裁裁决,需要中华人民共和国法院执行的,当事人应当先向人民法院申请承认。人民法院经审查,裁定承认后,再根据民事诉讼法第三编的规定予以执行。

当事人仅申请承认而未同时申请执行的,人民法院仅对应否承认进行审查并作出裁定。

**第五百四十五条** 当事人申请承认和执行外国法院作出的发生法律效力的判决、裁定或者外国仲裁裁决的期间,适用民事诉讼法第二百四十六条的规定。

当事人仅申请承认而未同时申请执行的,申请执行的期间自人民法院对承认申请作出的裁定生效之日起重新计算。

**第五百四十六条** 承认和执行外国法院作出的发生法律效力的判决、裁定或者外国仲裁裁决的案件,人民法院应当组成合议庭进行审查。

人民法院应当将申请书送达被申请人。被申请人可以陈述意见。

人民法院经审查作出的裁定,一经送达即发生法律效力。

**第五百四十七条** 与中华人民共和国没有司法协助条约又无互惠关系的国家的法院,未通过外交途径,直接请求人民法院提供司法协助的,人民法院应予退回,并说明理由。

**第五百四十八条** 当事人在中华人民共和国领域外使用中华人民共和国法院的判决书、裁定书,要求中华人民共和国法院证明其法律效力的,或者外国法院要求中华人民共和国法院证明判决书、裁定书的法律效力的,作出判决、裁定的中华人民共和国法院,可以本法院的名义出具证明。

**第五百四十九条** 人民法院审理涉及香港、澳门特别行政区和台湾地区的民事诉讼案件,可以参照适用涉外民事诉讼程序的特别规定。

## 二十三、附　则

**第五百五十条** 本解释公布施行后,最高人民法院于1992年7月14日发布的《关于适用〈中华人民共和国民事诉讼法〉若干问题的意见》同时废止;最高人民法院以前发布的司法解释与本解释不一致的,不再适用。

# 二、审判组织

## 中华人民共和国人民法院组织法

- 1979年7月1日第五届全国人民代表大会第二次会议通过
- 根据1983年9月2日第六届全国人民代表大会常务委员会第二次会议《关于修改〈中华人民共和国人民法院组织法〉的决定》第一次修正
- 根据1986年12月2日第六届全国人民代表大会常务委员会第十八次会议《关于修改〈中华人民共和国地方各级人民代表大会和地方各级人民政府组织法〉的决定》第二次修正
- 根据2006年10月31日第十届全国人民代表大会常务委员会第二十四次会议《关于修改〈中华人民共和国人民法院组织法〉的决定》第三次修正
- 2018年10月26日第十三届全国人民代表大会常务委员会第六次会议修订
- 2018年10月26日中华人民共和国主席令第11号公布
- 自2019年1月1日起施行

### 第一章 总 则

**第一条** 为了规范人民法院的设置、组织和职权,保障人民法院依法履行职责,根据宪法,制定本法。

**第二条** 人民法院是国家的审判机关。

人民法院通过审判刑事案件、民事案件、行政案件以及法律规定的其他案件,惩罚犯罪,保障无罪的人不受刑事追究,解决民事、行政纠纷,保护个人和组织的合法权益,监督行政机关依法行使职权,维护国家安全和社会秩序,维护社会公平正义,维护国家法制统一、尊严和权威,保障中国特色社会主义建设的顺利进行。

**第三条** 人民法院依照宪法、法律和全国人民代表大会常务委员会的决定设置。

**第四条** 人民法院依照法律规定独立行使审判权,不受行政机关、社会团体和个人的干涉。

**第五条** 人民法院审判案件在适用法律上一律平等,不允许任何组织和个人有超越法律的特权,禁止任何形式的歧视。

**第六条** 人民法院坚持司法公正,以事实为根据,以法律为准绳,遵守法定程序,依法保护个人和组织的诉讼权利和其他合法权益,尊重和保障人权。

**第七条** 人民法院实行司法公开,法律另有规定的除外。

**第八条** 人民法院实行司法责任制,建立健全权责统一的司法权力运行机制。

**第九条** 最高人民法院对全国人民代表大会及其常务委员会负责并报告工作。地方各级人民法院对本级人民代表大会及其常务委员会负责并报告工作。

各级人民代表大会及其常务委员会对本级人民法院的工作实施监督。

**第十条** 最高人民法院是最高审判机关。

最高人民法院监督地方各级人民法院和专门人民法院的审判工作,上级人民法院监督下级人民法院的审判工作。

**第十一条** 人民法院应当接受人民群众监督,保障人民群众对人民法院工作依法享有知情权、参与权和监督权。

### 第二章 人民法院的设置和职权

**第十二条** 人民法院分为:

(一)最高人民法院;

(二)地方各级人民法院;

(三)专门人民法院。

**第十三条** 地方各级人民法院分为高级人民法院、中级人民法院和基层人民法院。

**第十四条** 在新疆生产建设兵团设立的人民法院的组织、案件管辖范围和法官任免,依照全国人民代表大会常务委员会的有关规定。

**第十五条** 专门人民法院包括军事法院和海事法院、知识产权法院、金融法院等。

专门人民法院的设置、组织、职权和法官任免,由全国人民代表大会常务委员会规定。

**第十六条** 最高人民法院审理下列案件:

(一)法律规定由其管辖的和其认为应当由自己管辖的第一审案件;

(二)对高级人民法院判决和裁定的上诉、抗诉案件;

(三)按照全国人民代表大会常务委员会的规定提起的上诉、抗诉案件;

(四)按照审判监督程序提起的再审案件;

(五)高级人民法院报请核准的死刑案件。

第十七条　死刑除依法由最高人民法院判决的以外,应当报请最高人民法院核准。

第十八条　最高人民法院可以对属于审判工作中具体应用法律的问题进行解释。

最高人民法院可以发布指导性案例。

第十九条　最高人民法院可以设巡回法庭,审理最高人民法院依法确定的案件。

巡回法庭是最高人民法院的组成部分。巡回法庭的判决和裁定即最高人民法院的判决和裁定。

第二十条　高级人民法院包括:

(一)省高级人民法院;

(二)自治区高级人民法院;

(三)直辖市高级人民法院。

第二十一条　高级人民法院审理下列案件:

(一)法律规定由其管辖的第一审案件;

(二)下级人民法院报请审理的第一审案件;

(三)最高人民法院指定管辖的第一审案件;

(四)对中级人民法院判决和裁定的上诉、抗诉案件;

(五)按照审判监督程序提起的再审案件;

(六)中级人民法院报请复核的死刑案件。

第二十二条　中级人民法院包括:

(一)省、自治区辖市的中级人民法院;

(二)在直辖市内设立的中级人民法院;

(三)自治州中级人民法院;

(四)在省、自治区内按地区设立的中级人民法院。

第二十三条　中级人民法院审理下列案件:

(一)法律规定由其管辖的第一审案件;

(二)基层人民法院报请审理的第一审案件;

(三)上级人民法院指定管辖的第一审案件;

(四)对基层人民法院判决和裁定的上诉、抗诉案件;

(五)按照审判监督程序提起的再审案件。

第二十四条　基层人民法院包括:

(一)县、自治县人民法院;

(二)不设区的市人民法院;

(三)市辖区人民法院。

第二十五条　基层人民法院审理第一审案件,法律另有规定的除外。

基层人民法院对人民调解委员会的调解工作进行业务指导。

第二十六条　基层人民法院根据地区、人口和案件情况,可以设立若干人民法庭。

人民法庭是基层人民法院的组成部分。人民法庭的判决和裁定即基层人民法院的判决和裁定。

第二十七条　人民法院根据审判工作需要,可以设必要的专业审判庭。法官员额较少的中级人民法院和基层人民法院,可以设综合审判庭或者不设审判庭。

人民法院根据审判工作需要,可以设综合业务机构。法官员额较少的中级人民法院和基层人民法院,可以不设综合业务机构。

第二十八条　人民法院根据工作需要,可以设必要的审判辅助机构和行政管理机构。

## 第三章　人民法院的审判组织

第二十九条　人民法院审理案件,由合议庭或者法官一人独任审理。

合议庭和法官独任审理的案件范围由法律规定。

第三十条　合议庭由法官组成,或者由法官和人民陪审员组成,成员为三人以上单数。

合议庭由一名法官担任审判长。院长或者庭长参加审理案件时,由自己担任审判长。

审判长主持庭审、组织评议案件,评议案件时与合议庭其他成员权利平等。

第三十一条　合议庭评议案件应当按照多数人的意见作出决定,少数人的意见应当记入笔录。评议案件笔录由合议庭全体组成人员签名。

第三十二条　合议庭或者法官独任审理案件形成的裁判文书,经合议庭组成人员或者独任法官签署,由人民法院发布。

第三十三条　合议庭审理案件,法官对案件的事实认定和法律适用负责;法官独任审理案件,独任法官对案件的事实认定和法律适用负责。

人民法院应当加强内部监督,审判活动有违法情形的,应当及时调查核实,并根据违法情形依法处理。

第三十四条　人民陪审员依照法律规定参加合议庭审理案件。

第三十五条　中级以上人民法院设赔偿委员会,依法审理国家赔偿案件。

赔偿委员会由三名以上法官组成,成员应当为单数,按照多数人的意见作出决定。

第三十六条　各级人民法院设审判委员会。审判委员会由院长、副院长和若干资深法官组成,成员应当为单数。

审判委员会会议分为全体会议和专业委员会会议。

中级以上人民法院根据审判工作需要,可以按照审判委员会委员专业和工作分工,召开刑事审判、民事行政审判等专业委员会会议。

第三十七条 审判委员会履行下列职能：

（一）总结审判工作经验；

（二）讨论决定重大、疑难、复杂案件的法律适用；

（三）讨论决定本院已经发生法律效力的判决、裁定、调解书是否应当再审；

（四）讨论决定其他有关审判工作的重大问题。

最高人民法院对属于审判工作中具体应用法律的问题进行解释，应当由审判委员会全体会议讨论通过；发布指导性案例，可以由审判委员会专业委员会会议讨论通过。

第三十八条 审判委员会召开全体会议和专业委员会会议，应当有其组成人员的过半数出席。

审判委员会会议由院长或者院长委托的副院长主持。审判委员会实行民主集中制。

审判委员会举行会议时，同级人民检察院检察长或者检察长委托的副检察长可以列席。

第三十九条 合议庭认为案件需要提交审判委员会讨论决定的，由审判长提出申请，院长批准。

审判委员会讨论案件，合议庭对其汇报的事实负责，审判委员会委员对本人发表的意见和表决负责。审判委员会的决定，合议庭应当执行。

审判委员会讨论案件的决定及其理由应当在裁判文书中公开，法律规定不公开的除外。

## 第四章 人民法院的人员组成

第四十条 人民法院的审判人员由院长、副院长、审判委员会委员和审判员等人员组成。

第四十一条 人民法院院长负责本院全面工作，监督本院审判工作，管理本院行政事务。人民法院副院长协助院长工作。

第四十二条 最高人民法院院长由全国人民代表大会选举，副院长、审判委员会委员、庭长、副庭长和审判员由院长提请全国人民代表大会常务委员会任免。

最高人民法院巡回法庭庭长、副庭长，由最高人民法院院长提请全国人民代表大会常务委员会任免。

第四十三条 地方各级人民法院院长由本级人民代表大会选举，副院长、审判委员会委员、庭长、副庭长和审判员由院长提请本级人民代表大会常务委员会任免。

在省、自治区内按地区设立的和在直辖市内设立的中级人民法院院长，由省、自治区、直辖市人民代表大会常务委员会根据主任会议的提名决定任免，副院长、审判委员会委员、庭长、副庭长和审判员由高级人民法院院长提请省、自治区、直辖市人民代表大会常务委员会任免。

第四十四条 人民法院院长任期与产生它的人民代表大会每届任期相同。

各级人民代表大会有权罢免由其选出的人民法院院长。在地方人民代表大会闭会期间，本级人民代表大会常务委员会认为人民法院院长需要撤换的，应当报请上级人民代表大会常务委员会批准。

第四十五条 人民法院的法官、审判辅助人员和司法行政人员实行分类管理。

第四十六条 法官实行员额制。法官员额根据案件数量、经济社会发展情况、人口数量和人民法院审级等因素确定。

最高人民法院法官员额由最高人民法院商有关部门确定。地方各级人民法院法官员额，在省、自治区、直辖市内实行总量控制、动态管理。

第四十七条 法官从取得法律职业资格并且具备法律规定的其他条件的人员中选任。初任法官应当由法官遴选委员会进行专业能力审核。上级人民法院的法官一般从下级人民法院的法官中择优遴选。

院长应当具有法学专业知识和法律职业经历。副院长、审判委员会委员应当从法官、检察官或者其他具备法官、检察官条件的人员中产生。

法官的职责、管理和保障，依照《中华人民共和国法官法》的规定。

第四十八条 人民法院的法官助理在法官指导下负责审查案件材料、草拟法律文书等审判辅助事务。

符合法官任职条件的法官助理，经遴选后可以按照法官任免程序任命为法官。

第四十九条 人民法院的书记员负责法庭审理记录等审判辅助事务。

第五十条 人民法院的司法警察负责法庭警戒、人员押解和看管等警务事项。

司法警察依照《中华人民共和国人民警察法》管理。

第五十一条 人民法院根据审判工作需要，可以设司法技术人员，负责与审判工作有关的事项。

## 第五章 人民法院行使职权的保障

第五十二条 任何单位或者个人不得要求法官从事超出法定职责范围的事务。

对于领导干部等干预司法活动、插手具体案件处理，或者人民法院内部人员过问案件情况的，办案人员应当全面如实记录并报告；有违法违纪情形的，由有关机关根据情节轻重追究行为人的责任。

第五十三条 人民法院作出的判决、裁定等生效法律文书，义务人应当依法履行；拒不履行的，依法追究法律

第五十四条　人民法院采取必要措施,维护法庭秩序和审判权威。对妨碍人民法院依法行使职权的违法犯罪行为,依法追究法律责任。

第五十五条　人民法院实行培训制度,法官、审判辅助人员和司法行政人员应当接受理论和业务培训。

第五十六条　人民法院人员编制实行专项管理。

第五十七条　人民法院的经费按照事权划分的原则列入财政预算,保障审判工作需要。

第五十八条　人民法院应当加强信息化建设,运用现代信息技术,促进司法公开,提高工作效率。

### 第六章　附　则

第五十九条　本法自 2019 年 1 月 1 日起施行。

## 中华人民共和国法官法

- 1995 年 2 月 28 日第八届全国人民代表大会常务委员会第十二次会议通过
- 根据 2001 年 6 月 30 日第九届全国人民代表大会常务委员会第二十二次会议《关于修改〈中华人民共和国法官法〉的决定》第一次修正
- 根据 2017 年 9 月 1 日第十二届全国人民代表大会常务委员会第二十九次会议《关于修改〈中华人民共和国法官法〉等八部法律的决定》第二次修正
- 2019 年 4 月 23 日第十三届全国人民代表大会常务委员会第十次会议修订
- 2019 年 4 月 23 日中华人民共和国主席令第 27 号公布
- 自 2019 年 10 月 1 日起施行

### 第一章　总　则

第一条　【立法目的与根据】为了全面推进高素质法官队伍建设,加强对法官的管理和监督,维护法官合法权益,保障人民法院依法独立行使审判权,保障法官依法履行职责,保障司法公正,根据宪法,制定本法。

第二条　【法官的定义与范围】法官是依法行使国家审判权的审判人员,包括最高人民法院、地方各级人民法院和军事法院等专门人民法院的院长、副院长、审判委员会委员、庭长、副庭长和审判员。

第三条　【法官的基本要求】法官必须忠实执行宪法和法律,维护社会公平正义,全心全意为人民服务。

第四条　【公正对待原则　平等适用法律原则】法官应当公正对待当事人和其他诉讼参与人,对一切个人和组织在适用法律上一律平等。

第五条　【法官的职业伦理】法官应当勤勉尽责,清正廉明,恪守职业道德。

第六条　【法官审判案件的原则和立场】法官审判案件,应当以事实为根据,以法律为准绳,秉持客观公正的立场。

第七条　【法官依法履职不受干涉】法官依法履行职责,受法律保护,不受行政机关、社会团体和个人的干涉。

### 第二章　法官的职责、义务和权利

第八条　【法官的职责　办案责任制】法官的职责:

(一)依法参加合议庭审判或者独任审判刑事、民事、行政诉讼以及国家赔偿等案件;

(二)依法办理引渡、司法协助等案件;

(三)法律规定的其他职责。

法官在职权范围内对所办理的案件负责。

第九条　【担任特定职务的法官的相应职责】人民法院院长、副院长、审判委员会委员、庭长、副庭长除履行审判职责外,还应当履行与其职务相适应的职责。

第十条　【法官的义务】法官应当履行下列义务:

(一)严格遵守宪法和法律;

(二)秉公办案,不得徇私枉法;

(三)依法保障当事人和其他诉讼参与人的诉讼权利;

(四)维护国家利益、社会公共利益,维护个人和组织的合法权益;

(五)保守国家秘密和审判工作秘密,对履行职责中知悉的商业秘密和个人隐私予以保密;

(六)依法接受法律监督和人民群众监督;

(七)通过依法办理案件以案释法,增强全民法治观念,推进法治社会建设;

(八)法律规定的其他义务。

第十一条　【法官的权利】法官享有下列权利:

(一)履行法官职责应当具有的职权和工作条件;

(二)非因法定事由、非经法定程序,不被调离、免职、降职、辞退或者处分;

(三)履行法官职责应当享有的职业保障和福利待遇;

(四)人身、财产和住所安全受法律保护;

(五)提出申诉或者控告;

(六)法律规定的其他权利。

### 第三章　法官的条件和遴选

第十二条　【担任法官的条件】担任法官必须具备

下列条件：

（一）具有中华人民共和国国籍；

（二）拥护中华人民共和国宪法，拥护中国共产党领导和社会主义制度；

（三）具有良好的政治、业务素质和道德品行；

（四）具有正常履行职责的身体条件；

（五）具备普通高等学校法学类本科学历并获得学士及以上学位；或者普通高等学校非法学类本科及以上学历并获得法律硕士、法学硕士及以上学位；或者普通高等学校非法学类本科及以上学历，获得其他相应学位，并具有法律专业知识；

（六）从事法律工作满五年。其中获得法律硕士、法学硕士学位，或者获得法学博士学位的，从事法律工作的年限可以分别放宽至四年、三年；

（七）初任法官应当通过国家统一法律职业资格考试取得法律职业资格。

适用前款第五项规定的学历条件确有困难的地方，经最高人民法院审核确定，在一定期限内，可以将担任法官的学历条件放宽为高等学校本科毕业。

第十三条 【不得担任法官的情形】下列人员不得担任法官：

（一）因犯罪受过刑事处罚的；

（二）被开除公职的；

（三）被吊销律师、公证员执业证书或者被仲裁委员会除名的；

（四）有法律规定的其他情形的。

第十四条 【法官的选任方式和范围】初任法官采用考试、考核的办法，按照德才兼备的标准，从具备法官条件的人员中择优提出人选。

人民法院的院长应当具有法学专业知识和法律职业经历。副院长、审判委员会委员应当从法官、检察官或者其他具备法官条件的人员中产生。

第十五条 【公开选拔法官的范围和条件】人民法院可以根据审判工作需要，从律师或者法学教学、研究人员等从事法律职业的人员中公开选拔法官。

除应当具备法官任职条件外，参加公开选拔的律师应当实际执业不少于五年，执业经验丰富，从业声誉良好，参加公开选拔的法学教学、研究人员应当具有中级以上职称，从事教学、研究工作五年以上，有突出研究能力和相应研究成果。

第十六条 【法官遴选委员会】省、自治区、直辖市设立法官遴选委员会，负责初任法官人选专业能力的审核。

省级法官遴选委员会的组成人员应当包括地方各级人民法院法官代表、其他从事法律职业的人员和有关方面代表，其中法官代表不少于三分之一。

省级法官遴选委员会的日常工作由高级人民法院的内设职能部门承担。

遴选最高人民法院法官应当设立最高人民法院法官遴选委员会，负责法官人选专业能力的审核。

第十七条 【法官的初任与逐级遴选】初任法官一般到基层人民法院任职。上级人民法院法官一般逐级遴选；最高人民法院和高级人民法院法官可以从下两级人民法院遴选。参加上级人民法院遴选的法官应当在下级人民法院担任法官一定年限，并具有遴选职位相关工作经历。

## 第四章 法官的任免

第十八条 【法官的任免权限和程序】法官的任免，依照宪法和法律规定的任免权限和程序办理。

最高人民法院院长由全国人民代表大会选举和罢免，副院长、审判委员会委员、庭长、副庭长和审判员，由院长提请全国人民代表大会常务委员会任免。

最高人民法院巡回法庭庭长、副庭长，由院长提请全国人民代表大会常务委员会任免。

地方各级人民法院院长由本级人民代表大会选举和罢免，副院长、审判委员会委员、庭长、副庭长和审判员，由院长提请本级人民代表大会常务委员会任免。

在省、自治区内按地区设立的和在直辖市内设立的中级人民法院的院长，由省、自治区、直辖市人民代表大会常务委员会根据主任会议的提名决定任免，副院长、审判委员会委员、庭长、副庭长和审判员，由高级人民法院院长提请省、自治区、直辖市人民代表大会常务委员会任免。

新疆生产建设兵团各级人民法院、专门人民法院的院长、副院长、审判委员会委员、庭长、副庭长和审判员，依照全国人民代表大会常务委员会的有关规定任免。

第十九条 【法官就职宪法宣誓】法官在依照法定程序产生后，在就职时应当公开进行宪法宣誓。

第二十条 【应当免除法官职务的情形】法官有下列情形之一的，应当依法提请免除其法官职务：

（一）丧失中华人民共和国国籍的；

（二）调出所任职人民法院的；

（三）职务变动不需要保留法官职务的，或者本人申请免除法官职务经批准的；

(四)经考核不能胜任法官职务的;
(五)因健康原因长期不能履行职务的;
(六)退休的;
(七)辞职或者依法应当予以辞退的;
(八)因违纪违法不宜继续任职的。

第二十一条 【撤销法官的任命】发现违反本法规定的条件任命法官的,任命机关应当撤销该项任命;上级人民法院发现下级人民法院法官的任命违反本法规定的条件的,应当建议下级人民法院依法提请任命机关撤销该项任命。

第二十二条 【不得兼任职务的情形】法官不得兼任人民代表大会常务委员会的组成人员,不得兼任行政机关、监察机关、检察机关的职务,不得兼任企业或者其他营利性组织、事业单位的职务,不得兼任律师、仲裁员和公证员。

第二十三条 【亲属间不得同时担任职务的情形】法官之间有夫妻关系、直系血亲关系、三代以内旁系血亲以及近姻亲关系的,不得同时担任下列职务:
(一)同一人民法院的院长、副院长、审判委员会委员、庭长、副庭长;
(二)同一人民法院的院长、副院长和审判员;
(三)同一审判庭的庭长、副庭长、审判员;
(四)上下相邻两级人民法院的院长、副院长。

第二十四条 【任职回避的情形】法官的配偶、父母、子女有下列情形之一的,法官应当实行任职回避:
(一)担任该法官所任职人民法院辖区内律师事务所的合伙人或者设立人的;
(二)在该法官所任职人民法院辖区内以律师身份担任诉讼代理人、辩护人,或者为诉讼案件当事人提供其他有偿法律服务的。

## 第五章 法官的管理

第二十五条 【法官员额制】法官实行员额制管理。法官员额根据案件数量、经济社会发展情况、人口数量和人民法院审级等因素确定,在省、自治区、直辖市内实行总量控制、动态管理,优先考虑基层人民法院和案件数量多的人民法院办案需要。

法官员额出现空缺的,应当按照程序及时补充。

最高人民法院法官员额由最高人民法院商有关部门确定。

第二十六条 【法官单独职务序列管理】法官实行单独职务序列管理。

法官等级分为十二级,依次为首席大法官、一级大法官、二级大法官、一级高级法官、二级高级法官、三级高级法官、四级高级法官、一级法官、二级法官、三级法官、四级法官、五级法官。

第二十七条 【首席大法官】最高人民法院院长为首席大法官。

第二十八条 【法官等级确定和晋升】法官等级的确定,以法官德才表现、业务水平、审判工作实绩和工作年限等为依据。

法官等级晋升采取按期晋升和择优选升相结合的方式,特别优秀或者工作特殊需要的一线办案岗位法官可以特别选升。

第二十九条 【法官等级管理的具体办法另行规定】法官的等级设置、确定和晋升的具体办法,由国家另行规定。

第三十条 【初任法官统一职前培训】初任法官实行统一职前培训制度。

第三十一条 【法官培训的内容和原则】对法官应当有计划地进行政治、理论和业务培训。

法官的培训应当理论联系实际、按需施教、讲求实效。

第三十二条 【培训作为任职晋升依据】法官培训情况,作为法官任职、等级晋升的依据之一。

第三十三条 【法官培训机构】法官培训机构按照有关规定承担培训法官的任务。

第三十四条 【法官辞职】法官申请辞职,应当由本人书面提出,经批准后,依照法律规定的程序免除其职务。

第三十五条 【辞退法官的程序】辞退法官应当依照法律规定的程序免除其职务。

辞退法官应当按照管理权限决定。辞退决定应当以书面形式通知被辞退的法官,并列明作出决定的理由和依据。

第三十六条 【离任法官担任诉讼代理人、辩护人的限制】法官从人民法院离任后两年内,不得以律师身份担任诉讼代理人或者辩护人。

法官从人民法院离任后,不得担任原任职法院办理案件的诉讼代理人或者辩护人,但是作为当事人的监护人或者近亲属代理诉讼或者进行辩护的除外。

法官被开除后,不得担任诉讼代理人或者辩护人,但是作为当事人的监护人或者近亲属代理诉讼或者进行辩护的除外。

第三十七条 【协助开展实践性教学、研究工作】法官因工作需要,经单位选派或者批准,可以在高等学校、科研院所协助开展实践性教学、研究工作,并遵守国家有关规定。

### 第六章 法官的考核、奖励和惩戒

**第三十八条** 【设立法官考评委员会】人民法院设立法官考评委员会,负责对本院法官的考核工作。

**第三十九条** 【法官考评委员会的组成】法官考评委员会的组成人员为五至九人。

法官考评委员会主任由本院院长担任。

**第四十条** 【法官考核原则】对法官的考核,应当全面、客观、公正,实行平时考核和年度考核相结合。

**第四十一条** 【法官考核内容】对法官的考核内容包括:审判工作实绩、职业道德、专业水平、工作能力、审判作风。重点考核审判工作实绩。

**第四十二条** 【法官考核结果】年度考核结果分为优秀、称职、基本称职和不称职四个等次。

考核结果作为调整法官等级、工资以及法官奖惩、免职、降职、辞退的依据。

**第四十三条** 【考核结果的复核】考核结果以书面形式通知法官本人。法官对考核结果如果有异议,可以申请复核。

**第四十四条** 【法官的奖励】法官在审判工作中有显著成绩和贡献的,或者有其他突出事迹的,应当给予奖励。

**第四十五条** 【给予法官奖励的情形】法官有下列表现之一的,应当给予奖励:

(一)公正司法,成绩显著的;

(二)总结审判实践经验成果突出,对审判工作有指导作用的;

(三)在办理重大案件、处理突发事件和承担专项重要工作中,做出显著成绩和贡献的;

(四)对审判工作提出改革建议被采纳,效果显著的;

(五)提出司法建议被采纳或者开展法治宣传、指导调解组织调解各类纠纷,效果显著的;

(六)有其他功绩的。

法官的奖励按照有关规定办理。

**第四十六条** 【给予法官处分的情形】法官有下列行为之一的,应当给予处分;构成犯罪的,依法追究刑事责任:

(一)贪污受贿、徇私舞弊、枉法裁判的;

(二)隐瞒、伪造、变造、故意损毁证据、案件材料的;

(三)泄露国家秘密、审判工作秘密、商业秘密或者个人隐私的;

(四)故意违反法律法规办理案件的;

(五)因重大过失导致裁判结果错误并造成严重后果的;

(六)拖延办案,贻误工作的;

(七)利用职权为自己或者他人谋取私利的;

(八)接受当事人及其代理人利益输送,或者违反有关规定会见当事人及其代理人的;

(九)违反有关规定从事或者参与营利性活动,在企业或者其他营利性组织中兼任职务的;

(十)有其他违纪违法行为的。

法官的处分按照有关规定办理。

**第四十七条** 【暂停法官履行职务】法官涉嫌违纪违法,已经被立案调查、侦查,不宜继续履行职责的,按照管理权限和规定的程序暂时停止其履行职务。

**第四十八条** 【法官惩戒委员会】最高人民法院和省、自治区、直辖市设立法官惩戒委员会,负责从专业角度审查认定法官是否存在本法第四十六条第四项、第五项规定的违反审判职责的行为,提出构成故意违反职责、存在重大过失、存在一般过失或者没有违反职责等审查意见。法官惩戒委员会提出审查意见后,人民法院依照有关规定作出是否予以惩戒的决定,并给予相应处理。

法官惩戒委员会由法官代表、其他从事法律职业的人员和有关方面代表组成,其中法官代表不少于半数。

最高人民法院法官惩戒委员会、省级法官惩戒委员会的日常工作,由相关人民法院的内设职能部门承担。

**第四十九条** 【法官在惩戒审议中的权利】法官惩戒委员会审议惩戒事项时,当事法官有权申请有关人员回避,有权进行陈述、举证、辩解。

**第五十条** 【对惩戒审查意见的异议及处理】法官惩戒委员会作出的审查意见应当送达当事法官。当事法官对审查意见有异议的,可以向惩戒委员会提出,惩戒委员会应当对异议及其理由进行审查,作出决定。

**第五十一条** 【惩戒审议具体程序的制定】法官惩戒委员会审议惩戒事项的具体程序,由最高人民法院商有关部门确定。

### 第七章 法官的职业保障

**第五十二条** 【法官权益保障委员会】人民法院设立法官权益保障委员会,维护法官合法权益,保障法官依法履行职责。

**第五十三条** 【非因法定事由不得调离审判岗位】

除下列情形外,不得将法官调离审判岗位:

(一)按规定需要任职回避的;

(二)按规定实行任职交流的;

(三)因机构调整、撤销、合并或者缩减编制员额需要调整工作的;

(四)因违纪违法不适合在审判岗位工作的;

(五)法律规定的其他情形。

第五十四条 【禁止干涉法官履职】任何单位或者个人不得要求法官从事超出法定职责范围的事务。

对任何干涉法官办理案件的行为,法官有权拒绝并予以全面如实记录和报告;有违纪违法情形的,由有关机关根据情节轻重追究有关责任人员、行为人的责任。

第五十五条 【法官的职业尊严和人身安全保护】法官的职业尊严和人身安全受法律保护。

任何单位和个人不得对法官及其近亲属打击报复。

对法官及其近亲属实施报复陷害、侮辱诽谤、暴力侵害、威胁恐吓、滋事骚扰等违法犯罪行为的,应当依法从严惩治。

第五十六条 【法官名誉保障】法官因依法履行职责遭受不实举报、诬告陷害、侮辱诽谤,致使名誉受到损害的,人民法院应当会同有关部门及时澄清事实,消除不良影响,并依法追究相关单位或者个人的责任。

第五十七条 【法官及其近亲属人身安全保障】法官因依法履行职责,本人及其近亲属人身安全面临危险的,人民法院、公安机关应当对法官及其近亲属采取人身保护、禁止特定人员接触等必要保护措施。

第五十八条 【法官的工资制度】法官实行与其职责相适应的工资制度,按照法官等级享有国家规定的工资待遇,并建立与公务员工资同步调整机制。

法官的工资制度,根据审判工作特点,由国家另行规定。

第五十九条 【法官的定期增资制度】法官实行定期增资制度。

经年度考核确定为优秀、称职的,可以按照规定晋升工资档次。

第六十条 【津贴、补贴、奖金、保险和福利待遇】法官享受国家规定的津贴、补贴、奖金、保险和福利待遇。

第六十一条 【伤残待遇、抚恤和优待】法官因公致残的,享受国家规定的伤残待遇。法官因公牺牲、因公死亡或者病故的,其亲属享受国家规定的抚恤和优待。

第六十二条 【法官退休制度另行规定】法官的退休制度,根据审判工作特点,由国家另行规定。

第六十三条 【法官退休后的待遇】法官退休后,享受国家规定的养老金和其他待遇。

第六十四条 【法官的控告权】对于国家机关及其工作人员侵犯本法第十一条规定的法官权利的行为,法官有权提出控告。

第六十五条 【对法官处分或人事处理错误的纠正措施】对法官处分或者人事处理错误的,应当及时予以纠正;造成名誉损害的,应当恢复名誉、消除影响、赔礼道歉;造成经济损失的,应当赔偿。对打击报复的直接责任人员,应当依法追究其责任。

## 第八章 附 则

第六十六条 【统一法律职业资格考试制度】国家对初任法官实行统一法律职业资格考试制度,由国务院司法行政部门商最高人民法院等有关部门组织实施。

第六十七条 【加强法官助理队伍建设】人民法院的法官助理在法官指导下负责审查案件材料、草拟法律文书等审判辅助事务。

人民法院应当加强法官助理队伍建设,为法官遴选储备人才。

第六十八条 【法官法和公务员法的衔接适用】有关法官的权利、义务和管理制度,本法已有规定的,适用本法的规定;本法未作规定的,适用公务员管理的相关法律法规。

第六十九条 【施行日期】本法自 2019 年 10 月 1 日起施行。

## 中华人民共和国人民陪审员法

· 2018 年 4 月 27 日第十三届全国人民代表大会常务委员会第二次会议通过
· 2018 年 4 月 27 日中华人民共和国主席令第 4 号公布
· 自公布之日起施行

第一条 为了保障公民依法参加审判活动,促进司法公正,提升司法公信,制定本法。

第二条 公民有依法担任人民陪审员的权利和义务。

人民陪审员依照本法产生,依法参加人民法院的审判活动,除法律另有规定外,同法官有同等权利。

第三条 人民陪审员依法享有参加审判活动、独立发表意见、获得履职保障等权利。

人民陪审员应当忠实履行审判职责,保守审判秘密,注重司法礼仪,维护司法形象。

第四条 人民陪审员依法参加审判活动,受法律保护。

人民法院应当依法保障人民陪审员履行审判职责。

人民陪审员所在单位、户籍所在地或者经常居住地的基层群众性自治组织应当依法保障人民陪审员参加审判活动。

**第五条** 公民担任人民陪审员，应当具备下列条件：

（一）拥护中华人民共和国宪法；

（二）年满二十八周岁；

（三）遵纪守法、品行良好、公道正派；

（四）具有正常履行职责的身体条件。

担任人民陪审员，一般应当具有高中以上文化程度。

**第六条** 下列人员不能担任人民陪审员：

（一）人民代表大会常务委员会的组成人员，监察委员会、人民法院、人民检察院、公安机关、国家安全机关、司法行政机关的工作人员；

（二）律师、公证员、仲裁员、基层法律服务工作者；

（三）其他因职务原因不适宜担任人民陪审员的人员。

**第七条** 有下列情形之一的，不得担任人民陪审员：

（一）受过刑事处罚的；

（二）被开除公职的；

（三）被吊销律师、公证员执业证书的；

（四）被纳入失信被执行人名单的；

（五）因受惩戒被免除人民陪审员职务的；

（六）其他有严重违法违纪行为，可能影响司法公信的。

**第八条** 人民陪审员的名额，由基层人民法院根据审判案件的需要，提请同级人民代表大会常务委员会确定。

人民陪审员的名额数不低于本院法官数的三倍。

**第九条** 司法行政机关会同基层人民法院、公安机关，从辖区内的常住居民名单中随机抽选拟任命人民陪审员数五倍以上的人员作为人民陪审员候选人，对人民陪审员候选人进行资格审查，征求候选人意见。

**第十条** 司法行政机关会同基层人民法院，从通过资格审查的人民陪审员候选人名单中随机抽选确定人民陪审员人选，由基层人民法院院长提请同级人民代表大会常务委员会任命。

**第十一条** 因审判活动需要，可以通过个人申请和所在单位、户籍所在地或者经常居住地的基层群众性自治组织、人民团体推荐的方式产生人民陪审员候选人，经司法行政机关会同基层人民法院、公安机关进行资格审查，确定人民陪审员人选，由基层人民法院院长提请同级人民代表大会常务委员会任命。

依照前款规定产生的人民陪审员，不得超过人民陪审员名额数的五分之一。

**第十二条** 人民陪审员经人民代表大会常务委员会任命后，应当公开进行就职宣誓。宣誓仪式由基层人民法院会同司法行政机关组织。

**第十三条** 人民陪审员的任期为五年，一般不得连任。

**第十四条** 人民陪审员和法官组成合议庭审判案件，由法官担任审判长，可以组成三人合议庭，也可以由法官三人与人民陪审员四人组成七人合议庭。

**第十五条** 人民法院审判第一审刑事、民事、行政案件，有下列情形之一的，由人民陪审员和法官组成合议庭进行：

（一）涉及群体利益、公共利益的；

（二）人民群众广泛关注或者其他社会影响较大的；

（三）案情复杂或者有其他情形，需要由人民陪审员参加审判的。

人民法院审判前款规定的案件，法律规定由法官独任审理或者由法官组成合议庭审理的，从其规定。

**第十六条** 人民法院审判下列第一审案件，由人民陪审员和法官组成七人合议庭进行：

（一）可能判处十年以上有期徒刑、无期徒刑、死刑，社会影响重大的刑事案件；

（二）根据民事诉讼法、行政诉讼法提起的公益诉讼案件；

（三）涉及征地拆迁、生态环境保护、食品药品安全，社会影响重大的案件；

（四）其他社会影响重大的案件。

**第十七条** 第一审刑事案件被告人、民事案件原告或者被告、行政案件原告申请由人民陪审员参加合议庭审判的，人民法院可以决定由人民陪审员和法官组成合议庭审判。

**第十八条** 人民陪审员的回避，适用审判人员回避的法律规定。

**第十九条** 基层人民法院审判案件需要由人民陪审员参加合议庭审判的，应当在人民陪审员名单中随机抽取确定。

中级人民法院、高级人民法院审判案件需要由人民陪审员参加合议庭审判的，在其辖区内的基层人民法院的人民陪审员名单中随机抽取确定。

**第二十条** 审判长应当履行与案件审判相关的指

引、提示义务,但不得妨碍人民陪审员对案件的独立判断。

合议庭评议案件,审判长应当对本案中涉及的事实认定、证据规则、法律规定等事项及应当注意的问题,向人民陪审员进行必要的解释和说明。

**第二十一条** 人民陪审员参加三人合议庭审判案件,对事实认定、法律适用,独立发表意见,行使表决权。

**第二十二条** 人民陪审员参加七人合议庭审判案件,对事实认定,独立发表意见,并与法官共同表决;对法律适用,可以发表意见,但不参加表决。

**第二十三条** 合议庭评议案件,实行少数服从多数的原则。人民陪审员同合议庭其他组成人员意见分歧的,应当将其意见写入笔录。

合议庭组成人员意见有重大分歧的,人民陪审员或者法官可以要求合议庭将案件提请院长决定是否提交审判委员会讨论决定。

**第二十四条** 人民法院应当结合本辖区实际情况,合理确定每名人民陪审员年度参加审判案件的数量上限,并向社会公告。

**第二十五条** 人民陪审员的培训、考核和奖惩等日常管理工作,由基层人民法院会同司法行政机关负责。

对人民陪审员应当有计划地进行培训。人民陪审员应当按照要求参加培训。

**第二十六条** 对于在审判工作中有显著成绩或者有其他突出事迹的人民陪审员,依照有关规定给予表彰和奖励。

**第二十七条** 人民陪审员有下列情形之一,经所在基层人民法院会同司法行政机关查证属实的,由院长提请同级人民代表大会常务委员会免除其人民陪审员职务:

(一)本人因正当理由申请辞去人民陪审员职务的;

(二)具有本法第六条、第七条所列情形之一的;

(三)无正当理由,拒绝参加审判活动,影响审判工作正常进行的;

(四)违反与审判工作有关的法律及相关规定,徇私舞弊,造成错案裁判或者其他严重后果的。

人民陪审员有前款第三项、第四项所列行为的,可以采取通知其所在单位、户籍所在地或者经常居住地的基层群众性自治组织、人民团体,在辖区范围内公开通报等措施进行惩戒;构成犯罪的,依法追究刑事责任。

**第二十八条** 人民陪审员的人身和住所安全受法律保护。任何单位和个人不得对人民陪审员及其近亲属打击报复。

对报复陷害、侮辱诽谤、暴力侵害人民陪审员及其近亲属的,依法追究法律责任。

**第二十九条** 人民陪审员参加审判活动期间,所在单位不得克扣或者变相克扣其工资、奖金及其他福利待遇。

人民陪审员所在单位违反前款规定的,基层人民法院应当及时向人民陪审员所在单位或者所在单位的主管部门、上级部门提出纠正意见。

**第三十条** 人民陪审员参加审判活动期间,由人民法院依照有关规定按实际工作日给予补助。

人民陪审员因参加审判活动而支出的交通、就餐等费用,由人民法院依照有关规定给予补助。

**第三十一条** 人民陪审员因参加审判活动应当享受的补助,人民法院和司法行政机关为实施人民陪审员制度所必需的开支,列入人民法院和司法行政机关业务经费,由相应政府财政予以保障。具体办法由最高人民法院、国务院司法行政部门会同国务院财政部门制定。

**第三十二条** 本法自公布之日起施行。2004年8月28日第十届全国人民代表大会常务委员会第十一次会议通过的《全国人民代表大会常务委员会关于完善人民陪审员制度的决定》同时废止。

## 最高人民法院关于适用《中华人民共和国人民陪审员法》若干问题的解释

· 2019年2月18日最高人民法院审判委员会第1761次会议通过
· 2019年4月24日最高人民法院公告公布
· 自2019年5月1日起施行
· 法释〔2019〕5号

为依法保障和规范人民陪审员参加审判活动,根据《中华人民共和国人民陪审员法》等法律的规定,结合审判实际,制定本解释。

**第一条** 根据人民陪审员法第十五条、第十六条的规定,人民法院决定由人民陪审员和法官组成合议庭审判的,合议庭成员确定后,应当及时告知当事人。

**第二条** 对于人民陪审员法第十五条、第十六条规定之外的第一审普通程序案件,人民法院应当告知刑事案件被告人、民事案件原告和被告、行政案件原告,在收到通知五日内有权申请由人民陪审员参加合议庭审判案件。

人民法院接到当事人在规定期限内提交的申请后,经审查决定由人民陪审员和法官组成合议庭审判的,合议庭成员确定后,应当及时告知当事人。

第三条 人民法院应当在开庭七日前从人民陪审员名单中随机抽取确定人民陪审员。

人民法院可以根据案件审判需要,从人民陪审员名单中随机抽取一定数量的候补人民陪审员,并确定递补顺序,一并告知当事人。

因案件类型需要具有相应专业知识的人民陪审员参加合议庭审判的,可以根据具体案情,在符合专业需求的人民陪审员名单中随机抽取确定。

第四条 人民陪审员确定后,人民法院应当将参审案件案由、当事人姓名或名称、开庭地点、开庭时间等事项告知参审人民陪审员及候补人民陪审员。

必要时,人民法院可以将参加审判活动的时间、地点等事项书面通知人民陪审员所在单位。

第五条 人民陪审员不参加下列案件的审理:

(一)依照民事诉讼法适用特别程序、督促程序、公示催告程序审理的案件;

(二)申请承认外国法院离婚判决的案件;

(三)裁定不予受理或者不需要开庭审理的案件。

第六条 人民陪审员不得参与审理由其以人民调解员身份先行调解的案件。

第七条 当事人依法有权申请人民陪审员回避。人民陪审员的回避,适用审判人员回避的法律规定。

人民陪审员回避事由经审查成立的,人民法院应当及时确定递补人选。

第八条 人民法院应当在开庭前,将相关权利和义务告知人民陪审员,并为其阅卷提供便利条件。

第九条 七人合议庭开庭前,应当制作事实认定问题清单,根据案件具体情况,区分事实认定问题与法律适用问题,对争议事实问题逐项列举,供人民陪审员在庭审时参考。事实认定问题和法律适用问题难以区分的,视为事实认定问题。

第十条 案件审判过程中,人民陪审员依法有权参加案件调查和调解工作。

第十一条 庭审过程中,人民陪审员依法有权向诉讼参加人发问,审判长应当提示人民陪审员围绕案件争议焦点进行发问。

第十二条 合议庭评议案件时,先由承办法官介绍案件涉及的相关法律、证据规则,然后由人民陪审员和法官依次发表意见,审判长最后发表意见并总结合议意见。

第十三条 七人合议庭评议时,审判长应当归纳和介绍需要通过评议讨论决定的案件事实认定问题,并列出案件事实问题清单。

人民陪审员全程参加合议庭评议,对于事实认定问题,由人民陪审员和法官在共同评议的基础上进行表决。对于法律适用问题,人民陪审员不参加表决,但可以发表意见,并记录在卷。

第十四条 人民陪审员应当认真阅读评议笔录,确认无误后签名。

第十五条 人民陪审员列席审判委员会讨论其参加审理的案件时,可以发表意见。

第十六条 案件审结后,人民法院应将裁判文书副本及时送交参加该案审判的人民陪审员。

第十七条 中级、基层人民法院应当保障人民陪审员均衡参审,结合本院实际情况,一般在不超过30件的范围内合理确定每名人民陪审员年度参加审判案件的数量上限,报高级人民法院备案,并向社会公告。

第十八条 人民法院应当依法规范和保障人民陪审员参加审判活动,不得安排人民陪审员从事与履行法定审判职责无关的工作。

第十九条 本解释自2019年5月1日起施行。

本解释公布施行后,最高人民法院于2010年1月12日发布的《最高人民法院关于人民陪审员参加审判活动若干问题的规定》同时废止。最高人民法院以前发布的司法解释与本解释不一致的,不再适用。

## 最高人民法院关于技术调查官参与知识产权案件诉讼活动的若干规定

- 2019年1月28日最高人民法院审判委员会第1760次会议通过
- 2019年3月18日最高人民法院公告公布
- 自2019年5月1日起施行
- 法释〔2019〕2号

为规范技术调查官参与知识产权案件诉讼活动,根据《中华人民共和国人民法院组织法》《中华人民共和国刑事诉讼法》《中华人民共和国民事诉讼法》《中华人民共和国行政诉讼法》的规定,结合审判实际,制定本规定。

第一条 人民法院审理专利、植物新品种、集成电路布图设计、技术秘密、计算机软件、垄断等专业技术性较强的知识产权案件时,可以指派技术调查官参与诉讼活动。

第二条　技术调查官属于审判辅助人员。

人民法院可以设置技术调查室,负责技术调查官的日常管理,指派技术调查官参与知识产权案件诉讼活动、提供技术咨询。

第三条　参与知识产权案件诉讼活动的技术调查官确定或者变更后,应当在三日内告知当事人,并依法告知当事人有权申请技术调查官回避。

第四条　技术调查官的回避,参照适用刑事诉讼法、民事诉讼法、行政诉讼法等有关其他人员回避的规定。

第五条　在一个审判程序中参与过案件诉讼活动的技术调查官,不得再参与该案其他程序的诉讼活动。

发回重审的案件,在一审法院作出裁判后又进入第二审程序的,原第二审程序中参与诉讼的技术调查官不受前款规定的限制。

第六条　参与知识产权案件诉讼活动的技术调查官就案件所涉技术问题履行下列职责:

(一)对技术事实的争议焦点以及调查范围、顺序、方法等提出建议;

(二)参与调查取证、勘验、保全;

(三)参与询问、听证、庭前会议、开庭审理;

(四)提出技术调查意见;

(五)协助法官组织鉴定人、相关技术领域的专业人员提出意见;

(六)列席合议庭评议等有关会议;

(七)完成其他相关工作。

第七条　技术调查官参与调查取证、勘验、保全的,应当事先查阅相关技术资料,就调查取证、勘验、保全的方法、步骤和注意事项等提出建议。

第八条　技术调查官参与询问、听证、庭前会议、开庭审理活动时,经法官同意,可以就案件所涉技术问题向当事人及其他诉讼参与人发问。

技术调查官在法庭上的座位设在法官助理的左侧,书记员的座位设在法官助理的右侧。

第九条　技术调查官应当在案件评议前就案件所涉技术问题提出技术调查意见。

技术调查意见由技术调查官独立出具并签名,不对外公开。

第十条　技术调查官列席案件评议时,其提出的意见应当记入评议笔录,并由其签名。

技术调查官对案件裁判结果不具有表决权。

第十一条　技术调查官提出的技术调查意见可以作为合议庭认定技术事实的参考。

合议庭对技术事实认定依法承担责任。

第十二条　技术调查官参与知识产权案件诉讼活动的,应当在裁判文书上署名。技术调查官的署名位于法官助理之下、书记员之上。

第十三条　技术调查官违反与审判工作有关的法律及相关规定,贪污受贿、徇私舞弊,故意出具虚假、误导或者重大遗漏的不实技术调查意见的,应当追究法律责任;构成犯罪的,依法追究刑事责任。

第十四条　根据案件审理需要,上级人民法院可以对本辖区内各级人民法院的技术调查官进行调派。

人民法院审理本规定第一条所称案件时,可以申请上级人民法院调派技术调查官参与诉讼活动。

第十五条　本规定自 2019 年 5 月 1 日起施行。本院以前发布的相关规定与本规定不一致的,以本规定为准。

## 最高人民法院关于人民法院合议庭工作的若干规定

- 2002 年 7 月 30 日最高人民法院审判委员会第 1234 次会议通过
- 2002 年 8 月 12 日最高人民法院公告公布
- 自 2002 年 8 月 17 日起施行
- 法释〔2002〕25 号

为了进一步规范合议庭的工作程序,充分发挥合议庭的职能作用,根据《中华人民共和国法院组织法》、《中华人民共和国刑事诉讼法》、《中华人民共和国民事诉讼法》、《中华人民共和国行政诉讼法》等法律的有关规定,结合人民法院审判工作实际,制定本规定。

第一条　人民法院实行合议制审判第一审案件,由法官或者由法官和人民陪审员组成合议庭进行;人民法院实行合议制审判第二审案件和其他应当组成合议庭审判的案件,由法官组成合议庭进行。

人民陪审员在人民法院执行职务期间,除不能担任审判长外,同法官有同等的权利义务。

第二条　合议庭的审判长由符合审判长任职条件的法官担任。

院长或者庭长参加合议庭审判案件的时候,自己担任审判长。

第三条　合议庭组成人员确定后,除因回避或者其他特殊情况,不能继续参加案件审理的之外,不得在案件审理过程中更换。更换合议庭成员,应当报请院长或者庭长决定。合议庭成员的更换情况应当及时通知诉讼当事人。

**第四条** 合议庭的审判活动由审判长主持,全体成员平等参与案件的审理、评议、裁判,共同对案件认定事实和适用法律负责。

**第五条** 合议庭承担下列职责:

(一)根据当事人的申请或者案件的具体情况,可以作出财产保全、证据保全、先予执行等裁定;

(二)确定案件委托评估、委托鉴定等事项;

(三)依法开庭审理第一审、第二审和再审案件;

(四)评议案件;

(五)提请院长决定将案件提交审判委员会讨论决定;

(六)按照权限对案件及其有关程序性事项作出裁判或者提出裁判意见;

(七)制作裁判文书;

(八)执行审判委员会决定;

(九)办理有关审判的其他事项。

**第六条** 审判长履行下列职责:

(一)指导和安排审判辅助人员做好庭前调解、庭前准备及其他审判业务辅助性工作;

(二)确定案件审理方案、庭审提纲、协调合议庭成员的庭审分工以及做好其他必要的庭审准备工作;

(三)主持庭审活动;

(四)主持合议庭对案件进行评议;

(五)依照有关规定,提请院长决定将案件提交审判委员会讨论决定;

(六)制作裁判文书,审核合议庭其他成员制作的裁判文书;

(七)依照规定权限签发法律文书;

(八)根据院长或者庭长的建议主持合议庭对案件复议;

(九)对合议庭遵守案件审理期限制度的情况负责;

(十)办理有关审判的其他事项。

**第七条** 合议庭接受案件后,应当根据有关规定确定案件承办法官,或者由审判长指定案件承办法官。

**第八条** 在案件开庭审理过程中,合议庭成员必须认真履行法定职责,遵守《中华人民共和国法官职业道德基本准则》中有关司法礼仪的要求。

**第九条** 合议庭评议案件应当在庭审结束后五个工作日内进行。

**第十条** 合议庭评议案件时,先由承办法官对认定案件事实、证据是否确实、充分以及适用法律等发表意见,审判长最后发表意见;审判长作为承办法官的,由审判长最后发表意见。对案件的裁判结果进行评议时,由审判长最后发表意见。审判长应当根据评议情况总结合议庭评议的结论性意见。

合议庭成员进行评议的时候,应当认真负责,充分陈述意见,独立行使表决权,不得拒绝陈述意见或者仅作同意与否的简单表态。同意他人意见的,也应当提出事实根据和法律依据,进行分析论证。

合议庭成员对评议结果的表决,以口头表决的形式进行。

**第十一条** 合议庭进行评议的时候,如果意见分歧,应当按多数人的意见作出决定,但是少数人的意见应当写入笔录。

评议笔录由书记员制作,由合议庭的组成人员签名。

**第十二条** 合议庭应当依照规定的权限,及时对评议意见一致或者形成多数意见的案件直接作出判决或者裁定。但是对于下列案件,合议庭应当提请院长决定提交审判委员会讨论决定:

(一)拟判处死刑的;

(二)疑难、复杂、重大或者新类型的案件,合议庭认为有必要提交审判委员会讨论决定的;

(三)合议庭在适用法律方面有重大意见分歧的;

(四)合议庭认为需要提请审判委员会讨论决定的其他案件,或者本院审判委员会确定的应当由审判委员会讨论决定的案件。

**第十三条** 合议庭对审判委员会的决定有异议,可以提请院长决定提交审判委员会复议一次。

**第十四条** 合议庭一般应当在作出评议结论或者审判委员会作出决定后的五个工作日内制作出裁判文书。

**第十五条** 裁判文书一般由审判长或者承办法官制作。但是审判长或者承办法官的评议意见与合议庭评议结论或者审判委员会的决定有明显分歧的,也可以由其他合议庭成员制作裁判文书。

对制作的裁判文书,合议庭成员应当共同审核,确认无误后签名。

**第十六条** 院长、庭长可以对合议庭的评议意见和制作的裁判文书进行审核,但是不得改变合议庭的评议结论。

**第十七条** 院长、庭长在审核合议庭的评议意见和裁判文书过程中,对评议结论有异议的,可以建议合议庭复议,同时应当对要求复议的问题及理由提出书面意见。

合议庭复议后,庭长仍有异议的,可以将案件提请院长审核,院长可以提交审判委员会讨论决定。

**第十八条** 合议庭应当严格执行案件审理期限的有关规定。遇有特殊情况需要延长审理期限的,应当在审限届满前按规定的时限报请审批。

## 最高人民法院关于规范合议庭运行机制的意见

· 2022年10月26日
· 法发〔2022〕31号

为了全面准确落实司法责任制,规范合议庭运行机制,明确合议庭职责,根据《中华人民共和国人民法院组织法》《中华人民共和国法官法》《中华人民共和国刑事诉讼法》《中华人民共和国民事诉讼法》《中华人民共和国行政诉讼法》等有关法律和司法解释规定,结合人民法院工作实际,制定本意见。

一、合议庭是人民法院的基本审判组织。合议庭全体成员平等参与案件的阅卷、庭审、评议、裁判等审判活动,对案件的证据采信、事实认定、法律适用、诉讼程序、裁判结果等问题独立发表意见并对此承担相应责任。

二、合议庭可以通过指定或者随机方式产生。因专业化审判或者案件繁简分流工作需要,合议庭成员相对固定的,应当定期轮换交流。属于"四类案件"或者参照"四类案件"监督管理的,院庭长可以按照其职权指定合议庭成员。以指定方式产生合议庭的,应当在办案平台全程留痕,或者形成书面记录入卷备查。

合议庭的审判长由院庭长指定。院庭长参加合议庭的,由院庭长担任审判长。

合议庭成员确定后,因回避、工作调动、身体健康、廉政风险等事由,确需调整成员的,由院庭长按照职权决定,调整结果应当及时通知当事人,并在办案平台标注原因,或者形成书面记录入卷备查。

法律、司法解释规定"另行组成合议庭"的案件,原合议庭成员及审判辅助人员均不得参与办理。

三、合议庭审理案件时,审判长除承担由合议庭成员共同承担的职责外,还应当履行以下职责:

(一)确定案件审理方案、庭审提纲,协调合议庭成员庭审分工,指导合议庭成员或者审判辅助人员做好其他必要的庭审准备工作;

(二)主持、指挥庭审活动;

(三)主持合议庭评议;

(四)建议将合议庭处理意见分歧较大的案件,依照有关规定和程序提交专业法官会议讨论或者审判委员会讨论决定;

(五)依法行使其他审判权力。

审判长承办案件时,应当同时履行承办法官的职责。

四、合议庭审理案件时,承办法官履行以下职责:

(一)主持或者指导审判辅助人员做好庭前会议、庭前调解、证据交换等庭前准备工作及其他审判辅助工作;

(二)就当事人提出的管辖权异议及保全、司法鉴定、证人出庭、非法证据排除申请等提请合议庭评议;

(三)全面审核涉案证据,提出审查意见;

(四)拟定案件审理方案、庭审提纲,根据案件审理需要制作阅卷笔录;

(五)协助审判长开展庭审活动;

(六)参与案件评议,并先行提出处理意见;

(七)根据案件审理需要,制作或者指导审判辅助人员起草审理报告、类案检索报告等;

(八)根据合议庭评议意见或者审判委员会决定,制作裁判文书等;

(九)依法行使其他审判权力。

五、合议庭审理案件时,合议庭其他成员应当共同参与阅卷、庭审、评议等审判活动,根据审判长安排完成相应审判工作。

六、合议庭应当在庭审结束后及时评议。合议庭成员确有客观原因难以实现线下同场评议的,可以通过人民法院办案平台采取在线方式评议,但不得以提交书面意见的方式参加评议或者委托他人参加评议。合议庭评议过程不向未直接参加案件审理工作的人员公开。

合议庭评议案件时,先由承办法官对案件事实认定、证据采信以及适用法律等发表意见,其他合议庭成员依次发表意见。审判长应当根据评议情况总结合议庭评议的结论性意见。

审判长主持评议时,与合议庭其他成员权利平等。合议庭成员评议时,应当充分陈述意见,独立行使表决权,不得拒绝陈述意见;同意他人意见的,应当提供事实和法律根据并论证理由。

合议庭成员对评议结果的表决以口头形式进行。评议过程应当以书面形式完整记入笔录,评议笔录由审判辅助人员制作,由参加合议的人员和制作人签名。评议笔录属于审判秘密,非经法定程序和条件,不得对外公开。

七、合议庭评议时,如果意见存在分歧,应当按照多数意见作出决定,但是少数意见应当记入笔录。

合议庭可以根据案情或者院庭长提出的监督意见复议。合议庭无法形成多数意见时,审判长应当按照有关规定和程序建议院庭长将案件提交专业法官会议讨论，或者由院长将案件提交审判委员会讨论决定。专业法官会议讨论形成的意见，供合议庭复议时参考；审判委员会的决定，合议庭应当执行。

八、合议庭发现审理的案件属于"四类案件"或者有必要参照"四类案件"监督管理的，应当按照有关规定及时向院庭长报告。

对于"四类案件"或者参照"四类案件"监督管理的案件，院庭长可以按照职权要求合议庭报告案件审理进展和评议结果，就案件审理涉及的相关问题提出意见，视情建议合议庭复议。院庭长对审理过程或者评议、复议结果有异议的，可以决定将案件提交专业法官会议讨论，或者按照程序提交审判委员会讨论决定，但不得直接改变合议庭意见。院庭长监督管理的情况应当在办案平台全程留痕，或者形成书面记录入卷备查。

九、合议庭审理案件形成的裁判文书，由合议庭成员签署并共同负责。合议庭其他成员签署前，可以对裁判文书提出修改意见，并反馈承办法官。

十、由法官组成合议庭审理案件的，适用本意见。依法由法官和人民陪审员组成合议庭的运行机制另行规定。执行案件办理过程中需要组成合议庭评议或者审核的事项，参照适用本意见。

十一、本意见自 2022 年 11 月 1 日起施行。之前有关规定与本意见不一致的，按照本意见执行。

## 法官惩戒工作程序规定（试行）

· 2021 年 12 月 8 日
· 法〔2021〕319 号

### 第一章 总则

**第一条** 为严格落实司法责任制，促进法官依法行使职权，规范法官惩戒工作，根据《中华人民共和国公务员法》《中华人民共和国公职人员政务处分法》《中华人民共和国人民法院组织法》《中华人民共和国法官法》《关于建立法官、检察官惩戒制度的意见（试行）》等规定，结合人民法院工作实际，制定本规定。

**第二条** 法官惩戒工作应当坚持党管干部原则；坚持遵循司法规律，体现司法职业特点；坚持实事求是、客观公正；坚持严肃追责与依法保护有机统一；坚持责任与过错相适应，惩戒与教育相结合。

**第三条** 法官依法履行审判职责受法律保护。非因法定事由，非经法定程序，不受追究。

**第四条** 法官在履行审判职责过程中，故意违反法律法规办理案件，或者因重大过失导致裁判结果错误并造成严重后果，需要予以惩戒的，依照本规定办理。

**第五条** 认定法官是否违反审判职责，适用《最高人民法院关于完善人民法院司法责任制的若干意见》等有关规定。

### 第二章 职责和任务

**第六条** 人民法院按照干部管理权限对法官涉嫌违反审判职责行为进行调查核实，根据法官惩戒委员会的审查意见，依照有关规定作出是否予以惩戒的决定，并给予相应处理。

法官惩戒委员会根据人民法院调查的情况，负责从专业角度审查认定法官是否存在《中华人民共和国法官法》第四十六条第四项、第五项规定的违反审判职责的行为，提出构成故意违反职责、存在重大过失、存在一般过失或者没有违反职责等审查意见。

**第七条** 人民法院在法官惩戒工作中履行以下职责：

（一）受理反映法官违反审判职责的问题线索；

（二）审查当事法官涉嫌违反审判职责涉及的案件；

（三）对当事法官涉嫌违反审判职责的行为进行调查；

（四）提请法官惩戒委员会审议当事法官是否存在违反审判职责的行为；

（五）派员出席法官惩戒委员会组织的听证，就当事法官违反审判职责的行为和过错进行举证；

（六）根据法官惩戒委员会的审查意见，作出是否予以惩戒的决定，并给予相应处理；

（七）受理当事法官不服惩戒决定的复核和申诉；

（八）其他应由人民法院承担的惩戒职责。

**第八条** 最高人民法院和省、自治区、直辖市设立法官惩戒委员会。

法官惩戒委员会委员应当从政治素质高、专业能力强、职业操守好的人大代表、政协委员、法学专家、法官、检察官和律师等专业人员中选任。其中，法官委员不少于半数。

**第九条** 法官惩戒委员会履行以下职责：

（一）制定和修订法官惩戒委员会章程等相关工作规定；

（二）根据调查、听证、审议的情况，审查认定法官是否存在违反审判职责行为，并提出审查意见；

（三）受理当事法官对审查意见的异议申请，并作出决定；

（四）审议决定法官惩戒工作的其他相关事项。

**第十条** 法官惩戒委员会不直接受理对法官的举报、投诉。如收到对法官的举报、投诉材料，应当根据受理权限，转交有关部门按规定处理。

**第十一条** 最高人民法院和省、自治区、直辖市法官惩戒委员会的日常工作，由最高人民法院和各高级人民法院承担督察工作的部门分别承担。

### 第三章 管辖和回避

**第十二条** 各级人民法院按照干部管理权限，对本院法官违反审判职责的行为进行调查和惩戒。

**第十三条** 最高人民法院法官惩戒委员会负责审查最高人民法院提请审议的法官是否具有违反审判职责的行为，并提出审查意见。

省、自治区、直辖市法官惩戒委员会负责审查高级人民法院提请审议的法官是否具有违反审判职责的行为，并提出审查意见。

**第十四条** 法官惩戒委员会委员有下列情形之一的，应当自行回避，当事法官也有权要求其回避：

（一）本人是当事法官或当事法官的近亲属；

（二）本人或者其近亲属与办理的惩戒事项有利害关系；

（三）担任过本调查事项的证人，以及当事法官办理案件的当事人、辩护人或诉讼代理人；

（四）有可能影响惩戒事项公正处理的其他情形。

法官惩戒委员会主任的回避，由法官惩戒委员会全体委员会议决定；副主任和委员的回避，由法官惩戒委员会主任决定。

**第十五条** 人民法院参与惩戒事项调查、审查人员的回避，依照有关规定办理。对调查人员的回避作出决定前，调查人员不停止对惩戒事项的调查。

### 第四章 受理和调查

**第十六条** 各级人民法院机关纪委或承担督察工作的部门按照干部管理权限受理反映法官违反审判职责问题的举报、投诉，以及有关单位、部门移交的相关问题线索。

人民法院在审判监督管理工作中，发现法官可能存在违反审判职责的行为，需要追究违法审判责任的，由办案部门或承担审判管理工作的部门对案件是否存在裁判错误提出初步意见，报请院长批准后移送机关纪委或者承担督察工作的部门审查。

**第十七条** 人民法院机关纪委或承担督察工作的部门经初步核实，认为有关法官可能存在违反审判职责的行为，需要予以惩戒的，应当报请院长批准后立案，并组织调查。

**第十八条** 人民法院在对反映法官违反审判职责问题线索进行调查核实过程中，对涉及的案件裁判是否存在错误有争议的，应当报请院长批准，由承担审判监督工作的部门进行审查或者提请审判委员会进行讨论，并提出意见。

经承担审判监督工作的部门或审判委员会审查，认定当事法官办理的案件裁判错误，可能存在违反审判职责行为的，应当启动惩戒程序。

**第十九条** 法官涉嫌违反审判职责，已经被立案调查，不宜继续履行职责的，报请院长批准，按照管理权限和规定的程序暂时停止其履行职务。

**第二十条** 人民法院对法官涉嫌违反审判职责行为进行调查的过程中，当事法官享有知情、申请回避、陈述、举证和辩解的权利。调查人员应当如实记录当事法官的陈述、辩解和举证。

**第二十一条** 调查结束后，经院长批准，按照下列情形分别处理：

（一）没有证据证明当事法官存在违反审判职责行为的，应当撤销案件，并通知当事法官，必要时可在一定范围内予以澄清；

（二）当事法官存在违反审判职责行为，但情节较轻无需给予惩戒处理的，由相关部门进行提醒谈话、批评教育、责令检查，或者予以诫勉；

（三）当事法官存在违反审判职责行为，需要惩戒的，人民法院调查部门应将审查报告移送本院承担督察工作的部门，由承担督察工作的部门制作提请审议意见书，报院长审批后，按照本规定第二十二条规定的程序，提请法官惩戒委员会审议。

提请审议意见书应当列明当事法官的基本情况、调查认定的事实及依据、调查结论及处理意见等内容。

**第二十二条** 人民法院按以下程序提请法官惩戒委员会审议：

（一）最高人民法院法官违反审判职责的，由最高人民法院提请最高人民法院法官惩戒委员会审议；

（二）高级人民法院法官违反审判职责的，由高级人民法院提请省、自治区、直辖市法官惩戒委员会审议；

（三）中级人民法院、基层人民法院和专门人民法院法官违反审判职责的，层报高级人民法院提请省、自治区、直辖市法官惩戒委员会审议。

上级人民法院认为下级人民法院提请审议的事项不符合相关要求的,可以要求下级人民法院补充完善,或者将提请审议的材料退回下级人民法院。

### 第五章 听证和审议

**第二十三条** 法官惩戒委员会受理惩戒事项后,相关人民法院承担督察工作的部门应当做以下准备工作:

(一)受理后五日内将提请审议意见书送达当事法官,并告知当事法官有权查阅、摘抄、复制相关案卷材料及证据,有陈述、举证、辩解和申请回避等权利,以及按时参加听证、遵守相关纪律等义务;

(二)提前三日将会议议程及召开会议的时间、地点通知法官惩戒委员会委员;

(三)听证前三日将听证的时间、地点通知当事法官和相关人民法院调查部门;

(四)根据当事法官和相关人民法院调查部门的申请,通知相关人员参加听证;

(五)做好听证、审议的会议组织工作。

**第二十四条** 法官惩戒委员会审议惩戒事项,应当有全体委员五分之四以上出席方可召开。

委员因故无法出席的,须经法官惩戒委员会主任批准。

**第二十五条** 法官惩戒委员会审议惩戒事项时,应当组织听证。当事法官对人民法院调查认定的事实、证据和提请审议意见没有异议,明确表示不参加听证或无故缺席的,可直接进行审议。

因特殊情况,惩戒委员会主任可以决定延期听证。

**第二十六条** 听证由法官惩戒委员会主任主持,或者由主任委托副主任或其他委员主持,按照下列程序进行:

(一)主持人宣布听证开始;

(二)询问当事法官是否申请回避,并作出决定;

(三)承担督察工作的部门派员宣读提请审议意见书;

(四)调查人员出示当事法官违反审判职责的证据,并就其违反审判职责行为和主观过错进行举证;

(五)当事法官陈述、举证、辩解;

(六)法官惩戒委员会委员可以就惩戒事项涉及的问题进行询问;

(七)调查人员和当事法官分别就事实认定、当事法官是否存在过错及过错性质发表意见;

(八)当事法官最后陈述。

**第二十七条** 法官惩戒委员会应当在听证后进行审议,并提出审查意见。

审议时,法官惩戒委员会委员应当对证据采信、事实认定、法律法规适用等进行充分讨论,并根据听证的情况独立发表意见。发表意见按照委员、副主任、主任的先后顺序进行。

**第二十八条** 法官惩戒委员会审议惩戒事项,须经全体委员三分之二以上多数通过,对当事法官是否构成违反审判职责提出审查意见。

经审议,未能形成三分之二以上多数意见的,由人民法院根据审议情况进行补充调查后重新提请审议,或者撤回提请审议事项。

法官惩戒委员会审议其他事项,须经全体委员半数以上同意。

**第二十九条** 法官惩戒委员会认为惩戒事项需要补充调查的,可以要求相关人民法院补充调查。相关人民法院也可以申请补充调查。

人民法院应当在一个月内补充调查完毕。补充调查以二次为限。

**第三十条** 人民法院补充调查后,认为应当进行惩戒的,应重新提请法官惩戒委员会审议。

**第三十一条** 法官惩戒委员会的审查意见应当书面送达当事法官和相关人民法院。

当事法官对审查意见有异议的,可以自收到审查意见书之日起十日内以书面形式通过承担督察工作的部门向法官惩戒委员会提出。

**第三十二条** 当事法官对审查意见提出异议的,法官惩戒委员会应当对异议及其理由进行审议,并作出书面决定:

(一)认为异议成立的,决定变更原审查意见,作出新的审查意见;

(二)认为异议不成立的,决定维持原审查意见。

异议审查决定应当书面回复当事法官。

**第三十三条** 法官惩戒委员会审查异议期间,相关人民法院应当暂缓对当事法官作出惩戒决定。

### 第六章 处理和救济

**第三十四条** 法官惩戒委员会经审议,认定法官存在故意违反审判职责行为,或者存在重大过失导致案件错误并造成严重后果,应当予以惩戒的,由人民法院根据干部管理权限作出惩戒决定:

(一)给予停职、延期晋升、调离审判执行岗位、退出员额、免职、责令辞职等组织处理;

（二）按照《中华人民共和国公务员法》《中华人民共和国公职人员政务处分法》《中华人民共和国法官法》《人民法院工作人员处分条例》等法律规定给予处分。

上述惩戒方式，可以单独使用，也可以同时使用。

**第三十五条** 人民法院依据法官惩戒委员会的审查意见作出惩戒决定后，应当以书面形式通知当事法官，并列明理由和依据。

惩戒决定及处理情况，应当归入受惩戒法官的人事档案。

**第三十六条** 当事法官对惩戒决定不服的，可以自知道惩戒决定之日起三十日内向作出决定的人民法院申请复核。

当事法官对复核结果不服的，可以自接到复核决定之日起十五日内向上一级人民法院提出申诉；也可以不经复核，自知道惩戒决定之日起三十日内直接提出申诉。

**第三十七条** 人民法院应当自接到复核申请书后的三十日内作出复核决定，并以书面形式告知申请人。

上一级人民法院应当自受理当事法官申诉之日起六十日内作出处理决定；案情复杂的，可以适当延长，但是延长时间不得超过三十日。

复核、申诉期间不停止惩戒决定的执行。

法官不因申请复核、提出申诉而被加重处理。

**第三十八条** 上一级人民法院经审查，认定惩戒决定有错误的，作出惩戒决定的人民法院应当及时予以纠正。

**第三十九条** 人民法院应当将惩戒决定及执行情况通报法官惩戒委员会。

### 第七章 附 则

**第四十条** 本规定适用于人民法院履行主体责任，对法官涉嫌违反审判职责的行为进行调查和惩戒。

法官惩戒程序与纪检监察机关对法官涉嫌违反审判职责行为调查处理程序的衔接，按照有关规定办理。

**第四十一条** 人民法院在办理法官违反审判职责案件过程中，发现法官涉嫌犯罪的，应当及时移送具有管辖权的纪检监察机关或者人民检察院依法处理。

**第四十二条** 本规定所称法官，是指按照《中华人民共和国法官法》选任并实行员额制管理的法官。

**第四十三条** 本规定由最高人民法院负责解释。

**第四十四条** 本规定自印发之日起施行。

## 关于加强和完善法官考核工作的指导意见

· 2021年10月12日
· 法〔2021〕255号

为进一步加强和完善法官考核工作，构建科学合理的法官考核体系，引导、规范、激励法官依法公正高效履行审判职责，推进法官队伍革命化、正规化、专业化、职业化建设，根据《中华人民共和国公务员法》《中华人民共和国法官法》等有关法律法规，按照中央推进司法体制改革精神，结合人民法院工作实际，制定本意见。

### 一、总则

1. 坚持以习近平新时代中国特色社会主义思想为指导，深入贯彻习近平法治思想，贯彻新时代党的组织路线和干部工作方针政策，着眼构建更加科学合理、更加符合司法规律的考核机制，把政治标准放在首位，突出考核法官做好审判执行工作的实际成效，充分发挥考核"指挥棒""风向标"的作用，努力建设一支政治过硬、业务过硬、责任过硬、纪律过硬、作风过硬的高素质专业化法官队伍。

2. 法官考核应当根据公务员考核相关规定，立足四级法院审级职能定位，体现法官职业特点和要求，按照干部管理权限、规定的标准和程序，对法官的政治素质、审判工作实绩、职业道德、专业水平、工作能力、审判作风等进行全面考查和综合评价。

干部管理权限不在本院党组的法官考核，按照有关规定办理。

3. 法官考核工作坚持以下原则：
（1）党管干部；
（2）全面、客观、公正、公开；
（3）遵循司法规律，体现职业特点；
（4）聚焦主责主业，突出工作实绩；
（5）定量与定性相结合，平时考核与年度考核相结合；
（6）分级分类，科学高效，考用结合。

4. 人民法院设立法官考评委员会，在本院党组领导下，负责对本院法官的考核工作。法官考评委员会的组成人员为五至九人的单数，一般由本院院长、相关院领导、相关部门负责人和若干法官代表组成，主任由本院院长担任。

法官考评委员会召开会议，应当有全体组成人员的过半数出席，决定事项须经全体组成人员过半数同意。

5. 法官考评委员会的办事机构设在本院组织人事

部门。

6.法官考评委员会主要履行以下职责：

(1)研究制定法官考核工作制度规范；

(2)组织实施法官考核工作；

(3)研究提出法官考核结果建议并提交本院党组审议；

(4)受理对考核结果的复核申请；

(5)其他应当由法官考评委员会负责的事项。

二、考核内容

7.对法官的考核，以其岗位职责和所承担的工作任务为基本依据，以指标化评价的方式，全面考核德、能、勤、绩、廉各方面，重点考核政治素质和审判工作实绩。

8.对"德"的考核，主要围绕政治素质和道德品行等设置指标，重点考核深入学习贯彻习近平新时代中国特色社会主义思想，学习贯彻习近平法治思想，坚持党对司法工作的绝对领导、坚持中国特色社会主义法治道路，增强"四个意识"、坚定"四个自信"、做到"两个维护"，提高政治判断力、政治领悟力、政治执行力，遵守政治纪律和政治规矩，自觉抵制西方"宪政民主""司法独立""三权鼎立"等错误思潮情况，以及践行社会主义核心价值观，恪守法官职业道德，遵守社会公德、家庭美德和个人品德等情况。法官政治素质考核情况应当记入政治素质档案。

9.对"能"的考核，主要围绕法律专业水平和工作能力等设置指标，重点考核法律政策运用能力、审判业务水平、法学理论水平、司法实务研究水平，以及防控风险能力、群众工作能力、科技应用能力、舆论引导能力等。

10.对"勤"的考核，主要围绕精神状态和工作作风等设置指标，重点考核忠于职守，遵守工作纪律，爱岗敬业、勤勉尽责，敢于担当、甘于奉献等情况。

11.对"绩"的考核，一般以办案业绩和其他工作业绩为主要评价内容，其中对办案业绩的考核，主要围绕办案数量、办案质量、办案效率和办案效果等四个方面设置指标。

(1)对办案数量的考核，应当以结案数量为基础，综合考虑案件类型、审判程序、审级等能够反映案件繁简难易程度和工作量多少的因素，结合审判团队配置情况，合理设置案件权重系数，科学评价不同业务条线、不同岗位法官的实际办案工作量。

(2)对办案质量的考核，以案件发回、改判等情况为基础，充分运用案件质量评查等机制，重点考核法官办案中证据审查、事实认定、法律适用、文书制作、释法说理、裁判结果等情况。

(3)对办案效率的考核，以审限内结案率（包括按规定延长审限）等情况为基础，重点考核案件审理周期以及超过审理期限案件、长期未结案件等情况。

(4)对办案效果的考核，以案件取得的政治效果、法律效果和社会效果等情况为基础，重点考核维护国家安全和社会稳定、维护法律的严肃性和权威性、维护人民群众合法权益、弘扬社会主义核心价值观等情况。

法官参加党和国家中心工作、地方重点工作，参加审判委员会、赔偿委员会、司法救助委员会、专业法官会议讨论案件，办理涉诉信访，开展执行监督，参与诉源治理，开展案件评查、业务指导，开展未成年人案件社会调查、回访帮教等延伸工作，以及参加规范性文件制定、课题研究、案例研编等其他工作的，可以设置相应指标，纳入法官业绩考核范畴。

12.对"廉"的考核，主要围绕廉洁司法、廉洁自律等设置指标，重点考核遵守廉洁纪律，落实中央八项规定及其实施细则精神，落实防止干预司法"三个规定"等情况。

13.对于担任领导职务的法官，应综合考虑本单位（部门）人员规模、案件数量、管理任务等因素，区分不同地区、层级、岗位，科学合理确定办案数量标准和办案类型。除前述关于德、能、勤、绩、廉的考核内容外，还应当围绕其履行审核批准程序性事项、综合指导审判工作、督促统一裁判标准、全程监管审判质效、排除案外因素干扰等审判监督管理职责和本单位（部门）办案质效总体情况，以及落实党风廉政建设"一岗双责"、抓党建工作成效等，设置相应指标，纳入考核范畴。

14.考核指标应当按照四级法院审判职能定位，根据不同法院层级、不同业务条线（岗位）特点，分层分类设置。其中，基层人民法院考核指标应重在体现准确查明事实、实质化解纠纷等方面；中级人民法院考核指标应重在体现二审有效终审、精准定分止争等方面；高级人民法院考核指标应重在体现再审依法纠错、统一裁判尺度等方面；最高人民法院考核指标应重在体现监督指导全国审判工作、确保法律正确统一适用等方面。

各级人民法院可以在本意见规定的基础上，结合本院工作实际，对指标设置、考核内容、考核标准、计分规则、分值比重等内容进一步细化，并根据考核情况有针对性地进行调整。

因案件重大疑难复杂、社会影响重大或者有其他特殊情况，需要调整个案指标分值的，经本院法官考评委员会讨论决定后，可以单独调整。

### 三、考核等次和标准

15. 法官考核实行平时考核和年度考核相结合，采用量化赋分为主、定性赋分为辅的方式进行。

16. 平时考核结果分为好、较好、一般和较差四个等次。年度考核结果分为优秀、称职、基本称职和不称职四个等次。

17. 法官平时考核各等次的评定标准，由各级人民法院根据公务员考核有关规定，结合四级法院审级职能定位和本院实际情况研究确定。

18. 法官年度考核确定为优秀等次的，应当具备下列条件：

（1）思想政治素质高，恪守法官职业道德；

（2）精通审判业务，工作能力强；

（3）工作责任心强，敢于担当作为，审判作风好；

（4）圆满完成年度工作任务，审判工作实绩突出；

（5）清正廉洁。

19. 法官年度考核确定为称职等次的，应当具备下列条件：

（1）思想政治素质较高，遵守法官职业道德；

（2）熟悉审判业务，工作能力较强；

（3）工作责任心强，工作积极，审判作风较好；

（4）能够完成本职工作，审判工作实绩较好；

（5）廉洁自律。

20. 法官有下列情形之一的，年度考核应当确定为基本称职等次：

（1）思想政治素质一般；

（2）能基本遵守法官职业道德，但某些方面存在不足；

（3）审判业务水平一般，工作能力较弱；

（4）责任心一般，工作消极，审判作风方面存在明显不足；

（5）能基本完成本职工作，但办案数量、质量、效率、效果指标得分较低，或者在工作中有较大失误；

（6）能基本做到廉洁自律，但某些方面存在不足。

21. 法官有下列情形之一的，年度考核应当确定为不称职等次：

（1）违反政治纪律和政治规矩，思想政治素质较差；

（2）严重违反法官职业道德，造成不良社会影响；

（3）不担任领导职务的法官无正当理由办案数量指标得分未达到本部门全体法官本年度人均办案数量指标得分的50%；

（4）由本院党组管理的担任领导职务的法官无正当理由办案数量未达到相关规定的最低标准；

（5）因故意或重大过失导致所办案件出现证据审查、事实认定、法律适用错误而影响公正司法等严重质量问题，造成恶劣影响；

（6）办案效率达不到规定要求，办案能力明显不胜任；

（7）工作责任心或审判作风差，多次出现办案效果问题，群众意见较大；

（8）由本院党组管理的担任领导职务的法官违反规定不认真履行审判监督管理职责，造成严重后果；

（9）违反中央八项规定及其实施细则精神，存在不廉洁问题，且情形较为严重；

（10）其他不称职情形。

因工作需要，各高级人民法院可以对前款第（3）、（4）项所列情形进行适当调整。

法官无正当理由不参加年度考核，经教育后仍然拒绝参加的，按不称职确定考核等次。

22. 部门内案件类型差异较大，或者案件体量、法官岗位较为特殊的部门，可由本院考评委员会研究决定其人均办案数量统计标准。

除入额院领导外，法官应当明确在一个审判业务部门参加考核。

23. 法官因短期交流、轮岗、借调、公派学习培训，或者经组织安排参加其他工作等原因，需要核减年度办案任务的，由本院法官考评委员会研究决定。入额院领导需要核减年度办案任务的，应当按规定报上一级人民法院审批。

### 四、考核的组织实施

24. 平时考核应当合理确定考核周期，一般按照采集考核数据、组织审核评鉴、反馈考核结果等程序进行。

25. 年度考核开展时间为每年年末或者翌年年初，一般按照下列程序进行：

（1）总结述职。法官按照岗位职责、年度目标任务和有关要求对本人工作进行总结，并在一定范围内述职。

（2）组织考评。法官考评委员会组织采集考核数据，进行考核评价，并将指标初评得分反馈法官本人及所在部门核对。

（3）民主测评。对担任本院内设机构领导职务的法官，在一定范围内进行民主测评。根据需要，可以对其他法官进行民主测评。

（4）了解核实。采取个别谈话、实地调研等方式了解核实法官有关情况。根据需要，听取纪检监察部门意见。

（5）确定等次。法官考评委员会在各项指标得分基础上，综合考虑平时考核、个人总结以及所在部门意见等情况，提出考核等次建议，报本院党组审定。

（6）结果公示。对拟定为优秀等次的法官在本院范围内进行公示，公示时间不少于5个工作日。

（7）结果反馈。将考核结果反馈法官本人及所在部门。

26. 法官年度考核以平时考核为基础，年度考核确定为优秀等次的，应当从当年平时考核结果好等次较多且无一般、较差等次的法官中产生。

27. 法官对本人考核结果有异议的，可以按规定向法官考评委员会申请复核。法官考评委员会应当及时处理，并将复核结果告知申请人。

28. 法官有调任、转任、援派、挂职等情形，病、事假累计超过半年，或者受党纪政务处分等特殊情形的，其考核按照公务员考核有关规定办理。

29. 各级人民法院应当定期通报庭长、副庭长的办案任务完成情况，上级人民法院应当定期通报辖区下一级人民法院入额院领导的办案任务完成情况。

30. 各级人民法院党组应当加强对法官考核工作与其他业务考核工作的统一领导，合理归并考核项目和种类，防止多头考核、重复考核。

31. 各级人民法院纪检监察机构应当加强对法官考核工作的监督，对在考核过程中有徇私舞弊、打击报复、弄虚作假等行为的，依照有关规定予以严肃处理。

32. 各级人民法院应当加强考核工作信息化建设，充分运用信息化手段和技术开展法官考核，探索通过办案（办公）平台自动抓取考核数据，提高考核工作质量和效率。

**五、考核结果的运用**

33. 由本院党组管理的法官的考核结果，作为其公务员考核结果记入本人公务员年度考核登记表。不属于本院党组管理的法官的审判工作实绩等情况，可以按有关规定向党委组织部门反馈。

34. 法官考核结果作为法官等级升降、法官员额退出、绩效奖金分配等的重要依据。

35. 法官年度考核确定为优秀等次的，其参加法官等级晋升时，在同等条件下优先考虑。法官年度考核确定为称职等次的，可以按相关规定参加法官等级晋升。法官年度考核确定为不称职、基本称职等次或者参加年度考核不确定等次的，本考核年度不计算为法官等级晋升的任职年限。

36. 法官年度考核确定为不称职等次，或者连续两年确定为基本称职等次的，应当退出员额。

不属于本院党组管理的法官，具有本意见第21条第一款情形之一的，应当退出员额。

37. 法官年度考核确定为优秀、称职等次的，享受当年度奖励性绩效考核奖金。法官年度考核确定为基本称职、不称职等次或者参加年度考核不确定等次的，不享受当年度奖励性绩效考核奖金。

**六、附则**

38. 各高级人民法院可以根据本意见，结合本地实际制定法官考核具体实施办法，并指导辖区内法院开展法官考核工作。

39. 本意见由最高人民法院政治部负责解释。

40. 本意见自2022年1月1日起施行，此前有关法官考核的规定与本意见不一致的，按照本意见执行。本意见未作规定的，适用公务员考核的相关规定。

附件：案件权重系数设置指引

## 案件权重系数设置指引

为科学合理测算法官实际办案工作量，实现不同业务条线、不同岗位法官办案工作的可量化、可评价，按照"科学、简便、可行"的原则，制定本指引。

一、人民法院在设置案件权重系数时，可以区分案件特点分别设置固定系数和浮动系数。固定系数与浮动系数之和为案件最终权重系数。

二、固定系数是根据案件普遍性特点设置的办案工作量基础系数，一般包括案件类型、审判程序、审级，以及审判团队配置等。各系数相乘得出固定系数分值。

三、确定案件类型权重系数时，一般按照刑事、民事、行政、国家赔偿、执行、其他类型案件等分类进行设置。其他类型案件可以进一步分为速裁案件、破产案件、减刑假释案件、司法救助案件、国际区际司法协助案件、特别程序案件等。有条件的人民法院还可以根据案由等进一步细化案件类型权重系数。

四、确定审判程序权重系数时，一般按照一审简易程序、一审普通程序、二审程序、再审程序、其他程序等分类进行设置。有条件的人民法院可以根据审判实际情况进一步细化审判程序权重系数。

五、确定审级权重系数时，一般按照基层人民法院、中级人民法院、高级人民法院等分类进行设置，原则上审级越高，审级权重系数越大。

六、确定审判团队配置权重系数时，一般考虑法官助理和书记员的人数、个人贡献度等因素。

七、浮动系数是根据案件性质、流程等特殊性设置的动态系数，可以根据案件审理情况累加适用。

八、确定浮动系数时，一般考虑系列案件、疑难复杂案件、重大敏感案件、当事人人数众多案件、涉外案件、审判委员会讨论案件、专业法官会议讨论案件，以及鉴定、评估、审计、保全、公告、发送司法建议等因素进行设置。

九、刑事案件浮动系数还可以考虑刑事附带民事诉讼、涉众型犯罪案件、判处死刑的案件等因素。

十、民事案件浮动系数还可以考虑先予执行、反诉等因素。

十一、行政案件浮动系数还可以考虑附带提起行政赔偿、规范性文件附带审查、复议双被告等因素。

十二、国家赔偿案件浮动系数还可以考虑调卷审查、组织质证、征求意见、赔偿委员会讨论、舆情处置、案件协调、刑事善后、困难帮扶、回归社会等因素。

十三、执行案件浮动系数还可以考虑异地执行、搜查、拍卖变卖被执行财产、强制腾退房屋或土地、拘留、罚款、限制出境、限制消费、纳入失信名单、移送涉嫌犯罪的有关人员等因素。

十四、涉未成年人案件浮动系数还可以考虑社会调查、社会观护、心理疏导、法庭教育、回访帮教等因素。

十五、司法救助案件浮动系数还可以考虑组织听证、入户调查、邻里访问、司法救助委员会讨论、联动救助等因素。

十六、合议庭成员审理案件的权重系数比重根据其在合议庭审理中的贡献度决定。其中，承办法官审理案件的权重系数按照本指引确定的标准计算，担任审判长的非承办法官以及合议庭其他成员审理案件的权重系数可以按照承办法官的权重系数的一定比例进行设置。

十七、本指引之外其他能够反映法官办案工作量的因素，也可以计入案件权重系数标准。

十八、各高级人民法院可以参照本指引，结合本地实际设置本辖区案件权重系数，并根据考核情况，适时进行调整。

## 最高人民法院关于完善人民法院专业法官会议工作机制的指导意见

· 2021 年 1 月 6 日
· 法发〔2021〕2 号

为全面落实司法责任制，充分发挥专业法官会议工作机制在辅助办案决策、统一法律适用、强化制约监督等方面的作用，现提出如下指导意见。

一、专业法官会议是人民法院向审判组织和院庭长（含审判委员会专职委员，下同）履行法定职责提供咨询意见的内部工作机制。

二、各级人民法院根据本院法官规模、内设机构设置、所涉议题类型、监督管理需要等，在审判专业领域、审判庭、审判团队内部组织召开专业法官会议，必要时可以跨审判专业领域、审判庭、审判团队召开。

三、专业法官会议由法官组成。各级人民法院可以结合所涉议题和会议组织方式，兼顾人员代表性和专业性，明确不同类型会议的最低参加人数，确保讨论质量和效率。

专业法官会议主持人可以根据议题性质和实际需要，邀请法官助理、综合业务部门工作人员等其他人员列席会议并参与讨论。

四、专业法官会议讨论案件的法律适用问题或者与事实认定高度关联的证据规则适用问题，必要时也可以讨论其他事项。独任庭、合议庭办理案件时，存在下列情形之一的，应当建议院庭长提交专业法官会议讨论：

（一）独任庭认为需要提交讨论的；

（二）合议庭内部无法形成多数意见，或者持少数意见的法官认为需要提交讨论的；

（三）有必要在审判团队、审判庭、审判专业领域之间或者辖区法院内统一法律适用的；

（四）属于《最高人民法院关于完善人民法院司法责任制的若干意见》第 24 条规定的"四类案件"范围的；

（五）其他需要提交专业法官会议讨论的。

院庭长履行审判监督管理职责时，发现案件存在前款情形之一的，可以提交专业法官会议讨论；综合业务部门认为存在前款第（三）（四）项情形的，应当建议院庭长提交专业法官会议讨论。

各级人民法院应当结合审级职能定位、受理案件规模、内部职责分工、法官队伍状况等，进一步细化专业法官会议讨论范围。

五、专业法官会议由下列人员主持：

（一）审判专业领域或者跨审判庭、审判专业领域的专业法官会议，由院长或其委托的副院长、审判委员会专职委员、庭长主持；

（二）本审判庭或者跨审判团队的专业法官会议，由庭长或其委托的副庭长主持；

（三）本审判庭内按审判团队组织的专业法官会议，由庭长、副庭长或其委托的资深法官主持。

六、主持人应当在会前审查会议材料并决定是否召开专业法官会议。对于法律适用已经明确，专业法官会议已经讨论且没有出现新情况，或者其他不属于专业法官会议讨论范围的，主持人可以决定不召开会议，并根据审判监督管理权限督促或者建议独任庭、合议庭依法及时处理相关案件。主持人决定不召开专业法官会议的情况应当在办案平台或者案卷中留痕。

主持人召开会议时，应当严格执行讨论规则，客观、全面、准确归纳总结会议讨论形成的意见。

七、拟提交专业法官会议讨论的案件，承办案件的独任庭、合议庭应当在会议召开前就基本案情、争议焦点、评议意见及其他参考材料等简明扼要准备报告，并在报告中明确拟提交讨论的焦点问题。案件涉及统一法律适用问题的，应当说明类案检索情况，确有必要的应当制作类案检索报告。

全体参加人员应当在会前认真阅读会议材料，掌握议题相关情况，针对提交讨论的问题做好发言准备。

八、专业法官会议可以定期召集，也可以根据实际需要临时召集。各级人民法院应当综合考虑所涉事项、议题数量、会务成本、法官工作量等因素，合理确定专业法官会议的召开频率。

九、主持人应当指定专人负责会务工作。召开会议前，应当预留出合理、充足的准备时间，提前将讨论所需的报告等会议材料送交全体参加人员。召开会议时，应当制作会议记录，准确记载发言内容和会议结论，由全体参加人员会后及时签字确认，并在办案平台或者案卷中留痕；参加人员会后还有新的意见，可以补充提交书面材料并再次签字确认。

十、专业法官会议按照下列规则组织讨论：

（一）独任庭或者合议庭作简要介绍；

（二）参加人员就有关问题进行询问；

（三）列席人员发言；

（四）参加人员按照法官等级等由低到高的顺序发表明确意见，法官等级相同的，由晋升现等级时间较短者先发表意见；

（五）主持人视情况组织后续轮次讨论；

（六）主持人最后发表意见；

（七）主持人总结归纳讨论情况，形成讨论意见。

十一、专业法官会议讨论形成的意见供审判组织和院庭长参考。

经专业法官会议讨论的"四类案件"，独任庭、合议庭应当及时复议；专业法官会议没有形成多数意见，独任庭、合议庭复议后的意见与专业法官会议多数意见不一致，或者独任庭、合议庭对法律适用问题难以作出决定的，应当层报院长提交审判委员会讨论决定。

对于"四类案件"以外的其他案件，专业法官会议没有形成多数意见，或者独任庭、合议庭复议后的意见仍然与专业法官会议多数意见不一致的，可以层报院长提交审判委员会讨论决定。

独任庭、合议庭复议情况，以及院庭长提交审判委员会讨论决定的情况，应当在办案平台或者案卷中留痕。

十二、拟提交审判委员会讨论决定的案件，应当由专业法官会议先行讨论。但存在下列情形之一的，可以直接提交审判委员会讨论决定：

（一）依法应当由审判委员会讨论决定，但独任庭、合议庭与院庭长之间不存在分歧的；

（二）专业法官会议组成人员与审判委员会委员重合度较高，先行讨论必要性不大的；

（三）确因其他特殊事由无法或者不宜召开专业法官会议讨论，由院长决定提交审判委员会讨论决定的。

十三、参加、列席专业法官会议的人员和会务人员应当严格遵守保密工作纪律，不得向无关人员泄露会议议题、案件信息和讨论情况等审判工作秘密；因泄密造成严重后果的，依纪依法追究纪律责任直至刑事责任。

十四、相关审判庭室应当定期总结专业法官会议工作情况，组织整理形成会议纪要、典型案例、裁判规则等统一法律适用成果，并报综合业务部门备案。

各级人民法院可以指定综合业务部门负责专业法官会议信息备案等综合管理工作。

十五、法官参加专业法官会议的情况应当计入工作量，法官在会上发表的观点对推动解决法律适用分歧、促成公正高效裁判发挥重要作用的，可以综合作为绩效考核和等级晋升时的重要参考因素；经研究、整理会议讨论意见，形成会议纪要、典型案例、裁判规则等统一法律适用成果的，可以作为绩效考核时的加分项。

各级人民法院可以参照前述规定，对审判辅助人员参加专业法官会议的情况纳入绩效考核。

十六、各级人民法院应当提升专业法官会议会务工作、召开形式、会议记录和审判监督管理的信息化水平，推动专业法官会议记录、会议纪要、典型案例等与智能辅助办案系统和绩效考核系统相关联，完善信息查询、裁判指引、自动提示等功能。

十七、各级人民法院应当根据本意见，并结合本院实际，制定专业法官会议工作机制实施细则。

十八、本意见自 2021 年 1 月 12 日起施行,《关于健全完善人民法院主审法官会议工作机制的指导意见(试行)》(法发〔2018〕21 号)同时废止。最高人民法院此前发布的文件与本意见不一致的,适用本意见。

## 人民法院法官员额退出办法(试行)

- 2020 年 1 月 8 日
- 法发〔2020〕2 号

**第一条** 为进一步完善法官管理制度,不断深化法官员额制改革,建立能进能出的法官员额管理机制,根据人民法院组织法、法官法等相关规定,按照中央推进司法体制改革精神,结合人民法院工作实际,制定本办法。

**第二条** 法官员额退出,应当坚持以下原则:
(一)党管干部;
(二)人岗相适;
(三)业绩导向;
(四)能进能出;
(五)公开、公平、公正。

**第三条** 法官退出员额,包括申请退出、自然退出、应当退出三种情形。

**第四条** 法官自愿申请退出员额,具备正当理由的,经批准后可以退出法官员额。

**第五条** 法官具有下列情形之一的,自然退出员额:
(一)丧失中华人民共和国国籍的;
(二)调出所任职法院的;
(三)退休、辞职的;
(四)依法被辞退或者开除的;
(五)实行任职交流调整到法院非员额岗位的。

**第六条** 法官具有下列情形之一的,应当退出员额:
(一)符合任职回避情形的;
(二)因健康或个人其他原因超过一年不能正常履行法官职务的;
(三)办案业绩考核不达标,不能胜任法官职务的;
(四)因违纪违法不宜继续担任法官职务的;
(五)根据法官惩戒委员会意见应当退出员额的;
(六)入额后拒不服从组织安排到员额法官岗位工作的;
(七)配偶已移居国(境)外,或者没有配偶但儿女均已移居国(境)外的;
(八)其他不宜担任法官职务的情形。

**第七条** 经任职法院法官考评委员会考核认定,法官具有下列情形之一的,应认定属于第六条第三项规定的"办案业绩考核不达标,不能胜任法官职务":
(一)办案数量、质量和效率达不到规定要求,办案能力明显不胜任的;
(二)因重大过失导致所办案件出现证据审查、事实认定、法律适用错误而影响公正司法等严重质量问题,造成恶劣影响的;
(三)多次出现办案质量和办案效果问题,经综合评价,政治素质、业务素质达不到员额法官标准的;
(四)负有审判监督管理职责的法官违反规定不认真履行职责,造成严重后果的;
(五)其他不能胜任法官职务的情形。

**第八条** 省级以下人民法院员额法官因个人意愿申请退出员额或者具有本办法第六条情形之一的,由所在法院组织人事部门提出意见,经本院党组研究后层报高级人民法院审批。高级人民法院应在两个月内完成审批,如批准退额的,送省级法官遴选委员会备案。

最高人民法院员额法官因个人意愿申请退出员额或者具有第六条情形之一的,经最高人民法院党组批准后退出员额,并送最高人民法院法官遴选委员会备案。

**第九条** 省级以下人民法院员额法官具有本办法第五条情形之一的,所在法院应层报高级人民法院在一个月内完成退额手续,并报送省级法官遴选委员会备案。

最高人民法院员额法官具有第五条情形之一的,最高人民法院应及时办理退额手续,并送最高人民法院法官遴选委员会备案。

**第十条** 法官对涉及本人退出员额的决定有异议的,可以在收到决定后七日内向所任职法院党组申请复核。

中级以下人民法院党组经复核不改变原退额决定的,应自收到当事法官复核申请三十日内,书面答复当事法官;经复核拟改变原退额决定的,应自收到当事法官复核申请三十日内,层报高级人民法院批准后书面答复当事法官,并送省级法官遴选委员会备案。

高级人民法院、最高人民法院党组应当自收到本院法官的复核申请后三十日内做出决定,并书面答复当事法官。

**第十一条** 上级人民法院发现下级人民法院的法官具有退出员额的情形,但下级法院未启动退出员额程序的,应当督促下级法院尽快启动相关程序。

**第十二条** 员额法官退出员额后需要免除法律职务的,应当及时提请办理相关免职手续。

第十三条　员额法官具有本办法第五条情形之一的，自上述情形出现时起，不再行使员额法官职权；申请退出法官员额或者具有本办法第六条情形之一的，自审批机关批准退出员额之日起，不再行使员额法官职权。

第十四条　员额法官退出员额后，转任法院司法行政人员、司法辅助人员的，应按照法官等级晋升审批权限，综合考虑任职资历、工作经历等条件，以及担任员额法官期间的审判业绩、工作表现、退出情形等因素，在规定的职数范围内，比照确定职务或职级。

第十五条　法官因惩戒委员会意见退出员额五年后，因本办法第四条、第七条情形退出员额两年后，可以重新申请入额。符合入额条件的，参加考试考核，按照统一程序遴选入额。

第十六条　本办法适用于全国法院纳入员额管理的法官。

第十七条　各高级人民法院应当结合工作实际，研究细化法官员额退出的情形和程序等内容，制定具体实施办法。

第十八条　本办法由最高人民法院政治部负责解释，自2020年2月1日起施行。

## 省级以下人民法院法官员额动态调整指导意见（试行）

- 2020年1月8日
- 法发〔2020〕3号

为实现法官员额精细化管理，建立科学高效、符合审判工作实际的法官员额配置、调整、管理机制，根据人民法院组织法、法官法等相关规定，按照中央推进司法体制改革精神，结合人民法院工作实际，制定本意见。

一、法官员额配置总体以省（区、市）为单位，不得超过中央设定的比例范围。

二、省级以下人民法院法官员额，由高级人民法院在核定总量内统筹管理，原则上以设区的市（地区）为单位，在省级范围内合理分配、动态调整；直辖市高级人民法院可将辖区中级、基层人民法院法官员额并纳入统筹管理。

省、自治区内设的中级人民法院可以对辖区内的法官员额进行统筹配置、动态调整。

三、基层人民法院的法官员额配置，以核定编制、办案总量、法官人均办案量为主要依据。

高级、中级人民法院的员额配置，可以在核定编制、办案总量、法官人均办案量基础上，适当考虑对下业务指导等工作量。

四、法官员额配置应当向基层和办案一线倾斜。高级人民法院法官员额比例不得高于辖区基层人民法院平均水平。

五、上级人民法院可以根据辖区内法院法官办案工作量变化情况，以及人员编制、机构设置、案件数量、法官数量等情况，决定对法官员额的配置进行调整。

六、上级人民法院可以预留合理比例或数量的法官员额，用于辖区内调整配置。上级人民法院为动态调整预留的法官员额，原则上不得用于本院。

七、上级人民法院对辖区内法院法官员额进行调整配置的，可以调整使用预留的法官员额，也可以对各地法院已经配置的法官员额进行统筹调整。

八、出现下列情形之一的，应当及时对法官员额进行调整：

（一）法院案件数量大幅增加，法官员额明显不能适应办案工作需要的；

（二）因行政区划调整、机构撤销或设立等导致法院编制发生较大调整，案件数量或工作量发生重大变化的；

（三）法官办案数量较少，存在明显闲置的；

（四）其他确有必要调整员额的情形。

九、高级人民法院应当定期对辖区法院人员编制、案件数量、员额比例、法官人均办案工作量等进行全面调查评估，提出动态调整使用的意见，由院党组研究决定后实施。

十、上级人民法院对辖区法院法官员额实施全面调整的，原则上在一届院长任期内不超过两次，不宜频繁调整。

十一、法官员额的实时动态调整，原则上由有调整需求的人民法院提出，报上级人民法院批准。中级人民法院对辖区人民法院法官员额配置进行调整的，应当报高级人民法院备案。

十二、高级人民法院应当根据辖区内法院法官员额使用情况，及时统筹进行法官员额调整并启动法官入额、增补、退出工作。

十三、高级人民法院应当建立员额法官常态化增补机制，对辖区法院预留或空出的员额定期开展遴选，原则上每年开展员额法官遴选不少于一次。

十四、员额法官遴选中，在向省级法官遴选委员会推荐拟入额人选时，可综合考虑法院员额法官人均办案工作量、近期拟退休法官人数等因素，按照不高于员额法官空缺数30%的比例推荐递补人选。在下一次法官遴选工作启动前,因法官员额产生空缺的法院,可直接从递补入选中推荐拟入额人选,按程序报高级人民法院审批后办理任职手续。未能递补入额的人选,在下次员额法官遴选时,按照与其他人员相同的程序和标准参加遴选。

十五、根据工作需要,高级人民法院可以采取借用、转任等方式,将法官及所用员额、编制一并调整配置到需要增补法官的法院。

十六、高级人民法院应当结合工作实际,根据本意见研究制定本地区法官员额动态调整管理具体办法。

十七、本意见由最高人民法院政治部负责解释,自2020年2月1日起施行。

## 最高人民法院关于健全完善人民法院审判委员会工作机制的意见

· 2019年8月2日
· 法发〔2019〕20号

为贯彻落实中央关于深化司法体制综合配套改革的总体部署,健全完善人民法院审判委员会工作机制,进一步全面落实司法责任制,根据人民法院组织法、刑事诉讼法、民事诉讼法、行政诉讼法等法律及司法解释规定,结合人民法院工作实际,制定本意见。

**一、基本原则**

1. 坚持党的领导。坚持以习近平新时代中国特色社会主义思想为指导,增强"四个意识"、坚定"四个自信"、做到"两个维护",坚持党对人民法院工作的绝对领导,坚定不移走中国特色社会主义法治道路,健全公正高效权威的社会主义司法制度。

2. 实行民主集中制。坚持充分发扬民主和正确实行集中有机结合,健全完善审判委员会议事程序和议事规则,确保审判委员会委员客观、公正、独立、平等发表意见,防止和克服议而不决、决而不行,切实发挥民主集中制优势。

3. 遵循司法规律。优化审判委员会人员组成,科学定位审判委员会职能,健全审判委员会运行机制,全面落实司法责任制,推动建立权责清晰、权责统一、运行高效、监督有力的工作机制。

4. 恪守司法公正。认真总结审判委员会制度改革经验,不断完善工作机制,坚持以事实为根据、以法律为准绳,坚持严格公正司法,坚持程序公正和实体公正相统一,充分发挥审判委员会职能作用,努力让人民群众在每一个司法案件中感受到公平正义。

**二、组织构成**

5. 各级人民法院设审判委员会。审判委员会由院长、副院长和若干资深法官组成,成员应当为单数。

审判委员会可以设专职委员。

6. 审判委员会会议分为全体会议和专业委员会会议。

专业委员会会议是审判委员会的一种会议形式和工作方式。中级以上人民法院根据审判工作需要,可以召开刑事审判、民事行政审判等专业委员会会议。

专业委员会会议组成人员应当根据审判委员会委员的专业和工作分工确定。审判委员会委员可以参加不同的专业委员会会议。专业委员会会议全体组成人员应当超过审判委员会全体委员的二分之一。

**三、职能定位**

7. 审判委员会的主要职能是:

(1)总结审判工作经验;

(2)讨论决定重大、疑难、复杂案件的法律适用;

(3)讨论决定本院已经发生法律效力的判决、裁定、调解书是否应当再审;

(4)讨论决定其他有关审判工作的重大问题。

最高人民法院审判委员会通过制定司法解释、规范性文件及发布指导性案例等方式,统一法律适用。

8. 各级人民法院审理的下列案件,应当提交审判委员会讨论决定:

(1)涉及国家安全、外交、社会稳定等敏感案件和重大、疑难、复杂案件;

(2)本院已经发生法律效力的判决、裁定、调解书等确有错误需要再审的案件;

(3)同级人民检察院依照审判监督程序提出抗诉的刑事案件;

(4)法律适用规则不明的新类型案件;

(5)拟宣告被告人无罪的案件;

(6)拟在法定刑以下判处刑罚或者免予刑事处罚的案件;

高级人民法院、中级人民法院拟判处死刑的案件,应当提交本院审判委员会讨论决定。

9. 各级人民法院审理的下列案件,可以提交审判委员会讨论决定:

(1)合议庭对法律适用问题意见分歧较大,经专业(主审)法官会议讨论难以作出决定的案件;

(2)拟作出的裁判与本院或者上级法院的类案裁判

可能发生冲突的案件;

(3)同级人民检察院依照审判监督程序提出抗诉的重大、疑难、复杂民事案件及行政案件;

(4)指令再审或者发回重审的案件;

(5)其他需要提交审判委员会讨论决定的案件。

**四、运行机制**

10. 合议庭或者独任法官认为案件需要提交审判委员会讨论决定的,由其提出申请,层报院长批准;未提出申请,院长认为有必要的,可以提请审判委员会讨论决定。

其他事项提交审判委员会讨论决定的,参照案件提交程序执行。

11. 拟提请审判委员会讨论决定的案件,应当有专业(主审)法官会议研究讨论的意见。

专业(主审)法官会议意见与合议庭或者独任法官意见不一致的,院长、副院长、庭长可以按照审判监督管理权限要求合议庭或者独任法官复议;经复议仍未采纳专业(主审)法官会议意见的,应当按程序报请审判委员会讨论决定。

12. 提交审判委员会讨论的案件,合议庭应当形成书面报告。书面报告应当客观全面反映案件事实、证据、当事人或者控辩双方的意见,列明需要审判委员会讨论决定的法律适用问题、专业(主审)法官会议意见、类案与关联案件检索情况,有合议庭拟处理意见和理由。有分歧意见的,应纳入不同的意见和理由。

其他事项提交审判委员会讨论之前,承办部门应在认真调研并征求相关部门意见的基础上提出办理意见。

13. 对提交审判委员会讨论决定的案件或者事项,审判委员会工作部门可以先行审查是否属于审判委员会讨论范围并提出意见,报请院长决定。

14. 提交审判委员会讨论决定的案件,审判委员会委员有应当回避情形的,应当自行回避并报院长决定;院长的回避,由审判委员会决定。

审判委员会委员的回避情形,适用有关法律关于审判人员回避情形的规定。

15. 审判委员会委员应当提前审阅会议材料,必要时可以调阅相关案卷、文件及庭审音频视频资料。

16. 审判委员会召开全体会议和专业委员会会议,应当有其组成人员的过半数出席。

17. 审判委员会全体会议及专业委员会会议应当由院长或者院长委托的副院长主持。

18. 下列人员应当列席审判委员会会议:

(1)承办案件的合议庭成员、独任法官或者事项承办人;

(2)承办案件、事项的审判庭或者部门负责人;

(3)其他有必要列席的人员。

审判委员会召开会议,必要时可以邀请人大代表、政协委员、专家学者等列席。

经主持人同意,列席人员可以提供说明或者表达意见,但不参与表决。

19. 审判委员会举行会议时,同级人民检察院检察长或者其委托的副检察长可以列席。

20. 审判委员会讨论决定案件和事项,一般按照以下程序进行:

(1)合议庭、承办人汇报;

(2)委员就有关问题进行询问;

(3)委员按照法官等级和资历由低到高顺序发表意见,主持人最后发表意见;

(4)主持人作会议总结,会议作出决议。

21. 审判委员会全体会议和专业委员会会议讨论案件或者事项,一般按照各自全体组成人员过半数的多数意见作出决定,少数委员的意见应当记录在卷。

经专业委员会会议讨论的案件或者事项,无法形成决议或者院长认为有必要的,可以提交全体会议讨论决定。

经审判委员会全体会议和专业委员会会议讨论的案件或者事项,院长认为有必要的,可以提请复议。

22. 审判委员会讨论案件或者事项的决定,合议庭、独任法官或者相关部门应当执行。审判委员会工作部门发现案件处理结果与审判委员会决定不符的,应当及时向院长报告。

23. 审判委员会会议纪要或者决定由院长审定后,发送审判委员会委员、相关审判庭或者部门。

同级人民检察院检察长或者副检察长列席审判委员会的,会议纪要或者决定抄送同级人民检察院检察委员会办事机构。

24. 审判委员会讨论案件的决定及其理由应当在裁判文书中公开,法律规定不公开的除外。

25. 经审判委员会讨论决定的案件,合议庭、独任法官应及时审结,并将判决书、裁定书、调解书等送审判委员会工作部门备案。

26. 各级人民法院应当建立审判委员会会议全程录音录像制度,按照保密要求进行管理。审判委员会议题的提交、审核、讨论、决定等纳入审判流程管理系统,实行全程留痕。

27. 各级人民法院审判委员会工作部门负责处理审判委员会日常事务性工作，根据审判委员会授权，督促检查审判委员会决定执行情况，落实审判委员会交办的其他事项。

**五、保障监督**

28. 审判委员会委员依法履职行为受法律保护。

29. 领导干部和司法机关内部人员违法干预、过问、插手审判委员会委员讨论决定案件的，应当予以记录、通报，并依纪依法追究相应责任。

30. 审判委员会委员因依法履职遭受诬告陷害或者侮辱诽谤的，人民法院应当会同有关部门及时采取有效措施，澄清事实真相，消除不良影响，并依法追究相关单位或者个人的责任。

31. 审判委员会讨论案件，合议庭、独任法官对其汇报的事实负责，审判委员会委员对其本人发表的意见和表决负责。

32. 审判委员会委员有贪污受贿、徇私舞弊、枉法裁判等严重违纪违法行为的，依纪依法严肃追究责任。

33. 各级人民法院应当将审判委员会委员出席会议情况纳入考核体系，并以适当形式在法院内部公示。

34. 审判委员会委员、列席人员及其他与会人员应严格遵守保密工作纪律，不得泄露履职过程中知悉的审判工作秘密。因泄密造成严重后果的，严肃追究纪律责任和法律责任。

**六、附则**

35. 本意见关于审判委员会委员的审判责任范围、认定及追究程序，依据《最高人民法院关于完善人民法院司法责任制的若干意见》及法官惩戒相关规定等执行。

36. 各级人民法院可以根据本意见，结合本院审判工作实际，制定工作细则。

37. 本意见自 2019 年 8 月 2 日起施行。最高人民法院以前发布的规范性文件与本意见不一致的，以本意见为准。

## 最高人民法院、司法部关于印发《人民陪审员培训、考核、奖惩工作办法》的通知

· 2019 年 4 月 24 日
· 法发〔2019〕12 号

各省、自治区、直辖市高级人民法院、司法厅（局）、新疆维吾尔自治区高级人民法院生产建设兵团分院、新疆生产建设兵团司法局：

为认真贯彻实施《中华人民共和国人民陪审员法》，进一步规范人民陪审员培训、考核、奖惩等工作，最高人民法院、司法部研究制定了《人民陪审员培训、考核、奖惩工作办法》，现印发你们，请结合实际认真贯彻落实。

各地在执行中遇到重大情况和问题，请及时报告最高人民法院、司法部。

## 人民陪审员培训、考核、奖惩工作办法

### 第一章 总 则

**第一条** 为规范人民陪审员的培训、考核、奖惩等工作，根据人民陪审员法的相关规定，制定本办法。

**第二条** 人民陪审员的培训、考核和奖惩等日常管理工作，由基层人民法院会同司法行政机关负责。

人民法院和司法行政机关应当加强沟通联系，建立协调配合机制。

**第三条** 人民法院、司法行政机关应当确定机构或者指定专人负责人民陪审员的培训、考核和奖惩等工作，其他相关部门予以配合。

**第四条** 开庭通知、庭前阅卷、调查询问、参与调解、评议安排、文书签名等与人民陪审员参加审判活动密切相关事宜由各审判部门负责，其他管理工作包括随机抽取、协调联络、补助发放、送交裁判文书等事宜由人民法院根据本院实际情况确定负责部门。

**第五条** 最高人民法院和司法部应当完善配套机制，根据各自职责搭建技术平台，研发人民陪审员管理系统，加强系统对接和信息数据共享，为完善人民陪审员的信息管理、随机抽取、均衡参审、履职信息、业绩评价、考核培训和意见反馈等提供技术支持。

**第六条** 基层人民法院应当为人民陪审员颁发《人民陪审员工作证》。《人民陪审员工作证》由最高人民法院政治部制发统一样式，各地法院自行印制。人民陪审员任期届满或依法免除职务后，人民法院应当收回或注销其持有的《人民陪审员工作证》。

**第七条** 除法律规定外，人民法院、司法行政机关不得公开人民陪审员的通讯方式、家庭住址等个人信息。

**第八条** 人民陪审员依法履行审判职责期间，应当遵守《中华人民共和国法官职业道德基本准则》。

### 第二章 培 训

**第九条** 人民陪审员的培训分为岗前培训和任职期间培训。人民法院应当会同司法行政机关有计划、有组织地对人民陪审员进行培训，培训应当符合人民陪审员

参加审判活动的实际需要。培训内容包括政治理论、陪审职责、法官职业道德、审判纪律和法律基础知识等,也可以结合本地区案件特点与类型安排培训内容。

**第十条** 最高人民法院、司法部教育培训主管部门和相关业务部门负责制定统一的人民陪审员培训大纲和培训教材,提出明确的培训教学要求,定期对人民陪审员培训工作进行督促、检查。必要时,可以举办人民陪审员培训示范班和人民陪审员师资培训班。

**第十一条** 高级人民法院教育培训主管部门和法官教育培训机构负责本辖区人民陪审员培训规划和相关管理、协调工作。高级人民法院教育培训主管部门和法官教育培训机构承担本辖区人民陪审员岗前培训工作任务时,可以采取远程视频等信息化手段,基层人民法院会同司法行政机关组织配合。

高级人民法院应当会同同级司法行政机关制定本辖区人民陪审员培训工作的年度培训方案和实施意见,并分别报最高人民法院、司法部备案。

**第十二条** 任职期间培训主要由人民陪审员所在的基层人民法院会同同级司法行政机关承担,培训教学方案由中级人民法院负责审定,直辖市地区的培训教学方案由高级人民法院负责审定。

必要时,有条件的中级人民法院教育培训主管部门和法官培训机构可受委托承担人民陪审员培训任务。

**第十三条** 基层人民法院应当会同同级司法行政机关及时提出接受岗前培训的人员名单和培训意见,报上级人民法院教育培训主管部门、法官培训机构和司法行政机关相关业务部门。

**第十四条** 人民陪审员培训以脱产集中培训与在职自学相结合的方式进行,也可结合实际采取分段培训、累计学时的方式。

培训形式除集中授课外,可采取庭审观摩、专题研讨、案例教学、模拟演示、电化教学、巡回教学等多种形式。

岗前培训时间一般不少于40学时,任职期间的培训时间由人民法院根据实际情况和需要合理确定。

**第十五条** 人民法院和司法行政机关应当提供人民陪审员参加培训的场所、培训设施和其他必要的培训条件。

### 第三章 考核与奖励

**第十六条** 基层人民法院会同同级司法行政机关对人民陪审员履行审判职责的情况进行考核。

**第十七条** 对人民陪审员的考核实行平时考核和年终考核相结合。

平时考核由基层人民法院会同同级司法行政机关根据实际情况确定考核时间和方式。

年终考核由基层人民法院会同同级司法行政机关在每年年终进行。年终考核应对人民陪审员履职情况按照优秀、称职、基本称职、不称职评定等次。

**第十八条** 基层人民法院制定人民陪审员履行审判职责的考核办法,应当征求同级司法行政机关的意见。

**第十九条** 对人民陪审员的考核内容包括思想品德、陪审工作实绩、工作态度、审判纪律、审判作风和参加培训情况等方面。

**第二十条** 中级人民法院、高级人民法院在其辖区内的基层人民法院的人民陪审员名单中随机抽取人民陪审员参与本院审判工作的,海事法院、知识产权法院、铁路运输法院等没有对应同级人民代表大会的法院,在其所在地级市辖区内的基层人民法院或案件管辖区内的人民陪审员名单中随机抽取人民陪审员参加案件审判的,应将人民陪审员在本院履行审判职责的情况通报其所在的基层人民法院,作为对人民陪审员的考核依据之一。履职情况通报时间及方式由上述法院与人民陪审员所在法院具体协调。

**第二十一条** 基层人民法院应及时将年终考核结果书面通知人民陪审员本人及其所在单位、户籍所在地或者经常居住地的基层群众性自治组织、人民团体。

人民陪审员对考核结果有异议的,可以在收到考核结果书面通知后五日内向所在基层人民法院申请复核,基层人民法院在收到复核申请后十五日内作出复核决定,并书面通知人民陪审员本人及其所在单位、户籍所在地或者经常居住地的基层群众性自治组织、人民团体。

**第二十二条** 考核结果作为对人民陪审员进行表彰和奖励的依据。

**第二十三条** 对于在审判工作中有显著成绩或者有其他突出事迹的人民陪审员,由基层人民法院会同同级司法行政机关依照有关规定给予表彰和奖励。

表彰和奖励应当坚持依法、公平、公开、公正的原则。

**第二十四条** 人民陪审员有下列表现之一的,可认定为在审判工作中有显著成绩或者有其他突出事迹:

(一)对审判工作提出改革建议被采纳,效果显著的;

(二)对参加审判的案件提出司法建议,被有关部门采纳的;

(三)在陪审工作中,积极发挥主观能动作用,维护

社会稳定,事迹突出的;

（四）有其他显著成绩或者突出事迹的。

**第二十五条** 基层人民法院应及时将对人民陪审员的表彰和奖励决定书面通知人民陪审员本人及其所在单位、户籍所在地或者经常居住地的基层群众性自治组织、人民团体。

### 第四章　免除职务与惩戒

**第二十六条** 人民陪审员任期届满后职务自动免除,基层人民法院应当会同司法行政机关在其官方网站或者当地主流媒体上予以公告,无须再提请同级人民代表大会常务委员会免除其人民陪审员职务。

人民陪审员任期届满时,其参加审判的案件尚未审结的,可以履行审判职责到案件审结之日。

**第二十七条** 人民陪审员有人民陪审员法第二十七条规定情形之一的,经所在基层人民法院会同司法行政机关查证属实的,由院长提请同级人民代表大会常务委员会免除其人民陪审员职务。

**第二十八条** 人民陪审员被免除职务的,基层人民法院应当书面通知被免职者本人及其所在单位、户籍所在地或者经常居住地的基层群众性自治组织、人民团体,同时将免职名单抄送同级司法行政机关,基层人民法院、司法行政机关应将免职名单逐级报高级人民法院、省级司法行政机关备案。

**第二十九条** 人民陪审员有人民陪审员法第二十七条第一款第三项、第四项所列行为,经所在基层人民法院会同同级司法行政机关查证属实的,可以采取通知其所在单位、户籍所在地或者经常居住地的基层群众性自治组织、人民团体,在辖区范围内公开通报等措施进行惩戒。

**第三十条** 人民陪审员有人民陪审员法第二十七条第一款第四项所列行为,由所在基层人民法院会同同级司法行政机关进行查证;构成犯罪的,依法追究刑事责任。

### 第五章　附　则

**第三十一条** 本办法由最高人民法院、司法部共同负责解释。

**第三十二条** 本办法自 2019 年 5 月 1 日起施行。本办法施行前最高人民法院、司法部制定的有关人民陪审员培训、考核、奖惩等管理工作的规定,与本办法不一致的,以本办法为准。

## ·典型案例

### 人民陪审员参审十大典型案例①

#### 案例 1

#### 人民陪审员参加七人合议庭审理曾某侵害烈士名誉公益诉讼案

**一、案件基本情况**

2018 年,江苏省淮安市某小区高层住宅发生火灾,淮安市消防支队水上大队城南中队副班长谢勇,在抢险灭火过程中不幸坠楼,壮烈牺牲,公安部批准谢勇同志为烈士并颁发献身国防金质纪念章。被告曾某对谢勇烈士救火牺牲一事在微信群中公然发表侮辱性言论,歪曲谢勇烈士英勇牺牲的事实,该微信群共有成员 131 人,群内多人阅见曾某发表侮辱英烈言论。检察机关提起民事公益诉讼。江苏省淮安市中级人民法院随机抽取四名人民陪审员与三名法官组成七人合议庭审理本案。生效判决认为,被告曾某利用微信群发表带有侮辱性质的不实言论,歪曲烈士谢勇英勇牺牲的事实,构成对谢勇烈士名誉的侵害。曾某的行为侵犯了社会公共利益,判决被告曾某于判决生效之日起七日内在报纸上公开赔礼道歉。

**二、人民陪审员发挥的参审作用**

参与审理本案的人民陪审员本职工作分别是退休人民教师、电视台编辑、社区工作者、企业职员,来源组成较为广泛。合议庭组成后,人民陪审员迅速进入角色,积极履职。一是深入现场调查。人民陪审员数次走访涉事社区,全面了解事发经过,广泛听取民声民意,将个人意见建议和征集到的群众看法进行整理,与法官深入交流,相关意见被合议庭列为庭审重点调查内容。二是积极参与庭审合议。庭审中,人民陪审员围绕案件争议事实主动发问;合议时,人民陪审员从公众常识、公序良俗等方面作出独立分析判断,展现了普通民众看待烈士名誉侵权问题的视角,拓展了法官办案思维;判决书拟制完成后,人民陪审员与法官共同推敲斟酌、核稿校对,提出有针对性、建设性的修改意见,该

---

① 案例来源:https://www.court.gov.cn/zixun-xiangqing-374791.html。

案判决书被评为"江苏法院优秀裁判文书"。三是主动释法普法。该案判决后,人民陪审员主动担当社会责任,入校园、入社区、入企业,以案释法,积极影响身边群众,促进英雄烈士保护法深入人心,助推树立尊崇英烈、尊重英雄的良好社会风尚。

### 三、典型意义

本案是《中华人民共和国英雄烈士保护法》实施后全国首例英烈保护民事公益诉讼案件,受到社会各界广泛关注。本案人民陪审员以严肃认真的工作态度,忠实履行审判职责,认真梳理案情,深入开展调查,广泛征集民意,在庭审时就当地群众关心关注的主要问题积极主动发问,充分结合朴素的公平正义理念,以社会公众的视角对事实认定问题进行分析判断,提高了裁判的公信力和认可度,有力促进以司法公正引领社会公平正义目标的实现。该案入选"人民法院大力弘扬社会主义核心价值观十大典型民事案例"。

(本案由江苏省淮安市中级人民法院审理)

## 案例2

### 人民陪审员参加七人合议庭审理林某某等人黑社会性质组织犯罪案

### 一、案件基本情况

20世纪90年代开始,被告人林某某通过在广东省佛山市三水区经营渔港、夜总会、洗涤用品厂,积累经济实力,并招揽社会闲散人员,实施违法犯罪活动。以被告人林某某为组织者、领导者的黑社会性质组织先后实施了寻衅滋事、聚众斗殴、串通投标、非法采矿等一系列违法犯罪活动,利用组织的非法影响力和国家工作人员的包庇、纵容,对北江干流三水河段河砂开采业形成非法控制,同时与其他黑社会性质组织勾结,垄断北江干流清远河段河砂开采项目,严重破坏了当地的经济、社会生活秩序和生态环境,在当地造成极其恶劣的社会影响。2020年10月,佛山市顺德区人民检察院依法提起刑事附带民事公益诉讼。佛山市顺德区人民法院随机抽取四名人民陪审员,与三名法官组成七人合议庭审理本案。经审理判决,被告人林某某等人犯组织、领导黑社会性质组织罪、参加黑社会性质组织罪、非法采矿罪等,并连带赔偿生态环境修复费用、生态服务功能期间损失、环境损害评估费用共人民币29.6亿元。一审判决后被告人不服上诉,佛山市中级人民法院二审裁定驳回上诉,维持原判。

### 二、人民陪审员发挥的参审作用

四名人民陪审员在法官指引下充分认识党中央关于开展扫黑除恶专项斗争的重大意义,严肃认真参与到案件审判中。一是在陪审身份意识上体现一个"主"字。面对多达600卷案卷,超700项待处理财产,连续6天、每日近10个小时庭审,人民陪审员始终以案件审理者的"主人翁"心态和高度的责任感、使命感,做到全面参与阅卷、全过程参与庭审、全方位参与合议发表意见。二是在参审行动上体现一个"助"字。为在事实查明方面充分发挥作用,人民陪审员一一核对公诉机关移交的讯问录像与庭审举证的讯问笔录,反复观看案件所涉的视频、图片资料。人民陪审员还仔细研究控辩双方的理由和依据,在庭前会议、庭审发言等方面提供了详尽可行的解决方案。三是在确保审理效果上体现一个"补"字。在合议庭的尊重和支持下,人民陪审员主动搜集相关案例与法官交流,在法律适用方面充分发表自己的意见供合议庭参考。此外,还以人民陪审员特有的身份优势缓和各方冲突矛盾,确保了庭审顺利进行。

### 三、典型意义

本案是全国开展扫黑除恶专项斗争工作以来,佛山市乃至广东省内的一起重大涉黑案件,案件涉及扫黑除恶、生态文明保护等社会重大关切问题,社会影响重大。人民法院依法组织人民陪审员参与审理,把扫黑除恶与审判工作紧密结合,打好了一场扫黑除恶人民战争。合议庭在审判中,准确适用人民陪审员法七人合议庭事实认定和法律适用区分的规定,充分发挥人民陪审员"主""助""补"作用,是发挥人民陪审员参审主观能动性、明晰人民陪审员参审作用与范围、强化人民陪审员与法官协作的典型案例。

(本案由广东省佛山市顺德区人民法院审理)

## 案例3

### 人民陪审员参加七人合议庭审理发明专利权无效宣告行政纠纷案

### 一、案件基本情况

原告甲公司、乙公司针对第三人拥有的名称为"发光装置及显示装置"的发明专利(以下简称该专利)向原国家知识产权局专利复审委员会提出无效宣告请求。原告甲公司、乙公司认为,该专利权利要求1-16不符合专利法相关规定,不具有创造性,请求宣告该专利全部无效。专利复审委员会作出决定,维持该发明专利权有效,原告遂提起行政诉讼。北京知识产权法院从具有相应专业知识的人民陪审员名单中随机抽取四名人民陪审员,与三名法官共同组成七人合议庭审理本案。北京知识产权法院经审理后判决驳回原告甲公司、乙公司的诉讼请求。各方当事人均未上诉,判决已生效。

## 二、人民陪审员发挥的参审作用

本案专利技术是在 20 世纪 90 年代形成,彼时行业状况与审理时差异很大,案件所涉技术事实查明难度较大,对于该专利的创造性判断是一个不小的挑战。四名人民陪审员忠实履职,深度参与本案审理工作:阅卷过程中,人民陪审员运用专业知识,全面说明涉案技术背景和发展历程,帮助法官了解该领域技术发展水平;庭前会议中,人民陪审员向法官详细介绍了上世纪 90 年代的专利研发环境等情况;庭审阶段,人民陪审员认真听取双方意见,围绕争议焦点对双方展开有针对性的发问;合议时,人民陪审员结合本专利技术的研发过程,充分阐述相关事实依据和分析过程;判决书起草过程中,人民陪审员对技术事实部分提出修改意见,确保相关表述准确、说理充分。

## 三、典型意义

习近平总书记强调,"保护知识产权就是保护创新"。专利等技术类知识产权案件往往涉及复杂的技术事实查明和认定,北京知识产权法院随机抽取具有相应专业知识的人民陪审员共同组成合议庭,参与案件审理,有利于充分发挥其积极作用。人民陪审员在法官的指引下积极履职,形成优势互补,充分体现了司法民主。法官与人民陪审员共同对该案的复杂技术问题和证据材料进行深入分析,依法作出裁判,反映了中国法院加强知识产权保护的坚定决心。

(本案由北京知识产权法院审理)

## 案例 4

### 人民陪审员参加审理医疗服务合同纠纷案

#### 一、案件基本情况

2016 至 2017 年期间,陈某某与丈夫李某某因不孕至江苏省无锡市某医院诊疗,要求实施"体外受精—胚胎移植"手术,成功培育胚胎,待女方身体条件具备后准备进行胚胎移植手术。2019 年,李某某意外身亡,陈某某要求医院继续完成胚胎移植手术,但医院以缺少李某某签字、按照相关规定不得实施该类手术为由予以拒绝。陈某某认为,夫妻关系存续期间双方感情较好,自己继续完成胚胎移植手术寄托了一家人的全部希望,故诉至法院,请求判令医院继续履行医疗服务合同,为其实施胚胎移植手术。江苏省无锡市梁溪区人民法院从具有医学专业知识和相关行业管理背景的人民陪审员名单中随机抽取两名人民陪审员,与一名法官组成三人合议庭审理本案。法院经审理认为,双方订立的医疗服务合同合法、有效,陈某某要求医院继续履行医疗服务合同,并未违反当事人真实意思表示和知情同意原则,医院继续实施人类辅助生殖技术亦不违反保护后代原则,判决医院继续履行医疗服务合同,为陈某某实施胚胎移植手术。双方当事人均未上诉,判决已生效。

#### 二、人民陪审员发挥的参审作用

因现行法律对胚胎的性质无明确定义,加之医院是否有权在夫妻一方死亡的情况下继续实施胚胎移植手术这一问题存在争议,案涉家庭伦理和善良风俗,审理难度较大,社会关注度较高。本案两名人民陪审员分别来自高校生命科学与健康工程学院和民政局,在审理工作中主动作为,发挥了重要作用。一是积极协助查明案情。人民陪审员从行政服务管理角度,提出陈某某应当提供符合国家政策的证明文件,并要求陈某某的父母及公婆到庭,认真听取其对陈某某继续实施手术的意见,帮助承办法官查清涉案事实细节,提高事实认定的准确性。二是积极参与案件审理。在全面掌握案情的基础上,具有医学知识背景的人民陪审员从人类辅助生殖技术的医学发展趋势及实施胚胎移植的阶段步骤等方面着手,帮助法官了解相关医疗问题,并具体结合本案中胚胎保存条件,从专业角度指出医院并无事实上不能履行的客观困难;另一名人民陪审员则详细介绍了卫生行政管理部门关于从事人类生殖辅助技术的相关规定。三是助力裁判法理情共融。合议时,两名人民陪审员提出,司法裁判需要适当考虑民风民俗,兼顾法理人情,彰显中华民族传统美德和社会主义核心价值观,陈某某要求医院继续履行医疗服务合同为其移植胚胎的诉求,并未违反法律法规及公序良俗,应予以支持。

#### 三、典型意义

面对因人工辅助生殖技术飞速发展带来的一系列伦理、道德和法律困境,本案人民陪审员提出了贴近社会公众朴素价值观念和道德准则的评议意见,增进了裁判的社会认可度。法院最终作出支持陈某某诉请的裁判结果,合理保障了人工辅助生殖技术下的生育权补偿性实现,案件裁判取得了良好的法律效果和社会效果。

(本案由江苏省无锡市梁溪区人民法院审理)

## 案例 5

### 人民陪审员参加审理涉农买卖合同纠纷案

#### 一、案件基本情况

原告张某甲、张某乙、胡某某三人均系新疆维吾尔自治区沙雅县某园艺场的果农,种植约 70 亩梨园。2019 年 4 月,三名原告为增加果树母梨挂果率,前往被告处购买农药,被告法定代表人李某及销售人员向原告推荐"氟硅唑"药剂,但原告喷施后发现梨树基本没有坐果,甚至大量减产。原告遂委托某农业科技公司进行鉴定,该机构于2019年5月出具的鉴定意见认为香梨没有坐果与喷施"氟硅唑"药剂有因果关系,造成经济损失合计30万余元。原告诉至法院,要求被告赔偿经济损失,退还并以三倍价格赔偿原告购买农药款。沙雅县人民法院从具有林果业种植经营经验的人民陪审员名单中随机抽取一名人民陪审员,与两名法官组成合议庭审理本案。法院经审理认为,原告单方委托鉴定机构作出的鉴定意见不具有客观性,经查该机构亦无农药药害的鉴定资质,判决驳回原告诉讼请求。

### 二、人民陪审员发挥的参审作用

本案事实问题争议焦点为原告梨园造成损失的原因是否因被告销售的"氟硅唑"药剂造成,双方对药剂的产品质量均无异议。参加本案审理的人民陪审员具有30余年经营管理梨园的经验,在事实认定方面发挥了积极作用。一是协助厘清审理思路。人民陪审员认真阅卷、了解案情,为法官讲解种植业领域生产管理的专业知识,结合多年种植管理果园的丰富经验提出,梨树结果分大小年,但气候变化、土壤水肥、授粉树的数量及培植情况、日常管理等因素都会对母梨坐果及梨树产量起到决定性作用。为增加母梨坐果数量,果农一般要根据实际情况合理配比药剂喷洒,否则会对梨树开花结果造成影响。人民陪审员提出,为确定实际损失,应当到梨园现场调取客观证据。二是发挥优势深度参审。本案审理过程中,为准确认定事实,人民陪审员积极参与实地调查取证,赴现场详细了解原告喷洒药剂的具体配比、喷洒时间、喷洒方法、梨园管理、授粉树栽植等情况,实地查看了喷洒药剂的周边其他梨树,具体判断该药剂对周边梨树的影响。经调查确认,周边果农使用该药剂并未对产量造成直接影响,案涉梨园梨树栽植授粉树较少、授粉树分布不合理等因素,都是导致减产的重要原因。合议庭评议时,人民陪审员根据调查取证的证据情况,与法官共同对鉴定意见作出认定,独立发表意见,行使表决权。

### 三、典型意义

"三农"问题是关系国计民生的根本性问题。人民法院在审理涉农案件时,既要维护农民合法权益,又要注重营商环境的保护。本案人民陪审员参审积极性高,借助自身职业经历和丰富的生活经验,深入细致分析案情,为法官把握案情脉络、查清案件事实提供了有益帮助,有力弥补了法官在种植业生产管理方面专业知识的不足。同时,本案法官充分尊重人民陪审员行使履职权利,促进人民陪审员深度参审,既维护了当事人的合法权益,又取得较好的案件审理效果。

(本案由新疆维吾尔自治区阿克苏地区沙雅县人民法院审理)

## 案例6

### 人民陪审员参加七人合议庭审理海洋环境民事公益诉讼案

### 一、案件基本情况

2016年8月23日,某货船船长李某某与从事垃圾收购的中介崔某某联系,约定驾船前往某地码头装载垃圾运至海上倾倒,每吨垃圾按照65元结算,李某某雇请甘某某到船上工作,当日到达提供垃圾货源的温某某指定的码头装载垃圾659.3吨,崔某某支付李某某3.5万元。次日,李某某驾船并指示甘某某操作挖掘机将船上装载的大部分垃圾倾倒入海,共计563.99吨。8月25日,案涉船舶及船上人员被海关缉私部门查获。经评估,本次垃圾倾倒事件造成海洋环境容量损害、海水水质污染、海洋生物死亡等后果,珠海市生态环境局向广州海事法院提起公益诉讼,请求判令温某某、崔某某、李某某、甘某某及案涉船舶船主连带赔偿恢复费用、垃圾清运处理费用等损失合计204.9万元,并赔礼道歉,珠海市人民检察院支持原告提起诉讼。广州海事法院从具有涉海专业知识的人民陪审员名单中随机抽取四名人民陪审员,与三名法官组成七人合议庭,由院长担任审判长。一审判决被告温某某、崔某某、李某某赔偿环境恢复费用等损失合计204.9万元,甘某某在赔偿额85.54%的范围内承担连带责任,并共同向公众公开赔礼道歉。被告温某某、甘某某不服,提起上诉。广东省高级人民法院二审驳回上诉,维持原判。

### 二、人民陪审员发挥的参审作用

本案是由侵权人向海洋倾倒垃圾引起的海洋环境民事公益诉讼案。四名人民陪审员来自涉海相关行业,热心海洋环境公益事业,在案件审理过程中发挥积极作用。一是认真查明事实。人民陪审员围绕争议事实展开调查,结合事实问题清单,就垃圾倾倒事件是否造成海洋环境损害、五名被告是否共同实施了污染环境的行为、造成的环境损害范围等具体事实认定逐项发表意见,合议笔录长达36页。二是进一步提出科学合理的生态修复意见。合议中,人民陪审员运用专业知识,分析提出倾倒入海的垃圾在海洋洋流运动的影响下已极度分散,客观上难以通过打捞、收集、清运等方式消除影响,在被告方表示没有能力恢复海洋环境的情况下,如果判决被告修复海洋环境,反而难以使受损的海洋环境得到及时修复,并不利于社会公共利益保护。这一意见被合议庭采纳,决定支持原告诉讼请求,采取替代性环境修复方式,通过建立环境损害与修复生态环境服务的折现量之间的等量关系确定最终赔偿数额,判决被告赔偿生态环境修复费用。

### 三、典型意义

关心海洋、认识海洋、经略海洋，树立海洋命运共同体理念，是海洋强国的必由之路。本案法官认真履行与案件审判相关的指引、提示义务，精心制作事实问题清单，确保四名人民陪审员在海洋环境损害事实查明中的专业作用得到充分发挥，彰显了环境司法的公众参与原则；四名人民陪审员认真履行职责，增加了裁判的可接受度；互联网全程庭审直播的形式，展示了人民司法定分止争功能，有力保护了粤港澳大湾区海域海洋生态环境，进一步发挥了海洋环境司法的规范、教育、引导功能，贯彻了环境司法的公众参与原则，提升了公众的海洋环境保护意识和法治意识。

（本案由广州海事法院审理）

## 案例 7

**人民陪审员参加审理卢某某等人校园欺凌案**

### 一、案件基本情况

2020年9月，谭某某等5名某技术学校学生在学校附近文具店无故殴打同学夏某某，后纠集被告人卢某某等强行将夏某某带往公园女厕所，共同以扯头发、扇巴掌等方式对夏某某实施殴打，并使用手机拍摄殴打过程等视频、照片，摔坏被害人夏某某手机一部。之后被告人卢某某等人通过微信群传播涉案视频、照片。经鉴定，夏某某轻微伤，医院诊断其出现急性应激反应、重度抑郁、重度焦虑症状。广州市花都区人民检察院指控被告人卢某某犯寻衅滋事罪提起公诉。由于案涉未成年人校园欺凌，广州市花都区人民法院随机抽取两名人民陪审员，与一名法官组成三人合议庭审理本案。法院经审理认为，公诉机关指控被告人卢某某犯寻衅滋事罪的事实清楚；另查明2020年10月，被告人卢某某家属赔偿被害人2.5万元，并取得被害人及其家属的谅解；综合案件性质、情节、危害后果及被告人的认罪态度和悔罪表现，经听取被害人意见，依法判处被告人有期徒刑一年。被告人不服一审判决提出上诉，二审法院认为原判认定事实清楚，定罪和适用法律正确，维持原判。

### 二、人民陪审员发挥的参审作用

本案人民陪审员具有多年教师从业经历，参审过程中，人民陪审员充分发挥教育学、心理学方面的专业知识优势，积极履行参审职责，切实提升审判工作质效。一是引入青少年教育工作者的视角。人民陪审员设身处地分析被告人和同案人的心路历程，深入分析被害人谅解时的所思所想，协助法官精心设计庭审问题，提示法官注意庭审发问方式和语言风格，为法庭调查提供了有益参考。庭审时，人民陪审员以富有亲和力的谈心方式发问，促使被告人全面讲出案发细节。人民陪审员还按照"教育、感化、挽救"的未成年人审判理念，从道德、人情、成长等角度进行法庭教育。二是反映社会公众普遍观感吸收民意。评议时，法官向人民陪审员详细分析讲解寻衅滋事罪与故意伤害罪等相关罪名的区别，指引人民陪审员充分发表意见。合议庭审理认为，校园欺凌案件性质恶劣，一众学生暴力殴打、拍摄并传播有辱被害人人格的视频等行为给被害人身心带来难以逆转的巨大伤害，不适宜适用缓刑。三是投身法治宣传和校园欺凌治理。本案宣判后，人民陪审员指出，本案暴露出学校、家庭、教育主管部门存在宣传教育缺位、监管预防缺失等不足，建议人民法院向教育主管部门、学校发出校园欺凌、校园安全防控的司法建议，尽可能杜绝此类犯罪再次发生。合议庭采纳了人民陪审员意见，针对建立常态化校园欺凌防控工作机制认真拟定司法建议，建议定期开展学生法治安全教育、加强校园安全监管，严防校园欺凌事件发生，保护未成年人健康成长。教育主管部门和学校收到司法建议后，积极采取了成立预防校园欺凌工作小组、开展隐患排查整治、邀请专家普法宣讲、组建"家校联合巡查队"等一系列措施，加强未成年人保护。

### 三、典型意义

本案人民陪审员将教育专业知识与司法审判理念深度融合，由参审之初因不了解法律知识的不敢发言，到充分认识到人民陪审员参与案件审理的价值意义后积极履职，深入思考，主动作为，亲身经历了一场法治的洗礼，也帮助案件审理工作取得了良好效果。特别是案件宣判后，人民陪审员积极延伸参审职能，主动承担起"法治宣传员"的角色，穿针引线、建言献策，有力推动形成对校园欺凌的社会治理合力，为加强未成年人司法保护贡献了力量。

（本案由广东省广州市花都区人民法院审理）

## 案例 8

**人民陪审员参加七人合议庭审理**
**"3·07"长江特大非法采砂案**

### 一、案件基本情况

2021年3月至7月，张某某、章某某等人出资，由洪某某等人提供采砂船，章某某等人提供运砂船，在未取得采砂许可证的情况下，在长江安徽铜陵段淡水豚国家级自然保护区河段上下断面（长江禁采区）使用采运一体的方式共同非法采运江砂4.6万余吨，价值289.3万余元。马某某明知江砂系盗采,仍收购 1700 吨并出售。经评估,张某某等人非法采砂行为造成的长江生态环境损失为 515 万余元。江苏省建湖县人民检察院在提起公诉的同时提起附带民事公益诉讼,要求被告人对长江生态环境损害价值在各自参与犯罪部分承担连带赔偿责任。东台市人民法院根据具体案情和审判工作需要,在随机抽取两名人民陪审员的基础上,再从具有环保专业知识的人民陪审员名单中随机抽取两名,与三名法官组成七人合议庭审理本案。东台市人民法院经审理,以非法采矿罪、掩饰、隐瞒犯罪所得罪判处张某某、章某某等三十三名被告人有期徒刑四年六个月至一年不等,并处二十万元至一万五千元不等罚金;判决张某某、章某某等十四名被告对其非法采砂行为造成的长江生态环境损害按照各自参与犯罪部分承担连带赔偿责任,并在国家级媒体上公开赔礼道歉。该判决已生效。

### 二、人民陪审员发挥的参审作用

本案系《中华人民共和国长江保护法》实施后仍顶风作案的一起严重破坏长江生态资源案件。为保障审理工作顺利进行,合议庭制定了详细的庭审预案,并对人民陪审员进行指导,鼓励人民陪审员围绕争议事实积极发问。人民陪审员认真履行陪审职责,发挥了积极作用。一是认真阅卷做好参审准备。本案人民陪审员参与查阅案件卷宗四十余册,逐项核实被告人基本信息,逐条梳理各被告人参与的犯罪脉络,将其有疑虑的犯罪情节进行系统整理。二是结合专业知识发问助力庭审查明事实。人民陪审员围绕被告人非法采砂行为造成的长江生态环境破坏、惩罚性赔偿责任等问题从专业角度向公益诉讼起诉人进行发问。三是充分发表合议意见切实履职尽责。合议前,法官围绕公益诉讼概念、环境保护相关法律法规等内容为人民陪审员进行释明。合议时,人民陪审员就采砂监管等行业技术问题进行详细介绍,并与合议庭其他成员充分讨论,就案件事实部分结合庭审感受发表意见,指出被告人的行为直接导致案发长江水域生态系统受损,对长江水生动植物的丰富度和多样性造成不利影响,为准确认定案件事实提供了重要参考意见和帮助,该观点被合议庭采纳。

### 三、典型意义

本案由最高人民法院指定管辖,公安部、最高人民检察院联合挂牌督办,人民群众关注度高,社会影响重大。人民法院积极吸收人民陪审员参加案件审理工作,并在个案随机抽取规则方面进行了积极探索,从人民群众的常识常理与专业知识背景两方面与法官形成思维和智识上的优势互补,帮助法官拓宽审理工作思路,为准确认定事实提供了重要的参考和有益的帮助,维护了司法公信,增进了司法权威。案件审判工作取得良好的社会反响,实现了法律效果、政治效果与社会效果的有机统一。

(本案由江苏省东台市人民法院审理)

## 案例 9

### 人民陪审员参加七人合议庭审理行政机关不履行法定职责行政公益诉讼案

### 一、基本案情

2017 年,贵州省铜仁市沿河土家族自治县某街道部分商户和小区居民住户将未经处理的生活污水集中排放至某溪低洼地处,形成一个面积约 700 平方米的污水塘,该污水塘中的污水未经处理通过渗透、暗管或沟渠顺流到自然沟后直排乌江河中,严重影响了附近居民群众及企业的生产生活。2021 年 4 月,沿河自治县人民检察院向沿河土家族自治县水务局发出检察建议,建议其依法对排放污水行为进行调查处理。水务局收到建议后未在规定时间回复。检察机关经回访发现,周边商户及居民生产、生活污水并未排入城镇排水设施,仍在向污水塘或沟渠排放不符合排放标准的污水,社会公共利益仍处于受侵害状态。沿河自治县人民检察院遂向贵州省德江县人民法院提起行政公益诉讼,请求确认该行政机关怠于履行职责行为违法,判令其依法履行职责。德江县人民法院随机抽四名人民陪审员,与三名法官组成七人合议庭审理本案。法院经审理认为,本案被告在开庭审理后至宣判前积极采取了补救措施,对该片区污水网管进行彻底整治。鉴于黑臭水体已经消除、污水直排乌江问题已解决,行政公益诉讼诉目的已基本实现,裁定终结诉讼。

### 二、人民陪审员发挥的参审作用

本案开庭前,人民陪审员认真翻阅卷宗、了解案情,在法官指引下熟悉相关法律条文,多次赴实地勘察现场;庭审中,人民陪审员结合丰富的社会生活阅历,分析事实问题争议焦点,就被诉行政机关是否履职、是否应当继续履职的行为发表意见,指出行政机关不应当只看自己的职责以及在被起诉后有没有做出整改,还要看履行的实际情况以及取得的效果,也应负有提示警醒、宣传教育河流污染危害性的义务。人民陪审员提出,经庭前对案件实地勘查,整改情况并不乐观,有加大整改力度的必要,建议法院关注被告履职情况及治理成效。合议庭认真吸收人民陪审员意见,庭审后多次回访案件现场,持续跟进整改情况。在庭审后,水务局进行专项治理,有序推进整改。沿河自治县检察院建议本案终结审理,人民陪审员得知后提出,应当详细了解当地群众对整改情况的满意度,建议沿河自治县检察院采取听证的方式。德江县人民法院对整改情况及满意度向周边居民进行调查,对接沿河自治县人民检察院召开听证会,案件审理取得良好效果。

### 三、典型意义

本案人民陪审员熟悉当地社情民意,与群众接触较为密切,忠实履行法律赋予的审判职责,充分发挥参与司法、监督司法、见证司法的积极作用。本案审结后,人民陪审员将参审经历和感受到的法治精神带回日常生活中,以案释法,积极向身边的人民群众进行宣传,形成很好的辐射效应,进一步密切了人民法院和人民群众的血肉联系,增进了群众对人民法院司法工作的理解、信任与支持,提高了人民群众的法治意识。

(本案由贵州省德江县人民法院审理)

## 案例 10
### 人民陪审员参加审理海事行政处罚案

### 一、案件基本情况

2018 年 1 月,天津市某化工科技公司就两个集装箱货物自天津港运至海口港向泉州某公司订舱,申报货物名称为"陶瓷熔块",已完成货物装箱并集港等待运输。1 月 17 日,北疆海事局对货物实施开箱查验,并在两个集装箱内进行了随机取样,委托天津某检验中心对样品进行检验。检验中心出具检验报告认定两个集装箱内的样品主要成分为氢氧化钠,属于我国《危险化学品目录(2015 版)》中规定的 8 类腐蚀性危险化学品,应按危险化学品储运。3 月,北疆海事局以该公司将危险化学品谎报为普通货物托运为由,依法给予罚款 10.9 万元的行政处罚。该公司不服,申请行政复议,天津海事局维持行政处罚。该公司诉至天津海事法院。天津海事法院受理后,在符合专业要求的人民陪审员名单中随机抽取一名人民陪审员,与两名法官组成三人合议庭审理本案。法院经审理认为,涉案行政处罚和复议决定认定事实清楚,适用法律、法规正确,判决驳回原告的诉讼请求。二审维持原判。

### 二、人民陪审员发挥的参审作用

本案案情涉及危险化学品认定、运输等专业知识,人民陪审员毕业于大连海事大学驾驶专业,担任过船长,是中国出入境检验检疫协会专家组成员,多次参与协会团体标准的制定和修订工作,具有丰富的危险化学品知识和样品取样、鉴定的实践经验,在审理过程中发挥了重要作用。一是提供有力技术支撑。开庭前,人民陪审员多次赴法院参加庭前会议,审阅相关证据材料,敏锐指出检验机构在检验报告中所引用的《危险化学品目录(2017 版)》不存在,可能存在笔误,需要检验机构予以澄清。后经证实,此处确为检验机构笔误。这一问题的及时发现,避免了庭审中该问题被突击提出,保障庭审得以顺利进行。二是积极参与庭审。人民陪审员在庭审中就行政相对人提出异议的取样标准适用范围进行了释明,并询问行政相对人涉案事实是否符合相关规定的要件。人民陪审员从专业角度的提问,赢得了当事人的信任。合议中,人民陪审员详细阐述了《危险化学品安全管理条例》相关规定适用范围及《危险化学品目录》立法原意,并在裁判文书制作过程中,就专业用语使用、相关法律法规适用要点等提出建议,提高了裁判文书表述准确性,增强了裁判公信度。

### 三、典型意义

本案人民陪审员深度参与案件审理,充分运用其专业素养深厚、实践经验丰富的优势,在认定关键证据、审核鉴定结论、查明争议事实方面发挥作用,切实提高审判工作质效和裁判专业化水平。2019 年,本案入选全国海事审判典型案例,参审本案的人民陪审员心中激动又自豪:"之前许多人说,人民陪审员并没有实际作用。我一直忐忑。但在这个案件中,我通过亲身参与司法切实感受到,人民陪审员在审理过程中能够行使法律赋予的审判权,我的专业知识和意见建议真真切切地发挥了作用,这令我倍受鼓舞。我相信,只要每一名人民陪审员积极参审、认真履职,司法公信力和透明度一定能得到更大的提升。"

(本案由天津海事法院审理)

# 三、主管和管辖

## 最高人民法院关于人民法院登记立案若干问题的规定

- 2015年4月13日最高人民法院审判委员会第1647次会议通过
- 2015年4月15日最高人民法院公告公布
- 自2015年5月1日起施行
- 法释〔2015〕8号

为保护公民、法人和其他组织依法行使诉权,实现人民法院依法、及时受理案件,根据《中华人民共和国民事诉讼法》《中华人民共和国行政诉讼法》《中华人民共和国刑事诉讼法》等法律规定,制定本规定。

**第一条** 人民法院对依法应该受理的一审民事起诉、行政起诉和刑事自诉,实行立案登记制。

**第二条** 对起诉、自诉,人民法院应当一律接收诉状,出具书面凭证并注明收到日期。

对符合法律规定的起诉、自诉,人民法院应当当场予以登记立案。

对不符合法律规定的起诉、自诉,人民法院应当予以释明。

**第三条** 人民法院应当提供诉状样本,为当事人书写诉状提供示范和指引。

当事人书写诉状确有困难的,可以口头提出,由人民法院记入笔录。符合法律规定的,予以登记立案。

**第四条** 民事起诉状应当记明以下事项:

(一)原告的姓名、性别、年龄、民族、职业、工作单位、住所、联系方式,法人或者其他组织的名称、住所和法定代表人或者主要负责人的姓名、职务、联系方式;

(二)被告的姓名、性别、工作单位、住所等信息,法人或者其他组织的名称、住所等信息;

(三)诉讼请求和所根据的事实与理由;

(四)证据和证据来源;

(五)有证人的,载明证人姓名和住所。

行政起诉状参照民事起诉状书写。

**第五条** 刑事自诉状应当记明以下事项:

(一)自诉人或者代为告诉人、被告人的姓名、性别、年龄、民族、文化程度、职业、工作单位、住址、联系方式;

(二)被告人实施犯罪的时间、地点、手段、情节和危害后果等;

(三)具体的诉讼请求;

(四)致送的人民法院和具状时间;

(五)证据的名称、来源等;

(六)有证人的,载明证人的姓名、住所、联系方式等。

**第六条** 当事人提出起诉、自诉的,应当提交以下材料:

(一)起诉人、自诉人是自然人的,提交身份证明复印件;起诉人、自诉人是法人或者其他组织的,提交营业执照或者组织机构代码证复印件、法定代表人或者主要负责人身份证明书;法人或者其他组织不能提供组织机构代码的,应当提供组织机构被注销的情况说明;

(二)委托起诉或者代为告诉的,应当提交授权委托书、代理人身份证明、代为告诉人身份证明等相关材料;

(三)具体明确的足以使被告或者被告人与他人相区别的姓名或者名称、住所等信息;

(四)起诉状原本和与被告或者被告人及其他当事人人数相符的副本;

(五)与诉请相关的证据或者证明材料。

**第七条** 当事人提交的诉状和材料不符合要求的,人民法院应当一次性书面告知在指定期限内补正。

当事人在指定期限内补正的,人民法院决定是否立案的期间,自收到补正材料之日起计算。

当事人在指定期限内没有补正的,退回诉状并记录在册;坚持起诉、自诉的,裁定或者决定不予受理、不予立案。

经补正仍不符合要求的,裁定或者决定不予受理、不予立案。

**第八条** 对当事人提出的起诉、自诉,人民法院当场不能判定是否符合法律规定的,应当作出以下处理:

(一)对民事、行政起诉,应当在收到起诉状之日起七日内决定是否立案;

(二)对刑事自诉,应当在收到自诉状次日起十五日内决定是否立案；

（三）对第三人撤销之诉，应当在收到起诉状之日起三十日内决定是否立案；

（四）对执行异议之诉，应当在收到起诉状之日起十五日内决定是否立案。

人民法院在法定期间内不能判定起诉、自诉是否符合法律规定的，应当先行立案。

**第九条** 人民法院对起诉、自诉不予受理或者不予立案的，应当出具书面裁定或者决定，并载明理由。

**第十条** 人民法院对下列起诉、自诉不予登记立案：

（一）违法起诉或者不符合法律规定的；

（二）涉及危害国家主权和领土完整的；

（三）危害国家安全的；

（四）破坏国家统一和民族团结的；

（五）破坏国家宗教政策的；

（六）所诉事项不属于人民法院主管的。

**第十一条** 登记立案后，当事人未在法定期限内交纳诉讼费的，按撤诉处理，但符合法律规定的缓、减、免交诉讼费条件的除外。

**第十二条** 登记立案后，人民法院立案庭应当及时将案件移送审判庭审理。

**第十三条** 对立案工作中存在的不接收诉状、接收诉状后不出具书面凭证、不一次性告知当事人补正诉状内容，以及有案不立、拖延立案、干扰立案、既不立案又不作出裁定或者决定等违法违纪情形，当事人可以向受诉人民法院或者上级人民法院投诉。

人民法院应当在受理投诉之日起十五日内，查明事实，并将情况反馈当事人。发现违法违纪行为的，依法依纪追究相关人员责任；构成犯罪的，依法追究刑事责任。

**第十四条** 为方便当事人行使诉权，人民法院提供网上立案、预约立案、巡回立案等诉讼服务。

**第十五条** 人民法院推动多元化纠纷解决机制建设，尊重当事人选择人民调解、行政调解、行业调解、仲裁等多种方式维护权益，化解纠纷。

**第十六条** 人民法院依法维护登记立案秩序，推进诉讼诚信建设。对干扰立案秩序、虚假诉讼的，根据民事诉讼法、行政诉讼法有关规定予以罚款、拘留；构成犯罪的，依法追究刑事责任。

**第十七条** 本规定的"起诉"，是指当事人提起民事、行政诉讼；"自诉"，是指当事人提起刑事自诉。

**第十八条** 强制执行和国家赔偿申请登记立案工作，按本规定执行。

上诉、申请再审、刑事申诉、执行复议和国家赔偿申诉案件立案工作，不适用本规定。

**第十九条** 人民法庭登记立案工作，按照本规定执行。

**第二十条** 本规定自2015年5月1日起施行。以前有关立案的规定与本规定不一致的，按照本规定执行。

## 最高人民法院关于审理民事级别管辖异议案件若干问题的规定

- 2009年7月20日最高人民法院审判委员会第1471次会议通过
- 根据2020年12月23日最高人民法院审判委员会第1823次会议通过的《最高人民法院关于修改〈最高人民法院关于人民法院民事调解工作若干问题的规定〉等十九件民事诉讼类司法解释的决定》修正
- 2020年12月29日最高人民法院公告公布
- 自2021年1月1日起施行
- 法释〔2020〕20号

为正确审理民事级别管辖异议案件，依法维护诉讼秩序和当事人的合法权益，根据《中华人民共和国民事诉讼法》的规定，结合审判实践，制定本规定。

**第一条** 被告在提交答辩状期间提出管辖权异议，认为受诉人民法院违反级别管辖规定，案件应当由上级人民法院或者下级人民法院管辖的，受诉人民法院应当审查，并在受理异议之日起十五日内作出裁定：

（一）异议不成立的，裁定驳回；

（二）异议成立的，裁定移送有管辖权的人民法院。

**第二条** 在管辖权异议裁定作出前，原告申请撤回起诉，受诉人民法院作出准予撤回起诉裁定的，对管辖权异议不再审查，并在裁定书中一并写明。

**第三条** 提交答辩状期间届满后，原告增加诉讼请求金额致使案件标的额超过受诉人民法院级别管辖标准，被告提出管辖权异议，请求由上级人民法院管辖的，人民法院应当按照本规定第一条审查并作出裁定。

**第四条** 对于应由上级人民法院管辖的第一审民事案件，下级人民法院不得报请上级人民法院交其审理。

**第五条** 被告以受诉人民法院同时违反级别管辖和地域管辖规定为由提出管辖权异议的，受诉人民法院应当一并作出裁定。

**第六条** 当事人未依法提出管辖权异议，但受诉人民法院发现其没有级别管辖权的，应当将案件移送有管辖权的人民法院审理。

**第七条** 对人民法院就级别管辖异议作出的裁定，当事人不服提起上诉的，第二审人民法院应当依法审理并作出裁定。

**第八条** 对于将案件移送上级人民法院管辖的裁定，当事人未提出上诉，但受移送的上级人民法院认为确有错误的，可以依职权裁定撤销。

**第九条** 经最高人民法院批准的第一审民事案件级别管辖标准的规定，应当作为审理民事级别管辖异议案件的依据。

**第十条** 本规定施行前颁布的有关司法解释与本规定不一致的，以本规定为准。

## 最高人民法院关于海事法院受理案件范围的规定

- 2015年12月28日最高人民法院审判委员会第1674次会议通过
- 2016年2月24日最高人民法院公告公布
- 自2016年3月1日起施行
- 法释〔2016〕4号

根据《中华人民共和国民事诉讼法》《中华人民共和国海事诉讼特别程序法》《中华人民共和国行政诉讼法》以及我国缔结或者参加的有关国际条约，结合我国海事审判实际，现将海事法院受理案件的范围规定如下：

**一、海事侵权纠纷案件**

1. 船舶碰撞损害责任纠纷案件，包括浪损等间接碰撞的损害责任纠纷案件；
2. 船舶触碰海上、通海可航水域、港口及其岸上的设施或者其他财产的损害责任纠纷案件，包括船舶触碰码头、防波堤、栈桥、船闸、桥梁、航标、钻井平台等设施的损害责任纠纷案件；
3. 船舶损坏在空中架设或者在海底、通海可航水域敷设的设施或者其他财产的损害责任纠纷案件；
4. 船舶排放、泄漏、倾倒油类、污水或者其他有害物质，造成水域污染或者他船、货物及其他财产损失的损害责任纠纷案件；
5. 船舶的航行或者作业损害捕捞、养殖设施及水产养殖物的责任纠纷案件；
6. 航道中的沉船沉物及其残骸、废弃物、海上或者通海可航水域的临时或者永久性设施、装置，影响船舶航行，造成船舶、货物及其他财产损失和人身损害的责任纠纷案件；
7. 船舶航行、营运、作业等活动侵害他人人身权益的责任纠纷案件；
8. 非法留置或者扣留船舶、船载货物和船舶物料、燃油、备品的责任纠纷案件；
9. 为船舶工程提供的船舶关键部件和专用物品存在缺陷而引起的产品质量责任纠纷案件；
10. 其他海事侵权纠纷案件。

**二、海商合同纠纷案件**

11. 船舶买卖合同纠纷案件；
12. 船舶工程合同纠纷案件；
13. 船舶关键部件和专用物品的分包施工、委托建造、订制、买卖等合同纠纷案件；
14. 船舶工程经营合同（含挂靠、合伙、承包等形式）纠纷案件；
15. 船舶检验合同纠纷案件；
16. 船舶工程场地租用合同纠纷案件；
17. 船舶经营管理合同（含挂靠、合伙、承包等形式）、航线合作经营合同纠纷案件；
18. 与特定船舶营运相关的物料、燃油、备品供应合同纠纷案件；
19. 船舶代理合同纠纷案件；
20. 船舶引航合同纠纷案件；
21. 船舶抵押合同纠纷案件；
22. 船舶租用合同（含定期租船合同、光船租赁合同等）纠纷案件；
23. 船舶融资租赁合同纠纷案件；
24. 船员劳动合同、劳务合同（含船员劳务派遣协议）项下与船员登船、在船服务、离船遣返相关的报酬给付及人身伤亡赔偿纠纷案件；
25. 海上、通海可航水域货物运输合同纠纷案件，包括含有海运区段的国际多式联运、水陆联运等货物运输合同纠纷案件；
26. 海上、通海可航水域旅客和行李运输合同纠纷案件；
27. 海上、通海可航水域货运代理合同纠纷案件；
28. 海上、通海可航水域运输集装箱租用合同纠纷案件；
29. 海上、通海可航水域运输理货合同纠纷案件；
30. 海上、通海可航水域拖航合同纠纷案件；
31. 轮渡运输合同纠纷案件；
32. 港口货物堆存、保管、仓储合同纠纷案件；
33. 港口货物抵押、质押等担保合同纠纷案件；

34. 港口货物质押监管合同纠纷案件；

35. 海运集装箱仓储、堆存、保管合同纠纷案件；

36. 海运集装箱抵押、质押等担保合同纠纷案件；

37. 海运集装箱融资租赁合同纠纷案件；

38. 港口或者码头租赁合同纠纷案件；

39. 港口或者码头经营管理合同纠纷案件；

40. 海上保险、保赔合同纠纷案件；

41. 以通海可航水域运输船舶及其营运收入、货物及其预期利润、船员工资和其他报酬、对第三人责任等为保险标的的保险合同、保赔合同纠纷案件；

42. 以船舶工程的设备设施以及预期收益、对第三人责任为保险标的的保险合同纠纷案件；

43. 以港口生产经营的设备设施以及预期收益、对第三人责任为保险标的的保险合同纠纷案件；

44. 以海洋渔业、海洋开发利用、海洋工程建设等活动所用的设备设施以及预期收益、对第三人的责任为保险标的的保险合同纠纷案件；

45. 以通海可航水域工程建设所用的设备设施以及预期收益、对第三人的责任为保险标的的保险合同纠纷案件；

46. 港航设备设施融资租赁合同纠纷案件；

47. 港航设备设施抵押、质押等担保合同纠纷案件；

48. 以船舶、海运集装箱、港航设备设施设定担保的借款合同纠纷案件，但当事人仅就借款合同纠纷起诉的案件除外；

49. 为购买、建造、经营特定船舶而发生的借款合同纠纷案件；

50. 为担保海上运输、船舶买卖、船舶工程、港口生产经营相关债权实现而发生的担保、独立保函、信用证等纠纷案件；

51. 与上述第11项至第50项规定的合同或者行为相关的居间、委托合同纠纷案件；

52. 其他海商合同纠纷案件。

**三、海洋及通海可航水域开发利用与环境保护相关纠纷案件**

53. 海洋、通海可航水域能源和矿产资源勘探、开发、输送纠纷案件；

54. 海水淡化和综合利用纠纷案件；

55. 海洋、通海可航水域工程建设(含水下疏浚、围海造地、电缆或者管道敷设以及码头、船坞、钻井平台、人工岛、隧道、大桥等建设)纠纷案件；

56. 海岸带开发利用相关纠纷案件；

57. 海洋科学考察相关纠纷案件；

58. 海洋、通海可航水域渔业经营(含捕捞、养殖等)合同纠纷案件；

59. 海洋开发利用设备设施融资租赁合同纠纷案件；

60. 海洋开发利用设备设施抵押、质押等担保合同纠纷案件；

61. 以海洋开发利用设备设施设定担保的借款合同纠纷案件，但当事人仅就借款合同纠纷起诉的案件除外；

62. 为担保海洋及通海可航水域工程建设、海洋开发利用等海上生产经营相关债权实现而发生的担保、独立保函、信用证等纠纷案件；

63. 海域使用权纠纷(含承包、转让、抵押等合同纠纷及相关侵权纠纷)案件，但因申请海域使用权引起的确权纠纷案件除外；

64. 与上述第53项至63项规定的合同或者行为相关的居间、委托合同纠纷案件；

65. 污染海洋环境、破坏海洋生态责任纠纷案件；

66. 污染通海可航水域环境、破坏通海可航水域生态责任纠纷案件；

67. 海洋或者通海可航水域开发利用、工程建设引起的其他侵权责任纠纷及相邻关系纠纷案件。

**四、其他海事海商纠纷案件**

68. 船舶所有权、船舶优先权、船舶留置权、船舶抵押权等船舶物权纠纷案件；

69. 港口货物、海运集装箱及港航设备设施的所有权、留置权、抵押权等物权纠纷案件；

70. 海洋、通海可航水域开发利用设备设施等财产的所有权、留置权、抵押权等物权纠纷案件；

71. 提单转让、质押所引起的纠纷案件；

72. 海难救助纠纷案件；

73. 海上、通海可航水域打捞清除纠纷案件；

74. 共同海损纠纷案件；

75. 港口作业纠纷案件；

76. 海上、通海可航水域财产无因管理纠纷案件；

77. 海运欺诈纠纷案件；

78. 与航运经纪及航运衍生品交易相关的纠纷案件。

**五、海事行政案件**

79. 因不服海事行政机关作出的涉及海上、通海可航水域或者港口内的船舶、货物、设备设施、海运集装箱等财产的行政行为而提起的行政诉讼案件；

80. 因不服海事行政机关作出的涉及海上、通海可航水域运输经营及相关辅助性经营、货运代理、船员适任与上船服务等方面资质资格与合法性事项的行政行为而提起的行政诉讼案件；

81. 因不服海事行政机关作出的涉及海洋、通海可航水域开发利用、渔业、环境与生态资源保护等活动的行政行为而提起的行政诉讼案件；

82. 以有关海事行政机关拒绝履行上述第79项至第81项所涉行政管理职责或者不予答复而提起的行政诉讼案件；

83. 以有关海事行政机关及其工作人员作出上述第79项至第81项行政行为或者行使相关行政管理职权损害合法权益为由，请求有关行政机关承担国家赔偿责任的案件；

84. 以有关海事行政机关及其工作人员作出上述第79项至第81项行政行为或者行使相关行政管理职权影响合法权益为由，请求有关行政机关承担国家补偿责任的案件；

85. 有关海事行政机关作出上述第79项至第81项行政行为而依法申请强制执行的案件。

**六、海事特别程序案件**

86. 申请认定海事仲裁协议效力的案件；

87. 申请承认、执行外国海事仲裁裁决，申请认可、执行香港特别行政区、澳门特别行政区、台湾地区海事仲裁裁决，申请执行或者撤销国内海事仲裁裁决的案件；

88. 申请承认、执行外国法院海事裁判文书，申请认可、执行香港特别行政区、澳门特别行政区、台湾地区法院海事裁判文书的案件；

89. 申请认定海上、通海可航水域财产无主的案件；

90. 申请无因管理海上、通海可航水域财产的案件；

91. 因海上、通海可航水域活动或者事故申请宣告失踪、宣告死亡的案件；

92. 起诉前就海事纠纷申请扣押船舶、船载货物、船用物料、船用燃油或者申请保全其他财产的案件；

93. 海事请求人申请财产保全错误或者请求担保数额过高引起的责任纠纷案件；

94. 申请海事强制令案件；

95. 申请海事证据保全案件；

96. 因错误申请海事强制令、海事证据保全引起的责任纠纷案件；

97. 就海事纠纷申请支付令案件；

98. 就海事纠纷申请公示催告案件；

99. 申请设立海事赔偿责任限制基金（含油污损害赔偿责任限制基金）案件；

100. 与拍卖船舶或者设立海事赔偿责任限制基金（含油污损害赔偿责任限制基金）相关的债权登记与受偿案件；

101. 与拍卖船舶或者设立海事赔偿责任限制基金（含油污损害赔偿责任限制基金）相关的确权诉讼案件；

102. 申请从油污损害赔偿责任限制基金中代位受偿案件；

103. 船舶优先权催告案件；

104. 就海事纠纷申请司法确认调解协议案件；

105. 申请实现以船舶、船载货物、船用物料、海运集装箱、港航设备设施、海洋开发利用设备设施等财产为担保物的担保物权案件；

106. 地方人民法院为执行生效法律文书委托扣押、拍卖船舶案件；

107. 申请执行海事法院及其上诉审高级人民法院和最高人民法院就海事纠纷作出的生效法律文书案件；

108. 申请执行与海事纠纷有关的公证债权文书案件。

**七、其他规定**

109. 本规定中的船舶工程系指船舶的建造、修理、改建、拆解等工程及相关的工程监理；本规定中的船舶关键部件和专用物品，系指舱盖板、船壳、龙骨、甲板、救生艇、船用主机、船用辅机、船用钢板、船用油漆等船舶主体结构、重要标志性部件以及专供船舶或者船舶工程使用的设备和材料。

110. 当事人提起的民商事诉讼、行政诉讼包含本规定所涉海事纠纷的，由海事法院受理。

111. 当事人就本规定中有关合同所涉事由引起的纠纷，以侵权等非合同诉由提起诉讼的，由海事法院受理。

112. 法律、司法解释规定或者上级人民法院指定海事法院管辖其他案件的，从其规定或者指定。

113. 本规定自2016年3月1日起施行。最高人民法院于2001年9月11日公布的《关于海事法院受理案件范围的若干规定》（法释〔2001〕27号）同时废止。

114. 最高人民法院以前作出的有关规定与本规定不一致的，以本规定为准。

# 最高人民法院关于互联网法院
# 审理案件若干问题的规定

- 2018年9月3日最高人民法院审判委员会第1747次会议通过
- 2018年9月6日最高人民法院公告公布
- 自2018年9月7日起施行
- 法释〔2018〕16号

为规范互联网法院诉讼活动，保护当事人及其他诉讼参与人合法权益，确保公正高效审理案件，根据《中华人民共和国民事诉讼法》《中华人民共和国行政诉讼法》等法律，结合人民法院审判工作实际，就互联网法院审理案件相关问题规定如下：

**第一条** 互联网法院采取在线方式审理案件，案件的受理、送达、调解、证据交换、庭前准备、庭审、宣判等诉讼环节一般应当在线上完成。

根据当事人申请或者案件审理需要，互联网法院可以决定在线下完成部分诉讼环节。

**第二条** 北京、广州、杭州互联网法院集中管辖所在市的辖区内应当由基层人民法院受理的下列第一审案件：

（一）通过电子商务平台签订或者履行网络购物合同而产生的纠纷；

（二）签订、履行行为均在互联网上完成的网络服务合同纠纷；

（三）签订、履行行为均在互联网上完成的金融借款合同纠纷、小额借款合同纠纷；

（四）在互联网上首次发表作品的著作权或者邻接权权属纠纷；

（五）在互联网上侵害在线发表或者传播作品的著作权或者邻接权而产生的纠纷；

（六）互联网域名权属、侵权及合同纠纷；

（七）在互联网上侵害他人人身权、财产权等民事权益而产生的纠纷；

（八）通过电子商务平台购买的产品，因存在产品缺陷，侵害他人人身、财产权益而产生的产品责任纠纷；

（九）检察机关提起的互联网公益诉讼案件；

（十）因行政机关作出互联网信息服务管理、互联网商品交易及有关服务管理等行政行为而产生的行政纠纷；

（十一）上级人民法院指定管辖的其他互联网民事、行政案件。

**第三条** 当事人可以在本规定第二条确定的合同及其他财产权益纠纷范围内，依法协议约定与争议有实际联系地点的互联网法院管辖。

电子商务经营者、网络服务提供商等采取格式条款形式与用户订立管辖协议的，应当符合法律及司法解释关于格式条款的规定。

**第四条** 当事人对北京互联网法院作出的判决、裁定提起上诉的案件，由北京市第四中级人民法院审理，但互联网著作权权属纠纷和侵权纠纷、互联网域名纠纷的上诉案件，由北京知识产权法院审理。

当事人对广州互联网法院作出的判决、裁定提起上诉的案件，由广州市中级人民法院审理，但互联网著作权权属纠纷和侵权纠纷、互联网域名纠纷的上诉案件，由广州知识产权法院审理。

当事人对杭州互联网法院作出的判决、裁定提起上诉的案件，由杭州市中级人民法院审理。

**第五条** 互联网法院应当建设互联网诉讼平台（以下简称诉讼平台），作为法院办理案件和当事人及其他诉讼参与人实施诉讼行为的专用平台。通过诉讼平台作出的诉讼行为，具有法律效力。

互联网法院审理案件所需涉案数据，电子商务平台经营者、网络服务提供商、相关国家机关应当提供，并有序接入诉讼平台，由互联网法院在线核实、实时固定、安全管理。诉讼平台对涉案数据的存储和使用，应当符合《中华人民共和国网络安全法》等法律法规的规定。

**第六条** 当事人及其他诉讼参与人使用诉讼平台实施诉讼行为的，应当通过证件证照比对、生物特征识别或者国家统一身份认证平台认证等在线方式完成身份认证，并取得登录诉讼平台的专用账号。

使用专用账号登录诉讼平台所作出的行为，视为被认证人本人行为，但因诉讼平台技术原因导致系统错误，或者被认证人能够证明诉讼平台账号被盗用的除外。

**第七条** 互联网法院在线接收原告提交的起诉材料，并于收到材料后七日内，在线作出以下处理：

（一）符合起诉条件的，登记立案并送达案件受理通知书、诉讼费交纳通知书、举证通知书等诉讼文书；

（二）提交材料不符合要求的，及时发出补正通知，并于收到补正材料后次日重新起算受理时间；原告未在指定期限内按要求补正的，起诉材料作退回处理。

（三）不符合起诉条件的，经释明后，原告无异议的，起诉材料作退回处理；原告坚持继续起诉的，依法作出不予受理裁定。

**第八条** 互联网法院受理案件后，可以通过原告提供的手机号码、传真、电子邮箱、即时通讯账号等，通知被告、第三人通过诉讼平台进行案件关联和身份验证。

被告、第三人应当通过诉讼平台了解案件信息，接收和提交诉讼材料，实施诉讼行为。

**第九条** 互联网法院组织在线证据交换的，当事人应当将在线电子数据上传、导入诉讼平台，或者将线下证据通过扫描、翻拍、转录等方式进行电子化处理后上传至诉讼平台进行举证，也可以运用已经导入诉讼平台的电子数据证明自己的主张。

**第十条** 当事人及其他诉讼参与人通过技术手段将身份证明、营业执照副本、授权委托书、法定代表人身份证明等诉讼材料，以及书证、鉴定意见、勘验笔录等证据材料进行电子化处理后提交的，经互联网法院审核通过后，视为符合原件形式要求。对方当事人对上述材料真实性提出异议且有合理理由的，互联网法院应当要求当事人提供原件。

**第十一条** 当事人对电子数据真实性提出异议的，互联网法院应当结合质证情况，审查判断电子数据生成、收集、存储、传输过程的真实性，并着重审查以下内容：

（一）电子数据生成、收集、存储、传输所依赖的计算机系统等硬件、软件环境是否安全、可靠；

（二）电子数据的生成主体和时间是否明确，表现内容是否清晰、客观、准确；

（三）电子数据的存储、保管介质是否明确，保管方式和手段是否妥当；

（四）电子数据提取和固定的主体、工具和方式是否可靠，提取过程是否可以重现；

（五）电子数据的内容是否存在增加、删除、修改及不完整等情形；

（六）电子数据是否可以通过特定形式得到验证。

当事人提交的电子数据，通过电子签名、可信时间戳、哈希值校验、区块链等证据收集、固定和防篡改的技术手段或者通过电子取证存证平台认证，能够证明其真实性的，互联网法院应当确认。

当事人可以申请具有专门知识的人就电子数据技术问题提出意见。互联网法院可以根据当事人申请或者依职权，委托鉴定电子数据的真实性或者调取其他相关证据进行核对。

**第十二条** 互联网法院采取在线视频方式开庭。存在确需当庭查明身份、核对原件、查验实物等特殊情形的，互联网法院可以决定在线下开庭，但其他诉讼环节仍应当在线完成。

**第十三条** 互联网法院可以视情决定采取下列方式简化庭审程序：

（一）开庭前已经在线完成当事人身份核实、权利义务告知、庭审纪律宣示的，开庭时可以不再重复进行；

（二）当事人已经在线完成证据交换的，对于无争议的证据，法官在庭审中说明后，可以不再举证、质证；

（三）经征得当事人同意，可以将当事人陈述、法庭调查、法庭辩论等庭审环节合并进行。对于简单民事案件，庭审可以直接围绕诉讼请求或者案件要素进行。

**第十四条** 互联网法院根据在线庭审特点，适用《中华人民共和国人民法院法庭规则》的有关规定。除经查明确属网络故障、设备损坏、电力中断或者不可抗力等原因外，当事人不按时参加在线庭审的，视为"拒不到庭"，庭审中擅自退出的，视为"中途退庭"，分别按照《中华人民共和国民事诉讼法》《中华人民共和国行政诉讼法》及相关司法解释的规定处理。

**第十五条** 经当事人同意，互联网法院应当通过中国审判流程信息公开网、诉讼平台、手机短信、传真、电子邮件、即时通讯账号等电子方式送达诉讼文书及当事人提交的证据材料等。

当事人未明确表示同意，但已经约定发生纠纷时在诉讼中适用电子送达的，或者通过回复收悉、作出相应诉讼行为等方式接受已经完成的电子送达，并且未明确表示不同意电子送达的，可以视为同意电子送达。

经告知当事人权利义务，并征得其同意，互联网法院可以电子送达裁判文书。当事人提出需要纸质版裁判文书的，互联网法院应当提供。

**第十六条** 互联网法院进行电子送达，应当向当事人确认电子送达的具体方式和地址，并告知电子送达的适用范围、效力、送达地址变更方式以及其他需告知的送达事项。

受送达人未提供有效电子送达地址的，互联网法院可以将能够确认为受送达人本人的近三个月内处于日常活跃状态的手机号码、电子邮箱、即时通讯账号等常用电子地址作为优先送达地址。

**第十七条** 互联网法院向受送达人主动提供或者确认的电子地址进行送达的，送达信息到达受送达人特定系统时，即为送达。

互联网法院向受送达人常用电子地址或者能够获取的其他电子地址进行送达的，根据下列情形确定是否完成送达：

（一）受送达人回复已收到送达材料，或者根据送达内容作出相应诉讼行为的，视为完成有效送达。

（二）受送达人的媒介系统反馈受送达人已阅知，或者有其他证据可以证明受送达人已经收悉的，推定完成有效送达，但受送达人能够证明存在媒介系统错误、送达地址非本人所有或者使用、非本人阅知等未收悉送达内容的情形除外。

完成有效送达的，互联网法院应当制作电子送达凭证。电子送达凭证具有送达回证效力。

**第十八条** 对需要进行公告送达的事实清楚、权利义务关系明确的简单民事案件，互联网法院可以适用简易程序审理。

**第十九条** 互联网法院在线审理的案件，审判人员、法官助理、书记员、当事人及其他诉讼参与人等通过在线确认、电子签章等在线方式对调解协议、笔录、电子送达凭证及其他诉讼材料予以确认的，视为符合《中华人民共和国民事诉讼法》有关"签名"的要求。

**第二十条** 互联网法院在线审理的案件，可以在调解、证据交换、庭审、合议等诉讼环节运用语音识别技术同步生成电子笔录。电子笔录在线方式核对确认后，与书面笔录具有同等法律效力。

**第二十一条** 互联网法院应当利用诉讼平台随案同步生成电子卷宗，形成电子档案。案件纸质档案已经全部转化为电子档案的，可以以电子档案代替纸质档案进行上诉移送和案卷归档。

**第二十二条** 当事人对互联网法院审理的案件提起上诉的，第二审法院原则上采取在线方式审理。第二审法院在线审理规则参照适用本规定。

**第二十三条** 本规定自2018年9月7日起施行。最高人民法院之前发布的司法解释与本规定不一致的，以本规定为准。

## 最高人民法院关于铁路运输法院案件管辖范围的若干规定

- 2012年7月2日最高人民法院审判委员会第1551次会议通过
- 2012年7月17日最高人民法院公告公布
- 自2012年8月1日起施行
- 法释〔2012〕10号

为确定铁路运输法院管理体制改革后的案件管辖范围，根据《中华人民共和国刑事诉讼法》《中华人民共和国民事诉讼法》，规定如下：

**第一条** 铁路运输法院受理同级铁路运输检察院依法提起公诉的刑事案件。

下列刑事公诉案件，由犯罪地的铁路运输法院管辖：

（一）车站、货场、运输指挥机构等铁路工作区域发生的犯罪；

（二）针对铁路线路、机车车辆、通讯、电力等铁路设备、设施的犯罪；

（三）铁路运输企业职工在执行职务中发生的犯罪。

在列车上的犯罪，由犯罪发生后该列车最初停靠的车站所在地或者目的地的铁路运输法院管辖；但在国际列车上的犯罪，按照我国与相关国家签订的有关管辖协定确定管辖，没有协定的，由犯罪发生后该列车最初停靠的中国车站所在地或者目的地的铁路运输法院管辖。

**第二条** 本规定第一条第二、三款范围内发生的刑事自诉案件，自诉人向铁路运输法院提起自诉的，铁路运输法院应当受理。

**第三条** 下列涉及铁路运输、铁路安全、铁路财产的民事诉讼，由铁路运输法院管辖：

（一）铁路旅客和行李、包裹运输合同纠纷；

（二）铁路货物运输合同和铁路货物运输保险合同纠纷；

（三）国际铁路联运合同和铁路运输企业作为经营人的多式联运合同纠纷；

（四）代办托运、包装整理、仓储保管、接取送达等铁路运输延伸服务合同纠纷；

（五）铁路运输企业在装卸作业、线路维修等方面发生的委外劳务、承包等合同纠纷；

（六）与铁路及其附属设施的建设施工有关的合同纠纷；

（七）铁路设备、设施的采购、安装、加工承揽、维护、服务等合同纠纷；

（八）铁路行车事故及其他铁路运营事故造成的人身、财产损害赔偿纠纷；

（九）违反铁路安全保护法律、法规，造成铁路线路、机车车辆、安全保障设施及其他财产损害的侵权纠纷；

（十）因铁路建设及铁路运输引起的环境污染侵权纠纷；

（十一）对铁路运输企业财产权属发生争议的纠纷。

**第四条** 铁路运输基层法院就本规定第一条至第三条所列案件作出的判决、裁定，当事人提起上诉或铁路运输检察院提起抗诉的二审案件，由相应的铁路运输中级法院受理。

**第五条** 省、自治区、直辖市高级人民法院可以指定辖区内的铁路运输基层法院受理本规定第三条以外的其他第一审民事案件，并指定该铁路运输基层法院驻在地的中级人民法院或铁路运输中级法院受理对此提起上诉的案件。此类案件发生管辖权争议的，由该高级人民法院指定管辖。

省、自治区、直辖市高级人民法院可以指定辖区内的铁路运输中级法院受理对其驻在地基层人民法院一审民事判决、裁定提起上诉的案件。

省、自治区、直辖市高级人民法院对本院及下级人民法院的执行案件，认为需要指定执行的，可以指定辖区内的铁路运输法院执行。

第六条　各高级人民法院指定铁路运输法院受理案件的范围，报最高人民法院批准后实施。

第七条　本院以前作出的有关规定与本规定不一致的，以本规定为准。

本规定施行前，各铁路运输法院依照此前的规定已经受理的案件，不再调整。

## 最高人民法院关于军事法院管辖民事案件若干问题的规定

- 2012年8月20日最高人民法院审判委员会第1553次会议通过
- 根据2020年12月23日最高人民法院审判委员会第1823次会议通过的《最高人民法院关于修改〈最高人民法院关于人民法院民事调解工作若干问题的规定〉等十九件民事诉讼类司法解释的决定》修正
- 2020年12月29日最高人民法院公告公布
- 自2021年1月1日起施行
- 法释〔2020〕20号

根据《中华人民共和国人民法院组织法》《中华人民共和国民事诉讼法》等法律规定，结合人民法院民事审判工作实际，对军事法院管辖民事案件有关问题作如下规定：

第一条　下列民事案件，由军事法院管辖：

（一）双方当事人均为军人或者军队单位的案件，但法律另有规定的除外；

（二）涉及机密级以上军事秘密的案件；

（三）军队设立选举委员会的选民资格案件；

（四）认定营区内无主财产案件。

第二条　下列民事案件，地方当事人向军事法院提起诉讼或者提出申请的，军事法院应当受理：

（一）军人或者军队单位执行职务过程中造成他人损害的侵权责任纠纷案件；

（二）当事人一方为军人或者军队单位，侵权行为发生在营区内的侵权责任纠纷案件；

（三）当事人一方为军人的婚姻家庭纠纷案件；

（四）民事诉讼法第三十三条规定的不动产所在地、港口所在地、被继承人死亡时住所地或者主要遗产所在地在营区内，且当事人一方为军人或者军队单位的案件；

（五）申请宣告军人失踪或者死亡的案件；

（六）申请认定军人无民事行为能力或者限制民事行为能力的案件。

第三条　当事人一方是军人或者军队单位，且合同履行地或者标的物所在地在营区内的合同纠纷，当事人书面约定由军事法院管辖，不违反法律关于级别管辖、专属管辖和专门管辖规定的，可以由军事法院管辖。

第四条　军事法院受理第一审民事案件，应当参照民事诉讼法关于地域管辖、级别管辖的规定确定。

当事人住所地省级行政区划内没有可以受理案件的第一审军事法院，或者处于交通十分不便的边远地区，双方当事人同意由地方人民法院管辖的，地方人民法院可以管辖，但本规定第一条第（二）项规定的案件除外。

第五条　军事法院发现受理的民事案件属于地方人民法院管辖的，应当移送有管辖权的地方人民法院，受移送的地方人民法院应当受理。地方人民法院认为受移送的案件不属于本院管辖的，应当报请上级地方人民法院处理，不得再自行移送。

地方人民法院发现受理的民事案件属于军事法院管辖的，参照前款规定办理。

第六条　军事法院与地方人民法院之间因管辖权发生争议，由争议双方协商解决；协商不成的，报请各自的上级法院协商解决；仍然协商不成的，报请最高人民法院指定管辖。

第七条　军事法院受理案件后，当事人对管辖权有异议的，应当在提交答辩状期间提出。军事法院对当事人提出的异议，应当审查。异议成立的，裁定将案件移送有管辖权的军事法院或者地方人民法院；异议不成立的，裁定驳回。

第八条　本规定所称军人是指中国人民解放军的现役军官、文职干部、士兵及具有军籍的学员，中国人民武装警察部队的现役警官、文职干部、士兵及具有军籍的学员。军队中的文职人员、非现役公勤人员、正式职工，由军队管理的离退休人员，参照军人确定管辖。

军队单位是指中国人民解放军现役部队和预备役部队、中国人民武装警察部队及其编制内的企业事业单位。

营区是指由军队管理使用的区域,包括军事禁区、军事管理区。

**第九条** 本解释施行前本院公布的司法解释以及司法解释性文件与本解释不一致的,以本解释为准。

## 最高人民法院关于北京金融法院案件管辖的规定

- 2021年3月1日最高人民法院审判委员会第1833次会议通过
- 2021年3月16日最高人民法院公告公布
- 自2021年3月16日起施行
- 法释〔2021〕7号

为服务和保障国家金融管理中心建设,进一步明确北京金融法院案件管辖的具体范围,根据《中华人民共和国民事诉讼法》《中华人民共和国行政诉讼法》《全国人民代表大会常务委员会关于设立北京金融法院的决定》等规定,制定本规定。

**第一条** 北京金融法院管辖北京市辖区内应由中级人民法院受理的下列第一审金融民商事案件:

(一)证券、期货交易、营业信托、保险、票据、信用证、独立保函、保理、金融借款合同、银行卡、融资租赁合同、委托理财合同、储蓄存款合同、典当、银行结算合同等金融民商事纠纷;

(二)资产管理业务、资产支持证券业务、私募基金业务、外汇业务、金融产品销售和适当性管理、征信业务、支付业务及经有权机关批准的其他金融业务引发的金融民商事纠纷;

(三)涉金融机构的与公司有关的纠纷;

(四)以金融机构为债务人的破产纠纷;

(五)金融民商事纠纷的仲裁司法审查案件;

(六)申请认可和执行香港特别行政区、澳门特别行政区、台湾地区法院金融民商事纠纷的判决、裁定案件,以及申请承认和执行外国法院金融民商事纠纷的判决、裁定案件。

**第二条** 下列金融纠纷案件,由北京金融法院管辖:

(一)境内投资者以发生在中华人民共和国境外的证券发行、交易活动或者期货交易活动损害其合法权益为由向北京金融法院提起的诉讼;

(二)境内个人或者机构以中华人民共和国境外金融机构销售的金融产品或者提供的金融服务损害其合法权益为由向北京金融法院提起的诉讼。

**第三条** 在全国中小企业股份转让系统向不特定合格投资者公开发行股票并在精选层挂牌的公司的证券发行纠纷、证券承销合同纠纷、证券交易合同纠纷、证券欺诈责任纠纷以及证券推荐保荐和持续督导合同、证券挂牌合同引起的纠纷等第一审民商事案件,由北京金融法院管辖。

**第四条** 以全国中小企业股份转让系统有限责任公司为被告或者第三人的与证券交易场所监管职能相关的第一审金融民商事和涉金融行政案件,由北京金融法院管辖。

**第五条** 以住所地在北京市并依法设立的金融基础设施机构为被告或者第三人的与其履行职责相关的第一审金融民商事案件,由北京金融法院管辖。

**第六条** 北京市辖区内应由中级人民法院受理的对中国人民银行、中国银行保险监督管理委员会、中国证券监督管理委员会、国家外汇管理局等国家金融管理部门以及其他国务院组成部门和法律、法规、规章授权的组织因履行金融监管职责作出的行政行为不服提起诉讼的第一审涉金融行政案件,由北京金融法院管辖。

**第七条** 当事人对北京市基层人民法院作出的涉及本规定第一条第一至三项的第一审金融民商事案件和涉金融行政案件判决、裁定提起的上诉案件和申请再审案件,由北京金融法院审理。

**第八条** 北京市辖区内应由中级人民法院受理的金融民商事案件、涉金融行政案件的再审案件,由北京金融法院审理。

**第九条** 北京金融法院作出的第一审民商事案件和涉金融行政案件生效裁判,以及北京市辖区内应由中级人民法院执行的涉金融民商事纠纷的仲裁裁决,由北京金融法院执行。

北京金融法院执行过程中发生的执行异议案件、执行异议之诉案件,以及北京市基层人民法院涉金融案件执行过程中发生的执行复议案件、执行异议之诉上诉案件,由北京金融法院审理。

**第十条** 中国人民银行、中国银行保险监督管理委员会、中国证券监督管理委员会、国家外汇管理局等国家金融管理部门,以及其他国务院组成部门因履行金融监管职责作为申请人的非诉行政执行案件,由北京金融法院审查和执行。

**第十一条** 当事人对北京金融法院作出的第一审判决、裁定提起的上诉案件,由北京市高级人民法院审理。

**第十二条** 北京市各中级人民法院在北京金融法院成立前已经受理但尚未审结的金融民商事案件和涉金融行政案件,由该中级人民法院继续审理。

**第十三条** 本规定自2021年3月16日起施行。

## 最高人民法院关于上海金融法院案件管辖的规定

- 2018年7月31日最高人民法院审判委员会第1746次会议通过
- 根据2021年3月1日最高人民法院审判委员会第1833次会议通过的《关于修改〈关于上海金融法院案件管辖的规定〉的决定》修正
- 自2021年4月22日起施行
- 法释〔2021〕9号

为服务和保障上海国际金融中心建设，进一步明确上海金融法院案件管辖的具体范围，根据《中华人民共和国民事诉讼法》《中华人民共和国行政诉讼法》《全国人民代表大会常务委员会关于设立上海金融法院的决定》等规定，制定本规定。

**第一条** 上海金融法院管辖上海市辖区内应由中级人民法院受理的下列第一审金融民商事案件：

（一）证券、期货交易、营业信托、保险、票据、信用证、独立保函、保理、金融借款合同、银行卡、融资租赁合同、委托理财合同、储蓄存款合同、典当、银行结算合同等金融民商事纠纷；

（二）资产管理业务、资产支持证券业务、私募基金业务、外汇业务、金融产品销售和适当性管理、征信业务、支付业务及经有权机关批准的其他金融业务引发的金融民商事纠纷；

（三）涉金融机构的与公司有关的纠纷；

（四）以金融机构为债务人的破产纠纷；

（五）金融民商事纠纷的仲裁司法审查案件；

（六）申请认可和执行香港特别行政区、澳门特别行政区、台湾地区法院金融民商事纠纷的判决、裁定案件，以及申请承认和执行外国法院金融民商事纠纷的判决、裁定案件。

**第二条** 下列金融纠纷案件，由上海金融法院管辖：

（一）境内投资者以发生在中华人民共和国境外的证券发行、交易活动或者期货交易活动损害其合法权益为由向上海金融法院提起的诉讼；

（二）境内个人或者机构以中华人民共和国境外金融机构销售的金融产品或者提供的金融服务损害其合法权益为由向上海金融法院提起的诉讼。

**第三条** 在上海证券交易所科创板上市公司的证券发行纠纷、证券承销合同纠纷、证券上市保荐合同纠纷、证券上市合同纠纷和证券欺诈责任纠纷等第一审民商事案件，由上海金融法院管辖。

**第四条** 以上海证券交易所为被告或者第三人的与证券交易所监管职能相关的第一审金融民商事和涉金融行政案件，由上海金融法院管辖。

**第五条** 以住所地在上海市并依法设立的金融基础设施机构为被告或者第三人的与其履行职责相关的第一审金融民商事案件，由上海金融法院管辖。

**第六条** 上海市辖区内应由中级人民法院受理的对金融监管机构以及法律、法规、规章授权的组织因履行金融监管职责作出的行政行为不服提起诉讼的第一审涉金融行政案件，由上海金融法院管辖。

**第七条** 当事人对上海市基层人民法院作出的涉及本规定第一条第一至三项的第一审金融民商事案件和涉金融行政案件判决、裁定提起的上诉案件和申请再审案件，由上海金融法院审理。

**第八条** 上海市辖区内应由中级人民法院受理的金融民商事案件、涉金融行政案件的再审案件，由上海金融法院审理。

**第九条** 上海金融法院作出的第一审民商事案件和涉金融行政案件生效裁判，以及上海市辖区内应由中级人民法院执行的涉金融民商事纠纷的仲裁裁决，由上海金融法院执行。

上海金融法院执行过程中发生的执行异议案件、执行异议之诉案件，以及上海市基层人民法院涉金融案件执行过程中发生的执行复议案件、执行异议之诉上诉案件，由上海金融法院审理。

**第十条** 当事人对上海金融法院作出的第一审判决、裁定提起的上诉案件，由上海市高级人民法院审理。

**第十一条** 上海市各中级人民法院在上海金融法院成立前已经受理但尚未审结的金融民商事案件和涉金融行政案件，由该中级人民法院继续审理。

**第十二条** 本规定自2018年8月10日起施行。

## 最高人民法院关于成渝金融法院案件管辖的规定

- 2022年9月19日最高人民法院审判委员会第1875次会议通过
- 2022年12月20日最高人民法院公布
- 自2023年1月1日起施行
- 法释〔2022〕20号

为服务和保障成渝地区双城经济圈及西部金融中心建设，进一步明确成渝金融法院案件管辖的具体范围，根据《中华人民共和国民事诉讼法》《中华人民共和国行政诉讼法》《全国人民代表大会常务委员会关于设立成渝金融法院的决定》等规定，制定本规定。

第一条 成渝金融法院管辖重庆市以及四川省属于成渝地区双城经济圈范围内的应由中级人民法院受理的下列第一审金融民商事案件：

（一）证券、期货交易、营业信托、保险、票据、信用证、独立保函、保理、金融借款合同、银行卡、融资租赁合同、委托理财合同、储蓄存款合同、典当、银行结算合同等金融民商事纠纷；

（二）资产管理业务、资产支持证券业务、私募基金业务、外汇业务、金融产品销售和适当性管理、征信业务、支付业务及经有权机关批准的其他金融业务引发的金融民商事纠纷；

（三）涉金融机构的与公司有关的纠纷；

（四）以金融机构为债务人的破产纠纷；

（五）金融民商事纠纷的仲裁司法审查案件；

（六）申请认可和执行香港特别行政区、澳门特别行政区、台湾地区法院金融民商事纠纷的判决、裁定案件，以及申请承认和执行外国法院金融民商事纠纷的判决、裁定案件。

第二条 下列金融纠纷案件，由成渝金融法院管辖：

（一）境内投资者以发生在中华人民共和国境外的证券发行、交易活动或者期货和衍生品交易活动损害其合法权益为由向成渝金融法院提起的诉讼；

（二）境内个人或者机构以中华人民共和国境外金融机构销售的金融产品或者提供的金融服务损害其合法权益为由向成渝金融法院提起的诉讼。

第三条 以住所地在重庆市以及四川省属于成渝地区双城经济圈范围内依法设立的金融基础设施机构为被告或者第三人，与其履行职责相关的第一审金融民商事案件和涉金融行政案件，由成渝金融法院管辖。

第四条 重庆市以及四川省属于成渝地区双城经济圈范围内应由中级人民法院受理的对金融监管机构以及法律、法规、规章授权的组织，因履行金融监管职责作出的行政行为不服提起诉讼的第一审涉金融行政案件，由成渝金融法院管辖。

第五条 重庆市以及四川省属于成渝地区双城经济圈范围内基层人民法院涉及本规定第一条第一至三项的第一审金融民商事案件和第一审涉金融行政案件的上诉案件，由成渝金融法院审理。

第六条 重庆市以及四川省属于成渝地区双城经济圈范围内由中级人民法院受理的金融民商事案件、涉金融行政案件的申请再审和再审案件，由成渝金融法院审理。

本规定施行前已生效金融民商事案件、涉金融行政案件的申请再审和再审案件，仍由原再审管辖法院审理。

第七条 成渝金融法院作出的第一审民商事案件和涉金融行政案件生效裁判，重庆市以及四川省属于成渝地区双城经济圈范围内应由中级人民法院执行的涉金融民商事纠纷的仲裁裁决，由成渝金融法院执行。

成渝金融法院执行过程中发生的执行异议案件、执行异议之诉案件，重庆市以及四川省属于成渝地区双城经济圈范围内基层人民法院涉金融案件执行过程中发生的执行复议案件、执行异议之诉上诉案件，由成渝金融法院审理。

第八条 当事人对成渝金融法院作出的第一审判决、裁定提起的上诉案件，由重庆市高级人民法院审理。

当事人对成渝金融法院执行过程中作出的执行异议裁定申请复议的案件，由重庆市高级人民法院审查。

第九条 成渝金融法院作出发生法律效力的判决、裁定和调解书的申请再审、再审案件，依法应由上一级人民法院管辖的，由重庆市高级人民法院审理。

第十条 重庆市以及四川省属于成渝地区双城经济圈范围内各中级人民法院在本规定施行前已经受理但尚未审结的金融民商事案件和涉金融行政案件，由该中级人民法院继续审理。

第十一条 本规定自2023年1月1日起施行。

## 最高人民法院关于对与证券交易所监管职能相关的诉讼案件管辖与受理问题的规定

·2004年11月18日最高人民法院审判委员会第1333次会议通过
·根据2020年12月23日最高人民法院审判委员会第1823次会议通过的《最高人民法院关于修改〈最高人民法院关于人民法院民事调解工作若干问题的规定〉等十九件民事诉讼类司法解释的决定》修正
·2020年12月29日最高人民法院公告公布
·自2021年1月1日起施行
·法释〔2020〕20号

为正确及时地管辖、受理与证券交易所监管职能相关的诉讼案件，特作出以下规定：

一、根据《中华人民共和国民事诉讼法》第三十七条和《中华人民共和国行政诉讼法》第二十三条的有关规定，指定上海证券交易所和深圳证券交易所所在地的中级人民法院分别管辖以上海证券交易所和深圳证券交易所为被告或第三人的与证券交易所监管职能相关的第一审民事和行政案件。

二、与证券交易所监管职能相关的诉讼案件包括：

（一）证券交易所根据《中华人民共和国公司法》《中华人民共和国证券法》《中华人民共和国证券投资基金法》《证券交易所管理办法》等法律、法规、规章的规定，对证券发行人及其相关人员、证券交易所会员及其相关人员、证券上市和交易活动做出处理决定引发的诉讼；

（二）证券交易所根据国务院证券监督管理机构的依法授权，对证券发行人及其相关人员、证券交易所会员及其相关人员、证券上市和交易活动做出处理决定引发的诉讼；

（三）证券交易所根据其章程、业务规则、业务合同的规定，对证券发行人及其相关人员、证券交易所会员及其相关人员、证券上市和交易活动做出处理决定引发的诉讼；

（四）证券交易所在履行监管职能过程中引发的其他诉讼。

三、投资者对证券交易所履行监管职责过程中对证券发行人及其相关人员、证券交易所会员及其相关人员、证券上市和交易活动做出的不直接涉及投资者利益的行为提起的诉讼，人民法院不予受理。

四、本规定自发布之日起施行。

## 最高人民法院关于涉外民商事案件诉讼管辖若干问题的规定

- 2001年12月25日最高人民法院审判委员会第1203次会议通过
- 根据2020年12月23日最高人民法院审判委员会第1823次会议通过的《最高人民法院关于修改〈最高人民法院关于人民法院民事调解工作若干问题的规定〉等十九件民事诉讼类司法解释的决定》修正
- 2020年12月29日最高人民法院公告公布
- 自2021年1月1日起施行
- 法释〔2020〕20号

为正确审理涉外民商事案件，依法保护中外当事人的合法权益，根据《中华人民共和国民事诉讼法》第十八条的规定，现将有关涉外民商事案件诉讼管辖的问题规定如下：

**第一条** 第一审涉外民商事案件由下列人民法院管辖：

（一）国务院批准设立的经济技术开发区人民法院；

（二）省会、自治区首府、直辖市所在地的中级人民法院；

（三）经济特区、计划单列市中级人民法院；

（四）最高人民法院指定的其他中级人民法院；

（五）高级人民法院。

上述中级人民法院的区域管辖范围由所在地的高级人民法院确定。

**第二条** 对国务院批准设立的经济技术开发区人民法院所作的第一审判决、裁定不服的，其第二审由所在地中级人民法院管辖。

**第三条** 本规定适用于下列案件：

（一）涉外合同和侵权纠纷案件；

（二）信用证纠纷案件；

（三）申请撤销、承认与强制执行国际仲裁裁决的案件；

（四）审查有关涉外民商事仲裁条款效力的案件；

（五）申请承认和强制执行外国法院民商事判决、裁定的案件。

**第四条** 发生在与外国接壤的边境省份的边境贸易纠纷案件，涉外房地产案件和涉外知识产权案件，不适用本规定。

**第五条** 涉及香港、澳门特别行政区和台湾地区当事人的民商事纠纷案件的管辖，参照本规定处理。

**第六条** 高级人民法院应当对涉外民商事案件的管辖实施监督，凡越权受理涉外民商事案件的，应当通知或者裁定将案件移送有管辖权的人民法院审理。

**第七条** 本规定于2002年3月1日起施行。本规定施行前已经受理的案件由原受理人民法院继续审理。

本规定人发布前的有关司法解释、规定与本规定不一致的，以本规定为准。

## 最高人民法院关于审理商标案件有关管辖和法律适用范围问题的解释

- 2001年12月25日最高人民法院审判委员会第1203次会议通过
- 根据2020年12月23日最高人民法院审判委员会第1823次会议通过的《最高人民法院关于修改〈最高人民法院关于审理侵犯专利权纠纷案件应用法律若干问题的解释（二）〉等十八件知识产权类司法解释的决定》修正
- 2020年12月29日最高人民法院公告公布
- 自2021年1月1日起施行
- 法释〔2020〕19号

《全国人民代表大会常务委员会关于修改〈中华人民共和国商标法〉的决定》（以下简称商标法修改决定）

已由第九届全国人民代表大会常务委员会第二十四次会议通过，自2001年12月1日起施行。为了正确审理商标案件，根据《中华人民共和国商标法》（以下简称商标法）、《中华人民共和国民事诉讼法》和《中华人民共和国行政诉讼法》（以下简称行政诉讼法）的规定，现就人民法院审理商标案件有关管辖和法律适用范围等问题，作如下解释：

第一条　人民法院受理以下商标案件：
1. 不服国家知识产权局作出的复审决定或者裁定的行政案件；
2. 不服国家知识产权局作出的有关商标的其他行政行为的案件；
3. 商标权权属纠纷案件；
4. 侵害商标权纠纷案件；
5. 确认不侵害商标权纠纷案件；
6. 商标权转让合同纠纷案件；
7. 商标使用许可合同纠纷案件；
8. 商标代理合同纠纷案件；
9. 申请诉前停止侵害注册商标专用权案件；
10. 申请停止侵害注册商标专用权损害责任案件；
11. 申请诉前财产保全案件；
12. 申请诉前证据保全案件；
13. 其他商标案件。

第二条　本解释第一条所列第1项第一审案件，由北京市高级人民法院根据最高人民法院的授权确定其辖区内有关中级人民法院管辖。

本解释第一条所列第2项第一审案件，根据行政诉讼法的有关规定确定管辖。

商标民事纠纷第一审案件，由中级以上人民法院管辖。

各高级人民法院根据本辖区的实际情况，经最高人民法院批准，可以在较大城市确定1-2个基层人民法院受理第一审商标民事纠纷案件。

第三条　商标注册人或者利害关系人向国家知识产权局就侵犯商标权行为请求处理，又向人民法院提起侵害商标权诉讼请求损害赔偿的，人民法院应当受理。

第四条　国家知识产权局在商标法修改决定施行前受理的案件，于该决定施行后作出复审决定或裁定，当事人对复审决定或裁定不服向人民法院起诉的，人民法院应当受理。

第五条　除本解释另行规定外，对商标法修改决定施行前发生、属于修改后商标法第四条、第五条、第八条、第九条第一款、第十条第一款第(二)、(三)、(四)项、第十条第二款、第十一条、第十二条、第十三条、第十五条、第十六条、第二十四条、第二十五条、第三十一条所列举的情形，国家知识产权局于商标法修改决定施行后作出复审决定或者裁定，当事人不服向人民法院起诉的行政案件，适用修改后商标法的相应规定进行审查；属于其他情形的，适用修改前商标法的相应规定进行审查。

第六条　当事人就商标法修改决定施行时已满一年的注册商标发生争议，不服国家知识产权局作出的裁定向人民法院起诉的，适用修改前商标法第二十七条第二款规定的提出申请的期限处理；商标法修改决定施行时商标注册不满一年的，适用修改后商标法第四十一条第二款、第三款规定的提出申请的期限处理。

第七条　对商标法修改决定施行前发生的侵犯商标专用权行为，商标注册人或者利害关系人于该决定施行后在起诉前向人民法院提出申请采取责令停止侵权行为或者保全证据措施的，适用修改后商标法第五十七条、第五十八条的规定。

第八条　对商标法修改决定施行前发生的侵犯商标专用权行为起诉的案件，人民法院于该决定施行时尚未作出生效判决的，参照修改后商标法第五十六条的规定处理。

第九条　除本解释另行规定外，商标法修改决定施行后人民法院受理的商标民事纠纷案件，涉及该决定施行前发生的民事行为的，适用修改前商标法的规定；涉及该决定施行后发生的民事行为的，适用修改后商标法的规定；涉及该决定施行前发生，持续到该决定施行后的民事行为的，分别适用修改前、后商标法的规定。

第十条　人民法院受理的侵犯商标权纠纷案件，已经过行政管理部门处理的，人民法院仍应当就当事人民事争议的事实进行审查。

## 最高人民法院关于调整高级人民法院和中级人民法院管辖第一审民事案件标准的通知

· 2019年4月30日
· 法发〔2019〕14号

各省、自治区、直辖市高级人民法院，解放军军事法院，新疆维吾尔自治区高级人民法院生产建设兵团分院：

为适应新时代审判工作发展要求，合理定位四级法院民事审判职能，促进矛盾纠纷化解重心下移，现就调整高级人民法院和中级人民法院管辖第一审民事案件标准问题，通知如下：

一、中级人民法院管辖第一审民事案件的诉讼标的额上限原则上为50亿元(人民币),诉讼标的额下限继续按照《最高人民法院关于调整地方各级人民法院管辖第一审知识产权民事案件标准的通知》(法发〔2010〕5号)、《最高人民法院关于调整高级人民法院和中级人民法院管辖第一审民商事案件标准的通知》(法发〔2015〕7号)、《最高人民法院关于明确第一审涉外民商事案件级别管辖标准以及归口办理有关问题的通知》(法〔2017〕359号)《最高人民法院关于调整部分高级人民法院和中级人民法院管辖第一审民商事案件标准的通知》(法发〔2018〕13号)等文件执行。

二、高级人民法院管辖诉讼标的额50亿元(人民币)以上(包含本数)或者其他在本辖区有重大影响的第一审民事案件。

三、海事海商案件、涉外民事案件的级别管辖标准按照本通知执行。

四、知识产权民事案件的级别管辖标准按照本通知执行,但《最高人民法院关于知识产权法庭若干问题的规定》第二条所涉案件类型除外。

五、最高人民法院以前发布的关于第一审民事案件级别管辖标准的规定与本通知不一致的,不再适用。

本通知自2019年5月1日起实施,执行过程中遇到的问题,请及时报告我院。

## 最高人民法院关于同意上海市第三中级人民法院内设专门审判机构并集中管辖部分破产案件的批复

- 2019年1月15日
- 法〔2019〕4号

上海市高级人民法院:

你院《关于设立上海破产法庭的请示》(沪高法〔2018〕451号)收悉。经研究,现批复如下:

一、同意在上海市第三中级人民法院内设专门审理破产案件的机构,请按照规定程序向机构编制管理部门报批。

二、同意上海市第三中级人民法院管辖以下破产案件:

(一)上海市辖区内区级以上(含本级)工商行政管理机关核准登记公司(企业)的强制清算和破产案件(上海金融法院及上海铁路运输法院管辖的破产案件除外);

(二)前述强制清算和破产案件的衍生诉讼案件;

(三)跨境破产案件;

(四)其他依法应当由其审理的案件。

本院以前的相关批复与本批复不一致的,以本批复为准。

## 最高人民法院关于调整部分高级人民法院和中级人民法院管辖第一审民商事案件标准的通知

- 2018年7月17日
- 法发〔2018〕13号

贵州省、陕西省、甘肃省、青海省、宁夏回族自治区、新疆维吾尔自治区高级人民法院,新疆维吾尔自治区高级人民法院生产建设乡团分院:

为适应新时期经济社会发展和民事诉讼需要,准确适用民事诉讼法关于级别管辖的相关规定,合理定位四级法院民商事审判职能,现就调整部分高级人民法院和中级人民法院管辖第一审民商事案件标准问题,通知如下:

一、当事人住所地均在受理法院所处省级行政辖区的第一审民商事案件

贵州省、陕西省、新疆维吾尔自治区高级人民法院和新疆维吾尔自治区高级人民法院生产建设兵团分院管辖诉讼标的额3亿元以上一审民商事案件,所辖中级人民法院管辖诉讼标的额3000万元以上一审民商事案件。

甘肃省、青海省、宁夏回族自治区高级人民法院管辖诉讼标的额2亿元以上一审民商事案件,所辖中级人民法院管辖诉讼标的额1000万元以上一审民商事案件。

二、当事人一方住所地不在受理法院所处省级行政辖区的第一审民商事案件

贵州省、陕西省、新疆维吾尔自治区高级人民法院和新疆维吾尔自治区高级人民法院生产建设兵团分院管辖诉讼标的额1亿元以上一审民商事案件,所辖中级人民法院管辖诉讼标的额2000万元以上一审民商事案件。

甘肃省、青海省、宁夏回族自治区高级人民法院管辖诉讼标的额5000万元以上一审民商事案件,所辖中级人民法院管辖诉讼标的额1000万元以上一审民商事案件。

三、本通知未作调整的,按照《最高人民法院关于调整高级人民法院和中级人民法院管辖第一审民商事案件标准的通知》(法发〔2015〕7号)执行。

本通知自2018年8月1日起实施,执行过程中遇到的问题,请及时报告我院。

## 最高人民法院关于调整高级人民法院和中级人民法院管辖第一审民商事案件标准的通知

- 2015 年 4 月 30 日
- 法发〔2015〕7 号

为适应经济社会发展和民事诉讼需要,准确适用修改后的民事诉讼法关于级别管辖的相关规定,合理定位四级法院民商事审判职能,现就调整高级人民法院和中级人民法院管辖第一审民商事案件标准问题,通知如下:

一、当事人住所地均在受理法院所处省级行政辖区的第一审民商事案件

北京、上海、江苏、浙江、广东高级人民法院,管辖诉讼标的额 5 亿元以上一审民商事案件,所辖中级人民法院管辖诉讼标的额 1 亿元以上一审民商事案件。

天津、河北、山西、内蒙古、辽宁、安徽、福建、山东、河南、湖北、湖南、广西、海南、四川、重庆高级人民法院,管辖诉讼标的额 3 亿元以上一审民商事案件,所辖中级人民法院管辖诉讼标的额 3000 万元以上一审民商事案件。

吉林、黑龙江、江西、云南、陕西、新疆高级人民法院和新疆生产建设兵团分院,管辖诉讼标的额 2 亿元以上一审民商事案件,所辖中级人民法院管辖诉讼标的额 1000 万元以上一审民商事案件。

贵州、西藏、甘肃、青海、宁夏高级人民法院,管辖诉讼标的额 1 亿元以上一审民商事案件,所辖中级人民法院管辖诉讼标的额 500 万元以上一审民商事案件。

二、当事人一方住所地不在受理法院所处省级行政辖区的第一审民商事案件

北京、上海、江苏、浙江、广东高级人民法院,管辖诉讼标的额 3 亿元以上一审民商事案件,所辖中级人民法院管辖诉讼标的额 5000 万元以上一审民商事案件。

天津、河北、山西、内蒙古、辽宁、安徽、福建、山东、河南、湖北、湖南、广西、海南、四川、重庆高级人民法院,管辖诉讼标的额 1 亿元以上一审民商事案件,所辖中级人民法院管辖诉讼标的额 2000 万元以上一审民商事案件。

吉林、黑龙江、江西、云南、陕西、新疆高级人民法院和新疆生产建设兵团分院,管辖诉讼标的额 5000 万元以上一审民商事案件,所辖中级人民法院管辖诉讼标的额 1000 万元以上一审民商事案件。

贵州、西藏、甘肃、青海、宁夏高级人民法院,管辖诉讼标的额 2000 万元以上一审民商事案件,所辖中级人民法院管辖诉讼标的额 500 万元以上一审民商事案件。

三、解放军军事法院管辖诉讼标的额 1 亿元以上一审民商事案件,大单位军事法院管辖诉讼标的额 2000 万元以上一审民商事案件。

四、婚姻、继承、家庭、物业服务、人身损害赔偿、名誉权、交通事故、劳动争议等案件,以及群体性纠纷案件,一般由基层人民法院管辖。

五、对重大疑难、新类型和在适用法律上有普遍意义的案件,可以依照民事诉讼法第三十九条的规定,由上级人民法院自行决定由其审理,或者根据下级人民法院报请决定由其审理。

六、本通知调整的级别管辖标准不涉及知识产权案件、海事海商案件和涉外涉港澳台民商事案件。

七、本通知规定的第一审民商事案件标准,包含本数。

本通知自 2015 年 5 月 1 日起实施,执行过程中遇到的问题,请及时报告我院。

## 最高人民法院关于调整高级人民法院和中级人民法院管辖第一审民商事案件标准的通知

- 2008 年 2 月 3 日
- 法发〔2008〕10 号

各省、自治区、直辖市高级人民法院,解放军军事法院,新疆维吾尔自治区高级人民法院生产建设兵团分院:

为贯彻执行修改后的民事诉讼法,进一步加强最高人民法院和高级人民法院的审判监督和指导职能,现就调整高级人民法院和中级人民法院管辖第一审民商事案件标准问题,通知如下:

一、高级人民法院管辖下列第一审民商事案件。

北京、上海、广东、江苏、浙江高级人民法院,可管辖诉讼标的额在 2 亿元以上的第一审民商事案件,以及诉讼标的额在 1 亿元以上且当事人一方住所地不在本辖区或者涉外、涉港澳台的第一审民商事案件。

天津、重庆、山东、福建、湖北、湖南、河南、辽宁、吉林、黑龙江、广西、安徽、江西、四川、陕西、河北、山西、海南高级人民法院,可管辖诉讼标的额在 1 亿元以上的第一审民商事案件,以及诉讼标的额在 5000 万元以上且当事人一方住所地不在本辖区或者涉外、涉港澳台的第一审民商事案件。

甘肃、贵州、新疆、内蒙古、云南高级人民法院和新疆生产建设兵团分院,可管辖诉讼标的额在 5000 万元以上的第一审民商事案件,以及诉讼标的额在 2000 万元以上且当事人一方住所地不在本辖区或者涉外、涉港澳台的

第一审民商事案件。

青海、宁夏、西藏高级人民法院可管辖诉讼标的额在2000万元以上的第一审民商事案件，以及诉讼标的额在1000万元以上且当事人一方住所地不在本辖区或者涉外、涉港澳台的第一审民商事案件。

二、中级人民法院管辖下列第一审民商事案件。

中级人民法院管辖第一审民商事案件标准，由高级人民法院自行确定，但应当符合下列条件：

北京、上海所辖中级人民法院，广东、江苏、浙江辖区内省会城市、计划单列市和经济较为发达的市中级人民法院，可管辖诉讼标的额不低于5000万元的第一审民商事案件，以及诉讼标的额不低于2000万元且当事人一方住所地不在本辖区或者涉外、涉港澳台的第一审民商事案件。其他中级人民法院可管辖诉讼标的额不低于2000万元的第一审民商事案件，以及诉讼标的额不低于800万元且当事人一方住所地不在本辖区或者涉外、涉港澳台的第一审民商事案件。

天津所辖中级人民法院，重庆所辖城区中级人民法院，山东、福建、湖北、湖南、河南、辽宁、吉林、黑龙江、广西、安徽、江西、四川、陕西、河北、山西、海南辖区内省会城市、计划单列市和经济较为发达的市中级人民法院，可管辖诉讼标的额不低于800万元的第一审民商事案件，以及诉讼标的额不低于300万元且当事人一方住所地不在本辖区或者涉外、涉港澳台的第一审民商事案件。其他中级人民法院可管辖诉讼标的额不低于500万元的第一审民商事案件，以及诉讼标的额不低于200万元且当事人一方住所地不在本辖区或者涉外、涉港澳台的第一审民商事案件。

甘肃、贵州、新疆、内蒙古、云南辖区内省会城市中级人民法院，可管辖诉讼标的额不低于300万元的第一审民商事案件，以及诉讼标的额不低于200万元且当事人一方住所地不在本辖区或者涉外、涉港澳台的第一审民商事案件。其他中级人民法院可管辖诉讼标的额不低于200万元的第一审民商事案件，以及诉讼标的额不低于100万元且当事人一方住所地不在本辖区或者涉外、涉港澳台的第一审民商事案件。

青海、宁夏、西藏辖区内中级人民法院，可管辖诉讼标的额不低于100万元的第一审民商事案件，以及诉讼标的额不低于50万元且当事人一方住所地不在本辖区或者涉外、涉港澳台的第一审民商事案件。

三、婚姻、继承、家庭、物业服务、人身损害赔偿、交通事故、劳动争议等案件，以及群体性纠纷案件，一般由基层人民法院管辖。

四、对重大疑难、新类型和在适用法律上有普遍意义的案件，可以依照民事诉讼法第三十九条的规定，由上级人民法院自行决定由其审理，或者根据下级人民法院报请决定由其审理。

五、实行专门管辖的海事海商案件、集中管辖的涉外民商事案件和知识产权案件，按现行规定执行。

六、军事法院管辖军内第一审民商事案件的标准，参照当地同级地方人民法院标准执行。

七、高级人民法院认为确有必要的，可以制定适当高于本通知的标准。对于辖区内贫困地区的中级人民法院，可以适当降低标准。

八、各高级人民法院关于本辖区的级别管辖标准应当于2008年3月5日前报我院批准。未经批准的，不得作为确定级别管辖的依据。

本通知执行过程中遇到的问题，请及时报告我院。

## 全国各省、自治区、直辖市高级人民法院和中级人民法院管辖第一审民商事案件标准

· 2008年3月31日最高人民法院公布
· 自2008年4月1日起施行

### 北京市

一、高级人民法院管辖诉讼标的额在2亿元以上的第一审民商事案件，以及诉讼标的额在1亿元以上且当事人一方住所地不在本辖区或者涉外、涉港澳台的第一审民商事案件。

二、中级人民法院、北京铁路运输中级法院管辖诉讼标的额在5000万元以上的第一审民商事案件，以及诉讼标的额在2000万元以上且当事人一方住所地不在本辖区或者涉外、涉港澳台的第一审民商事案件。

### 上海市

一、高级人民法院管辖诉讼标的额在2亿元以上的第一审民商事案件，以及诉讼标的额在1亿元以上且当事人一方住所地不在本辖区的第一审民商事案件或者涉外、涉港澳台的第一审民事案件。

二、中级人民法院管辖诉讼标的额在5000万元以上的第一审民商事案件，以及诉讼标的额在2000万元以上且当事人一方住所地不在本辖区的第一审民商事案件或者涉外、涉港澳台的第一审民事案件。

### 广东省

一、高级人民法院管辖下列第一审民商事案件

1. 诉讼标的额在 3 亿元以上的案件，以及诉讼标的额在 2 亿元以上且当事人一方住所地不在本辖区或者涉外、涉港澳台的案件；

2. 在全省有重大影响的案件；

3. 认为应由本院受理的案件。

二、中级人民法院管辖下列第一审民商事案件

1. 广州、深圳、佛山、东莞市中级人民法院管辖诉讼标的额在 3 亿元以下 5000 万元以上的第一审民商事案件，以及诉讼标的额在 2 亿元以下 4000 万元以上且当事人一方住所地不在本辖区或者涉外、涉港澳台的第一审民商事案件；

2. 珠海、中山、江门、惠州市中级人民法院管辖诉讼标的额在 3 亿元以下 3000 万元以上的第一审民商事案件，以及诉讼标的额在 2 亿元以下 2000 万元以上且当事人一方住所地不在本辖区或者涉外、涉港澳台的第一审民商事案件；

3. 汕头、潮州、揭阳、汕尾、梅州、河源、韶关、清远、肇庆、云浮、阳江、茂名、湛江市中级人民法院管辖诉讼标的额在 3 亿元以下 2000 万元以上的第一审民商事案件，以及诉讼标的额在 2 亿元以下 1000 万元以上且当事人一方住所地不在本辖区或者涉外、涉港澳台的第一审民商事案件。

**江苏省**

一、高级人民法院管辖诉讼标的额在 2 亿元以上的第一审民商事案件，以及诉讼标的额在 1 亿元以上且当事人一方住所地不在本辖区或者涉外、涉港澳台的第一审民商事案件。

二、中级人民法院管辖下列第一审民商事案件

1. 南京、苏州、无锡市中级人民法院管辖诉讼标的额在 3000 万元以上，以及诉讼标的额在 1000 万元以上且当事人一方住所地不在本辖区或者涉外、涉港澳台的第一审民商事案件；

2. 扬州、南通、泰州、镇江、常州市中级人民法院管辖诉讼标的额在 800 万元以上，以及诉讼标的额在 300 万元以上且当事人一方住所地不在本辖区或者涉外、涉港澳台的第一审民商事案件；

3. 连云港、盐城、徐州、淮安市中级人民法院管辖诉讼标的额在 500 万元以上，以及诉讼标的额在 200 万元以上且当事人一方住所地不在本辖区或者涉外、涉港澳台的第一审民商事案件；

4. 宿迁市中级人民法院管辖诉讼标的额在 300 万元以上，以及诉讼标的额在 200 万元以上且当事人一方住

所地不在本辖区或者涉外、涉港澳台的第一审民商事案件。

**浙江省**

一、高级人民法院管辖诉讼标的额在 2 亿元以上的第一审民商事案件，以及诉讼标的额在 1 亿元以上且当事人一方住所地不在本辖区或者涉外、涉港澳台的第一审民商事案件。

二、中级人民法院管辖下列第一审民商事案件

1. 杭州市、宁波市中级人民法院管辖诉讼标的额在 3000 万元以上的第一审民商事案件，以及诉讼标的额在 1000 万元以上且当事人一方住所地不在本辖区或者涉外、涉港澳台的第一审民商事案件；

2. 温州市、嘉兴市、绍兴市、台州市、金华市中级人民法院管辖诉讼标的额在 1000 万元以上的第一审民商事案件，以及诉讼标的额在 500 万元以上且当事人一方住所地不在本辖区或者涉外、涉港澳台的第一审民商事案件；

3. 其他中级人民法院管辖诉讼标的额在 500 万元以上的第一审民商事案件，以及诉讼标的额在 200 万元以上且当事人一方住所地不在本辖区或者涉外、涉港澳台的第一审民商事案件。

**天津市**

一、高级人民法院管辖诉讼标的额在 1 亿元以上的第一审民商事案件，以及诉讼标的额在 5000 万元以上且当事人一方住所地不在本辖区或者涉外、涉港澳台的第一审民商事案件。

二、中级人民法院管辖诉讼标的额在 800 万元以上的第一审民商事案件，以及诉讼标的额在 500 万元以上且当事人一方住所地不在本辖区或者涉外、涉港澳台的第一审民商事案件。

**重庆市**

一、高级人民法院管辖诉讼标的额在 1 亿元以上的第一审民商事案件，以及诉讼标的额在 5000 万元以上且当事人一方住所地不在本辖区或者涉外、涉港澳台的第一审民商事案件。

二、第一、第五中级人民法院管辖诉讼标的额在 800 万元以上的第一审民商事案件，以及诉讼标的额在 300 万元以上且当事人一方住所地不在本辖区或者涉外、涉港澳台的第一审民商事案件。

三、第二、三、四中级人民法院管辖诉讼标的额在 500 万元以上的第一审民商事案件，以及诉讼标的额在 200

万元以上且当事人一方住所地不在本辖区或者涉外、涉港澳台的第一审民商事案件。

### 山东省

一、高级人民法院管辖诉讼标的额在1亿元以上的民商事案件,以及诉讼标的额在5000万元以上且当事人一方住所地不在本辖区或者涉外、涉港澳台的第一审民商事案件。

二、中级人民法院管辖下列第一审民商事案件

1. 济南、青岛市中级人民法院管辖诉讼标的额在1000万元以上的第一审民商事案件,以及诉讼标的额在500万元以上且当事人一方住所地不在本辖区或者涉外、涉港澳台的第一审民商事案件;

2. 烟台、临沂、淄博、潍坊市中级人民法院管辖诉讼标的额在500万元以上的第一审民商事案件,以及诉讼标的额在200万元以上且当事人一方住所地不在本辖区或者涉外、涉港澳台的第一审民商事案件;

3. 济宁、威海、泰安、滨州、日照、东营市中级人民法院管辖诉讼标的额在300万元以上的第一审民商事案件,以及诉讼标的额在200万元以上且当事人一方住所地不在本辖区或者涉外、涉港澳台的第一审民商事案件。

德州、聊城、枣庄、菏泽、莱芜市中级人民法院管辖诉讼标的额在300万元以上的第一审民商事案件,以及诉讼标的额在200万元以上且当事人一方住所地不在本辖区的第一审国内民商事案件;

4. 济南铁路运输中级法院依照专门管辖规定,管辖诉讼标的额在300万元以上的第一审民商事案件。青岛海事法院管辖第一审海事纠纷和海商纠纷案件,不受争议金额限制。

### 福建省

一、高级人民法院管辖下列第一审民商事案件

诉讼标的额在1亿元以上的第一审民商事案件,以及诉讼标的额在5000万元以上且当事人一方住所地不在本辖区或者涉外、涉港澳台的第一审民商事案件。

二、中级人民法院管辖下列第一审民商事案件

1. 福州、厦门、泉州市中级人民法院管辖除省高级人民法院管辖以外的、诉讼标的额在800万元以上的第一审民商事案件,以及诉讼标的额在300万元以上且当事人一方住所地不在本辖区或者涉外、涉港澳台的第一审民商事案件;

2. 漳州、莆田、三明、南平、龙岩、宁德市中级人民法院管辖除省高级人民法院管辖以外的、诉讼标的额在500万元以上的第一审民商事案件,以及诉讼标的额在200万元以上且当事人一方住所地不在本辖区的第一审民商事案件或者涉外、涉港澳台的第一审民商事案件。

### 湖北省

一、高级人民法院管辖下列案件

1. 诉讼标的额在1亿元以上,以及诉讼标的额在5000万元以上且当事人一方住所地不在本辖区的第一审民商事案件。

2. 上级人民法院指定管辖的案件。

二、中级人民法院管辖下列第一审民商事案件

1. 武汉、汉江中级人民法院管辖诉讼标的额在800万元以上的第一审民商事案件,以及诉讼标的额在300万元以上且当事人一方住所地不在本辖区的民商事案件;

2. 其他中级人民法院管辖诉讼标的额在500万元以上的第一审民商事案件,以及诉讼标的额在200万元以上且当事人一方住所地不在本辖区的第一审民商事案件;

3. 在本辖区有重大影响的案件;

4. 一方当事人为县(市、市辖区)人民政府的案件;

5. 上级人民法院指定本院管辖的案件。

### 湖南省

一、高级人民法院管辖下列第一审民商事案件

1. 诉讼标的额在1亿元以上的案件;

2. 当事人一方住所地不在本辖区,诉讼标的额在5000万元以上的案件;

3. 在本辖区内有重大影响的案件;

4. 根据法律规定提审的案件;

5. 最高人民法院指定管辖、根据民事诉讼法第三十九条指令管辖(交办)的案件或其他人民法院依法移送的民商事案件。

二、中级人民法院管辖下列第一审民商事案件

1. 长沙市中级人民法院管辖诉讼标的额在800万元以上1亿元以下的第一审民商事案件,以及诉讼标的额在300万元以上5000万元以下且当事人一方住所地不在本辖区或者涉外、涉港澳台的第一审民商事案件;

2. 岳阳市、湘潭市、株洲市、衡阳市、郴州市、常德市中级人民法院管辖诉讼标的额在400万元以上1亿元以下的第一审民商事案件,以及诉讼标的额在200万元以上5000万元以下且当事人一方住所地不在本辖区或者涉外、涉港澳台的第一审民商事案件;

3. 益阳市、邵阳市、永州市、娄底市、怀化市、张家界市中级人民法院管辖诉讼标的额在 300 万元以上 1 亿元以下的第一审民商事案件，以及诉讼标的额在 200 万元以上 5000 万元以下且当事人一方住所地不在本辖区或者涉外、涉港澳台的第一审民商事案件；

4. 湘西土家族苗族自治州中级人民法院管辖诉讼标的额在 200 万元以上 1 亿元以下的第一审民商事案件，以及诉讼标的额在 150 万元以上 5000 万元以下且当事人一方住所地不在本辖区或者涉外、涉港澳台的第一审民商事案件；

5. 根据法律规定提审的案件；

6. 上级人民法院指定管辖、根据民事诉讼法第三十九条指令管辖（交办）或其他人民法院依法移送的民商事案件。

### 河南省

一、高级人民法院管辖诉讼标的额在 1 亿元以上的第一审民商事案件，以及诉讼标的额在 5000 万元以上且当事人一方住所地不在本辖区的案件。

二、中级人民法院管辖下列第一审民商事案件

1. 郑州市中级人民法院管辖诉讼标的额在 800 万元以上 1 亿元以下的第一审民商事案件，以及诉讼标的额在 500 万元以上且当事人一方住所地不在本辖区的第一审民商事案件；

2. 洛阳市、新乡市、安阳市、焦作市、平顶山市、南阳市中级人民法院管辖诉讼标的额在 500 万元以上 1 亿元以下的第一审民商事案件，以及诉讼标的额在 300 万元以上且当事人一方住所地不在本辖区的第一审民商事案件；

3. 其他中级人民法院管辖诉讼标的额在 300 万元以上 1 亿元以下的第一审民商事案件，以及诉讼标的额在 200 万元以上且当事人一方住所地不在本辖区的第一审民商事案件。

### 辽宁省

一、高级人民法院管辖诉讼标的额在 1 亿元以上的第一审民商事案件，以及诉讼标的额在 5000 万元以上且当事人一方住所地不在本辖区或者涉外、涉港澳台的第一审民商事案件。

二、中级人民法院管辖下列第一审民商事案件

1. 沈阳、大连中级人民法院管辖诉讼标的额在 800 万元以上的第一审民商事案件，以及诉讼标的额在 300 万元以上且当事人一方住所地不在本辖区或者涉外、涉港澳台的第一审民商事案件；

2. 鞍山、抚顺、本溪、丹东、锦州、营口、辽阳、葫芦岛中级人民法院管辖诉讼标的额在 500 万元以上的第一审民商事案件，以及诉讼标的额在 200 万元以上且当事人一方住所地不在本辖区或者涉外、涉港澳台的第一审民商事案件；

3. 其他中级人民法院管辖诉讼标的额在 300 万元以上的第一审民商事案件，以及诉讼标的额在 100 万元以上且当事人一方住所地不在本辖区或者涉外、涉港澳台的第一审民商事案件。

### 吉林省

一、高级人民法院管辖诉讼标的额在 1 亿元以上的第一审民商事案件，以及诉讼标的额在 5000 万元以上且当事人一方住所地不在本辖区或者涉外、涉港澳台的第一审民商事案件。

二、中级人民法院管辖下列第一审民商事案件

1. 长春市中级人民法院管辖诉讼标的额在 800 万元以上的第一审民商事案件，以及诉讼标的额在 300 万元以上且当事人一方住所地不在本辖区的第一审民商事案件；

2. 吉林市中级人民法院管辖诉讼标的额在 500 万元以上的第一审民商事案件，以及诉讼标的额在 200 万元以上且当事人一方住所地不在本辖区的第一审民商事案件；

3. 延边州中级人民法院、四平市、通化市、松原市、白山市、白城市、辽源市中级人民法院以及吉林市中级人民法院分院、延边州中级人民法院分院管辖诉讼标的额在 300 万元以上的第一审民商事案件，以及诉讼标的额在 100 万元以上且当事人一方住所地不在本辖区的第一审民商事案件。

### 黑龙江省

一、高级人民法院管辖诉讼标的额在 1 亿元以上的第一审民商事案件，以及诉讼标的额在 5000 万元以上且当事人一方住所地不在本辖区或者涉外、涉港澳台的第一审民商事案件。

二、中级人民法院管辖下列第一审民商事案件

1. 哈尔滨市中级人民法院管辖诉讼标的额在 800 万元以上的第一审民商事案件，以及诉讼标的额在 300 万元以上且当事人一方住所地不在本辖区或者涉港澳台的第一审民商事案件；

2. 齐齐哈尔市、牡丹江市、佳木斯市、大庆市中级人民法院管辖诉讼标的额在 500 万元以上的第一审民商事

案件,以及诉讼标的额在 200 万元以上且当事人一方住所地不在本辖区或者涉外、涉港澳台的第一审民商事案件;

3. 绥化、鸡西、伊春、鹤岗、七台河、双鸭山、黑河、大兴安岭、黑龙江省农垦、哈尔滨铁路、黑龙江省林区中级人民法院管辖诉讼标的额在 300 万元以上的第一审民商事案件,以及诉讼标的额在 100 万元以上且当事人一方住所地不在本辖区或者涉外、涉港澳台的第一审民商事案件。

### 广西壮族自治区

一、高级人民法院管辖下列第一审民商事案件

高级法院管辖诉讼标的额在 1 亿元以上的第一审民商事案件,以及诉讼标的额在 5000 万元以上且当事人一方住所地不在本辖区或者涉外、涉港澳台的第一审民商事案件。

二、中级人民法院管辖下列第一审民商事案件

1. 南宁市中级人民法院管辖诉讼标的额在 800 万元以上的第一审民商事案件,以及诉讼标的额在 300 万元以上且当事人一方住所地不在本辖区或者涉外、涉港澳台的第一审民商事案件;

2. 柳州、桂林、北海、梧州市中级人民法院管辖诉讼标的额在 500 万元以上的第一审民商事案件,以及诉讼标的额在 200 万元以上且当事人一方住所地不在本辖区或者涉外、涉港澳台的第一审民商事案件;

3. 玉林、贵港、钦州、防城港市中级人民法院管辖诉讼标的额在 300 万元以上的第一审民商事案件,以及诉讼标的额在 200 万元以上且当事人一方住所地不在本辖区或者涉外、涉港澳台的第一审民商事案件;

4. 百色、河池、崇左、来宾、贺州市中级人民法院和南宁铁路运输中级法院管辖诉讼标的额在 150 万元以上的第一审民商事案件,以及诉讼标的额在 100 万元以上且当事人一方住所地不在本辖区或者涉外、涉港澳台的第一审民商事案件。

### 安徽省

一、高级人民法院管辖诉讼标的额在 1 亿元以上的第一审民商事案件,以及诉讼标的额在 5000 万元以上且当事人一方住所地不在本辖区或者涉外、涉港澳台的第一审民商事案件。

二、中级人民法院管辖下列第一审民商事案件

1. 合肥市中级人民法院管辖诉讼标的额在 800 万元以上 1 亿元以下的第一审民商事案件,以及诉讼标的额在 300 万元以上 5000 万元以下且当事人一方住所地不在本辖区或者涉外、涉港澳台的第一审民商事案件;

2. 芜湖市、马鞍山市、铜陵市中级人民法院管辖诉讼标的额在 300 万元以上 1 亿元以下的第一审民商事案件,以及诉讼标的额在 200 万元以上 5000 万元以下且当事人一方住所地不在本辖区或者涉外、涉港澳台的第一审民商事案件;

3. 其他中级人民法院管辖诉讼标的额在 150 万元以上 1 亿元以下的第一审民商事案件,以及诉讼标的额在 80 万元以上 5000 万元以下且当事人一方住所地不在本辖区或者涉外、涉港澳台的第一审民商事案件。

### 江西省

一、高级人民法院管辖诉讼标的额在 1 亿元以上的第一审民商事案件,以及诉讼标的额在 5000 万元以上且当事人一方住所地不在本辖区或者涉外、涉港澳台的第一审民商事案件。

二、南昌市中级人民法院管辖诉讼标的额在 500 万元以上的第一审民商事案件,以及诉讼标的额在 200 万元以上且当事人一方住所地不在本辖区或者涉外、涉港澳台的第一审民商事案件。

其他中级人民法院管辖诉讼标的额在 300 万元以上的第一审民商事案件,以及诉讼标的额在 200 万元以上且当事人一方住所地不在本辖区或者涉外、涉港澳台的第一审民商事案件。

### 四川省

一、高级人民法院管辖下列第一审民事案件

1. 诉讼标的额在 1 亿元以上的第一审民商事案件,以及诉讼标的额在 5000 万元以上且当事人一方住所地不在本辖区或者涉外、涉港澳台的第一审民事案件;

2. 最高人民法院指定高级人民法院审理或者高级人民法院认为应当由自己审理的属于中级人民法院管辖的其他第一审民事案件。

二、中级人民法院管辖下列第一审民事案件

1. 成都市中级人民法院管辖诉讼标的额在 800 万元以上 1 亿元以下的第一审民事案件,以及诉讼标的额在 300 万元以上 5000 万元以下且当事人一方住所地不在本辖区的第一审民事案件;

2. 甘孜、阿坝、凉山州中级人民法院管辖诉讼标的额在 100 万元以上 1 亿元以下的第一审民事案件,以及诉讼标的额在 50 万元以上 5000 万元以下且当事人一方住所地不在本辖区的第一审民事案件;

3. 其他中级人民法院管辖诉讼标的额在500万元以上1亿元以下的第一审民商事案件,以及诉讼标的额在200万元以上5000万元以下且当事人一方住所地不在本辖区的第一审民事案件;

4. 根据最高人民法院的规定和指定,管辖涉外、涉港澳台第一审民事案件;

5. 在本辖区内有重大影响的其他第一审民事案件;

6. 高级人民法院指定中级人民法院审理的第一审民事案件或者中级法院认为应当由自己审理的属于基层法院管辖的第一审民事案件;

7. 法律、司法解释明确规定由中级法院管辖的第一审民事案件。

### 陕西省

一、高级人民法院管辖诉讼标的额在1亿元以上的第一审民商事案件,以及诉讼标的额在5000万元以上且当事人一方住所地不在本辖区或者涉外、涉港澳台的第一审民商事案件。

二、中级人民法院管辖下列第一审民商事案件

1. 西安市中级人民法院管辖诉讼标的额在800万元以上的第一审民商事案件,以及诉讼标的额在300万元以上且当事人一方住所地不在本辖区或者涉外、涉港澳台的第一审民商事案件;

2. 宝鸡、咸阳、铜川、延安、榆林、渭南、汉中市中级人民法院、西安铁路运输中级法院管辖诉讼标的额在500万元以上的第一审民商事案件,以及诉讼标的额在200万元以上且当事人一方住所地不在本辖区或者涉外、涉港澳台的第一审民商事案件;

3. 安康、商洛中级人民法院管辖诉讼标的额在300万元以上的第一审民商事案件,以及诉讼标的额在100万元以上且当事人一方住所地不在本辖区或者涉外、涉港澳台的第一审民商事案件。

### 河北省

一、高级人民法院管辖诉讼标的额在1亿元以上的第一审民商事案件,以及诉讼标的额在5000万元以上且当事人一方住所地不在本辖区或者涉外、涉港澳台的第一审民商事案件。

二、中级人民法院管辖下列第一审民商事案件

1. 石家庄、唐山市中级人民法院管辖诉讼标的额在800万元以上的第一审民商事案件,以及诉讼标的额在300万元以上且当事人一方住所地不在本辖区或者涉外、涉港澳台的第一审民商事案件;

2. 保定、秦皇岛、廊坊、邢台、邯郸、沧州、衡水市中级人民法院管辖诉讼标的额在500万元以上的第一审民商事案件,以及诉讼标的额在200万元以上且当事人一方住所地不在本辖区或者涉外、涉港澳台的第一审民商事案件;

3. 张家口、承德市中级人民法院管辖诉讼标的额在300万元以上的第一审民商事案件,以及诉讼标的额在100万元以上且当事人一方住所地不在本辖区或者涉外、涉港澳台的第一审民商事案件。

### 山西省

一、高级人民法院管辖诉讼标的额在1亿元以上的第一审民商事案件,以及诉讼标的额在5000万元以上且当事人一方住所地不在本辖区或者涉外、涉港澳台的第一审民商事案件。

二、中级人民法院管辖下列第一审民商事案件

太原市中级人民法院管辖诉讼标的额在800万元以上1亿元以下的第一审民商事案件,以及诉讼标的额在300万元以上且当事人一方住所地不在本辖区或者涉外、涉港澳台的第一审民商事案件;其他中级人民法院管辖诉讼标的额在500万元以上1亿元以下的第一审民商事案件,以及诉讼标的额在200万元以上且当事人一方住所地不在本辖区或者涉外、涉港澳台的第一审民商事案件。

### 海南省

一、高级人民法院管辖下列第一审民商事案件

1. 诉讼标的额在1亿元以上的第一审民商事案件;

2. 诉讼标的额在5000万元以上且当事人一方住所地不在本辖区或者涉外、涉港澳台的第一审民商事案件。

二、中级人民法院管辖下列第一审民商事案件

1. 诉讼标的额在800万元以上1亿元以下的第一审民商事案件;

2. 诉讼标的额在500万元以上5000万元以下且当事人一方住所地不在本辖区或者涉外、涉港澳台的第一审民商事案件。

### 甘肃省

一、高级人民法院管辖诉讼标的额在5000万元以上的第一审民事案件,以及诉讼标的额在2000万元以上且当事人一方住所地不在本辖区或者涉外、涉港澳台的第一审民事案件。

二、中级人民法院管辖下列第一审民事案件

1. 兰州市中级人民法院管辖诉讼标的额在300万元

以上的第一审民事案件，以及诉讼标的额在 200 万元以上且当事人一方住所地不在本辖区或者涉外、涉港澳台的第一审民事案件；

2. 白银、金昌、庆阳、平凉、天水、酒泉、张掖、武威中级人民法院管辖诉讼标的额在 200 万元以上的第一审民事案件，以及诉讼标的额在 100 万元以上且当事人一方住所地不在本辖区或者涉外、涉港澳台的第一审民事案件；

3. 陇南、定西、甘南、临夏中级人民法院管辖诉讼标的额在 100 万元以上的第一审民事案件，以及诉讼标的额在 50 万元以上且当事人一方住所地不在本辖区或者涉外、涉港澳台的第一审民事案件；

4. 嘉峪关市人民法院、甘肃矿区人民法院管辖诉讼标的额在 5000 万元以下的第一审民事案件，以及诉讼标的额在 2000 万元以下且当事人一方住所地不在本辖区或者涉外、涉港澳台的第一审民事案件；

5. 兰州铁路运输中级法院、陇南市中级人民法院分院管辖诉讼标的额在 200 万元以上的第一审民事案件，以及诉讼标的额在 100 万元以上且当事人一方住所地不在本辖区的第一审民事案件。

### 贵州省

一、高级人民法院管辖标的额在 5000 万元以上的第一审民事案件，以及诉讼标的额在 2000 万元以上且当事人一方住所地不在本辖区或者涉外、涉港澳台的第一审民事案件。

二、中级人民法院管辖下列第一审民事案件

1. 贵阳市中级人民法院管辖诉讼标的额在 300 万元以上的第一审民事案件，以及诉讼标的额在 200 万元以上且当事人一方住所地不在本辖区或者涉外、涉港澳台的第一审民事案件；

2. 遵义市、六盘水市中级人民法院管辖诉讼标的额在 200 万元以上的第一审民事案件，以及诉讼标的额在 100 万元以上且当事人一方住所地不在本辖区或者涉外、涉港澳台的第一审民事案件；

3. 其他中级人民法院管辖诉讼标的额在 100 万元以上的第一审民事案件。

### 新疆维吾尔自治区

一、高级人民法院管辖下列第一审民商事案件

1. 诉讼标的额在 5000 万元以上的第一审民商事案件；

2. 诉讼标的额在 2000 万元以上且当事人一方住所地不在本辖区或者涉外、涉港澳台的第一审民商事案件。

二、中级人民法院管辖下列第一审民商事案件

1. 乌鲁木齐市中级人民法院管辖诉讼标的额在 300 万元以上 5000 万元以下的第一审民商事案件，以及诉讼标的额在 200 万元以上 2000 万元以下且当事人一方住所地不在本辖区的第一审民商事案件；

2. 和田地区、克孜勒苏柯尔克孜自治州、博尔塔拉蒙古自治州中级人民法院管辖诉讼标的额在 150 万元以上 5000 万元以下的第一审民商事案件，以及诉讼标的额在 100 万元以上 2000 万元以下且当事人一方住所地不在本辖区的第一审民商事案件；

3. 其他中级人民法院和乌鲁木齐铁路运输中级法院管辖诉讼标的额在 200 万元以上 5000 万元以下的第一审民商事案件，以及诉讼标的额在 100 万元以上 2000 万元以下且当事人一方住所地不在本辖区的第一审民商事案件；

4. 诉讼标的额在 200 万元以上 2000 万元以下的涉外、涉港澳台民商事案件；

5. 乌鲁木齐市中级人民法院管辖诉讼标的额在 2000 万元以下的涉外、涉港澳台实行集中管辖的五类民商事案件。

三、伊犁哈萨克自治州法院管辖下列第一审民商事案件

（一）高级人民法院伊犁哈萨克自治州分院管辖下列第一审民商事案件

1. 高级人民法院伊犁哈萨克自治州分院在其辖区内管辖与高级人民法院同等标的的民商事案件及当事人一方住所地不在本辖区或者涉外、涉港澳台的第一审民商事案件；

2. 管辖诉讼标的额在 2000 万元以下的涉外、涉港澳台实行集中管辖的五类民商事案件。

（二）中级人民法院管辖下列第一审民商事案件

1. 塔城、阿勒泰地区中级人民法院管辖诉讼标的额在 200 万元以上 5000 万元以下的第一审民商事案件，以及诉讼标的额在 100 万元以上 2000 万元以下且当事人一方住所地不在本辖区或者涉外、涉港澳台的民商事案件；

2. 高级人民法院伊犁哈萨克自治州分院管辖发生于奎屯市、伊宁市等二市八县辖区内，依本规定应由中级人民法院管辖的诉讼标的额在 200 万元以上 5000 万元以下以及诉讼标的额在 100 万元以上 2000 万元以下的当事人一方住所地不在本辖区或者涉外、涉港澳台的第一审民商事案件。

## 内蒙古自治区

一、高级人民法院管辖下列第一审民商事案件

1. 诉讼标的额在 5000 万元以上的第一审民商事案件，以及诉讼标的额在 2000 万元以上且当事人一方住所地不在本辖区或者涉外、涉港澳台的第一审民商事案件；

2. 在全区范围内有重大影响的民商事案件。

二、中级人民法院管辖下列第一审民商事案件

1. 呼和浩特市、包头市中级人民法院管辖诉讼标的额在 300 万元以上 5000 万元以下的第一审民商事案件，以及诉讼标的额在 200 万元以上 2000 万元以下且当事人一方住所地不在本辖区或者涉外、涉港澳台的第一审民商事案件；

2. 呼伦贝尔市、兴安盟、通辽市、赤峰市、锡林郭勒盟、乌兰察布市、鄂尔多斯市、巴彦淖尔市、乌海市、阿拉善盟中级人民法院和呼和浩特铁路运输中级法院管辖诉讼标的额在 200 万元以上 5000 万元以下的第一审民商事案件，以及诉讼标的额在 100 万元以上 2000 万元以下且当事人一方住所地不在本辖区或者涉外、涉港澳台的第一审民商事案件。

## 云南省

一、高级人民法院管辖下列第一审民商事案件

1. 诉讼标的额在 1 亿元以上的第一审民商事案件；

2. 诉讼标的额在 5000 万元以上且涉外、涉港澳台第一审民商事案件；

3. 诉讼标的额在 5000 万元以上的当事人一方住所地不在本辖区的第一审民商事案件；

4. 继续执行管辖在全省范围内有重大影响的民商事案件的规定。

二、中级人民法院管辖下列第一审民商事案件

1. 昆明市中级人民法院管辖诉讼标的额在 400 万元以上的第一审民商事案件，以及诉讼标的额在 200 万元以上且当事人一方住所地不在本辖区的第一审民商事案件；

2. 红河州、文山州、西双版纳州、德宏州、大理州、楚雄州、曲靖市、昭通市、玉溪市、普洱市、临沧市、保山市中级人民法院管辖诉讼标的额在 200 万元以上的第一审民商事案件，以及诉讼标的额在 100 万元以上且当事人一方住所地不在本辖区的第一审民商事案件；

3. 丽江市、迪庆州、怒江州中级人民法院管辖诉讼标的额在 100 万元以上的第一审民商事案件，以及诉讼标的额在 100 万元以上且当事人一方住所地不在本辖区的第一审民商事案件；

4. 昆明市、红河州、文山州、西双版纳州、德宏州、怒江州、普洱市、临沧市、保山市中级人民法院管辖诉讼标的额在 5000 万元以下的涉外、涉港澳台第一审民商事案件；

5. 继续执行各州、市中级人民法院管辖在法律适用上具有普遍意义的新类型民、商事案件和在辖区内有重大影响的民、商事案件的规定。

## 新疆维吾尔自治区高级人民法院生产建设兵团分院

一、高级人民法院生产建设兵团分院管辖诉讼标的额在 5000 万元以上的第一审民商事案件，以及诉讼标的额在 2000 万元以上且当事人一方住所地不在本辖区或者涉外、涉港澳台的第一审民商事案件。

二、农一师、农二师、农四师、农六师、农七师、农八师中级人民法院管辖诉讼标的额在 200 万元以上的第一审民商事案件，以及诉讼标的额在 100 万元以上且当事人一方住所地不在本辖区或者涉外、涉港澳台的第一审民商事案件。

其他农业师中级人民法院管辖诉讼标的额在 150 万元以上的第一审民商事案件，以及诉讼标的额在 100 万元以上且当事人一方住所地不在本辖区或者涉外、涉港澳台的第一审民商事案件。

## 青海省

一、高级人民法院管辖下列第一审民商事案件

1. 诉讼标的额在 2000 万元以上的第一审民商事案件，以及诉讼标的额在 1000 万元以上且当事人一方住所地不在本辖区或者涉外、涉港澳台的第一审民商事案件；

2. 最高人民法院指定由高级人民法院管辖的案件；

3. 在全省范围内有重大影响的案件。

二、中级人民法院管辖下列第一审民商事案件

1. 西宁市中级人民法院管辖全市、海西州中级人民法院管辖格尔木市诉讼标的额在 100 万元以上 2000 万元以下的第一审民商事案件，以及诉讼标的额在 50 万元以上且当事人一方住所地不在本辖区的第一审民商事案件；

2. 海东地区、海南、海北、黄南、海西州中级人民法院管辖（除格尔木市）诉讼标的额在 60 万元以上 2000 万元以下的第一审民商事案件，以及诉讼标的额在 50 万元以上且当事人一方住所地不在本辖区的第一审民商事案件；

3. 果洛、玉树州中级人民法院管辖诉讼标的额在 50 万元以上 2000 万元以下的第一审民商事案件，以及诉讼

标的额在30万元以上且当事人一方住所地不在本辖区的第一审民商事案件;

4. 上级人民法院指定管辖的案件。

### 宁夏回族自治区

一、高级人民法院管辖诉讼标的额在2000万元以上的第一审民商事案件,以及诉讼标的额在1000万元以上且当事人一方住所地不在本辖区或者涉外、涉港澳台的第一审民商事案件。

二、中级人民法院管辖下列第一审民商事案件

1. 银川市中级人民法院管辖诉讼标的额在200万元以上的第一审民商事案件,以及诉讼标的额在100万元以上且当事人一方住所地不在本辖区的第一审民商事案件;

2. 依照法释(2002)5号司法解释第一条、第三条、第五条的规定,银川市中级人民法院集中管辖本省区争议金额在1000万元以下的第一审涉外、涉港澳台民商事案件;

3. 石嘴山、吴忠、中卫、固原市中级人民法院管辖诉讼标的额在100万元以上的第一审民商事案件,以及诉讼标的额在80万元以上且当事人一方住所地不在本辖区的民商事案件。

### 西藏自治区

一、高级人民法院管辖诉讼标的额在2000万元以上的第一审民商事案件,以及诉讼标的额在500万元以上且当事人一方住所地不在本辖区或者涉外、涉港澳台的第一审民商事案件。

二、中级人民法院管辖下列第一审民商事案件

1. 拉萨市中级人民法院管辖拉萨城区诉讼标的额在200万元以上、所辖各县诉讼标的额在100万元以上的第一审民商事案件;

2. 其他各地区中级人民法院管辖地区行署所在地诉讼标的额在150万元以上、所辖各县范围内诉讼标的额在100万元以上的第一审民商事案件;

3. 诉讼标的额在500万元以下的涉外、涉港澳台第一审民商事案件,均由各地方中级人民法院管辖。

## 最高人民法院关于印发修改后的《民事案件案由规定》的通知

- 2020年12月29日
- 法〔2020〕347号

各省、自治区、直辖市高级人民法院,解放军军事法院,新疆维吾尔自治区高级人民法院生产建设兵团分院:

为切实贯彻实施民法典,最高人民法院对2011年2月18日第一次修正的《民事案件案由规定》(以下简称2011年《案由规定》)进行了修改,自2021年1月1日起施行。现将修改后的《民事案件案由规定》(以下简称修改后的《案由规定》)印发给你们,请认真贯彻执行。

2011年《案由规定》施行以来,在方便当事人进行民事诉讼,规范人民法院民事立案、审判和司法统计工作等方面,发挥了重要作用。近年来,随着民事诉讼法、邮政法、消费者权益保护法、环境保护法、反不正当竞争法、农村土地承包法、英雄烈士保护法等法律的制定或者修订,审判实践中出现了许多新类型民事案件,需要对2011年《案由规定》进行补充和完善。特别是民法典将于2021年1月1日起施行,迫切需要增补新的案由。经深入调查研究,广泛征求意见,最高人民法院对2011年《案由规定》进行了修改。现就各级人民法院适用修改后的《案由规定》的有关问题通知如下:

**一、高度重视民事案件案由在民事审判规范化建设中的重要作用,认真学习掌握修改后的《案由规定》**

民事案件案由是民事案件名称的重要组成部分,反映案件所涉及的民事法律关系的性质,是对当事人诉争的法律关系性质进行的概括,是人民法院进行民事案件管理的重要手段。建立科学、完善的民事案件案由体系,有利于方便当事人进行民事诉讼,有利于统一民事案件的法律适用标准,有利于对受理案件进行分类管理,有利于确定各民事审判业务庭的管辖分工,有利于提高民事案件司法统计的准确性和科学性,从而更好地为创新和加强民事审判管理、为人民法院司法决策服务。

各级人民法院要认真学习修改后的《案由规定》,理解案由编排体系和具体案由制定的背景、法律依据、确定标准、具体含义、适用顺序以及变更方法等问题,准确选择适用具体案由,依法维护当事人诉讼权利,创新和加强民事审判管理,不断推进民事审判工作规范化建设。

**二、关于《案由规定》修改所遵循的原则**

一是严格依法原则。本次修改的具体案由均具有实体法和程序法依据,符合民事诉讼法关于民事案件受案范围的有关规定。

二是必要性原则。本次修改是以保持案由运行体系稳定为前提,对于必须增加、调整的案由作相应修改,尤其是对照民法典的新增制度和重大修改内容,增加、变更部分具体案由,并根据现行立法和司法实践需要完善部分具体案由,对案由编排体系不作大的调整。民法典施行后,最高人民法院将根据工作需要,结合司法实践,继

续细化完善民法典新增制度案由,特别是第四级案由。对本次未作修改的部分原有案由,届时一并修改。

三是实用性原则。案由体系是在现行有效的法律规定基础上,充分考虑人民法院民事立案、审判实践以及司法统计的需要而编排的,本次修改更加注重案由的简洁明了、方便实用,既便于当事人进行民事诉讼,也便于人民法院进行民事立案、审判和司法统计工作。

### 三、关于案由的确定标准

民事案件案由应当依据当事人诉争的民事法律关系的性质来确定。鉴于具体案件中当事人的诉讼请求、争议的焦点可能有多个,争议的标的也可能是多个,为保证案由的高度概括和简洁明了,修改后的《案由规定》仍沿用 2011 年《案由规定》关于案由的确定标准,即对民事案件案由的表述方式原则上确定为"法律关系性质"加"纠纷",一般不包含争议焦点、标的物、侵权方式等要素。但是,实践中当事人诉争的民事法律关系的性质具有复杂多变性,单纯按照法律关系标准去划分案由体系的做法难以更好地满足民事审判实践的需要,难以更好地满足司法统计的需要。为此,修改后的《案由规定》在坚持以法律关系性质作为确定案由的主要标准的同时,对少部分案由也依据请求权、形成权或者确认之诉、形成之诉等其他标准进行确定,对少部分案由的表述也包含了争议焦点、标的物、侵权方式等要素。另外,为了与行政案件案由进行明显区分,本次修改还对个别案由的表述进行了特殊处理。

对民事诉讼法规定的适用特别程序、督促程序、公示催告程序、公司清算、破产程序等非讼程序审理的案件案由,根据当事人的诉讼请求予以直接表述;对公益诉讼、第三人撤销之诉、执行程序中的异议之诉等特殊诉讼程序案件的案由,根据修改后民事诉讼法规定的诉讼制度予以直接表述。

### 四、关于案由体系的总体编排

1. 关于案由纵向和横向体系的编排设置。修改后的《案由规定》以民法学理论对民事法律关系的分类为基础,以法律关系的内容即民事权利类型来编排案由的纵向体系。在纵向体系上,结合民法典、民事诉讼法等民事立法及审判实践,将案由的编排体系划分为人格权纠纷,婚姻家庭、继承纠纷,物权纠纷,合同、准合同纠纷,劳动争议与人事争议,知识产权与竞争纠纷,海事海商纠纷,与公司、证券、保险、票据等有关的民事纠纷,侵权责任纠纷,非讼程序案件案由,特殊诉讼程序案件案由,共计十一大部分,作为第一级案由。

在横向体系上,通过总分式四级结构的设计,实现案由从高级(概括)到低级(具体)的演进。如物权纠纷(第一级案由)→所有权纠纷(第二级案由)→建筑物区分所有权纠纷(第三级案由)→业主专有权纠纷(第四级案由)。在第一级案由项下,细分为五十四类案由,作为第二级案由(以大写数字表示);在第二级案由项下列出了473 个案由,作为第三级案由(以阿拉伯数字表示)。第三级案由是司法实践中最常见和广泛使用的案由。基于审判工作指导、调研和司法统计的需要,在部分第三级案由项下又列出了 391 个第四级案由(以阿拉伯数字加( )表示)。基于民事法律关系的复杂性,不可能穷尽所有第四级案由,目前所列的第四级案由只是一些典型的、常见的或者为了司法统计需要而设立的案由。

修改后的《案由规定》采用纵向十一个部分、横向四级结构的编排设置,形成了网状结构体系,基本涵盖了民法典所涉及的民事纠纷案件类型以及人民法院当前受理的民事纠纷案件类型,有利于贯彻落实民法典等民事法律关于民事权益保护的相关规定。

2. 关于物权纠纷案由与合同纠纷案由的编排设置。修改后的《案由规定》仍然沿用 2011 年《案由规定》关于物权纠纷案由与合同纠纷案由的编排体系。按照物权变动原因与结果相区分的原则,对于涉及物权变动的原因,即债权性质的合同关系引发的纠纷案件的案由,修改后的《案由规定》将其放在合同纠纷项下;对于涉及物权变动的结果,即物权设立、权属、效力、使用、收益等物权关系产生的纠纷案件的案由,修改后的《案由规定》将其放在物权纠纷项下。前者如第三级案由"居住权合同纠纷"列在第二级案由"合同纠纷"项下;后者如第三级案由"居住权纠纷"列在第二级案由"物权纠纷"项下。

具体适用时,人民法院应根据当事人诉争的法律关系的性质,查明该法律关系涉及的是物权变动的原因关系还是物权变动的结果关系,以正确确定案由。当事人诉争的法律关系性质涉及物权变动原因的,即因债权性质的合同关系引发的纠纷案件,应当选择适用第二级案由"合同纠纷"项下的案由,如"居住权合同纠纷"案由;当事人诉争的法律关系性质涉及物权变动结果的,即因物权设立、权属、效力、使用、收益等物权关系引发的纠纷案件,应当选择第二级案由"物权纠纷"项下的案由,如"居住权纠纷"案由。

3. 关于第三部分"物权纠纷"项下"物权保护纠纷"案由与"所有权纠纷""用益物权纠纷""担保物权纠纷"案由的编排设置。修改后的《案由规定》仍然沿用 2011

年《案由规定》关于物权纠纷案由的编排设置。"所有权纠纷""用益物权纠纷""担保物权纠纷"案由既包括以上三种类型的物权确认纠纷案由,也包括以上三种类型的侵害物权纠纷案由。民法典物权编第三章"物权的保护"所规定的物权请求权或者债权请求权保护方法,即"物权保护纠纷",在修改后的《案由规定》列举的每个物权类型(第三级案由)项下都可能部分或者全部适用,多数都可以作为第四级案由列举,但为避免使整个案由体系冗长繁杂,在各第三级案由下并未一一列出。实践中需要确定具体个案案由时,如果当事人的诉讼请求只涉及"物权保护纠纷"项下的一种物权请求权或者债权请求权,则可以选择适用"物权保护纠纷"项下的六种第三级案由;如果当事人的诉讼请求涉及"物权保护纠纷"项下的两种或者两种以上物权请求权或者债权请求权,则应按照所保护的权利种类,选择适用"所有权纠纷""用益物权纠纷""担保物权纠纷"项下的第三级案由(各种物权类型纠纷)。

4. 关于侵权责任纠纷案由的编排设置。修改后的《案由规定》仍然沿用2011年《案由规定》关于侵权责任纠纷案由与其他第一级案由的编排设置。根据民法典侵权责任编的相关规定,该编的保护对象为民事权益,具体范围是民法典总则编第五章所规定的人身、财产权益。这些民事权益,又分别在人格权编、物权编、婚姻家庭编、继承编等予以细化规定,而这些民事权益纠纷往往既包括权属确认纠纷也包括侵权责任纠纷,这就为科学合理编排民事案件案由体系增加了难度。为了保持整个案由体系的完整性和稳定性,尽可能避免重复交叉,修改后的《案由规定》将这些侵害民事权益侵权责任纠纷案由仍旧分别保留在"人格权纠纷""婚姻家庭、继承纠纷""物权纠纷""知识产权与竞争纠纷"等第一级案由体系项下,对照侵权责任编新规定调整第一级案由"侵权责任纠纷"项下案由;同时,将一些实践中常见的、其他第一级案由不便列出的侵权责任纠纷案由也列在第一级案由"侵权责任纠纷"项下,如"非机动车交通事故责任纠纷"。从"兜底"考虑,修改后的《案由规定》将第一级案由"侵权责任纠纷"列在其他八个民事权益纠纷类型之后,作为第九部分。

具体适用时,涉及侵权责任纠纷的,为明确和统一法律适用问题,应当先适用第九部分"侵权责任纠纷"项下根据侵权责任编相关规定列出的具体案由;没有相应案由的,再适用"人格权纠纷""物权纠纷""知识产权与竞争纠纷"等其他部分项下的具体案由。如环境污染、高度危险行为均可能造成人身损害和财产损害,确定案由时,应当适用第九部分"侵权责任纠纷"项下"环境污染责任纠纷""高度危险责任纠纷"案由,而不应适用第一部分"人格权纠纷"项下的"生命权、身体权、健康权纠纷"案由,也不应适用第三部分"物权纠纷"项下的"财产损害赔偿纠纷"案由。

**五、适用修改后的《案由规定》应当注意的问题**

1. 在案由横向体系上应当按照由低到高的顺序选择适用个案案由。确定个案案由时,应当优先适用第四级案由,没有对应的第四级案由的,适用相应的第三级案由;第三级案由中没有规定的,适用相应的第二级案由;第二级案由没有规定的,适用相应的第一级案由。这样处理,有利于更准确地反映当事人诉争的法律关系的性质,有利于促进分类管理科学化和提高司法统计准确性。

2. 关于个案案由的变更。人民法院在民事立案审查阶段,可以根据原告诉讼请求涉及的法律关系性质,确定相应的个案案由;人民法院受理民事案件后,经审理发现当事人起诉的法律关系与实际诉争的法律关系不一致的,人民法院结案时应当根据法庭查明的当事人之间实际存在的法律关系的性质,相应变更个案案由。当事人在诉讼过程中增加或者变更诉讼请求导致当事人诉争的法律关系发生变更的,人民法院应当相应变更个案案由。

3. 存在多个法律关系时个案案由的确定。同一诉讼中涉及两个以上的法律关系的,应当根据当事人诉争的法律关系的性质确定个案案由;均为诉争的法律关系的,则按诉争的两个以上法律关系并列确定相应的案由。

4. 请求权竞合时个案案由的确定。在请求权竞合的情形下,人民法院应当按照当事人自主选择行使的请求权所涉及的诉争的法律关系的性质,确定相应的案由。

5. 正确认识民事案件案由的性质与功能。案由体系的编排制定是人民法院进行民事审判管理的手段。各级人民法院应当依法保障当事人依照法律规定享有的起诉权利,不得将修改后的《案由规定》等同于民事诉讼法第一百一十九条规定的起诉条件,不得以当事人的诉请在修改后的《案由规定》中没有相应案由可以适用为由,裁定不予受理或者驳回起诉,损害当事人的诉讼权利。

6. 案由体系中的选择性案由(即含有顿号的部分案由)的使用方法。对这些案由,应当根据具体案情,确定相应的个案案由,不应直接将该案由全部引用。如"生命权、身体权、健康权纠纷"案由,应当根据具体侵害对象来确定相应的案由。

本次民事案件案由修改工作主要基于人民法院当前

司法实践经验,对照民法典等民事立法修改完善相关具体案由。2021年1月1日民法典施行后,修改后的《案由规定》可能需要对标民法典具体施行情况作进一步调整。地方各级人民法院要密切关注民法典施行后立案审判中遇到的新情况、新问题,重点梳理汇总民法典新增制度项下可以细化规定为第四级案由的新类型案件,及时层报最高人民法院。

## 民事案件案由规定

- 2007年10月29日最高人民法院审判委员会第1438次会议通过
- 自2008年4月1日起施行
- 根据2011年2月18日最高人民法院《关于修改〈民事案件案由规定〉的决定》(法〔2011〕41号)第一次修正
- 根据2020年12月14日最高人民法院审判委员会第1821次会议通过的《最高人民法院关于修改〈民事案件案由规定〉的决定》(法〔2020〕346号)第二次修正

为了正确适用法律,统一确定案由,根据《中华人民共和国民法典》《中华人民共和国民事诉讼法》等法律规定,结合人民法院民事审判工作实际情况,对民事案件案由规定如下:

### 第一部分 人格权纠纷
**一、人格权纠纷**
1. 生命权、身体权、健康权纠纷
2. 姓名权纠纷
3. 名称权纠纷
4. 肖像权纠纷
5. 声音保护纠纷
6. 名誉权纠纷
7. 荣誉权纠纷
8. 隐私权、个人信息保护纠纷
 (1)隐私权纠纷
 (2)个人信息保护纠纷
9. 婚姻自主权纠纷
10. 人身自由权纠纷
11. 一般人格权纠纷
 (1)平等就业权纠纷

### 第二部分 婚姻家庭、继承纠纷
**二、婚姻家庭纠纷**
12. 婚约财产纠纷
13. 婚内夫妻财产分割纠纷
14. 离婚纠纷
15. 离婚后财产纠纷
16. 离婚后损害责任纠纷
17. 婚姻无效纠纷
18. 撤销婚姻纠纷
19. 夫妻财产约定纠纷
20. 同居关系纠纷
 (1)同居关系析产纠纷
 (2)同居关系子女抚养纠纷
21. 亲子关系纠纷
 (1)确认亲子关系纠纷
 (2)否认亲子关系纠纷
22. 抚养纠纷
 (1)抚养费纠纷
 (2)变更抚养关系纠纷
23. 扶养纠纷
 (1)扶养费纠纷
 (2)变更扶养关系纠纷
24. 赡养纠纷
 (1)赡养费纠纷
 (2)变更赡养关系纠纷
25. 收养关系纠纷
 (1)确认收养关系纠纷
 (2)解除收养关系纠纷
26. 监护权纠纷
27. 探望权纠纷
28. 分家析产纠纷

**三、继承纠纷**
29. 法定继承纠纷
 (1)转继承纠纷
 (2)代位继承纠纷
30. 遗嘱继承纠纷
31. 被继承人债务清偿纠纷
32. 遗赠纠纷
33. 遗赠扶养协议纠纷
34. 遗产管理纠纷

### 第三部分 物权纠纷
**四、不动产登记纠纷**
35. 异议登记不当损害责任纠纷
36. 虚假登记损害责任纠纷

**五、物权保护纠纷**
37. 物权确认纠纷

(1)所有权确认纠纷
(2)用益物权确认纠纷
(3)担保物权确认纠纷
38. 返还原物纠纷
39. 排除妨害纠纷
40. 消除危险纠纷
41. 修理、重作、更换纠纷
42. 恢复原状纠纷
43. 财产损害赔偿纠纷
**六、所有权纠纷**
44. 侵害集体经济组织成员权益纠纷
45. 建筑物区分所有权纠纷
(1)业主专有权纠纷
(2)业主共有权纠纷
(3)车位纠纷
(4)车库纠纷
46. 业主撤销权纠纷
47. 业主知情权纠纷
48. 遗失物返还纠纷
49. 漂流物返还纠纷
50. 埋藏物返还纠纷
51. 隐藏物返还纠纷
52. 添附物归属纠纷
53. 相邻关系纠纷
(1)相邻用水、排水纠纷
(2)相邻通行纠纷
(3)相邻土地、建筑物利用关系纠纷
(4)相邻通风纠纷
(5)相邻采光、日照纠纷
(6)相邻污染侵害纠纷
(7)相邻损害防免关系纠纷
54. 共有纠纷
(1)共有权确认纠纷
(2)共有物分割纠纷
(3)共有人优先购买权纠纷
(4)债权人代位析产纠纷
**七、用益物权纠纷**
55. 海域使用权纠纷
56. 探矿权纠纷
57. 采矿权纠纷
58. 取水权纠纷
59. 养殖权纠纷

60. 捕捞权纠纷
61. 土地承包经营权纠纷
(1)土地承包经营权确认纠纷
(2)承包地征收补偿费用分配纠纷
(3)土地承包经营权继承纠纷
62. 土地经营权纠纷
63. 建设用地使用权纠纷
64. 宅基地使用权纠纷
65. 居住权纠纷
66. 地役权纠纷
**八、担保物权纠纷**
67. 抵押权纠纷
(1)建筑物和其他土地附着物抵押权纠纷
(2)在建建筑物抵押权纠纷
(3)建设用地使用权抵押权纠纷
(4)土地经营权抵押权纠纷
(5)探矿权抵押权纠纷
(6)采矿权抵押权纠纷
(7)海域使用权抵押权纠纷
(8)动产抵押权纠纷
(9)在建船舶、航空器抵押权纠纷
(10)动产浮动抵押权纠纷
(11)最高额抵押权纠纷
68. 质权纠纷
(1)动产质权纠纷
(2)转质权纠纷
(3)最高额质权纠纷
(4)票据质权纠纷
(5)债券质权纠纷
(6)存单质权纠纷
(7)仓单质权纠纷
(8)提单质权纠纷
(9)股权质权纠纷
(10)基金份额质权纠纷
(11)知识产权质权纠纷
(12)应收账款质权纠纷
69. 留置权纠纷
**九、占有保护纠纷**
70. 占有物返还纠纷
71. 占有排除妨害纠纷
72. 占有消除危险纠纷
73. 占有物损害赔偿纠纷

## 第四部分 合同、准合同纠纷

### 十、合同纠纷

74. 缔约过失责任纠纷
75. 预约合同纠纷
76. 确认合同效力纠纷
 （1）确认合同有效纠纷
 （2）确认合同无效纠纷
77. 债权人代位权纠纷
78. 债权人撤销权纠纷
79. 债权转让合同纠纷
80. 债务转移合同纠纷
81. 债权债务概括转移合同纠纷
82. 债务加入纠纷
83. 悬赏广告纠纷
84. 买卖合同纠纷
 （1）分期付款买卖合同纠纷
 （2）凭样品买卖合同纠纷
 （3）试用买卖合同纠纷
 （4）所有权保留买卖合同纠纷
 （5）招标投标买卖合同纠纷
 （6）互易纠纷
 （7）国际货物买卖合同纠纷
 （8）信息网络买卖合同纠纷
85. 拍卖合同纠纷
86. 建设用地使用权合同纠纷
 （1）建设用地使用权出让合同纠纷
 （2）建设用地使用权转让合同纠纷
87. 临时用地合同纠纷
88. 探矿权转让合同纠纷
89. 采矿权转让合同纠纷
90. 房地产开发经营合同纠纷
 （1）委托代建合同纠纷
 （2）合资、合作开发房地产合同纠纷
 （3）项目转让合同纠纷
91. 房屋买卖合同纠纷
 （1）商品房预约合同纠纷
 （2）商品房预售合同纠纷
 （3）商品房销售合同纠纷
 （4）商品房委托代理销售合同纠纷
 （5）经济适用房转让合同纠纷
 （6）农村房屋买卖合同纠纷
92. 民事主体间房屋拆迁补偿合同纠纷
93. 供用电合同纠纷
94. 供用水合同纠纷
95. 供用气合同纠纷
96. 供用热力合同纠纷
97. 排污权交易纠纷
98. 用能权交易纠纷
99. 用水权交易纠纷
100. 碳排放权交易纠纷
101. 碳汇交易纠纷
102. 赠与合同纠纷
 （1）公益事业捐赠合同纠纷
 （2）附义务赠与合同纠纷
103. 借款合同纠纷
 （1）金融借款合同纠纷
 （2）同业拆借纠纷
 （3）民间借贷纠纷
 （4）小额借款合同纠纷
 （5）金融不良债权转让合同纠纷
 （6）金融不良债权追偿纠纷
104. 保证合同纠纷
105. 抵押合同纠纷
106. 质押合同纠纷
107. 定金合同纠纷
108. 进出口押汇纠纷
109. 储蓄存款合同纠纷
110. 银行卡纠纷
 （1）借记卡纠纷
 （2）信用卡纠纷
111. 租赁合同纠纷
 （1）土地租赁合同纠纷
 （2）房屋租赁合同纠纷
 （3）车辆租赁合同纠纷
 （4）建筑设备租赁合同纠纷
112. 融资租赁合同纠纷
113. 保理合同纠纷
114. 承揽合同纠纷
 （1）加工合同纠纷
 （2）定作合同纠纷
 （3）修理合同纠纷
 （4）复制合同纠纷
 （5）测试合同纠纷
 （6）检验合同纠纷

(7)铁路机车、车辆建造合同纠纷
115. 建设工程合同纠纷
(1)建设工程勘察合同纠纷
(2)建设工程设计合同纠纷
(3)建设工程施工合同纠纷
(4)建设工程价款优先受偿权纠纷
(5)建设工程分包合同纠纷
(6)建设工程监理合同纠纷
(7)装饰装修合同纠纷
(8)铁路修建合同纠纷
(9)农村建房施工合同纠纷
116. 运输合同纠纷
(1)公路旅客运输合同纠纷
(2)公路货物运输合同纠纷
(3)水路旅客运输合同纠纷
(4)水路货物运输合同纠纷
(5)航空旅客运输合同纠纷
(6)航空货物运输合同纠纷
(7)出租汽车运输合同纠纷
(8)管道运输合同纠纷
(9)城市公交运输合同纠纷
(10)联合运输合同纠纷
(11)多式联运合同纠纷
(12)铁路货物运输合同纠纷
(13)铁路旅客运输合同纠纷
(14)铁路行李运输合同纠纷
(15)铁路包裹运输合同纠纷
(16)国际铁路联运合同纠纷
117. 保管合同纠纷
118. 仓储合同纠纷
119. 委托合同纠纷
(1)进出口代理合同纠纷
(2)货运代理合同纠纷
(3)民用航空运输销售代理合同纠纷
(4)诉讼、仲裁、人民调解代理合同纠纷
(5)销售代理合同纠纷
120. 委托理财合同纠纷
(1)金融委托理财合同纠纷
(2)民间委托理财合同纠纷
121. 物业服务合同纠纷
122. 行纪合同纠纷
123. 中介合同纠纷

124. 补偿贸易纠纷
125. 借用合同纠纷
126. 典当纠纷
127. 合伙合同纠纷
128. 种植、养殖回收合同纠纷
129. 彩票、奖券纠纷
130. 中外合作勘探开发自然资源合同纠纷
131. 农业承包合同纠纷
132. 林业承包合同纠纷
133. 渔业承包合同纠纷
134. 牧业承包合同纠纷
135. 土地承包经营权合同纠纷
(1)土地承包经营权转让合同纠纷
(2)土地承包经营权互换合同纠纷
(3)土地经营权入股合同纠纷
(4)土地经营权抵押合同纠纷
(5)土地经营权出租合同纠纷
136. 居住权合同纠纷
137. 服务合同纠纷
(1)电信服务合同纠纷
(2)邮政服务合同纠纷
(3)快递服务合同纠纷
(4)医疗服务合同纠纷
(5)法律服务合同纠纷
(6)旅游合同纠纷
(7)房地产咨询合同纠纷
(8)房地产价格评估合同纠纷
(9)旅店服务合同纠纷
(10)财会服务合同纠纷
(11)餐饮服务合同纠纷
(12)娱乐服务合同纠纷
(13)有线电视服务合同纠纷
(14)网络服务合同纠纷
(15)教育培训合同纠纷
(16)家政服务合同纠纷
(17)庆典服务合同纠纷
(18)殡葬服务合同纠纷
(19)农业技术服务合同纠纷
(20)农机作业服务合同纠纷
(21)保安服务合同纠纷
(22)银行结算合同纠纷
138. 演出合同纠纷

139. 劳务合同纠纷
140. 离退休人员返聘合同纠纷
141. 广告合同纠纷
142. 展览合同纠纷
143. 追偿权纠纷
**十一、不当得利纠纷**
144. 不当得利纠纷
**十二、无因管理纠纷**
145. 无因管理纠纷

### 第五部分 知识产权与竞争纠纷
**十三、知识产权合同纠纷**
146. 著作权合同纠纷
（1）委托创作合同纠纷
（2）合作创作合同纠纷
（3）著作权转让合同纠纷
（4）著作权许可使用合同纠纷
（5）出版合同纠纷
（6）表演合同纠纷
（7）音像制品制作合同纠纷
（8）广播电视播放合同纠纷
（9）邻接权转让合同纠纷
（10）邻接权许可使用合同纠纷
（11）计算机软件开发合同纠纷
（12）计算机软件著作权转让合同纠纷
（13）计算机软件著作权许可使用合同纠纷
147. 商标合同纠纷
（1）商标权转让合同纠纷
（2）商标使用许可合同纠纷
（3）商标代理合同纠纷
148. 专利合同纠纷
（1）专利申请权转让合同纠纷
（2）专利权转让合同纠纷
（3）发明专利实施许可合同纠纷
（4）实用新型专利实施许可合同纠纷
（5）外观设计专利实施许可合同纠纷
（6）专利代理合同纠纷
149. 植物新品种合同纠纷
（1）植物新品种育种合同纠纷
（2）植物新品种申请权转让合同纠纷
（3）植物新品种权转让合同纠纷
（4）植物新品种实施许可合同纠纷
150. 集成电路布图设计合同纠纷
（1）集成电路布图设计创作合同纠纷
（2）集成电路布图设计专有权转让合同纠纷
（3）集成电路布图设计许可使用合同纠纷
151. 商业秘密合同纠纷
（1）技术秘密让与合同纠纷
（2）技术秘密许可使用合同纠纷
（3）经营秘密让与合同纠纷
（4）经营秘密许可使用合同纠纷
152. 技术合同纠纷
（1）技术委托开发合同纠纷
（2）技术合作开发合同纠纷
（3）技术转化合同纠纷
（4）技术转让合同纠纷
（5）技术许可合同纠纷
（6）技术咨询合同纠纷
（7）技术服务合同纠纷
（8）技术培训合同纠纷
（9）技术中介合同纠纷
（10）技术进口合同纠纷
（11）技术出口合同纠纷
（12）职务技术成果完成人奖励、报酬纠纷
（13）技术成果完成人署名权、荣誉权、奖励权纠纷
153. 特许经营合同纠纷
154. 企业名称（商号）合同纠纷
（1）企业名称（商号）转让合同纠纷
（2）企业名称（商号）使用合同纠纷
155. 特殊标志合同纠纷
156. 网络域名合同纠纷
（1）网络域名注册合同纠纷
（2）网络域名转让合同纠纷
（3）网络域名许可使用合同纠纷
157. 知识产权质押合同纠纷
**十四、知识产权权属、侵权纠纷**
158. 著作权权属、侵权纠纷
（1）著作权权属纠纷
（2）侵害作品发表权纠纷
（3）侵害作品署名权纠纷
（4）侵害作品修改权纠纷
（5）侵害保护作品完整纠纷
（6）侵害作品复制权纠纷
（7）侵害作品发行权纠纷
（8）侵害作品出租权纠纷

（9）侵害作品展览权纠纷
（10）侵害作品表演权纠纷
（11）侵害作品放映权纠纷
（12）侵害作品广播权纠纷
（13）侵害作品信息网络传播权纠纷
（14）侵害作品摄制权纠纷
（15）侵害作品改编权纠纷
（16）侵害作品翻译权纠纷
（17）侵害作品汇编权纠纷
（18）侵害其他著作财产权纠纷
（19）出版者权权属纠纷
（20）表演者权权属纠纷
（21）录音录像制作者权权属纠纷
（22）广播组织权权属纠纷
（23）侵害出版者权纠纷
（24）侵害表演者权纠纷
（25）侵害录音录像制作者权纠纷
（26）侵害广播组织权纠纷
（27）计算机软件著作权权属纠纷
（28）侵害计算机软件著作权纠纷
159. 商标权权属、侵权纠纷
（1）商标权权属纠纷
（2）侵害商标权纠纷
160. 专利权权属、侵权纠纷
（1）专利申请权权属纠纷
（2）专利权权属纠纷
（3）侵害发明专利权纠纷
（4）侵害实用新型专利权纠纷
（5）侵害外观设计专利权纠纷
（6）假冒他人专利纠纷
（7）发明专利临时保护期使用费纠纷
（8）职务发明创造发明人、设计人奖励、报酬纠纷
（9）发明创造发明人、设计人署名权纠纷
（10）标准必要专利使用费纠纷
161. 植物新品种权权属、侵权纠纷
（1）植物新品种申请权权属纠纷
（2）植物新品种权权属纠纷
（3）侵害植物新品种权纠纷
（4）植物新品种临时保护期使用费纠纷
162. 集成电路布图设计专有权权属、侵权纠纷
（1）集成电路布图设计专有权权属纠纷
（2）侵害集成电路布图设计专有权纠纷

163. 侵害企业名称（商号）权纠纷
164. 侵害特殊标志专有权纠纷
165. 网络域名权属、侵权纠纷
（1）网络域名权属纠纷
（2）侵害网络域名纠纷
166. 发现权纠纷
167. 发明权纠纷
168. 其他科技成果权纠纷
169. 确认不侵害知识产权纠纷
（1）确认不侵害专利权纠纷
（2）确认不侵害商标权纠纷
（3）确认不侵害著作权纠纷
（4）确认不侵害植物新品种权纠纷
（5）确认不侵害集成电路布图设计专用权纠纷
（6）确认不侵害计算机软件著作权纠纷
170. 因申请知识产权临时措施损害责任纠纷
（1）因申请诉前停止侵害专利权损害责任纠纷
（2）因申请诉前停止侵害注册商标专用权损害责任纠纷
（3）因申请诉前停止侵害著作权损害责任纠纷
（4）因申请诉前停止侵害植物新品种权损害责任纠纷
（5）因申请海关知识产权保护措施损害责任纠纷
（6）因申请诉前停止侵害计算机软件著作权损害责任纠纷
（7）因申请诉前停止侵害集成电路布图设计专用权损害责任纠纷
171. 因恶意提起知识产权诉讼损害责任纠纷
172. 专利权宣告无效后返还费用纠纷

**十五、不正当竞争纠纷**

173. 仿冒纠纷
（1）擅自使用与他人有一定影响的商品名称、包装、装潢等相同或者近似的标识纠纷
（2）擅自使用他人有一定影响的企业名称、社会组织名称、姓名纠纷
（3）擅自使用他人有一定影响的域名主体部分、网站名称、网页纠纷
174. 商业贿赂不正当竞争纠纷
175. 虚假宣传纠纷
176. 侵害商业秘密纠纷
（1）侵害技术秘密纠纷
（2）侵害经营秘密纠纷

177. 低价倾销不正当竞争纠纷
178. 捆绑销售不正当竞争纠纷
179. 有奖销售纠纷
180. 商业诋毁纠纷
181. 串通投标不正当竞争纠纷
182. 网络不正当竞争纠纷

十六、垄断纠纷
183. 垄断协议纠纷
（1）横向垄断协议纠纷
（2）纵向垄断协议纠纷
184. 滥用市场支配地位纠纷
（1）垄断定价纠纷
（2）掠夺定价纠纷
（3）拒绝交易纠纷
（4）限定交易纠纷
（5）捆绑交易纠纷
（6）差别待遇纠纷
185. 经营者集中纠纷

### 第六部分 劳动争议、人事争议

十七、劳动争议
186. 劳动合同纠纷
（1）确认劳动关系纠纷
（2）集体合同纠纷
（3）劳务派遣合同纠纷
（4）非全日制用工纠纷
（5）追索劳动报酬纠纷
（6）经济补偿金纠纷
（7）竞业限制纠纷
187. 社会保险纠纷
（1）养老保险待遇纠纷
（2）工伤保险待遇纠纷
（3）医疗保险待遇纠纷
（4）生育保险待遇纠纷
（5）失业保险待遇纠纷
188. 福利待遇纠纷

十八、人事争议
189. 聘用合同纠纷
190. 聘任合同纠纷
191. 辞职纠纷
192. 辞退纠纷

### 第七部分 海事海商纠纷

十九、海事海商纠纷
193. 船舶碰撞损害责任纠纷
194. 船舶触碰损害责任纠纷
195. 船舶损坏空中设施、水下设施损害责任纠纷
196. 船舶污染损害责任纠纷
197. 海上、通海水域污染损害责任纠纷
198. 海上、通海水域养殖损害责任纠纷
199. 海上、通海水域财产损害责任纠纷
200. 海上、通海水域人身损害责任纠纷
201. 非法留置船舶、船载货物、船用燃油、船用物料损害责任纠纷
202. 海上、通海水域货物运输合同纠纷
203. 海上、通海水域旅客运输合同纠纷
204. 海上、通海水域行李运输合同纠纷
205. 船舶经营管理合同纠纷
206. 船舶买卖合同纠纷
207. 船舶建造合同纠纷
208. 船舶修理合同纠纷
209. 船舶改建合同纠纷
210. 船舶拆解合同纠纷
211. 船舶抵押合同纠纷
212. 航次租船合同纠纷
213. 船舶租用合同纠纷
（1）定期租船合同纠纷
（2）光船租赁合同纠纷
214. 船舶融资租赁合同纠纷
215. 海上、通海水域运输船舶承包合同纠纷
216. 渔船承包合同纠纷
217. 船舶属具租赁合同纠纷
218. 船舶属具保管合同纠纷
219. 海运集装箱租赁合同纠纷
220. 海运集装箱保管合同纠纷
221. 港口货物保管合同纠纷
222. 船舶代理合同纠纷
223. 海上、通海水域货运代理合同纠纷
224. 理货合同纠纷
225. 船舶物料和备品供应合同纠纷
226. 船员劳务合同纠纷
227. 海难救助合同纠纷
228. 海上、通海水域打捞合同纠纷
229. 海上、通海水域拖航合同纠纷

230. 海上、通海水域保险合同纠纷
231. 海上、通海水域保赔合同纠纷
232. 海上、通海水域运输联营合同纠纷
233. 船舶营运借款合同纠纷
234. 海事担保合同纠纷
235. 航道、港口疏浚合同纠纷
236. 船坞、码头建造合同纠纷
237. 船舶检验合同纠纷
238. 海事请求担保纠纷
239. 海上、通海水域运输重大责任事故责任纠纷
240. 港口作业重大责任事故责任纠纷
241. 港口作业纠纷
242. 共同海损纠纷
243. 海洋开发利用纠纷
244. 船舶共有纠纷
245. 船舶权属纠纷
246. 海运欺诈纠纷
247. 海事债权确权纠纷

## 第八部分　与公司、证券、保险、票据等有关的民事纠纷

### 二十、与企业有关的纠纷

248. 企业出资人权益确认纠纷
249. 侵害企业出资人权益纠纷
250. 企业公司制改造合同纠纷
251. 企业股份合作制改造合同纠纷
252. 企业债权转股权合同纠纷
253. 企业分立合同纠纷
254. 企业租赁经营合同纠纷
255. 企业出售合同纠纷
256. 挂靠经营合同纠纷
257. 企业兼并合同纠纷
258. 联营合同纠纷
259. 企业承包经营合同纠纷
　（1）中外合资经营企业承包经营合同纠纷
　（2）中外合作经营企业承包经营合同纠纷
　（3）外商独资企业承包经营合同纠纷
　（4）乡镇企业承包经营合同纠纷
260. 中外合资经营企业合同纠纷
261. 中外合作经营企业合同纠纷

### 二十一、与公司有关的纠纷

262. 股东资格确认纠纷
263. 股东名册记载纠纷
264. 请求变更公司登记纠纷
265. 股东出资纠纷
266. 新增资本认购纠纷
267. 股东知情权纠纷
268. 请求公司收购股份纠纷
269. 股权转让纠纷
270. 公司决议纠纷
　（1）公司决议效力确认纠纷
　（2）公司决议撤销纠纷
271. 公司设立纠纷
272. 公司证照返还纠纷
273. 发起人责任纠纷
274. 公司盈余分配纠纷
275. 损害股东利益责任纠纷
276. 损害公司利益责任纠纷
277. 损害公司债权人利益责任纠纷
　（1）股东损害公司债权人利益责任纠纷
　（2）实际控制人损害公司债权人利益责任纠纷
278. 公司关联交易损害责任纠纷
279. 公司合并纠纷
280. 公司分立纠纷
281. 公司减资纠纷
282. 公司增资纠纷
283. 公司解散纠纷
284. 清算责任纠纷
285. 上市公司收购纠纷

### 二十二、合伙企业纠纷

286. 入伙纠纷
287. 退伙纠纷
288. 合伙企业财产份额转让纠纷

### 二十三、与破产有关的纠纷

289. 请求撤销个别清偿行为纠纷
290. 请求确认债务人行为无效纠纷
291. 对外追收债权纠纷
292. 追收未缴出资纠纷
293. 追收抽逃出资纠纷
294. 追收非正常收入纠纷
295. 破产债权确认纠纷
　（1）职工破产债权确认纠纷
　（2）普通破产债权确认纠纷
296. 取回权纠纷
　（1）一般取回权纠纷
　（2）出卖人取回权纠纷

297. 破产抵销权纠纷
298. 别除权纠纷
299. 破产撤销权纠纷
300. 损害债务人利益赔偿纠纷
301. 管理人责任纠纷
**二十四、证券纠纷**
302. 证券权利确认纠纷
（1）股票权利确认纠纷
（2）公司债券权利确认纠纷
（3）国债权利确认纠纷
（4）证券投资基金权利确认纠纷
303. 证券交易合同纠纷
（1）股票交易纠纷
（2）公司债券交易纠纷
（3）国债交易纠纷
（4）证券投资基金交易纠纷
304. 金融衍生品种交易纠纷
305. 证券承销合同纠纷
（1）证券代销合同纠纷
（2）证券包销合同纠纷
306. 证券投资咨询纠纷
307. 证券资信评级服务合同纠纷
308. 证券回购合同纠纷
（1）股票回购合同纠纷
（2）国债回购合同纠纷
（3）公司债券回购合同纠纷
（4）证券投资基金回购合同纠纷
（5）质押式证券回购纠纷
309. 证券上市合同纠纷
310. 证券交易代理合同纠纷
311. 证券上市保荐合同纠纷
312. 证券发行纠纷
（1）证券认购纠纷
（2）证券发行失败纠纷
313. 证券返还纠纷
314. 证券欺诈责任纠纷
（1）证券内幕交易责任纠纷
（2）操纵证券交易市场责任纠纷
（3）证券虚假陈述责任纠纷
（4）欺诈客户责任纠纷
315. 证券托管纠纷
316. 证券登记、存管、结算纠纷

317. 融资融券交易纠纷
318. 客户交易结算资金纠纷
**二十五、期货交易纠纷**
319. 期货经纪合同纠纷
320. 期货透支交易纠纷
321. 期货强行平仓纠纷
322. 期货实物交割纠纷
323. 期货保证合约纠纷
324. 期货交易代理合同纠纷
325. 侵占期货交易保证金纠纷
326. 期货欺诈责任纠纷
327. 操纵期货交易市场责任纠纷
328. 期货内幕交易责任纠纷
329. 期货虚假信息责任纠纷
**二十六、信托纠纷**
330. 民事信托纠纷
331. 营业信托纠纷
332. 公益信托纠纷
**二十七、保险纠纷**
333. 财产保险合同纠纷
（1）财产损失保险合同纠纷
（2）责任保险合同纠纷
（3）信用保险合同纠纷
（4）保证保险合同纠纷
（5）保险人代位求偿权纠纷
334. 人身保险合同纠纷
（1）人寿保险合同纠纷
（2）意外伤害保险合同纠纷
（3）健康保险合同纠纷
335. 再保险合同纠纷
336. 保险经纪合同纠纷
337. 保险代理合同纠纷
338. 进出口信用保险合同纠纷
339. 保险费纠纷
**二十八、票据纠纷**
340. 票据付款请求权纠纷
341. 票据追索权纠纷
342. 票据交付请求权纠纷
343. 票据返还请求权纠纷
344. 票据损害责任纠纷
345. 票据利益返还请求权纠纷
346. 汇票回单签发请求权纠纷

347. 票据保证纠纷
348. 确认票据无效纠纷
349. 票据代理纠纷
350. 票据回购纠纷
**二十九、信用证纠纷**
351. 委托开立信用证纠纷
352. 信用证开证纠纷
353. 信用证议付纠纷
354. 信用证欺诈纠纷
355. 信用证融资纠纷
356. 信用证转让纠纷
**三十、独立保函纠纷**
357. 独立保函开立纠纷
358. 独立保函付款纠纷
359. 独立保函追偿纠纷
360. 独立保函欺诈纠纷
361. 独立保函转让纠纷
362. 独立保函通知纠纷
363. 独立保函撤销纠纷

### 第九部分 侵权责任纠纷
**三十一、侵权责任纠纷**
364. 监护人责任纠纷
365. 用人单位责任纠纷
366. 劳务派遣工作人员侵权责任纠纷
367. 提供劳务者致害责任纠纷
368. 提供劳务者受害责任纠纷
369. 网络侵权责任纠纷
（1）网络侵害虚拟财产纠纷
370. 违反安全保障义务责任纠纷
（1）经营场所、公共场所的经营者、管理者责任纠纷
（2）群众性活动组织者责任纠纷
371. 教育机构责任纠纷
372. 性骚扰损害责任纠纷
373. 产品责任纠纷
（1）产品生产者责任纠纷
（2）产品销售者责任纠纷
（3）产品运输者责任纠纷
（4）产品仓储者责任纠纷
374. 机动车交通事故责任纠纷
375. 非机动车交通事故责任纠纷
376. 医疗损害责任纠纷
（1）侵害患者知情同意权责任纠纷

（2）医疗产品责任纠纷
377. 环境污染责任纠纷
（1）大气污染责任纠纷
（2）水污染责任纠纷
（3）土壤污染责任纠纷
（4）电子废物污染责任纠纷
（5）固体废物污染责任纠纷
（6）噪声污染责任纠纷
（7）光污染责任纠纷
（8）放射性污染责任纠纷
378. 生态破坏责任纠纷
379. 高度危险责任纠纷
（1）民用核设施、核材料损害责任纠纷
（2）民用航空器损害责任纠纷
（3）占有、使用高度危险物损害责任纠纷
（4）高度危险活动损害责任纠纷
（5）遗失、抛弃高度危险物损害责任纠纷
（6）非法占有高度危险物损害责任纠纷
380. 饲养动物损害责任纠纷
381. 建筑物和物件损害责任纠纷
（1）物件脱落、坠落损害责任纠纷
（2）建筑物、构筑物倒塌、塌陷损害责任纠纷
（3）高空抛物、坠物损害责任纠纷
（4）堆放物倒塌、滚落、滑落损害责任纠纷
（5）公共道路妨碍通行损害责任纠纷
（6）林木折断、倾倒、果实坠落损害责任纠纷
（7）地面施工、地下设施损害责任纠纷
382. 触电人身损害责任纠纷
383. 义务帮工人受害责任纠纷
384. 见义勇为人受害责任纠纷
385. 公证损害责任纠纷
386. 防卫过当损害责任纠纷
387. 紧急避险损害责任纠纷
388. 驻香港、澳门特别行政区军人执行职务侵权责任纠纷
389. 铁路运输损害责任纠纷
（1）铁路运输人身损害责任纠纷
（2）铁路运输财产损害责任纠纷
390. 水上运输损害责任纠纷
（1）水上运输人身损害责任纠纷
（2）水上运输财产损害责任纠纷
391. 航空运输损害责任纠纷

（1）航空运输人身损害责任纠纷
（2）航空运输财产损害责任纠纷
392. 因申请财产保全损害责任纠纷
393. 因申请行为保全损害责任纠纷
394. 因申请证据保全损害责任纠纷
395. 因申请先予执行损害责任纠纷

### 第十部分　非讼程序案件案由

**三十二、选民资格案件**
396. 申请确定选民资格
**三十三、宣告失踪、宣告死亡案件**
397. 申请宣告自然人失踪
398. 申请撤销宣告失踪判决
399. 申请为失踪人财产指定、变更代管人
400. 申请宣告自然人死亡
401. 申请撤销宣告自然人死亡判决
**三十四、认定自然人无民事行为能力、限制民事行为能力案件**
402. 申请宣告自然人无民事行为能力
403. 申请宣告自然人限制民事行为能力
404. 申请宣告自然人恢复限制民事行为能力
405. 申请宣告自然人恢复完全民事行为能力
**三十五、指定遗产管理人案件**
406. 申请指定遗产管理人
**三十六、认定财产无主案件**
407. 申请认定财产无主
408. 申请撤销认定财产无主判决
**三十七、确认调解协议案件**
409. 申请司法确认调解协议
410. 申请撤销确认调解协议裁定
**三十八、实现担保物权案件**
411. 申请实现担保物权
412. 申请撤销准许实现担保物权裁定
**三十九、监护权特别程序案件**
413. 申请确定监护人
414. 申请指定监护人
415. 申请变更监护人
416. 申请撤销监护人资格
417. 申请恢复监护人资格
**四十、督促程序案件**
418. 申请支付令
**四十一、公示催告程序案件**
419. 申请公示催告

**四十二、公司清算案件**
420. 申请公司清算
**四十三、破产程序案件**
421. 申请破产清算
422. 申请破产重整
423. 申请破产和解
424. 申请对破产财产追加分配
**四十四、申请诉前停止侵害知识产权案件**
425. 申请诉前停止侵害专利权
426. 申请诉前停止侵害注册商标专用权
427. 申请诉前停止侵害著作权
428. 申请诉前停止侵害植物新品种权
429. 申请诉前停止侵害计算机软件著作权
430. 申请诉前停止侵害集成电路布图设计专用权
**四十五、申请保全案件**
431. 申请诉前财产保全
432. 申请诉前行为保全
433. 申请诉前证据保全
434. 申请仲裁前财产保全
435. 申请仲裁前行为保全
436. 申请仲裁前证据保全
437. 仲裁程序中的财产保全
438. 仲裁程序中的证据保全
439. 申请执行前财产保全
440. 申请中止支付信用证下款项
441. 申请中止支付保函项下款项
**四十六、申请人身安全保护令案件**
442. 申请人身安全保护令
**四十七、申请人格权侵害禁令案件**
443. 申请人格权侵害禁令
**四十八、仲裁程序案件**
444. 申请确认仲裁协议效力
445. 申请撤销仲裁裁决
**四十九、海事诉讼特别程序案件**
446. 申请海事请求保全
（1）申请扣押船舶
（2）申请拍卖扣押船舶
（3）申请扣押船载货物
（4）申请拍卖扣押船载货物
（5）申请扣押船用燃油及船用物料
（6）申请拍卖扣押船用燃油及船用物料
447. 申请海事支付令

448. 申请海事强制令
449. 申请海事证据保全
450. 申请设立海事赔偿责任限制基金
451. 申请船舶优先权催告
452. 申请海事债权登记与受偿
**五十、申请承认与执行法院判决、仲裁裁决案件**
453. 申请执行海事仲裁裁决
454. 申请执行知识产权仲裁裁决
455. 申请执行涉外仲裁裁决
456. 申请认可和执行香港特别行政区法院民事判决
457. 申请认可和执行香港特别行政区仲裁裁决
458. 申请认可和执行澳门特别行政区法院民事判决
459. 申请认可和执行澳门特别行政区仲裁裁决
460. 申请认可和执行台湾地区法院民事判决
461. 申请认可和执行台湾地区仲裁裁决
462. 申请承认和执行外国法院民事判决、裁定
463. 申请承认和执行外国仲裁裁决

**第十一部分 特殊诉讼程序案件案由**
**五十一、与宣告失踪、宣告死亡案件有关的纠纷**
464. 失踪人债务支付纠纷
465. 被撤销死亡宣告人请求返还财产纠纷
**五十二、公益诉讼**
466. 生态环境保护民事公益诉讼
（1）环境污染民事公益诉讼
（2）生态破坏民事公益诉讼
（3）生态环境损害赔偿诉讼
467. 英雄烈士保护民事公益诉讼
468. 未成年人保护民事公益诉讼
469. 消费者权益保护民事公益诉讼
**五十三、第三人撤销之诉**
470. 第三人撤销之诉
**五十四、执行程序中的异议之诉**
471. 执行异议之诉
（1）案外人执行异议之诉
（2）申请执行人执行异议之诉
472. 追加、变更被执行人异议之诉
473. 执行分配方案异议之诉

# 最高人民法院关于为跨境诉讼当事人提供网上立案服务的若干规定

· 2021 年 2 月 3 日

为让中外当事人享受到同等便捷高效的立案服务，根据《中华人民共和国民事诉讼法》《最高人民法院关于人民法院登记立案若干问题的规定》等法律和司法解释，结合人民法院工作实际，制定本规定。

第一条 人民法院为跨境诉讼当事人提供网上立案指引、查询、委托代理视频见证、登记立案服务。

本规定所称跨境诉讼当事人，包括外国人、香港特别行政区、澳门特别行政区（以下简称港澳特区）和台湾地区居民，经常居所地位于国外或者港澳台地区的我国内地公民以及在国外或者港澳台地区登记注册的企业和组织。

第二条 为跨境诉讼当事人提供网上立案服务的案件范围包括第一审民事、商事起诉。

第三条 人民法院通过中国移动微法院为跨境诉讼当事人提供网上立案服务。

第四条 跨境诉讼当事人首次申请网上立案的，应当由受诉法院先行开展身份验证。身份验证主要依托国家移民管理局出入境证件身份认证平台等进行线上验证；无法线上验证的，由受诉法院在线对当事人身份证件以及公证、认证、转递、寄送核验等身份证明材料进行人工验证。

身份验证结果应当在 3 个工作日内在线告知跨境诉讼当事人。

第五条 跨境诉讼当事人进行身份验证应当向受诉法院在线提交以下材料：

（一）外国人应当提交护照等用以证明自己身份的证件；企业和组织应当提交身份证明文件和代表该企业和组织参加诉讼的人有权作为代表人参加诉讼的证明文件，证明文件应当经所在国公证机关公证，并经我国驻该国使领馆认证。外国人、外国企业和组织所在国与我国没有建立外交关系的，可以经过该国公证机关公证，经与我国有外交关系的第三国驻该国使领馆认证，再转由我国驻第三国使领馆认证。如我国与外国人、外国企业和组织所在国订立、缔结或者参加的国际条约、公约中对证明手续有具体规定，从其规定，但我国声明保留的条款除外；

（二）港澳特区居民应当提交港澳特区身份证件或者港澳居民居住证、港澳居民来往内地通行证等用以证明自己身份的证件；企业和组织应当提交身份证明文件和代表该企业和组织参加诉讼的人有权作为代表人参加

诉讼的证明文件，证明文件应当经过内地认可的公证人公证，并经中国法律服务（香港）有限公司或者中国法律服务（澳门）有限公司加章转递；

（三）台湾地区居民应当提交台湾地区身份证件或者台湾居民居住证、台湾居民来往大陆通行证等用以证明自己身份的证件；企业和组织应当提交身份证明文件和代表该企业和组织参加诉讼的人有权作为代表人参加诉讼的证明。证明文件应当通过两岸公证书使用查证渠道办理；

（四）经常居所地位于国外或者港澳台地区的我国内地公民应当提交我国公安机关制发的居民身份证、户口簿或者普通护照等用以证明自己身份的证件，并提供工作签证、常居证等证明其在国外或者港澳台地区合法连续居住超过一年的证明材料。

第六条　通过身份验证的跨境诉讼当事人委托我国内地律师代理诉讼，可以向受诉法院申请线上视频见证。

线上视频见证由法官在线发起，法官、跨境诉讼当事人和受委托律师三方同时视频在线。跨境诉讼当事人应当使用中华人民共和国通用语言或者配备翻译人员，法官应当确认受委托律师和其所在律师事务所以及委托行为是否确为跨境诉讼当事人真实意思表示。在法官视频见证下，跨境诉讼当事人、受委托律师签署有关委托代理文件，无需再办理公证、认证、转递等手续。线上视频见证后，受委托律师可以代为开展网上立案、网上交费等事项。

线上视频见证的过程将由系统自动保存。

第七条　跨境诉讼当事人申请网上立案应当在线提交以下材料：

（一）起诉状；

（二）当事人的身份证明及相应的公证、认证、转递、寄送核验等材料；

（三）证据材料。

上述材料应当使用中华人民共和国通用文字或者有相应资质翻译公司翻译的译本。

第八条　跨境诉讼当事人委托代理人进行诉讼的授权委托材料包括：

（一）外国人、外国企业和组织的代表人在我国境外签署授权委托书，应当经所在国公证机关公证，并经我国驻该国使领馆认证；所在国与我国没有建立外交关系的，可以经过该国公证机关公证，经与我国有外交关系的第三国驻该国使领馆认证，再转由我国驻第三国使领馆认证；在我国境内签署授权委托书，应当在法官见证下签署或者经内地公证机关公证；如我国与外国人、外国企业和组织所在国订立、缔结或者参加的国际条约、公约中对证明手续有具体规定，从其规定，但我国声明保留的条款除外；

（二）港澳特区居民、港澳特区企业和组织的代表人在我国内地以外签署授权委托书，应当经过内地认可的公证人公证，并经中国法律服务（香港）有限公司或者中国法律服务（澳门）有限公司加章转递；在我国内地签署授权委托书，应当在法官见证下签署或经内地公证机构公证；

（三）台湾地区居民在我国大陆以外签署授权委托书，应当通过两岸公证书使用查证渠道办理；在我国大陆签署授权委托书，应当在法官见证下签署或者经大陆公证机构公证；

（四）经常居所地位于国外的我国内地公民从国外寄交或者托交授权委托书，必须经我国驻该国的使领馆证明；没有使领馆的，由与我国有外交关系的第三国驻该国的使领馆证明，再转由我国驻该第三国使领馆证明，或者由当地爱国华侨团体证明。

第九条　受诉法院收到网上立案申请后，应当作出以下处理：

（一）符合法律规定的，及时登记立案；

（二）提交诉状和材料不符合要求的，应当一次性告知当事人在15日内补正。当事人难以在15日内补正材料，可以向受诉法院申请延长补正期限至30日。当事人未在指定期限内按照要求补正，又未申请延长补正期限的，立案材料作退回处理；

（三）不符合法律规定的，可在线退回材料并释明具体理由；

（四）无法即时判定是否符合法律规定的，应当在7个工作日内决定是否立案。

跨境诉讼当事人可以在线查询处理进展以及立案结果。

第十条　跨境诉讼当事人提交的立案材料中包含以下内容的，受诉法院不予登记立案：

（一）危害国家主权、领土完整和安全；

（二）破坏国家统一、民族团结和宗教政策；

（三）违反法律法规，泄露国家秘密，损害国家利益；

（四）侮辱诽谤他人，进行人身攻击、谩骂、诋毁，经法院告知仍拒不修改；

（五）所诉事项不属于人民法院管辖范围；

（六）其他不符合法律规定的起诉。

第十一条　其他诉讼事项，依据《中华人民共和国民事诉讼法》的规定办理。

第十二条　本规定自2021年2月3日起施行。

## 最高人民法院关于印发《关于人民法院推行立案登记制改革的意见》的通知

- 2015年4月15日
- 法发〔2015〕6号

各省、自治区、直辖市高级人民法院,解放军军事法院,新疆维吾尔自治区高级人民法院生产建设兵团分院:

2015年4月1日,中央全面深化改革领导小组第十一次会议审议通过了《关于人民法院推行立案登记制改革的意见》(以下简称《意见》),现予印发,请认真贯彻执行。该《意见》自2015年5月1日起施行。执行中发现情况和问题请及时报告最高人民法院。

### 关于人民法院推行立案登记制改革的意见

为充分保障当事人诉权,切实解决人民群众反映的"立案难"问题,改革法院案件受理制度,变立案审查制为立案登记制,依照《中华人民共和国民事诉讼法》《中华人民共和国行政诉讼法》《中华人民共和国刑事诉讼法》等有关法律,提出如下意见。

**一、立案登记制改革的指导思想**

(一)坚持正确政治方向。深入贯彻党的十八届四中全会精神,坚持党的群众路线,坚持司法为民公正司法,通过立案登记制改革,推动加快建设公正高效权威的社会主义司法制度。

(二)坚持以宪法和法律为依据。依法保障当事人行使诉讼权利,方便当事人诉讼,做到公开、透明、高效。

(三)坚持有案必立、有诉必理。对符合法律规定条件的案件,法院必须依法受理,任何单位和个人不得以任何借口阻挠法院受理案件。

**二、登记立案范围**

有下列情形之一的,应当登记立案:

(一)与本案有直接利害关系的公民、法人和其他组织提起的民事诉讼,有明确的被告、具体的诉讼请求和事实依据,属于人民法院主管和受诉人民法院管辖的;

(二)行政行为的相对人以及其他与行政行为有利害关系的公民、法人或者其他组织提起的行政诉讼,有明确的被告、具体的诉讼请求和事实根据,属于人民法院受案范围和受诉人民法院管辖的;

(三)属于告诉才处理的案件,被害人有证据证明的轻微刑事案件,以及被害人有证据证明应当追究被告人刑事责任而公安机关、人民检察院不予追究的案件,被害人告诉,且有明确的被告人、具体的诉讼请求和证明被告人犯罪事实的证据,属于受诉人民法院管辖的;

(四)生效法律文书有给付内容且执行标的和被执行人明确,权利人或其继承人、权利承受人在法定期限内提出申请,属于受申请人民法院管辖的;

(五)赔偿请求人向作为赔偿义务机关的人民法院提出申请,对人民法院、人民检察院、公安机关等作出的赔偿、复议决定或者对逾期不作为不服,提出赔偿申请的。

有下列情形之一的,不予登记立案:

(一)违法起诉或者不符合法定起诉条件的;

(二)诉讼已经终结的;

(三)涉及危害国家主权和领土完整、危害国家安全、破坏国家统一和民族团结、破坏国家宗教政策的;

(四)其他不属于人民法院主管的所诉事项。

**三、登记立案程序**

(一)实行当场登记立案。对符合法律规定的起诉、自诉和申请,一律接收诉状,当场登记立案。对当场不能判定是否符合法律规定的,应当在法律规定的期限内决定是否立案。

(二)实行一次性全面告知和补正。起诉、自诉和申请材料不符合形式要件的,应当及时释明,以书面形式一次性全面告知应当补正的材料和期限。在指定期限内经补正符合法律规定条件的,人民法院应当登记立案。

(三)不符合法律规定的起诉、自诉和申请的处理。对不符合法律规定的起诉、自诉和申请,应当依法裁决不予受理或者不予立案,并载明理由。当事人不服的,可以提起上诉或者申请复议。禁止不收材料、不予答复、不出具法律文书。

(四)严格执行立案标准。禁止在法律规定之外设定受理条件,全面清理和废止不符合法律规定的立案"土政策"。

**四、健全配套机制**

(一)健全多元化纠纷解决机制。进一步完善调解、仲裁、行政裁决、行政复议、诉讼等有机衔接、相互协调的多元化纠纷解决机制,加强诉讼前调解与诉讼调解的有效衔接,为人民群众提供更多纠纷解决方式。

(二)建立完善庭前准备程序。完善繁简分流、先行调解工作机制。探索建立庭前准备程序,召集庭前会议,明确诉辩意见,归纳争议焦点,固定相关证据,促进纠纷通过调解、和解、速裁和判决等方式高效解决。

(三)强化立案服务措施。加强人民法院诉讼服务中心和信息化建设,实现公开、便捷立案。推行网上立案、预约立案、巡回立案,为当事人行使诉权提供便利。加大法律援助、司法救助力度,让经济确有困难的当事人打得起官司。

### 五、制裁违法滥诉

(一)依法惩治虚假诉讼。当事人之间恶意串通,或者冒充他人提起诉讼,企图通过诉讼、调解等方式侵害他人合法权益的,人民法院应当驳回其请求,并予以罚款、拘留;构成犯罪的,依法追究刑事责任。

(二)依法制裁违法行为。对哄闹、滞留、冲击法庭等不听从司法工作人员劝阻的,以暴力、威胁或者其他方法阻碍司法工作人员执行职务的,或者编造事实、侮辱诽谤审判人员,严重扰乱登记立案工作的,予以罚款、拘留;构成犯罪的,依法追究刑事责任。

(三)依法维护立案秩序。对违法围攻、静坐、缠访闹访、冲击法院等,干扰人民法院依法立案的,由公安机关依照治安管理处罚法,予以警告、罚款、行政拘留处罚;构成犯罪的,依法追究刑事责任。

(四)健全相关法律制度。加强诉讼诚信建设,规范行使诉权行为。推动完善相关立法,对虚假诉讼、恶意诉讼、无理缠诉等滥用诉权行为,明确行政处罚、司法处罚、刑事处罚标准,加大惩治力度。

### 六、切实加强立案监督

(一)加强内部监督。人民法院应当公开立案程序,规范立案行为,加强对立案流程的监督。上级人民法院应充分发挥审级监督职能,对下级法院有案不立的,责令其及时纠正。必要时,可提级管辖或者指定其他下级法院立案审理。

(二)加强外部监督。人民法院要自觉接受监督,对各级人民代表大会及其常务委员会督查法院登记立案工作反馈的问题和意见,要及时提出整改和落实措施;对检察机关针对不予受理、不予立案、驳回起诉的裁定依法提出的抗诉,要依法审理,对检察机关提出的检察建议要及时处理,并书面回复;自觉接受新闻媒体和人民群众的监督,对反映和投诉的问题,要及时回应,确实存在问题的,要依法纠正。

(三)强化责任追究。人民法院监察部门对立案工作应加大执纪监督力度。发现有案不立、拖延立案、人为控制立案、"年底不立案"、干扰依法立案等违法行为,对有关责任人员和主管领导,依法依纪严肃追究责任。造成严重后果或者恶劣社会影响,构成犯罪的,依法追究刑事责任。

各级人民法院要认真贯彻本意见精神,切实加强领导,明确责任,周密部署,精心组织,确保立案登记制改革顺利进行。

## 最高人民法院关于破产案件立案受理有关问题的通知

·2016年7月28日

各省、自治区、直辖市高级人民法院,新疆维吾尔自治区高级人民法院生产建设兵团分院:

中央经济工作会议提出推进供给侧结构性改革,这是适应我国经济发展新常态作出的重大战略部署。为供给侧结构性改革提供有力的司法保障,是当前和今后一段时期人民法院的重要任务。破产审判工作具有依法促进市场主体再生或有序退出、优化社会资源配置、完善优胜劣汰机制的独特功能,是人民法院保障供给侧结构性改革、推动过剩产能化解的重要途径。因此,各级法院要高度重视、大力加强破产审判工作,认真研究解决影响破产审判职能发挥的体制性、机制性障碍。当前,尤其要做好破产案件的立案受理工作,这是加强破产审判工作的首要环节。为此,特就人民法院破产案件立案受理的有关问题通知如下:

一、破产案件的立案受理事关当事人破产申请权保障,决定破产程序能否顺利启动,是审理破产案件的基础性工作,各级法院要充分认识其重要意义,依照本通知要求,切实做好相关工作,不得在法定条件之外设置附加条件,限制剥夺当事人的破产申请权,阻止破产案件立案受理,影响破产程序正常启动。

二、自2016年8月1日起,对于债权人、债务人等法定主体提出的破产申请材料,人民法院立案部门应一律接收并出具书面凭证,然后根据《中华人民共和国企业破产法》第八条的规定进行形式审查。立案部门经审查认为申请人提交的材料符合法律规定的,应按2016年8月1日起实施的《强制清算与破产案件类型及代字标准》,以"破申"作为案件类型代字编制案号,当场登记立案。不符合法律规定的,应予释明,并以书面形式一次性告知应当补充、补正的材料,补充、补正期间不计入审查期限。申请人按要求补充、补正的,应当登记立案。

立案部门登记立案后,应及时将案件移送负责审理破产案件的审判业务部门。

三、审判业务部门应当在五日内将立案及合议庭组成情况通知债务人及提出申请的债权人。对于债权人提出破产申请的,应在通知中向债务人释明,如对破产申请有异议,应当自收到通知之日起七日内向人民法院提出。

四、债权人提出破产申请的,审判业务部门应当自债务人异议期满之日起十日内裁定是否受理。其他情形的,审判业务部门应当自人民法院收到破产申请之日起十五日内裁定是否受理。

有特殊情况需要延长上述审限的,经上一级人民法院批准,可以延长十五日。

五、破产案件涉及的矛盾错综复杂,协调任务繁重,审理周期长,对承办法官的绩效考评应充分考虑这种特殊性。各高级法院要根据本地实际,积极探索建立能够全面客观反映审理破产案件工作量的考评指标体系和科学合理的绩效考评机制,充分调动法官承办破产案件的积极性。

六、各级法院要在地方党委的领导下,同地方政府建立破产工作统一协调机制,积极争取机构、编制、财政、税收等方面的支持,根据审判任务变化情况合理设置机构、配置人员,建立破产援助基金,协调政府解决职工安置问题,妥善化解影响社会稳定的各类风险。

七、请各高级法院、解放军军事法院、新疆维吾尔自治区高级人民法院生产建设兵团分院对本辖区、本系统各级法院今年上半年立案的破产案件数量和破产审判庭设置情况进行统计汇总,于2016年8月20日之前报最高人民法院民二庭。

各级人民法院对本通知执行中发现的新情况、新问题,应逐级报最高人民法院。

特此通知。

## 最高人民法院关于人民法院
## 受理共同诉讼案件问题的通知

· 2005年12月30日
· 法〔2005〕270号

各省、自治区、直辖市高级人民法院,新疆维吾尔自治区高级人民法院生产建设兵团分院:

为方便当事人诉讼和人民法院就地进行案件调解工作,提高审判效率,节省诉讼资源,进一步加强最高人民法院对下级人民法院民事审判工作的监督和指导,根据民事诉讼法的有关规定,现就人民法院受理共同诉讼案件问题通知如下:

一、当事人一方或双方人数众多的共同诉讼,依法由基层人民法院受理。受理法院认为不宜作为共同诉讼受理的,可分别受理。

在高级人民法院辖区内有重大影响的上述案件,由中级人民法院受理。如情况特殊,确需高级人民法院作为一审民事案件受理的,应当在受理前报最高人民法院批准。

法律、司法解释对知识产权、海事、海商、涉外等民事纠纷案件的级别管辖另有规定的,从其规定。

二、各级人民法院应当加强对共同诉讼案件涉及问题的调查研究,上级人民法院应当加强对下级人民法院审理此类案件的指导工作。

本通知执行过程中有何问题及建议,请及时报告我院。

本通知自2006年1月1日起施行。

## 最高人民法院关于涉及驰名商标认定的
## 民事纠纷案件管辖问题的通知

· 2009年1月5日
· 法〔2009〕1号

各省、自治区、直辖市高级人民法院,解放军军事法院,新疆维吾尔自治区高级人民法院生产建设兵团分院:

为进一步加强人民法院对驰名商标的司法保护,完善司法保护制度,规范司法保护行为,增强司法保护的权威性和公信力,维护公平竞争的市场经济秩序,为国家经济发展大局服务,从本通知下发之日起,涉及驰名商标认定的民事纠纷案件,由省、自治区人民政府所在地的市、计划单列市中级人民法院,以及直辖市辖区内的中级人民法院管辖。其他中级人民法院管辖此类民事纠纷案件,需报经最高人民法院批准;未经批准的中级人民法院不再受理此类案件。

以上通知,请遵照执行。

## 最高人民法院关于人民法院应否受理低价
## 倾销不正当竞争纠纷及其管辖确定问题的批复

· 2010年10月15日
· 〔2010〕民三他字第13号

辽宁省高级人民法院:

你院(2010)辽立二民申字第00254号《关于申请再审人华润雪花啤酒(辽宁)有限公司与被申请人北方绿色食品股份有限公司清河墨尼啤酒分公司不正当竞争、垄断纠纷一案的请示报告》收悉。经研究,批复如下:

依据《中华人民共和国反不正当竞争法》第二十条

第二款的规定,凡经营者的合法权益因不正当竞争行为受到损害的,都可以向人民法院提起民事诉讼。因此,经营者依据《中华人民共和国反不正当竞争法》第十一条的规定以低价倾销不正当竞争纠纷向人民法院提起民事诉讼的,人民法院应当依法受理,并可以参照《最高人民法院关于审理不正当竞争民事案件应用法律若干问题的解释》第十八条的规定确定管辖。如果原告同时依据《中华人民共和国反垄断法》的有关规定以垄断纠纷提出诉讼请求的,则全案宜由省会市或者计划单列市中级人民法院管辖。

此复。

## ·典型案例

### 1. 准格尔旗鼎峰商贸有限责任公司与中铁十局集团有限公司铁路修建合同纠纷管辖权异议案[①]

**最高人民法院**
**民事裁定书**

(2013)民提字第 231 号

再审申请人(一审被告、二审上诉人):中铁十局集团有限公司。

法定代表人:沈尧兴,该公司董事长。
委托代理人:孙建平,该公司法律事务部部长。
委托代理人:宋桂林,该公司总法律顾问。

被申请人(一审原告、二审被上诉人):准格尔旗鼎峰商贸有限责任公司。

法定代表人:贺玉涛,该公司董事长。

再审申请人中铁十局集团有限公司(以下简称中铁十局公司)因与被申请人准格尔旗鼎峰商贸有限责任公司(以下简称鼎峰公司)铁路修建合同纠纷管辖权异议一案,不服山西省高级人民法院(2013)晋上商终字第14号民事裁定,向本院申请再审。本院作出(2013)民申字第1783号民事裁定,提审本案。本院依法组成合议庭进行了审理,本案现已审理终结。

2013年4月16日,鼎峰公司因铁路修建合同纠纷将中铁十局公司诉至太原铁路运输中级法院,请求:一、判令中铁十局公司偿还鼎峰公司多支付的工程款64 800 276.86元;二、判令中铁十局公司支付鼎峰公司违约金18 000 000.00元;三、判令中铁十局公司支付逾期付款违约金;四、判令中铁十局公司开具1600万元的工程发票;五、判令中铁十局公司承担本案全部诉讼费用。中铁十局公司在超过答辩期后向一审法院提出管辖权异议,认为:一、本案诉讼标的额在8000万元以上,且中铁十局公司住所地不在山西省辖区,依法属于山西省高级人民法院管辖的第一审民事案件,太原铁路运输中级法院对本案没有管辖权。二、依据涉案《建设施工合同》的管辖约定,无法确定唯一的管辖法院,故该管辖约定不明确,无效。本案应当按照一般地域管辖原则,由被告住所地或者合同履行地法院管辖,请求将本案移送至被告住所地的山东省高级人民法院管辖。

太原铁路运输中级法院一审认为:中铁十局公司在法律规定的期间内没有向该院提出管辖权异议,并申请该院调查取证、延期举证,应视为其承认该院有管辖权。本案所涉工程是国家铁路朔准线的附属设施,根据《最高人民法院关于铁路运输法院案件管辖范围的若干规定》第三条第六项的规定,本案应由铁路运输法院专门管辖。本案工程施工现场(合同履行地)在太原铁路局业务管辖范围,双方均在施工现场设立了办事机构,且中铁十局公司准格尔旗煤炭集运站铁路专用线工程项目经理部在当地准旗铁路项目管理办公室作过备案,应视为原、被告所处铁路法院同一辖区。根据山西省高级人民法院晋高法【2008】5号文件规定,该院可受理1亿元以下一审案件,故太原铁路运输中级法院对该案有管辖权且并不违反级别管辖和地域管辖。中铁十局公司认为其住所地、合同履行地不在太原铁路运输中级法院管辖区认识有误,该院不予支持。裁定:驳回中铁十局公司对本案管辖权提出的异议。

中铁十局公司不服一审裁定,上诉至山西省高级人民法院。山西省高级人民法院二审认为,双方当事人于2011年10月9日签订的《建设施工合同》中约定,争议的解决是"向工程所在地有管辖权的人民法院提起诉讼"。本案为铁路专用线建设施工合同纠纷,其工程所在地即合同履行地在太原铁路局辖区。根据《最高人民法

---

① 案例来源:《最高人民法院公报》2014年第3期。

院关于铁路运输法院案件管辖范围若干规定》第三条第六项之规定,该案属太原铁路运输中级法院专门管辖;本案双方当事人均不在山西省辖区,根据最高人民法院《全国各省、自治区、直辖市高级人民法院和中级人民法院管辖第一审民商事案件标准》规定,太原铁路运输中级法院管辖标的额为500万元以上1亿元以下的案件,故原审法院认为其对本案具有管辖权是正确的,应予维持。上诉人的上诉理由不能成立,不予支持。裁定:驳回上诉,维持原裁定。

中铁十局公司申请再审认为:一、根据最高人民法院《全国各省、自治区、直辖市高级人民法院和中级人民法院管辖第一审民事案件标准》的规定,山西省高级人民法院管辖诉讼标的额在1亿元以上的第一审民商事案件,以及诉讼标的额在5000万元以上且当事人一方住所地不在本辖区或涉外、涉港澳台的第一审民商事案件。本案属于"一方当事人不在本辖区"的案件,且诉讼标的额在8000万元以上,一审应当由高级人民法院管辖,太原铁路运输中级法院对本案没有管辖权。二、本案双方当事人签订的《建设施工合同》约定,"争议由工程所在地有管辖权的人民法院管辖"。工程所在地准格尔旗行政隶属于内蒙古自治区,铁路管理属于太原铁路局。鉴于本案诉讼标的额和当事人住所地情况,一审应当由高级人民法院管辖。按当事人约定,则山西省高级人民法院和内蒙古自治区高级人民法院均有管辖权,无法确定唯一的管辖法院,该约定不明确,因而无效。本案应当按照《中华人民共和国民事诉讼法》第二十三条之规定,由被告住所地或者合同履行地法院管辖。请求将本案移送至被告住所地的山东省高级人民法院审理。

被申请人鼎峰公司未提交书面答辩意见。

本院审理查明:鼎峰公司与中铁十局公司于2011年10月9日签订的《建设施工合同》第1条约定:"工程地点为鄂尔多斯市准格尔旗纳日松镇南侧",第35条约定:"经调解达不成协议时,向工程所在地有管辖权的人民法院提起诉讼"。

本院认为:本案双方当事人在签订的《建设施工合同》中约定"经调解达不成协议时,向工程所在地有管辖权的人民法院提起诉讼",该约定是双方真实意思表示,约定的"工程所在地法院"是明确的,符合《中华人民共和国民事诉讼法》第三十四条和《最高人民法院关于适用〈中华人民共和国民事诉讼法〉若干问题的意见》第24条的规定,应认定有效。本案系铁路专用线建设施工合同纠纷,根据

《最高人民法院关于铁路运输法院案件管辖范围的若干规定》第三条第六项"与铁路及其附属设施的建设施工有关的合同纠纷"由铁路运输法院管辖之规定,本案应由铁路运输法院专门管辖。本案工程所在地准格尔旗在太原铁路局辖区,属于太原铁路运输中级法院辖区,一审原告鼎峰公司住所地准格尔旗,在太原铁路运输中级法院辖区,因而也在山西省高级人民法院辖区。一审被告中铁十局公司住所地为山东省济南市,既不在太原铁路局辖区,也不在山西省辖区,因而不在山西省高级人民法院辖区。根据最高人民法院《全国各省、自治区、直辖市高级人民法院和中级人民法院管辖第一审民商事案件标准》的规定,山西省高级人民法院管辖诉讼标的额在1亿元以上的第一审民商事案件,以及诉讼标的额在5000万元以上且当事人一方住所地不在本辖区或者涉外、涉港澳台的第一审民商事案件。本案诉讼标的额为8000余万元,且一审被告中铁十局公司住所地不在山西省高级人民法院辖区,因此本案属于山西省高级人民法院管辖的第一审民事案件,太原铁路运输中级法院对本案没有管辖权。一、二审裁定认定太原铁路运输中级法院对本案有管辖权不当。

综上,一、二审裁定适用法律错误,中铁十局公司关于本案应由高级人民法院管辖的理由成立。本院根据《中华人民共和国民事诉讼法》第二百条第六项、第二百零七条第一款之规定,裁定如下:

一、撤销太原铁路运输中级法院(2013)太铁中商初字第4号民事裁定和山西省高级人民法院(2013)晋立商终字第14号民事裁定;

二、由山西省高级人民法院作为一审法院审理本案。

本裁定为终审裁定。

## 2. 招商银行股份有限公司无锡分行与中国光大银行股份有限公司长春分行委托合同纠纷管辖权异议案[①]

【裁判摘要】

合同效力是对已经成立的合同是否具有合法性的评价,依法成立的合同,始对当事人具有法律约束力。《中华人民共和国合同法》第五十七条关于"合同无效、被撤销或者终止的,不影响合同中独立存在的有关解决争议方法的条款的效力"的规定适用于已经成立的合同,"有关解决争议方法的条款"应当符合法定的成立条件。

---

① 案例来源:《最高人民法院公报》2016年第7期。

审查管辖权异议,注重程序公正和司法效率,既要妥当保护当事人的管辖异议权,又要及时矫正、遏制当事人错用、滥用管辖异议权。确定管辖权应当以起诉时为标准,结合诉讼请求对当事人提交的证据材料进行形式要件审查以确定管辖。

从双方当事人在两案中的诉讼请求看,后诉的诉讼请求如果成立,存在实质上否定前诉裁判结果的可能,如果后诉的诉讼请求不能完全涵盖于前诉的裁判结果之中,后诉和前诉的诉讼请求所依据的民事法律关系并不完全相同,前诉和后诉并非重复诉讼。

案件移送后,当事人的诉讼请求是否在另案中通过反诉解决,超出了管辖异议的审查和处理的范围,应由受移送的人民法院结合当事人对诉权的处分等情况,依据最高人民法院《关于适用〈中华人民共和国民事诉讼法〉的解释》第二百三十二条、第二百三十三条等的有关规定依法处理。

## 最高人民法院
## 民事裁定书

(2015)民二终字第428号

上诉人(一审原告):招商银行股份有限公司无锡分行。住所地:江苏省无锡市学前街7号、9号。
负责人:王晏蓉,该分行行长。
委托代理人:翟洪涛,国浩律师(北京)事务所律师。
委托代理人:李波,国浩律师(北京)事务所律师。
被上诉人(一审被告):中国光大银行股份有限公司长春分行。住所地:吉林省长春市解放大路2677号。
负责人:王守坤,该分行行长。
委托代理人:高强,吉林功承律师事务所律师。
委托代理人:曾庆华,吉林功承律师事务所律师。

上诉人招商银行股份有限公司无锡分行(以下简称招行无锡分行)因与被上诉人中国光大银行股份有限公司长春分行(以下简称光大银行长春分行)委托合同纠纷管辖权异议一案,不服江苏省高级人民法院(2015)苏商初字第00031号民事裁定,向本院提起上诉。

原告招行无锡分行向江苏省高级人民法院提起诉讼称:2014年5月30日,招行无锡分行(乙方)和光大银行长春分行(甲方)签订《委托定向投资业务合作总协议》(以下简称《委托定向投资协议》)一份,约定:甲方在乙方存放同业资金,并委托乙方定向投资于其指定的金融资产,包括但不限于银行存款等。甲方在乙方办理存款业务时,应另行签订具体存款协议。存款业务项下的权利义务以具体存款协议约定为准。但甲方应保证,同业存款协议内容无论作何约定,均不影响乙方以该资金作为委托资金对外办理定向投资业务,乙方因根据本协议对外投资而对具体同业存款协议内容的违反,视为是对同业存款协议的变更,乙方不承担同业存款协议项下的任何违约责任。自甲方向乙方签发《投资指令》时,即视同甲方同意解除同业存款并由乙方进行投资,无需另行签署划款协议或出具划款指令。甲方不得再依《同业存款协议》要求乙方支付任何存款本金及利息或承担任何责任。乙方有权就基于甲方指令所实施的定向投资行为收取手续费,具体费率和支付方式由双方根据投资时机情况协商,并在投资指令及其回执中予以确定。甲方指令乙方代理投资的项目,均由甲方自行对投资项目的风险和收益以及委托乙方对外签署的全部合同、文件的法律风险等作出判断,并承担相应的投资风险、法律风险、操作风险、合规风险。与本协议有关的一切争议,双方应协商解决,协商不成时,双方同意将争议提交乙方所在地法院诉讼解决。

同时,双方签订《金融机构定期同业存款协议》(以下简称《同业存款协议》)一份,约定:光大银行长春分行在招行无锡分行开立资金存款账户,用于资金存放,存款金额为3.5亿元,存款期限为364天,起息日以资金到账日为准,存款利率为年利率6.2%。光大银行长春分行于当日存入指定账户3.5亿元,但招行无锡分行未按《同业存款协议》的要求向其正式交付开户证实书,也未交付进账单,光大银行长春分行未对此提出异议。

在此期间,光大银行长春分行向招行无锡分行签发《投资指令》,委托招行无锡分行通过与中山证券有限责任公司(以下简称中山证券公司)签订的《中山招商无锡1号定向资产管理计划资产管理合同》(以下简称《中山招商资管合同》),将委托资金划入托管账户;招行无锡分行通过与中山证券公司签订《中山招商资管合同》,由中山证券公司代表上述定向资产管理计划向平安银行股份有限公司深圳分行(以下简称平安银行深圳分行)发放委托贷款;投资金额为3.5亿元,投资期限自2014年5月30日至2015年5月29日,投资收益率为7.2%/年;光大银行长春分行向招行无锡分行支付的代理手续费率为0.5%。

招行无锡分行根据《投资指令》的要求与中山证券公司签订《中山招商资管合同》,书面指令中山证券公司代表招行无锡分行与平安银行深圳分行以及光大银行长春分行指定的实际用款人柳河聚鑫源米业有限公司(以下简称柳河米业公司)签订《委托贷款合同》,金额为3.5亿元,并于同日将3.5亿元存入中山证券公司设立在招行无锡分行的账户。中山证券公司后又与平安银行深圳分行、柳河米业公司签订《委托贷款合同》,并将 3.5 亿元贷款最终发放给柳河米业公司。现柳河米业公司无法归还《委托贷款合同》项下的 3.5 亿元贷款本息,光大银行长春分行遂违反《委托定向投资协议》的约定,要求招行无锡分行归还其在《同业存款协议》项下的存款本息。

招行无锡分行请求判令:1. 确认《委托定向投资协议》合法有效;2. 判令光大银行长春分行继续履行《委托定向投资协议》,并自行承担投资所形成的全部损失;3. 确认《同业存款协议》已解除,对双方不具有约束力;4. 判决光大银行长春分行依据《委托定向投资协议》向招行无锡分行支付代理手续费 175 万元;5. 由光大银行长春分行承担诉讼费用。

江苏省高级人民法院于 2015 年 9 月 6 日受理本案后,被告光大银行长春分行在一审提交答辩状期间内对管辖权提出异议,主要理由为:1. 招行无锡分行提交的《委托定向投资协议》和《投资指令》均为虚假,其上加盖的光大银行长春分行的印章及法定代表人的名章系伪造,其和招行无锡分行之间从未订立和履行过上述协议,更不存在管辖的约定,故招行无锡分行不能依据《委托定向投资协议》中的管辖条款向招行无锡分行住所地人民法院提起本案诉讼,招行无锡分行对光大银行长春分行就《委托定向投资协议》和《投资指令》提起的要求确认《委托定向投资协议》有效并继续履行该协议,以及根据该协议要求光大银行长春分行支付代理费的诉请,只能由被告住所地有管辖权的人民法院即吉林省高级人民法院管辖。2. 招行无锡分行要求确认《同业存款协议》已经解除的诉请,与光大银行长春分行在先就该协议向吉林省高级人民法院提起的给付之诉,属于同一事实和法律关系,且诉请内容相互否定,不能在两个诉讼中分别审理和判决,只能在光大银行长春分行在先提起的给付之诉中进行抗辩或者反诉,故招行无锡分行提起本案诉讼属于重复立案,根据最高人民法院《关于适用〈中华人民共和国民事诉讼法〉的解释》(以下简称《民诉法解释》)第三十六条的规定,本案应移送至先立案的吉林省高级人民法院审理。3. 招行无锡分行明知《委托定向投资协议》虚假,明知光大银行长春分行已向吉林省高级人民法院起诉,却仍就本案重复起诉,属于滥用诉权。招行无锡分行的 3.5 亿元资金损失系因刘孝义、张磊等人伪造《委托定向投资协议》《投资指令》等所骗取,招行无锡分行已向公安机关报案,该刑事案件现由江苏省无锡市中级人民法院审理。招行无锡分行对光大银行长春分行就《同业存款协议》提起的诉讼已经提出管辖异议,且在吉林省高级人民法院裁定驳回其管辖异议后提出上诉,故招行无锡分行现提起本案诉讼属于滥用诉权,应驳回其起诉。综上,请求将本案移送至吉林省高级人民法院审理。

江苏省高级人民法院查明:2014 年 5 月 30 日的编号为光大-招商 20140526 的《委托定向投资协议》载明甲方为光大银行长春分行,乙方为招行无锡分行。该协议第十三条约定,与本协议有关的一切争议,双方应协商解决,协商不成时,双方同意应将争议提交乙方所在地法院诉讼解决。该协议尾部加盖有光大银行长春分行的印章及其法定代表人王守坤的名章。经吉林公正司法鉴定中心和无锡市公安局物证鉴定所鉴定,该协议上的光大银行长春分行的印章印文以及王守坤的名章印文与送检的样本印文不是同一印章加盖形成。

2014 年 5 月 30 日,招行无锡分行和光大银行长春分行签订编号为 20140530-1 的《同业存款协议》一份,约定:光大银行长春分行在招行无锡分行开立资金存款账户,用于资金存放,存款金额为 3.5 亿元,存款期限为 364 天,起息日以资金到账日为准,存款利率为年利率 6.2%。该协议第九条约定,双方同意就本协议项下的任何争议应首先通过友好协商解决,双方协商不成的,可提交双方任何一方所在地有管辖权的法院通过法律途径解决。

2015 年 6 月,光大银行长春分行以《同业存款协议》为依据诉至吉林省高级人民法院,请求判令招行无锡分行向其支付存款本金 3.5 亿元以及存款利息和违约金。该院于 2015 年 7 月 2 日立案受理,案号为 (2015) 吉民二初字第 16 号。招行无锡分行其后提出管辖权异议,该院于 2015 年 8 月 3 日作出 (2015) 吉民管初字第 4 号民事裁定,驳回招行无锡分行的管辖权异议。招行无锡分行不服该裁定,已提出上诉,该案尚在审理中。

另查明:2014 年 8 月 13 日,招行无锡分行向无锡市公安局经济犯罪侦查支队报案称,光大银行长春分行的张磊等人伪造公章,以光大银行长春分行名义与其签订《委托定向投资协议》,为柳河米业公司刘孝义从"资管通道"平安银行深圳分行诈骗 3.5 亿元贷款。2014 年 8 月 14 日,无锡市公安局直属分局予以立案侦查。

2015 年 5 月 22 日,江苏省无锡市人民检察院就被告人刘孝义、张磊涉嫌合同诈骗犯罪案向江苏省无锡市中级人民法院出具锡检诉刑诉 [2015] 36 号起诉书,查明事实包括:"2014 年 5 月 23 日至 5 月 30 日期间,张磊通过光大银行长春分行将 3.5 亿元转至招行无锡分行,并将其加盖了伪造的光大银行长春分行公章、法人印章的虚假的《委托定向投资协议》《投资指令》及其制作的虚假的光大银行长春分行对柳河米业公司授信批复、调查报告等资料提供给招行无锡分行。据此,招行无锡分行按照协议将上述3.5亿元通过中山证券公司转至平安银行深圳分行。2014年5月30日,刘孝义等人携带伪造的《采购合同》及公司资料与平安银行深圳分行签订《委托贷款合同》。平安银行深圳分行于当日将3.5亿元放贷至柳河米业公司在该行开立的贷款账户。刘孝义安排人员将资金全部转入其实际控制的北京新良粮油工贸有限公司的账户后,用于归还柳河米业公司及其个人的民间借款、银行贷款及投资期货等"。该刑事案件目前尚在审理过程中。

江苏省高级人民法院认为:《中华人民共和国民事诉讼法》第三十四条规定"合同或者其他财产权益纠纷的当事人可以书面协议选择被告住所地、合同履行地、合同签订地、原告住所地、标的物所在地等与争议有实际联系的地点的人民法院管辖,但不得违反本法对级别管辖和专属管辖的规定"。法律赋予了当事人选择管辖法院的权利,但该选择必须是基于当事人的真实意思表示,如当事人一方提供的协议不真实,则该协议对对方不生效。本案中,原告招行无锡分行依据《委托定向投资协议》中约定的"双方同意将争议提交招行无锡分行所在地法院诉讼解决"条款而主张一审法院对该案有管辖权,但经吉林公正司法鉴定中心和无锡市公安局物证鉴定所鉴定,该协议尾部加盖的光大银行长春分行的印章及其法定代表人王守坤的名章均与送检的样本印文非同一印章盖印形成,该鉴定结论真实、合法,可作为证据采信,根据该鉴定结论可证明《委托定向投资协议》系张磊伪造光大银行长春分行的公章、法定代表人印章所签订,非该行真实意思表示,该协议对该行不生效力。虽然招行无锡分行依据《中华人民共和国合同法》第五十七条规定的"合同无效、被撤销或者终止的,不影响合同中独立存在的有关解决争议方法的条款的效力"而主张协议中管辖条款独立有效,因合同法该规定是基于合同虽无效但合同的客观真实性已得到当事人确认的前提下所作规定,故该条款不适用于本案。至于《委托定向投资协议》是否因张磊符合表见代理而对光大银行长春分行生效系案件实体审理中涉及的法律判断,与本院目前基于印章真伪而认定该协议对光大银行长春分行不生效并不存在逻辑矛盾。

因《委托定向投资协议》中的管辖条款对光大银行长春分行不生效力,故本案管辖法院确定问题应根据《中华人民共和国民事诉讼法》的规定进行认定。《中华人民共和国民事诉讼法》第二十三条规定"因合同纠纷提起的诉讼,由被告住所地或者合同履行地人民法院管辖"。因案涉《委托定向投资协议》非光大银行长春分行的真实意思表示,即不存在履行协议的问题,故本案应依据被告所在地确定管辖法院。依照最高人民法院《关于调整高级人民法院和中级人民法院管辖第一审民商事案件标准的通知》[法发(2015)7号]第二条的规定,吉林省高级人民法院管辖诉讼标的额5000万元以上,且当事人一方住所地不在其辖区的第一审民商事案件。本案标的额本金即为3.5亿元,且当事人一方即招行无锡分行的住所地在江苏,故本案应由吉林省高级人民法院作为一审管辖法院。

另外,光大银行长春分行已就案涉《同业存款协议》于2015年6月向吉林省高级人民法院先行提起诉讼,该院已经立案受理,虽然招行无锡分行提起本案诉讼不符合《民诉法解释》第二百四十七条规定的重复诉讼的情况,但两起案件的当事人相同,所依据的基础事实亦基本相同,招行无锡分行在该案中必然会以《委托定向投资协议》的内容作为其不承担《同业存款协议》相关责任的抗辩,其依据《委托定向投资协议》所主张的诉请也可在该案中通过反诉解决,故两案宜由同一人民法院审理,以便查清案件事实,节约司法成本,统一司法认定和裁判标准,据此,将本案移送吉林省高级人民法院一并审理也较为适宜。

综上,光大银行长春分行的管辖异议成立。招行无锡分行对光大银行长春分行的管辖异议的答辩意见,不予支持。依照《中华人民共和国民事诉讼法》第二十三条、第三十六条、第一百二十七条的规定,裁定:被告光大银行长春分行提出的管辖异议成立,本案移送吉林省高级人民法院审理。

上诉人招行无锡分行不服该裁定,向本院提起上诉称:1. 本案《委托定向投资协议》上加盖的公章虽然与光大银行长春分行备案公章不一致,但一审法院在未能排除光大银行长春分行在其他场合使用该公章的可能,也不能排除光大长春分行可能实际执行该非备案公章所加盖的协议的情况下,就直接简单认定该协议对光大银行长春分行不生效力,事实和法律依据不足。且公章只是证明当事人真实意思表示的证据之一,并不是唯一的证据。当协议双方产生争议时,法院应根据双方磋商过程、参与缔约人员的权限、嗣后履行情况等案情综合判定双方是否存在并向对方表达过缔约的真实意思。2. 即便《委托定向投资协议》存在加盖非备案公章的情形,但对于加盖非备案公章的合同是否有效最终涉及到合同经办人张磊是否构成表见代理这一实体问题的审理。一审法院一方面认定《委托定向投资协议》对光大长春分行不产生效力,另一方面认为如果张磊的行为构成表见代理则该协议对长春分行将产生效力,存在矛盾。3. 确定协议中的管辖条款能否作为确定管辖的依据应当前置于对协议真实性及效力的认定,《委托定向投资协议》中关于管辖的约定不受协议效力的影响。根据《中华人民共和国合同法》第五十七条"合同无效、被撤销或者终止的,不影响合同中独立存在的有关解决争议方法的条款的效力"的规定,管辖条款具有独立性,即便合同无效亦不影响无效合同中管辖条款的约束力。无论本案《委托定向投资协议》效力如何,不影响《委托定向投资协议》中管辖条款的效力。4. 根据司法解释,合同对履行地点没有约定或者约定不明确,争议标的为给付货币的,接收货币一方所在地为合同履行地,本案主要诉讼请求为要求光大银行长春分行支付175万元的代理手续费,即便《委托定向投资协议》中的管辖条款不适于本案,本案亦应当由一审法院管辖。5. 招行无锡分行的诉讼请求无法在另案中通过反诉或抗辩实现。光大银行长春分行员工张磊涉嫌刑事犯罪一案正在无锡市中级人民法院审理,本案由江苏的人民法院管辖,有利于查清相关事实。综上,请求由江苏省高级人民法院审理本案。

光大银行长春分行提交答辩状称:1. 案涉《委托定向投资协议》是犯罪分子加盖假章以欺骗手段与招行无锡分行订立的虚假合同,该事实有相关鉴定结论证实,又有无锡市中级人民法院刑事判决认定。2. 表见代理制度是关于合同效力认定的例外制度,必须经过实体审理方可确认,在本案已确定《委托定向投资协议》虚假不实的情况下,人民法院只能推定双方不存在委托合同和有效的管辖协议。3. 案涉《委托定向投资协议》事实上并不存在,其合同条款(包括所谓"有关解决争议方法的条款")亦不存在,该合同的真实性和效力自然也无需考虑,一审裁定适用法律并无不当。4. 案涉《委托定向投资协议》并未真实履行,无合同履行地,本案只能由被告住所地有管辖权的吉林省高级人民法院管辖。5. 一审裁定并未否定招行无锡分行依法享有的诉权,招行无锡分行所谓"无法反诉或抗辩"的情形并不存在。张磊等人最终如何定罪量刑,与本案无关,不应影响本案管辖的确定。综上,一审裁定正确,应予维持。

本院认为:根据本案双方当事人的上诉及答辩意见,本案二审审理的争议焦点为:一、《委托定向投资协议》中管辖条款的效力。二、一审法院是否具有管辖权。三、招行无锡分行的诉讼请求能否通过反诉解决以及能否根据刑事案件确定本案的管辖。

一、关于《委托定向投资协议》中管辖条款的效力问题

招行无锡分行提起本案诉讼,向人民法院提交了落款日期均为2014年5月30日的《委托定向投资协议》、《同业存款协议》以及《投资指令》等材料。经吉林公正司法鉴定中心和无锡市公安局物证鉴定所鉴定,上述《委托定向投资协议》和《投资指令》尾部加盖的光大银行长春分行的印章及其法定代表人王守坤的名章均与送检的样本印文非同一印章盖印形成。招行无锡分行对该鉴定结论没有异议。招行无锡分行并未向人民法院提交光大银行长春分行在其他场合使用了加盖在《委托定向投资协议》上的"公章"的证据,故不能认定《委托定性投资协议》上的"公章"是真实的。

合同效力是对已经成立的合同是否具有合法性的评价,依法成立的合同,始对当事人具有法律约束力。合同成立之前不存在合同效力的问题。《中华人民共和国合同法》第五十七条关于"合同无效、被撤销或者终止的,不影响合同中独立存在的有关解决争议方法的条款的效力"的规定适用于已经成立的合同,"有关解决争议方法的条款"亦应当真实存在,体现双方当事人真实意思表示,且达成合意。招行无锡分行应当提交具备客观真实性、关联性、合法性的证据,足以证明其依据的"有关解决争议方法的条款"符合法定的成立条件。上述鉴定结论证明《委托定向投资协议》上并没有加盖真实的光大银行长春分行的公章或法定代表人签章,故上述协议中管辖条款在成立要件上存在重大瑕疵,不能认定存在有效的管辖条款。招行无锡分行关于涉案管辖条款具有独立性,即便合同无效亦不影响无效合同中管辖条款的约束力的上诉请求,不能成立,本院不予支持。

此外,合同经办人张磊的行为是否构成表见代理以及表见代理与管辖协议的效力问题。在对当事人提出的管辖权异议进行审查的阶段,注重程序公正和司法效率,既要妥当保护当事人的管辖异议权,又要及时矫正、遏制当事人错用、滥用管辖异议权。此阶段一般结合诉讼请求对当事人提交的证据材料进行形式要件审查,以认定涉及确定管辖的要素,如原告住所地、被告住所地、合同履行地、合同签订地、财产所在地、侵权行为地、诉讼标的额、案件影响程度以及是否存在有效的管辖条款等。且确定管辖权以起诉时为标准。依据《中华人民共和国合同法》第四十九条"行为人没有代理权、超越代理权或者代理权终止后以被代理人名义订立合同,相对人有理由相信行为人有代理权的,该代理行为有效"以及本院《关于当前形势下审理民商事合同纠纷案件若干问题的指导意见》第13条"合同法第四十九条规定的表见代理制度不仅要求代理人的无权代理行为在客观上形成具有代理权的表象,而且要求相对人在主观上善意且无过失地相信行为人有代理权。合同相对人主张构成表见代理的,应当承担举证责任,不仅应当举证证明代理行为存在诸如合同书、公章、印鉴等有权代理的客观表象形式要素,而且应当证明其善意且无过失地相信行为人具有代理权"的规定,表见代理制度的

举证责任较为严格。招行无锡分行在管辖权异议的审查阶段,并未提交形式上清晰明确、内容上无疑意、无争议的证据材料,以证明其有理由相信张磊有代理权签订管辖协议条款,且对光大银行长春分行构成约束,故其不能以表见代理成立为由主张管辖条款发生效力。即使经过实体审理认定表见代理成立,也只涉及案件当事人有关民事责任的承担,不影响人民法院对管辖权异议的处理。招行无锡分行上诉认为,"一审法院一方面认定《委托定向投资协议》对光大长春分行不产生效力,另一方面认为如果张磊的行为构成表见代理则该协议对长春分行将产生效力,存在矛盾",混淆了不同诉讼程序阶段的不同任务和不同认定标准,该上诉理由不能成立。

二、关于一审法院是否具有管辖权的问题

招行无锡分行起诉时称,2014年5月30日,光大银行长春分行存入指定账户3.5亿元,但招行无锡分行未按《同业存款协议》的要求向其正式交付开户证实书,也未交付进账单,一审法院对于招行无锡分行提起的本案诉讼的起诉权利予以保护是正确的。至于《委托定向投资协议》是否实际履行,必须经过案件实体审理才能认定,现尚不能确定《委托定向投资协议》是否实际履行,故对招行无锡分行关于"根据司法解释,合同对履行地点没有约定或者约定不明确,争议标的为给付货币的,接收货币一方所在地为合同履行地,本案主要诉讼请求为要求光大银行长春分行支付175万元的代理手续费,即便《委托定向投资协议》中的管辖条款不适于(用)本案,本案亦应当由一审法院管辖"的上诉理由不予支持。一审法院对本案没有管辖权,一审裁定依据被告住所地确定管辖法院并无不当。

三、关于招行无锡分行的诉讼请求能否通过反诉解决以及能否根据刑事案件确定本案的管辖的问题

2015年6月,光大银行长春分行以《同业存款协议》为依据另案诉至吉林省高级人民法院,请求判令招行无锡分行向其支付存款本金3.5亿元以及存款利息和违约金。吉林省高级人民法院立案在先。其后,招行无锡分行提起本案诉讼。从双方当事人在两案中的诉讼请求看,后诉的诉讼请求如果成立,存在实质上否定前诉裁判结果的可能,但是,招行无锡分行的诉讼请求不能完全涵盖于前诉的裁判结果之中,后诉和前诉的诉讼请求所依据的民事法律关系并不完全相同,故一审裁定认定招行无锡分行提起本案诉讼不符合《民诉法解释》第二百四十七条规定的重复诉讼,是正确的。

根据《中华人民共和国民事诉讼法》第三十六条"人民法院发现受理的案件不属于本院管辖的,应当移送有管辖权的人民法院,受移送的人民法院应当受理"的规定,没有管辖权的人民法院可以裁定将案件移送有管辖权的人民法院。本案原告的诉讼请求是否在另案中通过反诉解决,超出了管辖异议的审查和处理的范围,应由受移送的人民法院结合当事人对诉权的处分等情况,依据《民诉法解释》第二百三十二条、第二百三十三条等的有关规定依法处理。故招行无锡分行关于其诉讼请求无法在另案中通过反诉或抗辩实现的上诉理由,本院不予审理。一审裁定关于招行无锡分行依据《委托定向投资协议》所主张的诉请也可在该案中通过反诉解决的认定超出审查范围,本院予以纠正。

本案是否涉及江苏省无锡市中级人民法院审理的相关刑事案件,并非民事案件确定管辖的法定理由,招商银行无锡分行以此主张应由江苏省高级人民法院审理本案的理由不能成立。

综上,上诉人招行无锡分行的上诉理由不能成立,本院不予支持。一审裁定正确,应予维持。本院依据《中华人民共和国民事诉讼法》第一百七十条第一款第(一)项、第一百七十一条之规定,裁定如下:

驳回上诉,维持原裁定。

本裁定为终审裁定。

3. **华泰财产保险有限公司北京分公司诉李志贵、天安财产保险股份有限公司河北省分公司张家口支公司保险人代位求偿权纠纷案**①

**关键词** 民事诉讼 保险人代位求偿 管辖

**【裁判要点】**

因第三者对保险标的的损害造成保险事故,保险人向被保险人赔偿保险金后,代位行使被保险人对第三者请求赔偿的权利而提起诉讼的,应当根据保险人所代位的被保险人与第三者之间的法律关系,而不应当根据保险合同法律关系确定管辖法院。第三者侵害被保险人合法权益的,由侵权行为地或者被告住所地法院管辖。

**【相关法条】**

《中华人民共和国民事诉讼法》第二十八条

《中华人民共和国保险法》第六十条第一款

**【基本案情】**

2011年6月1日,华泰财产保险有限公司北京分公司

---

① 案例来源:最高人民法院指导案例25号。

(简称华泰保险公司)与北京亚大锦都餐饮管理有限公司(简称亚大锦都餐饮公司)签订机动车辆保险合同,被保险车辆的车牌号为京A82368,保险期间自2011年6月5日0时起至2012年6月4日24时止。2011年11月18日,陈某某驾驶被保险车辆行驶至北京市朝阳区机场高速公路上时,与李志贵驾驶的车牌号为冀GA9120的车辆发生交通事故,造成被保险车辆受损。经交管部门认定,李志贵负事故全部责任。事故发生后,华泰保险公司依照保险合同的约定,向被保险人亚大锦都餐饮公司赔偿保险金83878元,并依法取得代位求偿权。基于肇事车辆系在天安财产保险股份有限公司河北省分公司张家口支公司(简称天安保险公司)投保了机动车交通事故责任强制保险,华泰保险公司于2012年10月诉至北京市东城区人民法院,请求判令被告肇事司机李志贵和天安保险公司赔偿83878元,并承担诉讼费用。

被告李志贵的住所地为河北省张家口市怀来县沙城镇,被告天安保险公司的住所地为张家口市怀来县沙城镇燕京路东108号,保险事故发生地为北京市朝阳区机场高速公路上,被保险车辆行驶证记载所有人的住址为北京市东城区工体北路新中西街8号。

【裁判结果】

北京市东城区人民法院于2012年12月17日作出(2012)东民初字第13663号民事裁定:对华泰保险公司的起诉不予受理。宣判后,当事人未上诉,裁定已发生法律效力。

【裁判理由】

法院生效裁判认为:根据《中华人民共和国保险法》第六十条的规定,保险人的代位求偿权是指保险人依法享有的,代位行使被保险人向造成保险标的损害负有赔偿责任的第三者请求赔偿的权利。保险人代位求偿权源于法律的直接规定,属于保险人的法定权利,并非基于保险合同而产生的约定权利。因第三者对保险标的的损害造成保险事故,保险人向被保险人赔偿保险金后,代位行使被保险人对第三者请求赔偿的权利而提起诉讼的,应根据保险人所代位的被保险人与第三者之间的法律关系确定管辖法院。第三者侵害被保险人合法权益,因侵权行为提起的诉讼,依据《中华人民共和国民事诉讼法》第二十八条的规定,由侵权行为地或者被告住所地法院管辖,而不适用财产保险合同纠纷管辖的规定,不应以保险标的物所在地作为管辖依据。本案中,第三者实施了道路交通侵权行为,造成保险事故,被保险人对第三者有侵权损害赔偿请求权;保险人行使代位权起诉第三者的,应当由侵权行为地或者被告住所地法院管辖。现二被告的住所地及侵权行为地均不在北京市东城区,故北京市东城区人民法院对该起诉没有管辖权,应裁定不予受理。

· 文书范本

**异议书**(对管辖权提出异议用)

异议书

异议人(被告):×××,男/女,××××年××月××日出生,×族,……(写明工作单位和职务或者职业),住……。联系方式:……。

法定代理人/指定代理人:×××,……。

委托诉讼代理人:×××,……。

(以上写明异议人和其他诉讼参加人的姓名或者名称等基本信息)

请求事项:

将××××人民法院(××××)……号……(写明案件当事人和案由)一案移送××××人民法院管辖。

事实和理由:

……(写明提出管辖权异议的事实和理由)。

此致

××××人民法院

异议人(签名或者盖章)

××××年××月××日

【说明】

1. 本样式根据《中华人民共和国民事诉讼法》第一百二十七条第一款制定,供当事人向第一审人民法院提出管辖权异议用。

2. 当事人是法人或者其他组织的,写明名称住所。另起一行写明法定代表人、主要负责人及其姓名、职务、联系方式。

3. 人民法院受理案件后,当事人对管辖权有异议的,应当在提交答辩状期间提出。

## 民事裁定书(管辖权异议用)

**××××人民法院**
**民事裁定书**

(××××)……民初……号

原告:×××,……。
法定代理人/指定代理人/法定代表人/主要负责人:×××,……。
委托诉讼代理人:×××,……。
被告:×××,……。
法定代理人/指定代理人/法定代表人/主要负责人:×××,……。
委托诉讼代理人:×××,……。
第三人:×××,……。
法定代理人/指定代理人/法定代表人/主要负责人:×××,……。
委托诉讼代理人:×××,……。
(以上写明当事人和其他诉讼参加人的姓名或者名称等基本信息)

原告×××与被告×××、第三人×××……(写明案由)一案,本院于××××年××月××日立案。

×××诉称,……(概述原告的诉讼请求、事实和理由)。

×××在提交答辩状期间,对管辖权提出异议认为,……(概述异议内容和理由)。

本院经审查认为,……(写明异议成立或不成立的事实和理由)。

依照《中华人民共和国民事诉讼法》第×条、第一百二十七条第一款规定,裁定如下:

(异议成立的,写明:)×××对管辖权提出的异议成立,本案移送××××人民法院处理。

(异议不成立的,写明:)

驳回×××对本案管辖权提出的异议。

案件受理费……元,由被告……负担(写明当事人姓名或者名称、负担金额)。

如不服本裁定,可以在裁定书送达之日起十日内,向本院递交上诉状,并按对方当事人或者代表人的人数提出副本,上诉于××××人民法院。

审判长　×××
审判员　×××
审判员　×××

××××年××月××日
(院印)

本件与原本核对无异

书记员　×××

【说明】

1. 本样式根据《中华人民共和国民事诉讼法》第一百二十七条第一款制定,供第一审人民法院对当事人提出的管辖权异议,裁定移送管辖或者驳回异议用。

2. 案号类型代字为"民初"。

3. 当事人提出案件管辖权异议,异议不成立的,由提出异议的当事人交纳案件受理费;异议成立的,当事人均不交纳案件受理费。

4. 当事人在中华人民共和国领域内没有住所的,尾部上诉期改为三十日。

5. 适用普通程序的,落款中的"审判员"可以为"代理审判员"或者"人民陪审员"。

6. 适用简易程序的,落款中的署名为"审判员"或者"代理审判员"。

## 民事裁定书(依职权移送管辖用)

**××××人民法院**
**民事裁定书**

(××××)……民初……号

原告:×××,……。
……
被告:×××,……。
……
(以上写明当事人和其他诉讼参加人的姓名或者名称等基本信息)

原告×××与被告×××……(写明案由)一案,本院于××××年××月××日立案。

×××诉称,……(概述原告的诉讼请求、事实和理由)。

×××在提交答辩状期间未对管辖权提出异议/未应诉答辩。

本院经审查认为,……(写明移送的事实和理由)。

依照《中华人民共和国民事诉讼法》第×条、第三十六条规定,裁定如下:

本案移送××××人民法院处理。

本裁定一经作出即生效。

审判长　×××
审判员　×××
审判员　×××

××××年××月××日
（院印）

本件与原本核对无异

书记员　×××

【说明】
1. 本样式根据《中华人民共和国民事诉讼法》第三十六条以及《最高人民法院关于适用〈中华人民共和国民事诉讼法〉的解释》第三十五条、第二百一十一条制定，供第一审人民法院发现受理的案件不属于本院管辖的，依职权裁定移送有管辖权的人民法院用。
2. 案号类型代字为"民初"。
3. 当事人在答辩期间届满后未应诉答辩，人民法院在一审开庭前裁定移送的，可以同时援引《最高人民法院关于适用〈中华人民共和国民事诉讼法〉的解释》第三十五条。
4. 本裁定一经作出即生效。

### 民事裁定书（依职权提级管辖用）

××××人民法院
民事裁定书

（××××）……民辖……号

原告：×××，……。
……
被告：×××，……。
……

（以上写明当事人和其他诉讼参加人的姓名或者名称等基本信息）

原告×××与被告×××……（写明案由）一案，××××人民法院于××××年××月××日立案。

×××诉称，……（概述原告的诉讼请求、事实和理由）。

本院认为，……（写明提级管辖的理由）。

依照《中华人民共和国民事诉讼法》第三十八条第一款规定，裁定如下：

本案由本院审理。

本裁定一经作出即生效。

审判长　×××
审判员　×××
审判员　×××

××××年××月××日
（院印）

本件与原本核对无异

书记员　×××

【说明】
1. 本样式根据《中华人民共和国民事诉讼法》第三十八条第一款制定，供上级人民法院对下级人民法院管辖的第一审民事案件，裁定由本院审理用。
2. 案号类型代字为"民辖"。
3. 本裁定一经作出即生效。

### 民事裁定书（受移送人民法院报请指定管辖案件用）

××××人民法院
民事裁定书

（××××）……民辖……号

原告：×××，……。
……
被告：×××，……。
……

（以上写明当事人和其他诉讼参加人的姓名或者名称等基本信息）

原告×××与被告×××……（写明案由）一案，××××人民法院于××××年××月××日立案。

×××诉称，……（概述原告的诉讼请求、事实和理由）。

××××人民法院认为，……（写明移送管辖的理由）。于××××年××月××日裁定：……（写明移送管辖主文）。

××××年××月××日，××××人民法院以……为由（写明报请指定管辖的理由），报请本院指定管辖。

本院认为，……（写明对下级法院报请指定管辖的事实与理由的分析意见）。

依照《中华人民共和国民事诉讼法》第三十六条规定，裁定如下：

本案由××××人民法院审理。

本裁定一经作出即生效。

审判长　×××
审判员　×××
审判员　×××

××××年××月××日
（院印）

本件与原本核对无异

书记员　×××

【说明】
1. 本样式根据《中华人民共和国民事诉讼法》第三十六制定，供上级人民法院对受移送的下级人民法院认为受移送的案件不属于本院管辖而报请指定管辖，裁定指定管辖用。
2. 案号类型代字为"民辖"。
3. 本裁定一经作出即生效。

## 民事裁定书
（因管辖权争议报请指定管辖案件用）

××××人民法院
民事裁定书

（××××）……民辖……号

原告：×××，……。
……
被告：×××，……。
……

（以上写明当事人和其他诉讼参加人的姓名或者名称等基本信息）

××××年××月××日××××人民法院立案的（××××）……民初……号……（写明当事人及案由）一案，与××××年××月××日××××人民法院立案的（××××）……民初……号……（写明当事人及案由）一案，两地人民法院之间因管辖权产生争议，协商未果。××××年××月××日，××××人民法院（写明报请人民法院名称）报请本院指定管辖。

本院经审查认为，……（写明指定管辖的事实和理由）。

依照《中华人民共和国民事诉讼法》第三十七条第二款、《最高人民法院关于适用〈中华人民共和国民事诉讼法〉的解释》第四十条、第四十一条规定，裁定如下：

一、撤销××××人民法院（××××）……民初……号民事判决/裁定（不需要撤销的，不写该项）；

二、……（写明当事人及案由）一案由××××人民法院（写明被指定人民法院名称）审理；

三、××××人民法院自接到本裁定之日起××日内将（××××）……民初……号……（写明当事人及案由）一案全部卷宗材料及诉讼费移送××××人民法院（写明被指定人民法院名称）。

本裁定一经作出即生效。

审判长　×××
审判员　×××
审判员　×××

××××年××月××日
（院印）

本件与原本核对无异

书记员　×××

【说明】
1. 本样式根据《中华人民共和国民事诉讼法》第三十七条第二款以及《最高人民法院关于适用〈中华人民共和国民事诉讼法〉的解释》第四十条、第四十一条制定，供上级人民法院对下级人民法院之间因管辖权发生争议且协商解决不了报请指定管辖，裁定指定管辖用。
2. 案号类型代字为"民辖"。
3. 当事人诉讼地位，按照先报请指定管辖法院立案的案件当事人的诉讼地位列明。
4. 依照《中华人民共和国民事诉讼法》第三十七条第二款规定，发生管辖权争议的两个人民法院因协商不成报请它们的共同上级人民法院指定管辖时，双方为同属一个地、市辖区的基层人民法院的，由该地、市的中级人民法院及时指定管辖；同属一个省、自治区、直辖市的两个人民法院的，由该省、自治区、直辖市的高级人民法院及时指定管辖；双方为跨省、自治区、直辖市的人民法院，高级人民法院协商不成的，由最高人民法院及时指定管辖。报请上级人民法院指定管辖时，应当逐级进行。
5. 对报请上级人民法院指定管辖的案件，下级人民法院应当中止审理。报请指定管辖后，上级人民法院作出指定管辖裁定前，下级人民法院对案件作出判决、裁定的，上级人民法院应当在裁定指定管辖的同时，一并撤销下级人民法院的判决、裁定。
6. 本裁定一经作出即生效。

# 四、回 避

## 最高人民法院关于对配偶父母子女从事律师职业的法院领导干部和审判执行人员实行任职回避的规定

· 2020 年 4 月 17 日
· 法发〔2020〕13 号

为了维护司法公正和司法廉洁，防止法院领导干部和审判执行人员私人利益与公共利益发生冲突，依照《中华人民共和国公务员法》《中华人民共和国法官法》等法律法规，结合人民法院实际，制定本规定。

**第一条** 人民法院工作人员的配偶、父母、子女、兄弟姐妹、配偶的父母、配偶的兄弟姐妹、子女的配偶、子女配偶的父母具有律师身份的，该工作人员应当主动向所在人民法院组织（人事）部门报告。

**第二条** 人民法院领导干部和审判执行人员的配偶、父母、子女有下列情形之一的，法院领导干部和审判执行人员应当实行任职回避：

（一）担任该领导干部和审判执行人员所任职人民法院辖区内律师事务所的合伙人或者设立人的；

（二）在该领导干部和审判执行人员所任职人民法院辖区内以律师身份担任诉讼代理人、辩护人，或者为诉讼案件当事人提供其他有偿法律服务的。

**第三条** 人民法院在选拔任用干部时，不得将符合任职回避条件的人员作为法院领导干部和审判执行人员的拟任人选。

**第四条** 人民法院在招录补充工作人员时，应当向拟招录补充的人员释明本规定的相关内容。

**第五条** 符合任职回避条件的法院领导干部和审判执行人员，应当自本规定生效之日或者任职回避条件符合之日起三十日内主动向法院组织（人事）部门提出任职回避申请，相关人民法院应当按照有关规定为其另行安排工作岗位，确定职务职级待遇。

**第六条** 符合任职回避条件的法院领导干部和审判执行人员没有按规定主动提出任职回避申请的，相关人民法院应当按照有关程序免去其所任领导职务或者将其调离审判执行岗位。

**第七条** 应当实行任职回避的法院领导干部和审判执行人员的任免权限不在人民法院的，相关人民法院应当向具有干部任免权的机关提出为其办理职务调动或者免职等手续的建议。

**第八条** 符合任职回避条件的法院领导干部和审判执行人员具有下列情形之一的，应当根据情节给予批评教育、诫勉、组织处理或者处分：

（一）隐瞒配偶、父母、子女从事律师职业情况的；

（二）不按规定主动提出任职回避申请的；

（三）采取弄虚作假手段规避任职回避的；

（四）拒不服从组织调整或者拒不办理公务交接的；

（五）具有其他违反任职回避规定行为的。

**第九条** 法院领导干部和审判执行人员的配偶、父母、子女采取隐名代理等方式在该领导干部和审判执行人员所任职人民法院辖区内从事律师职业的，应当责令该法院领导干部和审判执行人员辞去领导职务或者将其调离审判执行岗位，其本人知情的，应当根据相关规定从重处理。

**第十条** 因任职回避调离审判执行岗位的法院工作人员，任职回避情形消失后，可以向法院组织（人事）部门申请调回审判执行岗位。

**第十一条** 本规定所称父母，是指生父母、养父母和有扶养关系的继父母。

本规定所称子女，是指婚生子女、非婚生子女、养子女和有扶养关系的继子女。

本规定所称从事律师职业，是指担任律师事务所的合伙人、设立人，或者以律师身份担任诉讼代理人、辩护人，或者以律师身份为诉讼案件当事人提供其他有偿法律服务。

本规定所称法院领导干部，是指各级人民法院的领导班子成员及审判委员会委员。

本规定所称审判执行人员，是指各级人民法院立案、审判、执行、审判监督、国家赔偿等部门的领导班子成员、法官、法官助理、执行员。

本规定所称任职人民法院辖区，包括法院领导干部和审判执行人员所任职人民法院及其所辖下级人民法院的辖区。专门人民法院及其他管辖区域与行政辖区不一致的人民法院工作人员的任职人民法院辖区,由解放军军事法院和相关高级人民法院根据有关规定或者实际情况确定。

**第十二条** 本规定由最高人民法院负责解释。

**第十三条** 本规定自 2020 年 5 月 6 日起施行,《最高人民法院关于对配偶子女从事律师职业的法院领导干部和审判执行岗位法官实行任职回避的规定(试行)》(法发〔2011〕5 号)同时废止。

## 最高人民法院关于审判人员在诉讼活动中执行回避制度若干问题的规定

- 2011 年 4 月 11 日最高人民法院审判委员会第 1517 次会议通过
- 2011 年 6 月 10 日最高人民法院公告公布
- 自 2011 年 6 月 13 日起施行
- 法释〔2011〕12 号

为进一步规范审判人员的诉讼回避行为,维护司法公正,根据《中华人民共和国人民法院组织法》《中华人民共和国法官法》《中华人民共和国民事诉讼法》《中华人民共和国刑事诉讼法》《中华人民共和国行政诉讼法》等法律规定,结合人民法院审判工作实际,制定本规定。

**第一条** 审判人员具有下列情形之一的,应当自行回避,当事人及其法定代理人有权以口头或者书面形式申请其回避:

(一)是本案的当事人或者与当事人有近亲属关系的;

(二)本人或者其近亲属与本案有利害关系的;

(三)担任过本案的证人、翻译人员、鉴定人、勘验人、诉讼代理人、辩护人的;

(四)与本案的诉讼代理人、辩护人有夫妻、父母、子女或者兄弟姐妹关系的;

(五)与本案当事人之间存在其他利害关系,可能影响案件公正审理的。

本规定所称近亲属,包括与审判人员有夫妻、直系血亲、三代以内旁系血亲及近姻亲关系的亲属。

**第二条** 当事人及其法定代理人发现审判人员违反规定,具有下列情形之一的,有权申请其回避:

(一)私下会见本案一方当事人及其诉讼代理人、辩护人的;

(二)为本案当事人推荐、介绍诉讼代理人、辩护人,或者为律师、其他人员介绍办理该案件的;

(三)索取、接受本案当事人及其受托人的财物、其他利益,或者要求当事人及其受托人报销费用的;

(四)接受本案当事人及其受托人的宴请,或者参加由其支付费用的各项活动的;

(五)向本案当事人及其受托人借款,借用交通工具、通讯工具或者其他物品,或者索取、接受当事人及其受托人在购买商品、装修住房以及其他方面给予的好处的;

(六)有其他不正当行为,可能影响案件公正审理的。

**第三条** 凡在一个审判程序中参与过本案审判工作的审判人员,不得再参与该案其他程序的审判。但是,经过第二审程序发回重审的案件,在一审法院作出裁判后又进入第二审程序的,原第二审程序中合议庭组成人员不受本条规定的限制。

**第四条** 审判人员应当回避,本人没有自行回避,当事人及其法定代理人也没有申请其回避的,院长或者审判委员会应当决定其回避。

**第五条** 人民法院应当依法告知当事人及其法定代理人有申请回避的权利,以及合议庭组成人员、书记员的姓名、职务等相关信息。

**第六条** 人民法院依法调解案件,应当告知当事人及其法定代理人有申请回避的权利,以及主持调解工作的审判人员及其他参与调解工作的人员的姓名、职务等相关信息。

**第七条** 第二审人民法院认为第一审人民法院的审理有违反本规定第一条至第三条规定的,应当裁定撤销原判,发回原审人民法院重新审判。

**第八条** 审判人员及法院其他工作人员从人民法院离任后二年内,不得以律师身份担任诉讼代理人或者辩护人。

审判人员及法院其他工作人员从人民法院离任后,不得担任原任职法院所审理案件的诉讼代理人或者辩护人,但是作为当事人的监护人或者近亲属代理诉讼或者进行辩护的除外。

本条所规定的离任,包括退休、调离、解聘、辞职、辞退、开除等离开法院工作岗位的情形。

本条所规定的原任职法院,包括审判人员及法院其他工作人员曾任职的所有法院。

**第九条** 审判人员及法院其他工作人员的配偶、子女或者父母不得担任其所任职法院审理案件的诉讼代理人或者辩护人。

**第十条** 人民法院发现诉讼代理人或者辩护人违反本规定第八条、第九条的规定的,应当责令其停止相关诉讼代理或者辩护行为。

**第十一条** 当事人及其法定代理人、诉讼代理人、辩护人认为审判人员有违反本规定行为的,可以向法院纪检、监察部门或者其他有关部门举报。受理举报的人民法院应当及时处理,并将相关意见反馈给举报人。

**第十二条** 对明知具有本规定第一条至第三条规定情形不依法自行回避的审判人员,依照《人民法院工作人员处分条例》的规定予以处分。

对明知诉讼代理人、辩护人具有本规定第八条、第九条规定情形之一,未责令其停止相关诉讼代理或者辩护行为的审判人员,依照《人民法院工作人员处分条例》的规定予以处分。

**第十三条** 本规定所称审判人员,包括各级人民法院院长、副院长、审判委员会委员、庭长、副庭长、审判员和助理审判员。

本规定所称法院其他工作人员,是指审判人员以外的在编工作人员。

**第十四条** 人民陪审员、书记员和执行员适用审判人员回避的有关规定,但不属于本规定第十三条所规定人员的,不适用本规定第八条、第九条的规定。

**第十五条** 自本规定施行之日起,《最高人民法院关于审判人员严格执行回避制度的若干规定》(法发〔2000〕5号)即行废止;本规定施行前本院发布的司法解释与本规定不一致的,以本规定为准。

# 五、诉讼参加人

## 中华人民共和国律师法(节录)

- 1996年5月15日第八届全国人民代表大会常务委员会第十九次会议通过
- 根据2001年12月29日第九届全国人民代表大会常务委员会第二十五次会议《关于修改〈中华人民共和国律师法〉的决定》第一次修正
- 2007年10月28日第十届全国人民代表大会常务委员会第三十次会议修订
- 根据2012年10月26日第十一届全国人民代表大会常务委员会第二十九次会议《关于修改〈中华人民共和国律师法〉的决定》第二次修正
- 根据2017年9月1日第十二届全国人民代表大会常务委员会第二十九次会议《关于修改〈中华人民共和国法官法〉等八部法律的决定》第三次修正

……

### 第四章 律师的业务和权利、义务

**第二十八条** 律师可以从事下列业务：

(一)接受自然人、法人或者其他组织的委托,担任法律顾问;

(二)接受民事案件、行政案件当事人的委托,担任代理人,参加诉讼;

(三)接受刑事案件犯罪嫌疑人、被告人的委托或者依法接受法律援助机构的指派,担任辩护人,接受自诉案件自诉人、公诉案件被害人或者其近亲属的委托,担任代理人,参加诉讼;

(四)接受委托,代理各类诉讼案件的申诉;

(五)接受委托,参加调解、仲裁活动;

(六)接受委托,提供非诉讼法律服务;

(七)解答有关法律的询问、代写诉讼文书和有关法律事务的其他文书。

**第二十九条** 律师担任法律顾问的,应当按照约定为委托人就有关法律问题提供意见,草拟、审查法律文书,代理参加诉讼、调解或者仲裁活动,办理委托的其他法律事务,维护委托人的合法权益。

**第三十条** 律师担任诉讼法律事务代理人或者非诉讼法律事务代理人的,应当在受委托的权限内,维护委托人的合法权益。

**第三十一条** 律师担任辩护人的,应当根据事实和法律,提出犯罪嫌疑人、被告人无罪、罪轻或者减轻、免除其刑事责任的材料和意见,维护犯罪嫌疑人、被告人的诉讼权利和其他合法权益。

**第三十二条** 委托人可以拒绝已委托的律师为其继续辩护或者代理,同时可以另行委托律师担任辩护人或者代理人。

律师接受委托后,无正当理由的,不得拒绝辩护或者代理。但是,委托事项违法、委托人利用律师提供的服务从事违法活动或者委托人故意隐瞒与案件有关的重要事实的,律师有权拒绝辩护或者代理。

**第三十三条** 律师担任辩护人的,有权持律师执业证书、律师事务所证明和委托书或者法律援助公函,依照刑事诉讼法的规定会见在押或者被监视居住的犯罪嫌疑人、被告人。辩护律师会见犯罪嫌疑人、被告人时不被监听。

**第三十四条** 律师担任辩护人的,自人民检察院对案件审查起诉之日起,有权查阅、摘抄、复制本案的案卷材料。

**第三十五条** 受委托的律师根据案情的需要,可以申请人民检察院、人民法院收集、调取证据或者申请人民法院通知证人出庭作证。

律师自行调查取证的,凭律师执业证书和律师事务所证明,可以向有关单位或者个人调查与承办法律事务有关的情况。

**第三十六条** 律师担任诉讼代理人或者辩护人的,其辩论或者辩护的权利依法受到保障。

**第三十七条** 律师在执业活动中的人身权利不受侵犯。

律师在法庭上发表的代理、辩护意见不受法律追究。但是,发表危害国家安全、恶意诽谤他人、严重扰乱法庭秩序的言论除外。

律师在参与诉讼活动中涉嫌犯罪的,侦查机关应当及时通知其所在的律师事务所或者所属的律师协会;被依法拘留、逮捕的,侦查机关应当依照刑事诉讼法的规定通知该律师的家属。

第三十八条 律师应当保守在执业活动中知悉的国家秘密、商业秘密，不得泄露当事人的隐私。

律师对在执业活动中知悉的委托人和其他人不愿泄露的有关情况和信息，应当予以保密。但是，委托人或者其他人准备或者正在实施危害国家安全、公共安全以及严重危害他人人身安全的犯罪事实和信息除外。

第三十九条 律师不得在同一案件中为双方当事人担任代理人，不得代理与本人或者其近亲属有利益冲突的法律事务。

第四十条 律师在执业活动中不得有下列行为：

（一）私自接受委托、收取费用，接受委托人的财物或者其他利益；

（二）利用提供法律服务的便利牟取当事人争议的权益；

（三）接受对方当事人的财物或者其他利益，与对方当事人或者第三人恶意串通，侵害委托人的权益；

（四）违反规定会见法官、检察官、仲裁员以及其他有关工作人员；

（五）向法官、检察官、仲裁员以及其他有关工作人员行贿，介绍贿赂或者指使、诱导当事人行贿，或者以其他不正当方式影响法官、检察官、仲裁员以及其他有关工作人员依法办理案件；

（六）故意提供虚假证据或者威胁、利诱他人提供虚假证据，妨碍对方当事人合法取得证据；

（七）煽动、教唆当事人采取扰乱公共秩序、危害公共安全等非法手段解决争议；

（八）扰乱法庭、仲裁庭秩序，干扰诉讼、仲裁活动的正常进行。

第四十一条 曾经担任法官、检察官的律师，从人民法院、人民检察院离任后二年内，不得担任诉讼代理人或者辩护人。

第四十二条 律师、律师事务所应当按照国家规定履行法律援助义务，为受援人提供符合标准的法律服务，维护受援人的合法权益。

……

## 第六章 法律责任

第四十七条 律师有下列行为之一的，由设区的市级或者直辖市的区人民政府司法行政部门给予警告，可以处五千元以下的罚款；有违法所得的，没收违法所得；情节严重的，给予停止执业三个月以下的处罚：

（一）同时在两个以上律师事务所执业的；

（二）以不正当手段承揽业务的；

（三）在同一案件中为双方当事人担任代理人，或者代理与本人及其近亲属有利益冲突的法律事务的；

（四）从人民法院、人民检察院离任后二年内担任诉讼代理人或者辩护人的；

（五）拒绝履行法律援助义务的。

第四十八条 律师有下列行为之一的，由设区的市级或者直辖市的区人民政府司法行政部门给予警告，可以处一万元以下的罚款；有违法所得的，没收违法所得；情节严重的，给予停止执业三个月以上六个月以下的处罚：

（一）私自接受委托、收取费用，接受委托人财物或者其他利益的；

（二）接受委托后，无正当理由，拒绝辩护或者代理，不按时出庭参加诉讼或者仲裁的；

（三）利用提供法律服务的便利牟取当事人争议的权益的；

（四）泄露商业秘密或者个人隐私的。

第四十九条 律师有下列行为之一的，由设区的市级或者直辖市的区人民政府司法行政部门给予停止执业六个月以上一年以下的处罚，可以处五万元以下的罚款；有违法所得的，没收违法所得；情节严重的，由省、自治区、直辖市人民政府司法行政部门吊销其律师执业证书；构成犯罪的，依法追究刑事责任：

（一）违反规定会见法官、检察官、仲裁员以及其他有关工作人员，或者以其他不正当方式影响依法办理案件的；

（二）向法官、检察官、仲裁员以及其他有关工作人员行贿，介绍贿赂或者指使、诱导当事人行贿的；

（三）向司法行政部门提供虚假材料或者有其他弄虚作假行为的；

（四）故意提供虚假证据或者威胁、利诱他人提供虚假证据，妨碍对方当事人合法取得证据的；

（五）接受对方当事人财物或者其他利益，与对方当事人或者第三人恶意串通，侵害委托人权益的；

（六）扰乱法庭、仲裁庭秩序，干扰诉讼、仲裁活动的正常进行的；

（七）煽动、教唆当事人采取扰乱公共秩序、危害公共安全等非法手段解决争议的；

（八）发表危害国家安全、恶意诽谤他人、严重扰乱法庭秩序的言论的；

（九）泄露国家秘密的。

律师因故意犯罪受到刑事处罚的,由省、自治区、直辖市人民政府司法行政部门吊销其律师执业证书。

**第五十条** 律师事务所有下列行为之一的,由设区的市级或者直辖市的区人民政府司法行政部门视其情节给予警告、停业整顿一个月以上六个月以下的处罚,可以处十万元以下的罚款;有违法所得的,没收违法所得;情节特别严重的,由省、自治区、直辖市人民政府司法行政部门吊销律师事务所执业证书:

(一)违反规定接受委托、收取费用的;

(二)违反法定程序办理变更名称、负责人、章程、合伙协议、住所、合伙人等重大事项的;

(三)从事法律服务以外的经营活动的;

(四)以诋毁其他律师事务所、律师或者支付介绍费等不正当手段承揽业务的;

(五)违反规定接受有利益冲突的案件的;

(六)拒绝履行法律援助义务的;

(七)向司法行政部门提供虚假材料或者有其他弄虚作假行为的;

(八)对本所律师疏于管理,造成严重后果的。

律师事务所因前款违法行为受到处罚的,对其负责人视情节轻重,给予警告或者处二万元以下的罚款。

**第五十一条** 律师因违反本法规定,在受到警告处罚后一年内又发生应当给予警告处罚情形的,由设区的市级或者直辖市的区人民政府司法行政部门给予停止执业三个月以上一年以下的处罚;在受到停止执业处罚期满后二年内又发生应当给予停止执业处罚情形的,由省、自治区、直辖市人民政府司法行政部门吊销其律师执业证书。

律师事务所因违反本法规定,在受到停业整顿处罚期满后二年内又发生应当给予停业整顿处罚情形的,由省、自治区、直辖市人民政府司法行政部门吊销律师事务所执业证书。

**第五十二条** 县级人民政府司法行政部门对律师和律师事务所的执业活动实施日常监督管理,对检查发现的问题,责令改正;对当事人的投诉,应当及时进行调查。县级人民政府司法行政部门认为律师和律师事务所的违法行为应当给予行政处罚的,应当向上级司法行政部门提出处罚建议。

**第五十三条** 受到六个月以上停止执业处罚的律师,处罚期满未逾三年的,不得担任合伙人。

被吊销律师执业证书的,不得担任辩护人、诉讼代理人,但系刑事诉讼、民事诉讼、行政诉讼当事人的监护人、近亲属的除外。

**第五十四条** 律师违法执业或者因过错给当事人造成损失的,由其所在的律师事务所承担赔偿责任。律师事务所赔偿后,可以向有故意或者重大过失行为的律师追偿。

**第五十五条** 没有取得律师执业证书的人员以律师名义从事法律服务业务的,由所在地的县级以上地方人民政府司法行政部门责令停止非法执业,没收违法所得,处违法所得一倍以上五倍以下的罚款。

**第五十六条** 司法行政部门工作人员违反本法规定,滥用职权、玩忽职守,构成犯罪的,依法追究刑事责任;尚不构成犯罪的,依法给予处分。

……

## 最高人民法院关于行政机关负责人出庭应诉若干问题的规定

·2020年3月23日最高人民法院审判委员会第1797次会议通过
·2020年6月22日最高人民法院公告公布
·自2020年7月1日起施行
·法释〔2020〕3号

为进一步规范行政机关负责人出庭应诉活动,根据《中华人民共和国行政诉讼法》等法律规定,结合人民法院行政审判工作实际,制定本规定。

**第一条** 行政诉讼法第三条第三款规定的被诉行政机关负责人应当出庭应诉,是指被诉行政机关负责人依法应当在第一审、第二审、再审等诉讼程序中出庭参加诉讼,行使诉讼权利,履行诉讼义务。

法律、法规、规章授权独立行使行政职权的行政机关内设机构、派出机构或者其他组织的负责人出庭应诉,适用本规定。

应当追加为被告而原告不同意追加,人民法院通知以第三人身份参加诉讼的行政机关,其负责人出庭应诉活动参照前款规定。

**第二条** 行政诉讼法第三条第三款规定的被诉行政机关负责人,包括行政机关的正职、副职负责人、参与分管被诉行政行为实施工作的副职级别的负责人以及其他参与分管的负责人。

被诉行政机关委托的组织或者下级行政机关的负责人,不能作为被诉行政机关负责人出庭。

**第三条** 有共同被告的行政案件,可以由共同被告协商确定行政机关负责人出庭应诉；也可以由人民法院确定。

**第四条** 对于涉及食品药品安全、生态环境和资源保护、公共卫生安全等重大公共利益，社会高度关注或者可能引发群体性事件等的案件，人民法院应当通知行政机关负责人出庭应诉。

有下列情形之一，需要行政机关负责人出庭的，人民法院可以通知行政机关负责人出庭应诉：

（一）被诉行政行为涉及公民、法人或者其他组织重大人身、财产权益的；

（二）行政公益诉讼；

（三）被诉行政机关的上级机关规范性文件要求行政机关负责人出庭应诉的；

（四）人民法院认为需要通知行政机关负责人出庭应诉的其他情形。

**第五条** 人民法院在向行政机关送达的权利义务告知书中，应当一并告知行政机关负责人出庭应诉的法定义务及相关法律后果等事项。

人民法院通知行政机关负责人出庭的，应当在开庭三日前送达出庭通知书，并告知行政机关负责人不出庭可能承担的不利法律后果。

行政机关在庭审前申请更换出庭应诉负责人且不影响正常开庭的，人民法院应当准许。

**第六条** 行政机关负责人出庭应诉的，应当于开庭前向人民法院提交出庭应诉负责人的身份证明。身份证明应当载明该负责人的姓名、职务等基本信息，并加盖行政机关印章。

人民法院应当对出庭应诉负责人的身份证明进行审查，经审查认为不符合条件，可以补正的，应当告知行政机关予以补正；不能补正或者补正可能影响正常开庭的，视为行政机关负责人未出庭应诉。

**第七条** 对于同一审级需要多次开庭的同一案件，行政机关负责人到庭参加一次庭审的，一般可以认定其已经履行出庭应诉义务，但人民法院通知行政机关负责人再次出庭的除外。

行政机关负责人在一个审理程序中出庭应诉，不免除其在其他审理程序出庭应诉的义务。

**第八条** 有下列情形之一的，属于行政诉讼法第三条第三款规定的行政机关负责人不能出庭的情形：

（一）不可抗力；

（二）意外事件；

（三）需要履行他人不能代替的公务；

（四）无法出庭的其他正当事由。

**第九条** 行政机关负责人有正当理由不能出庭的，应当提交相关证明材料，并加盖行政机关印章或者由该机关主要负责人签字认可。

人民法院应当对行政机关负责人不能出庭的理由以及证明材料进行审查。

行政机关负责人有正当理由不能出庭，行政机关申请延期开庭审理的，人民法院可以准许；人民法院也可以依职权决定延期开庭审理。

**第十条** 行政诉讼法第三条第三款规定的相应的工作人员，是指被诉行政机关中具体行使行政职权的工作人员。

行政机关委托行使行政职权的组织或者下级行政机关的工作人员，可以视为行政机关相应的工作人员。

人民法院应当参照本规定第六条第二款的规定，对行政机关相应的工作人员的身份证明进行审查。

**第十一条** 诉讼参与人参加诉讼活动，应当依法行使诉讼权利，履行诉讼义务，遵守法庭规则，自觉维护诉讼秩序。

行政机关负责人或者行政机关委托的相应工作人员在庭审过程中应当就案件情况进行陈述、答辩、提交证据、辩论、发表最后意见，对所依据的规范性文件进行解释说明。

行政机关负责人出庭应诉的，应当就实质性解决行政争议发表意见。

诉讼参与人和其他人以侮辱、谩骂、威胁等方式扰乱法庭秩序的，人民法院应当制止，并根据行政诉讼法第五十九条规定进行处理。

**第十二条** 有下列情形之一的，人民法院应当向监察机关、被诉行政机关的上一级行政机关提出司法建议：

（一）行政机关负责人未出庭应诉，且未说明理由或者理由不成立的；

（二）行政机关有正当理由申请延期开庭审理，人民法院准许后再次开庭审理时行政机关负责人仍未能出庭应诉，且无正当理由的；

（三）行政机关负责人和行政机关相应的工作人员均不出庭应诉的；

（四）行政机关负责人未经法庭许可中途退庭的；

（五）人民法院在庭审中要求行政机关负责人就有关问题进行解释或者说明，行政机关负责人拒绝解释或者说明，导致庭审无法进行的。

有前款情形之一的，人民法院应当记录在案并在裁判文书中载明。

**第十三条** 当事人对行政机关具有本规定第十二条第一款情形提出异议的，人民法院可以在庭审笔录中载明，不影响案件的正常审理。

原告以行政机关具有本规定第十二条第一款情形为由拒不到庭、未经法庭许可中途退庭的，人民法院可以按照撤诉处理。

原告以行政机关具有本规定第十二条第一款情形为由在庭审中明确拒绝陈述或者以其他方式拒绝陈述，导致庭审无法进行，经法庭释明法律后果后仍不陈述意见的，人民法院可以视为放弃陈述权利，由其承担相应的法律后果。

**第十四条** 人民法院可以通过适当形式将行政机关负责人出庭应诉情况向社会公开。

人民法院可以定期将辖区内行政机关负责人出庭应诉情况进行统计、分析、评价，向同级人民代表大会常务委员会报告，向同级人民政府进行通报。

**第十五条** 本规定自 2020 年 7 月 1 日起施行。

## 最高人民法院关于产品侵权案件的受害人能否以产品的商标所有人为被告提起民事诉讼的批复

- 2002 年 7 月 4 日最高人民法院审判委员会第 1229 次会议通过
- 根据 2020 年 12 月 23 日最高人民法院审判委员会第 1823 次会议通过的《最高人民法院关于修改〈最高人民法院关于人民法院民事调解工作若干问题的规定〉等十九件民事诉讼类司法解释的决定》修正
- 2020 年 12 月 29 日最高人民法院公告公布
- 自 2021 年 1 月 1 日起施行
- 法释〔2020〕20 号

北京市高级人民法院：

你院京高法〔2001〕271 号《关于荆其廉、张新荣等诉美国通用汽车公司、美国通用汽车海外公司损害赔偿案诉讼主体确立问题处理结果的请示报告》收悉。经研究，我们认为，任何将自己的姓名、名称、商标或者可资识别的其他标识体现在产品上，表示其为产品制造者的企业或个人，均属于《中华人民共和国民法典》和《中华人民共和国产品质量法》规定的"生产者"。本案中美国通用汽车公司为事故车的商标所有人，根据受害人的起诉和本案的实际情况，本案以通用汽车公司、通用汽车海外公司、通用汽车巴西公司为被告并无不当。

## 关于进一步规范法院、检察院离任人员从事律师职业的意见

- 2021 年 9 月 30 日
- 司发通〔2021〕61 号

**第一条** 为深入贯彻习近平法治思想，认真贯彻落实防止干预司法"三个规定"，进一步规范法院、检察院离任人员从事律师职业，防止利益输送和利益勾连，切实维护司法廉洁和司法公正，依据《中华人民共和国公务员法》《中华人民共和国法官法》《中华人民共和国检察官法》《中华人民共和国律师法》等有关规定，结合实际情况，制定本意见。

**第二条** 本意见适用于从各级人民法院、人民检察院离任且在离任时具有公务员身份的工作人员。离任包括退休、辞去公职、开除、辞退、调离等。

本意见所称律师，是指在律师事务所执业的专兼职律师（包括从事非诉讼法律事务的律师）。本意见所称律师事务所"法律顾问"，是指不以律师名义执业，但就相关业务领域或者个案提供法律咨询、法律论证，或者代表律师事务所开展协调、业务拓展等活动的人员。本意见所称律师事务所行政人员，是指律师事务所聘用的从事秘书、财务、行政、人力资源、信息技术、风险管控等工作的人员。

**第三条** 各级人民法院、人民检察院离任人员从事律师职业或者担任律师事务所"法律顾问"、行政人员，应当严格执行《中华人民共和国法官法》《中华人民共和国检察官法》《中华人民共和国律师法》和公务员管理相关规定。

各级人民法院、人民检察院离任人员在离任后二年内，不得以律师身份担任诉讼代理人或者辩护人。各级人民法院、人民检察院离任人员终身不得担任原任职人民法院、人民检察院办理案件的诉讼代理人或者辩护人，但是作为当事人的监护人或者近亲属代理诉讼或者进行辩护的除外。

**第四条** 被人民法院、人民检察院开除人员和从人民法院、人民检察院辞去公职、退休的人员除符合本意见第三条规定外，还应当符合下列规定：

（一）被开除公职的人民法院、人民检察院工作人员不得在律师事务所从事任何工作。

（二）辞去公职或者退休的人民法院、人民检察院领导班子成员，四级高级及以上法官、检察官，四级高级法官助理、检察官助理以上及相当职级层次的审判、检察辅

助人员在离职三年内,其他辞去公职或退休的人民法院、人民检察院工作人员在离职二年内,不得到原任职人民法院、人民检察院管辖地区内的律师事务所从事律师职业或者担任"法律顾问"、行政人员等,不得以律师身份从事与原任职人民法院、人民检察院相关的有偿法律服务活动。

(三)人民法院、人民检察院退休人员在不违反前项从业限制规定的情况下,确因工作需要从事律师职业或者担任律师事务所"法律顾问"、行政人员的,应当严格执行中共中央组织部《关于进一步规范党政领导干部在企业兼职(任职)问题的意见》(中组发〔2013〕18号)规定和审批程序,并及时将行政、工资等关系转出人民法院、人民检察院,不再保留机关的各种待遇。

**第五条** 各级人民法院、人民检察院离任人员不得以任何形式,为法官、检察官与律师不正当接触交往牵线搭桥,充当司法掮客;不得采用隐名代理等方式,规避从业限制规定,违规提供法律服务。

**第六条** 人民法院、人民检察院工作人员拟在离任后从事律师职业或者担任律师事务所"法律顾问"、行政人员的,应当在离任时向所在人民法院、人民检察院如实报告从业去向,签署承诺书,对遵守从业限制规定、在从业限制期内主动报告从业变动情况等作出承诺。

人民法院、人民检察院离任人员向律师协会申请律师实习登记时,应当主动报告曾在人民法院、人民检察院工作的情况,并作出遵守从业限制的承诺。

**第七条** 律师协会应当对人民法院、人民检察院离任人员申请实习登记进行严格审核,就申请人是否存在不宜从事律师职业的情形征求原任职人民法院、人民检察院意见,对不符合相关条件的人员不予实习登记。司法行政机关在办理人民法院、人民检察院离任人员申请律师执业核准时,应当严格审核把关,对不符合相关条件的人员不予核准执业。

**第八条** 各级人民法院、人民检察院应当在离任人员离任前与本人谈话,提醒其严格遵守从业限制规定,告知违规从业应承担的法律责任,对不符合从业限制规定的,劝其调整从业意向。

司法行政机关在作出核准人民法院、人民检察院离任人员从事律师职业决定时,应当与本人谈话,提醒其严格遵守从业限制规定,告知违规从业应承担的法律责任。

**第九条** 各级人民法院、人民检察院在案件办理过程中,发现担任诉讼代理人、辩护人的律师违反人民法院、人民检察院离任人员从业限制规定情况的,应当通知当事人更换诉讼代理人、辩护人,并及时通报司法行政机关。

司法行政机关应当加强从人民法院、人民检察院离任后在律师事务所从业人员的监督管理,通过投诉举报调查、"双随机一公开"抽查等方式,及时发现离任人员违法违规问题线索并依法作出处理。

**第十条** 律师事务所应当切实履行对本所律师及工作人员的监督管理责任,不得接收不符合条件的人民法院、人民检察院离任人员到本所执业或者工作,不得指派本所律师违反从业限制规定担任诉讼代理人、辩护人。律师事务所违反上述规定的,由司法行政机关依法依规处理。

**第十一条** 各级人民法院、人民检察院应当建立离任人员信息库,并实现与律师管理系统的对接。司法行政机关应当依托离任人员信息库,加强对人民法院、人民检察院离任人员申请律师执业的审核把关。

各级司法行政机关应当会同人民法院、人民检察院,建立人民法院、人民检察院离任人员在律师事务所从业信息库和人民法院、人民检察院工作人员近亲属从事律师职业信息库,并实现与人民法院、人民检察院立案、办案系统的对接。人民法院、人民检察院应当依托相关信息库,加强对离任人员违规担任案件诉讼代理人、辩护人的甄别、监管,做好人民法院、人民检察院工作人员回避工作。

**第十二条** 各级人民法院、人民检察院和司法行政机关应当定期对人民法院、人民检察院离任人员在律师事务所违规从业情况开展核查,并按照相关规定进行清理。

对人民法院、人民检察院离任人员违规从事律师职业或者担任律师事务所"法律顾问"、行政人员的,司法行政机关应当要求其在规定时间内申请注销律师执业证书,与律所解除劳动劳务关系;对在规定时间内没有主动申请注销执业证书或者解除劳动劳务关系的,司法行政机关应当依法注销其执业证书或者责令律所与其解除劳动劳务关系。

本意见印发前,已经在律师事务所从业的人民法院、人民检察院退休人员,按照中共中央组织部《关于进一步规范党政领导干部在企业兼职(任职)问题的意见》(中组发〔2013〕18号)相关规定处理。

# 关于建立健全禁止法官、检察官与律师不正当接触交往制度机制的意见

- 2021年9月30日
- 司发通〔2021〕60号

**第一条** 为深入贯彻习近平法治思想，认真贯彻落实防止干预司法"三个规定"，建立健全禁止法官、检察官与律师不正当接触交往制度机制，防止利益输送和利益勾连，切实维护司法廉洁和司法公正，依据《中华人民共和国法官法》《中华人民共和国检察官法》《中华人民共和国律师法》等有关规定，结合实际情况，制定本意见。

**第二条** 本意见适用于各级人民法院、人民检察院依法履行审判、执行、检察职责的人员和司法行政人员。

本意见所称律师，是指在律师事务所执业的专兼职律师（包括从事非诉讼法律事务的律师）和公职律师、公司律师。本意见所称律师事务所"法律顾问"，是指不以律师名义执业，但就相关业务领域或者个案提供法律咨询、法律论证，或者代表律师事务所开展协调、业务拓展等活动的人员。本意见所称律师事务所行政人员，是指律师事务所聘用的从事秘书、财务、行政、人力资源、信息技术、风险管控等工作的人员。

**第三条** 严禁法官、检察官与律师有下列接触交往行为：

（一）在案件办理过程中，非因办案需要且未经批准在非工作场所、非工作时间与辩护、代理律师接触。

（二）接受律师或者律师事务所请托，过问、干预或者插手其他法官、检察官正在办理的案件，为律师或者律师事务所请托说情、打探案情、通风报信；为案件承办法官、检察官私下会见案件辩护、代理律师牵线搭桥；非因工作需要，为律师或者律师事务所转递涉案材料；向律师泄露案情、办案工作秘密或者其他依法依规不得泄露的情况；违规为律师或律师事务所出具与案件有关的各类专家意见。

（三）为律师介绍案件；为当事人推荐、介绍律师作为诉讼代理人、辩护人；要求、建议或者暗示当事人更换符合代理条件的律师；索取或者收受案件代理费用或者其他利益。

（四）向律师或者其当事人索贿，接受律师或者其当事人行贿；索取或者收受律师借礼尚往来、婚丧嫁娶等赠送的礼金、礼品、消费卡和有价证券、股权、其他金融产品等财物；向律师借款、租借房屋、借用交通工具、通讯工具或者其他物品；接受律师吃请、娱乐等可能影响公正履行职务的安排。

（五）非因工作需要且未经批准，擅自参加律师事务所或者律师举办的讲座、座谈、研讨、培训、论坛、学术交流、开业庆典等活动；以提供法律咨询、法律服务等名义接受律师事务所或者律师输送的相关利益。

（六）与律师以合作、合资、代持等方式，经商办企业或者从事其他营利性活动；本人配偶、子女及其配偶在律师事务所担任"隐名合伙人"；本人配偶、子女及其配偶显名或者隐名与律师"合作"开办企业或者"合作"投资；默许、纵容、包庇配偶、子女及其配偶或者其他特定关系人在律师事务所违规取酬；向律师或律师事务所放贷收取高额利息。

（七）其他可能影响司法公正和司法权威的不正当接触交往行为。

严禁律师事务所及其律师从事与前款所列行为相关的不正当接触交往行为。

**第四条** 各级人民法院、人民检察院和司法行政机关探索建立法官、检察官与律师办理案件动态监测机制，依托人民法院、人民检察院案件管理系统和律师管理系统，对法官、检察官承办的案件在一定期限内由同一律师事务所或者律师代理达到规定次数的，启动预警机制，要求法官、检察官及律师说明情况，除非有正当理由排除不正当交往可能的，依法启动调查程序。各省、自治区、直辖市高级人民法院、人民检察院根据本地实际，就上述规定的需要启动预警机制的次数予以明确。

**第五条** 各级人民法院、人民检察院在办理案件过程中发现律师与法官、检察官不正当接触交往线索的，应当按照有关规定将相关律师的线索移送相关司法行政机关或者纪检监察机关处理。各级司法行政机关、律师协会收到投诉举报涉及律师与法官、检察官不正当接触交往线索的，应当按照有关规定将涉及法官、检察官的线索移送相关人民法院、人民检察院或者纪检监察机关。

**第六条** 各级人民法院、人民检察院可以根据需要与司法行政机关组成联合调查组，对法官、检察官与律师不正当接触交往问题共同开展调查。

对查实的不正当接触交往问题，要坚持从严的原则，综合考虑行为性质、情节、后果、社会影响以及是否存在主动交代等因素，依规依纪依法对法官、检察官作出处分，对律师作出行政处罚、行业处分和党纪处分。律师事务所默认、纵容或者放任本所律师及"法律顾问"、行政人员与法官、检察官不正当接触交往的，要同时对律师事务所作出处罚处分，并视情况对律师事务所党组织跟进

作出处理。法官、检察官和律师涉嫌违法犯罪的，依法按照规定移送相关纪检监察机关或者司法机关等。

**第七条** 各级人民法院、人民检察院和司法行政机关、律师协会要常态化开展警示教育，在人民法院、人民检察院、司法行政系统定期通报不正当接触交往典型案件，印发不正当接触交往典型案例汇编，引导法官、检察官与律师深刻汲取教训，心存敬畏戒惧，不碰底线红线。

**第八条** 各级人民法院、人民检察院和司法行政机关、律师协会要加强法官、检察官和律师职业道德培训，把法官、检察官与律师接触交往相关制度规范作为职前培训和继续教育的必修课和培训重点，引导法官、检察官和律师把握政策界限，澄清模糊认识，强化行动自觉。

**第九条** 各级人民法院、人民检察院要完善司法权力内部运行机制，充分发挥审判监督和检察监督职能，健全类案参考、裁判指引、指导性案例等机制，促进裁判尺度统一，防止法官、检察官滥用自由裁量权。强化内外部监督制约，将法官、检察官与律师接触交往，法官、检察官近亲属从事律师职业等问题，纳入司法巡查、巡视巡察和审务督察、检务督察范围。

各级人民法院、人民检察院要加强对法官、检察官的日常监管，强化法官、检察官工作时间之外监督管理，对发现的苗头性倾向性问题，早发现早提醒早纠正。严格落实防止干预司法"三个规定"月报告制度，定期分析处理记录报告平台中的相关数据，及时发现违纪违法线索。

**第十条** 各级司法行政机关要切实加强律师执业监管，通过加强律师和律师事务所年度考核、完善律师投诉查处机制等，强化日常监督管理。

完善律师诚信信息公示制度，加快律师诚信信息公示平台建设，及时向社会公开律师与法官、检察官不正当接触交往受处罚处分信息，强化社会公众监督，引导督促律师依法依规诚信执业。

完善律师收费管理制度，强化对统一收案、统一收费的日常监管，规范律师风险代理行为，限制风险代理适用范围，避免风险代理诱发司法腐败。

**第十一条** 律师事务所应当切实履行对本所律师及"法律顾问"、行政人员的监督管理责任，不得指使、纵容或者放任本所律师及"法律顾问"、行政人员与法官、检察官不正当接触交往。律师事务所违反上述规定的，由司法行政机关依法依规处理。

**第十二条** 各级人民法院、人民检察院要加强律师执业权利保障，持续推动审判流程公开和检务公开，落实听取律师辩护代理意见制度，完善便利律师参与诉讼机制，最大限度减少权力设租寻租和不正当接触交往空间。

各级人民法院、人民检察院和司法行政机关要建立健全法官、检察官与律师正当沟通交流机制，通过同堂培训、联席会议、学术研讨、交流互访等方式，为法官、检察官和律师搭建公开透明的沟通交流平台。探索建立法官、检察官与律师互评监督机制。

完善从律师中选拔法官、检察官制度，推荐优秀律师进入法官、检察官遴选和惩戒委员会，支持律师担任人民法院、人民检察院特邀监督员，共同维护司法廉洁和司法公正。

## 最高人民法院、司法部关于为律师提供一站式诉讼服务的意见

· 2020 年 12 月 16 日
· 法发〔2021〕3 号

为深入贯彻落实党中央关于深化律师制度改革要求，进一步落实《最高人民法院、最高人民检察院、公安部、国家安全部、司法部关于依法保障律师执业权利的规定》《最高人民法院关于依法切实保障律师诉讼权利的规定》等规定，完善便利律师参与诉讼机制，为律师提供更加优质的诉讼服务，充分发挥律师在全面依法治国中的重要作用，更好地维护人民群众合法权益，制定本意见。

**第一条** 人民法院为依法执业的律师（含公职律师、公司律师）提供集约高效、智慧便捷的一站式诉讼服务，并为律师助理在辩护、代理律师授权范围内开展辅助性工作提供必要的诉讼服务。

律师助理包括辩护、代理律师所在律师事务所的其他律师和申请律师执业实习人员。

基层法律服务工作者在司法部规定的业务范围和执业区域内参与诉讼活动时，参照本意见执行。

**第二条** 司法部中国律师身份核验平台（以下简称律师身份核验平台）为律师参与诉讼提供"实时实人实证"的律师执业身份核验服务。

律师通过人民法院线上线下诉讼服务平台办理诉讼事务前，应当自行或者由人民法院依托律师身份核验平台完成身份核验。

**第三条** 律师身份一次核验后，可以通过人民法院律师服务平台（以下简称律师服务平台）、诉讼服务大厅、12368 诉讼服务热线等线上线下方式在全国法院通办各类诉讼事务。

**第四条** 人民法院建立律师参与诉讼专门通道，为律师提供"一码通"服务。律师可以使用律师服务平台

生成动态二维码，通过扫码或者其他便捷方式快速进入人民法院诉讼服务场所和审判法庭。

司法行政机关与人民法院积极推动应用律师电子执业证，支持律师使用律师身份核验平台亮证功能或者律师电子执业证快速进入人民法院，办理各类诉讼事务。

**第五条** 对于入驻人民法院开展诉讼辅导、调解、法律援助、代理申诉等公益性服务的律师，应当为其设立专门工作场所，提供扫描、打印、复印、刻录等服务。有条件的人民法院可以提供停车、就餐等服务。

**第六条** 依托12368诉讼服务热线一号通办功能，为律师提供查询、咨询、诉讼事务办理等服务，并将支持律师在律师服务平台查看通过12368诉讼服务热线申请的诉讼事务办理情况。

**第七条** 积极为律师提供一网通办服务。律师可以通过律师服务平台办理立案、调解、庭审、阅卷、保全、鉴定，申请回避、撤诉，申请人民法院调查收集证据、延长举证期限、延期开庭、核实代理关系等事务，以及在线查收人民法院电子送达材料等，实现诉讼事务在线办理、网上流转、全程留痕。

律师服务平台实时接收律师在线提交的电子材料。受理案件的人民法院对确有核实、归档需要的身份证明、授权委托书或者书证、鉴定意见等需要质证的证据，以及对方当事人提出异议且有合理理由的诉讼材料和证据材料，可以要求律师提供原件。

**第八条** 进一步完善网上立案工作，为律师提供一审民事、行政、刑事自诉、申请执行和国家赔偿案件的网上立案服务。对不符合要求的材料，做到一次性告知补正事项。对律师通过律师服务平台或者诉讼服务大厅提交电子化诉讼材料的，实行快速办理。

进一步畅通网上交退费渠道，支持通过网银、支付宝、微信等线上支付方式交纳诉讼费用。

**第九条** 充分发挥律师在预防化解矛盾纠纷中的专业优势、职业优势和实践优势，依托人民法院调解平台加大律师在线调解工作力度，打造党员律师、骨干律师调解品牌。纳入特邀调解员名册的律师，可以接受人民法院委派或者委托，在调解平台上调解案件。律师依法按程序出具的调解协议，当事人可以在线申请司法确认。

**第十条** 具备在线庭审条件的人民法院，对适宜通过在线方式进行庭审、庭前会议或者询问等诉讼环节的案件，应当为律师提供在线庭审服务。

依托律师服务平台为律师在全国法院参加庭审以及其他诉讼活动提供排期避让提醒服务。对有冲突的排期自动向人民法院作出提醒，律师也可以根据传票等信息在律师服务平台自助添加开庭时间等，主动向人民法院提供需要避让的信息。人民法院根据案件实际审理情况合理排期。

**第十一条** 加强网上阅卷工作，逐步为律师提供电子诉讼档案在线查看、打印、下载等服务。对依法可以公开的民事、行政、刑事、申请执行和国家赔偿案件材料，律师可以通过律师服务平台申请网上阅卷。

在律师服务平台建立个人案件空间。推进对正在审理中、依法可以公开的案件电子卷宗同步上传至案件空间，供担任诉讼代理人的律师随时查阅。

**第十二条** 律师服务平台为律师关联可公开的代理案件，提供立案、开庭、结案等节点信息查看服务，方便律师一键获取代理案件的诉讼信息。

**第十三条** 律师服务平台支持律师通过文字、语音等方式在线联系法官，支持多种格式电子文档批量上传，提供证据网盘以及立案材料指引、诉状模板、诉状助手、诉讼费用计算、法律法规查询等智能工具辅助律师办案。律师还可以根据需要设置个人常用事项导航窗口。

**第十四条** 律师服务平台在律师账号下设有律师助理账号。每名律师可以申请开通3个律师助理账号，由律师一案一指定并授权使用诉讼材料提交、诉讼费用交纳、案卷查阅以及智能辅助工具等。

律师应当定期管理和更新律师账号及律师助理账号。

**第十五条** 建立健全律师诉讼权利救济机制。律师可以通过12368诉讼服务热线、律师服务平台对诉讼服务事项进行满意度评价，或者提出意见建议。对律师反映的重大问题或者提出的意见建议由人民法院工作人员及时予以回复。

**第十六条** 加强律师诚信诉讼建设。对律师在诉讼活动中存在提供虚假材料、故意拖延诉讼、串通调解、滥用诉权、虚假诉讼、规避或者抗拒执行以及其他违反职业道德和执业纪律等行为，或者因管理律师账号及律师助理账号不当造成严重不良影响的，人民法院将限制律师使用律师服务平台相关功能，同时通报许可律师执业的司法行政机关，并将相关信息推送全国律师综合管理信息系统。

进一步完善律师执业监督管理。省级司法行政机关应当建立健全律师执业信息线上采集和更新机制，实时、准确、完整地向全国律师综合管理信息系统汇聚律师执业许可、变更、吊销、注销、受到停止执业处罚和处罚期间等信息，并将律师诚信诉讼情况纳入律师事务所年度检查考核和律师年度考核内容。

第十七条　人民法院与司法行政机关应当为律师在参与诉讼过程中提交的电子材料和律师个人信息等提供安全保障，确保数据在存储和流转等过程中的真实性、有效性和安全性。

第十八条　人民法院、司法行政机关、律师协会应当加强协调配合，建立常态化联席会议工作机制，定期召开会议，充分听取律师对人民法院和司法行政机关的意见建议，及时研究解决诉讼服务过程中律师反映的新情况新问题，不断提升一站式服务律师的能力水平。

## 最高人民法院关于依法切实保障律师诉讼权利的规定

· 2015 年 12 月 29 日
· 法发〔2015〕16 号

为深入贯彻落实全面推进依法治国战略，充分发挥律师维护当事人合法权益、促进司法公正的积极作用，切实保障律师诉讼权利，根据中华人民共和国刑事诉讼法、民事诉讼法、行政诉讼法、律师法和《最高人民法院、最高人民检察院、公安部、国家安全部、司法部关于依法保障律师执业权利的规定》，作出如下规定：

一、依法保障律师知情权。人民法院要不断完善审判流程公开、裁判文书公开、执行信息公开"三大平台"建设，方便律师及时获取诉讼信息。对诉讼程序、诉权保障、调解和解、裁判文书等重要事项及相关进展情况，应当依法及时告知律师。

二、依法保障律师阅卷权。对律师申请阅卷的，应当在合理时间内安排。案卷材料被其他诉讼主体查阅的，应当协调安排各方阅卷时间。律师依法查阅、摘抄、复制有关卷宗材料或者查看庭审录音录像的，应当提供场所和设施。有条件的法院，可提供网上卷宗查阅服务。

三、依法保障律师出庭权。确定开庭日期时，应当为律师预留必要的出庭准备时间。因特殊情况更改开庭日期的，应当提前三日告知律师。律师因正当理由请求变更开庭日期的，法官可在征询其他当事人意见后准许。律师带助理出庭的，应当准许。

四、依法保障律师辩论、辩护权。法官在庭审过程中应合理分配诉讼各方发问、质证、陈述和辩论、辩护的时间，充分听取律师意见。除律师发言过于重复、与案件无关或者相关问题已在庭前达成一致等情况外，不应打断律师发言。

五、依法保障律师申请排除非法证据的权利。律师申请排除非法证据并提供相关线索或者材料，法官经审查对证据收集合法性有疑问的，应当召开庭前会议或者进行法庭调查。经审查确认存在法律规定的以非法方法收集证据情形的，对有关证据应当予以排除。

六、依法保障律师申请调取证据的权利。律师因客观原因无法自行收集证据的，可以依法向人民法院书面申请调取证据。律师申请调取证据符合法定条件的，法官应当准许。

七、依法保障律师的人身安全。案件审理过程中出现当事人矛盾激化，可能危及律师人身安全情形的，应当及时采取必要措施。对在法庭上发生的殴打、威胁、侮辱、诽谤律师等行为，法官应当及时制止，依法处置。

八、依法保障律师代理申诉的权利。对律师代理当事人对案件提出申诉的，要依照法律规定的程序认真处理。认为原案件处理正确的，要支持律师向申诉人做好释法析理、息诉息访工作。

九、为律师依法履职提供便利。要进一步完善网上立案、缴费、查询、阅卷、申请保全、提交代理词、开庭排期、文书送达等功能。有条件的法院要为参加庭审的律师提供休息场所，配备桌椅、饮水及其他必要设施。

十、完善保障律师诉讼权利的救济机制。要指定专门机构负责处理律师投诉，公开联系方式，畅通投诉渠道。对投诉要及时调查，依法处理，并将结果及时告知律师。对司法行政机关、律师协会就维护律师执业权利提出的建议，要及时予以答复。

· 请示答复

## 最高人民法院关于春雨花园业主委员会是否具有民事诉讼主体资格的复函

· 2005 年 8 月 15 日
· 〔2005〕民立他字第 8 号

安徽省高级人民法院：

你院〔2004〕皖民一他字第 34 号《关于春雨花园业主委员会是否具有民事诉讼主体资格的请示》收悉。经研究，答复如下：

根据《物业管理条例》规定，业主委员会是业主大会的执行机构，根据业主大会的授权对外代表业主进行民事活动，所产生的法律后果由全体业主承担。业主委员会与他人发生民事争议的，可以作为被告参加诉讼。

· 典型案例

## 海南南洋房地产有限公司、海南成功投资有限公司与南洋航运集团股份有限公司、陈霖、海南金灿商贸有限公司第三人撤销之诉案[1]

**【裁判摘要】**

第三人撤销之诉的制度功能,是为因不可归责于本人的事由未能参加诉讼,而生效判决、裁定、调解书存在错误且损害其民事权益的案外人提供救济。实践中,既要依法维护案外人的正当权利,也要防止滥用第三人撤销之诉导致损害生效裁判的稳定性。提起撤销之诉的案外人不能充分证明生效判决、裁定、调解书确实存在错误且损害其民事权益的,应当驳回诉讼请求。

## 中华人民共和国最高人民法院
## 民事判决书

(2019)最高法民终 712 号

上诉人(原审原告):海南南洋房地产有限公司。住所地:海南省东方市二环南路西侧星海家园某某某某。

法定代表人:李国军,该公司董事长。

委托诉讼代理人:薛伟芳,海南海新律师事务所律师。

委托诉讼代理人:王璞,北京卓纬律师事务所律师。

上诉人(原审被告):海南成功投资有限公司。住所住所地:海南省海口市南海大道永南苑小区某某某某。

法定代表人:程勇,该公司董事长。

委托诉讼代理人:李振宇,北京大成律师事务所律师。

被上诉人(原审被告):陈霖,男,1966年3月13日出生,汉族,住湖北省武汉市武昌区。

委托诉讼代理人:张荣有,湖北法辉律师事务所律师。

被上诉人(原审被告):南洋航运集团股份有限公司。住所地:海南省海口市滨海大道某某南洋大厦某某。

法定代表人:王景,该公司董事长。

委托诉讼代理人:谢昕,北京大成律师事务所律师。

被上诉人(原审第三人):海南金灿商贸有限公司。住所地:海南省东方市八所镇。住所地:海南省东方市八所镇二环路西侧。

法定代表人:陈霖,该公司总经理。

委托诉讼代理人:张荣有,湖北法辉律师事务所律师。

上诉人海南南洋房地产有限公司(以下简称南洋房地产公司)、海南成功投资有限公司(以下简称海南成功公司)因与被上诉人南洋航运集团股份有限公司(以下简称南洋航运公司)、陈霖、海南金灿商贸有限公司(以下简称海南金灿公司)第三人撤销之诉一案,不服湖北省高级人民法院(2018)鄂民初77号民事判决,向本院提起上诉。本院于2019年4月29日立案后,依法组成合议庭,开庭进行了审理。上诉人南洋房地产公司的委托诉讼代理人薛伟芳、王璞,上诉人海南成功公司的委托诉讼代理人李振宇,被上诉人南洋航运公司的委托诉讼代理人谢昕,被上诉人陈霖、海南金灿公司共同委托的诉讼代理人张荣有到庭参加诉讼。本案现已审理终结。

上诉人南洋房地产公司上诉请求:一、撤销原审判决并改判支持其全部诉讼请求;二、一、二审诉讼费由陈霖承担。事实和理由:一、原审判决关于南洋房地产公司对案涉土地不享有使用权的认定错误。(一)案涉土地为南洋房地产公司合法获批、征购的土地,尽管南洋房地产公司未办理国有土地使用权证,但案涉土地有关的出让批复手续、国有土地使用权出让合同、征地协议均以南洋房地产公司的名义办理、签署。在南洋房地产公司、南洋航运公司均不拥有案涉国有土地使用权证的前提下,应以其他行政文件的批复主体和投入主体作为案涉土地使用权人的认定依据。原审法院不应将未取得国有土地使用权证作为排除南洋房地产公司对案涉土地合法权益的理由。(二)原审法院不应错误地割裂案涉土地与其所在项目其他用地间的关系,南洋房地产公司已缴纳案涉土地除32.8万元尾款外的全部国有土地使用权出让金、征地款,并对案涉土地周边基础设施建设做了大量投入,基于南洋房地产公司的有关投入,理应认定案涉土地归南洋房地产公司所有。(三)案涉土地系1995年6月24日《征(拨)土地协议书》所约定征购土地的一部分,由南洋房地产公司征购、投入。(四)海南省东方市人民政府及国土资源局未提供任何地籍档案说明〔1994〕26号批复、国有土地使用权出让合同的受让主体从南洋房地产公司变更为南洋航运公司,亦未陈述南洋航运公司、南洋房地产公司法人资格合并造成土地使用权易主,其唯一的依据就是湖北省武汉市武昌区人民法院(2003)武区民初字第265号民事调解书。

---

[1] 案例来源:《最高人民法院公报》2020年第9期。

说明海南省东方市国土资源局和人民政府对案涉土地的权属未作出独立认定，其答辩内容并不能为原审法院引用并作为案涉土地的确权依据。（五）南洋房地产公司的历史沿革并不导致其丧失对八所开发区项目用地乃至案涉土地的权利。南洋航运公司重组文件中有对南洋航运公司资产的说明，财务报表、审计报告能够准确真实地反映南洋航运公司资产的客观情况，能够证明案涉土地未记录在南洋航运公司资产范围内。南洋房地产公司曾丧失过独立法人资格，后又恢复，在上述过程中南洋房地产公司对包含案涉土地在内的项目用地权利并未受到影响。二、原审判决关于200万元借款属实的认定错误。200万元借款未实际发生且一审法院未尽合理的审查义务，举证责任分配不合理。陈霖无法就200万元大额借款的实际发生提供任何证据，其在刑事案件侦查中两次向公安机关称有130万是让范运海帮他向陈伟卿索取的佣金，由范运海以打借据的方式作为替他索取的承诺，并非实际发生的支付给海南成功公司的借款。范运海身故后，陈霖与南洋航运公司签署《还款担保协议》，约定南洋航运公司以案涉土地抵偿海南成功公司债务，代表南洋航运公司与陈霖签署《还款担保协议》的刘文涛在其他刑事案件中供述："签署上述文件之前，其与陈霖就知晓案涉土地并非南洋航运土地，说明以物抵债亦为恶意。"

上诉人海南成功公司针对上诉人南洋房地产公司的上诉请求和理由答辩称：一、认可南洋房地产公司在上诉状中所陈述的事实与理由，认可南洋房地产公司的全部上诉请求。二、原审判决关于南洋房地产公司不享有案涉土地使用权的认定错误。（一）在南洋房地产公司、南洋航运公司均未取得案涉土地国有土地使用权证的前提下，应以相关行政文件批复主体和案涉土地投入主体作为案涉土地使用权人的认定依据。案涉土地由南洋房地产公司合法获批、征购，虽未办理国有土地使用权证，但案涉土地相关出让批复手续、国有土地使用权出让合同、征拨地协议均由南洋房地产公司办理或签署；案涉土地出让金、征地款、基础设施建设等各项费用均由南洋房地产公司负担、缴纳；案涉土地所在开发区内的其他土地也是由南洋房地产公司开发完成后直接处置，并由国土部门将土地使用权办理至受让人名下，南洋房地产公司依照前述方式为海南南海天然气工程有限公司及大量自然人办理了国有土地使用权证。因此，原审判决不应以未取得土地使用权证为由排除南洋房地产公司对案涉土地的合法权益。（二）案涉土地仅是执行过程中为匹配"200万元借款"而分割出的一块土地，并非单独具有批复文件或出让合同的土地，在确认案涉土地权属时，应依据案涉土地所在整块项目用地的行政批复手续、资金投入情况进行认定。原审判决错误割裂案涉土地与该项目其他用地间的关系，未采纳能够直接或间接证明案涉土地权属的证据。（三）案涉土地属于1995年6月24日《征(拨)土地协议书》所约定征购土地的一部分，各方当事人均无争议，原审判决关于"未证明案涉土地是1995年6月24日《征(拨)土地协议书》中征购的土地"认定错误。（四）海南省东方市人民政府在行政案件中的陈述完全来源于(2003)武区永民初字第265号民事调解书，东方市国土部门办理土地证的行为属于协助执行行为，不能作为案涉土地权属认定的依据。（五）2002年海南省东方市国土资源局收回土地告知书认定相关土地使用权归属南洋房地产公司，截至2001年底南洋航运公司账面上亦无无形资产（土地使用权属于无形资产），这些证据均能佐证南洋航运公司名下没有土地，证明案涉土地归南洋房地产公司所有。因此南洋房地产公司历史沿革并不导致其丧失对八所开发区项目用地乃至案涉土地的权利。综上，原审判决认定南洋房地产公司无权主张对案涉土地享有使用权，属于事实认定错误。三、原审法院认定借款关系属实错误。海南成功公司与陈霖的借款法律关系是本案核心争议焦点，但原审法院未尽到合理的审查义务，未查清相关事实，直接导致一审判决结果错误。

上诉人海南成功公司上诉请求：一、依法撤销湖北省高级人民法院(2018)鄂民初77号民事判决；二、依法撤销湖北省高级人民法院(2015)鄂民监三再终字第00008号民事判决；三、依法改判确认目前登记于陈霖名下的东方国用(2003)第383号国有土地使用权及陈霖用于出资、目前登记于海南金灿公司名下的东方国用(2012)第076号国有土地使用权归南洋房地产公司所有；四、一、二审诉讼费由陈霖承担。事实和理由：一、原审判决未严格审查借款关系的真实性，错误认定借款关系真实存在且已履行。（一）本案应由陈霖对其主张的200万元借款关系的成立及履行承担举证责任。原审判决仅依据借据上公司印章真实即认定借款关系成立，忽略借据上"范运海"签名系伪造、陈霖在历次庭审中关于其亲眼看到范运海签名的陈述相矛盾、陈霖无法提供任何款项支取凭证或往来凭证等事实，导致对借款关系是否属实的错误认定。（二）原审判决推定南洋航运公司重组期间账户被冻结并依据法不溯及既往原则认定借款关系存在且已实际履行，缺乏事实及法律依据且存在明显逻辑漏洞。（三）原审判决载明："(陈霖及海南金灿公司)对第八组证据的真实性无异议，对其证明目的不予认可"，由此可知，陈霖对海南省公安厅经侦处对其询问笔录的真实性并无异议，而原审判决却不认可上述口供的真实性,相互矛盾。(四)原审判决未审慎审查借款事实,违背了最高人民法院防范和制裁虚假诉讼的指导精神。二、原审判决关于南洋房地产公司无权主张对案涉土地享有使用权的认定错误。(一)案涉土地开发整理的时间为1994至1997年间,当时国有土地开发流程不及目前完善、有序,未取得土地使用权证不应作为排除南洋房地产公司享有案涉土地合法权益的理由。(二)南洋房地产公司已缴纳除32.8万元尾款外案涉土地的国有土地使用权出让金、征地款,并对案涉土地周边基础设施建设做大量投入,应认定案涉土地归南洋房地产公司所有。(三)海南省东方市国土资源部门对案涉土地权属的认定错误源于湖北省武汉市武昌区人民法院(2003)武区水民初字第265号民事调解书,故海南省东方市人民政府在行政诉讼案件中的陈述不足以作为案涉土地权属认定的依据。(四)案涉土地在1997年3月8日后,始终归南洋房地产公司所有。其一,海南省东方市国土环境资源局关于拟收回占用土地的事先告知书(2002年)表明,在2002年海南省东方市国土资源局仍认定[1994]26号批复下的土地归南洋房地产公司所有。其二,通过海南成功公司提供的南洋航运公司审计报告、年度报告可以看出,截至2001年底,南洋航运公司账面上并无土地使用权等无形资产(土地使用权为无形资产),证明南洋航运公司名下没有项目用地。退一步说,根据南洋航运公司与海南成功公司的重组安排,2001年南洋航运公司将含南洋房地产公司股权在内的全部非现金、非应收账款资产转让给海南成功公司,如果在转让前南洋航运公司拥有案涉土地,则案涉土地也会转让给海南成功公司,2001年后南洋航运公司也无权主张其拥有有关土地,更无权在2003年将其作为自己的财产抵偿债务。因此,南洋房地产公司在丧失独立法人资格后又恢复独立法人资格的过程中对含案涉土地在内的项目用地的权利并未受到影响。

上诉人南洋房地产公司同意上诉人海南成功公司的上诉请求和理由。

被上诉人南洋航运公司针对上诉人南洋房地产公司、海南成功公司的上诉请求一并答辩称:认可南洋房地产公司、海南成功公司在上诉状中提出的全部上诉请求,支持南洋房地产公司起诉状中的全部诉讼请求。一、应当认定案涉借款为虚构。南洋航运公司与陈霖的调解行为系在南洋航运公司公章、海南成功公司财务章均被刘文涛控制的情况下做出的,刘文涛本人因对南洋航运公司的职务侵占行为被判刑,根据海南省公安厅的鉴定报告(范运海签名为伪造的同一份鉴定意见),刘文涛本人也有利用南洋航运公司公章、海南成功公司财务章而伪造借据文件、伪造范运海签名文件,以自身名义为有关公司虚设借款的情形。陈霖所持《借据》与其他经鉴定范运海签名为伪造的文件均存在印鉴为真、签名为假的情形,案涉《借据》极有可能为刘文涛利用所持海南成功公司财务章之便利与陈霖串通伪造"范运海"签名而制作,该存在重大缺陷的《借据》不能作为认定200万元借款发生的证据。另外,陈霖作为出借人对于借款是否发生、《借据》如何签署等事项在不同场合表述矛盾,包括陈霖曾经自认过借款未实际发生,其关于范运海当面对《借据》签字的数次陈述也与签名伪造的鉴定结论不符。除存在严重缺陷的《借据》外,尽管陈霖庭审中称有各种人证、物证并有能力举证,但其在正式举证中无法提供任何物证、人证等证明借款实际发生。对比所谓"借款"的巨大金额,其说法及无法举证的情况明显不符合常理,应推定为借款虚假。即便不将原审调解事项认定为虚假诉讼,也应认定陈霖举证不力,借款事项不存在,应予改判。二、原审法院对案涉土地权属的认定错误。案涉土地相关批复、国有土地使用权出让合同、征拨地协议书等文件均办理在南洋房地产公司名下,从未更名或转让给南洋航运公司,案涉土地有关各项支出、费用、国有土地使用权出让金等也均由南洋房地产公司负担、缴纳,与南洋航运公司无关。南洋航运公司从未就案涉土地处置事项取得南洋房地产公司任何授权,刘文涛以南洋航运公司名义将案涉土地处置给陈霖时,也未在南洋航运公司内就土地权属、土地处置事项征询意见。土地处置时,南洋航运公司也仅持有南洋房地产公司2%的股权。根据刘文涛自述及国土部门经办人员描述,刘文涛采取混淆南洋航运公司及南洋房地产公司的手段将案涉土地过户给陈霖。

被上诉人陈霖、海南金灿公司针对上诉人南洋房地产公司、海南成功公司的上诉请求共同答辩称:一、案涉200万元借款的来源是多年经商的积蓄、出售其姐姐上海一套房得款48万元以及亲戚朋友筹借而来。借款分三次现金支付,最后一次汇总成一张借据,原因是对方的银行账户全部被查封。因当时当地政府都不希望南洋航运公司退市,南洋航运公司名下又有土地,风险较小。其通过武昌区法院的诉讼、调解及执行解决了债务问题,合同约定是100亩抵债,但海南省东方市国土局还是按行政程序通过土地评估、签订土地转让合同而完成司法执行,最终只有60.9亩抵偿了债务。二、在获得案涉土地期间,南洋航运公司将该土地地块分成小块对外转让,前后几年达数十宗,有的还形成诉讼,司法判决确认了南洋航运公司转让该土地的合法性,但南洋房地产公司从未主张土地权利。三、其在被刑事拘留期间所作的口供笔录,是失去人身自由并受刑讯逼供情况下所为,不是真实意思表示。公安机关经调查后认定侵占或诈骗该200万事实不成立而撤案,撤案本身就充分说明200万借款真实。三、公安机关侦查中对借据所作的鉴定报告,检材中"范运海的原始笔迹"来源不清。四、南洋房地产公司不享有案涉土地的使用权。南洋航运公司在上世纪90年代与当地政府达成2005亩的土地连片开发协议,只是以其名下子公司南洋房地产公司运作而已,其所有前期土地开发投入及收益也全部归属于母公司南洋航运公司,其没有缴纳2005亩的土地出让金,更没有缴纳本案的60.9亩的土地出让金;1995年之后,南洋房地产公司就基本退出了此片土地的开发。后因南洋航运公司面临退市危机,经上级政府批准,将460亩土地划到南洋航运公司名下并对外转让,上述情况可以向政府部门调查核实。南洋航运公司对外转让土地,东方市国土局办理了手续,有的土地产生诉讼,司法确认双方土地转让之合法性。南洋房地产公司既不是土地使用权人,也与该土地没有任何关系。退一步说,即便南洋航运公司将其名下的土地抵债给了陈霖并依法办理了土地转让手续,办理了土地使用权证,陈霖为善意第三人。南洋房地产公司如认为自己权益受到侵害,应向南洋航运公司而非向陈霖索赔,更无权否定借款抵债协议的合法性,人民法院也不能在第三人侵权异议之诉中审查并判决案涉抵债协议的效力以及案外人海南省东方市国土局给陈霖办理土地过户及核发土地证的法律效力。综上,南洋房地产公司对该土地没有权利,其既不是《中华人民共和国民事诉讼法》立法目的的第三人,也不是案涉土地的权利人,无权提起本案诉讼,应予驳回。

南洋房地产公司向湖北省高级人民法院起诉请求:一、撤销该院(2015)鄂民监三再终字第00008号民事判决;二、确认登记于陈霖名下的东方国用(2003)第383号国有土地使用权及陈霖用于出资、目前登记于海南金灿商贸有限公司名下的东方国用(2012)第076号国有土地使用权归南洋房地产公司所有;三、本案诉讼费用由陈霖承担。如果人民法院在审理中发现(2015)鄂民监三再终字第00008号民事判决撤销之后还需要改变其它判决,南洋房地产公司可以配合法院改变其诉讼请求。

原审法院查明:1994年3月31日,海南省东方黎族自治县(后更名为海南省东方市)人民政府以东府复〔1994〕26号文批复海南省东方黎族自治县土地管理局,1. 同意出让八所开发区第三居住区,给南洋船务房地产公司开发,其四至范围为:东至三环路,北至东海二路,南至政法路,西至建筑物边界,实际用地面积约为2205亩(以红线图为准);2. 同意土地出让基础地价平均每亩为18000元人民币(含青苗费赔偿、不含坟墓搬迁费、房屋、建筑物赔偿费),规划道路地价按土地出让平均价收取,出让年限为柒拾年;3. 出让地块中含小学规划土地面积90亩,县政府留为今后小学校址,其征地费和赔偿费,从三号区的土地出让费中扣除,小学用地不再负担"三通一平"开发费用,三号区开发完毕后,交付县政府办学使用;4. 请按土地使用审批权限办完报批手续后方予办理土地出让手续;5. 县政府原与南洋船务公司签订的联合开发的有关文件,合同及在开发区内签订的其他单位协议书收回作废。

1994年4月3日,海南省东方黎族自治县土地管理局与海南南洋船务房地产公司签订《东方黎族自治县成片开发土地使用权出让合同》,约定海南省东方黎族自治县土地管理局将八所开发区第三居住区地块编号为三号,地块面积为1470007平,地块面积为1470007平方米的土地使用权出让给海南南洋船务房地产公司,自颁发该地块的《中华人民共和国国有土地使用权证》之日起算。海南南洋船务房地产公司同意按合同规定向海南省东方黎族自治县土地管理局支付土地使用权出让金、土地使用费以及乙方向第三方转让时的土地增值(费)税。该地块的土地使用权出让金为每平方米26.99元,总额为39675488.9元人民币。本合同经双方签字后三十日内,海南南洋船务房地产公司需以现金支票或现金向海南省东方黎族自治县土地管理局缴付土地使用权出让金总额的5%共计1983774.44元人民币作为履行合同的定金。海南南洋船务房地产公司在合同签字后六十日内,支付完全部土地使用权出让金,逾期仍未全部支付的,海南省东方黎族自治县土地管理局有权解除合同,并可请求违约赔偿。海南南洋船务房地产公司在向海南省东方黎族自治县土地管理局支付全部土地使用权出让金后十日内,依照规定办理土地登记手续,领取《中华人民共和国国有土地使用权证》,取得土地使用权。

1995年5月16日,海南省东方黎族自治县土地管理局出具《南洋船务八所成片开发土地出让用地建设红线图》,确定上述出让地块总用地面积为1969.58亩,道路面积289.8亩,实际用地面积1697.78亩。

1994年7月23日,海南省东方黎族自治县土地管理局与海南省东方黎族自治县八所镇八所管理区、海南南洋船务房地产公司签订《征(拨)土地协议书》,该协议书标明建设项目:成片开发;征(拨)地单位:东方黎族自治县土地管理局;被征(拨)地单位:东方县八所镇八所管理区;用地单位:海南南洋船务房地产公司;内容为:海南南洋船务房地产公司为兴建成片开发项目工程,需征用八所管理区土地位于政法路东侧地段的土地3.036公顷,土地补偿安置补助费合计 54.25 万元,以上所征用的水田、旱田的地价,再由政府与南洋船务公司双方协商。1994 年 7 月 23 日,海南省东方黎族自治县土地管理局与海南省东方黎族自治县八所镇居龙管理区、海南南洋船务房地产公司签订《征(拨)土地协议书》,该协议书标明建设项目:成片开发;征(拨)地单位:东方黎族自治县土地管理局;被征(拨)地单位:东方县八所镇居龙管理区;用地单位:海南南洋船务房地产公司;内容为:海南南洋船务房地产公司为兴建成片开发项目工程,需征用居龙管理区土地位于政法路东侧地段的土地 0.662 公顷,土地补偿安置补助费合计 184456 元,以上所征用的水田、旱田的地价,再由政府与南洋船务公司双方协商。1995 年 6 月 24 日,海南省东方黎族自治县土地管理局与海南省东方黎族自治县岛西林场、海南南洋船务房地产公司签订《征(拨)土地协议书》,该协议书标明建设项目:成片开发住宅区;征(拨)地单位:东方黎族自治县土地管理局;被征(拨)地单位:东方黎族自治县岛西林场;用地单位:海南南洋船务房地产公司;内容为:海南南洋船务房地产公司为兴建海南南洋八所开发区住宅工程,需征用东方黎族自治县岛西林场位于县自来水厂东侧地段的土地 6.267 公顷,土地补偿安置补助费合计 564029.74 元,该地平整土地工程,在同等价格的条件下,优先由东方黎族自治县岛西林场,负责平整土地工程。1995 年 6 月 24 日,海南省东方黎族自治县土地管理局与海南省东方黎族自治县八所镇皇宁管理区、海南南洋船务房地产公司签订《征(拨)土地协议书》,该协议书标明建设项目:成片开发住宅区;征(拨)地单位:东方黎族自治县土地管理局;被征(拨)地单位:八所镇皇宁管理区;用地单位:海南南洋船务房地产公司;内容为:海南南洋船务房地产公司为兴建海南南洋八所开发区住宅工程,需征用八所镇皇宁管理区位于县自来水厂东侧地段的土地 1.3333 公顷,土地补偿安置补助费合计 154025.08 元。1. 该征用的土地平整工程,在预估同等的条件下,优先照顾该征用的村民委员会。2. 从签订协议之日起,二十天内一次性付清地价款。1995 年 6 月 24 日,海南省东方黎族自治县土地管理局与海南省东方黎族自治县八所镇八所管理区、海南南洋船务房地产公司签订《征(拨)土地协议书》,该协议书标明建设项目:成片开发住宅区,征(拨)地单位:东方黎族自治县土地管理局;被征(拨)地单位:八所镇八所管理区;用地单位:海南南洋船务房地产公司;内容为:海南南洋船务房地产公司为兴建海南南洋八所开发区住宅工程,需征用八所镇八所管理区位于县自来水厂东侧地段的土地 9.2212 公顷,土地补偿安置补助费合计 1065017.01 元。1. 关于 1993 年,由南洋八所开发办付给八所村民委员会农户的青苗赔偿费,按八所村民委员会的规定,协助扣回柳攀隆联气体 140.7 亩,张之松 17 亩,符松丈 3 亩青苗赔偿费。2. 南洋八所开发办征用八所村民委员会即县自来水厂东侧 9.2212 公顷的土地平整工程,在同等的预标价格,由八所村民委员会负责施工。3. 土地补偿给付款规定:从签订协议书之日起,在二十天内先预付款 30 万元,在二个月内全部付清协议书上所应付的土地款。

海南南洋船务实业股份有限公司 1997 年 1 月 22 日第 6 号付款凭证内容如下:贷方科目:银行存款;借方科目:摘要:付八所征地费;总账科目:开发成本;子细科目:138.318 亩地;本位币:50000 元。海南南洋船务实业股份有限公司 1997 年 4 月 30 日第 6 号付款凭证内容如下:贷方科目:银行存款;借方科目:摘要:付八所 138.318 亩地款;总账科目:开发成本;子细科目:138.318 亩地;本位币:130000 元。

2002 年 4 月 2 日,海南省东方市国土环境资源局发布《东方市国土环境资源局关于拟收回占用土地的事先告知书》。内容如下:经查,下列单位所占用的土地满两年未完善项目用地批准手续,也未进行任何投资开发建设或开发建设土地面积不足土地总面积 1/3。根据《海南省闲置建设用地处置规定》,拟依法收回下列单位所占用的土地,撤销用地批准文件,现予以告知。自本事先告知书登报之日起,可在一个月内向我局提出申辩意见(休假日不计),逾期不提出的,视为放弃申辩权利。所附表中显示:用地单位名称:南洋船务房地产公司;用地面积:147 公顷;用地时间:1994 年 3 月 31 日;批准文件:东府复〔1994〕26 号;用地位置:三号开发区。

二份打印日期为 2002 年 10 月 20 日的《规划图》均显示,规划图上打印有"南洋航运公司"的字样,海南省东方市建设局加盖印章,有两名人员在该图上分别注明,经核,该规划与三号区详细规划相符;中间实线西边不包括在里面,落款日期均为 2003 年 4 月 9 日。其中一份盖有南洋航运公司印章,一份未盖有南洋航运公司印章。

2002 年 11 月 26 日,南洋航运公司与海南省东方市八所镇八所村村民委员会签订《关于拖欠八所村征地款的还款协议书》。甲方为东方市八所镇八所村委会,乙方为南洋航运公司(原南洋船务公司),东方市国土资源环境局作为鉴证方。双方约定甲方同意乙方将所欠的征地款计人民币 32.8 万元,四个月内分两次还清(即 2003 年春节前付 16.4 万元,余款在规定的时间内全部付完)等内容。

2003 年 3 月 20 日,海南省东方市八所镇八所村村民委员会出具收据,内容如下:今收到南洋航运公司征地款,计人民币(注:按还款协议已全部清还)22.8 万元。

2003年8月12日,陈霖因与南洋航运公司还款担保协议发生纠纷,陈霖以民间借贷担保合同纠纷为由诉至湖北省武汉市武昌区人民法院,请求南洋航运公司还清借款或者办理完100亩土地过户手续。在审理过程中,经湖北省武汉市武昌区人民法院主持调解,陈霖与南洋航运公司达成了调解协议,协议内容如下:南洋航运公司同意于2003年9月15日前将其拥有的位于海南省东方市南洋航运集团八所开发区内的100亩土地使用权过户给陈霖拥有,以抵偿其原为海南成功公司担保的人民币本金200万元,利息11万元。本案诉讼费20560元,由陈霖、南洋航运公司各承担10280元。湖北省武汉市武昌区人民法院于2003年8月18日作出(2003)武区水民初字第265号民事调解书,对上述调解协议予以确认,并向陈霖和南洋航运公司送达了上述民事调解书。后因文字遗漏,该院又作出补正民事裁定。

2003年9月9日,湖北省武汉市武昌区人民法院向海南省东方市国土资源环境局送达(2003)武区水民初字第265号民事调解书及协助执行通知书,要求海南省东方市国土资源环境局协助,将南洋航运公司拥有的位于海南省东方市南洋航运集团八所开发区内的100亩土地使用权过户给陈霖拥有。2003年9月11日,南洋航运公司与陈霖签订《土地使用权转让合同》,约定南洋航运公司将其根据东府〔1994〕26号文取得位于二环路西侧,面积为15266.7平方米,东至二环路,南至陈霖,西至九米路,北至十八米路的土地使用权转让给陈霖。2003年9月12日,海南省东方市国土资源环境局根据上述协助执行通知书,在土地评估并报经海南省东方市人民政府同意后,将上述100亩土地中的60.9亩土地使用权人由南洋航运公司变更登记为陈霖。同年9月15日,海南省东方市国土资源环境局为陈霖办理了上述60.9亩的国有土地使用权证。土地证号分别为东方国用(2003)第381号、382号、3某某。

2006年4月27日,南洋航运公司以该公司总裁、法定代表人范运海在2002年7月1日交通事故中死亡后,刘文涛伪造范运海签署的聘任书和授权委托书,骗取公司董事会的信任,接管并把持公司至2003年9月。在一年多时间内,刘文涛非南洋航运公司股东或董事,却非法控制南洋航运公司的财务成本、股东名册、公司印鉴等重要资料,欺瞒公司董事会进行非法活动,侵吞南洋航运公司资产。其中"借款收据、聘任书、授权委托书、承诺书"等七份关键证据及相关文件上经手人"范运海"签名,经鉴定均系他人模仿形成。刘文涛在公司董事会毫不知情的情况下代表"南洋航运公司"应诉、放弃答辩,与陈霖恶意串通,签订所谓的"调解协议"应为无效等等为由,向湖北省武汉市武昌区人民法院提出申诉,请求撤销(2003)武水民初字第265号民事调解书。2006年8月23日,湖北省武汉市武昌区人民法院作出(2006)武区民监字第38号民事裁定,对该案进行再审,并在再审期间,追加海南成功公司为该案共同被告。2007年11月15日,湖北省武汉市武昌区人民法院经审理作出(2006)武区民再字第27号民事判决,撤销该院(2003)武区水民初字第265号民事调解书、协助执行通知书、补正民事裁定;驳回陈霖的诉讼请求。

陈霖不服,向湖北省武汉市中级人民法院提出上诉。2008年5月28日,湖北省武汉市中级人民法院经审理认为,原判决认定事实不清,程序违法,裁定撤销湖北省武汉市武昌区人民法院上述判决,发回该院重审。2008年8月21日,湖北省武汉市武昌区人民法院认为该院对该案无管辖权,裁定将该案移送海南省海口市中级人民法院审理。后因管辖争议,湖北省高级人民法院与海南省高级人民法院未能协商一致,本院于2009年12月7日将该案指定湖北省武汉市洪山区人民法院审理。2011年1月25日,湖北省武汉市洪山区人民法院经审理作出(2010)洪民商再重字第4号民事判决,维持湖北省武汉市武昌区人民法院(2003)武区水民初字第265号民事调解书。

南洋航运公司和海南成功公司均不服,向湖北省武汉市中级人民法院提起上诉。在湖北省武汉市中级人民法院审理期间,南洋房地产公司于2011年7月1日以"该案原一审调解书错误地将作为土地合法受让人的该公司尚未办理国有土地使用权证的100亩土地过户给陈霖,不但侵害了该公司的合法权益,也涉嫌非法转让国有土地,损害国家利益,该公司作为有独立请求权的第三人拟另行提起诉讼"为由,向湖北省武汉市中级人民法院提交《中止审理申请书》,请求湖北省武汉市中级人民法院中止审理该案。2011年7月29日,湖北省武汉市中级人民法院经审理作出(2011)武民再终字第00097号民事判决,判决维持(2010)洪民商再重字第4号民事判决。

2014年8月8日,湖北省人民检察院作出鄂检民(行)复查〔2014〕42000000002号民事抗诉书,以湖北省武汉市中级人民法院(2011)武民再终字第00097号民事判决认定事实缺乏证据证明为由,对该案提出抗诉。2014年10月31日,湖北省高级人民法院作出(2014)鄂民监三抗字第00021号民事裁定,裁定该案由该院提审。在该院再审期间,南洋房地产公司提交书面申请,请求参加诉讼。2015年4月22日,该院经审理作出(2015)鄂民监三再终字第00008号民事判决,以"该案系借款担保合同纠纷,南洋房地产公司并非该案借款合同关系的当事人,南洋房地产公司请求参加该案诉讼缺乏法律依据,如其认为南洋航运公司将土地抵偿给陈霖的行为侵犯其合法权益,可以通过另案诉讼的方式主张权利"为由不支持南洋房地产公司参加该案诉讼的请求;以"原再审判决认定事实清楚,适用法律正确,实体处理并无不当"为由判决:维持湖北省武汉市中级人民法院(2011)武民再终字第00097号民事判决。

2015年10月14日,南洋房地产公司以湖北省高级人民法院(2015)鄂民监三再终字第00008号民事判决内容错误,损害了其合法权益,其因不能归责于本人的事由未参加诉讼为由,向湖北省高级人民法院提起本案诉讼。该院于2017年6月14日作出(2016)鄂民初14号民事判决。南洋房地产公司、海南成功公司不服,向本院提起上诉。本院于2018年6月21日作出(2017)最高法民终945号民事裁定,将本案发回湖北省高级人民法院重审。本院(2017)最高法民终945号民事裁定认为,按照《中华人民共和国民事诉讼法》第五十六条第三款的规定,第三人提起撤销之诉的实体条件之一是"有证据证明发生法律效力的判决、裁定、调解书的部分或者全部内容错误,损害其民事权益",本案中,南洋房地产公司、海南成功公司要求撤销湖北省高级人民法院(2015)鄂民监三再终字第00008号民事判决,其主要理由有二,一是以物抵债的案涉土地使用权归南洋房地产公司享有;二是以土地所抵偿的海南成功公司与陈霖之间的200万元借款虚假。湖北省高级人民法院(2015)鄂民监三再终字第00008号民事判决内容亦对上述两个争议事实进行了审理认定。本案系第三人撤销之诉,应对南洋房地产公司、海南成功公司所提出的(2015)鄂民监三再终字第00008号民事判决内容存在错误是否成立进行审理;案涉借款关系是否真实是认定以物抵债成立的前提,属本案审理范围。湖北省高级人民法院一审认为"陈霖与海南成功公司、南洋航运公司是否存在真实的借款关系是前案应当审理的范围,并非本案审理的范围"不当。

原审另查明,1989年1月27日,"海南省南洋船务有限公司"成立,经济性质为全民所有制。1992年12月16日,该公司经工商部门核准变更登记,企业名称变更为"海南南洋船务实业股份有限公司",经济性质变更为股份制企业,法定代表人由"唐开兴"变更为"庄照丰"。1995年4月21日,海南南洋船务实业股份有限公司经工商部门核准变更登记,法定代表人由"庄照丰"变更为"齐放"。1996年12月3日,海南南洋船务实业股份有限公司经工商部门核准变更登记,法定代表人由"齐放"变更为"厉建中",企业类型变更为股份有限公司(非上市、国有控股)。1998年7月27日,"海南南洋船务实业股份有限公司"经工商部门核准变更登记,企业名称变更为"南洋航运集团股份有限公司"。2002年3月11日,南洋航运集团股份有限公司经工商部门核准变更登记,法定代表人由"厉建中"变更为"范运海"。2003年10月21日,南洋航运集团股份有限公司经工商部门核准变更登记,法定代表人由"范运海"变更为"程勇"。2011年6月14日,南洋航运集团股份有限公司经工商部门核准变更登记,法定代表人由"程勇"变更为"唐广敏"。

1993年4月23日,"海南南洋船务房地产公司"成立。1994年4月27日,"海南南洋船务实业股份有限公司"向"海南南洋船务房地产公司"出资2000万元人民币,持有"海南南洋船务房地产公司"100%股权。1997年1月8日,海南省证券管理办公室以琼证办〔1997〕4号文件批复海南南洋船务实业股份有限公司。内容如下:1.同意你公司所属子公司按照股份公司规范化管理规定变更为不具有独立法人资格的分公司,其名称如下:海南南洋船务实业股份有限公司房地产公司。2.你公司接此批复后应尽快到省工商行政管理局办理有关变更登记手续,并将有关材料报我办备案。1997年3月8日,海南南洋船务房地产公司经工商部门核准变更登记,企业名称变更为"海南南洋船务实业股份有限公司房地产公司",法定代表人由"唐开兴"变更为"黄国周"。2001年7月10日,南洋航运集团股份有限公司向海南省工商行政管理局提交《申请报告书》,称海南南洋船务实业股份有限公司房地产公司系该公司的下属分支机构,现根据(国)名称变核内字〔1998〕第080号通知书规定,"海南南洋船务实业股份有限公司"变更为"南洋航运集团股份有限公司"之后,"海南南洋船务实业股份有限公司房地产公司"变更为"南洋航运集团股份有限公司房地产分公司"。2001年7月18日,海南南洋船务实业股份有限公司房地产公司经工商部门核准变更登记,企业名称变更为"南洋航运集团股份有限公司房地产分公司"。2001年8月8日,海南南洋房地产有限公司召开股东会议,并形成《股东会议纪要》。内容如下:1."南洋航运集团股份有限公司房地产分公司"系"南洋航运集团股份有限公司"投资的独资非法定代表人企业,现根据业务发展需要,经共同协商同意投资"海南南洋房地产有限公司"。2.会议讨论公司变更公司名称,经全体股东同意把原公司名称"南洋航运集团股份有限公司房地产分公司"变为"海南南洋房地产有限公司"。3.会议讨论增加公司股东事宜,原投资南洋航运集团股份有限公司出资2000万元、占注册资本的100%,现决定转让1960万元给海南成功公司做新股东。海南成功公司出资1960万元整,占注册资本的98%。4.会议通过海南成功公司和南洋航运集团股份有限公司共同签署《股份转让协议书》。2001年8月13日,南洋航运集团股份有限公司房地产分公司经工商部门核准变更登记,企业名称变更为"海南南洋房地产有限公司",企业类型由"内资企业法人"变更为"其他有限责任公司",股东由海南南洋船务实业股份有限公司(1994年4月27日货币出资2000万元,持股比例100%)变更为海南成功公司(2001年8月6日货币出资1960万元,持股比例98%)、南洋航运集团股份有限公司(2001年8月6日货币出资40万元,持股比例2%)。2012年10月18日,海南省工商行政管理局出具的海南南洋房地产有限公司企业机读档案登记资料显示,企业目前状态为吊销,核准日期为2004年2月9日,最后一次年检时间为1998年4月23日,吊销原因为逾期未参加年检,吊销日期为2004年2月9日。2013年8月2日,海南南洋房地产有限公司经工商部门核准变更登记,法定代表人由"黄国周"变更为"李照江"。2013年8月28日,海南省工商行政管理局出具的海南南洋房地产有限公司企业机读档案登记资料显示,企业目前状态为登记成立,核准日期为2013年8月2日,最后一次年检时间为2013年8月2日。

原审还查明,2012年5月21日,陈霖为办理商住用地土地使用权作价入股提供土地价格参考,委托儋州旭升土地评估有限公司对登记在其名下座落于东方市八所镇二环路西侧,国有土地使用权证号为东方国用(2003)第381号、382号两块合31466.7平方米(约合47.2亩)的土地进行评估。2012年12月27日,海南省东方市国土资源环境局为海南金灿公司颁发了国有土地使用权证号为东方国用(2012)第076号的国用土地使用权证,该国有土地使用权证显示该宗土地座落于八所镇二环路西侧。

南洋房地产公司不服海南省东方市人民政府给陈霖颁发国有土地使用权证行政纠纷一案,于2012年8月21日向海南省第二中级人民法院提起诉讼。2012年11月23日,海南省第二中级人民法院经审理作出(2012)海南二中行初字第117号行政裁定书,以海南省东方市人民政府给陈霖颁发国有土地使用权证是根据湖北省武汉市武昌区人民法院(2003)武区民初字第265号"民事调解书"和"协助执行通知书"而作出的具体行政行为,是其必须履行的法定协助义务,南洋房地产公司没有提供证据证实海南省东方市人民政府在作出该变更登记行为时扩大了用地范围或违法采取措施,不属于人民法院受理范围为由,驳回南洋房地产公司的起诉。南洋房地产公司不服,向海南省高级人民法院提出上诉。2013年3月5日,海南省高级人民法院经审理作出(2013)琼立一终字第19号行政裁定书,以海南省东方市人民政府的颁证行为是协助执行行为,而非同意土地转让行为,案涉土地属于南洋航运公司的事实已为生效法律文书所确认,南洋房地产公司没有提供充分证据证明其拥有案涉土地的使用权为由,驳回上诉,维持原裁定。(2012)海南二中行初字第117号行政裁定书和(2013)琼立一终字第19号行政裁定书内容均显示,海南省东方市人民政府答辩认为案涉土地使用权属于南洋航运公司。

原审再查明:一、湖北省高级人民法院已生效的(2015)鄂民监三再终字第00008号民事判决书载明:2002年5月15日,海南成功公司向陈霖借款人民币200万元,约定月息5%,当年12月30日前偿还。南洋航运公司以其位于海南省东方市八所开发区内的100亩土地进行担保。借款到期后,海南成功公司未能偿还人民币200万元借款。2003年4月22日,陈霖与南洋航运公司达成协议:陈霖同意受让南洋航运公司位于海南省东方市八所开发区内的100亩土地,代海南成功公司抵偿人民币200万元欠款;利息改为月息千分之五,计11万元,相关费用由陈霖承担。因南洋航运公司未履行协议,陈霖于2003年8月12日向湖北省武汉市武昌区人民法院起诉,要求南洋航运公司履行还款担保协议。2003年8月15日,经该院主持调解,双方达成协议:南洋航运公司同意在2003年9月15日前将其拥有的位于海南省东方市八所开发区内的100亩土地使用权过户给陈霖拥有,以抵偿其原为海南成功公司担保的人民币本金200万元、利息11万元。本案诉讼费20560元,由陈霖、南洋航运公司各承担10280元。

二、在原审庭审中,陈霖针对200万元如何支付给海南成功公司时陈述:"我分3次,全是用现金支付的";(支付的时间?)"2002年4月5日给了70万(元),5月2日给了70万(元),5月15日(给了)60万(元)";(交给了?)"范运海"(原海南成功公司董事长);(支付的地点?)"具体时间我记不清楚了,有一次在宾馆还有在餐厅还有一次是他来接我的时候我给他的";(哪个宾馆?)"琼苑宾馆";(在宾馆支付的是哪一笔?)"具体是哪一笔我记不清楚了,只记得三个地点,还有一笔是在一个吃鱼翅的酒店吃晚餐的时候给的";(还剩一次是在哪里支付的?)"从美兰机场到酒店的车上给他的";(当时为什么不转账而要支付现金?)"当时南洋集团和(海南)成功公司要退市,他们没有账了(账户被冻结),公司的账已经进不去了";(那为什么不转给个人账户?)"因为我是借给公司的,当时他跟我说公司要发工资什么的,而且之前我们有资金往来也用过现金。他当时也在到处躲债,我就给的现金";(每一次都给你打收条了吗?)"前两次都打了收条,最后一次的时候他把前两次的收条收回去了换了现在的借据";(200万元你是哪里来的?)"有一部分是我做生意赚的钱,还有就是我在上海卖了一套房子";(卖的谁的房子?)"我姐姐陈彬在上海的房子";(什么时候卖的?)"02年4月份";(卖了多少钱?)"48万(元)";(这48万是200万的组成部分,你自己的钱有多少?)"我有30多万(元),我老婆有10来万(元),我还找朋友借了些钱。还有我老丈人也用自己的钱和(其向)邻居借的钱,有些钱我到现在都还没还完";(都有借条吗?)"有一些有,如果有需要我可以提交给法院。当时在还钱的过程中我老丈人去世了,我还把老丈人抬到法院来过,当时很多债权人都在场,还有你们法院的很多人都可以作证"。

原审法院认为,根据案件事实及当事人的诉辩观点,本案一审的争议焦点并评析如下:

一、关于南洋房地产公司提起本案第三人撤销之诉的主体是否合法的问题。该院认为,陈霖、海南金灿公司认为南洋房地产公司的主体身份不合法,主要认为南洋房地产公司2004年吊销营业执照直到2013年才恢复取得营业执照,恢复前后的股东不同,因此,2013年之后的南洋房地产公司和之前的南洋房地产公司没有任何关系,其主体不合法。该院认为,《最高人民法院关于企业法人营业执照被吊销后,其民事诉讼地位如何确定的复函》(2000年1月29日法经〔2000〕24号函)之规定,吊销企业法人营业执照是工商行政管理机关依据国家工商行政管理法规对违法的企业法人作出的一种行政处罚。企业法人被吊销营业执照后至被注销登记前,该企业法人仍应视为存续,可以自己的名义进行诉讼活动。本案中,从陈霖提交的证据来看,南洋房地产公司只是被工商行政管理部门吊销过营业执照,并未被注销。因此,南洋房地产公司的民事诉讼地位一直存续。《中华人民共和国公司法》第七十二条关于"有限责任公司的股东之间可以相互转让其全部或者部分股权。……公司章程对股权转让另有规定的,从其规定"的规定可以看出,公司股权转让只须经过法定或约定程序即可变更。而公司股权变更登记是工商行政管理机关根据当事人申请,经依法审查后而进行的一种行政许可行为,其法律效力在于确认当事人在公司中的主体资格和行使相关民事行为产生公示的效力。公司股东的变更并不导致公司法人的消灭,即其民事诉讼地位没有改变。因此,陈霖、海南金灿公司认为南洋房地产公司的民事诉讼地位不合法的抗辩理由不能成立,该院不予支持。

二、关于南洋房地产公司提起本案第三人撤销之诉是否在法定期限内的问题。该院认为,《中华人民共和国民事诉讼法》(2012年版)第五十六条规定:"对当事人双方的诉讼标的,第三人认为有独立请求权的,有权提起诉讼。对当事人双方的诉讼标的,第三人虽然没有独立请求权,但案件处理结果同他有法律上的利害关系的,可以申请参加诉讼,或者由人民法院通知他参加诉讼。人民法院判决承担民事责任的第三人,有当事人的诉讼权利义务。前两款规定的第三人,因不能归责于本人的事由未参加诉讼,但有证据证明发生法律效力的判决、裁定、调解书的部分或者全部内容错误,损害其民事权益的,可以自知道或者应当知道其民事权益受到损害之日起六个月内,向作出该判决、裁定、调解书的人民法院提起诉讼。人民法院经审理,诉讼请求成立的,应当改变或者撤销原判决、裁定、调解书;诉讼请求不成立的,驳回诉讼请求"。本案中,南洋房地产公司主张该院(2015)鄂民监三再终字第00008号民事判决内容错误,损害其民事权益,其作为第三人,因不可归责于其的事由未能参加该院(2015)鄂民监三再终字第00008号案件的诉讼,而向该院提起撤销之诉,请求撤销该院(2015)鄂民监三再终字第00008号民事判决。该院(2015)鄂民监三再终字第00008号民事判决于2015年4月22日作出,南洋房地产公司于2015年10月14日向该院提起第三人撤销之诉,并未超过上述法条规定的六个月的期限,故南洋房地产公司提起本案第三人撤销之诉在法定期限内。陈霖、海南金灿公司认为南洋房地产公司主张撤销之诉的期限应当从2011年7月29日湖北省武汉市中级人民法院(2011)武民再终字第00097号民事判决作出时计算其期限,因其主张没有法律依据,该院不予支持。

三、关于南洋房地产公司对案涉土地是否享有使用权的问题。该院认为,本案案涉土地是国有土地,无论是《中华人民共和国土地管理法》(1988年版)第九条第二款"全民所有制单位、集体所有制单位和个人依法使用的国有土地,由县级以上地方人民政府登记造册,核发证书,确认使用权"的规定,还是《中华人民共和国土地管理法》(1998年版)、《中华人民共和国土地管理法》(2004年版)第十一条第三款"单位和个人依法使用的国有土地,由县级以上人民政府登记造册,核发证书,确认使用权"的规定,都表明单位和个人依法使用的国有土地,由县级以上人民政府登记造册,核发证书,确认使用权。南洋房地产公司主张其享有案涉土地使用权,但只提供了1994年3月31日海南省东方黎族自治县人民政府同意将包含案涉土地在内的土地出让给海南南洋船务房地产公司的东府复〔1994〕26号文,以及1994年4月3日海南省东方黎族自治县土地管理局与海南南洋船务房地产公司签订的《东方黎族自治县成片开发土地使用权出让合同》,并未提供证据证明其已交纳了土地出让金,也未提供证据证明其领取了案涉土地国有土地使用权证,且海南省东方市人民政府在南洋房地产公司起诉海南省东方市人民政府为陈霖颁证行政诉讼一案中,也明确表示案涉土地使用权属南洋航运公司所有。南洋房地产公司提交的海南南洋船务房地产公司和海南省东方黎族自治县土地管理局分别于1994年7月23日、1995年6月24日与海南省东方黎族自治县八所镇八所管理区、海南省东方黎族自治县八所镇居龙管理区、海南省东方黎族自治县岛西林场、海南省东方黎族自治县八所镇皇宁管理区、海南省东方黎族自治县八所镇八所管理区签订的《征(拨)土地协议书》,只能证明海南南洋船务房地产公司曾经为开发项目签订过征用土地的协议。南洋房地产公司并未提交证据证明案涉土地即是上述1995年6月24日与海南省东方黎族自治县八所镇八所管理区签订的《征(拨)土地协议书》所约定征购的土地,仅凭该协议书并不能证明案涉土地由南洋房地产公司征购。南洋房地产公司提交的1997年1月22日的6号凭证和1997年4月30日的6号凭证,均是海南南洋船务实业股份有限公司的付款凭证,南洋房地产公司也未提交证据证明该付款凭证载明的征地款即是为案涉土地所付,仅凭该付款凭证并不能证明案涉土地征地款由南洋房地产公司所付。本案土地系国有出让土地,即使海南南洋船务房地产公司曾经征购了案涉土地,支付过案涉土地征地款,但因为征地款和国有土地出让金两者性质不同,海南南洋船务房地产公司支付案涉土地征地款并不能代替交纳案涉土地出让金,上述证据也不能证明南洋房地产公司对案涉土地享有土地使用权。而且1997年3月8日,海南南洋船务房地产公司经工商部门核准变更为"海南南洋船务实业股份有限公司房地产公司",成为"海南南洋船务实业股份有限公司"的分公司,丧失了独立法人资格。即使海南南洋船务房地产公司曾经签订《东方黎族自治县成片开发土地使用权出让合同》,支付过案涉土地出让金,此后的合同权利义务亦由海南南洋船务实业股份有限公司房地产公司的总公司即海南南洋船务实业股份有限公司以及变更名称后的南洋航运公司享有和承担。2001年7月18日,"海南南洋船务实业股份有限公司房地产公司"企业名称变更为"南洋航运集团股份有限公司房地产分公司"。2001年8月13日,南洋航运集团股份有限公司房地产分公司由南洋航运公司货币出资40万元人民币和海南成功公司货币出资1960万元人民币,名称变更为"南洋房地产公司"时,南洋航运公司仅以40万元出资,并未将案涉土地使用权或者相应的其他权利作为对南洋房地产公司的出资,南洋房地产公司无权主张对案涉土地享有使用权,故南洋房地产公司主张其对案涉土地享有使用权没有事实和法律依据。

四、关于(2015)鄂民监三再终字第00008号民事判决书内容是否存在错误,是否损害南洋房地产公司利益的问题。该院认为,根据《最高人民法院关于适用〈中华人民共和国民事诉讼法〉的解释》第二百九十六条"民事诉讼法第五十六条第三款规定的判决、裁定、调解书的部分或者全部内容,是指判决、裁定的主文,调解书中处理当事人民事权利义务的结果"的规定,南洋房地产公司主张该院(2015)鄂民监三再终字第00008号民事判决书内容错误,损害其民事权益,其应当提供证据证明该院(2015)鄂民监三再终字第00008号民事判决在处理南洋航运公司、海南成功公司与陈霖间民事权利义务的结果错误,且该错误损害其民事权益。而该院(2015)鄂民监三再终字第00008号民事判决处理南洋航运公司、海南成功公司与陈霖间民事权利义务的结果是维持湖北省武汉市中级人民法院(2011)武民再终字第00097号民事判决,即维持湖北省武汉市武昌区人民法院(2003)武区水民初字第265号民事调解书。该民事调解书内容是南洋航运公司将其拥有的位于海南省东方市南洋航运集团八所开发区内的解放路以北)100亩土地使用权过户给陈霖拥有,以抵偿其原为海南成功公司担保的人民币本金200万元,利息11万元,并未涉及南洋房地产公司的权利义务,未损害南洋房地产公司的民事权益。

关于陈霖与海南成功公司、南洋航运公司的借款关系是否属实的问题。该院认为,南洋房地产公司不是上述借款关系的当事人,该借款关系是否属实,应当由借款关系的当事人通过审判监督程序解决,不属于本案撤销之诉的审理范围,但考虑到最高人民法院将本案发回重审的事由,该院亦对上述借款关系的真实性予以审查。海南成功公司和南洋航运公司于2002年5月15日向陈霖出具借据,载明借款关系发生的事实及相应担保措施,并加盖海南成功公司财务专用章及南洋航运公司公章。2003年3月10日,时任南洋航运公司副总裁的刘文涛在上述借据上签署"确认以上全部内容"的意见,并加盖公章。企业法人的公章系企业法人对外确认意思表示成立的合法印签,加盖真实印章的合同,其权利义务应当由印章主体承受。虽然在该借据上"范运海"的签名经鉴定系伪造,但所盖海南成功公司财务章经鉴定属其真实印章。根据《中华人民共和国合同法》第三十二条关于"当事人采用合同书形式订立合同的,自双方当事人签字或者盖章时合同成立"之规定,该院(2015)鄂民监三再终字第00008号民事判决认定本案借据真实,借款关系成立并无不当。南洋房地产公司、海南成功公司、南洋航运公司均认为200万元的借款不真实,海南成功公司称未收到200万元借款,但陈霖在庭审中陈述,当时系因海南成功公司、南洋航运公司被监管部门要求退市,其资金账户全部被冻结,按原海南成功公司的董事长范运海的要求将200万元现金分三次交给了范运海。结合南洋房地产公司、海南成功公司、南洋航运公司提交的相关证据,可以证实在陈霖陈述的付款期间,海南成功公司、南洋航运公司确实存在资产重组的问题,且海南成功公司、南洋航运公司也未否认资产重组期间该公司资金账户是否被冻结之事实。加之,上述借款发生在2002年,不宜适用2015年9月1日施行的《最高人民法院关于审理民间借贷案件适用法律若干问题的规定》相关规定。因此,从证据的证明力来看,陈霖关于其与海南成功公司、南洋航运公司之间存在200万元借款关系且已实际履行的主张具有合理性,南洋房地产公司认为200万元借款不真实的诉讼理由不能成立,该院不予支持。关于陈霖在接受海南省公安厅调查时对借款事实的陈述先后不一致的问题,因该口供未得到有关司法机关的确认,海南省公安厅亦未基于上述调查对该笔借款事实作出否定判断进而对陈霖展开刑事追诉,故上述口供的真实性,该院不予认可。因此,南洋房地产公司主张其享有案涉100亩土地使用权,该院(2015)鄂民监三再终字第00008号民事判决维持原生效法律文书确定的南洋航运公司将上述100亩土地以物抵债给陈霖的权利义务错误,侵犯其民事权益的理由不能成立,该院不予支持。

综上,南洋房地产公司的诉讼请求缺乏事实和法律依据。该院依照《中华人民共和国民事诉讼法》第五十六条、第一百四十二条和《最高人民法院关于适用〈中华人民共和国民事诉讼法〉的解释》第三百条的规定,判决:驳回南洋房地产公司的诉讼请求。案件受理费23680元,由南洋房地产公司负担。

本院二审期间,南洋房地产公司提交了海南省高级人民法院2019年5月20日作出的(2019)琼民终113号民事判决,拟证明海南金灿公司的另一股东罗昌仁代陈霖持有该公司49%股权,该判决认定陈霖与罗昌仁解除股权代持关系,49%股权将过户到陈霖名下,陈霖将成为海南金灿公司的唯一股东。

本院二审对原审查明的事实予以确认。

本院认为,根据当事人的上诉请求和答辩意见,本案二审的争议焦点是:原审对南洋房地产公司不享有案涉土地使有权的认定是否正确;陈霖与海南成功公司、南洋航运公司之间的200万元借款是否真实存在。

一、关于南洋房地产公司是否享有案涉土地使有权的问题。本院认为,根据1988年12月29日修订的《中华人民共和国土地管理法》第九条第二款"全民所有制单位、集体所有制单位和个人依法使用的国有土地,由县级以上地方人民政府登记造册,核发证书,确认使用权"以及1998年8月29日修订的《中华人民共和国土地管理法》第十一条第三款"单位和个人依法使用的国有土地,由县级以上人民政府登记造册,核发证书,确认使用权"的规定,依法使用国有土地均要在县级以上人民政府办理登记手续并办理相关证书确认土地使用权。首先,本案中,南洋房地产公司并未提供已交纳案涉土地出让金,以及办理了案涉土地国有土地使用权证的相关证据,而其提交的"1994年3月31日海南省东方黎族自治县人民政府同意将包含案涉土地在内的土地出让给海南南洋船务房地产公司的东府复[1994]26号文,以及1994年4月3日海南省东方黎族自治县土地管理局与海南南洋船务房地产公司签订的《东方黎族自治县成片开发土地使用权出让合同》",并不能充分证明已拥有案涉土地使用权。第二,海南省东方市人民政府在南洋房地产公司起诉海南省东方市人民政府为陈霖颁行政诉讼一案中,明确表示案涉土地使用权属南洋航运公司所有,其提交的《征(拨)土地协议书》,只能证明海南南洋船务房地产公司曾为开发项目签订过征用土地的协议,不足以证明案涉土地已由南洋房地产公司征购。而南洋房地产公司提交的1997年1月22日的"6号付款凭证"和1997年4月30日的"付款6号凭证",均为海南南洋船务实业股份有限公司的付款凭证,并不能证明该付款凭证载明的征地款是为案涉土地所付。第三,因案涉土地为国有出让土地,即使海南南洋船务房地产公司曾经征购并支付征地款,但因征地款和国有土地出让金性质不同,海南南洋船务房地产公司支付案涉土地征地款,也不能代替交纳案涉土地出让金,故南洋房地产公司以"已缴纳了土地征地款来主张享有案涉土地使用权"以及海南成功公司"案涉土地开发整理的时间为1994至1997年间,当时国有土地开发流程不及目前完善、有序,未取得土地使用权证不应作为排除南洋房地产公司对案涉土地合法权益"的上诉理由,均不能成立。第四,本院已查明,1997年3月8日,海南南洋船务房地产公司经工商部门核准变更为"海南南洋船务实业股份有限公司房地产公司",成为"海南南洋船务实业股份有限公司的分公司",丧失了独立法人资格,涉及到该公司的所有债权债务应全部归属于其母公司"南洋船务实业股份有限公司"以及变更名称后的"南洋航运公司"。即使"海南南洋船务房地产公司"享有案涉土地的使用权,在其丧失法人资格后,该使用权亦由南洋航运公司享有。第五,2001年8月13日,南洋航运公司货币出资40万元人民币和海南成功公司货币出资1960万元人民币成立了南洋房地产公司。南洋航运公司仅以40万元人民币出资,并未将案涉土地使用权或者相应的其他权利作为对南洋房地产公司的出资。第六,本案也已查明,案涉土地并非南洋房地产公司2001年设立时的资产,南洋房地产公司和海南成功公司并未提供证据证明南洋房地产公司此后获得案涉土地使用权,而且,审计报告显示南洋航运公司账面上无案涉土地所有权与南洋房地产公司享有案涉土地使用权之间也不存在因果关系,故上诉人南洋房地产公司和海南成功公司主张"根据审计报告和年度报告,截止2001年底南洋航运公司账面上并无土地使用权等无形资产,故案涉土地的使用权属于南洋房地产公司所有"的上诉理由,亦不能成立。综上,原审认定南洋房地产公司对案涉土地不享有使用权并无不当,上诉人南洋房地产公司和海南成功公司关于原审认定其对案涉土地不享有使用权错误的理由均不能成立。

二、关于陈霖与海南成功公司、南洋航运公司之间的200万元借款是否真实存在的问题。本院认为,本案为第三人撤销之诉,而南洋地产公司不是上述借款关系的当事人,该借款关系是否属实亦不是本案撤销之诉的审理范围,但原审法院本着客观公正的原则,亦对陈霖与海南成功公司、南洋航运公司之间的200万元借款是否真实进行了查证。经查,海南成功公司和南洋航运公司于2002年5月15日向陈霖出具借据,载明借款关系发生的事实及相应担保措施,并加盖"海南成功公司财务专用章"及"南洋航运公司公章"。虽然"范运海"的签名经鉴定非其本人所签,但海南成功公司在其借据上加盖"财务专用章"的行为,应视为海南成功公司对该借据效力的认可。此外,湖北省高级人民法院作出并已发生法律效力的(2015)鄂民监三再终字第00008号民事判决书此认定该借据真实。南洋房地产公司、海南成功公司、南洋航运公司均认为200万元的借款不真实,海南成功公司称未收到200万元借款,但陈霖在庭审中陈述,当时系因海南成功公司、南洋航运公司被监管部门要求退市,其资金账户全部被冻结,按原海南成功公司的董事长范运海的要求将200万元现金分三次交给了范运海。结合南洋房地产公司、海南成功公司、南洋航运公司提交的相关证据,可以证实在陈霖陈述的付款期间,海南成功公司、南洋航运公司确实存在资产重组的问题,而且,海南成功公司、南洋航运公司也未提供相反证据推翻陈霖的陈述,亦不足以证明本案存虚假诉讼

的情形,故原审法院认定200万元借款真实并无不当。南洋房地产公司和海南成功公司关于陈霖在接受海南省公安厅调查时对借款事实的陈述先后不一致的问题,因该口供未得到有关司法机关的确认,海南省公安厅亦未基于上述调查对该笔借款事实作出否定判断进而对陈霖展开刑事追诉,故原审法院对上述口供的真实性不予认可亦无不当。关于海南成功公司主张的陈霖对包括其口供在内的第八组证据的真实性无异议的上诉理由。经查,原审庭审时陈霖的代理人张荣有对该组证据的真实性予以认可,但并非对证据内容的认可,故此项上诉理由不能成立。从第三人撤销之诉制度功能来看,主要是为了保护受错误生效裁判损害的未参加原诉的第三人的权益。同时,在司法实践中,也要防止滥用该项诉权,损害生效裁判的稳定性。南洋房地产公司主张湖北省高级人民法院(2015)鄂民监三再终字第00008号民事判决书内容错误,损害其民事权益,应当提供证据证明该判决的结果错误,且该错误损害其民事权益。人民法院对案涉200万元借款是否真实已经过多次审理,湖北省高级人民法院作出了(2015)鄂民监三再终字第00008号民事判决书认定案涉借款真实,而南洋房地产公司和海南成功公司并未提交足以推翻原判决的证据,故对其案涉200万元不真实的上诉理由,本院亦不支持。

综上,南洋房地产公司、海南成功公司的上诉请求因缺乏相应的证据支持和法律依据,均不能成立,本院予以驳回;原审判决认定事实清楚,适用法律正确,审判程序合法,依法应予维持。本院依照《中华人民共和国民事诉讼法》第一百七十条第一款第一项之规定,判决如下:

驳回上诉,维持原判。

本案一审案件受理费按一审判决执行。二审案件受理费23680元,海南南洋房地产有限公司、海南成功投资有限公司各负担11840元。

本判决为终审判决。

审 判 长　李相波

审 判 员　万会峰

审 判 员　宁　晟

二〇一九年九月二十七日

法 官 助 理　王　鑫

书 记 员　王　露

· 文书范本

**共同诉讼代表人推选书**
**(共同诉讼当事人推选代表人用)**

**共同诉讼代表人推选书**

我们共同推选×××、×××为我方参加诉讼的代表人,其诉讼行为对全体推选人/单位发生效力。

特此证明。

附:代表人联系地址:
　　联系电话:

　　　　　　　　推选人(签名或者盖章)
　　　　　　　　××××年××月××日

【说明】

1. 本样式根据《中华人民共和国民事诉讼法》第五十三条、第五十四条以及《最高人民法院关于适用〈中华人民共和国民事诉讼法〉的解释》第七十六条、第七十七条、第七十八条制定,供共同诉讼当事人推选代表人参加诉讼用。

2. 当事人一方人数众多在起诉时确定的,可以由全体当事人推选共同的代表人,也可以由部分当事人推选自己的代表人;推选不出代表人的当事人,在必要的共同诉讼中可以自己参加诉讼,在普通的共同诉讼中可以另行起诉。

3. 当事人一方人数众多在起诉时不确定的,由当事人推选代表人。当事人推选不出的,可以由人民法院提出人选与当事人协商;协商不成的,也可以由人民法院在起诉的当事人中指定代表人。

4. 代表人为二至五人。

5. 本推选书由推选人共同签名或者盖章后递交人民法院。

**授权委托书(公民委托诉讼代理人用)**

**授权委托书**

委托人:×××,男/女,××××年××月××日出生,×族,……(写明工作单位和职务或者职业),住……。联系方式:……。

受委托人:×××,××律师事务所律师,联系方式:……。

受委托人:×××,男/女,××××年××月××日出生,×族,……(写明工作单位和职务或者职业),住……。联系方式:……。受托人系委托人的……(写明受托人与委托人的关系)。

现委托×××、×××在……(写明当事人和案由)一案中,作为我方参加诉讼的委托诉讼代理人。

委托事项与权限如下:

委托诉讼代理人×××的代理事项和权限:
……

委托诉讼代理人×××的代理事项和权限:
……

　　　　　　　　　　委托人(签名)
　　　　　　　　××××年××月××日

【说明】

1. 本样式根据《中华人民共和国民事诉讼法》第四十九条、第五十八条、第五十九条以及《最高人民法院关于适用〈中华人民共和国民事诉讼法〉的解释》第七十八条、第八十五条制定,供公民当事人、法定代理人、共同诉讼代表人委托诉讼代理人参加诉讼用。

2. 当事人、法定代理人、共同诉讼代表人可以委托一至二人作为诉讼代理人。当事人有权委托诉讼代理人,提出回避申请,收集、提供证据,进行辩论,请求调解,提出上诉,申请执行。

3. 下列人员可以被委托为诉讼代理人:(一)律师、基层法律服务工作者;(二)当事人的近亲属或者工作人员;(三)当事人所在社区、单位及有关社会团体推荐的公民。

4. 与当事人有夫妻、直系血亲、三代以内旁系血亲、近姻亲关系以及其他有抚养、赡养关系的亲属,可以当事人近亲属的名义作为诉讼代理人。

5. 诉讼代理人除根据民事诉讼法第五十九条规定提交授权委托书外,还应当按照下列规定向人民法院提交相关材料:(一)律师应当提交律师执业证、律师事务所证明材料;(二)基层法律服务工作者应当提交法律服务工作者执业证、基层法律服务所出具的介绍信以及当事人一方位于本辖区内的证明材料;(三)当事人的近亲属应当提交身份证件和与委托人有近亲属关系的证明材料;(四)当事人的工作人员应当提交身份证件和与当事人有合法劳动人事关系的证明材料;(五)当事人所在社区、单位推荐的公民应当提交身份证件、推荐材料和当事人属于该社区、单位的证明材料;(六)有关社会团体推荐的公民应当提交身份证件和符合本解释第八十七条规定条件的证明材料。

6. 授权委托书必须记明委托事项和权限。诉讼代理人代为承认、放弃、变更诉讼请求,进行和解,提起反诉或者上诉,必须有委托人的特别授权。

## 授权委托书(法人或者其他组织委托诉讼代理人用)

### 授权委托书

委托单位:×××,住所……。
法定代表人或主要负责人:×××,……(写明职务),联系方式:……。
受委托人:×××,××律师事务所律师,联系方式:……。
受委托人:×××,……(写明受托人所在单位及职务),联系方式:……。
现委托×××、×××在……(写明当事人和案由)一案中,作为我单位参加诉讼的委托诉讼代理人。
委托诉讼代理人×××的代理事项和权限:
……

委托单位(公章和签名)
××××年××月××日

【说明】

1. 本样式根据《中华人民共和国民事诉讼法》第四十九条、第五十八条、第五十九条以及《最高人民法院关于适用〈中华人民共和国民事诉讼法〉的解释》第七十八条、第八十六条制定,供法人或者其他组织当事人委托诉讼代理人参加诉讼用。

2. 当事人可以委托一至二人作为诉讼代理人。当事人有权委托诉讼代理人,提出回避申请,收集、提供证据,进行辩论,请求调解,提出上诉,申请执行。

3. 下列人员可以被委托为诉讼代理人:(一)律师、基层法律服务工作者;(二)当事人的近亲属或者工作人员;(三)当事人所在社区、单位及有关社会团体推荐的公民。

4. 与当事人有合法劳动人事关系的职工,可以当事人工作人员的名义作为诉讼代理人。

5. 根据民事诉讼法第五十八条第二款第三项规定,有关社会团体推荐公民担任诉讼代理人的,应当符合下列条件:(一)社会团体属于依法登记设立或者依法免予登记设立的非营利性法人组织;(二)被代理人属于该社会团体的成员,或者当事人一方住所地位于该社会团体的活动地域;(三)代理事务属于该社会团体章程载明的业务范围;(四)被推荐的公民是该社会团体的负责人或者与该社会团体有合法劳动人事关系的工作人员。专利代理人经中华全国专利代理人协会推荐,可以在专利纠纷案件中担任诉讼代理人。

6. 诉讼代理人除根据民事诉讼法第五十九条规定提交授权委托书外,还应当按照下列规定向人民法院提交相关材料:(一)律师应当提交律师执业证、律师事务所证明材料;(二)基层法律服务工作者应当提交法律服务工作者执业证、基层法律服务所出具的介绍信以及当事人一方位于本辖区内的证明材料;(三)当事人的近亲属应当提交身份证件和与委托人有近亲属关系的证明材料;(四)当事人的工作人员应当提交身份证件和与当事人有合法劳动人事关系的证明材料;(五)当事人所在社区、单位推荐的公民应当提交身份证件、推荐材料和当事人属于该社区、单位的证明材料;(六)有关社会团体推荐的公民应当提交身份证件和符合本解释第八十七条规定条件的证明材料。

7. 授权委托书必须记明委托事项和权限。诉讼代理人代为承认、放弃、变更诉讼请求,进行和解,提起反诉或者上诉,必须有委托人的特别授权。

# 六、证　据

## 最高人民法院关于生态环境侵权民事诉讼证据的若干规定

- 2023年4月17日最高人民法院审判委员会第1885次会议通过
- 2023年8月14日最高人民法院公告公布
- 自2023年9月1日起施行
- 法释〔2023〕6号

为保证人民法院正确认定案件事实，公正、及时审理生态环境侵权责任纠纷案件，保障和便利当事人依法行使诉讼权利，保护生态环境，根据《中华人民共和国民法典》《中华人民共和国民事诉讼法》《中华人民共和国环境保护法》等有关法律规定，结合生态环境侵权民事案件审判经验和实际情况，制定本规定。

**第一条**　人民法院审理环境污染责任纠纷案件、生态破坏责任纠纷案件和生态环境保护民事公益诉讼案件，适用本规定。

生态环境保护民事公益诉讼案件，包括环境污染民事公益诉讼案件、生态破坏民事公益诉讼案件和生态环境损害赔偿诉讼案件。

**第二条**　环境污染责任纠纷案件、生态破坏责任纠纷案件的原告应当就以下事实承担举证责任：

（一）被告实施了污染环境或者破坏生态的行为；

（二）原告人身、财产受到损害或者有遭受损害的危险。

**第三条**　生态环境保护民事公益诉讼案件的原告应当就以下事实承担举证责任：

（一）被告实施了污染环境或者破坏生态的行为，且该行为违反国家规定；

（二）生态环境受到损害或者有遭受损害的重大风险。

**第四条**　原告请求被告就其污染环境、破坏生态行为支付人身、财产损害赔偿费用，或者支付民法典第一千二百三十五条规定的损失、费用的，应当就其主张的损失、费用的数额承担举证责任。

**第五条**　原告起诉请求被告承担环境污染、生态破坏责任的，应当提供被告行为与损害之间具有关联性的证据。

人民法院应当根据当事人提交的证据，结合污染环境、破坏生态的行为方式、污染物的性质、环境介质的类型、生态因素的特征、时间顺序、空间距离等因素，综合判断被告行为与损害之间的关联性是否成立。

**第六条**　被告应当就其行为与损害之间不存在因果关系承担举证责任。

被告主张不承担责任或者减轻责任的，应当就法律规定的不承担责任或者减轻责任的情形承担举证责任。

**第七条**　被告证明其排放的污染物、释放的生态因素、产生的生态影响未到达损害发生地，或者其行为在损害发生后才实施且未加重损害后果，或者存在其行为不可能导致损害发生的其他情形的，人民法院应当认定被告行为与损害之间不存在因果关系。

**第八条**　对于发生法律效力的刑事裁判、行政裁判因未达到证明标准未予认定的事实，在因同一污染环境、破坏生态行为提起的生态环境侵权民事诉讼中，人民法院根据有关事实和证据确信待证事实的存在具有高度可能性的，应当认定该事实存在。

**第九条**　对于人民法院在生态环境保护民事公益诉讼生效裁判中确认的基本事实，当事人在因同一污染环境、破坏生态行为提起的人身、财产损害赔偿诉讼中无需举证证明，但有相反证据足以推翻的除外。

**第十条**　对于可能损害国家利益、社会公共利益的事实，双方当事人未主张或者无争议，人民法院认为可能影响裁判结果的，可以责令当事人提供有关证据。

前款规定的证据，当事人申请人民法院调查收集，符合《最高人民法院关于适用〈中华人民共和国民事诉讼法〉的解释》第九十四条规定情形的，人民法院应当准许；人民法院认为有必要的，可以依职权调查收集。

**第十一条**　实行环境资源案件集中管辖的法院，可以委托侵权行为实施地、侵权结果发生地、被告住所地等人民法院调查收集证据。受委托法院应当在收到委托函次日起三十日内完成委托事项，并将调查收集的证据及有关笔录移送委托法院。

受委托法院未能完成委托事项的,应当向委托法院书面告知有关情况及未能完成的原因。

**第十二条** 当事人或者利害关系人申请保全环境污染、生态破坏相关证据的,人民法院应当结合下列因素进行审查,确定是否采取保全措施:

(一)证据灭失或者以后难以取得的可能性;

(二)证据对证明待证事实有无必要;

(三)申请人自行收集证据是否存在困难;

(四)有必要采取证据保全措施的其他因素。

**第十三条** 在符合证据保全目的的情况下,人民法院应当选择对证据持有人利益影响最小的保全措施,尽量减少对保全标的物价值的损害和对证据持有人生产、生活的影响。

确需采取查封、扣押等限制保全标的物使用的保全措施的,人民法院应当及时组织当事人对保全的证据进行质证。

**第十四条** 人民法院调查收集、保全或者勘验涉及环境污染、生态破坏专门性问题的证据,应当遵守相关技术规范。必要时,可以通知鉴定人到场,或者邀请负有环境资源保护监督管理职责的部门派员协助。

**第十五条** 当事人向人民法院提交证据后申请撤回该证据,或者声明不以该证据证明案件事实的,不影响其他当事人援引该证据证明案件事实以及人民法院对该证据进行审查认定。

当事人放弃使用人民法院依其申请调查收集或者保全的证据的,按照前款规定处理。

**第十六条** 对于查明环境污染、生态破坏案件事实的专门性问题,人民法院经审查认为有必要的,应当根据当事人的申请或者依职权委托具有相应资格的机构、人员出具鉴定意见。

**第十七条** 对于法律适用、当事人责任划分等非专门性问题,或者虽然属于专门性问题,但可以通过法庭调查、勘验等其他方式查明的,人民法院不予委托鉴定。

**第十八条** 鉴定人需要邀请其他机构、人员完成部分鉴定事项的,应当向人民法院提出申请。

人民法院经审查认为确有必要的,在听取双方当事人意见后,可以准许,并告知鉴定人对最终鉴定意见承担法律责任;主要鉴定事项由其他机构、人员实施的,人民法院不予准许。

**第十九条** 未经人民法院准许,鉴定人邀请其他机构、人员完成部分鉴定事项的,鉴定意见不得作为认定案件事实的根据。

前款情形,当事人申请退还鉴定费用的,人民法院应当在三日内作出裁定,责令鉴定人退还;拒不退还的,由人民法院依法执行。

**第二十条** 鉴定人提供虚假鉴定意见的,该鉴定意见不得作为认定案件事实的根据。人民法院可以依照民事诉讼法第一百一十四条的规定进行处理。

鉴定事项由其他机构、人员完成,其他机构、人员提供虚假鉴定意见的,按照前款规定处理。

**第二十一条** 因没有鉴定标准、成熟的鉴定方法、相应资格的鉴定人等原因无法进行鉴定,或者鉴定周期过长、费用过高的,人民法院可以结合案件有关事实、当事人申请的有专门知识的人的意见和其他证据,对涉及专门性问题的事实作出认定。

**第二十二条** 当事人申请有专门知识的人出庭,就鉴定意见或者污染物认定、损害结果、因果关系、生态环境修复方案、生态环境修复费用、生态环境受到损害至修复完成期间服务功能丧失导致的损失、生态环境功能永久性损害造成的损失等专业问题提出意见的,人民法院可以准许。

对方当事人以有专门知识的人不具备相应资格为由提出异议的,人民法院对该异议不予支持。

**第二十三条** 当事人就环境污染、生态破坏的专门性问题自行委托有关机构、人员出具的意见,人民法院应当结合本案的其他证据,审查确定能否作为认定案件事实的根据。

对方当事人对该意见有异议的,人民法院应当告知提供意见的当事人可以申请出具意见的机构或者人员出庭陈述意见;未出庭的,该意见不得作为认定案件事实的根据。

**第二十四条** 负有环境资源保护监督管理职责的部门在其职权范围内制作的处罚决定等文书所记载的事项推定为真实,但有相反证据足以推翻的除外。

人民法院认为有必要的,可以依职权对上述文书的真实性进行调查核实。

**第二十五条** 负有环境资源保护监督管理职责的部门及其所属或者委托的监测机构在行政执法过程中收集的监测数据、形成的事件调查报告、检验检测报告、评估报告等材料,以及公安机关单独或者会同负有环境资源保护监督管理职责的部门提取样品进行检测获取的数据,经当事人质证,可以作为认定案件事实的根据。

**第二十六条** 对于证明环境污染、生态破坏案件事实有重要意义的书面文件、数据信息或者录音、录像等证据在对方当事人控制之下的，承担举证责任的当事人可以根据《最高人民法院关于适用〈中华人民共和国民事诉讼法〉的解释》第一百一十二条的规定，书面申请人民法院责令对方当事人提交。

**第二十七条** 承担举证责任的当事人申请人民法院责令对方当事人提交证据的，应当提供有关证据的名称、主要内容、制作人、制作时间或者其他可以将有关证据特定化的信息。根据申请人提供的信息不能使证据特定化的，人民法院不予准许。

人民法院应当结合申请人是否参与证据形成过程、是否接触过该证据等因素，综合判断其提供的信息是否达到证据特定化的要求。

**第二十八条** 承担举证责任的当事人申请人民法院责令对方当事人提交证据的，应当提出证据由对方当事人控制的依据。对方当事人否认控制有关证据的，人民法院应当根据法律规定、当事人约定、交易习惯等因素，结合案件的事实、证据作出判断。

有关证据虽未由对方当事人直接持有，但在其控制范围之内，其获取不存在客观障碍的，人民法院应当认定有关证据由其控制。

**第二十九条** 法律、法规、规章规定当事人应当披露或者持有的关于其排放的主要污染物名称、排放方式、排放浓度和总量、超标排放情况、防治污染设施的建设和运行情况、生态环境开发利用情况、生态环境违法信息等环境信息，属于《最高人民法院关于民事诉讼证据的若干规定》第四十七条第一款第三项规定的"对方当事人依照法律规定有权查阅、获取的书证"。

**第三十条** 在环境污染责任纠纷、生态破坏责任纠纷案件中，损害事实成立，但人身、财产损害赔偿数额难以确定的，人民法院可以结合侵权行为对原告造成损害的程度、被告因侵权行为获得的利益以及过错程度等因素，并可以参考负有环境资源保护监督管理职责的部门的意见等，合理确定。

**第三十一条** 在生态环境保护民事公益诉讼案件中，损害事实成立，但生态环境修复费用、生态环境受到损害至修复完成期间服务功能丧失导致的损失、生态环境功能永久性损害造成的损失等数额难以确定的，人民法院可以根据污染环境、破坏生态的范围和程度等已查明的案件事实，结合生态环境及其要素的稀缺性、生态环境恢复的难易程度、防治污染设备的运行成本、被告因侵权行为获得的利益以及过错程度等因素，并可以参考负有环境资源保护监督管理职责的部门的意见等，合理确定。

**第三十二条** 本规定未作规定的，适用《最高人民法院关于民事诉讼证据的若干规定》。

**第三十三条** 人民法院审理人民检察院提起的环境污染民事公益诉讼案件、生态破坏民事公益诉讼案件，参照适用本规定。

**第三十四条** 本规定自2023年9月1日起施行。

本规定公布施行后，最高人民法院以前发布的司法解释与本规定不一致的，不再适用。

## 最高人民法院关于民事诉讼证据的若干规定

- 2001年12月6日最高人民法院审判委员会第1201次会议通过
- 根据2019年10月14日最高人民法院审判委员会第1777次会议《关于修改〈关于民事诉讼证据的若干规定〉的决定》修正
- 2019年12月25日最高人民法院公告公布
- 自2020年5月1日起施行
- 法释〔2019〕19号

为保证人民法院正确认定案件事实，公正、及时审理民事案件，保障和便利当事人依法行使诉讼权利，根据《中华人民共和国民事诉讼法》（以下简称民事诉讼法）等有关法律的规定，结合民事审判经验和实际情况，制定本规定。

### 一、当事人举证

**第一条** 原告向人民法院起诉或者被告提出反诉，应当提供符合起诉条件的相应的证据。

**第二条** 人民法院应当向当事人说明举证的要求及法律后果，促使当事人在合理期限内积极、全面、正确、诚实地完成举证。

当事人因客观原因不能自行收集的证据，可申请人民法院调查收集。

**第三条** 在诉讼过程中，一方当事人陈述的于己不利的事实，或者对于己不利的事实明确表示承认的，另一方当事人无需举证证明。

在证据交换、询问、调查过程中，或者在起诉状、答辩状、代理词等书面材料中，当事人明确承认于己不利的事实的，适用前款规定。

**第四条** 一方当事人对于另一方当事人主张的于己不利的事实既不承认也不否认，经审判人员说明并询问后，其仍然不明确表示肯定或者否定的，视为对该事实的承认。

**第五条** 当事人委托诉讼代理人参加诉讼的,除授权委托书明确排除的事项外,诉讼代理人的自认视为当事人的自认。

当事人在场对诉讼代理人的自认明确否认的,不视为自认。

**第六条** 普通共同诉讼中,共同诉讼人中一人或者数人作出的自认,对作出自认的当事人发生效力。

必要共同诉讼中,共同诉讼人中一人或者数人作出自认而其他共同诉讼人予以否认的,不发生自认的效力。其他共同诉讼人既不承认也不否认,经审判人员说明并询问后仍然不明确表示意见的,视为全体共同诉讼人的自认。

**第七条** 一方当事人对于另一方当事人主张的于己不利的事实有所限制或者附加条件予以承认的,由人民法院综合案件情况决定是否构成自认。

**第八条** 《最高人民法院关于适用〈中华人民共和国民事诉讼法〉的解释》第九十六条第一款规定的事实,不适用有关自认的规定。

自认的事实与已经查明的事实不符的,人民法院不予确认。

**第九条** 有下列情形之一,当事人在法庭辩论终结前撤销自认的,人民法院应当准许:

(一)经对方当事人同意的;

(二)自认是在受胁迫或者重大误解情况下作出的。

人民法院准许当事人撤销自认的,应当作出口头或者书面裁定。

**第十条** 下列事实,当事人无须举证证明:

(一)自然规律以及定理、定律;

(二)众所周知的事实;

(三)根据法律规定推定的事实;

(四)根据已知的事实和日常生活经验法则推定出的另一事实;

(五)已为仲裁机构的生效裁决所确认的事实;

(六)已为人民法院发生法律效力的裁判所确认的基本事实;

(七)已为有效公证文书所证明的事实。

前款第二项至第五项事实,当事人有相反证据足以反驳的除外;第六项、第七项事实,当事人有相反证据足以推翻的除外。

**第十一条** 当事人向人民法院提供证据,应当提供原件或者原物。如需自己保存证据原件、原物或者提供原件、原物确有困难的,可以提供经人民法院核对无异的复制件或者复制品。

**第十二条** 以动产作为证据的,应当将原物提交人民法院。原物不宜搬移或者不宜保存的,当事人可以提供复制品、影像资料或者其他替代品。

人民法院在收到当事人提交的动产或者替代品后,应当及时通知双方当事人到人民法院或者保存现场查验。

**第十三条** 当事人以不动产作为证据的,应当向人民法院提供该不动产的影像资料。

人民法院认为有必要的,应当通知双方当事人到场进行查验。

**第十四条** 电子数据包括下列信息、电子文件:

(一)网页、博客、微博客等网络平台发布的信息;

(二)手机短信、电子邮件、即时通信、通讯群组等网络应用服务的通信信息;

(三)用户注册信息、身份认证信息、电子交易记录、通信记录、登录日志等信息;

(四)文档、图片、音频、视频、数字证书、计算机程序等电子文件;

(五)其他以数字化形式存储、处理、传输的能够证明案件事实的信息。

**第十五条** 当事人以视听资料作为证据的,应当提供存储该视听资料的原始载体。

当事人以电子数据作为证据的,应当提供原件。电子数据的制作者制作的与原件一致的副本,或者直接来源于电子数据的打印件或其他可以显示、识别的输出介质,视为电子数据的原件。

**第十六条** 当事人提供的公文书证系在中华人民共和国领域外形成的,该证据应当经所在国公证机关证明,或者履行中华人民共和国与该所在国订立的有关条约中规定的证明手续。

中华人民共和国领域外形成的涉及身份关系的证据,应当经所在国公证机关证明并经中华人民共和国驻该国使领馆认证,或者履行中华人民共和国与该所在国订立的有关条约中规定的证明手续。

当事人向人民法院提供的证据是在香港、澳门、台湾地区形成的,应当履行相关的证明手续。

**第十七条** 当事人向人民法院提供外文书证或者外文说明资料,应当附有中文译本。

**第十八条** 双方当事人无争议的事实符合《最高人民法院关于适用〈中华人民共和国民事诉讼法〉的解释》第九十六条第一款规定情形的,人民法院可以责令当事人提供有关证据。

第十九条 当事人应当对其提交的证据材料逐一分类编号,对证据材料的来源、证明对象和内容作简要说明,签名盖章,注明提交日期,并依照对方当事人人数提出副本。

人民法院收到当事人提交的证据材料,应当出具收据,注明证据的名称、份数和页数以及收到的时间,由经办人员签名或者盖章。

## 二、证据的调查收集和保全

第二十条 当事人及其诉讼代理人申请人民法院调查收集证据,应当在举证期限届满前提交书面申请。

申请书应当载明被调查人的姓名或者单位名称、住所地等基本情况、所要调查收集的证据名称或者内容、需要由人民法院调查收集证据的原因及其要证明的事实以及明确的线索。

第二十一条 人民法院调查收集的书证,可以是原件,也可以是经核对无误的副本或者复制件。是副本或者复制件的,应当在调查笔录中说明来源和取证情况。

第二十二条 人民法院调查收集的物证应当是原物。被调查人提供原物确有困难的,可以提供复制品或者影像资料。提供复制品或者影像资料的,应当在调查笔录中说明取证情况。

第二十三条 人民法院调查收集视听资料、电子数据,应当要求被调查人提供原始载体。

提供原始载体确有困难的,可以提供复制件。提供复制件的,人民法院应当在调查笔录中说明其来源和制作经过。

人民法院对视听资料、电子数据采取证据保全措施的,适用前款规定。

第二十四条 人民法院调查收集可能需要鉴定的证据,应当遵守相关技术规范,确保证据不被污染。

第二十五条 当事人或者利害关系人根据民事诉讼法第八十一条的规定申请证据保全的,申请书应当载明需要保全的证据的基本情况、申请保全的理由以及采取何种保全措施等内容。

当事人根据民事诉讼法第八十一条第一款的规定申请证据保全的,应当在举证期限届满前向人民法院提出。

法律、司法解释对诉前证据保全有规定的,依照其规定办理。

第二十六条 当事人或者利害关系人申请采取查封、扣押等限制保全标的物使用、流通等保全措施,或者保全可能对证据持有人造成损失的,人民法院应当责令申请人提供相应的担保。

担保方式或者数额由人民法院根据保全措施对证据持有人的影响、保全标的物的价值、当事人或者利害关系人争议的诉讼标的金额等因素综合确定。

第二十七条 人民法院进行证据保全,可以要求当事人或者诉讼代理人到场。

根据当事人的申请和具体情况,人民法院可以采取查封、扣押、录音、录像、复制、鉴定、勘验等方法进行证据保全,并制作笔录。

在符合证据保全目的的情况下,人民法院应当选择对证据持有人利益影响最小的保全措施。

第二十八条 申请证据保全错误造成财产损失,当事人请求申请人承担赔偿责任的,人民法院应予支持。

第二十九条 人民法院采取诉前证据保全措施后,当事人向其他有管辖权的人民法院提起诉讼的,采取保全措施的人民法院应当根据当事人的申请,将保全的证据及时移交受理案件的人民法院。

第三十条 人民法院在审理案件过程中认为待证事实需要通过鉴定意见证明的,应当向当事人释明,并指定提出鉴定申请的期间。

符合《最高人民法院关于适用〈中华人民共和国民事诉讼法〉的解释》第九十六条第一款规定情形的,人民法院应当依职权委托鉴定。

第三十一条 当事人申请鉴定,应当在人民法院指定期间内提出,并预交鉴定费用。逾期不提出申请或者不预交鉴定费用的,视为放弃申请。

对需要鉴定的待证事实负有举证责任的当事人,在人民法院指定期间内无正当理由不提出鉴定申请或者不预交鉴定费用,或者拒不提供相关材料,致使待证事实无法查明的,应当承担举证不能的法律后果。

第三十二条 人民法院准许鉴定申请的,应当组织双方当事人协商确定具备相应资格的鉴定人。当事人协商不成的,由人民法院指定。

人民法院依职权委托鉴定的,可以在询问当事人的意见后,指定具备相应资格的鉴定人。

人民法院在确定鉴定人后应当出具委托书,委托书中应当载明鉴定事项、鉴定范围、鉴定目的和鉴定期限。

第三十三条 鉴定开始之前,人民法院应当要求鉴定人签署承诺书。承诺书中应当载明鉴定人保证客观、公正、诚实地进行鉴定,保证出庭作证,如作虚假鉴定应当承担法律责任等内容。

鉴定人故意作虚假鉴定的,人民法院应当责令其退还鉴定费用，并根据情节，依照民事诉讼法第一百一十一条的规定进行处罚。

**第三十四条** 人民法院应当组织当事人对鉴定材料进行质证。未经质证的材料，不得作为鉴定的根据。

经人民法院准许，鉴定人可以调取证据、勘验物证和现场、询问当事人或者证人。

**第三十五条** 鉴定人应当在人民法院确定的期限内完成鉴定，并提交鉴定书。

鉴定人无正当理由未按期提交鉴定书的，当事人可以申请人民法院另行委托鉴定人进行鉴定。人民法院准许的，原鉴定人已经收取的鉴定费用应当退还；拒不退还的，依照本规定第八十一条第二款的规定处理。

**第三十六条** 人民法院对鉴定人出具的鉴定书，应当审查是否具有下列内容：

（一）委托法院的名称；

（二）委托鉴定的内容、要求；

（三）鉴定材料；

（四）鉴定所依据的原理、方法；

（五）对鉴定过程的说明；

（六）鉴定意见；

（七）承诺书。

鉴定书应当由鉴定人签名或者盖章，并附鉴定人的相应资格证明。委托机构鉴定的，鉴定书应当由鉴定机构盖章，并由从事鉴定的人员签名。

**第三十七条** 人民法院收到鉴定书后，应当及时将副本送交当事人。

当事人对鉴定书的内容有异议的，应当在人民法院指定期间内以书面方式提出。

对于当事人的异议，人民法院应当要求鉴定人作出解释、说明或者补充。人民法院认为有必要的，可以要求鉴定人对当事人未提出异议的内容进行解释、说明或者补充。

**第三十八条** 当事人在收到鉴定人的书面答复后仍有异议的，人民法院应当根据《诉讼费用交纳办法》第十一条的规定，通知有异议的当事人预交鉴定人出庭费用，并通知鉴定人出庭。有异议的当事人不预交鉴定人出庭费用的，视为放弃异议。

双方当事人对鉴定意见均有异议的，分摊预交鉴定人出庭费用。

**第三十九条** 鉴定人出庭费用按照证人出庭作证费用的标准计算，由败诉的当事人负担。因鉴定意见不明确或者有瑕疵需要鉴定人出庭的，出庭费用由其自行负担。

人民法院委托鉴定时已经确定鉴定人出庭费用包含在鉴定费用中的，不再通知当事人预交。

**第四十条** 当事人申请重新鉴定，存在下列情形之一的，人民法院应当准许：

（一）鉴定人不具备相应资格的；

（二）鉴定程序严重违法的；

（三）鉴定意见明显依据不足的；

（四）鉴定意见不能作为证据使用的其他情形。

存在前款第一项至第三项情形的，鉴定人已经收取的鉴定费用应当退还。拒不退还的，依照本规定第八十一条第二款的规定处理。

对鉴定意见的瑕疵，可以通过补正、补充鉴定或者补充质证、重新质证等方法解决的，人民法院不予准许重新鉴定的申请。

重新鉴定的，原鉴定意见不得作为认定案件事实的根据。

**第四十一条** 对于一方当事人就专门性问题自行委托有关机构或者人员出具的意见，另一方当事人有证据或者理由足以反驳并申请鉴定的，人民法院应予准许。

**第四十二条** 鉴定意见被采信后，鉴定人无正当理由撤销鉴定意见的，人民法院应当责令其退还鉴定费用，并可以根据情节，依照民事诉讼法第一百一十一条的规定对鉴定人进行处罚。当事人主张鉴定人负担由此增加的合理费用的，人民法院应予支持。

人民法院采信鉴定意见后准许鉴定人撤销的，应当责令其退还鉴定费用。

**第四十三条** 人民法院应当在勘验前将勘验的时间和地点通知当事人。当事人不参加的，不影响勘验进行。

当事人可以就勘验事项向人民法院进行解释和说明，可以请求人民法院注意勘验中的重要事项。

人民法院勘验物证或者现场，应当制作笔录，记录勘验的时间、地点、勘验人、在场人、勘验的经过、结果，由勘验人、在场人签名或者盖章。对于绘制的现场图应当注明绘制的时间、方位、测绘人姓名、身份等内容。

**第四十四条** 摘录有关单位制作的与案件事实相关的文件、材料，应当注明出处，并加盖制作单位或者保管单位的印章，摘录人和其他调查人员应当在摘录件上签名或者盖章。

摘录文件、材料应当保持内容相应的完整性。

**第四十五条** 当事人根据《最高人民法院关于适用〈中华人民共和国民事诉讼法〉的解释》第一百一十二条

的规定申请人民法院责令对方当事人提交书证的,申请书应当载明所申请提交的书证名称或者内容、需要以该书证证明的事实及事实的重要性、对方当事人控制该书证的根据以及应当提交该书证的理由。

对方当事人否认控制书证的,人民法院应当根据法律规定、习惯等因素,结合案件的事实、证据,对于书证是否在对方当事人控制之下的事实作出综合判断。

第四十六条　人民法院对当事人提交书证的申请进行审查时,应当听取对方当事人的意见,必要时可以要求双方当事人提供证据、进行辩论。

当事人申请提交的书证不明确、书证对于待证事实的证明无必要、待证事实对于裁判结果无实质性影响、书证未在对方当事人控制之下或者不符合本规定第四十七条情形的,人民法院不予准许。

当事人申请理由成立的,人民法院应当作出裁定,责令对方当事人提交书证;理由不成立的,通知申请人。

第四十七条　下列情形,控制书证的当事人应当提交书证:

（一）控制书证的当事人在诉讼中曾经引用过的书证;

（二）为对方当事人的利益制作的书证;

（三）对方当事人依照法律规定有权查阅、获取的书证;

（四）账簿、记账原始凭证;

（五）人民法院认为应当提交书证的其他情形。

前款所列书证,涉及国家秘密、商业秘密、当事人或第三人的隐私,或者存在法律规定应当保密的情形的,提交后不得公开质证。

第四十八条　控制书证的当事人无正当理由拒不提交书证的,人民法院可以认定对方当事人所主张的书证内容为真实。

控制书证的当事人存在《最高人民法院关于适用〈中华人民共和国民事诉讼法〉的解释》第一百一十三条规定情形的,人民法院可以认定对方当事人主张以该书证证明的事实为真实。

### 三、举证时限与证据交换

第四十九条　被告应当在答辩期届满前提出书面答辩,阐明其对原告诉讼请求及所依据的事实和理由的意见。

第五十条　人民法院应当在审理前的准备阶段向当事人送达举证通知书。

举证通知书应当载明举证责任的分配原则和要求、可以向人民法院申请调查收集证据的情形、人民法院根据案件情况指定的举证期限以及逾期提供证据的法律后果等内容。

第五十一条　举证期限可以由当事人协商,并经人民法院准许。

人民法院指定举证期限的,适用第一审普通程序审理的案件不得少于十五日,当事人提供新的证据的第二审案件不得少于十日。适用简易程序审理的案件不得超过十五日,小额诉讼案件的举证期限一般不得超过七日。

举证期限届满后,当事人提供反驳证据或者对已经提供的证据的来源、形式等方面的瑕疵进行补正的,人民法院可以酌情再次确定举证期限,该期限不受前款规定的期间限制。

第五十二条　当事人在举证期限内提供证据存在客观障碍,属于民事诉讼法第六十五条第二款规定的"当事人在该期限内提供证据确有困难"的情形。

前款情形,人民法院应当根据当事人的举证能力、不能在举证期限内提供证据的原因等因素综合判断。必要时,可以听取对方当事人的意见。

第五十三条　诉讼过程中,当事人主张的法律关系性质或者民事行为效力与人民法院根据案件事实作出的认定不一致的,人民法院应当将法律关系性质或者民事行为效力作为焦点问题进行审理。但法律关系性质对裁判理由及结果没有影响,或者有关问题已经当事人充分辩论的除外。

存在前款情形,当事人根据法庭审理情况变更诉讼请求的,人民法院应当准许并可以根据案件的具体情况重新指定举证期限。

第五十四条　当事人申请延长举证期限的,应当在举证期限届满前向人民法院提出书面申请。

申请理由成立的,人民法院应当准许,适当延长举证期限,并通知其他当事人。延长的举证期限适用于其他当事人。

申请理由不成立的,人民法院不予准许,并通知申请人。

第五十五条　存在下列情形的,举证期限按照如下方式确定:

（一）当事人依照民事诉讼法第一百二十七条规定提出管辖权异议的,举证期限中止,自驳回管辖权异议的裁定生效之日起恢复计算;

（二）追加当事人、有独立请求权的第三人参加诉讼或者无独立请求权的第三人经人民法院通知参加诉讼

的,人民法院应当依照本规定第五十一条的规定为新参加诉讼的当事人确定举证期限,该举证期限适用于其他当事人;

(三)发回重审的案件,第一审人民法院可以结合案件具体情况和发回重审的原因,酌情确定举证期限;

(四)当事人增加、变更诉讼请求或者提出反诉的,人民法院应当根据案件具体情况重新确定举证期限;

(五)公告送达的,举证期限自公告期届满之次日起计算。

第五十六条 人民法院依照民事诉讼法第一百三十三条第四项的规定,通过组织证据交换进行审理前准备的,证据交换之日举证期限届满。

证据交换的时间可以由当事人协商一致并经人民法院认可,也可以由人民法院指定。当事人申请延期举证经人民法院准许的,证据交换日相应顺延。

第五十七条 证据交换应当在审判人员的主持下进行。

在证据交换的过程中,审判人员对当事人无异议的事实、证据应当记录在卷;对有异议的证据,按照需要证明的事实分类记录在卷,并记载异议的理由。通过证据交换,确定双方当事人争议的主要问题。

第五十八条 当事人收到对方的证据后有反驳证据需要提交的,人民法院应当再次组织证据交换。

第五十九条 人民法院对逾期提供证据的当事人处以罚款的,可以结合当事人逾期提供证据的主观过错程度、导致诉讼迟延的情况、诉讼标的金额等因素,确定罚款数额。

### 四、质 证

第六十条 当事人在审理前的准备阶段或者人民法院调查、询问过程中发表过质证意见的证据,视为质证过的证据。

当事人要求以书面方式发表质证意见,人民法院在听取对方当事人意见后认为有必要的,可以准许。人民法院应当及时将书面质证意见送交对方当事人。

第六十一条 对书证、物证、视听资料进行质证时,当事人应当出示证据的原件或者原物。但有下列情形之一的除外:

(一)出示原件或者原物确有困难并经人民法院准许出示复制件或者复制品的;

(二)原件或者原物已不存在,但有证据证明复制件、复制品与原件或者原物一致的。

第六十二条 质证一般按下列顺序进行:

(一)原告出示证据,被告、第三人与原告进行质证;

(二)被告出示证据,原告、第三人与被告进行质证;

(三)第三人出示证据,原告、被告与第三人进行质证。

人民法院根据当事人申请调查收集的证据,审判人员对调查收集证据的情况进行说明后,由提出申请的当事人与对方当事人、第三人进行质证。

人民法院依职权调查收集的证据,由审判人员对调查收集证据的情况进行说明后,听取当事人的意见。

第六十三条 当事人应当就案件事实作真实、完整的陈述。

当事人的陈述与此前陈述不一致的,人民法院应当责令其说明理由,并结合当事人的诉讼能力、证据和案件具体情况进行审查认定。

当事人故意作虚假陈述妨碍人民法院审理的,人民法院应当根据情节,依照民事诉讼法第一百一十一条的规定进行处罚。

第六十四条 人民法院认为有必要的,可以要求当事人本人到场,就案件的有关事实接受询问。

人民法院要求当事人到场接受询问的,应当通知当事人询问的时间、地点、拒不到场的后果等内容。

第六十五条 人民法院应当在询问前责令当事人签署保证书并宣读保证书的内容。

保证书应当载明据实陈述,绝无隐瞒、歪曲、增减,如有虚假陈述应当接受处罚等内容。当事人应当在保证书上签名、捺印。

当事人有正当理由不能宣读保证书的,由书记员宣读并进行说明。

第六十六条 当事人无正当理由拒不到场、拒不签署或宣读保证书或者拒不接受询问的,人民法院应当综合案件情况,判断待证事实的真伪。待证事实无其他证据证明的,人民法院应当作出不利于该当事人的认定。

第六十七条 不能正确表达意思的人,不能作为证人。

待证事实与其年龄、智力状况或者精神健康状况相适应的无民事行为能力人和限制民事行为能力人,可以作为证人。

第六十八条 人民法院应当要求证人出庭作证,接受审判人员和当事人的询问。证人在审理前的准备阶段或者人民法院调查、询问等双方当事人在场时陈述证言的,视为出庭作证。

双方当事人同意证人以其他方式作证并经人民法院

准许的,证人可以不出庭作证。

无正当理由未出庭的证人以书面等方式提供的证言,不得作为认定案件事实的根据。

**第六十九条** 当事人申请证人出庭作证的,应当在举证期限届满前向人民法院提交申请书。

申请书应当载明证人的姓名、职业、住所、联系方式,作证的主要内容,作证内容与待证事实的关联性,以及证人出庭作证的必要性。

符合《最高人民法院关于适用〈中华人民共和国民事诉讼法〉的解释》第九十六条第一款规定情形的,人民法院应当依职权通知证人出庭作证。

**第七十条** 人民法院准许证人出庭作证申请的,应当向证人送达通知书并告知双方当事人。通知书中应当载明证人作证的时间、地点,作证的事项、要求以及作伪证的法律后果等内容。

当事人申请证人出庭作证的事项与待证事实无关,或者没有通知证人出庭作证必要的,人民法院不予准许当事人的申请。

**第七十一条** 人民法院应当要求证人在作证之前签署保证书,并在法庭上宣读保证书的内容。但无民事行为能力人和限制民事行为能力人作为证人的除外。

证人确有正当理由不能宣读保证书的,由书记员代为宣读并进行说明。

证人拒绝签署或者宣读保证书的,不得作证,并自行承担相关费用。

证人保证书的内容适用当事人保证书的规定。

**第七十二条** 证人应当客观陈述其亲身感知的事实,作证时不得使用猜测、推断或者评论性语言。

证人作证前不得旁听法庭审理,作证时不得以宣读事先准备的书面材料的方式陈述证言。

证人言辞表达有障碍的,可以通过其他表达方式作证。

**第七十三条** 证人应当就其作证的事项进行连续陈述。

当事人及其法定代理人、诉讼代理人或者旁听人员干扰证人陈述的,人民法院应当及时制止,必要时可以依照民事诉讼法第一百一十条的规定进行处罚。

**第七十四条** 审判人员可以对证人进行询问。当事人及其诉讼代理人经审判人员许可后可以询问证人。

询问证人时其他证人不得在场。

人民法院认为有必要的,可以要求证人之间进行对质。

**第七十五条** 证人出庭作证后,可以向人民法院申请支付证人出庭作证费用。证人有困难需要预先支取出庭作证费用的,人民法院可以根据证人的申请在出庭作证前支付。

**第七十六条** 证人确有困难不能出庭作证,申请以书面证言、视听传输技术或者视听资料等方式作证的,应当向人民法院提交申请书。申请书中应当载明不能出庭的具体原因。

符合民事诉讼法第七十三条规定情形的,人民法院应当准许。

**第七十七条** 证人经人民法院准许,以书面证言方式作证的,应当签署保证书;以视听传输技术或者视听资料方式作证的,应当签署保证书并宣读保证书的内容。

**第七十八条** 当事人及其诉讼代理人对证人的询问与待证事实无关,或者存在威胁、侮辱证人或不适当引导等情形的,审判人员应当及时制止。必要时可以依照民事诉讼法第一百一十条、第一百一十一条的规定进行处罚。

证人故意作虚假陈述,诉讼参与人或者其他人以暴力、威胁、贿买等方法妨碍证人作证,或者在证人作证后以侮辱、诽谤、诬陷、恐吓、殴打等方式对证人打击报复的,人民法院应当根据情节,依照民事诉讼法第一百一十一条的规定,对行为人进行处罚。

**第七十九条** 鉴定人依照民事诉讼法第七十八条的规定出庭作证的,人民法院应当在开庭审理三日前将出庭的时间、地点及要求通知鉴定人。

委托机构鉴定的,应当由从事鉴定的人员代表机构出庭。

**第八十条** 鉴定人应当就鉴定事项如实答复当事人的异议和审判人员的询问。当庭答复确有困难的,经人民法院准许,可以在庭审结束后书面答复。

人民法院应当及时将书面答复送交当事人,并听取当事人的意见。必要时,可以再次组织质证。

**第八十一条** 鉴定人拒不出庭作证的,鉴定意见不得作为认定案件事实的根据。人民法院应当建议有关主管部门或者组织对拒不出庭作证的鉴定人予以处罚。

当事人要求退还鉴定费用的,人民法院应当在三日内作出裁定,责令鉴定人退还;拒不退还的,由人民法院依法执行。

当事人因鉴定人拒不出庭作证申请重新鉴定的,人民法院应当准许。

**第八十二条** 经法庭许可,当事人可以询问鉴定人、勘验人。

询问鉴定人、勘验人不得使用威胁、侮辱等不适当的言语和方式。

**第八十三条** 当事人依照民事诉讼法第七十九条和《最高人民法院关于适用〈中华人民共和国民事诉讼法〉的解释》第一百二十二条的规定，申请有专门知识的人出庭的，申请书中应当载明有专门知识的人的基本情况和申请的目的。

人民法院准许当事人申请的，应当通知双方当事人。

**第八十四条** 审判人员可以对有专门知识的人进行询问。经法庭准许，当事人可以对有专门知识的人进行询问，当事人各自申请的有专门知识的人可以就案件中的有关问题进行对质。

有专门知识的人不得参与对鉴定意见质证或者就专业问题发表意见之外的法庭审理活动。

### 五、证据的审核认定

**第八十五条** 人民法院应当以证据能够证明的案件事实为根据依法作出裁判。

审判人员应当依照法定程序，全面、客观地审核证据，依据法律的规定，遵循法官职业道德，运用逻辑推理和日常生活经验，对证据有无证明力和证明力大小独立进行判断，并公开判断的理由和结果。

**第八十六条** 当事人对于欺诈、胁迫、恶意串通事实的证明，以及对于口头遗嘱或赠与事实的证明，人民法院确信该待证事实存在的可能性能够排除合理怀疑的，应当认定该事实存在。

与诉讼保全、回避等程序事项有关的事实，人民法院结合当事人的说明及相关证据，认为有关事实存在的可能性较大的，可以认定该事实存在。

**第八十七条** 审判人员对单一证据可以从下列方面进行审核认定：

（一）证据是否为原件、原物，复制件、复制品与原件、原物是否相符；

（二）证据与本案事实是否相关；

（三）证据的形式、来源是否符合法律规定；

（四）证据的内容是否真实；

（五）证人或者提供证据的人与当事人有无利害关系。

**第八十八条** 审判人员对案件的全部证据，应当从各证据与案件事实的关联程度、各证据之间的联系等方面进行综合审查判断。

**第八十九条** 当事人在诉讼过程中认可的证据，人民法院应当予以确认。但法律、司法解释另有规定的除外。

当事人对认可的证据反悔的，参照《最高人民法院关于适用〈中华人民共和国民事诉讼法〉的解释》第二百二十九条的规定处理。

**第九十条** 下列证据不能单独作为认定案件事实的根据：

（一）当事人的陈述；

（二）无民事行为能力人或者限制民事行为能力人所作的与其年龄、智力状况或者精神健康状况不相当的证言；

（三）与一方当事人或者其代理人有利害关系的证人陈述的证言；

（四）存有疑点的视听资料、电子数据；

（五）无法与原件、原物核对的复制件、复制品。

**第九十一条** 公文书证的制作者根据文书原件制作的载有部分或者全部内容的副本，与正本具有相同的证明力。

在国家机关存档的文件，其复制件、副本、节录本经档案部门或者制作原本的机关证明其内容与原本一致的，该复制件、副本、节录本具有与原本相同的证明力。

**第九十二条** 私文书证的真实性，由主张以私文书证证明案件事实的当事人承担举证责任。

私文书证由制作者或者其代理人签名、盖章或捺印的，推定为真实。

私文书证上有删除、涂改、增添或者其他形式瑕疵的，人民法院应当综合案件的具体情况判断其证明力。

**第九十三条** 人民法院对于电子数据的真实性，应当结合下列因素综合判断：

（一）电子数据的生成、存储、传输所依赖的计算机系统的硬件、软件环境是否完整、可靠；

（二）电子数据的生成、存储、传输所依赖的计算机系统的硬件、软件环境是否处于正常运行状态，或者不处于正常运行状态时对电子数据的生成、存储、传输是否有影响；

（三）电子数据的生成、存储、传输所依赖的计算机系统的硬件、软件环境是否具备有效的防止出错的监测、核查手段；

（四）电子数据是否被完整地保存、传输、提取，保存、传输、提取的方法是否可靠；

（五）电子数据是否在正常的往来活动中形成和存储；

（六）保存、传输、提取电子数据的主体是否适当；

（七）影响电子数据完整性和可靠性的其他因素。

人民法院认为有必要的，可以通过鉴定或者勘验等方法，审查判断电子数据的真实性。

**第九十四条** 电子数据存在下列情形的，人民法院可以确认其真实性，但有足以反驳的相反证据的除外：

（一）由当事人提交或者保管的于己不利的电子数据；

（二）由记录和保存电子数据的中立第三方平台提供或者确认的；

（三）在正常业务活动中形成的；

（四）以档案管理方式保管的；

（五）以当事人约定的方式保存、传输、提取的。

电子数据的内容经公证机关公证的，人民法院应当确认其真实性，但有相反证据足以推翻的除外。

**第九十五条** 一方当事人控制证据无正当理由拒不提交，对待证事实负有举证责任的当事人主张该证据的内容不利于控制人的，人民法院可以认定该主张成立。

**第九十六条** 人民法院认定证人证言，可以通过对证人的智力状况、品德、知识、经验、法律意识和专业技能等的综合分析作出判断。

**第九十七条** 人民法院应当在裁判文书中阐明证据是否采纳的理由。

对当事人无争议的证据，是否采纳的理由可以不在裁判文书中表述。

## 六、其　他

**第九十八条** 对证人、鉴定人、勘验人的合法权益依法予以保护。

当事人或者其他诉讼参与人伪造、毁灭证据，提供虚假证据，阻止证人作证，指使、贿买、胁迫他人作伪证，或者对证人、鉴定人、勘验人打击报复的，依照民事诉讼法第一百一十条、第一百一十一条的规定进行处罚。

**第九十九条** 本规定对证据保全没有规定的，参照适用法律、司法解释关于财产保全的规定。

除法律、司法解释另有规定外，对当事人、鉴定人、有专门知识的人的询问参照适用本规定中关于询问证人的规定；关于书证的规定适用于视听资料、电子数据；存储在电子计算机等电子介质中的视听资料，适用电子数据的规定。

**第一百条** 本规定自2020年5月1日起施行。

本规定公布施行后，最高人民法院以前发布的司法解释与本规定不一致的，不再适用。

# 最高人民法院关于知识产权民事诉讼证据的若干规定

- 2020年11月9日最高人民法院审判委员会第1815次会议通过
- 2020年11月16日最高人民法院公告公布
- 自2020年11月18日起施行
- 法释〔2020〕12号

为保障和便利当事人依法行使诉讼权利，保证人民法院公正、及时审理知识产权民事案件，根据《中华人民共和国民事诉讼法》等有关法律规定，结合知识产权民事审判实际，制定本规定。

**第一条** 知识产权民事诉讼当事人应当遵循诚信原则，依照法律及司法解释的规定，积极、全面、正确、诚实地提供证据。

**第二条** 当事人对自己提出的主张，应当提供证据加以证明。根据案件审理情况，人民法院可以适用民事诉讼法第六十五条第二款的规定，根据当事人的主张及待证事实、当事人的证据持有情况、举证能力等，要求当事人提供有关证据。

**第三条** 专利方法制造的产品不属于新产品的，侵害专利权纠纷的原告应当举证证明下列事实：

（一）被告制造的产品与使用专利方法制造的产品属于相同产品；

（二）被告制造的产品经由专利方法制造的可能性较大；

（三）原告为证明被告使用了专利方法尽到合理努力。

原告完成前款举证后，人民法院可以要求被告举证证明其产品制造方法不同于专利方法。

**第四条** 被告依法主张合法来源抗辩的，应当举证证明合法取得被诉侵权产品、复制品的事实，包括合法的购货渠道、合理的价格和直接的供货方等。

被告提供的被诉侵权产品、复制品来源证据与其合理注意义务程度相当的，可以认定其完成前款所称举证，并推定其不知道被诉侵权产品、复制品侵害知识产权。被告的经营规模、专业程度、市场交易习惯等，可以作为确定其合理注意义务的证据。

**第五条** 提起确认不侵害知识产权之诉的原告应当举证证明下列事实：

（一）被告向原告发出侵权警告或者对原告进行侵权投诉；

（二）原告向被告发出诉权行使催告及催告时间、送达时间；

（三）被告未在合理期限内提起诉讼。

**第六条** 对于未在法定期限内提起行政诉讼的行政行为所认定的基本事实，或者行政行为认定的基本事实已为生效裁判所确认的部分，当事人在知识产权民事诉讼中无须再证明，但有相反证据足以推翻的除外。

**第七条** 权利人为发现或者证明知识产权侵权行为，自行或者委托他人以普通购买者的名义向被诉侵权人购买侵权物品所取得的实物、票据等可以作为起诉被诉侵权人侵权的证据。

被诉侵权人基于他人行为而实施侵害知识产权行为所形成的证据，可以作为权利人起诉其侵权的证据，但被诉侵权人仅基于权利人的取证行为而实施侵害知识产权行为的除外。

**第八条** 中华人民共和国领域外形成的下列证据，当事人仅以该证据未办理公证、认证等证明手续为由提出异议的，人民法院不予支持：

（一）已为发生法律效力的人民法院裁判所确认的；

（二）已为仲裁机构生效裁决所确认的；

（三）能够从官方或者公开渠道获得的公开出版物、专利文献等；

（四）有其他证据能够证明真实性的。

**第九条** 中华人民共和国领域外形成的证据，存在下列情形之一的，当事人仅以该证据未办理认证手续为由提出异议的，人民法院不予支持：

（一）提出异议的当事人对证据的真实性明确认可的；

（二）对方当事人提供证人证言对证据的真实性予以确认，且证人明确表示如作伪证愿意接受处罚的。

前款第二项所称证人作伪证，构成民事诉讼法第一百一十一条规定情形的，人民法院依法处理。

**第十条** 在一审程序中已经根据民事诉讼法第五十九条、第二百六十四条的规定办理授权委托公证、认证或者其他证明手续的，在后续诉讼程序中，人民法院可以不再要求办理该授权委托书的上述证明手续。

**第十一条** 人民法院对于当事人或者利害关系人的证据保全申请，应当结合下列因素进行审查：

（一）申请人是否已就其主张提供初步证据；

（二）证据是否可以由申请人自行收集；

（三）证据灭失或者以后难以取得的可能性及其对证明待证事实的影响；

（四）可能采取的保全措施对证据持有人的影响。

**第十二条** 人民法院进行证据保全，应当以有效固定证据为限，尽量减少对保全标的物价值的损害和对证据持有人正常生产经营的影响。

证据保全涉及技术方案的，可以采取制作现场勘验笔录、绘图、拍照、录音、录像、复制设计和生产图纸等保全措施。

**第十三条** 当事人无正当理由拒不配合或者妨害证据保全，致使无法保全证据的，人民法院可以确定由其承担不利后果。构成民事诉讼法第一百一十一条规定情形的，人民法院依法处理。

**第十四条** 对于人民法院已经采取保全措施的证据，当事人擅自拆装证据实物、篡改证据材料或者实施其他破坏证据的行为，致使证据不能使用的，人民法院可以确定由其承担不利后果。构成民事诉讼法第一百一十一条规定情形的，人民法院依法处理。

**第十五条** 人民法院进行证据保全，可以要求当事人或者诉讼代理人到场，必要时可以根据当事人的申请通知有专门知识的人到场，也可以指派技术调查官参与证据保全。

证据为案外人持有的，人民法院可以对其持有的证据采取保全措施。

**第十六条** 人民法院进行证据保全，应当制作笔录、保全证据清单，记录保全时间、地点、实施人、在场人、保全经过、保全标的物状态，由实施人、在场人签名或者盖章。有关人员拒绝签名或者盖章的，不影响保全的效力，人民法院可以在笔录上记明并拍照、录像。

**第十七条** 被申请人对证据保全的范围、措施、必要性等提出异议并提供相关证据，人民法院经审查认为异议理由成立的，可以变更、终止、解除证据保全。

**第十八条** 申请人放弃使用被保全证据，但被保全证据涉及案件基本事实查明或者其他当事人主张使用的，人民法院可以对该证据进行审查认定。

**第十九条** 人民法院可以对下列待证事实的专门性问题委托鉴定：

（一）被诉侵权技术方案与专利技术方案、现有技术的对应技术特征在手段、功能、效果等方面的异同；

（二）被诉侵权作品与主张权利的作品的异同；

（三）当事人主张的商业秘密与所属领域已为公众所知悉的信息的异同、被诉侵权的信息与商业秘密的异同；

（四）被诉侵权物与授权品种在特征、特性方面的异同，其不同是否因非遗传变异所致；

（五）被诉侵权集成电路布图设计与请求保护的集成电路布图设计的异同；

（六）合同涉及的技术是否存在缺陷；

（七）电子数据的真实性、完整性；

（八）其他需要委托鉴定的专门性问题。

**第二十条** 经人民法院准许或者双方当事人同意，鉴定人可以将鉴定所涉部分检测事项委托其他检测机构进行检测，鉴定人对根据检测结果出具的鉴定意见承担法律责任。

**第二十一条** 鉴定业务领域未实行鉴定人和鉴定机构统一登记管理制度的，人民法院可以依照《最高人民法院关于民事诉讼证据的若干规定》第三十二条规定的鉴定人选任程序，确定具有相应技术水平的专业机构、专业人员鉴定。

**第二十二条** 人民法院应当听取各方当事人意见，并结合当事人提出的证据确定鉴定范围。鉴定过程中，一方当事人申请变更鉴定范围，对方当事人无异议的，人民法院可以准许。

**第二十三条** 人民法院应当结合下列因素对鉴定意见进行审查：

（一）鉴定人是否具备相应资格；

（二）鉴定人是否具备解决相关专门性问题应有的知识、经验及技能；

（三）鉴定方法和鉴定程序是否规范，技术手段是否可靠；

（四）送检材料是否经过当事人质证且符合鉴定条件；

（五）鉴定意见的依据是否充分；

（六）鉴定人有无应当回避的法定事由；

（七）鉴定人在鉴定过程中有无徇私舞弊或者其他影响公正鉴定的情形。

**第二十四条** 承担举证责任的当事人书面申请人民法院责令控制证据的对方当事人提交证据，申请理由成立的，人民法院应当作出裁定，责令其提交。

**第二十五条** 人民法院依法要求当事人提交有关证据，其无正当理由拒不提交、提交虚假证据、毁灭证据或者实施其他致使证据不能使用行为的，人民法院可以推定对方当事人就该证据所涉证明事项的主张成立。

当事人实施前款所列行为，构成民事诉讼法第一百一十一条规定情形的，人民法院依法处理。

**第二十六条** 证据涉及商业秘密或者其他需要保密的商业信息的，人民法院应当在相关诉讼参与人接触该证据前，要求其签订保密协议、作出保密承诺，或者以裁定等法律文书责令其不得出于本案诉讼之外的任何目的披露、使用、允许他人使用在诉讼程序中接触到的秘密信息。

当事人申请对接触前款所称证据的人员范围作出限制，人民法院经审查认为确有必要的，应当准许。

**第二十七条** 证人应当出庭作证，接受审判人员及当事人的询问。

双方当事人同意并经人民法院准许，证人不出庭的，人民法院应当组织当事人对该证人证言进行质证。

**第二十八条** 当事人可以申请有专门知识的人出庭，就专业问题提出意见。经法庭准许，当事人可以对有专门知识的人进行询问。

**第二十九条** 人民法院指派技术调查官参与庭前会议、开庭审理的，技术调查官可以就案件所涉技术问题询问当事人、诉讼代理人、有专门知识的人、证人、鉴定人、勘验人等。

**第三十条** 当事人对公证文书提出异议，并提供相反证据足以推翻的，人民法院对该公证文书不予采纳。

当事人对公证文书提出异议的理由成立的，人民法院可以要求公证机构出具说明或者补正，并结合其他相关证据对该公证文书进行审核认定。

**第三十一条** 当事人提供的财务账簿、会计凭证、销售合同、进出货单据、上市公司年报、招股说明书、网站或者宣传册等有关记载，设备系统存储的交易数据，第三方平台统计的商品流通数据，评估报告，知识产权许可使用合同以及市场监管、税务、金融部门的记录等，可以作为证据，用以证明当事人主张的侵害知识产权赔偿数额。

**第三十二条** 当事人主张参照知识产权许可使用费的合理倍数确定赔偿数额的，人民法院可以考量下列因素对许可使用费证据进行审核认定：

（一）许可使用费是否实际支付及支付方式，许可使用合同是否实际履行或者备案；

（二）许可使用的权利内容、方式、范围、期限；

（三）被许可人与许可人是否存在利害关系；

（四）行业许可的通常标准。

**第三十三条** 本规定自2020年11月18日起施行。本院以前发布的相关司法解释与本规定不一致的，以本规定为准。

· 典型案例

## 1. 陈明、徐炎芳、陈洁诉上海携程国际旅行社有限公司旅游合同纠纷案[①]

【裁判摘要】

一、当事人对自己提出的主张,有责任提供证据。旅游经营者主张旅游者的单方解约系违约行为,应当按照合同约定承担实际损失的,则旅游经营者应当举证证明"损失已实际产生"和"损失的合理性"。如举证不力,则由旅游经营者承担不利后果。

二、按照有关司法解释的规定,旅游经营者向人民法院提供的证据系在中华人民共和国领域外形成的,该证据应当按照法律规定完成公证、认证手续;在香港、澳门特区或台湾地区形成的,应当履行相关的证明手续。

【案情】

原告:陈明,男,61岁,汉族,户籍所在地:山西省太原市杏花岭区。

原告:徐炎芳,女,62岁,汉族,户籍所在地:山西省太原市杏花岭区。

原告:陈洁,女,34岁,汉族,户籍所在地:北京市海淀区。

被告:上海携程国际旅行社有限公司,住所地:上海市长宁区福泉路。

法定代表人:范敏,该公司董事长。

原告陈明、徐炎芳、陈洁因与被告上海携程国际旅行社有限公司(以下简称携程旅行社)发生旅游合同纠纷,向上海市长宁区人民法院提起诉讼。

原告陈明、徐炎芳、陈洁诉称:三原告于2013年7月30日与被告携程旅行社签订了《上海市出境旅游合同》,双方约定由被告向三原告提供2013年9月30日至同年10月8日为期9天的前往欧洲旅行的旅游服务,每人旅游费为人民币17866元(以下未注明币种均为人民币)。合同订立后,三原告向被告实际支付旅游费用共计55326元,被告向原告开具了发票。相关旅游签证由被告代为办理。2013年9月3日,原告陈明因工作原因出国需要使用护照,联系被告要求暂时取回护照。被告称护照如取回,旅游签证无法按时办理,旅行无法如期进行。被告也不同意原告更改旅游时间,无奈原告只能退团,并要求被告退还旅游费用。被告退还25128元,在无任何凭据的情况下,扣除了原告30198元。原告无法接受被告作出的处理,向旅游质监所提请调解,但调解未成。后被告又向原告返还4600元,但被告仍扣留三原告旅游费用25598元。原告认为,原告提前将近一个月的时间通知被告退团,被告完全有足够的时间另行出售旅游名额,不会对被告造成损失。被告所称的已产生损失,未提供充分证据证明。即使按照合同约定,原告解除合同只是承担旅游合同总价5%的违约金。原告据此请求法院判令被告返还三原告旅游费25598元。

原告陈明、徐炎芳、陈洁为证明其诉讼请求,向法院提供了:1.《上海市出境旅游合同》、旅游度假产品确认单;2. 发票;3. 收费证明、费用证明;4. 上海市旅游质量监督所旅游投诉终止调解书。

被告上海携程国际旅行社有限公司辩称:因原告参加的是团队旅游,需要办理团队旅游签证,如原告取回护照则无法办理签证。原告坚持取回护照,被告无奈只能将护照退还原告。原告陈明因自身事务退团,违反合同约定,应当承担违约责任。原告徐炎芳、陈洁无正当理由退团,也应承担违约责任。原告所预定旅游行程时处十一黄金周期间,属于旅游旺季,预先交付给旅游地地接社的费用无法退还。但是被告为尽量减少原告损失,于2013年9月12日退还原告1728元,9月18日退还原告23400元,11月7日退还原告4623元,被告已经尽到了维护客户权益的责任。至于剩余费用,因已经实际发生,被告无法从地接社处取回。故被告请求法院驳回原告的诉讼请求。

被告携程旅行社为证明其主张,向法院提供了:1. 地接社欧洲之星公司出具的收费证明、取消政策;2. 欧洲之星公司注册证书;3. 奥地利驻华大使馆网页信息。

上海市长宁区人民法院一审查明:

原告陈明与徐炎芳系夫妻,陈洁系陈明、徐炎芳之女。

2013年7月30日,原告陈明、徐炎芳、陈洁与被告携程旅行社签订了《上海市出境旅游合同》。合同约定,陈明、徐炎芳、陈洁参加由携程旅行社组团的"德国罗滕堡+海德堡+法兰克福+奥地利9日团队游(4钻)·全四星湖光山色 新天鹅堡"团队游,旅行时间为2013年9月30日至2013年10月7日,每人旅游费为人民币(以下币种除特别注明外,其余均为人民币)17866元,三人旅游费合计53598元。该旅游合同在旅游者的义务项下还约定:"旅游者应当遵守合同约定,自觉履行合同义务。非经旅

---

[①] 案例来源:《最高人民法院公报》2015年第4期。

行社同意,不得单方变更、解除旅游合同,但法律、法规另有规定的除外。因旅游者的原因不能成行造成违约的,旅游者应当提前7天(含7天)通知对方,但旅游者和组团旅行社也可以另行约定提前告知的时间。对于违约责任,旅游者和旅行社已有约定的,从其约定承担;没有约定的,按照下列协议承担违约责任:1. 旅游者按规定时间通知对方的,应当支付旅游合同总价5%的违约金;2. 旅游者未按规定时间通知对方的,应当支付旅游合同总价10%的违约金。旅行社已办理的护照成本手续费、订房损失费、实际签证费、国际国内交通票损失费按实计算。因违约造成的其他损失,按有关法律、法规和规章的规定承担赔偿责任。"在该旅游合同补充条款上载明,旅游团费包含签证费、游程中规定的用餐、双标房、国际交通费、游览用车、景点第一门票、导游服务等费用。在携程旅行社提供的旅游度假产品确认单上载明,旅游产品的供应商为europe express & east europe travel service int'l co., ltd。(即欧洲之星公司)

被告携程旅行社在向原告陈明、徐炎芳、陈洁收取53598元旅游费和另行收取1728元旅游费后,开具金额分别为53598元和1728元两张发票。

2013年9月6日,原告陈明因故需要取回护照,致使无法如期办理前往旅游目的地的签证,难以参加既定旅游行程,要求退团;原告徐炎芳、陈洁同时向被告携程旅行社申请退团。陈明、徐炎芳、陈洁解除出境旅游合同的要求,携程旅行社予以同意。携程旅行社于2013年9月12日退还1728元,于同年9月18日退还23400元,余款未作退还。陈明、徐炎芳、陈洁于2013年9月22日向上海市旅游质量监督所投诉携程旅行社,要求退还剩余旅游费。经上海市旅游质量监督所调解,陈明、徐炎芳、陈洁和携程旅行社无法达成一致意见,该所于2013年10月24日终止调解,并出具旅游投诉终止调解书。携程旅行社于2013年11月7日退还4623元。2014年3月4日,陈明、徐炎芳、陈洁为要求被告携程旅行社退还旅游费余款向法院提起本案诉讼。

上海市长宁区人民法院一审认为:

依法成立的合同,对当事人具有法律约束力。当事人应当按照约定履行自己的义务,不得擅自变更或解除合同。原告陈明、徐炎芳、陈洁与被告携程旅行社签订了《上海市出境旅游合同》,双方缔结旅游合同关系,意思表示真实,该旅游合同应属有效,双方应该共同遵守合同的约定。陈明因自身原因,在携程旅行社代为办理前往旅游目的地签证时要求取回护照,导致携程旅行社无法代为办理签证,参加原定旅游行程受阻,陈明要求退团;继而徐炎芳、陈洁也要求退团,陈明、徐炎芳、陈洁的解约行为,致使双方签订的旅游合同无法继续履行,陈明、徐炎芳、陈洁行为构成违约,应当承担相应的违约责任。

最高人民法院《关于审理旅游纠纷案件适用法律若干问题的规定》第十二条规定:"旅游行程开始前或者进行中,因旅游者单方解除合同,旅游者请求旅游经营者退还尚未实际发生的费用,或者旅游经营者请求旅游者支付合理费用的,人民法院应予支持。"因此,在陈明、徐炎芳、陈洁单方解除旅游合同后,应当承担由此产生的后果。

按照双方签订的旅游合同约定,因旅游者的原因不能成行造成违约的,旅游者应当提前7天通知对方,并支付旅游合同总价5%的违约金。原告陈明、徐炎芳、陈洁参加的旅游活动于2013年9月30日出行,陈明、徐炎芳、陈洁于2013年9月6日通知被告携程旅行社退团,携程旅行社对此予以确认。陈明、徐炎芳、陈洁应依约支付携程旅行社旅游合同总价53598元的5%的违约金2679.90元。

同时,双方签订的旅游合同还约定,旅行社已办理的护照成本手续费、订房损失费、实际签证费、国际国内交通票损失费按实计算。原告陈明、徐炎芳、陈洁的旅游签证是由被告携程旅行社代为办理,但携程旅行社并未提供使领馆已经收取陈明、徐炎芳、陈洁办理签证费用的证据,携程旅行社无法证明签证费用已经发生,应当将陈明、徐炎芳、陈洁办理签证的费用180欧元(以当时汇率中间价8.0382,折合人民币1446.88元)如数退还。旅游合同成立后,旅游经营者为履行合同义务即要着手为旅游者办理出入境手续、预定交通工具和膳宿。对旅游所涉交通、住宿的预先落实,既是保证旅游活动能够按约进行的前提,也是前往旅游入境国使领馆办理旅游签证的必备条件。随着上述手续的办理就会发生费用的预付。根据民事诉讼证据举证规则规定,对合同是否履行发生争议的,由负有履行义务的当事人承担举证责任。携程旅行社提供证据证明已向其委托的负责此次旅游活动接待的地接社欧洲之星公司交付费用,欧洲之星公司根据其与携程旅行社协议约定,以陈明、徐炎芳、陈洁取消旅游行程,致其损失3018欧元为由,拒绝退还该笔费用,该节事实发生应当得到认定。由于欧洲之星公司所处地域,其出具的文书需要进行公证、认证。携程旅行社提供上述证据未经公证、认证,在形式上存在瑕疵。而公证、认证需要花费精力及支付相应费用,欧洲之星公司持消极、不配合的态度,客观上为携程旅行社消除上述证据瑕疵造成障碍。如果因此将不利后果由携程旅行社承担,则有失公平。基于本次纠纷缘于陈明、徐炎芳、陈洁解约,而携程旅行社出示的证据因提供方的不配合存在瑕疵,此瑕疵携程旅行社主观上无法消除的因素,对于欧洲之星公司拒绝退还 3018 欧元造成的损失(以 8.0382 汇率,折合人民币 24259.28 元),酌定双方各半承担。携程旅行社需向陈明、徐炎芳、陈洁再退还 12129.64 元。

综上所述,被告携程旅行社在扣除原告陈明、徐炎芳、陈洁支付的违约金后,应再向陈明、徐炎芳、陈洁退还旅游费 10896.62 元。

综上,上海市长宁区人民法院依照《中华人民共和国合同法》第八条、第一百零七条、《中华人民共和国旅游法》第六十五条、最高人民法院《关于审理旅游纠纷案件适用法律若干问题的规定》第十二条和最高人民法院《关于民事诉讼证据的若干规定》第二条、第五条第二款的规定,于 2014 年 8 月 25 日作出判决:上海携程国际旅行社有限公司于判决生效之日起十日内向陈明、徐炎芳、陈洁退还人民币 10896.62 元。如果未按判决指定的期间履行给付金钱义务,应当依照《中华人民共和国民事诉讼法》第二百五十三条之规定,加倍支付迟延履行期间的债务利息。案件受理费人民币 439.10 元,由陈明、徐炎芳、陈洁负担人民币 252.10 元,由上海携程国际旅行社有限公司负担人民币 187 元。

陈明、徐炎芳、陈洁不服一审判决,向上海市第一中级人民法院提起上诉,请求:撤销原判,改判携程旅行社返还旅游费 25575 元。陈明、徐炎芳、陈洁上诉称,携程旅行社未提供证据证明其与所谓的欧洲之星公司合作关系的真实性,该公司提供的相关证据未经公证、认证,携程旅行社在本案涉及的多份证据材料中使用的欧洲之星公司名称不一致。最终出境团员名单都应该在国家旅游局备案,但携程旅行社始终无法提供组团名单、实际出行名单。陈明只是需要使用一下护照,并不是要求取消行程,但携程旅行社称无法如期办理旅游签证而导致陈明、徐炎芳、陈洁退团,陈明、徐炎芳、陈洁退团的行为不构成违约,但可以承担 5% 的违约金。携程旅行社没有证据证明其实际损失的真实性和合理性,故不应当由陈明、徐炎芳、陈洁承担。

被上诉人携程旅行社辩称:欧洲之星公司的营业执照在香港公开网站可以查到,公司真实设立。携程旅行社与香港的欧洲之星公司签订过协议,有业务合作关系。其他欧洲之星公司是与香港欧洲之星公司发生关系,香港欧洲之星公司如何操作非携程旅行社可以控制,且与本案无关。实际损失包括了酒店费用、签证费用和保险费用。酒店费用扣除依据是基于携程旅行社与欧洲之星公司的协议附件中的取消政策;签证费和保险费都已经实际支出。组团名单、实际出行名单与实际损失的产生没有关联性。现上诉人陈明、徐炎芳、陈洁因自身原因造成无法成行,应当承担违约责任,包括合同约定的违约金和实际损失。因考虑到公证、认证的时间和成本问题,没有进行公证、认证,故携程旅行社接受原审判决结果,不同意陈明、徐炎芳、陈洁的上诉请求,要求维持原判。

上海市第一中级人民法院经二审查明,认为除 3018 欧元损失一节事实外,原审法院认定的其余事实无误。

二审庭审过程中,被上诉人携程旅行社提供其作为甲方、(供应商)europe express travel service international co., ltd 作为乙方、携程旅行网(香港)有限公司作为丙方共同签订的三方协议书,旨在证明该协议书的附件是取消政策,该取消政策即为当客户取消订单时适用的政策条款。上诉人陈明、徐炎芳、陈洁对取消政策系三方协议书的附件不予认可,对取消政策的真实性有异议,同时认为协议书中欧洲之星公司的名称、地址与携程旅行社交付的旅游度假产品确认单、收费证明等中所载明的名称、地址不一致。二审法院限定携程旅行社在一个月期限内提供境外证据的相关公证、认证手续,并提供证明损失实际发生的相关证据进行补强。携程旅行社在法院指定的一个月举证期限内又提供了携程旅行社与地接社(欧洲之星公司)的邮件往来记录,旨在证明携程旅行社于 2013 年 8 月 20 日发送给地接社的分房名单和地接社次日发送给携程旅行社的邀请函名单中均包含了陈明、徐炎芳、陈洁;携程旅行社报备给上海市旅游局的出境游客信息表,旨在证明除了陈明、徐炎芳、陈洁外,其他团员均正常出行。陈明、徐炎芳、陈洁对携程旅行社与地接社的往来邮件的真实性不予认可,对出境游客信息表的真实性亦不予认可。

综合双方当事人的举证和质证意见,二审法院认为,携程旅行社提供的三方协议书未经公证、认证,真实性难以认定,且从形式上亦无法判断取消政策为该三方协议书的附件;邮件往来记录也未经有效确认,即使真实也是发生在陈明、徐炎芳、陈洁退团之前,陈明、徐炎芳、陈洁在名单中出现亦属正常;出境游客信息表仅以简单表格形式呈现,亦未有相关行政部门的印章佐证,真实性难以认定,无法证明此信息表为交旅游局备案文件,也无法证明系最终出行人员。故携程旅行社在二审中提交的证据,二审法院不予采信。原审法院仅凭未经公证、认证的欧洲之星公司出具的"收费证明"、"取消政策",即认定陈明、徐炎芳、陈洁取消旅游行程致使携程旅行社产生 3018 欧元的损失一节事实不当,故予以纠正。

上海市第一中级人民法院二审认为:

上诉人陈明、徐炎芳、陈洁与被上诉人携程旅行社签订的《上海市出境旅游合同》系双方真实意思表示,于法不悖,应属有效,双方均应恪守履行。陈明、徐炎芳、陈洁因自身原因要求退团,导致双方签订的旅游合同无法履行,系单方解约行为,陈明、徐炎芳、陈洁的行为构成违约,应当承担违约责任。

关于违约责任的承担,在双方签订的《上海市出境旅游合同》中明确约定:因旅游者的原因不能成行造成违约的,旅游者应当提前7天(含7天)通知对方,此种情况下,旅游者应当支付旅游合同总价5%的违约金。现上诉人陈明、徐炎芳、陈洁在2013年9月6日要求退团,属于该情形,故陈明、徐炎芳、陈洁应当承担以合同总价53598元为基数,按5%标准计算的违约金计2679.90元。

双方合同还约定:旅行社已办理的护照成本手续费、订房损失费、实际签证费、国际国内交通票损失费按实计算。被上诉人携程旅行社在上诉人陈明、徐炎芳、陈洁提出退团后,共计返还29751元,其余款项未予退还。陈明、徐炎芳、陈洁主张携程旅行社应将余款退还,而携程旅行社则认为因陈明、徐炎芳、陈洁的退团行为已导致其产生实际损失,故不应当退还。法院认为,关于"损失已实际产生"和"损失的合理性"的举证责任在于携程旅行社,如举证不力,则由携程旅行社承担不利后果。综观携程旅行社的证据材料,不论在证据的效力和证据的证明力上,以及直接证据、间接证据之间的相互印证上,都均无法形成令人信服的证据优势。携程旅行社为其酒店费用损失提供了相关证据,但"收费证明"、"取消政策"等境外证据未经公证、认证,部分证据无翻译件,形式上明显存有瑕疵,难以证明携程旅行社实际发生了酒店费用的支出;携程旅行社虽辩称其扣除的金额中还包括了已经支付的签证费和保险费,但其未提供支付凭证。法院在二审期间再次给予携程旅行社一个月的举证期限补充、补强相关证据,但其未能进一步有效举证,未提供经过公证、认证的境外证据,仅提供了与欧洲之星公司的邮件往来、报备文件,证明力较弱,难以印证损失已经实际产生并属合理,且均未得到陈明、徐炎芳、陈洁的认可;鉴于携程旅行社扣除相关费用欠缺证据证明,故陈明、徐炎芳、陈洁的上诉请求中部分内容应予以支持。经二审法院核算,携程旅行社应退还陈明、徐炎芳、陈洁旅游费22895.10元(旅游费合计55326元—已退款29751元—应承担的违约金2679.90元)。

被上诉人携程旅行社作为从事旅游服务业务的专业公司,在提供旅游服务的过程中,送签、办理保险、订房、交通等均由其安排,其在本案中应当有能力提供实际损失的确凿证据,但携程旅行社却怠于举证,由此产生的不利后果应由其自行承担。

据此,依照《中华人民共和国合同法》第八条、第一百零七条、《中华人民共和国旅游法》第六十五条、最高人民法院《关于审理旅游纠纷案件适用法律若干问题的规定》第十二条和《中华人民共和国民事诉讼法》第一百七十条第一款第(二)项、最高人民法院《关于民事诉讼证据的若干规定》第二条、第十一条的规定,于2014年12月19日判决如下:

一、撤销上海市长宁区人民法院(2014)长民一(民)初字第1376号民事判决;

二、被上诉人上海携程国际旅行社有限公司应于本判决生效之日起十日内向上诉人陈明、徐炎芳、陈洁退还人民币22895.10元。

如果未按本判决指定的期间履行给付金钱义务,应当依照《中华人民共和国民事诉讼法》第二百五十三条之规定,加倍支付迟延履行期间的债务利息。

一审案件受理费人民币439.10元,上诉人陈明、徐炎芳、陈洁负担44元,被上诉人上海携程国际旅行社有限公司负担395.10元。二审案件受理费人民币439.10元,上诉人陈明、徐炎芳、陈洁负担44元,被上诉人上海携程国际旅行社有限公司负担395.10元。

本判决为终审判决。

## 2. 余恩惠、李赞、李芊与重庆西南医院医疗损害赔偿纠纷再审案[①]

【基本案情】

重庆市民李安富(余恩惠之夫,李赞、李芊之父)因腰部疼痛不适,于2009年7月22日到重庆西南医院治疗,并根据医院诊断住院治疗。7月24日,重庆西南医院在对李安富进行手术前检查时发现患者有感染征象,遂进行抗感染、补充白蛋白等医疗措施。但李安富病情逐渐加重,发展为肺感染。7月31日,李安富经全院会诊后诊断为败血症,转入感染科继续治疗,医院下达病危通知。李安富病情进一步恶化,8月2日发生多器官功能障碍综合征。2009年8月9日,李安富经抢救无效死亡,死亡诊断为:多器官功能障碍综合征,脓毒血症,双肺肺炎,右踝软组织感染。经司法鉴定后查明,李安富的死亡原因符合脓毒败血症继发全身多器官功能衰竭,主要与其个人体质有关;重庆西南医院的医疗行为存在一定过错,与患者死亡之间存在一定因果关系,属次要责任。重庆西南医院对李安富死

---

① 案例来源:《最高人民法院公报》2014年第10期。

亡造成的损失应承担40%赔偿责任。

余恩惠、李赞、李芊向重庆市沙坪坝区人民法院提起诉讼,请求重庆西南医院支付医疗费48843.27元(含人血白蛋白16200元)、死亡赔偿金236235元等项费用,共计374953.77元。

【裁判结果】

最高人民法院再审认为,原审判决对余恩惠、李赞、李芊主张的人血白蛋白费用不予支持,属认定事实错误。依据重庆西南医院的医疗记录,李安富使用的人血白蛋白中有20瓶系余恩惠、李赞、李芊从他处自行购买,重庆西南医院对此项事实也予以认可,并提供证据证明每瓶人血白蛋白在重庆西南医院的出售价格为360元。余恩惠、李赞、李芊虽未能提供其购买人血白蛋白的收费凭证,但明确表示认可重庆西南医院提供的明显低于其主张费用的人血白蛋白出售价格,因此,余恩惠、李赞、李芊主张的16200元人血白蛋白费用中的7200元(20瓶×360元/瓶=7200元)应当计算在李安富住院期间产生的医疗费之中,李安富医疗费总额应为39843.27元,重庆西南医院应按照其过错程度对上述医疗费用承担赔偿责任。在本案中,重庆西南医院的医疗行为并未进行医疗事故鉴定,余恩惠、李赞、李芊要求重庆西南医院承担死亡赔偿金,应当适用民法通则。《最高人民法院关于审理人身损害赔偿案件适用法律若干问题的解释》是根据民法通则制定的,已经于2004年5月1日起施行,对死亡赔偿金的适用范围和计算标准都有明确规定。因此,应当按照规定计算死亡赔偿金,再根据重庆西南医院的过错程度确定其承担数额。原审判决认为余恩惠、李赞、李芊关于死亡赔偿金的诉讼请求没有法律依据,属适用法律错误,依法予以改判。最高人民法院改判重庆西南医院支付余恩惠、李赞、李芊死亡赔偿金236235元的40%,即94494元。

【典型意义】

本案涉及群众民生问题,任何细节都会影响到权利人的合法权益能否切实得到救济,准确认定事实是正确审理案件的基础,应当全面审查证据材料,不能简单化处理,这样才能避免形式主义错误。诉讼请求能否得到支持,需要证据证明,但对证据法定构成要件的理解不能僵化。原始收费凭证确实是证明商品数量和价格的直接有力证据,但仅仅拘泥于此就不能解决复杂问题,很难做到让人民群众在每一个司法案件中都感受到公平正义。原审判决对于余恩惠、李赞、李芊16200元人血白蛋白费用的诉讼请求一概否定,就是犯了这样的错误。讼争20瓶人血白蛋白用药系遵重庆西南医院医生之嘱,医生开出处方后交由患者家属外购,该院护士有注射记录。余恩惠、李赞、李芊虽然不能提供原始收费凭证,但对此做出了合理解释,而且他们原本主张的实际购置费用远远高于重庆西南医院的出售价格,但为尽快了结纠纷,在诉讼中进行了让步,同意按照重庆西南医院的出售价格计算其支出费用。而且,重庆西南医院也提供了证据,证明其同时期出售的人血白蛋白价格为每瓶360元。在这种情况下,李安富住院治疗期间自行购买人血白蛋白的费用数额,已经具备了完整的证据链可以证明,符合民事案件审理过程中认定事实的优势证据原则。所以,最高人民法院部分支持余恩惠、李赞、李芊关于人血白蛋白费用的诉讼请求,纠正了原审判决在认定事实方面存在的错误。

另外,余恩惠一方和重庆西南医院都没有申请进行医疗事故鉴定,所以本案应当适用民法通则和《最高人民法院关于审理人身损害赔偿案件适用法律若干问题的解释》中关于死亡赔偿金的相关规定。原审判决适用《医疗事故处理条例》进行审理,完全不支持死亡赔偿金的诉讼请求,同样存在适用法律不当的问题,最高人民法院再审判决对此一并进行了纠正。

· 文书范本

### 申请书(申请延长举证期限用)

### 申请书

申请人:×××,男/女,××××年××月××日出生,×族,……(写明工作单位和职务或者职业),住……。联系方式:……。

法定代理人/指定代理人:×××,……。

委托诉讼代理人:×××,……。

(以上写明申请人和其他诉讼参加人的姓名或者名称等基本信息)

请求事项:

申请延长你院(××××)……号……(写明当事人和案由)一案的举证期限至××××年××月××日。

事实和理由:

申请人×××与×××……(写明案由)一案,原定举证期限自××××年××月××日至××××年××月××日。……(写明申请延长举证期限的理由)。

此致
××××人民法院

申请人(签名或者公章)
××××年××月××日

【说明】

1. 本样式根据《最高人民法院关于适用〈中华人民共和国民事诉讼法〉的解释》第一百条第一款制定,供当事人在举证期限届满前,向人民法院书面申请延长举证期限用。

2. 当事人是法人或者其他组织的,写明名称住所。另起一行写明法定代表人、主要负责人及其姓名、职务、联系方式。

## 申请书(申请诉前证据保全用)

### 申请书

申请人:×××,男/女,××××年××月××日出生,×族,……(写明工作单位和职务或者职业),住……。联系方式:……。

法定代理人/指定代理人:×××,……。

委托诉讼代理人:×××,……。

被申请人:×××,……。

……

(以上写明当事人和其他诉讼参加人的姓名或者名称等基本信息)

请求事项:

请求裁定……(写明证据保全措施)。

事实和理由:

……(写明诉前/仲裁前申请证据保全的事实和理由)。

申请人提供……(写明担保财产的名称、性质、数量或数额、所在地等)作为担保。

此致
××××人民法院

申请人(签名或者公章)
××××年××月××日

【说明】

1. 本样式根据《中华人民共和国民事诉讼法》第八十一条制定,供利害关系人在提起诉讼或者申请仲裁前,向人民法院申请诉前证据保全用。

2. 当事人是法人或者其他组织的,写明名称住所。另起一行写明法定代表人、主要负责人及其姓名、职务、联系方式。

3. 利害关系人申请诉前证据保全,可以在提起诉讼或者申请仲裁前向证据所在地、被申请人住所地或者对案件有管辖权的人民法院提出。

## 申请书(申请诉讼证据保全用)

### 申请书

申请人:×××,男/女,××××年××月××日出生,×族,……(写明工作单位和职务或者职业),住……。联系方式:……。

法定代理人/指定代理人:×××,……。

委托诉讼代理人:×××,……。

被申请人:×××,……。

……

(以上写明当事人和其他诉讼参加人的姓名或者名称等基本信息)

请求事项:

因(××××)……号……(写明当事人和案由)一案,请求裁定……(写明证据保全措施)。

事实和理由:

……(写明申请诉讼证据保全的事实和理由)。

此致
××××人民法院

申请人(签名或者公章)
××××年××月××日

【说明】

1. 本样式根据《中华人民共和国民事诉讼法》第八十一条第一款制定,供当事人在诉讼过程中,向人民法院申请诉讼证据保全用。

2. 当事人是法人或者其他组织的,写明名称住所。另起一行写明法定代表人、主要负责人及其姓名、职务、联系方式。

3. 在证据可能灭失或者以后难以取得的情况下,当事人可以在诉讼过程中向人民法院书面提出证据保全申请。

# 七、期间、送达

## 中华人民共和国民法典（节录）

- 2020年5月28日第十三届全国人民代表大会第三次会议通过
- 2020年5月28日中华人民共和国主席令第45号公布
- 自2021年1月1日起施行

……

### 第九章 诉讼时效

**第一百八十八条 【普通诉讼时效】** 向人民法院请求保护民事权利的诉讼时效期间为三年。法律另有规定的，依照其规定。

诉讼时效期间自权利人知道或者应当知道权利受到损害以及义务人之日起计算。法律另有规定的，依照其规定。但是，自权利受到损害之日起超过二十年的，人民法院不予保护，有特殊情况的，人民法院可以根据权利人的申请决定延长。

**第一百八十九条 【分期履行债务诉讼时效的起算】** 当事人约定同一债务分期履行的，诉讼时效期间自最后一期履行期限届满之日起计算。

**第一百九十条 【对法定代理人请求权诉讼时效的起算】** 无民事行为能力人或者限制民事行为能力人对其法定代理人的请求权的诉讼时效期间，自该法定代理人终止之日起计算。

**第一百九十一条 【未成年人遭受性侵害的损害赔偿诉讼时效的起算】** 未成年人遭受性侵害的损害赔偿请求权的诉讼时效期间，自受害人年满十八周岁之日起计算。

**第一百九十二条 【诉讼时效届满的法律效果】** 诉讼时效期间届满的，义务人可以提出不履行义务的抗辩。

诉讼时效期间届满后，义务人同意履行的，不得以诉讼时效期间届满为由抗辩；义务人已经自愿履行的，不得请求返还。

**第一百九十三条 【诉讼时效援用】** 人民法院不得主动适用诉讼时效的规定。

**第一百九十四条 【诉讼时效的中止】** 在诉讼时效期间的最后六个月内，因下列障碍，不能行使请求权的，诉讼时效中止：

（一）不可抗力；

（二）无民事行为能力人或者限制民事行为能力人没有法定代理人，或者法定代理人死亡、丧失民事行为能力、丧失代理权；

（三）继承开始后未确定继承人或者遗产管理人；

（四）权利人被义务人或者其他人控制；

（五）其他导致权利人不能行使请求权的障碍。

自中止时效的原因消除之日起满六个月，诉讼时效期间届满。

**第一百九十五条 【诉讼时效的中断】** 有下列情形之一的，诉讼时效中断，从中断、有关程序终结时起，诉讼时效期间重新计算：

（一）权利人向义务人提出履行请求；

（二）义务人同意履行义务；

（三）权利人提起诉讼或者申请仲裁；

（四）与提起诉讼或者申请仲裁具有同等效力的其他情形。

**第一百九十六条 【不适用诉讼时效的情形】** 下列请求权不适用诉讼时效的规定：

（一）请求停止侵害、排除妨碍、消除危险；

（二）不动产物权和登记的动产物权的权利人请求返还财产；

（三）请求支付抚养费、赡养费或者扶养费；

（四）依法不适用诉讼时效的其他请求权。

**第一百九十七条 【诉讼时效法定】** 诉讼时效的期间、计算方法以及中止、中断的事由由法律规定，当事人约定无效。

当事人对诉讼时效利益的预先放弃无效。

**第一百九十八条 【仲裁时效】** 法律对仲裁时效有规定的，依照其规定；没有规定的，适用诉讼时效的规定。

**第一百九十九条 【除斥期间】** 法律规定或者当事人约定的撤销权、解除权等权利的存续期间，除法律另有规定外,自权利人知道或者应当知道权利产生之日起计算,不适用有关诉讼时效中止、中断和延长的规定。存续期间届满,撤销权、解除权等权利消灭。

### 第十章 期间计算

**第二百条 【期间的计算单位】** 民法所称的期间按照公历年、月、日、小时计算。

**第二百零一条 【期间的起算】** 按照年、月、日计算期间的,开始的当日不计入,自下一日开始计算。

按照小时计算期间的,自法律规定或者当事人约定的时间开始计算。

**第二百零二条 【期间结束】** 按照年、月计算期间的,到期月的对应日为期间的最后一日;没有对应日的,月末日为期间的最后一日。

**第二百零三条 【期间计算的特殊规定】** 期间的最后一日是法定休假日的,以法定休假日结束的次日为期间的最后一日。

期间的最后一日的截止时间为二十四时;有业务时间的,停止业务活动的时间为截止时间。

**第二百零四条 【期间法定或约定】** 期间的计算方法依照本法的规定,但是法律另有规定或者当事人另有约定的除外。

……

## 最高人民法院印发《关于进一步加强民事送达工作的若干意见》的通知

- 2017年7月19日
- 法发〔2017〕19号

各省、自治区、直辖市高级人民法院,解放军军事法院,新疆维吾尔自治区高级人民法院生产建设兵团分院:

现将《关于进一步加强民事送达工作的若干意见》印发给你们,请遵照执行。

### 关于进一步加强民事送达工作的若干意见

送达是民事案件审理过程中的重要程序事项,是保障人民法院依法公正审理民事案件、及时维护当事人合法权益的基础。近年来,随着我国社会经济的发展和人民群众司法需求的提高,送达问题已经成为制约民事审判公正与效率的瓶颈之一。为此,各级人民法院要切实改进和加强送达工作,在法律和司法解释的框架内,创新工作机制和方法,全面推进当事人送达地址确认制度,统一送达地址确认书格式,规范送达地址确认书内容,提升民事送达的质量和效率,将司法为民切实落到实处。

一、送达地址确认书是当事人送达地址确认制度的基础。送达地址确认书应当包括当事人提供的送达地址、人民法院告知事项、当事人对送达地址的确认、送达地址确认书的适用范围和变更方式等内容。

二、当事人提供的送达地址应当包括邮政编码、详细地址以及受送达人的联系电话等。同意电子送达的,应当提供并确认接收民事诉讼文书的传真号、电子信箱、微信号等电子送达地址。当事人委托诉讼代理人的,诉讼代理人确认的送达地址视为当事人的送达地址。

三、为保障当事人的诉讼权利,人民法院应当告知送达地址确认书的填写要求和注意事项以及拒绝提供送达地址、提供虚假地址或者提供地址不准确的法律后果。

四、人民法院应当要求当事人对其填写的送达地址及法律后果等事项进行确认。当事人确认的内容应当包括当事人已知晓人民法院告知的事项及送达地址确认书的法律后果,保证送达地址准确、有效,同意人民法院通过其确认的地址送达诉讼文书等,并由当事人或者诉讼代理人签名、盖章或者捺印。

五、人民法院应当在登记立案时要求当事人确认送达地址。当事人拒绝确认送达地址的,依照《最高人民法院关于登记立案若干问题的规定》第七条的规定处理。

六、当事人在送达地址确认书中确认的送达地址,适用于第一审程序、第二审程序和执行程序。当事人变更送达地址,应当以书面方式告知人民法院。当事人未书面变更的,以其确认的地址为送达地址。

七、因当事人提供的送达地址不准确、拒不提供送达地址、送达地址变更未书面告知人民法院,导致民事诉讼文书未能被受送达人实际接收的,直接送达的,民事诉讼文书留在该地址之日为送达之日;邮寄送达的,文书被退回之日为送达之日。

八、当事人拒绝确认送达地址或以拒绝应诉、拒接电话、避而不见送达人员、搬离原住所等躲避、规避送达,人民法院不能或无法要求其确认送达地址的,可以分别以下列情形处理:

(一)当事人在诉讼所涉及的合同、往来函件中对送达地址有明确约定的,以约定的地址为送达地址;

(二)没有约定的,以当事人在诉讼中提交的书面材料中载明的自己的地址为送达地址;

(三)没有约定、当事人也未提交书面材料或者书面

材料中未载明地址的,以一年内进行其他诉讼、仲裁案件中提供的地址为送达地址;

(四)无以上情形的,以当事人一年内进行民事活动时经常使用的地址为送达地址。

人民法院按照上述地址进行送达的,可以同时以电话、微信等方式通知受送达人。

九、依第八条规定仍不能确认送达地址的,自然人以其户籍登记的住所或者在经常居住地登记的住址为送达地址,法人或者其他组织以其工商登记或其他依法登记、备案的住所地为送达地址。

十、在严格遵守民事诉讼法和民事诉讼法司法解释关于电子送达适用条件的前提下,积极主动探索电子送达及送达凭证保全的有效方式、方法,有条件的法院可以建立专门的电子送达平台,或以诉讼服务平台为依托进行电子送达,或者采取与大型门户网站、通信运营商合作的方式,通过专门的电子邮箱、特定的通信号码、信息公众号等方式进行送达。

十一、采用传真、电子邮件方式送达的,送达人员应记录传真发送和接收号码、电子邮件发送和接收邮箱、发送时间、送达诉讼文书名称,并打印传真发送确认单、电子邮件发送成功网页,存卷备查。

十二、采用短信、微信等方式送达的,送达人员应记录收发手机号码、发送时间、送达诉讼文书名称,并将短信、微信等送达内容拍摄照片,存卷备查。

十三、可以根据实际情况,有针对性地探索提高送达质量和效率的工作机制,确定由专门的送达机构或者由各审判、执行部门进行送达。在不违反法律、司法解释规定的前提下,可以积极探索创新行之有效的工作方法。

十四、对于移动通信工具能够接通但无法直接送达、邮寄送达的,除判决书、裁定书、调解书外,可以采取电话送达的方式,由送达人员告知当事人诉讼文书内容,并记录拨打、接听电话号码、通话时间、送达诉讼文书内容,通话过程应当录音以存卷备查。

十五、要严格适用民事诉讼法关于公告送达的规定,加强对公告送达的管理,充分保障当事人的诉讼权利。只有在受送达人下落不明,或者用民事诉讼法第一编第七章第二节规定的其他方式无法送达的,才能适用公告送达。

十六、在送达工作中,可以借助基层组织的力量和社会力量,加强与基层组织和有关部门的沟通、协调,为做好送达工作创造良好的外部环境。有条件的地方可以要求基层组织协助送达,并可适当支付费用。

十七、要树立全国法院一盘棋意识,对于其他法院委托送达的诉讼文书,要认真、及时进行送达。鼓励法院之间建立委托送达协作机制,节约送达成本,提高送达效率。

· 文书范本

### 1. 延长第一审普通程序审理期限请示
(报请上级人民法院批准用)

关于延长……(写明当事人及案由)
一案审理期限的请示

(××××)……民初……号

××××人民法院:

我院于××××年××月××日立案的……(写明当事人及案由)一案,依法适用普通程序,审理期限到××××年××月××日届满。但因……(写明需要延长审理期限的原因),虽经××××年××月××日报请本院院长批准延长审理期限至××××年××月××日,仍不能如期结案,需要继续延长审理期限×个月,至××××年××月××日。

以上请示,请批复。

附:案件延长审理或者执行期限审批表一份

××××年××月××日
(院印)

【说明】

1. 本样式根据《中华人民共和国民事诉讼法》第一百四十九条以及《最高人民法院关于适用〈中华人民共和国民事诉讼法〉的解释》第一百二十八条制定,供人民法院适用第一审普通程序审理的民事案件在立案之日起六个月内未能审结且经本院院长批准延长六个月还需要延长审理期限的,报请上级人民法院批准用。

2. 人民法院适用第一审普通程序审理的案件,应当在立案之日起六个月内审结。有特殊情况需要延长的,由本院院长批准,可以延长六个月;还需要延长的,报请上级人民法院批准。

3. 再审案件按照第一审程序审理的,适用《中华人民共和国民事诉讼法》第一百四十九条规定的审理期限。案号类型代字为"民再"。

4. 人民法院审理涉外民事案件的期间,不受《中华人民共和国民事诉讼法》第一百四十九条规定的限制。

## 2. 延长第一审普通程序审理期限批复(上级人民法院对申请延长审理期限批复用)

### 关于对延长……(写明当事人及案由)一案审理期限的批复

××××人民法院:

你院××××年××月××日(××××)……民初……号关于申请延长……(写明当事人及案由)一案审理期限的请示收悉。经审查,批复如下:

……(写明批复内容)。

(同意延长审理期限的,写明:)同意延长审理期限×个月,至××××年××月××日。

××××年××月××日

(院印)

【说明】

1. 本样式根据《中华人民共和国民事诉讼法》第一百四十九条以及《最高人民法院关于适用〈中华人民共和国民事诉讼法〉的解释》第一百二十八条制定,供上级人民法院对于下级人民法院在审理期限内未能审结且经本院院长批准延长六个月后还需要延长审理期限的,批复同意或不同意延长审理期限用。

2. 案号类型代字为"民他"。

3. 人民法院适用第一审普通程序审理的案件,应当在立案之日起六个月内审结。有特殊情况需要延长的,由本院院长批准,可以延长六个月;还需要延长的,报请上级人民法院批准。

4. 再审案件按照第一审程序审理的,适用《中华人民共和国民事诉讼法》第一百四十九条规定的审理期限。

5. 人民法院审理涉外民事案件的期间,不受《中华人民共和国民事诉讼法》第一百四十九条规定的限制。

## 3. 申请书(申请顺延期限用)

### 申请书

申请人:×××,男/女,××××年××月××日出生,×族,……(写明工作单位和职务或者职业),住……。联系方式:……。

法定代理人/指定代理人:×××,……。

委托诉讼代理人:×××,……。

(以上写明申请人和其他诉讼参加人的姓名或者名称等基本信息)

请求事项:

因(××××)……号……(写明当事人和案由)一案,请求顺延……(写明请求顺延事项)期限至××××年××月××日。

事实和理由:

……(写明申请顺延期限的理由)。

此致

××××人民法院

申请人(签名或者公章)

××××年××月××日

【说明】

1. 本样式根据《中华人民共和国民事诉讼法》第八十三条制定,供当事人因不可抗拒的事由或者其他正当理由耽误期限的,在障碍消除后的十日内,向人民法院申请顺延期限用。

2. 申请人是法人或者其他组织的,写明名称住所。另起一行写明法定代表人、主要负责人及其姓名、职务、联系方式。

3. 申请顺延期限是否准许,由人民法院决定。

# 八、调 解

## 人民法院在线调解规则

- 2021年12月27日最高人民法院审判委员会第1859次会议通过
- 2021年12月30日最高人民法院公告公布
- 自2022年1月1日起施行
- 法释〔2021〕23号

为方便当事人及时解决纠纷,规范依托人民法院调解平台开展的在线调解活动,提高多元化解纠纷效能,根据《中华人民共和国民事诉讼法》《中华人民共和国行政诉讼法》《中华人民共和国刑事诉讼法》等法律的规定,结合人民法院工作实际,制定本规则。

**第一条** 在立案前或者诉讼过程中依托人民法院调解平台开展在线调解的,适用本规则。

**第二条** 在线调解包括人民法院、当事人、调解组织或者调解员通过人民法院调解平台开展的在线申请、委派委托、音视频调解、制作调解协议、申请司法确认调解协议、制作调解书等全部或者部分调解活动。

**第三条** 民事、行政、执行、刑事自诉以及被告人、罪犯未被羁押的刑事附带民事诉讼等法律规定可以调解或者和解的纠纷,可以开展在线调解。

行政、刑事自诉和刑事附带民事诉讼案件的在线调解,法律和司法解释另有规定的,从其规定。

**第四条** 人民法院采用在线调解方式应当征得当事人同意,并综合考虑案件具体情况、技术条件等因素。

**第五条** 人民法院审判人员、专职或者兼职调解员、特邀调解组织和特邀调解员以及人民法院邀请的其他单位或者个人,可以开展在线调解。

在线调解组织和调解员的基本情况、纠纷受理范围、擅长领域、是否收费、作出邀请的人民法院等信息应当在人民法院调解平台进行公布,方便当事人选择。

**第六条** 人民法院可以邀请符合条件的外国人入驻人民法院调解平台,参与调解当事人一方或者双方为外国人、无国籍人、外国企业或者组织的民商事纠纷。

符合条件的港澳地区居民可以入驻人民法院调解平台,参与调解当事人一方或者双方为香港特别行政区、澳门特别行政区居民、法人或者非法人组织以及大陆港资澳资企业的民商事纠纷。

符合条件的台湾地区居民可以入驻人民法院调解平台,参与调解当事人一方或者双方为台湾地区居民、法人或者非法人组织以及大陆台资企业的民商事纠纷。

**第七条** 人民法院立案人员、审判人员在立案前或者诉讼过程中,认为纠纷适宜在线调解的,可以通过口头、书面、在线等方式充分释明在线调解的优势,告知在线调解的主要形式、权利义务、法律后果和操作方法等,引导当事人优先选择在线调解方式解决纠纷。

**第八条** 当事人同意在线调解的,应当在人民法院调解平台填写身份信息、纠纷简要情况、有效联系电话以及接收诉讼文书电子送达地址等,并上传电子化起诉申请材料。当事人在电子诉讼平台已经提交过电子化起诉申请材料的,不再重复提交。

当事人填写或者提交电子化起诉申请材料确有困难的,人民法院可以辅助当事人将纸质材料作电子化处理后导入人民法院调解平台。

**第九条** 当事人在立案前申请在线调解,属于下列情形之一的,人民法院退回申请并分别予以处理:

(一)当事人申请调解的纠纷不属于人民法院受案范围,告知可以采用的其他纠纷解决方式;

(二)与当事人选择的在线调解组织或者调解员建立邀请关系的人民法院对该纠纷不具有管辖权,告知选择对纠纷有管辖权的人民法院邀请的调解组织或者调解员进行调解;

(三)当事人申请调解的纠纷不适宜在线调解,告知到人民法院诉讼服务大厅现场办理调解或者立案手续。

**第十条** 当事人一方在立案前同意在线调解的,由人民法院征求其意见后指定调解组织或者调解员。

当事人双方同意在线调解的,可以在案件管辖法院确认的在线调解组织和调解员中共同选择调解组织或者调解员。当事人同意由人民法院指定调解组织或者调解员,或者无法在同意在线调解后两个工作日内共同选择调解组织或者调解员的,由人民法院指定调解组织或者调解员。

人民法院应当在收到当事人在线调解申请后三个工作日内指定调解组织或者调解员。

**第十一条** 在线调解一般由一名调解员进行,案件重大、疑难复杂或者具有较强专业性的,可以由两名以上调解员调解,并由当事人共同选定其中一人主持调解。无法共同选定的,由人民法院指定一名调解员主持。

**第十二条** 调解组织或者调解员应当在收到人民法院委派委托调解信息或者当事人在线调解申请后三个工作日内,确认接受人民法院委派委托或者当事人调解申请。纠纷不符合调解组织章程规定的调解范围或者行业领域,明显超出调解员擅长领域或者具有其他不适宜接受情形的,调解组织或者调解员可以写明理由后不予接受。

调解组织或者调解员不予接受或者超过规定期限未予确认的,人民法院、当事人可以重新指定或者选定。

**第十三条** 主持或者参与在线调解的人员有下列情形之一,应当在接受调解前或者调解过程中进行披露:

（一）是纠纷当事人或者当事人、诉讼代理人近亲属的;

（二）与纠纷有利害关系的;

（三）与当事人、诉讼代理人有其他可能影响公正调解关系的。

当事人在调解组织或者调解员披露上述情形后或者明知其具有上述情形,仍同意调解的,由该调解组织或者调解员继续调解。

**第十四条** 在线调解过程中,当事人可以申请更换调解组织或者调解员;更换后,当事人仍不同意且拒绝自行选择的,视为当事人拒绝调解。

**第十五条** 人民法院对当事人一方立案前申请在线调解的,应当征询对方当事人的调解意愿。调解员可以在接受人民法院委派调解之日起三个工作日内协助人民法院通知对方当事人,询问是否同意调解。

对方当事人拒绝调解或者无法联系对方当事人的,调解员应当写明原因,终结在线调解程序,即时将相关材料退回人民法院,并告知当事人。

**第十六条** 主持在线调解的人员应当在组织调解前确认当事人参与调解的方式,并按照下列情形作出处理:

（一）各方当事人均具备使用音视频技术条件的,指定在同一时间登录人民法院调解平台;无法在同一时间登录的,征得各方当事人同意后,分别指定时间开展音视频调解;

（二）部分当事人不具备使用音视频技术条件的,在人民法院诉讼服务中心、调解组织所在地或者其他便利地点,为其参与在线调解提供场所和音视频设备。

各方当事人均不具备使用音视频技术条件或者拒绝通过音视频方式调解的,确定现场调解的时间、地点。

在线调解过程中,部分当事人提出不宜通过音视频方式调解的,调解员在征得其他当事人同意后,可以组织现场调解。

**第十七条** 在线调解开始前,主持调解的人员应当通过证件证照在线比对等方式核实当事人和其他参与调解人员的身份,告知虚假调解法律后果。立案前调解的,调解员还应当指导当事人填写《送达地址确认书》等相关材料。

**第十八条** 在线调解过程中,当事人可以通过语音、文字、视频等形式自主表达意愿,提出纠纷解决方案。除共同确认的无争议事实外,当事人为达成调解协议作出妥协而认可的事实、证据等,不得在诉讼程序中作为对其不利的依据或者证据,但法律另有规定或者当事人均同意的除外。

**第十九条** 调解员组织当事人就所有或者部分调解请求达成一致意见的,应当在线制作或者上传调解协议,当事人和调解员应当在调解协议上进行电子签章;由调解组织主持达成调解协议的,还应当加盖调解组织电子印章,调解组织没有电子印章的,可以将加盖印章的调解协议上传至人民法院调解平台。

调解协议自各方当事人均完成电子签章之时起发生法律效力,并通过人民法院调解平台向当事人送达。调解协议有给付内容的,当事人应当按照调解协议约定内容主动履行。

**第二十条** 各方当事人在立案前达成调解协议的,调解员应当记入调解笔录并按诉讼外调解结案,引导当事人自动履行。依照法律和司法解释规定可以申请司法确认调解协议的,当事人可以在线提出申请,人民法院经审查符合法律规定的,裁定调解协议有效。

各方当事人在立案后达成调解协议的,可以请求人民法院制作调解书或者申请撤诉。人民法院经审查符合法律规定的,可以制作调解书或者裁定书结案。

**第二十一条** 经在线调解达不成调解协议,调解组织或者调解员应当记录调解基本情况、调解不成的原因、导致其他当事人诉讼成本增加的行为以及需要向人民法院提示的其他情况。人民法院按照下列情形作出处理:

（一）当事人在立案前申请在线调解的,调解组织或者调解员可以建议通过在线立案或者其他途径解决纠纷,当事人选择在线立案的,调解组织或者调解员应当将电子化调解材料在线推送给人民法院,由人民法院在法定期限内依法登记立案;

(二)立案前委派调解的,调解不成后,人民法院应当依法登记立案;

(三)立案后委托调解的,调解不成后,人民法院应当恢复审理。

审判人员在诉讼过程中组织在线调解的,调解不成后,应当及时审判。

第二十二条 调解员在线调解过程中,同步形成电子笔录,并确认无争议事实。经当事人双方明确表示同意的,可以以调解录音录像代替电子笔录,但无争议事实应当以书面形式确认。

电子笔录以在线方式核对确认后,与书面笔录具有同等法律效力。

第二十三条 人民法院在审查司法确认申请或者出具调解书过程中,发现当事人可能采取恶意串通、伪造证据、捏造事实、虚构法律关系等手段实施虚假调解行为,侵害他人合法权益的,可以要求当事人提供相关证据。当事人不提供相关证据的,人民法院不予确认调解协议效力或者出具调解书。

经审查认为构成虚假调解的,依照《中华人民共和国民事诉讼法》等相关法律规定处理。发现涉嫌刑事犯罪的,及时将线索和材料移送有管辖权的机关。

第二十四条 立案前在线调解期限为三十日。各方当事人同意延长的,不受此限。立案后在线调解,适用普通程序的调解期限为十五日,适用简易程序的调解期限为七日,各方当事人同意延长的,不受此限。立案后延长的调解期限不计入审理期限。

委派委托调解或者当事人申请调解的调解期限,自调解组织或者调解员在人民法院调解平台确认接受委派委托或者确认接受当事人申请之日起算。审判人员主持调解的,自各方当事人同意之日起算。

第二十五条 有下列情形之一的,在线调解程序终结:

(一)当事人达成调解协议;

(二)当事人自行和解,撤回调解申请;

(三)在调解期限内无法联系到当事人;

(四)当事人一方明确表示不愿意继续调解;

(五)当事人分歧较大且难以达成调解协议;

(六)调解期限届满,未达成调解协议,且各方当事人未达成延长调解期限的合意;

(七)当事人一方拒绝在调解协议上签章;

(八)其他导致调解无法进行的情形。

第二十六条 立案前调解需要鉴定评估的,人民法院工作人员、调解组织或者调解员可以告知当事人诉前委托鉴定程序,指导通过电子诉讼平台或者现场办理等方式提交诉前委托鉴定评估申请,鉴定评估期限不计入调解期限。

诉前委托鉴定评估经人民法院审查符合法律规定的,可以作为证据使用。

第二十七条 各级人民法院负责本级在线调解组织和调解员选任确认、业务培训、资质认证、指导入驻、权限设置、业绩评价等管理工作。上级人民法院选任的在线调解组织和调解员,下级人民法院在征得其同意后可以确认为本院在线调解组织和调解员。

第二十八条 人民法院可以建立婚姻家庭、劳动争议、道路交通、金融消费、证券期货、知识产权、海事海商、国际商事和涉港澳台侨纠纷等专业行业特邀调解名册,按照不同专业邀请具备相关专业能力的组织和人员加入。

最高人民法院建立全国性特邀调解名册,邀请全国人大代表、全国政协委员、知名专家学者、具有较高知名度的调解组织以及较强调解能力的人员加入,参与调解全国法院有重大影响、疑难复杂、适宜调解的案件。

高级人民法院、中级人民法院可以建立区域性特邀调解名册,参与本辖区法院案件的调解。

第二十九条 在线调解组织和调解员在调解过程中,存在下列行为之一的,当事人可以向作出邀请的人民法院投诉:

(一)强迫调解;

(二)无正当理由多次拒绝接受人民法院委派委托或者当事人调解申请;

(三)接受当事人请托或者收受财物;

(四)泄露调解过程、调解协议内容以及调解过程中获悉的国家秘密、商业秘密、个人隐私和其他不宜公开的信息,但法律和行政法规另有规定的除外;

(五)其他违反调解职业道德应当作出处理的行为。

人民法院经核查属实的,应当视情形作出解聘等相应处理,并告知有关主管部门。

第三十条 本规则自2022年1月1日起施行。最高人民法院以前发布的司法解释与本规则不一致的,以本规则为准。

# 最高人民法院关于人民法院
# 民事调解工作若干问题的规定

- 2004年8月18日最高人民法院审判委员会第1321次会议通过
- 根据2008年12月16日公布的《最高人民法院关于调整司法解释等文件中引用〈中华人民共和国民事诉讼法〉条文序号的决定》第一次修正
- 根据2020年12月23日最高人民法院审判委员会第1823次会议通过的《最高人民法院关于修改〈最高人民法院关于人民法院民事调解工作若干问题的规定〉等十九件民事诉讼类司法解释的决定》第二次修正
- 2020年12月29日最高人民法院公告公布
- 自2021年1月1日起施行
- 法释〔2020〕20号

为了保证人民法院正确调解民事案件,及时解决纠纷,保障和方便当事人依法行使诉讼权利,节约司法资源,根据《中华人民共和国民事诉讼法》等法律的规定,结合人民法院调解工作的经验和实际情况,制定本规定。

**第一条** 根据民事诉讼法第九十五条的规定,人民法院可以邀请与当事人有特定关系或者与案件有一定联系的企业事业单位、社会团体或者其他组织,和具有专门知识、特定社会经验、与当事人有特定关系并有利于促成调解的个人协助调解工作。

经各方当事人同意,人民法院可以委托前款规定的单位或者个人对案件进行调解,达成调解协议后,人民法院应当依法予以确认。

**第二条** 当事人在诉讼过程中自行达成和解协议的,人民法院可以根据当事人的申请依法确认和解协议制作调解书。双方当事人申请庭外和解的期间,不计入审限。

当事人在和解过程中申请人民法院对和解活动进行协调的,人民法院可以委派审判辅助人员或者邀请、委托有关单位和个人从事协调活动。

**第三条** 人民法院应当在调解前告知当事人主持调解人员和书记员姓名以及是否申请回避等有关诉讼权利和诉讼义务。

**第四条** 在答辩期满前人民法院对案件进行调解,适用普通程序的案件在当事人同意调解之日起15天内,适用简易程序的案件在当事人同意调解之日起7天内未达成调解协议的,经各方当事人同意,可以继续调解。延长的调解期间不计入审限。

**第五条** 当事人申请不公开进行调解的,人民法院应当准许。

调解时当事人各方应当同时在场,根据需要也可以对当事人分别作调解工作。

**第六条** 当事人可以自行提出调解方案,主持调解的人员也可以提出调解方案供当事人协商时参考。

**第七条** 调解协议内容超出诉讼请求的,人民法院可以准许。

**第八条** 人民法院对于调解协议约定一方不履行协议应当承担民事责任的,应予准许。

调解协议约定一方不履行协议,另一方可以请求人民法院对案件作出裁判的条款,人民法院不予准许。

**第九条** 调解协议约定一方提供担保或者案外人同意为当事人提供担保的,人民法院应当准许。

案外人提供担保的,人民法院制作调解书应当列明担保人,并将调解书送交担保人。担保人不签收调解书的,不影响调解书生效。

当事人或者案外人提供的担保符合民法典规定的条件时生效。

**第十条** 调解协议具有下列情形之一的,人民法院不予确认:

(一)侵害国家利益、社会公共利益的;
(二)侵害案外人利益的;
(三)违背当事人真实意思的;
(四)违反法律、行政法规禁止性规定的。

**第十一条** 当事人不能对诉讼费用如何承担达成协议的,不影响调解协议的效力。人民法院可以直接决定当事人承担诉讼费用的比例,并将决定记入调解书。

**第十二条** 对调解书的内容既不享有权利又不承担义务的当事人不签收调解书的,不影响调解书的效力。

**第十三条** 当事人以民事调解书与调解协议的原意不一致为由提出异议,人民法院审查后认为异议成立的,应当根据调解协议裁定补正民事调解书的相关内容。

**第十四条** 当事人就部分诉讼请求达成调解协议的,人民法院可以就此先行确认并制作调解书。

当事人就主要诉讼请求达成调解协议,请求人民法院对未达成协议的诉讼请求提出处理意见并表示接受该处理结果的,人民法院的处理意见是调解协议的一部分内容,制作调解书的记入调解书。

**第十五条** 调解书确定的担保条款条件或者承担民事责任的条件成就时,当事人申请执行的,人民法院应当依法执行。

不履行调解协议的当事人按照前款规定承担了调解书确定的民事责任后，对方当事人又要求其承担民事诉讼法第二百五十三条规定的迟延履行责任的，人民法院不予支持。

**第十六条** 调解书约定给付特定标的物的，调解协议达成前该物上已经存在的第三人的物权和优先权不受影响。第三人在执行过程中对执行标的物提出异议的，应当按照民事诉讼法第二百二十七条规定处理。

**第十七条** 人民法院对刑事附带民事诉讼案件进行调解，依照本规定执行。

**第十八条** 本规定实施前人民法院已经受理的案件，在本规定施行后尚未审结的，依照本规定执行。

**第十九条** 本规定实施前最高人民法院的有关司法解释与本规定不一致的，适用本规定。

**第二十条** 本规定自2004年11月1日起实施。

## 最高人民法院关于诉前调解中委托鉴定工作规程（试行）

· 2023年7月26日
· 法办〔2023〕275号

为规范诉前调解中的委托鉴定工作，促使更多纠纷实质性解决在诉前，做深做实诉源治理，切实减轻当事人诉累，根据《中华人民共和国民事诉讼法》、《人民法院在线调解规则》等法律和司法解释的规定，结合人民法院工作实际，制定本规程。

**第一条** 在诉前调解过程中，人民法院可以根据当事人申请依托人民法院委托鉴定系统提供诉前委托鉴定服务。

**第二条** 诉前鉴定应当遵循当事人自愿原则。当事人可以共同申请诉前鉴定。一方当事人申请诉前鉴定的，应当征得其他当事人同意。

**第三条** 下列纠纷，人民法院可以根据当事人申请委托开展诉前鉴定：
（一）机动车交通事故责任纠纷；
（二）医疗损害责任纠纷；
（三）财产损害赔偿纠纷；
（四）建设工程合同纠纷；
（五）劳务合同纠纷；
（六）产品责任纠纷；
（七）买卖合同纠纷；
（八）生命权、身体权、健康权纠纷；
（九）其他适宜进行诉前鉴定的纠纷。

**第四条** 有下列情形之一的，人民法院不予接收当事人诉前鉴定申请：
（一）申请人与所涉纠纷没有直接利害关系；
（二）没有明确的鉴定事项、事实和理由；
（三）没有提交鉴定所需的相关材料；
（四）具有其他不适宜委托诉前鉴定情形的。

**第五条** 人民法院以及接受人民法院委派的调解组织在诉前调解过程中，认为纠纷适宜通过鉴定促成调解，但当事人没有申请的，可以向当事人进行释明，并指定提出诉前鉴定申请的期间。

**第六条** 诉前鉴定申请书以及相关鉴定材料可以通过人民法院调解平台在线提交。申请人在线提交确有困难的，人民法院以及接受人民法院委派的调解组织可以代为将鉴定申请以及相关材料录入扫描上传至人民法院调解平台。

诉前鉴定申请书应当写明申请人、被申请人的姓名、住所地等身份信息，申请鉴定事项、事实和理由以及有效联系方式。

**第七条** 主持调解的人员应当在收到诉前鉴定申请五个工作日内对鉴定材料是否齐全、申请事项是否明确进行审核，并组织当事人对鉴定材料进行协商确认。

审核过程中认为需要补充、补正的，应当一次性告知。申请人在指定期间内未补充、补正，或者补充、补正后仍不符合诉前鉴定条件的，予以退回并告知理由。

**第八条** 主持调解的人员经审核认为符合诉前鉴定条件的，应当报请人民法院同意。人民法院准许委托诉前鉴定的，由主持调解的人员通过人民法院调解平台将鉴定材料推送至人民法院委托鉴定系统。人民法院不予准许的，主持调解的人员应当向申请人进行释明并做好记录。

**第九条** 人民法院指派法官或者司法辅助人员指导接受委派的调解组织开展诉前鉴定工作，规范审核诉前鉴定申请、组织协商确认鉴定材料等行为。

**第十条** 人民法院组织当事人协商确定具备相应资格的鉴定机构。当事人协商不成的，通过人民法院委托鉴定系统随机确定。

**第十一条** 人民法院负责司法技术工作的部门以"诉前调"字号向鉴定机构出具委托书、移送鉴定材料、办理相关手续。

委托书上应当载明鉴定事项、鉴定范围、鉴定目的和鉴定期限。

第十二条　人民法院应当通知申请人在指定期间内向鉴定机构预交鉴定费用。逾期未交纳的，视为申请人放弃申请，由调解组织继续调解。

第十三条　人民法院负责司法技术工作的部门应当督促鉴定机构在诉前鉴定结束后及时将鉴定书上传至人民法院委托鉴定系统。人民法院以及主持调解的人员在线接收后，及时送交给当事人。

鉴定机构在线上传或者送交鉴定书确有困难的，人民法院可以通过线下方式接收。

第十四条　人民法院以及接受委派的调解组织应当督促鉴定机构及时办理诉前委托鉴定事项，并可以通过人民法院委托鉴定系统进行在线催办、督办。

鉴定机构无正当理由未按期提交鉴定书的，人民法院可以依当事人申请另行委托鉴定机构进行诉前鉴定。

第十五条　诉前鉴定过程中，有下列情形之一的，诉前鉴定终止：

（一）申请人逾期未补充鉴定所需的必要材料；

（二）申请人逾期未补交鉴定费用；

（三）申请人无正当理由拒不配合鉴定；

（四）被申请人明确表示不愿意继续进行鉴定；

（五）其他导致诉前鉴定不能进行的情形。

第十六条　当事人对鉴定书内容有异议，但同意诉前调解的，由调解组织继续调解；不同意继续调解并坚持起诉的，由人民法院依法登记立案。

第十七条　经诉前调解未达成调解协议的，调解组织应当将全部鉴定材料连同调解材料一并在线推送至人民法院，由人民法院依法登记立案。

第十八条　当事人无正当理由就同一事项重复提出诉前鉴定申请的，人民法院不予准许。

第十九条　人民法院对于当事人恶意利用诉前鉴定拖延诉前调解时间、影响正常诉讼秩序的行为，应当依法予以规制，并作为审查当事人在诉讼过程中再次提出委托鉴定申请的重要参考。

第二十条　本规程自 2023 年 8 月 1 日起施行。

# 最高人民法院关于加快推进人民法院调解平台进乡村、进社区、进网格工作的指导意见

·2021 年 10 月 18 日
·法〔2021〕247 号

为深入贯彻党中央关于加强基层治理体系和治理能力现代化建设重大部署，落实把非诉讼纠纷解决机制挺在前面要求，坚持强基导向，推动人民法院一站式多元解纷工作向基层延伸，切实把矛盾纠纷解决在萌芽状态、化解在基层。现就依托人民法院调解平台，开展进乡村、进社区、进网格工作提出以下意见。

## 一、总体要求

1. 工作目标。基层人民法院及人民法庭要坚持党委领导、政府主导，主动融入地方党委政法委建立的基层社会治理大格局，充分发挥职能作用，依托人民法院调解平台（以下简称调解平台），在线对接基层解纷力量，通过"请进来""走出去"，构建分层递进源头预防化解矛盾纠纷路径，形成"纵向到底、横向到边"基层预防化解纠纷网络，推动矛盾纠纷就地发现、就地调处、就地化解，切实维护社会稳定和安全。

2. 工作载体。以调解平台作为工作载体，通过邀请人员入驻等方式，将基层社会治理资源全部集约到调解平台，做到基层解纷力量全覆盖，实现预警、分流、化解、调解、司法确认、进展跟踪、结果反馈、指导督办等全流程在线办理。

本意见中的基层治理单位包括但不限于基层人民法院及人民法庭辖区内的综治中心、矛调中心、司法所、派出所、工会、妇联、劳动、民政、市场监管、土地管理、乡镇（街道）、村（社区）等单位。

3. 开展主体。人民法庭负责做好本辖区调解平台进乡村、进社区、进网格工作（以下简称"三进"工作），未设人民法庭的村（社区）、乡镇（街道），由基层人民法院负责开展"三进"工作。

各中级、高级人民法院应当加强对本地区"三进"工作的统筹指导，确保"三进"工作在辖区内实现全覆盖。

## 二、制度建设

4. 完善入驻平台制度。调解平台增设诉源治理工作模块。基层人民法院或者人民法庭入驻诉源治理工作模块后，负责组织基层治理单位以及专业性行业性调解组织将其管理的调解员、网格员、乡镇（街道）干部、村（社区）干部以及其他基层解纷人员信息录入调解平台。录入的信息主要包括姓名、性别、联系方式、擅长领域、对接的基层人民法院或者人民法庭等。

5. 建立案件分流制度。基层人民法院或者人民法庭根据纠纷数量、人员编制等实际情况，灵活将立案窗口人员或者其他人员作为专（兼）职案件分流员，开展在线诉非分流、案件指派、诉调对接、督促督办等工作。

6. 建立司法联络员制度。邀请基层治理单位、专业性行业性调解组织中与人民法院开展分流对接的人员作

为司法联络员,负责排查上报信息、自行或者指定相关人员开展诉前调解、矛盾化解、协助送达、维护基层解纷人员信息等工作。

7. 建立分类分级委派案件制度。对于起诉到人民法院的纠纷,适宜村(社区)处理的,先行引导由辖区内的村(社区)逐级进行化解、调解;适宜在乡镇(街道)综治中心、矛调中心、司法所等基层治理单位处理的,由与人民法院对接的基层治理单位进行化解、调解;适宜专业性行业性调解组织处理的,由与人民法院对接的专业性行业性调解组织进行化解、调解。

8. 完善诉非实质化对接制度。村(社区)、乡镇(街道)等对接单位或者基层解纷人员在化解、调解过程中需要法官参与指导的,可以向人民法院在线提出申请,基层人民法院或者人民法庭通过推送典型案例、进行法条解释、提供法律咨询、"调解员现场调解+法官远程视频参与调解"联合调解、实地参与化解、调解等方式提供法律指导。

9. 建立信息公开制度。在基层人民法院诉讼服务大厅、人民法庭等场所或者调解平台上公开入驻的基层治理单位、专业性行业性调解组织、参与化解、调解的基层解纷人员基本信息、"三进"工作流程、相关诉讼指引等,更加方便当事人参与"三进"工作,自觉接受群众监督。

三、工作开展

10. 案件范围。对于当事人一方或者双方住所地、经常居住地为辖区内村(社区)、乡镇(街道)且适宜化解、调解的纠纷,或者当事人明确表示同意先行化解、调解的纠纷,基层人民法院或者人民法庭可以交由基层治理单位或者基层解纷人员进行化解、调解。涉及专业性行业性领域纠纷的,可以交由专业性行业性调解组织进行化解、调解。

基层人民法院或者人民法庭可以根据本地区矛盾纠纷类型特点,对婚姻家庭、抚养继承、物业纠纷、民间借贷、买卖合同等涉及民生利益的纠纷进行重点分流。

11. 案件流程。基层人民法院或者人民法庭可以在登记立案前,根据自愿、合法原则,通过调解平台进行指派。基层解纷人员及时登录调解平台,确认接受指派,并根据当事人意愿,采取线上或者线下方式开展化解、调解工作。当事人经引导不同意化解、调解,符合受理条件的,依法及时登记立案。

基层人民法院或者人民法庭交由基层治理单位化解、调解的纠纷,在调解平台编"纠纷化解"号。

12. 与村(社区)开展分流对接。对于适宜在村(社区)、乡镇(街道)处理的纠纷,由案件分流员通过调解平台在线分流至村(社区)司法联络员,由司法联络员指定基层解纷人员开展化解、调解工作。化解、调解成功的,应当在调解平台上记录处理结果。经人民调解委员会、特邀调解组织或者特邀调解员调解达成调解协议,且当事人申请司法确认的,向有管辖权的人民法院或者派出的人民法庭在线提出申请。化解、调解不成功的,记录不成功原因,并由村(社区)司法联络员在征得当事人意愿后,推送乡镇(街道)基层治理单位再次化解、调解或者直接退回人民法庭。人民法庭对于退回的纠纷,依法及时登记立案。

13. 与乡镇(街道)基层治理单位开展分流对接。对于村(社区)化解、调解不了且当事人愿意到乡镇(街道)基层治理单位处理的纠纷,以及根据纠纷类型适宜由乡镇(街道)基层治理单位处理的,分流至该基层治理单位司法联络员,由其指定人员进行化解、调解。化解、调解成功的,应当在调解平台上记录处理结果;对依法可以申请司法确认的,在线提出申请。化解、调解不成功的,由基层治理单位司法联络员记录不成功原因后,在线将案件推送至人民法院案件分流员,人民法院应当依法及时登记立案。

14. 与专业性行业性调解组织开展分流对接。对于金融、证券期货、银行保险、知识产权、劳动争议、机动车交通事故责任纠纷等专业性行业性领域矛盾纠纷,由人民法院案件分流员通过调解平台,在线分流至入驻平台的专业性行业性调解组织进行调解。调解成功的,引导鼓励自动履行,当事人依法申请司法确认,可以在线提出;调解不成功的,由专业性行业性调解组织司法联络员将案件退回人民法院,人民法院应当依法及时登记立案。

15. 与其他社会力量开展分流对接。邀请人大代表、政协委员、社区工作者、网格员、律师、法律工作者、法律援助人员、行业协会人员等入驻调解平台,开展化解、调解工作。上述人员能够对应到村(社区)、乡镇(街道)基层治理单位的,由司法联络员指派其开展化解、调解工作;无法对应到村(社区)、乡镇(街道)基层治理单位的,可以以个人名义入驻,并由人民法院案件分流员根据纠纷类型,通过调解平台直接交由其开展化解、调解工作。

16. 严格纠纷化解、调解期限。基层人民法院或者人民法庭指派化解、调解纠纷的,司法联络员应当在3个工作日内登录调解平台确认接收纠纷信息。化解、调解期限为30日,自司法联络员确认接受指派之日起计算。但双方当事人同意延长期限的,可以适当延长,延长时间原则上不超过 30 日。由村（社区）推送乡镇（街道）继续化解、调解的，化解、调解期限计入总时长。化解、调解期间评估、鉴定的时间，不计入化解、调解期限。

在规定期限内未能达成调解协议或者当事人明确拒绝继续化解、调解的，应当依法及时转入立案程序。

17. 加强预警预防和联调联动工作。司法联络员对于排查出的辖区网格内涉诉矛盾隐患、苗头性问题，认为需要人民法院指导和帮助化解、调解的，应当及时通过调解平台提供给对接的人民法院。需要联动化解、调解的，由人民法院案件分流员根据纠纷类型及时安排有关人员参与工作，并在调解平台上记录处理结果。

18. 强化对网格内基层解纷力量的培训指导。基层人民法院或者人民法庭应当加强对辖区基层解纷力量的法律指导和业务培训，制作常见案件类型调解指引，推送指导性案例，探索建立双向交流机制，支持和规范基层解纷力量在法治轨道上开展纠纷预防化解工作，提升基层社会治理法治化水平。

19. 加强对特殊群体诉讼辅导。对于不善于使用智能手机的老年人、残疾人等特殊群体，充分尊重其在线调解选择权。对于特殊群体选择线上方式化解、调解的，参与纠纷化解、调解的法院工作人员或者基层解纷人员应当帮助、指导其操作使用调解平台，开展化解、调解活动。

20. 发挥司法保障作用。推动司法确认在人民调解委员会全覆盖，实现人民调解司法确认在线申请、快速办理。将符合条件的基层解纷人员纳入特邀调解名册，畅通对接渠道和司法保障途径，促进提升诉前调解吸引力和有效性。

**四、配套保障**

21. 加强经费保障。各级人民法院要紧紧依靠党委领导，主动争取地方政府的支持，解决在机构、人员、硬件配置等方面的困难，建立持续性财政保障机制，对调解人员给予一定的经费补贴，充分激发社会力量参与纠纷化解工作的活力。

22. 加强沟通联系。密切与基层治理单位、相关调解组织及基层解纷人员的沟通联系，定期召开会议，对于工作开展情况、推进中遇到的困难问题等，共同分析研判，凝聚工作合力。对于基层人民法院及人民法庭协调不了的事宜，上级人民法院应当主动作为，帮助协调解决。

23. 奖惩考核机制。充分发挥考核指挥棒作用，将"三进"工作开展情况纳入基层人民法院及人民法庭考核体系，将法官指导、参与化解、调解的案件量纳入法官绩效考核，将成功化解、调解纠纷数量及质效等作为调解组织或者调解员动态管理的重要指标，进一步激发参与"三进"工作的积极性和主动性。

24. 加大宣传力度。通过报纸杂志、电视网站、微博微信等各类媒体，以及社区走访、普法讲座等活动，全面宣传"三进"工作以及基层解纷人员优秀事迹，积极培育多元解纷观念，引导人民群众主动选择非诉讼方式解决纠纷。

· 典型案例

## "打造枫桥式人民法庭 服务基层社会治理"典型案例[①]
### ——传承红色司法文化篇

党的二十大报告对推进文化自信自强，铸就社会主义文化新辉煌作出专章部署，强调要弘扬以伟大建党精神为源头的中国共产党人精神谱系，用好红色资源，坚持依法治国和以德治国相结合，把社会主义核心价值观融入法治建设、融入社会发展、融入日常生活。

红色文化是中华民族宝贵精神财富。创建"服务旅游红色示范岗""战役先锋岗""红色文化遗存保护巡回审判点"，打造"红色驿站"讲堂，弘扬"寻乌经验"、"屯垦戍边、钢铁报国"红色八钢精神、"小推车"精神，人民法庭将传承红色基因与新时代发展有机结合，将红色法治信仰转化为服务人民群众的生动实践，创新探索"红色文化+社会治理"新模式，增强基层治理动力，激发基层治理潜力，释放基层治理活力，打造成聚民力、解民忧、惠民生的红色枫桥阵地。

### 安徽省天长市人民法院铜城法庭
### 创新"3+"司法服务新模式
### 答好乡村振兴必答题

**案例点评**：铜城法庭积极传承红色司法文化，主动融入基层社会治理，创新"3+"司法服务模式，打通全域诉源治理"路子"、开出品牌加速孵化"方子"、搭起法治人才培养"梯子"，全方位赋能基层社会治理。

铜城法庭地处皖苏两省交界处，辖区面积 542.8 平方

---

① 来源：https://www.court.gov.cn/zixun/xiangqing/378921.html。

公里,辖区内乡镇具有丰富红色旅游资源、村(社)密集人口较多、民营经济活跃、国字号农业品牌众多等特点。近年来,铜城法庭充分发挥扎根基层、贴近群众的优势,用心传承红色司法文化,全面融入党委基层治理格局,创新探索"3+"司法服务新模式,全方位赋能乡村振兴。

一、**法庭+e 站,打通全域诉源治理"路子"**

一是突出"一环"建设。引入 2 名驻庭调解员,建立"诉转调""调转诉"闭环管理模式,当事人来庭申请立案后,优先转入调解程序,调解成功予以司法确认,调解不成当场立案,并将调解贯穿诉讼全过程。2021 年以来,法庭诉前调解纠纷 151 件,同比上升 23.6%,成功率 62.1%。二是聚焦"两轮"驱动。积极破解法庭司法服务半径偏大难题,在辖区乡镇设立 3 个无讼 e 站,结合人民法院调解平台"三进"工作,利用"一根网线、一块屏",以"法庭法官远程指导+常驻调解员现场调解"模式,就地"云化解"纠纷 31 起。三是推进"三化"建设。品牌调解专业化,结合辖区铜城镇"状元故里"文化底蕴,建成"诗书状元"调解室,邀请退休干部、教师等共同化解纠纷;一村一法官(助理)服务常态化,针对农村地区人口老龄化特点,提供上门立案、调解等 54 次,实现上门服务辖区 43 个村(社区)全覆盖;庭所共建机制化,与辖区派出所共建交通事故纠纷联调站,诉前化解纠纷 51 起。今年以来,法庭受理各类案件 183 件,同比大幅下降 37.1%,诉源治理成效显著。

二、**走访+服务,开出品牌加速孵化"方子"**

针对企业转型升级需求,在辖区 5 家龙头企业设立司法信息服务采集点,明确每个月第一个工作日为"企业服务日",常态化上门走访,及时了解企业在用工、融资和合同订立等方面的需求,帮助压降和规避法律风险。5 年来,妥善审理涉企纠纷案件 667 件,标的额达 1.18 亿元。针对辖区买卖合同案件多发的情况,深入当地中小微企业走访调研,找准引发纠纷的关键症结,及时向地方党委政府发出《法庭专报》,为 2021 年铜城镇入选"全国千强镇"、辖区企业上市提供有力司法服务和保障。针对辖区"国字号"农业品牌升级需求,成立涉农项目司法保障组,建立定期沟通和案件预警、通报机制,"司法服务虾稻共生""司法护航龙岗芡实"等品牌加速法庭服务"三农"全面发展,助推实现更多"农产品"到"消费品"升级转变。

三、**宣法+释法,搭起法治人才培养"梯子"**

一是培养更多乡村"法治带头人"。积极与基层党组织结对共建,借助道德大讲堂平台,定期对村干部进行法律法规培训,每月接收 2 名村干部来庭开展体验式培训,引导树立法治思维,提升依法履职能力。二是培养更多乡村"法律明白人"。持续加大巡回审判、以案释法力度,常态化将"三养"、相邻权等纠纷就地开庭,达到"审理一案,教育一片"效果;组织开展"民法典村(社)行"等活动 67 场次;推出"法律赶集""普法夜市"两大品牌,拓宽释法宣传受众面。三是培养更多"法治传承人"。积极对接辖区 6 所中小学,法庭法官(助理)受聘为法治副校长,开展送法进校园 24 次;举行"未成年人法庭开放日"专题活动 6 场次;充分利用辖区龙岗扩大八分校国家级党史国史教育基地优势,与安徽科技学院人文学院党支部结对共建,挂牌红色教育实景课堂,将红色司法文化基因注入更多"法治传承人"心间。

**安徽省濉溪县人民法院双堆法庭**
**党建引领诉源治理**
**"小推车"连心促和谐**

**案例点评**:双堆法庭立足辖区丰富的红色资源,将弘扬"小推车"精神与诉源治理工作深度融合,搭建网格平台,设立"小推车"心连心服务站、调解室,利用乡贤力量,加强矛盾纠纷源头化解,拓宽化解矛盾纠纷途径,为辖区群众提供便捷司法服务。

近年来,双堆法庭积极探索诉源治理工作,深入挖掘辖区内丰富的红色资源,当地人民群众用小推车支援淮海战役的精神广为流传、备受推崇。双堆法庭大力弘扬"小推车"精神,结合工作实际,于今年初成立"小推车"心连心服务站,化解矛盾纠纷,解决群众急难愁盼的法律问题,在当地群众中赢得了"连心群众、化解纠纷、扫除阴霾、暖入人心"的良好口碑。

一、**反哺人民群众,凸显"小推车"心连心服务站红色文化价值内核**

1948 年冬,苏鲁豫皖 543 万人民群众手推肩扛,义无反顾地奔向淮海战场,为淮海战役取得伟大胜利作出了重要贡献。战争中使用的农用工具小推车,成为党和人民血肉联系的最好象征,"万众一心、勇往直前的革命精神,顾全大局、服务胜利的奉献精神,排除万难、舍生忘死的牺牲精神"的"小推车"精神在淮北大地落地生根。为赓续红色血脉,传承"小推车"精神,在新时期为反哺人民群众对党和国家事业作出的贡献,双堆法庭站在新的历史起点上,立足农村、面向人民群众,设立"小推车"心连心服务站,推出司法新风,连出社会和谐。

二、**搭建组织架构,打造"小推车"心连心服务站红色文化服务矩阵**

双堆法庭在法庭办公办案场所设立"小推车"心连心服务站,在施刘、曹坊、任集、双堆等 6 个行政村分别成立了"小推车"心连心调解室,形成内外联动、总分结合的服务矩阵。通过推荐、遴选、考核等环节,服务站和调解室共聘请了24名当地口碑好、威信高、能力强,且热心调解工作的人士,参与日常开展的政策宣传、理论宣讲、解难纾困、矛盾化解、维护稳定等工作。在工作推进过程中,积极吸收4名退役军人,壮大调解队伍,丰富"调解菜单"。成立"小推车"心连心服务站调解室党小组,发挥党员冲锋在前精神,多元综合发力化解矛盾纠纷。定期开展调解员培训,通过法官对调解员进行业务指导,提升调解员法律知识和调解能力,促进调解员更好更快地化解纠纷。调解室内放置法律、党史、调解等书刊,供当事人和群众学习,定期组织开展法治宣传讲座、法律咨询活动等,营造红色调解文化氛围。

三、多元化解纠纷,发挥"小推车"心连心服务站红色文化调解职能

在"小推车"精神的指引下,发展新时代"枫桥经验",坚持人民法庭的司法主导与"小推车"心连心调解相结合,充分发挥调解员地熟、人熟、情况熟的优势,把矛盾纠纷化解在基层、化解在萌芽状态、化解在诉讼之外。面对不同群体利益诉求日益多元,辖区内劳务关系、婚姻家庭、合同财产等矛盾纠纷多发,通过"人民调解+司法确认"的方式,将矛盾吸附、化解在基层。依托"小推车"心连心服务站、"小推车"心连心调解室作用,主动将工作融入辖区双堆集镇、南坪镇的信访维稳、乡村振兴、平安创建、大项目建设等工作中,大力开展调解工作,连点、扩线、拓面,缩小服务半径,实行"定点设置、定期回访",成为矛盾收集站、化解纠纷桥头堡,动态掌握矛盾源头,做到诉源治理工作提前预防、精准解决、不留隐患。建立"小推车"心连心调解室"四项工作"机制,形成了集约高效、多元解纷、便民利民的"小推车"诉讼服务体系,夯实了基层社会和谐稳定的根基。

自"小推车"心连心服务站、调解室成立以来,调解成功纠纷273起,调解成功率达83.5%,司法确认69件,出具调解书53件,有效化解上访苗头9起,双堆法庭新受理案件数呈下降趋势,发挥了"泰山石"稳定作用,形成了"事了人和、少诉无讼"的和谐稳定新格局,使人民群众的获得感、幸福感和安全感不断增强。

**江西省赣州市中级人民法院**
**深耕新时代"寻乌经验"**
**探索"红色文化治理"新模式**

**案例点评**:赣州中院在深化和发展新时代"寻乌经验"过程中,依托赣南苏区丰富的红色文化资源,弘扬人民司法优良传统,发挥人民法庭前沿阵地作用,推动矛盾纠纷不上交、司法服务不缺位,努力打造革命老区社会治理工作品牌。

近年来,赣州市中级人民法院始终牢记习近平总书记视察赣州时的殷殷嘱托,弘扬伟大建党精神、苏区精神、长征精神,创新探索"红色文化+社会治理"新模式,扎实推进市域社会治理现代化,推动人民法庭工作高质量发展。"寻乌经验"两次被写入最高人民法院工作报告,先后得到最高人民法院周强院长和省、市领导的批示肯定,并在央视成功举行全媒体直播,获得社会广泛关注和好评。

一、充分利用红色资源,增强基层治理动力

依托赣南丰富的红色资源,打牢人民法庭建设根基,创新治理路径,减少诉讼增量,推动形成"少讼"乃至"无讼"的法治良序,让人民群众切实感受到公平正义就在身边。一是加强联动共治。主动融入党委政府领导的社会治理机制,发挥党委统筹协调核心作用,推动创建"无讼村(社区)"80个。安排人民法庭干警担任村级理事会顾问,与村民自治组织建立常态化工作联系,合力实现矛盾纠纷早发现、早预防、早处置。二是深化诉源治理。调动基层群众的积极性主动性创造性,用村规范、用典型带动、用事实说话、用成效引导,预防矛盾纠纷产生。于都法院盘古山人民法庭依托长征国家文化公园项目建设,打造祁禄山红军小镇诉讼服务站,成立以来共同化解矛盾纠纷54件。三是聚力多元解纷。特色化配置"法庭+工会""法庭+园区"等各类矛盾纠纷调解工作室,第一时间接诉转调,构建一体化治理体系。寻乌法院澄江人民法庭将谢屋村的破旧老祠堂建成法治小院,因地制宜打造客家法治文化阵地,实现小事不出村,矛盾不上交。

二、大力发扬红色传统,激发基层治理潜力

赣州中院坚持苏区时期审判工作"坚持重调查、重证据,走群众路线的司法方法",发挥人民法庭前沿阵地作用,改"坐堂办案"为"主动服务",实现"诉讼服务在一线、调查研究赴一线、调解审判到一线"。

一是实行干警"进村入群"。组织902名干警加入村(社区)微信公开群3202个,主动靠前、释疑解惑。入群工作开展以来,年均接受群众法律咨询8000余人次、推送普法知识公众号文章500余篇。二是开展"人民法官在身边"行动。推行"一村一队""一企一员""乡村夜话"等工作机制,听取社情民意,把司法为民的服务理念传播到每一个角落。制作《矛盾纠纷劝导书》,充分运用客家文化中与社会主义核心价值观一致的民间习俗、家风家训,通过学会"讲土话"、请"吃茶",拉近与群众的距离。三是始终

坚持民意导向。全面兑现"办事不找人""首问负责不推诿"等服务承诺，确保把"送上门"的群众工作做实做实、常态长效。开通"一个号码对外、一个部门受理、一个平台流转"的24小时意见受理热线，接受群众对人民法庭工作评价，做到"事事有着落，件件有回复"。

### 三、聚焦传承红色基因，释放基层治理活力

坚持把传承红色基因与深化和发展新时代"寻乌经验"有机结合，实施"红色基因激活"工程，提振人民法庭干警的精气神。一是培育红色文化。升级改造中华苏维埃临时最高法庭旧址和审判史陈列馆，加强叔衡调处争水纠纷等红色案例的研究、运用与宣传。举办以红色文化为主题的"法官文化周"活动，鼓励人民法庭干警创作回望苏区历史的文艺节目。二是强化红色教育。组织干警开展"读红色家书、讲红色故事、唱红色歌曲、观红色影视、看红色展馆"活动，在"寻乌调查"纪念馆等革命旧址开展现场教学，沉浸式地体验红军的战斗场景和生活场景。三是建强红色阵地。开展"庭村共建""人民法庭解民忧"活动，建立一批基层红色文化治理阵地。赣州中院聘任原江西省苏维埃裁判部长江善忠烈士的后代江华，在乡村振兴驻点村成立工作室，打造"兴法铺子"综合普法阵地，联合开展矛盾纠纷源头治理。

### 湖南省通道侗族自治县人民法院临口法庭
### 打造"红色法庭"
### 构建"法庭+"基层治理新模式

**案例点评**：临口法庭依托红色文化资源，立足民族地区民俗民情，构建"法庭+"基层治理新模式，激发法庭参与基层社会治理活力，打造问题导向、多方参与的非诉解纷机制，有效打通少数民族地区基层治理的"神经末梢"。

湖南省通道侗族自治县是"通道转兵"事件的发生地，"通道转兵"揭开了我党历史上第一次伟大转折——遵义会议的序幕。临口法庭依托红色文化资源，立足民族地区民俗民情，坚持和创新运用新时代"枫桥经验"，探索"法庭+"基层治理模式，以优质、高效、便捷的审判工作促进民族团结进步和乡村振兴。法庭辖区内诉讼案件连续5年下降，驻地乡镇连续3年获评平安乡镇，为通道法院被党中央、国务院授予全国"人民满意的公务员集体"称号贡献法庭力量。

### 一、"法庭+红色"，激发基层社会治理活力，打造"红色法庭"

一是创建"引领+服务"模式，用志愿服务擦亮红色底色。建立3个党小组，设立"服务旅游红色示范岗""战役先锋岗"，与村党支部联动共建，法庭党员、调解员成立"党员先锋队""五星红"志愿服务队，先后推出"法庭内外""执行先锋""劳资绿道"等志愿服务，搭建服务基层治理和侗乡群众的"连心桥"。二是开设"红色驿站"讲堂，让党的理论"声"入人心。打造"红色驿站"讲堂，邀请党校讲师、老红军等经常开展红色文化及党史宣讲，带动干警学好党史必修课。依托"红色驿站"，采取"网络直播""鼓楼宣讲""侗语宣讲"的新形式下村镇、进校园，向辖区侗族群众开展政治理论和党史教育，让党史的"绿荫"遍撒侗乡大地，将红色基因注入群众血脉。三是设立"红色文化遗存保护巡回审判点"，司法穹顶守护红色资源。探索设立"红色文化遗存保护巡回审判点"，设立3个法官联络点，聘请2名专家咨询员，主动将辖区红色文化遗存、侗族文化与自然遗产纳入保护范围，巡回审判点设立以来，多次就革命旧址修缮建设提供法律咨询服务，诉前化解争议纠纷2件。

### 二、"法庭+社会"，坚持多方参与与问题导向，打造"前哨法庭"

一是"群众参与+多维保障"，提高矛盾化解效能。坚持依靠群众参与，将全员调解从法院内部向外延伸，从老乡贤、老干部、老代表、老委员、老教师中聘请特邀调解员，组成"五老"调解员队伍，建立"特邀调解+调解前置"机制，搭建"非诉调解+司法确认"平台，设置司法确认联络员，强化诉调统筹衔接，为矛盾纠纷多元化解提供有力保障。共诉前引导调解77件，成功调解21件，受理司法确认申请20件，确认有效16件。二是"党政引领+防线共建"，提升多元共治意识。始终坚持党委领导，将诉源治理、多元化解工作纳入地方年度平安建设考评范畴，坚持人民调解和行政化解先行，通过"走出去+引进来"双轨运行模式，搭建线上线下联动平台，主动融入党委领导下的诉源治理格局，推动防控工作向纠纷源头防控延伸，实现了近70%的矛盾纠纷在诉讼外化解，辖区诉讼案件呈逐年下降趋势。三是"新载体+新办法"，凝聚力量化解纠纷。在辖区20个村（社区）设立法官联络站，在2个党群服务中心建立"网上巡回法庭"，共接待来访群众15批60余人，网上立案35件，网上开庭9次，网上调解12件，实现群众解纷"最多跑一次"甚至"一次不用跑"。结合当地红色文化、风土人情，推出"法院+五老""法院+乡贤""法院+村干部""火塘调解法"等调解新模式就地化解纠纷。共调解成功案件34件，为人民群众既解"事结"，更解"心结"。

### 三、"法庭+民俗"，聚焦辖区产业和民生需求，打造"民生法庭"

一是完善"乡贤"机制。选任20个村落的30多名"乡

贤""寨佬"为民俗纠纷调解联络员，探索解决村民案件调解难、诉讼文书送达难、执行案件找人难的"三难"问题，构建法院与"乡贤"无缝隙对接的多元解决矛盾格局。建立调解档案，采取个案指导与集中培训的方式，开展对调解人员的指导培训，打通了基层治理的"神经末梢"。二是引入"民间智慧"。巧妙地将"鼓楼""侗款""寨佬"等少数民族元素融入执法办案和矛盾纠纷化解，培养熟悉侗语和民俗的"双语法官"，推行"双语法庭"，开展"鼓楼审判"，创建"鼓楼法律讲习所"，成立"侗语普法队""侗歌宣传队"，用少数民族同胞和基层群众喜闻乐见的方式化解矛盾纠纷。

## 湖南省宁乡市人民法院花明楼法庭
## 传承红色法治基因践行司法为民初心

**案例点评**：花明楼法庭扎根刘少奇故里，传承红色法治基因，构建以"创新+诉源治理"为核心的社会共治体系、以"科技+司法便民"为目标的平台智治体系、以"法庭+矛调中心"为主体的群众自治体系，推动健全基层社会治理体系，不断提升人民群众满意度。

花明楼法庭扎根刘少奇故里，致力传承红色法治基因，贯彻"办好人民法庭、方便群众诉讼"的司法实践理念，构建起"创新+诉源治理""科技+司法便民""法庭+矛调中心"的社会治理体系，特别是建立积极回应当事人诉求为核心的"三问"诉前调解机制，在化解纠纷矛盾、服务基层社会治理上取得显著成绩，展现了伟人故里人民法庭的担当和作为。

一、构建"三大体系"，强法治护航乡村振兴之势

一是构建以"科技+司法便民"为目标的平台智治体系。建立集立案、送达、速裁、保全、调解、信访维稳于一体的现代化诉讼服务中心。推进专网线路改造，配备云上法庭系统、数字化法庭，配套远程立案、线上开庭、电子送达法律文书功能，实现案件立案审查当天可办、远程可办。科技赋能后，案件平均审理周期仅21.2天。二是构建以"法庭+矛调中心"为主体的群众自治体系。联合辖区乡镇司法所、矛调中心主任、村（社区）治调主任及行业协会，积极吸纳人大代表、人民陪审员、特邀调解员和乡贤参与矛盾纠纷调解，定期召开工作经验分享会，一大批矛盾争议大、当事人对抗激烈的群体纠纷、涉诉信访纠纷实现案结事了。三是构建以"创新+诉源治理"为核心的社会共治体系。主动融入地方党委政府社会治理大格局，积极指导辖区乡镇、村居委会开展"无讼乡镇""无讼社区"创建，推动万人成诉率纳入地方综治评估体系，设立4个诉源治理工作站。2021年新收案件数量同比下降5.97%，调撤率高达74.52%，诉源治理成效显著。依托人民法院调解平台，与村社区、乡镇街道、行业组织实现线上线下对接、分流对接指导，与辖区农商银行实现片区共治。

二、注重"三个结合"，彰法治引领乡风文明之光

一是注重"普法宣传与法律服务"相结合。积极为党委政府重点工作、重大项目决策提供法律意见，指导辖区村、居民委员会依法制定村规民约，依法开展美丽乡村、美丽屋场建设。组织召开"优化营商环境维护金融安全"恳谈会，制作"守法诚信贷款""防范集资诈骗""利剑护蕾"等专题普法展板在集市场院布展，2021年以来向基层组织、工矿企业发出司法建议10份。二是注重"阵地普法与上门普法"相结合。开展"以案说法"式巡回法治宣讲，为人民群众提供"家门口"普法宣传。针对农村地区存在的突出纠纷，专题设计教案、讲义，制作发放《法治乡村权利保障》宣传册4000余册，开展巡回审判、"屋场夜话"、法治副校长主题讲座等宣传42次。三是注重"日常审判与案例普法"相结合。大力弘扬社会主义核心价值观，充分发挥日常审判典型案例的宣传引导作用，入选2020年最高院发布的依法严惩侵害未成年权益典型案例一起，入选最高院年度案例一起，获评全国法院优秀案例分析三等奖一起。

三、做好"三个强化"，扬法治传承初心使命之声

一是强化红色引领，汇聚治理智慧。深入发掘红色法治基因，继承与创新"马锡五审判方式"，构建"诉前调解、庭前调解、诉中调解"三步法，打造"调解中心"，汇聚多元力量化解纠纷，让人民群众感受到司法有温度、有力量。二是强化党建统领，夯实治理根基。将支部建在庭上，积极与基层党组织结队共建，将党建与审判工作深度融合。开展"学伟人、明党史、守纪律、作表率"等主题党日活动，切实将党史学习教育成果转化为服务人民群众的生动实践。三是强化自身本领，激发治理潜能。全面提升基层基础建设，升级更新安保设备，保障了诉讼公共场所安全。优化配置，专业赋能，组建2个审判团队。吸引和激励年轻干部扎根法庭，队伍活力不断释放。

## 新疆维吾尔自治区乌鲁木齐市头屯
## 河区人民法院头屯河法庭
## 解码"枫桥经验"打造"红色法庭"

**案例点评**：头屯河法庭立足辖区"城乡结合，产业融合"特点，传承红色基因，坚持党建引领，深耕司法本职，延伸服务触角，"三调联动""三所联动""法庭驿站"多路并

进,培育出人民司法聚民力、暖民心、惠民生的第一阵地。

头屯河法庭认真贯彻习近平总书记"要把红色资源运用好,把红色基因传承好"重要指示精神,从辖区老牌企业"八一钢铁"中挖掘红色元素,从王震将军援疆建疆爱疆精神中汲取力量智慧,坚持以党建为引领,以民心为导向,立足辖区"城乡结合、产业融合"特点,探索三调联动、三所联动、一庭多驿站特色路径,将人民法庭打造成聚民力、暖民心、惠民生第一阵地。2022年以来,诉讼案件调解率达90%,诉前调解成功率达92%,为基层治理法治化建设提供有力司法保障。

**一、传承红色基因聚民力**

坚持群众路线不动摇,聚焦市域治理现代化工作试点,与管委会、社区建立双向沟通机制,人民法庭庭长兼任社区大党委委员和党支部书记,带动辖区1400余名党员、志愿者参与"大党委"法治平台网格服务,开展组织生活会12次、专题党课25次、读书班32次、"党旗映天山"主题活动70余次,解决民生难题30余件,有效提升基层党组织凝聚力,激活基层治理源动力。在"大党委"核心构架下,发挥网格管理优势,积极动员辖区10个党支部和3个物业管委会的楼栋长、联户长、网格长、综治干部和人民法庭干警等五层保障力量及400余人群防群治力量下沉网格,入户宣法3000余次,升国旗宣讲15次,普法宣传12次,法律咨询50余次,收集群众诉求300余条,构筑起齐抓共管强大合力。

**二、多元化解纠纷暖民心**

坚持多元解纷不动摇,突出调解平台建设和优化,采取"1233"工作模式,打造"知民忧、解民怨、暖民心"一站式诉讼服务体系。立足辖区多民族聚居特点,设立"古丽调解室","三代"双语女法官传承人民司法优良传统,快速高效化解纠纷2165件,调解率达92%,被乌鲁木齐市妇联授予"巾帼文明岗"称号。建立前端解纷和多元化解两项纠纷化解机制,联合辖区16个社区定期开展"拉网式"纠纷排查,走访入户5000余次,前端排查化解纠纷300余件次;同时,与钢城司法所、妇联、工会、交警队等相关单位建立长效机制,联合辖区20余个调委会和70余名人民调解员,构建起"1+N+N"调解平台,形成基层群众纠纷快速调解网络。以人民法庭为支点,加强人民调解、行政调解、司法调解"三调联动"和基层司法所、派出所、法律服务所"三所联动",加大调解工作培训指导力度,坚持调解工作跟踪回访,切实增强基层联动工作合力。今年以来开展基层治理联合行动32次,调解培训39次,联合宣讲79次,解答各族群众法律咨询653人次,织密了服务治理的法治网络。

**三、培植服务意识惠民生**

坚持服务大局不动摇,积极拓宽司法服务渠道,拓展建立多个司法服务驿站,回应发展新要求和群众新期待。以"少年法庭"挂牌为契机,设立"保护妇女儿童驿站",加大妇女儿童权益保护力度,落实案后回访,组织法治讲座,开展公众开放日,家事纠纷调处成功率91%。关注特殊群体诉求,设立"农民工讨薪驿站",开通讨薪"绿色通道",常态提供咨询和援助等服务,与劳动监察部门联合调处群体讨薪案件10余起,85%以上欠薪当场兑现。积极营造法治化营商环境,设立"企业服务咨询驿站",推出"多向协同"和"指引保障"等系列服务保障措施,指导修订完善21类通用合同文本和5项法务管理制度,对重点企业和重大案件"把脉问诊",参加企业管理体系建设推进会,指导企业防范化解法律风险,八一钢铁公司诉讼案件从五年前的年均近百件下降至0件,减少损失3000余万元,优质高效便捷的司法服务得到辖区企业一致好评。为应对疫情影响,设立"在线诉讼服务驿站",发挥"互联网+"平台功能,加大推广和应用力度,引导群众在线办理诉讼业务,指导网上立案800余件次,在线查人找物、送达等500余次,网上庭审100余件次,全面推行网上立案、电子送达和在线庭审,努力让各族人民群众及时感受到公平正义就在身边。

## "打造枫桥式人民法庭 服务基层社会治理"典型案例[①]
### ——服务新型城镇化建设篇

党的二十大报告对促进区域协调发展作出重大部署,强调要深入实施新型城镇化战略,推进以人为核心的新型城镇化,加快农业转移人口市民化。

新型城镇化是实现共同富裕的必经之路。为深入贯彻习近平法治思想,更好服务新型城镇化建设,今年5月,最高人民法院启动人民法庭服务新型城镇化建设试点工作,取得扎实成效。

创建"E解纷"平台、村社配置专属解纷二维码、类案"填空式"调解协议模板、"一企一联系人"制度、企业风险"防火墙"、搭建"法企之桥""区域发展"服务智囊团、和谐家庭建设"服务样板"、培养乡村"法律明白人"和顺茶馆"综合治理品牌,以人民法庭自身建设为支撑点,以基层

---

① 来源:https://www.court.gov.cn/zixun/xiangqing/378811.html.

治为切入点,以新型业态为核心点,多点并进、多措并举,建立一体化联动纠纷解决机制,助推实现新型城镇化战略。

## 北京市通州区人民法院张家湾法庭
## 构建"4×3"服务体系服务新型城镇化建设

**案例点评**:张家湾法庭紧扣新时代人民法庭工作高质量发展要求,立足实际,对内优化职能,对外延伸服务,积极拓展参与基层治理深度、拓宽多元解纷广度、提升诉讼服务温度,构建"4×3"服务新型城镇化建设工作体系,有效激发社会各参与主体的能动性,不断满足新型城镇化建设、城乡融合发展需求。

张家湾法庭地处北京市通州区腹地,案件管辖地域承载着北京城市副中心行政办公区、综合交通枢纽、三大建筑、张家湾设计小镇和古镇等多项重点功能区建设,新型城镇化建设步伐快,城乡融合发展任务重,司法保障需求突出。今年以来,张家湾法庭构建"4×3"工作体系服务辖区发展,被最高人民法院确定为京津冀服务新型城镇化建设试点法庭。

### 一、"三优化"打造枫桥式人民法庭

一是重心下移,优化法庭工作职能。将立案、诉讼服务、诉前财产保全、多元调解、案件速裁精审等职能整合,并开展集约送达和集中排期工作,让矛盾纠纷高效化解不出辖区。1-8月,张家湾法庭审查立案1774件,为当事人提供诉讼咨询156次,诉前调解收案2545件。二是力量下沉,优化解纷队伍建设。增设1名立案员和诉服员,方便群众就近立案、就近咨询。增设2名速裁法官和5名特邀调解员,简单纠纷诉前调解,类型纠纷快审速裁,疑难纠纷精审细判。1-8月,调解员诉前调解成功284件,法官速裁1013件,后端精审918件。三是服务下倾,优化服务保障功能。打造"诉源治理+多元解纷"治理链,服务基层治理、服务乡村振兴。项目获区十佳基层社会治理品牌,工作模式在《北京改革情况交流》上推介。

### 二、"三层级"铺设一站式解纷网络

一是一站通办,设立多元解纷中心。在两镇两街设立一站式多元解纷中心,选派党员干部、员额法官、特邀调解员、行政调解力量等入驻,提供普法宣传、法律咨询、诉前调解、立案登记、案件查询等一站式服务。二是服务到家,铺设村社解纷站点。在村居社区设立解纷联络站,常驻解纷联络员,负责村级矛盾排查上报、纠纷调处化解等工作。依托本院网上诉讼服务中心建设,下沉诉讼服务到村居社区。已汇集村社解纷联络员130人。三是数字赋能,构筑智慧解纷平台。建设"E解纷"平台,村社配置专属解纷二维码。推进人民法院调解平台三进,覆盖率100%。自"E解纷"平台运行以来,群众提交解纷需求97起,多元化解70余起。

### 三、"三助力"深度参与基层社会治理

一是府院联动,助力法治政府建设。"庭长讲法"促进党政领导"会前学法"。参与镇街重大决策事项、规范性文件制定的法律论证咨询,以司法建议、白皮书等方式,为党委政府科学决策提供参考。今年以来,参与镇街联席会商20次,提供法律参考意见54项,发送司法建议7份。二是多元共治,助力"接诉即办"工作。主动融入北京市党建引领接诉即办改革,与属地党委政府建立双向联络,定期通报重点工作进展,对接司法保障需求。信息共享,审判数据与市民热线数据定期比对,"E解纷"与"湾事通""文明银行"等在线治理平台对接。紧扣镇街考核中涉法涉诉问题,常态化联席会商。3-8月,以会商指导、联合调解等方式参与辖区12345重难点工单办理759件。三是服务保障,助力产业转型升级。以服务保障"两区"建设,打造法治化营商环境为目标,关注产业培育、项目引进、企业发展过程中的司法需求,积极推动将司法服务纳入产业功能区公共服务标配清单。

### 四、"三同步"稳妥化解新型城镇化建设衍生纠纷

一是重点研讨,保障试点稳步推进。结合通州区作为北京市撤村建居改革试点,重点关注村转居中集体土地和资产处置、农转非等法律问题,及时研讨,统一裁判尺度。上半年,妥善审理涉副中心行政办公区和交通枢纽建设定向安置房系列案件,依法保护农民房产权益,确立三定三限三结合安置房裁判规则。二是协调联动,健全纠纷化解机制。加强"法官普法",推动基层自治组织负责人出庭应诉。围绕物业管理、邻里矛盾等涉宜居生活事项,加大普法宣传、座谈交流,提升基层干部履职能力和村社群众自治能力。三是分类施策,化解城镇化衍生纠纷。关注农业转移人口的基本公共服务权利,产业转型升级营商环境优化问题,部门联动,调判结合。对城镇化衍生家庭纠纷,适用"一户一宅""成员平等"的基础上,参照乡风村俗。密切关注老年人居住权问题,贯彻民法典规定,保障"老有所养、住有所居"。

## 天津市西青区人民法院李七庄法庭
## 多点并进多措并举服务新型城镇化建设

**案例点评**:李七庄法庭将区域优势与战略机遇相融合,以加强法庭自身建设为支撑点,以基层治理为切入点,

以服务新型业态为核心点,以多元解纷为突破点,以家事审判为创新点,积极探索城区人民法庭在城市地区发挥审判职能、服务保障新型城镇化建设的新路径,为推动城市治理体系和治理能力现代化提升司法服务效能。

西青区人民法院李七庄法庭辖区为李七庄及津门湖两个街道,位于天津市外环城市发展带,该区域先行先试宅基地置换楼房、撤村建居,成立股份经济合作社,一直探索在城市化建设的最前沿,是西青区乃至天津市城市化建设的典范。今年4月25日,李七庄法庭入选最高人民法院京津冀三地服务新型城镇化建设试点法庭。

一、以基层治理为切入点,管源头治未病

一是系统治理体现新担当。主动融入街道党委领导的基层治理体系,深度融合乡村振兴工作,提升基层治理精细化精准化水平。从近年来涉辖区村、居、股份经济合作社及国有企业、集体企业案件入手,分析高发多发深层次原因,主动与街道党委沟通,提出8条针对性的司法对策,推动开展问题合同专项整治,从源头上预防和减少纠纷。今年上述单位成诉量仅为21件,同期相比减少60%。二是综合治理体现新作为。加强与派出所、司法所、矛调中心和群众自治组织的共建联建,整合社会治理资源,召开碰头会8次,推进基层党建创新与基层治理创新相结合,邀请社区村队干部到法庭参与纠纷调解、庭审观摩和座谈交流,促进基层干部依法解纷能力和法官群众工作能力共同提升,零距离融入综治网格。三是依法治理体现新成效。充分发挥专业优势,以司法裁判树立行为规则,以法治精神培育法治文明,立足审判职能,加强裁判说理,在公正裁判中传递法治力量,建树法治权威,发挥审理一案、治理一片的效果。

二、以多元解纷为突破点,延伸服务触角

一是多元解纷展现新理念。坚持把非诉解纷机制挺在前面,积极回应群众司法需求和对公平正义的新期待,推动更多力量向疏导端用力,着力减少诉讼增量,在诉讼服务、法治宣传中提供非诉讼纠纷解决的前置指引,弘扬非诉解纷理念,积极回应,将纠纷化解在矛盾对抗发展的初期。二是诉前调解跑出加速度。围绕诉前调解聚合力,今年7月初步形成以法庭为联络基站,组建由李七庄司法所、派出所、商事调解组织组成的解纷联盟,充分发挥人民调解的优势,激发商事调解的积极性,引领打造社会矛盾化解的第二道防线,法官与调解员一对一结对子,通过线上、线下开展调解工作,1+3+N诉前调解模式初见成效。今年7、8两个月调解各类纠纷27件,均已全部履行。三是延伸触角融入同心圆。辖区村、居、合作社并存的现实仍带有熟人社会印迹,从乡村到城市,多数村居的调解组织作用不再显著。积极落实调解平台"三进"工作要求,让调解组织重新焕发活力,目前已走访对接村居15家,在重构"一社区一法律调解员"机制上发力,定期对调解员进行培训,借力司法所、村居党群服务中心及警务室,构建法律网格员体系,将服务触角向基层再延伸,推动矛盾纠纷就地发现、就地调处、就地化解,有序重构"调解优先"格局。

三、以新型业态为核心点,聚焦经济社会发展

一是关注集体资产保护,保护城乡居民合法权益。股份经济合作社系西青区城市化建设的新探索,围绕集体资产流转、村转居、股东权益保护等事项开展调研后,在王兰庄、邓店股份经济合作社设立法官联络室,为集体企业发展建言献策,为村转居的身份和权益保护提供法律支撑,平等保护城乡居民合法权益,上述两个股份经济合作社实现了零诉讼,邓店社区被评为天津市民主法治示范村(社区)。二是关注楼宇经济发展,提升司法保障效能。辖区楼宇经济发展程度较高,中小型企业较多,围绕楼宇经济发展制定重点企业、重点商圈、重点项目清单,组建服务楼宇经济专业团队,形成一楼宇、一团队工作模式,统一裁判尺度,优化诉讼流程管理,通过法官上门坐诊,诉前介入调解,诉中联动化解,判后答疑回访等方式,对接司法需求,努力将法庭职能与都市楼宇经济发展紧密结合。在疫情防控期间,通过微信办案、在线诉讼,及时化解纠纷,加快审判节奏。三是关注行业特色,保护消费者合法权益。辖区有王兰庄汽车城、商贸城等特色产业,针对汽车产业发展特点,研判涉汽车买卖及上下游产业的案件类型,重点关注消费者权益保护。

四、以家事审判为创新点,打造和谐社区

一是强化改革创新,打造特色品牌。以城市法庭建设试点为契机,创新审判理念,探索圆桌审判方式,引进家事、邻里纠纷观察员机制,引导当事人用更积极、更包容的心态化解家庭、邻里纠纷,着力培育和弘扬社会主义核心价值观。二是强化法治温度,引领社会新风尚。辖区有天津市人口超密集的富丽津门湖社区,家事、邻里纠纷突出。从实质性化解家事纠纷为出发点,联合村居及妇联组织,加大调解力度,对矛盾纠纷分层过滤,形成化解合力,适时发出人身安全保护令,用好家庭教育指导令,坚决打击家庭暴力、高价彩礼等不良习气,引领社会新风尚,促使居民生活水平及法治意识双双城市化。今年5月发出西青法院第一份家庭教育指导令,取得良好法律效果及社会效果。三是强化一站式标准,坚持司法便民举措。对于涉少、涉老、涉困、涉残等家事邻里纠纷案件,考虑当事人特殊情况,依旧做好巡回审判,开通绿色通道,通过一次性告知等便民机制,一次庭审解决率达95%以上,让群众

少跑路,同时开展庭长接待日及判后回访,为弱势群体纾难解困,提供即时诉讼服务。

## 河北省固安县人民法院柳泉法庭
## 创新"1321"工作方法助推新型城镇化建设

**案例点评**:柳泉法庭聚焦新时代城镇化建设过程中,乡村向城镇转型中突显的类型化社会矛盾特点和突出问题,创新制定"1321"工作法,服务农村产业发展和资产管理改革,突出农村生态保护,优化诉权保障和诉源治理,不断推进司法民主,探索司法护航新型城镇化建设的新路径。

柳泉法庭地处"京南明珠"——廊坊市固安县中部,辖55个行政村。辖区正由以农业为主向产业配套、旅游服务为主的宜居宜业产业新城进行转型,高铁新区、城南新区正在筹备建设中。柳泉法庭以今年5月份被最高人民法院确立为服务新型城镇化建设试点为契机,因地制宜,突出特色,创新"1321"工作法,依托党委政府,携手地方,联合社会力量,谋求多向共治,助力新型城镇化建设提档加速,产生积极效果。

**一、强化一体领导,掌舵定向推动创新发展**

一是强化法院系统领导。省、市法院领导加强顶层设计,扑下身子,深入法庭、村庄,一竿子插到底,开展蹲点调研,问需于驻地党委、政府,献计于法庭建设,在加强充实调整法庭工作机制等方面想办法、出点子。二是强化党委属地领导。县委书记挂帅,吸纳发改、财政、农业农村、柳泉镇等单位部门主要负责同志为成员,建立人民法庭服务新型城镇化建设试点工作联席联动机制,定期研究磋商,既谋建设又谋发展,推动试点工作走深走实。三是强化统筹协调领导。县委召开专题会议,统筹乡村振兴,法庭先行,将司法工作放进全县经济发展大盘中找定位,在融入基层社会治理大局中谋出路,共力发挥基层法庭效能"最大值"。党委牵头,法庭与政府部门良性互动,积极在重大项目、重大活动启动前进行法律"质检",让惠民利民的好事办实,实事办好。

**二、聚焦三项服务,突出主题发挥工作职能**

一是服务特色产业发展。紧盯乡村发展、企业需求、人民期盼,开展暖企助企行动,建立"健康体检"台账,完善"一企一联系人"制度,对辖区23家企业提供"诊疗式"服务,提出意见建议80余条,构筑企业风险"防火墙"。多次深入调研国家民委命名挂牌的"中国少数民族特色村寨"——大韩寨民族村,就羊肠衣加工出口、产业升级"把脉问诊",促进村寨经济健康发展。二是服务集体资产管理改革。法庭与各村委"共学共建",多次入村推动"三资"清理工作,协助55个村街清查资金2563.33万元;重点审查涉村集体资源的各类合同契约,促进重新签订合同1735户。三是服务农村生态环境建设。与镇综合行政执法队建立协调联动机制,研学环境资源案件专业知识,大力宣传环境保护,改善乡村生态环境,助推农业生产方式绿色转型,把司法服务产业发展、农村改革和生态保护主题谋深做细。

**三、优化两个端口,固本强基提升治理水平**

一是强化乡村普法宣传,发挥法治指引功能。把好诉权保护"端口",开展"法治副校长在行动""以案说法"等活动,选取典型案件开展巡回审判,组织干警深入村庄社区,宣讲婚姻家庭、劳务纠纷等与群众息息相关的法律知识,千方百计保护群众合法权益,该做法被学习强国、河北长安网转发。二是凝聚多元解纷力量,深化涉农诉源治理。延深诉源治理"端口",对辖区142名调解员开展业务培训,推出"菜单式"服务,确保学习内容入脑入心、培训知识真学真用。推进村街建立"红黄绿"纠纷隐患分级预警机制,采取矛盾苗头半月报备、突发即报的互通共解工作模式,将纠纷消灭在萌芽状态。开展"今日我当值"活动,辖区调委会轮流到法庭值班,参与案件诉前化解和诉中调解。三是拓展法庭服务职能,引导文明乡风建设。借助辖区南房上村清代名臣于成龙孝廉文化,大力弘扬社会主义核心价值观,助推和睦温馨的人伦文化,倡导崇德求同理念,激励村民自律,指导辖区55个村庄制定村规民约,推动文明村镇、文明家庭创建。

**四、巩固一线阵地,创建示范法庭提升质效**

一是夯实基础建设。紧扣服务新型城镇化建设主题,组建三个审判团队,派驻一个执行工作组,大力弘扬"四有法官"冯国生同志的英模事迹,提振精神风貌。借鉴"枫桥人民法庭"等优秀国内先进法庭建设成果,升级诉讼服务中心、家事调解室装备,推动硬件设施提档升级。

二是优化便民流程。推进"立调审执"一体化工作体系运转,制作便民提示牌,精简工作流程,为群众提供"一站式"服务。"判决后调解+执行前劝导"等做法,获得当事人点赞。三是推进司法民主。深入推进司法全过程民主,让群众参与、感受、评价和监督基层法庭全部司法活动,聘请兼职民主监督员,匿名评价打分,以百姓口碑擦亮"廊坊经验"。

## 山西省临汾市尧都区人民法院河西法庭
## 创建一体化纠纷解决机制助推新型城镇化法治改革

**案例点评**:河西法庭形成以法庭为联动核心,村(社区)委员会、司法所、派出所、网格员、道德协调员、法律帮扶员以及心理咨询员为联络站,探索创建"老梁工作室""综治协调站""心理疏导站""法律帮扶站"以及"道德协调站"为翼的一体化联动纠纷解决机制,助推新型城镇化建设。

河西法庭地处临汾市尧都区经济发展重地河西工业区,所辖五镇两乡一办事处,全区三分之一的人口在这里汇集,二分之一的经济总量来自这里。随着新型城镇化建设的推进,农村的社会结构和经济结构转型加快,矛盾和纠纷的数量也迅速上升,城乡融合发展任务重,司法保障需求突出。近年来,河西法庭坚持以党组领导为核心、群众工作为根本、公平正义为首要、"枫桥经验"为基石,探索形成一核多元的纠纷化解机制。

一、推动党建与审判同谋划、同部署、同推进

一是以党建"领航"。将坚持党的领导作为首要原则,在系统内率先召开党建工作会议,持续提升党员修养的同时增强干警业务能力,明确法院工作的政治性与人民性,将新时代"枫桥经验"以人民为中心的思想融入纠纷解决中。二是以党建"筑基"。树立大抓基层鲜明导向,深入推进党支部标准化建设,运用"四联四促"党支部工作法,把党支部打造成推动强核发展的坚强战斗堡垒,推动党建与审判"双促进、双提升"。三是以党建"解纷"。与所辖五镇两乡一办事处中的部分经济发展重点村落、社区、景区和历史文物保护单位党委、支部进行结对子,深入乡镇、社区,认真了解群众需求,解决群众的急难愁盼,更好地化解矛盾。

二、搭建一核多元化联动纠纷解决机制

河西法庭聚合社会力量,以群众工作为基石,创办"一室四站"。成立以来,案件判决率逐年下降,调撤率逐年上升,获得辖区百姓的一致好评。收案由 2020 年的 989 件下降至 21 年的 749 件,2022 年至今的 464 件,收案率下降 15.14%,其中家事由 2020 年的 265 件降至 2021 年的 210 件,2022 年至今的 165 件。一是老梁工作室。法庭"老梁们"用自己丰富的法律经验,深入走访辖区,走村访户,带案下乡现场巡诊,面对面听民声,心贴心解民忧,矛盾发现在萌芽状态,纠纷化解在隐患之中。二是综治联调站。法庭协同辖区派出所、司法所、村联络员,利用他们对乡土村规民约更为了解的优势,配合法庭联调巡诊人员先行处理矛盾纠纷,将化解纠纷的关口前移,将法治的触角延伸在基层,法治的眼睛关注在基层,法治的耳朵倾听在基层,法治的堵点化解在基层。三是"三老"道德协调站。邀请省人大代表、省工商联副会长、山西省劳模以及扎根在基层几十年的老党员、老英模、老模范现场纠纷调解,以品德修

养指引人,以德育力量感化人。四是法律帮扶站。邀请资深律师现身说理,参与调解,帮扶弱者指导诉讼,维护弱势群体的合法权益,让专业精准高效的法律服务普惠乡民。五是心理疏导站。聘请专业心理咨询师,对当事人进行心理干预,开展心理疏导,对症下药,让纠纷化解更彻底,案件了结不反弹。

三、发挥司法能动作用融入基层治理体系

一是不断延伸司法职能。充分发挥审判职能,主动融入当地党委领导的治理体系,将"枫桥经验"融入到基层法治中,重点关注征地拆迁纠纷、集体资产处置等法律问题,及时研讨,统一裁判尺度。目前,法庭年巡诊量达 300 余起,化解纠纷 100 余件。二是加快信息化建设。创建"互联网+"的一站式诉讼中心,全面实现网上立案、网上送达、远程视频调解开庭等功能,提升法庭处理案件的速度和效率,提升法庭办公办案场所的信息化能力,不断增强法庭服务基层社会治理的能力。三是主动下沉解纷力量。针对较难解决的征地拆迁纠纷,组织法官到纠纷现场进行现场调解与释理,提供法律帮助,解答征地拆迁纠纷等问题,从源头上化解矛盾纠纷。2020 年调解人员与法官巡回乡镇,共化解诉前纠纷 362 件,2021 年 458 件,2022 年 396 件。

四、全方位打造枫桥式人民法庭

一是优化调解场所。设置各具特色的调解工作室,通过圆桌布局,悬挂调解标语等环境布局,确保案件当事人在调解室中充分感受到温馨,从而拉近双方当事人的距离,为案件成功调解奠定良好基础。仅家事案件调撤率由 43.8% 上升至 63.07%。二是创新审判模式。对事关民生的各类案件,特别是涉及农资、赡养、抚养费、抚恤金、劳务报酬的案件,建立民生案件甄别制度。要求立案工作人员在立案审批中,对此类案件进行甄别,符合条件的,建立快立、快审和快结的绿色诉讼通道。三是宣讲法律知识。组织干警利用法庭"下乡巡诊"、巡回审判、主题党日活动等时机,结合相关典型案例,以案释法、以法论事,积极宣讲法律知识,并就群众关心的婚姻家庭、土地承包、劳动就业和社会保障等方面的法律问题,进行"一对一"精准答疑解惑,使广大群众了解如何使用法律武器保障自己的合法权益,进一步提高群众的法律意识。

**辽宁省本溪满族自治县人民法院田师付法庭**
**"点线面"结合构建解纷体系大力提升基层治理效能**

**案例点评**:田师付法庭坚持把非诉讼纠纷解决机制挺在前面,主动履职尽责,抓前端,治源头,积极参与构建党

委统领、对接基层社会治理力量、群众广泛参与的非诉解纷服务体系,为新型城镇化建设提供有力司法服务。

辽宁省本溪满族自治县田师付镇地处辽东半岛东部,是辽宁工业重镇,住建部等7部委公布的全国重点镇。田师付人民法庭坚持把非诉讼纠纷解决机制挺在前面,主动履职尽责,抓前端,治源头,积极参与构建党委统领、对接基层社会治理力量、群众广泛参与的非诉解纷服务体系,辖区内矛盾纠纷成讼率明显降低,上半年人民法庭受理一审民事案件数量同比下降近20%,没有出现一件信访案件。

### 一、以诉讼联络员为点,延伸基层治理触角

在辖区乡镇党委的支持下,田师付法庭邀请辖区15个村、社区工作人员担任诉讼联络员,镇党委下发文件确定人员,法庭颁发聘书,将服务职能触角通过15名"编外法官"纵向延伸到矛盾纠纷最末端。按照目标管理职责,对村、社区中出现的矛盾纠纷,法庭指导诉讼联络员入村、社区进行化解;对已经成讼的矛盾纠纷,法庭和诉讼联络员同步开展调解,努力实现矛盾纠纷就地发现、就地调处、就地化解。同时,借助诉讼联络员协助法庭入村(社区)入户送达法律文书、现场勘验等,宣传诉讼联络员便民、惠民的服务形式和宗旨;并在各村、社区设立固定便民服务点,公示诉讼联络员联系方式,接受群众咨询,开展巡回审判、以案讲法等法治宣传活动。上半年,诉讼联络员通过非诉化解纠纷52起,参与法庭案件调解42件,协助入户送达法律文书32次,提供、查询当事人信息25份。

### 二、以"一庭两所"为线,搭建基层治理框架

田师付法庭联合辖区公安派出所、司法所建立矛盾纠纷排查化解联动机制,对深入村、社区发现的矛盾纠纷,能化解的第一时间由驻村、社区民警进行调解,不能当场化解的,联合村、社区人民调解员、诉讼联络员进行调解;对涉法类、经济类和疑难、复杂矛盾纠纷,由法庭和司法所提供法律支撑,三方联合调解;对法庭、司法所在日常工作发现有潜在性、苗头性的矛盾纠纷,经分析适合公安机关调解的,转交公安派出所进行调解,适合其他单位进行处理的,可由公安派出所转递移交。建立信息资源共享制度,三方配备专职联络员,建立微信工作群,负责日常工作衔接、沟通;定期召开联席会,分析工作,总结经验。同时,加强对辖区重点领域、重大工程,以及辖区涉及企事业单位改制、环境保护、征地拆迁、涉众型利益受损、涉校园、医疗、婚恋家庭等矛盾纠纷源头化解工作,建立风险预警模式,第一时间共享信息,及时开展研判应对和前端化解工作。上半年联动调处矛盾突出、多人纠纷10件次,均妥善化解。辖区本桓铁路田师付路段施工单位临时占用土地未予复垦,村民堵道阻止施工;该起纠纷影响较大,且有一定的负面效应,田师付法庭及时启动联动工作机制,精准发力,将矛盾纠纷依法妥善化解。

### 三、以群众参与为面,实现基层治理全覆盖

田师付法庭与辖区村委会签订"以自治、德治为根本,以努力实现各类矛盾纠纷就地、就近解决不出村,推动少讼乃至无讼为目标"的无讼村共建协议,通过邀请村干部、村代表走进法庭观摩庭审,发动群众共同调解涉本村村民诉讼案件,法官定期入村进行法治宣传等共建工作形式,合力推动村民选择非诉讼方式解决矛盾纠纷。并在辖区15个村、社区的"评理说事点"设立便民联络点,为群众矛盾纠纷解决方式提供全面的政策指引和法律指导,夯实打造非诉解纷机制的群众基础。建立调解协议自动履行督促机制,通过向当事人发出《自动履行义务告知书》,释法明理,激励、督促当事人兑现承诺,自动履行率近20%,提高群众对非诉解纷机制的社会认同度和公信力。推进人民法庭进乡村、进社区、进网络,让更多社会力量入驻人民法院调解平台,实现线下线上联动,促使诉前调解成功率达到30%以上,对引导群众选择非诉讼方式解决矛盾纠纷产生了积极的示范和推动作用。

## 上海市青浦区人民法院青东法庭
## 深化四大工作机制打造和谐劳动用工环境

**案例点评**:青东法庭立足辖区新型城镇化建设水平较高的实际情况,发挥地处长三角生态绿色一体化发展示范区区位优势,紧扣国家战略,铸造联调共治体系,优化诉讼服务模式,加强跨域协作,丰富法治宣传载体,多措并举营造和谐劳动用工环境,助力示范区新型城镇化建设。

青东法庭地处长三角生态绿色一体化发展示范区内工业较为发达的上海市青浦区香花桥街道,紧邻上海虹桥国际商务区,辖区经济活跃、产研互动、新业态发展迅速,新型城镇化水平较高。为践行"源头预防为先、非诉机制挺前、法院裁判终局"为核心的诉源治理工作理念,法庭立足区域实际,集中管辖全区劳动争议案件,探索构建"四大工作机制",多措并举打造和谐稳定的劳动用工环境,为新型城镇化建设提供高质量的司法服务保障。

### 一、建立"二二一"诉调机制,形成多点联调新格局

一是搭建"两个平台",共享资源信息,开辟多元解纷通道。与区总工会搭建"微信云平台",确保信息共享、多方联动,及时对接工作,切实提高对苗头性问题的预测预判能力和疑难复杂问题的应对处置能力,并联合成立"劳动争议诉调对接工作室"平台,推进"3+2+X"预防和化解

劳资纠纷工作,开辟司法确认绿色通道,至今已妥善化解劳资纠纷3,000余件。二是成立"两个站点",前移解纷端口,健全行业调解机制。立足辖区大型物流企业集中这一特色,与区总工会、人社局联合指导推进快递物流行业"圆通工作站""韵达工作站"站点建设,发挥行业调解优势,提升企业内部自主协商解纷能力。2021年进入诉讼程序的快递企业劳资争议案件同比下降达84.35%,将大量群体性纠纷化解在源头。三是构建"一个体系",加强人民调解,推动诉源治理工作。与辖区街镇司法所共同构建人民调解工作培训体系,定期指派专职调解员至法庭跟班学习,培养专业化人民调解员队伍,提升人民调解群众认可度,发挥好法庭诉源治理、化解基层矛盾的重要作用。

**二、落实"便民利民"解纷机制,满足群众司法新需求**

一是设立劳动巡回法庭,延伸司法服务窗口。为服务两大国家战略,根据与区总工会、人社局、司法局联合制定的《关于进一步加强青浦区劳动争议调裁审对接工作的方案》,分别在位于国家会展中心的徐泾及工业园区设立劳动争议巡回法庭,至今成功化解纠纷176件。二是巧用智慧法庭平台,破解传统诉讼难题。推动全流程网上办案工作模式,坚持便民原则,利用午休、晚间进行在线或异步庭审,上海疫情封控期间就劳资纠纷案件共开展线上庭审91件次,在线签发文书56份,保障诉讼活动不因疫情"绊住脚"。三是强化类案集中审理,优化司法审判质效。针对类案形成"集中送达、集中排庭、集中审结"审理模式,优化审判质效。6月复工以来,集中审理的案件调撤率近76.8%,包括4批次共计36起群体性纠纷。

**三、加强"示范区一体化"协作机制,促进跨域共治新发展**

一是建立跨域裁审例会机制,保障适法统一。与浙江嘉善、江苏吴江两地法院及仲裁委视频连线召开劳资纠纷裁审情况例会,推进裁审衔接,统一裁审口径,提升示范区劳动争议案件处理质效。二是建立跨域法律培训机制,服务基层治理。与两地法院通过"共享法庭"联合开展劳资纠纷化解系列法律培训,邀请三地企业代表参与,引导企业遵循合理、有限、善意原则行使用工管理权,深入拓展诉源治理。三是建立跨域研商交流机制,实现博采众长。与两地法院联合出台《关于深化长三角生态绿色一体化示范区法庭跨域司法协作制度的实施意见》,覆盖示范区12家人民法庭,合力打造社会治理新格局。

**四、拓展"以案释法"长效机制,建设文明和谐新城镇**

一是挖掘"小案件"示范效应,引领社会风尚。连续三年出台《青浦区审裁劳动争议十大典型案例》,撰写法宣案例21篇,其中"为父奔丧""微信群调侃领导""高温津贴"等相继被人民日报、新华网等媒体报道转载。二是主动走进企业,规范用工管理。针对企业用工不规范问题三年共发送司法建议7份,多次开展公众开放日、"送法进企业"系列活动,引导企业构建和谐劳动文化。三是下沉基层调研,坚持问题导向。针对新就业形态等问题走访调研,发布审判白皮书、精品案例等合计14篇。

## 江苏省昆山市人民法院花桥法庭
## 多元协同跨域联动绘就基层善治同心圆

**案例点评**:花桥法庭立足"江苏东大门、沿沪第一线"区位特点和经济发展新趋势,建立起以凝聚非诉解纷力量、培育特色工作品牌、加强跨域一体协调为支撑的"立体化诉源治理"模式,服务当地新型城镇化建设。

江苏昆山市连续17年位居全国百强县首位,辖区花桥镇对接上海的"东大门"。花桥法庭辖区经济社会发达,跨域交流活跃,基层治理要求、纠纷化解需求也相应较高。近年来,法庭立足辖区实际,积极推动社会治理大格局、诉源治理共同体建设,有效提升司法效能和群众解纷体验、基层治理成效。2021年至2022年6月,新收案件同比减少24.2%。

**一、凝聚基层解纷力量,织密诉前调解"过滤网"**

依托党委领导、政府支持,加强与多元解纷力量的衔接,推动纠纷化解从法庭"单打独斗"向基层"协同发力"转变。2021年以来,引导诉前解纷2537件,相当于同期审结案件的71.44%。一是完善特邀调解队伍。选聘4名曾任镇工会主席、村书记等职的退休干部,2名曾获江苏省法院系统二等功、"江西省法院调解能手"称号的外地退休法官,形成既熟悉本地社情民意也了解外来人口特点的特邀调解队伍。2021年以来,6名特邀调解员诉前成功解纷1816件。二是扩大专业调解队伍。争取司法行政机关派驻人民调解员,并设立调解工作室。2021年以来,委托调解612件,成功化解721件。三是加大调解指导力度。编写调解辅导手册,常态化开展"审务进基层、法官进网格""社区干部进法庭"等活动,有针对性地进行解纷指导。2021年以来,培训人民调解员104人次,邀请社区干部参与调解、观摩庭审107人次。

**二、延伸司法工作半径,建强参与治理"桥头堡"**

紧扣县域、镇域治理需求,坚持重心前移、内外衔接,促进法庭工作从"单纯办案"向"注重治理"转变。一是夯实助推基层治理"前沿阵地"。在陆家镇设立巡回法庭、

"无讼村居"示范点,并联合该镇党委政府,在全国率先建立镇域治理法治服务中心,吸收基层干部、村(社区)工作人员、网格员等分批轮流进驻一个月,由资深法官进行法治能力教学,并指导开展矛盾纠纷调处、"援法议事"引导、风险隐患排查、村规民约论证完善等服务,在服务群众、企业和基层组织过程中,提升基层治理协同度和法治化水平。二是打造和谐家庭建设"服务样板"。联合昆山妇联,在法庭设立包括学法堂、反家暴庇护室等功能区的"昆山婚姻家庭建设指导中心",并成立以女性干警、特邀调解员为主的志愿团队,形成集普法、调解、审判、庇护于一体的综合服务平台。三是推出护航发展和安全"量身服务"。加强司法大数据挖掘,定期向党委政府报送《工作季报》,推动相关部门解决问题、消除风险。立足辖区数字经济等新业态快速发展趋势,创立"助企法律超市"品牌,深入调研企业法律问题,有针对性地推出法律咨询、普法宣传等"常用品",政策解读、精准建议等"特需品"。

**三、融入一体发展格局,架起区域共治"连心桥"**

立足辖区毗邻上海的特点,积极推进跨区域司法协作和治理协同,推动自身角色从"小法庭"向"大平台"转变。一是创新"党建+"司法协作机制。与上海嘉定法院安亭法庭、青浦法院青东法庭构建"沿沪党建互融共创区域法治'红三角'"党建服务品牌,并在花桥法庭开辟三庭协作办公场所,互派干警锻炼学习,共同开展毗邻区域企业走访、纠纷化解等工作。二是搭建跨域人大代表联络平台。主动对接花桥镇人大和上海安亭镇、白鹤镇人大,在全国率先设立跨省域的法庭"人大代表联络站",并聘请5名昆山人大代表和5名安亭、白鹤人大代表为矛盾调解员,参与纠纷化解79件。异地人大代表还以花桥法庭为窗口,积极调研"打通断头路""飞地治理"等问题并提出有效建议。三是完善跨域案件参审陪审工作。推动选任8名在花桥居住、在上海工作的人员为人民陪审员,发挥其熟悉"双城化"生活现实的优势,有效参与涉沪案件审理,并促进其成为熟悉依法解纷方式、主动参与基层治理的法律"明白人"。

**浙江省宁波市海曙区人民法院望春法庭**
**激活村镇共治"一池春水"绘好基层治理三篇文章**

**案例点评**:海曙望春法庭针对乡镇转型发展实际,探索设立24小时"小纠纷化解微信群"及"法+司+警"调解联盟等多层次治理网络,形成了"主动靠前治理、联动化解纠纷、共享法治资源"的村镇共治新模式,实现基层治理纵横贯通的良好效果。

海曙法院望春法庭位于宁波城市"西客厅"集士港镇,现辖3个乡镇,6000余家企业及1个省级工业园区。近年来,望春法庭坚持高站位服务发展、高品质服务群众、高质效办理案件,积极破解基层治理难题;收案连续三年下降,2021年以来诉前化解矛盾纠纷1500余件;先后荣获全省法院集体二等功、宁波市青年文明号等荣誉,最高人民法院周强院长到法庭考察调研并予以肯定。

**一、主动靠前治理,做好城乡融合的共建文章**

一是设立"24小时"纠纷化解群。当前,法庭辖区多个乡镇处于由"镇"转"城"关键阶段,社会矛盾纠纷多、基层干部找法急、村社到法庭路远。2018年,望春法庭专设"小纠纷化解微信群",邀请村书记、乡镇干部入群,并组建由"法官+司法员+民警+特约律师+调解员"的调解团队入群解答,提供24小时在线服务,累计答复约1020余次,解决纠纷940余件。该项工作获最高人民法院周强院长充分肯定,认为是新时代对"枫桥经验"的继承和发展。二是组建"法+司+警"调解联盟。为群众提供"一揽子调处、全链条解决"的便利,整合辖区三大解纷资源。通过与乡镇签订辖区矛盾综合治理协议、与司法所建立诉前调解案件委派属地司法所调解机制、与全国"枫桥式公安派出所"高桥派出所建立司法警情直通车,成功打造"平安共同体"。在一起涉众房地产纠纷中,以示范判决化解400余业主的期房延迟交付纠纷。2022年以来,望春法庭案件调撤率达71%,同比上升15个百分点,服判息诉率达90.82%。三是打造"区域发展"服务智囊团。助力宁波重塑都市空间,与行政法官组成专业服务团队,先后参与宁波西枢纽、机场四期建设等重大枢纽性工程法律研讨,为多个征迁项目启动提供法治保障,化解涉及上千户居民的桃源心境小区、联升佳苑小区拆迁安置纠纷。

**二、融入乡村建设,做强乡村善治的法治文章**

一是强化党建引领。用好红色文化资源,依托"春雨先锋"特色党建品牌,与集士港镇山下庄村等基层党组织围绕政治理论联学、组织生活联建、阵地资源联享、重点工作联动、党建品牌联创开展"五个一"党日活动。将5个审判团队下沉到39个村社,进一步夯实乡村治理根基。二是厚植文明乡风。以公正裁判引领弘扬传统美德,让社会主义核心价值观飞入"田间地头",2021年以来开展巡回审判18次。一起94岁老人与五子女的赡养纠纷在村中开庭,吸引大批村民旁听,促成众子女主动履行赡养义务。以法官进网格为带动,就农村常见纠纷与村民、村干部在大礼堂、家风馆开展丰富多彩的话家常、聊法治互动,共同推进9个"无讼村"创建。三是规范治理方式。在镇党委牵头下与国家级民主法治村民乐村结对,大力开展移风易俗、送法下乡活动。突出"法治、德治、自治"三治融合，帮助完善村规民约，培育村民自治素养，向乡镇村社发送司法建议，从源头减少征地拆迁纠纷。

三、培养法治人才，做优崇德尚法的引领文章

一是精选一批"青春宣讲员"。选优配强法庭力量，12名法庭干警平均年龄34.8岁，研究生比例达到75%。联合高桥司法所等单位共建法律宣讲团，以"案"说法、以"事"说理，在社区开展消费者权益维护、老年人防诈骗讲座活动8场，受众累计1600人次。二是带好一批"法律明白人"。推进法治乡村建设，制定乡镇调解员入驻暨能力提升培养计划，由三个乡镇选送网格员、调解员在法庭接受专题培训，以点带面、教化并用，提升依法解纷能力。三是培育一批"法治未来星"。打造"沉浸式"法治体验，与高校和中小学搭建不同形式的普法平台。以案例讲解、庭审观摩等法律研学为主题，联合宁波财经学院建立法治教育导师机制，法官与师生走进社区现场解纷；以趣味、萌新、小小法官为主题，开展"张小花普法系列活动"，在孩子心中种下法治梦想。

## 江西省九江市柴桑区人民法院沙河法庭
## 延伸司法服务打造新型城镇化建设法治高地

**案例点评**：沙河法庭以"一室两员"建设为抓手，搭建跨部门联动格局，聚力法治宣传教育，助推法治政府、法治社会建设，着力打造新型城镇化建设法治高地。

沙河法庭地处庐山北麓，辖区两乡一镇两街道，管辖面积、人口均占柴桑区1/3以上。法庭立足城郊法庭定位，延伸司法服务，深化诉源治理、优化部门联动、强化宣传教育，法治护航新型城镇化建设。

一、深化诉源治理，打通综治最后一公里

一是设立法官工作室。在帮扶村设立法官工作室，就邻里纠纷、家事纠纷等开展巡回审判、属地调解，通过邀请乡贤参与、运用方言乡音等贴近群众的调审方式，达到寓教于审、释法明理、实质解纷的效果。同时，依托工作室提供上门立案、法律咨询等服务。自2021年3月工作室成立以来，共开展巡回审判8次，就地调解纠纷18起，上门立案5起，提供法律咨询40余次，得到了群众的广泛认可，真正做到"小事不出村，大事不出乡"。二是选派干警进网格。选派法庭业务骨干进驻综治网格，建立挂点干警和网格员名册，实行周走访制度。在走访中摸清网格基本社情、重点人员、社会治理难点；收集群众涉法诉求和意见建议，调处矛盾纠纷；开展防诈、防溺水、交通安全宣传等。三是选好人民陪审员。结合乡村"法律明白人"培养工程，从村、社区干部及热心公共事业人员中，选任人民陪审员，充分发挥其熟悉村情、社情和乡土人情关系网络作用，为公正审理案件、妥善化解矛盾提供帮助。2021年人民陪审员参审率56.7%，同比提升3.6个百分点。

二、依托党委领导，构建社会治理联动格局

一是融入基层治理联席会机制。积极参与基层党委领导下的"一庭两所"（法庭、派出所、司法所）社会治理联席会机制，在基层党委分管领导的召集下，定期召开会议，报告辖区案件办理情况、涉诉信访情况，会商重大矛盾纠纷的化解处置等。每季度召开平安建设工作群众报告会，通报平安建设工作举措、工作动态及工作成效，联席会运行情况纳入地方平安建设考核指标。二是凝聚弱势群体权益保障合力。联合公安、检察、妇联、民政、未保站等部门，设立"妇女儿童维权岗"，发挥各单位专业优势，建立维权协作机制，开展联合家访、回访帮教等。2021年以来，维权岗举办心理教育课堂2期，开展联合家访3次，回访帮教1人，心理咨询2人。2021年，沙河法庭被评为"全国维护妇女儿童权益先进集体"。三是联合打造关心下一代教育基地。在市关工委指导下，设立九江市关心下一代教育基地，发挥"五老"余热，常态化地开展未成年人思想道德教育，坚持社会治理从娃娃抓起，引导青少年积极弘扬社会主义核心价值观，培育听党话、跟党走的下一代中国梦实践者。

三、落实普法责任，从源头化解矛盾纠纷

一是领导做示范。院长担任辖区学校法治副校长，推动建立"院校共建法护未来"审教结合的青少年法治教育联动机制，提升青少年学生学法、守法、用法意识。二是主动走出去。在3·15、六一、宪法宣传周等时间节点走进辖区学校、企业、村组及社区，宣传民法典、反有组织犯罪法、家庭教育促进法等新近实施的法律法规，进行防校园欺凌、防性侵、防校园贷等校园自护教育，开展防养老诈骗、电信诈骗，扫黑除恶等专项宣传，增强居民依法维权意识。三是积极请进来。充分发挥"青年文明号"桥梁纽带作用，在"青年文明号"开放周，举行法庭开放日活动，邀请中、小学生走进法庭，旁听、模拟庭审，近距离体验司法活动，教育学生树立法治信仰。2021年以来，沙河法庭开展法治宣传20次，发放宣传册3000余份，惠及辖区居民4000余人。

## 广东省深圳市宝安区人民法院石岩法庭
## 立足城区法庭职能定位探索市域治理新路径

**案例点评**：石岩法庭立足辖区工业重镇实际，紧扣市域治理需求，推动建成街道级"一站式"多元调处平台，精

准培育工会、商会等社会调解组织，推进"无诉"社区标准化创建，有力服务城市治理体系和治理能力现代化。

深圳市宝安区人民法院石岩法庭司法管辖区为石岩街道，辖区常住人口近70万，企业7000余家，规模以上企业600余家，是典型的工业重镇。石岩法庭立足城区法庭职能定位，深度融入辖区市域治理，取得显著成效。2022年1—7月，辖区内基层调解纠纷量同比上升23.4%，诉前委派调解量同比上升11.5%，诉讼案件量同比下降15.6%。

**一、围绕党委中心工作，打造基层综合治理大格局**

一是依靠党委领导优势，搭建多元调处平台。在街道党工委支持下，推动建成街道多元调处中心，将街道综治信访中心、公共法律服务中心、法庭诉调对接中心以及行政执法服务等资源进行优化整合，搭建"一站式"多元调处平台。2021年，街道多元调处中心共接待群众4927人，调处纠纷3579件，完成司法确认311件。二是借助人大代表影响力，化解重大矛盾纠纷。法庭"诉调对接站"入驻基层人大代表履职平台，与人大代表社区联络站建立对接关系，借助人大代表力量成功化解了一批涉历史遗留、重大市政建设工程的群体性纠纷，"人大代表+法官"纠纷化解模式被《人民日报》客户端报道。三是发挥法庭专业优势，精准服务党委决策。出台《加强人民法庭诉源治理工作规程》，以年度诉讼案件白皮书、专题报告等形式反映审判执行工作中发现的社会问题、潜在风险，为辖区党委社会治理提供决策参考。实行诉前、诉中、诉后、执行全链条调解工作模式，促进"案结事了"。近三年，辖区街道信访量持续下降，进京非访、重大群体性事件"零发生"，党委领导下多元共治的工作模式得到省、市两级党委高度认可。

**二、聚焦多发矛盾纠纷，积极培育社会治理新力量**

针对辖区内企业众多，劳动争议和商事纠纷占纠纷总量超60%的特点，石岩法庭积极引导工会和商会参与纠纷调解。一是打造培育基地，为调解组织提供成长平台。引导工会、商会组建调解工作室并入驻法庭诉调对接中心，分别开展劳动争议、商事纠纷调解工作。两年来，工作室共调解劳资纠纷1115件、商事纠纷272件，调解成功率分别为64.4%和48.9%，2021年辖区街道劳动争议诉讼案件首次下降，且下降幅度达24.7%，工作室在辖区的影响力显著提升。二是实行结对辅导，提升调解队伍的专业性。为入驻诉调对接中心的调解员配备"法官辅导员"，借助法官专业优势对调解员进行"一对一"辅导，调解员的法律素养和解纷能力得到明显提升。三是优化司法确认，提高调解协议的履行率。为调解组织提供类案"填空式"调解协议模板，简化司法确认申请程序，实现调解和司法确认程序一体化运行，高效赋予调解协议强制执行力。2020年石岩法庭办理的"胡某等31人劳动争议申请司法确认案件"入选全省法院服务保障"六稳""六保"典型案例。《人民法院报》以"打好司法确认和调解组合拳"为题对石岩法庭工作经验进行了报道。

**三、首创无讼社区标准，筑牢社会治理第一道防线**

一是制定"无讼"社区标准，为无讼创建提供指引。与辖区街道办联合在全省率先出台"一个平台、五项机制、五个指标"系统化的"无讼"社区创建标准，为"无讼"社区创建提供了指引，让传统"无讼"模式适应城市化转变，成为市域治理的重要抓手。二是下沉司法力量，实现社区对接全覆盖。在辖区10个社区均建立"诉调对接站"，各配备1名社区法官开展调解指导、司法确认办理等工作，助力社区在源头化解纠纷。2022年上半年，社区法官共指导基层调解23次，各社区成功调解纠纷2013件，同比上升20.5%。三是加强宣传引导，让"无讼"文化深入人心。通过巡回审判、"无讼"文化课等方式，广泛宣传"无讼"文化和多元解纷理念，让"有纠纷、到社区、先调解"成为群众的解纷习惯。《人民法院报》以"服务前移，让无讼社区落地开花"为题对石岩法庭推进"无讼"社区创建工作进行了报道。

## 重庆市沙坪坝区人民法院陈家桥法庭
## 共创"和顺茶馆"亮点品牌探索社会治理新模式

**案例点评**：陈家桥法庭聚焦新型城镇化过程中产生的矛盾纠纷，将法院服务基层治理工作与川渝茶馆文化深度结合，凝聚共建共治共享共识，与街镇政府等单位共同创建"和顺茶馆"社会综合治理品牌，多措并举有效破解安置区社会治理难题。

陈家桥法庭是城乡结合法庭，司法辖区内的回龙坝镇正处于大征地大拆迁大建设的转型期，农转非人员被集中安置，但安置区内矛盾纠纷频发，传统的治理手段收效甚微。陈家桥法庭以新发展理念为引领，坚持、发展新时代枫桥经验，于2019年底与回龙坝镇政府等单位在聚龙城社区共同首创"和顺茶馆"社会综合治理品牌，推动诉源治理实质化。该镇涉诉案件呈下降趋势，从2019年的452件下降到2021年的227件。"和顺茶馆"已入选重庆市市域综合治理优秀典型事例，并入围2022年全国社会治理创新案例。现沙坪坝区已建成16家"和顺茶馆"，年底将实现全域覆盖。

**一、打造三大特色功能区，提供安置区社会治理空间载体**

利用川渝民众喜欢聚集在茶馆饮茶、摆"龙门阵"的特点,在茶馆内部打造三大特色功能区。一是打造和顺解纷工作室,提供问诊式服务。由茶馆工作人员日常收集安置区纠纷信息并制作台账,对接法官及助理每周到工作室分类施策地化解纠纷。对外公布法官及助理的联系方式,方便人民群众法律咨询。现已累计化解纠纷300余件,提供法律咨询200余次。二是打造和顺巡回审判庭,推进情景式普法。融合"和则顺"的茶馆文化,将原、被告席设为条桌条凳,并配备专业庭审设备。每月选取安置房买卖、物业纠纷等与人民群众密切相关的案件开展巡回审判,力争达到"诉讼一案、教育一片"的效果。现已累计开展巡回审判40余次,"点对点"地推送典型案例11期。三是打造和顺堂,满足多元化需求。为普法宣讲、邀请人大代表和政协委员开展特色联络活动、安置区居民议事等提供空间。现已累计开展法律宣讲20余次、特色联络活动8次。

二、建立四个融合工作机制,助推安置区社会治理提质增效

将"党建联席会议""一街镇一法官""一庭两所""一站式多元解纷"等机制与"和顺茶馆"建设深度融合,建立四个融合工作机制。一是建立主动报告机制。每月主动向回龙坝镇党委、政府报告安置区涉诉案件情况,为回龙坝镇推进安置区社会治理提供决策参考。现已累计报告18次,发出专项报告1份、司法建议5件。二是建立干警下沉机制。要求对接法官及助理下沉至安置区,加入社区工作微信群,指导社区完善管理制度,积极参与各项治理活动。三是建立群体事件会商机制。发现存在群体事件风险时立即向回龙坝镇党委、政府提出预警;群体事件已发生时立即启动会商处置机制,由人民法庭牵头,派出所和司法所参与纠纷化解。现已累计提出预警5次,诉前牵头化解群体事件10起,涉及群众500余人。四是建立定期法治培训机制。通过法律文本解读、法官示范调解、指导调解等方式,对行政执法人员、社区工作人员、人民调解员等进行专题法律培训,提高基层社会治理参与人员的法律适用能力、群众工作能力,力争矛盾不出街镇,纠纷就地化解。现已累计开展法治培训16次,共参训300余人次。

三、采取五项保障措施,强化安置区社会治理资源供给

一是强化组织引领,成立茶馆工作推进小组,由分管副院长任组长,法庭庭长任副组长,法庭副庭长、对接法官及助理为组员,协调解决相关问题。二是争取共建资金,就参与茶馆建设经费问题向院党组专项汇报,争取到资金10万元,建立了数字化的巡回审判庭。对调解员调解成功且司法确认案件予以经费补贴。三是保持新闻宣传热度,对法庭参与茶馆建设及运行的举措通过微博、微信公众号等进行宣传,联系人民网、新华网、法制日报及重庆日报等媒体持续跟踪报道。四是提供大数据支撑,通过对接派出所数据系统,运用区块链、大数据技术,匹配当事人身份信息,对民事案件进行属地识别、划分类别,精准指导诉源治理。五是落实绩效考核,将地方党委、政府及人民群众对法庭参与安置区社会治理效果的评价、安置区涉诉案件量的增减情况及司法确认案件数量纳入法院对接法官及助理的绩效考核范围。

### 四川泸州白酒产业园区法庭
### 赋能优势产业发展打造社会治理新模式

**案例点评:** 四川泸州白酒产业园区法庭积极服务新型城镇化建设,聚焦白酒产业生态链全链条治理,推动集约化办案、一体化执行提升司法治理效能,搭建"法企之桥"提供精准司法服务,赋能优势产业健康发展。

四川泸州白酒产业园区法庭作为全国首个以白酒产业命名的法庭,聚焦白酒知识产权保护,以专业化审判为抓手,延伸司法服务职能,完善基层治理体系,赋能优势产业发展,服务经济建设大局,深入推进人民法庭建设高质量发展。

一、立足专业审判,提升司法治理效能

一是知识产权案件集中管辖,推进"三合一"审判模式。选派优秀年轻干部到法庭任职,聘请白酒行业专家担任"技术调查官"、邀请法学专家咨询指导,提高专业化审判水平。建成白酒知识产权司法保护教育基地,宣传知识产权保护成果和典型案例。联合政府相关职能部门定期发布《酒业知识产权司法保护状况白皮书》,完善白酒知识产权保护体系。二是全区涉酒类民商事案件集中审理,全面掌握白酒产业链上下游企业涉诉动态。运用大数据分析研判300余家酒类企业生产经营状况及法律风险,及时提出针对性法律建议,护航白酒产业生态链健康发展。三是"调立审执"一体化。专设法庭执行团队,建立审执一体化考核台账,将一体化理念贯穿全流程。引导诉前调解和财产保全,倡导调解当庭履行,提高判决可执行性,督促被执行人主动履行判决,执行到位率提升至90%以上,切实保障当事人胜诉权益。

二、搭建"法企之桥",加强法治保障力度

一是以案释法破难题。针对案件反映出的突出问题,园区企业在原材料供应、生产加工、销售配送、售后服务、人力管理等环节的潜在法律风险问题,制作"问诊式"司法服务台账。针对公司治理、小微企业发展、知名品牌保护、酒窖价值评估等疑难问题,提出精准化、专业化法律建议。

建立酒类企业涉诉信息数据库,有针对性提高司法效率和服务保障力度,优化法治营商环境指数,提升法治化治理水平。

二是以"法企之桥"微信群为载体,通过涉企法规政策、典型案例、e推送",线上"微培训",线下"小座谈",让企业及时精准掌握相关法规,提升其依法治企能力。与园区36家规模以上企业共建"法治专员"机制,提供"一企一策"精准司法服务,把司法服务工作纳入法庭单独考核项目。三是开设"泸法麒麟"法治讲堂,做实法治文化品牌建设。通过公开庭审、巡回审判、专题讲座等多种形式送法进园区、进企业,为企业经营者、职工普法,成果显著,荣获"2016—2020年四川省普法先进单位"称号。

### 三、构建联动机制,完善社会治理体系

一是加强与当地党委政府联动,形成"党政主导、法庭主推、部门主责、基层主抓、群众主体"的治理工作格局。法庭干警入驻综治中心,主动参与辖区内矛盾纠纷化解。与园区管委会、派出所、司法所等建立联席会议制度,每月参与辖区企业案件纠纷化解"碰头会",及时给予法律指导,尽最大努力将矛盾纠纷化解在初始阶段。二是法庭与镇、街道、园区网格深度融合,通过"小网格"带动"大治理"。加强与网格员联动,充分运用网格员信息资源协助送达、调解、执行。法庭干警入驻网格,深入了解社情民意,统筹力量提前介入预防和化解矛盾纠纷。三是完善特邀调解工作机制,切实将非诉纠纷解决机制挺在前面。邀请人民调解委员会、白酒行业协会等为特邀调解组织,选任退休法官、检察官为调解员驻庭调解。对矛盾纠纷进行繁简分流,将标的10万元以下的案件交由特邀调解员先行调解,2020年以来成功调处矛盾纠纷500余件。通过示范性判决机制减少案件增量,2022年案件同比下降23%。法庭申报的"服务园区知识产权保护"试点项目先后被确立为完善农村司法体系改革专项工作试点项目、市域社会治理试点工作创新项目、2021年度泸州市依法治市特色创新项目。

## "打造枫桥式人民法庭 服务基层社会治理"典型案例①
### ——推进乡村治理现代化篇

党的二十大报告对全面推进乡村振兴作出重要部署,强调坚持农业农村优先发展,巩固拓展脱贫攻坚成果,建设宜居宜业和美乡村,完善农业支持保护制度。

乡村治理现代化是基层治理现代化的基础和重要组成部分。创建"背包法庭""冷极诉调服务站""女子法庭""家风文化教育基地""妇女儿童维权合议庭",建立"红黄绿"预警机制,立足乡村乡情,精准把握职能定,到景区、林区、库区和田间地头,开展巡回审判、多元调解、普法宣传,主动融入乡村治理现代化建设,实现立案无障碍、司法服务"不打烊",形成"一站式"解纷、"观调式"化解、"服务型"司法的基层治理模式,为乡村治理现代化提供有力司法服务。

### 北京市密云区人民法院溪翁庄法庭
### "1+4"保水机制推进生态环境"多元共治"

**案例点评**:溪翁庄法庭打造预防、打击、保护、修复为主线的"1+4"法治保水工作机制,积极回应密云水库一级圈生态环境治理的工作需求,积极回应水源保护区绿色高质量发展的时代趋势,积极回应人民群众对天蓝、水清、岸绿生态环境的美好期待。

密云法院溪翁庄法庭位于密云水库一级保护区内。2021年以来,法庭深入贯彻落实习近平总书记给建设和守护密云水库的乡亲们的回信精神,主动参与密云水库一级圈生态治理工作,坚持生态优先、源头防范、社会共治,构建以制度建设为引领、以预防、打击、保护、修复为主线的"1+4"法治保水工作机制,为水源保护区绿色高质量发展提供了有力的司法保障。

### 一、坚持预防优先,推动环保源头治理

一是对接"接诉即办",建立预防性环境资源纠纷诉源治理机制。未诉先办,提前介入,与水库周边村镇开展合作。建立"村内吹哨、法官报到"镇村联合治理机制,实现涉环境纠纷从"末端治理"到"源头控制"的转变。于诉前妥善化解310户村民因土地流转、移民补贴等引发的群体性纠纷12批1000余起,协助镇村劝解水库周边30余户村民退养牲畜800余头。"无讼村居"创建工作效果明显。23个村实现"零诉讼",在辖区村落中占比39%。二是探索建立环保禁止令预防性司法机制。联合区生态环境局制定《环境保护禁止令实施办法》,推进预防协同治理工作常态化、规范化开展。判决支持密云区收回被占用的白河河堤343米,助力"美丽岸线"建设。签发全市首份环境保护禁止令,被最高院、生态环境部推介。

### 二、坚持制度创新,推动环境审判专业化

一是出台法治保水制度,规范涉水环境资源审判工作。制定《关于进一步加强法治保水的工作意见》,从7个

---
① 来源:https://www.court.gov.cn/zixun/xiangqing/378641.html。

方面提出21项举措,建立"立审执"全流程衔接工作模式。二是实行"三合一"专业化审判,严惩污染环境违法犯罪。全面履行"保水法庭"职责,实行环境资源案件刑事、民事、行政"三合一"集中审理。与区检察院、水库综合执法大队建立行刑衔接机制,形成环境违法犯罪打击合力。审结全市首例因非法倾倒垃圾引发的污染环境刑事附带民事公益诉讼案件、北京市首例"洗洞"案件。三是主动服务绿色发展,健全完善生态恢复司法举措。将"生态优先、绿色发展"理念融入审判工作,探索完善生态修复责任承担方式。裁判前咨询农业农村局、渔政等单位专业意见,共同制定科学的生态修复方案,实现惩治犯罪与生态修复协同推进。在审理兰某非法捕捞水产品案中,判处被告人增殖放流鱼苗2136千克。健全完善生态环境公益诉讼与生态损害赔偿衔接机制,共审理环境公益诉讼案件5件。审理田某等7人非法倾倒、填埋垃圾污染环境罪刑事附带民事公益诉讼案时,判处被告人刑罚的同时判决7人连带赔偿生态环境修复费用76万余元。

三、坚持多元共治,构建法治保护体系

一是打造法治保水"社会共治圈"。推进跨流域司法协作,与位于南水北调中线工程渠首的河南淅川法院签订协议,共建法治保水司法示范基地;与密云水库上游流域京冀"两市三区"法院构建法治保水司法框架,形成密云水库全流域司法屏障。在全市率先建立"河长+院长"法治保水协作机制,与区水务局、水库一级保护圈内的7个乡镇签订保水协议,形成水库生态环境保护新格局。二是融入党委领导下的基层治理体系,密切关注重点领域法律风险。围绕水库周边退耕禁养、蜂产业发展等问题,与镇政府座谈研讨百余次,发送司法建议21份,报送法院专报7期,相关调研报告荣获最高人民法院环境审判业务类成果一等奖。打造普法宣传矩阵,引领社会保水护水风尚。召开新闻通报会,发布全市首份《法治保水白皮书》,开展法治保水巡回宣传650场,受众20万余人次。

"1+4"法治保水工作模式,统筹涉水解纷资源,整合社会共治力量,探索出司法保护生态环境新路径。该模式获评市域社会治理现代化创新项目,被中央政法委和最高人民法院汇编推广,相关举措得到北京高院领导批示肯定18次,《法治日报》等省级以上媒体关注56次,《人民法院报》头版头条予以报道。

## 河北省邯郸市永年区人民法院广府法庭
## 三维联动三心服务三重强化打造"枫桥式人民法庭"

**案例点评**:广府法庭立足当地乡村乡情,精准把握职能定位,以三维联动、三心服务、三重强化为抓手,有机嵌入自治体系,有力扩增诉源治理效果,有效并联法治手段,切实推进矛盾纠纷就地就近化解,小法庭为推动乡村治理现代化贡献大"治"慧。

广府法庭紧邻5A级古城景区,严格按照最高人民法院一类法庭标准打造,总面积3068平米,法庭青砖、黛瓦、马头墙的徽派建筑特色,是冀南地区一张靓丽的名片。法庭以综合性与专业化建设相结合为发展思路,坚持三维联动、三心服务、三重强化,实现助民解纷、助农发展、助旅兴旺。2021年,广府法庭荣获邯郸市中院"集体三等功"。

一、三维联动构建基层治理大格局

一是织密解纷网格点。法庭围绕辖区101个行政村、15.47万人的现状,将其划分为303个网格,建立"法官包镇、助理包村、网格员包片"的三包机制。吸纳两委干部、乡贤名人、家族尊长等300余人,组建各村网格员队伍。以微信群、公示栏等为载体,公开联系方式和调解范围,达到人在网格中走、事在网格中办的效果。二是搭建解纷服务线。与乡镇开展联建共建,各镇设立"法官联络站",组建以乡镇党委、司法所、法庭为主的乡级调解组织。搭建"精细排查'网格调'、发挥优势'乡贤调'、整合资源'乡镇调'、集体会诊'法庭调'"的线状解纷模式,将大量矛盾纠纷化解在萌芽。三年来,1600余起矛盾纠纷化于诉前,"无讼村"由10个增至31个。三是拓宽司法覆盖面。建立定期反馈沟通制度,法庭将潜在社会风险、多发共性纠纷、各村诉讼情况向乡镇党委及时反馈,为党委决策提供司法指导15次。建立8个普法宣传点,深入镇村巡回审判40余次,对乡镇党政机关、村两委干部、网格员等开展培训16次,参训人员600余人次。

二、三心服务奏响三农发展振兴曲

一是专心护航农业发展。辖区内有集中连片的蔬菜、葡萄、大蒜等种植基地,在辖区合作社、涉农企业、种植基地等设立"签约法官",提供法律咨询与指导。积极服务以国家级重点高新技术企业为代表的涉农企业,针对涉企纠纷,依法快调快审、灵活保全的方式,既不损害对方当事人合法权益,也确保了企业正常经营。二是精心守护美丽乡村。辖区素有"北方小江南"之称,坚决贯彻"两山"理念,成立特色生态旅游专业法庭,创建刑事、民事、行政的环资案件"三合一"审判模式,依法严惩破坏生态环境违法犯罪,建立"民事赔偿+生态修复"惩戒模式。三是用心力促农民增收。开辟涉农"绿色通道",提供产前、产中、产后"一条龙"司法服务。三年来,依法快处农产品生产、销售等各类涉农纠纷80件,确保在审判环节不误农时。为辖区农户提供《农资买卖合同样本》《农产品购销合同样本》

《农村土地出租流转合同样本》等 13000 余份，让农民专心发展生产。

### 三、三重强化谱写法旅融合新篇章

一是强化软硬实力，打造"10 分钟"诉讼服务。法庭迁至广府景区附近，游客驱车 10 分钟内可达法庭，享受"立、调、审、执"一站式优质服务。法庭配备 3 名员额法官、4 名法官助理、1 名司法警察及 4 名书记员，打造了一支年龄结构合理、专业水平过硬、调审经验丰富的法庭队伍。二是强化速调快处，建立"1 小时"解纷机制。主动与管委会、文旅局、广府景区联系，成立涉旅纠纷调解委员会，联合出台《涉旅纠纷速调快处实施意见》，涉旅纠纷 1 小时内可快速化解。三年来，共调处化解各类涉旅纠纷 300 余件。三是强化主动担当，提供"360 度"管家服务。在景区门口、活动广场等 11 个点位公布法官电话，畅通 24 小时服务热线，三年累计接受咨询 1400 余次。以景区古城、府衙、故居、游船为切入点，开展巡回审判 13 次，实现古代府衙与现代法庭历史交汇。开展普法宣传 29 次，将杨武氏太极文化的刚柔并济与新时代法治文化的公平公正有机融合。

## 内蒙古自治区根河市人民法院金河法庭
## 发展"枫桥经验"打造冷极诉调服务网

**案例点评**：金河法庭以党建为引领，坚持和发展新时代"枫桥经验"，构建"三字机制""四心服务""五老调解"工作格局，打造中国冷极诉调服务网络，及时高效化解社会矛盾纠纷，为人民法庭发挥各项职能、助力乡村治理现代化奠定坚实基础。

金河法庭位于大兴安岭腹地根河市金河镇，金河镇是全国纬度最高的边陲小镇之一，辖区面积 5353 平方公里，冬季极端气温达零下 58℃，是中国"冷极"根河市的冷极点。多年来，金河法庭立足工作实际，坚持以党建为引领，不断创新"枫桥经验"，探索构建"三字机制""四心服务""五老调解"工作格局，深度参与基层社会治理，及时高效化解社会矛盾纠纷，努力让人民群众切实感受到公平正义就在身边。

### 一、党建引领，打造冷极司法品牌

金河法庭坚持以党建为引领，打造"身在冷极心向党"司法品牌。

一是政治引领提升向心力。找准与党委政府工作连接点，积极融入党委主导、齐抓共管、群众参与的多元共治格局，助力乡村治理现代化。

二是头雁领航提升凝聚力。"党员先锋岗""党员示范岗"挂牌行动让干警抢立标杆、争做头雁，为乡村振兴、基层治理、疫情防控等重点工作凝聚党员力量，注入"群雁活力"。

三是冷极情怀提升战斗力。成立"党员天平工作站"，开展巡回审判、诉前调解、法治宣传等工作，全力推动审判力量下沉、审判重心下移、审判服务下倾，时刻传递"最美最冷最热情，最偏最远最忠诚"的为民情怀。

### 二、"三字"机制，展现冷极司法速度

金河法庭坚持和发展新时代"枫桥经验"，坚持把非诉机制挺在前面，形成"评、调、判""三字"多元化纠纷解决机制。一是以"评"为先，构建风险评估工作机制。对所有案件进行诉前风险评估，帮助当事人知悉诉讼风险，引导其选择非诉解纷途径。二是以"调"为重，构建"三调联动"工作机制。采取调解员初调、法官助理同步跟进、法官指导把关的工作模式，与辖区行政调解部门、人民调解委员会主动对接，开展联合调解，诉前调解成功率达 65%。三是以"判"为主，构建繁简分流工作机制。对进入速裁程序的简单案件，当天立案，当天送达，15 天内办结，推动简案快审、繁案精审。"评、调、判"无缝对接，进一步健全多元化纠纷解决机制，丰富当事人的解纷选项。

### 三、"四心"服务，传递冷极司法温度

金河法庭明晰新时代"枫桥法庭"功能定位，以"四心"优质服务打造中国冷极诉调服务网络，实现"要我服务"向"我要服务"的转变。积极适应"枫桥经验"从碎片化治理向整体高效协同治理迭代升级的新要求，做好了解社情民意的信息员、落实司法惠民的协调员，让司法服务更走心。注重协作，认真听取和收集相关意见建议 37 条，做好联系基层组织的联络员、指导基层调解的监督员，让司法服务更省心。充分发挥贴近群众的天然优势，提供法律咨询 58 次，接待来访 1000 余人次，做好提供法律服务的咨询员、息诉罢访的防控员，让司法服务更贴心。下沉网格开展"三进"工作 150 余人次，引导群众依靠法律手段解决纷争，做好法治宣传的宣传员、理顺群众情绪的消防员，让司法服务更暖心。

### 四、"五老"调解，彰显冷极司法情怀

金河法庭选任一批懂政策、作风正、素质高、心肠热、威信足的"五老"为成员，成立"五老调解"工作室，借助"五老"熟悉镇况村情、经验丰富的优势，以中立方身份积极参与辖区各类矛盾纠纷调解，为社会治理注入新鲜活力。线上，"五老"在微信工作群中推送法律知识、解答法律问题。线下，"五老"采取坐班与走进社区、林场等方式提供咨询，进行述情析理释法，开展随手调、人民调、联动调，多途径化解矛盾纠纷，共受理各类案件 378 件，调解

219 件,开展法律咨询 500 余次,解疑息访息诉 108 人次。同时,在辖区景点冷极村设立"冷极诉调服务站",为游客提供一站式诉调服务和法律咨询,通过就地立案、就地开庭、就地调解等方式,将诉讼服务延伸到矛盾发生的"第一线",为新时代"枫桥经验"注入"冷极特色"。

## 吉林省通化县人民法院二密法庭
## 大山里的巡回法庭让法治之花开遍乡村

**案例点评**:二密法庭坚持发扬和传承"马锡五审判方式",用热情和汗水筑起"立案到乡镇、开庭在村屯、调解进家门"司法服务网,以"大山里的巡回法庭"理念为司法服务乡村治理能力现代化找准落脚点。

吉林省通化县地处长白山南麓,素有"八山半水分半田"之称。县域东北部二密法庭辖 4 个乡镇、84 个自然屯,星罗棋布于 1100 平方公里的崇山峻岭间,崎岖蜿蜒的山路昭示着群众出行的不便。二密法庭按照"窗口前移、服务延伸"工作要求,汲取"枫桥经验"的思想精髓,赓续"马锡五审判方式"的历史传承,创新"矛盾纠纷实质化解"的司法新实践。法庭调撤率 91.3%,息诉服判率 95%。

**一、便民服务措施"三到位",提升基层司法服务质效**

制定"立案到乡镇、开庭在村屯、调解进家门"便民服务措施,找准司法服务群众的契合点。一是立案到乡镇。定期到巡回办案点,运用"移动微法院"指导当事人就地网上立案,现场及时解纷,为特殊群体提供定制化诉讼服务,巡回立案占 67.8%。在涉贫、涉未成年人等案件中,法庭将登门立案、庭前质证、就地送达、炕头开庭有机融合,用司法温度温暖当事人心田。二是开庭在村屯。为解决辖区偏远村屯交通困难、弱势群体维权能力不强、侵权纠纷举证不便等问题,实行"到村屯开庭"。坚持用理普法、用情感化,将庭审变成生动的法治课,巡回审判案件占比 67.1%,均以调解方式结案。三是调解进家门。针对婚姻家庭纠纷、相邻关系纠纷等案件,积极开展登门调解,尽力减少当事人心理对抗,维护家庭和谐和邻里和睦。利用情绪疏导、亲情规劝、社会介入等方式,"炕头调解"案件占 31%,实现"案结、事了、人和"。

**二、多元解纷机制"三衔接",搭建基层司法服务平台**

构建点、线、面结合的"三衔接"机制,凝聚多元化调解合力,主动融入基层治理。一是做好法庭与其他调解力量的衔接。加强与派出所、司法所等部门沟通,实现司法、行政、行业和人民调解主体的整合。根据辖区纠纷特点打造"蓝莓专题"巡回法庭,借助外聘专家力量集成调解涉诉纠纷。高效调处涉红色园区建设纠纷,15 日内达成和解协议并全部腾迁,有力保障重点项目顺利实施。二是做好审判与诉讼外调解的衔接。加强法官与人民调解员诉前调解的有效衔接,诉讼和诉前调解之间双向引导、双向分流。同时,强化诉前、审判与执行的衔接,逐步形成"诉前调解+司法确认、诉讼调解+智能审执衔接、执前和解+快执办案"的立、审、执一体推进新模式。四棚乡 16 名农民工的"参园打工"劳务费,通过此模式在一个月内追回,维权讨薪绿色通道实现再提速。三是做好法庭与各乡镇综治中心之间的全面衔接。实现跨乡镇、跨村屯矛盾纠纷调解的融通,推动形成整体联动"一体化"快速调解机制,妥善解决跨区域群体性纠纷。诉前化解 96 件跨乡镇群体性劳务合同纠纷,仅用时 4 天。

**三、畅通诉源治理"三系统",破解基层司法服务难点**

构建诉源治理纠纷排查化解的"神经、消化、免疫系统",受案量同比下降 46%。一是搭建全方位高灵敏度的"神经系统"。以各乡镇的"综合治理微信群""法官进网格微信群"和巡回办案等载体,形成各乡镇政法委员、公安、村委会主任和法官为主体的覆盖全辖区的"神经网络",通过微信互动、电话沟通等方式排查涉耕地、排水纠纷 22 起,涉洪水冲毁农田引发相邻关系纠纷 28 起,及时找准服务乡村振兴切入点。二是健全优质高效的"消化系统"。打造多方力量参与的"菜单式"矛盾纠纷调解模式。聘任"全国调解能手"等五老乡贤为调解员,将其基本信息和简历制作"菜单"上墙公布,当事人自愿挑选信得过的"公道人"通过面对面、线上或登门等方式进行调解,诉前调解成功率达 99.54%。其中,调解员王德进成功化解光华镇几十起涉高速公路占地纠纷案件,得到当地群众一致好评。三是强化常态长效的"免疫系统"。主动加入村屯百姓群、社区居民群,大力开展普法教育和查人找物。开展"典亮乡村"法治宣传活动,网格法官结合典型案例以案讲法,对网格员发现的苗头性、倾向性问题分析研判,筑牢预防纠纷第一道防线。

## 黑龙江省杜尔伯特蒙古族自治县人民法院胡吉吐莫法庭
## 用心用情用力激活服务乡村振兴"一池春水"

**案例点评**:胡吉吐莫法庭立足蒙古民族地区实际,结合全国市域社会治理现代化示范城市创建、"四所一庭一中心"等活动,大力开展诉源治理、蒙语调解、案件清单、巡回审判等工作,有效提升多元解纷效能,推进乡村治理现代化。

胡吉吐莫法庭始建于 1985 年 10 月,辖 4 个蒙古族聚居乡镇、33个行政村,面积2050平方公里,人口近7万人,其中,蒙古族人口2万余人,占总人口的28.57%,是全县蒙古族人口最集中的地方。近年来,胡吉吐莫法庭立足民族地区实际,深入践行司法为民理念,整合社会各方资源,凝聚诉源治理合力,全力提升多元解纷效能,积极探索人民法庭服务乡村振兴新路径。

一、工笔勾勒,升级基层治理"架构图"

一是法官进网格。结合大庆创建全国市域社会治理现代化示范城市活动,按照1名法官、1个调解室、1张联系卡、1名联络员、1本台账的"五个一"模式,全体法官进驻辖区38个网格,通过发放联系卡、公布个人联系电话、加入辖区网格微信群等方式,将诉讼服务延伸至群众家门口,打通服务群众"最后一公里"。二是构建诉源治理体系。健全完善"四所一庭一中心"工作机制,建设诉调对接多元解纷中心,与县综治中心信号对接、资源共享,实现网格事件分流、承接办理目标,整合各类调解资源。2021年以来,采取周联系、月驻站、季排查等方式诉前化解矛盾纠纷2000余件。三是推行案件清单制度。完善府院联动机制,将影响辖区经济发展、社会稳定、民生保障等重大事项纳入风险提示范围,定期梳理形成案件清单,及时通报案件数量、类型、特点,为辖区乡镇党政府科学决策、依法行政提供法律参考。2021年至今,通报案件6个,提出司法建议4条。

二、倾情点染,共绘民族团结"同心圆"

一是创建民族团结"同心圆"。结合杜尔伯特创建全国民族团结进步示范县活动,针对辖区内多数40岁以上蒙古族群众使用蒙语交流的习惯,设立"蒙语调解室",安排通晓蒙语的蒙古族法官专门负责接待、调解、审理涉蒙古族群众的案件。2021年以来,化解矛盾纠纷283起,审理案件65件。二是打造"蒙古包调解室"。充分考虑辖区内部分群众居住分散、路途较远、行动不便等实际困难,成立"蒙古包调解室",推出"八小时以外"诉讼服务延时办理,通过电话沟通、延长工作时间、节假日开庭等形式提供法律服务,让各族群众在人文关怀的愉悦氛围中化解矛盾纠纷。

三、聚力攻坚,奏响乡村振兴"和谐曲"

一是成立专班集中推进。设立涉农案件咨询台,提供立案咨询、诉讼指导、风险提示等服务,对党委政府关心、群众关注的项目建设、多占农地收费等案件,符合立案条件的快速立案,能庭前调解的当场调解,适用简易程序的快速审结。2021年以来,通过专班攻坚,仅多占农地收费案件就办结2500余件,诉前调解成功率达41.9%,带动村集体增收100余万元。二是加大巡回审判力度。采取提前通知、音频宣传、微信预约等方式,积极开展巡回审判工作。2021年以来,在春耕、秋收等农忙时节深入村屯院落、田间地头开展巡回审判106次,办结案件89件,保障了辖区乡镇经济社会健康发展。三是完善便民服务举措。充分发挥各行政村可视化网格管理中心、微信群作用,推广使用便民服务举措,及时高效办理案件。2021年以来,网上立案586件、网上开庭46件、网上审理68件,方便当事人在线参与诉讼活动。坚持每半个月在1个乡镇开展一次集中接访活动,通过提前公示、带案下访,2021年以来,化解信访积案2件,减轻了信访当事人诉累,维护了社会和谐稳定。

## 浙江省文成县人民法院珊溪法庭
## 融入山区治理新格局打造新时代"无访法庭"

**案例点评:** 珊溪法庭积极融入当地基层社会治理体系,与党委政府签订诉源治理共建协议,充分依靠基层组织和人民群众,互动互助,不断创新工作举措,有效预防和化解社会矛盾纠纷,实现家事案件10年零上诉,30年无信访,是司法领域贯彻"枫桥经验"的生动实践。

文成法院珊溪法庭服务三镇四乡60个行政村居,依托"孝德之乡"人文基础,积极融入党委领导的基层社会治理框架,抓实抓细机制融合、资源整合、实质化解等环节,送法入乡、种法进乡,实现家事案件10年零上诉,全部案件30年零信访。相关工作经验得到中央政法委长安剑、人民法院报等媒体宣传报道。

一、坚持治理先行与诉讼断后相衔接,打造全链条矛盾纠纷化解体系

一是推进基层善治,止纠纷于萌芽。与党委政府签订诉源治理共建协议,将收案数、调撤率和上诉率等指标纳入村居综治考核。推动党委政府定期召开法庭工作专题会议,帮助法庭解决问题60个。建立法律风险预警和协同研判化解机制,发送涉诉风险预警司法建议、白皮书等50次。成立52名村干部、乡贤组建法庭信息员队伍,畅通沟通渠道。二是协同多元力量,化纠纷于诉前。与派出所、司法所、乡镇部门建立诉警调联动机制,提前介入治安调解,防止矛盾纠纷"民转刑"。2021年,推动辖区治安案件下降10%。对接纷争力量,聘任8名专职调解员、177名村级调解员,邀请族老、乡贤参与协调。10年来,调解员参与家事案件调解434件,成功率达51.38%。三是狠抓案源治理,断纠纷于诉中。开展狠抓案源治理,断治行动,发挥示范判决作用,尽最大可能减少衍生诉讼。健全判后回访答疑机制,法官判决后以现场接待、电话联络等方式

开展回访,回访满意度近100%。

二、坚持司法审判与法治关爱相融合,构建全龄段法治精神培育体系

一是离婚纠纷柔性化解。围绕"家和万事兴"主题,改造家事审判硬件设施,缓和当事人对抗心理。与妇联、民政等十部门建立家事纠纷多元化解联动机制,出台离婚冷静期、家事观察团等文件,在585件离婚案件中推行财产申报,出具离婚证明书300份、子女抚养承诺书174份,促进家庭矛盾实质化解。二是儿童权益暖心维护。设立离异家庭子女成长数字档案,针对未成年人开展家庭教育指导。10年来,审结涉未成年人权益案件463件,发布家庭教育告知书100份。打造18家"伯温"青少年法治空间站,开展模拟法庭、法律集市等活动,切实提升未成年人法治理念。三是老年群体温情保护。开辟老年人优先窗口,推广适老型诉讼服务,为行动不便的老年人上门提供诉讼流程答疑解惑、智能化设备使用指导、诉讼材料转交等"一对一"导诉服务。针对争议较大、法理情交织的案件,由村委会、老人协会等组建"社会观察团",或抽取人民陪审员组成"百姓评议团",通过调查问卷、调查报告等形式收集意见作为裁判参考。10年来,审结家事案件1059件,调撤率从40.7%上升至90.1%,调解案件自动履行率100%,家事案件无一上诉。

三、坚持群众需求与信息技术相结合,构建全方位法律服务体系

一是让审判贴近民情。指导村社依法制定村规民约,对彩礼、担保等常见纠纷编制案例展板,着力培育乡村"法治带头人""法律明白人"队伍,以法治建设传承提升孝德文化。推行"假日法庭""晚间法庭""预约上门立案""全天候值班""半小时司法确认"等系列便民举措,为偏远乡村提供贴身贴心司法服务。将群众工作能力、调解能力等列为法庭干警评优评先重要指标,涌现出扎根法庭30年的"全国法院人民法庭工作先进个人"刘化勤等先进人物。二是让智服对接民需。研发"乡村e法官"基层治理应用,涵盖立案、调解、取证、监督等45项功能,全天候在线对接群众司法需求。辖区内乡镇、村社68家"共享法庭"全覆盖,为群众提供家门口司法服务。三是让法治走进民心。针对山区交通不便的实际情况,开展员额法官"六进六送"机制,与司法所协力投放百堂"菜单式"普法课程,一体开展巡回审判、判后答疑和现场讲法等服务。一起经调解和好撤诉、挽回三十年感情的离婚案件"离婚法庭上的浪漫一幕",获中央政法委长安剑转发,得到百万网友的点赞好评。

## 浙江省青田县人民法院腊口法庭
## 一体建设双向互动三点支撑打造新时代山区法庭

**案例点评**:腊口法庭以打造"新时代山区人民法庭"为导向,推动镇矛调中心整体入驻法庭,打造"一站式"解纷闭环;建立家事纠纷人民观调团机制,开拓民意参审助审新路径;聚焦"普法宣传、风险防治、典型案例"三点支撑,延伸司法服务辐射半径,赋能乡村治理现代化。

腊口法庭地处浙西南山区,辖区"九山半水半分田"。近年来,腊口法庭继承发展新时代枫桥经验,积极构建"一体双向三支撑"基层治理模式,着力打造"新时代山区人民法庭"。近三年,诉前纠纷化解率上升50.9%,收案下降35.2%,服判息诉率达98.6%,无讼村比例31.3%。家事审判经验获最高人民法院周强院长批示肯定。

一、聚焦一体建设,打造"一站式"解纷深化综治体系

推进党委综合治理平台与人民法庭在物理场景、解纷模式和调解队伍上一体建设、深度融合。一是打造"一站式"解纷新阵地。争取党委支持,统一谋划布局,推动镇矛调中心整体入驻腊口法庭,设立综合受理台,邀请派出所、司法所、综治办等单位入驻窗口,发挥集聚效应,提升解纷本领。二是探索"一站式"解纷新模式。持续深化"调立审执"一体化改革,纠纷由"综合受理台"登记后,分流至调解员先行调解或由调解员联系法官开展联合调解。调解未成的案件,即时流转至诉讼程序,提升诉非衔接效率。建立执行团队驻庭机制,强化审执衔接。通过构建"一窗口受理、一条龙调处、一揽子解决、一体化执行"解纷闭环,诉前化解和民事可调撤率达93.36%。三是汇聚"一站式"解纷新力量。邀请老姜工作室等6个品牌进驻法庭,推动多支乡镇法治队伍在法庭工作平台实现人才集聚,对调解力量实行统一管理、调配。在乡镇探索本土调解模式,由乡贤、基层干部参与化解本村纠纷,以乡情推进矛盾化解,以宗亲促进纠纷平息。

二、聚焦双向互动,探索"观调式"机制引领多元共治

以家事纠纷精细化治理为支点,建立人民观调团机制,强化法庭与群众双向互动,撬动乡村整体多元共治大格局。一是深挖本土元素,构建工作机制。2015年,腊口法庭在家事案件中率先运用人民观察调解团制度,通过"群众点单+依法指定"形式,邀请5名乡镇干部、特邀调解员作为民意型代表和2名妇联干部作为专家型代表组成人民观察调解团,促进调解效果最大化。二是汇聚多方民意,助力实质化解。针对家事纠纷当事人情绪激动、对抗

激烈的情况,法庭采取一案一选模式,组织双方当事人选取观调团成员全程参与庭审旁听和调解工作,增强调解工作的权威性。调解不成的,对争议焦点当庭投票,并将观调员的意见作为裁判参考要素,提升司法判决的接受度。运用该机制成功化解家事纠纷213件,服判息诉率100%。三是强化调解指导,提升队伍能级。建立"1+1+N"调解指导机制,即一名法官、一名执行员,指导多个观调员。先后组织实战观摩23次、业务培训27场、座谈会8场,加大观调力量培养力度。人民观调团机制实施以来,已有2000余人次的群众参与调处,成功培育一批新时代乡村"法治带头人",其中1人荣获省级优秀调解员。

三、聚焦三点支撑,延伸"服务型"职能赋能乡村治理

用好"普法宣传、风险防治、典型案例",三点支撑赋能乡村治理。

一是创新普法宣传载体。在辖区5个乡镇矛调中心、26个行政村实现"共享法庭"全覆盖,充分延伸数字法治服务半径。依托"共享法庭"组织观看庭审直播、开办法律诊所、开展普法宣传,助力8份乡规民约法治化升级,化解历史遗留问题28个,助力祯埠镇实现信访积案首次清零。二是打造风险防治平台。依托"共享法庭"数字化集成功能,与腊口镇党委、各村支部共建社会风险防治平台,推动"一镇村一法官"常态对接机制落实落细,已通过"共享法庭"对辖区内的群体性事件、涉村委会突发事件等风险预警40余次。三年来,每季度召开"法庭论坛",发布法庭季报,动态分析乡镇涉诉案件数量、类型案件趋势,助力党委政府重点预防、高效化解。三是强化典型案例示范。建立案例"一月一汇总,一季一评选"工作机制,每月选取亮点案件,每季度由法庭组织辖区乡镇和宣传部门共同评选,已发布典型案例选编10期。6个案例在《今日说法》《社会与法》栏目播出,通过"羊在乡村小路吃草中毒死亡村委会侵权案",推动村委会形成村规民约,社会反响较好。

## 福建省泰宁县人民法院金湖法庭
## 创新"背包法庭"工作模式推进乡村治理有力有效

**案例点评**:金湖法庭积极践行新时代"枫桥经验",创新"一呼即应、一背就走"的"背包法庭"工作模式,把法庭背到景区、林区、库区和田间地头,开展巡回审判。坚持服务下沉,促进诉源治理,为实现共建共治,推进乡村治理现代化提供有力司法服务。

泰宁县是世界自然遗产、世界地质公园、国家5A级旅游景区,金湖法庭坐落于美丽的泰宁大金湖畔。2019年以来,金湖法庭在福建省首创推行"背包法庭"工作模式,主动融入自治、法治、德治相结合的乡村治理体系建设,切实为人民群众提供标准化、规范化、便利化的司法服务,诉源治理成效显著,诉讼案件呈逐年下降趋势,2021年度执法工作满意率达95.5%,被誉为新时代的"枫桥经验",称之为"有特色、接地气,是新时代的马锡五审判方式"。2022年6月,金湖法庭被省委、省政府授予"福建省平安建设先进集体"荣誉称号。

一、坚持强基导向,优化精准服务

一是打造一个团队。围绕泰宁县生态旅游发展大局,整合金湖法庭、生态审判庭、旅游法庭的审判力量,组建"员额法官+书记员+N"的"背包法庭"新型审判团队,在金湖法庭管辖案件的基础上,对涉生态环境案件实行刑事+民事+行政(非诉执行)"三合一"集中审理模式,推动人民法庭职能与生态旅游司法高度契合,做到"融合创新、共促治理"。二是做到一呼即应。建立"一村一法官"责任片区制度,推行首问责任制;编制"背包法庭"司法服务手册,规范"背包法庭"服务标准,实行标准化服务与个性化服务相结合,做到"群众有所呼,法庭有所应"。三是实现一背就走。针对农村群众打官司交通不便、寻求法律服务费时费力等困难,"背包法庭"采取固定或巡回流动的方式,随时将"一套办公信息化设备、一张便民联系卡、一本宣传折页、一组法治套餐"背到景区、林区、库区和田间地头,开展巡回审判、多元调解、普法宣传、社会治理等活动,做到"简便实用、灵活机动"。

二、坚持服务下沉,促进诉源减量

一是巡回审判进站。根据辖区乡(镇)村居、景区、林区、库区的特点,设立背包服务站,开展就地立案、调解、开庭、宣判、接访,并针对当地多发易发、具有普遍教育意义的案件,深入案发地就地审理,起到"审理一案、教育一片"的效果。2021年以来,开展巡回审判99次,就地调处纠纷136件。二是多元调解进格。扎实推进人民法院调解平台进网格,"背包法庭"与乡镇司法所、旅游公司、大金湖景区协会等部门单位建立一站式多元解纷机制,通过线上联合开展"人民调解、行业调解+司法确认"和"人民调解+诉讼调解"活动,合力化解纠纷195件,司法确认129件,诉前调解生态旅游纠纷33件,民商事案件调撤率达71.25%。三是法治宣传进村。"背包法庭"利用圩日、节假日,采取"法治沙龙"居民夜谈会、电影放映"文化下乡"等方式,携带宣传展板和挂图、法治套餐深入农村开展普法宣传,引导群众以非诉方式解决纠纷,诉讼案件由2018年度的265件减少至2021年度的166件,同比下降37.36%。

三、坚持共建共治,助力乡村治理

一是深化庭村共建。"背包法庭"主动融入乡(镇)综

治服务中心、村调解组织,建立矛盾纠纷联调、联处、联建工作机制,定期发布矛盾纠纷风险等级评估报告,协助村两委做好群众工作。在矛盾纠纷多发地设立特邀调解室,邀请"退伍老兵""退休教师""现任(离任)村主干"参与案件调解,壮大调解力量,强化释法说理,提升基层组织自我解纷能力。二是培育文明乡风。运用以案释法、文明劝导、司法建议等方式,"背包法庭"协助乡镇开展牛羊散养、乱占乱建、乱排乱倒、垃圾分类等人居、生态旅游环境专项整治,根除旧俗陋习,并先后向刑事被告人发出了护河令、林区司法禁令、失信惩戒令和司法碳购令,引导78个行政村将"环境保护"写入村规民约。三是注重文旅协同。依托"背包法庭"开展文旅融合司法,推行农村文化遗产保护司法协同机制,建立"文遗司法保长制"和"文遗调查官制度",对辖区内现存295处代表性建筑实行网格化管理,常态化保护,诉前化解涉文化遗产保护纠纷6件,助力乡村文旅融合高质量发展。

### 山东省汶上县人民法院
### 创新"四个对接"机制构建基层社会治理新格局

**案例点评**:汶上县人民法院创新"四个对接"机制,将人民法庭作为推进基层治理体系和治理能力现代化的桥头堡和主阵地,促进县域矛盾纠纷源头治理"点面网"成型,"诉调化"深度融合,提升基层治理能力,推动乡村治理现代化。

近年来,汶上县人民法院坚持把非诉讼纠纷解决机制挺在前面,创新推进人民法庭"四个对接"机制,抓实人民法庭服务基层社会治理举措,2020年以来连续三年新收案件总量持续下降,服务县域基层社会治理新格局取得良好成效。

**一、人民法庭"四个对接",筑起基层社会治理防线**

一是对接基层政法单位。人民法庭与司法所、派出所等基层政法单位实现案情信息、处置主体等资源互通共享,通过协作机制及时推送诉前调案件,各司其职,提升纠纷处置效能,筑起快速解纷第一道防线。二是对接乡村基层组织。主动对接参与网格化治理,建立法庭-管区书记-村支部书记以线带面的对接模式,借助"村两委""五老会"等组织,充分运用村规、家风,帮扶说教化解矛盾纠纷,推动治理"点面网"成型,"诉调化"融合,有效织密了多元解纷前沿防线。三是对接人大代表政协委员。坚持"走出去"和"请进来"相结合,制定《人大代表政协委员联络办法》,确定对接主题,有针对性征询听取代表委员对人民法庭工作的意见建议,邀请代表委员参与调解案件,在推进矛盾纠纷化解上充分发挥代表委员的身份优势。四是对接基层教育机构。人民法庭法官担任基层学校法治副校长,定期组织学生走进人民法庭,每年开展"送法进校园"活动20余场次,"小手拉大手"从娃娃抓起,让学生沉浸式体验法治教育,深耕法治教育,播种法治信仰,受教育学生近万人次。

**二、人民法庭"四个对接",接出基层社会治理合力**

一是为党委出台制度提供实践支撑。在人民法庭"四个对接"机制充分实践的基础上,提请县委县政府出台《加强诉调联动深化矛盾纠纷源头治理提升基层社会治理水平的实施意见》,《意见》进一步压实参与基层社会治理各方责任,将"万人成讼率""无诉村""无访村"等纳入基层平安建设考核,树立起鲜明的综治考核导向,进一步加强综合治理合力。二是集中开展"四个对接"宣讲活动。各人民法庭积极向辖区群众宣讲、解读《意见》和"四个对接"机制,2020年以来在汶上县15个乡镇、街道集中宣讲49场次,发放宣传手册和法律书籍3000余本,矛盾纠纷源头治理的观念为群众熟知、接受和支持,有效服务人民法院诉源治理和多元解纷工作。三是不断壮大"朋友圈"。人民法庭与辖区乡镇、街道建立业务双向对接机制,积极参与县妇婚姻家庭纠纷多元化解中心工作,联合司法行政部门开展人民调解员组织培训会13场,1000多人接受培训,人民调解员调解工作能力得到进一步提升,诉前化解案件超过民商事案件的三分之一,形成同频共振的良好效应。

**三、人民法庭"四个对接",开出基层社会治理良方**

一是及时发现"病因"。通过"四个对接",深入一线及时发现宣讲、办案过程中遇到的同类型、潜在性问题,结合司法大数据进行综合梳理研判分析,向驻地党委、政府提出防范潜在风险的意见和建议。

二是集中分析"病症"。先后组织召开优化营商环境、金融风险防范、法律职业共同体等座谈会13场,与职能部门联席联审、展开协作、联合分析研判化解办法,进一步提高矛盾纠纷化解效率。三是精准"治疗"。以司法建议为重要抓手,深度参与基层社会治理。2020年以来发出司法建议、问题参阅等20余份,涉及"三小"车辆、婚姻家庭、校园欺凌等领域,其中关于加强县域"三小"车辆整治的司法建议得到县人大常委会的高度重视,司法建议的落实情况纳入了县人大常委会执法检查项目,有效提升了基层常见、易发纠纷化解的精准度。人民法庭深入参与基层社会治理的经验做法得到《法治日报》《人民法院报》等媒体的广泛报道。

## 河南省温县人民法院
## 府院联动齐发力助推"无讼"见实效

**案例点评**：温县人民法院根据辖区实际情况，结合审判职能，找准契合点与辖区政府工作深度融合，持续推动开展"无讼"村创建工作，促进矛盾纠纷由"化讼止争"向"无讼无争"转变，激活诉源治理新格局，开创乡村治理现代化新篇章。

温县人民法院建立常态化的府院联动机制，大力推进"无讼"村建设，将"万人成讼率"纳入全县平安与综治考核，从源头上减少诉讼案件量。诉讼案件从2019年的13915件，下降至2021年的9181件。全县262个行政村中"无讼"达标村148个，"无信访"达标率80%。

**一、多元参与，打造共治新格局**

一是与辖区政府建立常态化联动机制，构建法治"同心圆"。在当地党委、人大的领导下，推动诉源治理，打造"党委主抓+府院协同+各方参与"的共治共建共享的基层治理大格局，县委、县政府联合出台了《全县开展"三无"(无刑事无诉讼无信访案)村(社区)创建活动实施方案》；县委政法委印发《温县"三无"村(社区)创建工作标准》，对无讼村(社区)组织落实、创建标准等细化规范；出台《"无讼"村创建工作实施方案》，制定"无讼"村创建的具体标准和目标任务，明确万人成讼率不高于1%的"无讼"村创建标准，提出2020年至2022年三年时间，无讼村达标率分别达50%、70%、90%的目标。二是构建社会力量前端化解、法庭裁判断后的"前店后厂"模式。全县人民法庭运用县乡村三级网络以及13个专业调解组织诉外化解纠纷，构建和谐稳定第一道防线。对诉讼案件做好诉前委托调解，因案甄别，分别移交乡镇调解委员会、驻庭调解员先行调解，在一个月内未能调解的案件，移送审判，将纠纷化解在萌芽状态，减轻法官办案压力，实现"单打独斗"向"多元共治"的彻底转变。

**二、三大平台，激活治理"最末梢"**

一是搭建诉调对接"一站式"平台。运用智能大数据，将全县16个调解组织、40名调解员纳入法院调解平台注册认证，联合司法局出台《诉调对接工作管理规定》《温县专职调解员管理考核办法》《诉前调解流程规范》等规定，按照案件类型及地域进行委派至各调解组织调解，逐月通报各乡镇万人成讼率和专职调解员调解情况，定期对调解员进行培训。2021年各调解组织诉前调解3295件，调解成功1482件。二是构建人民法庭"融入式"平台。制定《关于人民法庭参与社会治理的工作规定》，人民法庭借助乡镇(村)综治网格，以及乡镇(村)干部、调解员等多方力量，将案件解决在诉前；各法庭每年向所辖乡镇(街道)呈送《白皮书》，对各乡镇案件类型、成讼案件特点及成因等方面进行分析，并提出针对性建议。三是打造专业调解"一体化"平台。联合县总工会、公安局、司法局、人行、保险等部门先后成立道路交通事故、行政争议、劳动争议和金融纠纷等一体化处理中心，实行联合办公、大数据共享、诉调无缝专业化解、快速支付的线上线下纠纷化解模式，减轻群众诉累，节约司法资源。2021年以来，依托一体化专业调解平台成功调解各类专业纠纷829件，调处金额2.2亿元。

**三、三位一体，绘就乡村新风貌**

温县法院充分发挥人民法庭前沿阵地作用，打造"庭村"共建、"一村一法官"、巡回办案和法治宣传"三位一体"工作模式，打通基层社会治理"神经末梢"，构筑"无讼"村"桥头堡"。一是按照"支部建在庭上，影响带动村上"的理念，以法庭党支部为核心外延党小组，分别对接辖区乡镇，与村级党支部轮流开展主题党日交流活动，引导基层组织依法规范管理。二是借助县委政法委"六个一"服务平台，切实落实"一村一法官"制度，由法官对所包村庄矛盾纠纷进行网格化摸排，预防矛盾升级形成诉讼。实现诉调对接村级全覆盖，强化纠纷源头预防。三年来，包村法官共排查化解矛盾1230起。三是坚持到案发地、村委大院巡回开庭，在全县乡镇村建立了128个巡回审判点，将司法服务下沉到村庄农户，用充满乡土味的语言，上好"法治公开课"。通过"无讼"村创建，激活诉源治理新格局，全县基层治理能力大幅提升，诉外调解案件从1000余件上升到3000余件，民事案件引发的刑事案件、信访案件逐年减少。

## 湖北省京山市人民法院宋河法庭
## 三个靠前主动参与基层社会治理

**案例点评**：宋河法庭紧紧依靠地方党委政府力量，法庭出谋划策、主动靠前，充分结合农村地区人情社会特点，探索出一条符合乡镇综合法庭参与基层治理的方法路径，既整合了社会资源，又有效发动起群众力量，受到群众普遍欢迎。

宋河法庭下辖3个乡镇，共52个村、4个社区，辖区人口11万人。近年来，法庭主动争取地方党委支持，创新和发展新时代"枫桥经验"，2021年受案数较2019年下降30%，今年同期受案下降21.6%，逐步形成共建共治共享的基层治理格局。

**一、服务靠前，打造诉源治理新机制**

积极融入乡镇党委领导的基层治理体系，形成诉源治理工作合力。一是党政支持。京山市人大主要负责人到宋河专题调研诉源治理工作情况,进一步明确乡镇综治办、妇联、人民法庭、司法所、派出所等各部门职责,完善解纷机制,形成解纷合力。乡镇党委政府协调设人民调解委员会,并为调解工作提供经济支持,确保良性运转。"万人成讼率"作为平安建设考评重要指标,进一步压实诉源治理责任。二是延伸职能。统筹推进"为群众办实事示范法院"创建等活动,走村入户、进店访企、问计问需,主动解决群众需求,把纠纷化解在萌芽。宋河法庭发现辖区内砍伐林木引发的人身损害赔偿纠纷较为多发,向辖区党委政府发出司法建议书,保护临时用工人员安全,防范用工风险。定期参加乡镇政法工作例会,分析辖区内社会治安形势,把矛盾纠纷化解在萌芽状态。三是建章立制。法庭结合工作实际,制定矛盾纠纷排查、诉调无缝对接、人民调解流程等制度规范,实现矛盾纠纷化解流程化管理。

二、解纷靠前,形成共治共享新成效

立足法庭职能,主动指导调解组织化解矛盾纠纷。今年来,法庭参与调解纠纷90件,占受理诉讼案件数的74%。一是整合力量,形成多元解纷合力。在乡镇党委政府领导下,以人民调解委员会为中心,整合乡镇各部门职能,形成一体化解纷化解平台。法庭推送案件125件,调解成功42件。借助村民自治力量,从10户村民中选出1户代表,发动村里党员力量,组成村village委员会,80%的矛盾纠纷就地化解。二是优化流程,形成诉调对接机制。建立人民法庭与基层组织诉调对接工作机制,调解成功的纠纷可线上申请司法确认,人民法庭即时办理,3个工作日内办结。今年来,共确认20件。调解不成的,可直接就地申请立案,更加简单便捷、多快好省。三是提质增效,创新简案快审模式。充分吸收京山法院快审团队先进经验,结合辖区实际,宋河法庭摸索出适合乡镇法庭的工作模式,在充分释法明理的基础上,快出速度、快出效率。今年来,调撤结案占比60%,适用简易程序案件占比93%,平均审理天数37天,一审服判息诉率98.6%。四是预执于审,实质化解矛盾纠纷。为方便群众诉讼,宋河法庭坚持立、审、执一体化,促进纠纷快速实质性化解。法庭2020年执行案件受案数73件,2021年降至55件,今年仅16件,进入执行程序案件占比仅13%,执结率99%,让公平正义更可触可感可信。

三、宣传靠前,呈现法治乡村新面貌

宋河法庭认真践行"三个服务"要求,以法治方式服务乡村发展,为法治乡村建设注入新动能。一是积极开展法治宣传。组成"富水法治宣传小分队",询问群众需求,开展"订单式"法治宣讲服务。把法律咨询服务台摆到田间地头,现场答疑解惑。制作宣传视频、宣传展板等,线上线下齐发力。今年来,到企业、村镇、单位等开展法治宣讲18场次。二是深入推进巡回审判。选取典型案例,到群众家门口开展巡回审判,现场普法、以案释法,用"身边事"引导"身边人"。对行动不便的当事人,主动上门立案、上门调解、上门开庭。今年来,开展巡回审判、上门调解等15次。三是主动邀请群众参与。坚持"走出去+请进来",利用驻庭日,邀请镇村"两委"干部、部分村民等到法庭开展法治夜学,介绍法庭工作、研学典型案例、学习理论知识,让法治乡村意识深入人心。开展法庭开放日活动,主动把法庭工作置于监督之下,进一步提升工作实效。

### 广东省乳源瑶族自治县人民法院桂头法庭"以小促大"打造瑶乡治理新格局

**案例点评**:桂头法庭立足辖区民族特色,探索创新"以小促大"工作法,积极搭建瑶乡诉讼服务平台,建立涉瑶案件调审对接机制,强化基层多元解纷司法服务,促进瑶乡全面推进乡村振兴和社会治理现代化。

乳源瑶族自治县是广东三个少数民族自治县之一,有着"世界过山瑶之乡"的美誉。桂头法庭所辖的游溪镇和必背镇,恰是乳源瑶族人口聚居镇。近年来,桂头法庭通过搭平台、建机制、强服务等举措,助力"无讼"村镇建设、守护一方瑶山和谐。桂头法庭多次获集体二、三等功。2021年,桂头法庭庭长赵良峰荣获广东"最美基层法官"。

一、搭平台,以"小站点"促成"大合力"

一是搭建全域覆盖联动平台。韶关法院始终坚持强基导向,增加乡村地区司法资源供给。2021年,桂头法庭启动并逐步推进辖区四镇"和美瑶城"法官联络站全覆盖工作。法庭法官以联络站为平台,连接各个乡镇与法庭,形成具备联动基层治理单位及服务群众双向功能的法庭服务延伸平台。2021年12月陆续建站以来,该法庭负责的4个站点共接待服务群众266人次。二是搭建线上便民服务平台。坚持"足不出户网上办,出户就能就近办"理念,桂头法庭在诉讼服务驻地外的一六、必背、游溪三镇建立网上巡回法庭,配齐诉讼服务信息设备,可提供网上立案、调解、送达等"指尖上的诉讼服务",最大程度让群众"少跑腿"。

二、建机制,以"小切口"促进"大和谐"

一是建立民族特色调审机制。乳源法院将涉少数民族案件交由桂头法庭归口办理,并将瑶族或具有瑶族聚居镇生活经历的办案人员列为涉瑶案件"支援力量"。桂头法庭对涉瑶纠纷进行初筛,对适宜开展诉前调解但受到语言文化因素等阻碍的案件,联同"支援力量"一同调解,以亲切"瑶语"释法明理,用浓浓"乡情"定纷止争;对不适宜调解且案情复杂、与文化因素相交织的案件,通过与"支援"法官组成合议庭审理的模式,避免因文化差异所造成的审理偏差,助力涉瑶案件服判息诉。2021年至2022年7月,桂头法庭共办结全县涉少数民族案件约182件,上诉案件仅4件,必背镇连续三年新收案件少于10件,基本实现村镇"无讼"。二是建立矛盾提前排查化解机制。以挂点负责的各个平台为哨点,桂头法庭法官对平台辖区进行电话或走访调研,提前探知可能成诉的矛盾,坚持"每事一填、每案一表",建立排查情况台账。联络站挂点法官对排查发现的适宜调解的矛盾,根据纠纷属地联系协作部门,开展联调工作;对不适宜调解的矛盾,则引导其就近到人民法庭或网上巡回法庭提起诉讼。人民法庭、法官联络站、网上巡回法庭构筑成"三位一体"纠纷化解体系。2021年10月以来,该法庭挂点法官共调研18次,排查化解矛盾纠纷79起。三是建立基层治理单位共建共治机制。依托"庭所共建机制"及必背镇特有的"五联"共建机制,桂头法庭定期与辖区司法所、派出所等基层治理单位召开联席会议,梳理矛盾线索,制定联调方案,为各联动部门化解矛盾提供法律意见。自联调协作机制建立以来,该法庭通过联调化解矛盾21起,调解成功率达92%。

三、强服务,以"小举措"促显"大力量"

一是完善司法调解补强支撑服务。桂头法庭将司法确认作为诉前调解的终端环节,并积极倡导人民调解委员会等基层治理部门对接司法确认作为强制力保障。2021年至2022年7月,共计进行司法确认案件63件,以司法服务"硬举措"为乡镇社会治理提供公平守信的良好价值导向。二是助力打造群众解纷品牌。桂头法庭特邀各村镇推选的"乡贤""村贤"或学校老师作为兼职调解员,通过梳理收集的矛盾线索,选取区域内多发、易发的案件类型作为培训内容,并整理出其中的法律知识要点,围绕其实际运用、调解技巧等方面,通过法律知识讲堂、旁听案例庭审等形式提供法律知识培训服务。2021年以来,桂头法庭共开展法律知识培训5次。逐步培养一支"从群众中来,到群众中去"的调解力量,推进施行"群众自我消解—寻求专业调解—合力实地化解"的三级调解模式。

### 四川省富顺县人民法院富世法庭
### 三聚焦三强化以家为源助力基层社会治理

**案例点评**:富世法庭将家风教育作为推进基层社会治理新的着力点,注重发掘乡规民约在乡村社会自治中的独特价值并加以完善,促成法理情融合,思路新、举措实、效果好,为推进乡村社会治理现代化提供新的实践途径。

富世法庭秉持"家庭安定则乡村安定,家庭文明则乡村文明"的工作思路,打造"家风文化教育基地""妇女儿童维权合议庭"等司法品牌,以法治、德治、自治"三治结合",进一步加强家风文化教育,助力辖区基层善治。

一、聚焦家庭和睦,强化主责主业推进家风解纷

一是打造特色法庭,释法明理平息矛盾。成立"妇女儿童维权合议庭",发出《人身安全保护令》《家庭教育指导令》6份。设立家事纠纷调解工作室,整合县公益联盟、心理学会等社会团体资源,引入心理干预、回访帮扶等特殊程序,提供物质和精神上的全方位援助。贯彻婚姻家事案件全程调解,以优良家风家训促进调解和裁判说理,调撤率达76.08%。二是强化风险预警,跟踪防范纠纷升级。针对家事、婚恋等成因复杂、矛盾易激化以及存在"民转刑"风险的案件,会同案发乡镇联动多元化解,实行一案一预警,明确诉讼风险及化解建议,全程跟踪对接风险处理。2020年6月至今,向案发乡镇发出《风险预警函》190份,收到回复172份,妥善处理案件181件。三是制定家风规范,加强家风司法运用。依托审判实践,拟定《富顺县加强家风教育促进"三治结合"的五年工作方案》,由县委政法委全县印发,为各执法司法机关及乡镇街道"家风育人、家风解纷、家风治乡"指明工作方向。遵循家风指引,贯彻核心价值。今年以来,适用《中华人民共和国民法典》"家风条款"制作文书18份,在法治引领中深度融合家风培育,促进家庭文明建设。

二、聚焦乡村安宁,强化源头防范助力家风治乡

一是设立服务站点,满足乡风建设法治需求。全面实施人民法院调解平台"三进",在辖区各乡镇(街道)、村(社区)新设诉讼服务站点10个,选聘6名特邀调解员,落实2名"驻庭调解",实现政府购买社会调解服务,开辟特邀调解职业化、专业化新路径。落实"红梅党员法官在身边"法庭联系镇街工作机制,实现辖区内5个镇街"一镇街一法官"全覆盖,深度融入乡村治理,助力提升乡村治理现代化水平。二是精准分析研判,织密乡风建设解纷网络。动员基层"微治理"力量,发挥妇女主任、网格员"微发现"优势,坚持定期排查,建立"分级+联动""整体+个案"分析研判机制,运用道德、情感、习俗等方式动之以情,促进家事纠纷柔性化解。三是搭建价值桥梁,预留乡风建设自治空间。对婚姻家庭、邻里纠纷类涉及乡风民俗的案件,扩大诉前调解比例,提倡鼓励纠纷自主和解,将家庭领域"软约束"和法治社会"硬要求"相结合,给予群众化解此类纠纷的自主空间,诉前调解成功率达50.5%。

### 三、聚焦群众安心,强化思想根基实现家风育人

一是打造教育示范基地,厚植家风培育土壤。以习近平总书记家风系列讲话为指导,在庭内打造全市首个集富顺名片、本地好家风、家风典型案例、好风传家模范等为一体的"家风文化教育基地"。今年以来,接待参观群众共580余人次,成为本地家风文化教育示范品牌,为家风领域"三治结合"提供了丰富土壤。二是加强舆论宣传引导,强化群众法治观念。与辖区"中国好人"义务开办的"宋婆婆爱心辅导班"建立常态化沟通机制,开展"送法进农村""送法进学校"活动,组织模拟法庭和"法庭开放日"活动,全面提升群众法治意识。以家为主题拍摄法治宣传片,加大涉家风案件巡回审判和家风案例宣传力度,开展"家风主题日""家风知识竞赛""家风大讲堂"活动,大力弘扬优良家风。三是助力完善乡规民约,提高乡村自治能力。对所审理案件分辖区开展大数据分析,深挖案件背后所反映的家风、家教等深层次问题,对相应的乡规民约、乡风乡俗提出完善修改建议18条,进一步提高乡村群众自治能力,促进基层社会前端治理。

## 云南省镇雄县人民法院
## 打造"枫桥式人民法庭"实现"双下降"助力乡村治理

**案例点评**:镇雄法院综合运用网格管理平台、行业联调机制、派驻政法干警等手段,便利群众"家门口"化解矛盾纠纷,推进诉调解纷功能延伸,坚持把调解优先作为案件处理的"第一选择"。"法院+"多元解纷体系迸发出强大活力,源头预防、前端治理工作有效推进,实现"小事不出村组,大事不出镇,矛盾不上交",为乡村治理现代化提供有力司法保障。

近年来,镇雄法院七个人民法庭坚持和发展新时代"枫桥经验",积极拓展人民法庭服务"三农",助力"乡村振兴"新途径,着力构建"党委领导、政府支持、法院主推、多方联动"的诉源治理格局,推动"枫桥式人民法庭"建设取得实效。

### 一、建机制促联动,织密共建共治网络

一是镇雄县委在全县937个村(居)民小组联合组建"村(居)民发展议事委员会",以村(居)民小组为网格单元,形成网格管理网络,人民法庭、派出所发挥"前沿哨所"和网格长、网格员作用,将服务群众触角遍布村组角落,及时发现矛盾纠纷并向网格管理平台推送信息。二是实现人民法庭、人民调解委员会与网格管理平台的信息共享,由管理平台向"村(居)民发展议事委员会"推送纠纷信息,便于矛盾纠纷在群众"家门口"化解,做到"人在格中走、事在格中办"。三是强化行业联调机制建设,激发诉调解纷动力。与人社、住建、交警等部门设立的19个专业性、行业性调解委员会全面联动,采取"人民法庭+"模式,吸纳行业调解专家和律师入驻法庭,开展诉前委派调解、诉中委托调解,推进诉调解纷功能延伸。自2021年以来,县域范围内诉前成功化解道路交通纠纷21889件、劳动争议纠纷3816件、住建领域纠纷1663件,调解成功率达85%。

### 二、抓载体重预防,前移控源减流阵地

一是前移诉讼服务触角。以开展"昭通政法挂千村、乡村振兴法治行"活动为牵引,法庭干警作为县政法委牵头向262个村(社区)派驻800名政法干警的重要成员,驻村组当好政策宣讲员、法治宣传员、矛盾纠纷化解员、信访老户稳控员、乡村振兴信息员、扫黑除恶联络员。建立"一村一法官"工作联络机制,开展"百场巡回审判、百场法治教育"实践活动,进行大型巡回审判及以案释法普法教育11场次。二是人民法庭坚持用好"1321"调解工作法:"第一时间"了解当事人的心里预期;找准案件争议焦点、矛盾转化拐点、情与法的融合点"三个关键点";坚持案件调解自愿、合法"两个原则";坚持把调解优先作为案件处理的"第一选择"。2021年以来,人民法庭指导诉前调解纠纷1622件,化解重大疑难矛盾纠纷103件。

### 三、创示范强带动,探索"枫桥式"建设新模式

坚持示范引领,在中屯镇打造"枫桥式"人民调解组织示范点。人民法庭主动融入"村四级、镇五级"矛盾纠纷排查化解体系,围绕"人民矛盾人民调、人人都是调解员"和"人人参与、共建平安"目标,广泛吸纳老干部、老党员、老教师,社会贤达充实人民调解队伍,开展人民调解工作,做到"小事不出村组,大事不出镇"。自2021年以来,法庭在示范点共指导调处各类矛盾纠纷107件,中屯镇未发生大规模聚集上访、群体性事件,连续13年无重大民转刑案件和命案发生,创建16个无诉和谐村组,该镇齐心村被司法部、民政部授予"全国民主法治示范村"。

### 四、抓举措强保障,形成诉源治理合力

一是县委组织部定期开展"组织建设好、议事运行好、制度执行好、服务群众好、群众反映好"的"五好议事会"评选表彰,评选出的优秀议事会成员作为后备干部重点培养。二是县委政法委牵头开展"文明和谐村"评定,将刑事治安案件发案数、民事诉讼案件数、矛盾纠纷排查化解数、信访问题发生数等列为评价重要指标,对"文明和谐村"授旗表扬。三是将各调解委员会工作经费支出纳入财政预算,由县司法局考核后报县政府划拨,按照"以案定补""以奖代补"原则,对成功调解的矛盾纠纷,按难易程度每

件发放 100 元至 2000 元的补贴。

镇雄法院各人民法庭工作在县委统一领导、政府大力支持下，走出法庭，联动各方资源和力量，"法院+"多元解纷体系迸发活力，源头预防、前端治理工作有效推进，努力使矛盾纠纷化解在基层。2021 年以来，全院共受理民商事案件 12648 件，同比下降 2.48%，七个人民法庭收案较同期减少 1174 件，同比下降 13.5%，实现了立案、审判"双下降"。

## 陕西省铜川市印台区人民法院陈炉法庭
## 发挥"女子法庭"司法韧性助力陶瓷古镇乡村振兴

**案例点评**：陈炉法庭秉承"小法庭亦有大作为"的理念，聚焦服务高质量发展，筑牢乡村振兴法治"基础桩"，聚焦服务高效能治理，划好基层社会治理"同心圆"，聚焦服务高品质生活，细耕审判工作主业"责任田"，努力让辖区群众的获得感成色更足、幸福感可持续、安全感有保证。

"炉火不熄地、瓷韵传千年"的陈炉陶瓷古镇距离陕西省铜川市印台区城区 20 余公里，在这个历史文化名镇上有一支特别的队伍，那就是由 3 名女干警组成的印台区人民法院陈炉法庭，她们作为镇上的一道靓丽风景线，被当地群众亲切地称为"家门口的女子法庭"，也是备受游客称赞的"最美旅游法庭"。近年来，陈炉法庭秉承"小法庭亦有大作为"理念，始终坚持"三个便于"、扎实落实"三个服务"、持续推进"三个优化"，以为民司法为宗旨、以队伍建设为抓手、以公正司法为主线、以服务大局为目标，不断提升人民法庭建设水平和基层司法服务保障能力，为推动基层社会治理体系和治理能力现代化提供有利保障。2017 年以来，先后荣获县级以上荣誉十余项。

**一、聚焦服务高质量发展，筑牢乡村振兴法治"基础桩"**

陈炉法庭主动延伸司法触角，助力建设美丽宜居乡村，推动法庭工作既为一域添彩，又为全局助力。一是服务辖区营商环境建设。2017 年陈炉法庭率先在陈陶工业园区内设立法官工作室，结合"百名法官进百企"活动积极开展工作，通过进园区"涉企法律知识解析"宣传、组织座谈会等形式为企业提供法律服务，已为园区企业提出法律建议 16 条，提供法律咨询 67 次。疫情防控期间，精心编印了《企业疫情防控与复工复产法律指引手册》，全力通过司法手段为民营经济增氧、造血、强体。二是服务打赢脱贫攻坚战。深入组织开展审判执行助力脱贫攻坚专项行动，向辖区群众发放自行编印的《农民日常生产生活法律风险防范 108 问》《农村实用案例选编》《农村实用法律手册》共计 5000 余册。为建档立卡贫困户当事人提供"一站式、零距离、无障碍"专人定向诉讼服务。对涉贫涉农案件，开辟立审绿色通道，快立快审涉贫涉农案件 42 件，涉贫案件判后答疑率达到 100%。三是服务古镇旅游产业链。挂牌设立旅游巡回法庭，对涉及旅游纠纷的案件走"快速通道"，减少诉讼时间，保障各方的合法权益。近年来，开展旅游法律宣传 5 次，接受法律咨询 50 余次，调处涉旅纠纷 7 件。

**二、聚焦服务高效能治理，划好基层社会治理"同心圆"**

创新发展新时代枫桥经验，积极融入党委领导下的诉源治理工作格局。一是创新纠纷调解形式。陈炉法庭在司法实践中，为有效化解矛盾，法庭立足"调判结合、案结事了"原则，总结出了一条富有自身特色的"摆法律、拉家常、讲亲情、背靠背、冷(热)处理"调解法，努力实现"三个效果"有机统一，法庭民事案件调撤率达到 60%。二是优化纠纷调解格局。完善党委领导、政府负责、社会协同、公众参与、法治保障的社会治理体系，与镇党委及镇司法所、派出所、综治办、妇联等部门构建多元化纠纷解决机制，与镇综治中心建立了矛盾联调工作体系，与村、社区综治中心联合建立驻点调解工作机制，努力做到"小事不出村、难事不出镇"。法庭共引入特邀调解组织两家，近五年来通过特邀调解化解纠纷 60 余件，司法确认 52 件，协同综治中心化解民间纠纷 48 件，化解信访案件 20 余件。三是做优诉前调解功能。针对司法确认案件，与镇司法所联合制定诉调对接工作实施方案，不断深化"分调裁审"机制改革，完善分流、调解、速裁、快审衔接转换机制。近五年来通过诉前调解各类纠纷 60 余件。

**三、聚焦服务高品质生活，细耕审判工作主业"责任田"**

认真落实以人民为中心的发展思想，努力让辖区群众获得感成色更足，幸福感更可持续，安全感更有保障。一是全力提升审判质效。法庭坚持以"双进"专项工作为抓手，努力做到"一般案件发改率低、重大案件'三个效果'好、敏感案件'三同步'工作实"。2017 年至今，法庭共受理民商事案件 629 件，另诉前调解 67 件，结案 609 件，未结 20 件，其中撤诉 142 件，调解 225 件，结案率 96.82%，简易程序适用率 90%，陪审率 95%。无长期未结案，裁判文书上网率 100%，完成庭审直播 179 件。二是优化便民服务措施。法庭设立"代为立案制度"，到法庭即可缴费、立案，减少路途奔波。依托电子送达平台，当事人通过手机短信等形式查看相应的法律权利和义务，通过网络即可查询案件的进展情况。利用手机 APP 多元化调解平台调解，达成一致意见的还可以形成调解笔录;借助"云上法庭"开庭审理案件 90 余件,实现"隔空对屏"化纠纷,最大程度的减少当事人的诉累。三是常态开展巡回审判。对于农村及交通不便、人员稀少等偏远地区的当事人,坚持在案发地巡回审判,到农户家里就地开庭、当庭调解、当庭结案,五年来累计开展巡回审判 40 余次,有效发挥"巡回一案,教育一片"的职能作用。

近年来,陈炉法庭这支富有朝气和战斗力的青年队伍深得当地群众和各级领导的认可,"家门口的女子法庭"将公平正义洒满古镇大山的先进事迹被各级新闻媒体多次进行专题报道。

### 陕西省榆林市榆阳区人民法院鱼河法庭
### 创新"2+4+N"多元解纷机制助力基层社会治理

**案例点评**:鱼河法庭以法庭 2 个工作室即"三治议事小屋""家事调解室",辖区 4 个调解工作室为依托,集合法官调解、人民调解、行业调解、行政调解各种力量,组成上下协同、内外联动、全域辐射的"2+4+N"多元解纷机制,精准服务乡村治理现代化。

鱼河法庭设立于 1989 年 3 月,位于榆林市榆阳区南部偏东的鱼河镇,距市区 37 公里。近年来,鱼河法庭坚持发展新时代"枫桥经验",大力推进"枫桥式人民法庭"建设,以法庭内 2 个工作室即"三治议事小屋""家事调解室",辖区内 4 个调解工作室为依托,集合法官调解、人民调解、行业调解、行政调解等各种力量,组成上下协同、内外联动、全域辐射的"2+4+N"多元解纷机制,从源头上减少诉讼增量,为辖区基层社会治理注入强劲动力,先后获得省市区授予的多项荣誉称号。

**一、"内外联动+巡回审判",构建诉源治理新格局**

一是"走出去"+司法确认,实现就地解纷。群众发生纠纷先由村干部、政府部门、调解员联合调解,对调解成功有执行内容的纠纷,由法庭进行司法确认,就地化解矛盾纠纷。对调解不成功的,符合立案条件的快速立案,进入司法程序,依法速裁快审。二是"请进来"+合力化解,实现高效解纷。对一些婚姻家事纠纷、邻里纠纷、侵权类纠纷案件,主动邀请村镇干部、人民调解员等参与调解,充分凝聚调解合力。近三年来,鱼河法庭共计成功化解各类矛盾纠纷 500 余起,法庭受理案件数从 2019 年的 504 件下降至 2021 年的 254 件,降幅达 49.6%,诉源治理成效明显。

**二、"主动沟通+双向化解",高效解决涉企业纠纷案件**

一是主动沟通+微信互动,实现快速解纷。对辖区交通肇事案件,探索出"一案一微信群"多元解纷模式,将损失已确定的当事人引导至保险公司进行正常理赔,对损失尚未确定的当事人引导诉前鉴定,从而将大量涉及保险公司的纠纷在诉前、诉中快速化解。二是积极指导+双向化解,实现原被告"双赢"。对辖区劳动争议案件,与涉案企业领导就工伤、未签订书面劳动合同、劳务派遣等问题进行沟通,指出企业在用工制度与管理方面存在的问题与疏漏,并督促企业积极规范管理,堵塞漏洞,从而预防类似纠纷再次发生。近三年来,法庭辖区内机动车交通事故责任纠纷、保险合同纠纷、劳动争议纠纷案件数量从 2019 年的 88 件降至 2021 年的 23 件,降幅达 73.8%。

**三、"互联网+微法庭",提升司法便利利民水平**

受疫情等因素叠加影响,鱼河法庭积极转变办案工作思路,深化拓展智慧法院建设成果,充分应用"互联网+"手段,大力推进"微法庭"的线上运用。2020 年初,法庭在全市范围内率先通过互联网"陕西微庭审"审理了一起离婚案件,为疫情期间司法服务不打烊起了头。近三年来,通过互联网"微庭审""人民法院调解平台"等平台共办理各类案件 200 余件,切实减轻当事人的诉累,为全区疫情防控和经济社会发展提供了坚强司法保障。

**四、"多元普法+司法建议",营造普法宣传浓厚氛围**

一是充分发挥"巡回审判"作用。将巡回审判点作为普法宣传点,以达到"审结一案、教育一片"的社会效果。二是强化法庭与各单位间的联动。在办案过程中发现问题,及时发出司法建议书,有效预防类似纠纷发生。三是线上线下便民利民。利用微信平台在辖区乡镇组建"矛盾纠纷调解群",线下向辖区群众发放便民联系卡,打通诉讼便民服务的"最后一公里"。四是设立旅游纠纷巡回工作室。从源头上预防旅游纠纷的发生,坚决防止小纠纷酿成大矛盾,推动辖区旅游持续健康发展。五是注重运用新媒体的正向引领功能。通过"两微一端"、抖音等平台,全面强化法治宣传,推动法庭各项工作高质量发展。近三年来,法庭巡回审判 6 次,发出司法建议 1 份,发表通讯报道宣传法治 37 篇,线上释法 700 余人次,送法进乡村、集市、庙会、企业 10 次。

### 青海省大通回族土族自治县人民法院塔尔湾法庭
### 创建四个"三+"工作模式提升乡村治理水平

**案例点评**:塔尔湾法庭立足民族乡镇实际,创四个"三+"工作模式,在辖区两镇三乡建立 60 个村书记联络点,邀请村委、乡镇综治等人员参与案件调解,不仅有效化解矛盾,实现案结事了人和,还积极调动多元力量参与基层治理,为推进乡村治理现代化发挥引领作用。

塔尔湾法庭距离大通县城约7公里,地处县城的中间地带,辖塔尔镇、新庄镇、良教乡、极乐乡、斜沟乡两镇三乡,少数民族人口占81%。近年来,塔尔湾法庭立足辖区民族乡镇实际,探索出四个"三+"工作模式,既为群众提供了快捷、便利、精准的司法服务,满足了群众地司法需求,又发挥扎根基层、贴近群众的优势,积极参与辖区社会治理,积极推进民族团结进步,促进基层社会治理水平进一步提升。

**一、创"分+优+教"三字"组合拳",实现立案无障碍**

针对辖区群众文化水平较低,司法需求较高的问题,切实做到"有案必立,有诉必理",塔尔湾法庭探索出一条"二次分流,弱势优先,现场教学"的立案模式。二次分流。法庭充分利用现有的人员和设备配置,接待来访当事人时,先由负责登记的工作人员进行分流,再由窗口立案人员根据起诉人的年龄、文化水平、离家距离等条件进行二次分流,对年龄较大、文化水平较低的当事人进行线下立案,同时指导有信息化操作能力的当事人进行网上立案,实现线上线下两同步。弱势优先。畅通诉讼服务绿色通道,以"优先办、引导办、便捷办"为原则,为农民工、妇女、儿童、老人等群体全程提供诉讼服务指导。现场教学。通过网上立案、签收法律文书、交纳诉讼费用等现场演示,让当事人亲身体验诉讼"家里办""掌上办""随时办"和立案服务"零距离""指尖办"。

**二、创"午+黑+联络点"送达模式,实现司法服务"不打烊"**

针对当地人员流动较为频繁,很多权利义务关系明确的案件无法尽快审理,法庭突破八小时工作制,将法庭工作人员进行合理分组,午休时间进行一次送达工作,无法完成的晚上进行再次送达;没有达到预期效果的,利用60个村书记联络点,充分了解并掌握被告人的动态和家庭情况,以便为法官调解案件提供参考。2022年上半年,法庭通过联络点有效调解案件30余件。

**三、创"诉前调解+多方联动调解+巡回审判"矛盾解决机制,有效实现诉源治理**

法庭本着"诉源治理,将矛盾化解在源头"的原则积极探索符合辖区实际的非诉讼纠纷解决机制,把诉前调解挺在前面,将具有调解可能的婚姻家庭类案件转入调解平台,累计诉前成功调解案件12件。涉及赘婿等矛盾较大的案件,积极联系社区、乡镇综治办等相关组织和部门人员上门调解。对于长期拖欠农民工工资的案件,法庭利用塔尔、极乐两个巡回审判点就近巡回审判,并尝试将主管部门和当地政府邀请至庭审现场,集众家之力,解决农民工讨薪之难事。

**四、"社区+学校+企业""菜单式"普法宣传,实现普法全覆盖**

塔尔湾法庭辖区群众绝大多数信仰伊斯兰教,受地区条件和宗教习俗影响,群众法治观念欠缺、维权意识淡薄,为适应新时期法治建设和审判工作的要求,法庭通过进社区、进学校、进企业等便民服务,将法律送到群众身边。一是在人群密集区挂横幅、发放书籍和宣传册,以提高普通民众的法治意识和维权意识,促进群众法治观念的转变。2022上半年进行普法宣传10余次,发放宣传册40余册。二是针对较为普遍的早婚早育现象,推进法治进学校,在极乐中心学校开展"蓓蕾初绽、青春护航"和"预防早婚早育"两场法治宣传。三是立足辖区企业发展需求,坚持"请进来"与"走出去"双向走访,在征求企业意见建议的同时深入企业开展法律讲堂和政策宣讲、以案释法活动,引导企业家在经营活动中遵纪守法、诚实守信,为优化营商环境保驾护航。

## 宁夏回族自治区银川市金凤区人民法院良田法庭创新基层治理经验助力"良田"建设

**案例点评**:良田法庭地处移民安置区,少数民族多,通过联合基层党委政府联动治理,主动融入共建、共治、共享乡村治理体系,运用司法职能提高乡村善治水平;通过向村镇延伸网格化司法服务,完善乡村法律公共服务,助力构建自治、法治、德治相结合的乡村治理体系。

良田法庭是宁夏高院根据当地实际优化调整增设的人民法庭,2020年4月设置运行,办公场所因陋就简,边运行边建设,2022年4月21日新办公场所竣工投入使用。良田法庭充分发挥人民法庭审判机构、调解平台、治理前沿、普法窗口的综合作用,创新举措,力推"小法庭,大服务",不断发挥便民服务、治理尖兵、稳定利器的职能作用。

**一、立足基层践行司法为民**

一是联动治理推动地区移风易俗。作为典型的民族地区,良田镇群众婚姻家庭问题兼具民族特点和乡村特色,包办婚姻、早婚、高额彩礼、家庭暴力现象频出,引发离婚率高、婚恋纠纷多且化解难。对此,良田法庭联合基层党委政府搭建"政府+法院+村居"工作平台,探索"前置宣传+中置调解+后置裁判"联动治理模式,成为镇党委政府推动乡村治理的有力抓手。良田法庭多次召开婚姻家庭问题治理座谈会,"会诊"家事矛盾,深化家事纠纷联调联治工作,用司法手段助推社会治理与移风易俗。二是网格化微信群精准普法。针对良田镇部分外出务工人员权益难保障、未成年人受教育权未能充分实现,群众宗法宗族观念强但法律知识欠缺等问题,良田法庭总结良田镇部分对外大讲堂经验,与村居共建网格化微信工作群,法庭持续推送精选的普法短视频,法官运用微信为村干部和群众答疑解惑、提供咨询,制作欠条借条模板及安检注意事项短视频发送到微信群,收到良好效果。自2022年4月建群以来,推送"法官说法""学法典读案例答问题"等普法信息20余次,覆盖群众12000余人,受到村干部和群众的一致认可,因针对性强、时效性好,被"学习强国""人民网"等多家媒体报道。

二、举纲张目,化解治理难题

一是围绕农民切身利益,化解土地纠纷。良田镇作为吊庄移民镇,移民之间、新老村民之间逐步积累了部分土地矛盾。土地是农民最重视的切身利益,很难协商解决,良田法庭紧抓"生态美丽良田"民生改造工程契机,审判中加强释法析理,涉地案件调撤率51%,服判息诉率95%。二是提高审理效率,安定民心。良田法庭实行涉承包地、宅基地及房屋案件专审、简审、快审,创新适用要式审判方式,高效审结三百余件涉土地、房屋案件,平均审理天数36天,庭审和文书制作时间缩短至半小时,明确承包经营和流转的法律及政策,以司法裁判引领社会行为规则,有力遏制了随意买卖土地乱象。

三、创新经验,打造塞上乡村乐园

一是坚持诉调对接,构建多元解纷。法庭与良田镇各村居、司法所、派出所、律师事务所共建诉调对接机制,在良田镇司法所挂牌成立"诉调对接工作站",签署《关于开展矛盾纠纷联合化解工作的协议书》,整合法官和人民调解员配置,为群众提供多选择、更高效的解纷渠道。法庭通过人民法院调解平台每月向司法所发送调解案件,数量根据司法所调解情况灵活确定,调解成功的进行司法确认;双方共同做好矛盾纠纷研判化解、突发事件应急处置等工作,合力推进乡村治理。二是"法校共建"护航成长之路。良田法庭协调金凤区法院民事审判庭与良田镇1中学、6小学建立法校共建机制,法庭与学校畅通交流渠道,担任法律讲师定期到校授课,学校不定期组织学生开展模拟法庭,共同为保护学生权益、预防学生犯罪、优化治理环境履职尽责。三是突出法庭特色,为铸牢中华民族共同体意识夯实底色。法庭利用一楼多功能电子屏每月定期展播红色经典影片并邀请群众观看,不定期邀请移民群众代表回顾移民历程、分享奋斗经验。与宁夏大学法学院共建基层治理研究基地,构建法治发展"共同体",并将与北方民族大学共建铸牢中华民族共同体意识研究基地,邀请高校教师实地调研授课,推动良田镇民族团结工作高质量发展。

**新疆维吾尔自治区阿克苏地区中级人民法院多维发力联动解纷凸显基层治理新成效**

**案例点评**:阿克苏中院主动融入党委基层治理格局,创新人民法庭与矛调中心互嵌工作模式,完善"43221"闭环解纷体系,拓展"360"过滤化解渠道,建立"红黄绿"预警机制,培育形成新疆法院乡村法庭服务基层治理样板经验。

阿克苏中院深入贯彻习近平法治思想,坚持以人民为中心,充分发挥"人民法庭+矛调中心"联动解纷作用,完善"43221"闭环解纷体系,拓展"360"过滤化解渠道,建立"红黄绿"预警机制,纠纷调解率达94.8%,自动履行率达95.2%,诉讼案件、信访数量实现"双下降"。2022年5月6日,周强院长署名文章《新疆法院基层人民法庭蹲点手记》对阿克苏地区"老艾法律巴扎"工作经验给予肯定。

一、上下联动、互嵌共融,推动构建基层治理"新体系"

阿克苏中院立足辖区乡村人民法庭实际,在沙雅县人民法院红旗人民法庭率先探索乡(镇)矛调中心整体入驻人民法庭工作模式,得到党委充分肯定,并在辖区7县2市推广,整体构建了以政法委牵头,法院、公安、司法、信访等13家单位协作,35个人民法庭与乡(镇)矛调中心互嵌的基层治理新格局。地方党委投入1000余万元支持人民法庭建设,组派精兵强将,吸纳基层力量,优化服务功能,将"人民法庭+矛调中心"建设纳入"平安阿克苏"考核,并创新"43221"多元解纷机制,切实将"人民法庭+矛调中心"建成"一站式受理、一揽子调处、全方位服务、全链条解纷"的矛盾纠纷化解"终点站"。

二、精准施策、汇聚合力,激发服务基层治理"新动能"

出台《基层社会矛盾纠纷大调解体系建设方案》《矛调中心矛盾纠纷化解流程规范》等9项制度,持续巩固党委领导下的"43221"多元解纷机制,推进信访接待、调解纠纷、诉讼审判、法治教育"4大服务"一体运行,理顺人民调解、行政调解、司法调解"3调联动"工作衔接,突出选培人民调解员、法律明白人"2员重点",达成调解成功率稳中有升,万人成讼率逐步下降"2个目标",确保实现"1个体系"闭环解纷功能。拓展创新"360"分层过滤机制,针对群众来访、上级转办、基层排查"3个渠道"收集的各类纠纷,细化一窗登记、分流转办、调解处理、联合化解、办结反馈、定期回访等"6个步骤"流程,规范成员单位解纷职责,畅通流转通道。辖区人民法庭以矛调中心为基点,统筹调配13个部门、12个行业调委会和"2员重点"解纷力量,按纠纷来源、类别和难易程度，纵向分流至村、组等基层调解细胞，横向分流至中心各个组织和调解部门，完善访调、警调、检调、仲调、专调、诉调等多种模式联动体系，穿引调解"纵横线"，织密联动"服务网"。截至目前，通过"360"机制前端解纷14401件，2022年人民法庭受理案件较去年同比下降10.3%，推动实现"调解成功率上升、万人成诉率下降、群众零信访"工作目标，促进基层治理从"化讼止争"向"少讼无讼"转变。

**三、延伸服务、善作善成，持续释放基层治理"新红利"**

拓展司法服务触角，以35个人民法庭为中心，辐射87个法官工作站、202个巡回审判点，调配70支由党员、法官、驻村干警、信访干部、妇联主席、行业专家、人民调解员、法律明白人组成的"矛调队伍"，日研判、周分析、月评估，全方位、立体式开展"110"式司法服务，1231个行政村实现"小事不出村"治理目标。构建"红、黄、绿"三色预警机制，动态监测乡(镇)、村纠纷受理量"高、中、低"情况，绘制立体式网格化解纷"作战图"。针对辖区土地流转纠纷隐患提出专业调解建议书107份，推送至35个涉事乡镇、村"两委"协同专业力量分析研判，就地妥善化解土地纠纷279件。发挥专业优势，服务法治乡村建设，选培"法律明白人"15496人，协助302个村修订完善村规民约1510条，带动各族群众学法、知法、尊法、用法。目前，辖区176个村具备"无诉讼村"创建条件，夯实平安乡村建设根基，助力法治乡村和谐善治。

## "打造枫桥式人民法庭 服务基层社会治理"典型案例
### ——融入基层社会治理体系篇

党的二十大报告对完善社会治理体系作出重大部署，强调要健全共建共治共享的社会治理制度，提升社会治理效能，在社会基层坚持和发展新时代"枫桥经验"，健全城乡社区治理体系。

基层治理是国家治理的基石，人民法庭是司法服务基层治理的最前沿。创建司法调解、人民调解、行政调解"三调联动"机制、"恢复性司法实践+社会化综合治理"机制、商会驻庭调解室、"E+智慧法庭"平台、"船上法庭"模式、"古村治理法"等，一个人民法庭打造一块特色品牌，一个村庄设立一个法官服务站；创建"数字法庭"，将法庭架构在数字空间、呈现在群众身边，打造网格化服务团队……一系列创新与探索，百花齐放，在社会基层坚持和发展新时代"枫桥经验"，融入基层社会治理，推动健全自治、法

治、德治相结合的中国特色基层治理制度，是基层司法贯彻党的二十大精神，积极融入基层治理体系的美丽风景。

## 北京市朝阳区人民法院亚运村法庭
### 构建一核双驱三赋能工作机制保障老龄事业高质量发展

**案例点评**：亚运村法庭立足审判职能，主动作为、服务大局，构建"一核双驱三赋能"工作机制，制定涉老案件审理工作规定，完善法庭适老化诉讼服务，融合社会力量共同关注老年人权益保障，既是人民法庭专业化建设的有益探索，也是人民法庭服务保障国家经济社会高质量发展的生动缩影。

北京朝阳法院亚运村法庭结合人民法庭的职能定位、地域特点和集中审理全区部分涉老年人权益保障类案件的工作实际，以"长青"党建项目为引领，构建"一核双驱三赋能"工作机制，提升司法为民水平，精准助力基层治理，推动凝聚队伍合力，服务保障新时代老龄事业长远发展。

**一、聚焦适老型诉讼服务机制建设，以制度规范提升执法办案质效，提升涉老审判"专业化"水平**

一是完善创新工作机制，加大对老年诉讼参与人的司法保障与程序供给，探索建立陪同诉讼、家事调查、上门审判等制度，切实维护老年人合法权益。二是优化适老诉讼服务，对诉服大厅进行适老化改造，将精细化的诉讼服务贯穿审判工作各个环节。三是组建专门审判团队，选任审判和社会经验丰富、综合能力突出的人员成立涉老审判团队，聚焦要点、总结要旨，以典型案例的示范性裁判彰显司法理念、实现价值引领。探索涉老案件集中审理后，涉赡养类纠纷平均审理时间缩短了30天；涉老年人行为能力认定及指定监护人类案件平均审理时间缩短16天，让涉诉老年人及家属感受到更高效、更便捷的诉讼体验。

**二、坚持矛盾纠纷源头预防与调处化解双轮驱动，以多元解纷营造护老法治环境**

主动融入基层党委领导下的社会治理大格局，按照朝阳区委相关要求开展矛调工作。一是引入专门调解组织，对涉老机构的服务合同、侵权类纠纷进行专门调解，在快速定纷止争的同时，帮助相关行业提高自治能力，规范经营方式，从源头预防纠纷的产生。二是推动建立三级预防调处化解体系，与辖区党委共同培育和发展涉老纠纷解纷力量，对调解队伍加强法律知识和调解规范培训，构建朝阳区涉老矛盾纠纷源头预防调处化解三级体系。三是全方位加强普法宣传，将调研成果和典型案例转化为老年人喜闻乐见的视频类普法作品，在各级各类媒体推送、传

播；依托法官工作站平台，围绕继承、赡养、理财等贴近老年人生活的热点问题，大力开展普法宣传，帮助老年人提升防诈防骗、证据保护等意识。2022年以来，近三分之一的涉养老机构类合同纠纷通过调解和解方式解决；涉老继承类纠纷通过调解、和解方式化解的案件同比增加了18%。

**三、同步推进三项赋能，与社会力量共建互联助推老龄事业高质量发展**

一是专家智库赋能理论支撑。与首都高校、老年法律研究机构开展合作共建成立"法学教育实践基地""老龄法律研究基地""老年人权益保护研究中心"。"两基地一中心"已逐渐成为深化交流、助力审判、培养人才的重要平台，有效促进了法学理论与司法实践的良性互动。二是多维联动赋能专门保障。发动、引导社会力量共同关注、关护老年群体。探索涉老法律援助专项对接，对因经济困难没有委托代理人的老年当事人依法提供法律援助与专门志愿者协会合作共建，吸收有意愿、有能力的优秀退休干部职工参与法庭诉讼引导志愿活动，让积极老龄观落地见效；与辖区卫生服务单位签订合作协议，为法庭提供医疗应急响应保障，切实保障出庭老年人的生命健康安全。三是学思行悟赋能长效发展。注重加强对老龄工作文件的学习，将新时代老龄工作的思想理念、具体要求落实到审判工作中；充分运用好"片区法官"制度，提升干警特别是青年干警社会认知、体察和群众工作能力；发起成立"长青志愿服务队"，倡导善行善举、奉献社会。强化专业学习，通过组织"资深法官观摩庭"和"优秀法官专题课"等方式，丰富实务学习路径，以更高水平的庭审、文书检验涉老审判工作成效。去年以来，法庭相关工作被央视新闻、人民网、法治日报、人民法院报、北京日报等媒体广泛报道；干警完成相关调研成果30余项，并受邀参加服贸会"中国国际养老产业高端论坛"作主题发言。

下一步，朝阳法院将始终坚持服务大局、司法为民、公正司法，持续探索行之有效的涉老审判方式和工作机制创新，以高质量、更便捷的诉讼服务举措保障老年人合法权益，提升老年人的安全感、获得感、幸福感，为贯彻落实"积极应对人口老龄化国家战略"作出基层法院应有的担当和贡献。

### 河北省安新县人民法院白洋淀法庭
### "船上法庭"融入水区基层社会治理最前沿

**案例点评**：白洋淀法庭积极顺应淀区生活方式，推动司法资源下沉，法官定期巡回、民调驻点值守、常态在线接待、多元协同联动、就地化解纠纷，用群众喜闻乐见的方式有效融入党委领导下的基层治理体系，用"船上法庭"模式及时回应水区（景区）群众、游客的司法服务新需求。

白洋淀位于河北雄安新区，水域面积366平方公里，大小淀泊100多个，水村39个，水区人口13万。白洋淀景区为5A景区，每年游客1000万人次。群众出行、游客观光主要靠车船转乘，交通不便。2016年设立白洋淀法庭，配备法官、法官助理、书记员各2人，特邀调解员7人，管辖白洋淀水区旅游、环境资源案件，成立以来审结案件1466件、诉前调解468件，有力践行了新时代"枫桥经验"。

**一、关口前移、重心下沉，畅通服务水区群众"最后一公里"**

法庭打破"坐堂问案"审判方式，主动延伸服务触角、跟进群众需求，购置机动船舶，改造成"船上法庭"，配备移动数字法庭系统，具备5G传输功能，常年穿梭在白洋淀水村、淀泊、码头、航道，使广大水区群众茶余饭后即可在"船上法庭"表达诉求、协调利益、保障权益。今年以来"船上法庭"开庭31次，免去水区群众打官司的舟车劳顿之累，有效地把矛盾纠纷化解在基层、解决在当地。

**二、五位一体、协同联动，"法庭+"源头预防化解矛盾纠纷**

推动法院调解平台进乡村、进社区、进网格，与旅游、公安、海事局和乡镇村等调解组织建立了"五位一体、协同联动"的多元化解纠纷机制，信息互通、资源共享，合力把矛盾纠纷化解在萌芽。在水区3个乡镇，按雄安中院统一部署设立了"法庭+镇调解中心+村调委会"模式的"法官服务站"，应邀列席乡镇党委会议，参加党建、综治联席会议，共商共治多元解纷；在4个景区都设立了"法庭+旅游局投诉室+水上调解室"模式的"巡回审判点"，主持并指导景区化解涉旅游矛盾纠纷。"法官服务站"和"巡回审判点"实行"响应乡镇统筹、依托综治平台、法官定期巡回、民调驻点值守、常态在线接待"的运行模式，并用以案说法、送法下乡、邀请旁听等群众喜闻乐见的方式开展法治宣传。今年以来诉前化解矛盾纠纷74件、法治宣传25次、普法讲座8次，使群众和游客切身感受到了非诉解纷带来的便利快捷。

**三、七点一线、就地化解，打造"不设围墙"的流动专业法庭**

注重综合性审判与专业化审判相结合，针对法庭地处白洋淀5A景区、旅游产业特色明显的特点，开展涉旅游纠纷专业审判，综合白洋淀景点星罗棋布、游客人流量大、流动性强，旅游纠纷突发性强、证据易失等因素，在淀区设立了覆盖七个主要景点和一条主要观光线路的"七点一线"巡回审判点，通过张贴二维码、建立微信群、公布专用邮箱等方式，随时在线接听、流转、回复群众求助，就地立案、就地调解、就地审理、就地裁判，哪里有纠纷法庭就出现在哪里。今年以来，调处涉旅游纠纷51起、在线答疑解惑131件，有效实现矛盾不上交，为营造淀区和谐的旅游环境提供了强力司法保障。

**四、集中受理、三审合一，助力白洋淀生态环境综合治理**

涉白洋淀环境资源、旅游的刑事、民事、行政三类案件均由白洋淀巡回法庭一并办理。在涉旅游案件中，对于游客投诉或旅游局及景区的纠纷移送，法庭受理后开展诉前化解、审理等工作；在涉环境资源案件中，注重监督指导环境执法机关依法行政，强化环境司法与环境执法的"法法衔接"，及时提出法律意见和司法建议。今年以来审结涉白洋淀环境资源案件13件，向执法机关发出司法建议书5件，全部得到回复和整改，为白洋淀水质从劣V类到Ⅲ类的跨越性突破贡献法院力量。

白洋淀法庭的各项工作受到各级领导的肯定和群众的信赖称赞，中央、中央政法委、最高人民法院领导多次到法庭调研指导，法庭收到游客、群众多封感谢信和多面锦旗，《人民法院报》《河北日报》等新闻媒体也对法庭先进事迹进行了深入宣传报道。

## 河北省献县人民法院
## 融入基层治理"三结合"打造服务基层新路径

**案例点评**：献县法院积极探索人民法庭工作与基层治理体系的契合点，注重党建引领作用，强化与基层党委协调联动，打造符合地方特色的调解品牌，通过"三个结合"工作模式，全方位融入基层社会治理体系。

献县人民法院坚持和发展新时代"枫桥经验"，积极探索人民法庭工作与基层治理体系的契合点，充分利用人民法庭贴近基层、服务群众前沿阵地的优势，强化党建引领，与基层党委联动，发挥专业优势，"三个结合"谋发展，建立健全以人民法庭为重要法治支点的基层社会治理体系。

**一、党建队建相结合，思想引领有成果**

进一步找准党建工作与人民法庭工作的结合点、契合点，秉持"让党旗在法庭高高飘扬"的理念，强化党建引领作用，推出"党建+"人民法庭工作模式，以人民法庭为点，以基层法院为面，以点促面，激活党建末梢，让便捷高效的司法服务直抵群众身边。一是推行"党建+党支部规范化建设"，提升法庭支部生机活力。坚持"支部建在庭上"，实现党的组织和党的工作全覆盖。优化人民法庭党组织，根据地域相邻、便于管理的原则成立城关、本斋、商林法庭联合党支部和张村淮镇法庭联合党支部，选举年轻骨干力量加强支部委员会建设，强化党员队伍管理，严格落实"三会一课"等党内政治生活，从基本组织、基本队伍、基本活动、基本制度、基本保障抓起，大力提升人民法庭党支部建设标准化、规范化水平，夯实基层组织基础，激发支部凝聚力和生机活力。二是打造"党建+党员志愿服务队"，推动司法资源向基层下沉。发挥党员先锋作用，组建以法庭党支部党员为主体的党员志愿服务队，积极走访辖区乡镇、村街、社区，形成"一乡(镇)一司法档案"。及时梳理诉前及各渠道汇集的民事纠纷，强化辖区内农村土地、农民工追索劳动报酬、家事邻里等多发常见类型化纠纷的源头治理。广泛对接和吸收基层解纷力量，将村支部书记、乡镇网格员纳入特邀调解队伍，以熟悉乡村情况、了解人员信息的优势，形成基层社会治理合力。

**二、动态静态相结合，融入基层有举措**

一是建立人民法庭庭长列席乡镇党委扩大会制度。紧密联系乡镇党委政府，主动服务乡镇发展大局，研究确定法庭庭长每月固定列席一次乡镇党委扩大会议，将近期辖区民事纠纷特征、综治矛盾纠纷点及发展态势、审判案件中信访苗头和不稳定因素作为固定议题进行汇报，为乡镇依法行政建言献策，助力党委领导适时调整决策部署。一年来，先后向十八个乡镇党委发出司法建议26条，均被采纳；对乡镇相关人员进行点单式培训10次，为基层治理提供优质司法保障。固定列席会议与"乡镇呼叫，随时报到""发现问题，主动通报"相结合，主动与乡镇、村构建三方联防联控体系，合力化解各类矛盾纠纷。二是建立法官固定工作站与流动工作站相结合机制。固定工作站发挥联系乡镇优势，及时将收集到的民意民需反馈给乡镇党委，做到哪里有司法需求，流动工作站就延伸到哪里，扩大司法服务覆盖面，搭建基层解纷快车道。今年以来，通过工作站对接的案件化解率在90%以上，成功调解信访案件8起，其中涉二十人以上的群体访3起，乐寿镇东唐庄流动工作站成立一个月就成功调解拆迁纠纷6起。

**三、常规特色相结合，源头化解有实效**

各法庭秉承审判调解不松懈、源头治理更加强的原则，在综合各法庭案件特点、地域特色的基础上，形成法治诊所、代表委员联络站、家事联合工作站等各具特色的调解品牌。借助一站式多元解纷、政法委"一轴八员"等各类平台，邀请全国优秀调解员邵维重、全省优秀调解员李德华、人大代表、政协委员等走进法庭，对婚姻家庭、排除妨害、土地承包等人民法庭多发类型的民事纠纷"把脉问诊",一些遗留多年的"老大难"问题逐一化解。人民法庭案件调撤率达 80%以上,诉前化解率达 90%以上,一审服判息诉率达 96.5%,取得了良好的法律效果和社会效果。

## 辽宁省高级人民法院
## 系统推进人民法庭建设积极服务基层社会治理

**案例点评**:辽宁高院在省委领导下,积极争取省人大支持,系统谋划推进强基工程,夯实基层社会治理基础,立足人民法庭职能作用,全力提升基层治理效能,开创人民法庭高质量发展新格局。

近年来,辽宁高院认真贯彻落实最高人民法院关于人民法庭工作的各项部署要求,积极争取党委、人大支持,工程化推进人民法庭建设工作,不断拓展人民法庭参与基层社会治理的深度与广度,开创人民法庭高质量发展新格局。

**一、积极争取党委人大支持,形成基层社会治理合力**

一是省委高度重视强基工作,出台诉源治理文件。辽宁省委明确提出"凡是可能削弱基层基础的事,坚决不干、坚决反对"的工作要求,强调 2022 年基层基础建设的重点要向基层人民法院倾斜,并于 4 月 29 日印发《中共辽宁省委办公厅关于狠抓调解化访强化源头治理的通知》,坚持预防为主、前端化解,进一步从人员、经费、场所、机制等方面充分保障诉前调解有序有力推进,有力推动人民法庭多元解纷机制健全完善。二是全国首例,省人大出台强基工作《决议》。2022 年 7 月,辽宁省人大常委会在充分调研全省法院强基工作的基础上,听取审议辽宁高院《关于强化基层基础提升审判质效的报告》,全票通过《辽宁省人民代表大会常务委员会关于加强人民法院基层基础建设进一步提升审判质效的决议》(以下简称《决议》),在全国尚属首例。《决议》指出人民法庭是司法服务基层社会治理的重要平台和服务群众的重要窗口,强调人民法庭应当依法促进基层社会治理,要求各级人民政府及其部门、人民法院、人民检察院、人民团体和其他社会组织要形成强基工作合力,建立健全矛盾纠纷源头预防、排查预警、依法处理等机制,各级政府应当进一步加强对法院的经费保障。《决议》的出台标志着辽宁法院强基工程建设突破性的进入新阶段。

**二、系统谋划推进强基工程,夯实基层社会治理基础**

一是理清思路长谋划。系统制定《关于加强基层基础建设的意见》《关于开展新时代人民法庭"五化"建设活动的实施办法》《关于开展新时代全省示范人民法庭创建活动实施办法》三个文件,明确人民法庭围绕基础设施标准化、法庭管理规范化、诉讼服务便民化、司法办案智能化、文化建设特色化 5 个方面整体提升建设水平,从参与基层社会治理、服务乡村振兴等 7 个方面打造新时代示范法庭。二是创新实施短安排。统筹调整全省人民法庭布局,实施分类建设发展策略,合理设立中心法庭与巡回审判点,科学开展专业化、特色化法庭建设,便于人民法庭发挥司法触角作用,参与基层社会治理。持续推进院领导基层联系点工作制度,深入基层解决问题,明确参与基层治理工作方向。截至今年上半年,541 个清单问题已解决 391 个,强化人民法庭人、财、物基础建设。高度重视人民法庭队伍建设,现已选派 60 名干部任法庭庭长,充实基层法院、人民法庭办案力量 235 人。促进编制、人员、员额、职数向基层倾斜。2022 年争取政法转移支付资金 1.83 亿元,专门解决人民法庭建设问题,夯实基层社会治理基础。

**三、立足人民法庭职能作用,全力提升基层治理效能**

一是狠抓执法办案第一要务,提升基层初始案件质效。一体化、精细化、闭环式管理实现全省法院审判质效贯通式提升。完成人民法庭审判执行质效管理平台建设,实现人民法庭审判数据单独统计。2022 年上半年法定审限内结案率、一审服判息诉率、诉前调解成功率、生效案件发改率等反映审判质效的重要指标全面向好、审判质效全面提升态势初步形成。二是努力化解纠纷,诉源治理成效明显,有效促进社会和谐。充分发挥人民法庭最直接、最广泛联系群众的纽带作用,积极参与最高人民法院打造"枫桥式人民法庭"活动。广泛设立诉讼服务站,满足人民群众对"家门口法院"的期待,与 1065 个单位和组织建立诉调对接机制,诉前调解成功 36.3 万件。三是积极融入党委领导的基层治理体系,促进提高基层治理水平。稳妥处理家事、邻里纠纷案件 89259 件,促进乡村文明建设。开展巡回开庭 3238 次,组织以案说法、送法下乡活动 1471 次,增强群众法治观念。深入开展"我为群众办实事"等活动,聚焦"急难愁盼",出台便民利民措施 142 项,解决问题 539 个。向当地党委政府、有关部门发送司法建议、白皮书等 851 份,精准服务科学决策。

## 吉林省梨树县人民法院孤家子法庭
## 用好"法官说事点"做"人民满意"的新时代人民法庭

**案例点评**:孤家子法庭深入贯彻落实习近平总书记关于"要坚持把非诉纠纷解决机制挺在前面"重要指示精神,以建立"法官说事点"为依托,通过"请进来,走出去",让老百姓多一个倾诉渠道、评理渠道和释法渠道,切实打通为民司法服务"最后一公里"。

2022年，孤家子法庭被授予全国"人民满意的公务员集体"称号，作为全国唯一受表彰的人民法庭，代表受到习近平总书记的亲切会见。赢得"人民满意"，得益于孤家子法庭始终坚持以人民为中心，在辖区乡镇、村部所在地、农业合作社等百姓聚集场所创设"法官说事点"，法庭干警、村组干部、乡村贤达、人民调解员作为百姓的"贴心人"入驻，百姓说事、网格说理、法官说法等一系列创新举措组合发力，推动人民法庭参与基层社会治理走深走实。

**一、用好百姓说事，以真诚的态度赢得"人民满意"**

孤家子法庭充分认识基层矛盾纠纷的复杂性和多样性，让老百姓多个诉求表达渠道，才能把实事办到群众心坎上。"法官说事点"通过接待听群众"说"、登门入户让群众"说"、群众当面"说"、微信"说"与电话"说"相结合等方式，让群众多个将心里疙瘩说出来的地方，做到让老百姓有地方说，说了有人听。"唠家常"是"法官说事点"的主要形式，一是让老百姓诉求在"说事点"反映出来，给群众一个倾诉问题的出口；二是将社情民意在"说事点"收集上来，给基层干部一个了解群众的入口；三是把干群感情在"说事点"凝聚起来，给干部群众一个彼此交流、增强信任的窗口。"法官说事点"设立4年以来，累计开展进村法律服务208次，接待说事群众1852人次，协助处理各类矛盾纠纷889件。

**二、用好网格说理，以积极的行动赢得"人民满意"**

孤家子法庭积极将"法官说事点"融入网格化管理，同政法委员、驻村民警、治保主任、乡村贤达、人民调解员组成矛盾排查小分队，强化村民明理自治能力，推动健全辖区社会治理体系。一是排查说理。借助矛盾排查小分队在矛盾排查过程中，对于处于酝酿形成中的矛盾纠纷，进行排查说理，及时化解老百姓心理的疙瘩，止矛盾纠纷于未发。二是热心说理。对于网格中已发现苗头的矛盾纠纷，邀请治保主任、乡村贤达、人民调解员开展热心说理，让老百姓在热心暖心中化解纠纷，化矛盾纠纷于萌芽。三是分级说理。通过科学分类，着重预防和调处可能转化成治安乃至刑事犯罪的纠纷。按矛盾激烈程度实行"黄、橙、红"分级处理，"黄码纠纷"可远程指导说理，"橙码纠纷"要赶赴现场说理、"红码纠纷"须前往法庭说理。四是多维说理。针对矛盾原由，矛排说理团队梯次跟进，多维发力。根据群众说出来的问题，找对症结，优先协助解决问题；对于相邻不和、家庭不睦、情绪不稳等产生的问题，干部、贤达、调解员轮番劝说，民警、治保人员、法官调处跟进，多维度说理，共同化解矛盾。网格说理团队成立以来，已对11个行政村5055户17545人逐户逐人进行拉网式排查，通过说理化解纠纷177起，辖区纠纷成讼率大幅下降，诉讼案件明显减少。

**三、用好法官说法，以专业的形象赢得"人民满意"**

孤家子法庭大力传承和弘扬"马锡五审判方式"，通过法官说法、巡回审判，练好"铁脚板"、用好"电脑版"，扎实开展"法官说事点"释法明理活动。一是定期说法。每周固定一天为法官说法日，结合巡回审判，开展公开庭审、现场答疑、法治宣讲对群众关心关注的问题释法明理，让老百姓知法懂法用法。二是以案说法。通过典型案例、示范判决、公开宣判等形式，集中宣传民法典、弘扬社会主义核心价值观，让老百姓知晓社会主义法治的积极意义。三是回访说法。利用下乡巡回办案的机会，开展对案件当事人、说事老百姓的回访说法活动，帮助老百姓彻底解决困扰的法律难题。四是共享说法。借助共享法庭指挥中心，依托辖区内乡镇村社、行业组织现有硬件设施，在乡镇综治中心、村屯、社区、金融行业共设立12个"线上说法点"，通过"一根网线、一块屏"，让法治理念走进老百姓的心里。法官说法活动开展以来，累计开展共享说法15场次，以案说法50余次，回访说法100余次，定期说法200余次，参与群众2000余人次。

## 黑龙江省肇源县人民法院
## 聚焦"三个服务"打造"三型法庭"

**案例点评**：肇源法院不断创新工作理念，构建"人民法庭+联调"、"人民法庭+品牌"、"人民法庭+网格"工作模式，积极参与社会基层治理，提升审判效率。围绕人民群众新期盼新需求，不断深化"四项教育"，优化法庭布局，强化普法宣传，为农民创业增收、农村集体产业发展和农业现代化建设提供法治支撑。

近年来，肇源县人民法院立足新时代人民法庭"三个服务"工作原则，着力提升人民法庭建设水平，自觉将司法职能融入到乡村振兴与基层社会治理当中，以更高效的司法举措打通司法服务的"最后一公里"。

**一、聚焦基层社会治理，打造"创新型法庭"**

一是构建"人民法庭+联调"工作模式。积极打造"1+2联调联动"工作模式，即调解工作在人民法庭的指导下，联合行政力量、社会力量共同组建乡村调解组织，三种力量各自发挥优势，逐步形成了"法院主导、部门参与、全民共治、诉调衔接"的工作格局。2022年1-6月份，通过"1+2"联调联动模式，有效化解家事纠纷、邻里纠纷213件，收到良好的法律效果和社会效果。二是构建"人民法庭+品牌"工作模式。结合人民法庭辖区特点和地域文化，深入开展"一庭一特色"品牌建设,三站人民法庭围绕"勤耕不辍·和而同兴"理念,善用乡村治理体系、多元矛盾纠纷化解,创建"耕·和"涉农调解品牌,2022 年 1—6 月,调解涉农案件 88 件,打造农村社会治理新名片;茂兴人民法庭围绕"绿色生态·共享状态·发展常态"设计理念,创建"三态良乡"绿色发展品牌,助力水绿融合、生态惠民新局面;新站人民法庭围绕"联动助企·优化营商"理念,创建"一联三帮"保企稳业品牌,2022 年 1—6 月,共审结涉企案件 65 件,为优化营商环境提供重要支持和保障。三是构建"人民法庭+网格"工作模式。针对人民法庭送达工作当中的难点问题,肇源县法院充分发挥党政支持优势与群众力量,通过与肇源县委政法委对接,形成"人民法庭+网格"机制,充分发挥基层网格化治理体系覆盖广、信息全、网格员人熟地熟等优势,使肇源辖区内 700 余名网格员成为法院工作的"千里眼""顺风耳"。2022 年 1—6 月份,通过"人民法庭+网格"机制,成功送达 100 余位当事人,有效提升了人民法庭审判效率。

二、聚焦服务乡村振兴,打造"服务型法庭"

一是加强智慧法庭建设。立足信息化便民服务优势,全面加强"智慧法庭"建设,打造"三横四纵"信息网。通过"云间"审判系统,实现新站人民法庭、茂兴人民法庭、三站人民法庭之间,以及法庭与辖区司法所之间的互联互通,构建起"网络+调解"的人民法庭模式。2022 年 1—6 月份,三个人民法庭线上调解案件合计 256 件,深受辖区群众欢迎。二是加大巡回审判力度。肇源县人民法院三个人民法庭管辖 13 个乡镇 6 个农林牧渔场,共计 101 个行政村和 3 个社区,由于管辖面积大,矛盾纠纷数量大,各法庭大力开展巡回审判,主动走出法庭、走进乡村、走进社区,让群众近距离接近司法。2022 年 1—6 月份,三个人民法庭共开展巡回审判 198 次,把人民法庭开到人民群众"家门口",让群众切实体会到司法服务的便捷。三是加强涉农村"三资"案件审理。针对地处乡村,涉集体经济组织资金资产资源等涉"三资"案件多发的实际,三个人民法庭提供涉农案件"绿色通道",成立涉农案件专案团队,邀请村委会成员和有影响力的村民参与案件调处工作。2022 年 1—6 月份,依法妥善快速处理涉"三资"案件 266 件。

三、聚焦人民群众期盼,打造"为民型法庭"

一是深化"四项教育"。三个人民法庭坚持以思想教育为引领,切实把思想和行动统一到习近平总书记重要指示精神和党中央决策部署上来,将学习教育成果转化为审判执行工作高质量发展的强大动力。二是优化司法资源配置。在全县 5 个社区、16 个乡镇司法所建立法官服务站,并下派 21 名法官专门从事矛盾纠纷多元化解工作,进一步将司法服务的"毛细血管"向引导和疏导端发力。结合"四所一庭"建设,与地方党委形成了齐抓共管诉源治理的工作合力,架起与广大人民群众联系的桥梁。三是强化普法宣传。积极组织"公众开放日"活动 12 期,邀请乡镇人大代表、政府工作人员、企业代表以及村民代表 322 人次到人民法庭参观,旁听典型案件庭审,进一步深化审务公开。坚持送法下乡,做好农村法治宣传,主动深入案发地以案释法;积极创办"周五课堂",内容涵盖政治理论、工作流程、业务知识等内容,目前已开展 24 期,参加人数 488 次,解决人民法庭干警思想困惑、工作盲区等问题,进一步提升干警的业务水平和综合素质;积极举办"法治夜校",目前已开展 15 期,参加人数 315 人次,为农民创业增收、农村集体产业发展和农业现代化建设提供法律知识和智力支撑。

**江苏省宜兴市人民法院
创新"法官+工作站"赋能基层社会治理**

**案例点评**:宜兴法院抓住数字化、信息化发展机遇,依托 7 个人民法庭在全市推进"法官+工作站",自主研发相应综合平台及微信小程序,集成微解纷、微指导、微立案、微庭审、微直播、微课堂、微法规、微法官、微执行等 9 大板块,将融合式、智慧型、便捷化司法送到群众"家门口",能够有效破解"法官进网格"的一些现实困境,最大限度消除司法服务时空制约。

宜兴法院始终坚持新时代人民法庭"三个服务""三个便于""三个优化"原则,全域 7 个人民法庭在宜兴市辖区(18 个镇、街道)全面推进"法官+工作站"建设,以数字治理探索全域解纷、全程服务、全员赋能的基层治理新模式,走出一条新时代"枫桥式法庭"建设新路子。8 月 6 日,宜兴工作经验被《法治日报》头版头条刊载,宜兴市委专门召开法院工作会议暨"法官+工作站"平台建设推进会,部署推广相关做法。

一、以"智"为介,连通司法为民"终端站"

找准智慧司法与人民法庭服务基层相结合的切入点、落脚点,把"法官+工作站"作为矛盾纠纷调处向前端延伸的有效抓手。今年以来,通过工作站调解各类矛盾纠纷 300 余起,真正实现"小事不出村、大事不出镇、矛盾不上交"。一是自主研发"法官+"智慧系统。推出"法官+工作站"综合平台及微信小程序,打造微解纷、微指导、微立案、微庭审、微直播、微课堂、微法规、微法官、微执行等 9 大板块,集咨询、调解、立案、审理、执行等全过程司法服务于一体,将智慧型、便捷化司法送到群众"家门口"。二是有效破解"法官进网格"现实困境。"法官+"平台消除了司法服务时空制约,纠纷发生后,各类主体既可远程视频连线所在辖区法庭的法官获得调解指导,又可直接申请网上立案,还可利用微庭审组织线上开庭,当事人足不出社区(村)即可全程享受法院微服务。三是致力成为"基层组织"司法智囊。将"法官+"平台纳入四级代表调解工作室、矛调中心等基层社会组织,司法所、工会、妇联等部门可连线辖区法庭法官协助解决突发、重大、群体性矛盾纠纷,即时为基层解纷提供司法支持。

二、以"新"为谋,服务乡村振兴"主旋律"

将"法官+工作站"嵌入乡村振兴战略实施,与地方支柱产业、特色农业、乡村旅游发展深度融合,于今年9月挂牌成立"江苏高院服务乡村振兴实践基地",先行先试,致力推动高质量服务乡村振兴"宜兴实践"走深走实。一是优化法治营商环境,助力支柱产业发展。和桥法庭、官林法庭先后在华东第一石材市场、电线电缆企业联合会等设立"线缆企业信用修复指导工作站""破产调解联络站",一体化实现企业信用预警、教育督促、信用修复及涉诉案件多元调解,助企纾困,暖企发展,推动产业振兴。二是强化司法惠农助农,保障现代化农业发展。周铁法庭、徐舍法庭在金兰村、美栖村等设立工作站,畅通涉农纠纷绿色通道,瞄准农业升级、农村进步、农民发展等关键问题,主动为老百姓提供触手可及的司法服务。三是护航美丽乡村建设,支持旅游产业发展。张渚法庭在白塔村、龙山民宿村等设立工作站,定期开展法治宣传,为游客提供法律咨询,以"身边的司法服务"提升游客安全感和满意度。

三、以"人"为本,打造法治传播"主阵地"

充分发挥"法官+工作站"司法宣传、教育、指引功能,构建横向到底、纵向到边、上下联动、覆盖宜兴城乡的法治文化传播站点,形成法治文化建设功能有机融入社会治理新格局。"科技赋能文化传播矩阵"入选"全国法院文化建设特色项目"。一是讲好法治故事。工作站发布典型案例、巡回展播打击养老诈骗等短视频、微电影50部,周铁法庭与龙亭村共建村级法治文化长廊,让群众在潜移默化中接受法律熏陶。丁蜀法庭进村审理的一起赡养案例被《人民法院报》"弘扬社会主义核心价值观"栏目开篇录用,社会主义核心价值观在基层更加深入人心。二是用好法治讲堂。与市妇联联合设立"阳羡爱心港",开设未成年人暑期法治课堂,预防未成年人犯罪。官林法庭为分散在全国20个省市的500多名宜兴电缆企业供销经理开设"微课堂",以真实案例防范提示经营风险。三是搭建培训平台。上线25个云课堂视频,基层调解员、网格员、执法人员在线观摩庭审直播、参加线上培训2000余人次,有效提高基层调解人员、调解组织纠纷调处能力。

"法官+工作站"运行以来,人民法庭纠纷源头治理、化解人案矛盾、释放司法资源效果显著,有力促进审判质效提升。今年以来7个法庭主要质效指标均位于无锡31个人民法庭前列,宜兴法院整体审执质效综合得分位列无锡基层法院第一,蝉联"无锡审判质效优胜法院"。

## 浙江省高级人民法院
## 加强"共享法庭"建设健全基层治理体系

**案例点评**:浙江高院利用现代科技手段,将"共享法庭"架构在人民群众身边,打破传统人民法庭在工作时间和空间上的制约,将司法服务的载体和触角向镇街、村社最基层延伸,送法下乡,种法进乡,开辟了新时代人民法庭建设的新路径,是推动健全"四治融合"基层社会治理体系的重要创新和生动实践。

"共享法庭"是架构在数字空间、呈现在群众身边的人民法庭。2021年,浙江高院总结推广杭州、丽水等地做法,争取省委省政府出台《关于全面加强"共享法庭"建设健全"四治融合"城乡基层治理体系的指导意见》,把"共享法庭"打造成学习宣传习近平法治思想的基层阵地,打造成一站式诉讼服务、多元解纷、基层治理的最小支点,它以数字化平台为依托,以实体化场所为支点,"不增编、不建房""一根网线一块屏",送法下乡,种法进乡,将司法服务的载体和触角向镇街、村社最基层延伸,让司法服务更加普惠均等精准可及。截至目前,全省共建成"共享法庭"26699个,指导调解145171件次,化解矛盾纠纷113008件,组织普法宣传3.79万场。人民日报、法治日报、人民法院报等媒体多次关注报道,经验做法得到最高人民法院周强院长等领导批示肯定。

**一、促进自治,激发基层社会治理活力**

一是保障基层群众依法自治。依托村(居)民委员会等基层自治组织,设立村社"共享法庭"23200个,并在乡镇(街道)设立镇街"共享法庭"1403个,覆盖全省90%以上农村和社区、100%的镇街,通过依法指导制定村规民约、居民公约,积极参与基层议事协商,为集体事务决策提供法律意见,有效提升基层群众自我管理能力和法治化水平。二是激活发挥行业自治功能。依托金融、保险、邮政等营业服务网点,或工会、妇联、共青团、残联、调解委员会、调解组织、行业协会、仲裁协会、律所等机构、组织,设立特色"共享法庭"2096个,高效化解类型化纠纷,促进行业管理规范化,累计指导调解45496件,化解纠纷39106件。三是推动构建自治协同体系。通过实施"共享法庭"

系统工程,形成了政法委牵头、法院主推、司法行政等多部门支持配合、社会组织广泛参与的基层治理大格局。

二、提升德治,浓厚崇法尚德社会氛围

一是发挥以法隆德重要功能。利用"共享法庭"面向农村、面向基层、面向群众的优势,通过开展巡回审判、以案说法、失信曝光等,讲法理、明事理、融情理,弘扬美德善行。如丽水法院组织被执行人在居住地"共享法庭",集中观看当地"诚信奶奶"陈金英践诺守信的感人故事,促使935个执行案件3957.4万元债务主动履行。二是激发以德辅治强大动能。"共享法庭"扎根乡土,在建设和运用中充分挖掘当地传统德治文化,弘扬先进人物事迹,提升德治教化能力。如衢州市柯城区法院白云未来社区"共享法庭",依托"南孔有礼"文化,打造家事"和姐"平台,由当地妇女组织每周选派1名有威望的"和姐"进驻"共享法庭",参与家事纠纷调解,建设和睦社区,当地反响良好。

三、强化法治,夯实基层社会法治底座

一是打造基层法治阵地。"共享法庭"是学习宣传习近平法治思想的重要基层阵地,群众在家门口就能享受优质的法律服务,推动基层形成办事依法、遇事找法、解决问题用法、化解矛盾靠法的法治生态。全省"共享法庭"已组织普法宣传3.79万场225.21万余人次、调解培训3.13万场83.76万余人次,接受法律咨询12.09万人次。二是培养法治带头人。每个"共享法庭"都配备一名庭务主任,以此着力培养一批乡村法治带头人、法律明白人,增强基层干部群众法治观念和依法办事能力,实现从"送法治下乡"到"种法治进乡"转变。三是有效整合法治资源。"共享法庭"作为建设法治社会、法治乡村的最小单元,精准对接基层法治需求,汇集各种解纷资源,打通信访、调解、诉讼"三支队伍、三个环节",推进矛调中心解纷网络和机制在最基层发挥诉源治理实效。

四、落实智治,提升基层治理整体效能

"共享法庭"利用现代科技手段,打破传统人民法庭在工作时间和空间上的制约,将司法服务送到群众家门口,构建起覆盖城乡全域的法律服务网络,开辟了新时代人民法庭建设的新路径。全省"共享法庭"已开展网上立案77036件、在线诉讼42296件次、协助执行23115件次。依托浙江"全域数字法院"改革开发的"共享法庭"应用平台,集成人民法院在线服务、庭审公开网、裁判文书网等系统,与人民调解大数据平台、浙江解纷码等实现业务协同,打破数字壁垒,汇聚各类治理数据资源,实现社会治理体系省、市、县、乡、村、网格六级贯通,成为浙江基层治理"一中心四平台一网格"建设体系的有机组成部分,为基层治理法治化提供强有力智能支撑。

**安徽省高级人民法院**
**聚焦文化引领"一盘棋"赋能基层善治"新境界"**

**案例点评**:安徽高院积极探索以安徽法院特色先进文化——红色文化、法治文化、传统文化、创新文化,引领法庭工作高质量发展,助力基层社会治理善治善为新路径,有效将文化软实力转化为法庭发展、基层治理的"硬支撑"。

近年来,安徽高院高度重视"以文化人、以文兴庭、以文促治",高站位、"一体化"推动法院文化与法庭工作深度融合,不断探索以安徽法院特色先进文化引领人民法庭工作高质量发展,助力基层社会治理善治善为新路径,让文化软实力成为全省法院推动"枫桥式"人民法庭创建和服务基层社会治理现代化建设的重要"引擎"。

一、以红色文化固本,强化"政治建庭"

聚焦金寨革命博物馆、泾县新四军军部旧址、淮北濉溪县淮海战役总前委旧址等红色文化资源,坚持从人民司法红色传统中汲取智慧和力量,为法庭发展注入"红色动力"。打造"红色文化+党建""红色文化+审判""红色文化+队建"等工作机制,明确"抓党建、带队建、促审判、助发展"工作思路;紧紧牵住政治引领这个"牛鼻子",擦亮政治本色,永葆为民底色,立起人民法庭服务基层社会治理大局的"先锋旗";充分发挥红色文化的熏陶作用,组织干警实地接受革命传统教育,铸牢信仰之魂,淬炼忠诚之心,夯实守正之基。在红色文化的浸润领航中,安徽法院涌现出了许多"红色法庭",如位于有"一镇十六将,独秀大别山"美誉的皖西重镇——独山镇的独山苏维埃革命法庭,历史上诞生了中共"环境保护第一法",2017年法庭旧址被确定为安徽法院首个红色教育基地,至今已接待前来接受红色教育干警5000余人次。

二、以法治文化铸魂,抓牢"主责主业"

聚焦六安皋陶文化、合肥包公文化、阜阳管仲文化等法治文化,坚持将其植根人民法庭审判沃土,凝聚公正司法为民的强大动力。牢固树立人民法庭"以办案论英雄"的鲜明导向。2018年至今年8月份,全省364个人民法庭共审结案件882972件,占同期全省基层法院结案数的18.02%。坚持把社会主义核心价值观融入执法办案,充分发挥司法的教育、评价、指引、规范功能。望江县人民法院长岭法庭审理的"私自捕虾溺亡案",依法驳回原告无理诉求,拒绝"和稀泥"判决,厘清是非、立场鲜明,产生良好社会反响。大力弘扬"法庭英模"精神,充分发挥榜样的示范引领作用。近年来,安徽高院不断挖掘、培树、弘扬人民法庭先进人物和先进事迹,涌现出了"百姓心中的好法官"

"全国模范法官"明光市潘集村法庭原庭长刘学讲等一大批有影响力的先进典型。

三、以传统文化聚力，推进"多元解纷"

聚焦"六尺巷""孝""乡贤"等具有浓郁地方特色的传统优秀文化，推动各地法院深挖"徽风皖韵"文化内涵，厚植"无讼"理念，打造出一系列特色调解品牌，构成"枫桥经验"安徽版。"一纸书来只为墙，让他三尺又何妨……"，桐城法院从六尺巷文化汲取智慧，创新推出"六尺巷调解工作法"，成为典型的可复制可推广经验。桐城法院孔城法庭作为"六尺巷调解工作法"的发源地和重要实践基地，推进"六尺巷调解工作室"进入辖区39个村(社区)，并逐步实现了桐城市226个村(社区)全覆盖，80%以上的矛盾化解于诉前。濉溪县人民法院百善法庭依托传统习俗，在当地茶馆创设"和谐茶室"调解室这一社会矛盾纠纷调解品牌，自2015年成立以来，已成功调解2000余起纠纷，赢得"南有六尺巷，北有一碗茶"的美誉。

四、以创新文化赋能，提升"三治"水平

聚焦"中国农村改革第一村"——凤阳县小岗村敢闯敢试、敢为人先的"小岗精神"，激活创新"活水源头"，指导人民法庭大力推进基层自治、法治、德治"三治"融合，画好共治"同心圆"。夯实"自治强基"。天长市人民法院秦栏法庭构建"四长"联调机制，聘请商会会长、河(湖)长、农业合作社社长、林长对口参与调解，将矛盾吸附、化解在当地。强化"法治保障"。为打通司法服务"最后一公里"，六安法院在山区、库区法庭全覆盖配备了22台移动背包法庭，通过一个直立不足半米的拉杆箱，实现巡回审判"数字化"，在全国属于首创，受到最高人民法院周强院长批示肯定，要求全国推广。推动"德治教化"。黟县人民法院古民居法庭打造"作退一步想"徽文化司法辐射工程，促进徽文化精髓融入家规家训、村规民约、行业规约，让谦和礼让文化蔚然成风，不断推动社会风气向善向上向好。

## 江西省安义县人民法院石鼻法庭传承"古村治理法"助力基层社会治理

**案例点评**：石鼻法庭以传承"古村治理法"为抓手，深挖古村治理经验、密织多元解纷网络、紧扣需求宣传普法，充分展现了新时代人民法庭的担当作为。

石鼻法庭坚持和发展新时代"枫桥经验"，深入挖掘古村叙彝堂"叙理明是非，解纷促家兴"文化底蕴，总结提炼古村"里甲长夜间巡查、集中堂内授业解惑、大事共议通报、名望人士调解矛盾"等治理经验，结合法庭工作实践，提炼出"文化带动、多元解纷、普法宣传"为主要内容的"古村治理法"，积极助力基层社会治理。今年7月，"传承古村治理法"入选"全省法院文化建设特色项目"，今年上半年该院群众满意度在全省基层法院中位居全省第5名、全市第1名。

**一、活用优秀传统文化，激发司法特色品牌效应**

深挖古村治理经验，融合现代法治理念，传承发展优秀传统文化。一是合力擦亮地方名片。主动融入党委中心大局，与党委达成共识，将擦亮"安义古村"地方名片与司法品牌打造充分融合、相互促进。联合当地党委、古村管委会深入少诉甚至无讼的千年古村调研，深挖古村治理文化底蕴，寻找传统文化与现代司法理念结合点。二是充分发挥品牌牵引作用。今年3月，出台专门的品牌打造实施方案，以"四个一"即提炼一套解纷方法、选树一至两名先进典型、精选一批典型案例、拍摄一部专题宣传片为思路，打造传承"古村治理法"品牌，增强群众内心认同感，拉近群众距离，为助力基层社会治理奠定良好基础。三是做好文化建设结合文章。将"古村治理法"融入法院文化建设，着力将石鼻法庭打造成现代"叙彝堂"，在石鼻法庭、安义古村建成了一批文化场所，实现法院辖区4个社区30个行政村"古村叙彝堂"矛盾纠纷化解点和巡回审判点全覆盖。

**二、织密多元解纷网络，推动矛盾纠纷实质化解**

改变"低头办案"的习惯做法，凝聚多方合力，构建多元解纷大格局，推进诉源治理。一是争取党委支持，凝聚解纷合力。院长亲自带队走访辖区所有乡镇，赠送法庭工作白皮书，收集乡镇法治需求，提出针对性司法建议。在党委领导下，与乡镇综治中心、派出所、基层调解委员会、村委会等建立对接机制，实现矛盾纠纷三级筛查。同时，将传承古村治理法与全县基层治理"有事来说"品牌深度融合，共同将矛盾纠纷化解在诉前。二是广纳乡贤能人，壮大调解队伍。统筹返聘退休老法官及邀请当地乡贤能人成立特约调解员队伍，建立运行、奖惩机制，通过"返聘退休老法官固定值班+特约调解员视情况参与调解"模式，就地化解矛盾纠纷。三是注重以老带新，总结提炼解纷秘笈。专门组织一批法庭工作经验丰富的老庭长总结提炼古村治理精髓，并就多发的婚姻家庭、民间借贷等纠纷整理出专门的解纷"秘笈"，发挥好传帮带作用，结合乡土民情推动少讼、无讼村建设。四是践行司法为民，做实判后答疑及跟踪回访。安排专人开展判后答疑，特别是针对矛盾较大的离婚、赡养、相邻权等纠纷，判决后第一时间与乡镇、村委会对接，并适时开展跟踪回访，有效提升服判息诉率，确保"民转刑"案件零发生。

**三、紧扣需求宣传普法，营造浓厚知法守法氛围**

聚焦乡镇特点，形式多样地开展普法宣传，提高群众法治意识。一是形式多样开展重点人员教育培训。对法律明白人、网格员、村干部等重点人员集中或点对点开展普法教育培训，全天候提供法律咨询，提升重点人员法治实践能力。去年12月，石鼻法庭副庭长李赟恺进村宣讲宪法被央视一套《新闻联播》报道。二是常态化进村入户送法上门。结合"1号大调研"、法律服务者下乡等方式进村入户开展普法宣传，常态化开展巡回审判、巡回宣传，法庭干警足迹遍布辖区村（社区），有效提升群众法治素养。三是创新探索线上普法新模式。开设"一分钟"普法专栏，由法官通过视频方式讲解生活中常见的法律问题，引导群众知法、守法、懂法、用法。开设"古村治理法"叙理解纷专栏，采用"鲜活案例+法官说法+法条链接"做法，强化以案说法实效。

## 山东省临沂市河东区人民法院汤头法庭
## 以创建"枫桥式人民法庭"为牵引探索诉源治理新路径

**案例点评**：汤头法庭积极打造"人民法庭、法官驿站、法官联系点"三位一体的诉源治理模式，汇聚基层综治力量，建立人民调解、行政调解、治安调解、司法调解"四调联动"机制，大力开展基层普法活动，延伸参与基层社会治理服务触角，切实回应群众诉求。

今年以来，汤头法庭积极开展"枫桥式人民法庭"创建活动，探索打造"人民法庭、法官驿站、法官联系点"三位一体的诉源治理新路径，新收案件数量同比下降23.2%。《人民法院报》以《延伸服务触角回应群众诉求》为题进行了专题报道。

### 一、分层布局，司法服务全覆盖

一是提升人民法庭综合效能。在汤头法庭建立一站式诉讼服务站，规范设置导诉服务区、信访服务区、电子信息服务区、立案服务区、调解服务区六大功能区，为群众提供一站式服务，同时法庭配备一台"诉源治理直通车"，开展服务乡村振兴和基层社会治理工作。二是合理设置法官驿站。在人民法庭驻地外的乡镇（街道）设立法官驿站，明确法官定期值班、专职调解员驻站值守制度，法官驿站与辖区内综合治理工作形成了融合互补、共建调解的大格局。三是科学布局法官联系点。在人口密集的社区、村居综治中心建立法官联系点，制定法官包点、特邀调解员驻点值守制度。同时，联系点积极参与基层社会治理，广泛开展化解社区、村居内矛盾，普法送法，收集诉求建议等工作，得到群众的好评。

### 二、创新机制，多元解纷提效能

一是建立"四长"联动解纷新机制。着眼于涉及社会公共利益、人数众多、具有示范效应、影响较大、可能引发群体性事件等五类案件，建立人民法庭庭长、派出所所长、司法所所长、乡镇（街道）副镇长（副主任）"四长"联动调解制度，合力化解区域内"大事"，推动实现"大事不出镇"。二是构建"网格员+调解""乡贤+调解"特邀调解新模式。充分发挥网格员、乡贤人熟、地熟、情况熟的优势，结合村情民情，在社区村居实行特邀调解新模式。由法官担任"法官联系点"所在社区村居"法治主任"，指导、帮助网格员和乡贤开展调解工作，化解社区、村居内婚姻、继承、赡养、土地等家庭邻里"小事"。今年以来，通过法官联系点化解矛盾纠纷近60件，一定程度上实现了"小事不出村"。三是构建"庭点"衔接新机制。对于"法官联系点"在社区、村居内排查出的矛盾纠纷，通过"法官驿站"移交带班法官，由法官就地开展化解工作，将大量矛盾纠纷消化、解决在诉前。对进入法院的案件也可以通过"法官驿站"导回基层，由人民法庭争取地方党委政府的支持，就地化解。今年以来，汤头法庭辖区太平法官驿站诉前化解区域内"大事"21件，导回案件46件、化解37件。

### 三、基层普法，源头治理见实效

一是开设普法"每日课堂"。人民法庭开放活动由原来的"开放日"变为"日开放"，附近群众可持身份证旁听庭审，庭审结束后，法官结合案件情况进行"课堂总结"，即时普及法律知识。今年以来，汤头法庭"每日课堂"共接待听课群众300余人次。二是实施"法律明白人"培育工程。以社区、村居"两委"干部、网格员、村民小组长、退休干部、致富带头人等为重点培养对象，法官联系点包点法官定期开展法治讲堂、专题讲座，通过提高"法律明白人"法律素养带动影响身边群众不断提高法治意识和依法办事能力。今年以来，共开展各类讲座12场次。三是建立"法治服务日"制度。在距离汤头法庭相对较远的辖区葛沟设立审判法庭，将葛沟逢集日定为"法治服务日"，人民法庭在"法治服务日"组织案件开庭审理、开门为群众提供司法服务等。今年以来，葛沟审判法庭共开庭审理案件59件，进一步为辖区群众提供了便捷、有效的"家门口"司法服务。

## 山东省淄博市中级人民法院
## 创新"E+智慧法庭"打造基层社会治理新平台

**案例点评**：淄博中院扎根基层、主动作为，依托信息技术拓展"枫桥经验"实践路径，深入基层村居和社会治理一线，设立388个"E+智慧法庭"平台，积极承担基层司法在社会治理中的政治功能和社会角色，有效助力基层治理体系和治理能力现代化。

近年来,淄博法院坚持以习近平法治思想为指导,依托信息技术拓展"枫桥经验"实践路径,深入基层村居和社会治理一线设立"E+智慧法庭"平台,诉前化解纠纷7265起。相关经验受到《人民日报》《半月谈》等媒体广泛报道。

## 一、用活三种载体彰显法庭前沿优势,低成本实现治理资源全覆盖

"E+智慧法庭"依托信息技术载体,"不增编、不盖房",将人民法庭治理触角延伸至每一个村居、企业。一是畅通三条直联群众渠道。即联通法庭和村居企业的视频连线系统,聚合责任法官、人民调解员、平台联络员的"法庭E+"微信群,再加上巡回审判设备,有效覆盖乡镇综治中心、重点村居园区、企业行业协会,畅通与村居、企业24小时沟通渠道,开展每周一天常态化走访,实现联村入户制度化。二是用实平台联络员机制。在村居、企业端设置平台联络员,实行法庭法官与平台联络员联动,履行定期走访入户、纠纷预警研判、诉讼业务代办、矛盾联调联解、协助送达调查、开展村居普法六项职能,有效化解法庭查人找物难、调查难和调解难等问题。三是并联调解平台"三进"工作。坚持"E+智慧法庭"平台建设和人民法院调解平台"三进"工作一体推进,在人民法庭、村居和企业站点端口统一安装人民调解平台系统,同步完善矛盾纠纷分级分类委派、诉非对接、司法确认在线办理流程,强化司法联络员联用、联训。目前,388个"E+智慧法庭"覆盖全市32个综治中心、331个重点村居、25个园区企业,成为人民法院调解平台"三进"的主要支撑机制。

## 二、贯通三个环节优化解纷效果,高效率助力诉非联动全时空

一是强化纠纷苗头化解。以"E+智慧法庭"为中心站点,主动对接融入基层综治中心。对发现的苗头性纠纷,与辖区派出所、司法所、村居委员会以及调解组织强化协同联动,确保把纠纷化解在萌芽状态。2021年,湖田法庭依托"E+智慧法庭"提前发现一起可能引发800余户村民集体诉讼的涉房产证办证费用纠纷,及时指导协同街道办、居委会形成一揽子处置协议,将纠纷化解在诉前。二是强化纠纷跨时空化解。创新"一案一群聊"异步调解模式,组织纠纷当事人、村居负责人、特邀调解员、代表委员开展线上调解。一方面打破固定时间限制,"隔空+错时"完成在线调解、司法确认等工作;另一方面,对群聊固定的无争议事实在立案开庭时直接确认。今年以来,592起案件"聊着聊着就撤了,拉着拉着就结了",全市人民法庭案件调撤率达74.05%。三是强化纠纷巡回式化解。针对线上调解不成、群众诉讼不便、对社会治理具有示范意义的案件,人民法庭及时依托移动巡回审判设备到村入户,在田间地头开展巡回审判、以案说法。

## 三、聚焦三个层面发挥法治引领作用,实效激活村居自治要素

一是引导建立基层自治规则。将扶助基层自治规则制定作为"E+智慧法庭"基本职能,通过结对联络、定期走访、专题培训等方式帮助完善乡规民约、社区公约619个。东里法庭依托"E+智慧法庭"指导辖区果品、仓储行业调解委员会制定果品买卖合同、物流合同以及欠条、仓单等规范文本,该类案件从之前的年均300余件减少到不到10件。二是加强基层法治带头人培养。推动77名调解员常驻"E+智慧法庭"平台,引入两代表一委员、村居乡贤借助平台庭审观摩、"法官说法"等功能,培养基层自治中坚力量,先后涌现出全国模范人民调解员"热心大妈"刘伟等一批"金牌调解员"。三是深化无讼村居建设。发挥"E+智慧法庭"平台数据集成和成讼态势研判功能,定期分析基层村居的纠纷治理实际成效,为市委市政府"全市基层社会治理样板村镇"选树提供参考,助力"有专人负责、3名以上调解员、常态化纠纷调处机制"的"三有"标准成为淄博地区无讼村居标配,有效推动自治、德治与法治的结合。

## 河南省清丰县人民法院
## 研发诉源治理信息化平台深融基层社会治理新格局

**案例点评:** 清丰法院按照新时代人民法庭发展职能定位和"枫桥式人民法庭"标准要求,借助清丰县社会治理大平台,研发诉源治理信息化平台,强化联动机制、多元解纷、考核体系等智能化支撑,融入基层社会治理、提升诉源治理信息化建设水平。

2020年以来,河南省濮阳市清丰县人民法院借助全县网格治理优势,主动把人民法庭融入基层社会治理网格,首创研发诉源治理信息化平台,推动多元解纷智慧化、诉源治理实质化,逐步走实人民法庭融入基层社会治理新轨道。两年来,共诉前化解纠纷9360起,诉前化解成功率稳定保持在45%以上,一审案件收案数逐年下降,万人成讼率持续走低,激活"把非诉纠纷挺在前面"的智慧动能。

## 一、搭平台,联动基层网格

清丰法院启动人民法庭进网格以来,注重联动机制和信息化科技建设,在县委政法委的领导下,联合研发诉源治理信息化平台,与最高人民法院人民调解平台和清丰县综合治理平台互联互通,具备矛盾排查、纠纷委派、远程调解、数据分析、视频培训等11项功能,同步将全县6大专业调解组织及503名财政全额全供的农村网格员均纳入

平台,在每个法庭设立"网格之家",配置网格员驻点使用的电脑平面端,每个调解员和网格员都在手机端安装移动APP,实现信息共享、及时指导、现场解纷,构建了各人民法庭、综治中心调解组织、乡镇社区专职调解员、网格员紧密配合的社会治理网络大框架,为人民法庭参与基层治理、化解基层矛盾提供坚强的组织保障和技术保障。

二、推应用,赋能多元解纷

清丰法院推动县委政法委把平台应用作为网格员、调解员培训的重要内容,按乡镇先后组织近 50 场专题培训,提升平台应用技能。网格员、调解员依托平台对所属行业及驻点村进行矛盾日排查,发现矛盾纠纷,及时通过平台上报,简单纠纷现场化解,两年共有 600 起简单纠纷没有进入人民调解平台,更没有形成诉讼,便得到妥善解决;相对复杂的纠纷及可能引发诉讼的矛盾,调解员、网格员通过平台推送到人民法庭,由人民法庭提前介入,联合网格员、调解员进行调解,调解不成的通过网上立案转入诉讼程序,两年诉源治理信息化平台导入人民调解平台成功调解案件达 8760 件;人民法庭对审理中发现的宅基地、婚姻家庭、邻里纠纷等传统类型的案件适宜进行调解的,通过平台指导网格员、调解员进行委托调解,还可借助平台委派网格员承担送达、联络等辅助性工作,最大限度汇聚司法资源和调解资源合力,实现诉前、诉中联动,法官、网格联调的效果,诉源治理信息化平台既助推发挥了网格员在基层矛盾化解中的作用,又建立了基层矛盾前端预警、多元解纷的良好机制,把矛盾尽可能化解在基层,打造诉源治理的前沿阵地。

三、重考核,建立激励机制

以人民法庭为主导,对辖区调解员、网格员排查化解矛盾情况进行量化考核,县委政法委对辖区调解员、网格员设定工作任务指标,排查矛盾日报告不少于 5 条,诉前化解成功率不低于 30%,乡镇无讼乡村占比不低于 10%,坚持每季度对辖区调解员、网格员绩效量化考核,由人民法庭出具考评结果,报送县委政法委,与其基础工资、办案补助挂钩,人民法院把法庭诉源治理指标纳入法官绩效考核,以"双向考核"推动基层治理走深走实。同时,依托平台系统每半年形成全县矛盾态势分析报告,把基层矛盾态势、多发类型、易发领域全面数据分析,连同无讼村庄创建情况一并向县委政法委进行专题报告,及时、全面提供社会治理决策建议,作为乡镇平安建设考核的重要内容,截止目前,已成功创建无讼村庄 118 个,占比 23.45%,融入基层治理的成效持续显现,助推了更高水平的县域治理。

## 广东省阳江市中级人民法院
## 抓实"三进三访"常态化提升融入综治主动性

**案例点评**:阳江中院创新人民法庭践行群众路线方法,部署开展常态化进镇街、进村居、进生产一线,访基层治理单位、访辖区调解组织、访园区负责同志的"三进三访"工作,强化一线研判施策能力,形成大走访、熟乡情、拓资源、优供给的司法服务基层治理路径。

阳江中院坚持和发展新时代"枫桥经验",聚焦做好职能发挥"切入点、发力点"文章,创新人民法庭践行群众路线方法,部署开展以改进方式为重点、提高适需为关键、制度管理为根本的常态化"三进三访"工作,形成大走访、熟乡情、拓资源、优供给司法服务基层治理路径。工作开展以来,全市人民法庭实现村居走访全覆盖、综治走访全覆盖、镇街联络全覆盖,广大干警与群众联系更加紧密,融入综治更加主动,服务实效更加凸显。

一、以改进方式为重点,落实走访任务

阳江中院召开全市人民法庭工作会议,部署常态化进镇街、进村居、进生产一线,访基层治理单位、访辖区调解组织、访园区负责同志的"三进三访"工作。两级法院班子每年开展调研,同步深入镇村园区,走访"三农"管理部门。近一年,全市人民法庭全员轮动,每周用一到半天专程走访,完成镇街单位、村居委会、产业园区走访 973 次,产业强村、偏远乡村、案多乡村走访 457 次,通过大走访发掘民间志愿特色调解组织 37 个,产业商会行会调解组织 21 个,乡村调解能手 45 人,与辖区各镇街联系全面加强,各类解纷资源大幅充实。阳西法院人民法庭与当地"老玛调解室""老曾调解室"特色品牌对接工作;阳东法院人民法庭听取渔业委员会建议,在休渔期开展涉渔案例宣讲;阳春法院人民法庭利用乡镇圩日等特色节日加强偏远乡村、苏区乡村走访。干警通过走访熟悉乡情民意、产业特点、农村工作,夯实因地制宜"一镇一策"服务基层治理工作基础。

二、以精准适需为关键,提升走访实效

阳江中院部署建立"强化一线指挥、优化案事匹配和大走访、全覆盖、高精准、强示范一体衔接"的"1+1+4"工作体系,加强对人民法庭走访、研判、施策的全过程支持。全市 11 个人民法庭庭长全部调整配强,提升庭长一线研判施策、快速回应能力。基层法院发挥人民法庭管辖案件裁判规律对主动参与源头解纷、乡村治理的长效助推作用,坚持"办辖区案、管辖区事",审判主责主业和参与基层治理融合互促。落实市委政法委与阳江中院加强基层治理文件要求,全市人民法庭在各镇街综治中心、产业强村、偏远乡村、案多乡村设立走访联系点352个，完成全市48个镇街综治中心联系点全设立和"一中心一制度"对接工作，实现诉前联调制度化。江城法院人民法庭与综治中心探索婚姻家庭、土地承包等类型案件全部先行联调。全市人民法庭依托"三进三访"做好"桥梁""纽带"，向综治单位反映情况、提供建议278件次，参与事前研判、支持解纷265件次，融入党委领导的基层治理体系更加丰富充实，回应群众司法需求更加及时精准。

三、以制度管理为根本，强化走访保障

阳江中院针对当前人民法庭审判任务重和工作实际，把握战略主动，加强统筹引领，坚持"用制度促管理、向管理要效率"，把强化管理作为开展"三进三访"、转变工作方式、破解工作难题关键招。各基层法院结合新时期工作任务，制定人民法庭庭长管理职责清单，压实庭长统筹审判、走访、调研各项职责，强化"一线指挥官"作用。人民法庭从有利于完成审判任务、服务辖区工作、从严精细管理出发，"一庭一规"制定管理制度。中级法院、基层法院到人民法庭调研，把听取"一镇一策"工作思路和检查管理职责落实作为"规定动作"。充分发挥考核指挥棒作用，重点考核职责清单"建没建"、管理制度"有没有"、镇村走访"去没去"、对接机制"用没用"等工作情况。

## 广西壮族自治区灵川县人民法院
## 创新"3+3+3"工作机制构建社会治理"强动能"

**案例点评：** 灵川法院立足当地基层治理重点，创新"3+3+3"工作机制，探索建立"恢复性司法实践+社会化综合治理"，护航漓江生态安全；坚持诉源治理挺前，构建无讼乡村；打造特色司法服务站，探索立审执全流程司法服务，就地化解矛盾，为坚持和发展新时代枫桥经验提供有益样本。

广西壮族自治区灵川县坐落于桂林市北部，漓江流域上游，系漓江生态保护重点区域。近年来，灵川县人民法院坚持发展新时代"枫桥经验"，创新"3+3+3"工作机制，下辖的大圩、甘棠、潭下三个法庭为服务漓江生态保护、基层社会治理、诉讼源头治理提供强了有力司法保障。

一、建强三个"阵地"，司法护航耀漓江

为深入贯彻习近平总书记视察广西时关于保护好漓江、保护好桂林山水的重要指示精神，灵川县人民法院在位于漓江核心流域的大圩法庭挂牌成立"漓江流域生态环境保护巡回法庭"，源头守护漓江生态安全，不断擦亮"桂林山水甲天下"金字招牌。一是前移司法服务阵地。出台《漓江流域生态环境保护巡回法庭工作机制》，探索建立"恢复性司法实践+社会化综合治理"制度。针对漓江流域保护区内违章搭建、高污染养殖等破坏漓江生态行为，向行政主管部门发出司法建议，促进基层治理精细化精准化水平，源头预防漓江生态安全。二是延伸司法宣传阵地。巡回法庭干警不定期前往漓江黄金游览流域——大圩段，向渔民、游客进行普法宣传、说案释理，阐明违法成本后果，督促漓江流域段人民群众自觉保护漓江生态；在漓江上游水域－青狮潭水库开展水库巡查等保护生态工作，出台《关于建立环境执法与司法联动机制的框架意见》，首个"漓江保护日"相关工作事迹被《人民法院报》头版刊登。三是筑牢司法业务阵地。主动探索刑事、民事赔偿与生态补偿有机衔接的环境治理与修复责任体系，将非法捕捞水产品案件庭审现场搬到漓江江畔，开展巡回审判和庭审直播，达到"审理一案，教育一片"良好效果，最大程度实现法律效果与社会效果的相统一。

二、着手三个"构建"，诉源治理"挺"在前

一是构建矛盾化解第一道防线。指导村两委干部将社会主义核心价值观融入村规民约，定期宣传讲解乡村振兴惠民政策，以"谋致富促和谐"为抓手，倡导村民理性选择生活方式。逐步构建起"群众争吵声小了，百姓打牌赌博的少了，大家共同致富的多了"的无讼乡村景象。6个"无讼示范村"均保持零诉讼，甘棠法庭辖区内民治村荣获第四批"全国民主法治示范村"荣誉称号。二是构建联动矛盾调解中心。主动融入党委领导下的基层治理体系，以县级矛调中心为枢纽，派速裁团队入驻，升级打造人民法院调解平台室、三级联调中心、云上法庭等，形成以县级矛调中心为统揽，乡镇、村、各部门开放互动共治解纷机制，就地化解矛盾纠纷，实现小事不出村，大事不出镇，群众的非讼纠纷解决意识逐步增强。矛调中心自运行以来，实体化解率达到92%。三是构建共享共建联动机制。找准与党委政府中心工作的连接点，建立矛盾纠纷预防机制，下辖三个法庭均与派出所建立《共享共建联防联动工作机制》，完善矛盾纠纷信息共享，联合开展各项社会治理工作。

三、用心三个"打造"，亮出法庭金名片

一是打造特色司法站。积极推出"基层法院+人民法庭+司法服务站+巡回审判"模式，因地制宜建立革命历史遗迹、古镇风貌、民族团结、自然保护区生态环境等特色司法服务站，发挥"院、庭、站、点"四位一体诉讼服务中心的作用。2022年以来，10个站点就地化解基层矛盾189件。二是打造网格联动平台。搭建"法院—综治办—镇—村—网格员"司法服务平台，将全县划分为224个大网格，聘请224名网格员，1236个微网格，"网格法官"整合社会治理

资源,用好用活乡村"法律明白人""一村一辅警",进行入户摸排巡查,化解基层矛盾纠纷。三是打造立审执一体化法庭。潭下法庭制定《关于开展"立审执一体化"工作协调运行的暂行办法》,构建立审执一体的全能办案模式,开启"全流程"司法服务,一揽子解决群众诉讼需求。今年以来,实现当场立案127件,受理执行案件85件,共计执行金额100万余元。

## 海南省海口市龙华区人民法院龙泉法庭
## 构建"3-1-4"特色枫桥法庭大力推进基层治理

**案例点评**:龙泉法庭构建"三个结合"调解机制,实现辖区"小事不出村、大事不出镇、矛盾不上交",打造禁毒宣教品牌,聚焦多发类案审判和调解,发挥审判职能,创新发展新时代"枫桥经验",推动基层社会治理,贡献新时代城乡结合法庭建设的有益经验。

海口市龙泉镇位于海南环岛高速公路东西两侧,分布大量原生态火山岩、高尔夫果岭和荔枝林绿化带,拥有丰富的城郊旅游资源和房地开发项目。龙泉法庭作为城乡结合人民法庭,立足审判职能,以建构"三个结合"调解机制,打造一个禁毒教育品牌、发挥司法职能"四个优势",既让"枫桥经验"落地生根,又结合实际创新做法,切实解决一批矛盾问题,铸就特色鲜明的新时代城郊型人民法庭。

**一、建构"三个结合"调解机制**

一是"三个主体"结合。在调解主体上,龙泉法庭与镇政府、司法所成立矛盾纠纷多元化解工作小组,形成"三个主体"联动结合的调解架构。二是"组、会、站"结合。在调解平台上,龙泉法庭在自然村设立调解小组,在村居、物业小区设立调解委员会,在观澜湖小区和景区设立法官调解工作站,努力构建覆盖全域的城郊型人民法庭调解服务网络。三是"联席会议"与"服务中心"结合。在调解形式上,建立人民调解、行政调解、司法调解的联席会议制度,并且在城西司法所、龙泉司法所、龙桥司法所服务大厅设立"法律服务中心",加强与综治办、司法所、派出所的联系和沟通,彰显条块结合、齐抓共管的城郊解纷特点。2021年11月10日,龙泉法庭在薛村村委会设立"乡村法治服务中心",主动开展调解工作达十余次,促成九起纠纷达成调解,化解了包含拖欠农民工工资、损害赔偿在内的重大矛盾,充分有效地发挥了法律服务中心的调处功能,争取做到"小事不出村,大事不出镇,矛盾不上交"的基层治理要求。

**二、打造一个禁毒教育品牌**

龙泉法庭切实结合城郊发展特点,聚焦禁毒宣传教育工作,呵护青少年的健康成长,被确立为青少年禁毒学习教育基地,并被确定为海口市龙华区区级助推禁毒领域的社会治理。法庭联合镇政府、团区委、禁毒办、检察室、派出所等部门,持续开展禁毒普法活动,多次针对辖区开展禁毒宣传教育工作,通过每一位接受普法的对象带动每一个家庭,每一个家庭带动每一个社区,将禁毒工作抓好抓实。截至2022年6月,龙泉法庭已实现辖区内法治副校长全覆盖,定期组织辖区中小学生参观禁毒文化长廊,通过发放禁毒知识宣传手册、集中聆听法治教育课等方式,巩固禁毒教育成果,有效提高龙泉镇青少年的识毒、防毒、拒毒、禁毒意识和能力。当前,已实现辖区内吸毒人员大幅下降的社会效果,龙泉镇的现有吸毒人员从2019年的197人降至2022年的60人,吸毒人员占比从2019年的3.6%降至2022年的1.09%,同比下降2.51%。

**三、发挥司法职能的"四个"优势**

一是推行类案分析机制。2019年1月1日起至2022年8月31日止,龙泉法庭共受理商品房买卖合同纠纷438件(其中司法确认案件有116件),建设施工合同纠纷61件。龙泉法庭利用集中审理辖区内房屋买卖合同纠纷、建设施工合同纠纷等涉不动产纠纷的城郊法庭优势,提炼类案审理的关键性要件,通过将合同履行过错、违约责任负担、违约数额调整、工程流转判定、工程造价鉴定、款项支付主体等争议焦点和处理方案予以类型化,形成贴近司法实践的审理规则。二是转化诉调理论成果。结合辖区内诉调对接工作的实际需要,龙泉法庭根据省省内外重点调研课题和实务文章,形成调解工作实务指引、司法确认工作实务指引等工作手册。2021年1月至12月,龙泉法庭共受理司法确认案件72件,完成确认72件。三是防范化解潜在风险。针对辖区内龙泉镇观澜湖社区内6家大型房地产开发公司近年涉及房销售合同案件数呈现爆炸式增长情况,总结案件中存在的社会风险,向乡镇、社区等有关单位提出法律风险防控预案,把社会纠纷化解在前端,在防范化解重大风险中凸显司法担当。四是开展调解员培训工作。树立"三个重点"的调解培训目标,即重点培训司法所所长和专职人民调解员等调解人员;重点培训人民法院调解平台进乡村的操作方法、操作流程以及调解方法和技巧,以及培训司法确认的内容和程序、调解技巧;重点剖析辖区内的典型调解案例,提高培训质效。2021年以来组织培训3次,授课140人次。

## 重庆市江津区人民法院双福法庭
## 聚"室站点"之力助推商事解纷加速度

**案例点评**:双福法庭秉持"法治是最好的营商环境",

以商事解纷为重点、"室站点"结合融入基层治理,实现以诉源治理促基层社会治理,充分体现司法在助企纾困、稳定就业中的服务保障作用,形成多元解纷、助企兴业的"园区法庭范本"。

双福法庭是典型园区法庭,下辖区域拥有五大专业市场,市场主体超10000户,入驻工业企业600余家,其中规上130余家,年生产总值近200亿元,是西部(重庆)科学城重要组成部分,法庭受案中商事纠纷占比超80%。近年来,双福法庭将新时代"枫桥经验"根植于商事解纷全过程,依托"福商调解室""代表委员联络站""法治网红打卡点"构建共建共治共享格局,着力助企纾困、稳定就业,为优化法治化营商环境赋能增效。

### 一、"福商调解室"推动商人纠纷商会解

双福新区商会以300余家民营企业为主体,法庭与其共建全市首个商会驻庭调解室,构建一站式解纷模式。一是指导会员企业内部解纷。与商会建立会员企业间解纷共享、矛盾预警机制,定期通报苗头性纠纷,商会调解员及时开展化解,并由"一街镇一法官"机制联系法官给予示范培训指导,会员企业间不仅纠纷减少,更有效增强商会凝聚力,促进企业快速发展,15家企业先后被评为国家专精特新"小巨人"。二是发挥商会优势参与调解。与商会签订《合作开展多元化解商事纠纷工作备忘录》,确定商会为特邀调解组织,聘请商会推荐企业负责人、行业专家、法务人员为特邀调解员,并将调解员按工业制造、商贸物流、建筑开发、智能科技、教育医疗分类,精准开展诉前委派和诉中委托调解,弘扬企业家精神,推动商人自治。目前已成功调解案件800余件,调解成功率达75%,涉及金额5000余万元。同时注重将商会调解与涉企纠纷社会治理相结合,2022年成功调解某地产项目发包方因资金链断裂拖欠民工工资案件349件。新华社、人民日报客户端、《中华工商时报》等予以专题报道。

### 二、"代表委员联络站"助力商事纠纷合力解

发挥"代表委员联络站"履职服务站、社情民意直通车、为民办实事窗口功能,汇聚多元解纷力量。一是精心选任驻站代表委员。充分发挥代表委员密切联系群众、"人熟""地熟"优势,结合职业经历、专业特长、关注重点,选任10名党代表、人大代表、政协委员驻站开展工作,其中一半以上来自辖区企业。二是打造专属履职方案。既坚持"当下治",举办"法庭开放日"邀请代表委员沉浸式体验法庭工作,零距离感受司法,并通过参与诉前调解形成合力。又着眼"长久立",通过双向发力,联合党代表和代表委员对具体案件系统梳理,围绕辖区商事纠纷类型、特点深入调研,发现可能引发纠纷的长期共性问题,并通过代表建议、委员提案方式予以完善。2022年上半年,驻站代表委员就成功调解商事案件78件,形成意见建议18条,其中与商会共建多元解纷机制、加大"云上共享法庭"使用等多条建议已获采纳并取得实效。

### 三、"法治网红打卡点"夯筑基层治理长效解

在园区多点布局"法治网红打卡点",营造诚信、守法经营浓厚氛围。一是将法庭融入法治文化公园。围绕"法治是最好的营商环境"打造法治文化主题公园,将法庭融入公园建设,结合地域名称,原创"福法官来了"特色品牌,"福法官"定期在法治文化公园与企业互动,开展巡回审判、发布典型案例、"面对面"听取企业心声,为企业精准把脉、对症下药。已累计开展活动46次、发布典型案例7个。二是将"车载便民法庭"开进农贸城。依托"一庭两所"机制,在西部地区交易规模、聚集辐射范围位居前列的双福国际农贸城设立"法官联系点",借助"车载便民法庭"功能全、形式新的特点,与公安、司法共同开展立体化法治宣传,选取典型案例巡回审判,为当事人提供一站式、多元化解纷方案,实现纠纷高效便捷就地化解。目前已合力化解涉农贸城纠纷近千件、开展巡回审判百余次,发放《典型案例手册》《法律风险提示卡》13000余份,涉农贸城诉讼案件同比下降50%以上,平均审理时间20天,裁判自动履行率80%。

## 四川省高级人民法院
## 赋能基层治理构建社会治理新格局

**案例点评**:四川高院聚焦新时代人民法庭建设新需求,以完善农村司法体系建设为契机,优化司法资源配备,强化法庭制度供给,深化法庭日常保障和考评指导,不断提升人民法庭建设水平和服务基层社会治理能力,推动构建基层社会治理新格局。

近年来,四川高院深入贯彻习近平法治思想,学深悟透笃行习近平总书记关于基层基础的系列重要指示精神,省法院王树江院长带头抓总,深入基层调研,撰写《人民法庭融入基层治理的职能定位与实现路径》,从历史沿革和方法论上助力构建基层社会治理新格局,为推进基层治理体系和治理能力现代化提供有力法治支撑。

### 一、强制度供给,提升法庭服务基层治理源动力

聚焦新时代人民法庭建设新需求,以完善农村司法体系建设为契机,推动新时代人民法庭制度建设。一是优资源配备供给。出台《关于优化人民法庭布局进一步加强人民法庭建设的指导意见》,对全省人民法庭数量、布局、功能进行优化,撤销99个法庭,优化460多个法庭的管辖范

围,设立诉讼服务站 3190 个,增设法官工作站、巡回审判联系点 1114 个,形成"庭、站、点"互通互联的梯级基层司法服务网络,实现减量不减阵,增员又增效。二是推方法路径供给。印发《关于推动全省人民法庭工作高质量发展的实施意见》,构建符合省情特点的"三服务"方法路径,探索人民法庭差异化发展模式,最大限度激发服务基层治理效能。强化乡村法庭基本职能,拓展服务乡村振兴、基层治理综合功能。突出城区法庭专业化特征,探索高效快捷的类案治理机制,设立专业化法庭 84 个。发挥民族地区法庭参与社会治理的桥头堡作用,建成"石榴籽"调解室 180 个。三是完善考评体系供给。印发《关于对新时代人民法庭工作进行单独考核的指导意见(试行)》,将人民法庭开展诉源治理、服务基层治理工作纳入中基层法院年度考核进行定性考核,开展法庭序列单独考核实行定量赋分,着力构建符合人民法庭工作特点的单独考核指标和考核机制。强化考核结果运用,建立年度表扬激励机制,鼓舞干警干事创业。

二、重基础保障,提升法庭服务基层治理内生力

聚焦新时代人民法庭基层基础建设短板,以省以下人财物统管为抓手,进一步强化法庭基层基础建设。一是加强人员储备。推动法庭人员配备纳入省委对市州考核,探索事务外包、人员外聘等方式,充实法庭人员配备,法庭庭均人员配备增幅达 16.6%;指导调解组织、社工组织等社会力量参与基层治理,完善基层治理人才储备,5002 名调解员入驻法院调解平台。二是强化物资保障。制定人民法庭物质保障三年规划,省级层面强化资金保障,拨付 5000 万元专项资金,推动人民法庭装备配备更新换代。印发《加强全省人民法庭信息化建设的通知》,制定推动人民法庭信息化建设"三步走"模式,切实推进人民法庭 24 小时自助诉讼服务建设,实现电子签章功能全覆盖,保障调解室等便民服务区域实现互联网无线覆盖,建立各类诉讼辅导室 307 个。三是加强人才培育。建立常态化培训机制,将基层治理能力建设课程纳入人民法庭培训课程,邀请基层治理领域的专家学者开展专项培训,吸纳服务基层治理等业绩突出的 6 名法庭庭长开展"岗位技能交流"。省法院王树江院长讲授"新时代人民法庭庭长的角色定位"第一课,两年来,共 460 余名法庭庭长参训。积极参加横向交流,多名法庭庭长受邀在市州乡镇政法委员培训班分享基层治理经验。

三、深精准指导,提升法庭服务基层治理竞争力

聚焦新时代人民法庭高质量发展需要,以完善人民法庭四级职能定位为抓手,强化人民法庭的日常指导。一是完善条线指导。优化充实领导小组成员,实现对多元解纷、环境审判等工作精准化条线指导。延伸院领导联系指导法庭制度,建立审判业务条线对口联系指导制度,在全省范围内设立 14 个人民法庭联系点,打通省法院直联指导法庭通道,实现一对一精准化指导。印发《关于沱江流域"纽扣法庭"工作机制建设的意见》,强化沱江流域环境资源纠纷协同共治。探索跨审级的类型化法官联席会议,强化类案精准指导。二是搭建交流平台。创设《人民法庭工作专刊》,征集发布人民法庭在服务基层治理等方面的工作动态,挖掘全省人民法庭参与基层治理、推动矛盾纠纷化解可推广、可复制的经验、举措。两年来,共刊发 22 期专刊。设立《我和我的乡村》《最美基层法庭》《最美基层法官》专栏,发布人民法庭干警服务乡村振兴、服务乡村治理稿件 63 篇,"'缝纫法官'的三种针法"等文章被最高法院官微采用。三是推动系统治理。推动省人大常委会出台《四川省纠纷多元化解条例》,从立法层面确定"党委领导、政府负责、民主协商、社会协同、公众参与、法治保障、科技支撑"的社会治理体系。与多个省级部门就医疗、劳动争议、金融、道交事故、家事、物业等纠纷预付化解方面持续发力,出台会签《关于开展劳动争议多元解纷试点工作的实施意见》等系列文件,助力劳动争议、物业纠纷等类型化纠纷及地域性纠纷系统治理。组织开展"守护养老—法庭在行动"专项行动,推动养老纠纷防范乡镇全覆盖。

### 四川省乐山市市中区人民法院海棠法庭
### 构建"少家邻"融解纷模式健全社会基层治理体系

**案例点评**:海棠法庭主动融入基层社会治理体系,以类案精准化解为路径,聚合党政、群团、学校等力量,创新建立了基于"少""家""邻"社会肌体细胞的新型解纷模式,实现矛盾纠纷源头化解、就地化解。

2021 年以来,海棠法庭积极探索基于"少""家""邻"三类常见多发类型化纠纷的"融"解纷模式,形成类型化纠纷处理机制,聚力打造"海棠花开"解纷品牌,主动从司法末端走到治理前端,实现从"审"到"治"再到"引"的角色转变,以小切口融入社会基层治理大格局。

一、引进来合资源,内涵式调和家事纠纷

一是制定方案、组建调解队伍。针对家事纠纷带有浓厚人伦、情感与道德因素,容易通过非诉方式调和的特点,以"庭"为联动中心,依托院机关联合区委、区妇联等部门共同出台家事纠纷多元化解《实施方案》,构建家事纠纷化解团队,聘请家事调解员开展家事案件诉前调解,联合民政、妇联、团委等做好诉后跟踪、回访、帮扶。二是设立"三

室",提供调解场所。内设家事调解室、融 e 解工作室、心理疏导室分别为当事人提供面对面、线上及心理辅导等多元调解场地,满足群众的多元化司法需求。三是对接基层服务点,开通反家暴热线。牢固树立"市区一体"理念,积极融入"心连心邻里中心"大布局,与妇联等七部门联合设立区反家暴中心,开通"12338"24 小时救助热线,提供紧急庇护、医疗救助、家事调解等"一站式"服务。

二、走出去巡回调,外放式化解邻类纠纷

一是构建"三所一庭一中心"纠纷联调新模式。以街道为单位,以庭为支撑,联合派出所、司法所、律师事务所出台一站式矛盾纠纷《联调工作方案》,构建"三所一庭一中心"纠纷联调新模式,实现人民调解、行政调解、司法调解多元解纷的有机结合,切实做到矛盾纠纷源头化解。二是创新"实地勘察+巡回调解"工作新方式。对发生在同一小区的批量物业纠纷,先组织业主代表、物业管理人员共同到小区开展实地勘察,形成勘察笔录,以勘察笔录为依据,组织双方就地开展诉前调解,真正实现快调快审,切实做到"办理一件案、化解一类案、教育一批人、指导一片区"的司法效果。三是夯实"法官专业指导+联调部门分工实施"制度新支撑。发挥法官专业性优势,提供法律指导,定期组织开展有关物业法律知识的专业培训,司法所、街道、网格员等相关基层治理主体配合具体分工实施,实现联调联处。

三、三审合一综合审,引导式调处涉少纠纷

一是探索"三审合一"圆桌式审判模式。从民事、刑事、行政三部门各确定一名审判员组成审理涉未成年人案件的综合审判团队,制定《工作规则》,在审理程序中引入社会调查、社会观护、心理疏导等,确保未成年人合法权益最大化。积极适用人身安全保护令、家庭教育指导令功能,加强对未成年人的人身保护和家庭教育指导。二是培育两个未成年人法治教育基地。在学校设立未成年人法治工作站,放置"乐法妈妈"信箱,以书信方式收集学生反映问题,针对问题施行分级干预处置。在社区建立法治指导服务站,开通"融 e 解"视频连线通道,提供个案法律指导,法官定期到社区开展家庭教育指导服务,用法治思维引导未成年人健康成长。三是构建一体化未成年人社会支持体系。打造未成年专属区域,专设未成年人心理疏导室,联合反家暴中心与妇联、民政共建反家庭暴力庇护所,同公安、街道等联合开展判后跟踪回访及帮扶,整合社会、司法和行政力量,探索全链条、多方位的未成年人社会支持体系。

2021 年以来,海棠法庭与各基层治理部门联合开展一对一家庭指导 168 次,实地走访勘察、帮扶 50 余次,制发《家庭教育温馨指导卡》《家庭教育指导令》《人身安全保护令》100 余份,利用人民法院调解平台、融 e 解平台组织开展调解 700 余次,指导化解"少家邻"三类类型化纠纷 856 件,调解率高达 90%。

## 贵州省大方县人民法院达溪法庭
## 构建"三个三"工作模式推动诉源治理走深走实

**案例点评**:达溪法庭运用"三个三"工作模式,扎实推进诉源治理工作,不断提高源头化解纠纷能力,分别在家庭、经济、社会三个层面取得实效,有力服务全面推进乡村振兴、基层社会治理和人民群众高品质生活需要。

达溪法庭位于大方县城北面,属城乡结合部,辖 19 个村、居委会,辖区人口七万余人,有汉、苗、彝、白等多个民族。达溪法庭深入贯彻习近平总书记关于"坚持把非诉讼纠纷解决机制挺在前面"的重要指示精神,以"大党建"为引领,坚持和发展新时代人民法庭"枫桥经验",充分利用人民法庭面向农村、面向基层、面向群众"三大优势",运用"三个三"工作模式,有效发挥人民法庭在诉源治理工作中的"桥头堡"作用,积极服务全面推进乡村振兴和基层社会治理。今年以来,达溪法庭立案 117 件,同比收案下降 29.09%,逐步实现"化解矛盾方式从治已病向治未病转变、诉前调解从群众不了解到群众乐于接受转变、诉讼案件从成倍上升到大幅下降转变"三个转变,诉源治理工作成效初显。

一、夯实基础,三招齐出

一是人员保障用稳招。严格设定选任条件,将政治素养高,具有一定政策水平、法律水平,且为人公道、作风严谨的人员聘任为特邀调解员,登记在册、颁发聘书。达溪法庭现共聘任特邀调解员 3 名,依托"一中心、一张网、十联户"机制,设置网格员 70 余名,确保基层诉源治理队伍稳定有力。二是物资保障出实招。达溪法庭设立数字化调解室,并完善各项司法便民利民设施。对特邀调解员参与化解矛盾纠纷,综合矛盾纠纷化解难度、工作量等因素,实行阶梯型补助,有效提升调解员的工作积极性。三是机制保障使新招。完善特邀调解员管理机制,进一步规范特邀调解工作;完善特邀调解员考核机制,进一步调动工作积极性、主动性;完善特邀调解员退出机制,实现调解员队伍优胜劣汰。

二、联调共治,三法并用

一是组织保障有章法。坚持党建引领,构建"综治中心+人民法庭+联户长"的"党建+共建"诉源治理模式。将党支部建在庭上,与"全国乡村旅游重点村"的木寨社区党总支成立"党建联盟",创新人民法庭与社区基层党组织"党建共建、资源共享、结对共治"的发展新模式,为诉源治理工作高质量发展凝聚强大合力。对涉及土地权属、流转费用等涉众型纠纷,积极向党委、政府汇报争取支持,并及时分流到综治中心联动调处。今年以来,诉前推送调解案件277件,调解成功131件,调解成功率47.29%,辖区内无群体性涉诉信访案事件发生。贵州卫视法治第一线栏目对达溪法庭的诉源治理工作进行了专题报道。达溪法庭多次被上级法院评选为先进集体,并被贵州省高级人民法院纳入"新时代人民法庭观测点"。二是多元解纷创新法。探索构建"前端预防治理——中端多元解纷——后端诉讼终结"的"漏斗式"分层解纷模式。以"我为群众办实事"活动为契机,通过巡回审理、法官讲法等方式,开展法治宣传7次,接受法律咨询160余人次,向群众宣传诉前调解"不收费、抗反悔、可执行、促效率"的优势,有效提升群众对诉前调解的知晓率及参与度。对不愿诉前调解或调解不能的案件,依法及时立案受理,综合运用小额诉讼程序、简易程序、速裁程序,实行案件繁简分流、轻重分离、快慢分道。今年以来,达溪法庭调撤率达59.83%,高出全市法院民商事案件调撤率近5个百分点。针对辖区婚恋家庭纠纷化解难度大的现状,法庭注重多方参与、共同发力,逐级分流过滤婚恋家庭纠纷,促进家庭和睦、案结事了;严格落实婚恋家庭纠纷排查化解"八单一表"衔接联动工作,杜绝婚恋家庭纠纷引发"民转刑"案件。三是队伍培训找方法。创建"法官+特邀调解员+网格员"的工作模式,协助乡镇综治中心对网格员进行指导和培训,推动司法资源向社区、网格下沉,努力让"小"网格员在基层社会治理中发挥"大"作用。充分发挥优秀特邀调解员"传帮带"的作用,设立"邹正军调解工作室",邹正军总结的十六字调解经验,帮助年轻特邀调解员、网格员尽快熟悉工作,充分发挥作用。

**三、注重实效,三面凸显**

一是在家庭层面实效凸显。除了尽力提高家事审判质效外,还紧紧依靠党委领导,将婚恋家庭纠纷作为诉前调解工作重点,前移纠纷化解关口,从源头化解矛盾,有效避免婚恋家庭纠纷成为影响社会安定的因素。近三年婚恋家庭纠纷案件同期收案数分别为155件、100件、58件,呈逐年下降态势,已结案件无一件产生不良影响。二是在经济层面实效凸显。将借款合同、民间借贷等纠纷纳入诉前调解重点化解范畴,有效缩减解纷时长,降低经济成本。2021年以来,诉前调解成功合同类纠纷194件,涉标的额924余万元,为当事人节约诉讼费8万余元,有效减轻群众诉累,节约司法资源。三是在社会层面实效凸显。紧扣万人起诉率、诉前调解成功率等指标,充分发挥诉前调解功能,有效减少诉讼增量。近三年同期分别收案272件、165件、117件,呈逐年下降态势,群众的安全感、满意度得到进一步提升。

## 云南省红河州中级人民法院
## 强考核建机制实举措创建枫桥式人民法庭

**案例点评**:红河中院将"一项考核、两项机制、三项举措"有机融入自治、法治、德治相结合的基层治理体系,运用考核机制、多元解纷、便利群众等多方式助力中国特色基层治理,提高基层治理的法治化、专业化和现代化水平,发挥人民法庭的前沿阵地作用,绘就新时代红河"枫"景。

云南省红河州中级人民法院以"一项考核、两项机制、三项举措"为抓手,出实招、办真事,推进人民法庭建设,积极参与基层社会治理,服务乡村振兴。

**一、一项考核,撬动工作,点燃法庭建设"催化剂"**

考核是指挥棒,是风向标,更是催化剂,红河州中级人民法院制定《关于创建新时代"枫桥式人民法庭"实施方案》,明确考核细则,让考核成为撬动工作的杠杆。一是建立考核体系。聚焦"强基导向机制指标、诉讼服务指标、多元解纷建设指标、多元解纷激励指标、诉源治理制度建设指标、诉源治理成效指标"六大类指标,设立98项基础指标对应扣分指标,32项加分指标,4项一票否决,改变以往以案件数量作为考核主要指标的做法,以矛盾纠纷诉前实质性化解,实现案件诉讼负增长、慢增长为主要指标,建立符合法庭建设规律的考核体系。根据考核,法庭结合实际,精准发力,达到事半功倍的效果,近三年全州28个人民法庭收案18848件,占全州基层法院收案的21%,实现慢增长,2022年上半年实现负增长。二是强化结果应用。通过正向激励(加分制)和反向约束(扣分制),旗帜鲜明地褒奖实绩突出者、鞭策懈怠平庸者。设立"红黑榜"对"骏马"大力表扬激励,"蜗牛"加大问责力度,让考核不仅体现结果导向,也体现实绩导向。考出攻坚克难的好作风,赛出争先创优的好氛围。大屯法庭被表彰为全国、全省法院先进集体。黄草岭法庭庭长被表彰为全国法院人民法庭工作先进个人。

**二、两项机制,靶向发力,走活多元解纷"一盘棋"**

主动融入党委领导的基层社会治理大格局,建立两项机制,落实《云南省红河哈尼族彝族自治州多元化解纠纷促进条例》,强化诉源治理,打造多元解纷"红河模式"。最高人民法院周强院长视察红河法院时,对多元解纷"红河模式"给予肯定。一是整合力量,建立多元主体协同共治机制。高位推动《条例》的贯彻实施,通过任务分解、专项督查、量化考核等措施,压实责任,推动民商事案件"万人成讼率"指标和"无讼社区(乡镇)"考核纳入社会治理考评体系,深化多元联动。细化《关于深入推进多元化解纠纷解决机制创新发展的实施办法》,通过理念、平台、机制、程序、保障的"五个联动",将审判资源与社会资源有机整合,拓宽纠纷解决渠道。搭建"网格排解、乡村自解、部门联解、法庭调解"的四级联调解纷机制,实现法庭解纷从被动向主动转变。二是内外联调,建立纠纷解决双向响应机制。实行专兼职调解员联用模式,整合两代表一委员、名人乡贤、法律工作者、人民调解员等调解力量,推动行业调解组织入驻人民法庭、法庭调解员进驻综治中心,实现司法确认与人民调解良性互动,全州设立14个诉调对接中心,416名特邀调解员入驻法庭参与调解。突出区域、民族特色,深化调解工作,发挥品牌效应。甲寅法庭打造"哈尼哈巴调解室",聘请21名德高望重的"摩批"(哈尼语意为"智慧的长者")为特邀调解员。大黑山法庭推行"阿卡卡"(哈尼语意为"居中处理、调解纠纷、制止、劝和")调解法,围坐"火塘"双语调解,增加调解成功率。小新街法庭秉承"马背法庭精神""代成平调解法",绘就新时代哈尼"枫"景。2020年《条例》实施以来,全州法院诉前化解矛盾纠纷29708件,其中,诉前委派调解19619件,调解成功10568件,调解成功率53.86%,司法确认7719件。

**三、三项举措,便民利民,做好基层治理"必答题"**

发挥人民法庭前沿阵地作用,扎实参与乡村治理,争当基层社会治理的"排头兵"。一是设立共享法庭,让诉讼方便群众。"一屏、一线、一终端",建立"共享法庭",创新在线开庭、云端调解,实现"诉求有人管、案件及时办、效果有监督、办结有回应"。法治护航"三农"发展,针对土地承包合同纠纷、侵害集体经济组织成员权益纠纷等问题,及时发出司法建议。二是做实巡回审判,让司法贴近群众。延伸法庭功能,在村委会、派出所设立"法官工作站",强化庭所共建。"点线覆盖、巡回审理",在田间地头开庭,在床头榻下调解,为创建"无讼乡村"提供司法服务,让老百姓真切感受到司法关怀。2021年巡回审理案件6364件,巡回率79.72%。三是加大普法宣传,让法律惠及群众。普法深入村寨、走进日常,切实为民排忧解难。新街法庭开展"以法之名·守护梯田"普法活动,甲寅法庭做实线上宣传栏目"哈尼法官说",讲好法治故事。2021年,累计开展各类集中宣传活动86次,发放宣传资料2万余份,现场提供法律咨询5000余人次,播放法治宣传片300余次,累计观看人数达8000余人次。

## 新疆维吾尔自治区呼图壁县人民法院大丰法庭以"万人起诉率"为抓手推进辖区诉源治理

**案例点评**:大丰法庭积极融入辖区社会治理,以"万人起诉率"考核为抓手,着力打造"无讼村居",充分发挥职能作用,优化工作机制,有效推动矛盾纠纷源头快速化解,积极融入基层治理体系。

大丰法庭位于天山北坡经济带,准噶尔盆地南缘,辖区面积2584平方公里,人口4.1万人。2020年以来,法庭以打造"枫桥式人民法庭"为契机,积极融入辖区社会治理,植根基层护佑民生,以"万人起诉率"考核为抓手,着力打造"无讼村居",得到人民群众广泛认可。2021年5月,被昌吉州中院授予"枫桥式人民法庭"荣誉称号。2021年10月,被自治区高院表彰为"自治区法院系统先进集体"。

**一、加强顶层设计,推进"万人起诉率"考核**

2020年4月,县法院主动向县委请示,推动县委成立呼图壁县"万人起诉率"考核工作领导小组,印发《呼图壁县"万人起诉率"考核实施方案》,在全疆率先将"万人起诉率"纳入平安建设考核。每月向政法委提供"万人起诉率"测算数据,政法委对各乡镇进行"月提示""季通报""年考核",压实各乡镇诉源治理属地责任。2020年以来,大丰法庭共审结各类案件1463件,其中诉前调解司法确认案件964件,一审诉讼案件473件,其他案件26件,诉前调解案件达到诉讼案件的2倍,一审诉讼案件下降34.13%。2021年5月,进一步推动县委印发《呼图壁县开展"无讼村居"创建实施方案》,在法庭辖区大丰镇开展"无讼村居"创建试点工作。法庭充分发挥专业优势,指导各基层调解组织开展源头解纷,推动将诉源治理工作融入基层社会治理大格局。2021年以来,大丰镇下辖的8个行政村和1个社区中,有3个行政村实现了"无讼",1个社区仅发生1件诉讼案件。

**二、"三级三轮"调解,汇聚多元解纷合力**

法庭设立"五丰调解室",取自五谷丰登之意,既象征风调雨顺、农业丰收,又与辖区五工台和大丰地名相呼应,表达法庭干警对当地农民群众的美好祝愿。法庭积极与县司法局对接,选聘村干部、老党员和退休干部等22人为特邀调解员,其中驻庭特邀调解员2人。主动参与辖区各村每周例会和"村民说事日"活动,对发生的矛盾纠纷进行分析研判和现场化解。利用"五丰调解室"和法官工作室平台,以法庭庭长为"指挥官",各乡镇村人民调解组织为"阵地",诉调团队、人民调解员和包联干部为"主力军",村(社区)法律顾问为"联络员",建立群众说事的人民调解+老党员、老干部的特邀调解+法官的诉讼调解"三级三轮"调解机制,为当事人提供一条零费用、高效率的解纷渠道。2021年以来,通过"诉前调解+司法确认"解纷模式化解纠纷725起,取得了"案结事了""诉减调升"的良好效果。

**三、"三调联动"解纷,全方位提供"一站式"服务**

法庭主动与各乡镇党委、政府对接,推动成立矛盾纠纷排查化解工作领导小组,制定《庭所共建实施方案》,与辖区派出所、司法所、信访办、综治中心协调联动,联合化解矛盾纠纷。整合人民法庭、司法所、派出所、信访办、综治中心、律师事务所和基层调解组织等资源,在辖区乡镇建成"一站式"矛盾纠纷调处化解中心,各方派员入驻,为群众提供法律咨询、政策解答、申请和投诉办理以及纠纷调解等服务,调解成功的现场予以司法确认,调解不成的当场立案送达,形成"诉前调解+司法确认""网上立案+速裁判决"工作模式,实现"三调联动""一次通办""一站式"服务。

**四、"有案办案,无案送法",普法办案两不误**

在农忙季节,组织"田间法庭""星光法庭"巡回调解,及时处理了一批农资买卖合同、劳务合同、民间借贷、供用热力合同、财产损害赔偿以及因"减水退地"引发的农村土地承包合同纠纷、土地流转合同案件。2021年以来,共巡回办案200余次,现场化解各类民事纠纷300余起。广泛开展普法活动,利用集市日普法宣传13次,开展法治讲座8场,组织人民调解员培训2场,实地指导人民调解25次,配合乡镇村审查合同17件,为乡镇村决策提供法律意见6次。

**新疆维吾尔自治区生产建设兵团
图木休克垦区人民法院图木休克法庭
助推基层社会治理现代化打通纠纷化解最后一公里**

**案例点评**:图木休克法庭立足诉源治理,以多元化诉调对接机制为抓手,打造多元解纷共同体,开启便民利民新模式,为融入基层社会治理体系提供更多的新疆兵团南疆法院工作经验。

党的十九大以来,新疆生产建设兵团图木休克垦区人民法院图木休克人民法庭坚持以人民为中心,把非诉纠纷解决机制挺在前面,提升审判体系和审判能力现代化,加强诉源治理,融入基层社会治理体系,全力助推基层社会治理现代化,打通诉讼服务群众的"最后一公里"。

**一、主动融入,助力基层社会治理新格局**

积极落实市域社会治理新举措,加强与辖区综治工作中心、司法所、连队党支部、人民调解组织的协调配合,共同建立多元化解诉调对接机制,助力形成基层社会治理新格局。一是主动融入,积极参与构建"党委领导、多元联动"的诉源治理立体格局。加强与团场综治工作中心、连队(社区)、人民调解组织等单位的沟通衔接,以"无讼"创建为带动,搭建"调解为主、诉讼兜底"分层过滤解纷模式,将联动调解机制落到实处,将矛盾纠纷有效化解在基层一线。二是多元联动,强化群体性纠纷诉讼预警和诉前化解。建立纵向直通"团(镇)党委政法委-连队(社区)-网格"、横向联通综治中心、派出所、司法所等职能部门的多元解纷工作体系,将矛盾纠纷联动化解在诉前。三是积极担当,协力促进基层调解水平提升。建立人民调解微信工作群、人民法庭工作人员加入调解组织等方式,个案指导、案例分析、法官说法,提升基层人民调解员业务水平,实现"小事不出连,大事不出团,矛盾不上交"。

**二、内外联动,打造多元解纷共同体**

坚持和发展新时代"枫桥经验",不断健全完善人民法庭融入基层社会治理的制度机制,切实发挥人民法庭在诉源治理、方便群众诉讼、就地化解矛盾纠纷方面的重要作用。一是落实家事调解制度。开展中华传统文化"和合"主题诉讼活动,成立"家事调解室",改棱角割据式审理为圆缓相近式调解,化解婚姻家庭类纠纷。大部分纠纷都通过调解化解,获得很好的社会效果。二是建立三级"网格"调解体系。通过建立人民法庭、人民调解组织、人民调解员的全方位民事纠纷三级"网格"调解体系,运用分级培训、法官授课、现场调解、调解员跟班学习等形式,加强业务培训指导,基层调解组织、人民调解员的调解能力不断得到提升,民事纠纷三级"网格"调解体系不断成熟。三是完善多元解纷机制。设立"诉调对接室""多元解纷室"等,以"四度联调法"进行辩法析理,促成案件调解,当场完成司法确认或出具调解书,诉讼与非诉衔接配合,推动形成诉讼支持非诉解纷,非诉解纷组织协办诉讼事务的新型多元解纷协同机制。

**三、延伸服务,开启便民利民新模式**

灵活采用法庭审理、巡回审判和线上办案等方式,全面落实"一站式"诉讼服务措施,优质快捷审理辖区内各类民商事案件,做到集约高效、便民利民、智能精准。一是延伸"一站式"服务,提供智慧诉服模式。立足"人性化""信息化""集约化",拓展"互联网+"诉讼服务,人民法庭与人民法院诉讼服务中心有效衔接,积极提供网上立案、跨域立案等交互式、立体化诉讼服务,让当事人随时随地立案,消除"立案难"。二是加强巡回法庭建设,实行"呼叫服务"模式。在连队党支部先后建立法官联络点5处,公开法官联系方式,根据需求随时提供诉讼服务,"假日调审""法官热线",方便当事人诉讼,攻克"诉讼难"。截止2022年8月初,受理各类案件397件,审结322件,结案率81%;调解177件,撤诉33件,调撤率65%。三是加强智慧法庭建设,共享智慧诉服成果。投入 4 万余元,上线互联网法庭,可网上开庭,也可线上调解,为群众提供线上线下结合、形式多样、快速便捷的指尖诉讼和掌上开庭,助力"枫桥经验"从"小事不出连"升级到"解纷不出户"。目前,线上开庭占比 20%以上,切实做到了让数据多跑路,让群众少跑腿。

· 文书范本

### 1. 民事调解书(第一审普通程序用)

××××人民法院
民事调解书

（××××）……民初……号

原告:×××,……。
法定代理人/指定代理人/法定代表人/主要负责人:×××,……。
委托诉讼代理人:×××,……。
被告:×××,……。
法定代理人/指定代理人/法定代表人/主要负责人:×××,……。
委托诉讼代理人:×××,……。
第三人:×××,……。
法定代理人/指定代理人/法定代表人/主要负责人:×××,……。
委托诉讼代理人:×××,……。
（以上写明当事人和其他诉讼参加人的姓名或者名称等基本信息）

原告×××与被告×××、第三人×××……（写明案由）一案,本院于××××年××月××日立案后,依法适用普通程序,公开/因涉及……（写明不公开开庭的理由）不公开开庭进行了审理（开庭前调解的,不写开庭情况）。
……（写明当事人的诉讼请求、事实和理由）。
本案审理过程中,经本院主持调解,当事人自愿达成如下协议/当事人自行和解达成如下协议,请求人民法院确认/经本院委托……（写明受委托单位）主持调解,当事人自愿达成如下协议:
一、……;
二、……。
（分项写明调解协议内容）
上述协议,不违反法律规定,本院予以确认。
案件受理费……元,由……负担（写明当事人姓名或者名称、负担金额。调解协议包含诉讼费用负担的,则不写）。
本调解书经各方当事人签收后,即具有法律效力/本调解书经各方当事人在笔录上签名或者盖章,本院予以确认后即具有法律效力（各方当事人同意在调解协议上签名或者盖章后发生法律效力的）。

审判长　×××
审判员　×××
审判员　×××

××××年××月××日
（院印）

本件与原本核对无异
书记员　×××

【说明】
1. 本样式根据《中华人民共和国民事诉讼法》第五十条、第九十五条、第九十六条、第九十七条、第九十八条制定,供人民法院在适用第一审普通程序审理案件过程中,当事人自行和解达成协议请求人民法院确认、人民法院主持调解达成协议、人民法院委托有关单位主持调解达成协议由人民法院确认后,制作民事调解书用。
2. 案号类型代字为"民初"。
3. 调解书应当写明诉讼请求、案件事实和调解结果。
4. 调解协议的内容不得违反法律规定。
5. 诉讼请求和案件事实部分的写法力求简洁、概括,可以不写审理过程及证据情况。

### 2. 民事调解书(第二审程序用)

××××人民法院
民事调解书

（××××）……民终……号

上诉人(原审原告/被告/第三人):×××,……。
……
被上诉人(原审原告/被告/第三人):×××,……。
……
原审原告/被告/第三人:×××,……。

……

（以上写明当事人和其他诉讼参加人的姓名或者名称等基本信息）

上诉人×××因与被上诉人×××/上诉人×××、第三人×××……（写明案由）一案，不服××××人民法院（××××）……民初……号民事判决，向本院提起上诉。本院于××××年××月××日立案后，依法组成合议庭审理了本案（开庭前调解的，不写开庭情况）。

×××上诉称，……（概述上诉人的上诉请求、事实和理由）。

本案审理过程中，经本院主持调解，当事人自愿达成如下协议/当事人自行和解达成如下协议，请求人民法院确认：

一、……；

二、……。

（分项写明调解协议内容）

上述协议，不违反法律规定，本院予以确认。

一审案件受理费……元，由……负担；二审案件受理费……元，由……负担（写明当事人姓名或者名称、负担金额。调解协议包含诉讼费用负担的，则不写）。

本调解书经各方当事人签收后，即具有法律效力。

审判长　×××
审判员　×××
审判员　×××

××××年××月××日
（院印）

本件与原本核对无异

书记员　×××

【说明】

1. 本样式根据《中华人民共和国民事诉讼法》第一百七十二条以及《最高人民法院关于适用〈中华人民共和国民事诉讼法〉的解释》第三百三十九条制定，供人民法院在审理第二审民事案件审理过程中，当事人自行达成和解协议请求人民法院确认或者人民法院主持调解达成协议，制作民事调解书用。

2. 本调解书送达后，原审人民法院的判决即视为撤销。

## 3. 民事调解书
（申请撤销劳动争议仲裁裁决案件用）

××××人民法院
民事调解书

（××××）……民特……号

申请人：×××，……。

……

被申请人：×××，……。

……

（以上写明申请人、被申请人及其代理人的姓名或者名称等基本信息）

申请人×××与被申请人×××申请撤销……（写明仲裁机构名称、仲裁书的文号）劳动争议仲裁裁决一案，本院于××××年××月××日立案后，依法组成合议庭进行了审理。

×××申请称，……（概述申请人的请求、撤销裁决的事实和理由）。

×××辩称，……（概述被申请人的意见）。

……（概述案件事实，写明劳动争议仲裁裁决结果）。

本案审理过程中，经本院主持调解，当事人自愿达成如下协议/当事人自行和解达成如下协议，请求人民法院确认：

一、……；

二、……。

（分项写明调解协议内容）

上述协议，不违反法律规定，本院予以确认。

案件受理费……元，由……负担（写明当事人姓名或者名称、负担金额。调解协议包含诉讼费用负担的，则不写）。

本调解书经各方当事人签收后，即具有法律效力。

审判长　×××
审判员　×××
审判员　×××

××××年××月××日
（院印）

本件与原本核对无异

书记员　×××

【说明】

1. 本样式根据《中华人民共和国民事诉讼法》第九十七条以及《最高人民法院关于审理劳动争议案件适用法律若干问题的解释(四)》第三条制定,供中级人民法院审理用人单位申请撤销劳动争议终局裁决的案件,调解达成协议,制作民事调解书用。

2. 案号类型代字为"民特"。

3. 当事人为申请人和被申请人。

### 4. 民事调解书
### (简易程序用)

**××××人民法院**
**民事调解书**

(××××)……民初……号

原告:×××,……。

……

被告:×××,……。

……

(以上写明当事人和其他诉讼参加人的姓名或者名称等基本信息)

原告×××与被告×××……(写明案由)一案,本院于××××年××月××日立案后,依法适用简易程序公开/因涉及……(写明不公开开庭的理由)不公开开庭进行了审理(开庭前调解的,不写开庭情况)。

……(写明当事人的诉讼请求、事实和理由)。

本案审理过程中,经本院主持调解,当事人自愿达成如下协议/当事人自行和解达成如下协议,请求人民法院确认/经本院委托……(写明受委托单位)主持调解,当事人自愿达成如下协议:

一、……;

二、……。

(分项写明调解协议内容)

上述协议,不违反法律规定,本院予以确认。

案件受理费……元,由……负担(写明当事人姓名或者名称、负担金额。调解协议包含诉讼费用负担的,则不写)。

本调解书经各方当事人签收后,即具有法律效力/本调解协议经各方当事人在笔录上签名或者盖章,本院予以确认后即具有法律效力(各方当事人同意在调解协议上签名或者盖章后发生法律效力的)。

审判员 ×××

××××年××月××日
(院印)

书记员 ×××

【说明】

1. 本样式根据《中华人民共和国民事诉讼法》第五十条、第九十五条、第九十六条、第九十七条、第九十八条以及《最高人民法院关于适用〈中华人民共和国民事诉讼法〉的解释》第一百五十一条、第二百七十条第一项制定,供人民法院在适用简易程序审理案件过程中,当事人自行和解达成协议请求人民法院确认、人民法院主持调解达成协议、人民法院委托有关单位主持调解达成协议由人民法院确认后,制作民事调解书用。

2. 对于不需要制作调解书的,当事人各方同意在调解协议上签名或者盖章后即发生法律效力,经人民法院审查确认后,应当记入笔录或者将调解协议附卷,并由当事人、审判人员、书记员签名或者盖章后即具有法律效力。当事人请求制作调解书的,人民法院审查确认后可以制作调解书送交当事人。当事人拒收调解书的,不影响调解协议的效力。

# 九、保全和先予执行

## 最高人民法院关于生态环境侵权案件适用禁止令保全措施的若干规定

- 2021年11月29日最高人民法院审判委员会第1854次会议通过
- 2021年12月27日最高人民法院公告公布
- 自2022年1月1日起施行
- 法释〔2021〕22号

为妥善审理生态环境侵权案件,及时有效保护生态环境,维护民事主体合法权益,落实保护优先、预防为主原则,根据《中华人民共和国民法典》《中华人民共和国环境保护法》《中华人民共和国民事诉讼法》等有关法律规定,结合审判实践,制定本规定。

**第一条** 申请人以被申请人正在实施或者即将实施污染环境、破坏生态行为,不及时制止将使申请人合法权益或者生态环境受到难以弥补的损害为由,依照民事诉讼法第一百条、第一百零一条规定,向人民法院申请采取禁止令保全措施,责令被申请人立即停止一定行为的,人民法院应予受理。

**第二条** 因污染环境、破坏生态行为受到损害的自然人、法人或者非法人组织,以及民法典第一千二百三十四条、第一千二百三十五条规定的"国家规定的机关或者法律规定的组织",可以向人民法院申请作出禁止令。

**第三条** 申请人提起生态环境侵权诉讼时或者诉讼过程中,向人民法院申请作出禁止令的,人民法院应当在接受申请后五日内裁定是否准予。情况紧急的,人民法院应当在接受申请后四十八小时内作出。

因情况紧急,申请人可在提起诉讼前向污染环境、破坏生态行为实施地、损害结果发生地或者被申请人住所地等对案件有管辖权的人民法院申请作出禁止令,人民法院应当在接受申请后四十八小时内裁定是否准予。

**第四条** 申请人向人民法院申请作出禁止令的,应当提交申请书和相应的证明材料。

申请书应当载明下列事项:

(一)申请人与被申请人的身份、送达地址、联系方式等基本情况;

(二)申请禁止的内容、范围;

(三)被申请人正在实施或者即将实施污染环境、破坏生态行为,以及如不及时制止将使申请人合法权益或者生态环境受到难以弥补损害的情形;

(四)提供担保的财产信息,或者不需要提供担保的理由。

**第五条** 被申请人污染环境、破坏生态行为具有现实而紧迫的重大风险,如不及时制止将对申请人合法权益或者生态环境造成难以弥补损害的,人民法院应当综合考量以下因素决定是否作出禁止令:

(一)被申请人污染环境、破坏生态行为被行政主管机关依法处理后仍继续实施;

(二)被申请人污染环境、破坏生态行为对申请人合法权益或者生态环境造成的损害超过禁止被申请人一定行为对其合法权益造成的损害;

(三)禁止被申请人一定行为对国家利益、社会公共利益或者他人合法权益产生的不利影响;

(四)其他应当考量的因素。

**第六条** 人民法院审查申请人禁止令申请,应当听取被申请人的意见。必要时,可进行现场勘查。

情况紧急无法询问或者现场勘查的,人民法院应当在裁定准予申请人禁止令申请后四十八小时内听取被申请人的意见。被申请人意见成立的,人民法院应当裁定解除禁止令。

**第七条** 申请人在提起诉讼时或者诉讼过程中申请禁止令的,人民法院可以责令申请人提供担保,不提供担保的,裁定驳回申请。

申请人提起诉讼前申请禁止令的,人民法院应当责令申请人提供担保,不提供担保的,裁定驳回申请。

**第八条** 人民法院裁定准予申请人禁止令申请的,应当根据申请人的请求和案件具体情况确定禁止令的效力期间。

**第九条** 人民法院准予或者不准予申请人禁止令申请的,应当制作民事裁定书,并送达当事人,裁定书自送达之日起生效。

人民法院裁定准予申请人禁止令申请的,可以根据裁定内容制作禁止令张贴在被申请人住所地,污染环境、破坏生态行为实施地、损害结果发生地等相关场所,并可通过新闻媒体等方式向社会公开。

**第十条** 当事人、利害关系人对人民法院裁定准予或者不准予申请人禁止令申请不服的,可在收到裁定书之日起五日内向作出裁定的人民法院申请复议一次。人民法院应当在收到复议申请后十日内审查并作出裁定。复议期间不停止裁定的执行。

**第十一条** 申请人在人民法院作出诉前禁止令后三十日内不依法提起诉讼的,人民法院应当在三十日届满后五日内裁定解除禁止令。

禁止令效力期间内,申请人、被申请人或者利害关系人以据以作出裁定的事由发生变化为由,申请解除禁止令的,人民法院应当在收到申请后五日内裁定是否解除。

**第十二条** 被申请人不履行禁止令的,人民法院可依照民事诉讼法第一百一十一条的规定追究其相应法律责任。

**第十三条** 侵权行为实施地、损害结果发生地在中华人民共和国管辖海域内的海洋生态环境侵权案件中,申请人向人民法院申请责令被申请人立即停止一定行为的,适用海洋环境保护法、海事诉讼特别程序法等法律和司法解释的相关规定。

**第十四条** 本规定自2022年1月1日起施行。

附件:1.民事裁定书(诉中禁止令用)样式
2.民事裁定书(诉前禁止令用)样式
3.民事裁定书(解除禁止令用)样式
4.禁止令(张贴公示用)样式

**附件1:民事裁定书(诉中禁止令用)样式**

××××人民法院
民事裁定书

(××××)……民初……号
申请人:×××,……(写明姓名或名称、住所地等基本情况)。
……
被申请人:×××,……(写明姓名或名称、住所地等基本情况)。
申请人×××因与被申请人×××…(写明案由)纠纷一案,向本院申请作出禁止令,责令被申请人×××……(写明申请作出禁止令的具体请求事项)。

本院认为:……(写明是否符合作出禁止令的条件,以及相应的事实理由)。依照《中华人民共和国民事诉讼法》第一百条,《最高人民法院关于生态环境侵权案件适用禁止令保全措施的若干规定》第三条第一款、第八条、第九条第一款的规定,裁定如下:

一、……被申请人×××自本裁定生效之日……(写明效力期间及要求被申请人立即停止实施的具体行为的内容)。

二、……(若禁止实施的具体行为不止一项,依次写明)。

(不准予申请人禁止令申请的,写明"驳回申请人×××的禁止令申请。")

如不服本裁定,可在裁定书送达之日起五日内,向本院申请复议一次。复议期间,不停止裁定的执行。

本裁定送达后即发生法律效力。

审判长×××
审判员×××
审判员×××

××××年××月××日
(院印)
法官助理×××
书记员×××

**【说明】**

1.本样式根据《中华人民共和国民事诉讼法》第一百条、《最高人民法院关于生态环境侵权案件适用禁止令保全措施的若干规定》第三条第一款、第八条、第九条第一款制定,供人民法院在受理、审理案件过程中,依当事人申请作出禁止令时用。

2.当事人申请诉中禁止令的,案号与正在进行的民事诉讼案号相同,为(××××)……民初……号;若特殊情况下当事人在二审中申请诉中禁止令的,案号则为二审案号。

3.禁止令的效力期间原则上自裁定生效之日起至案件终审裁判文书生效或者人民法院裁定解除之日止;人民法院若根据个案实际情况确定了具体的效力期间,亦应在裁定书中予以明确。期间届满,禁止令自动终止。

**附件2：民事裁定书（诉前禁止令用）样式**

××××人民法院<br>民事裁定书

（××××）……行保……号

申请人：×××，……（写明姓名或名称、住所地等基本情况）。

被申请人：×××，……（写明姓名或名称、住所地等基本情况）。

因被申请人×××……（写明具体的生态环境侵权行为），申请人×××向本院申请禁止令，责令被申请人×××……（写明申请作出禁止令的具体请求事项）。

本院认为：……（写明是否符合作出禁止令的条件，以及相应的事实理由）。依照《中华人民共和国民事诉讼法》第一百零一条、《最高人民法院关于生态环境侵权案件适用禁止令保全措施的若干规定》第三条第二款、第八条、第九条第一款的规定，裁定如下：

一、……被申请人×××自本裁定生效之日……（写明效力期间及要求被申请人立即停止实施的具体行为的内容）。

二、……（若禁止实施的具体行为不止一项，依次写明）。

（不准予申请人禁止令申请的，写明"驳回申请人×××的禁止令申请。"）

如不服本裁定，可在裁定书送达之日起五日内，向本院申请复议一次。复议期间，不停止裁定的执行。

本裁定送达后即发生法律效力。

审判长×××<br>审判员×××<br>审判员×××

××××年××月××日<br>（院印）<br>法官助理×××<br>书记员×××

【说明】

1. 本样式根据《中华人民共和国民事诉讼法》第一百零一条、《最高人民法院关于生态环境侵权案件适用禁止令保全措施的若干规定》第三条第二款、第八条、第九条第一款制定，供人民法院在受理案件前，依当事人申请作出禁止令时用。

2. 当事人申请诉前禁止令时，尚未进入诉讼程序，故编立案号（××××）……行保……号。

3. 禁止令的效力期间原则上自裁定生效之日起至案件终审裁判文书生效或者人民法院裁定解除之日止；人民法院若根据个案实际情况确定了具体的效力期间，亦应在裁定书中予以明确。期间届满，禁止令自动终止。

**附件3：民事裁定书（解除禁止令用）样式**

××××人民法院<br>民事裁定书

（××××）……民初……号

申请人：×××，……（写明姓名或名称、住所地等基本情况）。

被申请人：×××，……（写明姓名或名称、住所地等基本情况）。

本院于××××年××月××日作出××（写明案号）民事裁定，准予×××的禁止令申请。××××年××月××日，申请人/被申请人/利害关系人×××基于据以作出禁止令的事由发生变化为由，请求解除禁止令。

本院经审查认为，……（写明是否符合解除禁止令的条件，以及相应的事实理由）。依照《最高人民法院关于生态环境侵权案件适用禁止令保全措施的若干规定》第十一条第二款的规定，裁定如下：

一、解除××××（被申请人的姓名或者名称）……（写明需要解除的禁止实施的具体行为）。

二、……（若需解除的禁止实施的具体行为不止一项，依次写明）。

（如不符合解除禁止令条件的，写明："驳回申请人/被申请人/利害关系人×××的解除禁止令申请。"）

如不服本裁定，可在裁定书送达之日起五日内，向本院申请复议一次。复议期间，不停止裁定的执行。

本裁定送达后即发生法律效力。

审判长×××<br>审判员×××<br>审判员××

××××年××月××日<br>（院印）<br>法官助理×××<br>书记员×××

【说明】

1. 本样式根据《最高人民法院关于生态环境侵权案件适用禁止令保全措施的若干规定》第十一条第二款制定，供人民法院在禁止令效力期间内，因据以作出禁止令的事由发生变化，依申请人、被申请人或者利害关系人申请提前解除禁止令用。

2. 根据《最高人民法院关于生态环境侵权案件适用禁止令保全措施的若干规定》第六条第二款因被申请人抗辩理由成立而解除已作出的禁止令、第十一条第一款因申请人未在法定三十日内提起诉讼而解除禁止令的，可参照本样式调整相应表述后使用。

3. 若一审中裁定解除禁止令的，则采用一审案号（或之…）；若二审中裁定解除禁止令的，则采用二审案号；若系针对申请人在诉前禁止令作出后三十日内未起诉而解除或者提前解除的，则采用原禁止令案号之一。

4. 解除裁定生效后，依据原裁定制作的禁止令自动终止。

**附件4：禁止令（张贴公示用）样式**

××××人民法院<br>禁止令

（××××）……民初……号/（××××）…行保…号

×××（写明被申请人姓名或名称）：

申请人×××以你（你单位）……（申请理由）为由，于××××年××月××日向本院申请作出禁止令。本院经审查，于××××年××月××日作出××号民事裁定，准予申请人×××的禁止令申请。现责令：

……（裁定书主文内容）。

此令。

×××人民法院<br>××××年××月××日<br>（院印）

【说明】

1. 本样式根据《最高人民法院关于生态环境侵权案件适用禁止令保全措施的若干规定》第九条第二款制定，供人民法院在被申请人住所地、污染环境、破坏生态行为实施地、损害结果发生地等相关场所张贴以及通过新闻媒体等方式向社会公开时用。

2. 如系诉中禁止令，案号与正在审理案件案号相同，如系诉前禁止令则案号为（××××）……行保……号。

# 最高人民法院关于人民法院办理财产保全案件若干问题的规定

- 2016年10月17日最高人民法院审判委员会第1696次会议通过
- 根据2020年12月23日最高人民法院审判委员会第1823次会议通过的《最高人民法院关于修改〈最高人民法院关于人民法院扣押铁路运输货物若干问题的规定〉等十八件执行类司法解释的决定》修正
- 2020年12月29日最高人民法院公告公布
- 自2021年1月1日起施行
- 法释〔2020〕21号

为依法保护当事人、利害关系人的合法权益，规范人民法院办理财产保全案件，根据《中华人民共和国民事诉讼法》等法律规定，结合审判、执行实践，制定本规定。

**第一条** 当事人、利害关系人申请财产保全，应当向人民法院提交申请书，并提供相关证据材料。

申请书应当载明下列事项：

（一）申请保全人与被保全人的身份、送达地址、联系方式；

（二）请求事项和所根据的事实与理由；

（三）请求保全数额或者争议标的；

（四）明确的被保全财产信息或者具体的被保全财产线索；

（五）为财产保全提供担保的财产信息或资信证明，或者不需要提供担保的理由；

（六）其他需要载明的事项。

法律文书生效后，进入执行程序前，债权人申请财产保全的，应当写明生效法律文书的制作机关、文号和主要内容，并附生效法律文书副本。

**第二条** 人民法院进行财产保全，由立案、审判机构作出裁定，一般应当移送执行机构实施。

**第三条** 仲裁过程中，当事人申请财产保全的，应当通过仲裁机构向人民法院提交申请书及仲裁案件受理通知书等相关材料。人民法院裁定采取保全措施或者裁定驳回申请的，应当将裁定书送达当事人，并通知仲裁机构。

**第四条** 人民法院接受财产保全申请后，应当在五日内作出裁定；需要提供担保的，应当在提供担保后五日内作出裁定；裁定采取保全措施的，应当在五日内开始执行。对情况紧急的，必须在四十八小时内作出裁定；裁定采取保全措施的，应当立即开始执行。

**第五条** 人民法院依照民事诉讼法第一百条规定责令申请保全人提供财产保全担保的,担保数额不超过请求保全数额的百分之三十;申请保全的财产系争议标的的,担保数额不超过争议标的价值的百分之三十。

利害关系人申请诉前财产保全的,应当提供相当于请求保全数额的担保;情况特殊的,人民法院可以酌情处理。

财产保全期间,申请保全人提供的担保不足以赔偿可能给被保全人造成的损失的,人民法院可以责令其追加相应的担保;拒不追加的,可以裁定解除或者部分解除保全。

**第六条** 申请保全人或第三人为财产保全提供财产担保的,应当向人民法院出具担保书。担保书应当载明担保人、担保方式、担保范围、担保财产及其价值、担保责任承担等内容,并附相关证据材料。

第三人为财产保全提供保证担保的,应当向人民法院提交保证书。保证书应当载明保证人、保证方式、保证范围、保证责任承担等内容,并附相关证据材料。

对财产保全担保,人民法院经审查,认为违反民法典、公司法等有关法律禁止性规定的,应当责令申请保全人在指定期限内提供其他担保;逾期未提供的,裁定驳回申请。

**第七条** 保险人以其与申请保全人签订财产保全责任险合同的方式为财产保全提供担保的,应当向人民法院出具担保书。

担保书应当载明,因申请财产保全错误,由保险人赔偿被保全人因保全所遭受的损失等内容,并附相关证据材料。

**第八条** 金融监管部门批准设立的金融机构以独立保函形式为财产保全提供担保的,人民法院应当依法准许。

**第九条** 当事人在诉讼中申请财产保全,有下列情形之一的,人民法院可以不要求提供担保:

(一)追索赡养费、扶养费、抚育费、抚恤金、医疗费用、劳动报酬、工伤赔偿、交通事故人身损害赔偿的;

(二)婚姻家庭纠纷案件中遭遇家庭暴力且经济困难的;

(三)人民检察院提起的公益诉讼涉及损害赔偿的;

(四)因见义勇为遭受侵害请求损害赔偿的;

(五)案件事实清楚、权利义务关系明确,发生保全错误可能性较小的;

(六)申请保全人为商业银行、保险公司等由金融监管部门批准设立的具有独立偿付债务能力的金融机构及其分支机构的。

法律文书生效后,进入执行程序前,债权人申请财产保全的,人民法院可以不要求提供担保。

**第十条** 当事人、利害关系人申请财产保全,应当向人民法院提供明确的被保全财产信息。

当事人在诉讼中申请财产保全,确因客观原因不能提供明确的被保全财产信息,但提供了具体财产线索的,人民法院可以依法裁定采取财产保全措施。

**第十一条** 人民法院依照本规定第十条第二款规定作出保全裁定的,在该裁定执行过程中,申请保全人可以向已经建立网络执行查控系统的执行法院,书面申请通过该系统查询被保全人的财产。

申请保全人提出查询申请的,执行法院可以利用网络执行查控系统,对裁定保全的财产或者保全数额范围内的财产进行查询,并采取相应的查封、扣押、冻结措施。

人民法院利用网络执行查控系统未查询到可供保全财产的,应当书面告知申请保全人。

**第十二条** 人民法院对查询到的被保全人财产信息,应当依法保密。除依法保全的财产外,不得泄露被保全人其他财产信息,也不得在财产保全、强制执行以外使用相关信息。

**第十三条** 被保全人有多项财产可供保全的,在能够实现保全目的的情况下,人民法院应当选择对其生产经营活动影响较小的财产进行保全。

人民法院对厂房、机器设备等生产经营性财产进行保全时,指定被保全人保管的,应当允许其继续使用。

**第十四条** 被保全财产系机动车、航空器等特殊动产的,除被保全人下落不明的以外,人民法院应当责令被保全人书面报告该动产的权属和占有、使用等情况,并予以核实。

**第十五条** 人民法院应当依据财产保全裁定采取相应的查封、扣押、冻结措施。

可供保全的土地、房屋等不动产的整体价值明显高于保全裁定载明金额的,人民法院应当对该不动产的相应价值部分采取查封、扣押、冻结措施,但该不动产在使用上不可分或者分割会严重减损其价值的除外。

对银行账户内资金采取冻结措施的,人民法院应当明确具体的冻结数额。

**第十六条** 人民法院在财产保全中采取查封、扣押、冻结措施,需要有关单位协助办理登记手续的,有关单位应当在裁定书和协助执行通知书送达后立即办理。针对同一财产有多个裁定书和协助执行通知书的,应当按照送达的时间先后办理登记手续。

**第十七条** 利害关系人申请诉前财产保全,在人民法院采取保全措施后三十日内依法提起诉讼或者申请仲裁的,诉前财产保全措施自动转为诉讼或仲裁中的保全措施;进入执行程序后,保全措施自动转为执行中的查封、扣押、冻结措施。

依前款规定,自动转为诉讼、仲裁中的保全措施或者执行中的查封、扣押、冻结措施的,期限连续计算,人民法院无需重新制作裁定书。

**第十八条** 申请保全人申请续行财产保全的,应当在保全期限届满七日前向人民法院提出;逾期申请或者不申请的,自行承担不能续行保全的法律后果。

人民法院进行财产保全时,应当书面告知申请保全人明确的保全期限届满日以及前款有关申请续行保全的事项。

**第十九条** 再审审查期间,债务人申请保全生效法律文书确定给付的财产的,人民法院不予受理。

再审审理期间,原生效法律文书中止执行,当事人申请财产保全的,人民法院应当受理。

**第二十条** 财产保全期间,被保全人请求对被保全财产自行处分,人民法院经审查,认为不损害申请保全人和其他执行债权人合法权益的,可以准许,但应当监督被保全人按照合理价格在指定期限内处分,并控制相应价款。

被保全人请求对作为争议标的的被保全财产自行处分的,须经申请保全人同意。

人民法院准许被保全人自行处分被保全财产的,应当通知申请保全人;申请保全人不同意的,可以依照民事诉讼法第二百二十五条规定提出异议。

**第二十一条** 保全法院在首先采取查封、扣押、冻结措施后超过一年未对被保全财产进行处分的,除被保全财产系争议标的外,在先轮候查封、扣押、冻结的执行法院可以商请保全法院将被保全财产移送执行。但司法解释另有特别规定的,适用其规定。

保全法院与在先轮候查封、扣押、冻结的执行法院就移送被保全财产发生争议的,可以逐级报请共同的上级法院指定该财产的执行法院。

共同的上级法院应当根据被保全财产的种类及所在地、各债权数额与被保全财产价值之间的关系等案件具体情况指定执行法院,并督促其在指定期限内处分被保全财产。

**第二十二条** 财产纠纷案件,被保全人或第三人提供充分有效担保请求解除保全,人民法院应当裁定准许。被保全人请求对作为争议标的的财产解除保全的,须经申请保全人同意。

**第二十三条** 人民法院采取财产保全措施后,有下列情形之一的,申请保全人应当及时申请解除保全:

(一)采取诉前财产保全措施后三十日内不依法提起诉讼或者申请仲裁的;

(二)仲裁机构不予受理仲裁申请、准许撤回仲裁申请或者按撤回仲裁申请处理的;

(三)仲裁申请或者请求被仲裁裁决驳回的;

(四)其他人民法院对起诉不予受理、准许撤诉或者按撤诉处理的;

(五)起诉或者诉讼请求被其他人民法院生效裁判驳回的;

(六)申请保全人应当申请解除保全的其他情形。

人民法院收到解除保全申请后,应当在五日内裁定解除保全;对情况紧急的,必须在四十八小时内裁定解除保全。

申请保全人未及时申请人民法院解除保全,应当赔偿被保全人因财产保全所遭受的损失。

被保全人申请解除保全,人民法院经审查认为符合法律规定的,应当在本条第二款规定的期间内裁定解除保全。

**第二十四条** 财产保全裁定执行中,人民法院发现保全裁定的内容与被保全财产的实际情况不符的,应当予以撤销、变更或补正。

**第二十五条** 申请保全人、被保全人对保全裁定或者驳回申请裁定不服的,可以自裁定书送达之日起五日内向作出裁定的人民法院申请复议一次。人民法院应当自收到复议申请后十日内审查。

对保全裁定不服申请复议的,人民法院经审查,理由成立的,裁定撤销或变更;理由不成立的,裁定驳回。

对驳回申请裁定不服申请复议的,人民法院经审查,理由成立的,裁定撤销,并采取保全措施;理由不成立的,裁定驳回。

**第二十六条** 申请保全人、被保全人、利害关系人认为保全裁定实施过程中的执行行为违反法律规定提出书面异议的,人民法院应当依照民事诉讼法第二百二十五条规定审查处理。

**第二十七条** 人民法院对诉讼争议标的以外的财产进行保全,案外人对保全裁定或者保全裁定实施过程中的执行行为不服,基于实体权利对被保全财产提出书面异议的,人民法院应当依照民事诉讼法第二百二十七条规定审查处理并作出裁定。案外人、申请保全人对该裁定不服的,可以自裁定送达之日起十五日内向人民法院提起执行异议之诉。

人民法院裁定案外人异议成立后,申请保全人在法律规定的期间内未提起执行异议之诉的,人民法院应当自起诉期限届满之日起七日内对该被保全财产解除保全。

**第二十八条** 海事诉讼中,海事请求人申请海事请求保全,适用《中华人民共和国海事诉讼特别程序法》及相关司法解释。

**第二十九条** 本规定自 2016 年 12 月 1 日起施行。

本规定施行前公布的司法解释与本规定不一致的,以本规定为准。

## 最高人民法院关于人民法院对注册商标权进行财产保全的解释

- 2000 年 11 月 22 日最高人民法院审判委员会第 1144 次会议通过
- 根据 2020 年 12 月 23 日最高人民法院审判委员会第 1823 次会议通过的《最高人民法院关于修改〈最高人民法院关于审理侵犯专利权纠纷案件应用法律若干问题的解释(二)〉等十八件知识产权类司法解释的决定》修正
- 2020 年 12 月 29 日最高人民法院公告公布
- 自 2021 年 1 月 1 日起施行
- 法释〔2020〕19 号

为了正确实施对注册商标权的财产保全措施,避免重复保全,现就人民法院对注册商标权进行财产保全有关问题解释如下:

**第一条** 人民法院根据民事诉讼法有关规定采取财产保全措施时,需要对注册商标权进行保全的,应当向国家知识产权局商标局(以下简称商标局)发出协助执行通知书,载明要求商标局协助保全的注册商标的名称、注册人、注册证号码、保全期限以及协助执行保全的内容,包括禁止转让、注销注册商标、变更注册事项和办理商标权质押登记等事项。

**第二条** 对注册商标权保全的期限一次不得超过一年,自商标局收到协助执行通知书之日起计算。如果仍然需要对该注册商标权继续采取保全措施的,人民法院应当在保全期限届满前向商标局重新发出协助执行通知书,要求继续保全。否则,视为自动解除对该注册商标权的财产保全。

**第三条** 人民法院对已经进行保全的注册商标权,不得重复进行保全。

## 最高人民法院关于审查知识产权纠纷行为保全案件适用法律若干问题的规定

- 2018 年 11 月 26 日最高人民法院审判委员会第 1755 次会议通过
- 2018 年 12 月 12 日最高人民法院公告公布
- 自 2019 年 1 月 1 日起施行
- 法释〔2018〕21 号

为正确审查知识产权纠纷行为保全案件,及时有效保护当事人的合法权益,根据《中华人民共和国民事诉讼法》《中华人民共和国专利法》《中华人民共和国商标法》《中华人民共和国著作权法》等有关法律规定,结合审判、执行工作实际,制定本规定。

**第一条** 本规定中的知识产权纠纷是指《民事案件案由规定》中的知识产权与竞争纠纷。

**第二条** 知识产权纠纷的当事人在判决、裁定或者仲裁裁决生效前,依据民事诉讼法第一百条、第一百零一条规定申请行为保全的,人民法院应当受理。

知识产权许可合同的被许可人申请诉前责令停止侵害知识产权行为的,独占许可合同的被许可人可以单独向人民法院提出申请;排他许可合同的被许可人在权利人不申请的情况下,可以单独提出申请;普通许可合同的被许可人经权利人明确授权以自己的名义起诉的,可以单独提出申请。

**第三条** 申请诉前行为保全,应当向被申请人住所地具有相应知识产权纠纷管辖权的人民法院或者对案件具有管辖权的人民法院提出。

当事人约定仲裁的,应当向前款规定的人民法院申请行为保全。

**第四条** 向人民法院申请行为保全,应当递交申请书和相应证据。申请书应当载明下列事项:

(一)申请人与被申请人的身份、送达地址、联系方式;

(二)申请采取行为保全措施的内容和期限;

(三)申请所依据的事实、理由,包括被申请人的行为将会使申请人的合法权益受到难以弥补的损害或者造成案件裁决难以执行等损害的具体说明;

（四）为行为保全提供担保的财产信息或资信证明，或者不需要提供担保的理由；

（五）其他需要载明的事项。

**第五条** 人民法院裁定采取行为保全措施前，应当询问申请人和被申请人，但因情况紧急或者询问可能影响保全措施执行等情形除外。

人民法院裁定采取行为保全措施或者裁定驳回申请的，应当向申请人、被申请人送达裁定书。向被申请人送达裁定书可能影响采取保全措施的，人民法院可以在采取保全措施后及时向被申请人送达裁定书，至迟不得超过五日。

当事人在仲裁过程中申请行为保全的，应当通过仲裁机构向人民法院提交申请书、仲裁案件受理通知书等相关材料。人民法院裁定采取行为保全措施或者裁定驳回申请的，应当将裁定书送达当事人，并通知仲裁机构。

**第六条** 有下列情况之一，不立即采取行为保全措施即足以损害申请人利益的，应当认定属于民事诉讼法第一百条、第一百零一条规定的"情况紧急"：

（一）申请人的商业秘密即将被非法披露；

（二）申请人的发表权、隐私权等人身权利即将受到侵害；

（三）诉争的知识产权即将被非法处分；

（四）申请人的知识产权在展销会等时效性较强的场合正在或者即将受到侵害；

（五）时效性较强的热播节目正在或者即将受到侵害；

（六）其他需要立即采取行为保全措施的情况。

**第七条** 人民法院审查行为保全申请，应当综合考量下列因素：

（一）申请人的请求是否具有事实基础和法律依据，包括请求保护的知识产权效力是否稳定；

（二）不采取行为保全措施是否会使申请人的合法权益受到难以弥补的损害或者造成案件裁决难以执行等损害；

（三）不采取行为保全措施对申请人造成的损害是否超过采取行为保全措施对被申请人造成的损害；

（四）采取行为保全措施是否损害社会公共利益；

（五）其他应当考量的因素。

**第八条** 人民法院审查判断申请人请求保护的知识产权效力是否稳定，应当综合考量下列因素：

（一）所涉权利的类型或者属性；

（二）所涉权利是否经过实质审查；

（三）所涉权利是否处于宣告无效或者撤销程序中以及被宣告无效或者撤销的可能性；

（四）所涉权利是否存在权属争议；

（五）其他可能导致所涉权利效力不稳定的因素。

**第九条** 申请人以实用新型或者外观设计专利权为依据申请行为保全的，应当提交由国务院专利行政部门作出的检索报告、专利权评价报告或者专利复审委员会维持该专利权有效的决定。申请人无正当理由拒不提交的，人民法院应当裁定驳回其申请。

**第十条** 在知识产权与不正当竞争纠纷行为保全案件中，有下列情形之一的，应当认定属于民事诉讼法第一百零一条规定的"难以弥补的损害"：

（一）被申请人的行为将会侵害申请人享有的商誉或者发表权、隐私权等人身性质的权利且造成无法挽回的损害；

（二）被申请人的行为将会导致侵权行为难以控制且显著增加申请人损害；

（三）被申请人的侵害行为将会导致申请人的相关市场份额明显减少；

（四）对申请人造成其他难以弥补的损害。

**第十一条** 申请人申请行为保全的，应当依法提供担保。

申请人提供的担保数额，应当相当于被申请人可能因执行行为保全措施所遭受的损失，包括责令停止侵权行为所涉产品的销售收益、保管费用等合理损失。

在执行行为保全措施过程中，被申请人可能因此遭受的损失超过申请人担保数额的，人民法院可以责令申请人追加相应的担保。申请人拒不追加的，可以裁定解除或者部分解除保全措施。

**第十二条** 人民法院采取的行为保全措施，一般不因被申请人提供担保而解除，但是申请人同意的除外。

**第十三条** 人民法院裁定采取行为保全措施的，应当根据申请人的请求或者案件具体情况等因素合理确定保全措施的期限。

裁定停止侵害知识产权行为的效力，一般应当维持至案件裁判生效时止。

人民法院根据申请人的请求、追加担保等情况，可以裁定继续采取保全措施。申请人请求续行保全措施的，应当在期限届满前七日内提出。

**第十四条** 当事人不服行为保全裁定申请复议的，人民法院应当在收到复议申请后十日内审查并作出裁定。

**第十五条** 人民法院采取行为保全的方法和措施，

依照执行程序相关规定处理。

第十六条 有下列情形之一的,应当认定属于民事诉讼法第一百零五条规定的"申请有错误":

(一)申请人在采取行为保全措施后三十日内不依法提起诉讼或者申请仲裁的;

(二)行为保全措施因请求保护的知识产权被宣告无效等原因自始不当的;

(三)申请责令被申请人停止侵害知识产权或者不正当竞争,但生效裁判认定不构成侵权或者不正当竞争的;

(四)其他属于申请有错误的情形。

第十七条 当事人申请解除行为保全措施,人民法院收到申请后经审查符合《最高人民法院关于适用〈中华人民共和国民事诉讼法〉的解释》第一百六十六条规定的情形的,应当在五日内裁定解除。

申请人撤回行为保全申请或者申请解除行为保全措施的,不因此免除民事诉讼法第一百零五条规定的赔偿责任。

第十八条 被申请人依据民事诉讼法第一百零五条规定提起赔偿诉讼,申请人申请诉前行为保全后没有起诉或者当事人约定仲裁的,由采取保全措施的人民法院管辖;申请人已经起诉的,由受理起诉的人民法院管辖。

第十九条 申请人同时申请行为保全、财产保全或者证据保全的,人民法院应当依法分别审查不同类型保全申请是否符合条件,并作出裁定。

为避免被申请人实施转移财产、毁灭证据等行为致使保全目的无法实现,人民法院可以根据案件具体情况决定不同类型保全措施的执行顺序。

第二十条 申请人申请行为保全,应当依照《诉讼费用交纳办法》关于申请采取行为保全措施的规定交纳申请费。

第二十一条 本规定自2019年1月1日起施行。最高人民法院以前发布的相关司法解释与本规定不一致的,以本规定为准。

· 文书范本

**1. 民事裁定书(诉前财产保全用)**

××××人民法院
**民事裁定书**

(××××)……财保……号

申请人:×××,……。

……

被申请人:×××,……。

……

(以上写明申请人、被申请人及其代理人的姓名或者名称等基本信息)

申请人×××于××××年××月××日向本院申请诉前财产保全,请求对被申请人×××……(写明申请采取财产保全措施的具体内容)。申请人×××/担保人×××以……(写明担保财产的名称、数量或者数额、所在地点等)提供担保。

本院经审查认为,……(写明采取财产保全措施的理由)。依照《中华人民共和国民事诉讼法》第一百零一条、第一百零二条、第一百零三条第一款规定,裁定如下:

查封/扣押/冻结被申请人×××的……(写明保全财产名称、数量或者数额、所在地点等),期限为……年/月/日(写明保全的期限)。

案件申请费……元,由……负担(写明当事人姓名或者名称、负担金额)。

本裁定立即开始执行。

如不服本裁定,可以自收到裁定书之日起五日内向本院申请复议一次。复议期间不停止裁定的执行。

申请人在人民法院采取保全措施后三十日内不依法提起诉讼或者申请仲裁的,本院将依法解除保全。

审判长 ×××
审判员 ×××
审判员 ×××
××××年××月××日
(院印)

本件与原本核对无异

书记员 ×××

【说明】

1. 本样式根据《中华人民共和国民事诉讼法》第一百零一条、第一百零二条、第一百零三条第一款制定,供当事人提起诉讼或者申请仲裁前向人民法院申请财产保全,人民法院裁定采取财产保全措施用。

2. 保全民事裁定中,没有担保人的,不写相应内容。

## 2. 民事裁定书(执行前保全用)

××××人民法院
民事裁定书

(××××)……财保……号

申请人:×××,……。
……
被申请人:×××,……。
……

(以上写明申请人、被申请人及其代理人的姓名或者名称等基本信息)

申请人×××于××××年××月××日向××××仲裁委员会申请财产保全,请求对被申请人×××……(写明申请采取财产保全措施的具体内容)。申请人×××/担保人×××以……(写明担保财产的名称、数量或者数额、所在地点等)提供担保。××××年××月××日,××××仲裁委员会将保全申请书、担保材料等提交本院。

本院经审查认为,……(写明采取财产保全措施的理由)。依照《中华人民共和国仲裁法》第二十八条、《中华人民共和国民事诉讼法》第一百零三条第一款规定,裁定如下:

查封/扣押/冻结被申请人×××的……(写明保全财产名称、数量或者数额、所在地点等),期限为……年/月/日(写明保全的期限)。

案件申请费……元,由……负担(写明当事人姓名或者名称、负担金额)。

本裁定立即开始执行。

如不服本裁定,可以自收到裁定书之日起五日内向本院申请复议一次。复议期间不停止裁定的执行。

审判员　×××

××××年××月××日(院印)
书记员　×××

【说明】
本样式根据《中华人民共和国仲裁法》第二十八条、《中华人民共和国民事诉讼法》第一百零三条第一款制定,供人民法院在仲裁委员会提交当事人财产保全申请后,裁定采取财产保全措施用。

## 3. 民事裁定书(诉讼财产保全用)

××××人民法院
民事裁定书

(××××)……民×……号

申请人:×××,……。
……
被申请人:×××,……。
……

(以上写明申请人、被申请人及其代理人的姓名或者名称等基本信息)

……(写明当事人及案由)一案,申请人×××于××××年××月××日向本院申请财产保全,请求对被申请人×××……(写明申请采取财产保全措施的具体内容)。申请人×××/担保人×××以……(写明担保财产的名称、数量或者数额、所在地点等)提供担保。

本院经审查认为,……(写明采取财产保全措施的理由)。依照《中华人民共和国民事诉讼法》第一百条、第一百零二条、第一百零三条第一款规定,裁定如下:

查封/扣押/冻结被申请人×××的……(写明保全财产名称、数量或者数额、所在地点等),期限为……年/月/日(写明保全的期限)。

案件申请费……元,由……负担(写明当事人姓名或者名称、负担金额)。

本裁定立即开始执行。

如不服本裁定,可以自收到裁定书之日起五日内向本院申请复议一次。复议期间不停止裁定的执行。

审判长　×××
审判员　×××
审判员　×××

××××年××月××日
(院印)

本件与原本核对无异

书记员　×××

【说明】
1. 本样式根据《中华人民共和国民事诉讼法》第一百条、第一百零二条、第一百零三条第一款制定,供人民法院在诉讼中,依当事人申请裁定采取财产保全措施用。

2. 本裁定书案号用诉讼案件的类型代字。
3. 独任审判的,裁定书署独任审判员的姓名。
4. 对当事人不服一审判决提起上诉的案件,在第二审人民法院接到报送的案件之前,当事人有转移、隐匿、出卖或者毁损财产等行为,必须采取保全措施的,由第一审人民法院依当事人申请或者依职权采取。第一审人民法院的保全裁定,应当及时报送第二审人民法院。

### 4. 民事裁定书(诉讼行为保全用)

×××× 人民法院
民事裁定书

(××××)……民×……号

申请人:×××,……。
……
被申请人:×××,……。
……
(以上写明申请人、被申请人及其代理人的姓名或者名称等基本信息)

……(写明当事人及案由)一案,申请人×××于××××年××月××日向本院申请行为保全,请求对被申请人×××……(写明申请采取行为保全措施的具体内容)。申请人×××/担保人×××以……(写明担保财产的名称、数量或者数额、所在地点等)提供担保。

本院经审查认为,……(写明采取行为保全措施的理由)。依照《中华人民共和国民事诉讼法》第一百条、第一百零二条规定,裁定如下:

……(写明行为保全措施)。
案件申请费……元,由……负担(写明当事人姓名或者名称、负担金额)。

本裁定立即开始执行。
如不服本裁定,可以自收到裁定书之日起五日内向本院申请复议一次。复议期间不停止裁定的执行。

审判长 ×××
审判员 ×××
审判员 ×××

××××年××月××日
(院印)

本件与原本核对无异

书记员 ×××

【说明】
1. 本样式根据《中华人民共和国民事诉讼法》第一百条、第一百零二条制定,供人民法院在诉讼中,依当事人申请裁定采取行为保全措施用。
2. 本裁定书案号用诉讼案件的类型代字。
3. 独任审判的,裁定书署独任审判员的姓名。

### 5. 提供担保通知书(责令提供担保用)

×××× 人民法院
提供担保通知书

(××××)……号

×××(写明保全或者先予执行申请人姓名或者名称):
……(写明当事人及案由)一案,你/你单位于××××年××月××日向本院申请财产保全/行为保全/先予执行。依照《中华人民共和国民事诉讼法》第一百条/第一百零一条/第一百零七条、《最高人民法院关于适用〈中华人民共和国民事诉讼法〉的解释》第一百五十二条规定,你/你单位应当在接到本通知书之日起××日内向本院提供……(写明担保方式、担保金额等)。逾期不提供担保的,本院将裁定驳回保全/先予执行申请。
特此通知。

××××年××月××日
(院印)

【说明】
本样式根据《中华人民共和国民事诉讼法》第一百条、第一百零一条、第一百零七条以及《最高人民法院关于适用〈中华人民共和国民事诉讼法〉的解释》第一百五十二条制定,供人民法院在裁定诉前、诉讼保全/先予执行时,责令当事人或者利害关系人提供担保用。

### 6. 申请书(诉前或者仲裁前申请财产保全用)

申请书

申请人:×××,男/女,××××年××月××日出生,×族,……(写明工作单位和职务或者职业),住……。联系方式:……。

法定代理人/指定代理人：×××，……。
委托诉讼代理人：×××，……。
被申请人：×××，……。
……
（以上写明当事人和其他诉讼参加人的姓名或者名称等基本信息）
请求事项：
查封/扣押/冻结被申请人×××的……（写明保全财产的名称、性质、数量或数额、所在地等），期限为×年×月×日。
事实和理由：
……（写明诉前/仲裁前申请财产保全的事实和理由）。
申请人提供……（写明担保财产的名称、性质、数量或数额、所在地等）作为担保。
此致
××××人民法院

申请人（签名或盖章）<br>××××年××月××日

【说明】
1. 本样式根据《中华人民共和国民事诉讼法》第一百零一条第一款制定，供利害关系人在提起诉讼或者申请仲裁前，向人民法院申请诉前财产保全用。
2. 当事人是法人或者其他组织的，写明名称住所。另起一行写明法定代表人、主要负责人及其姓名、职务、联系方式。
3. 利害关系人因情况紧急，不立即申请保全将会使其合法权益受到难以弥补的损害的，可以在提起诉讼或者申请仲裁前向被保全财产所在地、被申请人住所地或者对案件有管辖权的人民法院申请采取保全措施。
4. 利害关系人申请诉前保全的，应当提供担保。申请诉前财产保全的，应当提供相当于请求保全数额的担保；情况特殊的，人民法院可以酌情处理。
5. 申请有错误的，申请人应当赔偿被申请人因保全所遭受的损失。

## 7. 申请书（申请诉前/仲裁前行为保全用）

申请书

申请人：×××，男/女，××××年××月××日出生，×族，……

（写明工作单位和职务或者职业），住……。联系方式：……。
法定代理人/指定代理人：×××，……。
委托诉讼代理人：×××，……。
被申请人：×××，……。
……
（以上写明当事人和其他诉讼参加人的姓名或者名称等基本信息）
请求事项：
请求××××人民法院……（写明行为保全事项）。
事实和理由：
……（写明诉前/仲裁前申请行为保全的事实和理由）。
申请人提供……（写明担保财产的名称、性质、数量或数额、所在地等）作为担保。
此致
××××人民法院

申请人（签名或者盖章）<br>××××年××月××日

【说明】
1. 本样式根据《中华人民共和国民事诉讼法》第一百零一条第一款制定，供利害关系人在提起诉讼或者申请仲裁前，向人民法院申请诉前行为保全用。
2. 当事人是法人或者其他组织的，写明名称住所。另起一行写明法定代表人、主要负责人及其姓名、职务、联系方式。
3. 利害关系人因情况紧急，不立即申请保全将会使其合法权益受到难以弥补的损害的，可以在提起诉讼或者申请仲裁前向被保全财产所在地、被申请人住所地或者对案件有管辖权的人民法院申请采取保全措施。
4. 利害关系人申请诉前保全的，应当提供担保，不提供担保的，人民法院裁定驳回申请。申请诉前行为保全的，担保的数额由人民法院根据案件的具体情况决定。
5. 申请有错误的，申请人应当赔偿被申请人因保全所遭受的损失。

# 十、对妨害民事诉讼的强制措施

## 最高人民法院关于采取民事强制措施不得逐级变更由行为人的上级机构承担责任的通知

- 2004年7月9日
- 法〔2004〕127号

各省、自治区、直辖市高级人民法院，解放军军事法院，新疆维吾尔自治区高级人民法院生产建设兵团分院：

近一个时期，一些地方法院在执行银行和非银行金融机构（以下简称金融机构）作为被执行人或者协助执行人的案件中，在依法对该金融机构采取民事强制措施，作出罚款或者司法拘留决定后，又逐级对其上级金融机构直至总行、总公司采取民事强制措施，再次作出罚款或者司法拘留决定，造成不良影响。为纠正这一错误，特通知如下：

一、人民法院在执行程序中，对作为协助执行人的金融机构采取民事强制措施，应当严格依法决定，不得逐级变更由其上级金融机构负责。依据我院与中国人民银行于2000年9月4日会签下发的法发（2000）21号即《关于依法规范人民法院执行和金融机构协助执行的通知》第八条的规定，执行金融机构时逐级变更其上级金融机构为被执行人须具备五个条件：其一，该金融机构须为被执行人，其债务已由生效法律文书确认；其二，该金融机构收到执行法院对其限期十五日内履行偿债义务的通知；其三，该金融机构逾期未能自动履行偿债义务，并经过执行法院的强制执行；其四，该金融机构未能向执行法院提供其可供执行的财产；其五，该金融机构的上级金融机构对其负有民事连带清偿责任。金融机构作为协助执行人因其妨害执行行为而被采取民事强制措施，不同于金融机构为被执行人的情况，因此，司法处罚责任应由其自行承担；逐级变更由其上级金融机构承担此责任，属适用法律错误。

二、在执行程序中，经依法逐级变更由上级金融机构为被执行人的，如该上级金融机构在履行此项偿债义务时有妨害执行行为，可以对该上级金融机构采取民事强制措施。但人民法院应当严格按照前述通知第八条的规定，及时向该上级金融机构发出允许其于十五日内自动履行偿债义务的通知，在其自动履行的期限内，不得对其采取民事强制措施。

三、采取民事强制措施应当坚持过错责任原则。金融机构的行为基于其主观上的故意并构成妨害执行的，才可以对其采取民事强制措施；其中构成犯罪的，也可以通过法定程序追究其刑事责任。这种民事强制措施和刑事惩罚手段只适用于有故意过错的金融机构行为人，以充分体现国家法律对违法行为的惩罚性。

四、金融机构对执行法院的民事强制措施即罚款和司法拘留的决定书不服的，可以依据《民事诉讼法》第105条的规定，向上一级法院申请复议；当事人向执行法院提出复议申请的，执行法院应当立即报送上一级法院，不得扣押或者延误转交；上一级法院受理复议申请后，应当及时审查处理；执行法院在上一级法院审查复议申请期间，可以继续执行处罚决定，但经上一级法院决定撤销处罚决定的，执行法院应当立即照办。

以上通知，希望各级人民法院认真贯彻执行。执行过程中有什么情况和问题，应当及时层报我院执行工作办公室。

· 文书范本

**复议申请书(司法制裁复议案件用)**

**复议申请书**

复议申请人:×××,男/女,××××年××月××日出生,×族,……(写明工作单位和职务或者职业),住……。联系方式:……。

法定代理人/指定代理人:×××,……。

委托诉讼代理人:×××,……。

(以上写明复议申请人和其他诉讼参加人的姓名或者名称等基本信息)

请求事项:

撤销××××人民法院(××××)……司惩……号拘留/罚款/拘留并罚款决定。

事实和理由:

××××年××月××日,××××人民法院作出(××××)……司惩……号决定:……(写明决定结果)。

……(写明申请复议的事实和理由)。

此致
××××人民法院

附:××××人民法院(××××)……司惩……号决定书

复议申请人(签名或者公章)<br>××××年××月××日

【说明】

1. 本样式根据《中华人民共和国民事诉讼法》第一百一十六条第三款以及《最高人民法院关于适用〈中华人民共和国民事诉讼法〉的解释》第一百八十五条制定,供当事人对拘留、罚款决定不服的,向上一级人民法院申请复议用。

2. 复议申请人是法人或者其他组织的,写明名称住所。另起一行写明法定代表人、主要负责人及其姓名、职务、联系方式。

3. 被拘留、罚款的人不服决定申请复议的,应当自收到决定书之日起三日内提出。

**悔过书(司法拘留案件具结悔过用)**

**悔过书**

被拘留人:×××,男/女,××××年××月××日出生,×族,……(写明工作单位和职务或者职业),住……。联系方式:……。

悔过事项:

被拘留人对……(写明妨害民事诉讼行为)具结悔过,请求提前解除拘留。

悔过内容:

××××年××月××日,××××人民法院作出(××××)……司惩……号决定:……(写明决定结果)。

……(写明认错悔改的具体内容)。

此致
××××人民法院

附:××××人民法院(××××)……司惩……号决定书

悔过人(签名)<br>××××年××月××日

【说明】

1. 本样式根据《最高人民法院关于适用〈中华人民共和国民事诉讼法〉的解释》第一百八十二条制定,供被拘留人在拘留期间认错悔改的,向人民法院具结悔过用。

2. 被拘留人在拘留期间认错悔改的,可以责令其具结悔过,提前解除拘留。

# 十一、诉讼费用

## 中华人民共和国法律援助法

- 2021年8月20日第十三届全国人民代表大会常务委员会第三十次会议通过
- 2021年8月20日中华人民共和国主席令第93号公布
- 自2022年1月1日起施行

### 第一章 总 则

**第一条** 为了规范和促进法律援助工作，保障公民和有关当事人的合法权益，保障法律正确实施，维护社会公平正义，制定本法。

**第二条** 本法所称法律援助，是国家建立的为经济困难公民和符合法定条件的其他当事人无偿提供法律咨询、代理、刑事辩护等法律服务的制度，是公共法律服务体系的组成部分。

**第三条** 法律援助工作坚持中国共产党领导，坚持以人民为中心，尊重和保障人权，遵循公开、公平、公正的原则，实行国家保障与社会参与相结合。

**第四条** 县级以上人民政府应当将法律援助工作纳入国民经济和社会发展规划、基本公共服务体系，保障法律援助事业与经济社会协调发展。

县级以上人民政府应当健全法律援助保障体系，将法律援助相关经费列入本级政府预算，建立动态调整机制，保障法律援助工作需要，促进法律援助均衡发展。

**第五条** 国务院司法行政部门指导、监督全国的法律援助工作。县级以上地方人民政府司法行政部门指导、监督本行政区域的法律援助工作。

县级以上人民政府其他有关部门依照各自职责，为法律援助工作提供支持和保障。

**第六条** 人民法院、人民检察院、公安机关应当在各自职责范围内保障当事人依法获得法律援助，为法律援助人员开展工作提供便利。

**第七条** 律师协会应当指导和支持律师事务所、律师参与法律援助工作。

**第八条** 国家鼓励和支持群团组织、事业单位、社会组织在司法行政部门指导下，依法提供法律援助。

**第九条** 国家鼓励和支持企业事业单位、社会组织和个人等社会力量，依法通过捐赠等方式为法律援助事业提供支持；对符合条件的，给予税收优惠。

**第十条** 司法行政部门应当开展经常性的法律援助宣传教育，普及法律援助知识。

新闻媒体应当积极开展法律援助公益宣传，并加强舆论监督。

**第十一条** 国家对在法律援助工作中做出突出贡献的组织和个人，按照有关规定给予表彰、奖励。

### 第二章 机构和人员

**第十二条** 县级以上人民政府司法行政部门应当设立法律援助机构。法律援助机构负责组织实施法律援助工作，受理、审查法律援助申请，指派律师、基层法律服务工作者、法律援助志愿者等法律援助人员提供法律援助，支付法律援助补贴。

**第十三条** 法律援助机构根据工作需要，可以安排本机构具有律师资格或者法律职业资格的工作人员提供法律援助；可以设置法律援助工作站或者联络点，就近受理法律援助申请。

**第十四条** 法律援助机构可以在人民法院、人民检察院和看守所等场所派驻值班律师，依法为没有辩护人的犯罪嫌疑人、被告人提供法律援助。

**第十五条** 司法行政部门可以通过政府采购等方式，择优选择律师事务所等法律服务机构为受援人提供法律援助。

**第十六条** 律师事务所、基层法律服务所、律师、基层法律服务工作者负有依法提供法律援助的义务。

律师事务所、基层法律服务所应当支持和保障本所律师、基层法律服务工作者履行法律援助义务。

**第十七条** 国家鼓励和规范法律援助志愿服务；支持符合条件的个人作为法律援助志愿者，依法提供法律援助。

高等院校、科研机构可以组织从事法学教育、研究工作的人员和法学专业学生作为法律援助志愿者，在司法行政部门指导下，为当事人提供法律咨询、代拟法律文书等法律援助。

法律援助志愿者具体管理办法由国务院有关部门规定。

**第十八条** 国家建立健全法律服务资源依法跨区域流动机制,鼓励和支持律师事务所、律师、法律援助志愿者等在法律服务资源相对缺乏地区提供法律援助。

**第十九条** 法律援助人员应当依法履行职责,及时为受援人提供符合标准的法律援助服务,维护受援人的合法权益。

**第二十条** 法律援助人员应当恪守职业道德和执业纪律,不得向受援人收取任何财物。

**第二十一条** 法律援助机构、法律援助人员对提供法律援助过程中知悉的国家秘密、商业秘密和个人隐私应当予以保密。

### 第三章 形式和范围

**第二十二条** 法律援助机构可以组织法律援助人员依法提供下列形式的法律援助服务:
（一）法律咨询;
（二）代拟法律文书;
（三）刑事辩护与代理;
（四）民事案件、行政案件、国家赔偿案件的诉讼代理及非诉讼代理;
（五）值班律师法律帮助;
（六）劳动争议调解与仲裁代理;
（七）法律、法规、规章规定的其他形式。

**第二十三条** 法律援助机构应当通过服务窗口、电话、网络等多种方式提供法律咨询服务;提示当事人享有依法申请法律援助的权利,并告知申请法律援助的条件和程序。

**第二十四条** 刑事案件的犯罪嫌疑人、被告人因经济困难或者其他原因没有委托辩护人的,本人及其近亲属可以向法律援助机构申请法律援助。

**第二十五条** 刑事案件的犯罪嫌疑人、被告人属于下列人员之一,没有委托辩护人的,人民法院、人民检察院、公安机关应当通知法律援助机构指派律师担任辩护人:
（一）未成年人;
（二）视力、听力、言语残疾人;
（三）不能完全辨认自己行为的成年人;
（四）可能被判处无期徒刑、死刑的人;
（五）申请法律援助的死刑复核案件被告人;
（六）缺席审判案件的被告人;
（七）法律法规规定的其他人员。

其他适用普通程序审理的刑事案件,被告人没有委托辩护人的,人民法院可以通知法律援助机构指派律师担任辩护人。

**第二十六条** 对可能被判处无期徒刑、死刑的人,以及死刑复核案件的被告人,法律援助机构收到人民法院、人民检察院、公安机关通知后,应当指派具有三年以上相关执业经历的律师担任辩护人。

**第二十七条** 人民法院、人民检察院、公安机关通知法律援助机构指派律师担任辩护人时,不得限制或者损害犯罪嫌疑人、被告人委托辩护人的权利。

**第二十八条** 强制医疗案件的被申请人或者被告人没有委托诉讼代理人的,人民法院应当通知法律援助机构指派律师为其提供法律援助。

**第二十九条** 刑事公诉案件的被害人及其法定代理人或者近亲属,刑事自诉案件的自诉人及其法定代理人,刑事附带民事诉讼案件的原告人及其法定代理人,因经济困难没有委托诉讼代理人的,可以向法律援助机构申请法律援助。

**第三十条** 值班律师应当依法为没有辩护人的犯罪嫌疑人、被告人提供法律咨询、程序选择建议、申请变更强制措施、对案件处理提出意见等法律帮助。

**第三十一条** 下列事项的当事人,因经济困难没有委托代理人的,可以向法律援助机构申请法律援助:
（一）依法请求国家赔偿;
（二）请求给予社会保险待遇或者社会救助;
（三）请求发给抚恤金;
（四）请求给付赡养费、抚养费、扶养费;
（五）请求确认劳动关系或者支付劳动报酬;
（六）请求认定公民无民事行为能力或者限制民事行为能力;
（七）请求工伤事故、交通事故、食品药品安全事故、医疗事故人身损害赔偿;
（八）请求环境污染、生态破坏损害赔偿;
（九）法律、法规、规章规定的其他情形。

**第三十二条** 有下列情形之一,当事人申请法律援助的,不受经济困难条件的限制:
（一）英雄烈士近亲属为维护英雄烈士的人格权益;
（二）因见义勇为行为主张相关民事权益;
（三）再审改判无罪请求国家赔偿;
（四）遭受虐待、遗弃或者家庭暴力的受害人主张相关权益;
（五）法律、法规、规章规定的其他情形。

第三十三条　当事人不服司法机关生效裁判或者决定提出申诉或者申请再审，人民法院决定、裁定再审或者人民检察院提出抗诉，因经济困难没有委托辩护人或者诉讼代理人的，本人及其近亲属可以向法律援助机构申请法律援助。

第三十四条　经济困难的标准，由省、自治区、直辖市人民政府根据本行政区域经济发展状况和法律援助工作需要确定，并实行动态调整。

## 第四章　程序和实施

第三十五条　人民法院、人民检察院、公安机关和有关部门在办理案件或者相关事务中，应当及时告知有关当事人有权依法申请法律援助。

第三十六条　人民法院、人民检察院、公安机关办理刑事案件，发现有本法第二十五条第一款、第二十八条规定情形的，应当在三日内通知法律援助机构指派律师。法律援助机构收到通知后，应当在三日内指派律师并通知人民法院、人民检察院、公安机关。

第三十七条　人民法院、人民检察院、公安机关应当保障值班律师依法提供法律帮助，告知没有辩护人的犯罪嫌疑人、被告人有权约见值班律师，并依法为值班律师了解案件有关情况、阅卷、会见等提供便利。

第三十八条　对诉讼事项的法律援助，由申请人向办案机关所在地的法律援助机构提出申请；对非诉讼事项的法律援助，由申请人向争议处理机关所在地或者事由发生地的法律援助机构提出申请。

第三十九条　被羁押的犯罪嫌疑人、被告人、服刑人员，以及强制隔离戒毒人员等提出法律援助申请的，办案机关、监管场所应当在二十四小时内将申请转交法律援助机构。

犯罪嫌疑人、被告人通过值班律师提出代理、刑事辩护等法律援助申请的，值班律师应当在二十四小时内将申请转交法律援助机构。

第四十条　无民事行为能力人或者限制民事行为能力人需要法律援助的，可以由其法定代理人代为提出申请。法定代理人侵犯无民事行为能力人、限制民事行为能力人合法权益的，其他法定代理人或者近亲属可以代为提出法律援助申请。

被羁押的犯罪嫌疑人、被告人、服刑人员，以及强制隔离戒毒人员，可以由其法定代理人或者近亲属代为提出法律援助申请。

第四十一条　因经济困难申请法律援助的，申请人应当如实说明经济困难状况。

法律援助机构核查申请人的经济困难状况，可以通过信息共享查询，或者由申请人进行个人诚信承诺。

法律援助机构开展核查工作，有关部门、单位、村民委员会、居民委员会和个人应当予以配合。

第四十二条　法律援助申请人有材料证明属于下列人员之一的，免于核查经济困难状况：

（一）无固定生活来源的未成年人、老年人、残疾人等特定群体；

（二）社会救助、司法救助或者优抚对象；

（三）申请支付劳动报酬或者请求工伤事故人身损害赔偿的进城务工人员；

（四）法律、法规、规章规定的其他人员。

第四十三条　法律援助机构应当自收到法律援助申请之日起七日内进行审查，作出是否给予法律援助的决定。决定给予法律援助的，应当自作出决定之日起三日内指派法律援助人员为受援人提供法律援助；决定不给予法律援助的，应当书面告知申请人，并说明理由。

申请人提交的申请材料不齐全的，法律援助机构应当一次性告知申请人需要补充的材料或者要求申请人作出说明。申请人未按要求补充材料或者作出说明的，视为撤回申请。

第四十四条　法律援助机构收到法律援助申请后，发现有下列情形之一的，可以决定先行提供法律援助：

（一）距法定时效或者期限届满不足七日，需要及时提起诉讼或者申请仲裁、行政复议；

（二）需要立即申请财产保全、证据保全或者先予执行；

（三）法律、法规、规章规定的其他情形。

法律援助机构先行提供法律援助的，受援人应当及时补办有关手续，补充有关材料。

第四十五条　法律援助机构为老年人、残疾人提供法律援助服务的，应当根据实际情况提供无障碍设施设备和服务。

法律法规对向特定群体提供法律援助有其他特别规定的，依照其规定。

第四十六条　法律援助人员接受指派后，无正当理由不得拒绝、拖延或者终止提供法律援助服务。

法律援助人员应当按照规定向受援人通报法律援助事项办理情况，不得损害受援人合法权益。

第四十七条　受援人应当向法律援助人员如实陈述与法律援助事项有关的情况，及时提供证据材料，协助、配合办理法律援助事项。

第四十八条 有下列情形之一的,法律援助机构应当作出终止法律援助的决定:

(一)受援人以欺骗或者其他不正当手段获得法律援助;

(二)受援人故意隐瞒与案件有关的重要事实或者提供虚假证据;

(三)受援人利用法律援助从事违法活动;

(四)受援人的经济状况发生变化,不再符合法律援助条件;

(五)案件终止审理或者已经被撤销;

(六)受援人自行委托律师或者其他代理人;

(七)受援人有正当理由要求终止法律援助;

(八)法律法规规定的其他情形。

法律援助人员发现有前款规定情形的,应当及时向法律援助机构报告。

第四十九条 申请人、受援人对法律援助机构不予法律援助、终止法律援助的决定有异议的,可以向设立该法律援助机构的司法行政部门提出。

司法行政部门应当自收到异议之日起五日内进行审查,作出维持法律援助机构决定或者责令法律援助机构改正的决定。

申请人、受援人对司法行政部门维持法律援助机构决定不服的,可以依法申请行政复议或者提起行政诉讼。

第五十条 法律援助事项办理结束后,法律援助人员应当及时向法律援助机构报告,提交有关法律文书的副本或者复印件、办理情况报告等材料。

## 第五章 保障和监督

第五十一条 国家加强法律援助信息化建设,促进司法行政部门与司法机关及其他有关部门实现信息共享和工作协同。

第五十二条 法律援助机构应当依照有关规定及时向法律援助人员支付法律援助补贴。

法律援助补贴的标准,由省、自治区、直辖市人民政府司法行政部门会同同级财政部门,根据当地经济发展水平和法律援助的服务类型、承办成本、基本劳务费用等确定,并实行动态调整。

法律援助补贴免征增值税和个人所得税。

第五十三条 人民法院应当根据情况对受援人缓收、减收或者免收诉讼费用;对法律援助人员复制相关材料等费用予以免收或者减收。

公证机构、司法鉴定机构应当对受援人减收或者免收公证费、鉴定费。

第五十四条 县级以上人民政府司法行政部门应当有计划地对法律援助人员进行培训,提高法律援助人员的专业素质和服务能力。

第五十五条 受援人有权向法律援助机构、法律援助人员了解法律援助事项办理情况;法律援助机构、法律援助人员未依法履行职责的,受援人可以向司法行政部门投诉,并可以请求法律援助机构更换法律援助人员。

第五十六条 司法行政部门应当建立法律援助工作投诉查处制度;接到投诉后,应当依照有关规定受理和调查处理,并及时向投诉人告知处理结果。

第五十七条 司法行政部门应当加强对法律援助服务的监督,制定法律援助服务质量标准,通过第三方评估等方式定期进行质量考核。

第五十八条 司法行政部门、法律援助机构应当建立法律援助信息公开制度,定期向社会公布法律援助资金使用、案件办理、质量考核结果等情况,接受社会监督。

第五十九条 法律援助机构应当综合运用庭审旁听、案卷检查、征询司法机关意见和回访受援人等措施,督促法律援助人员提升服务质量。

第六十条 律师协会应当将律师事务所、律师履行法律援助义务的情况纳入年度考核内容,对拒不履行或者怠于履行法律援助义务的律师事务所、律师,依照有关规定进行惩戒。

## 第六章 法律责任

第六十一条 法律援助机构及其工作人员有下列情形之一的,由设立该法律援助机构的司法行政部门责令限期改正;有违法所得的,责令退还或者没收违法所得;对直接负责的主管人员和其他直接责任人员,依法给予处分:

(一)拒绝为符合法律援助条件的人员提供法律援助,或者故意为不符合法律援助条件的人员提供法律援助;

(二)指派不符合本法规定的人员提供法律援助;

(三)收取受援人财物;

(四)从事有偿法律服务;

(五)侵占、私分、挪用法律援助经费;

(六)泄露法律援助过程中知悉的国家秘密、商业秘密和个人隐私;

(七)法律法规规定的其他情形。

第六十二条 律师事务所、基层法律服务所有下列情形之一的,由司法行政部门依法给予处罚:

(一)无正当理由拒绝接受法律援助机构指派;

（二）接受指派后，不及时安排本所律师、基层法律服务工作者办理法律援助事项或者拒绝为本所律师、基层法律服务工作者办理法律援助事项提供支持和保障；

（三）纵容或者放任本所律师、基层法律服务工作者怠于履行法律援助义务或者擅自终止提供法律援助；

（四）法律法规规定的其他情形。

**第六十三条** 律师、基层法律服务工作者有下列情形之一的，由司法行政部门依法给予处罚：

（一）无正当理由拒绝履行法律援助义务或者怠于履行法律援助义务；

（二）擅自终止提供法律援助；

（三）收取受援人财物；

（四）泄露法律援助过程中知悉的国家秘密、商业秘密和个人隐私；

（五）法律法规规定的其他情形。

**第六十四条** 受援人以欺骗或者其他不正当手段获得法律援助的，由司法行政部门责令其支付已实施法律援助的费用，并处三千元以下罚款。

**第六十五条** 违反本法规定，冒用法律援助名义提供法律服务并谋取利益的，由司法行政部门责令改正，没收违法所得，并处违法所得一倍以上三倍以下罚款。

**第六十六条** 国家机关及其工作人员在法律援助工作中滥用职权、玩忽职守、徇私舞弊的，对直接负责的主管人员和其他直接责任人员，依法给予处分。

**第六十七条** 违反本法规定，构成犯罪的，依法追究刑事责任。

### 第七章 附 则

**第六十八条** 工会、共产主义青年团、妇女联合会、残疾人联合会等群团组织开展法律援助工作，参照适用本法的相关规定。

**第六十九条** 对外国人和无国籍人提供法律援助，我国法律有规定的，适用法律规定；我国法律没有规定的，可以根据我国缔结或者参加的国际条约，或者按照互惠原则，参照适用本法的相关规定。

**第七十条** 对军人军属提供法律援助的具体办法，由国务院和中央军事委员会有关部门制定。

**第七十一条** 本法自2022年1月1日起施行。

## 诉讼费用交纳办法

- 2006年12月8日国务院第159次常务会议通过
- 2006年12月19日中华人民共和国国务院令第481号公布
- 自2007年4月1日起施行

### 第一章 总 则

**第一条** 根据《中华人民共和国民事诉讼法》（以下简称民事诉讼法）和《中华人民共和国行政诉讼法》（以下简称行政诉讼法）的有关规定，制定本办法。

**第二条** 当事人进行民事诉讼、行政诉讼，应当依照本办法交纳诉讼费用。

本办法规定可以不交纳或者免予交纳诉讼费用的除外。

**第三条** 在诉讼过程中不得违反本办法规定的范围和标准向当事人收取费用。

**第四条** 国家对交纳诉讼费用确有困难的当事人提供司法救助，保障其依法行使诉讼权利，维护其合法权益。

**第五条** 外国人、无国籍人、外国企业或者组织在人民法院进行诉讼，适用本办法。

外国法院对中华人民共和国公民、法人或者其他组织，与其本国公民、法人或者其他组织在诉讼费用交纳上实行差别对待的，按照对等原则处理。

### 第二章 诉讼费用交纳范围

**第六条** 当事人应当向人民法院交纳的诉讼费用包括：

（一）案件受理费；

（二）申请费；

（三）证人、鉴定人、翻译人员、理算人员在人民法院指定日期出庭发生的交通费、住宿费、生活费和误工补贴。

**第七条** 案件受理费包括：

（一）第一审案件受理费；

（二）第二审案件受理费；

（三）再审案件中，依照本办法规定需要交纳的案件受理费。

**第八条** 下列案件不交纳案件受理费：

（一）依照民事诉讼法规定的特别程序审理的案件；

（二）裁定不予受理、驳回起诉、驳回上诉的案件；

（三）对不予受理、驳回起诉和管辖权异议裁定不服，提起上诉的案件；

（四）行政赔偿案件。

**第九条** 根据民事诉讼法和行政诉讼法规定的审判监督程序审理的案件,当事人不交纳案件受理费。但是,下列情形除外:

(一)当事人有新的证据,足以推翻原判决、裁定,向人民法院申请再审,人民法院经审查决定再审的案件;

(二)当事人对人民法院第一审判决或者裁定未提出上诉,第一审判决、裁定或者调解书发生法律效力后又申请再审,人民法院经审查决定再审的案件。

**第十条** 当事人依法向人民法院申请下列事项,应当交纳申请费:

(一)申请执行人民法院发生法律效力的判决、裁定、调解书,仲裁机构依法作出的裁决和调解书,公证机构依法赋予强制执行效力的债权文书;

(二)申请保全措施;

(三)申请支付令;

(四)申请公示催告;

(五)申请撤销仲裁裁决或者认定仲裁协议效力;

(六)申请破产;

(七)申请海事强制令、共同海损理算、设立海事赔偿责任限制基金、海事债权登记、船舶优先权催告;

(八)申请承认和执行外国法院判决、裁定和国外仲裁机构裁决。

**第十一条** 证人、鉴定人、翻译人员、理算人员在人民法院指定日期出庭发生的交通费、住宿费、生活费和误工补贴,由人民法院按照国家规定标准代为收取。

当事人复制案件卷宗材料和法律文书应当按实际成本向人民法院交纳工本费。

**第十二条** 诉讼过程中因鉴定、公告、勘验、翻译、评估、拍卖、变卖、仓储、保管、运输、船舶监管等发生的依法应当由当事人负担的费用,人民法院根据谁主张、谁负担的原则,决定由当事人直接支付给有关机构或者单位,人民法院不得代收代付。

人民法院依照民事诉讼法第十一条第三款规定提供当地民族通用语言、文字翻译的,不收取费用。

### 第三章 诉讼费用交纳标准

**第十三条** 案件受理费分别按照下列标准交纳:

(一)财产案件根据诉讼请求的金额或者价额,按照下列比例分段累计交纳:

1. 不超过1万元的,每件交纳50元;
2. 超过1万元至10万元的部分,按照2.5%交纳;
3. 超过10万元至20万元的部分,按照2%交纳;
4. 超过20万元至50万元的部分,按照1.5%交纳;
5. 超过50万元至100万元的部分,按照1%交纳;
6. 超过100万元至200万元的部分,按照0.9%交纳;
7. 超过200万元至500万元的部分,按照0.8%交纳;
8. 超过500万元至1000万元的部分,按照0.7%交纳;
9. 超过1000万元至2000万元的部分,按照0.6%交纳;
10. 超过2000万元的部分,按照0.5%交纳。

(二)非财产案件按照下列标准交纳:

1. 离婚案件每件交纳50元至300元。涉及财产分割,财产总额不超过20万元的,不另行交纳;超过20万元的部分,按照0.5%交纳。

2. 侵害姓名权、名称权、肖像权、名誉权、荣誉权以及其他人格权的案件,每件交纳100元至500元。涉及损害赔偿,赔偿金额不超过5万元的,不另行交纳;超过5万元至10万元的部分,按照1%交纳;超过10万元的部分,按照0.5%交纳。

3. 其他非财产案件每件交纳50元至100元。

(三)知识产权民事案件,没有争议金额或者价额的,每件交纳500元至1000元;有争议金额或者价额的,按照财产案件的标准交纳。

(四)劳动争议案件每件交纳10元。

(五)行政案件按照下列标准交纳:

1. 商标、专利、海事行政案件每件交纳100元;

2. 其他行政案件每件交纳50元。

(六)当事人提出案件管辖权异议,异议不成立的,每件交纳50元至100元。

省、自治区、直辖市人民政府可以结合本地实际情况在本条第(二)项、第(三)项、第(六)项规定的幅度内制定具体交纳标准。

**第十四条** 申请费分别按照下列标准交纳:

(一)依法向人民法院申请执行人民法院发生法律效力的判决、裁定、调解书,仲裁机构依法作出的裁决和调解书,公证机关依法赋予强制执行效力的债权文书,申请承认和执行外国法院判决、裁定以及国外仲裁机构裁决的,按照下列标准交纳:

1. 没有执行金额或者价额的,每件交纳50元至500元。

2. 执行金额或者价额不超过1万元的,每件交纳50元;超过1万元至50万元的部分,按照1.5%交纳;超过

50万元至500万元的部分,按照1%交纳;超过500万元至1000万元的部分,按照0.5%交纳;超过1000万元的部分,按照0.1%交纳。

3. 符合民事诉讼法第五十五条第四款规定,未参加登记的权利人向人民法院提起诉讼的,按照本项规定的标准交纳申请费,不再交纳案件受理费。

(二)申请保全措施的,根据实际保全的财产数额按照下列标准交纳:

财产数额不超过1000元或者不涉及财产数额的,每件交纳30元;超过1000元至10万元的部分,按照1%交纳;超过10万元的部分,按照0.5%交纳。但是,当事人申请保全措施交纳的费用最多不超过5000元。

(三)依法申请支付令的,比照财产案件受理费标准的1/3交纳。

(四)依法申请公示催告的,每件交纳100元。

(五)申请撤销仲裁裁决或者认定仲裁协议效力的,每件交纳400元。

(六)破产案件依据破产财产总额计算,按照财产案件受理费标准减半交纳,但是,最高不超过30万元。

(七)海事案件的申请费按照下列标准交纳:

1. 申请设立海事赔偿责任限制基金的,每件交纳1000元至1万元;

2. 申请海事强制令的,每件交纳1000元至5000元;

3. 申请船舶优先权催告的,每件交纳1000元至5000元;

4. 申请海事债权登记的,每件交纳1000元;

5. 申请共同海损理算的,每件交纳1000元。

第十五条 以调解方式结案或者当事人申请撤诉的,减半交纳案件受理费。

第十六条 适用简易程序审理的案件减半交纳案件受理费。

第十七条 对财产案件提起上诉的,按照不服一审判决部分的上诉请求数额交纳案件受理费。

第十八条 被告提起反诉、有独立请求权的第三人提出与本案有关的诉讼请求,人民法院决定合并审理的,分别减半交纳案件受理费。

第十九条 依照本办法第九条规定需要交纳案件受理费的再审案件,按照不服原判决部分的再审请求数额交纳案件受理费。

### 第四章 诉讼费用的交纳和退还

第二十条 案件受理费由原告、有独立请求权的第三人、上诉人预交。被告提起反诉,依照本办法规定需要交纳案件受理费的,由被告预交。追索劳动报酬的案件可以不预交案件受理费。

申请费由申请人预交。但是,本办法第十条第(一)项、第(六)项规定的申请费不由申请人预交,执行申请费执行后交纳,破产申请费清算后交纳。

本办法第十一条规定的费用,待实际发生后交纳。

第二十一条 当事人在诉讼中变更诉讼请求数额,案件受理费依照下列规定处理:

(一)当事人增加诉讼请求数额的,按照增加后的诉讼请求数额计算补交;

(二)当事人在法庭调查终结前提出减少诉讼请求数额的,按照减少后的诉讼请求数额计算退还。

第二十二条 原告自接到人民法院交纳诉讼费用通知次日起7日内交纳案件受理费;反诉案件由提起反诉的当事人自提起反诉次日起7日内交纳案件受理费。

上诉案件的案件受理费由上诉人向人民法院提交上诉状时预交。双方当事人都提起上诉的,分别预交。上诉人在上诉期内未预交诉讼费用的,人民法院应当通知其在7日内预交。

申请费由申请人在提出申请时或者在人民法院指定的期限内预交。

当事人逾期不交纳诉讼费用又未提出司法救助申请,或者申请司法救助未获批准,在人民法院指定期限内仍未交纳诉讼费用的,由人民法院依照有关规定处理。

第二十三条 依照本办法第九条规定需要交纳案件受理费的再审案件,由申请再审的当事人预交。双方当事人都申请再审的,分别预交。

第二十四条 依照民事诉讼法第三十六条、第三十七条、第三十八条、第三十九条规定移送、移交的案件,原受理人民法院应当将当事人预交的诉讼费用随案移交接收案件的人民法院。

第二十五条 人民法院审理民事案件过程中发现涉嫌刑事犯罪并将案件移送有关部门处理的,当事人交纳的案件受理费予以退还;移送后民事案件需要继续审理的,当事人已交纳的案件受理费不予退还。

第二十六条 中止诉讼、中止执行的案件,已交纳的案件受理费、申请费不予退还。中止诉讼、中止执行的原因消除,恢复诉讼、执行的,不再交纳案件受理费、申请费。

第二十七条 第二审人民法院决定将案件发回重审的,应当退还上诉人已交纳的第二审案件受理费。

第一审人民法院裁定不予受理或者驳回起诉的,应当退还当事人已交纳的案件受理费;当事人对第一审人民法院不予受理、驳回起诉的裁定提起上诉,第二审人民法院维持第一审人民法院作出的裁定的,第一审人民法院应当退还当事人已交纳的案件受理费。

**第二十八条** 依照民事诉讼法第一百三十七条规定终结诉讼的案件,依照本办法规定已交纳的案件受理费不予退还。

### 第五章 诉讼费用的负担

**第二十九条** 诉讼费用由败诉方负担,胜诉方自愿承担的除外。

部分胜诉、部分败诉的,人民法院根据案件的具体情况决定当事人各自负担的诉讼费用数额。

共同诉讼当事人败诉的,人民法院根据其对诉讼标的的利害关系,决定当事人各自负担的诉讼费用数额。

**第三十条** 第二审人民法院改变第一审人民法院作出的判决、裁定的,应当相应变更第一审人民法院对诉讼费用负担的决定。

**第三十一条** 经人民法院调解达成协议的案件,诉讼费用的负担由双方当事人协商解决;协商不成的,由人民法院决定。

**第三十二条** 依照本办法第九条第(一)项、第(二)项的规定应当交纳案件受理费的再审案件,诉讼费用由申请再审的当事人负担;双方当事人都申请再审的,诉讼费用依照本办法第二十九条的规定负担。原审诉讼费用的负担由人民法院根据诉讼费用负担原则重新确定。

**第三十三条** 离婚案件诉讼费用的负担由双方当事人协商解决;协商不成的,由人民法院决定。

**第三十四条** 民事案件的原告或者上诉人申请撤诉,人民法院裁定准许的,案件受理费由原告或者上诉人负担。

行政案件的被告改变或者撤销具体行政行为,原告申请撤诉,人民法院裁定准许的,案件受理费由被告负担。

**第三十五条** 当事人在法庭调查终结后提出减少诉讼请求数额的,减少请求数额部分的案件受理费由变更诉讼请求的当事人负担。

**第三十六条** 债务人对督促程序未提出异议的,申请费由债务人负担。债务人对督促程序提出异议致使督促程序终结的,申请费由申请人负担;申请人另行起诉的,可以将申请费列入诉讼请求。

**第三十七条** 公示催告的申请费由申请人负担。

**第三十八条** 本办法第十条第(一)项、第(八)项规定的申请费由被执行人负担。

执行中当事人达成和解协议的,申请费的负担由双方当事人协商解决;协商不成的,由人民法院决定。

本办法第十条第(二)项规定的申请费由申请人负担,申请人提起诉讼的,可以将该申请费列入诉讼请求。

本办法第十条第(五)项规定的申请费,由人民法院依照本办法第二十九条规定决定申请费的负担。

**第三十九条** 海事案件中的有关诉讼费用依照下列规定负担:

(一)诉前申请海事请求保全、海事强制令的,申请费由申请人负担;申请人就有关海事请求提起诉讼的,可将上述费用列入诉讼请求;

(二)诉前申请海事证据保全的,申请费由申请人负担;

(三)诉讼中拍卖、变卖被扣押船舶、船载货物、船用燃油、船用物料发生的合理费用,由申请人预付,从拍卖、变卖价款中先行扣除,退还申请人;

(四)申请设立海事赔偿责任限制基金、申请债权登记与受偿、申请船舶优先权催告案件的申请费,由申请人负担;

(五)设立海事赔偿责任限制基金、船舶优先权催告程序中的公告费用由申请人负担。

**第四十条** 当事人因自身原因未能在举证期限内举证,在二审或者再审期间提出新的证据致使诉讼费用增加的,增加的诉讼费用由该当事人负担。

**第四十一条** 依照特别程序审理案件的公告费,由起诉人或者申请人负担。

**第四十二条** 依法向人民法院申请破产的,诉讼费用依照有关法律规定从破产财产中拨付。

**第四十三条** 当事人不得单独对人民法院关于诉讼费用的决定提起上诉。

当事人单独对人民法院关于诉讼费用的决定有异议的,可以向作出决定的人民法院院长申请复核。复核决定应当自收到当事人申请之日起15日内作出。

当事人对人民法院决定诉讼费用的计算有异议的,可以向作出决定的人民法院请求复核。计算确有错误的,作出决定的人民法院应当予以更正。

### 第六章 司法救助

**第四十四条** 当事人交纳诉讼费用确有困难的,可以依照本办法向人民法院申请缓交、减交或者免交诉讼费用的司法救助。

诉讼费用的免交只适用于自然人。

**第四十五条** 当事人申请司法救助,符合下列情形

之一的,人民法院应当准予免交诉讼费用:

(一)残疾人无固定生活来源的;

(二)追索赡养费、扶养费、抚育费、抚恤金的;

(三)最低生活保障对象、农村特困定期救济对象、农村五保供养对象或者领取失业保险金人员,无其他收入的;

(四)因见义勇为或者为保护社会公共利益致使自身合法权益受到损害,本人或者其近亲属请求赔偿或者补偿的;

(五)确实需要免交的其他情形。

**第四十六条** 当事人申请司法救助,符合下列情形之一的,人民法院应当准予减交诉讼费用:

(一)因自然灾害等不可抗力造成生活困难,正在接受社会救济,或者家庭生产经营难以为继的;

(二)属于国家规定的优抚、安置对象的;

(三)社会福利机构和救助管理站;

(四)确实需要减交的其他情形。

人民法院准予减交诉讼费用的,减交比例不得低于30%。

**第四十七条** 当事人申请司法救助,符合下列情形之一的,人民法院应当准予缓交诉讼费用:

(一)追索社会保险金、经济补偿金的;

(二)海上事故、交通事故、医疗事故、工伤事故、产品质量事故或者其他人身伤害事故的受害人请求赔偿的;

(三)正在接受有关部门法律援助的;

(四)确实需要缓交的其他情形。

**第四十八条** 当事人申请司法救助,应当在起诉或者上诉时提交书面申请、足以证明其确有经济困难的证明材料以及其他相关证明材料。

因生活困难或者追索基本生活费用申请免交、减交诉讼费用的,还应当提供本人及其家庭经济状况符合当地民政、劳动保障等部门规定的公民经济困难标准的证明。

人民法院对当事人的司法救助申请不予批准的,应当向当事人书面说明理由。

**第四十九条** 当事人申请缓交诉讼费用经审查符合本办法第四十七条规定的,人民法院应当在决定立案之前作出准予缓交的决定。

**第五十条** 人民法院对一方当事人提供司法救助,对方当事人败诉的,诉讼费用由对方当事人负担;对方当事人胜诉的,可以视申请司法救助的当事人的经济状况决定其减交、免交诉讼费用。

**第五十一条** 人民法院准予当事人减交、免交诉讼费用的,应当在法律文书中载明。

## 第七章 诉讼费用的管理和监督

**第五十二条** 诉讼费用的交纳和收取制度应当公示。人民法院收取诉讼费用按照其财务隶属关系使用国务院财政部门或者省级人民政府财政部门印制的财政票据。案件受理费、申请费全额上缴财政,纳入预算,实行收支两条线管理。

人民法院收取诉讼费用应当向当事人开具缴费凭证,当事人持缴费凭证到指定代理银行交费。依法应当向当事人退费的,人民法院应当按照国家有关规定办理。诉讼费用缴库和退费的具体办法由国务院财政部门商最高人民法院另行制定。

在边远、水上、交通不便地区,基层巡回法庭当场审理案件,当事人提出向指定代理银行交纳诉讼费用确有困难的,基层巡回法庭可以当场收取诉讼费用,并向当事人出具省级人民政府财政部门印制的财政票据;不出具省级人民政府财政部门印制的财政票据的,当事人有权拒绝交纳。

**第五十三条** 案件审结后,人民法院应当将诉讼费用的详细清单和当事人应当负担的数额书面通知当事人,同时在判决书、裁定书或者调解书中写明当事人各方应当负担的数额。

需要向当事人退还诉讼费用的,人民法院应当自法律文书生效之日起15日内退还有关当事人。

**第五十四条** 价格主管部门、财政部门按照收费管理的职责分工,对诉讼费用进行管理和监督;对违反本办法规定的乱收费行为,依照法律、法规和国务院相关规定予以查处。

## 第八章 附 则

**第五十五条** 诉讼费用以人民币为计算单位。以外币为计算单位的,依照人民法院决定受理案件之日国家公布的汇率换算成人民币计算交纳;上诉案件和申请再审案件的诉讼费用,按照第一审人民法院决定受理案件之日国家公布的汇率换算。

**第五十六条** 本办法自2007年4月1日起施行。

## 人民法院诉讼费管理办法

· 2003年12月26日

### 第一章 总 则

**第一条** 为了加强和规范人民法院诉讼费的管理与使用,切实落实《国务院办公厅转发财政部关于深化收支两条线改革进一步加强财政管理意见的通知》(国办发〔2001〕93号)精神,根据《中华人民共和国民事诉讼法》、《中华人民共和国行政诉讼法》、《中华人民共和国预算法》等法律及国家财政管理的有关规定,制定本办法。

第二条 本办法所称诉讼费,是指民事、行政等案件的当事人向人民法院提请诉讼或申请执行,依照法律规定缴纳的案件受理费、申请费和其他诉讼费。

本办法所称其他诉讼费,是指:

(一)财产案件、非财产案件及行政案件的当事人应当负担的勘验、鉴定、公告、翻译费;

(二)财产案件和行政案件的证人、鉴定人、翻译人员在人民法院决定日期出庭的交通费、住宿费、生活费和误工补贴费;

(三)财产案件和行政案件的当事人采取诉讼保全措施的申请费和实际支出的费用;

(四)财产案件和行政案件中,人民法院执行判决、裁定或者调解协议所实际支出的费用;

(五)财产案件和行政案件的当事人自行收集、提供有关证据确有困难,人民法院认为确有必要的异地调查取证和异地调解本案时按国家规定标准所支出的差旅费用;

(六)由当事人依法向人民法院申请执行仲裁机构的裁决、公证机关依法赋予强制执行效力的债权文书和行政机关的处理或处罚决定而交纳的申请执行费和执行中实际支出的费用。

第三条 人民法院依法收取的诉讼费属于国家财政收入,按照国家财政管理有关规定,全额上缴国库,纳入预算管理。

## 第二章 诉讼费的收取

第四条 诉讼收费制度是我国的一项重要司法制度。各级人民法院要严格按照国家统一规定收取诉讼费,不得另行制定收费办法、自行增加收费项目、扩大收费范围、提高或降低收费标准。

第五条 诉讼费收入是国家财政收入的组成部分,各级人民法院应全力保障诉讼费应收尽收。诉讼费的缓交、减交、免交等司法救助应严格按照国家的有关规定执行,并报同级财政部门备案。

第六条 诉讼费收入可以通过财政部门确定的银行系统缴入国库。已按《财政国库管理制度改革方案》进行收入收缴管理制度改革的诉讼费收入,应按当地相关改革规定缴入国库。

第七条 人民法院收取诉讼费,严格实行收缴分离。人民法院按照受理案件适用的诉讼费标准确定具体数额后,以书面形式通知当事人缴纳诉讼费;当事人凭人民法院开具的交费通知到当地指定银行交费,并以银行开具的收据作为已交(预交)诉讼费的凭据,到人民法院换领诉讼费专用票据。

人民法院开具的交费通知书必须分别明确当事人应当预交的案件受理费、申请费和其他诉讼费的数额。

第八条 人民法庭收取诉讼费,也要实行收缴分离。个别不便由指定银行收取诉讼费的特殊地区,可由人民法庭直接代收,并向当事人开具诉讼费专用票据。人民法庭直接代收的诉讼费,要定期交入当地指定银行,同时将票据上交基层人民法院。

实行人民法庭代收诉讼费的地区,需经省级财政部门和高级人民法院批准。

第九条 移交案件诉讼费的收取和移转。

(一)人民法院受理案件后,经依法审查决定移送其他同级人民法院审理、移交上级人民法院审理或指定下级人民法院审理的,以及当事人提出管辖异议,上级人民法院经审查后决定指定管辖的,由原受理案件并收取当事人预交诉讼费的人民法院,在移送案件材料的同时将当事人预交的诉讼费转至接受案件的人民法院,并通过指定银行缴入国库。

(二)人民法院受理执行案件后,需要异地执行并决定委托实际执行地法院代为执行的,由受理案件的人民法院在委托执行地法院代为执行的同时,将当事人预交的执行费用转至受委托代为执行的人民法院,并通过指定银行缴入国库。

第十条 诉讼费专用票据为预收、退费和结算三类,实行全国统一式样(附后)。地方各级人民法院的收费专用票据由各省、自治区、直辖市财政部门统一印制、编号后,由地方各级财政部门向同级人民法院发放;最高人民法院的收费专用票据由财政部印制发放。

## 第三章 诉讼费的管理

第十一条 人民法院的诉讼费收入缴入国库后,其履行职能所需的经费由各级财政部门安排。各级财政部门在安排本级人民法院经费时,应当充分考虑人民法院工作的实际需要,统筹兼顾,突出重点,保证人民法院开展正常业务的各项经费,不能因经费不足影响人民法院的办案。省级财政部门应安排一定数额的专项经费用于补助辖区内贫困地区人民法院的办案经费不足。

第十二条 各级人民法院的下列费用按照财政国库

制度的有关规定,采取收入退库的方式处理:

(一)根据人民法院裁决,退还当事人的案件申请费、受理费及其他诉讼费;

(二)移送给其他人民法院的案件申请费、受理费及其他诉讼费;

(三)人民法院支付的,应当由当事人负担的用于该案的其他诉讼费。

第十三条 最高人民法院需退库的各项费用,由最高人民法院按实际发生数定期汇总上报,经财政部审核并发文确认后退付。地方各级人民法院需退库的各项费用,按当地财政部门确定的退库办法退付。

第十四条 各级财政部门和人民法院应及时保证退还当事人的案件申请费、受理费、其他诉讼费及移送其他法院的诉讼费支出的经费需求。

第十五条 案件审结后,人民法院应当及时按照裁判文书确定的诉讼费负担数额同当事人进行结算。对案件受理费、申请费的负担与其他诉讼费的负担应分别结算,其他诉讼费的结算应有详细支出清单并报同级财政部门审核。

第十六条 其他诉讼费的支出,必须严格执行规定的范围、项目和标准,不得随意扩大支出范围、增加支出项目和提高支出标准,不得将人民法院正常的业务经费在其他诉讼费中列支。

第十七条 各级人民法院因诉讼费收入纳入预算所形成的基本建设债务,经审计部门审计后,由各级人民法院商财政及有关部门统筹解决。

### 第四章 诉讼费的监督

第十八条 各级人民法院应当加强对诉讼收费的管理监督,严肃查处超出规定的范围、项目和标准收费,以诉讼收费名义收取其他费用,应收不收或违反规定进行司法救助等违法行为。

各级人民法院应当严格执行国家有关财务管理的法律、法规和规章制度,严格会计核算手续,自觉接受同级财政部门、审计部门和上级人民法院的监督和检查。

第十九条 各级财政部门要加强对人民法院诉讼费的管理。制定和完善有关制度,规范收支管理,加强监督检查,尤其要对因诉讼费"收支脱钩"而导致人民法院应收不收或违反规定进行司法救助的情况进行监督检查。对违反规定的,应及时指出、限期纠正;情节严重或未按规定时间纠正的,财政部门可以在其违反规定的数额以内,适当扣减其业务经费预算,并依法追究单位和个人的法律责任。

第二十条 各级人民法院应当加强对下级人民法院诉讼费管理工作的监督和指导。发现违反规定的,应立即提出纠正意见;情节严重的,予以通报批评,并依法追究单位和个人的法律责任。

### 第五章 附 则

第二十一条 各省、自治区、直辖市和计划单列市财政部门可以会同高(中)级人民法院依据本办法制定实施细则,并报财政部和最高人民法院备案。

第二十二条 新疆生产建设兵团法院、各铁路局运输中级法院、各铁路分局运输法院、大兴安岭森工集团法院的诉讼费管理可参照执行本办法。

第二十三条 本办法由财政部和最高人民法院负责解释。

第二十四条 本办法自2004年1月1日起施行,原《人民法院诉讼费用管理办法》(财公字〔1999〕406号)同时废止。过去有关规定与本办法不一致的,按照本办法规定执行。

附:人民法院诉讼费专用票据式样(略)

## 最高人民法院关于适用《诉讼费用交纳办法》的通知

· 2007年4月20日
· 法发〔2007〕16号

全国地方各级人民法院、各级军事法院、各铁路运输中级法院和基层法院、各海事法院,新疆生产建设兵团各级法院:

《诉讼费用交纳办法》(以下简称《办法》)自2007年4月1日起施行,最高人民法院颁布的《人民法院诉讼收费办法》和《〈人民法院诉讼收费办法〉补充规定》同时不再适用。为了贯彻落实《办法》,规范诉讼费用的交纳和管理,现就有关事项通知如下:

**一、关于《办法》实施后的收费衔接**

2007年4月1日以后人民法院受理的诉讼案件和执行案件,适用《办法》的规定。

2007年4月1日以前人民法院受理的诉讼案件和执行案件,不适用《办法》的规定。

对2007年4月1日以前已经作出生效裁判的案件依法再审的,适用《办法》的规定。人民法院对再审案件依法改判的,原审诉讼费用的负担按照原审时诉讼费用负担的原则和标准重新予以确定。

## 二、关于当事人未按照规定交纳案件受理费或者申请费的后果

当事人逾期不按照《办法》第二十条规定交纳案件受理费或者申请费并且没有提出司法救助申请，或者申请司法救助未获批准，在人民法院指定期限内仍未交纳案件受理费或者申请费的，由人民法院依法按照当事人自动撤诉或者撤回申请处理。

## 三、关于诉讼费用的负担

《办法》第二十九条规定，诉讼费用由败诉方负担，胜诉方自愿承担的除外。对原告胜诉的案件，诉讼费用由被告负担，人民法院应当将预收的诉讼费用退还原告，再由人民法院直接向被告收取，但原告自愿承担或者同意被告直接向其支付的除外。

当事人拒不交纳诉讼费用的，人民法院应当依法强制执行。

## 四、关于执行申请费和破产申请费的收取

《办法》第二十条规定，执行申请费和破产申请费不由申请人预交，执行申请费执行后交纳，破产申请费清算后交纳。自2007年4月1日起，执行申请费由人民法院在执行生效法律文书确定的内容之外直接向被执行人收取，破产申请费由人民法院在破产清算后，从破产财产中优先拨付。

## 五、关于司法救助的申请和批准程序

《办法》对司法救助的原则、形式、程序等作出了规定，但对司法救助的申请和批准程序未作规定。为规范人民法院司法救助的操作程序，最高人民法院将于近期对《关于对经济确有困难的当事人提供司法救助的规定》进行修订，及时向全国法院颁布施行。

## 六、关于各省、自治区、直辖市案件受理费和申请费的具体交纳标准

《办法》授权各省、自治区、直辖市人民政府可以结合本地实际情况，在第十三条第(二)、(三)、(六)项和第十四条第(一)项规定的幅度范围内制定各地案件受理费和申请费的具体交纳标准。各高级人民法院要商同级人民政府，及时就上述条款制定本省、自治区、直辖市案件受理费和申请费的具体交纳标准，并尽快下发辖区法院执行。

· 实用图表

### 诉讼费用收费速算表

| | | |
|---|---|---|
| 婚姻案件 | 每件50-300元 | 超过20万元的部分收0.5% |
| 侵害人身权案件 | 每件100-500元 | 超过5万至10万的部分，收1%；超过10万的部分收0.5% |
| 其他非财产案件 | 每件50-100元 | |
| 劳动争议案件 | 每件10元 | |
| 知识产权纠纷案件 | 每件500-1000元 | 有争议金额的按财产案件标准 |
| 破产案件 | 依据破产财产总额计算，按照财产案件受理费标准减半交纳，但最高不超过30万元 | |
| 商标、专利、海事行政案件 | 每件100元 | |
| 其他行政案件 | 每件50元 | |
| 管辖权异议 | 异议不成立的，每件50-100元； | |

续表

| | | |
|---|---|---|
| 财产案件 | 1 万元以下 | 50 元 |
| | 1-10 万元 | 标的额×2.5%-200 元 |
| | 10-20 万元 | 标的额×2%+300 元 |
| | 20-50 万元 | 标的额×1.5%+1300 元 |
| | 50-100 万元 | 标的额×1%+3800 元 |
| | 100-200 万元 | 标的额×0.9%+4800 元 |
| | 200-500 万元 | 标的额×0.8%+6800 元 |
| | 500-1000 万元 | 标的额×0.7%+11800 元 |
| | 1000-2000 万元 | 标的额×0.6%+21800 元 |
| | 2000 万元以上 | 标的额×0.5%+41800 元 |
| 案件执行费 | 没有执行金额或者价额 | 每件 50 元至 500 元 |
| | 执行金额不超过 1 万元 | 每件 50 元 |
| | 超过 1 万元至 50 万元的部分 | 执行金额×1.5%-100 元 |
| | 超过 50 万元至 500 万元的部分 | 执行金额×1%+2400 元 |
| | 超过 500 万元至 1000 万元的部分 | 执行金额×0.5%+27400 元 |
| | 超过 1000 万元的部分 | 执行金额×0.1%+67400 元 |
| 保全费 | 财产数额不超过 1000 元或者不涉及财产数额 | 每件 30 元 |
| | 超过 1000 元至 10 万元的部分 | 1% |
| | 超过 10 万元的部分 | 0.5%，但最多不超过 5000 元 |
| 申请支付令 | 按财产案件受理费标准的 1/3 交纳 | |
| 申请公示催告 | 每件交纳 100 元 | |
| 申请撤销仲裁裁决或者认定仲裁协议效力 | 每件交纳 400 元 | |

# 十二、第一审程序

## 人民法院在线诉讼规则

- 2021年5月18日最高人民法院审判委员会第1838次会议通过
- 2021年6月16日最高人民法院公告公布
- 自2021年8月1日起施行
- 法释〔2021〕12号

为推进和规范在线诉讼活动，完善在线诉讼规则，依法保障当事人及其他诉讼参与人等诉讼主体的合法权利，确保公正高效审理案件，根据《中华人民共和国刑事诉讼法》《中华人民共和国民事诉讼法》《中华人民共和国行政诉讼法》等相关法律规定，结合人民法院工作实际，制定本规则。

**第一条** 人民法院、当事人及其他诉讼参与人等可以依托电子诉讼平台（以下简称"诉讼平台"），通过互联网或者专用网络在线完成立案、调解、证据交换、询问、庭审、送达等全部或者部分诉讼环节。

在线诉讼活动与线下诉讼活动具有同等法律效力。

**第二条** 人民法院开展在线诉讼应当遵循以下原则：

（一）公正高效原则。严格依法开展在线诉讼活动，完善审判流程，健全工作机制，加强技术保障，提高司法效率，保障司法公正。

（二）合法自愿原则。尊重和保障当事人及其他诉讼参与人对诉讼方式的选择权，未经当事人及其他诉讼参与人同意，人民法院不得强制或者变相强制适用在线诉讼。

（三）权利保障原则。充分保障当事人各项诉讼权利，强化提示、说明、告知义务，不得随意减少诉讼环节和减损当事人诉讼权益。

（四）便民利民原则。优化在线诉讼服务，完善诉讼平台功能，加强信息技术应用，降低当事人诉讼成本，提升纠纷解决效率。统筹兼顾不同群体司法需求，对未成年人、老年人、残障人士等特殊群体加强诉讼引导，提供相应司法便利。

（五）安全可靠原则。依法维护国家安全，保护国家秘密、商业秘密、个人隐私和个人信息，有效保障在线诉讼数据信息安全。规范技术应用，确保技术中立和平台中立。

**第三条** 人民法院综合考虑案件情况、当事人意愿和技术条件等因素，可以对以下案件适用在线诉讼：

（一）民事、行政诉讼案件；

（二）刑事速裁程序案件，减刑、假释案件，以及因其他特殊原因不宜线下审理的刑事案件；

（三）民事特别程序、督促程序、破产程序和非诉执行审查案件；

（四）民事、行政执行案件和刑事附带民事诉讼执行案件；

（五）其他适宜采取在线方式审理的案件。

**第四条** 人民法院开展在线诉讼，应当征得当事人同意，并告知适用在线诉讼的具体环节、主要形式、权利义务、法律后果和操作方法等。

人民法院应当根据当事人对在线诉讼的相应意思表示，作出以下处理：

（一）当事人主动选择适用在线诉讼的，人民法院可以不再另行征得其同意，相应诉讼环节可以直接在线进行；

（二）各方当事人均同意适用在线诉讼的，相应诉讼环节可以在线进行；

（三）部分当事人同意适用在线诉讼，部分当事人不同意的，相应诉讼环节可以采取同意方当事人线上、不同意方当事人线下的方式进行；

（四）当事人仅主动选择或者同意对部分诉讼环节适用在线诉讼的，人民法院不得推定其对其他诉讼环节均同意适用在线诉讼。

对人民检察院参与的案件适用在线诉讼的，应当征得人民检察院同意。

**第五条** 在诉讼过程中，如存在当事人欠缺在线诉讼能力、不具备在线诉讼条件或者相应诉讼环节不宜在线办理等情形之一的，人民法院应当将相应诉讼环节转为线下进行。

当事人已同意对相应诉讼环节适用在线诉讼，但诉讼过程中又反悔的,应当在开展相应诉讼活动前的合理期限内提出。经审查,人民法院认为不存在故意拖延诉讼等不当情形的,相应诉讼环节可以转为线下进行。

在调解、证据交换、询问、听证、庭审等诉讼环节中,一方当事人要求其他当事人及诉讼参与人线下参与诉讼的,应当提出具体理由。经审查,人民法院认为案件存在案情疑难复杂、需证人现场作证、有必要线下举证质证、陈述辩论等情形之一的,相应诉讼环节可以转为线下进行。

第六条 当事人已同意适用在线诉讼,但无正当理由不参与在线诉讼活动或者不作出相应诉讼行为,也未在合理期限内申请提出转为线下进行的,应当依照法律和司法解释的相关规定承担相应法律后果。

第七条 参与在线诉讼的诉讼主体应当先行在诉讼平台完成实名注册。人民法院应当通过证件证照在线比对、身份认证平台认证等方式,核实诉讼主体的实名手机号码、居民身份证件号码、护照号码、统一社会信用代码等信息,确认诉讼主体身份真实性。诉讼主体在线完成身份认证后,取得登录诉讼平台的专用账号。

参与在线诉讼的诉讼主体应当妥善保管诉讼平台专用账号和密码。除有证据证明存在账号被盗用或者系统错误的情形外,使用专用账号登录诉讼平台所作出的行为,视为被认证人本人行为。

人民法院在线开展调解、证据交换、庭审等诉讼活动,应当再次验证诉讼主体的身份;确有必要的,应当在线下进一步核实身份。

第八条 人民法院、特邀调解组织、特邀调解员可以通过诉讼平台、人民法院调解平台等开展在线调解活动。在线调解应当按照法律和司法解释相关规定进行,依法保护国家秘密、商业秘密、个人隐私和其他不宜公开的信息。

第九条 当事人采取在线方式提交起诉材料的,人民法院应当在收到材料后的法定期限内,在线作出以下处理:

(一)符合起诉条件的,登记立案并送达案件受理通知书、交纳诉讼费用通知书、举证通知书等诉讼文书;

(二)提交材料不符合要求的,及时通知其补正,并一次性告知补正内容和期限,案件受理时间自收到补正材料后次日重新起算;

(三)不符合起诉条件或者起诉材料经补正仍不符合要求,原告坚持起诉的,依法裁定不予受理或者不予立案;

当事人已在线提交符合要求的起诉状等材料的,人民法院不得要求当事人再提供纸质件。

上诉、申请再审、特别程序、执行等案件的在线受理规则,参照本条第一款、第二款规定办理。

第十条 案件适用在线诉讼的,人民法院应当通知被告、被上诉人或者其他诉讼参与人,询问其是否同意以在线方式参与诉讼。被通知人同意采用在线方式的,应当在收到通知的三日内通过诉讼平台验证身份、关联案件,并在后续诉讼活动中通过诉讼平台了解案件信息、接收和提交诉讼材料,以及实施其他诉讼行为。

被通知人未明确表示同意采用在线方式,且未在人民法院指定期限内注册登录诉讼平台的,针对被通知人的相关诉讼活动在线下进行。

第十一条 当事人可以在诉讼平台直接填写录入起诉状、答辩状、反诉状、代理意见等诉讼文书材料。

当事人可以通过扫描、翻拍、转录等方式,将线下的诉讼文书材料或者证据材料作电子化处理后上传至诉讼平台。诉讼材料为电子数据,且诉讼平台与存储该电子数据的平台已实现对接的,当事人可以将电子数据直接提交至诉讼平台。

当事人提交电子化材料确有困难的,人民法院可以辅助当事人将线下材料作电子化处理后导入诉讼平台。

第十二条 当事人提交的电子化材料,经人民法院审核通过后,可以直接在诉讼中使用。诉讼中存在下列情形之一的,人民法院应当要求当事人提供原件、原物:

(一)对方当事人认为电子化材料与原件、原物不一致,并提出合理理由和依据的;

(二)电子化材料呈现不完整、内容不清晰、格式不规范的;

(三)人民法院卷宗、档案管理相关规定要求提供原件、原物的;

(四)人民法院认为有必要提交原件、原物的。

第十三条 当事人提交的电子化材料,符合下列情形之一的,人民法院可以认定符合原件、原物形式要求:

(一)对方当事人对电子化材料与原件、原物的一致性未提出异议的;

(二)电子化材料形成过程已经过公证机构公证的;

(三)电子化材料已在之前诉讼中提交并经人民法院确认的;

(四)电子化材料已通过在线或者线下方式与原件、原物比对一致的;

(五)有其他证据证明电子化材料与原件、原物一致的。

**第十四条** 人民法院根据当事人选择和案件情况，可以组织当事人开展在线证据交换，通过同步或者非同步方式在线举证、质证。

各方当事人选择同步在线交换证据的，应当在人民法院指定的时间登录诉讼平台，通过在线视频或者其他方式，对已经导入诉讼平台的证据材料或者线下送达的证据材料副本，集中发表质证意见。

各方当事人选择非同步在线交换证据的，应当在人民法院确定的合理期限内，分别登录诉讼平台，查看已导入诉讼平台的证据材料，并发表质证意见。

各方当事人均同意在线证据交换，但对具体方式无法达成一致意见的，适用同步在线证据交换。

**第十五条** 当事人作为证据提交的电子化材料和电子数据，人民法院应当按照法律和司法解释的相关规定，经当事人举证质证后，依法认定其真实性、合法性和关联性。未经人民法院查证属实的证据，不得作为认定案件事实的根据。

**第十六条** 当事人作为证据提交的电子数据系通过区块链技术存储，并经技术核验一致的，人民法院可以认定该电子数据上链后未经篡改，但有相反证据足以推翻的除外。

**第十七条** 当事人对区块链技术存储的电子数据上链后的真实性提出异议，并有合理理由的，人民法院应当结合下列因素作出判断：

（一）存证平台是否符合国家有关部门关于提供区块链存证服务的相关规定；

（二）当事人与存证平台是否存在利害关系，并利用技术手段不当干预取证、存证过程；

（三）存证平台的信息系统是否符合清洁性、安全性、可靠性、可用性的国家标准或者行业标准；

（四）存证技术和过程是否符合相关国家标准或者行业标准中关于系统环境、技术安全、加密方式、数据传输、信息验证等方面的要求。

**第十八条** 当事人提出电子数据上链存储前已不具备真实性，并提供证据证明或者说明理由的，人民法院应当予以审查。

人民法院根据案件情况，可以要求提交区块链技术存储电子数据的一方当事人，提供证据证明上链存储前数据的真实性，并结合上链存储前数据的具体来源、生成机制、存储过程、公证机构公证、第三方见证、关联印证数据等情况作出综合判断。当事人不能提供证据证明或者作出合理说明，该电子数据也无法与其他证据相互印证的，人民法院不予确认其真实性。

**第十九条** 当事人可以申请具有专门知识的人就区块链技术存储电子数据相关技术问题提出意见。人民法院可以根据当事人申请或者依职权，委托鉴定区块链技术存储电子数据的真实性，或者调取其他相关证据进行核对。

**第二十条** 经各方当事人同意，人民法院可以指定当事人在一定期限内，分别登录诉讼平台，以非同步的方式开展调解、证据交换、调查询问、庭审等诉讼活动。

适用小额诉讼程序或者民事、行政简易程序审理的案件，同时符合下列情形的，人民法院和当事人可以在指定期限内，按照庭审程序环节分别录制参与庭审视频并上传至诉讼平台，非同步完成庭审活动：

（一）各方当事人同时在线参与庭审确有困难；

（二）一方当事人提出书面申请，各方当事人均表示同意；

（三）案件经过在线证据交换或者调查询问，各方当事人对案件主要事实和证据不存在争议。

**第二十一条** 人民法院开庭审理的案件，应当根据当事人意愿、案件情况、社会影响、技术条件等因素，决定是否采取视频方式在线庭审，但具有下列情形之一的，不得适用在线庭审：

（一）各方当事人均明确表示不同意，或者一方当事人表示不同意且有正当理由的；

（二）各方当事人均不具备参与在线庭审的技术条件和能力的；

（三）需要通过庭审现场查明身份、核对原件、查验实物的；

（四）案件疑难复杂、证据繁多，适用在线庭审不利于查明事实和适用法律的；

（五）案件涉及国家安全、国家秘密的；

（六）案件具有重大社会影响，受到广泛关注的；

（七）人民法院认为存在其他不宜适用在线庭审情形的。

采取在线庭审方式审理的案件，审理过程中发现存在上述情形之一的，人民法院应当及时转为线下庭审。已完成的在线庭审活动具有法律效力。

在线询问的适用范围和条件参照在线庭审的相关规则。

**第二十二条** 适用在线庭审的案件，应当按照法律和司法解释的相关规定开展庭前准备、法庭调查、法庭辩论等庭审活动，保障当事人申请回避、举证、质证、陈述、辩论等诉讼权利。

第二十三条 需要公告送达的案件,人民法院可以在公告中明确线上或者线下参与庭审的具体方式,告知当事人选择在线庭审的权利。被公告方当事人未在开庭前向人民法院表示同意在线庭审的,被公告方当事人适用线下庭审。其他同意适用在线庭审的当事人,可以在线参与庭审。

第二十四条 在线开展庭审活动,人民法院应当设置环境要素齐全的在线法庭。在线法庭应当保持国徽在显著位置,审判人员及席位名称等在视频画面合理区域。因存在特殊情形,确需在在线法庭之外的其他场所组织在线庭审的,应当报请本院院长同意。

出庭人员参加在线庭审,应当选择安静、无干扰、光线适宜、网络信号良好、相对封闭的场所,不得在可能影响庭审音频视频效果或者有损庭审严肃性的场所参加庭审。必要时,人民法院可以要求出庭人员到指定场所参加在线庭审。

第二十五条 出庭人员参加在线庭审应当尊重司法礼仪,遵守法庭纪律。人民法院根据在线庭审的特点,适用《中华人民共和国人民法院法庭规则》相关规定。

除确属网络故障、设备损坏、电力中断或者不可抗力等原因外,当事人无正当理由不参加在线庭审,视为"拒不到庭";在庭审中擅自退出,经提示、警告后仍不改正的,视为"中途退庭",分别按照相关法律和司法解释的规定处理。

第二十六条 证人通过在线方式出庭的,人民法院应当通过指定在线出庭场所、设置在线作证室等方式,保证其不旁听案件审理和不受他人干扰。当事人对证人在线出庭提出异议且有合理理由的,或者人民法院认为确有必要的,应当要求证人线下出庭作证。

鉴定人、勘验人、具有专门知识的人在线出庭的,参照前款规定执行。

第二十七条 适用在线庭审的案件,应当按照法律和司法解释的相关规定公开庭审活动。

对涉及国家安全、国家秘密、个人隐私的案件,庭审过程不得在互联网上公开。对涉及未成年人、商业秘密、离婚等民事案件,当事人申请不公开审理的,在线庭审过程可以不在互联网上公开。

未经人民法院同意,任何人不得违法违规录制、截取、传播涉及在线庭审过程的音频视频、图文资料。

第二十八条 在线诉讼参与人故意违反本规则第八条、第二十四条、第二十五条、第二十六条、第二十七条规定,实施妨害在线诉讼秩序行为的,人民法院可以根据法律和司法解释关于妨害诉讼的相关规定作出处理。

第二十九条 经受送达人同意,人民法院可以通过送达平台,向受送达人的电子邮箱、即时通讯账号、诉讼平台专用账号等电子地址,按照法律和司法解释的相关规定送达诉讼文书和证据材料。

具备下列情形之一的,人民法院可以确定受送达人同意电子送达:

(一)受送达人明确表示同意的;

(二)受送达人在诉讼前对适用电子送达已作出约定或者承诺的;

(三)受送达人在提交的起诉状、上诉状、申请书、答辩状中主动提供用于接收送达的电子地址的;

(四)受送达人通过回复收悉、参加诉讼等方式接受已经完成的电子送达,并且未明确表示不同意电子送达的。

第三十条 人民法院可以通过电话确认、诉讼平台在线确认、线下发送电子送达确认书等方式,确认受送达人是否同意电子送达,以及受送达人接收电子送达的具体方式和地址,并告知电子送达的适用范围、效力、送达地址变更方式以及其他需告知的送达事项。

第三十一条 人民法院向受送达人主动提供或者确认的电子地址送达的,送达信息到达电子地址所在系统时,即为送达。

受送达人未提供或者未确认有效电子送达地址,人民法院向能够确认为受送达人本人的电子地址送达的,根据下列情形确定送达是否生效:

(一)受送达人回复已收悉,或者根据送达内容已作出相应诉讼行为的,即为完成有效送达;

(二)受送达人的电子地址所在系统反馈受送达人已阅知,或者有其他证据可以证明受送达人已经收悉的,推定完成有效送达,但受送达人能够证明存在系统错误、送达地址非本人使用或者非本人阅知等未收悉送达内容的情形除外。

人民法院开展电子送达,应当在系统中全程留痕,并制作电子送达凭证。电子送达凭证具有送达回证效力。

对同一内容的送达材料采取多种电子方式发送受送达人的,以最先完成的有效送达时间作为送达生效时间。

第三十二条 人民法院适用电子送达,可以同步通过短信、即时通讯工具、诉讼平台提示等方式,通知受送达人查阅、接收、下载相关送达材料。

第三十三条 适用在线诉讼的案件,各方诉讼主体可以通过在线确认、电子签章等方式,确认和签收调解协议、笔录、电子送达凭证及其他诉讼材料。

**第三十四条** 适用在线诉讼的案件,人民法院应当在调解、证据交换、庭审、合议等诉讼环节同步形成电子笔录。电子笔录以在线方式核对确认后,与书面笔录具有同等法律效力。

**第三十五条** 适用在线诉讼的案件,人民法院应当利用技术手段随案同步生成电子卷宗,形成电子档案。电子档案的立卷、归档、存储、利用等,按照档案管理相关法律法规的规定执行。

案件无纸质材料或者纸质材料已经全部转化为电子材料的,第一审人民法院可以采用电子卷宗代替纸质卷宗进行上诉移送。

适用在线诉讼的案件存在纸质卷宗材料的,应当按照档案管理相关法律法规立卷、归档和保存。

**第三十六条** 执行裁决案件的在线立案、电子材料提交、执行和解、询问当事人、电子送达等环节,适用本规则的相关规定办理。

人民法院可以通过财产查控系统、网络询价评估平台、网络拍卖平台、信用惩戒系统等,在线完成财产查明、查封、扣押、冻结、划扣、变价和惩戒等执行实施环节。

**第三十七条** 符合本规定第三条第二项规定的刑事案件,经公诉人、当事人、辩护人同意,可以根据案件情况,采取在线方式讯问被告人、开庭审理、宣判等。

案件采取在线方式审理的,按照以下情形分别处理:

(一)被告人、罪犯被羁押的,可以在看守所、监狱等羁押场所在线出庭;

(二)被告人、罪犯未被羁押的,因特殊原因确实无法到庭的,可以在人民法院指定的场所在线出庭;

(三)证人、鉴定人一般应当在线下出庭,但法律和司法解释另有规定的除外。

**第三十八条** 参与在线诉讼的相关主体应当遵守数据安全和个人信息保护的相关法律法规,履行数据安全和个人信息保护义务。除人民法院依法公开的以外,任何人不得违法违规披露、传播和使用在线诉讼数据信息。出现上述情形的,人民法院可以根据具体情况,依照法律和司法解释关于数据安全、个人信息保护以及妨害诉讼的规定追究相关单位和人员法律责任,构成犯罪的,依法追究刑事责任。

**第三十九条** 本规则自2021年8月1日起施行。最高人民法院之前发布的司法解释涉及在线诉讼的规定与本规则不一致的,以本规则为准。

# 最高人民法院关于严格规范民商事案件延长审限和延期开庭问题的规定

- 2018年4月23日最高人民法院审判委员会第1737次会议通过
- 根据2019年3月27日《最高人民法院关于修改〈最高人民法院关于严格规范民商事案件延长审限和延期开庭问题的规定〉的决定》修正
- 自2019年3月28日起施行
- 法释〔2019〕4号

为维护诉讼当事人合法权益,根据《中华人民共和国民事诉讼法》等规定,结合审判实际,现就民商事案件延长审限和延期开庭等有关问题规定如下:

**第一条** 人民法院审理民商事案件时,应当严格遵守法律及司法解释有关审限的规定。适用普通程序审理的第一审案件,审限为六个月;适用简易程序审理的第一审案件,审限为三个月。审理对判决的上诉案件,审限为三个月;审理对裁定的上诉案件,审限为三十日。

法律规定有特殊情况需要延长审限的,独任审判员或合议庭应当在期限届满十五日前向本院院长提出申请,并说明详细情况和理由。院长应当在期限届满五日前作出决定。

经本院院长批准延长审限后尚不能结案,需要再次延长的,应当在期限届满十五日前报请上级人民法院批准。上级人民法院应当在审限届满五日前作出决定。

**第二条** 民事诉讼法第一百四十六条第四项规定的"其他应当延期的情形",是指因不可抗力或者意外事件导致庭审无法正常进行的情形。

**第三条** 人民法院应当严格限制延期开庭审理次数。适用普通程序审理民商事案件,延期开庭审理次数不超过两次;适用简易程序以及小额速裁程序审理民商事案件,延期开庭审理次数不超过一次。

**第四条** 基层人民法院及其派出的法庭审理事实清楚、权利义务关系明确、争议不大的简单民商事案件,适用简易程序。

基层人民法院及其派出的法庭审理符合前款规定且标的额为各省、自治区、直辖市上年度就业人员年平均工资两倍以下的民商事案件,应当适用简易程序,法律及司法解释规定不适用简易程序的案件除外。

适用简易程序审理的民商事案件,证据交换、庭前会议等庭前准备程序与开庭程序一并进行,不再另行组织。

适用简易程序的案件,不适用公告送达。

**第五条** 人民法院开庭审理民商事案件后，认为需要延期开庭审理的，应当依法告知当事人下次开庭的时间。两次开庭间隔时间不得超过一个月，但因不可抗力或当事人同意的除外。

**第六条** 独任审判员或者合议庭适用民事诉讼法第一百四十六条第四项规定决定延期开庭的，应当报本院院长批准。

**第七条** 人民法院应当将案件的立案时间、审理期限，扣除、延长、重新计算审限，延期开庭审理的情况及事由，按照《最高人民法院关于人民法院通过互联网公开审判流程信息的规定》及时向当事人及其法定代理人、诉讼代理人公开。当事人及其法定代理人、诉讼代理人有异议的，可以依法向受理案件的法院申请监督。

**第八条** 故意违反法律、审判纪律、审判管理规定拖延办案，或者因过失延误办案，造成严重后果的，依照《人民法院工作人员处分条例》第四十七条的规定予以处分。

**第九条** 本规定自2018年4月26日起施行；最高人民法院此前发布的司法解释及规范性文件与本规定不一致的，以本规定为准。

## 最高人民法院关于知识产权法庭若干问题的规定

- 2018年12月3日最高人民法院审判委员会第1756次会议通过
- 根据2023年10月16日最高人民法院审判委员会第1901次会议通过的《最高人民法院关于修改〈最高人民法院关于知识产权法庭若干问题的规定〉的决定》修正
- 2023年10月21日最高人民法院公告公布
- 自2023年11月1日起施行
- 法释〔2023〕10号

为进一步统一知识产权案件裁判标准，依法平等保护各类市场主体合法权益，加大知识产权司法保护力度，优化科技创新法治环境，加快实施创新驱动发展战略，根据《中华人民共和国人民法院组织法》《中华人民共和国民事诉讼法》《中华人民共和国行政诉讼法》《全国人民代表大会常务委员会关于专利等知识产权案件诉讼程序若干问题的决定》等法律规定，结合审判工作实际，就最高人民法院知识产权法庭相关问题规定如下：

**第一条** 最高人民法院设立知识产权法庭，主要审理专利等专业技术性较强的知识产权上诉案件。

知识产权法庭是最高人民法院派出的常设审判机构，设在北京市。

知识产权法庭作出的判决、裁定、调解书和决定，是最高人民法院的判决、裁定、调解书和决定。

**第二条** 知识产权法庭审理下列上诉案件：

（一）专利、植物新品种、集成电路布图设计授权确权行政上诉案件；

（二）发明专利、植物新品种、集成电路布图设计权属、侵权民事和行政上诉案件；

（三）重大、复杂的实用新型专利、技术秘密、计算机软件权属、侵权民事和行政上诉案件；

（四）垄断民事和行政上诉案件。

知识产权法庭审理下列其他案件：

（一）前款规定类型的全国范围内重大、复杂的第一审民事和行政案件；

（二）对前款规定的第一审民事和行政案件已经发生法律效力的判决、裁定、调解书依法申请再审、抗诉、再审等适用审判监督程序的案件；

（三）前款规定的第一审民事和行政案件管辖权争议，行为保全裁定申请复议，罚款、拘留决定申请复议，报请延长审限等案件；

（四）最高人民法院认为应当由知识产权法庭审理的其他案件。

**第三条** 审理本规定第二条所称案件的下级人民法院应当按照规定及时向知识产权法庭移送纸质、电子卷宗。

**第四条** 知识产权法庭可以要求当事人披露涉案知识产权相关权属、侵权、授权确权等关联案件情况。当事人拒不如实披露的，可以作为认定其是否遵循诚实信用原则和构成滥用权利等的考量因素。

**第五条** 知识产权法庭可以根据案件情况到实地或者原审人民法院所在地巡回审理案件。

**第六条** 知识产权法庭采取保全等措施，依照执行程序相关规定办理。

**第七条** 知识产权法庭审理的案件的立案信息、合议庭组成人员、审判流程、裁判文书等依法公开。

**第八条** 知识产权法庭法官会议由庭长、副庭长和若干资深法官组成，讨论重大、疑难、复杂案件等。

**第九条** 知识产权法庭应当加强对有关案件审判工作的调研，及时总结裁判标准和审理规则，指导下级人民法院审判工作。

**第十条** 对知识产权法庭、中级人民法院已经发生法律效力的本规定第二条第一款规定类型的第一审民事和行政案件判决、裁定、调解书，省级人民检察院向高级人民法院提出抗诉的,高级人民法院应当告知其由最高人民检察院依法向最高人民法院提出,并由知识产权法庭审理。

**第十一条** 本规定自 2019 年 1 月 1 日起施行。最高人民法院此前发布的司法解释与本规定不一致的,以本规定为准。

## 最高人民法院关于人民法院通过互联网公开审判流程信息的规定

- 2018 年 2 月 12 日最高人民法院审判委员会第 1733 次会议通过
- 2018 年 3 月 4 日最高人民法院公告公布
- 自 2018 年 9 月 1 日起施行
- 法释〔2018〕7 号

为贯彻落实审判公开原则,保障当事人对审判活动的知情权,规范人民法院通过互联网公开审判流程信息工作,促进司法公正,提升司法公信,根据《中华人民共和国刑事诉讼法》《中华人民共和国民事诉讼法》《中华人民共和国行政诉讼法》《中华人民共和国国家赔偿法》等法律规定,结合人民法院工作实际,制定本规定。

**第一条** 人民法院审判刑事、民事、行政、国家赔偿案件的流程信息,应当通过互联网向参加诉讼的当事人及其法定代理人、诉讼代理人、辩护人公开。

人民法院审判具有重大社会影响案件的流程信息,可以通过互联网或者其他方式向公众公开。

**第二条** 人民法院通过互联网公开审判流程信息,应当依法、规范、及时、便民。

**第三条** 中国审判流程信息公开网是人民法院公开审判流程信息的统一平台。各级人民法院在本院门户网站以及司法公开平台设置中国审判流程信息公开网的链接。

有条件的人民法院可以通过手机、诉讼服务平台、电话语音系统、电子邮箱等辅助媒介,向当事人及其法定代理人、诉讼代理人、辩护人主动推送案件的审判流程信息,或者提供查询服务。

**第四条** 人民法院应当在受理案件通知书、应诉通知书、参加诉讼通知书、出庭通知书中,告知当事人及其法定代理人、诉讼代理人、辩护人通过互联网获取审判流程信息的方法和注意事项。

**第五条** 当事人、法定代理人、诉讼代理人、辩护人的身份证件号码、律师执业证号、组织机构代码、统一社会信用代码,是其获取审判流程信息的身份验证依据。

当事人及其法定代理人、诉讼代理人、辩护人应当配合受理案件的人民法院采集、核对身份信息,并预留有效的手机号码。

**第六条** 人民法院通知当事人应诉、参加诉讼,准许当事人参加诉讼,或者采用公告方式送达当事人的,自完成其身份信息采集、核对后,依照本规定公开审判流程信息。

当事人中途退出诉讼的,经人民法院依法确认后,不再向该当事人及其法定代理人、诉讼代理人、辩护人公开审判流程信息。

法定代理人、诉讼代理人、辩护人参加诉讼或者发生变更的,参照前两款规定处理。

**第七条** 下列程序性信息应当通过互联网向当事人及其法定代理人、诉讼代理人、辩护人公开:

(一)收案、立案信息,结案信息;
(二)检察机关、刑罚执行机关信息,当事人信息;
(三)审判组织信息;
(四)审判程序、审理期限、送达、上诉、抗诉、移送等信息;
(五)庭审、质证、证据交换、庭前会议、询问、宣判等诉讼活动的时间和地点;
(六)裁判文书在中国裁判文书网的公布情况;
(七)法律、司法解释规定应当公开,或者人民法院认为可以公开的其他程序性信息。

**第八条** 回避、管辖争议、保全、先予执行、评估、鉴定等流程信息,应当通过互联网向当事人及其法定代理人、诉讼代理人、辩护人公开。

公开保全、先予执行等流程信息可能影响事项处理的,可以在事项处理完毕后公开。

**第九条** 下列诉讼文书应当于送达后通过互联网向当事人及其法定代理人、诉讼代理人、辩护人公开:

(一)起诉状、上诉状、再审申请书、申诉书、国家赔偿申请书、答辩状等诉讼文书;
(二)受理案件通知书、应诉通知书、参加诉讼通知书、出庭通知书、合议庭组成人员通知书、传票等诉讼文书;
(三)判决书、裁定书、决定书、调解书,以及其他有中止、终结诉讼程序作用,或者对当事人实体权利有影响、对当事人程序权利有重大影响的裁判文书;
(四)法律、司法解释规定应当公开,或者人民法院认为可以公开的其他诉讼文书。

第十条　庭审、质证、证据交换、庭前会议、调查取证、勘验、询问、宣判等诉讼活动的笔录，应当通过互联网向当事人及其法定代理人、诉讼代理人、辩护人公开。

第十一条　当事人及其法定代理人、诉讼代理人、辩护人申请查阅庭审录音录像、电子卷宗的，人民法院可以通过中国审判流程信息公开网或者其他诉讼服务平台提供查阅，并设置必要的安全保护措施。

第十二条　涉及国家秘密，以及法律、司法解释规定应当保密或者限制获取的审判流程信息，不得通过互联网向当事人及其法定代理人、诉讼代理人、辩护人公开。

第十三条　已经公开的审判流程信息与实际情况不一致的，以实际情况为准，受理案件的人民法院应当及时更正。

已经公开的审判流程信息存在本规定第十二条列明情形的，受理案件的人民法院应当及时撤回。

第十四条　经受送达人书面同意，人民法院可以通过中国审判流程信息公开网向民事、行政案件的当事人及其法定代理人、诉讼代理人电子送达除判决书、裁定书、调解书以外的诉讼文书。

采用前款方式送达的，人民法院应当按照本规定第五条采集、核对受送达人的身份信息，并为其开设个人专用的即时收悉系统。诉讼文书到达该系统的日期为送达日期，由系统自动记录并生成送达回证归入电子卷宗。

已经送达的诉讼文书需要更正的，应当重新送达。

第十五条　最高人民法院监督指导全国法院审判流程信息公开工作。高级、中级人民法院监督指导辖区法院审判流程信息公开工作。

各级人民法院审判管理办公室或者承担审判管理职能的其他机构负责本院审判流程信息公开工作，履行以下职责：

（一）组织、监督审判流程信息公开工作；

（二）处理当事人及其法定代理人、诉讼代理人、辩护人对审判流程信息公开工作的投诉和意见建议；

（三）指导技术部门做好技术支持和服务保障；

（四）其他管理工作。

第十六条　公开审判流程信息的业务规范和技术标准，由最高人民法院另行制定。

第十七条　本规定自2018年9月1日起施行。最高人民法院以前发布的司法解释和规范性文件与本规定不一致的，以本规定为准。

## 最高人民法院关于人民法院庭审录音录像的若干规定

- 2017年1月25日最高人民法院审判委员会第1708次会议通过
- 2017年2月22日最高人民法院公告公布
- 自2017年3月1日起施行
- 法释〔2017〕5号

为保障诉讼参与人诉讼权利，规范庭审活动，提高庭审效率，深化司法公开，促进司法公正，根据《中华人民共和国刑事诉讼法》《中华人民共和国民事诉讼法》《中华人民共和国行政诉讼法》等法律规定，结合审判工作实际，制定本规定。

第一条　人民法院开庭审判案件，应当对庭审活动进行全程录音录像。

第二条　人民法院应当在法庭内配备固定或者移动的录音录像设备。

有条件的人民法院可以在法庭安装使用智能语音识别同步转换文字系统。

第三条　庭审录音录像应当自宣布开庭时开始，至闭庭时结束。除下列情形外，庭审录音录像不得人为中断：

（一）休庭；

（二）公开庭审中的不公开举证、质证活动；

（三）不宜录制的调解活动。

负责录音录像的人员应当对录音录像的起止时间、有无中断等情况进行记录并附卷。

第四条　人民法院应当采取叠加同步录制时间或者其他措施保证庭审录音录像的真实和完整。

因设备故障或技术原因导致录音录像不真实、不完整的，负责录音录像的人员应当作出书面说明，经审判长或独任审判员审核签字后附卷。

第五条　人民法院应当使用专门设备在线或离线存储、备份庭审录音录像。因设备故障等原因导致不符合技术标准的录音录像，应当一并存储。

庭审录音录像的归档，按照人民法院电子诉讼档案管理规定执行。

第六条　人民法院通过使用智能语音识别系统同步转换生成的庭审文字记录，经审判人员、书记员、诉讼参与人核对签字后，作为法庭笔录管理和使用。

第七条　诉讼参与人对法庭笔录有异议并申请补正的，书记员可以播放庭审录音录像进行核对、补正；不予补正的,应当将申请记录在案。

**第八条** 适用简易程序审理民事案件的庭审录音录像,经当事人同意的,可以替代法庭笔录。

**第九条** 人民法院应当将替代法庭笔录的庭审录音录像同步保存在服务器或者刻录成光盘,并由当事人和其他诉讼参与人对其完整性校验值签字或者采取其他方法进行确认。

**第十条** 人民法院应当通过审判流程信息公开平台、诉讼服务平台以及其他便民诉讼服务平台,为当事人、辩护律师、诉讼代理人等依法查阅庭审录音录像提供便利。

对提供查阅的录音录像,人民法院应当设置必要的安全防范措施。

**第十一条** 当事人、辩护律师、诉讼代理人等可以依照规定复制录音或者誊录庭审录音录像,必要时人民法院应当配备相应设施。

**第十二条** 人民法院可以播放依法公开审理案件的庭审录音录像。

**第十三条** 诉讼参与人、旁听人员违反法庭纪律或者有关法律规定,危害法庭安全、扰乱法庭秩序的,人民法院可以通过庭审录音录像进行调查核实,并将其作为追究法律责任的证据。

**第十四条** 人民检察院、诉讼参与人认为庭审活动不规范或者违反法律规定的,人民法院应当结合庭审音录像进行调查核实。

**第十五条** 未经人民法院许可,任何人不得对庭审活动进行录音录像,不得对庭审录音录像进行拍录、复制、删除和迁移。

行为人实施前款行为的,依照规定追究其相应责任。

**第十六条** 涉及国家秘密、商业秘密、个人隐私等庭审活动的录制,以及对庭审录音录像的存储、查阅、复制、誊录等,应当符合保密管理等相关规定。

**第十七条** 庭审录音录像涉及的相关技术保障、技术标准和技术规范,由最高人民法院另行制定。

**第十八条** 人民法院从事其他审判活动或者进行执行、听证、接访等活动需要进行录音录像的,参照本规定执行。

**第十九条** 本规定自 2017 年 3 月 1 日起施行。最高人民法院此前发布的司法解释及规范性文件与本规定不一致的,以本规定为准。

# 最高人民法院关于巡回法庭审理案件若干问题的规定

- 2015 年 1 月 5 日最高人民法院审判委员会第 1640 次会议通过
- 根据 2016 年 12 月 19 日最高人民法院审判委员会《关于修改〈最高人民法院关于巡回法庭审理案件若干问题的规定〉的决定》修正
- 2016 年 12 月 27 日最高人民法院公告公布
- 自 2016 年 12 月 28 日起施行
- 法释〔2016〕30 号

为依法及时公正审理跨行政区域重大行政和民商事等案件,推动审判工作重心下移、就地解决纠纷、方便当事人诉讼,根据《中华人民共和国人民法院组织法》《中华人民共和国行政诉讼法》《中华人民共和国民事诉讼法》《中华人民共和国刑事诉讼法》等法律以及有关司法解释,结合最高人民法院审判工作实际,就最高人民法院巡回法庭(简称巡回法庭)审理案件等问题规定如下:

**第一条** 最高人民法院设立巡回法庭,受理巡回区内相关案件。第一巡回法庭设在广东省深圳市,巡回区为广东、广西、海南、湖南四省区。第二巡回法庭设在辽宁省沈阳市,巡回区为辽宁、吉林、黑龙江三省。第三巡回法庭设在江苏省南京市,巡回区为江苏、上海、浙江、福建、江西五省市。第四巡回法庭设在河南省郑州市,巡回区为河南、山西、湖北、安徽四省。第五巡回法庭设在重庆市,巡回区为重庆、四川、贵州、云南、西藏五省区。第六巡回法庭设在陕西省西安市,巡回区为陕西、甘肃、青海、宁夏、新疆五省区。最高人民法院本部直接受理北京、天津、河北、山东、内蒙古五省区市有关案件。

最高人民法院根据有关规定和审判工作需要,可以增设巡回法庭,并调整巡回法庭的巡回区和案件受理范围。

**第二条** 巡回法庭是最高人民法院派出的常设审判机构。巡回法庭作出的判决、裁定和决定,是最高人民法院的判决、裁定和决定。

**第三条** 巡回法庭审理或者办理巡回区内应当由最高人民法院受理的以下案件:

(一)全国范围内重大、复杂的第一审行政案件;

(二)在全国有重大影响的第一审民商事案件;

(三)不服高级人民法院作出的第一审行政或者民商事判决、裁定提起上诉的案件;

(四)对高级人民法院作出的已经发生法律效力的

行政或者民商事判决、裁定、调解书申请再审的案件；

（五）刑事申诉案件；

（六）依法定职权提起再审的案件；

（七）不服高级人民法院作出的罚款、拘留决定申请复议的案件；

（八）高级人民法院因管辖权问题报请最高人民法院裁定或者决定的案件；

（九）高级人民法院报请批准延长审限的案件；

（十）涉港澳台民商事案件和司法协助案件；

（十一）最高人民法院认为应当由巡回法庭审理或者办理的其他案件。

巡回法庭依法办理巡回区内向最高人民法院提出的来信来访事项。

第四条　知识产权、涉外商事、海事海商、死刑复核、国家赔偿、执行案件和最高人民检察院抗诉的案件暂由最高人民法院本部审理或者办理。

第五条　巡回法庭设立诉讼服务中心，接受并登记属于巡回法庭受案范围的案件材料，为当事人提供诉讼服务。对于依照本规定应由最高人民法院本部受理案件的材料，当事人要求巡回法庭转交的，巡回法庭应当转交。

巡回法庭对于符合立案条件的案件，应当在最高人民法院办案信息平台统一编号立案。

第六条　当事人不服巡回区内高级人民法院作出的第一审行政或者民商事判决、裁定提起上诉的，上诉状应当通过原审人民法院向巡回法庭提出。当事人直接向巡回法庭上诉的，巡回法庭应当在五日内将上诉状移交原审人民法院。原审人民法院收到上诉状、答辩状，应当在五日内连同全部案卷和证据，报送巡回法庭。

第七条　当事人对巡回区内高级人民法院作出的已经发生法律效力的判决、裁定申请再审或者申诉的，应当向巡回法庭提交再审申请书、申诉书等材料。

第八条　最高人民法院认为巡回法庭受理的案件对统一法律适用有重大指导意义的，可以决定由本部审理。

巡回法庭对于已经受理的案件，认为对统一法律适用有重大指导意义的，可以报请最高人民法院本部审理。

第九条　巡回法庭根据审判工作需要，可以在巡回区内巡回审理案件、接待来访。

第十条　巡回法庭按照让审理者裁判、由裁判者负责原则，实行主审法官、合议庭办案责任制。巡回法庭主审法官由最高人民法院从办案能力突出、审判经验丰富的审判人员中选派。巡回法庭的合议庭由主审法官组成。

第十一条　巡回法庭庭长、副庭长应当参加合议庭审理案件。合议庭审理案件时，由承办案件的主审法官担任审判长。庭长或者副庭长参加合议庭审理案件时，自己担任审判长。巡回法庭作出的判决、裁定，经合议庭成员签署后，由审判长签发。

第十二条　巡回法庭受理的案件，统一纳入最高人民法院审判信息综合管理平台进行管理，立案信息、审判流程、裁判文书面向当事人和社会依法公开。

第十三条　巡回法庭设廉政监察员，负责巡回法庭的日常廉政监督工作。

最高人民法院监察局通过受理举报投诉、查处违纪案件、开展司法巡查和审务督察等方式，对巡回法庭及其工作人员进行廉政监督。

## 最高人民法院关于严格执行案件审理期限制度的若干规定

- 2000年9月14日最高人民法院审判委员会第1130次会议通过
- 2000年9月22日最高人民法院公告公布
- 自2000年9月28日起施行
- 法释〔2000〕29号

为提高诉讼效率，确保司法公正，根据刑事诉讼法、民事诉讼法、行政诉讼法和海事诉讼特别程序法的有关规定，现就人民法院执行案件审理期限制度的有关问题规定如下：

### 一、各类案件的审理、执行期限

第一条　适用普通程序审理的第一审刑事公诉案件、被告人被羁押的第一审刑事自诉案件和第二审刑事公诉、刑事自诉案件的期限为1个月，至迟不得超过1个半月；附带民事诉讼案件的审理期限，经本院院长批准，可以延长2个月。有刑事诉讼法第一百二十六条规定情形之一的，经省、自治区、直辖市高级人民法院批准或者决定，审理期限可以再延长1个月；最高人民法院受理的刑事上诉、刑事抗诉案件，经最高人民法院决定，审理期限可以再延长1个月。

适用普通程序审理的被告人未被羁押的第一审刑事自诉案件，期限为6个月；有特殊情况需要延长的，经本院院长批准，可以延长3个月。

适用简易程序审理的刑事案件，审理期限为20日。

第二条　适用普通程序审理的第一审民事案件，期限为6个月；有特殊情况需要延长的，经本院院长批准，可以延长6个月,还需延长的,报请上一级人民法院批准,可以再延长3个月。

适用简易程序审理的民事案件,期限为3个月。

适用特别程序审理的民事案件,期限为30日;有特殊情况需要延长的,经本院院长批准,可以延长30日,但审理选民资格案件必须在选举日前审结。

审理第一审船舶碰撞、共同海损案件的期限为1年;有特殊情况需要延长的,经本院院长批准,可以延长6个月。

审理对民事判决的上诉案件,审理期限为3个月;有特殊情况需要延长的,经本院院长批准,可以延长3个月。

审理对民事裁定的上诉案件,审理期限为30日。

对罚款、拘留民事决定不服申请复议的,审理期限为5日。

审理涉外民事案件,根据民事诉讼法第二百四十八条的规定,不受上述案件审理期限的限制。①

审理涉港、澳、台的民事案件的期限,参照涉外审理民事案件的规定办理。

**第三条** 审理第一审行政案件的期限为3个月;有特殊情况需要延长的,经高级人民法院批准可以延长3个月。高级人民法院审理第一审案件需要延长期限的,由最高人民法院批准,可以延长3个月。

审理行政上诉案件的期限为2个月;有特殊情况需要延长的,由高级人民法院批准,可以延长2个月。高级人民法院审理的第二审案件需要延长期限的,由最高人民法院批准,可以延长2个月。

**第四条** 按照审判监督程序重新审理的刑事案件的期限为3个月;需要延长期限的,经本院院长批准,可以延长3个月。

裁定再审的民事、行政案件,根据再审适用的不同程序,分别执行第一审或第二审审理期限的规定。

**第五条** 执行案件应当在立案之日6个月内执结,非诉执行案件应当在立案之日起3个月内执结;有特殊情况需要延长的,经本院院长批准,可以延长3个月,还需延长的,层报高级人民法院备案。

委托执行的案件,委托的人民法院应当在立案后1个月内办理完委托执行手续,受委托的人民法院应当在收到委托函件后30日内执行完毕。未执行完毕,应当在期限届满后15日内将执行情况函告委托人民法院。

刑事案件没收财产刑应当即时执行。

刑事案件罚金刑,应当在判决、裁定发生法律效力后3个月内执行完毕,至迟不超过6个月。

## 二、立案、结案时间及审理期限的计算

**第六条** 第一审人民法院收到起诉书(状)或者执行申请书后,经审查认为符合受理条件的应当在7日内立案;收到自诉人自诉状或者口头告诉的,经审查认为符合自诉案件受理条件的应当在15日内立案。

改变管辖的刑事、民事、行政案件,应当在收到案卷材料后的3日内立案。

第二审人民法院应当在收到第一审人民法院移送的上(抗)诉材料及案卷材料后的5日内立案。

发回重审或指令再审的案件,应当在收到发回重审或指令再审裁定及案卷材料后的次日内立案。

按照审判监督程序重新审判的案件,应当在作出提审、再审裁定(决定)的次日立案。

**第七条** 立案机构应当在决定立案的3日内将案卷材料移送审判庭。

**第八条** 案件的审理期限从立案次日起计算。

由简易程序转为普通程序审理的第一审刑事案件的期限,从决定转为普通程序次日起计算;由简易程序转为普通程序审理的第一审民事案件的期限,从立案次日起连续计算。

**第九条** 下列期间不计入审理、执行期限:

(一)刑事案件对被告人作精神病鉴定的期间;

(二)刑事案件因另行委托、指定辩护人,法院决定延期审理的,自案件宣布延期审理之日起至第10日正准备辩护的时间;

(三)公诉人发现案件需要补充侦查,提出延期审理建议后,合议庭同意延期审理的期间;

(四)刑事案件二审期间,检察院查阅案卷超过7日后的时间;

(五)因当事人、诉讼代理人、辩护人申请通知新的证人到庭、调取新的证据、申请重新鉴定或者勘验,法院决定延期审理1个月之内的期间;

(六)民事、行政案件公告、鉴定的期间;

(七)审理当事人提出的管辖权异议和处理法院之间的管辖争议的期间;

(八)民事、行政、执行案件由有关专业机构进行审

---

① 根据《最高人民法院关于调整司法解释等文件中引用〈中华人民共和国民事诉讼法〉条文序号的决定》(法释〔2008〕18号)调整。

计、评估、资产清理的期间；

（九）中止诉讼（审理）或执行至恢复诉讼（审理）或执行的期间；

（十）当事人达成执行和解或者提供执行担保后，执行法院决定暂缓执行的期间；

（十一）上级人民法院通知暂缓执行的期间；

（十二）执行中拍卖、变卖被查封、扣押财产的期间。

第十条 人民法院判决书宣判、裁定书宣告或者调解书送达最后一名当事人的日期为结案时间。如需委托宣判、送达的，委托宣判、送达的人民法院应当在审限届满前将判决书、裁定书、调解书送达受托人民法院。受托人民法院应当在收到委托后7日内送达。

人民法院判决书宣判、裁定书宣告或者调解书送达有下列情形之一的，结案时间遵守以下规定：

（一）留置送达的，以裁判文书留在受送达人的住所日为结案时间；

（二）公告送达的，以公告刊登之日为结案时间；

（三）邮寄送达的，以交邮日期为结案时间；

（四）通过有关单位转交送达的，以送达回证上当事人签收的日期为结案时间。

### 三、案件延长审理期限的报批

第十一条 刑事公诉案件、被告人被羁押的自诉案件，需要延长审理期限的，应当在审理期限届满7日以前，向高级人民法院提出申请；被告人未被羁押的刑事自诉案件，需要延长审理期限的，应当在审理期限届满10日前向本院院长提出申请。

第十二条 民事案件应当在审理期限届满10日前向本院院长提出申请；还需延长的，应当在审理期限届满10日前向上一级人民法院提出申请。

第十三条 行政案件应当在审理期限届满10日前向高级人民法院或者最高人民法院提出申请。

第十四条 对于下级人民法院申请延长办案期限的报告，上级人民法院应当在审理期限届满3日前作出决定，并通知提出申请延长审理期限的人民法院。

需要本院院长批准延长办案期限的，院长应当在审限届满前批准或者决定。

### 四、上诉、抗诉二审案件的移送期限

第十五条 被告人、自诉人、附带民事诉讼的原告人和被告人通过第一人民法院提出上诉的刑事案件，第一审人民法院应当在上诉期限届满后3日内将上诉状连同案卷、证据移送第二审人民法院。被告人、自诉人、附带民事诉讼的原告人和被告人直接向上级人民法院提出上诉的刑事案件，第一审人民法院应当在接到第二审人民法院移交的上诉状后3日内将案卷、证据移送上一级人民法院。

第十六条 人民检察院抗诉的刑事二审案件，第一审人民法院应当在上诉、抗诉期届满后3日内将抗诉书连同案卷、证据移送第二审人民法院。

第十七条 当事人提出上诉的二审民事、行政案件，第一审人民法院收到上诉状，应当在5日内将上诉状副本送达对方当事人。人民法院收到答辩状，应当在5日内将副本送达上诉人。

人民法院受理人民检察院抗诉的民事、行政案件的移送期限，比照前款规定办理。

第十八条 第二审人民法院立案时发现上诉案件材料不齐全的，应当在2日内通知第一审人民法院。第一审人民法院应当在接到第二审人民法院的通知后5日内补齐。

第十九条 下级人民法院接到上级人民法院调卷通知后，应当在5日内将全部案卷和证据移送，至迟不超过10日。

### 五、对案件审理期限的监督、检查

第二十条 各级人民法院应当将审理案件期限情况作为审判管理的重要内容，加强对案件审理期限的管理、监督和检查。

第二十一条 各级人民法院应当建立审理期限届满前的催办制度。

第二十二条 各级人民法院应当建立案件审理期限定期通报制度。对违反诉讼法规定，超过审理期限或者违反本规定的情况进行通报。

第二十三条 审判人员故意拖延办案，或者因过失延误办案，造成严重后果的，依照《人民法院审判纪律处分办法（试行）》第五十九条的规定予以处分。

审判人员故意拖延移送案件材料，或者接受委托送达后，故意拖延不予送达的，参照《人民法院审判纪律处分办法（试行）》第五十九条的规定予以处分。

第二十四条 本规定发布前有关审理期限规定与本规定不一致的，以本规定为准。

# 最高人民法院关于推动新时代人民法庭工作高质量发展的意见

· 2021年9月13日
· 法发〔2021〕24号

为深入贯彻习近平法治思想，更加注重强基导向，强化人民法庭建设，提升基层人民法院司法水平，更好服务全面推进乡村振兴，服务基层社会治理，服务人民群众高品质生活需要，现就推动新时代人民法庭工作高质量发展提出如下意见。

**一、加强新时代人民法庭工作的重要意义和指导思想**

1. 重要意义。人民法庭作为基层人民法院的派出机构，是服务全面推进乡村振兴、基层社会治理、人民群众高品质生活需要的重要平台，也是体现中国特色社会主义司法制度优越性的重要窗口。加强新时代人民法庭工作，有利于夯实党的执政基础，巩固党的执政地位；有利于满足人民群众公平正义新需求，依法维护人民群众权益；有利于以法治方式服务巩固拓展脱贫攻坚成果，全面推进乡村振兴；有利于健全覆盖城乡的司法服务网络，促进基层治理体系和治理能力现代化。

2. 指导思想。坚持以习近平新时代中国特色社会主义思想为指导，深入贯彻习近平法治思想，增强"四个意识"、坚定"四个自信"、做到"两个维护"，牢记"国之大者"，坚持党的绝对领导，坚持以人民为中心，坚持强基导向，深刻把握人民法庭处于服务群众、解决纠纷第一线与守护公平正义最后一道防线的辩证统一关系，有效发挥桥梁、窗口作用，推动更高水平的平安中国、法治中国建设，为实现"十四五"时期经济行稳致远、社会安定和谐，为实现人民对美好生活的向往、促进全体人民共同富裕，为全面建设社会主义现代化强国提供更加有力的司法服务和保障。

**二、准确把握新时代人民法庭工作原则**

3. 坚持"三个便于"。紧紧围绕"努力让人民群众在每一个司法案件中感受到公平正义"的目标，主动回应人民对美好生活的向往和公平正义新期待，坚持便于当事人诉讼，便于人民法院依法独立公正高效行使审判权，便于人民群众及时感受到公平正义的工作原则，不断弘扬人民司法优良传统和时代价值。

4. 坚持"三个服务"。紧扣"三农"工作重心历史性转移，发挥面向农村优势，积极服务全面推进乡村振兴；紧扣推进国家治理体系和治理能力现代化，发挥面向基层优势，积极服务基层社会治理；紧扣新时代社会主要矛盾新变化，发挥面向群众优势，积极服务人民群众高品质生活需要。

5. 坚持"三个优化"。综合考虑城乡差异，一要优化法庭布局。区分城区法庭、城乡结合法庭、乡村法庭，不断优化人民法庭区域布局。二要优化队伍结构。结合案件数量、区域面积、人口数量、交通条件、信息化发展状况、参与乡村振兴和社会治理任务等因素，建立并实行人员编制动态调整机制。三要优化专业化建设。坚持综合性与专业化建设相结合，实现人民法庭专业化建设更好服务乡村振兴和辖区基层治理需要。农村地区要继续加强和完善综合性人民法庭建设；城市近郊或者城区，可以由相关人民法庭专门或者集中负责审理道交、劳动、物业、旅游、少年、家事、金融商事、环境资源等案件；产业特色明显地区，可以由专业化人民法庭专门负责审理涉及特定区域或者特定产业的案件。

**三、积极服务全面推进乡村振兴**

6. 服务乡村产业振兴。妥善处理涉"三农"领域传统纠纷以及休闲农业、乡村旅游、民宿经济、健康养老等新业态纠纷，促进农村产业融合发展，推动建立现代农业产业体系、生产体系和经营体系。深入贯彻粮食安全战略，积极参加保护种业知识产权专项行动，依法服务种业科技自立自强、种源自主可控，助推种业振兴。依法妥善处理涉及农业农村发展要素保障、城乡经济循环、征用征收等案件，保障农业农村改革，促进农业产业发展。

7. 维护农民合法权益。依法妥善审理涉及农村土地"三权分置"、乡村产业发展等纠纷，落实"资源变资产、资金变股金、农民变股东"，让农民更多分享产业增值收益。依法保障进城落户农民农村土地承包权、宅基地使用权、集体收益分配权，促进在城镇稳定就业生活的农民自愿有序进城落户。推动落实城乡劳动者平等就业、同工同酬，依法保障农民工工资支付和其他劳动权益。

8. 推动乡村文明进步。依法妥善处理家事、邻里纠纷，注重矛盾纠纷实质性、源头化解，依法治理高价彩礼、干预婚姻自由、虐待遗弃家庭成员等不良风气，依法打击封建迷信活动，培育和弘扬社会主义核心价值观。依法保护农村文化遗产和非物质文化遗产，加强保护历史文化名镇名村、传统村落、民族村寨，促进优秀传统乡土文化保护和乡村文化产业发展。引导依法制定村规民约，推进移风易俗，推动创建文明村镇、文明家庭。

9. 保护农村生态环境。深入践行"绿水青山就是金山银山"理念，依法妥善审理环境资源案件，会同农业农村、自然资源、生态环境等部门健全执法司法协调联动机制,加强农业面源污染防治,推动国土综合整治和生态修复,推动解决"垃圾围村"和乡村黑臭水体等突出环境问题,助推农业生产方式绿色转型,改善乡村生态环境,助力建设美丽宜居乡村。

**四、积极服务基层社会治理**

10. 推动健全基层社会治理体系。坚持和发展新时代"枫桥经验",积极融入党委领导的基层治理体系,充分利用辖区党委组织优势,与城乡基层党组织广泛开展联建共建,推进基层党建创新与基层治理创新相结合,强化党建引领基层治理作用,促进完善中国特色基层治理制度。推广"群众说事、法官说法""寻乌经验"等做法,依托"街乡吹哨、部门报到、接诉即办"等基层治理机制,推动司法资源向街乡、村镇、社区下沉。充分运用平安建设考核和创建"无讼"乡村社区等政策制度,服务基层党委政府以更大力度加强矛盾纠纷多元化解机制建设。

11. 明确参与基层治理途径。立足人民法庭法定职责,依法有序参与基层社会治理。对没有形成纠纷但具有潜在风险的社会问题,可以向乡镇、社区有关单位提出法律风险防控预案;对已经发生矛盾纠纷的社会问题,可以提出可能适用的法律依据以及相应裁判尺度,但是不宜在诉讼外对已经立案的纠纷提出处理意见;对审判、执行、信访等工作中发现普遍存在的社会问题,应当通过司法建议、白皮书、大数据研究报告等方式,及时向党委、政府反馈,服务科学决策。

12. 加强源头预防化解矛盾。加强辖区多发常见类型化纠纷的源头治理,形成源头预防、非诉挺前、多元化解的分层递进前端治理路径。强化与当地乡镇街道的衔接、与综治中心的协同,充分利用网格化管理机制平台,及时掌握和研判综治矛盾纠纷信息,发挥网格员、特邀调解员作用,促进基层纠纷源头化解。充分运用人民法院调解平台等工作平台,推动人民法庭进乡村、进社区、进网格,广泛对接基层解纷力量,形成基层多元解纷网络,在线开展化解、调解、司法确认等工作。推动人民调解员进人民法庭、法官进基层全覆盖,加强委托调解、委派调解的实践应用,充分释明调解优势特点,引导人民群众通过非诉讼方式解决矛盾纠纷。

13. 加强基层法治宣传。推动建立以人民法庭为重要支点的基层社会法治体系,充分利用专业优势,加强对特邀调解员、人民调解员等在诉前或者诉中开展调解工作的指导,引导支持社会力量参与基层治理。通过巡回审判、公开审理、以案说法、送法下乡等活动,增强基层干部群众法治观念和依法办事能力。发挥司法裁判示范引领功能,推动裁判文书网、人民法庭信息平台与普法宣传平台对接,加强法治宣传教育,推动社会主义核心价值观和法治精神深入人心。

14. 完善相关纠纷审理规则。人民法庭在案件审理过程中,遇到审理依据和裁判标准不明确等类型化问题,可以及时按程序报告。高级人民法院应当依照民法典、乡村振兴促进法等法律规定,对辖区内反映强烈、处理经验成熟的问题以纪要、审判指南、参考性案例等方式及时明确裁判指引。最高人民法院应当适时就重点法律适用问题出台司法解释或者其他规范性文件。

**五、积极服务人民群众高品质生活需要**

15. 加强民生司法保障。切实实施民法典,依法妥善审理家事、民间借贷、人身损害赔偿等基层易发多发案件,畅通权利救济渠道,维护人民群众合法权益。深化家事审判改革,用好心理辅导干预、家事调查、诉前调解、案后回访等措施,加大人身安全保护令制度落实力度,保障留守儿童、留守妇女、留守老人以及困难群体和特殊人群的人身安全和人格尊严。依法妥善审理养老育幼、教育培训、就业创业、社会保险、医疗卫生、社会服务、住房保障等领域案件,促进提高公共服务质量水平。维护军人军属合法权益,最大限度把涉军纠纷化解在基层,解决在初始阶段。

16. 提升一站式诉讼服务能力。坚持因地制宜,在人民法庭建立诉讼服务站,在人民法庭及辖区乡镇街道综治中心或者矛盾调解中心设立自助诉讼服务设备,方便当事人随时随地办理诉讼业务。建立健全诉讼服务辅导机制,为人民群众提供在线调解、开庭等事务现场辅导服务。进一步增强人民法庭跨域立案诉讼服务质效,更加方便群众就近起诉、办理诉讼事务。有条件的人民法庭,可以设立视频调解室,提供跨地域视频调解等服务。

17. 完善直接立案机制。推进完善人民法庭直接立案或者基层人民法院派驻立案机制。推进人民法庭跨域立案服务,确保能够作为立案协作端办理跨辖区、跨县、跨市、跨省立案。适应人民法庭辖区主导产业或者中心工作需要,合理确定收案范围。

18. 推进案件繁简分流。积极优化司法确认程序,完善小额诉讼程序和简易程序规则,健全审判组织适用模式,推行在线审理机制,依法综合运用督促程序、司法确认程序、小额诉讼程序、简易程序、独任制审理等,积极推广适用令状式、要素式、表格式等裁判文书,有效降低当事人诉讼成本,提升司法效率,充分保障人民群众合法诉讼权益。

19. 推动解决送达难。发挥数字化时代电子通讯优势，加强电子送达，推行集约化送达方式。发挥基层网格员作用，充分调动网格员积极性，发挥其熟悉社区情况、了解辖区人员信息的优势，综合运用现代和传统手段破解送达难题。

20. 推进直接执行机制。探索部分案件由人民法庭直接执行的工作机制，由人民法庭执行更加方便当事人的案件，可以由人民法庭负责执行。可以根据人员条件设立专门执行团队或者相对固定人员负责执行。案件较多的人民法庭，探索由基层人民法院派驻执行组等方式，提高执行效率，最大限度方便群众实现诉讼权益。人民法庭执行工作由基层人民法院执行机构统一管理，专职或者兼职人员纳入执行人员名册，案件纳入统一的执行案件管理平台，切实预防廉政风险。

### 六、不断深化新时代人民法庭人员管理机制改革

21. 完善司法责任制综合配套改革。落实独任庭、合议庭办案责任制，完善审判权力和责任清单，健全"四类案件"识别监管机制，落实统一法律适用机制，建立符合人民法庭实际的审判监督管理机制，坚持放权与监督相统一。落实法官员额制改革要求，综合考虑人员结构、案件类型、难易程度等因素，适应繁简分流和专业化建设需要，配强审判辅助力量，探索完善符合实际的审判团队组建和运行模式。

22. 探索建立编制动态调整机制。坚持以案定员、以任务定员，每个人民法庭至少配备1名审判员、1名法官助理、1名书记员、1名司法警察或者安保人员，逐步实现有条件有需求的人民法庭配备3名以上审判员；可以根据辖区面积、人口、案件数量、基层社会治理任务等因素合理调整人员配置。针对部分人民法庭人员编制不足、人民法庭之间办案数量不均的情况，高级人民法院要积极协调地方编制部门，建立省级层面人员编制动态调整机制，基层人民法院要在核定编制内将编制向案件数量多、基层治理任务重的人民法庭倾斜。结合四级法院审级职能定位改革，推动人员编制向基层和办案一线倾斜。

23. 完善干部锻炼培养机制。探索建立基层人民法院新入职人员选派到人民法庭工作锻炼，无人民法庭工作经历的新晋人员尤其是审判人员、审判辅助人员优先到人民法庭挂职锻炼，基层人民法院机关与人民法庭人员之间定期轮岗交流等机制。人民法庭庭长在同一职位工作满一定年限的，应当根据有关规定进行交流。提拔晋升时适度向长期在人民法庭工作的干警倾斜，选配基层人民法院院领导时，具有人民法庭庭长任职经历的人员在同等条件下优先考虑；入额遴选时，具有三年以上人民法庭工作经历的法官助理，同等条件下优先选任；中级人民法院遴选法官，应当接收适当比例具有人民法庭工作经历的法官。积极争取省级人社部门支持，建立聘用制书记员便捷招录机制，推动下放招聘权限，减少招聘环节；积极协调省级有关部门，探索建立聘用制书记员定向培养模式，委托定点学校定向招生、培养，毕业后回原籍人民法庭工作。

24. 落实人民陪审员选任、参审和保障制度。加强对人民陪审员的日常监督管理，规范选任及退出机制，落实随机抽选为主、个人申请与组织推荐为补充以及年度参审案件数量上限等规定。积极与同级财政部门等研究落实现有政策规定，加大经费投入，规范使用范围，激发人民陪审员参与人民法庭案件审理的积极性。

25. 切实加强履职保障。完善人民法庭干警精准培训机制，设置与人民法庭职能定位相对应的培训内容，全面提升人民法庭干警依法履职能力。因依法履职遭受不实举报的，应当协调有关单位，及时澄清事实，消除不良影响，依法追究相关单位或者个人的责任。人民法庭干警及其近亲属受到人身威胁的，协调当地公安机关采取必要保护措施；认真落实关于依法惩治袭警违法犯罪行为的指导意见，依法加强对人民法庭司法警察的履职保护。推动完善法院因公伤亡干警特殊补助政策。积极落实中央有关因公牺牲法官、司法警察抚恤政策，认真做好"两金"申报、发放和备案工作。鼓励各地法院为人民法庭干警投保工伤保险和人身意外伤害保险。

### 七、建立健全新时代人民法庭工作考核机制

26. 完善考核内容。探索建立符合人民法庭工作规律的专门考核办法，综合考虑执法办案、指导调解、诉源治理等因素，适当增加诉源治理、诉前调解等考核权重，重点考核"化解矛盾"质效。建立健全与执法办案和参与社会治理职责相适应，区分人员类别、岗位特点的考评体系，制定针对性强、简便易行的绩效考核办法。可以采取定量与定性相结合、量化为主的方式，科学制定和使用量化指标，采用加权测算等计算方法，合理设置权重比例。坚决清理、取消不合理、不必要的考评项目和指标，切实为基层减负，为干警减压。乡村振兴服务任务重、参与基层社会治理好的基层人民法院，可以先行先试。

27. 优化考核指标。执法办案考核应当遵循司法规律，综合考虑案件类型、繁简程度、适用程序、巡回审判等因素，包括办案数量、办案质量、办案效率和办案效果等基本内容。指导调解考核应当充分利用人民法院调解平

台数据,通过诉前调解案件占一审立案比、调解案件成功率、调解案件自动履行率等指标,量化指导调解的数量和效果。加强诉源治理考核,对于法治宣传、法律培训、矛盾纠纷研判通报、司法建议等可以考核次数,对于推动制定村规民约和居民公约、召开综治联席会、重大事项法律风险提示法律意见等,既要考核量化次数,也要考核质量效果。

**八、切实提升新时代人民法庭建设保障**

28. 加强基础设施建设。高级人民法院要按照科学论证、统筹规划、优化布局的原则,合理安排年度建设计划,力争在"十四五"期间实现人民法庭办公办案和辅助用房得到充分保障,规范化标准化建设得到显著加强,业务装备配备水平得到较大提升,网上立案、电子送达、网上开庭等信息化设施设备配备齐全,信息化建设应用效果进一步强化,人民法庭外观标识完全统一,人民法庭工作生活条件得到较大改善。

29. 加强法庭安保工作。基层人民法院院长是人民法庭安保工作的第一责任人,人民法庭庭长是直接责任人。完善安全防范设施装备配备,每个人民法庭应当配备必要的防爆安检、防暴防护等设备。强化案件风险评估和安全隐患排查,加强防范措施和应急处突演练,落实"人防、物防、技防"措施。加强司法警察部门对人民法庭安保工作的督察指导培训,增强干警安全意识和风险防范处置能力。加强人民法庭与驻地公安派出所联防联动,推动有条件的人民法庭设立驻庭警务室。

30. 完善经费保障制度。推动适时调整人民法庭建设标准,争取省级有关部门加大对人民法庭基础设施经费保障力度,增加对车辆、安保设备、信息化运维等支出投入。持续加大对革命老区、民族地区、边疆地区和脱贫地区人民法庭经费保障的政策倾斜力度,充分运用好有关转移支付资金,帮助解决办案经费保障和物资装备建设等问题。主动争取地方党委政府领导和支持,继续落实好人民法庭庭长职级待遇和干警工作津贴、补贴等政策,切实解决人民法庭在人财物保障方面存在的问题困难。对于已经实施省以下地方法院财物省级统一管理的地区,根据事权与财权相统一的原则,积极争取由当地财政保障人民法庭服务保障辖区经济社会发展的经费,由高级人民法院争取协调省级有关部门根据实际,下放人民法庭新建、维修等经费项目审批权。

31. 加强购买社会化服务的规模化、规范化。结合各地实际,加强人民法庭编外人员配备保障,梳理适合购买社会化服务的事务性工作范围和项目,规范有序开展向社会购买服务,建立健全公开竞标、运营监管、业务培训等制度,所需经费列入年度预算统筹保障。完善事务性工作的集约化管理工作流程,探索组建专业工作团队,集中办理文书送达、财产保全等事务。

32. 加强人民法庭"两个平台"建设。各级人民法院应当强化人民法庭工作平台应用,加强对人民法庭数据的收集、填报、分析和运用,实时监测办案数据,全面掌握人民法庭工作动态,准确研判存在的问题和原因,提高工作针对性、实效性和预见性。加强人民法庭信息平台建设,发动基层人民法院干警特别是人民法庭干警参与宣传工作,及时推送人民法庭工作成效、典型案件,深入挖掘先进典型和感人事迹,加大人民法庭工作宣传力度,全面展现人民法庭干警良好精神风貌和工作作风。人民法庭"两个平台"建设情况应当作为人民法庭工作的考核内容。

**九、有效加强新时代人民法庭工作的组织领导**

33. 加强党的建设。坚持"支部建在庭上",实现党的组织和党的工作全覆盖。坚持以党建带队建促审判,推进人民法庭党支部标准化、规范化建设,高质量推进基层党建创新,把党建引领贯穿人民法庭工作全过程。推动全面从严治党、从严治院、从严管理向基层延伸,推动队伍教育管理走深走实,严格落实防止干预司法"三个规定"等铁规禁令,完善人民法庭内部管理和日常监督制度,确保公正廉洁司法。

34. 加强汇报协调。要定期或者不定期就人民法庭工作向当地党委作专题汇报,推动把加强人民法庭工作作为强基导向、乡村振兴、基层治理体系和治理能力现代化等重点工作纳入党委政府总体工作格局,切实解决人民法庭工作实际困难。

35. 健全工作机制。探索地方三级人民法院院长抓人民法庭工作的组织领导思路,切实把人民法庭工作当做"一把手"工程,将法院工作重心下移到基层基础。各级人民法院院领导应当深入人民法庭开展调查研究,高级、中级人民法院院领导应当确定1-2个人民法庭作为联系点,并适时调整,经常性到人民法庭调查研究。强化发挥各级人民法院人民法庭领导小组及其办事机构的实际作用,加强归口管理,统筹推进人民法庭工作,定期研究解决人民法庭在职能发挥、人财物保障等方面存在的问题困难和解决思路举措,积极推动人民法庭工作融入当地社会治理体制。

本意见自2021年9月22日起实施,之前有关人民法庭的规定与本意见不一致的,按照本意见执行。

# 最高人民法院关于进一步健全完善民事诉讼程序繁简分流改革试点法院特邀调解名册制度的通知

- 2021年6月16日
- 法〔2021〕150号

北京、上海、江苏、浙江、安徽、福建、山东、河南、湖北、广东、四川、贵州、云南、陕西、宁夏等省（自治区、直辖市）高级人民法院：

为深入推进民事诉讼程序繁简分流改革试点工作，健全完善特邀调解制度，有效发挥司法确认程序对推动矛盾纠纷源头化解的保障作用，根据《关于加强诉源治理推动矛盾纠纷源头化解的意见》等文件精神，结合试点工作情况，现就完善试点法院特邀调解名册制度通知如下。

一、充分认识健全完善特邀调解名册制度的重要意义。健全完善特邀调解名册制度，是规范特邀调解工作的重要内容，是优化司法确认程序的必要前提，是落实全国人大常委会授权决定、开展民事诉讼程序繁简分流改革试点的重要配套保障措施，对于贯彻《关于加强诉源治理推动矛盾纠纷源头化解的意见》精神，有效发挥司法在矛盾纠纷多元化解中的引领、推动、规范和保障作用，具有重要意义。试点法院要坚持以习近平新时代中国特色社会主义思想为指导，深入贯彻习近平法治思想，充分认识健全完善特邀调解名册制度的重要意义，结合试点工作实际以及《关于推进民事诉讼程序繁简分流改革试点工作分工方案》《关于进一步完善委派调解机制的指导意见》等文件要求，积极探索完善特邀调解名册工作机制，为加强诉源治理、推动矛盾纠纷源头化解提供有力司法服务和保障。

二、改进名册建立模式。试点法院要认真落实《最高人民法院关于人民法院特邀调解的规定》和《民事诉讼程序繁简分流改革试点实施办法》，针对调解组织、调解员的不同特点，区分特邀调解组织名册和特邀调解员名册，分别管理、统筹使用。

三、明确特邀调解组织入册标准。试点法院可以结合工作实际，参考下列因素确定特邀调解组织的入册标准：（1）有明确法律法规或者政策依据；（2）有明确监督管理机构；（3）持有相关主管机构批准设立的正式文件；（4）有调解组织章程和工作规则；（5）有开展调解工作的经费；（6）有必要数量的专职调解员；（7）未受过刑事处罚、近三年内未受过严重行政处罚和行业处分；（8）不存在其他不宜加入名册的情形。试点法院可以根据特定专业领域的纠纷特点，规定专业调解组织的加入条件。

四、明确特邀调解员入册标准。试点法院可以结合工作实际，参考下列因素确定特邀调解员的入册标准：（1）拥护中国共产党的领导、拥护宪法；（2）遵纪守法、品行端正、热心调解事业；（3）具备从事调解工作所必需的文化水平、法律知识和身体条件；（4）未受过刑事处罚、近三年内未受过严重行政处罚和行业处分、未被列入失信被执行人名单；（5）未加入任何调解组织、以个人名义开展调解工作；（6）不存在其他不宜加入名册的情形。相关主管机构已经建立调解员资质认证制度的，试点法院可以直接将相关资质证明文件作为入册标准。

五、探索优化入册程序。试点法院要坚持调解组织、调解员申请加入和人民法院邀请加入相结合，探索完善符合工作实际的入册程序。充分发挥行政主管部门、群团组织和行业协会商会等负有监督管理职责的主管机构的专业优势，确保入册程序公平公开公正。有条件的法院可以会同相关主管机构审核调解组织、调解员资质，探索实行由主管机构把关推荐、人民法院择优纳入的工作程序，有序扩大纳入特邀调解名册的范围。

六、健全完善名册运行机制。试点法院要完善特邀调解组织、特邀调解员监督管理机制，会同相关主管机构实行"双重管理"。积极为特邀调解组织、特邀调解员开展工作提供必要的支持和保障，加强业务指导，会同相关主管机构开展常态化业务培训。健全完善数据统计、绩效评估等日常管理制度，通过诉讼服务中心、官方网站等渠道公开特邀调解组织、特邀调解员的基本情况、工作绩效、业绩排名等信息，供当事人和社会公众查询、监督。探索将绩效评估与调解补贴阶段性发放、奖励激励等机制挂钩，充分调动特邀调解组织、特邀调解员的工作积极性。

七、推动名册统建共享。试点法院要结合市域社会治理现代化工作进程，推动由上级法院统一建立辖区内各试点法院共享的特邀调解名册，健全完善上下级法院和各试点法院之间的名册信息交流机制，实现上级法院统一建立、统一管理，各试点法院共同使用、共同维护，名册信息及时更新，管理举措及时跟进，提高非诉解纷资源配置效率。

八、提升名册管理信息化水平。试点法院要指定专人负责人民法院调解平台和在线矛盾纠纷多元化解平台的日常维护与管理，及时更新特邀调解名册并向相关主管机构反馈名册变动情况，确保线下线上名册统一。有条件的法院要充分发挥信息平台优势，探索申请入册、资质审核、业务培训、业绩评估、信息公示、奖励激励、违规处理等工作在线运行,推动名册管理与矛盾纠纷在线咨询、在线评估、在线分流、在线调解、在线确认有机衔接,实现多元纠纷化解工作数据化、可视化。

九、优化司法确认案件管辖规则。在市域范围内由上级法院统建名册的试点地区,当事人申请司法确认调解协议的,可以按照民事诉讼法除协议管辖外的其他地域管辖规定,向与争议有实际联系的地点的人民法院提出。符合级别管辖或者专门管辖标准的,向相应的中级人民法院或者专门人民法院提出。接受人民法院立案前委派调解的,向作出委派的人民法院提出。

十、健全违规行为处理机制。试点法院要探索细化违反法律法规和调解职业道德的具体情形,健全违规行为发现、调查、申辩、决定等工作程序,及时、公开、公正处理违规行为。对于在委派、委托调解工作中存在强迫调解、虚假调解、泄露调解秘密、违背调解中立原则以及消极履行工作职责等行为的特邀调解组织和特邀调解员,试点法院可以会同相关主管机构视情节轻重给予警告、通报、除名等处理;情节严重的,依法追究相关组织和人员的法律责任。要及时将处理的事由、依据和结果通报相关主管机构,并就完善监督管理措施发送司法建议。

十一、加强组织领导和工作协同。试点法院要紧紧依靠党委领导、积极争取政府支持、大力推动社会协同,推动将民事、行政案件万人起诉率纳入地方平安建设工作考核,发挥特邀调解名册作用,做大做强非诉讼纠纷解决机制,把矛盾纠纷化解在萌芽状态。积极融入各地一站式社会矛盾纠纷调处化解中心,推动建立财政保障、社会保障、市场化收费相结合的非诉调解经费保障体系,加强信息交流和工作衔接,提升非诉调解工作质效。围绕优化司法确认程序、完善特邀调解配套制度机制,系统总结试点经验成效,整理形成动态信息、改革案例,为推动修改完善有关法律规定、制定配套政策文件提供实践基础。

各试点地区高级人民法院应当收集研判辖区试点法院在特邀调解名册管理工作中遇到的问题,及时通过试点工作月报或者专报形式报告最高人民法院司法改革领导小组办公室。

## 最高人民法院关于印发《民事诉讼程序繁简分流改革试点问答口径(一)》的通知

· 2020 年 4 月 15 日
· 法〔2020〕105 号

北京、上海、江苏、浙江、安徽、福建、山东、河南、湖北、广东、四川、贵州、云南、陕西、宁夏等省(区、市)高级人民法院:

民事诉讼程序繁简分流改革试点工作启动以来,各试点地区高级人民法院高度重视、统筹谋划、建章立制,各试点法院主动作为、扎实推进、探索创新,有效确保了试点工作平稳有序推进。为进一步加强试点工作指导,统一政策口径,最高人民法院针对试点工作现阶段出现的共性问题,研究编写了《民事诉讼程序繁简分流改革试点问答口径(一)》,现印发给你们,供各试点法院参照执行。

各试点地区高级人民法院要高度重视试点工作的组织实施、政策解读和宣传引导,切实履行好试点工作的主体责任。一是健全组织实施机制。完善试点工作组织管理机制,尽快建立由相关部门共同参加的试点工作联席会议制度,落实试点工作月报制度,形成上下贯通、有序衔接、统筹推进、分类指导的组织实施机制。二是做好配套系统集成。积极争取所在地党委政府政策支持,主动向省级人大常委会报告试点工作,推动将试点工作深度融入诉源治理体系,完善配套举措,确保试点工作协同高效。三是强化对下政策指导。结合地方实际,制定完善实施细则、工作标准和操作指引,建立问题建议常态化收集反馈机制,鼓励基层创新,强化跟踪督导,适时开展评估。四是完善培训宣传机制。充分利用视频会议等信息化手段组织开展专题培训,编印试点工作解读材料,帮助审判人员树立正确理念、领会试点精神、提升办案能力。持续做好试点工作宣传引导,把握以人民为中心的宣传导向,积极展示试点成效,推动凝聚改革共识。

今后,最高人民法院将根据试点工作安排和审判实践需要,不定期印发问答口径。各试点地区高级人民法院应当收集研判所辖试点法院参照执行问答口径中遇到的问题,并及时通过试点工作月报或专报形式报告最高人民法院司法改革领导小组办公室。

## 民事诉讼程序繁简分流改革试点问答口径(一)

**一、除全国人大常委会授权调整适用的法律条文外,哪些司法解释条文可以一并调整适用?**

答:根据《全国人民代表大会常务委员会关于授权最高人民法院在部分地区开展民事诉讼程序繁简分流改革试点工作的决定》(以下简称《授权决定》),试点法院可以调整适用的《中华人民共和国民事诉讼法》(以下简称《民事诉讼法》)条文共六条,与之相关联的司法解释条文一并调整适用,具体包括:《最高人民法院关于适用

《中华人民共和国民事诉讼法》的解释》(以下简称《民事诉讼法司法解释》)第一百三十六条、第一百四十条、第二百五十七条、第二百五十八条第一款、第二百五十九条、第二百六十一条、第二百七十一条、第二百七十二条、第二百七十四条、第二百七十五条、第二百七十七条、第二百八十条、第二百八十二条;《最高人民法院关于人民法院特邀调解的规定》第十九条;《最高人民法院关于人民法院通过互联网公开审判流程信息的规定》第十四条;《最高人民法院关于严格规范民商事案件延长审限和延期开庭问题的规定》第四条第四款。

**二、《最高人民法院关于民事诉讼程序繁简分流改革试点实施办法》(以下简称《实施办法》)条文能否作为裁判依据引用?**

答:不能。《最高人民法院关于裁判文书引用法律、法规等规范性法律文件的规定》第四条规定,民事裁判文书应当引用法律、法律解释或者司法解释。《实施办法》不是司法解释,不能作为裁判依据引用。对于试点工作已调整适用的《民事诉讼法》及其司法解释相关规定,需要在庭审或裁判文书中明确法律条文依据的,可以引用《授权决定》,例如:"依据《全国人民代表大会常务委员会关于授权最高人民法院在部分地区开展民事诉讼程序繁简分流改革试点工作的决定》,本案适用普通程序,由审判员独任审理。"

**三、如何配合试点工作,健全完善诉讼分流和衔接机制?**

答:试点法院应当根据《实施办法》及《最高人民法院关于深化"分调裁审"机制改革的意见》,结合本院实际,健全完善诉讼分流和衔接机制,重点做好以下三个阶段的分流:

第一,完善"诉非分流"机制。加强诉讼与非诉讼解纷方式分流,做好与党委政府牵头建立的线上线下矛盾纠纷多元调处化解平台工作对接,前移解纷端口,加强法律指引,示范典型案例,积极引导当事人通过调解、仲裁、行政复议、行政裁决等方式解决纠纷。

第二,完善"调裁分流"机制。对起诉到人民法院的民事纠纷,除根据案件性质不适宜调解,或者已经调解但无法达成调解协议的情形外,先行在诉讼服务中心进行"调裁分流"。在征得当事人同意后,可以在诉前开展委派调解。达成调解协议的,鼓励引导当事人自动履行。当事人不同意诉前调解的,依法登记立案。委派调解不成登记立案的,调解材料经充分告知、当事人同意及法院审查合法后,可以作为诉讼材料继续使用。

第三,完善"繁简分流"机制。试点法院可以设置程序分流员,综合考虑案件性质、案由、标的额、当事人数量、疑难复杂程度、社会关注程度等因素,判断案件繁简难易程度,初步确定应当适用的审理程序和审判组织类型,并在审判系统中标记。案件分配至审判组织后,应当先由其审查确认案件审理程序。审判组织认为程序分流不当的,应当与程序分流员沟通,一致认为应当调整的,收回重新分流;不能达成一致意见的,及时报院庭长审批。向当事人告知相关事项后,发现符合审判组织或审理程序转换情形的,应当依法转换,不得再退回重新分流。涉及审判组织转换的,除非存在回避和投诉违法事宜,原独任法官一般继续参加案件审理。

**四、人民法院能否委派特邀调解名册以外的调解组织或调解员调解?当事人对特邀调解名册以外的调解组织或调解员调解达成的调解协议,能否向人民法院申请司法确认?**

答:不能。在现阶段,确保特邀调解和司法确认紧密衔接,是防范化解风险、发挥调解优势的重要保障,不能绕开名册搞"体外循环"。人民法院委派调解的对象,除人民调解组织外,应当是特邀调解名册之内的调解组织和调解员。实践中,当事人可以基于自愿,自主选择由名册之外的调解组织、调解员调解解决纠纷,达成调解协议后应当自动履行;这类情况申请司法确认的,人民法院不予受理。

**五、人民法院受理司法确认案件是否以对纠纷具有诉讼管辖权为前提?**

答:司法确认作为特别程序,不是对调解协议所涉纠纷事实的认定,而是对调解协议本身自愿性、合法性、可执行性的审查。根据《授权决定》,司法确认案件应当按照《实施办法》第四条确定管辖法院,不以对纠纷具有诉讼管辖权为前提,这样更有利于人民法院及时核实情况,提升调解协议审查的专业化、集约化水平。

**六、当事人自行约定由特邀调解员调解,申请司法确认的,如何认定"调解协议签订地"?**

答:当事人自行约定由特邀调解员调解的,可以分三种情形处理:第一,调解协议实际签订地与管理特邀调解名册的基层人民法院辖区一致的,由调解协议实际签订地的基层人民法院管辖;第二,调解协议实际签订地与管理特邀调解名册的基层人民法院辖区不一致的,以管理特邀调解名册的基层人民法院辖区为调解协议签订地;第三,因调解协议在线签订等情况,难以确定实际签订地的,由管理特邀调解名册的基层人民法院管辖。

**七、人民法院审查司法确认案件能否适用合议制？**

答：可以。《民事诉讼法》第一百七十八条规定了特别程序案件的审判组织，明确选民资格案件或者重大、疑难的案件，由审判员组成合议庭审查，其他案件由审判员一人独任审查。实践中，对于司法确认案件，总体上以适用独任制为原则，以合议制为例外。同时，试点法院应当加强对民间借贷等案件司法确认审查甄别工作，切实防范恶意串通调解、虚假诉讼等行为。对于待确认调解协议的标的额特别巨大，并存在虚假调解可能的，由合议庭审查更显慎重。按照级别管辖标准，一些司法确认案件虽然应当由中级人民法院、专门人民法院受理，但标的额不大，法律关系较为简单，也可以由审判员一人独任审查。

**八、如何理解《实施办法》第五条第一款规定的应当适用小额诉讼程序的"金钱给付类案件"？标的额如何确定？**

答：《实施办法》第五条第一款规定的"金钱给付类案件"，一般是指当事人仅在金钱给付的数额、时间、方式上存在争议的案件。对于当事人除给付金钱外，还提出其他诉讼请求的案件，原则上不适用小额诉讼程序。

金钱给付类案件的"标的额"，是指当事人起诉时确定的诉讼请求数额，对于持续发生的违约金、利息等或者存在特定计算方法的，应当以当事人起诉之日确定的金额总额作为标的额。

**九、第二审法院能否以第一审法院应当适用小额诉讼程序而没有适用为由发回重审？**

答：不能。按照《民事诉讼法》第四十条第二款、《实施办法》第十七条第六项之规定，发回重审的案件应当组成合议庭按普通程序审理。如果第二审法院以第一审法院应当适用小额诉讼程序而没有适用为由将案件发回重审，案件将重新按照普通程序审理，这样既违背小额诉讼程序快捷解决纠纷、降低诉讼成本的制度定位，也增加了当事人讼累。实践中，这类情况应当通过健全完善以"该用即用"为导向的考评机制予以解决。

**十、当事人双方约定适用小额诉讼程序，之后又反悔的如何处理？**

答：《实施办法》第五条第二款规定，"标的额超出前款规定，但在人民币五万元以上、十万元以下的简单金钱给付类案件，当事人双方约定适用小额诉讼程序的，可以适用小额诉讼程序审理。"这里"当事人双方约定"，可以是原被告诉前约定适用，也可以是立案后原被告达成一致意见适用。案件开庭审理前，经充分告知原被告小额诉讼程序一审终审等相关事项，可以征询当事人双方意见，一致同意适用小额诉讼程序的，可以按小额诉讼程序审理，并将有关情况记录在案。当事人双方一经约定适用小额诉讼程序，原则上不得反悔。对适用小额诉讼程序提出异议的，应当说明正当理由并提供相应证据，经审查案件符合《实施办法》第十一条有关程序转换情形的，应当准许转换程序；不符合的，应当予以驳回。

**十一、能否适用小额诉讼程序审理简单知识产权案件？**

答：简单知识产权案件，例如图片类、音乐作品类著作权侵权案件等，只要事实清楚、权利义务关系明确、争议不大，且在规定标的额以下的，可以适用小额诉讼程序审理。

**十二、小额诉讼程序的答辩期间如何确定？**

答：根据《实施办法》第七条第二款，在征得当事人同意的基础上，可以合理确定不超过七天的答辩期间；人民法院没有征询当事人意见或者当事人未明确放弃答辩期间，也未就答辩期间作出明确意思表示的，根据《民事诉讼法》第一百二十五条之规定，答辩期间为十五日；人民法院可以通过电话、电子邮件、传真、手机短信等简便方式征询当事人意见。

**十三、小额诉讼程序的举证期限可否延期？如何确定？**

答：根据《实施办法》第七条第三款，举证期限一般不得超过七日。当事人确有正当理由申请延长的，可以根据实际情况予以准许，但是举证期限一共不得超过十五日，当事人已放弃举证期限又提出延期举证申请的，一般不予准许。当事人明确表示不放弃答辩期间和举证期限的，答辩期间和举证期限原则上分开计算，但当事人同意合并的除外。

**十四、如何处理因当事人增加或者变更诉讼请求，致小额诉讼程序转换为简易程序或者普通程序的情形？**

答：根据《实施办法》第十一条第一款第二、三项的规定，当事人变更诉讼请求，导致案件总标的额超过《实施办法》第五条规定的数额上限，或者增加诉讼请求导致案件主要争议超出金钱给付类范围的，如果符合简易程序适用条件，应当裁定转为简易程序审理，否则应当裁定转为普通程序审理；当事人根据《民事诉讼法》第一百五十七条第二款约定适用简易程序的，也可以裁定转为简易程序。

**十五、如何理解《实施办法》第十一条第二款规定的"确有必要"情形？**

答：《实施办法》第十一条第二款规定，"由小额诉讼程序转为简易程序审理的案件，一般不得再转为普通程序审理,但确有必要的除外。"这里的"确有必要",是指审理过程中,出现《实施办法》第十七条第一至五项或者第九项规定的"需要依法组成合议庭,适用普通程序审理的"情形。

**十六、小额诉讼程序应当以什么形式转换为简易程序或者普通程序?程序转换前已经开庭审理的,是否需要再次开庭?**

答:小额诉讼案件转换为简易程序或者普通程序审理的,应当以裁定方式作出,可以视情采用口头或者书面形式。采用口头形式的,应当以笔录或者录音录像的方式记录。对于转换为普通程序且需组成合议庭审理的,裁定应以合议庭名义作出,合议庭组成人员及相关事项应当书面通知双方当事人。适用小额诉讼程序审理的案件,转换为简易程序或普通程序前,双方当事人已经确认的事实,可以不再举证、质证;开庭后转换为简易程序或普通程序的,应当再次开庭审理,但双方当事人同意不再开庭的除外;转换为普通程序且需组成合议庭进行审理的,应当再次开庭审理。

**十七、普通程序或者简易程序能否转换为小额诉讼程序?**

答:对于正在适用普通程序审理的案件,一般不符合"简单民事案件"标准,不能转换为小额诉讼程序。简易程序可以转换为小额诉讼程序,但应当从严把握。适用简易程序审理的简单民事案件,经充分告知当事人小额诉讼程序有关事项,符合下列情形之一的,可以转换为小额诉讼程序审理:第一,符合《实施办法》第五条第二款规定的标的额条件,或者因为当事人减少或者变更诉讼请求,致使案件符合前述标的额条件,双方当事人同意适用小额诉讼程序的;第二,因为当事人减少或者变更诉讼请求,致使案件符合《实施办法》第五条第一款规定的适用条件,且当事人对适用小额诉讼程序无异议或者异议不成立的。

**十八、《实施办法》第十三条明确简易程序案件"庭审可以直接围绕诉讼请求或者案件要素进行",实践中应当如何操作?**

答:试点法院适用简易程序审理法律关系明确、案情相对固定的类型化案件,可以不受一般庭审程序关于当事人诉辩称、法庭调查、法庭辩论等阶段限制,而根据案件的固定要素,围绕主要争点展开庭审。开展"要素式庭审"一般应当完成以下三个步骤:第一,概括案件要素。应当针对买卖合同、民间借贷、金融借款、物业服务、机动车交通事故责任等类型化纠纷,概括提炼案件事实要素,确定案件审理要点,制作"案件要素表"。第二,确定案件争点。应当在庭审前指导各方当事人填写"案件要素表",充分履行释明告知义务,引导当事人确认本案的核心要素事实和主要争点。第三,开展要素式审理。开庭时,应当再次归纳和确认本案审理的要素事实和争议焦点,对各方无争议的事实结合相关证据直接确认,对有争议的要素事实逐一进行陈述辩论、举证质证、调查询问,不受法庭调查、法庭辩论等程序限制。

**十九、简易程序案件可以报请延长审限的"特殊情况"具体指哪些情形?**

答:根据《实施办法》第十五条,适用简易程序审理的案件,有特殊情况的,经本院院长批准,审限可以延长1个月。"特殊情况"一般包括:发生不可抗力或意外事件;需等待法院依职权调取关键性证据;需与关联案件统筹协调等。简易程序案件延长审限后又转为普通程序审理的,审理期限自人民法院立案之日计算,已延长的一个月审理期限应当计算在内。

**二十、哪些期间可以不计入简易程序案件审理期限?**

答:根据《民事诉讼法》及其司法解释、《最高人民法院关于严格执行案件审理期限制度的若干规定》,案件中止期间、公告期间、鉴定期间、双方当事人和解期间、审理当事人提出的管辖异议以及处理人民法院之间的管辖争议期间,不计入审限,但对扣除审限的期间和次数应当从严把握。

**二十一、小额诉讼案件和简易程序案件裁判文书如何简化?**

答:裁判文书一般应当重点简化当事人诉辩称、认定事实和裁判理由的内容。对于当事人诉辩称主要记载诉讼请求、答辩意见及简要理由;对于事实认定,主要记载法院对当事人产生争议的事实和证据认定情况;对于裁判理由,主要针对事实和法律争点进行简要释法说理,明确适用的法条依据。

满足下列条件的,小额诉讼案件裁判文书可以不载明裁判理由,具体条件为:一是案件事实清楚、权利义务关系明确,法律适用清晰;二是人民法院对案件作出当庭裁判,并已口头说明裁判理由;三是裁判过程及裁判理由,已在庭审录音录像或者庭审笔录作完整记录。

简化的裁判文书可以采取要素式、表格式、令状式等文书格式。对于案件争点较多、证据较繁杂、需加强裁判说理的案件,裁判文书不宜一律简化。最高人民法院下一步将对简式裁判文书的具体样式作出统一规范。

**二十二、《实施办法》第十六条关于独任制普通程序案件"事实不易查明,但法律适用明确"的适用标准,应当如何理解?**

答:根据《实施办法》第十六条第二款,独任制普通程序案件的适用标准为"事实不易查明,但法律适用明确",在案件类型和案由上不作具体限制。对"事实不易查明,但法律适用明确"标准的把握,应当整体考虑,不宜孤立理解。所谓"法律适用明确",是指事实查明之后,无论结果是正或反,都能形成清晰、明了的法律关系,有明确的法律规范与之对应,在解释和适用上基本不存在空白与争议。所谓"事实不易查明",主要是指查明事实需要经过评估、鉴定、审计、调查取证等耗时较长的程序,但一旦查明,法官一人即可认定事实与法律关系,并作出裁判。

**二十三、简易程序转换为普通程序后,能否采取独任制审理?**

答:案件由简易程序转换为普通程序审理后,符合"事实不易查明,但法律适用明确"的标准,并且不属于《实施办法》第十七条规定的应当组成合议庭审理情形的,可以采取独任制审理。由简易程序转换为普通程序审理的,须按《民事诉讼法》第一百六十三条的规定作出裁定,并通知当事人。试点法院应当将简易程序转换为独任制普通程序审理的案件情况纳入院庭长审判监督事项。

**二十四、符合哪些情形,独任制应当转换为合议制审理?**

答:独任制转换为合议制不受审理程序限制,独任制适用小额诉讼程序、简易程序、普通程序、第二审程序审理的案件,符合《实施办法》第十七条第一至五项或者第九项所列情形之一的,均应当转换为合议制审理。实践中,应当综合考虑《中华人民共和国人民陪审员法》第十五条、第十六条规定的需要人民陪审员参审的案件类型,以及《最高人民法院关于完善人民法院司法责任制的若干意见》第二十四条、《最高人民法院关于完善人民法院审判权力和责任清单的指导意见》第八条规定的应当纳入院庭长个案监督范围的"四类案件"类型。属于"四类案件"的,原则上都应当适用合议制审理。

**二十五、独任制转换为合议制的裁定是否必须采用书面形式?之后能否再转回独任制?**

答:独任制转换为合议制应当以裁定方式作出,可以采用书面或者口头形式,作出裁定后应当将合议庭组成人员及相关事项以书面形式通知双方当事人。对于之前适用小额诉讼程序或简易程序审理的,裁定中应当一并明确审理程序的转换。独任制转换为合议制后,即使审理过程中原有的审判组织转换情形消失,也应当继续由合议庭审理。

**二十六、独任制转换为合议制的裁定应当由谁作出?**

答:案件审理过程中出现需要转换审判组织的情形,转换可以由独任法官自行提出,也可以由院庭长依个案监督职权提出。经审查需要转换的,由合议庭作出转换裁定。试点法院可以结合案件情况和工作流程,自行确定审判组织转换的报批程序。

**二十七、如何把握第二审案件适用独任制的条件?**

答:第二审案件适用独任制,应当从以下两个方面把握:第一,关于适用案件范围。适用独任制审理的第二审案件仅限于"第一审适用简易程序审理结案的上诉案件"和"民事裁定类上诉案件",实践中不得扩大。对一审独任法官适用普通程序审结的上诉案件、采取合议制审结的上诉案件、报请解决管辖权争议的案件等,均不得适用独任制。第二,关于适用标准。对于上述两类案件,并非一律适用独任制,还应当满足"事实清楚、法律适用明确"的标准,对事实待查明、法律适用难度大的案件不宜适用独任制。在独任审理过程中发现上述情形的,一般应当转换为合议制审理。独任法官认为原判事实错误或法律适用错误拟作出改判,以及因认定基本事实不清拟发回重审的,一般应当提交专业法官会议讨论。

**二十八、电子诉讼方式是否可以适用于所有案件?实践中应当考虑哪些因素?**

答:推进电子诉讼应当审慎控制节奏,严格适用条件,尊重司法规律,注重从以下几个方面把握:第一,确保于法有据。现行法律规范有明确规定的,在未获得法律授权的情况下不得任意突破;法律没有明确规定,但通过目的解释、扩张解释符合立法原意的,可以拓展适用;对于确属电子诉讼模式下的新机制新要求,可以探索完善相关规则,但不得有悖程序公正。第二,尊重当事人选择。开展电子诉讼必须以当事人同意为前提,并充分告知权利义务和法律后果。当事人已选择电子诉讼模式的,原则上不得反悔,但确有正当理由的,例如证明自身确不具备电子诉讼能力或已作出相应线下诉讼行为,人民法院可以调整审理方式。第三,符合案件实际。电子诉讼适用应当充分考虑案件的性质、特点、证据类型等方面因素,对于诉讼参与人多、案件重大、案情复杂、证据繁杂、审理耗时长的案件,一般不宜在线开庭,但案件调解、文书送达等环节可以在线完成。第四,具备技术条件。推进电子诉讼必须拥有相应的技术条件,各试点法院应积极运用中国移动微法院、诉讼服务网等信息化诉讼平台在线开展诉讼活动。

**二十九、当事人提交的电子化材料有何效力？**

答：根据《实施办法》第二十二条，经过人民法院审核通过的电子化材料，具有"视同原件"的效力，可以直接在诉讼中使用，但该效力仅针对电子化材料形式真实性，对证据的实质真实性、关联性和合法性必须通过举证质证程序审查。

**三十、法官应当如何审核电子化材料？**

答：法官审核电子化材料的形式真实性，应当注意以下几个方面：第一，对于审核难度相对较小的诉讼材料，可以通过打通相关部门公民个人身份信息和企业工商登记信息系统进行在线核实，对授权委托书等材料采取电话核实。第二，对于双方都占有的证据材料，主要视对方当事人提出异议情况而定，无异议的可以直接认定，有异议且理由正当的应要求提供原件核对。第三，对于仅单方占有的证据材料，首先考虑是否系制式化、标准化或第三方出具，如发票、交费收据等，这类证据若对方当事人不持异议，可以直接认定；对于单方提供的非制式化并对案件审理具有关键性作用的证据，人民法院认为无法核实真实性时，应当要求提供原件核对。

**三十一、在线庭审适用于哪些案件？**

答：在线庭审适用范围原则上没有案件类型限制，但实践中法官应根据案件性质、当事人数量、复杂程度等因素做出综合评估，确定案件是否适宜在线庭审。案件存在双方当事人不同意在线庭审、不具备在线庭审技术条件、需现场查明身份、核对原件、查验实物等情形的，不适用在线庭审。

**三十二、当事人不同意适用在线庭审应当如何处理？**

答：在线庭审总体上应以当事人同意为前提，若一方当事人不同意全案在线庭审，要求各方当事人均线下开庭的，应当要求其说明理由，并判断理由是否正当。正当理由的情形一般包括：案件疑难复杂、需证人到庭现场作证、需与对方当事人现场对质等。实践中，对正当理由的把握标准不宜过于严格，除属于明显故意拖延诉讼、增加对方人诉讼成本、扰乱正常诉讼秩序外，一般应予以认可。

**三十三、在线庭审应当通过何种方式进行？**

答：在线庭审应严格遵循司法亲历性原则，必须采取在线视频庭审方式，并且一般应当在人民法院统一规范的诉讼平台上进行，不能通过法官个人的微信、QQ等即时通讯工具开庭。

**三十四、在线庭审如何维护庭审纪律和规范庭审礼仪？**

答：在线庭审应当确保庭审庄重严肃。各试点法院应当根据在线庭审特点，细化完善庭审规范，重点就庭审场所、环境、着装、行为、旁听案件等方面作出具体规定。严禁违规录制在线庭审过程或者截取、传播相关视频、图片等行为；对不按时参加在线庭审或庭审中擅自退出的，可以视为"拒不到庭"或"中途退庭"；对违反庭审纪律和礼仪的，应当作出训诫等强制措施。

**三十五、开展电子送达，如何认定"受送达人同意"？**

答：电子送达以受送达人同意为前提条件，符合以下情形的，人民法院可以确认受送达人同意：第一，明确表示同意，即主动提出适用电子送达或者填写送达地址确认书。第二，作出事前约定，即纠纷发生前已对在诉讼中适用电子送达作出约定，但此时需考察送达条款是否属于格式条款，若提供制式合同一方未尽到提示说明义务的，对方当事人可以要求确认该条款无效。第三，作出事中行为表示，即在起诉状、答辩状中提供了相关电子地址，但未明确是否用于接受电子送达。此时一般应向当事人作进一步确认，明确该地址用途和功能是用于联系还是接受送达。当事人仅登录使用电子诉讼平台，不宜直接认定为同意电子送达。第四，作出事后的认可，即受送达人通过回复收悉、参加诉讼等方式接受已经完成的电子送达。受送达人接受送达后，又表示不同意电子送达的，应当认定已完成的送达有效，但此后不宜再适用电子送达。

**三十六、电子送达可以采取哪些具体方式？**

答：电子送达可以通过中国审判流程信息公开网、全国统一送达平台、即时通讯工具等多种方式进行，但应当在统一规范的平台上进行。采取即时通讯工具送达的，应当通过人民法院的官方微信、微博等账号发出，并在审判系统中留痕确认，生成电子送达凭证。实践中要注意避免分散和多头送达，同一文书原则上只采取一种电子送达方式，如果送达后无法确认该方式送达效力的，可以继续采取其他电子送达方式。

**三十七、如何确定电子送达生效时间？**

答：根据《实施办法》第二十六条规定，电子送达在不同情形下分别适用"到达生效"和"收悉生效"两种标准，对应生效时间有所不同。第一，对当事人主动提供或确认的电子地址，送达信息到达受送达人特定电子地址的时间为送达生效时间。第二，对向能够获取的受送达人电子地址进行送达的以"确认收悉"的时间点作为送达生效时间，具体包括：回复收悉时间、系统反馈已阅知时间等。上述时间点均存在时，应当以最先发生的时间作为送达生效时间。

## 最高人民法院关于印发《民事诉讼程序繁简分流改革试点问答口径(二)》的通知

- 2020年10月23日
- 法〔2020〕272号

北京、上海、江苏、浙江、安徽、福建、山东、河南、湖北、广东、四川、贵州、云南、陕西、宁夏等省(区、市)高级人民法院：

民事诉讼程序繁简分流改革试点工作启动以来，各试点地区高级人民法院高度重视、统筹谋划、全面推进，各试点法院积极主动作为，不断加大探索创新力度，有序推进各项试点任务，试点工作取得明显成效。为进一步加强试点工作指导，统一政策口径，最高人民法院针对前一阶段试点工作出现的共性问题，研究编写了《民事诉讼程序繁简分流改革试点问答口径(二)》(以下简称《问答口径二》)，现印发给你们，供各试点法院参照执行。

《问答口径二》结合试点工作推进情况，对特邀调解名册管理、诉调对接机制、司法确认案件管辖和审查标准、小额诉讼程序适用条件和审理方式、独任制审理方式和异议程序等方面作出了细化规定；补充完善了《民事诉讼程序繁简分流改革试点问答口径(一)》第八条、第十三条关于小额诉讼程序适用范围、举证期限和答辩期限计算的规定。

各试点地区高级人民法院要切实履行主体责任，进一步健全试点推进机制，加强对下指导，做好统筹协调。一是狠抓试点推进落实。加大试点工作督促检查力度，适时开展专项督察，健全完善试点工作台账，畅通上下沟通联络机制，及时总结经验、发现问题、纠正偏差。二是开展试点中期评估。根据试点工作要求，最高人民法院将于试点满一年时向全国人大常委会作中期报告。各高级人民法院要及时开展自行评估，系统梳理试点工作推进情况，全面总结分析存在问题，对下一步工作提出具体对策建议。三是认真总结提炼规则。结合试点工作情况，全面检视试点程序规则，对认为不符合审判实际的，提出修改建议；对被实践证明可行的，进一步总结提炼为诉讼规则，为下一步推动民事诉讼制度修改提供参考。四是持续加强试点宣传解读。把握正确宣传导向，深入挖掘试点法院特色亮点举措，进一步丰富政策解读的形式和载体，扩大改革成效宣传，为试点工作中期报告和推动法律修改工作营造良好氛围。

各试点地区高级人民法院应当收集研判所辖试点法院参照执行问答口径中遇到的问题，并及时通过试点工作月报或专报送最高人民法院司法改革领导小组办公室。

## 民事诉讼程序繁简分流改革试点问答口径(二)

**一、如何理解纳入特邀调解名册的特邀调解组织需要"依法设立"的要求？**

答："依法设立"的调解组织是指，按照法律、行政法规、地方性法规、部门规章等规范性文件确定的条件和程序成立，经民政部门或者市场监管部门等登记备案，取得相应资质证书的调解组织。

**二、调解组织、调解员纳入人民法院特邀调解名册应当满足哪些条件？**

答：纳入特邀调解名册的调解组织，应当满足以下条件：(一)依法成立，有明确的组织章程和规范的运行流程；(二)有固定办公场所、明确的负责人、必备人数的调解员和必要的运行经费；(三)受明确的主管部门或者行业自治组织监督管理。

纳入特邀调解名册的调解员，应当具有良好的品行记录、丰富的调解经验和相应的专业能力。人民法院应当会同有关主管部门或者行业自治组织探索建立调解员资质认证制度，推动将调解员资质证明文件作为调解员入册的形式要件。

**三、人民法院应当如何管理纳入特邀调解名册的调解组织和调解员？**

答：人民法院应当积极会同相关主管部门和行业自治组织履行对入册调解组织、调解员的监督管理职责。人民法院主要负责入册调解组织、调解员的业务指导工作，包括在日常工作中监督其依法履职，组织开展业务培训，统计工作业绩等。对于存在《最高人民法院关于人民法院特邀调解的规定》第二十八条规定情形的，人民法院应当依法予以纠正，作出警告、通报、除名等相应处理，并及时通知相关主管部门和行业自治组织。

**四、如何确定委派调解的期限？**

答：根据《最高人民法院关于特邀调解的规定》《最高人民法院关于进一步完善委派调解机制的指导意见》《最高人民法院关于人民法院深化"分调裁审"机制改革的意见》的相关规定，人民法院委派调解的，调解期限为三十日。实践中，确定调解期限需要注意以下三个方面：第一，委派调解期限为可变期间，调解过程中出现《最高人民法院关于特邀调解的规定》第二十六条规定情形的，应当及时终止调解，符合立案条件的必须及时转入诉讼程序。同时，经双方当事人同意的，可以适当延长调解期限。第二，委派调解期限可以适用扣除。根据《最高人民法院关于进一步完善委派调解机制的指导意见》第七条，委派调解过程中，经当事人申请和人民法院同意，由人民法院依程序组织鉴定或者评估的，鉴定、评估期间不计入委派调解期限。第三，委派调解的期限自特邀调解组织或者特邀调解员签字接收法院移交材料之日起计算。人民法院开展委派调解，应当编立"诉前调"案号，并将案件信息录入"人民法院调解平台"。案件分配至特邀调解组织或特邀调解员时，应当尽量确保案号编立时间和材料移交时间一致。

**五、诉前调解阶段完成的送达，效力是否及于起诉后？**

答：《最高人民法院关于进一步完善委派调解机制的指导意见》第八条规定，"委派调解中已经明确告知当事人相关权利和法律后果，并经当事人同意的调解材料，经人民法院审查，符合法律及司法解释规定的，可以作为诉讼材料使用"。根据上述规定，在诉前调解阶段已明确告知当事人相关权利和法律后果，当事人签字确认，且经人民法院审查合法的送达地址确认书、送达的起诉状及证据副本，其效力可以及于诉讼阶段。

**六、当事人自行选择由特邀调解组织调解，达成调解协议后向人民法院申请司法确认的，应当如何确定管辖法院？**

答：当事人自行选择由特邀调解组织调解，达成调解协议后向人民法院申请司法确认的，按照以下规则确定管辖法院：（一）调解组织所在地人民法院与名册所属人民法院一致的，由调解组织所在地人民法院管辖；（二）调解组织所在地人民法院与名册所属人民法院不一致的，由名册所属人民法院管辖。（三）调解组织同属多个人民法院名册的，各人民法院均有管辖权，由最先立案的人民法院管辖，但申请由中级人民法院或者专门人民法院确认的，应当符合级别管辖或者专门管辖标准。

**七、中级人民法院诉前委派调解成功后申请司法确认的案件，后因减少标的额达不到级别管辖标准的，是否需要调整管辖法院？**

答：按照《最高人民法院关于民事诉讼程序繁简分流改革试点实施办法》（以下简称《实施办法》）第四条第一款第（一）项，委派调解成功后申请司法确认的，应当遵循"谁委派、谁确认"的原则，这样便于委派调解的人民法院监督指导调解过程，公正高效审查调解协议，提升调解工作质效。当事人在调解过程中，为达成调解协议作出让步，减少标的额是常见现象，对该类调解协议申请司法确认的，仍应当由委派调解的人民法院管辖。

**八、当事人申请司法确认能否约定选择管辖法院？**

答：协议管辖是一种诉讼管辖规则，不适用于特别程序案件。因此，司法确认案件不能协议约定管辖，当事人应当严格按照《实施办法》第四条的规定，向有管辖权的人民法院提出申请。

**九、申请司法确认的调解协议如果内容不明确、内容存在瑕疵或者不具备可执行性的，应当如何处理？**

答：对于调解协议内容不明确的，应当根据《最高人民法院关于适用〈中华人民共和国民事诉讼法〉的解释》（以下简称《民事诉讼法司法解释》）第三百六十条第（五）项的规定，裁定驳回申请。

对于调解协议内容存在瑕疵的，需要结合具体情况区别处理。第一，如果对该瑕疵的解释、澄清或纠正，足以导致调解协议约定的权利义务发生实质性变动的，人民法院应当裁定驳回申请，当事人可以重新调解或者直接起诉；第二，如果该瑕疵属于笔误等显而易见的微细失误，且当事人对立即纠正相关瑕疵不存在争议的，人民法院可以在当事人共同纠正瑕疵后，依法作出裁定。

对于调解协议不具备可执行性，人民法院在案件受理时发现的，应当裁定不予受理；在案件受理后发现的，应当裁定驳回申请。

**十、司法确认案件是否可以在书面审查后直接作出裁定？**

答：司法确认案件可以采取书面方式审查，主要适用于以下情形：第一，通过书面审查，能够明显判断调解协议符合《民事诉讼法司法解释》第三百五十七条规定的不予受理情形的，或者符合《民事诉讼法司法解释》第三百六十条规定的裁定驳回情形的，人民法院可以直接作出裁定。第二，当事人达成的调解协议，是由人民法院委派调解，调解全程受人民法院监督指导的，可以经书面审查后直接作出裁定。第三，对于调解协议所涉纠纷事实清楚，权利义务关系明确，且不涉及国家利益、社会公共利益和他人合法权益，人民法院认为不需要进一步审查核实相关情况的，可以经书面审查后直接作出裁定。

**十一、下列纠纷，当事人经调解达成调解协议的，可否申请司法确认：（一）涉及抵押权的优先受偿等准物权纠纷的；（二）离婚后财产纠纷、分家析产纠纷中涉及房屋所有权分割问题及分割后需办理房屋过户手续的；（三）代持股权权属认定的；（四）合同纠纷中双方当事人约定仲裁的？**

答：《民事诉讼法司法解释》第三百五十七条规定：

调解协议内容涉及适用其他特别程序、物权确权以及不属于人民法院受理范围等情形,当事人申请司法确认的,人民法院应当裁定不予受理或驳回申请。根据上述规定,对于第(一)类调解协议,当事人应当按照《中华人民共和国民事诉讼法》(以下简称《民事诉讼法》)第一百九十六条、第一百九十七条的规定,通过实现担保物权程序解决;对于第(二)(三)类调解协议,由于房屋所有权分割、代持股权权属认定属于确权类纠纷,不宜由司法确认程序处理,应当通过诉讼程序解决;对于第(四)类调解协议,根据《中华人民共和国仲裁法》第五条和《民事诉讼法》第一百二十四条的规定,当事人已经达成书面仲裁协议,约定通过仲裁方式解决纠纷的,不属于人民法院主管范围,应当按照约定提起仲裁。总之,上述调解协议均不符合司法确认程序的适用条件,当事人不能申请司法确认。

**十二、案件标的额在十万元以下,但起诉中包含金钱给付以外的其他诉讼请求,能否适用小额诉讼程序?**

答:按照《实施办法》第五条的规定,小额诉讼程序适用于简单金钱给付类案件,对于当事人除给付金钱外,还提出其他诉讼请求的,原则上不适用小额诉讼程序,但如果案件标的额在十万元以下,且案件事实清楚、权利义务关系明确、争议不大,各方当事人均同意适用小额诉讼程序的,可以适用小额诉讼程序审理。

**十三、适用小额诉讼程序的案件,能否缺席审理和判决?**

答:适用小额诉讼程序的案件,原则上可以缺席审理和判决,但需要注意以下两方面问题:第一,案件因当事人下落不明,需要公告送达的;或者因无法获取对方当事人意见,难以判断案件是否事实清楚、权利义务关系是否明确、争议是否不大的,不得适用小额诉讼程序。第二,小额诉讼案件缺席审理和判决应当以依法完成送达为前提。根据《民事诉讼法司法解释》第二百六十一条第二款,以简便方式送达的开庭通知,未经当事人确认或者没有其他证据证明当事人已收到的,人民法院不得缺席审理和判决。采取电子送达方式的,应当根据《实施办法》第二十六条的规定,确定已完成有效送达,否则不得缺席审理和判决。

**十四、小额诉讼程序中的标的额"五万元以上""五万元以下",是否包含本数?**

答:《实施办法》第五条第一款规定,"标的额为人民币五万元以下的,适用小额诉讼程序",此处"五万元以下"应包含本数五万元,即以五万元为上限。《实施办法》第五条第二款规定,"标的额超出前款规定,但在人民币五万元以上、十万元以下的简单金钱给付类案件",此处"五万元以上"不包含本数五万元。

**十五、在格式合同中,如何认定当事人约定适用小额诉讼程序条款的效力?**

答:当事人在格式合同中约定在诉讼中适用小额诉讼程序的,应当根据以下规则确定是否适用小额诉讼程序:第一,对于案件符合《实施办法》第五条第一款的规定,无论约定是否有效,人民法院均应当适用小额诉讼程序。第二,对于案件不符合《实施办法》第五条第二款关于约定适用小额诉讼程序的条件,或者符合《实施办法》第六条不得适用小额诉讼程序情形的,无论该条款是否符合格式条款要求,人民法院均不得适用小额诉讼程序。第三,对于符合约定适用小额诉讼程序条件的,应当根据《中华人民共和国民法典》第四百九十六条的规定,按照格式条款要求认定其效力。因在诉讼中是否适用小额诉讼程序,涉及当事人重要诉讼利益,与当事人有重大利害关系,若提供格式条款的一方未采取合理方式,履行提示说明义务的,对方当事人可以主张该约定无效。

**十六、小额诉讼程序的答辩期间与举证期限,能否合并计算?**

答:可以。《民事诉讼法司法解释》第九十九条和《最高人民法院关于民事诉讼证据的若干规定》第五十条均规定,人民法院应当在审理前的准备阶段确定当事人的举证期限,向当事人送达举证通知书。按照《民事诉讼法》第十二章第二节,审理前的准备阶段为立案后至开庭审理前的阶段,该阶段包含了答辩期,因此答辩期和举证期限可以合并计算。

**十七、简易程序审限到期后需要延长审限的案件,当事人同意继续适用简易程序审理的,审限能否再延长三个月?**

答:不可以。《实施办法》第十五条关于简易程序案件延长审限的规定,是对《民事诉讼法司法解释》第二百五十八条的调整适用,简易程序案件延长审限的时间已从三个月缩短为一个月,同时取消了延长审限需"双方当事人同意继续适用简易程序"的要求。实践中,即使当事人同意继续适用简易程序,人民法院也不得再适用《民事诉讼法司法解释》第二百五十八条的规定。

**十八、诉前保全、执前保全、仲裁协助保全等保全案件,能否由法官一人独任审查?**

答:可以。《民事诉讼法》及相关司法解释未对办理保全案件的审判组织作出明确规定。《最高人民法院关于人民法院办理财产保全案件若干问题的规定》第二条规定,"人民法院进行财产保全,由立案、审判机构作出裁定。"实践中,对于普通的诉前保全、执前保全、仲裁协助保全案件均可以由审判员一人办理,但如果存在案件重大、疑难、复杂、标的额巨大等情形的,可以组成合议庭审查保全申请。

**十九、当事人能否对一审普通程序适用独任制提出异议？如果可以,如何操作？**

答:可以提出异议。《实施办法》第十六条规定,"基层人民法院审理的案件事实不易查明,但法律适用明确的案件,可以由法官一人适用普通程序独任审理"。独任制普通程序案件有确定的适用范围和条件,实践中是否依法合理适用,涉及当事人的重大程序利益,应当允许当事人提出异议。

第一,关于异议的请求。当事人的异议请求,仅限于案件是否应当适用独任制审理,而不包括是否应当适用普通程序。根据《民事诉讼法》及其司法解释的规定,对人民法院已经确定适用普通程序审理的案件,当事人不得就审理程序再提出异议。

第二,关于异议的事由。当事人提出异议的事由包括以下两个方面:一是案件符合《实施办法》第十七条规定的应当适用合议制的情形;二是案件不符合独任制普通程序案件"事实不易查明,但法律适用明确"的适用条件。

第三,关于异议的程序。人民法院应当在《一审普通程序独任审理通知书》中,或者在作出转为独任制普通程序审理的裁定时,告知当事人提出异议的权利。当事人应当在独任法官适用普通程序开庭审理前提出异议。异议由独任法官负责审查。经审查,异议成立的,由合议庭作出组成合议庭审理的裁定;异议不成立的,口头告知当事人,并记入笔录。

**二十、当事人能否对二审独任制适用提出异议,如果可以,如何操作？**

答:可以提出异议。根据《实施办法》第十九条的规定,二审独任制适用范围限于"事实清楚、法律适用明确"的"第一审适用简易程序审理结案"和"不服民事裁定"的案件。二审独任制是否依法合理适用,涉及审判组织形式是否合法,应当允许当事人提出异议。

第一,关于异议的事由。当事人提出异议的事由主要包括以下三个方面:一是案件符合《实施办法》第十九条的规定,应当适用合议制审理;二是案件不符合二审独任制"事实清楚、法律适用明确"的适用条件;三是案件不符合二审独任制适用范围,不属于"第一审适用简易程序审理结案"和"不服民事裁定"案件。

第二,关于异议的程序。人民法院应当在《二审案件独任审理通知书》中,告知当事人提出异议的权利。当事人应当在开庭审理前提出异议。异议由独任法官负责审查。经审查,异议成立的,由合议庭作出组成合议庭审理的裁定;异议不成立的,口头告知当事人,并记入笔录。

**二十一、已经开庭审理的二审独任制案件,依法转为合议庭审理后,是否需要再次开庭？**

答:已经开庭审理的二审独任制案件,依法转为合议庭审理后,并不要求一律再次开庭。案件是否需要再次开庭,应当由合议庭根据《民事诉讼法》第一百六十九条的规定,结合案件具体情况确定。

案件存在下列情形的,应当再次开庭:(一)开庭后,当事人又提出新的事实、证据和理由,申请再次开庭审理的;(二)案件审理过程中产生较大社会影响,人民群众广泛关注的;(三)案件属于新类型或者疑难复杂,合议庭认为有必要通过再次开庭查明相关案件事实的。

**二十二、《实施办法》中的电子诉讼规则,能否适用于执行案件？**

答:可以。《实施办法》中明确的在线立案、电子化材料效力、电子送达等电子诉讼规则适用于执行案件。在办理执行实施案件或执行审查案件过程中,需要询问当事人的,可以参照《实施办法》第二十三条关于在线庭审的规定在线询问。

## 最高人民法院印发《关于在审判执行工作中切实规范自由裁量权行使保障法律统一适用的指导意见》的通知

· 2012年2月28日
· 法发〔2012〕7号

各省、自治区、直辖市高级人民法院,解放军军事法院,新疆维吾尔自治区高级人民法院生产建设兵团分院:

现将最高人民法院《关于在审判执行工作中切实规范自由裁量权行使保障法律统一适用的指导意见》印发给你们,请认真贯彻落实。

### 关于在审判执行工作中切实规范自由裁量权行使保障法律统一适用的指导意见

中国特色社会主义法律体系如期形成,标志着依法治国基本方略的贯彻实施进入了一个新阶段,人民法院依法履行职责、维护法制统一、建设社会主义法治国家的责任更加重大。我国正处在重要的社会转型期,审判工作中不断出现新情况、新问题;加之,我国地域辽阔、人口众多、民族多样性等诸多因素,造成经济社会发展不平衡。这就要求人民法院在强化法律统一适用的同时,正确运用司法政策,规范行使自由裁量权,充分发挥自由裁量权在保障法律正确实施,维护当事人合法权益,维护司法公正,提升司法公信力等方面的积极作用。现就人民法院在审判执行工作中切实规范自由裁量权行使,保障法律统一适用的若干问题,提出以下指导意见:

**一、正确认识自由裁量权。**自由裁量权是人民法院在审理案件过程中,根据法律规定和立法精神,秉持正确司法理念,运用科学方法,对案件事实认定、法律适用以及程序处理等问题进行分析和判断,并最终作出依法有据、公平公正、合情合理裁判的权力。

**二、自由裁量权的行使条件。**人民法院在审理案件过程中,对下列情形依法行使自由裁量权:(一)法律规定由人民法院根据案件具体情况进行裁量的;(二)法律规定由人民法院从几种法定情形中选择其一进行裁量,或者在法定的范围、幅度内进行裁量的;(三)根据案件具体情况需要对法律精神、规则或者条文进行阐释的;(四)根据案件具体情况需要对证据规则进行阐释或者对案件涉及的争议事实进行裁量认定的;(五)根据案件具体情况需要行使自由裁量权的其他情形。

**三、自由裁量权的行使原则。**(一)合法原则。要严格依据法律规定,遵循法定程序和正确裁判方法,符合法律、法规和司法解释的精神以及基本法理的要求,行使自由裁量权。不能违反法律明确、具体的规定。(二)合理原则。要从维护社会公平正义的价值观出发,充分考虑公共政策、社会主流价值观念、社会发展的阶段性、社会公众的认同度等因素,坚持正确的裁判理念,努力增强行使自由裁量权的确定性和可预测性,确保裁判结果符合社会发展方向。(三)公正原则。要秉持司法良知,恪守职业道德,坚持实体公正与程序公正并重。坚持法律面前人人平等,排除干扰,保持中立,避免偏颇。注重裁量结果与社会公众对公平正义普遍理解的契合性,确保裁判结果符合司法公平正义的要求。(四)审慎原则。要严把案件事实关、程序关和法律适用关,在充分理解法律精神、依法认定案件事实的基础上,审慎衡量、仔细求证,同时注意司法行为的适当性和必要性,努力实现办案的法律效果和社会效果的有机统一。

**四、正确运用证据规则。**行使自由裁量权,要正确运用证据规则,从保护当事人合法权益、有利查明事实和程序正当的角度,合理分配举证责任,全面、客观、准确认定证据的证明力,严格依据证据认定案件事实,努力实现法律事实与客观事实的统一。

**五、正确运用法律适用方法。**行使自由裁量权,要处理好上位法与下位法、新法与旧法、特别法与一般法的关系,正确选择所应适用的法律;难以确定如何适用法律的,应按照立法法的规定报请有关机关裁决,以维护社会主义法制的统一。对同一事项同一法律存在一般规定和特别规定的,应优先适用特别规定。要正确把握法律、法规和司法解释中除明确列举之外的概括性条款规定,确保适用结果符合立法原意。

**六、正确运用法律解释方法。**行使自由裁量权,要结合立法宗旨和立法原意、法律原则、国家政策、司法政策等因素,综合运用各种解释方法,对法律条文作出最能实现社会公平正义、最具现实合理性的解释。

**七、正确运用利益衡量方法。**行使自由裁量权,要综合考量案件所涉各种利益关系,对相互冲突的权利或利益进行权衡与取舍,正确处理好公共利益与个人利益、人身利益与财产利益、生存利益与商业利益的关系,保护合法利益,抑制非法利益,努力实现利益最大化、损害最小化。

**八、强化诉讼程序规范。**行使自由裁量权,要严格依照程序法的规定,充分保障各方当事人的诉讼权利。要充分尊重当事人的处分权,依法保障当事人的辩论权,对可能影响当事人实体性权利或程序性权利的自由裁量事项,应将其作为案件争议焦点,充分听取当事人的意见;要完善相对独立的量刑程序,将量刑纳入庭审过程;要充分保障当事人的知情权,并根据当事人的要求,向当事人释明行使自由裁量权的依据、考量因素等事项。

**九、强化审判组织规范。**要进一步强化合议庭审判职责,确保全体成员对案件审理、评议、裁判过程的平等参与,充分发挥自由裁量权行使的集体把关机制。自由裁量权的行使涉及对法律条文的阐释、对不确定概念的理解、对证据规则的把握以及其他可能影响当事人重大实体性权利或程序性权利事项,且有重大争议的,可报请审判委员会讨论决定,确保法律适用的统一。

**十、强化裁判文书规范。**要加强裁判文书中对案件事实认定理由的论证,使当事人和社会公众知悉法院对证据材料的认定及采信理由。要公开援引和适用的法律条文,并结合案件事实阐明法律适用的理由,充分论述自由裁量结果的正当性和合理性,提高司法裁判的公信力和权威性。

**十一、强化审判管理**。要加强院长、庭长对审判活动的管理。要将自由裁量权的行使纳入案件质量评查范围,建立健全长效机制,完善评查标准。对自由裁量内容不合法、违反法定程序、结果显失公正以及其他不当行使自由裁量权的情形,要结合审判质量考核的相关规定予以处理;裁判确有错误,符合再审条件的,要按照审判监督程序进行再审。

**十二、合理规范审级监督**。要正确处理依法改判与维护司法裁判稳定性的关系,不断总结和规范二审、再审纠错原则,努力实现裁判标准的统一。下级人民法院依法正当行使自由裁量权作出的裁判结果,上级人民法院应当依法予以维持;下级人民法院行使自由裁量权明显不当的,上级人民法院可以予以撤销或变更;原审人民法院行使自由裁量权显著不当的,要按照审判监督程序予以撤销或变更。

**十三、加强司法解释**。最高人民法院要针对审判实践中的新情况、新问题,及时开展有针对性的司法调研。通过司法解释或司法政策,细化立法中的原则性条款和幅度过宽条款,规范选择性条款和授权条款,统一法律适用标准。要进一步提高司法解释和司法政策的质量,及时清理已过时或与新法产生冲突的司法解释,避免引起歧义或规则冲突。

**十四、加强案例指导**。各级人民法院要及时收集、整理涉及自由裁量权行使的典型案例,逐级上报最高人民法院。最高人民法院在公布的指导性案例中,要有针对性地筛选出在诉讼程序展开、案件事实认定和法律适用中涉及自由裁量事项的案例,对考量因素和裁量标准进行类型化。上级人民法院要及时掌握辖区内自由裁量权的行使情况,不断总结审判经验,提高自由裁量权行使的质量。

**十五、不断统一裁判标准**。各级人民法院内部对同一类型案件行使自由裁量权的,要严格、准确适用法律、司法解释,参照指导性案例,努力做到类似案件类似处理。下级人民法院对所审理的案件,认为存在需要统一裁量标准的,要书面报告上级人民法院。在案件审理中,发现不同人民法院对同类案件的处理存在明显不同裁量标准的,要及时将情况逐级上报共同的上级人民法院予以协调解决。自由裁量权的行使涉及具有普遍法律适用意义的新型、疑难问题的,要逐级书面报告最高人民法院。

**十六、加强法官职业保障**。要严格执行宪法、法官法的规定,增强法官职业荣誉感,保障法官正当行使自由裁量权。要大力建设学习型法院,全面提升司法能力。要加强法制宣传,引导社会和公众正确认识自由裁量权在司法审判中的必要性、正当性,不断提高社会公众对依法行使自由裁量权的认同程度。

**十七、防止权力滥用**。要进一步拓展司法公开的广度和深度,自觉接受人大、政协、检察机关和社会各界的监督。要深入开展廉洁司法教育,建立健全执法过错责任追究和防止利益冲突等制度规定,积极推进人民法院廉政风险防控机制建设,切实加强对自由裁量权行使的监督,对滥用自由裁量权并构成违纪违法的人员,要依据有关法律法规及纪律规定进行严肃处理。

• 典型案例

## 1. 永安市燕诚房地产开发有限公司诉郑耀南、远东(厦门)房地产发展有限公司等第三人撤销之诉案[①]

**关键词** 民事/第三人撤销之诉/财产处分行为

**【裁判要点】**

债权人对确认债务人处分财产行为的生效裁判提起第三人撤销之诉的,在出现债务人进入破产程序、无财产可供执行等影响债权人债权实现的情形时,应当认定债权人知道或者应当知道该生效裁判损害其民事权益,提起诉讼的六个月期间开始起算。

**【相关法条】**

《中华人民共和国民事诉讼法》第56条

**【基本案情】**

2003年5月,福建省高级人民法院受理郑耀南诉远东(厦门)房地产发展有限公司(以下简称远东厦门公司)借款纠纷一案。2003年6月2日,该院作出(2003)闽民初字第2号民事调解书,确认远东厦门公司共结欠郑耀南借款本息共计人民币123129527.72元,之后的利息郑耀南自愿放弃;如果远东厦门公司未按还款计划返还任何一期欠

---

① 案例来源:最高人民法院指导案例153号。

款,郑耀南有权要求提前清偿所有未返还欠款。远东厦门公司由在香港注册的远东房地产发展有限公司(以下简称香港远东公司)独资设立,法定代表人为张琼月。雷远思为永安市燕诚房地产开发有限公司(以下简称燕诚公司)法定代表人。张琼月与雷远思同为香港远东公司股东、董事,各持香港远东公司50%股份。雷远思曾向福建省人民检察院申诉,该院于2003年8月19日向福建省高级人民法院发出《检察建议书》,建议对(2003)闽民初字第2号案件依法再审。福建省高级人民法院向福建省公安厅出具《犯罪线索移送函》,认为郑耀南与张琼月涉嫌恶意串通侵占远东厦门公司资产,进而损害香港远东公司的合法权益。

2015年4月8日,郑耀南与高某珍签订《债权转让协议书》并进行了公证,约定把(2003)闽民初字第2号民事调解书项下的全部债权转让给高某珍;截止协议签订之日,债权转让的对价已支付完毕;协议签署后,高某珍可以自己名义直接向远东厦门公司主张上述全部债权权益,享有合法的债权人权益。2015年4月10日,远东厦门公司声明知悉债权转让事宜。

2015年12月21日,福建省厦门市中级人民法院裁定受理案外人对远东厦门公司的破产清算申请,并指定福建英合律师事务所为破产管理人。破产管理人于2016年3月15日向燕诚公司发出《远东厦门公司破产一案告知函》,告知远东厦门公司债权人查阅债权申报材料事宜,其中破产管理人目前接受的债权申报信息统计如下:1.······5.燕诚公司申报14158920元;6.高某珍申报312294743.65元;合计725856487.91元。如债权人在查阅债权申报材料后,对他人申报的债权有异议,请于3月18日前向破产管理人书面提出。

燕诚公司以(2003)闽民初字第2号案件是当事人恶意串通转移资产的虚假诉讼、影响其作为破产债权人的利益为由,向福建省高级人民法院提交诉状请求撤销(2003)闽民初字第2号民事调解书。

【裁判结果】

福建省高级人民法院于2017年7月31日作出(2016)闽民撤6号民事裁定书,驳回永安市燕诚房地产开发有限公司的起诉。永安市燕诚房地产开发有限公司不服一审裁定,向最高人民法院提起上诉。最高人民法院于2018年9月21日作出(2017)最高法民终885号民事裁定:一、撤销福建省高级人民法院(2016)闽民撤6号民事裁定;二、指令福建省高级人民法院审理。

【裁判理由】

最高人民法院认为:根据民事诉讼法第五十六条第三款的规定,第三人可以自知道或者应当知道其民事权益受到损害之日起六个月内,向人民法院提起诉讼。该六个月起诉期间的起算点,为当事人知道或者应当知道其民事权益受到损害之日。本案中,在远东厦门公司有足够资产清偿所有债务的前提下,(2003)闽民初字第2号民事调解书对燕诚公司债权的实现没有影响;在远东厦门公司正常生产经营的情况下,亦难以确定(2003)闽民初字第2号民事调解书会对燕城公司的债权造成损害。但是,在远东厦门公司因不能足额清偿所欠全部债务而进入破产程序,燕诚公司、郑耀南债权的受让人高某均系其破产债权人,且高某珍依据(2003)闽民初字第2号民事调解书申报债权的情况下,燕诚公司破产债权的实现程度会因高某珍破产债权所依据的(2003)闽民初字第2号民事调解书而受到损害,故应认定燕诚公司在获知远东厦门公司进入破产程序的信息后才会知道或者应当知道其民事权益受到损害。燕诚公司于2016年3月15日签收破产管理人制作的有关债权人申报材料,其于2016年9月12日向福建省高级人民法院提交诉状请求撤销(2003)闽民初字第2号民事调解书,未超过六个月的起诉期间。虽然燕诚公司时任总经理雷远思于2003年7月就(2003)闽民初字第2号案件提出过申诉,但其系以香港远东公司股东、董事以及远东厦门公司董事、总经理的身份为保护远东厦门公司的利益而非燕诚公司的债权提出的申诉,且此时燕诚公司是否因(2003)闽民初字第2号民事调解书而遭受损害并不确定,也就不存在其是否知道或者应当知道,进而依照民事诉讼法第五十六条第三款的规定起算六个月起诉期间的问题。

(生效裁判审判人员:王旭光、周伦军、马东旭)

### 2. 鞍山市中小企业信用担保中心诉汪薇、鲁金英第三人撤销之诉案①

**关键词** 民事/第三人撤销之诉/撤销权/原告主体资格

【裁判要点】

债权人申请强制执行后,被执行人与他人在另外的民事诉讼中达成调解协议,放弃其取回财产的权利,并大量减少债权,严重影响债权人债权实现,符合合同法第七十四条规定的债权人行使撤销权条件的,债权人对民事调解

---

① 案例来源:最高人民法院指导案例152号。

书具有提起第三人撤销之诉的原告主体资格。

【相关法条】

《中华人民共和国民事诉讼法》第 56 条

《中华人民共和国合同法》第 74 条

【基本案情】

2008 年 12 月,鞍山市中小企业信用担保中心(以下简称担保中心)与台安县农村信用合作社黄沙坨信用社(以下简称黄沙坨信用社)签订保证合同,为汪薇经营的鞍山金桥生猪良种繁育养殖厂(以下简称养殖厂)在该信用社的贷款提供连带责任担保。汪薇向担保中心出具一份个人连带责任保证书,为借款人的债务提供反担保。后因养殖厂及汪薇没有偿还贷款,担保中心于 2010 年 4 月向黄沙坨信用社支付代偿款 2973197.54 元。2012 年担保中心以养殖厂、汪薇等为被告起诉至铁东区人民法院,要求养殖厂及汪薇等偿还代偿款。辽宁省鞍山市铁东区人民法院于 2013 年 6 月作出判决:(一)汪薇于该判决书生效之日起十五日内给付担保中心代偿银行欠款 2973197.54 元及银行利息;(二)张某某以其已办理的抵押房产对前款判项中的本金及利息承担抵押担保责任;(三)驳回担保中心的其他诉讼请求。该判决已经发生法律效力。

2010 年 12 月汪薇将养殖厂转让给鲁金英,转让费 450 万元,约定合同签订后立即给付 163 万余元,余款于 2011 年 12 月 1 日全部给付。如鲁金英不能到期付款,养殖厂的所有资产仍归汪薇,首付款作违约金归汪薇所有。合同签订后,鲁金英支付了约定的首付款。汪薇将养殖厂交付鲁金英,但鲁金英未按约定支付剩余转让款。2014 年 1 月,铁东区人民法院基于担保中心的申请,从鲁金英处执行其欠汪薇资产转让款 30 万元,将该款交给了担保中心。

汪薇于 2013 年 11 月起诉鲁金英,请求判令养殖厂的全部资产归其所有;鲁金英承担违约责任。辽宁省鞍山市中级人民法院经审理认为,汪薇与鲁金英签订的《资产转让合同书》合法有效,鲁金英未按合同约定期限支付余款构成违约。据此作出(2013)鞍民三初字第 66 号民事判决:1.鲁金英将养殖厂的资产归还汪薇所有;2.鲁金英赔偿汪薇实际损失及违约金 1632573 元。其中应扣除鲁金英代汪薇偿还的 30 万元,实际履行中由汪薇给付鲁金英 30 万元。鲁金英向辽宁省高级人民法院提起上诉。该案二审期间,汪薇和鲁金英自愿达成调解协议。辽宁省高级人民法院于 2014 年 8 月作出(2014)辽民二终字第 00183 号民事调解书予以确认。调解协议主要内容为养殖厂归鲁金英所有,双方同意将原转让款 450 万元变更为 3132573 元,鲁金英已给付汪薇 1632573 元,再给付 150 万元,不包括鲁金英已给付担保中心的 30 万元等。

鲁金英依据调解书向担保中心、执行法院申请回转已被执行的 30 万元,担保中心知悉汪薇和鲁金英买卖合同纠纷诉讼及调解书内容,随即提起本案第三人撤销之诉。

【裁判结果】

辽宁省高级人民法院于 2017 年 5 月 23 日作出(2016)辽民撤 8 号民事判决:一、撤销辽宁省高级人民法院(2014)辽民二终字第 00183 号民事调解书和鞍山市中级人民法院(2013)鞍民三初字第 66 号民事判决书;二、被告鲁金英于判决生效之日起十日内,将金桥生猪良种繁育养殖厂的资产归还被告汪薇所有;三、被告鲁金英已给付被告汪薇的首付款 1632573 元作为实际损失及违约金赔偿汪薇,但应从中扣除代替汪薇偿还担保中心的 30 万元,即实际履行中由汪薇给付鲁金英 30 万元。鲁金英不服,提起上诉。最高人民法院于 2018 年 5 月 30 日作出(2017)最高法民终 626 号民事判决:一、维持辽宁省高级人民法院(2016)辽民撤 8 号民事判决第一项;二、撤销辽宁省高级人民法院(2016)辽民撤 8 号民事判决第二项、第三项;三、驳回鞍山市中小企业信用担保中心的其他诉讼请求。

【裁判理由】

最高人民法院判决认为,本案中,虽然担保中心与汪薇之间基于贷款代偿形成的债权债务关系,与汪薇和鲁金英之间因转让养殖厂形成的买卖合同关系属两个不同法律关系,但是,汪薇系为创办养殖厂与担保中心形成案涉债权债务关系,与黄沙坨信用社签订借款合同的主体亦为养殖厂,故汪薇和鲁金英转让的养殖厂与担保中心对汪薇债权的形成存在关联关系。在汪薇与鲁金英因养殖厂转让发生纠纷提起诉讼时,担保中心对汪薇的债权已经生效民事判决确认并已进入执行程序。在该案诉讼及判决执行过程中,铁东区人民法院已裁定冻结了汪薇对养殖厂(投资人鲁金英)的到期债权。鲁金英亦已向铁东区人民法院确认其欠付汪薇转让款及数额,同意通过法院向担保中心履行,并已实际给付了 30 万元。铁东区人民法院也对养殖厂的相关财产予以查封冻结,并向养殖厂送达了协助执行通知书。故汪薇与鲁金英因养殖厂资产转让合同权利义务的变化与上述对汪薇财产的执行存在直接牵连关系,并可能影响担保中心的利益。合同法第七十四条规定:"债务人以明显不合理的低价转让财产,对债权人造成损害,并且受让人知道该情形的,债权人也可以请求人民法院撤销债务人的行为。"因本案汪薇和鲁金英系在诉讼中达成以 3132573 元交易价转让养殖厂的协议,该协议经人民法院作出(2014)辽民二终字第 00183 号民事调解书予以确认并已发生法律效力。在此情形下,担保中心认为汪薇与鲁金英该资产转让行为符合合同法第七十四条规定的情形,却无法依据合同法第七十四条规定另行提起诉讼行使撤销权。故本案担保中心与汪薇之间虽然属于债权债务关系,但基于担保中心对汪薇债权形成与汪薇转让的养殖厂之间的关联关系,法院对汪薇因养殖厂转让形成的到期债权在诉讼和执行程序中采取的保全和执行措施使得汪薇与鲁金英买卖合同纠纷案件处理结果对担保中心利益产生的影响,以及担保中心主张受损害的民事权益因(2014)辽民二终字第00183号民事调解书而存在根据合同法第七十四条提起撤销权诉讼障碍等本案基本事实,可以认定汪薇和鲁金英买卖合同纠纷案件处理结果与担保中心具有法律上的利害关系,担保中心有权提起本案第三人撤销之诉。

(生效裁判审判人员:董华、万挺、武建华)

## 3. 台州德力奥汽车部件制造有限公司诉浙江建环机械有限公司管理人浙江安天律师事务所、中国光大银行股份有限公司台州温岭支行第三人撤销之诉案①

**关键词** 民事/第三人撤销之诉/破产程序/个别清偿行为/原告主体资格

**【裁判要点】**

在银行承兑汇票的出票人进入破产程序后,对付款银行于法院受理破产申请前六个月内从出票人还款账户划扣票款的行为,破产管理人提起请求撤销个别清偿行为之诉,法院判决予以支持的,汇票的保证人与该生效判决具有法律上的利害关系,具有提起第三人撤销之诉的原告主体资格。

**【相关法条】**

《中华人民共和国民事诉讼法》第56条

**【基本案情】**

2014年3月21日,中国光大银行股份有限公司台州温岭支行(以下简称光大银行温岭支行)分别与浙江建环机械有限公司(以下简称建环公司)、台州德力奥汽车部件制造有限公司(以下简称德力奥公司)等签订《综合授信协议》《最高额保证合同》,约定光大银行温岭支行在2014年4月1日至2015年3月31日期间向建环公司提供最高额520万元的授信额度,德力奥公司等为该授信协议项下最高本金余额520万元提供连带责任保证。2014年4月2日,光大银行温岭支行与建环公司签订《银行承兑协议》,

建环公司提供50%保证金(260万元),光大银行温岭支行向建环公司出具承兑汇票520万元,汇票到期日为2014年10月2日。2014年10月2日,陈某1将260万元汇至陈某2兴业银行的账户,然后陈某2将260万元汇至其在光大银行温岭支行的账户,再由陈某2将260万元汇至建环公司在光大银行温岭支行的还款账户。2014年10月8日,光大银行温岭支行在建环公司的上述账户内扣划2563430.83元,并陆续支付持票人承兑汇票票款共37笔,合计520万元。

2015年1月4日,浙江省玉环县人民法院受理建环公司的破产重整申请,并指定浙江安天律师事务所担任管理人(以下简称建环公司管理人)。因重整不成,浙江省玉环县人民法院裁定终结建环公司的重整程序并宣告其破产清算。2016年10月13日,建环公司管理人提起请求撤销个别清偿行为之诉,浙江省玉环县人民法院于2017年1月10日作出(2016)浙1021民初7201号民事判决,判令光大银行温岭支行返还建环公司管理人2563430.83元及利息损失。光大银行温岭支行不服提起上诉,浙江省台州市中级人民法院于2017年7月10日作出(2016)浙10民终360号二审判决:驳回上诉,维持原判。

2018年1月,光大银行温岭支行因保证合同纠纷一案将德力奥公司等诉至温岭市人民法院。原、被告均不服一审判决,上诉至台州市中级人民法院,二审判决德力奥公司等连带偿还光大银行温岭支行垫付款本金及利息等。

德力奥公司遂向台州市中级人民法院起诉撤销浙江省玉环县人民法院(2016)浙1021民初7201号民事判决第一项及台州市中级人民法院(2016)浙10民终360号民事判决。

**【裁判结果】**

台州市中级人民法院于2019年3月15日作出(2018)浙10民撤2号民事判决:驳回原告台州德力奥汽车部件制造有限公司的诉讼请求。台州德力奥汽车部件制造有限公司不服,上诉至浙江省高级人民法院。浙江省高级人民法院于2019年7月15日作出(2019)浙民终330号民事判决:一、撤销台州市中级人民法院(2018)浙10民撤2号民事判决;二、撤销台州市中级人民法院(2016)浙10民终360号民事判决和浙江省玉环县人民法院(2016)浙1021民初7201号民事判决第一项"限被告中国光大银行股份有限公司台州温岭支行于判决生效后一个月内返还原告浙江建环机械有限公司管理人浙江安天律师事务所人民币2563430.83元,并从2016年10月13日起按中

---

① 案例来源:最高人民法院指导案例151号。

国人民银行规定的同期同类贷款基准利率赔偿利息损失";三、改判浙江省玉环县人民法院(2016)浙1021民初7201号民事判决第二项"驳回原告浙江建环机械有限公司管理人浙江安天律师事务所的其余诉讼请求"为"驳回原告浙江建环机械有限公司管理人浙江安天律师事务所的全部诉讼请求";四、驳回台州德力奥汽车部件制造有限公司的其他诉讼请求。浙江建环机械有限公司管理人浙江安天律师事务所不服,向最高人民法院申请再审。最高人民法院于2020年5月27日作出(2020)最高法民申2033号民事裁定:驳回浙江建环机械有限公司管理人浙江安天律师事务所的再审申请。

【裁判理由】

最高人民法院认为:关于德力奥公司是否有权提起第三人撤销之诉的问题。若案涉汇票到期前建环公司未能依约将票款足额存入其在光大银行温岭支行的账户,基于票据无因性以及光大银行温岭支行作为银行承兑汇票的第一责任人,光大银行温岭支行须先行向持票人兑付票据金额,然后再向出票人(本案即建环公司)追偿,德力奥公司依约亦需承担连带偿付责任。由于案涉汇票到期前,建环公司依约将票款足额存入了其在光大银行温岭支行的账户,光大银行温岭支行向持票人兑付了票款,故不存在建环公司欠付光大银行温岭支行票款的问题,德力奥公司亦就无须承担连带偿付责任。但是,由于建环公司破产管理人针对建环公司在汇票到期前向其在光大银行温岭支行账户的汇款行为提起请求撤销个别清偿行为之诉,若建环公司破产管理人的诉求得到支持,德力奥公司作为建环公司申请光大银行温岭支行开具银行承兑汇票的保证人即要承担连带还款责任,故原案的处理结果与德力奥公司有法律上的利害关系,应当认定德力奥公司属于民事诉讼法第五十六条规定的无独立请求权第三人。

(生效裁判审判人员:贾清林、杨春、王成慧)

## 4. 中国民生银行股份有限公司温州分行诉浙江山口建筑工程有限公司、青田依利高鞋业有限公司第三人撤销之诉案①

**关键词** 民事/第三人撤销之诉/建设工程价款优先受偿权/抵押权/原告主体资格

【裁判要点】

建设工程价款优先受偿权与抵押权指向同一标的物,抵押权的实现因建设工程价款优先受偿权的有无以及范围大小受到影响的,应当认定抵押权的实现同建设工程价款优先受偿权案件的处理结果有法律上的利害关系,抵押权人对确认建设工程价款优先受偿权的生效裁判具有提起第三人撤销之诉的原告主体资格。

【相关法条】

《中华人民共和国民事诉讼法》第56条

【基本案情】

中国民生银行股份有限公司温州分行(以下简称温州民生银行)因与青田依利高鞋业有限公司(以下简称青田依利高鞋业公司)、浙江依利高鞋业有限公司等金融借款合同纠纷一案诉至浙江省温州市中级人民法院(以下简称温州中院),温州中院判令:一、浙江依利高鞋业有限公司于判决生效之日起十日内偿还温州民生银行借款本金5690万元及期内利息、期内利息复利、逾期利息;二、如浙江依利高鞋业有限公司未在上述第一项确定的期限内履行还款义务,温州民生银行有权以拍卖、变卖被告青田依利高鞋业公司提供抵押的坐落于青田县船寮镇赤岩工业区房产及工业用地的所得价款优先受偿……。上述判决生效后,因该案各被告未在判决确定的期限内履行义务,温州民生银行向温州中院申请强制执行。

在执行过程中,温州民生银行于2017年2月28日获悉,浙江省青田县人民法院向温州中院发出编号为(2016)浙1121执2877号的《参与执行分配函》,以(2016)浙1121民初1800号民事判决为依据,要求温州中院将该判决确认的浙江山口建筑工程有限公司(以下简称山口建筑公司)对青田依利高鞋业公司享有的559.3万元建设工程款债权优先于抵押权和其他债权受偿,对坐落于青田县船寮镇赤岩工业区建设工程项目折价或拍卖所得价款优先受偿。

温州民生银行认为案涉建设工程于2011年10月21日竣工验收合格,但山口建筑公司直至2016年4月20日才向法院主张优先受偿权,显然已超过了六个月的期限,故请求撤销(2016)浙1121民初1800号民事判决,并确认山口建筑公司就案涉建设工程项目折价、拍卖或变卖所得价款不享有优先受偿权。

【裁判结果】

浙江省云和县人民法院于2017年12月25日作出(2017)浙1125民撤1号民事判决:一、撤销浙江省青田县人民法院(2016)浙1121民初1800号民事判决书第一项;二、驳回原告中国民生银行股份有限公司温州分行的其他诉讼请求。一审宣判后,浙江山口建筑工程有限公司不

---

① 案例来源:最高人民法院指导案例150号。

服,向浙江省丽水市中级人民法院提起上诉。丽水市中级人民法院于2018年4月25日作出(2018)浙11民终446号民事判决书,判决驳回上诉,维持原判。浙江山口建筑工程有限公司不服,向浙江省高级人民法院申请再审。浙江省高级人民法院于2018年12月14日作出(2018)浙民申3524号民事裁定书,驳回浙江山口建筑工程有限公司的再审申请。

【裁判理由】

法院生效裁判认为:第三人撤销之诉的审理对象是原案生效裁判,为保障生效裁判的权威性和稳定性,第三人撤销之诉的立案审查相比一般民事案件更加严格。正如山口建筑公司所称,《最高人民法院关于适用〈中华人民共和国民事诉讼法〉的解释》第二百九十二条规定,第三人提起撤销之诉的,应当提供存在发生法律效力的判决、裁定、调解书的全部或者部分内容错误情形的证据材料,即在受理阶段需对原生效裁判内容是否存在错误从证据材料角度进行一定限度的实质审查。但前述司法解释规定本质上仍是对第三人撤销之诉起诉条件的规定,起诉条件与最终实体判决的证据要求存在区别,前述司法解释规定并不意味着第三人在起诉时就要完成全部的举证义务,第三人在提起撤销之诉时应对原案判决可能存在错误并损害其民事权益的情形提供初步证据材料加以证明。温州民生银行提起撤销之诉时已经提供证据材料证明自己是同一标的物上的抵押权人,山口建筑公司依据原案生效判决第一项要求参与抵押物折价或者拍卖所得价款的分配将直接影响温州民生银行债权的优先受偿,而且山口建筑公司自案涉工程竣工验收至提起原案诉讼远远超过六个月期限,山口建筑公司主张在六个月内行使建设工程价款优先权时并未采取起诉、仲裁等具备公示效果的方式。因此,从起诉条件审查角度看,温州民生银行已经提供初步证据证明原案生效判决第一项内容可能存在错误并将损害其抵押权的实现。其提起诉讼要求撤销原案生效判决主文第一项符合法律规定的起诉条件。

(生效裁判审判人员:刘国华、谢静华、沈伟)

5. 长沙广大建筑装饰有限公司诉中国工商银行股份有限公司广州粤秀支行、林传武、长沙广大建筑装饰有限公司广州分公司等第三人撤销之诉案[①]

**关键词** 民事/第三人撤销之诉/公司法人/分支机构/原告主体资格

【裁判要点】

公司法人的分支机构以自己的名义从事民事活动,并独立参加民事诉讼,人民法院判决分支机构对外承担民事责任,公司法人对该生效裁判提起第三人撤销之诉的,其不符合民事诉讼法第五十六条规定的第三人条件,人民法院不予受理。

【相关法条】

《中华人民共和国民事诉讼法》第56条

《中华人民共和国民法总则》第74条第2款

【基本案情】

2011年7月12日,林传武与中国工商银行股份有限公司广州粤秀支行(以下简称工商银行粤秀支行)签订《个人借款/担保合同》。长沙广大建筑装饰有限公司广州分公司(以下简称长沙广大广州分公司)出具《担保函》,为林传武在工商银行粤秀支行的贷款提供连带责任保证。后因林传武欠付款项,工商银行粤秀支行向法院起诉林传武、长沙广大广州分公司等,请求林传武偿还欠款本息,长沙广大广州分公司承担连带清偿责任。此案经广东省广州市天河区人民法院一审、广州市中级人民法院二审,判令林传武清偿欠付本金及利息等,其中一项为判令长沙广大广州分公司对林传武的债务承担连带清偿责任。

2017年,长沙广大建筑装饰有限公司(以下简称长沙广大公司)向广州市中级人民法院提起第三人撤销之诉,以生效判决没有将长沙广大公司列为共同被告参与诉讼,并错误认定《担保函》性质,导致长沙广大公司无法主张权利,请求撤销广州市中级人民法院作出的(2016)粤01民终第15617号民事判决。

【裁判结果】

广州市中级人民法院于2017年12月4日作出(2017)粤01民撤10号民事裁定:驳回原告长沙广大建筑装饰有限公司的起诉。宣判后,长沙广大建筑装饰有限公司提起上诉。广东省高级人民法院于2018年6月22日作出(2018)粤民终1151号民事裁定:驳回上诉,维持原裁定。

【裁判理由】

法院生效裁判认为:民事诉讼法第五十六条规定:"对当事人双方的诉讼标的,第三人认为有独立请求权的,有权提起诉讼。对当事人双方的诉讼标的,第三人虽然没有独立请求权,但案件处理结果同他有法律上的利害关系

---

[①] 案例来源:最高人民法院指导案例149号。

的,可以申请参加诉讼,或者由人民法院通知他参加诉讼。人民法院判决承担民事责任的第三人,有当事人的诉讼权利义务。前两款规定的第三人,因不能归责于本人的事由未参加诉讼,但有证据证明发生法律效力的判决、裁定、调解书的部分或者全部内容错误,损害其民事权益的,可以自知道或者应当知道其民事权益受到损害之日起六个月内,向作出该判决、裁定、调解书的人民法院提起诉讼。……"依据上述法律规定,提起第三人撤销之诉的"第三人"是指有独立请求权的第三人,或者案件处理结果同他有法律上的利害关系的无独立请求权第三人,但不包括当事人双方。在已经生效的(2016)粤01民终15617号案件中,被告长沙广大广州分公司系长沙广大公司的分支机构,不是法人,但其依法设立并领取工商营业执照,具有一定的运营资金和在核准的经营范围内经营业务的行为能力。根据民法总则第七十四条第二款"分支机构以自己的名义从事民事活动,产生的民事责任由法人承担;也可以先以该分支机构管理的财产承担,不足以承担的,由法人承担。"的规定,长沙广大公司在(2016)粤01民终15617号案件中,属于承担民事责任的当事人,其诉讼地位不是民事诉讼法第五十六条规定的第三人。因此,长沙广大公司以第三人的主体身份提出本案诉讼不符合第三人撤销之诉的法定适用条件。

(生效裁判审判人员:江萍、苏大清、王晓琴)

## 6. 高光诉三亚天通国际酒店有限公司、海南博超房地产开发有限公司等第三人撤销之诉案①

**关键词** 民事/第三人撤销之诉/公司法人/股东/原告主体资格

**【裁判要点】**
公司股东对公司法人与他人之间的民事诉讼生效裁判不具有直接的利益关系,不符合民事诉讼法第五十六条规定的第三人条件,其以股东身份提起第三人撤销之诉的,人民法院不予受理。

**【相关法条】**
《中华人民共和国民事诉讼法》第56条

**【基本案情】**
2005年11月3日,高光和邹某某作为公司股东(发起人)发起成立海南博超房地产开发有限公司(以下简称博超公司),高光、邹某某出资比例各占50%,邹某某任公司执行董事、法定代表人。

2011年6月16日,博超公司、三亚南海岸旅游服务有限公司(以下简称南海岸公司)、三亚天通国际酒店有限公司(以下简称天通公司)、北京天时房地产开发有限公司(以下简称天时公司)四方共同签署了《协议书》,对位于海南省三亚市三亚湾海坡开发区的碧海华云酒店(现为天通国际酒店)的现状、投资额及酒店产权确认、酒店产权过户手续的办理、工程结算及结算资料的移交、违约责任等方面均作明确约定。2012年8月1日,天通公司以博超公司和南海岸公司为被告、天时公司为第三人向海南省高级人民法院提起合资、合作开发房地产合同纠纷之诉,提出碧海华云酒店(现为天通国际酒店)房屋所有权(含房屋占用范围内的土地使用权)归天通公司所有以及博超公司向天通公司支付违约金720万元等诉讼请求。海南省高级人民法院作出(2012)琼民一初字第3号民事判决,支持了天通公司的诉讼请求,判决作出后,各方当事人均未提出上诉。

2012年8月28日,高光以博超公司经营管理发生严重困难,继续存续将会使股东利益遭受重大损失为由起诉请求解散公司。2013年9月12日,海南省海口市中级人民法院作出(2013)海中法民二初字第5号民事判决,判决解散博超公司。博超公司不服该判决,提出上诉。2013年12月19日,海南省高级人民法院就该案作出(2013)琼民二终字第35号民事判决,判决驳回上诉,维持原判。2014年9月18日,海口市中级人民法院指定海南天皓律师事务所担任博超公司管理人,负责博超公司的清算。

2015年4月20日,博超公司管理人以天通公司、天时公司、南海岸公司为被告,向海南省高级人民法院起诉:请求确认博超公司于2011年6月16日签订的《协议书》无效,将位于海南省三亚市三亚湾路海坡度假区15370.84平方米的土地使用权及29851.55平方米的地上建筑物返还过户登记至博超公司管理人名下。海南省高级人民法院裁定驳回了博超公司管理人的起诉。诉讼过程中,天时公司、天通公司收到该案诉讼文书后与博超公司管理人联系并向其提供了(2012)琼民一初字第3号民事判决的复印件。高光遂据此向海南省高级人民法院就(2012)琼民一初字第3号民事判决提起本案第三人撤销之诉。

**【裁判结果】**
海南省高级人民法院于2016年8月23日作出(2015)琼民一初字第43号民事裁定书,驳回原告高光的起诉。高光不服,提起上诉。最高人民法院于2017年6

---
① 案例来源:最高人民法院指导案例148号。

月22日作出(2017)最高法民终63号民事裁定书,驳回上诉,维持原裁定。

【裁判理由】

最高人民法院认为:本案系高光针对已生效的海南省高级人民法院(2012)琼民一初字第3号民事判决而提起的第三人撤销之诉。第三人撤销之诉制度的设置功能,主要是为了保护受错误生效裁判损害的未参加原诉的第三人的合法权益。由于第三人本人以外的原因未能参加原诉,导致人民法院作出了错误裁判,在这种情形下,法律赋予本应参加原诉的第三人有权通过另诉的方式撤销原生效裁判。因此,提起第三人撤销之诉的主体必须符合本应作为第三人参加原诉的身份条件。本案中,高光不符合以第三人身份参加该案诉讼的条件。

1. 高光对(2012)琼民一初字第3号民事判决案件的诉讼标的没有独立请求权,不属于该案有独立请求权的第三人。有独立请求权的第三人,是指对当事人之间争议的诉讼标的,有权以独立的实体权利人的资格提出诉讼请求的主体。在(2012)琼民一初字第3号民事判决案件中,天通公司基于其与博超公司订立的《协议书》提出各项诉讼请求,海南省高级人民法院基于《协议书》的约定进行审理并作出判决。高光只是博超公司的股东之一,并不是《协议书》的合同当事人一方,其无权基于该协议约定提出诉讼请求。

2. 高光不属于(2012)琼民一初字第3号民事判决案件无独立请求权的第三人。无独立请求权的第三人,是指虽然对当事人双方的诉讼标的没有独立请求权,但案件处理结果同他有法律上的利害关系的主体。第三人同案件处理结果存在的法律上的利害关系,可能是直接的,也可能是间接的。本案中,(2012)琼民一初字第3号民事判决只确认了博超公司应承担的法律义务,未判决高光承担民事责任,故高光与(2012)琼民一初字第3号民事判决的处理结果并不存在直接的利害关系。关于是否存在间接利害关系的问题,通常来说,股东和公司之间系天然的利益共同体。公司股东对公司财产享有资产收益权,公司的对外交易活动、民事诉讼的胜败结果一般都会影响到公司的资产情况,从而间接影响到股东的收益权利。从这个角度看,股东与公司进行的民事诉讼的处理结果具有法律上的间接利害关系。但是,由于公司利益和股东利益具有一致性,公司对外活动应推定为股东整体意志的体现,公司在诉讼活动中的主张也应认定为代表股东的整体利益。因此,虽然公司诉讼的处理结果会间接影响到股东的利益,但股东的利益和意见已经在诉讼过程中由公司所代表和表达,则不应再追加股东作为第三人参加诉讼。本案中,虽然高光是博超公司的股东,但博超公司与南海岸公司、天时公司、天通公司的诉讼活动中,股东的意见已为博超公司所代表,则作为股东的高光不应再以无独立请求权的第三人身份参加该案诉讼。至于不同股东之间的分歧所导致的利益冲突,应由股东与股东之间、股东与公司之间依法另行处理。

(生效裁判审判人员:王毓莹、曹刚、钱小红)

· 文书范本

**民事起诉状(公民提起民事诉讼用)**

**民事起诉状**

原告:×××,男/女,××××年××月××日生,×族,……(写明工作单位和职务或职业),住……。联系方式:……。

法定代理人/指定代理人:×××,……。

委托诉讼代理人:×××,……。

被告:×××,……。

(以上写明当事人和其他诉讼参加人的姓名或者名称等基本信息)

诉讼请求:

……

事实和理由:

……

证据和证据来源,证人姓名和住所:

……

此致

××××人民法院

附:本起诉状副本×份

起诉人(签名)

××××年××月××日

【说明】

1. 本样式根据《中华人民共和国民事诉讼法》第一百二十条第一款、第一百二十一条制定,供公民提起民事诉讼用。

2. 起诉应当向人民法院递交起诉状,并按照被告人数提出副本。

3. 原告应当写明姓名、性别、出生日期、民族、职业、工作单位、住所、联系方式。原告是无民事行为能力或者限制民事行为能力人的,应当写明法定代理人姓名、性别、出生日期、民族、职业、工作单位、住所、联系方式,在诉讼地位后括注与原告的关系。

4. 起诉时已经委托诉讼代理人的,应当写明委托诉讼代理人基本信息。

5. 被告是自然人的,应当写明姓名、性别、工作单位、住所等信息;被告是法人或者其他组织的,应当写明名称、住所等信息。

6. 原告在起诉状中直接列写第三人的,视为其申请人民法院追加该第三人参加诉讼。是否通知第三人参加诉讼,由人民法院审查决定。

7. 起诉状应当由本人签名。

## 民事起诉状(法人或者其他组织提起民事诉讼用)

### 民事起诉状

原告:×××,住所……。
法定代表人/主要负责人:×××,……(写明职务),联系方式:……。
委托诉讼代理人:×××,……。
被告:×××,……。
……
(以上写明当事人和其他诉讼参加人的姓名或者名称等基本信息)
诉讼请求:
……
事实和理由:
……
证据和证据来源,证人姓名和住所:
……
此致
××××人民法院

附:本起诉状副本×份

起诉人(公章和签名)
××××年××月××日

【说明】

1. 本样式根据《中华人民共和国民事诉讼法》第一百二十条第一款、第一百二十一条制定,供法人或者其他组织提起民事诉讼用。

2. 起诉应当向人民法院递交起诉状,并按照被告人数提出副本。

3. 起诉时已经委托诉讼代理人的,应当写明委托诉讼代理人基本信息。

4. 被告是自然人的,应当写明姓名、性别、工作单位、住所等信息;被告是法人或者其他组织的,应当写明名称、住所等信息。

5. 原告在起诉状中直接列写第三人的,视为其申请人民法院追加该第三人参加诉讼。是否通知第三人参加诉讼,由人民法院审查决定。

6. 起诉状应当加盖单位印章,并由法定代表人或者主要负责人签名。

## 民事反诉状(公民提起民事反诉用)

### 民事反诉状

反诉原告(本诉被告):×××,男/女,××××年××月××日生,×族,……(写明工作单位和职务或职业),住……。联系方式:……。
法定代理人/指定代理人:×××,……。
委托诉讼代理人:×××,……。
反诉被告(本诉原告):×××,……。
……
(以上写明当事人和其他诉讼参加人的姓名或者名称等基本信息)
反诉请求:
……
事实和理由:
……
证据和证据来源,证人姓名和住所:
……
此致
××××人民法院

附:本反诉状副本×份

反诉人(签名)
××××年××月××日

【说明】

1. 本样式根据《中华人民共和国民事诉讼法》第五十一条、第一百二十条第一款、第一百二十一条制定,供公民提起民事反诉用。

2. 反诉应当向人民法院递交反诉状,并按照被反诉人数提出副本。

3. 反诉原告应当写明姓名、性别、出生日期、民族、职业、工作单位、住所、联系方式。反诉原告是无民事行为能力或者限制民事行为能力人的,应当写明法定代理人姓名、性别、出生日期、民族、职业、工作单位、住所、联系方式,在诉讼地位后括注与原告的关系。

4. 反诉时已经委托诉讼代理人的,应当写明委托诉讼代理人基本信息。

5. 被反诉被告是自然人的,应当写明姓名、性别、工作单位、住所等信息;被反诉被告是法人或者其他组织的,应当写明名称、住所等信息。

6. 反诉状应当由本人签名。

## 民事反诉状(法人或者其他组织提起民事反诉用)

### 民事反诉状

反诉原告(本诉被告):×××,住所地……。

法定代表人/主要负责人:×××,……(写明职务),联系方式:……。

委托诉讼代理人:×××,……。

反诉被告(本诉原告):×××,……。

……

(以上写明当事人和其他诉讼参加人的姓名或者名称等基本信息)

反诉请求:

……

事实和理由:

……

证据和证据来源,证人姓名和住所:

……

此致

××××人民法院

附:本反诉状副本×份

反诉人(公章和签名)

××××年××月××日

【说明】

1. 本样式根据《中华人民共和国民事诉讼法》第五十一条、第一百二十条第一款、第一百二十一条制定,供公民提起民事诉讼用。

2. 反诉应当向人民法院递交反诉状,并按照被反诉人数提出副本。

3. 反诉时已经委托诉讼代理人的,应当写明委托诉讼代理人基本信息。

4. 反诉被告是自然人的,应当写明姓名、性别、工作单位、住所等信息;被反诉人是法人或者其他组织的,应当写明名称、住所等信息。

5. 反诉状应当加盖单位印章,并由法定代表人或者主要负责人签名。

## 民事答辩状(公民对民事起诉提出答辩用)

### 民事答辩状

答辩人:×××,男/女,××××年××月××日生,×族,……(写明工作单位和职务或职业),住……。联系方式:……。

法定代理人/指定代理人:×××,……。

委托诉讼代理人:×××,……。

(以上写明答辩人和其他诉讼参加人的姓名或者名称等基本信息)

对××××人民法院(××××)……民初……号……(写明当事人和案由)一案的起诉,答辩如下:

……(写明答辩意见)。

证据和证据来源,证人姓名和住所:

……

此致

××××人民法院

附:本答辩状副本×份

答辩人(签名)

××××年××月××日

【说明】

1. 本样式根据《中华人民共和国民事诉讼法》第一百二十五条制定,供公民对民事起诉提出答辩用。

2. 被告应当在收到起诉状副本之日起十五日内提出答辩状。被告在中华人民共和国领域内没有住所的,应当在收到起诉状副本后三十日内提出答辩状。被告申请延期答辩的，是否准许，由人民法院决定。

3. 答辩状应当记明被告的姓名、性别、出生日期、民族、工作单位、职业、住所、联系方式。

4. 答辩时已经委托诉讼代理人的，应当写明委托诉讼代理人基本信息。

5. 答辩状应当由本人签名。

## 民事答辩状（法人或者其他组织对民事起诉提出答辩用）

### 民事答辩状

答辩人：×××，住所地……。

法定代表人/主要负责人：×××，……（写明职务），联系方式……。

委托诉讼代理人：×××，……。

（以上写明答辩人和其他诉讼参加人的姓名或者名称等基本信息）

对××××人民法院（××××）……民初……号……（写明当事人和案由）一案的起诉，答辩如下：

……（写明答辩意见）。

证据和证据来源，证人姓名和住所：

……

此致

××××人民法院

附：本答辩状副本×份

答辩人（公章和签名）<br>××××年××月××日

【说明】

1. 本样式根据《中华人民共和国民事诉讼法》第一百二十五条制定，供法人或者其他组织对民事起诉提出答辩用。

2. 被告应当在收到起诉状副本之日起十五日内提出答辩状。被告在中华人民共和国领域内没有住所的，应当在收到起诉状副本后三十日内提出答辩状。被告申请延期答辩的，是否准许，由人民法院决定。

3. 答辩时已经委托诉讼代理人的，应当写明委托诉讼代理人基本信息。

4. 答辩状应当加盖单位印章，并由法定代表人或者主要负责人签名。

· 实用图表

## 民事诉讼流程图(一审)

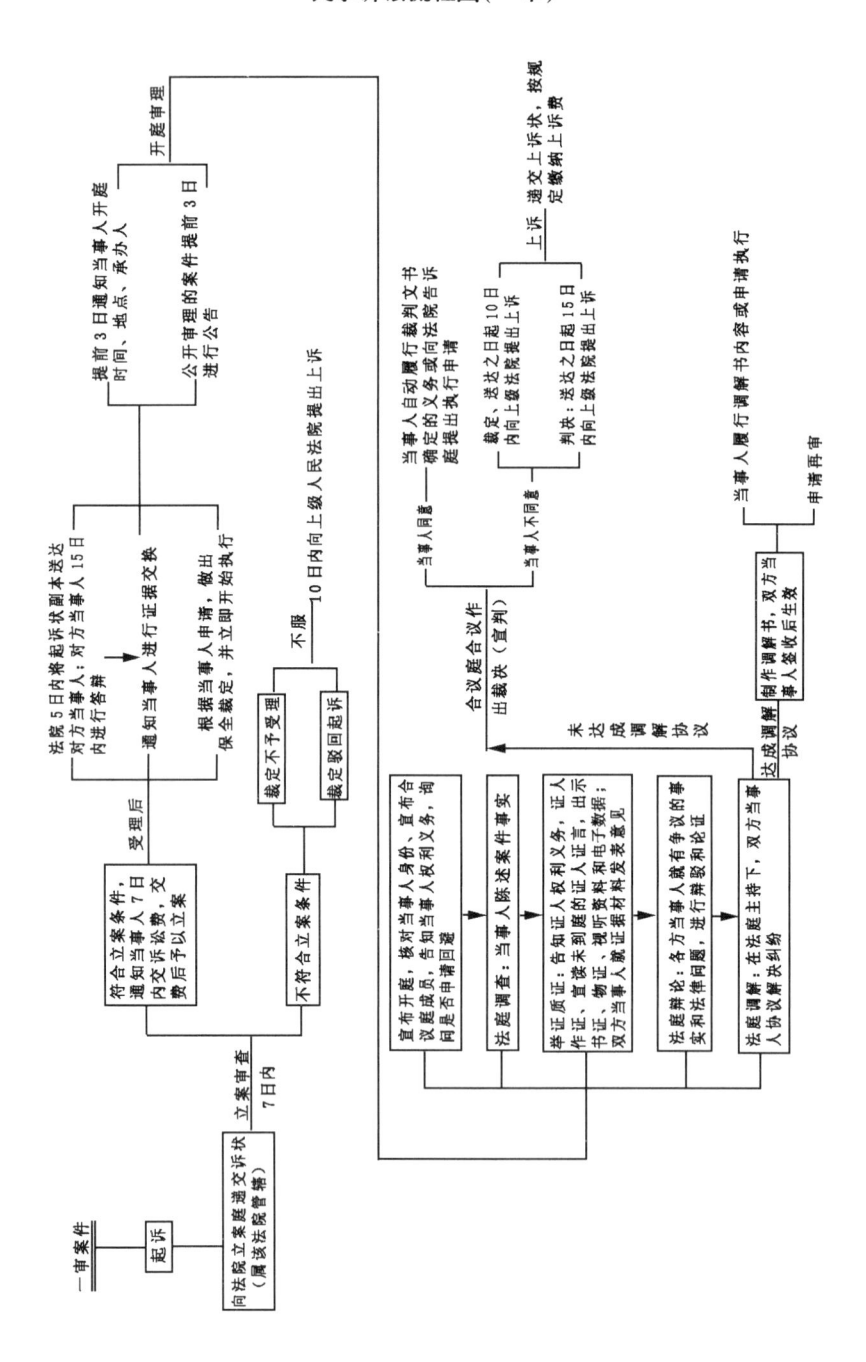

# 十三、简易程序

## 最高人民法院关于适用简易
## 程序审理民事案件的若干规定

- 2003年7月4日最高人民法院审判委员会第1280次会议通过
- 根据2020年12月23日最高人民法院审判委员会第1823次会议通过的《最高人民法院关于修改〈最高人民法院关于人民法院民事调解工作若干问题的规定〉等十九件民事诉讼类司法解释的决定》修正
- 2020年12月29日最高人民法院公告公布
- 自2021年1月1日起施行
- 法释〔2020〕20号

为保障和方便当事人依法行使诉讼权利，保证人民法院公正、及时审理民事案件，根据《中华人民共和国民事诉讼法》的有关规定，结合民事审判经验和实际情况，制定本规定。

### 一、适用范围

**第一条** 基层人民法院根据民事诉讼法第一百五十七条规定审理简单的民事案件，适用本规定，但有下列情形之一的案件除外：

（一）起诉时被告下落不明的；

（二）发回重审的；

（三）共同诉讼中一方或者双方当事人人数众多的；

（四）法律规定应当适用特别程序、审判监督程序、督促程序、公示催告程序和企业法人破产还债程序的；

（五）人民法院认为不宜适用简易程序进行审理的。

**第二条** 基层人民法院适用第一审普通程序审理的民事案件，当事人各方自愿选择适用简易程序，经人民法院审查同意的，可以适用简易程序进行审理。

人民法院不得违反当事人自愿原则，将普通程序转为简易程序。

**第三条** 当事人就适用简易程序提出异议，人民法院认为异议成立的，或者人民法院在审理过程中发现不宜适用简易程序的，应当将案件转入普通程序审理。

### 二、起诉与答辩

**第四条** 原告本人不能书写起诉状，委托他人代写起诉状确有困难的，可以口头起诉。

原告口头起诉的，人民法院应当将当事人的基本情况、联系方式、诉讼请求、事实及理由予以准确记录，将相关证据予以登记。人民法院应当将上述记录和登记的内容向原告当面宣读，原告认为无误后应当签名或者按指印。

**第五条** 当事人应当在起诉或者答辩时向人民法院提供自己准确的送达地址、收件人、电话号码等其他联系方式，并签名或者按指印确认。

送达地址应当写明受送达人住所地的邮政编码和详细地址；受送达人是有固定职业的自然人的，其从业的场所可以视为送达地址。

**第六条** 原告起诉后，人民法院可以采取捎口信、电话、传真、电子邮件等简便方式随时传唤双方当事人、证人。

**第七条** 双方当事人到庭后，被告同意口头答辩的，人民法院可以当即开庭审理；被告要求书面答辩的，人民法院应当将提交答辩状的期限和开庭的具体日期告知各方当事人，并向当事人说明逾期举证以及拒不到庭的法律后果，由各方当事人在笔录和开庭传票的送达回证上签名或者按指印。

**第八条** 人民法院按照原告提供的被告的送达地址或者其他联系方式无法通知被告应诉的，应当按以下情况分别处理：

（一）原告提供了被告准确的送达地址，但人民法院无法向被告直接送达或者留置送达应诉通知书的，应当将案件转入普通程序审理；

（二）原告不能提供被告准确的送达地址，人民法院经查证后仍不能确定被告送达地址的，可以被告不明确为由裁定驳回原告起诉。

**第九条** 被告到庭后拒绝提供自己的送达地址和联系方式的，人民法院应当告知其拒不提供送达地址的后果；经人民法院告知后被告仍然拒不提供的，按下列方式处理：

（一）被告是自然人的，以其户籍登记中的住所或者经常居所为送达地址；

（二）被告是法人或者非法人组织的，应当以其在登记机关登记、备案中的住所为送达地址。

人民法院应当将上述告知的内容记入笔录。

**第十条** 因当事人自己提供的送达地址不准确、送达地址变更未及时告知人民法院，或者当事人拒不提供自己的送达地址而导致诉讼文书未能被当事人实际接收的，按下列方式处理：

（一）邮寄送达的，以邮件回执上注明的退回之日视为送达之日；

（二）直接送达的，送达人当场在送达回证上记明情况之日视为送达之日。

上述内容，人民法院应当在原告起诉和被告答辩时以书面或者口头方式告知当事人。

**第十一条** 受送达的自然人以及他的同住成年家属拒绝签收诉讼文书的，或者法人、非法人组织负责收件的人拒绝签收诉讼文书的，送达人应当依据民事诉讼法第八十六条的规定邀请有关基层组织或者所在单位的代表到场见证，被邀请的人不愿到场见证的，送达人应当在送达回证上记明拒收事由、时间和地点以及被邀请人不愿到场见证的情形，将诉讼文书留在受送达人的住所或者从业场所，即视为送达。

受送达人的同住成年家属或者法人、非法人组织负责收件的人是同一案件中另一方当事人的，不适用前款规定。

### 三、审理前的准备

**第十二条** 适用简易程序审理的民事案件，当事人及其诉讼代理人申请证人出庭作证，应当在举证期限届满前提出。

**第十三条** 当事人一方或者双方就适用简易程序提出异议后，人民法院应当进行审查，并按下列情形分别处理：

（一）异议成立的，应当将案件转入普通程序审理，并将合议庭的组成人员及相关事项以书面形式通知双方当事人；

（二）异议不成立的，口头告知双方当事人，并将上述内容记入笔录。

转入普通程序审理的民事案件的审理期限自人民法院立案的次日起开始计算。

**第十四条** 下列民事案件，人民法院在开庭审理时应当先行调解：

（一）婚姻家庭纠纷和继承纠纷；

（二）劳务合同纠纷；

（三）交通事故和工伤事故引起的权利义务关系较为明确的损害赔偿纠纷；

（四）宅基地和相邻关系纠纷；

（五）合伙合同纠纷；

（六）诉讼标的额较小的纠纷。

但是根据案件的性质和当事人的实际情况不能调解或者显然没有调解必要的除外。

**第十五条** 调解达成协议并经审判人员审核后，双方当事人同意该调解协议经双方签名或者按指印生效的，该调解协议自双方签名或者按指印之日起发生法律效力。当事人要求摘录或者复制该调解协议的，应予准许。

调解协议符合前款规定，且不属于不需要制作调解书的，人民法院应当另行制作民事调解书。调解协议生效后一方拒不履行的，另一方可以持民事调解书申请强制执行。

**第十六条** 人民法院可以当庭告知当事人到人民法院领取民事调解书的具体日期，也可以在当事人达成调解协议的次日起十日内将民事调解书发送给当事人。

**第十七条** 当事人以民事调解书与调解协议的原意不一致为由提出异议，人民法院审查后认为异议成立的，应当根据调解协议裁定补正民事调解书的相关内容。

### 四、开庭审理

**第十八条** 以捎口信、电话、传真、电子邮件等形式发送的开庭通知，未经当事人确认或者没有其他证据足以证明当事人已经收到的，人民法院不得将其作为按撤诉处理和缺席判决的根据。

**第十九条** 开庭前已经书面或者口头告知当事人诉讼权利义务，或者当事人各方均委托律师代理诉讼的，审判人员除告知当事人申请回避的权利外，可以不再告知当事人其他的诉讼权利义务。

**第二十条** 对没有委托律师代理诉讼的当事人，审判人员应当对回避、自认、举证责任等相关内容向其作必要的解释或者说明，并在庭审过程中适当提示当事人正确行使诉讼权利、履行诉讼义务，指导当事人进行正常的诉讼活动。

**第二十一条** 开庭时，审判人员可以根据当事人的诉讼请求和答辩意见归纳出争议焦点，经当事人确认后，由当事人围绕争议焦点举证、质证和辩论。

当事人对案件事实无争议的，审判人员可以在听取当事人就适用法律方面的辩论意见后迳行判决、裁定。

**第二十二条** 当事人双方同时到基层人民法院请求

解决简单的民事纠纷,但未协商举证期限,或者被告一方经简便方式传唤到庭的,当事人在开庭审理时要求当庭举证的,应予准许;当事人当庭举证有困难的,举证的期限由当事人协商决定,但最长不得超过十五日;协商不成的,由人民法院决定。

第二十三条 适用简易程序审理的民事案件,应当一次开庭审结,但人民法院认为确有必要再次开庭的除外。

第二十四条 书记员应当将适用简易程序审理民事案件的全部活动记入笔录。对于下列事项,应当详细记载:

(一)审判人员关于当事人诉讼权利义务的告知、争议焦点的概括、证据的认定和裁判的宣告等重大事项;

(二)当事人申请回避、自认、撤诉、和解等重大事项;

(三)当事人当庭陈述的与其诉讼权利直接相关的其他事项。

第二十五条 庭审结束时,审判人员可以根据案件的审理情况对争议焦点和当事人各方举证、质证和辩论的情况进行简要总结,并就是否同意调解征询当事人的意见。

第二十六条 审判人员在审理过程中发现案情复杂需要转为普通程序的,应当在审限届满前及时作出决定,并书面通知当事人。

### 五、宣判与送达

第二十七条 适用简易程序审理的民事案件,除人民法院认为不宜当庭宣判的以外,应当当庭宣判。

第二十八条 当庭宣判的案件,除当事人当庭要求邮寄送达的以外,人民法院应当告知当事人或者诉讼代理人领取裁判文书的期间和地点以及逾期不领取的法律后果。上述情况,应当记入笔录。

人民法院已经告知当事人领取裁判文书的期间和地点的,当事人在指定期间内领取裁判文书之日即为送达之日;当事人在指定期间内未领取的,指定领取裁判文书期间届满之日即为送达之日,当事人的上诉期从人民法院指定领取裁判文书期间届满之日的次日起开始计算。

第二十九条 当事人因交通不便或者其他原因要求邮寄送达裁判文书的,人民法院可以按照当事人自己提供的送达地址邮寄送达。

人民法院根据当事人自己提供的送达地址邮寄送达的,邮件回执上注明收到或者退回之日即为送达之日,当事人的上诉期从邮件回执上注明收到或者退回之日的次日起开始计算。

第三十条 原告经传票传唤,无正当理由拒不到庭或者未经法庭许可中途退庭的,可以按撤诉处理;被告经传票传唤,无正当理由拒不到庭或者未经法庭许可中途退庭的,人民法院可以根据原告的诉讼请求及双方已经提交给法庭的证据材料缺席判决。

按撤诉处理或者缺席判决的,人民法院可以按照当事人自己提供的送达地址将裁判文书送达给未到庭的当事人。

第三十一条 定期宣判的案件,定期宣判之日即为送达之日,当事人的上诉期自定期宣判的次日起开始计算。当事人在定期宣判的日期无正当理由未到庭的,不影响该裁判上诉期间的计算。

当事人确有正当理由不能到庭,并在定期宣判前已经告知人民法院的,人民法院可以按照当事人自己提供的送达地址将裁判文书送达给未到庭的当事人。

第三十二条 适用简易程序审理的民事案件,有下列情形之一的,人民法院在制作裁判文书时对认定事实或者判决理由部分可以适当简化:

(一)当事人达成调解协议并需要制作民事调解书的;

(二)一方当事人在诉讼过程中明确表示承认对方全部诉讼请求或者部分诉讼请求的;

(三)当事人对案件事实没有争议或者争议不大的;

(四)涉及自然人的隐私、个人信息,或者商业秘密的案件,当事人一方要求简化裁判文书中的相关内容,人民法院认为理由正当的;

(五)当事人双方一致同意简化裁判文书的。

### 六、其  他

第三十三条 本院已经公布的司法解释与本规定不一致的,以本规定为准。

第三十四条 本规定自 2003 年 12 月 1 日起施行。2003 年 12 月 1 日以后受理的民事案件,适用本规定。

· 文书范本

## 1. 民事判决书
### （当事人对案件事实没有争议的用）

**××××人民法院**
**民事判决书**

（××××）……民初……号

原告：×××，……。
……
被告：×××，……。
……

（以上写明当事人和其他诉讼参加人的姓名或者名称等基本信息）

原告×××与被告×××……（写明案由）一案，本院于××××年××月××日立案后，依法适用简易程序，公开/因涉及……（写明不公开开庭的理由）不公开开庭进行了审理。原告×××、被告×××（写明当事人和其他诉讼参加人的诉讼地位和姓名或者名称）到庭参加诉讼。本案现已审理终结。

×××向本院提出诉讼请求：1.……；2.……（明确原告的诉讼请求）。事实和理由：……（概述原告主张的事实和理由）。

×××承认原告在本案中所主张的事实，但认为，……（概述被告对法律适用、责任承担的意见）。

本院认为，×××承认×××在本案中主张的事实，故对×××主张的事实予以确认。……（对当事人诉讼请求进行简要评判）。

依照《中华人民共和国……法》第×条、……（写明法律文件名称及其条款项序号）规定，判决如下：

……（写明判决结果）。

如果未按本判决指定的期间履行给付金钱义务，应当依照《中华人民共和国民事诉讼法》第二百五十三条规定，加倍支付迟延履行期间的债务利息（没有给付金钱义务的，不写）。

案件受理费……元，减半收取计……元，由……负担（写明当事人姓名或者名称、负担金额）。

如不服本判决，可以在判决书送达之日起十五日内，向本院递交上诉状，并按对方当事人的人数提出副本，上诉于××××人民法院。

审判员　×××

××××年××月××日
（院印）

书记员　×××

【说明】

1. 本样式根据《中华人民共和国民事诉讼法》第一百五十二条、第一百五十七条、第一百六十条以及《最高人民法院关于适用〈中华人民共和国民事诉讼法〉的解释》第二百七十条制定，供基层人民法院适用简易程序开庭审理民事案件终结后，对于当事人对案件事实没有争议的作出判决用。

2. 适用简易程序审理的案件，有下列情形之一的，判决书对认定事实或者裁判理由部分可以适当简化：一方当事人明确表示承认对方全部或者部分诉讼请求的；涉及商业秘密、个人隐私的案件，当事人一方要求简化裁判文书中的相关内容，人民法院认为理由正当的；当事人双方同意简化的。

3. 单方负担案件受理费的，写明："案件受理费……元，减半收取计……元，由×××负担。"分别负担案件受理费的，写明："案件受理费……元，减半收取计……元，由×××负担……元，×××负担……元。"

## 2. 民事判决书
### （被告承认原告全部诉讼请求的用）

**××××人民法院**
**民事判决书**

（××××）……民初……号

原告：×××，……。
……
被告：×××，……。
……

（以上写明当事人和其他诉讼参加人的姓名或者名称等基本信息）

原告×××与被告×××……（写明案由）一案，本院于××××年××月××日立案后，依法适用简易程序，公开/因涉及……（写明不公开开庭的理由）不公开开庭进行了审理。原告×××、被告×××（写明当事人和其他诉讼参加人的诉讼地位和姓名或者名称）到庭参加诉讼。本案现已审理终结。

×××向本院提出诉讼请求：1.……；2.……（明确原告的诉讼请求）。事实和理由：……（概述原告主张的事实和理由）。

×××承认×××提出的全部诉讼请求。

本院认为，当事人有权在法律规定的范围内处分自己的民事权利和诉讼权利。被告承认原告的诉讼请求，不违反法律规定。

依照《中华人民共和国民事诉讼法》第十三条第二款规定，判决如下：

……（写明判决结果）。

如果未按本判决指定的期间履行给付金钱义务，应当依照《中华人民共和国民事诉讼法》第二百五十三条规定，加倍支付迟延履行期间的债务利息（没有给付金钱义务的，不写）。

案件受理费……元，减半收取计……元，由……负担（写明当事人姓名或者名称、负担金额）。

如不服本判决，可以在判决书送达之日起十五日内，向本院递交上诉状，并按对方当事人的人数提出副本，上诉于××××人民法院。

审判员　×××

××××年××月××日<br>（院印）

书记员　×××

【说明】

1. 本样式根据《中华人民共和国民事诉讼法》第一百五十二条、第一百五十七条、第一百六十条以及《最高人民法院关于适用〈中华人民共和国民事诉讼法〉的解释》第二百七十条制定，供基层人民法院适用简易程序开庭审理民事案件终结后，对于被告承认原告全部诉讼请求的作出判决用。

2. 适用简易程序审理的案件，有下列情形之一的，判决书对认定事实或者裁判理由部分可以适当简化：一方当事人明确表示承认对方全部或者部分诉讼请求的；涉及商业秘密、个人隐私的案件，当事人一方要求简化裁判文书中的相关内容，人民法院认为理由正当的；当事人双方同意简化的。

## 3. 民事裁定书
（简易程序转为普通程序用）

××××人民法院<br>民事裁定书

（××××）……民初……号

原告：×××，……。

……

被告：×××，……。

……

（以上写明当事人和其他诉讼参加人的姓名或者名称等基本信息）

原告×××与被告×××……（写明案由）一案，本院于××××年××月××日立案后，依法适用简易程序。

××××年××月××日，×××提出异议认为，……（概述不宜适用简易程序的事实和理由），本案不宜适用简易程序。（法院依职权发现不宜适用简易程序的，不写）

本院经审查认为，……（写明不宜适用简易程序的情形），本案不宜适用简易程序。

依照《中华人民共和国民事诉讼法》第一百六十三条规定，裁定如下：

本案转为普通程序。

审判长　×××<br>审判员　×××<br>审判员　×××

××××年××月××日<br>（院印）

本件与原本核对无异

书记员　×××

【说明】

1. 本样式根据《中华人民共和国民事诉讼法》第一百六十三条以及《最高人民法院关于适用〈中华人民共和国民事诉讼法〉的解释》第二百五十七条、第二百五十八条、第二百六十九条制定，供基层人民法院在适用简易程序审理过程中发现案件不宜适用简易程序后，裁定转为普通程序用。

2. 下列案件，不适用简易程序：(1)起诉时被告下落不明的；(2)发回重审的；(3)当事人一方人数众多的；(4)

适用审判监督程序的;(5)涉及国家利益、社会公共利益的;(6)第三人起诉请求改变或者撤销生效判决、裁定、调解书的;(7)其他不宜适用简易程序的案件。

3. 人民法院发现案情复杂,依职权转为普通程序的,可以同时引用《最高人民法院关于适用〈中华人民共和国民事诉讼法〉的解释》第二百五十七条、第二百五十八条;当事人就案件适用简易程序提出异议,人民法院经审查异议成立转为普通程序的,可以同时引用《最高人民法院关于适用〈中华人民共和国民事诉讼法〉的解释》第二百五十七条、第二百六十九条。

4. 人民法院发现案情复杂,需要转为普通程序审理的,应当在审理期限届满前作出裁定。

5. 落款中的审判组织为转为普通程序后的合议庭组成人员。送达本裁定书后,不需要向当事人另行送达确定合议庭组成人员通知书或者变更合议庭组成人员通知书。

6. 简易程序中的小额诉讼程序转为普通程序的,适用本样式。

## 4. 异议书
### (对适用简易程序提出异议用)

**异议书**

异议人(原告/被告/第三人):×××,男/女,××××年××月××日出生,×族,……(写明工作单位和职务或者职业),住……。联系方式:……。

法定代理人/指定代理人:×××,……。

委托诉讼代理人:×××,……。

(以上写明异议人和其他诉讼参加人的姓名或者名称等基本信息)

请求事项:

依法对(××××)……号……(写明当事人和案由)一案适用普通程序进行审理。

事实和理由:

……(写明不应适用简易程序审理的事实和理由)。

此致

××××人民法院

异议人(签名或者盖章)

××××年××月××日

【说明】

1. 本样式根据《最高人民法院关于适用〈中华人民共和国民事诉讼法〉的解释》第二百五十七条、第二百六十九条第一款制定,供当事人对案件适用简易程序有异议的,向人民法院提出用。

2. 异议人是法人或者其他组织的,写明名称住所。另起一行写明法定代表人、主要负责人及其姓名、职务、联系方式。

3. 下列案件,不适用简易程序:(一)起诉时被告下落不明的;(二)发回重审的;(三)当事人一方人数众多的;(四)适用审判监督程序的;(五)涉及国家利益、社会公共利益的;(六)第三人起诉请求改变或者撤销生效判决、裁定、调解书的;(七)其他不宜适用简易程序的案件。

4. 当事人对案件适用简易程序中的小额诉讼程序有异议,认为应当转为普通程序的,参照本样式制作。

# 十四、公益诉讼

## 最高人民法院、最高人民检察院关于办理海洋自然资源与生态环境公益诉讼案件若干问题的规定

- 2021年12月27日最高人民法院审判委员会第1858次会议、2022年3月16日最高人民检察院第十三届检察委员会第九十三次会议通过
- 2022年5月10日最高人民法院、最高人民检察院公告公布
- 自2022年5月15日起施行
- 法释〔2022〕15号

为依法办理海洋自然资源与生态环境公益诉讼案件,根据《中华人民共和国海洋环境保护法》《中华人民共和国民事诉讼法》《中华人民共和国刑事诉讼法》《中华人民共和国行政诉讼法》《中华人民共和国海事诉讼特别程序法》等法律规定,结合审判、检察工作实际,制定本规定。

**第一条** 本规定适用于损害行为发生地、损害结果地或者采取预防措施地在海洋环境保护法第二条第一款规定的海域内,因破坏海洋生态、海洋水产资源、海洋保护区而提起的民事公益诉讼、刑事附带民事公益诉讼和行政公益诉讼。

**第二条** 依据海洋环境保护法第八十九条第二款规定,对破坏海洋生态、海洋水产资源、海洋保护区,给国家造成重大损失的,应当由依照海洋环境保护法规定行使海洋环境监督管理权的部门,在有管辖权的海事法院对侵权人提起海洋自然资源与生态环境损害赔偿诉讼。

有关部门根据职能分工提起海洋自然资源与生态环境损害赔偿诉讼的,人民检察院可以支持起诉。

**第三条** 人民检察院在履行职责中发现破坏海洋生态、海洋水产资源、海洋保护区的行为,可以告知行使海洋环境监督管理权的部门依本规定第二条提起诉讼。在有关部门仍不提起诉讼的情况下,人民检察院就海洋自然资源与生态环境损害,向有管辖权的海事法院提起民事公益诉讼的,海事法院应予受理。

**第四条** 破坏海洋生态、海洋水产资源、海洋保护区,涉嫌犯罪的,在行使海洋环境监督管理权的部门没有另行提起海洋自然资源与生态环境损害赔偿诉讼的情况下,人民检察院可以在提起刑事公诉时一并提起附带民事公益诉讼,也可以单独提起民事公益诉讼。

**第五条** 人民检察院在履行职责中发现对破坏海洋生态、海洋水产资源、海洋保护区的行为负有监督管理职责的部门违法行使职权或者不作为,致使国家利益或者社会公共利益受到侵害的,应当向有关部门提出检察建议,督促其依法履行职责。

有关部门不依法履行职责的,人民检察院依法向被诉行政机关所在地的海事法院提起行政公益诉讼。

**第六条** 本规定自2022年5月15日起施行。

## 最高人民法院关于审理环境民事公益诉讼案件适用法律若干问题的解释

- 2014年12月8日最高人民法院审判委员会第1631次会议通过
- 根据2020年12月23日最高人民法院审判委员会第1823次会议通过的《最高人民法院关于修改〈最高人民法院关于人民法院民事调解工作若干问题的规定〉等十九件民事诉讼类司法解释的决定》修正
- 2020年12月29日最高人民法院公告公布
- 自2021年1月1日起施行
- 法释〔2020〕20号

为正确审理环境民事公益诉讼案件,根据《中华人民共和国民法典》《中华人民共和国环境保护法》《中华人民共和国民事诉讼法》等法律的规定,结合审判实践,制定本解释。

**第一条** 法律规定的机关和有关组织依据民事诉讼法第五十五条、环境保护法第五十八条等法律的规定,对已经损害社会公共利益或者具有损害社会公共利益重大风险的污染环境、破坏生态的行为提起诉讼,符合民事诉讼法第一百一十九条第二项、第三项、第四项规定的,人民法院应予受理。

**第二条** 依照法律、法规的规定,在设区的市级以上人民政府民政部门登记的社会团体、基金会以及社会服

务机构等,可以认定为环境保护法第五十八条规定的社会组织。

第三条　设区的市、自治州、盟、地区,不设区的地级市、直辖市的区以上人民政府民政部门,可以认定为环境保护法第五十八条规定的"设区的市级以上人民政府民政部门"。

第四条　社会组织章程确定的宗旨和主要业务范围是维护社会公共利益,且从事环境保护公益活动的,可以认定为环境保护法第五十八条规定的"专门从事环境保护公益活动"。

社会组织提起的诉讼所涉及的社会公共利益,应与其宗旨和业务范围具有关联性。

第五条　社会组织在提起诉讼前五年内未因从事业务活动违反法律、法规的规定受过行政、刑事处罚的,可以认定为环境保护法第五十八条规定的"无违法记录"。

第六条　第一审环境民事公益诉讼案件由污染环境、破坏生态行为发生地、损害结果地或者被告住所地的中级以上人民法院管辖。

中级人民法院认为确有必要的,可以在报请高级人民法院批准后,裁定将本院管辖的第一审环境民事公益诉讼案件交由基层人民法院审理。

同一原告或者不同原告对同一污染环境、破坏生态行为分别向两个以上有管辖权的人民法院提起环境民事公益诉讼的,由最先立案的人民法院管辖,必要时由共同上级人民法院指定管辖。

第七条　经最高人民法院批准,高级人民法院可以根据本辖区环境和生态保护的实际情况,在辖区内确定部分中级人民法院受理第一审环境民事公益诉讼案件。

中级人民法院管辖环境民事公益诉讼案件的区域由高级人民法院确定。

第八条　提起环境民事公益诉讼应当提交下列材料:

(一)符合民事诉讼法第一百二十一条规定的起诉状,并按照被告人数提出副本;

(二)被告的行为已经损害社会公共利益或者具有损害社会公共利益重大风险的初步证明材料;

(三)社会组织提起诉讼的,应当提交社会组织登记证书、章程、起诉前连续五年的年度工作报告书或者年检报告书,以及由其法定代表人或者负责人签字并加盖公章的无违法记录的声明。

第九条　人民法院认为原告提出的诉讼请求不足以保护社会公共利益的,可以向其释明变更或者增加停止侵害、修复生态环境等诉讼请求。

第十条　人民法院受理环境民事公益诉讼后,应当在立案之日起五日内将起诉状副本发送被告,并公告案件受理情况。

有权提起诉讼的其他机关和社会组织在公告之日起三十日内申请参加诉讼,经审查符合法定条件的,人民法院应当将其列为共同原告;逾期申请的,不予准许。

公民、法人和其他组织以人身、财产受到损害为由申请参加诉讼的,告知其另行起诉。

第十一条　检察机关、负有环境资源保护监督管理职责的部门及其他机关、社会组织、企业事业单位依据民事诉讼法第十五条的规定,可以通过提供法律咨询、提交书面意见、协助调查取证等方式支持社会组织依法提起环境民事公益诉讼。

第十二条　人民法院受理环境民事公益诉讼后,应当在十日内告知对被告行为负有环境资源保护监督管理职责的部门。

第十三条　原告请求被告提供其排放的主要污染物名称、排放方式、排放浓度和总量、超标排放情况以及防治污染设施的建设和运行情况等环境信息,法律、法规、规章规定被告应当持有或者有证据证明被告持有而拒不提供,如果原告主张相关事实不利于被告的,人民法院可以推定该主张成立。

第十四条　对于审理环境民事公益诉讼案件需要的证据,人民法院认为必要的,应当调查收集。

对于应当由原告承担举证责任且为维护社会公共利益所必要的专门性问题,人民法院可以委托具备资格的鉴定人进行鉴定。

第十五条　当事人申请通知有专门知识的人出庭,就鉴定人作出的鉴定意见或者就因果关系、生态环境修复方式、生态环境修复费用以及生态环境受到损害至修复完成期间服务功能丧失导致的损失等专门性问题提出意见的,人民法院可以准许。

前款规定的专家意见经质证,可以作为认定事实的根据。

第十六条　原告在诉讼过程中承认的对己方不利的事实和认可的证据,人民法院认为损害社会公共利益的,应当不予确认。

第十七条　环境民事公益诉讼案件审理过程中,被告以反诉方式提出诉讼请求的,人民法院不予受理。

第十八条　对污染环境、破坏生态,已经损害社会公共利益或者具有损害社会公共利益重大风险的行为,原告可以请求被告承担停止侵害、排除妨碍、消除危险、修复生态环境、赔偿损失、赔礼道歉等民事责任。

**第十九条** 原告为防止生态环境损害的发生和扩大，请求被告停止侵害、排除妨碍、消除危险的，人民法院可以依法予以支持。

原告为停止侵害、排除妨碍、消除危险采取合理预防、处置措施而发生的费用，请求被告承担的，人民法院可以依法予以支持。

**第二十条** 原告请求修复生态环境的，人民法院可以依法判决被告将生态环境修复到损害发生之前的状态和功能。无法完全修复的，可以准许采用替代性修复方式。

人民法院可以在判决被告修复生态环境的同时，确定被告不履行修复义务时应承担的生态环境修复费用；也可以直接判决被告承担生态环境修复费用。

生态环境修复费用包括制定、实施修复方案的费用，修复期间的监测、监管费用，以及修复完成后的验收费用、修复效果后评估费用等。

**第二十一条** 原告请求被告赔偿生态环境受到损害至修复完成期间服务功能丧失导致的损失、生态环境功能永久性损害造成的损失的，人民法院可以依法予以支持。

**第二十二条** 原告请求被告承担以下费用的，人民法院可以依法予以支持：

（一）生态环境损害调查、鉴定评估等费用；

（二）清除污染以及防止损害的发生和扩大所支出的合理费用；

（三）合理的律师费以及为诉讼支出的其他合理费用。

**第二十三条** 生态环境修复费用难以确定或者确定具体数额所需鉴定费用明显过高的，人民法院可以结合污染环境、破坏生态的范围和程度，生态环境的稀缺性，生态环境恢复的难易程度，防治污染设备的运行成本，被告因侵害行为所获得的利益以及过错程度等因素，并可以参考负有环境资源保护监督管理职责的部门的意见、专家意见等，予以合理确定。

**第二十四条** 人民法院判决被告承担的生态环境修复费用、生态环境受到损害至修复完成期间服务功能丧失导致的损失、生态环境功能永久性损害造成的损失等款项，应当用于修复被损害的生态环境。

其他环境民事公益诉讼中败诉原告所需承担的调查取证、专家咨询、检验、鉴定等必要费用，可以酌情从上述款项中支付。

**第二十五条** 环境民事公益诉讼当事人达成调解协议或者自行达成和解协议后，人民法院应当将协议内容公告，公告期间不少于三十日。

公告期满后，人民法院审查认为调解协议或者和解协议的内容不损害社会公共利益的，应当出具调解书。当事人以达成和解协议为由申请撤诉的，不予准许。

调解书应当写明诉讼请求、案件的基本事实和协议内容，并应当公开。

**第二十六条** 负有环境资源保护监督管理职责的部门依法履行监管职责而使原告诉讼请求全部实现，原告申请撤诉的，人民法院应予准许。

**第二十七条** 法庭辩论终结后，原告申请撤诉的，人民法院不予准许，但本解释第二十六条规定的情形除外。

**第二十八条** 环境民事公益诉讼案件的裁判生效后，有权提起诉讼的其他机关和社会组织就同一污染环境、破坏生态行为另行起诉，有下列情形之一的，人民法院应予受理：

（一）前案原告的起诉被裁定驳回的；

（二）前案原告申请撤诉被裁定准许的，但本解释第二十六条规定的情形除外。

环境民事公益诉讼案件的裁判生效后，有证据证明存在前案审理时未发现的损害，有权提起诉讼的机关和社会组织另行起诉的，人民法院应予受理。

**第二十九条** 法律规定的机关和社会组织提起环境民事公益诉讼的，不影响同一污染环境、破坏生态行为受到人身、财产损害的公民、法人和其他组织依据民事诉讼法第一百一十九条的规定提起诉讼。

**第三十条** 已为环境民事公益诉讼生效裁判认定的事实，因同一污染环境、破坏生态行为依据民事诉讼法第一百一十九条规定提起诉讼的原告、被告均无需举证证明，但原告对该事实有异议并有相反证据足以推翻的除外。

对于环境民事公益诉讼生效裁判就被告是否存在法律规定的不承担责任或者减轻责任的情形、行为与损害之间是否存在因果关系、被告承担责任的大小等所作的认定，因同一污染环境、破坏生态行为依据民事诉讼法第一百一十九条规定提起诉讼的原告主张适用的，人民法院应予支持，但被告有相反证据足以推翻的除外。被告主张直接适用对其有利的认定的，人民法院不予支持，被告仍应举证证明。

**第三十一条** 被告因污染环境、破坏生态在环境民事公益诉讼和其他民事诉讼中均承担责任，其财产不足以履行全部义务的，应当先履行其他民事诉讼生效裁判所确定的义务,但法律另有规定的除外。

**第三十二条** 发生法律效力的环境民事公益诉讼案件的裁判,需要采取强制执行措施的,应当移送执行。

**第三十三条** 原告交纳诉讼费用确有困难,依法申请缓交的,人民法院应予准许。

败诉或者部分败诉的原告申请减交或者免交诉讼费用的,人民法院应当依照《诉讼费用交纳办法》的规定,视原告的经济状况和案件的审理情况决定是否准许。

**第三十四条** 社会组织有通过诉讼违法收受财物等牟取经济利益行为的,人民法院可以根据情节轻重依法收缴其非法所得、予以罚款;涉嫌犯罪的,依法移送有关机关处理。

社会组织通过诉讼牟取经济利益的,人民法院应当向登记管理机关或者有关机关发送司法建议,由其依法处理。

**第三十五条** 本解释施行前最高人民法院发布的司法解释和规范性文件,与本解释不一致的,以本解释为准。

## 最高人民法院关于审理消费民事公益诉讼案件适用法律若干问题的解释

- 2016年2月1日最高人民法院审判委员会第1677次会议通过
- 根据2020年12月23日最高人民法院审判委员会第1823次会议通过的《最高人民法院关于修改〈最高人民法院关于人民法院民事调解工作若干问题的规定〉等十九件民事诉讼类司法解释的决定》修正
- 2020年12月29日最高人民法院公告公布
- 自2021年1月1日起施行
- 法释〔2020〕20号

为正确审理消费民事公益诉讼案件,根据《中华人民共和国民事诉讼法》《中华人民共和国民法典》《中华人民共和国消费者权益保护法》等法律规定,结合审判实践,制定本解释。

**第一条** 中国消费者协会以及在省、自治区、直辖市设立的消费者协会,对经营者侵害众多不特定消费者合法权益或者具有危及消费者人身、财产安全危险等损害社会公共利益的行为提起消费民事公益诉讼的,适用本解释。

法律规定或者全国人大及其常委会授权的机关和社会组织提起的消费民事公益诉讼,适用本解释。

**第二条** 经营者提供的商品或者服务具有下列情形之一的,适用消费者权益保护法第四十七条规定:

(一)提供的商品或者服务存在缺陷,侵害众多不特定消费者合法权益的;

(二)提供的商品或者服务可能危及消费者人身、财产安全,未作出真实的说明和明确的警示,未标明正确使用商品或者接受服务的方法以及防止危害发生方法的;对提供的商品或者服务质量、性能、用途、有效期限等信息作虚假或引人误解宣传的;

(三)宾馆、商场、餐馆、银行、机场、车站、港口、影剧院、景区、体育场馆、娱乐场所等经营场所存在危及消费者人身、财产安全危险的;

(四)以格式条款、通知、声明、店堂告示等方式,作出排除或者限制消费者权利、减轻或者免除经营者责任、加重消费者责任等对消费者不公平、不合理规定的;

(五)其他侵害众多不特定消费者合法权益或者具有危及消费者人身、财产安全危险等损害社会公共利益的行为。

**第三条** 消费民事公益诉讼案件管辖适用《最高人民法院关于适用〈中华人民共和国民事诉讼法〉的解释》第二百八十五条的有关规定。

经最高人民法院批准,高级人民法院可以根据本辖区实际情况,在辖区内确定部分中级人民法院受理第一审消费民事公益诉讼案件。

**第四条** 提起消费民事公益诉讼应当提交下列材料:

(一)符合民事诉讼法第一百二十一条规定的起诉状,并按照被告人数提交副本;

(二)被告的行为侵害众多不特定消费者合法权益或者具有危及消费者人身、财产安全危险等损害社会公共利益的初步证据;

(三)消费者组织就涉诉事项已按照消费者权益保护法第三十七条第四项或者第五项的规定履行公益性职责的证明材料。

**第五条** 人民法院认为原告提出的诉讼请求不足以保护社会公共利益的,可以向其释明变更或者增加停止侵害等诉讼请求。

**第六条** 人民法院受理消费民事公益诉讼案件后,应当公告案件受理情况,并在立案之日起十日内书面告知相关行政主管部门。

**第七条** 人民法院受理消费民事公益诉讼案件后,依法可以提起诉讼的其他机关或者社会组织,可以在一审开庭前向人民法院申请参加诉讼。

人民法院准许参加诉讼的,列为共同原告;逾期申请的,不予准许。

第八条　有权提起消费民事公益诉讼的机关或者社会组织,可以依据民事诉讼法第八十一条规定申请保全证据。

第九条　人民法院受理消费民事公益诉讼案件后,因同一侵权行为受到损害的消费者申请参加诉讼的,人民法院应当告知其根据民事诉讼法第一百一十九条规定主张权利。

第十条　消费民事公益诉讼案件受理后,因同一侵权行为受到损害的消费者请求对其根据民事诉讼法第一百一十九条规定提起的诉予以中止,人民法院可以准许。

第十一条　消费民事公益诉讼案件审理过程中,被告提出反诉的,人民法院不予受理。

第十二条　原告在诉讼中承认对己方不利的事实,人民法院认为损害社会公共利益的,不予确认。

第十三条　原告在消费民事公益诉讼案件中,请求被告承担停止侵害、排除妨碍、消除危险、赔礼道歉等民事责任的,人民法院可予支持。

经营者利用格式条款或者通知、声明、店堂告示等,排除或者限制消费者权利、减轻或者免除经营者责任、加重消费者责任,原告认为对消费者不公平、不合理主张无效的,人民法院应依法予以支持。

第十四条　消费民事公益诉讼案件裁判生效后,人民法院应当在十日内书面告知相关行政主管部门,并可发出司法建议。

第十五条　消费民事公益诉讼案件的裁判发生法律效力后,其他依法具有原告资格的机关或者社会组织就同一侵权行为另行提起消费民事公益诉讼的,人民法院不予受理。

第十六条　已为消费民事公益诉讼生效裁判认定的事实,因同一侵权行为受到损害的消费者根据民事诉讼法第一百一十九条规定提起的诉讼,原告、被告均无需举证证明,但当事人对该事实有异议并有相反证据足以推翻的除外。

消费民事公益诉讼生效裁判认定经营者存在不法行为,因同一侵权行为受到损害的消费者根据民事诉讼法第一百一十九条规定提起的诉讼,原告主张适用的,人民法院可予支持,但被告有相反证据足以推翻的除外。被告主张直接适用对其有利认定的,人民法院不予支持,被告仍应承担相应举证证明责任。

第十七条　原告为停止侵害、排除妨碍、消除危险采取合理预防、处置措施而发生的费用,请求被告承担的,人民法院应依法予以支持。

第十八条　原告及其诉讼代理人对侵权行为进行调查、取证的合理费用、鉴定费用、合理的律师代理费用,人民法院可根据实际情况予以相应支持。

第十九条　本解释自 2016 年 5 月 1 日起施行。

本解释施行后人民法院新受理的一审案件,适用本解释。

本解释施行前人民法院已经受理、施行后尚未审结的一审、二审案件,以及本解释施行前已经终审、施行后当事人申请再审或者按照审判监督程序决定再审的案件,不适用本解释。

## 最高人民法院、最高人民检察院关于人民检察院提起刑事附带民事公益诉讼应否履行诉前公告程序问题的批复

- 2019 年 9 月 9 日最高人民法院审判委员会第 1776 次会议、2019 年 9 月 12 日最高人民检察院第十三届检察委员会第二十四次会议通过
- 2019 年 11 月 25 日最高人民法院、最高人民检察院公告公布
- 自 2019 年 12 月 6 日起施行
- 法释〔2019〕18 号

各省、自治区、直辖市高级人民法院、人民检察院,解放军军事法院、军事检察院,新疆维吾尔自治区高级人民法院生产建设兵团分院、新疆生产建设兵团人民检察院:

近来,部分高级人民法院、省级人民检察院就人民检察院提起刑事附带民事公益诉讼应否履行诉前公告程序的问题提出请示。经研究,批复如下:

人民检察院提起刑事附带民事公益诉讼,应履行诉前公告程序。对于未履行诉前公告程序的,人民法院应当进行释明,告知人民检察院公告后再行提起诉讼。

因人民检察院履行诉前公告程序,可能影响相关刑事案件审理期限的,人民检察院可以另行提起民事公益诉讼。

此复。

• 典型案例

## 1. 昆明闽某纸业有限责任公司等污染环境刑事附带民事公益诉讼案[①]

（最高人民法院审判委员会讨论通过
2023 年 10 月 20 日发布）

**关键词**　刑事/刑事附带民事公益诉讼/环境污染/单位犯罪/环境侵权债务/公司法人人格否认/股东连带责任

**【裁判要点】**

公司股东滥用公司法人独立地位、股东有限责任，导致公司不能履行其应当承担的生态环境损害修复、赔偿义务，国家规定的机关或者法律规定的组织请求股东对此依照《中华人民共和国公司法》第二十条的规定承担连带责任的，人民法院依法应当予以支持。

**【基本案情】**

被告单位昆明闽某纸业有限公司（以下简称闽某公司）于 2005 年 11 月 16 日成立，公司注册资本 100 万元。黄某海持股 80%，黄某芬持股 10%，黄某龙持股 10%。李某城系闽某公司后勤厂长。闽某公司自成立即在长江流域金沙江支流螳螂川河道一侧埋设暗管，接至公司生产车间的排污管道，用于排放生产废水。经鉴定，闽某公司偷排废水期间，螳螂川河道内水质指标超基线水平 13.0 倍－239.1 倍，上述行为对螳螂川地表水环境造成污染，共计减少废水污染治理设施运行支出 3009662 元，以虚拟治理成本法计算，造成环境污染损害数额为 10815021 元，并对螳螂川河道下游金沙江生态流域功能造成一定影响。

闽某公司生产经营活动造成生态环境损害的同时，其股东黄某海、黄某芬、黄某龙还存在如下行为：1. 股东个人银行卡收公司应收资金共计 124642613.1 元，不作财务记载。2. 将属于公司财产的 9 套房产（市值 8920611 元）记载于股东及股东配偶名下，由股东无偿占有。3. 公司账簿与股东账簿不分，公司财产与股东财产、股东自身收益与公司盈利难以区分。闽某公司自案发后已全面停产，对公账户可用余额仅为 18261.05 元。

云南省昆明市西山区人民检察院于 2021 年 4 月 12 日公告了本案相关情况，公告期内未有法律规定的机关和有关组织提起民事公益诉讼。昆明市西山区人民检察院遂就上述行为对闽某公司、黄某海、李某城等提起公诉，并对该公司及其股东黄某海、黄某芬、黄某龙等人提起刑事附带民事公益诉讼，请求否认闽某公司独立地位，由股东黄某海、黄某芬、黄某龙对闽某公司生态环境损害赔偿承担连带责任。

**【裁判结果】**

云南省昆明市西山区人民法院于 2022 年 6 月 30 日以（2021）云 0112 刑初 752 号刑事附带民事公益诉讼判决，认定被告单位昆明闽某纸业有限公司犯污染环境罪，判处罚金人民币 2000000 元；被告人黄某海犯污染环境罪，判处有期徒刑三年六个月，并处罚金人民币 500000 元；被告人李某城犯污染环境罪，判处有期徒刑三年六个月，并处罚金人民币 500000 元；被告单位昆明闽某纸业有限公司在判决生效后十日内承担生态环境损害赔偿人民币 10815021 元，以上费用付至昆明市环境公益诉讼救济专项资金账户用于生态环境修复；附带民事公益诉讼被告昆明闽某纸业有限公司在判决生效后十日内支付昆明市西山区人民检察院鉴定检测费用合计人民币 129500 元。附带民事公益诉讼被告人黄某海、黄某芬、黄某龙对被告昆明闽某纸业有限公司负担的生态环境损害赔偿和鉴定检测费用承担连带责任。

宣判后，没有上诉、抗诉，一审判决已发生法律效力。案件进入执行程序，目前可供执行财产价值已覆盖执行标的。

**【裁判理由】**

法院生效裁判认为：企业在生产经营过程中，应当承担合理利用资源、采取措施防治污染、履行保护环境的社会责任。被告单位闽某公司无视企业环境保护社会责任，违反国家法律规定，在无排污许可的前提下，未对生产废水进行有效处理并通过暗管直接排放，严重污染环境，符合《中华人民共和国刑法》第三百三十八条之规定，构成污染环境罪。被告人黄某海、李某城作为被告单位闽某公司直接负责的主管人员和直接责任人员，在单位犯罪中作用相当，亦应以污染环境罪追究其刑事责任。闽某公司擅自通过暗管将生产废水直接排入河道，造成高达 10815021 元的生态环境损害，并对下游金沙江生态流域功能也造成一定影响，其行为构成对环境公共利益的严重损害，不仅需要依法承担刑事责任，还应承担生态环境损害赔偿民事责任。

附带民事公益诉讼被告闽某公司在追求经济效益的同时，漠视对环境保护的义务，致使公司生产经营活动对环

---

[①] 案例来源：最高人民法院指导性案例 215 号。

境公共利益造成严重损害后果,闽某公司承担的赔偿损失和鉴定检测费用属于公司环境侵权债务。

由于闽某公司自成立伊始即与股东黄某海、黄某芬、黄某龙之间存在大量、频繁的资金往来,且三人均有对公司财产的无偿占有,与闽某公司已构成人格高度混同,可以认定属《中华人民共和国公司法》第二十条第三款规定的股东滥用公司法人独立地位和股东有限责任的行为。现闽某公司所应负担的环境侵权债务合计 10944521 元,远高于闽某公司注册资本 1000000 元,且闽某公司自案发后已全面停产,对公账户可用余额仅为 18261.05 元。上述事实表明黄某海、黄某芬、黄某龙与闽某公司的高度人格混同已使闽某公司失去清偿其环境侵权债务的能力,闽某公司难以履行其应当承担的生态环境损害赔偿义务,符合《中华人民共和国公司法》第二十条第三款规定的股东承担连带责任之要件,黄某海、黄某芬、黄某龙应对闽某公司的环境侵权债务承担连带责任。

【相关法条】
1.《中华人民共和国长江保护法》第 93 条
2.《中华人民共和国民法典》第 83 条、第 1235 条
3.《中华人民共和国公司法》第 20 条

## 2. 黄某辉、陈某等 8 人非法捕捞水产品刑事附带民事公益诉讼案[①]

(最高人民法院审判委员会讨论通过 2023 年 10 月 20 日发布)

**关键词** 刑事/刑事附带民事公益诉讼/非法捕捞水产品/生态环境修复/从轻处罚/增殖放流

【裁判要点】
1. 破坏环境资源刑事案件中,附带民事公益诉讼被告具有认罪认罚、主动修复受损生态环境等情节的,可以依法从轻处罚。
2. 人民法院判决生态环境侵权人采取增殖放流方式恢复水生生物资源、修复水域生态环境的,应当遵循自然规律,遵守水生生物增殖放流管理规定,根据专业修复意见合理确定放流水域、物种、规格、种群结构、时间、方式等,并可以由渔业行政主管部门协助监督执行。

【基本案情】
2020 年 9 月,被告人黄某辉、陈某共谋后决定在长江流域重点水域禁捕区湖南省岳阳市东洞庭湖江豚自然保护区实验区和东洞庭湖鲤、鲫、黄颡国家级水产种质资源保护区捕鱼。两人先后邀请被告人李某忠、唐某崇、艾某云、丁某德、吴某峰(另案处理)、谢某兵以及丁某勇,在湖南省岳阳县东洞庭湖壕坝水域使用丝网、自制电网等工具捕鱼,其中黄某辉负责在岸上安排人员运送捕获的渔获物并予以销售,陈某、李某忠、唐某崇、艾某云、丁某德负责驾船下湖捕鱼,吴某峰、谢某兵、丁某勇负责使用三轮车运送捕获的渔获物。自 2020 年 10 月底至 2021 年 4 月 13 日,八被告人先后参与非法捕捞三、四十次,捕获渔获物一万余斤,非法获利十万元。

2021 年 8 月 20 日,岳阳县人民检察院委托鉴定机构对八被告人非法捕捞水产品行为造成渔业生态资源、渔业资源造成的损害进行评估。鉴定机构于 2021 年 10 月 21 日作出《关于黄某辉等人在禁渔期非法捕捞导致的生态损失评估报告》,评估意见为:涉案非法捕捞行为中 2000 公斤为电捕渔获,3000 公斤为网捕渔获。电捕造成鱼类损失约 8000 公斤,结合网捕共计 11000 公斤,间接减少 5000000 尾鱼种的补充;建议通过以补偿性鱼类放流的方式对破坏的鱼类资源进行生态修复。岳阳县价格认证中心认定,本案渔类资源损失价值为 211 000 元,建议向东洞庭湖水域放流草、鲤鱼等鱼苗的方式对渔业资源和水域生态环境进行修复。

岳阳县人民检察院于 2021 年 7 月 30 日依法履行公告程序,公告期内无法律规定的机关和有关组织反馈情况或提起诉讼,该院遂以被告人黄某辉、陈某、唐某崇、艾某云、丁某德、李某忠、谢某兵、丁某勇八人涉嫌犯非法捕捞水产品罪向岳阳县人民法院提起公诉,并以其行为破坏长江流域渔业生态资源,影响自然保护区内各类水生动物的种群繁衍,损害社会公共利益为由,向岳阳县人民法院提起刑事附带民事公益诉讼,请求判令上述八被告在市级新闻媒体上赔礼道歉;判令上述八被告按照生态损失评估报告提出的生态修复建议确定的放流种类、规格和数量,以及物价鉴定意见,在各自参与非法捕捞渔获物范围内共同购置相应价值的成鱼和苗种,在洞庭湖水域进行放流,修复渔业资源与环境。被告逾期不履行生态修复义务时,应按照放流种类和数量对应的鱼类市场价格连带承担相应渔业资源和生态修复费用 211000 元;判令上述被告连带承担本案的生态评估费用 3000 元。

被告人黄某辉、陈某、唐某崇、艾某云、丁某德、李某忠、谢某兵、丁某勇对公诉机关指控的罪名及犯罪事实均无异

---
① 案例来源:最高人民法院指导性案例 213 号。

议,自愿认罪;同时对刑事附带民事公益诉讼起诉人提出的诉讼请求和事实理由予以认可,并对向东洞庭湖投放规定品种内价值211000元成鱼或鱼苗的方式对渔业资源和水域生态环境进行修复的建议亦无异议,表示愿意承担修复生态环境的责任。

【裁判结果】

在案件审理过程中,岳阳县人民法院组织附带民事公益诉讼起诉人和附带民事公益诉讼被告人黄某辉、陈某、唐某崇、艾某云、丁某德、李某忠、谢某兵、丁某勇调解,双方自愿达成了如下协议:1. 由被告人黄某辉、陈某、唐某崇、艾某云、丁某德、李某忠、谢某兵、丁某勇按照生态损失评估报告提出的生态修复建议确定的放流种类、规格和数量以及物价鉴定意见,在各自参与非法捕捞渔获物范围内共同购置符合增殖放流规定的成鱼或鱼苗(具体鱼种以渔政管理部门要求的标准为准),在洞庭湖水域进行放流,修复渔业资源与环境;2. 由八被告人共同承担本案的生态评估费用3000元,直接缴纳给湖南省岳阳县人民检察院;3. 八被告人在市级新闻媒体上赔礼道歉。

调解达成后,湖南省岳阳县人民法院将调解协议内容依法公告,社会公众未提出异议,30日公告期满后,湖南省岳阳县人民法院经审查认为调解协议的内容不违反社会公共利益,出具了(2021)湘0621刑初244号刑事附带民事调解书,将调解书送达给八被告人及岳阳县人民检察院,并向社会公开。2021年12月21日,在岳阳县东洞庭湖渔政监察执法局监督执行下,根据专业评估意见,被告人李某忠、谢某兵、丁某勇及其他被告人家属在东洞庭湖鹿角码头投放3-5厘米鱼苗446万尾,其中鲢鱼150万尾、鳙鱼150万尾、草鱼100万尾、青鱼46万尾,符合增殖放流的规定。

刑事附带民事调解书执行完毕后,岳阳县人民法院于2022年1月13日以(2021)湘0621刑初244号刑事附带民事判决,认定被告人黄某辉犯非法捕捞水产品罪,判处有期徒刑一年一个月;被告人陈某犯非法捕捞水产品罪,判处有期徒刑一年一个月;被告人唐某崇犯非法捕捞水产品罪,判处有期徒刑一年;被告人艾某云犯非法捕捞水产品罪,判处有期徒刑十一个月;被告人丁某德犯非法捕捞水产品罪,判处有期徒刑九个月;被告人李某忠犯非法捕捞水产品罪,判处拘役三个月,缓刑四个月;被告人谢某兵犯非法捕捞水产品罪,判处拘役三个月,缓刑四个月;被告人丁某勇犯非法捕捞水产品罪,判处拘役三个月,缓刑四个月;对被告人黄某辉、陈某、唐某崇、艾某云、丁某德、李某忠、谢某兵、丁某勇的非法获利十万元予以追缴,上缴国库,等等。

【裁判理由】

法院生效刑事附带民事调解书认为,被告人黄某辉、陈某、唐某崇、艾某云、丁某德、李某忠、谢某兵、丁某勇非法捕捞水产品的行为破坏了生态环境,损害了社会公共利益,应当承担赔偿责任。附带民事公益诉讼起诉人和附带民事公益诉讼被告人黄某辉、陈某、唐某崇、艾某云、丁某德、李某忠、谢某兵、丁某勇达成的调解协议不违反社会公共利益,人民法院予以确认并出具调解书。

法院生效刑事附带民事判决认为,被告人黄某辉、陈某、唐某崇、艾某云、丁某德、李某忠、谢某兵、丁某勇为谋取非法利益,在禁捕期,使用禁用工具、方法捕捞水产品,情节严重,触犯了《中华人民共和国刑法》第三百四十条之规定,犯罪事实清楚,证据确实、充分,应当分别以非法捕捞水产品罪追究其刑事责任。

在非法捕捞水产品罪的共同犯罪中,被告人黄某辉、陈某、唐某崇、艾某云、丁某德、李某忠起主要作用,系主犯,谢某兵、丁某勇起次要作用,系从犯,应当从轻处罚。八被告人如实供述犯罪事实,属于坦白,可从轻处罚;八被告人自愿认罪认罚,依法从宽处理;八被告人按照法院生效调解书内容积极主动购置成鱼或鱼苗在洞庭湖水域放流,主动履行修复渔业资源和生态的责任,可酌情从轻处罚。被告人李某忠、谢某兵、丁某勇犯罪情节较轻,且有悔罪表现,结合司法行政部门社区矫正调查评估报告意见,被告人李某忠、谢某兵、丁某勇没有再犯罪的危险,判处缓刑对居住的社区没有重大不良影响,依法可以宣告缓刑。公诉机关针对八被告人参与网捕、电捕和运输的次数,结合捕捞数量及参与度,分别提出的量刑建议恰当,法院依法予以采信。八被告人的非法捕捞行为破坏生态环境,损害社会公共利益,应当承担相应的民事责任,刑事附带民事公益诉讼起诉人的诉讼请求,符合法律规定,依法予以支持,对在诉讼过程中就刑事附带民事达成调解已依法予以确认。

【相关法条】

1.《中华人民共和国长江保护法》第53条、第93条

2.《中华人民共和国刑法》第340条

3.《中华人民共和国民法典》第1234条

4.《最高人民法院、最高人民检察院关于检察公益诉讼案件适用法律若干问题的解释》第20条

## 3. 浙江省遂昌县人民检察院诉叶继成生态破坏民事公益诉讼案①

（最高人民法院审判委员会讨论通过
2022年12月30日发布）

**关键词** 民事诉讼/生态破坏民事公益诉讼/恢复性司法/先予执行

**【裁判要点】**

生态恢复性司法的核心理念为及时修复受损生态环境，恢复生态功能。生态环境修复具有时效性、季节性、紧迫性的，不立即修复将导致生态环境损害扩大的，属于《中华人民共和国民事诉讼法》第一百零九条第三项规定的"因情况紧急需要先予执行的"情形，人民法院可以依法裁定先予执行。

**【相关法条】**

《中华人民共和国民事诉讼法》第109条（本案适用的是2017年6月27日修正的《中华人民共和国民事诉讼法》第106条）

**【基本案情】**

2018年11月初，被告叶继成雇请他人在浙江省遂昌县妙高街道龙潭村村后属于龙潭村范围内（土名"龙潭湾"）的山场上清理枯死松木，期间滥伐活松树89株。经鉴定，叶继成滥伐的立木蓄积量为22.9964立方米，折合材积13.798立方米，且案发山场属于国家三级公益林。根据林业专家出具的修复意见，叶继成应在案涉山场补植2至3年生木荷、枫香等阔叶树容器苗1075株。浙江省遂昌县人民检察院认为不需要追究叶继成的刑事责任，于2019年7月作出不起诉决定，但叶继成滥伐公益林山场林木的行为造成森林资源损失，破坏生态环境，遂于2020年3月27日提起环境民事公益诉讼。由于遂昌县春季绿化造林工作即将结束，公益诉讼起诉人在起诉同时提出先予执行申请，要求叶继成根据前述专家修复意见原地完成补植工作。后由于种植木荷、枫香等阔叶树的时间节点已过，难以购置树苗，经林业专家重新进行修复评估，认定根据案涉林木损毁价值及补植费用9658.4元核算，共需补植1至2年生杉木苗1288株。检察机关据此于2020年4月2日变更诉讼请求和先予执行申请，要求叶继成按照重新出具的修复意见进行补植。

**【裁判结果】**

浙江省丽水市中级人民法院于2020年3月31日作出(2020)浙11民初35号裁定，裁定准予先予执行，要求被告叶继成在收到裁定书之日起三十日内在案发山场及周边完成补植复绿工作。叶继成根据变更后的修复意见，于2020年4月7日完成补植，浙江省遂昌县自然资源和规划局于当日验收。

浙江省丽水市中级人民法院于2020年5月11日作出(2020)浙11民初35号判决：一、被告叶继成自收到本院(2020)浙11民初35号民事裁定书之日起三十日内在"龙潭湾"山场补植1—2年生杉木苗1288株，连续抚育3年（截止到2023年4月7日），且种植当年成活率不低于95%，3年后成活率不低于90%。二、如果被告叶继成未按本判决的第一项履行判决确定的义务，则需承担生态功能修复费用9658.4元。宣判后，双方当事人均未上诉，判决已生效。

**【裁判理由】**

法院生效裁判认为，森林生态环境修复需要考虑节气及种植气候等因素，如果未及时采取修复措施补种树苗，不仅增加修复成本，影响修复效果，而且将导致生态环境受到损害至修复完成期间的服务功能损失进一步扩大。叶继成滥伐林木、破坏生态环境的行为清楚明确，而当时正是植树造林的有利时机，及时补种树苗有利于新植树木的成活和生态环境的及时有效恢复。基于案涉补植树苗的季节性要求和修复生态环境的紧迫性，本案符合《中华人民共和国民事诉讼法》第一百零六条第三项规定的因情况紧急需要先予执行的情形，故对公益诉讼起诉人的先予执行申请予以准许。

林地是森林资源的重要组成部分，是林业发展的根本。林地资源保护是生态文明建设中的重要环节，对于应对全球气候变化，改善生态环境有着重要作用。被告叶继成违反《中华人民共和国森林法》第二十三条、第三十二条的规定，未经许可，在公益林山场滥伐林木，数量较大，破坏了林业资源和生态环境，对社会公共利益造成了损害，应当承担相应的环境侵权责任。综合全案事实和鉴定评估意见，人民法院对公益诉讼起诉人要求叶继成承担生态环境修复责任的主张予以支持。

（生效裁判审判人员：程建勇、单欣欣、聂伟杰、张锡斌、余俊、韩黎明、叶水火）

---

① 案例来源：最高人民法院指导性案例209号。

## 4. 江西省上饶市人民检察院诉张永明、张鹭、毛伟明生态破坏民事公益诉讼案①

（最高人民法院审判委员会讨论通过 2022年12月30日发布）

**关键词** 民事/生态破坏民事公益诉讼/自然遗迹/风景名胜/生态环境损害赔偿金额

【裁判要点】

1. 破坏自然遗迹和风景名胜造成生态环境损害，国家规定的机关或者法律规定的组织请求侵权人依法承担修复和赔偿责任的，人民法院应予支持。

2. 对于破坏自然遗迹和风景名胜造成的损失，在没有法定鉴定机构鉴定的情况下，人民法院可以参考专家采用条件价值法作出的评估意见，综合考虑评估方法的科学性及评估结果的不确定性，以及自然遗迹的珍稀性、损害的严重性等因素，合理确定生态环境损害赔偿金额。

【相关法条】

《中华人民共和国环境保护法》第2条

【基本案情】

公益诉讼起诉人上饶市人民检察院诉称：张永明、张鹭、毛伟明三人以破坏性方式攀爬巨蟒峰，在世界自然遗产地、世界地质公园三清山风景名胜区的核心景区巨蟒峰上打入26个岩钉，造成严重损毁，构成对社会公共利益的严重损害。因此应判决确认三人连带赔偿对巨蟒峰非使用价值（根据环境资源价值理论，非使用价值是人们从旅游资源获得的并非来源于自己使用的效用，主要包括存在价值、遗产价值和选择价值）造成的损失最低阈值1190万元；在全国性知名媒体公开赔礼道歉；依法连带承担聘请专家所支出的评估费用15万元。

被告张永明、张鹭、毛伟明辩称：本案不属于生态环境公益诉讼，检察院不能提起民事公益诉讼；张永明等人主观上没有过错，也没有造成巨蟒峰的严重损毁，风险不等于实际的损害结果，故不构成侵权；专家组出具的评估报告不能采信。

法院经审理查明：2017年4月份左右，被告张永明、张鹭、毛伟明三人通过微信联系，约定前往三清山风景名胜区攀爬"巨蟒出山"岩柱体（又称巨蟒峰）。2017年4月15日凌晨4时左右，张永明、张鹭、毛伟明三人携带电钻、岩钉（即膨胀螺栓，不锈钢材质）、铁锤、绳索等工具到达巨蟒峰底部。被告张永明首先攀爬，毛伟明、张鹭在下面拉住绳索保护张永明的安全。在攀爬过程中，张永明在有危险的地方打岩钉，使用电钻在巨蟒峰岩体上钻孔，再用铁锤将岩钉打入孔内，用扳手拧紧，然后在岩钉上布绳索。张永明通过这种方式于早上6时49分左右攀爬至巨蟒峰顶部。毛伟明一直跟在张永明后面为张永明拉绳索做保护，并沿着张永明布好的绳索于早上7时左右攀爬到巨蟒峰顶部。在张永明、毛伟明攀爬开始时，张鹭为张永明拉绳索做保护，之后沿着张永明布好的绳索于早上7时30分左右攀爬至巨蟒峰顶部，在顶部使用无人机进行拍摄。在巨蟒峰顶部，张永明将多余的工具给毛伟明，毛伟明顺着绳索下降，将多余的工具带回宾馆，随后又返回巨蟒峰，攀爬至巨蟒峰10多米处，被三清山管委会工作人员发现后劝下并被民警控制。张鹭、张永明在工作人员劝说下，也先后于上午9时左右、9时40分左右下到巨蟒峰底部并被民警控制。经现场勘查，张永明在巨蟒峰上打入岩钉26个。经专家论证，三被告人的行为对巨蟒峰地质遗迹点造成了严重损毁。

本案刑事部分已另案审理。

2018年3月28日，受上饶市检察院委托，江西财经大学专家组针对张永明等三人攀爬巨蟒峰时打入的26枚岩钉对巨蟒峰乃至三清山风景名胜区造成的损毁进行价值评估。2018年5月3日，江西财经大学专家组出具了《三清山巨蟒峰受损价值评估报告》。该评估报告载明：专家组依据确定的价值类型，采用国际上通行的条件价值法对上述故意损毁行为及其后果进行价值评估，巨蟒峰价值受损评估结果为，"巨蟒峰案"三名当事人的行为虽未造成巨蟒峰山体坍塌，但对其造成了不可修复的严重损毁，对巨蟒峰作为世界自然遗产的存在造成了极大的负面影响，加速了山体崩塌的可能性。因此，专家组认为：此次"巨蟒峰案的价值损失评估值"不应低于该事件对巨蟒峰非使用价值造成的损失最低阈值，即1190万元。

【裁判结果】

江西省上饶市中级人民法院于2019年12月27日作出（2018）赣11民初303号民事判决：一、被告张永明、张鹭、毛伟明在判决生效后十日内在全国性媒体上刊登公告，向社会公众赔礼道歉，公告内容应由一审法院审定；二、被告张永明、张鹭、毛伟明连带赔偿环境资源损失计人民币6000000元，于判决生效后三十日内支付至一审法院指定的账户，用于公共生态环境保护和修复；三、被告张永明、张鹭、毛伟明在判决生效后十日内赔偿公益诉讼起诉人上饶市检察院支出的专家费150000元。宣判后，张永明、张鹭

---

① 案例来源：最高人民法院指导性案例208号。

提起上诉。江西省高级人民法院于 2020 年 5 月 18 日作出（2020）赣民终 317 号民事判决：驳回上诉，维持原判。

【裁判理由】

法院生效裁判认为：

一、关于人民法院对检察机关提起的本案生态破坏民事公益诉讼可否支持的问题

首先，张永明上诉称其三人行为仅构成对自然资源的破坏而非对生态环境的破坏，该主张不能成立。《中华人民共和国宪法》第二十六条明确"国家保护和改善生活环境和生态环境，防治污染和其他公害。"该法条将环境分为生活环境和生态环境。生活环境指向与人类活动有关的环境，生态环境指向与自然活动有关的环境。《中华人民共和国环境保护法》第二条"本法所称环境，是指影响人类生存和发展的各种天然的和经过人工改造的自然因素的总体，包括大气、水、海洋、土地、矿藏、森林、草原、湿地、野生生物、自然遗迹、人文遗迹、自然保护区、风景名胜区、城市和乡村等。"该法条将环境分为自然环境和人工环境。自然环境指与人类生存和发展有密切关系的自然条件和自然资源，人工环境指经过人类活动改造过的环境。由以上分析可以认定张永明等三人采取打岩钉方式攀爬行为对巨蟒峰自然遗迹的损害构成对自然环境，亦即对生态环境的破坏。

其次，张永明等三人采取打岩钉方式攀爬对巨蟒峰的破坏损害了社会公共利益。巨蟒峰作为独一无二的自然遗迹，是不可再生的珍稀自然资源型资产，其所具有的重大科学价值、美学价值和经济价值不仅是当代人的共同财富，也是后代人应当有机会享有的环境资源。本案中，张永明等三人采取打岩钉方式攀爬对巨蟒峰的损害，侵害的是不特定社会公众的环境权益，不特定的多数人享有的利益正是社会公共利益的内涵。人们享有的环境权益不仅包含清新的空气、洁净的水源等人们生存发展所必不可少的环境基本要素，也包含基于环境而产生的可以满足人们更高层次需求的生态环境资源，例如优美的风景、具有重大科研价值的濒危动物或具有生态保护意义的稀缺植物或稀缺自然资源等。对这些资源的损害，直接损害了人们可以感受到的生态环境的自然性、多样性，甚至产生人们短时间内无法感受到的生态风险。

综上，张永明等三人的行为对巨蟒峰自然遗迹的损害，属于生态环境资源保护领域损害社会公共利益的行为，检察机关请求本案三被告依法承担破坏自然遗迹和风景名胜造成的生态环境损害赔偿责任，人民法院应予支持。

二、关于赔偿数额如何确定的问题

本案三行为人对巨蟒峰造成的损失量化问题，目前全国难以找到鉴定机构进行鉴定。依据《最高人民法院关于审理环境民事公益诉讼案件适用法律若干问题的解释》第二十三条规定，法院可以结合破坏生态的范围和程度、生态环境的稀缺性、生态环境恢复的难易程度以及被告的过错程度等因素，并可以参考相关部门意见、专家意见等合理确定。

2018 年 3 月 28 日，上饶市人民检察院委托江西财经大学专家组就本案所涉巨蟒峰损失进行价值评估。江西财经大学专家组于 2018 年 5 月 3 日作出《三清山巨蟒峰受损价值评估报告》（以下简称《评估报告》）。该专家组成员具有环境经济、旅游管理、生态学方面的专业知识，采用国际上通行的条件价值法对本案所涉价值进行了评估，专家组成员均出庭对《评估报告》进行了说明并接受了各方当事人的质证。该《评估报告》符合《最高人民法院关于审理环境民事公益诉讼案件适用法律若干问题的解释》第十五条规定的"专家意见"，依法可作为本案认定事实的参考依据。

《评估报告》采用的条件价值法属于环境保护部下发的《环境损害鉴定评估推荐方法（第Ⅱ版）》确定的评估方法之一。虽然该方法存在一定的不确定性，但其科学性在世界范围内得到认可，且目前就本案情形没有更合适的评估方法。故根据以上意见，参考《评估报告》结论"'巨蟒峰案的价值损失评估值'不应低于该事件对巨蟒峰非使用价值造成的损失最低阈值，即 1190 万元"，综合考虑本案的法律、社会、经济因素，具体结合了三被告已被追究刑事责任的情形、本案查明的事实、当事人的过错程度、当事人的履行能力、江西的经济发展水平等，酌定赔偿金额为 600 万元。

裁判同时明确，生态环境是人类生存和发展的根基，对自然资源的破坏即是对生态环境的破坏。我国法律明确将自然遗迹、风景名胜区作为环境要素加以保护，规定一切单位和个人都有保护环境的义务，因破坏生态环境造成损害的，应当承担侵权责任。特别是在推进生态文明建设的进程中，只有实行最严格的制度、最严密的法治，才能更好地保护我们的生态环境。张永明、张鹭、毛伟明三人采用打岩钉方式攀爬行为给巨蟒峰造成不可修复的永久性伤害，损害了社会公共利益，构成共同侵权。判决三人承担环境侵权赔偿责任，旨在引导社会公众树立正确的生态文明观，珍惜和善待人类赖以生存和发展的生态环境。

（生效裁判审判人员：胡淑珠、黄训荣、王慧军）

## 5. 江苏省消费者权益保护委员会诉乐融致新电子科技(天津)有限公司消费民事公益诉讼案[①]

### 【裁判摘要】

智能电视开启时开机广告自动播放，如果智能电视生产者同时也是开机广告的经营者，其有义务明确提示消费者产品含有开机广告内容，并告知能否一键关闭。智能电视生产者对其生产销售的智能电视未提供即时一键关闭功能，消费者权益保护组织为维护众多不特定消费者合法权益，提起民事公益诉讼要求智能电视生产者提供开机广告一键关闭功能的，人民法院应予支持。

原告：江苏省消费者权益保护委员会，住所地：江苏省南京市鼓楼区北京西路。

法定代表人：陆惜春，该委员会秘书长。

被告：乐融致新电子科技(天津)有限公司，住所地：天津市天津生态城动漫中路。

法定代表人：毛丙龙，该公司经理。

原告江苏省消费者权益保护委员会(以下简称江苏省消保委)因与被告乐融致新电子科技(天津)有限公司(以下简称乐融致新公司)发生消费民事公益诉讼纠纷，向南京市中级人民法院提起诉讼。

原告江苏省消保委诉称：根据消费者的投诉，原告调查发现被告乐融致新公司在其销售的品牌智能电视产品中加载了开机广告功能。消费者打开智能电视后，会自动播放15秒左右的开机广告，但被告在销售相关产品时并未向消费者提示，相关广告也不能关闭。消费者普遍反映，相关开机广告降低了观看电视的体验。针对消费者的投诉，原告进行了问卷调查，根据调查结果向被告发送了整改通知，并集中约谈了包括被告在内的智能电视经营者。经过集中约谈，多数智能电视经营者能够整改，但是被告并未积极整改。被告未经消费者同意，通过互联网智能电视发送广告，且未提供一键关闭功能，违反了《中华人民共和国广告法》第四十三条、第四十四条规定和《中华人民共和国消费者权益保护法》第八条、第九条、第十条规定，侵害了消费者的知情权、选择权和公平交易权。原告作为消费者权益保护组织依法提起公益诉讼，请求判令：1. 被告在销售带有开机广告功能的智能电视时以显著的方式提示或告知消费者其产品存在开机广告；2. 被告为其销售的带有开机广告功能的智能电视提供一键关闭开机广告的功能；3. 被告承担本案诉讼费。

被告乐融致新公司辩称：1. 关于售前告知义务。原告江苏省消保委约谈后，被告在包括但不限于京东等线上销售的商品介绍页面，乐视各型号智能电视均有明确告知存在开机广告。消费者在购买前享有充分的知情权，产品销售详情页面上即标注提示"此电视含开关机广告，但您可以上传自定义开机视频，详细步骤咨询客服。"产品说明书上售后服务支持页上也会明确告知，乐视商城网站购买协议上明确告知，在产品外包装上也明确告知，保证消费者在购买时可以知晓。2. 关于保障消费者选择权。自约谈整改后，被告已提供视频定制化功能，为客户需求提供差异化服务。3. 关于开机广告的一键关闭功能，被告已完成整改。被告已经研发出了一键关闭功能，并处在调试各机型软硬件适配稳定性的阶段。4. 关于开机广告显示问题。被告的电视产品符合国家标准及行业标准，为优化枯燥的开机等待时间，用户可以观看精美广告或联系被告客服自定义开机视频，这些开机画面并未影响用户正常使用产品，也未占用用户的有效时间。《中华人民共和国广告法》第四十四条立法目的旨在"不得影响用户正常使用网络"，该立法并未禁止所有互联网广告。综上，由于技术原因，被告销售产品存在一定的开机等待时间，利用该时间播放的广告未侵害消费者的权益，在销售时给予了充分的告知，并且消费者可以对开机广告进行定制化更改，充分保障了消费者的知情权和选择权。法律并没有强制性规定取消开机广告，但被告仍然做了整改，希望能和原告达成和解，创造良好的营商环境。被告承诺对于生产的内含开机广告的电视设置一键关闭功能，符合法律法规规章的规定，执行标准不低于市场上主流机型。尽管做了整改，但并不意味着被告存在违法，如未能达成和解，恳请法院依法驳回起诉，维护被告合法利益。

南京市中级人民法院一审查明：

被告乐融致新公司是"乐视TV""Letv""Letv超级电视"等品牌智能电视的经营者。2019年3月16日，原告江苏省消保委接到南京市一名消费者的投诉，反映被告销售的智能电视存在开机广告且不能关闭。

原告江苏省消保委接到消费者投诉后，履行了下列公益性职责：1. 受理投诉并进行调查。调查中，原告发现被告乐融致新公司销售的智能电视开机时会自动播放15秒左右的开机广告，未在销售时以显著的方式向消费者提示或告知存在开机广告，相关广告也不能关闭。针对消费者的投诉，原告进行了问卷调查。消费者纷纷留言表示不能

---

[①] 案例来源：《最高人民法院公报》2022年第8期。

接受智能电视开机广告,智能电视开机广告侵害了消费者的权益。2. 根据调查结果,集中约谈了包括被告在内的智能电视经营者,并向被告发送了整改通知。2019 年 9 月 4 日,原告向包括被告在内的智能电视经营者发送了《智能电视开机广告侵犯消费者权益问题的约谈函》。2019 年 10 月 10 日,原告集中约谈了包括被告在内的七家市场占有率较高的品牌智能电视经营者,集中告知其智能电视开机广告侵害了消费者的知情权、选择权和公平交易权。同日,原告向被告发送了《企业告知书》,要求被告在销售智能电视时向消费者告知其产品存在开机广告,并且为消费者提供一键关闭开机广告功能,履行保护消费者知情权、选择权、公平交易权、健全投诉处理机制等法律义务。3. 提起本案公益诉讼。经过集中约谈,多数智能电视生产厂商先后向原告发送整改情况回复函,原告认为此部分厂商已经通过技术手段解决了一键关闭开机广告的问题。被告于 2019 年 9 月 20 日致函原告,对约谈函中提出的问题进行回复,于 2019 年 10 月 21 日再次致函原告,对电视开机服务进行承诺及保障。原告认为,多数智能电视经营者能够整改,但是被告并未积极整改。原告作为依法成立的消费者权益保护组织,依据《中华人民共和国民事诉讼法》第五十五条规定,提起公益诉讼,以维护众多不特定消费者的合法权益。

一审庭审中,被告乐融致新公司辩称,电视在开机热机阶段完全无法播放电视内容,如果没有广告就是黑屏状态,因此待机期间的广告或其他用户自定义视频并未影响用户观看电视。

原告江苏省消保委为证明开机广告并非智能电视必须具备的功能,提交了《测试报告》,并申请具有专门知识的人员孙国梓出庭,以证明智能电视开机时,技术上可以在播放广告同时实现一键关闭。孙国梓出具《专家意见》并陈述:1. 开机时播放广告不是智能电视开机的必要程序。2. 播放开机广告延长了开机时间,增加了消费者的等待时间。3. 智能电视开机广告需要利用因特网下载更新内容。4. 从技术可行性角度看,在播放开机广告同时可以提供一键关闭功能,消费者操作关闭广告的按键后,能够立即关闭广告。

关于提供一键关闭开机广告具体时间,被告乐融致新公司陈述其已经提供开机广告一键关闭功能,是在 15 秒开机广告剩余 5 秒的时候出现一键关闭窗口。原告江苏省消保委主张其诉讼请求是要求被告在智能电视开机广告播放同时提供一键关闭广告功能,即在开机广告播放时可以立即关闭、随时关闭。

另查明,原告江苏省消保委经江苏省人民政府批准,于 2017 年 9 月 13 日依法成立,代替原"江苏省消费者协会"履行《中华人民共和国消费者权益保护法》赋予的公益性职责。一审法院于 2020 年 1 月 2 日受理本案后,对本案受理情况进行了公告,但直至开庭前,无任何有权机关或社会组织申请参与本案诉讼。

再查明,一审期间,被告乐融致新公司对其生产的智能电视的开机广告实施了整改,在外包装上就开机广告业务进行提示,增大提示字体。

南京市中级人民法院一审认为,本案的争议焦点为:被告乐融致新公司是否应为其销售的智能电视在播放开机广告同时提供一键关闭功能,是否侵害了消费者的知情选择权等合法权益,是否应承担相应民事责任。

消费者享有自主选择商品或者服务的权利。消费者享有公平交易的权利。《中华人民共和国广告法》第四十三条第一款规定:"任何单位或者个人未经当事人同意或者请求,不得向其住宅、交通工具等发送广告,也不得以电子信息方式向其发送广告。"第四十四条规定:"利用互联网从事广告活动,适用本法的各项规定。利用互联网发布、发送广告,不得影响用户正常使用网络。在互联网页面以弹出等形式发布的广告,应当显著标明关闭标志,确保一键关闭。"本案中,原告江苏省消保委作为依法设立的组织,履行消费者协会的职责、开展对商品和服务的社会监督、受理消费者投诉,保护消费者合法权益,根据《中华人民共和国民事诉讼法》第五十五条、《中华人民共和国消费者权益保护法》第四十七条、《最高人民法院关于审理消费民事公益诉讼案件适用法律若干问题的解释》第一条规定,有权提起本案诉讼。被告乐融致新公司生产和销售的"乐视 TV""Letv""Letv 超级电视"等品牌智能电视加载了开机广告,并通过互联网不断更新广告内容,消费者开机后会自动播放 15 秒左右的开机广告,且该广告直到播放最后 5 秒时才弹出一键关闭窗口,消费者才能选择关闭开机广告,侵害了消费者的选择权,降低了消费者观看电视的体验,侵害了众多不特定消费者的合法权益。而且,从技术角度看,智能电视在开机期间播放广告,完全可以做到播放广告同时提供一键关闭功能。被告抗辩认为电视开机时需要热机等待,如不播放广告会出现黑屏,与事实不符,不予采信。原告要求被告为其销售的带有开机广告的智能电视在播放开机广告同时提供一键关闭广告功能,具有事实和法律依据,予以支持。考虑到被告以前销售的老旧机型,受软硬件技术限制以及功能修改量大,对其已经出售的智能电视机不作整改时间限制。被告应于本案判决生效之日起为其销售的带有开机广告功能的智能电视机在开机广告播放的同时提供一键关闭广告功能。

关于原告江苏省消保委要求被告乐融致新公司在销售

智能电视时以显著方式提示或告知消费者其产品存在开机广告的诉讼请求,因被告已经进行了整改,在产品销售页面、产品说明书、乐视商城网站的购买协议均有相应告知,且在外包装上就开机广告进行了提示,增大了提示字体。被告在销售智能电视时对其存在开机广告事项基本履行了向消费者的告知义务,对原告的此项诉讼请求,不予支持。综上所述,原告的部分诉讼请求有事实和法律依据,予以支持。

据此,南京市中级人民法院依照《中华人民共和国消费者权益保护法》第九条、第十条、第四十七条,《中华人民共和国广告法》第四十三条第一款、第四十四条,《最高人民法院关于审理消费民事公益诉讼案件适用法律若干问题的解释》第一条、第四条、第十三条第一款,《中华人民共和国民事诉讼法》第五十五条之规定,于2020年11月10日作出判决:

一、被告乐融致新电子科技(天津)有限公司于本判决生效之日起为其销售的带有开机广告的智能电视机在开机广告播放的同时提供一键关闭功能;

二、驳回原告江苏省消费者权益保护委员会的其他诉讼请求。

一审宣判后,乐融致新公司不服一审判决,向江苏省高级人民法院提起上诉。

乐融致新公司上诉称:1. 乐融致新公司为消费者提供了可选择设置全家福、旅游照片等作为开机视频或观看电视广告的功能,且提供了一键关闭功能,已经充分保护了消费者的选择权,一审法院对此未予回应并以设置一键关闭功能的可行性为由认定乐融致新公司侵犯消费者权益错误;2.《中华人民共和国广告法》第四十三条明显落后于社会生活实际情况,一审法院无视智能电视产业的发展现状和客观情况,适用该规定处理本案对乐融致新公司过于苛刻,导致利益严重失衡,系适用法律错误。综上,请求撤销一审判决,驳回被上诉人江苏省消保委的全部诉讼请求。

被上诉人江苏省消保委辩称:1. 开机广告不是电视必须具备的功能,依据《中华人民共和国广告法》第四十四条的规定,上诉人乐融致新公司有义务为其销售的智能电视在开机广告播放的同时提供一键关闭的功能,确保消费者选择观看或者不观看广告的权利;2. 江苏省消保委的诉讼请求是乐融致新公司在其销售的电视机上设置一键关闭而非其他功能,一审法院对上传照片、视频功能问题无需进行调查和回应;3. 设置一键关闭功能是为了保护消费者的选择权,并非不允许播放开机广告,也不损害乐融致新公司的经营利益。综上,一审法院认定事实清楚,适用法律正确。请求驳回乐融致新公司的上诉请求。

江苏省高级人民法院经二审,确认了一审查明的事实。

江苏省高级人民法院二审认为,本案二审的争议焦点为:1. 上诉人乐融致新公司销售的智能电视在播放开机广告时为消费者提供的可供选择的服务是否限制了消费者的选择权;2. 乐融致新公司提供的一键关闭的功能是否符合《中华人民共和国广告法》等法律规定。

法院认为,开机广告是智能电视的生产者通过智能电视的内置程序,利用因特网下载更新内容,并在用户开机时自动播放的广告。智能电视生产者对开机广告内容和播放模式具有决定权。因此,智能电视的生产者同时也是开机广告的经营者。本案系因消费者购买上诉人乐融致新公司生产的电视机出现开机广告问题引发的纠纷。消费者的自主选择权是指消费者有权根据自己的意愿自主选择或拒绝特定商品和服务的权利。鉴于乐融致新公司的双重身份,相较于传统消费纠纷,本案消费者的自主选择权具有更加丰富的内涵,自主选择权是否受到侵害应分为两个层面讨论。第一层面为乐融致新公司在消费者购买电视机时是否全面告知开机广告的有关情况,以此让消费者能够充分了解相关信息并自主选择购买或不购买电视机;第二层面为涉案电视机在播放开机广告时,是否按照法律规定设置了一键关闭功能,确保消费者享有拒绝接收开机广告的权利。

(一)关于上诉人乐融致新公司是否侵害消费者购买电视机的选择权问题

根据一审查明的事实,上诉人乐融致新公司整改后,在产品销售页面、产品说明书、乐视商城网站的购买协议和产品外包装上就开机广告进行了提示,增大了提示字体。从提示的内容来看,乐融致新公司已经表明开机时会出现开机广告,部分机型包装上还载明了可以通过设置照片、视频等方式替代开机广告。在一般情况下,尚不至于使消费者产生误解,从而可以保障消费者购买电视机的选择权。然而,需要指出的是,乐融致新公司在相关提示中关于消费者是否可一键关闭开机广告的表述还不够清晰,仍有继续改进的空间。综合考虑本案情况,一审认为乐融致新公司在销售智能电视时对其存在开机广告事项基本履行了向消费者的告知义务正确,予以支持。

(二)关于上诉人乐融致新公司是否侵害消费者观看开机广告的选择权问题

《中华人民共和国消费者权益保护法》第二十九条第三款规定"经营者未经消费者同意或者请求,或者消费者明确表示拒绝的,不得向其发送商业性信息。"《中华人民共和国广告法》第四十四条第二款规定:"利用互联网发布、发送广告,不得影响用户正常使用网络。在互联网页面以弹出等形式发布的广告,应当显著标明关闭标志,确保一键关闭。"可见，法律并不禁止广告经营者通过互联网等方式向消费者推送广告或者其他商业信息，但应当保证消费者的拒绝权(选择权)。上述规定已经充分考虑互联网的特点，平衡了广告经营者的商业利益、信息流通利益和消费者权益。消费者是否接收商业信息的选择权是基于自身意愿产生的无需说明理由的权利，通过显著方式设置一键关闭窗口是保证该权利实现的法定形式，也是经营者应承担的无条件的法定义务。该法定义务应当是即时和彻底的，关闭窗口只有与互联网广告同时出现且能够彻底关闭广告才能充分保护消费者的选择权，才能实现法律规定的"确保一键关闭""不影响用户正常使用网络"的规范目的。

本案中，上诉人乐融致新公司销售的智能电视为消费者提供了设置开机照片、视频的功能，但该功能只赋予了消费者选择看开机照片、视频或是开机广告的权利，并未赋予消费者拒绝观看开机广告或其他开机照片、视频的权利，不当限缩了消费者选择权的范围。因此该功能不能免除或替代经营者的法定义务。而被上诉人江苏省消保委提交的《测试报告》和《专家意见》已经证明，播放开机广告延长了开机时间，增加了消费者的等待时间，且在播放开机广告的同时设置一键关闭功能在技术上并无障碍。因此，即使乐融致新公司所称基于技术原因，电视开机时需要热机等待，如不播放广告会出现黑屏的事实成立，也不能作为其拒绝设置一键关闭窗口的理由。乐融致新公司生产和销售的"乐视 TV""Letv""Letv 超级电视"等品牌智能电视加载的开机广告，在直到播放最后 5 秒时才弹出一键关闭窗口，消费者才能选择关闭开机广告，明显降低了消费者观看电视的体验，侵害了消费者的选择权。

二审中，上诉人乐融致新公司辩称其销售的智能电视机设置开机广告符合行业规范的要求，设置的一键关闭功能也遵循广告法的规定，赋予了消费者选择权。对此，法院认为，《智能电视开机广告服务规范》未就开机广告应如何设置一键关闭功能以确保实现消费者的选择权作出明确规定，并不代表经营者可以自由设置一键关闭功能。行业协会对开机广告制定行业规范，非法律所禁止，但行业标准不能低于法定标准，经营行为符合行业规范的基础上亦应当符合法律规定和社会广大消费者的普遍认知。现有证据表明，乐融致新公司设置的一键关闭不符合广告法的要求，不具有即时性。乐融致新公司的抗辩法院不予支持。一审认定乐融致新公司侵害了众多不特定消费者的合法权益，具有事实和法律依据，予以支持。

上诉人乐融致新公司自 2019 年 10 月 21 日致函被上诉人江苏省消保委至本案二审开庭，已一年有余，其向江苏省消保委承诺改进开机广告，设置一键关闭窗口事实上并无实质性进展。一审考虑到乐融致新公司以前销售的老旧机型，受软硬件技术限制以及功能修改量大等原因，对其已经出售的智能电视机不作整改时间限制，仅判令乐融致新公司于本判决生效之日起为其销售的带有开机广告的智能电视机在开机广告播放的同时提供一键关闭功能，已充分考虑了乐融致新公司的利益，体现了对市场主体的尊重和宽容，亦予以支持。

综上，上诉人乐融致新公司的上诉请求和理由均不能成立，不予支持。江苏省高级人民法院依照《中华人民共和国消费者权益保护法》第二十九条第三款、《中华人民共和国广告法》第四十四条第二款、《中华人民共和国民事诉讼法》第一百七十条第一款第一项之规定，于 2021 年 3 月 23 日作出判决：

驳回上诉，维持原判。

本判决为终审判决。

## • 文书范本

### 1. 民事判决书
**(环境污染或者生态破坏公益诉讼用)**

××××人民法院
**民事判决书**

(××××)……民初……号

原告：×××，住所地……。
法定代表人/主要负责人：×××，……(职务)。
委托诉讼代理人：×××，……。
被告：×××，……。

法定代理人/指定代理人/法定代表人/主要负责人：×××，……。
委托诉讼代理人：×××，……。
(以上写明当事人和其他诉讼参加人的姓名或者名称等基本信息)

原告×××与被告×××……公益诉讼(写明案由)一案，本院于××××年××月××日立案后，依法适用普通程序，于××××年××月××日公告了案件受理情况。×××于××××年××月××日申请参加诉讼，经本院准许列为共同原告。本院于××××年××月××日公开开庭进行了审理，原告×××、被告×××、第三人×××(写明当事人和其他诉讼参加人的诉讼地位和姓名或者名称)到庭参加诉讼。×××向本院提交书面意见,协助原告调查取证,支持提起公益诉讼,指派×××参加庭审。本案现已审理终结。

×××向本院提出诉讼请求:1.……;2.……(明确原告的诉讼请求)。事实和理由:……(概述原告主张的事实和理由)。

××××支持起诉称,……(概述支持起诉意见)。

×××辩称,……(概述被告答辩意见)。

具有专门知识的人×××发表以下意见:……。

当事人围绕诉讼请求依法提交了证据,本院组织当事人进行了证据交换和质证。对当事人无异议的证据,本院予以确认并在卷佐证。对有争议的证据和事实,本院认定如下:1.……;2.……(写明法院是否采信证据,事实认定的意见和理由)。

本院认为,……(围绕争议焦点,根据认定的事实和相关法律,对当事人的诉讼请求进行分析评判,说明理由)。

综上所述,……(对当事人的诉讼请求是否支持进行总结评述)。依照《中华人民共和国……法》第×条、……(写明法律文件名称及其条款项序号)规定,判决如下:

一、……;

二、……。

(以上分项写明判决结果)

如果未按本判决指定的期间履行给付金钱义务,应当依照《中华人民共和国民事诉讼法》第二百五十三条规定,加倍支付迟延履行期间的债务利息(没有给付金钱义务的,不写)。

案件受理费……元,由……负担(写明当事人姓名或者名称、负担金额)。

如不服本判决,可以在判决书送达之日起十五日内,向本院递交上诉状,并按对方当事人或者代表人的人数提出副本,上诉于××××人民法院。

审判长　×××
审判员　×××
审判员　×××

××××年××月××日(院印)
书记员　×××

【说明】

1. 本样式根据《中华人民共和国民事诉讼法》第五十五条、第十五条,《中华人民共和国环境保护法》第五十八条以及《最高人民法院关于适用〈中华人民共和国民事诉讼法〉的解释》"十三、公益诉讼"、《最高人民法院关于审理环境民事公益诉讼案件适用法律若干问题的解释》制定,供人民法院适用第一审普通程序审理环境污染或者生态破坏公益诉讼案,作出实体判决用。

2. 依法在设区的市级以上人民政府民政部门登记、专门从事环境保护公益活动连续五年以上且无违法记录的社会组织,可以作为原告提起环境污染或者生态破坏公益诉讼。

3. 检察机关提起民事公益诉讼的,表述为:"公益诉讼人××××人民检察院"。其他机关和社会组织参加检察机关提起的民事公益诉讼的,仍表述为:"原告×××"。

4. 人民法院受理公益诉讼案件后,依法可以提起诉讼的其他机关和有关组织,可以在一审开庭前向人民法院申请参加诉讼。人民法院准许参加诉讼的,列为共同原告。在案件的由来和审理经过中写明:"×××于××××年××月××日申请参加诉讼,经本院准许列为共同原告。"

5. 检察机关、负有环境保护监督管理职责的部门及其他机关、社会组织、企业事业单位支持原告起诉,提交相关书面意见、代为调查收集证据等,在首部作出相应表述。如派员出庭,则表述出庭人员的身份和姓名;未派员出庭,则仅表述支持起诉的方式。在当事人诉辩意见部分,原告意见之后,概述支持起诉单位的意见。如支持起诉的单位提交了相关证据,应作为原告的证据在庭审中予以质证、认证,并在法院认定的事实部分作出表述。

6. 当事人申请具有专门知识的人出庭的,表述为:"具有专门知识的人×××发表以下意见:……。"概述具有专门知识的人就案件所涉专门知识等问题提出的专家意见。

7. 如原告在其起诉状中明确请求被告承担本案所涉检验、鉴定费用、合理的律师费用及为诉讼支出的其他合理费用的,应在判项中一一列明。如原告败诉,其所需承担的调查取证、专家咨询、检验、鉴定等必要费用,可以依据《最高人民法院关于审理环境民事公益诉讼案件适用法律若干问题的解释》第二十四条的规定酌情支付,且应在判项中列明。

## 2. 民事判决书
### (侵害消费者权益公益诉讼用)

××××人民法院
民事判决书

(××××)……民初……号

原告:×××,住所地……。

……

被告：×××，……。

……

（以上写明当事人和其他诉讼参加人的姓名或者名称等基本信息）

原告×××与被告×××侵害消费者权益公益诉讼一案，本院于××××年××月××日立案后，依法适用普通程序，于××××年××月××日公告了案件受理情况。×××于××××年××月××日申请参加诉讼，经本院准许列为共同原告。本院于××××年××月××日公开开庭进行了审理，原告×××、被告×××（写明当事人和其他诉讼参加人的诉讼地位和姓名或者名称）到庭参加诉讼。本案现已审理终结。

×××诉称，……（概述原告的诉讼请求、事实和理由）。

×××辩称，……（概述被告答辩意见）。

当事人围绕诉讼请求依法提交了证据，本院组织当事人进行了证据交换和质证。对当事人无异议的证据，本院予以确认并在卷佐证。对有争议的证据和事实，本院认定如下：1.……；2.……（写明法院是否采信证据，事实认定的意见和理由）。

本院认为，……（围绕争议焦点，根据认定的事实和相关法律，对当事人的诉讼请求进行分析评判，说明理由）。

综上所述，……（对当事人的诉讼请求是否支持进行总结评述）。依照《中华人民共和国……法》第×条、……（写明法律文件名称及其条款项序号）规定，判决如下：

一、……；

二、……。

（以上分项写明判决结果）

如果未按本判决指定的期间履行给付金钱义务，应当依照《中华人民共和国民事诉讼法》第二百五十三条规定，加倍支付迟延履行期间的债务利息（没有给付金钱义务的，不写）。

案件受理费……元，由……负担（写明当事人姓名或者名称、负担金额）。

如不服本判决，可以在判决书送达之日起十五日内，向本院递交上诉状，上诉于××××人民法院。

审判长　×××
审判员　×××
审判员　×××

××××年××月××日（院印）
书记员　×××

【说明】

1. 本样式根据《中华人民共和国民事诉讼法》第五十五条、第十五条、《中华人民共和国消费者权益保护法》第四十七条以及《最高人民法院关于适用〈中华人民共和国民事诉讼法〉的解释》"十三、公益诉讼"、《最高人民法院关于审理消费民事公益诉讼案件适用法律若干问题的解释》制定，供人民法院适用第一审普通程序审理侵害消费者权益公益诉讼案，作出实体判决用。

2. 中国消费者协会以及在省、自治区、直辖市设立的消费者协会、法律规定或者全国人大及其常委会授权的机关或社会组织，可以作为原告提起侵害消费者权益公益诉讼。人民法院受理公益诉讼案件后，依法可以提起诉讼的其他机关和有关组织，可以在一审开庭前向人民法院申请参加诉讼。人民法院准许参加诉讼的，列为共同原告。在案件的由来和审理过程中写明："×××于××××年××月××日申请参加诉讼，经本院准许参加诉讼，列为共同原告。"

3. 检察机关提起民事公益诉讼的，表述为："公益诉讼人××××人民检察院"。其他机关和社会组织参加检察机关提起的民事公益诉讼的，仍表述为："原告×××"。

## 3. 受理公益诉讼告知书
（告知相关行政主管部门用）

**××××人民法院**
**受理公益诉讼告知书**

（××××）……民初……号

×××：

本院于××××年××月××日立案受理原告×××与被告××、第三人×××……公益诉讼（写明案由）一案。依照《最高人民法院关于〈中华人民共和国民事诉讼法〉的解释》第二百八十六条规定，现将该案受理情况告知你单位。

联系人：……（写明姓名、部门、职务）
联系电话：……
联系地址：……
特此告知。

附：民事起诉状

××××年××月××日（院印）

【说明】

1. 本样式根据《最高人民法院关于适用〈中华人民共

和国民事诉讼法〉的解释》第二百八十六条制定,供人民法院受理环境污染、生态破坏或者侵害消费者权益等公益诉讼案件后,在十日内书面告知相关行政部门用。

2. 根据《最高人民法院关于审理环境民事公益诉讼案件适用法律若干问题的解释》第十二条的规定,在环境污染、生态破坏公益诉讼中相关行政部门为对被告行为负有环境保护监督管理职责的部门。

3. 检察机关提起民事公益诉讼的,表述为:"公益诉讼人××××人民检察院"。

# 十五、第二审程序

· 请示答复

## 最高人民法院关于第二审人民法院在审理过程中可否对当事人的违法行为迳行制裁等问题的批复

· 1990年7月25日
· 法经〔1990〕45号

湖北省高级人民法院：

你院鄂法〔1990〕经呈字第1号《关于人民法院在第二审中发现需要对当事人的违法行为予以民事制裁时，应由哪一审法院作出决定等问题的请示报告》收悉。经研究，答复如下：

一、第二审人民法院在审理案件过程中，认为当事人有违法行为应予依法制裁而原审人民法院未予制裁的，可以迳行予以民事制裁。

二、当事人不服人民法院民事制裁决定而向上一级人民法院申请复议的，该上级人民法院无论维持、变更或者撤销原决定，均应制作民事制裁决定书。

三、人民法院复议期间，被制裁人请求撤回复议申请的，经过审查，应当采取通知的形式，准予撤回申请或者驳回其请求。

## 最高人民法院关于如何确定涉港澳台当事人公告送达期限和答辩、上诉期限的请示的复函

· 2001年8月7日
· 〔2001〕民四他字第29号

上海市高级人民法院：

你院2000年8月15日沪高法〔2000〕485号《关于如何确定涉港澳台当事人公告送达期限和答辩、上诉期限的请示》收悉。经研究认为：香港、澳门和台湾地区的当事人在内地法院起诉、应诉或者上诉时，需要履行一定的认证、公证或者转递手续，人民法院的司法文书目前尚无法采用与内地当事人完全相同的方式对港澳台当事人送达。因此，对港澳台当事人在内地诉讼时的公告送达期限和答辩、上诉的期限，应参照我国《民事诉讼法》涉外篇的有关规定执行。

此复。

附：

## 上海市高级人民法院关于如何确定涉港澳台当事人公告送达期限和答辩、上诉期限的请示

· 2000年8月15日
· 沪高法〔2000〕485号

最高人民法院：

对于涉港澳台经济纠纷案件，在审理程序上是适用《民事诉讼法》国内篇的规定，还是涉外篇的规定，具体到对涉港澳台当事人的答辩期和上诉期以及公告送达的期限是适用国内当事人的规定还是参照适用外国当事人的规定，审判实践中一直存有分歧。最高人民法院仅在1987年10月19日印发的《关于审理涉港澳经济纠纷案件若干问题的解答》和1989年6月12日印发的《全国沿海地区涉外、涉港澳经济审判工作座谈会纪要》对涉及港澳当事人的公告送达和答辩、上诉期限有所规定，但两者规定相矛盾。在《民事诉讼法》正式颁布实施以后，最高人民法院始终未对该问题予以规定。鉴于当前受理涉港澳台案件不断上升的趋势，当事人在该问题上提出异议的情况日趋增多，且香港、澳门的性质也发生了变化，1987年和1989年的规定显然已不适应审判的需要，故提请钧院对港澳台当事人的答辩期、上诉期和公告送达期限重新予以明确规定。

对香港、澳门、台湾地区的当事人如何确定答辩期、上诉期和公告送达期限，审判实践中存在如下三种观点：

第一种观点认为，对香港、澳门、台湾地区的当事人，其答辩期、上诉期及公告送达期限应当参照《民事诉讼法》涉外篇第二百四十八条、第二百四十九条、第二百四十七条第（七）项的规定，答辩期、上诉期均为30日，公告送达期限为6个月。理由：

1. 香港、澳门和台湾虽然属我国领土，但由于历史原因和现行体制，上述三地实行独立的司法制度，从而形成在一个统一国家内部存在多个独立的法域。对于上述三地的当事人，人民法院在审理案件中无法采用对国内当事人直接送达的方式，如对香港当事人送达民商事司法文书就需通过内地的高级人民法院委托香港特别行政区高等法院予以送达，类似于向外国当事人送达司法文书的程序。

2. 香港、澳门、台湾地区的当事人在内地法院起诉、应诉需要履行一定的公证和转递手续，在实际操作上类似于外国当事人起诉和应诉。由于费时较长，对上述三地当事人的答辩期、上诉期和公告期应参照适用涉外的规定。

3. 香港、澳门、台湾地区的当事人在内地的投资，按照法律规定视为外资，其与内地企业签订的合同，也被视为涉外合同。人民法院在审理此类纠纷中，在程序和实体上均应参照涉外案件予以处理。

4. 最高人民法院在1987年10月19日印发的《关于审理涉港澳经济纠纷案件若干问题的解答》中规定，对港澳地区的当事人公告送达期限为6个月，该期限为《民事诉讼法(试行)》第一百九十六条第(六)款规定的涉外公告送达的期限。虽然最高人民法院在1989年6月12日《全国沿海地区涉外、涉港澳经济审判工作座谈会纪要》中规定涉港澳当事人的公告送达期限执行《民事诉讼法(试行)》第七十五条即3个月的期限规定，但从效力等级上讲，前者属司法解释，后者属纪要性质，且后者依据的《民事诉讼法(试行)》已废止，故在没有新的司法解释的情况下，仍应适用1987年10月19日的规定。

5. 在审判实践中，普遍把涉港、澳、台案件视作具有涉外因素，故应参照适用涉外的程序规定。近日，最高人民法院研究室拟定《关于严格执行审理期限的若干规定(稿)》，下发征求意见，其中第二条规定"审理涉港、澳、台的民事案件参照前款(即指涉外民事案件)执行"。

基于上述理由，从尊重客观事实、保护涉港、澳、台当事人的合法权益出发，应参照适用涉外程序的规定。

第二种观点认为，应当根据最高人民法院1989年6月12日印发的《全国沿海地区涉外、涉港澳经济审判工作座谈会纪要》的规定，对于在港澳地区的当事人公告送达的期限可以适用《民事诉讼法(试行)》第七十五条的规定即适用3个月的公告送达期限，答辩期、上诉期适用《民事诉讼法(试行)》第八十六条、第一百四十五条和第一百四十八条的规定即适用15日的期限。虽然《民事诉讼法》已将原《民事诉讼法(试行)》规定的国内当事人公告期限由3个月改为2个月，但最高人民法院对纪要至今未予修改或废止，故审判中对涉港澳当事人的公告期限和答辩、上诉期限仍应适用纪要的规定。

第三种观点认为，对涉港澳台当事人的公告送达期限和答辩、上诉期限应按照《民事诉讼法》国内篇的规定，即公告期限为60日，答辩、上诉期限为15日。理由：

1. 根据最高人民法院1989年6月12日印发的《全国沿海地区涉外、涉港澳经济审判工作座谈会纪要》的规定，对涉港澳当事人公告送达期限、答辩期、上诉期分别执行《民事诉讼法(试行)》第七十五条、第八十六条、第一百四十五条、第一百四十八条对国内当事人的规定，即公告期限为3个月，一审答辩及二审答辩期为15日，上诉期为15日，故该纪要实际确立了对港澳当事人的公告送达期限、答辩期和上诉期执行与国内当事人相同的规定的原则，改变了1987年10月9日《关于审理涉港澳经济纠纷案件若干问题的解答》中规定的对香港、澳门地区当事人公告期限适用涉外公告送达的规定。鉴于正式颁布的《民事诉讼法》已将国内当事人的公告送达期限由原《民事诉讼法(试行)》规定的3个月调整为60日，在《民事诉讼法》实施以后，不再存在3个月的公告期限的规定，故涉港澳当事人的公告送达期限应适用《民事诉讼法》对国内当事人公告送达的60日的期限规定，答辩期、上诉期也应同步适用对国内当事人的规定，即答辩期和上诉期均为15日。同理，对台湾地区当事人的公告送达期限与答辩、上诉期限也应适用对国内当事人的规定。

2. 目前，香港、澳门已回归而成为我们国家的特别行政区，台湾也是我国领土不可分割的一部分。虽然上述三地实行独立的司法体制，但其性质毕竟与过去不同，故再将其视为具有涉外因素，在审理中完全适用涉外民事诉讼程序的规定似有不妥。

我院经审判委员会讨论，同意第三种意见，且上海法院在审理涉港澳台经济纠纷案件中也一直按照该种意见予以处理。

另外，关于对外国当事人的公告送达期限，《民事诉讼法》第二百四十七条第(七)项对此明确规定为6个月，但钧院2000年4月17日法〔2000〕51号《关于审理和执行涉外民商事案件应当注意的几个问题的通知》规定："涉外民商事案件法律文书的送达手续必须合法；如用公告方式送达，必须严格按照《中华人民共和国民事诉讼法》第八十四条规定办理……"即对外国当事人的公告送达期限采用对国内当事人60日的规定，该规定似与《民事诉讼法》涉外公告送达的规定相冲突。

鉴于目前法律以及司法解释对涉及香港、澳门和台湾地区的当事人的公告送达期限和答辩、上诉期限没有明确规定,在涉外公告送达问题上。钧院最近发布的法[2000]51号通知精神又似与《民事诉讼法》规定不一致,为保护当事人的正当诉讼权利,确保案件审理程序合法,特请示钧院予以答复。

妥否,请核示。

### 最高人民法院关于第二审人民法院发现原审人民法院已生效的民事制裁决定确有错误应如何纠正问题的复函

- 1994年11月21日
- 法经[1994]308号

西藏自治区高级人民法院:

你院藏高法[1994]49号请示收悉。经研究,答复如下:
同意你院审判委员会的意见。第二审人民法院纠正一审人民法院已生效的民事制裁决定,可比照我院1986年4月2日法(研)复[1986]14号批复的精神处理。即:

- 文书范本

### 1. 民事判决书
(驳回上诉,维持原判用)

××××人民法院
民事判决书

(××××)……民终……号

上诉人(原审诉讼地位):×××,……。
法定代理人/指定代理人/法定代表人/主要负责人:×××,……。
委托诉讼代理人:×××,……。
被上诉人(原审诉讼地位):×××,……。
法定代理人/指定代理人/法定代表人/主要负责人:×××,……。
委托诉讼代理人:×××,……。
原审原告/被告/第三人:×××,……。
法定代理人/指定代理人/法定代表人/主要负责人:×××,……。
委托诉讼代理人:×××,……。
(以上写明当事人和其他诉讼参加人的姓名或者名称等基本信息)

上级人民法院发现下级人民法院已生效的民事制裁决定确有错误时,应及时予以纠正。纠正的方法,可以口头或者书面通知下级人民法院纠正,也可以使用决定书,撤销下级人民法院的决定。

### 最高人民法院关于第二审人民法院因追加、更换当事人发回重审的民事裁定书上,应如何列当事人问题的批复

- 1990年4月14日
- 法民[1990]8号

山东省高级人民法院:

你院鲁法(经)函[1990]19号《关于在第二审追加当事人后调解不成发回重审的民事裁定书上,是否列上被追加的当事人问题的请示报告》收悉。经研究,我们认为:

第二审人民法院审理需要追加或更换当事人的案件,如调解不成,应发回重审。在发回重审的民事裁定书,不应列被追加或更换的当事人。

上诉人×××因与被上诉人×××/上诉人×××及原审原告/被告/第三人×××……(写明案由)一案,不服××××人民法院(××××)……民初……号民事判决,向本院提起上诉。本院于××××年××月××日立案后,依法组成合议庭,开庭/因涉及……(写明不开庭的理由)不开庭进行了审理。上诉人×××、被上诉人×××、原审原告/被告/第三人×××(写明当事人和其他诉讼参加人的诉讼地位和姓名或者名称)到庭参加诉讼。本案现已审理终结。

×××上诉请求:……(写明上诉请求)。事实和理由:……(概述上诉人主张的事实和理由)。

×××辩称,……(概述被上诉人答辩意见)。

×××述称,……(概述原审原告/被告/第三人陈述意见)。

×××向一审法院起诉请求:……(写明原告/反诉原告/有独立请求权的第三人的诉讼请求)。

一审法院认定事实:……(概述一审认定的事实)。一审法院认为,……(概述一审裁判理由)。判决:……(写明一审判决主文)。

本院二审期间,当事人围绕上诉请求依法提交了证据。本院组织当事人进行了证据交换和质证(当事人没有提交新证据的,写明:二审中,当事人没有提交新证

据)。对当事人二审争议的事实,本院认定如下:……(写明二审法院采信证据、认定事实的意见和理由,对一审查明相关事实的评判)。

本院认为,……(根据二审认定的案件事实和相关法律规定,对当事人的上诉请求进行分析评判,说明理由)。

综上所述,×××的上诉请求不能成立,应予驳回;一审判决认定事实清楚,适用法律正确,应予维持。依照《中华人民共和国民事诉讼法》第一百七十条第一款第一项规定,判决如下:

驳回上诉,维持原判。

二审案件受理费……元,由……负担(写明当事人姓名或者名称、负担金额)。

本判决为终审判决。

审判长　×××
审判员　×××
审判员　×××
××××年××月××日
(院印)
书记员　×××

【说明】

1. 本样式根据《中华人民共和国民事诉讼法》第一百七十条等制定,供二审人民法院对当事人不服一审判决提起上诉的民事案件,按照第二审程序审理终结,就案件的实体问题依法维持原判用。

2. 上诉人在一审诉讼地位有两个的,按照本诉、反诉的顺序列明,中间以顿号分割。例如上诉人(原审被告、反诉原告)。

3. 有多个上诉人或者被上诉人的,相同身份的当事人之间,以顿号分割。双方当事人提起上诉的,均列为上诉人。写明:上诉人×××、×××因与上诉人×××(列在最后的上诉人写明上诉人的身份,用"因与"与前列当事人连接)。原审其他当事人按照一审判决列明的顺序写明,用顿号分割。

4. 多个当事人上诉的,按照上诉请求、针对该上诉请求的答辩的顺序,分别写明。如当事人未答辩的,也要写明。

5. 一审认定事实清楚、当事人对一审认定事实问题没有争议的,写明:本院对一审查明的事实予以确认。一审查明事实有遗漏或者错误的,应当写明相应的评判。

6. 判决结果分不同情形写明

情形一:一审判决认定事实清楚,适用法律正确,维持原判的,写明:

综上所述,×××的上诉请求不能成立,一审判决认定事实清楚,适用法律正确。本院依照《中华人民共和国民事诉讼法》第一百七十条第一款第一项规定,判决如下:

驳回上诉,维持原判。

情形二:一审判决认定事实或者适用法律虽有瑕疵,但裁判结果正确,维持原判的,写明:

综上,一审判决认定事实……(对一审认定事实作出概括评价,如存在瑕疵应指出)、适用法律……(对一审适用法律作出概括评价,如存在瑕疵应指出),但裁判结果正确,故对×××的上诉请求不予支持。依照《中华人民共和国×××法》第×条(适用法律有瑕疵的,应当引用实体法)、《中华人民共和国民事诉讼法》第一百七十条第一款第一项、《最高人民法院关于适用〈中华人民共和国民事诉讼法〉的解释》第三百三十四条规定,判决如下:

驳回上诉,维持原判。

7. 维持原判,对一审诉讼费用负担问题不需调整的,不必重复一审诉讼费负担。如一审诉讼费负担错误需要调整的,应当予以纠正。

8. 按本样式制作判决书时,可以参考第一审适用普通程序民事判决书样式的说明。

## 2. 民事判决书(二审改判用)

××××人民法院
民事判决书

(××××)……民终……号

上诉人(原审诉讼地位):×××,……。
……
被上诉人(原审诉讼地位):×××,……。
……
原审原告/被告/第三人:×××,……。

(以上写明当事人和其他诉讼参加人的姓名或者名称等基本信息)

上诉人×××因与被上诉人×××/上诉人×××及原审原告/被告/第三人×××……(写明案由)一案,不服××××人民法院(××××)……民初……号民事判决,向本院提起上诉。本院于××××年××月××日立案后,依法组成合议庭,开庭/因涉及……(写明不开庭的理由)不开庭进行了审理。上诉人×××、被上诉人×××、原审原告/被告/第三人×××(写明当事人和其他诉讼参加人的诉讼地位和姓名或者名称)到庭参加诉讼。本案现已审理终结。

×××上诉请求：……（写明上诉请求）。事实和理由：……（概述上诉人主张的事实和理由）。

×××辩称，……（概述被上诉人答辩意见）。

×××述称，……（概述原审原告/被告/第三人陈述意见）。

×××向一审法院起诉请求：……（写明原告/反诉原告/有独立请求权的第三人的诉讼请求）。

一审法院认定事实：……（概述一审认定的事实）。一审法院认为，……（概述一审裁判理由）。判决：……（写明一审判决主文）。

本院二审期间，当事人围绕上诉请求依法提交了证据。本院组织当事人进行了证据交换和质证（当事人没有提交新证据的，写明：二审中，当事人没有提交新证据）。对当事人二审争议的事实，本院认定如下：……（写明二审法院是否采信证据、认定事实的意见和理由，对一审查明相关事实的评判）。

本院认为，……（根据二审认定的案件事实和相关法律规定，对当事人的上诉请求进行分析评判，说明理由）。

综上所述，×××的上诉请求成立，予以支持。依照《中华人民共和国×××法》第×条（适用法律错误的，应当引用实体法）、《中华人民共和国民事诉讼法》第一百七十条第一款第×项规定，判决如下：

一、撤销××××人民法院（××××）……民初……号民事判决；

二、……（写明改判内容）。

二审案件受理费……元，由……负担（写明当事人姓名或者名称、负担金额）。

本判决为终审判决。

审判长　×××  
审判员　×××  
审判员　×××  
××××年××月××日  
（院印）  
书记员　×××

【说明】

1. 本样式根据《中华人民共和国民事诉讼法》第一百七十条等制定，供二审人民法院对当事人不服一审判决提起上诉的民事案件，按照第二审程序审理终结，就案件的实体问题依法改判用。

2. 二审判决主文按照撤销、改判的顺序写明。

一审判决主文有给付内容，但未明确履行期限的，二审判决应当予以纠正。

判决承担利息，当事人提出具体请求数额的，二审法院可以根据当事人请求的数额作出相应判决；当事人没有提出具体请求数额的，可以表述为"按……利率，自××××年××月××日起计算至××××年××月××日止"。

3. 二审对一审判决进行改判的，应当对一审判决中驳回其他诉讼请求的判项一并进行处理，如果驳回其他诉讼请求的内容和范围发生变化的，应撤销原判中驳回其他诉讼请求的判项，重新作出驳回其他诉讼请求的判项。

4. 因为出现新的证据导致事实认定发生变化而改判的，需要加以说明。人民法院依法在上诉请求范围之外改判的，也应加以说明。

5. 按本样式制作二审民事判决书时，可以参考驳回上诉，维持原判用二审民事判决书样式的说明。

## 3. 民事裁定书（二审发回重审用）

××××人民法院  
民事裁定书

（××××）……民终……号

上诉人（原审诉讼地位）：×××，……。
……

被上诉人（原审诉讼地位）：×××，……。
……

原审原告/被告/第三人：×××，……。
……

（以上写明当事人和其他诉讼参加人的姓名或者名称等基本信息）

上诉人×××因与被上诉人×××/上诉人×××及原审原告/被告/第三人×××……（写明案由）一案，不服××××人民法院（××××）……民初……号民事判决，向本院提起上诉。本院依法组成合议庭对本案进行了审理。

本院认为，……（写明原判决认定基本事实不清或者严重违反法定程序的问题）。依照《中华人民共和国民事诉讼法》第一百七十条第一款第×项规定，裁定如下：

一、撤销××××人民法院（××××）……民初……号民事判决；

二、本案发回××××人民法院重审。

上诉人×××预交的二审案件受理费……元予以退回。

审判长　×××

审判员　×××
审判员　×××
××××年××月××日
（院印）
书记员　×××

【说明】

1. 本样式供上一级人民法院在对民事二审案件进行审理时，发现一审判决存在认定基本事实不清，或者严重违反法定程序的情形，发回一审法院重审用。如果一审判决认定基本事实不清被发回重审，引用《中华人民共和国民事诉讼法》第一百七十条第一款第三项；如一审判决严重违反法定程序被发回重审的，引用《中华人民共和国民事诉讼法》第一百七十条第一款第四项。

2. 本裁定书不写当事人起诉情况以及二审认定事实情况，应全面阐述发回重审的理由，不再另附函。

## 4. 民事上诉状（当事人提起上诉用）

### 民事上诉状

上诉人（原审诉讼地位）：×××，男/女，××××年××月××日出生，×族，……（写明工作单位和职务或者职业），住……。联系方式：……。

法定代理人/指定代理人：×××，……。

委托诉讼代理人：×××，……。

被上诉人（原审诉讼地位）×××，……。

……

（以上写明当事人和其他诉讼参加人的姓名或者名称等基本信息）

×××因与×××……（写明案由）一案，不服××××人民法院××××年××月××日作出的（××××）……号民事判决/裁定，现提起上诉。

上诉请求：

……

上诉理由：

……

此致

××××人民法院

附：本上诉状副本×份

上诉人（签名或者盖章）
××××年××月××日

【说明】

1. 本样式根据《中华人民共和国民事诉讼法》第一百六十四条、第一百六十五条、第一百六十六条、第二百六十九条制定，供不服第一审人民法院民事判决或者裁定的当事人，向上一级人民法院提起上诉用。

2. 当事人是法人或者其他组织的，写明名称住所。另起一行写明法定代表人、主要负责人及其姓名、职务、联系方式。

3. 当事人不服地方人民法院第一审判决的，有权在判决书送达之日起十五日内向上一级人民法院提起上诉。当事人不服地方人民法院第一审裁定的，有权在裁定书送达之日起十日内向上一级人民法院提起上诉。在中华人民共和国领域内没有住所的当事人，不服第一审人民法院判决、裁定的，有权在判决书、裁定书送达之日起三十日内提起上诉。

4. 上诉状的内容，应当包括当事人的姓名，法人的名称及其法定代表人的姓名或者其他组织的名称及其主要负责人的姓名；原审人民法院名称、案件的编号和案由；上诉的请求和理由。

5. 上诉状应当通过原审人民法院提出，并按照对方当事人或者代表人的人数提出副本。

6. 有新证据的，应当在上诉理由之后写明证据和证据来源，证人姓名和住所。

• 实用图表

## 民事诉讼流程图(二审)

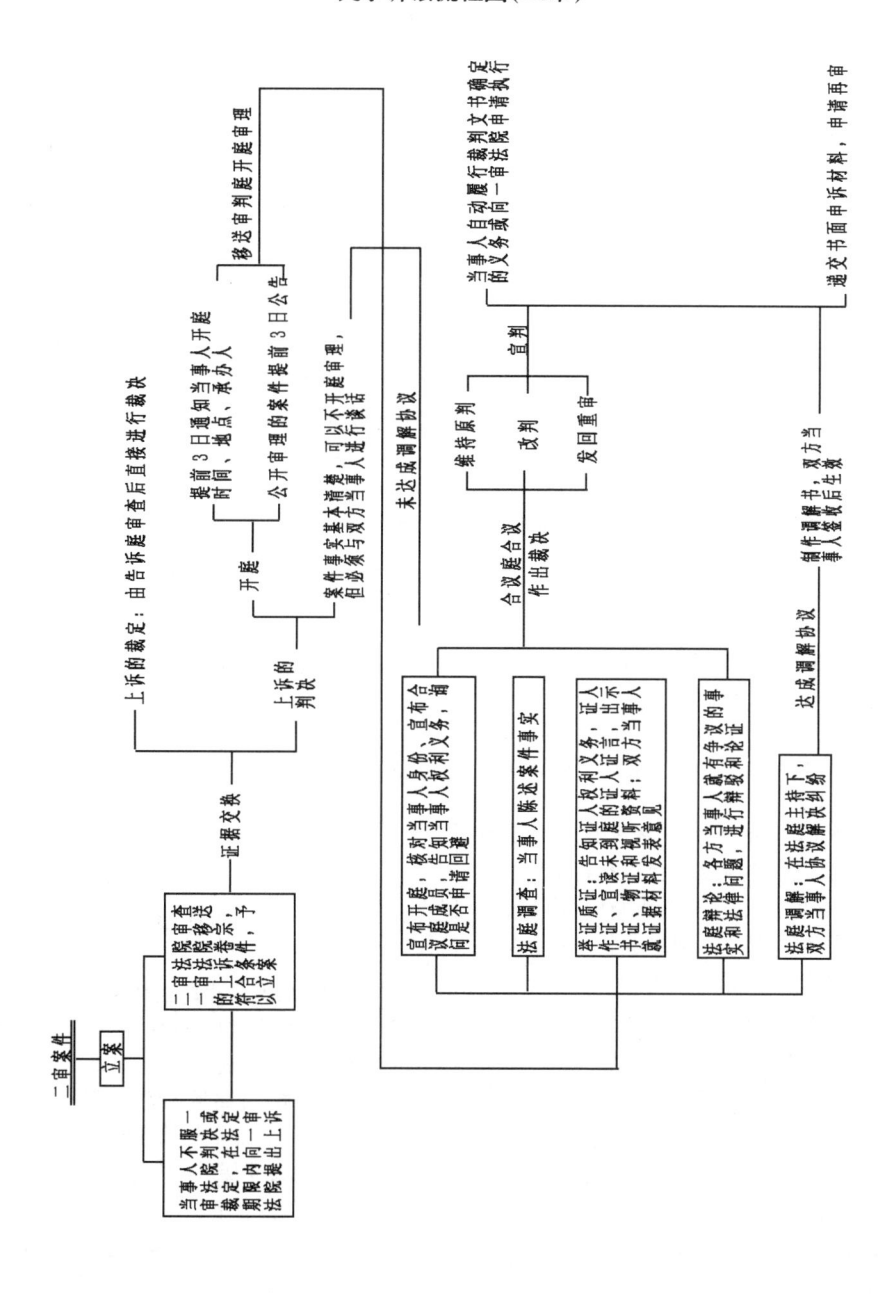

# 十六、特别程序

## 中华人民共和国民法典（节录）

- 2020年5月28日第十三届全国人民代表大会第三次会议通过
- 2020年5月28日中华人民共和国主席令第45号公布
- 自2021年1月1日起施行

……

### 第二章 自 然 人

#### 第一节 民事权利能力和民事行为能力

**第十三条** 【自然人民事权利能力的起止时间】自然人从出生时起到死亡时止，具有民事权利能力，依法享有民事权利，承担民事义务。

**第十四条** 【民事权利能力平等】自然人的民事权利能力一律平等。

**第十五条** 【出生和死亡时间的认定】自然人的出生时间和死亡时间，以出生证明、死亡证明记载的时间为准；没有出生证明、死亡证明的，以户籍登记或者其他有效身份登记记载的时间为准。有其他证据足以推翻以上记载时间的，以该证据证明的时间为准。

**第十六条** 【胎儿利益保护】涉及遗产继承、接受赠与等胎儿利益保护的，胎儿视为具有民事权利能力。但是，胎儿娩出时为死体的，其民事权利能力自始不存在。

**第十七条** 【成年时间】十八周岁以上的自然人为成年人。不满十八周岁的自然人为未成年人。

**第十八条** 【完全民事行为能力人】成年人为完全民事行为能力人，可以独立实施民事法律行为。

十六周岁以上的未成年人，以自己的劳动收入为主要生活来源的，视为完全民事行为能力人。

**第十九条** 【限制民事行为能力的未成年人】八周岁以上的未成年人为限制民事行为能力人，实施民事法律行为由其法定代理人代理或者经其法定代理人同意、追认；但是，可以独立实施纯获利益的民事法律行为或者与其年龄、智力相适应的民事法律行为。

**第二十条** 【无民事行为能力的未成年人】不满八周岁的未成年人为无民事行为能力人，由其法定代理人代理实施民事法律行为。

**第二十一条** 【无民事行为能力的成年人】不能辨认自己行为的成年人为无民事行为能力人，由其法定代理人代理实施民事法律行为。

八周岁以上的未成年人不能辨认自己行为的，适用前款规定。

**第二十二条** 【限制民事行为能力的成年人】不能完全辨认自己行为的成年人为限制民事行为能力人，实施民事法律行为由其法定代理人代理或者经其法定代理人同意、追认；但是，可以独立实施纯获利益的民事法律行为或者与其智力、精神健康状况相适应的民事法律行为。

**第二十三条** 【非完全民事行为能力人的法定代理人】无民事行为能力人、限制民事行为能力人的监护人是其法定代理人。

**第二十四条** 【民事行为能力的认定及恢复】不能辨认或者不能完全辨认自己行为的成年人，其利害关系人或者有关组织，可以向人民法院申请认定该成年人为无民事行为能力人或者限制民事行为能力人。

被人民法院认定为无民事行为能力人或者限制民事行为能力人的，经本人、利害关系人或者有关组织申请，人民法院可以根据其智力、精神健康恢复的状况，认定该成年人恢复为限制民事行为能力人或者完全民事行为能力人。

本条规定的有关组织包括：居民委员会、村民委员会、学校、医疗机构、妇女联合会、残疾人联合会、依法设立的老年人组织、民政部门等。

**第二十五条** 【自然人的住所】自然人以户籍登记或者其他有效身份登记记载的居所为住所；经常居所与住所不一致的，经常居所视为住所。

……

#### 第三节 宣告失踪和宣告死亡

**第四十条** 【宣告失踪】自然人下落不明满二年的，利害关系人可以向人民法院申请宣告该自然人为失踪人。

**第四十一条 【下落不明的起算时间】**自然人下落不明的时间自其失去音讯之日起计算。战争期间下落不明的,下落不明的时间自战争结束之日或者有关机关确定的下落不明之日起计算。

**第四十二条 【财产代管人】**失踪人的财产由其配偶、成年子女、父母或者其他愿意担任财产代管人的人代管。

代管有争议,没有前款规定的人,或者前款规定的人无代管能力的,由人民法院指定的人代管。

**第四十三条 【财产代管人的职责】**财产代管人应当妥善管理失踪人的财产,维护其财产权益。

失踪人所欠税款、债务和应付的其他费用,由财产代管人从失踪人的财产中支付。

财产代管人因故意或者重大过失造成失踪人财产损失的,应当承担赔偿责任。

**第四十四条 【财产代管人的变更】**财产代管人不履行代管职责、侵害失踪人财产权益或者丧失代管能力的,失踪人的利害关系人可以向人民法院申请变更财产代管人。

财产代管人有正当理由的,可以向人民法院申请变更财产代管人。

人民法院变更财产代管人的,变更后的财产代管人有权请求原财产代管人及时移交有关财产并报告财产代管情况。

**第四十五条 【失踪宣告的撤销】**失踪人重新出现,经本人或者利害关系人申请,人民法院应当撤销失踪宣告。

失踪人重新出现,有权请求财产代管人及时移交有关财产并报告财产代管情况。

**第四十六条 【宣告死亡】**自然人有下列情形之一的,利害关系人可以向人民法院申请宣告该自然人死亡:

(一)下落不明满四年;

(二)因意外事件,下落不明满二年。

因意外事件下落不明,经有关机关证明该自然人不可能生存的,申请宣告死亡不受二年时间的限制。

**第四十七条 【宣告失踪与宣告死亡申请的竞合】**对同一自然人,有的利害关系人申请宣告死亡,有的利害关系人申请宣告失踪,符合本法规定的宣告死亡条件的,人民法院应当宣告死亡。

**第四十八条 【死亡日期的确定】**被宣告死亡的人,人民法院宣告死亡的判决作出之日视为其死亡的日期;因意外事件下落不明宣告死亡的,意外事件发生之日视为其死亡的日期。

**第四十九条 【被宣告死亡人实际生存时的行为效力】**自然人被宣告死亡但是并未死亡的,不影响该自然人在被宣告死亡期间实施的民事法律行为的效力。

**第五十条 【死亡宣告的撤销】**被宣告死亡的人重新出现,经本人或者利害关系人申请,人民法院应当撤销死亡宣告。

**第五十一条 【宣告死亡及其撤销后婚姻关系的效力】**被宣告死亡的人的婚姻关系,自死亡宣告之日起消除。死亡宣告被撤销的,婚姻关系自撤销死亡宣告之日起自行恢复。但是,其配偶再婚或者向婚姻登记机关书面声明不愿意恢复的除外。

**第五十二条 【死亡宣告撤销后子女被收养的效力】**被宣告死亡的人在被宣告死亡期间,其子女被他人依法收养的,在死亡宣告被撤销后,不得以未经本人同意为由主张收养行为无效。

**第五十三条 【死亡宣告撤销后的财产返还与赔偿责任】**被撤销死亡宣告的人有权请求依照本法第六编取得其财产的民事主体返还财产;无法返还的,应当给予适当补偿。

利害关系人隐瞒真实情况,致使他人被宣告死亡而取得其财产的,除应当返还财产外,还应当对由此造成的损失承担赔偿责任。

……

## 第二编 物 权

……

### 第四分编 担保物权
### 第十六章 一般规定

**第三百八十六条 【担保物权的定义】**担保物权人在债务人不履行到期债务或者发生当事人约定的实现担保物权的情形,依法享有就担保财产优先受偿的权利,但是法律另有规定的除外。

**第三百八十七条 【担保物权适用范围及反担保】**债权人在借贷、买卖等民事活动中,为保障实现其债权,需要担保的,可以依照本法和其他法律的规定设立担保物权。

第三人为债务人向债权人提供担保的,可以要求债务人提供反担保。反担保适用本法和其他法律的规定。

**第三百八十八条 【担保合同及其与主合同的关系】**设立担保物权,应当依照本法和其他法律的规定订立担保合同。担保合同包括抵押合同、质押合同和其他具有担保功能的合同。担保合同是主债权债务合同的从合同。主债权债务合同无效的,担保合同无效,但是法律另有规定的除外。

担保合同被确认无效后,债务人、担保人、债权人有过错的,应当根据其过错各自承担相应的民事责任。

**第三百八十九条　【担保范围】**担保物权的担保范围包括主债权及其利息、违约金、损害赔偿金、保管担保财产和实现担保物权的费用。当事人另有约定的,按照其约定。

**第三百九十条　【担保物权的物上代位性】**担保期间,担保财产毁损、灭失或者被征收等,担保物权人可以就获得的保险金、赔偿金或者补偿金等优先受偿。被担保债权的履行期限未届满的,也可以提存该保险金、赔偿金或者补偿金等。

**第三百九十一条　【债务转让对担保物权的效力】**第三人提供担保,未经其书面同意,债权人允许债务人转移全部或者部分债务的,担保人不再承担相应的担保责任。

**第三百九十二条　【人保和物保并存时的处理规则】**被担保的债权既有物的担保又有人的担保的,债务人不履行到期债务或者发生当事人约定的实现担保物权的情形,债权人应当按照约定实现债权;没有约定或者约定不明确,债务人自己提供物的担保的,债权人应当先就该物的担保实现债权;第三人提供物的担保的,债权人可以就物的担保实现债权,也可以请求保证人承担保证责任。提供担保的第三人承担担保责任后,有权向债务人追偿。

**第三百九十三条　【担保物权消灭的情形】**有下列情形之一的,担保物权消灭:

(一)主债权消灭;

(二)担保物权实现;

(三)债权人放弃担保物权;

(四)法律规定担保物权消灭的其他情形。

## 第十七章　抵　押　权

### 第一节　一般抵押权

**第三百九十四条　【抵押权的定义】**为担保债务的履行,债务人或者第三人不转移财产的占有,将该财产抵押给债权人的,债务人不履行到期债务或者发生当事人约定的实现抵押权的情形,债权人有权就该财产优先受偿。

前款规定的债务人或者第三人为抵押人,债权人为抵押权人,提供担保的财产为抵押财产。

**第三百九十五条　【可抵押财产的范围】**债务人或者第三人有权处分的下列财产可以抵押:

(一)建筑物和其他土地附着物;

(二)建设用地使用权;

(三)海域使用权;

(四)生产设备、原材料、半成品、产品;

(五)正在建造的建筑物、船舶、航空器;

(六)交通运输工具;

(七)法律、行政法规未禁止抵押的其他财产。

抵押人可以将前款所列财产一并抵押。

**第三百九十六条　【浮动抵押】**企业、个体工商户、农业生产经营者可以将现有的以及将有的生产设备、原材料、半成品、产品抵押,债务人不履行到期债务或者发生当事人约定的实现抵押权的情形,债权人有权就财产确定时的动产优先受偿。

**第三百九十七条　【建筑物和相应的建设用地使用权一并抵押规则】**以建筑物抵押的,该建筑物占用范围内的建设用地使用权一并抵押。以建设用地使用权抵押的,该土地上的建筑物一并抵押。

抵押人未依据前款规定一并抵押的,未抵押的财产视为一并抵押。

**第三百九十八条　【乡镇、村企业的建设用地使用权与房屋一并抵押规则】**乡镇、村企业的建设用地使用权不得单独抵押。以乡镇、村企业的厂房等建筑物抵押的,其占用范围内的建设用地使用权一并抵押。

**第三百九十九条　【禁止抵押的财产范围】**下列财产不得抵押:

(一)土地所有权;

(二)宅基地、自留地、自留山等集体所有土地的使用权,但是法律规定可以抵押的除外;

(三)学校、幼儿园、医疗机构等为公益目的成立的非营利法人的教育设施、医疗卫生设施和其他公益设施;

(四)所有权、使用权不明或者有争议的财产;

(五)依法被查封、扣押、监管的财产;

(六)法律、行政法规规定不得抵押的其他财产。

**第四百条　【抵押合同】**设立抵押权,当事人应当采用书面形式订立抵押合同。

抵押合同一般包括下列条款:

(一)被担保债权的种类和数额;

(二)债务人履行债务的期限;

(三)抵押财产的名称、数量等情况;

(四)担保的范围。

**第四百零一条 【流押条款的效力】**抵押权人在债务履行期限届满前,与抵押人约定债务人不履行到期债务时抵押财产归债权人所有的,只能依法就抵押财产优先受偿。

**第四百零二条 【不动产抵押登记】**以本法第三百九十五条第一款第一项至第三项规定的财产或者第五项规定的正在建造的建筑物抵押的,应当办理抵押登记。抵押权自登记时设立。

**第四百零三条 【动产抵押的效力】**以动产抵押的,抵押权自抵押合同生效时设立;未经登记,不得对抗善意第三人。

**第四百零四条 【动产抵押权对抗效力的限制】**以动产抵押的,不得对抗正常经营活动中已经支付合理价款并取得抵押财产的买受人。

**第四百零五条 【抵押权和租赁权的关系】**抵押权设立前,抵押财产已经出租并转移占有的,原租赁关系不受该抵押权的影响。

**第四百零六条 【抵押期间抵押财产转让应当遵循的规则】**抵押期间,抵押人可以转让抵押财产。当事人另有约定的,按照其约定。抵押财产转让的,抵押权不受影响。

抵押人转让抵押财产的,应当及时通知抵押权人。抵押权人能够证明抵押财产转让可能损害抵押权的,可以请求抵押人将转让所得的价款向抵押权人提前清偿债务或者提存。转让的价款超过债权数额的部分归抵押人所有,不足部分由债务人清偿。

**第四百零七条 【抵押权的从属性】**抵押权不得与债权分离而单独转让或者作为其他债权的担保。债权转让的,担保该债权的抵押权一并转让,但是法律另有规定或者当事人另有约定的除外。

**第四百零八条 【抵押财产价值减少时抵押权人的保护措施】**抵押人的行为足以使抵押财产价值减少的,抵押权人有权请求抵押人停止其行为;抵押财产价值减少的,抵押权人有权请求恢复抵押财产的价值,或者提供与减少的价值相应的担保。抵押人不恢复抵押财产的价值,也不提供担保的,抵押权人有权请求债务人提前清偿债务。

**第四百零九条 【抵押权人放弃抵押权或抵押权顺位的法律后果】**抵押权人可以放弃抵押权或者抵押权的顺位。抵押权人与抵押人可以协议变更抵押权顺位以及被担保的债权数额等内容。但是,抵押权的变更未经其他抵押权人书面同意的,不得对其他抵押权人产生不利影响。

债务人以自己的财产设定抵押,抵押权人放弃该抵押权、抵押权顺位或者变更抵押权的,其他担保人在抵押权人丧失优先受偿权益的范围内免除担保责任,但是其他担保人承诺仍然提供担保的除外。

**第四百一十条 【抵押权实现的方式和程序】**债务人不履行到期债务或者发生当事人约定的实现抵押权的情形,抵押权人可以与抵押人协议以抵押财产折价或者以拍卖、变卖该抵押财产所得的价款优先受偿。协议损害其他债权人利益的,其他债权人可以请求人民法院撤销该协议。

抵押权人与抵押人未就抵押权实现方式达成协议的,抵押权人可以请求人民法院拍卖、变卖抵押财产。

抵押财产折价或者变卖的,应当参照市场价格。

**第四百一十一条 【浮动抵押财产的确定】**依据本法第三百九十六条规定设定抵押的,抵押财产自下列情形之一发生时确定:

(一)债务履行期限届满,债权未实现;

(二)抵押人被宣告破产或者解散;

(三)当事人约定的实现抵押权的情形;

(四)严重影响债权实现的其他情形。

**第四百一十二条 【抵押财产孳息归属】**债务人不履行到期债务或者发生当事人约定的实现抵押权的情形,致使抵押财产被人民法院依法扣押的,自扣押之日起,抵押权人有权收取该抵押财产的天然孳息或者法定孳息,但是抵押权人未通知应当清偿法定孳息义务人的除外。

前款规定的孳息应当先充抵收取孳息的费用。

**第四百一十三条 【抵押财产变价款的归属原则】**抵押财产折价或者拍卖、变卖后,其价款超过债权数额的部分归抵押人所有,不足部分由债务人清偿。

**第四百一十四条 【同一财产上多个抵押权的效力顺序】**同一财产向两个以上债权人抵押的,拍卖、变卖抵押财产所得的价款依照下列规定清偿:

(一)抵押权已经登记的,按照登记的时间先后确定清偿顺序;

(二)抵押权已经登记的先于未登记的受偿;

(三)抵押权未登记的,按照债权比例清偿。

其他可以登记的担保物权,清偿顺序参照适用前款规定。

**第四百一十五条 【既有抵押权又有质权的财产的清偿顺序】**同一财产既设立抵押权又设立质权的,拍卖、变卖该财产所得的价款按照登记、交付的时间先后确定清偿顺序。

**第四百一十六条** 【买卖价款抵押权】动产抵押担保的主债权是抵押物的价款，标的物交付后十日内办理抵押登记的，该抵押权人优先于抵押物买受人的其他担保物权人受偿，但是留置权人除外。

**第四百一十七条** 【抵押权对新增建筑物的效力】建设用地使用权抵押后，该土地上新增的建筑物不属于抵押财产。该建设用地使用权实现抵押权时，应当将该土地上新增的建筑物与建设用地使用权一并处分。但是，新增建筑物所得的价款，抵押权人无权优先受偿。

**第四百一十八条** 【集体所有土地使用权抵押权的实现效果】以集体所有土地的使用权依法抵押的，实现抵押权后，未经法定程序，不得改变土地所有权的性质和土地用途。

**第四百一十九条** 【抵押权的存续期间】抵押权人应当在主债权诉讼时效期间行使抵押权；未行使的，人民法院不予保护。

### 第二节 最高额抵押权

**第四百二十条** 【最高额抵押规则】为担保债务的履行，债务人或者第三人对一定期间内将要连续发生的债权提供担保财产的，债务人不履行到期债务或者发生当事人约定的实现抵押权的情形，抵押权人有权在最高债权额限度内就该担保财产优先受偿。

最高额抵押权设立前已经存在的债权，经当事人同意，可以转入最高额抵押担保的债权范围。

**第四百二十一条** 【最高额抵押权担保的部分债权转让效力】最高额抵押担保的债权确定前，部分债权转让的，最高额抵押权不得转让，但是当事人另有约定的除外。

**第四百二十二条** 【最高额抵押合同条款变更】最高额抵押担保的债权确定前，抵押权人与抵押人可以通过协议变更债权确定的期间、债权范围以及最高债权额。但是，变更的内容不得对其他抵押权人产生不利影响。

**第四百二十三条** 【最高额抵押所担保债权的确定事由】有下列情形之一的，抵押权人的债权确定：

（一）约定的债权确定期间届满；

（二）没有约定债权确定期间或者约定不明确，抵押权人或者抵押人自最高额抵押权设立之日起满二年后请求确定债权；

（三）新的债权不可能发生；

（四）抵押权人知道或者应当知道抵押财产被查封、扣押；

（五）债务人、抵押人被宣告破产或者解散；

（六）法律规定债权确定的其他情形。

**第四百二十四条** 【最高额抵押的法律适用】最高额抵押权除适用本节规定外，适用本章第一节的有关规定。

## 第十八章 质　权

### 第一节 动产质权

**第四百二十五条** 【动产质权概念】为担保债务的履行，债务人或者第三人将其动产出质给债权人占有的，债务人不履行到期债务或者发生当事人约定的实现质权的情形，债权人有权就该动产优先受偿。

前款规定的债务人或者第三人为出质人，债权人为质权人，交付的动产为质押财产。

**第四百二十六条** 【禁止出质的动产范围】法律、行政法规禁止转让的动产不得出质。

**第四百二十七条** 【质押合同形式及内容】设立质权，当事人应当采用书面形式订立质押合同。

质押合同一般包括下列条款：

（一）被担保债权的种类和数额；

（二）债务人履行债务的期限；

（三）质押财产的名称、数量等情况；

（四）担保的范围；

（五）质押财产交付的时间、方式。

**第四百二十八条** 【流质条款的效力】质权人在债务履行期限届满前，与出质人约定债务人不履行到期债务时质押财产归债权人所有的，只能依法就质押财产优先受偿。

**第四百二十九条** 【质权的设立】质权自出质人交付质押财产时设立。

**第四百三十条** 【质权人的孳息收取权】质权人有权收取质押财产的孳息，但是合同另有约定的除外。

前款规定的孳息应当先充抵收取孳息的费用。

**第四百三十一条** 【质权人对质押财产处分的限制及其法律责任】质权人在质权存续期间，未经出质人同意，擅自使用、处分质押财产，造成出质人损害的，应当承担赔偿责任。

**第四百三十二条** 【质物保管义务】质权人负有妥善保管质押财产的义务；因保管不善致使质押财产毁损、灭失的，应当承担赔偿责任。

质权人的行为可能使质押财产毁损、灭失的，出质人可以请求质权人将质押财产提存,或者请求提前清偿债务并返还质押财产。

**第四百三十三条** 【质押财产保全】因不可归责于质权人的事由可能使质押财产毁损或者价值明显减少,足以危害质权人权利的,质权人有权请求出质人提供相应的担保;出质人不提供的,质权人可以拍卖、变卖质押财产,并与出质人协议将拍卖、变卖所得的价款提前清偿债务或者提存。

**第四百三十四条** 【转质】质权人在质权存续期间,未经出质人同意转质,造成质押财产毁损、灭失的,应当承担赔偿责任。

**第四百三十五条** 【放弃质权】质权人可以放弃质权。债务人以自己的财产出质,质权人放弃该质权的,其他担保人在质权人丧失优先受偿权益的范围内免除担保责任,但是其他担保人承诺仍然提供担保的除外。

**第四百三十六条** 【质物返还与质权实现】债务人履行债务或者出质人提前清偿所担保的债权的,质权人应当返还质押财产。

债务人不履行到期债务或者发生当事人约定的实现质权的情形,质权人可以与出质人协议以质押财产折价,也可以就拍卖、变卖质押财产所得的价款优先受偿。

质押财产折价或者变卖的,应当参照市场价格。

**第四百三十七条** 【出质人请求质权人及时行使质权】出质人可以请求质权人在债务履行期限届满后及时行使质权;质权人不行使的,出质人可以请求人民法院拍卖、变卖质押财产。

出质人请求质权人及时行使质权,因质权人怠于行使权利造成出质人损害的,由质权人承担赔偿责任。

**第四百三十八条** 【质押财产变价款归属原则】质押财产折价或者拍卖、变卖后,其价款超过债权数额的部分归出质人所有,不足部分由债务人清偿。

**第四百三十九条** 【最高额质权】出质人与质权人可以协议设立最高额质权。

最高额质权除适用本节有关规定外,参照适用本编第十七章第二节的有关规定。

## 第二节 权利质权

**第四百四十条** 【可出质的权利的范围】债务人或者第三人有权处分的下列权利可以出质:

(一)汇票、本票、支票;

(二)债券、存款单;

(三)仓单、提单;

(四)可以转让的基金份额、股权;

(五)可以转让的注册商标专用权、专利权、著作权等知识产权中的财产权;

(六)现有的以及将有的应收账款;

(七)法律、行政法规规定可以出质的其他财产权利。

**第四百四十一条** 【有价证券质权】以汇票、本票、支票、债券、存款单、仓单、提单出质的,质权自权利凭证交付质权人时设立;没有权利凭证的,质权自办理出质登记时设立。法律另有规定的,依照其规定。

**第四百四十二条** 【有价证券质权人行使权利的特别规定】汇票、本票、支票、债券、存款单、仓单、提单的兑现日期或者提货日期先于主债权到期的,质权人可以兑现或者提货,并与出质人协议将兑现的价款或者提取的货物提前清偿债务或者提存。

**第四百四十三条** 【基金份额质权、股权质权】以基金份额、股权出质的,质权自办理出质登记时设立。

基金份额、股权出质后,不得转让,但是出质人与质权人协商同意的除外。出质人转让基金份额、股权所得的价款,应当向质权人提前清偿债务或者提存。

**第四百四十四条** 【知识产权质权】以注册商标专用权、专利权、著作权等知识产权中的财产权出质的,质权自办理出质登记时设立。

知识产权中的财产权出质后,出质人不得转让或者许可他人使用,但是出质人与质权人协商同意的除外。出质人转让或者许可他人使用出质的知识产权中的财产权所得的价款,应当向质权人提前清偿债务或者提存。

**第四百四十五条** 【应收账款质权】以应收账款出质的,质权自办理出质登记时设立。

应收账款出质后,不得转让,但是出质人与质权人协商同意的除外。出质人转让应收账款所得的价款,应当向质权人提前清偿债务或者提存。

**第四百四十六条** 【权利质权的法律适用】权利质权除适用本节规定外,适用本章第一节的有关规定。

## 第十九章 留置权

**第四百四十七条** 【留置权的定义】债务人不履行到期债务,债权人可以留置已经合法占有的债务人的动产,并有权就该动产优先受偿。

前款规定的债权人为留置权人,占有的动产为留置财产。

**第四百四十八条** 【留置财产与债权的关系】债权人留置的动产,应当与债权属于同一法律关系,但是企业之间留置的除外。

**第四百四十九条** 【留置权适用范围的限制性规定】

法律规定或者当事人约定不得留置的动产,不得留置。

**第四百五十条** 【可分留置物】留置财产为可分物的,留置财产的价值应当相当于债务的金额。

**第四百五十一条** 【留置权人保管义务】留置权人负有妥善保管留置财产的义务;因保管不善致使留置财产毁损、灭失的,应当承担赔偿责任。

**第四百五十二条** 【留置财产的孳息收取】留置权人有权收取留置财产的孳息。

前款规定的孳息应当先充抵收取孳息的费用。

**第四百五十三条** 【留置权的实现】留置权人与债务人应当约定留置财产后的债务履行期限;没有约定或者约定不明确的,留置权人应当给债务人六十日以上履行债务的期限,但是鲜活易腐等不易保管的动产除外。债务人逾期未履行的,留置权人可以与债务人协议以留置财产折价,也可以就拍卖、变卖留置财产所得的价款优先受偿。

留置财产折价或者变卖的,应当参照市场价格。

**第四百五十四条** 【债务人请求留置权人行使留置权】债务人可以请求留置权人在债务履行期限届满后行使留置权;留置权人不行使的,债务人可以请求人民法院拍卖、变卖留置财产。

**第四百五十五条** 【留置权实现方式】留置财产折价或者拍卖、变卖后,其价款超过债权数额的部分归债务人所有,不足部分由债务人清偿。

**第四百五十六条** 【留置权优先于其他担保物权效力】同一动产上已经设立抵押权或者质权,该动产又被留置的,留置权人优先受偿。

**第四百五十七条** 【留置权消灭】留置权人对留置财产丧失占有或者留置权人接受债务人另行提供担保的,留置权消灭。

……

## 第六编 继 承

### 第四章 遗产的处理

**第一千一百四十五条** 【遗产管理人的选任】继承开始后,遗嘱执行人为遗产管理人;没有遗嘱执行人的,继承人应当及时推选遗产管理人;继承人未推选的,由继承人共同担任遗产管理人;没有继承人或者继承人均放弃继承的,由被继承人生前住所地的民政部门或者村民委员会担任遗产管理人。

**第一千一百四十六条** 【法院指定遗产管理人】对遗产管理人的确定有争议的,利害关系人可以向人民法院申请指定遗产管理人。

**第一千一百四十七条** 【遗产管理人的职责】遗产管理人应当履行下列职责:

(一)清理遗产并制作遗产清单;

(二)向继承人报告遗产情况;

(三)采取必要措施防止遗产毁损、灭失;

(四)处理被继承人的债权债务;

(五)按照遗嘱或者依照法律规定分割遗产;

(六)实施与管理遗产有关的其他必要行为。

**第一千一百四十八条** 【遗产管理人的责任】遗产管理人应当依法履行职责,因故意或者重大过失造成继承人、受遗赠人、债权人损害的,应当承担民事责任。

**第一千一百四十九条** 【遗产管理人的报酬】遗产管理人可以依照法律规定或者按照约定获得报酬。

……

# 中华人民共和国人民调解法

· 2010年8月28日第十一届全国人民代表大会常务委员会第十六次会议通过
· 2010年8月28日中华人民共和国主席令第34号公布
· 自2011年1月1日起施行

### 第一章 总 则

**第一条** 【立法目的和立法根据】为了完善人民调解制度,规范人民调解活动,及时解决民间纠纷,维护社会和谐稳定,根据宪法,制定本法。

**第二条** 【人民调解定义】本法所称人民调解,是指人民调解委员会通过说服、疏导等方法,促使当事人在平等协商基础上自愿达成调解协议,解决民间纠纷的活动。

**第三条** 【人民调解工作基本原则】人民调解委员会调解民间纠纷,应当遵循下列原则:

(一)在当事人自愿、平等的基础上进行调解;

(二)不违背法律、法规和国家政策;

(三)尊重当事人的权利,不得因调解而阻止当事人依法通过仲裁、行政、司法等途径维护自己的权利。

**第四条** 【人民调解不收费】人民调解委员会调解民间纠纷,不收取任何费用。

**第五条** 【对人民调解工作的指导】国务院司法行政部门负责指导全国的人民调解工作,县级以上地方人民政府司法行政部门负责指导本行政区域的人民调解工作。

基层人民法院对人民调解委员会调解民间纠纷进行业务指导。

**第六条** 【鼓励和支持人民调解工作】国家鼓励和

支持人民调解工作。县级以上地方人民政府对人民调解工作所需经费应当给予必要的支持和保障，对有突出贡献的人民调解委员会和人民调解员按照国家规定给予表彰奖励。

## 第二章 人民调解委员会

**第七条** 【人民调解委员会的性质】人民调解委员会是依法设立的调解民间纠纷的群众性组织。

**第八条** 【人民调解委员会的组织形式与人员构成】村民委员会、居民委员会设立人民调解委员会。企业事业单位根据需要设立人民调解委员会。

人民调解委员会由委员三至九人组成，设主任一人，必要时，可以设副主任若干人。

人民调解委员会应当有妇女成员，多民族居住的地区应当有人数较少民族的成员。

**第九条** 【人民调解委员会委员产生方式及任期】村民委员会、居民委员会的人民调解委员会委员由村民会议或者村民代表会议、居民会议推选产生；企业事业单位设立的人民调解委员会委员由职工大会、职工代表大会或者工会组织推选产生。

人民调解委员会委员每届任期三年，可以连选连任。

**第十条** 【人民调解委员会有关情况的统计与通报】县级人民政府司法行政部门应当对本行政区域内人民调解委员会的设立情况进行统计，并且将人民调解委员会以及人员组成和调整情况及时通报所在地基层人民法院。

**第十一条** 【健全工作制度与密切群众关系】人民调解委员会应当建立健全各项调解工作制度，听取群众意见，接受群众监督。

**第十二条** 【为人民调解委员会开展工作提供保障】村民委员会、居民委员会和企业事业单位应当为人民调解委员会开展工作提供办公条件和必要的工作经费。

## 第三章 人民调解员

**第十三条** 【人民调解员的构成】人民调解员由人民调解委员会委员和人民调解委员会聘任的人员担任。

**第十四条** 【人民调解员的任职条件与业务培训】人民调解员应当由公道正派、热心人民调解工作，并具有一定文化水平、政策水平和法律知识的成年公民担任。

县级人民政府司法行政部门应当定期对人民调解员进行业务培训。

**第十五条** 【罢免或者解聘人民调解员的情形】人民调解员在调解工作中有下列行为之一的，由其所在的人民调解委员会给予批评教育、责令改正，情节严重的，由推选或者聘任单位予以罢免或者解聘：

（一）偏袒一方当事人的；

（二）侮辱当事人的；

（三）索取、收受财物或者牟取其他不正当利益的；

（四）泄露当事人的个人隐私、商业秘密的。

**第十六条** 【人民调解员待遇】人民调解员从事调解工作，应当给予适当的误工补贴；因从事调解工作致伤致残，生活发生困难的，当地人民政府应当提供必要的医疗、生活救助；在人民调解工作岗位上牺牲的人民调解员，其配偶、子女按照国家规定享受抚恤和优待。

## 第四章 调解程序

**第十七条** 【人民调解的启动方式】当事人可以向人民调解委员会申请调解；人民调解委员会也可以主动调解。当事人一方明确拒绝调解的，不得调解。

**第十八条** 【告知当事人申请人民调解】基层人民法院、公安机关对适宜通过人民调解方式解决的纠纷，可以在受理前告知当事人向人民调解委员会申请调解。

**第十九条** 【人民调解员的确定】人民调解委员会根据调解纠纷的需要，可以指定一名或者数名人民调解员进行调解，也可以由当事人选择一名或者数名人民调解员进行调解。

**第二十条** 【邀请、支持有关人员参与调解】人民调解员根据调解纠纷的需要，在征得当事人的同意后，可以邀请当事人的亲属、邻里、同事等参与调解，也可以邀请具有专门知识、特定经验的人员或者有关社会组织的人员参与调解。

人民调解委员会支持当地公道正派、热心调解、群众认可的社会人士参与调解。

**第二十一条** 【人民调解员调解工作要求】人民调解员调解民间纠纷，应当坚持原则，明法析理，主持公道。

调解民间纠纷，应当及时、就地进行，防止矛盾激化。

**第二十二条** 【调解程序与调解方式】人民调解员根据纠纷的不同情况，可以采取多种方式调解民间纠纷，充分听取当事人的陈述，讲解有关法律、法规和国家政策，耐心疏导，在当事人平等协商、互谅互让的基础上提出纠纷解决方案，帮助当事人自愿达成调解协议。

**第二十三条** 【人民调解活动中的当事人权利】当事人在人民调解活动中享有下列权利：

（一）选择或者接受人民调解员；

（二）接受调解、拒绝调解或者要求终止调解；

（三）要求调解公开进行或者不公开进行；

（四）自主表达意愿、自愿达成调解协议。

**第二十四条 【人民调解活动中的当事人义务】**当事人在人民调解活动中履行下列义务：

（一）如实陈述纠纷事实；

（二）遵守调解现场秩序，尊重人民调解员；

（三）尊重对方当事人行使权利。

**第二十五条 【调解过程中预防纠纷激化工作的措施】**人民调解员在调解纠纷过程中，发现纠纷有可能激化的，应当采取有针对性的预防措施；对有可能引起治安案件、刑事案件的纠纷，应当及时向当地公安机关或者其他有关部门报告。

**第二十六条 【调解终止】**人民调解员调解纠纷，调解不成的，应当终止调解，并依据有关法律、法规的规定，告知当事人可以依法通过仲裁、行政、司法等途径维护自己的权利。

**第二十七条 【人民调解材料立卷归档】**人民调解员应当记录调解情况。人民调解委员会应当建立调解工作档案，将调解登记、调解工作记录、调解协议书等材料立卷归档。

## 第五章 调解协议

**第二十八条 【达成调解协议的方式】**经人民调解委员会调解达成调解协议的，可以制作调解协议书。当事人认为无需制作调解协议书的，可以采取口头协议方式，人民调解员应当记录协议内容。

**第二十九条 【调解协议书的制作、生效及留存】**调解协议书可以载明下列事项：

（一）当事人的基本情况；

（二）纠纷的主要事实、争议事项以及各方当事人的责任；

（三）当事人达成调解协议的内容，履行的方式、期限。

调解协议书自各方当事人签名、盖章或者按指印，人民调解员签名并加盖人民调解委员会印章之日起生效。调解协议书由当事人各执一份，人民调解委员会留存一份。

**第三十条 【口头调解协议的生效】**口头调解协议自各方当事人达成协议之日起生效。

**第三十一条 【调解协议效力】**经人民调解委员会调解达成的调解协议，具有法律约束力，当事人应当按照约定履行。

人民调解委员会应当对调解协议的履行情况进行监督，督促当事人履行约定的义务。

**第三十二条 【当事人对调解协议的内容或履行发生争议的救济】**经人民调解委员会调解达成调解协议后，当事人之间就调解协议的履行或者调解协议的内容发生争议的，一方当事人可以向人民法院提起诉讼。

**第三十三条 【对调解协议的司法确认】**经人民调解委员会调解达成调解协议后，双方当事人认为有必要的，可以自调解协议生效之日起三十日内共同向人民法院申请司法确认，人民法院应当及时对调解协议进行审查，依法确认调解协议的效力。

人民法院依法确认调解协议有效，一方当事人拒绝履行或者未全部履行的，对方当事人可以向人民法院申请强制执行。

人民法院依法确认调解协议无效的，当事人可以通过人民调解方式变更原调解协议或者达成新的调解协议，也可以向人民法院提起诉讼。

## 第六章 附 则

**第三十四条 【参照设立人民调解委员会】**乡镇、街道以及社会团体或者其他组织根据需要可以参照本法有关规定设立人民调解委员会，调解民间纠纷。

**第三十五条 【施行日期】**本法自2011年1月1日起施行。

# 最高人民法院关于办理人身安全保护令案件适用法律若干问题的规定

· 2022年6月7日最高人民法院审判委员会第1870次会议通过

· 2022年7月14日最高人民法院公告公布

· 自2022年8月1日起施行

· 法释〔2022〕17号

为正确办理人身安全保护令案件，及时保护家庭暴力受害人的合法权益，根据《中华人民共和国民法典》《中华人民共和国反家庭暴力法》《中华人民共和国民事诉讼法》等相关法律规定，结合审判实践，制定本规定。

**第一条** 当事人因遭受家庭暴力或者面临家庭暴力的现实危险，依照反家庭暴力法向人民法院申请人身安全保护令的，人民法院应当受理。

向人民法院申请人身安全保护令，不以提起离婚等民事诉讼为条件。

**第二条** 当事人因年老、残疾、重病等原因无法申请人身安全保护令，其近亲属、公安机关、民政部门、妇女联合会、居民委员会、村民委员会、残疾人联合会、依法设立的老年人组织、救助管理机构等，根据当事人意愿，依照反家庭暴力法第二十三条规定代为申请的，人民法院应当依法受理。

**第三条** 家庭成员之间以冻饿或者经常性侮辱、诽谤、威胁、跟踪、骚扰等方式实施的身体或者精神侵害行为,应当认定为反家庭暴力法第二条规定的"家庭暴力"。

**第四条** 反家庭暴力法第三十七条规定的"家庭成员以外共同生活的人"一般包括共同生活的儿媳、女婿、公婆、岳父母以及其他有监护、扶养、寄养等关系的人。

**第五条** 当事人及其代理人对因客观原因不能自行收集的证据,申请人民法院调查收集,符合《最高人民法院关于适用〈中华人民共和国民事诉讼法〉的解释》第九十四条第一款规定情形的,人民法院应当调查收集。

人民法院经审查,认为办理案件需要的证据符合《最高人民法院关于适用〈中华人民共和国民事诉讼法〉的解释》第九十六条规定的,应当调查收集。

**第六条** 人身安全保护令案件中,人民法院根据相关证据,认为申请人遭受家庭暴力或者面临家庭暴力现实危险的事实存在较大可能性的,可以依法作出人身安全保护令。

前款所称"相关证据"包括:

(一)当事人的陈述;

(二)公安机关出具的家庭暴力告诫书、行政处罚决定书;

(三)公安机关的出警记录、讯问笔录、询问笔录、接警记录、报警回执等;

(四)被申请人曾出具的悔过书或者保证书等;

(五)记录家庭暴力发生或者解决过程等的视听资料;

(六)被申请人与申请人或者其近亲属之间的电话录音、短信、即时通讯信息、电子邮件等;

(七)医疗机构的诊疗记录;

(八)申请人或者被申请人所在单位、民政部门、居民委员会、村民委员会、妇女联合会、残疾人联合会、未成年人保护组织、依法设立的老年人组织、救助管理机构、反家暴社会公益机构等单位收到投诉、反映或者求助的记录;

(九)未成年子女提供的与其年龄、智力相适应的证言或者亲友、邻居等其他证人证言;

(十)伤情鉴定意见;

(十一)其他能够证明申请人遭受家庭暴力或者面临家庭暴力现实危险的证据。

**第七条** 人民法院可以通过在线诉讼平台、电话、短信、即时通讯工具、电子邮件等简便方式询问被申请人。被申请人未发表意见的,不影响人民法院依法作出人身安全保护令。

**第八条** 被申请人认可存在家庭暴力行为,但辩称申请人有过错的,不影响人民法院依法作出人身安全保护令。

**第九条** 离婚等案件中,当事人仅以人民法院曾作出人身安全保护令为由,主张存在家庭暴力事实的,人民法院应当根据《最高人民法院关于适用〈中华人民共和国民事诉讼法〉的解释》第一百零八条的规定,综合认定是否存在该事实。

**第十条** 反家庭暴力法第二十九条第四项规定的"保护申请人人身安全的其他措施"可以包括下列措施:

(一)禁止被申请人以电话、短信、即时通讯工具、电子邮件等方式侮辱、诽谤、威胁申请人及其相关近亲属;

(二)禁止被申请人在申请人及其相关近亲属的住所、学校、工作单位等经常出入场所的一定范围内从事可能影响申请人及其相关近亲属正常生活、学习、工作的活动。

**第十一条** 离婚案件中,判决不准离婚或者调解和好后,被申请人违反人身安全保护令实施家庭暴力的,可以认定为民事诉讼法第一百二十七条第七项规定的"新情况、新理由"。

**第十二条** 被申请人违反人身安全保护令,符合《中华人民共和国刑法》第三百一十三条规定的,以拒不执行判决、裁定罪定罪处罚;同时构成其他犯罪的,依照刑法有关规定处理。

**第十三条** 本规定自2022年8月1日起施行。

## 最高人民法院关于适用《中华人民共和国民法典》有关担保制度的解释

- 2020年12月25日最高人民法院审判委员会第1824次会议通过
- 2020年12月31日最高人民法院公告公布
- 自2021年1月1日起施行
- 法释〔2020〕28号

为正确适用《中华人民共和国民法典》有关担保制度的规定,结合民事审判实践,制定本解释。

### 一、关于一般规定

**第一条** 因抵押、质押、留置、保证等担保发生的纠纷,适用本解释。所有权保留买卖、融资租赁、保理等涉及担保功能发生的纠纷,适用本解释的有关规定。

**第二条** 当事人在担保合同中约定担保合同的效力独立于主合同，或者约定担保人对主合同无效的法律后果承担担保责任，该有关担保独立性的约定无效。主合同有效的，有关担保独立性的约定无效不影响担保合同的效力；主合同无效的，人民法院应当认定担保合同无效，但是法律另有规定的除外。

因金融机构开立的独立保函发生的纠纷，适用《最高人民法院关于审理独立保函纠纷案件若干问题的规定》。

**第三条** 当事人对担保责任的承担约定专门的违约责任，或者约定的担保责任范围超出债务人应当承担的责任范围，担保人主张仅在债务人应当承担的责任范围内承担责任的，人民法院应予支持。

担保人承担的责任超出债务人应当承担的责任范围，担保人向债务人追偿，债务人主张仅在其应当承担的责任范围内承担责任的，人民法院应予支持；担保人请求债权人返还超出部分的，人民法院依法予以支持。

**第四条** 有下列情形之一，当事人将担保物权登记在他人名下，债务人不履行到期债务或者发生当事人约定的实现担保物权的情形，债权人或者其受托人主张就该财产优先受偿的，人民法院依法予以支持：

（一）为债券持有人提供的担保物权登记在债券受托管理人名下；

（二）为委托贷款人提供的担保物权登记在受托人名下；

（三）担保人知道债权人与他人之间存在委托关系的其他情形。

**第五条** 机关法人提供担保的，人民法院应当认定担保合同无效，但是经国务院批准为使用外国政府或者国际经济组织贷款进行转贷的除外。

居民委员会、村民委员会提供担保的，人民法院应当认定担保合同无效，但是依法代行村集体经济组织职能的村民委员会，依照村民委员会组织法规定的讨论决定程序对外提供担保的除外。

**第六条** 以公益为目的的非营利性学校、幼儿园、医疗机构、养老机构等提供担保的，人民法院应当认定担保合同无效，但是有下列情形之一的除外：

（一）在购入或者以融资租赁方式承租教育设施、医疗卫生设施、养老服务设施和其他公益设施时，出卖人、出租人为担保价款或者租金实现而在该公益设施上保留所有权；

（二）以教育设施、医疗卫生设施、养老服务设施和其他公益设施以外的不动产、动产或者财产权利设立担保物权。

登记为营利法人的学校、幼儿园、医疗机构、养老机构等提供担保，当事人以其不具有担保资格为由主张担保合同无效的，人民法院不予支持。

**第七条** 公司的法定代表人违反公司法关于公司对外担保决议程序的规定，超越权限代表公司与相对人订立担保合同，人民法院应当依照民法典第六十一条和第五百零四条等规定处理：

（一）相对人善意的，担保合同对公司发生效力；相对人请求公司承担担保责任的，人民法院应予支持。

（二）相对人非善意的，担保合同对公司不发生效力；相对人请求公司承担赔偿责任的，参照适用本解释第十七条的有关规定。

法定代表人超越权限提供担保造成公司损失，公司请求法定代表人承担赔偿责任的，人民法院应予支持。

第一款所称善意，是指相对人在订立担保合同时不知道且不应当知道法定代表人超越权限。相对人有证据证明已对公司决议进行了合理审查，人民法院应当认定其构成善意，但是公司有证据证明相对人知道或者应当知道决议系伪造、变造的除外。

**第八条** 有下列情形之一，公司以其未依照公司法关于公司对外担保的规定作出决议为由主张不承担担保责任的，人民法院不予支持：

（一）金融机构开立保函或者担保公司提供担保；

（二）公司为其全资子公司开展经营活动提供担保；

（三）担保合同系由单独或者共同持有公司三分之二以上对担保事项有表决权的股东签字同意。

上市公司对外提供担保，不适用前款第二项、第三项的规定。

**第九条** 相对人根据上市公司公开披露的关于担保事项已经董事会或者股东大会决议通过的信息，与上市公司订立担保合同，相对人主张担保合同对上市公司发生效力，并由上市公司承担担保责任的，人民法院应予支持。

相对人未根据上市公司公开披露的关于担保事项已经董事会或者股东大会决议通过的信息，与上市公司订立担保合同，上市公司主张担保合同对其不发生效力，且不承担担保责任或者赔偿责任的，人民法院应予支持。

相对人与上市公司已公开披露的控股子公司订立的担保合同，或者相对人与股票在国务院批准的其他全国性证券交易场所交易的公司订立的担保合同，适用前两款规定。

**第十条** 一人有限责任公司为其股东提供担保,公司以违反公司法关于公司对外担保决议程序的规定为由主张不承担担保责任的,人民法院不予支持。公司因承担担保责任导致无法清偿其他债务,提供担保时的股东不能证明公司财产独立于自己的财产,其他债权人请求该股东承担连带责任的,人民法院应予支持。

**第十一条** 公司的分支机构未经公司股东(大)会或者董事会决议以自己的名义对外提供担保,相对人请求公司或者其分支机构承担担保责任的,人民法院不予支持,但是相对人不知道且不应当知道分支机构对外提供担保未经公司决议程序的除外。

金融机构的分支机构在其营业执照记载的经营范围内开立保函,或者经有权从事担保业务的上级机构授权开立保函,金融机构或者其分支机构以违反公司法关于公司对外担保决议程序的规定为由主张不承担担保责任的,人民法院不予支持。金融机构的分支机构未经金融机构授权提供保函之外的担保,金融机构或者其分支机构主张不承担担保责任的,人民法院应予支持,但是相对人不知道且不应当知道分支机构对外提供担保未经金融机构授权的除外。

担保公司的分支机构未经担保公司授权对外提供担保,担保公司或者其分支机构主张不承担担保责任的,人民法院应予支持,但是相对人不知道且不应当知道分支机构对外提供担保未经担保公司授权的除外。

公司的分支机构对外提供担保,相对人非善意,请求公司承担赔偿责任的,参照本解释第十七条的有关规定处理。

**第十二条** 法定代表人依照民法典第五百五十二条的规定以公司名义加入债务的,人民法院在认定该行为的效力时,可以参照本解释关于公司为他人提供担保的有关规则处理。

**第十三条** 同一债务有两个以上第三人提供担保,担保人之间约定相互追偿及分担份额,承担了担保责任的担保人请求其他担保人按照约定分担份额的,人民法院应予支持;担保人之间约定承担连带共同担保,或者约定相互追偿但是未约定分担份额的,各担保人按照比例分担向债务人不能追偿的部分。

同一债务有两个以上第三人提供担保,担保人之间未对相互追偿作出约定且未约定承担连带共同担保,但是各担保人在同一份合同书上签字、盖章或者按指印,承担了担保责任的担保人请求其他担保人按照比例分担向债务人不能追偿部分的,人民法院应予支持。

除前两款规定的情形外,承担了担保责任的担保人请求其他担保人分担向债务人不能追偿部分的,人民法院不予支持。

**第十四条** 同一债务有两个以上第三人提供担保,担保人受让债权的,人民法院应当认定该行为系承担担保责任。受让债权的担保人作为债权人请求其他担保人承担担保责任的,人民法院不予支持;该担保人请求其他担保人分担相应份额的,依照本解释第十三条的规定处理。

**第十五条** 最高额担保中的最高债权额,是指包括主债权及其利息、违约金、损害赔偿金、保管担保财产的费用、实现债权或者实现担保物权的费用等在内的全部债权,但是当事人另有约定的除外。

登记的最高债权额与当事人约定的最高债权额不一致的,人民法院应当依据登记的最高债权额确定债权人优先受偿的范围。

**第十六条** 主合同当事人协议以新贷偿还旧贷,债权人请求旧贷的担保人承担担保责任的,人民法院不予支持;债权人请求新贷的担保人承担担保责任的,按照下列情形处理:

(一)新贷与旧贷的担保人相同的,人民法院应予支持;

(二)新贷与旧贷的担保人不同,或者旧贷无担保新贷有担保的,人民法院不予支持,但是债权人有证据证明新贷的担保人提供担保时对以新贷偿还旧贷的事实知道或者应当知道的除外。

主合同当事人协议以新贷偿还旧贷,旧贷的物的担保人在登记尚未注销的情形下同意继续为新贷提供担保,在订立新的贷款合同前又以该担保财产为其他债权人设立担保物权,其他债权人主张其担保物权顺位优先于新贷债权人的,人民法院不予支持。

**第十七条** 主合同有效而第三人提供的担保合同无效,人民法院应当区分不同情形确定担保人的赔偿责任:

(一)债权人与担保人均有过错的,担保人承担的赔偿责任不应超过债务人不能清偿部分的二分之一;

(二)担保人有过错而债权人无过错的,担保人对债务人不能清偿的部分承担赔偿责任;

(三)债权人有过错而担保人无过错的,担保人不承担赔偿责任。

主合同无效导致第三人提供的担保合同无效,担保人无过错的,不承担赔偿责任;担保人有过错的,其承担的赔偿责任不应超过债务人不能清偿部分的三分之一。

第十八条　承担了担保责任或者赔偿责任的担保人,在其承担责任的范围内向债务人追偿的,人民法院应予支持。

同一债权既有债务人自己提供的物的担保,又有第三人提供的担保,承担了担保责任或者赔偿责任的第三人,主张行使债权人对债务人享有的担保物权的,人民法院应予支持。

第十九条　担保合同无效,承担了赔偿责任的担保人按照反担保合同的约定,在其承担赔偿责任的范围内请求反担保人承担担保责任的,人民法院应予支持。

反担保合同无效的,依照本解释第十七条的有关规定处理。当事人仅以担保合同无效为由主张反担保合同无效的,人民法院不予支持。

第二十条　人民法院在审理第三人提供的物的担保纠纷案件时,可以适用民法典第六百九十五条第一款、第六百九十六条第一款、第六百九十七条第二款、第六百九十九条、第七百条、第七百零一条、第七百零二条等关于保证合同的规定。

第二十一条　主合同或者担保合同约定了仲裁条款的,人民法院对约定仲裁条款的合同当事人之间的纠纷无管辖权。

债权人一并起诉债务人和担保人的,应当根据主合同确定管辖法院。

债权人依法可以单独起诉担保人且仅起诉担保人的,应当根据担保合同确定管辖法院。

第二十二条　人民法院受理债务人破产案件后,债权人请求担保人承担担保责任,担保人主张担保债务自人民法院受理破产申请之日起停止计息的,人民法院对担保人的主张应予支持。

第二十三条　人民法院受理债务人破产案件,债权人在破产程序中申报债权后又向人民法院提起诉讼,请求担保人承担担保责任的,人民法院依法予以支持。

担保人清偿债权人的全部债权后,可以代替债权人在破产程序中受偿;在债权人的债权未获全部清偿前,担保人不得代替债权人在破产程序中受偿,但是有权就债权人通过破产分配和实现担保债权等方式获得清偿总额中超出债权的部分,在其承担担保责任的范围内请求债权人返还。

债权人在债务人破产程序中未获全部清偿,请求担保人继续承担担保责任的,人民法院应予支持;担保人承担担保责任后,向和解协议或者重整计划执行完毕后的债务人追偿的,人民法院不予支持。

第二十四条　债权人知道或者应当知道债务人破产,既未申报债权也未通知担保人,致使担保人不能预先行使追偿权的,担保人就该债权在破产程序中可能受偿的范围内免除担保责任,但是担保人因自身过错未行使追偿权的除外。

二、关于保证合同

第二十五条　当事人在保证合同中约定了保证人在债务人不能履行债务或者无力偿还债务时才承担保证责任等类似内容,具有债务人应当先承担责任的意思表示的,人民法院应当将其认定为一般保证。

当事人在保证合同中约定了保证人在债务人不履行债务或未偿还债务时即承担保证责任、无条件承担保证责任等类似内容,不具有债务人应当先承担责任的意思表示的,人民法院应当将其认定为连带责任保证。

第二十六条　一般保证中,债权人以债务人为被告提起诉讼的,人民法院应予受理。债权人未就主合同纠纷提起诉讼或者申请仲裁,仅起诉一般保证人的,人民法院应当驳回起诉。

一般保证中,债权人一并起诉债务人和保证人的,人民法院可以受理,但是在作出判决时,除有民法典第六百八十七条第二款但书规定的情形外,应当在判决书主文中明确,保证人仅对债务人财产依法强制执行后仍不能履行的部分承担保证责任。

债权人未对债务人的财产申请保全,或者保全的债务人的财产足以清偿债务,债权人申请对一般保证人的财产进行保全的,人民法院不予准许。

第二十七条　一般保证的债权人取得对债务人赋予强制执行效力的公证债权文书后,在保证期间内向人民法院申请强制执行,保证人以债权人未在保证期间内对债务人提起诉讼或者申请仲裁为由主张不承担保证责任的,人民法院不予支持。

第二十八条　一般保证中,债权人依据生效法律文书对债务人的财产依法申请强制执行,保证债务诉讼时效的起算时间按照下列规则确定:

(一)人民法院作出终结本次执行程序裁定,或者依照民事诉讼法第二百五十七条第三项、第五项的规定作出终结执行裁定的,自裁定送达债权人之日起开始计算;

(二)人民法院自收到申请执行书之日起一年内未作出前项裁定的,自人民法院收到申请执行书满一年之日起开始计算,但是保证人有证据证明债务人仍有财产可供执行的除外。

一般保证的债权人在保证期间届满前对债务人提起

诉讼或者申请仲裁,债权人举证证明存在民法典第六百八十七条第二款但书规定情形的,保证债务的诉讼时效自债权人知道或者应当知道该情形之日起开始计算。

**第二十九条** 同一债务有两个以上保证人,债权人以其已经在保证期间内依法向部分保证人行使权利为由,主张已经在保证期间内向其他保证人行使权利的,人民法院不予支持。

同一债务有两个以上保证人,保证人之间相互有追偿权,债权人未在保证期间内依法向部分保证人行使权利,导致其他保证人在承担保证责任后丧失追偿权,其他保证人主张在其不能追偿的范围内免除保证责任的,人民法院应予支持。

**第三十条** 最高额保证合同对保证期间的计算方式、起算时间等有约定的,按照其约定。

最高额保证合同对保证期间的计算方式、起算时间等没有约定或者约定不明,被担保债权的履行期限均已届满的,保证期间自债权确定之日起开始计算;被担保债权的履行期限尚未届满的,保证期间自最后到期债权的履行期限届满之日起开始计算。

前款所称债权确定之日,依照民法典第四百二十三条的规定认定。

**第三十一条** 一般保证的债权人在保证期间内对债务人提起诉讼或者申请仲裁后,又撤回起诉或者仲裁申请,债权人在保证期间届满前未再行提起诉讼或者申请仲裁,保证人主张不再承担保证责任的,人民法院应予支持。

连带责任保证的债权人在保证期间内对保证人提起诉讼或者申请仲裁后,又撤回起诉或者仲裁申请,起诉状副本或者仲裁申请书副本已经送达保证人的,人民法院应当认定债权人已经在保证期间内向保证人行使了权利。

**第三十二条** 保证合同约定保证人承担保证责任直至主债务本息还清时为止等类似内容的,视为约定不明,保证期间为主债务履行期限届满之日起六个月。

**第三十三条** 保证合同无效,债权人未在约定或者法定的保证期间内依法行使权利,保证人主张不承担赔偿责任的,人民法院应予支持。

**第三十四条** 人民法院在审理保证合同纠纷案件时,应当将保证期间是否届满、债权人是否在保证期间内依法行使权利等事实作为案件基本事实予以查明。

债权人在保证期间内未依法行使权利的,保证责任消灭。保证责任消灭后,债权人书面通知保证人要求承担保证责任,保证人在通知书上签字、盖章或者按指印,债权人请求保证人继续承担保证责任的,人民法院不予支持,但是债权人有证据证明成立了新的保证合同的除外。

**第三十五条** 保证人知道或者应当知道主债权诉讼时效期间届满仍然提供保证或者承担保证责任,又以诉讼时效期间届满为由拒绝承担保证责任或者请求返还财产的,人民法院不予支持;保证人承担保证责任后向债务人追偿的,人民法院不予支持,但是债务人放弃诉讼时效抗辩的除外。

**第三十六条** 第三人向债权人提供差额补足、流动性支持等类似承诺文件作为增信措施,具有提供担保的意思表示,债权人请求第三人承担保证责任的,人民法院应当依照保证的有关规定处理。

第三人向债权人提供的承诺文件,具有加入债务或者与债务人共同承担债务等意思表示的,人民法院应当认定为民法典第五百五十二条规定的债务加入。

前两款中第三人提供的承诺文件难以确定是保证还是债务加入的,人民法院应当将其认定为保证。

第三人向债权人提供的承诺文件不符合前三款规定的情形,债权人请求第三人承担保证责任或者连带责任的,人民法院不予支持,但是不影响其依据承诺文件请求第三人履行约定的义务或者承担相应的民事责任。

### 三、关于担保物权

#### (一)担保合同与担保物权的效力

**第三十七条** 当事人以所有权、使用权不明或者有争议的财产抵押,经审查构成无权处分的,人民法院应当依照民法典第三百一十一条的规定处理。

当事人以依法被查封或者扣押的财产抵押,抵押权人请求行使抵押权,经审查查封或者扣押措施已经解除的,人民法院应予支持。抵押人以抵押权设立时财产被查封或者扣押为由主张抵押合同无效的,人民法院不予支持。

以依法被监管的财产抵押的,适用前款规定。

**第三十八条** 主债权未受全部清偿,担保物权人主张就担保财产的全部行使担保物权的,人民法院应予支持,但是留置权人行使留置权的,应当依照民法典第四百五十条的规定处理。

担保财产被分割或者部分转让,担保物权人主张就分割或者转让后的担保财产行使担保物权的,人民法院应予支持,但是法律或者司法解释另有规定的除外。

**第三十九条** 主债权被分割或者部分转让,各债权人主张就其享有的债权份额行使担保物权的,人民法院应予支持,但是法律另有规定或者当事人另有约定的除外。

主债被分割或者部分转移,债务人自己提供物的担保,债权人请求以该担保财产担保全部债务履行的,人民法院应予支持;第三人提供物的担保,主张对未经其书面同意转移的债务不再承担担保责任的,人民法院应予支持。

**第四十条** 从物产生于抵押权依法设立前,抵押权人主张抵押权的效力及于从物的,人民法院应予支持,但是当事人另有约定的除外。

从物产生于抵押权依法设立后,抵押权人主张抵押权的效力及于从物的,人民法院不予支持,但是在抵押权实现时可以一并处分。

**第四十一条** 抵押权依法设立后,抵押财产被添附,添附物归第三人所有,抵押权人主张抵押权效力及于补偿金的,人民法院应予支持。

抵押权依法设立后,抵押财产被添附,抵押人对添附物享有所有权,抵押权人主张抵押权的效力及于添附物的,人民法院应予支持,但是添附导致抵押财产价值增加的,抵押权的效力不及于增加的价值部分。

抵押权依法设立后,抵押人与第三人因添附成为添附物的共有人,抵押权人主张抵押权的效力及于抵押人对共有物享有的份额的,人民法院应予支持。

本条所称添附,包括附合、混合与加工。

**第四十二条** 抵押权依法设立后,抵押财产毁损、灭失或者被征收等,抵押权人请求按照原抵押权的顺位就保险金、赔偿金或者补偿金等优先受偿的,人民法院应予支持。

给付义务人已经向抵押人给付了保险金、赔偿金或者补偿金,抵押权人请求给付义务人向其给付保险金、赔偿金或者补偿金的,人民法院不予支持,但是给付义务人接到抵押权人要求向其给付的通知后仍然向抵押人给付的除外。

抵押权人请求给付义务人向其给付保险金、赔偿金或者补偿金的,人民法院可以通知抵押人作为第三人参加诉讼。

**第四十三条** 当事人约定禁止或者限制转让抵押财产但是未将约定登记,抵押人违反约定转让抵押财产,抵押权人请求确认转让合同无效的,人民法院不予支持;抵押财产已经交付或者登记,抵押权人请求确认转让不发生物权效力的,人民法院不予支持,但是抵押权人有证据证明受让人知道的除外;抵押权人请求抵押人承担违约责任的,人民法院依法予以支持。

当事人约定禁止或者限制转让抵押财产且已经将约定登记,抵押人违反约定转让抵押财产,抵押权人请求确认转让合同无效的,人民法院不予支持;抵押财产已经交付或者登记,抵押权人主张转让不发生物权效力的,人民法院应予支持,但是因受让人代替债务人清偿债务导致抵押权消灭的除外。

**第四十四条** 主债权诉讼时效期间届满后,抵押权人主张行使抵押权的,人民法院不予支持;抵押人以主债权诉讼时效期间届满为由,主张不承担担保责任的,人民法院应予支持。主债权诉讼时效期间届满前,债权人仅对债务人提起诉讼,经人民法院判决或者调解后未在民事诉讼法规定的申请执行时效期间内对债务人申请强制执行,其向抵押人主张行使抵押权的,人民法院不予支持。

主债权诉讼时效期间届满后,财产被留置的债务人或者对留置财产享有所有权的第三人请求债权人返还留置财产的,人民法院不予支持;债务人或者第三人请求拍卖、变卖留置财产并以所得价款清偿债务的,人民法院应予支持。

主债权诉讼时效期间届满的法律后果,以登记作为公示方式的权利质权,参照适用第一款的规定;动产质权、以交付权利凭证作为公示方式的权利质权,参照适用第二款的规定。

**第四十五条** 当事人约定当债务人不履行到期债务或者发生当事人约定的实现担保物权的情形,担保物权人有权将担保财产自行拍卖、变卖并就所得的价款优先受偿的,该约定有效。因担保人的原因导致担保物权人无法自行对担保财产进行拍卖、变卖,担保物权人请求担保人承担因此增加的费用的,人民法院应予支持。

当事人依照民事诉讼法有关"实现担保物权案件"的规定,申请拍卖、变卖担保财产,被申请人以担保合同约定仲裁条款为由主张驳回申请的,人民法院经审查后,应当按照以下情形分别处理:

(一)当事人对担保物权无实质性争议且实现担保物权条件已经成就的,应当裁定准许拍卖、变卖担保财产;

(二)当事人对实现担保物权有部分实质性争议的,可以就无争议的部分裁定准许拍卖、变卖担保财产,并告知可以就有争议的部分申请仲裁;

(三)当事人对实现担保物权有实质性争议的,裁定驳回申请,并告知可以向仲裁机构申请仲裁。

债权人以诉讼方式行使担保物权的,应当以债务人和担保人作为共同被告。

### (二)不动产抵押

**第四十六条** 不动产抵押合同生效后未办理抵押登记手续,债权人请求抵押人办理抵押登记手续的,人民法院应予支持。

抵押财产因不可归责于抵押人自身的原因灭失或者被征收等导致不能办理抵押登记,债权人请求抵押人在约定的担保范围内承担责任的,人民法院不予支持;但是抵押人已经获得保险金、赔偿金或者补偿金等,债权人请求抵押人在其所获金额范围内承担赔偿责任的,人民法院依法予以支持。

因抵押人转让抵押财产或者其他可归责于抵押人自身的原因导致不能办理抵押登记,债权人请求抵押人在约定的担保范围内承担责任的,人民法院依法予以支持,但是不得超过抵押权能够设立时抵押人应当承担的责任范围。

**第四十七条** 不动产登记簿就抵押财产、被担保的债权范围等所作的记载与抵押合同约定不一致的,人民法院应当根据登记簿的记载确定抵押财产、被担保的债权范围等事项。

**第四十八条** 当事人申请办理抵押登记手续时,因登记机构的过错致使其不能办理抵押登记,当事人请求登记机构承担赔偿责任的,人民法院依法予以支持。

**第四十九条** 以违法的建筑物抵押的,抵押合同无效,但是一审法庭辩论终结前已经办理合法手续的除外。抵押合同无效的法律后果,依照本解释第十七条的有关规定处理。

当事人以建设用地使用权依法设立抵押,抵押人以土地上存在违法的建筑物为由主张抵押合同无效的,人民法院不予支持。

**第五十条** 抵押人以划拨建设用地上的建筑物抵押,当事人以该建设用地使用权不能抵押或者未办理批准手续为由主张抵押合同无效或者不生效的,人民法院不予支持。抵押权依法实现时,拍卖、变卖建筑物所得的价款,应当优先用于补缴建设用地使用权出让金。

当事人以划拨方式取得的建设用地使用权抵押,抵押人以未办理批准手续为由主张抵押合同无效或者不生效的,人民法院不予支持。已经依法办理抵押登记,抵押权人主张行使抵押权的,人民法院应予支持。抵押权依法实现时所得的价款,参照前款有关规定处理。

**第五十一条** 当事人仅以建设用地使用权抵押,债权人主张抵押权的效力及于土地上已有的建筑物以及正在建造的建筑物已完成部分的,人民法院应予支持。债权人主张抵押权的效力及于正在建造的建筑物的续建部分以及新增建筑物的,人民法院不予支持。

当事人以正在建造的建筑物抵押,抵押权的效力范围限于已办理抵押登记的部分。当事人按照担保合同的约定,主张抵押权的效力及于续建部分、新增建筑物以及规划中尚未建造的建筑物的,人民法院不予支持。

抵押人将建设用地使用权、土地上的建筑物或者正在建造的建筑物分别抵押给不同债权人的,人民法院应当根据抵押登记的时间先后确定清偿顺序。

**第五十二条** 当事人办理抵押预告登记后,预告登记权利人请求就抵押财产优先受偿,经审查存在尚未办理建筑物所有权首次登记、预告登记的财产与办理建筑物所有权首次登记时的财产不一致、抵押预告登记已经失效等情形,导致不具备办理抵押登记条件的,人民法院不予支持;经审查已经办理建筑物所有权首次登记,且不存在预告登记失效等情形的,人民法院应予支持,并应当认定抵押权自预告登记之日起设立。

当事人办理了抵押预告登记,抵押人破产,经审查抵押财产属于破产财产,预告登记权利人主张就抵押财产优先受偿的,人民法院应当在受理破产申请时抵押财产的价值范围内予以支持,但是在人民法院受理破产申请前一年内,债务人对没有财产担保的债务设立抵押预告登记的除外。

### (三)动产与权利担保

**第五十三条** 当事人在动产和权利担保合同中对担保财产进行概括描述,该描述能够合理识别担保财产的,人民法院应当认定担保成立。

**第五十四条** 动产抵押合同订立后未办理抵押登记,动产抵押权的效力按照下列情形分别处理:

(一)抵押人转让抵押财产,受让人占有抵押财产后,抵押权人向受让人请求行使抵押权的,人民法院不予支持,但是抵押权人能够举证证明受让人知道或者应当知道已经订立抵押合同的除外;

(二)抵押人将抵押财产出租给他人并移转占有,抵押权人行使抵押权的,租赁关系不受影响,但是抵押权人能够举证证明承租人知道或者应当知道已经订立抵押合同的除外;

(三)抵押人的其他债权人向人民法院申请保全或者执行抵押财产,人民法院已经作出财产保全裁定或者采取执行措施,抵押权人主张对抵押财产优先受偿的,人民法院不予支持；

（四）抵押人破产，抵押权人主张对抵押财产优先受偿的，人民法院不予支持。

**第五十五条** 债权人、出质人与监管人订立三方协议，出质人以通过一定数量、品种等概括描述能够确定范围的货物为债务的履行提供担保，当事人有证据证明监管人系受债权人的委托监管并实际控制该货物的，人民法院应当认定质权于监管人实际控制货物之日起设立。监管人违反约定向出质人或者其他人放货、因保管不善导致货物毁损灭失，债权人请求监管人承担违约责任的，人民法院依法予以支持。

在前款规定情形下，当事人有证据证明监管人系受出质人委托监管该货物，或者虽然受债权人委托但是未实际履行监管职责，导致货物仍由出质人实际控制的，人民法院应当认定质权未设立。债权人可以基于质押合同的约定请求出质人承担违约责任，但是不得超过质权有效设立时出质人应当承担的责任范围。监管人未履行监管职责，债权人请求监管人承担责任的，人民法院依法予以支持。

**第五十六条** 买受人在出卖人正常经营活动中通过支付合理对价取得已被设立担保物权的动产，担保物权人请求就该动产优先受偿的，人民法院不予支持，但是有下列情形之一的除外：

（一）购买商品的数量明显超过一般买受人；

（二）购买出卖人的生产设备；

（三）订立买卖合同的目的在于担保出卖人或者第三人履行债务；

（四）买受人与出卖人存在直接或者间接的控制关系；

（五）买受人应当查询抵押登记而未查询的其他情形。

前款所称出卖人正常经营活动，是指出卖人的经营活动属于其营业执照明确记载的经营范围，且出卖人持续销售同类商品。前款所称担保物权人，是指已经办理登记的抵押权人、所有权保留买卖的出卖人、融资租赁合同的出租人。

**第五十七条** 担保人在设立动产浮动抵押并办理抵押登记后又购入或者以融资租赁方式承租新的动产，下列权利人为担保价款债权或者租金的实现而订立担保合同，并在该动产交付后十日内办理登记，主张其权利优先于在先设立的浮动抵押权的，人民法院应予支持：

（一）在该动产上设立抵押权或者保留所有权的出卖人；

（二）为价款支付提供融资而在该动产上设立抵押权的债权人；

（三）以融资租赁方式出租该动产的出租人。

买受人取得动产但未付清价款或者承租人以融资租赁方式占有租赁物但是未付清全部租金，又以标的物为他人设立担保物权，前款所列权利人为担保价款债权或者租金的实现而订立担保合同，并在该动产交付后十日内办理登记，主张其权利优先于买受人为他人设立的担保物权的，人民法院应予支持。

同一动产上存在多个价款优先权的，人民法院应当按照登记的时间先后确定清偿顺序。

**第五十八条** 以汇票出质，当事人以背书记载"质押"字样并在汇票上签章，汇票已经交付质权人的，人民法院应当认定质权自汇票交付质权人时设立。

**第五十九条** 存货人或者仓单持有人在仓单上以背书记载"质押"字样，并经保管人签章，仓单已经交付质权人的，人民法院应当认定质权自仓单交付质权人时设立。没有权利凭证的仓单，依法可以办理出质登记的，仓单质权自办理出质登记时设立。

出质人既以仓单出质，又以仓储物设立担保，按照公示的先后确定清偿顺序；难以确定先后的，按照债权比例清偿。

保管人为同一货物签发多份仓单，出质人在多份仓单上设立多个质权，按照公示的先后确定清偿顺序；难以确定先后的，按照债权比例受偿。

存在第二款、第三款规定的情形，债权人举证证明其损失系由出质人与保管人的共同行为所致，请求出质人与保管人承担连带赔偿责任的，人民法院应予支持。

**第六十条** 在跟单信用证交易中，开证行与开证申请人之间约定以提单作为担保的，人民法院应当依照民法典关于质权的有关规定处理。

在跟单信用证交易中，开证行依据其与开证申请人之间的约定或者跟单信用证的惯例持有提单，开证申请人未按照约定付款赎单，开证行主张对提单项下货物优先受偿的，人民法院应予支持；开证行主张对提单项下货物享有所有权的，人民法院不予支持。

在跟单信用证交易中，开证行依据其与开证申请人之间的约定或者跟单信用证的惯例，通过转让提单或者提单项下货物取得价款，开证申请人请求返还超出债权部分的，人民法院应予支持。

前三款规定不影响合法持有提单的开证行以提单持

第六十一条  以现有的应收账款出质,应收账款债务人向质权人确认应收账款的真实性后,又以应收账款不存在或者已经消灭为由主张不承担责任的,人民法院不予支持。

以现有的应收账款出质,应收账款债务人未确认应收账款的真实性,质权人以应收账款债务人为被告,请求就应收账款优先受偿,能够举证证明办理出质登记时应收账款真实存在的,人民法院应予支持;质权人不能举证证明办理出质登记时应收账款真实存在,仅以已经办理出质登记为由,请求就应收账款优先受偿的,人民法院不予支持。

以现有的应收账款出质,应收账款债务人已经向应收账款债权人履行了债务,质权人请求应收账款债务人履行债务的,人民法院不予支持,但是应收账款债务人接到质权人要求向其履行的通知后,仍然向应收账款债权人履行的除外。

以基础设施和公用事业项目收益权、提供服务或者劳务产生的债权以及其他将有的应收账款出质,当事人为应收账款设立特定账户,发生法定或者约定的质权实现事由时,质权人请求就该特定账户内的款项优先受偿的,人民法院应予支持;特定账户内的款项不足以清偿债务或者未设立特定账户,质权人请求折价或者拍卖、变卖项目收益权等将有的应收账款,并以所得的价款优先受偿的,人民法院依法予以支持。

第六十二条  债务人不履行到期债务,债权人因同一法律关系留置合法占有的第三人的动产,并主张就该留置财产优先受偿的,人民法院应予支持。第三人以该留置财产并非债务人的财产为由请求返还的,人民法院不予支持。

企业之间留置的动产与债权并非同一法律关系,债务人以该债权不属于企业持续经营中发生的债权为由请求债权人返还留置财产的,人民法院应予支持。

企业之间留置的动产与债权并非同一法律关系,债权人留置第三人的财产,第三人请求债权人返还留置财产的,人民法院应予支持。

### 四、关于非典型担保

第六十三条  债权人与担保人订立担保合同,约定以法律、行政法规尚未规定可以担保的财产权利设立担保,当事人主张合同无效的,人民法院不予支持。当事人未在法定的登记机构依法进行登记,主张该担保具有物权效力的,人民法院不予支持。

第六十四条  在所有权保留买卖中,出卖人依法有权取回标的物,但是与买受人协商不成,当事人请求参照民事诉讼法"实现担保物权案件"的有关规定,拍卖、变卖标的物的,人民法院应予准许。

出卖人请求取回标的物,符合民法典第六百四十二条规定的,人民法院应予支持;买受人以抗辩或者反诉的方式主张拍卖、变卖标的物,并在扣除买受人未支付的价款以及必要费用后返还剩余款项的,人民法院应当一并处理。

第六十五条  在融资租赁合同中,承租人未按照约定支付租金,经催告后在合理期限内仍不支付,出租人请求承租人支付全部剩余租金,并以拍卖、变卖租赁物所得的价款受偿的,人民法院应予支持;当事人请求参照民事诉讼法"实现担保物权案件"的有关规定,以拍卖、变卖租赁物所得价款支付租金的,人民法院应予准许。

出租人请求解除融资租赁合同并收回租赁物,承租人以抗辩或者反诉的方式主张返还租赁物价值超过欠付租金以及其他费用的,人民法院应当一并处理。当事人对租赁物的价值有争议的,应当按照下列规则确定租赁物的价值:

(一)融资租赁合同有约定的,按照其约定;

(二)融资租赁合同未约定或者约定不明的,根据约定的租赁物折旧以及合同到期后租赁物的残值来确定;

(三)根据前两项规定的方法仍然难以确定,或者当事人认为根据前两项规定的方法确定的价值严重偏离租赁物实际价值的,根据当事人的申请委托有资质的机构评估。

第六十六条  同一应收账款同时存在保理、应收账款质押和债权转让,当事人主张参照民法典第七百六十八条的规定确定优先顺序的,人民法院应予支持。

在有追索权的保理中,保理人以应收账款债权人或者应收账款债务人为被告提起诉讼,人民法院应予受理;保理人一并起诉应收账款债权人和应收账款债务人的,人民法院可以受理。

应收账款债权人向保理人返还保理融资款本息或者回购应收账款债权后,请求应收账款债务人向其履行应收账款债务的,人民法院应予支持。

第六十七条  在所有权保留买卖、融资租赁等合同中,出卖人、出租人的所有权未经登记不得对抗的"善意第三人"的范围及其效力,参照本解释第五十四条的规定处理。

第六十八条  债务人或者第三人与债权人约定将财

产形式上转移至债权人名下,债务人不履行到期债务,债权人有权对财产折价或者以拍卖、变卖该财产所得价款偿还债务的,人民法院应当认定该约定有效。当事人已经完成财产权利变动的公示,债务人不履行到期债务,债权人请求参照民法典关于担保物权的有关规定就该财产优先受偿的,人民法院应予支持。

债务人或者第三人与债权人约定将财产形式上转移至债权人名下,债务人不履行到期债务,财产归债权人所有的,人民法院应当认定该约定无效,但是不影响当事人有关提供担保的意思表示的效力。当事人已经完成财产权利变动的公示,债务人不履行到期债务,债权人请求对该财产享有所有权的,人民法院不予支持;债权人请求参照民法典关于担保物权的规定对财产折价或者以拍卖、变卖该财产所得的价款优先受偿的,人民法院应予支持;债务人履行债务后请求返还财产,或者请求对财产折价或者以拍卖、变卖所得的价款清偿债务的,人民法院应予支持。

债务人与债权人约定将财产转移至债权人名下,在一定期间后再由债务人或者其指定的第三人以交易本金加上溢价款回购,债务人到期不履行回购义务,财产归债权人所有的,人民法院应当参照第二款规定处理。回购对象自始不存在的,人民法院应当依照民法典第一百四十六条第二款的规定,按照其实际构成的法律关系处理。

**第六十九条** 股东以将其股权转移至债权人名下的方式为债务履行提供担保,公司或者公司的债权人以股东未履行或者未全面履行出资义务、抽逃出资等为由,请求作为名义股东的债权人与股东承担连带责任的,人民法院不予支持。

**第七十条** 债务人或者第三人为担保债务的履行,设立专门的保证金账户并由债权人实际控制,或者将其资金存入债权人设立的保证金账户,债权人主张就账户内的款项优先受偿的,人民法院应予支持。当事人以保证金账户内的款项浮动为由,主张实际控制该账户的债权人对账户内的款项不享有优先受偿权的,人民法院不予支持。

在银行账户下设立的保证金分户,参照前款规定处理。

当事人约定的保证金并非为担保债务的履行设立,或者不符合前两款规定的情形,债权人主张就保证金优先受偿的,人民法院不予支持,但是不影响当事人依照法律的规定或者按照当事人的约定主张权利。

**五、附　则**

**第七十一条** 本解释自 2021 年 1 月 1 日起施行。

# 最高人民法院关于人民调解协议司法确认程序的若干规定

- 2011 年 3 月 21 日最高人民法院审判委员会第 1515 次会议通过
- 2011 年 3 月 23 日最高人民法院公告公布
- 自 2011 年 3 月 30 日起施行
- 法释〔2011〕5 号

为了规范经人民调解委员会调解达成的民事调解协议的司法确认程序,进一步建立健全诉讼与非诉讼相衔接的矛盾纠纷解决机制,依照《中华人民共和国民事诉讼法》和《中华人民共和国人民调解法》的规定,结合审判实际,制定本规定。

**第一条** 当事人根据《中华人民共和国人民调解法》第三十三条的规定共同向人民法院申请确认调解协议的,人民法院应当依法受理。

**第二条** 当事人申请确认调解协议的,由主持调解的人民调解委员会所在地基层人民法院或者它派出的法庭管辖。

人民法院在立案前委派人民调解委员会调解并达成调解协议,当事人申请司法确认的,由委派的人民法院管辖。

**第三条** 当事人申请确认调解协议,应当向人民法院提交司法确认申请书、调解协议和身份证明、资格证明,以及与调解协议相关的财产权利证明等证明材料,并提供双方当事人的送达地址、电话号码等联系方式。委托他人代为申请的,必须向人民法院提交由委托人签名或者盖章的授权委托书。

**第四条** 人民法院收到当事人司法确认申请,应当在三日内决定是否受理。人民法院决定受理的,应当编立"调确字"案号,并及时向当事人送达受理通知书。双方当事人同时到法院申请司法确认的,人民法院可以当即受理并作出是否确认的决定。

有下列情形之一的,人民法院不予受理:

(一)不属于人民法院受理民事案件的范围或者不属于接受申请的人民法院管辖的;

(二)确认身份关系的;

(三)确认收养关系的;

(四)确认婚姻关系的。

**第五条** 人民法院应当自受理司法确认申请之日起十五日内作出是否确认的决定。因特殊情况需要延长的，经本院院长批准，可以延长十日。

在人民法院作出是否确认的决定前，一方或者双方当事人撤回司法确认申请的，人民法院应当准许。

**第六条** 人民法院受理司法确认申请后，应当指定一名审判人员对调解协议进行审查。人民法院在必要时可以通知双方当事人同时到场，当面询问当事人。当事人应当向人民法院如实陈述申请确认的调解协议的有关情况，保证提交的证明材料真实、合法。人民法院在审查中，认为当事人的陈述或者提供的证明材料不充分、不完备或者有疑义的，可以要求当事人补充陈述或者补充证明材料。当事人无正当理由未按时补充或者拒不接受询问的，可以按撤回司法确认申请处理。

**第七条** 具有下列情形之一的，人民法院不予确认调解协议效力：

（一）违反法律、行政法规强制性规定的；
（二）侵害国家利益、社会公共利益的；
（三）侵害案外人合法权益的；
（四）损害社会公序良俗的；
（五）内容不明确，无法确认的；
（六）其他不能进行司法确认的情形。

**第八条** 人民法院经审查认为调解协议符合确认条件的，应当作出确认决定书；决定不予确认调解协议效力的，应当作出不予确认决定书。

**第九条** 人民法院依法作出确认决定后，一方当事人拒绝履行或者未全部履行的，对方当事人可以向作出确认决定的人民法院申请强制执行。

**第十条** 案外人认为经人民法院确认的调解协议侵害其合法权益的，可以自知道或者应当知道权益被侵害之日起一年内，向作出确认决定的人民法院申请撤销确认决定。

**第十一条** 人民法院办理人民调解协议司法确认案件，不收取费用。

**第十二条** 人民法院可以将调解协议不予确认的情况定期或者不定期通报同级司法行政机关和相关人民调解委员会。

**第十三条** 经人民法院建立的调解员名册中的调解员调解达成协议后，当事人申请司法确认的，参照本规定办理。人民法院立案后委托他人调解达成的协议的司法确认，按照《最高人民法院关于人民法院民事调解工作若干问题的规定》（法释〔2004〕12号）的有关规定办理。

相关文书（略）。

## 最高人民法院关于人民法院特邀调解的规定

· 2016年5月23日最高人民法院审判委员会第1684次会议通过
· 2016年6月28日最高人民法院公告公布
· 自2016年7月1日起施行
· 法释〔2016〕14号

为健全多元化纠纷解决机制，加强诉讼与非诉讼纠纷解决方式的有效衔接，规范人民法院特邀调解工作，维护当事人合法权益，根据《中华人民共和国民事诉讼法》《中华人民共和国人民调解法》等法律及相关司法解释，结合人民法院工作实际，制定本规定。

**第一条** 特邀调解是指人民法院吸纳符合条件的人民调解、行政调解、商事调解、行业调解等调解组织或者个人成为特邀调解组织或者特邀调解员，接受人民法院立案前委派或者立案后委托依法进行调解，促使当事人在平等协商基础上达成调解协议、解决纠纷的一种调解活动。

**第二条** 特邀调解应当遵循以下原则：

（一）当事人平等自愿；
（二）尊重当事人诉讼权利；
（三）不违反法律、法规的禁止性规定；
（四）不损害国家利益、社会公共利益和他人合法权益；
（五）调解过程和调解协议内容不公开，但是法律另有规定的除外。

**第三条** 人民法院在特邀调解工作中，承担以下职责：

（一）对适宜调解的纠纷，指导当事人选择名册中的调解组织或者调解员先行调解；
（二）指导特邀调解组织和特邀调解员开展工作；
（三）管理特邀调解案件流程并统计相关数据；
（四）提供必要场所、办公设施等相关服务；
（五）组织特邀调解员进行业务培训；
（六）组织开展特邀调解业绩评估工作；
（七）承担其他与特邀调解有关的工作。

**第四条** 人民法院应当指定诉讼服务中心等部门具体负责指导特邀调解工作，并配备熟悉调解业务的工作人员。

人民法庭根据需要开展特邀调解工作。

**第五条** 人民法院开展特邀调解工作应当建立特邀调解组织和特邀调解员名册。建立名册的法院应当为入册的特邀调解组织或者特邀调解员颁发证书,并对名册进行管理。上级法院建立的名册,下级法院可以使用。

**第六条** 依法成立的人民调解、行政调解、商事调解、行业调解及其他具有调解职能的组织,可以申请加入特邀调解组织名册。品行良好、公道正派、热心调解工作并具有一定沟通协调能力的个人可以申请加入特邀调解员名册。

人民法院可以邀请符合条件的调解组织加入特邀调解组织名册,可以邀请人大代表、政协委员、人民陪审员、专家学者、律师、仲裁员、退休法律工作者等符合条件的个人加入特邀调解员名册。

特邀调解组织应当推荐本组织中适合从事特邀调解工作的调解员加入名册,并在名册中列明;在名册中列明的调解员,视为人民法院特邀调解员。

**第七条** 特邀调解员在入册前和任职期间,应当接受人民法院组织的业务培训。

**第八条** 人民法院应当在诉讼服务中心等场所提供特邀调解组织和特邀调解员名册,并在法院公示栏、官方网站等平台公开名册信息,方便当事人查询。

**第九条** 人民法院可以设立家事、交通事故、医疗纠纷等专业调解委员会,并根据特定专业领域的纠纷特点,设定专业调解委员会的入册条件,规范专业领域特邀调解程序。

**第十条** 人民法院应当建立特邀调解组织和特邀调解员业绩档案,定期组织开展特邀调解评估工作,并及时更新名册信息。

**第十一条** 对适宜调解的纠纷,登记立案前,人民法院可以经当事人同意委派给特邀调解组织或者特邀调解员进行调解;登记立案后或者在审理过程中,可以委托给特邀调解组织或者特邀调解员进行调解。

当事人申请调解的,应当以口头或者书面方式向人民法院提出;当事人口头提出的,人民法院应当记入笔录。

**第十二条** 双方当事人应当在名册中协商确定特邀调解员;协商不成的,由特邀调解组织或者人民法院指定。当事人不同意指定的,视为不同意调解。

**第十三条** 特邀调解一般由一名调解员进行。对于重大、疑难、复杂或者当事人要求由两名以上调解员共同调解的案件,可以由两名以上调解员调解,并由特邀调解组织或者人民法院指定一名调解员主持。当事人有正当理由的,可以申请更换特邀调解员。

**第十四条** 调解一般应当在人民法院或者调解组织所在地进行,双方当事人也可以在征得人民法院同意的情况下选择其他地点进行调解。

特邀调解组织或者特邀调解员接受委派或者委托调解后,应当将调解时间、地点等相关事项及时通知双方当事人,也可以通知与纠纷有利害关系的案外人参加调解。

调解程序开始之前,特邀调解员应当告知双方当事人权利义务、调解规则、调解程序、调解协议效力、司法确认申请等事项。

**第十五条** 特邀调解员有下列情形之一的,当事人有权申请回避:

(一)是一方当事人或者其代理人近亲属的;

(二)与纠纷有利害关系的;

(三)与纠纷当事人、代理人有其他关系,可能影响公正调解的。

特邀调解员有上述情形的,应当自行回避;但是双方当事人同意由该调解员调解的除外。

特邀调解员的回避由特邀调解组织或者人民法院决定。

**第十六条** 特邀调解员不得在后续的诉讼程序中担任该案的人民陪审员、诉讼代理人、证人、鉴定人以及翻译人员等。

**第十七条** 特邀调解员应当根据案件具体情况采用适当的方法进行调解,可以提出解决争议的方案建议。特邀调解员为促成当事人达成调解协议,可以邀请对达成调解协议有帮助的人员参与调解。

**第十八条** 特邀调解员发现双方当事人存在虚假调解可能的,应当中止调解,并向人民法院或者特邀调解组织报告。

人民法院或者特邀调解组织接到报告后,应当及时审查,并依据相关规定作出处理。

**第十九条** 委派调解达成调解协议,特邀调解员应当将调解协议送达双方当事人,并提交人民法院备案。

委派调解达成的调解协议,当事人可以依照民事诉讼法、人民调解法等法律申请司法确认。当事人申请司法确认的,由调解组织所在地或者委派调解的基层人民法院管辖。

**第二十条** 委托调解达成调解协议,特邀调解员应当向人民法院提交调解协议,由人民法院审查并制作调解书结案。达成调解协议后,当事人申请撤诉的,人民法院应当依法作出裁定。

**第二十一条** 委派调解未达成调解协议的,特邀调解员应当将当事人的起诉状等材料移送人民法院；当事人坚持诉讼的，人民法院应当依法登记立案。

委托调解未达成调解协议的，转入审判程序审理。

**第二十二条** 在调解过程中，当事人为达成调解协议作出妥协而认可的事实，不得在诉讼程序中作为对其不利的根据，但是当事人均同意的除外。

**第二十三条** 经特邀调解组织或者特邀调解员调解达成调解协议的，可以制作调解协议书。当事人认为无需制作调解协议书的，可以采取口头协议方式，特邀调解员应当记录协议内容。

**第二十四条** 调解协议书应当记载以下内容：

（一）当事人的基本情况；

（二）纠纷的主要事实、争议事项；

（三）调解结果。

双方当事人和特邀调解员应当在调解协议书或者调解笔录上签名、盖章或者捺印；由特邀调解组织主持达成调解协议的，还应当加盖调解组织印章。

委派调解达成调解协议，自双方当事人签名、盖章或者捺印后生效。委托调解达成调解协议，根据相关法律规定确定生效时间。

**第二十五条** 委派调解达成调解协议后，当事人就调解协议的履行或者调解协议的内容发生争议的，可以向人民法院提起诉讼，人民法院应当受理。一方当事人以原纠纷向人民法院起诉，对方当事人以调解协议提出抗辩的，应当提供调解协议书。

经司法确认的调解协议，一方当事人拒绝履行或者未全部履行的，对方当事人可以向人民法院申请执行。

**第二十六条** 有下列情形之一的，特邀调解员应当终止调解：

（一）当事人达成调解协议的；

（二）一方当事人撤回调解请求或者明确表示不接受调解的；

（三）特邀调解员认为双方分歧较大且难以达成调解协议的；

（四）其他导致调解难以进行的情形。

特邀调解员终止调解的，应当向委派、委托的人民法院书面报告，并移送相关材料。

**第二十七条** 人民法院委派调解的案件，调解期限为 30 日。但是双方当事人同意延长调解期限的，不受此限。

人民法院委托调解的案件，适用普通程序的调解期限为 15 日，适用简易程序的调解期限为 7 日。但是双方当事人同意延长调解期限的，不受此限。延长的调解期限不计入审理期限。

委派调解和委托调解的期限自特邀调解组织或者特邀调解员签字接收法院移交材料之日起计算。

**第二十八条** 特邀调解员不得有下列行为：

（一）强迫调解；

（二）违法调解；

（三）接受当事人请托或收受财物；

（四）泄露调解过程或调解协议内容；

（五）其他违反调解员职业道德的行为。

当事人发现存在上述情形的，可以向人民法院投诉。经审查属实的，人民法院应当予以纠正并作出警告、通报、除名等相应处理。

**第二十九条** 人民法院应当根据实际情况向特邀调解员发放误工、交通等补贴，对表现突出的特邀调解组织和特邀调解员给予物质或者荣誉奖励。补贴经费应当纳入人民法院专项预算。

人民法院可以根据有关规定向有关部门申请特邀调解专项经费。

**第三十条** 本规定自 2016 年 7 月 1 日起施行。

• 典型案例

### 1. 吴少晖不服选民资格处理决定案[①]

起诉人：吴少晖，男，32 岁，福建省屏南县路下乡路下村村民，住该村新兴西路 48 号。

起诉人吴少晖因不服路下村村民选举委员会对其选民资格申诉所作的处理决定，提起诉讼。福建省屏南县人民法院依照《中华人民共和国民事诉讼法》第十五章第二节规定的选民资格案件特别程序，组成合议庭对本案进行了审理，审理时通知路下村村民选举委员会到庭参加。

起诉人吴少晖诉称：起诉人的户籍在路下村，是路下

---

① 案例来源：《最高人民法院公报》2003 年第 7 期。

村村民,并且一直在该村居住。起诉人的选举权一直在路下村行使,该村历届村民委员会的换届选举,起诉人都是选民。特别是2000年的村民委员会换届选举时,起诉人还被村民提名为村民委员会主任的正式候选人。然而今年的换届选举,村选举委员会却无视这些客观事实,不登记起诉人为选民。起诉人提出申请后,该选举委员会仍于2003年6月29日作出对起诉人的选民资格不予登记的处理决定,严重侵犯了起诉人的选举权和被举权。请求人民法院依法撤销这个决定,责令村选举委员会登记起诉人为选民,同时请求确认路下村此次的村民委员会候选人提名无效。

屏南县人民法院经审理查明:

起诉人吴少晖虽在路下村新兴西路48号居住,但其户籍一直在屏南县路下乡中心小学。路下村历届村民委员会换届选举时,都将吴少晖登记为选民。2003年6月12日,吴少晖将户籍从路下乡中心小学迁入路下村,成为该村非农业户籍的村民。

2003年,路下村村民委员会因任期届满,依法需进行换届选举,选举日定为2003年7月12日,从6月7日起进行选民登记,起诉人吴少晖未被登记为该村选民。吴少晖向路下村村民选举委员会提出申诉后,该委员会认为:吴少晖虽然在本村居住,但其户籍是在选民登记日(6月7日)以后才迁入本村的,而且是本村非农业户籍村民,在本村没有承包土地,也不履行"三提留、五统筹"等村民应尽的义务,按照福建省民政厅下发的《村民委员会选举规程》中关于"户籍在本村管理的其他非农业户籍性质人员不作选民资格登记"的规定,吴少晖不能在本村登记。此前历届村民委员会选举时,虽然都将吴少晖登记为本村选民,但这都是错误的,应当纠正。据此,该委员会于2003年6月29日作出处理决定:对吴少晖的选民资格不予登记。吴少晖不服处理决定,遂于6月30日起诉。

屏南县人民法院认为:

选举权与被选举权,是宪法规定公民享有的一项基本政治权利。1998年11月4日第九届全国人民代表大会常务委员会第五次会议修订通过的《中华人民共和国村民委员会组织法》第十二条规定:"年满十八周岁的村民,不分民族、种族、性别、职业、家庭出身、宗教信仰、教育程度、财产状况、居住期限,都有选举权和被举权;但是,依照法律被剥夺政治权利的人除外。"起诉人吴少晖现年33岁,依照法律规定,其具有选民资格。

《中华人民共和国村民委员会组织法》第十四条第四款规定,村民委员会的"具体选举办法由省、自治区、直辖市的人民代表大会常务委员会规定"。2000年7月28日福建省第九届人民代表大会常务委员会第二十次会议修订的《福建省村民选举委员会选举办法》第十一条规定:"凡具有选民资格的村民可以在户籍所在地的村民选举委员会进行选民登记。"起诉人吴少晖的户籍已于2003年6月12日迁入路下村,而路下村的选举日是7月12日。根据上述规定,选举日前,吴少晖有权在户籍所在地即路下村的选举委员会进行选民登记。

《福建省村民委员会选举办法》第十二条规定:"经登记确认的选民资格长期有效。每次选举前应当对上届选民登记以后新满十八周岁的、新迁入本村具有选民资格的和被剥夺政治权利期满后恢复政治权利的选民,予以补充登记。对选民登记后迁出本村、死亡和依照法律被剥夺政治权利的人,从选民名单上除名。"具有选民资格的起诉人吴少晖,以前的户籍虽然不在路下村,但一直在路下村居住;路下村历届村民委员会换届选举时,其都在该村进行选民登记;吴少晖的选民资格已经得到路下村历届村民选举委员会的登记确认,应当长期有效,非因迁出、死亡或依法被剥夺政治权利等特殊原因,不能从选民名单上除名。因此,吴少晖请求在路下村进行选民登记,于法有据,应予支持。福建省民政厅下发的《村民委员会选举规程》中,有关"户籍在本村管理的其他非农业户籍性质人员不作选民资格登记"的规定,与《福建省村民委员会选举办法》的规定相抵触,是无效的。路下村村民选举委员会2003年6月29日依据该规程作出的处理决定,是错误的,应当撤销。

《中华人民共和国村民委员会组织法》第十四条第一款规定:"选举村民委员会,由本村有选举权的村民直接提名候选人。"《福建省村民委员会选举办法》第十五条规定:"村民委员会成员候选人,由有选举权的村民以单独或者联合的方式直接提名。每一选民提名的人数不得多于应选人数。对选民依法直接提出的候选人或者依法确定的正式候选人,任何组织或者个人非经法定程序不得取消、调整或者变更。"路下村村民委员会成员的候选人,是由有选举权的村民直接提名产生的。起诉人吴少晖在该村进行选民登记后,对候选人也有提名权。但是,对其他选民提名的候选人,吴少晖如果没有正当理由,不得要求取消、调整或者变更。吴少晖起诉请求确认本届村民委员会的候选人提名无效,没有法律依据,不予支持。

综上,屏南县人民法院依照《中华人民共和国民事诉讼法》第一百六十四条、第一百六十五条的规定,于2003年7月8日判决:

撤销屏南县路下乡路下村村民选举委员会作出的对起诉人吴少晖选民资格不予登记的决定。

宣判后,该判决依法立即发生法律效力。

## 2. 最高人民法院人身安全保护令十大典型案例[①]

### 案例一
#### 陈某申请人身安全保护令案

**(一)基本案情**

申请人陈某(女)与被申请人段某某系夫妻关系。双方婚后因工作原因分居,仅在周末、假日共同居住生活,婚初感情一般。段某某常为日常琐事责骂陈某,两人因言语不合即发生争吵,撕扯中互有击打行为。2017年5月5日,双方因琐事发生争吵厮打,陈某在遭段某某拳打脚踢后报警。经汉台公安分局出警处理,决定给予段某某拘留10日,并处罚款500元的行政处罚。因段某某及其父母扬言要在拘留期满后上门打击报复陈某及其父母,陈某于2017年5月17日起诉至汉中市汉台区人民法院,申请人民法院作出人身保护裁定并要求禁止段某某对其实施家庭暴力,禁止段某某骚扰、跟踪、接触其本人、父母。

**(二)裁判结果**

陕西省汉中市汉台区人民法院裁定:一、禁止段某某对陈某实施辱骂、殴打等形式的家庭暴力;二、禁止段某某骚扰、跟踪、接触陈某及其相关近亲属。如段某某违反上述禁令,视情节轻重处以罚款、拘留;构成犯罪的,依法追究刑事责任。

**(三)典型意义**

因段某某尚在拘留所被执行拘留行政处罚,汉台区人民法院依法适用简易程序进行缺席听证,发出人身安全保护令。办案法官充分认识到家庭暴力危害性的特点,抓紧时间审查证据,仔细研究案情,与陈某进行了面谈、沟通,获知她本人及其家属的现状、身体状况、人身安全等情况,准确把握针对家庭暴力的行为保全申请的审查标准,简化了审查流程,缩短了认定的时间,依法、果断作出裁定,对受暴力困扰的妇女给予了法律强而有力的正义保护。陈某为家暴受害者如何申请人身安全保护令作出了好的示范,她具有很强的法律、证据意识,在家庭暴力发生后及时报警、治疗伤情,保证自身人身安全,保存各种能够证明施暴行为和伤害后果的证据并完整地提供给法庭,使得办案法官能够快速、顺利地在申请当日作出了民事裁定,及时维护了自己的权益。

### 案例二
#### 赵某申请人身安全保护令案

**(一)基本案情**

申请人赵某(女)与被申请人叶某系夫妻关系,因向法院提起离婚诉讼,叶某通过不定时发送大量短信、辱骂、揭露隐私及暴力恐吓等形式进行语言威胁。自叶某收到离婚诉讼案件副本后,恐吓威胁形式及内容进一步升级,短信发送频率增加,总量已近万条,内容包括"不把你全家杀了我誓不为人"、"我不把你弄死,我就对不起你这份起诉书"、"要做就做做临安最惨的杀人案"等。赵某向法院申请人身安全保护令。案件受理后,因叶某不配合前往法院,承办人与叶某电话沟通。叶某在电话中承认向赵某发送过大量短信,并提及已购买刀具。

**(二)裁判结果**

浙江省临安市人民法院裁定:禁止叶某骚扰、跟踪、接触赵某及其父母与弟弟。

**(三)典型意义**

本案是一起因被申请人实施精神暴力行为而作出人身安全保护令的案件。《反家庭暴力法》第二条规定,本法所称家庭暴力,是指家庭成员之间以殴打、捆绑、残害、限制人身自由以及经常性谩骂、恐吓等方式实施的身体、精神等侵害行为。因此,被申请人虽然未实施殴打、残害等行为给申请人造成肉体上的损伤,但若以经常性谩骂、恐吓等方式实施侵害申请人精神的行为,法院亦将对其严令禁止,对申请人给予保护。

### 案例三
#### 周某及子女申请人身安全保护令案

**(一)基本案情**

申请人周某(女)与被申请人颜某经调解离婚后,三名未成年子女均随周某生活。然而每当颜某心情不好的时候,便不管不顾地到周某家中骚扰、恐吓甚至殴打周某和三个孩子,不仅干扰了母子四人的正常生活,还给她们的身心造成了极大的伤害。周某多次报警,但效果甚微,派出所的民警们只能管得了当时,过了几日,颜某依旧我行我素,甚至变本加厉地侵害母子四人的人身安全,连周某的亲友都躲不过。周某无奈之下带着三名子女诉至法院,请求法院责令颜某禁止殴打、威胁、骚扰、跟踪母子四

---

[①] 案例来源:https://www.court.gov.cn/zixun-xiangqing-274801.html。

人及其近亲属。

（二）裁判结果

江苏省连云港市海州区人民法院裁定：一、禁止颜某对周某及三名子女实施家庭暴力；二、禁止颜某骚扰、跟踪、接触周某母子四人及其近亲属。

（三）典型意义

本案系一起针对"离婚后家暴"发出人身安全保护令的典型案例。反家庭暴力法，顾名思义适用于家庭成员之间，现有法律对家庭成员的界定是基于血亲、姻亲和收养关系形成的法律关系。除此之外，《反家庭暴力法》第三十七条中明确规定"家庭成员以外共同生活的人之间实施的暴力行为，参照本法规定执行"，意味着监护、寄养、同居、离异等关系的人员之间发生的暴力也被纳入到家庭暴力中，受到法律约束。

## 案例四
### 李某、唐小某申请人身安全保护令、变更抚养权案

（一）基本案情

申请人李某（女）与被申请人唐某原系夫妻关系，2008年协议离婚，婚生子唐小某由唐某抚养。唐某自2012年以来多次对唐小某实施家暴，导致唐小某全身多处经常出现瘀伤、淤血等被打痕迹，甚至一度萌生跳楼自寻短见的想法。李某得知后曾劝告唐某不能再打孩子，唐某不听，反而威胁李某，对唐小某的打骂更甚，且威胁唐小某不得将被打之事告诉外人，否则将遭受更加严厉的惩罚。李某向公安机关报案，经医院检查唐小某不但身上有伤，并且得了中度抑郁症和焦虑症。李某、唐小某共同向法院申请人身安全保护令，诉请法院依法禁止唐某继续施暴，同时李某还向法院提起了变更唐小某抚养权的诉讼。

（二）裁判结果

广西壮族自治区柳州市柳北区人民法院裁定：一、禁止唐某对李某、唐小某实施谩骂、侮辱、威胁、殴打；二、中止唐某对唐小某行使监护权和探视权。

（三）典型意义

由于法治意识的薄弱，不少家庭对孩子的教育依旧停留在"三天不打，上房揭瓦"这种落后的粗放式教育方法上，很大程度上会对孩子心智的健康发育，造成伤害且留下难以抹去的阴影。本案中，在送达人身安全保护令时，家事法官还建议警方和社区网格员，不定期回访李某、唐小某母子生活状况，及时掌握母子生活第一手资料，确保母子日常生活不再受唐某干扰。通过法院对人身安全保护令的快速作出并及时送达，派出所和社区的通力协作，及时帮助申请人恢复安全的生活环境，彰显了法院、公安、社区等多元化联动合力防治家庭暴力的坚定决心。

## 案例五
### 朱小某申请人身安全保护令案

（一）基本案情

朱小某（10岁）与父亲朱某（被申请人）、继母徐某（被申请人）共同生活。朱某和徐某常常以"教育"的名义对朱小某进行殴打，树棍、尺子、数据线等等成为体罚朱小某的工具。日常生活中，朱小某稍有不注意，就会被父母打骂，不管是身上还是脸上，常常旧痕未愈，又添新伤。长期处于随时面临殴打的恐惧中，朱小某身心受到严重伤害。区妇联在知悉朱小某的情况后，立即开展工作，向法院提交派出所询问笔录、走访调查材料、受伤照片等家暴证据，请求法院依法发出人身安全保护令。

（二）裁判结果

江苏省连云港市赣榆区人民法院裁定：一、禁止朱某、徐某对朱小某实施家庭暴力；二、禁止朱某、徐某威胁、控制、骚扰朱小某。

（三）典型意义

孩子是父母生命的延续，是家庭、社会和国家的未来。作为孩子的法定监护人，父母或是其他家庭成员应为孩子营造良好的成长氛围，以恰当的方式引导和教育孩子，帮助孩子树立正确的人生观和价值观。本案中，朱小某的父母动辄对其谩骂、殴打、体罚，对孩子造成严重的身心伤害，给其童年留下暴力的阴影。法院作出人身安全保护令之后，立即送达被申请人、辖区派出所、居委会及妇联，落实保护令监管事项，并专门与被申请人谈话，对其进行深刻教育，同时去医院探望正在接受治疗的朱小某。法院和妇联对朱小某的情况保持密切关注，及时进行必要的心理疏导，定期回访，督促朱某、徐某切实履行监护职责，为孩子的成长营造良好环境。

《反家庭暴力法》第二十三条第二款规定，当事人是无民事行为能力人、限制民事行为能力人，或者因受到强制、威吓等原因无法申请人身安全保护令的，其近亲属、公安机关、妇女联合会、居民委员会、村民委员会、救助管理机构可以代为申请。随着反家暴工作的不断深入，对于自救意识和求助能力欠缺的家暴受害人，妇联等职能机构代为申请人身安全保护令的案件越来越多。勇于对家暴亮剑，已经成为全社会的共同责任。法院、公安、妇联、社区等部门构建起严密的反家暴联动网络，全方位地为家庭弱势成员撑起"保护伞"。

## 案例六
### 林小某申请人身安全保护令案

**（一）基本案情**

申请人林小某（女）与被申请人林某系亲生父女关系，林小某从小跟随爷爷奶奶长大，从未见过母亲。后林小某转学到林某所在地读初中，平时住校，周末与林某一同居住。林小某发现林某有偷看其洗澡并抚摸其身体等性侵害行为，这对林小某的身体、心理等方面造成了严重的伤害。林小某感到害怕不安，周末就到同学家居住以躲避父亲。林某找不到林小某，便到学校威胁和发微信威胁林小某，导致其不敢上晚自习。老师发现并与林小某谈话后，林小某在班主任陪同下报警，配合民警调查，并委托社工组织向法院申请人身安全保护令。

**（二）裁判结果**

广西壮族自治区钦州市钦北区人民法院裁定：一、禁止林某对受害人林小某实施家庭暴力；二、禁止林某骚扰、接触林小某。同时，将人身安全保护令向林小某的在校老师和班主任，林小某和林某居住地的派出所和居委会进行了送达和告知。

**（三）典型意义**

本案中，学校在发现和制止未成年人受到家庭暴力侵害方面发挥了重要作用。公安部门接到受害人报警后，联系了社工组织，为受害人提供心理疏导及法律救助。社工组织接到救助后，第一时间到学校了解情况，为未成年人申请人身安全保护令。法院依法签发人身安全保护令后，林小某也转学回爷爷奶奶一起生活。人民法院在审理相关案件中，主动延伸司法服务，贯彻"特殊保护、优先保护"理念，较好地维护了未成年人的合法权益。

## 案例七
### 罗某申请人身安全保护令案

**（一）基本案情**

申请人罗某现年68岁，从未结婚生子，在其27岁时，收养一子取名罗某某，并与其共同生活。期间，罗某某经常殴打辱骂罗某。2019年11月，因琐事，罗某某再次和罗某发生争执，并声称要杀死罗某。罗某害怕遭罗某某殴打，遂向当地村委会反应了上述情况，村委会考虑到罗某年岁已高，行动不便，且受到罗某某的威吓，村委会代罗某向法院申请人身安全保护令。

**（二）裁判结果**

四川省德阳市旌阳区人民法院裁定：一、禁止罗某某对罗某实施家庭暴力；二、责令罗某某搬出罗某的住所。

**（三）典型意义**

当事人因遭受家庭暴力或者面临家庭暴力的现实危险，向人民法院申请人身安全保护令的，人民法院应当受理。当事人是无民事行为能力人、限制民事行为能力，或者因受到强制、威吓等原因无法申请人身安全保护令的，其近亲属、公安机关、妇女联合会、居民委员会、村民委员会、救助管理机构可以代为申请。本案中，由于罗某年岁已高，行动不便，且受到罗某某的威吓，当地村委会代为申请符合上述法律规定。

## 案例八
### 吴某某申请人身安全保护令案

**（一）基本案情**

申请人吴某某（女）与被申请人杨某某（男）2009年相识后成为男女朋友，并居住在一起。2018年农历春节过后吴某某向杨某某提出分手，杨某某同意。2018年4、5月，杨某某开始对吴某某进行跟踪、骚扰、殴打并强行闯入吴某某的住所和工作地，限制吴某某的人身自由，抢夺吴某某住所的钥匙、手机，在吴某某住所地张贴污蔑、辱骂、威胁吴某某的材料。吴某某多次向住所地、工作场地所在的派出所报警，杨某某在经警察教育、警告之后仍屡教不改，并且变本加厉骚扰吴某某。吴某某向法院申请人身安全保护令。

**（二）裁判结果**

四川省成都市成华区人民法院裁定：一、禁止杨某某对吴某某实施暴力行为；二、禁止杨某某对吴某某及其家属实施骚扰、跟踪、接触；三、禁止杨某某接近、进入吴某某的住所及工作场所。

**（三）典型意义**

本案是一起同居关系的一方申请人身安全保护令的案件。《反家庭暴力法》不仅预防和制止的是家庭成员之间的暴力行为，还包括家庭成员以外共同生活的人之间实施的暴力行为。同居关系中暴力受害者的人身权利应当受到法律保护，同居关系的一方若遭受家庭暴力或者面临家庭暴力的现实危险，人民法院也可依当事人申请作出人身安全保护令。

## 案例九
### 黄某违反人身安全保护令案

**（一）基本案情**

申请人陈某某（女）与被申请人黄某系夫妻关系。两人经常因生活琐事发生争吵,黄某多次对陈某某实施家庭暴力。2016年3月22日晚,黄某殴打陈某某后,陈某某报警,后经医院诊断为腰3右侧横突骨折。2016年3月28日,陈某某向东兴法院提出人身保护申请,请求禁止黄某对陈某某实施家庭暴力,禁止骚扰、跟踪、威胁陈某某及其近亲属。陈某某在承办法官联系其了解受家暴情况时,表示只是想警告黄某,暂不希望人民法院发出人身安全保护令。承办法官随即通知黄某到法院接受询问,黄某承认实施家庭暴力,承认错误,并承诺不再实施家庭暴力。人民法院为预防黄某再次实施家暴,于2016年5月19日裁定作出人身安全保护令,并同时向黄某及其所在派出所、社区、妇联送达。后黄某违反人身安全保护令,于2016年7月9日晚上20时许和次日早晨两次对陈某某实施家庭暴力。陈某某在2016年7月10日(周日)早上9时许电话控诉被家暴事实,法官即联系城东派出所民警,派出所根据联动机制对黄某拘留五日。

（二）裁判结果

2016年5月19日,广西壮族自治区东兴市人民法院作出(2016)桂0681民保令1号民事裁定:一、禁止黄某殴打陈某某;二、禁止黄某骚扰、跟踪、威胁陈某某及其近亲属。

（三）典型意义

如何认定存在家庭暴力行为,一是看证据是否确凿,如报警记录、信访材料、病历材料等,能充分证明家庭暴力存在的,立即裁定准许人身保护;二是通过听证或询问认定是否存在家暴行为,以便有针对性、快速地认定家暴,及时保护受家暴者及其亲属方。本案中,人民法院充分利用联动保护机制,作出人身安全保护令后,将裁定抄送给被申请人所在辖区派出所、妇委会、社区等,并保持紧密互动,互相配合,对裁定人身保护后再次出现的家暴行为进行严厉处罚。联动机制对受家暴方的紧急求助起到了关键作用。

## 案例十

### 洪某违反人身安全保护令案

（一）基本案情

申请人包某(女)与被申请人洪某原系恋人关系,双方共同居住生活。洪某在因琐事引起的争执过程中殴打包某,导致包某头皮裂伤和血肿。包某提出分手,并搬离共同居所。分手后,洪某仍然通过打电话、发微信以及到包某住所蹲守的方式对其进行骚扰。包某不堪其扰,遂报警,民警对洪某进行了批评教育。包某担心洪某继续实施家庭暴力,向法院申请人身安全保护令。重庆市巴南区人民法院依法作出人身安全保护令。洪某收到人身安全保护令后,无视禁止,继续通过打电话、发短信和微信的方式骚扰包某,威胁包某与其和好继续交往,期间发送的消息达300余条。

（二）裁判结果

重庆市巴南区人民法院决定,对洪某处以1000元罚款和15日拘留。

（三）典型意义

本案是一起典型的针对家庭暴力作出人身安全保护令和对违反人身安全保护令予以司法惩戒的案例,主要有以下几点典型意义:第一,通过作出人身安全保护令,依法保护家庭暴力受害者的合法权利,彰显了法治的应有之义。中国几千年来都有"法不入家门"的历史传统,但随着时代的更迭和进步,对妇女儿童等弱势群体的利益保护已经得到社会的普遍认可。家庭成员以外共同生活的人可以被认定为是拟制家庭成员,根据《反家庭暴力法》第三十七条的规定,家庭成员以外共同生活的人可以申请人身安全保护令。第二,依法对公然违抗法院裁判文书的行为予以惩戒,彰显了遵法守法的底线。人身安全保护令不仅仅是一纸文书,它是人民法院依法作出的具有法律效力的裁判文书,相关人员必须严格遵守,否则应承担相应的法律后果。无视人身安全保护令,公然违抗法院裁判文书的行为已经触碰司法底线,必须予以严惩。第三,通过严惩家暴行为,对施暴者起到了震慑作用,弘扬了社会文明的价值取向。"法不入家门"已经成为历史,反对家庭暴力是社会文明进步的标志。通过罚款、拘留等司法强制措施严惩违反人身安全保护令的施暴者,让反家暴不再停留在仅仅发布相关禁令的司法层面,对施暴者予以震慑,推动整个社会反家暴态势的良性发展。

• 文书范本

## 1. 民事裁定书
### （作出人身安全保护令用）

××××人民法院
民事裁定书

（××××）……民保令……号
　　申请人×××,……。
　　……
　　被申请人×××,……。
　　……
　　（以上写明当事人及其代理人的姓名或者名称等基本信息）

　　申请人×××与被申请人×××申请人身安全保护令一案，本院于××××年××月××日立案后进行了审查。现已审查终结。

　　申请人×××称，……（概述申请人主张的请求、事实和理由）。

　　本院经审查认为，……（写明作出人身安全保护令的理由）。×××的申请符合人身安全保护令的法定条件。

　　依照《中华人民共和国反家庭暴力法》第二十六条、第二十七条、第二十八条、第二十九条规定，裁定如下（以下写明人身安全保护令的一项或者多项措施）：

　　一、禁止被申请人×××对×××实施家庭暴力；
　　二、禁止被申请人×××骚扰、跟踪、接触×××及其相关近亲属；
　　三、责令被申请人×××迁出×××的住所；
　　四、……（写明保护申请人人身安全的其他措施）。

　　本裁定自作出之日起×个月内有效。人身安全保护令失效前，人民法院可以根据申请人的申请撤销、变更或者延长。被申请人对本裁定不服，可以自裁定生效之日起五日内向本院申请复议一次。复议期间不停止裁定的执行。

　　如×××违反上述禁令，本院将依据《中华人民共和国反家庭暴力法》第三十四条规定，视情节轻重，处以罚款、拘留；构成犯罪的，依法追究刑事责任。

　　　　　　　　　　　审判长　×××
　　　　　　　　　　　审判员　×××
　　　　　　　　　　　审判员　×××

　　　　　　　　　　　××××年××月××日
　　　　　　　　　　　　　　（院印）

本件与原本核对无异
　　　　　　　　书记员　×××

　　遭遇家庭暴力时，请于第一时间拨打110报警或者向所在单位、居(村)民委员会、妇女联合会等单位投诉、反映或者求助并注意保留相关证据。

【说明】
1. 本样式根据《中华人民共和国反家庭暴力法》第四章人身安全保护令制定，供申请人或者被申请人居住地、家庭暴力发生地的人民法院在受理申请人身安全保护令案后，经审查符合法律规定的，裁定作出人身安全保护令用。

2. 案号类型代字为"民保令"。

3. 人身安全保护令由人民法院以裁定形式作出。

4. 如果申请人与被申请人是受诉法院正在审理的案件中的原、被告则应当写为：申请人（原告）或者被申请人（被告）。

5. 如果家暴受害者是无民事行为能力人或者限制民事行为能力人，由监护人代为提出申请的，则在申请人基本情况之后另起一行，写明其法定代理人的基本情况。

如果家暴受害者是无民事行为能力人或者限制民事行为能力人，或者因受到强制、威吓等原因无法自行申请人身安全保护令，代为申请的为其近亲属的，应当在申请人基本情况之后另起一行，写明代为申请人的自然情况。由公安机关、妇女联合会、居民委员会、村民委员会、救助管理机构代为申请的，应当在申请人基本情况之后另起一行，写明代为申请机构的名称、住所地、法定代表人的名称、经办人的姓名、职务。

6. 作出人身安全保护令，应当具备下列条件：(1)有明确的被申请人；(2)有具体的请求；(3)有遭受家庭暴力或者面临家庭暴力现实危险的情形。

7. 人民法院受理申请后，应当在七十二小时内作出人身安全保护令或者驳回申请；情况紧急的，应当在二十四小时内作出。

8. 人身保护令案件受理后，如果开庭询问当事人，则应当简述开庭询问的时间、到庭接受询问的当事人及其他相关人员的情况，接到传唤未能到庭的院印。如果曾经调取证据，则应当简要写明调取证据的内容。

9. 人身安全保护令可以包括下列措施：(1)禁止被申请人实施家庭暴力；(2)禁止被申请人骚扰、跟踪、接触申请人及其相关近亲属；(3)责令被申请人迁出申请人住所；(4)保护申请人身安全的其他措施。

10. 人身安全保护令的有效期不超过六个月，自作出之日起生效。

11. 被申请人对人身安全保护令不服的，可以自裁定生效之日起五日内向作出裁定的人民法院申请复议一次。人民法院依法作出人身安全保护令的，复议期间不停止人身安全保护令的执行。

12. 人民法院作出人身安全保护令后，应当送达申请人、被申请人、公安机关以及居委员会、村民委员会等有关组织。人身安全保护令由人民法院执行，公安机关以及居民委员会、村民委员会等应当协助执行。

## 2. 民事裁定书
（驳回人身安全保护令申请用）

××××人民法院
民事裁定书

(××××)……民保令……号
　　申请人×××,……。
　　……
　　被申请人×××,……。
　　……
（以上写明当事人及其代理人的姓名或名称等基本信息）

申请人×××与被申请人×××申请人身安全保护令一案，本院于××××年××月××日立案后进行了审查。现已审查终结。

申请人×××称，……（概述申请人主张的请求、事实和理由）。

本法院经审查认为，申请人×××的申请不符合发出人身安全保护令的条件。

依照《中华人民共和国反家庭暴力法》第二十六条、第二十七条、第二十八条规定，裁定如下：

驳回×××的申请。

如不服本裁定，可以自本裁定生效之日起五日内向本院申请复议一次。

审判员　×××

××××年××月××日
（院印）
书记员　×××

【说明】

1. 本样式根据《中华人民共和国反家庭暴力法》第四章人身安全保护令制定，供申请人或者被申请人居住地、家庭暴力发生地的人民法院在受理申请人身安全保护令案后，经审查不符合法律规定的，裁定驳回申请用。

2. 案号类型代字为"民保令"。

3. 作出人身安全保护令，应当具备下列条件：(1)有明确的被申请人；(2)有具体的请求；(3)有遭受家庭暴力或者面临家庭暴力现实危险的情形。

4. 人民法院受理申请后，应当在七十二小时内作出人身安全保护令或者驳回申请；情况紧急的，应当在二十四小时内作出。

5. 申请人对驳回申请不服的，可以自裁定生效之日起五日内向作出裁定的人民法院申请复议一次。

## 3. 民事判决书
（申请宣告公民失踪用）

××××人民法院
民事判决书

(××××)……民特……号
　　申请人：×××,……。
　　……
（以上写明申请人及其代理人的姓名或者名称等基本信息）

申请人×××申请宣告公民失踪一案，本院于××××年××月××日立案后，依法适用特别程序进行了审理。现已审理终结。

×××称，……（概述申请人的请求、事实和理由）。

经审理查明：下落不明人×××，男/女，××××年××月××日生，×族，户籍地……，原住……，系申请人×××的××。……（写明下落不明的事实、时间）。申请人×××申请宣告×××失踪后，本院于××××年××月××日在……（写明公告方式）发出寻找×××的公告。（下落不明得到确认的，写明：）法定公告期间为三个月，现已届满，×××仍然下落不明。（下落不明得不到确认的，写明事实根据：）……。

本院认为，……（写明判决理由）。

依照《中华人民共和国民事诉讼法》第一百八十五条、

《最高人民法院关于适用〈中华人民共和国民事诉讼法〉的解释》第三百四十三条规定,判决如下:

(宣告失踪的,写明:)

一、宣告×××失踪;

二、指定×××为失踪人×××的财产代管人。

(驳回申请的,写明:)驳回×××的申请。

本判决为终审判决。

审判员　×××

××××年××月××日

(院印)

书记员　×××

【说明】

1. 本样式根据《中华人民共和国民事诉讼法》第一百八十五条以及《最高人民法院关于适用〈中华人民共和国民事诉讼法〉的解释》第三百四十三条制定,供下落不明人住所地基层人民法院判决宣告失踪或者驳回申请用。

2. 符合法律规定的多个利害关系人提出宣告失踪申请的,列为共同申请人。

3. 宣告失踪的公告期间为三个月。

4. 宣告失踪案件,人民法院可以根据申请人的请求,清理下落不明人的财产,并指定案件审理期间的财产管理人。公告期满后,人民法院判决宣告失踪的,应当同时依照《中华人民共和国民法通则》第二十一条第一款规定指定失踪人的财产代管人。无民事行为能力人、限制民事行为能力人失踪的,其监护人即为财产代管人。

## 十七、审判监督程序

### 最高人民法院关于适用《中华人民共和国民事诉讼法》审判监督程序若干问题的解释

- 2008年11月10日最高人民法院审判委员会第1453次会议通过
- 根据2020年12月23日最高人民法院审判委员会第1823次会议通过的《最高人民法院关于修改〈最高人民法院关于人民法院民事调解工作若干问题的规定〉等十九件民事诉讼类司法解释的决定》修正
- 2020年12月29日最高人民法院公告公布
- 自2021年1月1日起施行
- 法释〔2020〕20号

为了保障当事人申请再审权利,规范审判监督程序,维护各方当事人的合法权益,根据《中华人民共和国民事诉讼法》,结合审判实践,对审判监督程序中适用法律的若干问题作出如下解释:

**第一条** 当事人在民事诉讼法第二百零五条规定的期限内,以民事诉讼法第二百条所列明的再审事由,向原审人民法院的上一级人民法院申请再审的,上一级人民法院应当依法受理。

**第二条** 民事诉讼法第二百零五条规定的申请再审期间不适用中止、中断和延长的规定。

**第三条** 当事人申请再审,应当向人民法院提交再审申请书,并按照对方当事人人数提出副本。

人民法院应当审查再审申请书是否载明下列事项:

(一)申请再审人与对方当事人的姓名、住所及有效联系方式等基本情况;法人或其他组织的名称、住所和法定代表人或主要负责人的姓名、职务及有效联系方式等基本情况;

(二)原审人民法院的名称、原判决、裁定、调解文书案号;

(三)申请再审的法定情形及具体事实、理由;

(四)具体的再审请求。

**第四条** 当事人申请再审,应当向人民法院提交已经发生法律效力的判决书、裁定书、调解书、身份证明及相关证据材料。

**第五条** 申请再审人提交的再审申请书或者其他材料不符合本解释第三条、第四条的规定,或者有人身攻击等内容,可能引起矛盾激化的,人民法院应当要求申请再审人补充或改正。

**第六条** 人民法院应当自收到符合条件的再审申请书等材料后五日内完成向申请再审人发送受理通知书等受理登记手续,并向对方当事人发送受理通知书及再审申请书副本。

**第七条** 人民法院受理再审申请后,应当组成合议庭予以审查。

**第八条** 人民法院对再审申请的审查,应当围绕再审事由是否成立进行。

**第九条** 民事诉讼法第二百条第(五)项规定的"对审理案件需要的主要证据",是指人民法院认定案件基本事实所必须的证据。

**第十条** 原判决、裁定对基本事实和案件性质的认定系根据其他法律文书作出,而上述其他法律文书被撤销或变更的,人民法院可以认定为民事诉讼法第二百条第(十二)项规定的情形。

**第十一条** 人民法院经审查再审申请书等材料,认为申请再审事由成立的,应当进行裁定再审。

当事人申请再审超过民事诉讼法第二百零五条规定的期限,或者超出民事诉讼法第二百条所列明的再审事由范围的,人民法院应当裁定驳回再审申请。

**第十二条** 人民法院认为仅审查再审申请书等材料难以作出裁定的,应当调阅原审卷宗予以审查。

**第十三条** 人民法院可以根据案情需要决定是否询问当事人。

以有新的证据足以推翻原判决、裁定为由申请再审的,人民法院应当询问当事人。

**第十四条** 在审查再审申请过程中,对方当事人也申请再审的,人民法院应当将其列为申请再审人,对其提出的再审申请一并审查。

**第十五条** 申请再审人在案件审查期间申请撤回再审申请的,是否准许,由人民法院裁定。

申请再审人经传票传唤,无正当理由拒不接受询问,可以裁定按撤回再审申请处理。

第十六条　人民法院经审查认为申请再审事由不成立的，应当裁定驳回再审申请。

驳回再审申请的裁定一经送达，即发生法律效力。

第十七条　人民法院审查再审申请期间，人民检察院对该案提出抗诉的，人民法院应依照民事诉讼法第二百一十一条的规定裁定再审。申请再审人提出的具体再审请求应纳入审理范围。

第十八条　上一级人民法院经审查认为申请再审事由成立的，一般由本院提审。最高人民法院、高级人民法院也可以指定与原审人民法院同级的其他人民法院再审，或者指令原审人民法院再审。

第十九条　上一级人民法院可以根据案件的影响程度以及案件参与人等情况，决定是否指定再审。需要指定再审的，应当考虑便利当事人行使诉讼权利以及便利人民法院审理等因素。

接受指定再审的人民法院，应当按照民事诉讼法第二百零七条第一款规定的程序审理。

第二十条　有下列情形之一的，不得指令原审人民法院再审：

（一）原审人民法院对该案无管辖权的；

（二）审判人员在审理该案件时有贪污受贿，徇私舞弊，枉法裁判行为的；

（三）原判决、裁定系经原审人民法院审判委员会讨论作出的；

（四）其他不宜指令原审人民法院再审的。

第二十一条　当事人未申请再审、人民检察院未抗诉的案件，人民法院发现原判决、裁定、调解协议有损害国家利益、社会公共利益等确有错误情形的，应当依照民事诉讼法第一百九十八条的规定提起再审。

第二十二条　人民法院应当依照民事诉讼法第二百零七条的规定，按照第一审程序或者第二审程序审理再审案件。

人民法院审理再审案件应当开庭审理。但按照第二审程序审理的，双方当事人已经其他方式充分表达意见，且书面同意不开庭审理的除外。

第二十三条　申请再审人在再审期间撤回再审申请的，是否准许由人民法院裁定。裁定准许的，应终结再审程序。申请再审人经传票传唤，无正当理由拒不到庭的，或者未经法庭许可中途退庭的，可以裁定按自动撤回再审申请处理。

人民检察院抗诉再审的案件，申请抗诉的当事人有前款规定的情形，且不损害国家利益、社会公共利益或第三人利益的，人民法院应当裁定终结再审程序；人民检察院撤回抗诉的，应当准予。

终结再审程序的，恢复原判决的执行。

第二十四条　按照第一审程序审理再审案件时，一审原告申请撤回起诉的，是否准许由人民法院裁定。裁定准许的，应当同时裁定撤销原判决、裁定、调解书。

第二十五条　当事人在再审审理中经调解达成协议的，人民法院应当制作调解书。调解书经各方当事人签收后，即具有法律效力，原判决、裁定视为被撤销。

第二十六条　人民法院经再审审理认为，原判决、裁定认定事实清楚、适用法律正确的，应予维持；原判决、裁定在认定事实、适用法律、阐述理由方面虽有瑕疵，但裁判结果正确的，人民法院应在再审判决、裁定中纠正上述瑕疵后予以维持。

第二十七条　人民法院按照第二审程序审理再审案件，发现原判决认定事实错误或者认定事实不清的，应当在查清事实后改判。但原审人民法院便于查清事实，化解纠纷的，可以裁定撤销原判决，发回重审；原审程序遗漏必须参加诉讼的当事人且无法达成调解协议，以及其他违反法定程序不宜在再审程序中直接作出实体处理的，应当裁定撤销原判决，发回重审。

第二十八条　人民法院以调解方式审结的案件裁定再审后，经审理发现申请再审人提出的调解违反自愿原则的事由不成立，且调解协议的内容不违反法律强制性规定的，应当裁定驳回再审申请，并恢复原调解书的执行。

第二十九条　民事再审案件的当事人应为原审案件的当事人。原审案件当事人死亡或者终止的，其权利义务承受人可以申请再审并参加再审诉讼。

第三十条　本院以前发布的司法解释与本解释不一致的，以本解释为准。本解释未作规定的，按照以前的规定执行。

## 最高人民法院关于民事审判监督程序严格依法适用指令再审和发回重审若干问题的规定

· 2015年2月2日最高人民法院审判委员会第1643次会议通过
· 2015年2月16日最高人民法院公告公布
· 自2015年3月15日起施行
· 法释〔2015〕7号

为了及时有效维护各方当事人的合法权益，维护司法公正,进一步规范民事案件指令再审和再审发回重审,提高审判监督质量和效率,根据《中华人民共和国民事诉讼法》,结合审判实际,制定本规定。

**第一条** 上级人民法院应当严格依照民事诉讼法第二百条等规定审查当事人的再审申请,符合法定条件的,裁定再审。不得因指令再审而降低再审启动标准,也不得因当事人反复申诉将依法不应当再审的案件指令下级人民法院再审。

**第二条** 因当事人申请裁定再审的案件一般应当由裁定再审的人民法院审理。有下列情形之一的,最高人民法院、高级人民法院可以指令原审人民法院再审:

(一)依据民事诉讼法第二百条第(四)项、(五)项或者第(九)项裁定再审的;

(二)发生法律效力的判决、裁定、调解书是由第一审法院作出的;

(三)当事人一方人数众多或者当事人双方为公民的;

(四)经审判委员会讨论决定的其他情形。

人民检察院提出抗诉的案件,由接受抗诉的人民法院审理,具有民事诉讼法第二百条第(一)至第(五)项规定情形之一的,可以指令原审人民法院再审。

人民法院依据民事诉讼法第一百九十八条第二款裁定再审的,应当提审。

**第三条** 虽然符合本规定第二条可以指令再审的条件,但有下列情形之一的,应当提审:

(一)原判决、裁定系经原审人民法院再审审理后作出的;

(二)原判决、裁定系经原审人民法院审判委员会讨论作出的;

(三)原审审判人员在审理该案件时有贪污受贿,徇私舞弊,枉法裁判行为的;

(四)原审人民法院对该案无再审管辖权的;

(五)需要统一法律适用或裁量权行使标准的;

(六)其他不宜指令原审人民法院再审的情形。

**第四条** 人民法院按照第二审程序审理再审案件,发现原判决认定基本事实不清的,一般应当通过庭审认定事实后依法作出判决。但原审人民法院未对基本事实进行过审理的,可以裁定撤销原判决,发回重审。原判决认定事实错误的,上级人民法院不得以基本事实不清为由裁定发回重审。

**第五条** 人民法院按照第二审程序审理再审案件,发现第一审人民法院有下列严重违反法定程序情形之一的,可以依照民事诉讼法第一百七十条第一款第(四)项的规定,裁定撤销原判决,发回第一审人民法院重审:

(一)原判决遗漏必须参加诉讼的当事人的;

(二)无诉讼行为能力人未经法定代理人代为诉讼,或者应当参加诉讼的当事人,因不能归责于本人或者其诉讼代理人的事由,未参加诉讼的;

(三)未经合法传唤缺席判决,或者违反法律规定剥夺当事人辩论权利的;

(四)审判组织的组成不合法或者依法应当回避的审判人员没有回避的;

(五)原判决、裁定遗漏诉讼请求的。

**第六条** 上级人民法院裁定指令再审、发回重审的,应当在裁定书中阐明指令再审或者发回重审的具体理由。

**第七条** 再审案件应当围绕申请人的再审请求进行审理和裁判。对方当事人在再审庭审辩论终结前也提出再审请求的,应一并审理和裁判。当事人的再审请求超出原审诉讼请求的不予审理,构成另案诉讼的应告知当事人可以提起新的诉讼。

**第八条** 再审发回重审的案件,应当围绕当事人原诉讼请求进行审理。当事人申请变更、增加诉讼请求和提出反诉的,按照最高人民法院《关于适用〈中华人民共和国民事诉讼法〉的解释》第二百五十二条的规定审查决定是否准许。当事人变更其在原审中的诉讼主张、质证及辩论意见的,应说明理由并提交相应的证据,理由不成立或证据不充分的,人民法院不予支持。

**第九条** 各级人民法院对民事案件指令再审和再审发回重审的审判行为,应当严格遵守本规定。违反本规定的,应当依照相关规定追究有关人员的责任。

**第十条** 最高人民法院以前发布的司法解释与本规定不一致的,不再适用。

## 最高人民法院关于判决生效后当事人将判决确认的债权转让债权受让人对该判决不服提出再审申请人民法院是否受理问题的批复

- 2010年12月16日最高人民法院审判委员会第1506次会议通过
- 2011年1月7日最高人民法院公告公布
- 自2011年2月1日起施行
- 法释〔2011〕2号

海南省高级人民法院:

你院《关于海南长江旅业有限公司、海南凯立中部开发建设股份有限公司与交通银行海南分行借款合同纠纷一案的请示报告》（（2009）琼民再终字第16号）收悉。经研究，答复如下：

判决生效后当事人将判决确认的债权转让，债权受让人对该判决不服提出再审申请的，因其不具有申请再审人主体资格，人民法院应依法不予受理。

## 最高人民法院办公厅关于印发《进一步加强最高人民法院审判监督管理工作的意见（试行）》的通知

· 2019年9月26日
· 法办发〔2019〕10号

本院各单位：

现将《进一步加强最高人民法院审判监督管理工作的意见（试行）》予以印发，请结合实际认真贯彻执行。

### 进一步加强最高人民法院审判监督管理工作的意见（试行）

为进一步规范和完善最高人民法院审判监督管理机制，推进严格司法，建设廉洁司法，根据人民法院组织法、刑事诉讼法、民事诉讼法、行政诉讼法等法律及相关司法解释规定，结合本院工作实际，制定本意见。

**一、基本原则**

1. 坚持党对人民法院工作的绝对领导，以习近平新时代中国特色社会主义思想为指导，增强"四个意识"坚定"四个自信"，做到"两个维护"，坚定不移走中国特色社会主义法治道路，确保党的路线、方针、政策在人民法院审判执行工作中得到严格贯彻落实。

2. 认真贯彻党中央关于深化司法体制综合配套改革、全面落实司法责任制的各项工作部署，严格落实"让审理者裁判，由裁判者负责"的改革要求，着力构建全面覆盖、科学规范、监管有效的审判监督管理制度体系，实现有序放权与有效监督相统一。

3. 坚持问题导向和目标导向，聚焦当前在审判监督管理方面存在的突出问题和薄弱环节，有针对性地明确职责分工、规范业务流程、细化工作要求，全面推动各级审判管理主体充分履行审判监督管理职责。

**二、审判流程管理**

4. 实行以随机分案为主、指定分案为辅的分案规则。

下列案件实行指定分案：

（1）一方当事人相同，且在事实、法律关系、案由、程序等方面存在客观关联性的案件；
（2）院庭长承办的案件；
（3）纳入院庭长审判监督管理范围的案件。

指定分案的，应当在办案系统内注明具体原因。

5. 分案后，一般不得变更承办法官及其他合议庭成员。

有下列情形之一的，院庭长可以变更承办法官及其他合议庭成员：

（1）承办法官及其他合议庭成员需要回避的；
（2）承办法官及其他合议庭成员因客观原因需要脱产一个月以上的；
（3）因审判监督管理工作需要变更的。

变更承办法官及其他合议庭成员的，应当在办案系统中注明具体理由。

6. 根据审判监督管理工作需要，院庭长可以确定由五人组成合议庭审理下列案件：

（1）刑事二审、民事二审、行政二审案件；
（2）刑事再审、民事再审、行政再审案件；
（3）疑难、复杂的执行复议、执行监督案件；
（4）其他重大、疑难、复杂、新类型案件。

7. 案件审判长一般由二级以上高级法官担任，也可由院庭长根据工作需要指定。

办案系统根据随机分案规则为每个案件自动匹配审判长、承办法官以及合议庭其他成员；庭长在三个工作日内进行确认或调整后，分案完成。分案过程在办案系统全程留痕。

8. 承办法官在审理案件时，应当依托中国裁判文书网、办案系统、档案系统、法信等相关检索工具，对本院已审结或正在审理的类案与关联案件进行全面检索，并制作检索报告。

检索类案与关联案件确有困难的，可以向审判管理办公室提出需求。

9. 承办法官向合议庭报告类案与关联案件检索情况后，按照以下规定办理：

（1）合议庭拟作出裁判结果与本院同类生效案件裁判规则一致的，除根据本规定需要提交主审法官会议讨论的以外，评议后可以制作、签署裁判文书；
（2）办理新类型案件时，合议庭拟作出裁判结果将形成新的裁判规则的，应当提交主审法官会议讨论，由院庭长决定是否按程序报请审判委员会讨论决定；
（3）合议庭拟作出裁判结果将改变本院同类生效案

件裁判规则的,应当在审理报告中说明理由,然后提交主审法官会议研究,就法律适用问题进行梳理后,制作类案与关联案件检索报告,按程序报请审判委员会讨论决定;

(4)合议庭发现本院同类生效案件裁判规则存在重大差异的,应当报请庭长研究后将相关材料送交审判管理办公室,启动法律适用分歧解决机制。

10. 各审判业务部门应当定期将具有指导价值的类案与关联案件检索报告、典型案例、专业法官会议纪要等文件整理后送审判管理办公室,审判管理办公室商相关业务部门审核认可后在本院内网"裁判规则指引"栏目公开。

11. 合议庭经评议认为案件具有下列情形之一的,应当由审判长提交主审法官会议研究讨论:

(1)合议庭对案件处理存在重大分歧或承办法官持少数意见的;

(2)合议庭拟对二审案件改判、发回重审的;

(3)合议庭拟对申请再审审查案件裁定提审、指令再审的;

(4)刑事、民事、行政再审审理案件;

(5)应当纳入院庭长审判监督管理范围的案件;

(6)应当提交审判委员会讨论的案件;

(7)其他需要提交主审法官会议讨论的案件。

12. 主审法官会议讨论案件之后,合议庭应当进行复议。合议庭复议多数意见与主审法官会议多数意见一致的,由承办法官按多数意见草拟裁判文书并由合议庭全体成员签署或层报院庭长决定是否提交审判委员会讨论;合议庭复议多数意见与主审法官会议多数意见不一致的,不再进行复议,按程序报请审判委员会讨论决定。

13. 纳入院庭长审判监督管理范围的案件,合议庭复议后应当由承办法官按多数意见草拟裁判文书,层报院庭长签发或层报院庭长决定是否提交审判委员会讨论。

14. 拟发回重审、指令再审的案件,层报主管院领导决定。

15. 审判委员会作出的决定,合议庭必须执行。裁判文书由合议庭根据审判委员会决议草拟并层报院庭长签发。

各审判业务部门主要负责同志对审判委员会决议的落实进行监督,审判管理办公室定期督促检查。

审判委员会作出决定的案件,决定后一个月仍未审结的,合议庭要说明理由,报主管院领导审批后送审判管理办公室备案。

16. 下列案件的结案日期确定如下:

(1)以驳回、不予立案、撤回申诉、撤回申请、按撤回申诉处理、按撤回申请处理方式结案的申诉审查、申请再审审查、依职权再审审查、执行异议、执行复议案件,以结案文书送达申诉人、申请人的日期为结案日期;

(2)请示、指定管辖、提级管辖、移交管辖审批、执行协调案件,以结案文书送达报请法院的日期为结案日期;

(3)死刑复核、法定刑以下判处刑罚核准、特殊假释复核、刑罚与执行变更、司法救助、司法协助、执行监督案件,以结案文书签章日期为结案日期;

(4)二审、再审、赔偿委员会审理案件等其他案件,以判决书、裁定书、决定书、调解书等结案文书送达最后一方当事人的日期为结案日期。

17. 区分不同送达方式,确定送达日期如下:

(1)留置送达的,以裁判文书留在受送达人的住所日为送达日期;

(2)公告送达的,以公告刊登之日为送达日期;

(3)邮寄送达的,以交邮日期为送达日期;

(4)委托送达或通过有关单位转交送达的,以送达回证上当事人签收的日期为送达日期。

18. 各审判业务部门应当高度重视审限管理,建立审限管理长效机制,切实加强对案件审理期限的管理、监督和检查;对一年半以上未结案件逐案分析原因、督促研究清理。

19. 对于一年半以上未结案件,审限变更应当报请主管院领导审批。

审判管理办公室每半年形成对本院所有一年半以上未结案件的专项分析报告,提交院审判委员会讨论;案件所在部门的主要负责同志应当逐案说明未结原因以及下一步工作计划。

20. 申请重新计算、扣除、延长、中止审限,需要院庭长批准的,应当在审限届满前提交申请并完成办理流程。

21. 各审判业务部门应当严格执行法律、司法解释中关于审限的规定。审限从立案之日起计算至结案之日。

22. 各类案件审(执)结后,书记员应当在三个月内完成卷宗归档;巡回法庭可适当延长一个月,其他有特殊情况需要延期归档的,应当书面说明理由,最迟不能超过六个月。

档案部门应当在二十个工作日内完成验收。归档验收不合格退回的案件,书记员应当在一个月内补正完毕,送交档案部门。

23. 在保管、使用卷宗过程中，必须确保卷宗始终处于可控制范围内，妥善保管，确保安全。

严格履行卷宗流转签收手续。借阅本人未参与审理的未归档卷宗的，应当书面层报庭长审批；借阅审批单归入案卷副卷。

各审判业务部门应当根据实际情况，制定纸质卷宗移转、签收、保管操作规范，并适时开展抽查工作，确保卷宗移转、签收、保管符合操作规范。

**三、案件质量评查**

24. 坚持以问题为导向，实事求是、公正公开、规范高效开展案件评查工作，将评查贯穿审判执行各环节、全流程。

评查案件时，应当着重检查案件实体、程序、卷宗管理等方面是否符合规定，将案件庭审质量、审限内结案、文书错误等核心评查指标与法官绩效考核挂钩，压实工作责任，实现评查工作的全覆盖、精细化和实质化。

25. 开展案件评查工作可以分别采取重点评查、专项评查和常规评查等方式：

（1）重点评查由审判管理办公室牵头，在院机关抽调相关人员，或者邀请地方法院法官代表、法学专家、人大代表、特邀咨询员、特约监察员等参与，组成案件质量评查小组，对发回重审案件、改判案件、信访案件以及曾纳入长期未结、久押不决督办范围的案件等开展专门评查；

（2）专项评查由审判管理办公室负责，定期对某一类案件的办案质量或办案环节进行专门的检查评定，一般采取部门间交叉评查方式进行。专项评查范围包括裁判文书、庭审活动、长期未结案件等；

（3）常规评查由各审判业务部门自行开展，对本部门各类已结案件开展定期评查，于每年年末形成本部门常规评查报告，提交审判管理办公室。常规评查原则上每季度开展一次，随机抽查比例一般不低于同期结案数的10%，全年应当覆盖全体法官，具体可以采取合议庭互查、组织评查小组等方式进行。

26. 案件承办法官对案件评查发现的差错，可以书面说明情况进行申辩，经所在部门主要负责同志审批后，报送至审判管理办公室研究决定最终评查结果。

各审判业务部门应当将案件评查结果作为法官及审判辅助人员绩效考核的重要内容，归入个人业绩档案，并结合案件评查结果，总结、推广优秀庭审主持、文书制作的先进经验，分析差错、瑕疵案件的具体原因，及时进行整改，完善工作机制，提升审判工作质效。

27. 审判管理办公室和审判业务部门在评查工作中发现违法审判线索以及其他违法违纪线索的，应当及时移送驻院纪检监察组。

**四、附则**

28. 审判管理办公室应当加强对案件审判流程各环节的协调、监督、检查和通报，及时掌握各部门情况，定期公布推广各部门先进经验做法，督促提高审判监督管理水平。

29. 本意见中所指的"庭长"包括各审判业务部门庭（局）长、主持工作的副庭长以及巡回法庭主持工作的副庭长。

30. 本意见执行情况，纳入对各审判业务部门和相关职能部门的年度考核。各审判业务部门应当根据院考评委员会的总体要求，进一步细化审判绩效考核方案，区分案件类型、人员类别、工作内容等情形，对法官以及审判辅助人员的工作业绩进行差别化的综合考核评估。

31. 本意见自 2019 年 10 月 1 日起试行。

# 最高人民法院关于受理审查民事申请再审案件的若干意见

· 2009 年 4 月 27 日
· 法发〔2009〕26 号

为依法保障当事人申请再审权利，规范人民法院受理审查民事申请再审案件工作，根据《中华人民共和国民事诉讼法》和《最高人民法院关于适用〈中华人民共和国民事诉讼法〉审判监督程序若干问题的解释》的有关规定，结合审判工作实际，现就受理审查民事申请再审案件工作提出以下意见：

**一、民事申请再审案件的受理**

**第一条** 当事人或案外人申请再审，应当提交再审申请书等材料，并按照被申请人及原审其他当事人人数提交再审申请书副本。

**第二条** 人民法院应当审查再审申请书是否载明下列事项：

（一）申请再审人、被申请人及原审其他当事人的基本情况。当事人是自然人的，应列明姓名、性别、年龄、民族、职业、工作单位、住所及有效联系电话、邮寄地址；当事人是法人或者其他组织的，应列明名称、住所和法定代表人或者主要负责人的姓名、职务及有效联系电话、邮寄地址；

（二）原审法院名称，原判决、裁定、调解文书案号；

(三)具体的再审请求；

(四)申请再审的法定事由及具体事实、理由；

(五)受理再审申请的法院名称；

(六)申请再审人的签名或者盖章。

**第三条** 申请再审人申请再审，除应提交符合前条规定的再审申请书外，还应当提交以下材料：

(一)申请再审人是自然人的，应提交身份证明复印件；申请再审人是法人或其他组织的，应提交营业执照复印件、法定代表人或主要负责人身份证明书。委托他人代为申请的，应提交授权委托书和代理人身份证明；

(二)申请再审的生效裁判文书原件，或者经核对无误的复印件；生效裁判系二审、再审裁判的，应同时提交一审、二审裁判文书原件，或者经核对无误的复印件；

(三)在原审诉讼过程中提交的主要证据复印件；

(四)支持申请再审事由和再审诉讼请求的证据材料。

**第四条** 申请再审人提交再审申请书等材料的同时，应提交材料清单一式两份，并可附申请再审材料的电子文本，同时填写送达地址确认书。

**第五条** 申请再审人提交的再审申请书等材料不符合上述要求，或者有人身攻击等内容，可能引起矛盾激化的，人民法院应将材料退回申请再审人并告知其补充或改正。

再审申请书等材料符合上述要求的，人民法院应在申请再审人提交的材料清单上注明收到日期，加盖收件章，并将其中一份清单返还申请再审人。

**第六条** 申请再审人提出的再审申请符合以下条件的，人民法院应当在5日内受理并向申请再审人发送受理通知书，同时向被申请人及原审其他当事人发送受理通知书、再审申请书副本及送达地址确认书：

(一)申请再审人是生效裁判文书列明的当事人，或者符合法律和司法解释规定的案外人；

(二)受理再审申请的法院是作出生效裁判法院的上一级法院；

(三)申请再审的裁判属于法律和司法解释允许申请再审的生效裁判；

(四)申请再审的事由属于民事诉讼法第一百七十九条规定的情形。

再审申请不符合上述条件的，应当及时告知申请再审人。

**第七条** 申请再审人向原审法院申请再审的，原审法院应针对申请再审事由并结合原裁判理由作好释明工作。申请再审人坚持申请再审的，告知其可以向上一级法院提出。

**第八条** 申请再审人越级申请再审的，有关上级法院应告知其向原审法院的上一级法院提出。

**第九条** 人民法院认为再审申请不符合民事诉讼法第一百八十四条规定的期间要求的，应告知申请再审人。申请再审人认为未超过法定期间的，人民法院可以限期要求其提交生效裁判文书的送达回证复印件或其他能够证明裁判文书实际生效日期的相应证据材料。

## 二、民事申请再审案件的审查

**第十条** 人民法院受理申请再审案件后，应当组成合议庭进行审查。

**第十一条** 人民法院审查申请再审案件，应当围绕申请再审事由是否成立进行，申请再审人未主张的事由不予审查。

**第十二条** 人民法院审查申请再审案件，应当审查当事人诉讼主体资格的变化情况。

**第十三条** 人民法院审查申请再审案件，采取以下方式：

(一)审查当事人提交的再审申请书、书面意见等材料；

(二)审阅原审卷宗；

(三)询问当事人；

(四)组织当事人听证。

**第十四条** 人民法院经审查申请再审人提交的再审申请书、对方当事人提交的书面意见、原审裁判文书和证据等材料，足以确定申请再审事由不能成立的，可以径行裁定驳回再审申请。

**第十五条** 对于以下列事由申请再审，且根据当事人提交的申请材料足以确定再审事由成立的案件，人民法院可以径行裁定再审：

(一)违反法律规定，管辖错误的；

(二)审判组织的组成不合法或者依法应当回避的审判人员没有回避的；

(三)无诉讼行为能力人未经法定代理人代为诉讼，或者应当参加诉讼的当事人因不能归责于本人或者其诉讼代理人的事由未参加诉讼的；

(四)据以作出原判决、裁定的法律文书被撤销或者变更的；

(五)审判人员在审理该案件时有贪污受贿、徇私舞弊、枉法裁判行为，并经相关刑事法律文书或者纪律处分决定确认的。

**第十六条** 人民法院决定调卷审查的,原审法院应当在收到调卷函后15日内按要求报送卷宗。

调取原审卷宗的范围可根据审查工作需要决定。必要时,在保证真实的前提下,可要求原审法院以传真件、复印件、电子文档等方式及时报送相关卷宗材料。

**第十七条** 人民法院可根据审查工作需要询问一方或者双方当事人。

**第十八条** 人民法院对以下列事由申请再审的案件,可以组织当事人进行听证:

(一)有新的证据,足以推翻原判决、裁定的;

(二)原判决、裁定认定的基本事实缺乏证据证明的;

(三)原判决、裁定认定事实的主要证据是伪造的;

(四)原判决、裁定适用法律确有错误的。

**第十九条** 合议庭决定听证的案件,应在听证5日前通知当事人。

**第二十条** 听证由审判长主持,围绕申请再审事由是否成立进行。

**第二十一条** 申请再审人经传票传唤,无正当理由拒不参加询问、听证或未经许可中途退出的,裁定按撤回再审申请处理。被申请人及原审其他当事人不参加询问、听证或未经许可中途退出的,视为放弃在询问、听证过程中陈述意见的权利。

**第二十二条** 人民法院在审查申请再审案件过程中,被申请人或者原审其他当事人提出符合条件的再审申请的,应当将其列为申请再审人,对于其申请再审事由一并审查,审查期限重新计算。经审查,其中一方申请再审人主张的再审事由成立的,人民法院即应裁定再审。各方申请再审人主张的再审事由均不成立的,一并裁定驳回。

**第二十三条** 申请再审人在审查过程中撤回再审申请的,是否准许,由人民法院裁定。

**第二十四条** 审查过程中,申请再审人、被申请人及原审其他当事人自愿达成和解协议,当事人申请人民法院出具调解书且能够确定申请再审事由成立的,人民法院应当裁定再审并制作调解书。

**第二十五条** 审查过程中,申请再审人或者被申请人死亡或者终止的,按下列情形分别处理:

(一)申请再审人有权利义务继受人且该权利义务继受人申请参加审查程序的,变更其为申请再审人;

(二)被申请人有权利义务继受人的,变更其权利义务继受人为被申请人;

(三)申请再审人无权利义务继受人或其权利义务继受人未申请参加审查程序的,裁定终结审查程序;

(四)被申请人无权利义务继受人且无可供执行财产的,裁定终结审查程序。

**第二十六条** 人民法院经审查认为再审申请超过民事诉讼法第一百八十四条规定期间的,裁定驳回申请。

**第二十七条** 人民法院经审查认为申请再审事由成立的,一般应由本院提审。

**第二十八条** 最高人民法院、高级人民法院审查的下列案件,可以指令原审法院再审:

(一)依据民事诉讼法第一百七十九条第一款第(八)至第(十三)项事由提起再审的;

(二)因违反法定程序可能影响案件正确判决、裁定提起再审的;

(三)上一级法院认为其他应当指令原审法院再审的。

**第二十九条** 提审和指令再审的裁定书应当包括以下内容:

(一)申请再审人、被申请人及原审其他当事人基本情况;

(二)原审法院名称、申请再审的生效裁判文书名称、案号;

(三)裁定再审的法律依据;

(四)裁定结果。

裁定书由院长署名,加盖人民法院印章。

**第三十条** 驳回再审申请的裁定书,应当包括以下内容:

(一)申请再审人、被申请人及原审其他当事人基本情况;

(二)原审法院名称、申请再审的生效裁判文书名称、案号;

(三)申请再审人主张的再审事由、被申请人的意见;

(四)驳回再审申请的理由、法律依据;

(五)裁定结果。

裁定书由审判人员、书记员署名,加盖人民法院印章。

**第三十一条** 再审申请被裁定驳回后,申请再审人以相同理由再次申请再审的,不作为申请再审案件审查处理。

申请再审人不服驳回其再审申请的裁定,向作出驳回裁定法院的上一级法院申请再审的,不作为申请再审案件审查处理。

**第三十二条** 人民法院应当自受理再审申请之日起

3个月内审查完毕,但鉴定期间等不计入审查期限。有特殊情况需要延长的,报经本院院长批准。

**第三十三条** 2008年4月1日之前受理,尚未审结的案件,符合申请再审条件的,由受理再审申请的人民法院继续审查处理并作出裁定。

<h3 align="center">最高人民法院关于统一再审立案阶段和<br>再审审理阶段民事案件编号的通知</h3>

· 2008年4月7日
· 法〔2008〕127号

各省、自治区、直辖市高级人民法院,解放军军事法院,新疆维吾尔自治区高级人民法院生产建设兵团分院:

为配合修改后的民事诉讼法的实施,现就再审立案阶段和再审审理阶段民事案件编号通知如下:

**一、再审立案阶段民事案件编号**

1. 当事人不服生效一审或者二审判决、裁定、调解书,向上一级人民法院申请再审,且符合申请再审受理条件的案件,编立"民申字"案号;

2. 当事人不服生效再审判决、裁定、调解书,向上一级人民法院申请再审,且符合申请再审受理条件的案件,编立"民再申字"案号;

3. 人民法院依据民事诉讼法第一百七十七条依职权进行审查的案件,编立"民监字"案号;

4. 人民检察院依法提出抗诉的案件,编立"民抗字"案号。

**二、再审审理阶段民事案件编号**

1. 上级人民法院提审的再审案件,编立"民提字"案号;

2. 下列案件,编立"民再字"案号:

(1)各级人民法院依据民事诉讼法第一百七十七条第一款对于本院生效判决、裁定决定再审的案件;

(2)最高人民法院对地方各级人民法院生效判决、裁定,上级人民法院对下级人民法院生效判决、裁定,依据民事诉讼法第一百七十七条第二款指令再审的案件;

(3)最高人民法院、高级人民法院依据民事诉讼法第一百八十一条第二款指令原审人民法院再审的案件;

(4)最高人民法院、高级人民法院依据民事诉讼法第一百八十一条第二款指令其他人民法院再审的案件;

(5)上级人民法院对于人民检察院提出抗诉的案件,依据民事诉讼法第一百八十八条指令下一级人民法院再审的案件。

本通知自下发之日起施行。本院以前发布的有关规定与本通知不一致的,以本通知为准。

<h3 align="center">最高人民法院、最高人民检察院<br>关于规范办理民事再审检察建议<br>案件若干问题的意见</h3>

· 2023年11月24日
· 法发〔2023〕18号

为规范人民法院、人民检察院办理民事再审检察建议案件程序,推进落实《中共中央关于加强新时代检察机关法律监督工作的意见》,提升法律监督质效和司法公信力,促进司法公正,根据《中华人民共和国民事诉讼法》等法律规定,结合司法实践,制定本意见。

**第一条** 民事再审检察建议是人民检察院对生效民事判决、裁定、调解书实施法律监督的重要方式。人民法院、人民检察院应当严格按照《中华人民共和国民事诉讼法》有关再审检察建议的规定,依法规范履行审判和法律监督职责。人民检察院要坚持法定性与必要性相结合的监督标准,增强监督的及时性与实效性,规范适用再审检察建议;人民法院要坚持依法接受监督,增强接受监督的主动性与自觉性,及时办理民事再审检察建议案件,共同维护司法公正。

**第二条** 人民检察院发现同级人民法院生效民事判决、裁定有《中华人民共和国民事诉讼法》第二百零七条规定情形之一的,或者民事调解书有损害国家利益、社会公共利益情形的,可以向同级人民法院提出再审检察建议;地方各级人民检察院提出再审检察建议的,应报上级人民检察院备案。

人民检察院发现生效民事判决、裁定、调解书系民事诉讼当事人通过虚假诉讼获得的,依照《最高人民法院、最高人民检察院、公安部、司法部关于进一步加强虚假诉讼犯罪惩治工作的意见》第十八条规定办理。

**第三条** 人民检察院对同级人民法院再审或者审判委员会讨论后作出的生效民事判决、裁定、调解书,一般不适用提出再审检察建议的方式进行监督。

人民法院生效民事判决、裁定、调解书存在的笔误或者表述瑕疵不属于提出再审检察建议的情形,人民检察院可以提出改进工作建议。

**第四条** 人民检察院提出再审检察建议,一般应当经检察委员会讨论决定。存在特殊情形的,人民检察院可与同级人民法院会商解决。

**第五条** 人民检察院提出再审检察建议，应当将再审检察建议书连同检察案件材料一并移送同级人民法院。

再审检察建议书应当载明案件相关情况、监督意见并列明原判决、裁定、调解书存在《中华人民共和国民事诉讼法》第二百一十五条、第二百一十六条规定的情形。

人民检察院提出再审检察建议案件不符合前述规定的，人民法院依照《最高人民法院关于适用〈中华人民共和国民事诉讼法〉的解释》第四百一十四条规定处理。

**第六条** 人民法院应自收到符合条件的再审检察建议书和相关检察案件材料之日起七日内编立案号，纳入案件流程管理，依法进行审查，并告知人民检察院。

本院或者上级人民法院已作出驳回再审申请裁定的，不影响人民法院受理同级人民检察院提出的再审检察建议。

人民检察院提出再审检察建议的案件已经同级人民法院裁定再审但尚未审结的，人民法院应当将再审检察建议并入再审案件一并审理，并函告人民检察院。案件已经上级人民法院裁定再审但尚未审结的，同级人民法院可以将再审检察建议书及检察案件材料报送上级人民法院并告知提出再审检察建议的人民检察院。

**第七条** 人民法院对民事再审检察建议案件，应当组成合议庭，在三个月内审查完毕。有特殊情况需要延长的，应当依照相关审批程序延长审查期限。

在原审判程序中参与过本案审判工作的审判人员，不得再参与该民事再审检察建议案件的办理。

**第八条** 人民法院对民事再审检察建议案件，一般采取审查人民检察院移交的案件材料、调阅原审案件卷宗等方式进行书面审查。经审查，案件可能启动再审或者存在其他确有必要情形的，应询问当事人。

**第九条** 人民法院对民事再审检察建议案件经审查认为原判决、裁定、调解书确有错误，决定采纳检察建议启动再审的，再审裁定书应当载明监督机关及民事再审检察建议文号。裁定书应当送交同级人民检察院。

人民法院经审查决定不予再审的，应当书面回复人民检察院并述明理由。人民检察院可以适当方式将人民法院不予再审结果告知申请人。

**第十条** 人民法院采纳再审检察建议启动再审的民事案件，按照《最高人民法院关于适用〈中华人民共和国民事诉讼法〉的解释》第四百零二条第一款第三项、第四项规定的程序开庭审理。有下列情形之一的，人民检察院可以派员出席法庭：

（一）人民检察院认为原案的处理损害国家利益或者社会公共利益的；

（二）人民检察院认为原案存在虚假诉讼的；

（三）人民检察院调查核实的证据需要向法庭出示的；

（四）具有重大社会影响等其他确有出庭必要的。

人民检察院派员出席法庭的，可以参照《最高人民法院关于适用〈中华人民共和国民事诉讼法〉的解释》第四百零二条第一款第二项规定的程序开庭审理。

**第十一条** 人民法院采纳再审检察建议启动再审的民事案件，应当将再审后作出的判决书、裁定书送交同级人民检察院。调解结案的，书面告知同级人民检察院。

**第十二条** 人民法院、人民检察院应当建立民事再审检察建议案件共同调解机制，做好民事再审检察建议案件调解和矛盾化解工作。

**第十三条** 人民法院、人民检察院应当探索建立常态化工作联系机制。对涉及群体性纠纷或者引发社会广泛关注，可能影响社会稳定的案件，以及重大、疑难、复杂、敏感等案件，人民法院、人民检察院在办理过程中，应当加强相互沟通，依法妥善处理。

**第十四条** 人民法院、人民检察院应当定期开展再审检察建议工作综合分析和通报，推动审判监督和检察监督工作良性互动，提升再审检察建议案件办理质效。

地方各级人民法院、人民检察院在实践中遇到新情况、新问题可先行会商，并将相关问题及应对措施及时层报最高人民法院、最高人民检察院。

## 最高人民法院印发《关于加强和规范案件提级管辖和再审提审工作的指导意见》的通知

· 2023 年 7 月 28 日
· 法发〔2023〕13 号

各省、自治区、直辖市高级人民法院，解放军军事法院，新疆维吾尔自治区高级人民法院生产建设兵团分院：

现将《关于加强和规范案件提级管辖和再审提审工作的指导意见》予以印发，请结合实际认真贯彻执行。执行中遇有问题，请及时报告最高人民法院。

### 关于加强和规范案件提级管辖和再审提审工作的指导意见

为加强人民法院审级监督体系建设，做深做实新时代能动司法，推动以审判工作现代化服务保障中国式现代化，现根据相关法律和司法解释的规定，结合审判工作实际，就加强和规范人民法院案件提级管辖、再审提审工作，制定本意见。

## 一、一般规定

**第一条** 健全完善案件提级管辖、再审提审工作机制，是完善四级法院审级职能定位改革的重要内容，有利于促进诉源治理、统一法律适用、维护群众权益。各级人民法院应当通过积极、规范、合理适用提级管辖，推动将具有指导意义、涉及重大利益、可能受到干预的案件交由较高层级人民法院审理，发挥典型案件裁判的示范引领作用，实现政治效果、社会效果、法律效果的有机统一。中级以上人民法院应当加大再审提审适用力度，精准履行审级监督和再审纠错职能。最高人民法院聚焦提审具有普遍法律适用指导意义、存在重大法律适用分歧的典型案件，充分发挥最高审判机关监督指导全国审判工作、确保法律正确统一适用的职能。

**第二条** 本意见所称"提级管辖"，是指根据《中华人民共和国刑事诉讼法》第二十四条、《中华人民共和国民事诉讼法》第三十九条、《中华人民共和国行政诉讼法》第二十四条的规定，下级人民法院将所管辖的第一审案件转移至上级人民法院审理，包括上级人民法院依下级人民法院报请提级管辖、上级人民法院依职权提级管辖。

**第三条** 本意见所称"再审提审"，是指根据《中华人民共和国民事诉讼法》第二百零五条第二款、第二百一十一条第二款，《中华人民共和国行政诉讼法》第九十一条、第九十二条第二款的规定，上级人民法院对下级人民法院已经发生法律效力的民事、行政判决、裁定，认为确有错误并有必要提审的，裁定由本院再审，包括上级人民法院依职权提审、上级人民法院依当事人再审申请提审、最高人民法院依高级人民法院报请提审。

## 二、完善提级管辖机制

**第四条** 下级人民法院对已经受理的第一审刑事、民事、行政案件，认为属于下列情形之一，不宜由本院审理的，应当报请上一级人民法院审理：

（一）涉及重大国家利益、社会公共利益的；

（二）在辖区内属于新类型，且案情疑难复杂的；

（三）具有诉源治理效应，有助于形成示范性裁判，推动同类纠纷统一、高效、妥善化解的；

（四）具有法律适用指导意义的；

（五）上一级人民法院或者其辖区内人民法院之间近三年裁判生效的同类案件存在重大法律适用分歧的；

（六）由上一级人民法院一审更有利于公正审理的。

上级人民法院对辖区内人民法院已经受理的第一审刑事、民事、行政案件，认为属于上述情形之一，有必要由本院审理的，可以决定提级管辖。

**第五条** "在辖区内属于新类型，且案情疑难复杂的"案件，主要指案件所涉领域、法律关系、规制范围等在辖区内具有首案效应或者相对少见，在法律适用上存在难点和争议。

"具有诉源治理效应，有助于形成示范性裁判，推动同类纠纷统一、高效、妥善化解的"案件，是指案件具有示范引领价值，通过确立典型案件的裁判规则，能够处理类似纠纷形成规范指引，引导当事人作出理性选择，促进批量纠纷系统化解，实现纠纷源头治理。

"具有法律适用指导意义的"案件，是指法律、法规、司法解释、司法指导性文件等没有明确规定，需要通过典型案件裁判进一步明确法律适用；司法解释、司法指导性文件、指导性案例发布时所依据的客观情况发生重大变化，继续适用有关规则审理明显有违公平正义。

"由上一级人民法院一审更有利于公正审理的"案件，是指案件因所涉领域、主体、利益等因素，可能受地方因素影响或者外部干预，下级人民法院不宜行使管辖权。

**第六条** 下级人民法院报请上一级人民法院提级管辖的案件，应当经本院院长或者分管院领导批准，以书面形式请示。请示应当包含案件基本情况、报请提级管辖的事实和理由等内容，并附必要的案件材料。

**第七条** 民事、行政第一审案件报请提级管辖的，应当在当事人答辩期届满后，至迟于案件法定审理期限届满三十日前向上一级人民法院报请。

刑事第一审案件报请提级管辖的，应当至迟于案件法定审理期限届满十五日前向上一级人民法院报请。

**第八条** 上一级人民法院收到案件报请提级管辖的请示和材料后，由立案庭编立"辖"字号，转相关审判庭组成合议庭审查。上一级人民法院应当在编立案号之日起三十日内完成审查，但法律和司法解释对审查时限另有规定的除外。

合议庭经审查并报本院院长或者分管院领导批准后，根据本意见所附诉讼文书样式，作出同意或者不同意提级管辖的法律文书。相关法律文书一经作出即生效。

**第九条** 上级人民法院根据本意见第二十一条规定的渠道，发现下级人民法院受理的第一审案件可能需要提级管辖的，可以及时与相关人民法院沟通，并书面通知提供必要的案件材料。

上级人民法院认为案件应当提级管辖的，经本院院长或者分管院领导批准后，根据本意见所附诉讼文书样式，作出提级管辖的法律文书。

**第十条** 上级人民法院作出的提级管辖法律文书，应当载明以下内容：

（一）案件基本信息；

（二）本院决定提级管辖的理由和分析意见。

上级人民法院不同意提级管辖的，应当在相关法律文书中载明理由和分析意见。

**第十一条** 上级人民法院决定提级管辖的，应当在作出法律文书后五日内，将法律文书送原受诉人民法院。原受诉人民法院收到提级管辖的法律文书后，应当在五日内送达当事人，并在十日内将案卷材料移送上级人民法院。上级人民法院应当在收到案卷材料后五日内立案。对检察机关提起公诉的案件，上级人民法院决定提级管辖的，应当书面通知同级人民检察院，原受诉人民法院应当将案卷材料退回同级人民检察院，并书面通知当事人。

上级人民法院决定不予提级管辖的，应当在作出法律文书后五日内，将法律文书送原受诉人民法院并退回相关案卷材料。案件由原受诉人民法院继续审理。

**第十二条** 上级人民法院决定提级管辖的案件，应当依法组成合议庭适用第一审普通程序审理。

原受诉人民法院已经依法完成的送达、保全、鉴定等程序性工作，上级人民法院可以不再重复开展。

**第十三条** 中级人民法院、高级人民法院决定提级管辖的案件，应当报上一级人民法院立案庭备案。

**第十四条** 按照本意见提级管辖的案件，审理期限自上级人民法院立案之日起重新计算。

下级人民法院向上级人民法院报送提级管辖请示的期间和上级人民法院审查处理期间，均不计入案件审理期限。

对依报请不同意提级管辖的案件，自原受诉人民法院收到相关法律文书之日起恢复案件审限计算。

### 三、规范民事、行政再审提审机制

**第十五条** 上级人民法院对下级人民法院已经发生法律效力的民事、行政判决、裁定，认为符合再审条件的，一般应当提审。

对于符合再审条件的民事、行政判决、裁定，存在下列情形之一的，最高人民法院、高级人民法院可以指令原审人民法院再审，或者指定与原审人民法院同级的其他人民法院再审，但法律和司法解释另有规定的除外：

（一）原判决、裁定认定事实的主要证据未经质证的；

（二）对审理案件需要的主要证据，当事人因客观原因不能自行收集，书面申请人民法院调查收集，人民法院未调查收集的；

（三）违反法律规定，剥夺当事人辩论权利的；

（四）发生法律效力的判决、裁定是由第一审法院作出的；

（五）当事人一方人数众多或者当事人双方均为公民的民事案件；

（六）经审判委员会讨论决定的其他情形。

**第十六条** 最高人民法院依法受理的民事、行政申请再审审查案件，除法律和司法解释规定应当提审的情形外，符合下列情形之一的，也应当裁定提审：

（一）在全国有重大影响的；

（二）具有普遍法律适用指导意义的；

（三）所涉法律适用问题在最高人民法院内部存在重大分歧的；

（四）所涉法律适用问题在不同高级人民法院之间裁判生效的同类案件存在重大分歧的；

（五）由最高人民法院提审更有利于案件公正审理的；

（六）最高人民法院认为应当提审的其他情形。

最高人民法院依职权主动发现地方各级人民法院已经发生法律效力的民事、行政判决、裁定确有错误，并且符合前款规定的，应当提审。

**第十七条** 高级人民法院对于本院和辖区内人民法院作出的已经发生法律效力的民事、行政判决、裁定，认为适用法律确有错误，且属于本意见第十六条第一款第一项至第五项所列情形之一的，经本院审判委员会讨论决定后，可以报请最高人民法院提审。

**第十八条** 高级人民法院报请最高人民法院再审提审的案件，应当向最高人民法院提交书面请示，请示应当包括以下内容：

（一）案件基本情况；

（二）本院再审申请审查情况；

（三）报请再审提审的理由；

（四）合议庭评议意见、审判委员会讨论意见；

（五）必要的案件材料。

**第十九条** 最高人民法院收到高级人民法院报送的

再审提审请示及材料后,由立案庭编立"监"字号,转相关审判庭组成合议庭审查,并在三个月以内作出下述处理:

(一)符合提审条件的,作出提审裁定;

(二)不符合提审条件的,作出不同意提审的批复。

最高人民法院不同意提审的,应当在批复中说明意见和理由。

第二十条 案件报请最高人民法院再审提审的期间和最高人民法院审查处理期间,不计入申请再审审查案件办理期限。

对不同意再审提审的案件,自高级人民法院收到批复之日起,恢复申请再审审查案件的办理期限计算。

### 四、完善提级管辖、再审提审的保障机制

第二十一条 上级人民法院应当健全完善特殊类型案件的发现、监测、甄别机制,注重通过以下渠道,主动启动提级管辖或者再审提审程序:

(一)办理下级人民法院关于法律适用问题的请示;

(二)开展审务督察、司法巡查、案件评查;

(三)办理检察监督意见;

(四)办理人大代表、政协委员关注的事项或者问题;

(五)办理涉及具体案件的群众来信来访;

(六)处理当事人提出的提级管辖或者再审提审请求;

(七)开展案件舆情监测;

(八)办理有关国家机关、社会团体等移送的其他事项。

第二十二条 对于提级管辖、再审提审案件,相关人民法院应当加大监督管理力度,配套完善激励、考核机制,把提级管辖、再审提审案件的规则示范意义、对下指导效果、诉源治理成效、成果转化情况、社会各界反映等作为重要评价内容。

第二十三条 最高人民法院各审判庭应当强化对下监督指导,统筹做好本审判条线相关案件的提级管辖、再审提审工作,全面掌握案件情况,及时办理请示事项。各高级人民法院应当定期向最高人民法院报送提级管辖案件情况,加强辖区内人民法院各审判业务条线的沟通交流、问题反馈和业务指导,结合辖区审判工作实际,细化明确提级管辖、再审提审案件的范围、情形和程序。

第二十四条 最高人民法院、高级人民法院应当健全完善提级管辖、再审提审案件的裁判规则转化机制,将提级管辖案件的裁判统一纳入人民法院案例库,积极将具有法律适用指导意义的提级管辖、再审提审案件作为指导性案例、参考性案例培育,推动将具有规则确立意义、示范引领作用的裁判转化为司法解释、司法指导性文件、司法建议、调解指引等。加大对提级管辖、再审提审案件的宣传力度,将宣传重点聚焦到增强人民群众获得感、促进提升司法公信力、有力破除"诉讼主客场"现象上来,积极通过庭审公开、文书说理、案例发布、新闻报道、座谈交流等方式,充分展示相关审判工作成效,促进公众和社会法治意识的养成,为有序推进相关工作营造良好氛围。

### 五、附则

第二十五条 本意见由最高人民法院解释。各高级人民法院可以根据相关法律、司法解释和本意见,结合审判工作实际,制定或者修订本地区关于提级管辖、再审提审的实施细则,报最高人民法院备案。

第二十六条 本意见自2023年8月1日起施行。之前有关规定与本意见不一致的,按照本意见执行。

附件:(略)

## 最高人民法院关于开展审判监督工作若干问题的通知

· 2004年5月18日
· 法〔2004〕103号

各省、自治区、直辖市高级人民法院,新疆维吾尔自治区高级人民法院生产建设兵团分院:

按照《最高人民法院机关机构改革方案》和最高人民法院有关司法解释关于内设机构及其职能的有关规定,本院立案庭、审判监督庭、民事审判第三庭、民事审判第四庭、行政审判庭分别承担相应案件的审判监督职能。在开展审判监督工作中,除与对口业务庭发生工作联系外,还需与各高级人民法院立案庭、审判监督庭及其他业务庭发生工作联系。由于上下级法院内设机构的职能分工不尽一致,当前在工作协调上遇到一些困难,影响了审判监督工作的顺利开展。为认真贯彻司法为民要求,确保"公正与效率"的实现,加强审判监督工作,特通知如下:

一、本院有关业务庭审查后要求高级人民法院复查并报送复查结果的申诉或者申请再审案件,高级人民法院应当在限定的期限内进行复查并依法处理,对申诉人或者再审申请人作出书面答复,同时将复查结果报本院相关业务庭。

二、本院有关业务庭调卷的案件,相关高级人民法院应当在限定的期限内将案件全部卷宗寄出。

本院有关业务庭根据审判监督工作实际需要提出的其他要求,高级人民法院应当在限定期限内完成。

如有特殊情况,高级人民法院无法按期完成上述案件复查、调卷或其他事宜的,应当在期限届满前向本院有关业务庭说明情况,并提出预期完成的时间。

三、本院指令高级人民法院再审并发函指出问题的案件,高级人民法院在作出裁判后应当将裁判文书及时报送最高人民法院。

四、本院各有关业务庭按照职责分工开展审判监督工作,均系代表本院行使审判监督职权。各高级人民法院承担审判监督任务的有关业务庭应当以高度负责的态度,各司其职,积极协助和配合本院有关业务庭搞好申诉和申请再审案件的相关工作和审判监督工作,不得因上下级法院业务部门不对口而推诿拖延。

五、违反上述要求的,本院有关业务庭应当积极督办;经督办仍无改进的,本院将依照有关规定予以处理。

## 最高人民法院关于规范人民法院再审立案的若干意见(试行)

· 2002年9月10日
· 法发〔2002〕13号

为加强审判监督,规范再审立案工作,根据《中华人民共和国刑事诉讼法》、《中华人民共和国民事诉讼法》和《中华人民共和国行政诉讼法》的有关规定,结合审判实际,制定本规定。

**第一条** 各级人民法院、专门人民法院对本院或者上级人民法院对下级人民法院作出的终审裁判,经复查认为符合再审立案条件的,应当决定或裁定再审。

人民检察院依照法律规定对人民法院作出的终审裁判提出抗诉的,应当再审立案。

**第二条** 地方各级人民法院、专门人民法院负责下列案件的再审立案:

(一)本院作出的终审裁判,符合再审立案条件的;

(二)下一级人民法院复查驳回或者再审改判,符合再审立案条件的;

(三)上级人民法院指令再审的;

(四)人民检察院依法提出抗诉的。

**第三条** 最高人民法院负责下列案件的再审立案:

(一)本院作出的终审裁判,符合再审立案条件的;

(二)高级人民法院复查驳回或者再审改判,符合再审立案条件的;

(三)最高人民检察院依法提出抗诉的,

(四)最高人民法院认为应由自己再审的。

**第四条** 上级人民法院对下级人民法院作出的终审裁判,认为确有必要的,可以直接立案复查,经复查认为符合再审立案条件的,可以决定或裁定再审。

**第五条** 再审申请人或申诉人向人民法院申请再审或申诉,应当提交以下材料:

(一)再审申请书或申诉状,应当载明当事人的基本情况、申请再审或申诉的事实与理由;

(二)原一、二审判决书、裁定书等法律文书,经过人民法院复查或再审的,应当附有驳回通知书、再审判决书或裁定书;

(三)以有新的证据证明原裁判认定的事实确有错误为由申请再审或申诉的,应当同时附有证据目录、证人名单和主要证据复印件或者照片;需要人民法院调查取证的,应当附有证据线索。

申请再审或申诉不符合前款规定的,人民法院不予审查。

**第六条** 申请再审或申诉一般由终审人民法院审查处理。

上一级人民法院对未经终审人民法院审查处理的申请再审或申诉,一般交终审人民法院审查;对经终审人民法院审查处理后仍坚持申请再审或申诉的,应当受理。

对未经终审人民法院及其上一级人民法院审查处理,直接向上级人民法院申请再审或申诉的,上级人民法院应当交下一级人民法院处理。

**第七条** 对终审刑事裁判的申诉,具备下列情形之一的,人民法院应当决定再审:

(一)有审判时未收集到的或者未被采信的证据,可能推翻原定罪量刑的;

(二)主要证据不充分或者不具有证明力的;

(三)原裁判的主要事实依据被依法变更或撤销的;

(四)据以定罪量刑的主要证据自相矛盾的;

(五)引用法律条文错误或者违反刑法第十二条的规定适用失效法律的;

(六)违反法律关于溯及力规定的;

(七)量刑明显不当的;

(八)审判程序不合法,影响案件公正裁判的;

(九)审判人员在审理案件时索贿受贿、徇私舞弊并导致枉法裁判的。

**第八条** 对终审民事裁判、调解的再审申请,具备下列情形之一的,人民法院应当裁定再审:

(一)有再审申请人以前不知道或举证不能的证据,可能推翻原裁判的;

(二)主要证据不充分或者不具有证明力的;

(三)原裁判的主要事实依据被依法变更或撤销的;

(四)就同一法律事实或同一法律关系,存在两个相互矛盾的生效法律文书,再审申请人对后一生效法律文书提出再审申请的;

(五)引用法律条文错误或者适用失效、尚未生效法律的;

(六)违反法律关于溯及力规定的;

(七)调解协议明显违反自愿原则,内容违反法律或者损害国家利益、公共利益和他人利益的;

(八)审判程序不合法,影响案件公正裁判的;

(九)审判人员在审理案件时索贿受贿、徇私舞弊并导致枉法裁判的。

**第九条** 对终审行政裁判的申诉,具备下列情形之一的,人民法院应当裁定再审:

(一)依法应当受理而不予受理或驳回起诉的;

(二)有新的证据可能改变原裁判的;

(三)主要证据不充分或不具有证明力的;

(四)原裁判的主要事实依据被依法变更或撤销的;

(五)引用法律条文错误或者适用失效、尚未生效法律的;

(六)违反法律关于溯及力规定的;

(七)行政赔偿调解协议违反自愿原则,内容违反法律或损害国家利益、公共利益和他人利益的;

(八)审判程序不合法,影响案件公正裁判的;

(九)审判人员在审理案件时索贿受贿、徇私舞弊并导致枉法裁判的。

**第十条** 人民法院对刑事案件的申诉人在刑罚执行完毕后两年内提出的申诉,应当受理;超过两年提出申诉,具有下列情形之一的,应当受理:

(一)可能对原审被告人宣告无罪的;

(二)原审被告人在本条规定的期限内向人民法院提出申诉,人民法院未受理的;

(三)属于疑难、复杂、重大案件的。

不符合前款规定的,人民法院不予受理。

**第十一条** 人民法院对刑事附带民事案件中仅就民事部分提出申诉的,一般不予再审立案。但有证据证明民事部分明显失当且原审被告人有赔偿能力的除外。

**第十二条** 人民法院对民事、行政案件的再审申请人或申诉人超过两年提出再审申请或申诉的,不予受理。

**第十三条** 人民法院对不符合法定主体资格的再审申请或申诉,不予受理。

**第十四条** 人民法院对下列民事案件的再审申请不予受理:

(一)人民法院依照督促程序、公示催告程序和破产还债程序审理的案件;

(二)人民法院裁定撤销仲裁裁决和裁定不予执行仲裁裁决的案件;

(三)人民法院判决、调解解除婚姻关系的案件,但当事人就财产分割问题申请再审的除外。

**第十五条** 上级人民法院对经终审法院的上一级人民法院依照审判监督程序审理后维持原判或者经两级人民法院依照审判监督程序复查均驳回的申请再审或申诉案件,一般不予受理。

但再审申请人或申诉人提出新的理由,且符合《中华人民共和国刑事诉讼法》第二百零四条、《中华人民共和国民事诉讼法》第一百七十九条、《中华人民共和国行政诉讼法》第六十二条及本规定第七、八、九条规定条件的,以及刑事案件的原审被告人可能被宣告无罪的除外。

**第十六条** 最高人民法院再审裁判或者复查驳回的案件,再审申请人或申诉人仍不服提出再审申请或申诉的,不予受理。

**第十七条** 本意见自2002年11月1日起施行。以前有关再审立案的规定与本意见不一致的,按本意见执行。

· 典型案例

## 1. 牡丹江市宏阁建筑安装有限责任公司诉牡丹江市华隆房地产开发有限责任公司、张继增建设工程施工合同纠纷案①

【基本案情】

2009年6月15日,黑龙江省牡丹江市华隆房地产开发有限责任公司(简称华隆公司)因与牡丹江市宏阁建筑安装有限责任公司(简称宏阁公司)、张继增建设工程施工合同纠纷一案,不服黑龙江省高级人民法院同年2月11日作出的(2008)黑民一终字第173号民事判决,向最高人民法院申请再审。最高人民法院于同年12月8日作出(2009)民申字第1164号民事裁定,按照审判监督程序提审本案。在最高人民法院民事审判第一庭提审期间,华隆公司鉴于当事人之间已达成和解且已履行完毕,提交了撤回再审申请书。最高人民法院经审查,于2010年12月15日以(2010)民提字第63号民事裁定准许其撤回再审申请。

申诉人华隆公司在向法院申请再审的同时,也向检察院申请抗诉。2010年11月12日,最高人民检察院受理后决定对本案按照审判监督程序提出抗诉。2011年3月9日,最高人民法院立案一庭收到最高人民检察院高检民抗(2010)58号民事抗诉书后进行立案登记,同月11日移送审判监督庭审理。最高人民法院审判监督庭经审查发现,华隆公司曾向本院申请再审,其纠纷已解决,且申请检察院抗诉的理由与申请再审的理由基本相同,遂与最高人民检察院沟通并建议其撤回抗诉,最高人民检察院不同意撤回抗诉。再与华隆公司联系,华隆公司称当事人之间已就抗诉案达成和解且已履行完毕,纠纷已经解决,并于同年4月13日再次向最高人民法院提交了撤诉申请书。

【裁判结果】

最高人民法院于2011年7月6日以(2011)民抗字第29号民事裁定书,裁定本案终结审查。

【裁判理由】

最高人民法院认为:对于人民检察院抗诉再审的案件,或者人民法院依据当事人申请或依职权裁定再审的案件,如果再审期间当事人达成和解并履行完毕,或者撤回申诉,且不损害国家利益、社会公共利益的,为了尊重和保障当事人在法定范围内对本人合法权利的自由处分权,实现诉讼法律效果与社会效果的统一,促进社会和谐,人民法院应当根据《最高人民法院关于适用〈中华人民共和国民事诉讼法〉审判监督程序若干问题的解释》第三十四条的规定,裁定终结再审诉讼。

本案中,申诉人华隆公司不服原审法院民事判决,在向最高人民法院申请再审的同时,也向检察机关申请抗诉。在本院审理期间,当事人达成和解,华隆公司向本院申请撤诉。由于当事人有权在法律规定的范围内自由处分自己的民事权益和诉讼权利,其撤诉申请意思表示真实,已裁定准许其撤回再审申请,本案当事人之间的纠纷已得到解决,且本案并不涉及国家利益、社会公共利益或第三人利益,故检察机关抗诉的基础已不存在,本案已无按抗诉程序裁定进入再审的必要,应当依法裁定本案终结审查。

## 2. 某某纺织机械股份有限公司与裘某某等分期付款买卖合同纠纷案②

【裁判摘要】

生效裁判确定的数债务人中,仅有部分债务人申请再审且理由可以成立的,人民法院在依法裁定再审时,还应当审查案件再审是否可能影响其他债务人按照原裁判承担债务。如再审不影响其他债务人按照原裁判承担债务的,应当仅中止对再审申请人的执行,以确保在实现再审依法纠错功能的同时,合理保护债权人的合法权利。

**最高人民法院**
**民事裁定书**

(2015)民申字第1823号

再审申请人(一审被告):裘某某,女,汉族,1964年2月9日出生,住浙江省绍兴市,现住新疆维吾尔自治区石河子市。

被申请人(一审原告):某某纺织机械股份有限公司。住所地:北京市北京经济技术开发区永昌中路8号。

法定代表人:叶某某,该公司董事长。

---
① 案例来源:最高人民法院指导案例7号。
② 案例来源:《最高人民法院公报》2016年第4期。

一审被告:新疆某某实业有限公司。住所地:新疆维吾尔自治区石河子市开发区87-95号。

法定代表人:张某某,该公司经理。

一审被告:某某控股集团有限公司。住所地:浙江省绍兴县福全镇。

法定代表人:何某某,该公司董事长。

一审被告:张某某,男,汉族,1957年9月16日出生,住浙江省绍兴县。

一审被告:何某某,男,汉族,1964年8月28日出生,住浙江省绍兴县。

一审被告:陈某某,女,汉族,1963年3月24日出生,住浙江省绍兴县。

一审被告:葛某某,男,汉族,1966年9月28日出生,住浙江省绍兴县。

委托代理人:杨云峰,新疆双信律师事务所律师。

一审被告:汤某某,女,汉族,1970年3月21日出生,住浙江省绍兴县。

再审申请人裘某某因与被申请人某某纺织机械股份有限公司(以下简称经纬公司)及一审被告新疆某某实业有限公司(以下简称天盛公司)、某某控股集团有限公司、张某某、何某某、陈某某、葛某某、汤某某分期付款买卖合同纠纷一案,不服新疆维吾尔自治区高级人民法院生产建设兵团分院(2012)新兵民二初字第00008号民事判决,向本院申请再审。本院依法组成合议庭对本案进行了审查,现已审查终结。

裘某某申请再审称:(一)本案一审程序违法。一是根据《中华人民共和国民事诉讼法》的规定,经纬公司起诉状应当写明当事人的职业、工作单位、证据及证据来源,但其起诉状中均无上述内容,不符合立案受理条件。二是本案一审法院在经纬公司没有说明裘某某的工作单位且没有证据表明裘某某下落不明的情况下采用公告送达,违反了《中华人民共和国民事诉讼法》第九十二条的规定。三是一审法院剥夺了裘某某要求鉴定的程序性权利,且对存在重大疑点的《个人保证担保函》未予鉴定。(二)本案认定事实错误。一是一审判决没有证据证明经纬公司将7680万元货款支付给天盛公司。二是《个人保证担保函》中裘某某的签字系伪造,应不予采信。裘某某依据《中华人民共和国民事诉讼法》第二百条第二项、第八项的规定申请再审。

本院审查查明,(2012)新兵民二初字第00008号案卷中没有关于一审法院在公告送达裘某某诉讼文书前曾采用过其他方式送达的记录,且尚无证据证明裘某某在一审期间下落不明,裘某某未参加一审庭审。

本院认为,上述查明事实足以认定一审法院违反了《中华人民共和国民事诉讼法》第九十二条"受送达人下落不明,或者用本节规定的其他方式无法送达的,公告送达"以及该条第二款"公告送达,应当在案卷中记明原因和经过"的规定。裘某某的再审理由符合《中华人民共和国民事诉讼法》第二百条第八项规定的情形,本案应予再审。

最高人民法院《关于适用〈中华人民共和国民事诉讼法〉的解释》第四百零五条规定:"人民法院审理再审案件应当围绕再审请求进行"。裘某某的再审请求为驳回经纬公司要求其承担保证责任的诉讼请求。其依据的理由,一是经纬公司未向天盛公司支付7680万元货款,即主债权债务不存在;二是《个人保证担保函》中裘某某的签字系伪造。关于第一项理由,一审查明经纬公司提交了双方签订的《棉花购销合同》,载明经纬公司向天盛公司采购皮棉,先款后货,首付款7680万元。合同签订后天盛公司给经纬公司出具的《不能履行棉花购销合同确认函》,载明"贵公司已于2010年12月17日支付了货款7680万元"。提交了天盛公司出具的《还款承诺函》,载明"直至今日仍未偿还贵公司的7680万元"。债务人天盛公司亦确认收到该笔款项。一审法院依据当事人陈述及经庭审质证的上述证据,认定经纬公司已向天盛公司支付7680万元货款。现裘某某否认主债权债务实际发生,但未能提交相关证据,不能推翻一审法院上述认定,该项理由不能成立,不应纳入再审审理范围。关于第二项理由,由于一审法院公告送达违反了《中华人民共和国民事诉讼法》第九十二条的规定,导致裘某某未能参加一审庭审,未对《个人保证担保函》质证,也使裘某某申请鉴定的权利无法行使。因此,裘某某提出的其在《个人保证担保函》上的签字系伪造,并据此主张不应承担保证责任的理由能否成立,应当由再审法院在依法保障裘某某诉讼权利的基础上依照事实和法律作出认定。据此,本案再审审理应当围绕《个人保证担保函》中裘某某的签字是否系伪造,裘某某是否应当承担保证责任进行。

本案一审判决作出后,除裘某某外,主债务人天盛公司及其他保证人均未上诉,亦未申请再审。为依法保障债权人经纬公司的权利,依照《中华人民共和国民事诉讼法》第二百零六条"按照审判监督程序决定再审的案件,裁定中止原判决、裁定、调解书的执行,但追索赡养费、扶养费、抚育费、抚恤金、医疗费用、劳动报酬等案件,可以不中止执行"的规定,本案仅对裘某某中止执行,对天盛公司及其他保证人不中止执行。

综上,裘某某的再审申请符合《中华人民共和国民事诉讼法》第二百条第八项规定的情形。依照《中华人民共和国民事诉讼法》第二百零四条、第二百零六条之规定，裁定如下：

一、指令新疆维吾尔自治区高级人民法院生产建设兵团分院再审本案；

二、再审期间，中止对裘某某的执行。

· 文书范本

**民事再审申请书（申请再审用）**

**再审申请书**

  再审申请人（一、二审诉讼地位）：×××，男/女，××××年××月××日出生，×族，……（写明工作单位和职务或者职业），住……。联系方式：……。
  法定代理人/指定代理人：×××，……。
  委托诉讼代理人：×××，……。
  被申请人（一、二审诉讼地位）：×××，……。
  ……
  原审原告/被告/第三人（一审诉讼地位）：×××，……。
  ……
  （以上写明当事人和其他诉讼参加人的姓名或者名称等基本信息）
  再审申请人×××因与×××……（写明案由）一案，不服××××人民法院（写明原人民法院的名称）××××年××月××日作出的（××××）……号民事判决/民事裁定/民事调解书，现提出再审申请。
  再审请求：
  ……
  事实和理由：
  ……（写明申请再审的法定情形及事实和理由）。
  此致
××××人民法院

  附：本民事再审申请书副本×份

再审申请人（签名或者盖章）<br>××××年××月××日

【说明】
1. 本样式根据《中华人民共和国民事诉讼法》第一百九十九条、第二百零一条、第二百零三条以及《最高人民法院关于适用〈中华人民共和国民事诉讼法〉的解释》第三百七十七条、第三百七十八条制定，供当事人对已经生效的民事判决、裁定或者调解书向人民法院申请再审用。

2. 当事人是法人或者其他组织的，写明名称住所。另起一行写明法定代表人、主要负责人及其姓名、职务、联系方式。

3. 当事人对已经发生法律效力的判决、裁定，认为有错误的，可以向上一级人民法院申请再审；当事人一方人数众多或者当事人双方为公民的案件，也可以向原审人民法院申请再审。当事人申请再审的，不停止判决、裁定的执行。

4. 当事人对已经发生法律效力的调解书，提出证据证明调解违反自愿原则或者调解协议的内容违反法律的，可以申请再审。

5. 再审申请书应当记明下列事项：（一）再审申请人与被申请人和原审其他当事人的姓名或者名称等基本信息；（二）原审人民法院的名称，原审裁判文书案号；（三）具体的再审请求；（四）申请再审的法定情形及具体事实、理由。再审申请书应当明确申请再审的人民法院，并由再审申请人签名、捺印或者盖章。

6. 当事人申请再审，应当提交下列材料：（一）再审申请书，并按照被申请人和原审其他当事人的人数提交副本；（二）再审申请人是自然人的，应当提交身份证明；再审申请人是法人或者其他组织的，应当提交营业执照、组织机构代码证书、法定代表人或者主要负责人身份证明书。委托他人代为申请的，应当提交授权委托书和代理人身份证明；（三）原审判决书、裁定书、调解书；（四）反映案件基本事实的主要证据及其他材料。

7. 有新证据的，应当在事实和理由之后写明证据和证据来源，证人姓名和住所。

# 十八、督促程序

· 请示答复

## 最高人民法院关于支付令生效后发现确有错误应当如何处理问题的复函

· 1992年7月13日
· 法函〔1992〕98号

山东省高级人民法院：

你院鲁高法函〔1992〕35号请示收悉。经研究，答复如下：

一、债务人未在法定期间提出书面异议，支付令即发生法律效力，债务人不得申请再审；超过法定期间债务人提出的异议，不影响支付令的效力。

二、人民法院院长对本院已经发生法律效力的支付令，发现确有错误，认为需要撤销的，应当提交审判委员会讨论通过后，裁定撤销原支付令，驳回债权人的申请。

此复。

· 文书范本

### 支付令（督促程序用）

××××人民法院
支付令

（××××）……民督……号

申请人：×××，……。
……
被申请人：×××，……。
……

（以上写明申请人、被申请人及其代理人的姓名或者名称等基本信息）

申请人×××于××××年××月××日向本院申请支付令。申请人×××称，……（概述申请人提供的债权债务关系的事实、证据）。要求被申请人×××给付申请人×××……（写明请求给付的金钱或者有价证券的名称和数量）。

本院经审查认为，申请人的申请符合民事诉讼法规定的条件。

依照《中华人民共和国民事诉讼法》第二百一十四条、第二百一十六条规定，特发出如下支付令：

被申请人×××应当自收到本支付令之日起十五日内，给付申请人×××……（写明应给付的金钱或者有价证券的名称和数量）。

申请费……元，由被申请人×××负担。

被申请人如有异议，应当自收到本支付令之日起十五日内向本院书面提出；逾期不提出书面异议的，本支付令即发生法律效力。

审　判　员　×××
××××年××月××日
（院印）
书　记　员　×××

【说明】

1. 本样式根据《中华人民共和国民事诉讼法》第二百一十四条、第二百一十六条制定，供有管辖权的基层人民法院在受理支付令申请后，经审查债权人提供的事实、证据，对债权债务关系明确、合法的，在受理之日起十五日内向债务人发出支付令用。

2. 根据《最高人民法院关于适用〈中华人民共和国民事诉讼法〉的解释》第四百二十九条第三款的规定，基层人民法院受理申请支付令案件，不受债权金额的限制。

## 民事裁定书(驳回支付令申请用)

**××××人民法院**
**民事裁定书**

(××××)……民督……号

申请人：×××，……。
……
被申请人：×××，……。
……

(以上写明申请人、被申请人及其代理人的姓名或者名称等基本信息)

申请人×××于××××年××月××日向本院提出支付令申请。本院于××××年××月××日受理后，经审查认为，……(写明申请不成立的理由)。

依照《中华人民共和国民事诉讼法》第二百一十六条第一款、《最高人民法院关于适用〈中华人民共和国民事诉讼法〉的解释》第四百三十条规定，裁定如下：

驳回×××的支付令申请。

本裁定为终审裁定。

审 判 员 ×××
××××年××月××日
(院印)
书 记 员 ×××

【说明】

1. 本样式根据《中华人民共和国民事诉讼法》第二百一十六条第一款以及《最高人民法院关于适用〈中华人民共和国民事诉讼法〉的解释》第四百三十条制定，供基层人民法院在受理支付令申请后，经审查申请不成立的，裁定驳回申请用。

2. 根据《最高人民法院关于适用〈中华人民共和国民事诉讼法〉的解释》第四百三十条第二款的规定，人民法院受理支付令申请后，发现不符合规定的受理条件的，应当在受理之日起十五日内裁定驳回申请。

3. 案号类型代字为"民督"。

4. 人民法院受理申请后，由审判员一人进行审查。

## 民事裁定书(驳回支付令异议用)

**××××人民法院**
**民事裁定书**

(××××)×××××民督……号

异议人(被申请人)：×××，……。
……

(以上写明异议人及其代理人的姓名或者名称等基本信息)

申请人×××与被申请人×××申请支付令一案，本院于××××年××月××日立案后，于××××年××月××日发出(××××)……民督……号支付令，限令被申请人×××在收到支付令之日起十五日内清偿债务，或者向本院提出书面异议。

被申请人×××于××××年××月××日向本院提出支付令异议，认为，……(写明异议的事实根据与理由)。

本院经审查认为，……(写明异议不成立的理由)。

依照《中华人民共和国民事诉讼法》第一百五十四条第一款第十一项、《最高人民法院关于适用〈中华人民共和国民事诉讼法〉的解释》第四百三十八条规定，裁定如下：

驳回×××的支付令异议。

审 判 员 ×××
××××年××月××日
(院印)
书 记 员 ×××

【说明】

1. 本样式根据《最高人民法院关于适用〈中华人民共和国民事诉讼法〉的解释》第四百三十八条制定，供基层人民法院在发出支付令后，债务人提出书面异议但不成立的，裁定驳回异议用。

2. 债务人对债务本身没有异议，只是提出缺乏清偿能力、延缓债务清偿期限、变更债务清偿方式等异议的，不影响支付令的效力。人民法院经审查认为异议不成立的，裁定驳回。债务人的口头异议无效。

## 民事裁定书(准许撤回支付令异议用)

**××××人民法院**
**民事裁定书**

(××××)……民督……号

异议人(被申请人):×××,……。
……
(以上写明异议人及其代理人的姓名或者名称等基本信息)

申请人×××与被申请人×××申请支付令一案,本院于××××年××月××日立案后,于××××年××月××日发出(××××)……民督……号支付令,限令被申请人×××在收到支付令之日起十五日内清偿债务,或者向本院提出书面异议。被申请人×××于××××年××月××日向本院提出支付令异议。

××××年××月××日,异议人×××以……(写明申请撤回支付令异议的理由)为由,向本院提出撤回支付令异议。

本院经审查认为,人民法院作出终结督促程序或者驳回异议裁定前,债务人请求撤回异议的,应当裁定准许。

依照《中华人民共和国民事诉讼法》第一百五十四条第一款第十一项、《最高人民法院关于适用〈中华人民共和国民事诉讼法〉的解释》第四百三十九条第一款规定,裁定如下:

准许×××撤回支付令异议。

审　判　员　×××
××××年××月××日
(院印)
书　记　员　×××

【说明】

1. 本样式根据《最高人民法院关于适用〈中华人民共和国民事诉讼法〉的解释》第四百三十九条第一款制定,供基层人民法院在发出支付令后,债务人提出异议后请求撤回的,裁定准许撤回异议用。

2. 人民法院作出终结督促程序或者驳回异议裁定前,债务人请求撤回异议的,应当裁定准许。债务人对撤回异议反悔的,人民法院不予支持。

**民事裁定书(终结督促程序用)**

××××人民法院
民事裁定书

(××××)……民督……号
申请人:×××,……。
……
被申请人:×××,……。
……
(以上写明申请人、被申请人及其代理人的姓名或者名称等基本信息)

申请人×××与被申请人×××申请支付令一案,本院于××××年××月××日立案后,于××××年××月××日发出(××××)……民督……号支付令,限令被申请人×××在收到支付令之日起十五日内清偿债务,或者向本院提出书面异议。

本院经审查认为,……(写明终结督促程序的原因)。

依照《中华人民共和国民事诉讼法》第二百一十七条、《最高人民法院关于适用〈中华人民共和国民事诉讼法〉的解释》第四百三十二条第×项/第四百三十七条第×项规定,裁定如下:

终结本案的督促程序。

本院(××××)……民督……号支付令自行失效。

申请费……元,由申请人×××负担。

审　判　员　×××
××××年××月××日
(院印)
书　记　员　×××

【说明】

1. 本样式根据《中华人民共和国民事诉讼法》第二百一十七条以及《最高人民法院关于适用〈中华人民共和国民事诉讼法〉的解释》第四百三十二条、第四百三十七条制定,供基层人民法院在发出支付令后,具有债务人异议成立等事由时,裁定终结督促程序用。

2. 有下列情形之一裁定终结督促程序的,同时引用《最高人民法院关于适用〈中华人民共和国民事诉讼法〉的解释》第四百三十二条:"(一)人民法院受理支付令申请后,债权人就同一债权债务关系又提起诉讼的;(二)人民法院发出支付令之日起三十日内无法送达债务人的;(三)债务人收到支付令前,债权人撤回申请的。"

3. 有下列情形之一裁定终结督促程序的,同时引用《最高人民法院关于适用〈中华人民共和国民事诉讼法〉的解释》第四百三十七条:"(一)本解释规定的不予受理申请情形的;(二)本解释规定的裁定驳回申请情形的;(三)本解释规定的应当裁定终结督促程序情形的;(四)人民法院对是否符合发出支付令条件产生合理怀疑的。"

## 民事裁定书（撤销支付令用）

**××××人民法院
民事裁定书**

（××××）……民督监……号

原申请人：×××，……。
……
原被申请人：×××，……。
……

（以上写明原申请人、原被申请人及其代理人的姓名或者名称等基本信息）

申请人×××与被申请人×××申请支付令一案，本院于××××年××月××日以（××××）……民督……号立案，于××××年××月××日发出支付令：被申请人×××应当自收到本支付令之日起十五日内，给付申请人×××……。申请费……元，由被申请人×××负担。被申请人逾期不提出书面异议，支付令已发生法律效力。

本院经审查认为，……（写明撤销支付令的理由）。

经本院审判委员会讨论决定，依照《中华人民共和国民事诉讼法》第一百五十四条第一款第十一项、《最高人民法院关于适用〈中华人民共和国民事诉讼法〉的解释》第四百四十三条规定，裁定如下：

一、撤销××××人民法院（××××）……民督……号支付令；

二、驳回×××的支付令申请。

审　判　长　×××
审　判　员　×××
审　判　员　×××
××××年××月××日
（院印）

本件与原本核对无异

书　记　员　×××

【说明】

1. 本样式根据《最高人民法院关于适用〈中华人民共和国民事诉讼法〉的解释》第四百四十三条制定，供基层人民法院院长发现本院已经发生法律效力的支付令确有错误，认为需要撤销的，提交本院审判委员会讨论决定后，裁定撤销用。

2. 案号类型代字为"民督监"。

3. 落款中的审判组织由负责审查的合议庭组成人员署名。

## 不予受理支付令申请通知书
（通知申请人不予受理用）

**××××人民法院
不予受理支付令申请通知书**

（××××）……民督……号

×××：

你方请求本院向×××发出支付令的申请书，本院于××××年××月××日收到。经审查认为，你方的申请不符合《中华人民共和国民事诉讼法》第二百一十四条、《最高人民法院关于适用〈中华人民共和国民事诉讼法〉的解释》第四百二十九条规定的条件，本院决定不予受理。

特此通知。

××××年××月××日
（院印）

【说明】

1. 本样式根据《中华人民共和国民事诉讼法》第二百一十四条、第二百一十五条以及《最高人民法院关于适用〈中华人民共和国民事诉讼法〉的解释》第四百二十九条第一款、第二款制定，供基层人民法院认为债权人的支付令申请不符合法定条件的，通知申请人不予受理用。

2. 人民法院收到债权人的支付令申请书后，认为申请书不符合要求的，可以通知债权人限期补正。人民法院应当自收到补正材料之日起五日内通知债权人是否受理。

3. 债权人申请支付令，不符合下列条件的，基层人民法院应当在收到支付令申请书后五日内通知债权人不予受理：(1)请求给付金钱或者汇票、本票、支票、股票、债券、国库券、可转让的存款单等有价证券；(2)请求给付的金钱或者有价证券已到期且数额确定，并写明了请求所根据的事实、证据；(3)债权人没有对待给付义务；(4)债务人在我国境内且未下落不明；(5)支付令能够送达债务人；(6)收到申请书的人民法院有管辖权；(7)债权人未向人民法院申请诉前保全。

# 十九、公示催告程序

## 中华人民共和国票据法

- 1995年5月10日第八届全国人民代表大会常务委员会第十三次会议通过
- 根据2004年8月28日第十届全国人民代表大会常务委员会第十一次会议《关于修改〈中华人民共和国票据法〉的决定》修正

### 第一章 总 则

**第一条** 为了规范票据行为,保障票据活动中当事人的合法权益,维护社会经济秩序,促进社会主义市场经济的发展,制定本法。

**第二条** 在中华人民共和国境内的票据活动,适用本法。

本法所称票据,是指汇票、本票和支票。

**第三条** 票据活动应当遵守法律、行政法规,不得损害社会公共利益。

**第四条** 票据出票人制作票据,应当按照法定条件在票据上签章,并按照所记载的事项承担票据责任。

持票人行使票据权利,应当按照法定程序在票据上签章,并出示票据。

其他票据债务人在票据上签章的,按照票据所记载的事项承担票据责任。

本法所称票据权利,是指持票人向票据债务人请求支付票据金额的权利,包括付款请求权和追索权。

本法所称票据责任,是指票据债务人向持票人支付票据金额的义务。

**第五条** 票据当事人可以委托其代理人在票据上签章,并应当在票据上表明其代理关系。

没有代理权而以代理人名义在票据上签章的,应当由签章人承担票据责任;代理人超越代理权限的,应当就其超越权限的部分承担票据责任。

**第六条** 无民事行为能力人或者限制民事行为能力人在票据上签章的,其签章无效,但是不影响其他签章的效力。

**第七条** 票据上的签章,为签名、盖章或者签名加盖章。

法人和其他使用票据的单位在票据上的签章,为该法人或者该单位的盖章加其法定代表人或者其授权的代理人的签章。

在票据上的签名,应当为该当事人的本名。

**第八条** 票据金额以中文大写和数码同时记载,二者必须一致,二者不一致的,票据无效。

**第九条** 票据上的记载事项必须符合本法的规定。

票据金额、日期、收款人名称不得更改,更改的票据无效。

对票据上的其他记载事项,原记载人可以更改,更改时应当由原记载人签章证明。

**第十条** 票据的签发、取得和转让,应当遵循诚实信用的原则,具有真实的交易关系和债权债务关系。

票据的取得,必须给付对价,即应当给付票据双方当事人认可的相对应的代价。

**第十一条** 因税收、继承、赠与可以依法无偿取得票据的,不受给付对价的限制。但是,所享有的票据权利不得优于其前手的权利。

前手是指在票据签章人或者持票人之前签章的其他票据债务人。

**第十二条** 以欺诈、偷盗或者胁迫等手段取得票据的,或者明知有前列情形,出于恶意取得票据的,不得享有票据权利。

持票人因重大过失取得不符合本法规定的票据的,也不得享有票据权利。

**第十三条** 票据债务人不得以自己与出票人或者与持票人的前手之间的抗辩事由,对抗持票人。但是,持票人明知存在抗辩事由而取得票据的除外。

票据债务人可以对不履行约定义务的与自己有直接债权债务关系的持票人,进行抗辩。

本法所称抗辩,是指票据债务人根据本法规定对票据债权人拒绝履行义务的行为。

**第十四条** 票据上的记载事项应当真实,不得伪造、变造。伪造、变造票据上的签章和其他记载事项的,应当承担法律责任。

票据上有伪造、变造的签章的,不影响票据上其他真实签章的效力。

票据上其他记载事项被变造的,在变造之前签章的人,对原记载事项负责;在变造之后签章的人,对变造之后的记载事项负责;不能辨别是在票据被变造之前或者之后签章的,视同在变造之前签章。

**第十五条** 票据丧失,失票人可以及时通知票据的付款人挂失止付,但是,未记载付款人或者无法确定付款人及其代理付款人的票据除外。

收到挂失止付通知的付款人,应当暂停支付。

失票人应当在通知挂失止付后三日内,也可以在票据丧失后,依法向人民法院申请公示催告,或者向人民法院提起诉讼。

**第十六条** 持票人对票据债务人行使票据权利,或者保全票据权利,应当在票据当事人的营业场所和营业时间内进行,票据当事人无营业场所的,应当在其住所进行。

**第十七条** 票据权利在下列期限内不行使而消灭:

(一)持票人对票据的出票人和承兑人的权利,自票据到期日起二年。见票即付的汇票、本票,自出票日起二年;

(二)持票人对支票出票人的权利,自出票日起六个月;

(三)持票人对前手的追索权,自被拒绝承兑或者被拒绝付款之日起六个月;

(四)持票人对前手的再追索权,自清偿日或者被提起诉讼之日起三个月。

票据的出票日、到期日由票据当事人依法确定。

**第十八条** 持票人因超过票据权利时效或者因票据记载事项欠缺而丧失票据权利的,仍享有民事权利,可以请求出票人或者承兑人返还其与未支付的票据金额相当的利益。

## 第二章 汇　票

### 第一节 出　票

**第十九条** 汇票是出票人签发的,委托付款人在见票时或者在指定日期无条件支付确定的金额给收款人或者持票人的票据。

汇票分为银行汇票和商业汇票。

**第二十条** 出票是指出票人签发票据并将其交付给收款人的票据行为。

**第二十一条** 汇票的出票人必须与付款人具有真实的委托付款关系,并且具有支付汇票金额的可靠资金来源。

不得签发无对价的汇票用以骗取银行或者其他票据当事人的资金。

**第二十二条** 汇票必须记载下列事项:

(一)表明"汇票"的字样;

(二)无条件支付的委托;

(三)确定的金额;

(四)付款人名称;

(五)收款人名称;

(六)出票日期;

(七)出票人签章。

汇票上未记载前款规定事项之一的,汇票无效。

**第二十三条** 汇票上记载付款日期、付款地、出票地等事项的,应当清楚、明确。

汇票上未记载付款日期的,为见票即付。

汇票上未记载付款地的,付款人的营业场所、住所或者经常居住地为付款地。

汇票上未记载出票地的,出票人的营业场所、住所或者经常居住地为出票地。

**第二十四条** 汇票上可以记载本法规定事项以外的其他出票事项,但是该记载事项不具有汇票上的效力。

**第二十五条** 付款日期可以按照下列形式之一记载:

(一)见票即付;

(二)定日付款;

(三)出票后定期付款;

(四)见票后定期付款。

前款规定的付款日期为汇票到期日。

**第二十六条** 出票人签发汇票后,即承担保证该汇票承兑和付款的责任。出票人在汇票得不到承兑或者付款时,应当向持票人清偿本法第七十条、第七十一条规定的金额和费用。

### 第二节 背　书

**第二十七条** 持票人可以将汇票权利转让给他人或者将一定的汇票权利授予他人行使。

出票人在汇票上记载"不得转让"字样的,汇票不得转让。

持票人行使第一款规定的权利时,应当背书并交付汇票。

背书是指在票据背面或者粘单上记载有关事项并签章的票据行为。

**第二十八条** 票据凭证不能满足背书人记载事项的

需要,可以加附粘单,粘附于票据凭证上。

粘单上的第一记载人,应当在汇票和粘单的粘接处签章。

**第二十九条** 背书由背书人签章并记载背书日期。

背书未记载日期的,视为在汇票到期日前背书。

**第三十条** 汇票以背书转让或者以背书将一定的汇票权利授予他人行使时,必须记载被背书人名称。

**第三十一条** 以背书转让的汇票,背书应当连续。持票人以背书的连续,证明其汇票权利;非经背书转让,而以其他合法方式取得汇票的,依法举证,证明其汇票权利。

前款所称背书连续,是指在票据转让中,转让汇票的背书人与受让汇票的被背书人在汇票上的签章依次前后衔接。

**第三十二条** 以背书转让的汇票,后手应当对其直接前手背书的真实性负责。

后手是指在票据签章人之后签章的其他票据债务人。

**第三十三条** 背书不得附有条件。背书时附有条件的,所附条件不具有汇票上的效力。

将汇票金额的一部分转让的背书或者将汇票金额分别转让给二人以上的背书无效。

**第三十四条** 背书人在汇票上记载"不得转让"字样,其后手再背书转让的,原背书人对后手的被背书人不承担保证责任。

**第三十五条** 背书记载"委托收款"字样的,被背书人有权代背书人行使被委托的汇票权利。但是,被背书人不得再以背书转让汇票权利。

汇票可以设定质押;质押时应当以背书记载"质押"字样。被背书人依法实现其质权时,可以行使汇票权利。

**第三十六条** 汇票被拒绝承兑、被拒绝付款或者超过付款提示期限的,不得背书转让;背书转让的,背书人应当承担汇票责任。

**第三十七条** 背书人以背书转让汇票后,即承担保证其后手所持汇票承兑和付款的责任。背书人在汇票得不到承兑或者付款时,应当向持票人清偿本法第七十条、第七十一条规定的金额和费用。

### 第三节 承 兑

**第三十八条** 承兑是指汇票付款人承诺在汇票到期日支付汇票金额的票据行为。

**第三十九条** 定日付款或者出票后定期付款的汇票,持票人应当在汇票到期日前向付款人提示承兑。

提示承兑是指持票人向付款人出示汇票,并要求付款人承诺付款的行为。

**第四十条** 见票后定期付款的汇票,持票人应当自出票日起一个月内向付款人提示承兑。

汇票未按照规定期限提示承兑的,持票人丧失对其前手的追索权。

见票即付的汇票无需提示承兑。

**第四十一条** 付款人对向其提示承兑的汇票,应当自收到提示承兑的汇票之日起三日内承兑或者拒绝承兑。

付款人收到持票人提示承兑的汇票时,应当向持票人签发收到汇票的回单。回单上应当记明汇票提示承兑日期并签章。

**第四十二条** 付款人承兑汇票的,应当在汇票正面记载"承兑"字样和承兑日期并签章;见票后定期付款的汇票,应当在承兑时记载付款日期。

汇票上未记载承兑日期的,以前条第一款规定期限的最后一日为承兑日期。

**第四十三条** 付款人承兑汇票,不得附有条件;承兑附有条件的,视为拒绝承兑。

**第四十四条** 付款人承兑汇票后,应当承担到期付款的责任。

### 第四节 保 证

**第四十五条** 汇票的债务可以由保证人承担保证责任。

保证人由汇票债务人以外的他人担当。

**第四十六条** 保证人必须在汇票或者粘单上记载下列事项:

(一)表明"保证"的字样;
(二)保证人名称和住所;
(三)被保证人的名称;
(四)保证日期;
(五)保证人签章。

**第四十七条** 保证人在汇票或者粘单上未记载前条第(三)项的,已承兑的汇票,承兑人为被保证人;未承兑的汇票,出票人为被保证人。

保证人在汇票或者粘单上未记载前条第(四)项的,出票日期为保证日期。

**第四十八条** 保证不得附有条件;附有条件的,不影响对汇票的保证责任。

**第四十九条** 保证人对合法取得汇票的持票人所享有的汇票权利,承担保证责任。但是,被保证人的债务因汇票记载事项欠缺而无效的除外。

**第五十条** 被保证的汇票,保证人应当与被保证人对持票人承担连带责任。汇票到期后得不到付款的,持票人有权向保证人请求付款,保证人应当足额付款。

**第五十一条** 保证人为二人以上的,保证人之间承担连带责任。

**第五十二条** 保证人清偿汇票债务后,可以行使持票人对被保证人及其前手的追索权。

### 第五节 付　款

**第五十三条** 持票人应当按照下列期限提示付款：

（一）见票即付的汇票,自出票日起一个月内向付款人提示付款;

（二）定日付款、出票后定期付款或者见票后定期付款的汇票,自到期日起十日内向承兑人提示付款。

持票人未按照前款规定期限提示付款的,在作出说明后,承兑人或者付款人仍应当继续对持票人承担付款责任。

通过委托收款银行或者通过票据交换系统向付款人提示付款的,视同持票人提示付款。

**第五十四条** 持票人依照前条规定提示付款的,付款人必须在当日足额付款。

**第五十五条** 持票人获得付款的,应当在汇票上签收,并将汇票交给付款人。持票人委托银行收款的,受委托的银行将代收的汇票金额转账收入持票人账户,视同签收。

**第五十六条** 持票人委托的收款银行的责任,限于按照汇票上记载事项将汇票金额转入持票人账户。

付款人委托的付款银行的责任,限于按照汇票上记载事项从付款人账户支付汇票金额。

**第五十七条** 付款人及其代理付款人付款时,应当审查汇票背书的连续,并审查提示付款人的合法身份证明或者有效证件。

付款人及其代理付款人以恶意或者有重大过失付款的,应当自行承担责任。

**第五十八条** 对定日付款、出票后定期付款或者见票后定期付款的汇票,付款人在到期日前付款的,由付款人自行承担所产生的责任。

**第五十九条** 汇票金额为外币的,按照付款日的市场汇价,以人民币支付。

汇票当事人对汇票支付的货币种类另有约定的,从其约定。

**第六十条** 付款人依法足额付款后,全体汇票债务人的责任解除。

### 第六节 追索权

**第六十一条** 汇票到期被拒绝付款的,持票人可以对背书人、出票人以及汇票的其他债务人行使追索权。

汇票到期日前,有下列情形之一的,持票人也可以行使追索权：

（一）汇票被拒绝承兑的;

（二）承兑人或者付款人死亡、逃匿的;

（三）承兑人或者付款人被依法宣告破产的或者因违法被责令终止业务活动的。

**第六十二条** 持票人行使追索权时,应当提供被拒绝承兑或者被拒绝付款的有关证明。

持票人提示承兑或者提示付款被拒绝的,承兑人或者付款人必须出具拒绝证明,或者出具退票理由书。未出具拒绝证明或者退票理由书的,应当承担由此产生的民事责任。

**第六十三条** 持票人因承兑人或者付款人死亡、逃匿或者其他原因,不能取得拒绝证明的,可以依法取得其他有关证明。

**第六十四条** 承兑人或者付款人被人民法院依法宣告破产的,人民法院的有关司法文书具有拒绝证明的效力。

承兑人或者付款人因违法被责令终止业务活动的,有关行政主管部门的处罚决定具有拒绝证明的效力。

**第六十五条** 持票人不能出示拒绝证明、退票理由书或者未按照规定期限提供其他合法证明的,丧失对其前手的追索权。但是,承兑人或者付款人仍应当对持票人承担责任。

**第六十六条** 持票人应当自收到被拒绝承兑或者被拒绝付款的有关证明之日起三日内,将被拒绝事由书面通知其前手;其前手应当自收到通知之日起三日内书面通知其再前手。持票人也可以同时向各汇票债务人发出书面通知。

未按照前款规定期限通知的,持票人仍可以行使追索权。因延期通知给其前手或者出票人造成损失的,由没有按照规定期限通知的汇票当事人,承担对该损失的赔偿责任,但是所赔偿的金额以汇票金额为限。

在规定期限内将通知按照法定地址或者约定的地址邮寄的,视为已经发出通知。

**第六十七条** 依照前条第一款所作的书面通知,应当记明汇票的主要记载事项,并说明该汇票已被退票。

**第六十八条** 汇票的出票人、背书人、承兑人和保证人对持票人承担连带责任。

持票人可以不按照汇票债务人的先后顺序,对其中任何一人、数人或者全体行使追索权。

持票人对汇票债务人中的一人或者数人已经进行追索的,对其他汇票债务人仍可以行使追索权。被追索人清偿债务后,与持票人享有同一权利。

第六十九条 持票人为出票人的,对其前手无追索权。持票人为背书人的,对其后手无追索权。

第七十条 持票人行使追索权,可以请求被追索人支付下列金额和费用:

(一) 被拒绝付款的汇票金额;

(二) 汇票金额自到期日或者提示付款日起至清偿日止,按照中国人民银行规定的利率计算的利息;

(三) 取得有关拒绝证明和发出通知书的费用。

被追索人清偿债务时,持票人应当交出汇票和有关拒绝证明,并出具所收到利息和费用的收据。

第七十一条 被追索人依照前条规定清偿后,可以向其他汇票债务人行使再追索权,请求其他汇票债务人支付下列金额和费用:

(一) 已清偿的全部金额;

(二) 前项金额自清偿日起至再追索清偿日止,按照中国人民银行规定的利率计算的利息;

(三) 发出通知书的费用。

行使再追索权的被追索人获得清偿时,应当交出汇票和有关拒绝证明,并出具所收到利息和费用的收据。

第七十二条 被追索人依照前二条规定清偿债务后,其责任解除。

## 第三章 本 票

第七十三条 本票是出票人签发的,承诺自己在见票时无条件支付确定的金额给收款人或者持票人的票据。

本法所称本票,是指银行本票。

第七十四条 本票的出票人必须具有支付本票金额的可靠资金来源,并保证支付。

第七十五条 本票必须记载下列事项:

(一) 表明"本票"的字样;

(二) 无条件支付的承诺;

(三) 确定的金额;

(四) 收款人名称;

(五) 出票日期;

(六) 出票人签章。

本票上未记载前款规定事项之一的,本票无效。

第七十六条 本票上记载付款地、出票地等事项的,应当清楚、明确。

本票上未记载付款地的,出票人的营业场所为付款地。

本票上未记载出票地的,出票人的营业场所为出票地。

第七十七条 本票的出票人在持票人提示见票时,必须承担付款的责任。

第七十八条 本票自出票日起,付款期限最长不得超过二个月。

第七十九条 本票的持票人未按照规定期限提示见票的,丧失对出票人以外的前手的追索权。

第八十条 本票的背书、保证、付款行为和追索权的行使,除本章规定外,适用本法第二章有关汇票的规定。

本票的出票行为,除本章规定外,适用本法第二十四条关于汇票的规定。

## 第四章 支 票

第八十一条 支票是出票人签发的,委托办理支票存款业务的银行或者其他金融机构在见票时无条件支付确定的金额给收款人或者持票人的票据。

第八十二条 开立支票存款账户,申请人必须使用其本名,并提交证明其身份的合法证件。

开立支票存款账户和领用支票,应当有可靠的资信,并存入一定的资金。

开立支票存款账户,申请人应当预留其本名的签名式样和印鉴。

第八十三条 支票可以支取现金,也可以转账,用于转账时,应当在支票正面注明。

支票中专门用于支取现金的,可以另行制作现金支票,现金支票只能用于支取现金。

支票中专门用于转账的,可以另行制作转账支票,转账支票只能用于转账,不得支取现金。

第八十四条 支票必须记载下列事项:

(一) 表明"支票"的字样;

(二) 无条件支付的委托;

(三) 确定的金额;

(四) 付款人名称;

(五) 出票日期;

(六) 出票人签章。

支票上未记载前款规定事项之一的,支票无效。

第八十五条 支票上的金额可以由出票人授权补记,未补记前的支票,不得使用。

第八十六条 支票上未记载收款人名称的,经出票人授权,可以补记。

支票上未记载付款地的,付款人的营业场所为付款地。

支票上未记载出票地的,出票人的营业场所、住所或者经常居住地为出票地。

出票人可以在支票上记载自己为收款人。

**第八十七条** 支票的出票人所签发的支票金额不得超过其付款时在付款人处实有的存款金额。

出票人签发的支票金额超过其付款时在付款人处实有的存款金额的,为空头支票。禁止签发空头支票。

**第八十八条** 支票的出票人不得签发与其预留本名的签名式样或者印鉴不符的支票。

**第八十九条** 出票人必须按照签发的支票金额承担保证向该持票人付款的责任。

出票人在付款人处的存款足以支付支票金额时,付款人应当在当日足额付款。

**第九十条** 支票限于见票即付,不得另行记载付款日期。另行记载付款日期的,该记载无效。

**第九十一条** 支票的持票人应当自出票日起十日内提示付款;异地使用的支票,其提示付款的期限由中国人民银行另行规定。

超过提示付款期限的,付款人可以不予付款;付款人不予付款的,出票人仍应当对持票人承担票据责任。

**第九十二条** 付款人依法支付支票金额的,对出票人不再承担受委托付款的责任,对持票人不再承担付款的责任。但是,付款人以恶意或者有重大过失付款的除外。

**第九十三条** 支票的背书、付款行为和追索权的行使,除本章规定外,适用本法第二章有关汇票的规定。

支票的出票行为,除本章规定外,适用本法第二十四条、第二十六条关于汇票的规定。

## 第五章 涉外票据的法律适用

**第九十四条** 涉外票据的法律适用,依照本章的规定确定。

前款所称涉外票据,是指出票、背书、承兑、保证、付款等行为中,既有发生在中华人民共和国境内又有发生在中华人民共和国境外的票据。

**第九十五条** 中华人民共和国缔结或者参加的国际条约同本法有不同规定的,适用国际条约的规定。但是,中华人民共和国声明保留的条款除外。

本法和中华人民共和国缔结或者参加的国际条约没有规定的,可以适用国际惯例。

**第九十六条** 票据债务人的民事行为能力,适用其本国法律。

票据债务人的民事行为能力,依照其本国法律为无民事行为能力或者为限制民事行为能力而依照行为地法律为完全民事行为能力的,适用行为地法律。

**第九十七条** 汇票、本票出票时的记载事项,适用出票地法律。

支票出票时的记载事项,适用出票地法律,经当事人协议,也可以适用付款地法律。

**第九十八条** 票据的背书、承兑、付款和保证行为,适用行为地法律。

**第九十九条** 票据追索权的行使期限,适用出票地法律。

**第一百条** 票据的提示期限、有关拒绝证明的方式、出具拒绝证明的期限,适用付款地法律。

**第一百零一条** 票据丧失时,失票人请求保全票据权利的程序,适用付款地法律。

## 第六章 法律责任

**第一百零二条** 有下列票据欺诈行为之一的,依法追究刑事责任:

(一) 伪造、变造票据的;

(二) 故意使用伪造、变造的票据的;

(三) 签发空头支票或者故意签发与其预留的本名签名式样或者印鉴不符的支票,骗取财物的;

(四) 签发无可靠资金来源的汇票、本票,骗取资金的;

(五) 汇票、本票的出票人在出票时作虚假记载,骗取财物的;

(六) 冒用他人的票据,或者故意使用过期或者作废的票据,骗取财物的;

(七) 付款人同出票人、持票人恶意串通,实施前六项所列行为之一的。

**第一百零三条** 有前条所列行为之一,情节轻微,不构成犯罪的,依照国家有关规定给予行政处罚。

**第一百零四条** 金融机构工作人员在票据业务中玩忽职守,对违反本法规定的票据予以承兑、付款或者保证的,给予处分;造成重大损失,构成犯罪的,依法追究刑事责任。

由于金融机构工作人员因前款行为给当事人造成损失的,由该金融机构和直接责任人员依法承担赔偿责任。

**第一百零五条** 票据的付款人对见票即付或者到期的票据,故意压票,拖延支付的,由金融行政管理部门处以罚款,对直接责任人员给予处分。

票据的付款人故意压票,拖延支付,给持票人造成损失的,依法承担赔偿责任。

**第一百零六条** 依照本法规定承担赔偿责任以外的其他违反本法规定的行为,给他人造成损失的,应当依法承担民事责任。

## 第七章 附 则

**第一百零七条** 本法规定的各项期限的计算,适用民法通则关于计算期间的规定。

按月计算期限的,按到期月的对日计算;无对日的,月末日为到期日。

**第一百零八条** 汇票、本票、支票的格式应当统一。

票据凭证的格式和印制管理办法,由中国人民银行规定。

**第一百零九条** 票据管理的具体实施办法,由中国人民银行依照本法制定,报国务院批准后施行。

**第一百一十条** 本法自1996年1月1日起施行。

### 最高人民法院关于人民法院发布公示催告程序中公告有关问题的通知

- 2016年4月11日
- 法〔2016〕109号

各省、自治区、直辖市高级人民法院,解放军军事法院,新疆维吾尔自治区高级人民法院生产建设兵团分院;本院各单位:

为切实规范公示催告程序中公告的发布工作,解决风险票据发布公告平台不统一、不规范的问题,现通知如下:

依据《中华人民共和国民事诉讼法》第二百一十九条、最高人民法院《关于适用〈中华人民共和国民事诉讼法〉的解释》第四百四十八条、最高人民法院《关于进一步规范法院公告发布工作的通知》等文件的规定,人民法院受理公示催告申请后发布公告的,应当在《人民法院报》上刊登,《人民法院报》电子版、中国法院网同步免费刊载。

特此通知。

- 请示答复

### 最高人民法院关于对遗失金融债券可否按"公示催告"程序办理的复函

- 1992年5月8日
- 法函〔1992〕60号

中国银行:

你行中银综〔1992〕59号《关于对遗失债券有关法律问题的请示》收悉。经研究,答复如下:

我国民事诉讼法第一百九十三条规定:"按照规定可以背书转让的票据持有人,因票据被盗、遗失或者灭失,可以向票据支付地的基层人民法院申请公示催告。依照法律规定可以申请公示催告的其他事项,适用本章规定。"这里的票据是指汇票、本票和支票。你行发行的金融债券不属于以上几种票据,也不属于"依照法律规定可以申请公示催告的其他事项"。而且你行在"发行通知"中明确规定,此种金融债券"不计名、不挂失,可以转让和抵押"。因此,对你行发行的金融债券不能适用公示催告程序。

- 文书范本

### 申请书(申请公示催告用)

#### 申请书

申请人:×××,男/女,××××年××月××日出生,×族,……(写明工作单位和职务或者职业),住……。联系方式……。

法定代理人/指定代理人:×××,……。

委托诉讼代理人:×××,……。

(以上写明申请人和其他诉讼参加人的姓名或者名称等基本信息)

请求事项:

1. 对……票据进行公示催告(写明票面金额、发票人、持票人、背书人等票据主要内容);

2. 受理后立即通知票据支付人停止支付;

3. 在公告期满后,无人申报权利的,或者申报被驳回的,人民法院作出除权判决,宣告已丧失的票据不再具有法律效力。

事实和理由:

……(写明申请公示催告的事实和理由)。

此致

××××人民法院

申请人(签名或者公章)

××××年××月××日

【说明】

1. 本样式根据《中华人民共和国民事诉讼法》第二百一十八条制定,供按照规定可以背书转让的票据持有人,因票据被盗、遗失或者灭失,向票据支付地的基层人民法院申请公示催告用。

2. 申请人是法人或者其他组织的,写明名称住所。另起一行写明法定代表人、主要负责人及其姓名、职务、联系方式。

3. 申请书应当写明票面金额、发票人、持票人、背书人等票据主要内容和申请的理由、事实。

4. 其他可以申请公示催告的权利凭证的,申请书应当写明权利凭证的种类、号码、权利范围、权利人、义务人、行权日期等事项。

## 申请书(撤回公示催告申请用)

### 申请书

申请人:×××,男/女,××××年××月××日出生,×族,……(写明工作单位和职务或者职业),住……。联系方式:……。

法定代理人/指定代理人:×××,……。

委托诉讼代理人:×××,……。

(以上写明申请人和其他诉讼参加人的姓名或者名称等基本信息)

请求事项:

请求撤回对……票据(写明票面金额、发票人、持票人、背书人等票据主要内容)公示催告申请。

事实和理由:

申请人××××年××月××日向××××人民法院提交了公示催告申请,请求:……(写明请求事项)。你院××××年××月××日以(××××)……民催……号立案。

……(写明撤回申请的原因)。

此致

××××人民法院

申请人(签名或者公章)

××××年××月××日

【说明】

1. 本样式根据《最高人民法院关于适用〈中华人民共和国民事诉讼法〉的解释》第四百五十五条制定,供公示催告申请人在公示催告前,撤回申请用。

2. 申请人是法人或者其他组织的,写明名称住所。另起一行写明法定代表人、主要负责人及其姓名、职务、联系方式。

3. 公示催告申请人撤回申请,应在公示催告前提出;公示催告期间撤回的,人民法院可以径行裁定终结公示催告程序。

## 申报书(利害关系人申报权利用)

### 申报书

申报人:×××,男/女,××××年××月××日出生,×族,……(写明工作单位和职务或者职业),住……。联系方式:……。

法定代理人/指定代理人:×××,……。

委托诉讼代理人:×××,……。

(以上写明申报人和其他诉讼参加人的姓名或者名称等基本信息)

请求事项:

裁定终结(××××)……民催……号公示催告程序。

事实和理由:

刊登在……(写明《人民法院报》和中国法院网或其他报纸媒体的名称)上的公告载明:……(写明公告内容)。

申报人系公告所载票据的合法权利人。……(写明理由)。

此致

××××人民法院

附:……票据

申报人(签名或者公章)

××××年××月××日

【说明】

1. 本样式根据《中华人民共和国民事诉讼法》第二百二十一条以及《最高人民法院关于适用〈中华人民共和国民事诉讼法〉的解释》第四百五十条制定,供利害关系人在公示催告期间或者申报期届满后判决作出之前,向人民法院申报权利用。

2. 申报人是法人或者其他组织的,写明名称住所。另起一行写明法定代表人、主要负责人及其姓名、职务、联系方式。

3. 申报人应当向法院出示票据。

# 二十、执行程序

## 最高人民法院关于审理涉执行司法赔偿案件适用法律若干问题的解释

- 2021年12月20日最高人民法院审判委员会第1857次会议通过
- 2022年2月8日最高人民法院公布
- 自2022年3月1日起施行
- 法释〔2022〕3号

为正确审理涉执行司法赔偿案件，保障公民、法人和其他组织的合法权益，根据《中华人民共和国国家赔偿法》等法律规定，结合人民法院国家赔偿审判和执行工作实际，制定本解释。

**第一条** 人民法院在执行判决、裁定及其他生效法律文书过程中，错误采取财产调查、控制、处置、交付、分配等执行措施或者罚款、拘留等强制措施，侵犯公民、法人和其他组织合法权益并造成损害，受害人依照国家赔偿法第三十八条规定申请赔偿的，适用本解释。

**第二条** 公民、法人和其他组织认为有下列错误执行行为造成损害申请赔偿的，人民法院应当依法受理：

（一）执行未生效法律文书，或者明显超出生效法律文书确定的数额和范围执行的；

（二）发现被执行人有可供执行的财产，但故意拖延执行、不执行，或者应当依法恢复执行而不恢复的；

（三）违法执行案外人财产，或者违法将案件执行款物交付给其他当事人、案外人的；

（四）对抵押、质押、留置、保留所有权等财产采取执行措施，未依法保护上述权利人优先受偿权等合法权益的；

（五）对其他人民法院已经依法采取保全或者执行措施的财产违法执行的；

（六）对执行中查封、扣押、冻结的财产故意不履行或者怠于履行监管职责的；

（七）对不宜长期保存或者易贬值的财产采取执行措施，未及时处理或者违法处理的；

（八）违法拍卖、变卖、以物抵债，或者依法应当评估而未评估，依法应当拍卖而未拍卖的；

（九）违法撤销拍卖、变卖或者以物抵债的；

（十）违法采取纳入失信被执行人名单、限制消费、限制出境等措施的；

（十一）因违法或者过错采取执行措施或者强制措施的其他行为。

**第三条** 原债权人转让债权的，其基于债权申请国家赔偿的权利随之转移，但根据债权性质、当事人约定或者法律规定不得转让的除外。

**第四条** 人民法院将查封、扣押、冻结等事项委托其他人民法院执行的，公民、法人和其他组织认为错误执行行为造成损害申请赔偿的，委托法院为赔偿义务机关。

**第五条** 公民、法人和其他组织申请错误执行赔偿，应当在执行程序终结后提出，终结前提出的不予受理。但有下列情形之一，且无法在相关诉讼或者执行程序中予以补救的除外：

（一）罚款、拘留等强制措施已被依法撤销，或者实施过程中造成人身损害的；

（二）被执行的财产经诉讼程序依法确认不属于被执行人，或者人民法院生效法律文书已确认执行行为违法的；

（三）自立案执行之日起超过五年，且已裁定终结本次执行程序，被执行人已无可供执行财产的；

（四）在执行程序终结前可以申请赔偿的其他情形。

赔偿请求人依据前款规定，在执行程序终结后申请赔偿的，该执行程序期间不计入赔偿请求时效。

**第六条** 公民、法人和其他组织在执行异议、复议或者执行监督程序审查期间，就相关执行措施或者强制措施申请赔偿的，人民法院不予受理，已经受理的予以驳回，并告知其在上述程序终结后可以依照本解释第五条的规定依法提出赔偿申请。

公民、法人和其他组织在执行程序中未就相关执行措施、强制措施提出异议、申请复议或者申请执行监督，不影响其依法申请赔偿的权利。

**第七条** 经执行异议、复议或者执行监督程序作出的生效法律文书，对执行行为是否合法已有认定的，该生效法律文书可以作为人民法院赔偿委员会认定执行行为合法性的根据。

赔偿请求人对执行行为的合法性提出相反主张,且提供相应证据予以证明的,人民法院赔偿委员会应当对执行行为进行合法性审查并作出认定。

**第八条** 根据当时有效的执行依据或者依法认定的基本事实作出的执行行为,不因下列情形而认定为错误执行:

(一)采取执行措施或者强制措施后,据以执行的判决、裁定及其他生效法律文书被撤销或者变更的;

(二)被执行人足以对抗执行的实体事由,系在执行措施完成后发生或者被依法确认的;

(三)案外人对执行标的享有足以排除执行的实体权利,系在执行措施完成后经法定程序确认的;

(四)人民法院作出准予执行行政行为的裁定并实施后,该行政行为被依法变更、撤销、确认违法或者确认无效的;

(五)根据财产登记采取执行措施后,该登记被依法确认错误的;

(六)执行依据或者基本事实嗣后改变的其他情形。

**第九条** 赔偿请求人应当对其主张的损害负举证责任。但因人民法院未列清单、列举不详等过错致使赔偿请求人无法就损害举证的,应当由人民法院对上述事实承担举证责任。

双方主张损害的价值无法认定的,应当由负有举证责任的一方申请鉴定。负有举证责任的一方拒绝申请鉴定的,由其承担不利的法律后果;无法鉴定的,人民法院赔偿委员会应当结合双方的主张和在案证据,运用逻辑推理、日常生活经验等进行判断。

**第十条** 被执行人因财产权被侵犯依照本解释第五条第一款规定申请赔偿,其债务尚未清偿的,获得的赔偿金应当首先用于清偿其债务。

**第十一条** 因错误执行取得不当利益且无法返还的,人民法院承担赔偿责任后,可以依据赔偿决定向取得不当利益的人追偿。

因错误执行致使生效法律文书无法执行,申请执行人获得国家赔偿后申请继续执行的,不予支持。人民法院承担赔偿责任后,可以依据赔偿决定向被执行人追偿。

**第十二条** 在执行过程中,因保管人或者第三人的行为侵犯公民、法人和其他组织合法权益并造成损害的,应当由保管人或者第三人承担责任。但人民法院未尽监管职责,应当在其能够防止或者制止损害发生、扩大的范围内承担相应的赔偿责任,并可以依据赔偿决定向保管人或者第三人追偿。

**第十三条** 属于下列情形之一的,人民法院不承担赔偿责任:

(一)申请执行人提供财产线索错误的;

(二)执行措施系根据依法提供的担保而采取或者解除的;

(三)人民法院工作人员实施与行使职权无关的个人行为的;

(四)评估或者拍卖机构实施违法行为造成损害的;

(五)因不可抗力、正当防卫或者紧急避险造成损害的;

(六)依法不应由人民法院承担赔偿责任的其他情形。

前款情形中,人民法院有错误执行行为的,应当根据其在损害发生过程和结果中所起的作用承担相应的赔偿责任。

**第十四条** 错误执行造成公民、法人和其他组织利息、租金等实际损失的,适用国家赔偿法第三十六条第八项的规定予以赔偿。

**第十五条** 侵犯公民、法人和其他组织的财产权,按照错误执行行为发生时的市场价格不足以弥补受害人损失或者该价格无法确定的,可以采用下列方式计算损失:

(一)按照错误执行行为发生时的市场价格计算财产损失并支付利息,利息计算期间从错误执行行为实施之日起至赔偿决定作出之日止;

(二)错误执行行为发生时的市场价格无法确定,或者因时间跨度长、市场价格波动大等因素按照错误执行行为发生时的市场价格计算显失公平的,可以参照赔偿决定作出时同类财产市场价格计算;

(三)其他合理方式。

**第十六条** 错误执行造成受害人停产停业的,下列损失属于停产停业期间必要的经常性费用开支:

(一)必要留守职工工资;

(二)必须缴纳的税款、社会保险费;

(三)应当缴纳的水电费、保管费、仓储费、承包费;

(四)合理的房屋场地租金、设备租金、设备折旧费;

(五)维系停产停业期间运营所需的其他基本开支。

错误执行生产设备、用于营运的运输工具,致使受害人丧失唯一生活来源的,按照其实际损失予以赔偿。

**第十七条** 错误执行侵犯债权的,赔偿范围一般应当以债权标的额为限。债权受让人申请赔偿的,赔偿范围以其受让债权时支付的对价为限。

**第十八条** 违法采取保全措施的案件进入执行程序后，公民、法人和其他组织申请赔偿的，应当作为错误执行案件予以立案审查。

**第十九条** 审理违法采取妨害诉讼的强制措施、保全、先予执行赔偿案件，可以参照适用本解释。

**第二十条** 本解释自2022年3月1日起施行。施行前本院公布的司法解释与本解释不一致的，以本解释为准。

## 最高人民法院关于适用《中华人民共和国民事诉讼法》执行程序若干问题的解释

- 2008年9月8日最高人民法院审判委员会第1452次会议通过
- 根据2020年12月23日最高人民法院审判委员会第1823次会议通过的《最高人民法院关于修改〈最高人民法院关于人民法院扣押铁路运输货物若干问题的规定〉等十八件执行类司法解释的决定》修正
- 2020年12月29日最高人民法院公告公布
- 自2021年1月1日起施行
- 法释〔2020〕21号

为了依法及时有效地执行生效法律文书，维护当事人的合法权益，根据《中华人民共和国民事诉讼法》（以下简称民事诉讼法），结合人民法院执行工作实际，对执行程序中适用法律的若干问题作出如下解释：

**第一条** 申请执行人向被执行的财产所在地人民法院申请执行的，应当提供该人民法院辖区有可供执行财产的证明材料。

**第二条** 对两个以上人民法院都有管辖权的执行案件，人民法院在立案前发现其他有管辖权的人民法院已经立案的，不得重复立案。

立案后发现其他有管辖权的人民法院已经立案的，应当撤销案件；已经采取执行措施的，应当将控制的财产交先立案的执行法院处理。

**第三条** 人民法院受理执行申请后，当事人对管辖权有异议的，应当自收到执行通知书之日起十日内提出。

人民法院对当事人提出的异议，应当审查。异议成立的，应当撤销执行案件，并告知当事人向有管辖权的人民法院申请执行；异议不成立的，裁定驳回。当事人对裁定不服的，可以向上一级人民法院申请复议。

管辖权异议审查和复议期间，不停止执行。

**第四条** 对人民法院采取财产保全措施的案件，申请执行人向采取保全措施的人民法院以外的其他有管辖权的人民法院申请执行的，采取保全措施的人民法院应当将保全的财产交执行法院处理。

**第五条** 执行过程中，当事人、利害关系人认为执行法院的执行行为违反法律规定的，可以依照民事诉讼法第二百二十五条的规定提出异议。

执行法院审查处理执行异议，应当自收到书面异议之日起十五日内作出裁定。

**第六条** 当事人、利害关系人依照民事诉讼法第二百二十五条规定申请复议的，应当采取书面形式。

**第七条** 当事人、利害关系人申请复议的书面材料，可以通过执行法院转交，也可以直接向执行法院的上一级人民法院提交。

执行法院收到复议申请后，应当在五日内将复议所需的案卷材料报送上一级人民法院；上一级人民法院收到复议申请后，应当通知执行法院在五日内报送复议所需的案卷材料。

**第八条** 当事人、利害关系人依照民事诉讼法第二百二十五条规定申请复议的，上一级人民法院应当自收到复议申请之日起三十日内审查完毕，并作出裁定。有特殊情况需要延长的，经本院院长批准，可以延长，延长的期限不得超过三十日。

**第九条** 执行异议审查和复议期间，不停止执行。

被执行人、利害关系人提供充分、有效的担保请求停止相应处分措施的，人民法院可以准许；申请执行人提供充分、有效的担保请求继续执行的，应当继续执行。

**第十条** 依照民事诉讼法第二百二十六条的规定，有下列情形之一的，上一级人民法院可以根据申请执行人的申请，责令执行法院限期执行或者变更执行法院：

（一）债权人申请执行时被执行人有可供执行的财产，执行法院自收到申请执行书之日起超过六个月对该财产未执行完结的；

（二）执行过程中发现被执行人可供执行的财产，执行法院自发现财产之日起超过六个月对该财产未执行完结的；

（三）对法律文书确定的行为义务的执行，执行法院自收到申请执行书之日起超过六个月未依法采取相应执行措施的；

（四）其他有条件执行超过六个月未执行的。

**第十一条** 上一级人民法院依照民事诉讼法第二百二十六条规定责令执行法院限期执行的，应当向其发出督促执行令，并将有关情况书面通知申请执行人。

上一级人民法院决定由本院执行或者指令本辖区其他人民法院执行的,应当作出裁定,送达当事人并通知有关人民法院。

第十二条　上一级人民法院责令执行法院限期执行,执行法院在指定期间内无正当理由仍未执行完结的,上一级人民法院应当裁定由本院执行或者指令本辖区其他人民法院执行。

第十三条　民事诉讼法第二百二十六条规定的六个月期间,不应当计算执行中的公告期间、鉴定评估期间、管辖争议处理期间、执行争议协调期间、暂缓执行期间以及中止执行期间。

第十四条　案外人对执行标的主张所有权或者有其他足以阻止执行标的转让、交付的实体权利的,可以依照民事诉讼法第二百二十七条的规定,向执行法院提出异议。

第十五条　案外人异议审查期间,人民法院不得对执行标的进行处分。

案外人向人民法院提供充分、有效的担保请求解除对异议标的的查封、扣押、冻结,人民法院可以准许;申请执行人提供充分、有效的担保请求继续执行的,应当继续执行。

因案外人提供担保解除查封、扣押、冻结有错误,致使该标的无法执行的,人民法院可以直接执行担保财产;申请执行人提供担保请求继续执行有错误,给对方造成损失的,应当予以赔偿。

第十六条　案外人执行异议之诉审理期间,人民法院不得对执行标的进行处分。申请执行人请求人民法院继续执行并提供相应担保的,人民法院可以准许。

案外人请求解除查封、扣押、冻结或者申请执行人请求继续执行有错误,给对方造成损失的,应当予以赔偿。

第十七条　多个债权人对同一被执行人申请执行或者对执行财产申请参与分配的,执行法院应当制作财产分配方案,并送达各债权人和被执行人。债权人或者被执行人对分配方案有异议的,应当自收到分配方案之日起十五日内向执行法院提出书面异议。

第十八条　债权人或者被执行人对分配方案提出书面异议的,执行法院应当通知未提出异议的债权人或被执行人。

未提出异议的债权人、被执行人收到通知之日起十五日内未提出反对意见的,执行法院依异议人的意见对分配方案审查修正后进行分配;提出反对意见的,应当通知异议人。异议人可以自收到通知之日起十五日内,以提出反对意见的债权人、被执行人为被告,向执行法院提起诉讼;异议人逾期未提起诉讼的,执行法院依原分配方案进行分配。

诉讼期间进行分配的,执行法院应当将与争议债权数额相应的款项予以提存。

第十九条　在申请执行时效期间的最后六个月内,因不可抗力或者其他障碍不能行使请求权的,申请执行时效中止。从中止时效的原因消除之日起,申请执行时效期间继续计算。

第二十条　申请执行时效因申请执行、当事人双方达成和解协议、当事人一方提出履行要求或者同意履行义务而中断。从中断时起,申请执行时效期间重新计算。

第二十一条　生效法律文书规定债务人负有不作为义务的,申请执行时效期间从债务人违反不作为义务之日起计算。

第二十二条　执行员依照民事诉讼法第二百四十条规定立即采取强制执行措施的,可以同时或者自采取强制执行措施之日起三日内发送执行通知书。

第二十三条　依照民事诉讼法第二百五十五条规定对被执行人限制出境的,应当由申请执行人向执行法院提出书面申请;必要时,执行法院可以依职权决定。

第二十四条　被执行人为单位的,可以对其法定代表人、主要负责人或者影响债务履行的直接责任人员限制出境。

被执行人为无民事行为能力人或者限制民事行为能力人的,可以对其法定代理人限制出境。

第二十五条　在限制出境期间,被执行人履行法律文书确定的全部债务的,执行法院应当及时解除限制出境措施;被执行人提供充分、有效的担保或者申请执行人同意的,可以解除限制出境措施。

第二十六条　依照民事诉讼法第二百五十五条的规定,执行法院可以依职权或者依申请执行人的申请,将被执行人不履行法律文书确定义务的信息,通过报纸、广播、电视、互联网等媒体公布。

媒体公布的有关费用,由被执行人负担;申请执行人申请在媒体公布的,应当垫付有关费用。

第二十七条　本解释施行前本院公布的司法解释与本解释不一致的,以本解释为准。

# 最高人民法院关于人民法院强制执行股权若干问题的规定

- 2021年11月15日最高人民法院审判委员会第1850次会议通过
- 2021年12月20日最高人民法院公告公布
- 自2022年1月1日起施行
- 法释〔2021〕20号

为了正确处理人民法院强制执行股权中的有关问题，维护当事人、利害关系人的合法权益，根据《中华人民共和国民事诉讼法》《中华人民共和国公司法》等法律规定，结合执行工作实际，制定本规定。

**第一条** 本规定所称股权，包括有限责任公司股权、股份有限公司股份，但是在依法设立的证券交易所上市交易以及在国务院批准的其他全国性证券交易场所交易的股份有限公司股份除外。

**第二条** 被执行人是公司股东的，人民法院可以强制执行其在公司持有的股权，不得直接执行公司的财产。

**第三条** 依照民事诉讼法第二百二十四条的规定以被执行股权所在地确定管辖法院的，股权所在地是指股权所在公司的住所地。

**第四条** 人民法院可以冻结下列资料或者信息之一载明的属于被执行人的股权：

（一）股权所在公司的章程、股东名册等资料；

（二）公司登记机关的登记、备案信息；

（三）国家企业信用信息公示系统的公示信息。

案外人基于实体权利对被冻结股权提出排除执行异议的，人民法院应当依照民事诉讼法第二百二十七条的规定进行审查。

**第五条** 人民法院冻结被执行人的股权，以其价额足以清偿生效法律文书确定的债权额及执行费用为限，不得明显超标的额冻结。股权价额无法确定的，可以根据申请执行人申请冻结的比例或者数量进行冻结。

被执行人认为冻结明显超标的额的，可以依照民事诉讼法第二百二十五条的规定提出书面异议，并附证明股权等查封、扣押、冻结财产价额的证据材料。人民法院审查后裁定异议成立的，应当自裁定生效之日起七日内解除对明显超标的额部分的冻结。

**第六条** 人民法院冻结被执行人的股权，应当向公司登记机关送达裁定书和协助执行通知书，要求其在国家企业信用信息公示系统进行公示。股权冻结自在公示系统公示时发生法律效力。多个人民法院冻结同一股权的，以在公示系统先办理公示的为在先冻结。

依照前款规定冻结被执行人股权的，应当及时向被执行人、申请执行人送达裁定书，并将股权冻结情况书面通知股权所在公司。

**第七条** 被执行人就被冻结股权所作的转让、出质或者其他有碍执行的行为，不得对抗申请执行人。

**第八条** 人民法院冻结被执行人股权的，可以向股权所在公司送达协助执行通知书，要求其在实施增资、减资、合并、分立等对被冻结股权所占比例、股权价值产生重大影响的行为前向人民法院书面报告有关情况。人民法院收到报告后，应当及时通知申请执行人，但是涉及国家秘密、商业秘密的除外。

股权所在公司未向人民法院报告即实施前款规定行为的，依照民事诉讼法第一百一十四条的规定处理。

股权所在公司或者公司董事、高级管理人员故意通过增资、减资、合并、分立、转让重大资产、对外提供担保等行为导致被冻结股权价值严重贬损，影响申请执行人债权实现的，申请执行人可以依法提起诉讼。

**第九条** 人民法院冻结被执行人基于股权享有的股息、红利等收益，应当向股权所在公司送达裁定书，并要求其在该收益到期时通知人民法院。人民法院对到期的股息、红利等收益，可以书面通知股权所在公司向申请执行人或者人民法院履行。

股息、红利等收益被冻结后，股权所在公司擅自向被执行人支付或者变相支付的，不影响人民法院要求股权所在公司支付该收益。

**第十条** 被执行人申请自行变价被冻结股权，经申请执行人及其他已知执行债权人同意或者变价款足以清偿执行债务的，人民法院可以准许，但是应当在能够控制变价款的情况下监督其在指定期限内完成，最长不超过三个月。

**第十一条** 拍卖被执行人的股权，人民法院应当依照《最高人民法院关于人民法院确定财产处置参考价若干问题的规定》规定的程序确定股权处置参考价，并参照参考价确定起拍价。

确定参考价需要相关材料的，人民法院可以向公司登记机关、税务机关等部门调取，也可以责令被执行人、股权所在公司以及控制相关材料的其他主体提供；拒不提供的，可以强制提取，并可以依照民事诉讼法第一百一十一条、第一百一十四条的规定处理。

为确定股权处置参考价，经当事人书面申请，人民法院可以委托审计机构对股权所在公司进行审计。

第十二条　委托评估被执行人的股权，评估机构因缺少评估所需完整材料无法进行评估或者认为影响评估结果，被执行人未能提供且人民法院无法调取补充材料的，人民法院应当通知评估机构根据现有材料进行评估，并告知当事人因缺乏材料可能产生的不利后果。

评估机构根据现有材料无法出具评估报告的，经申请执行人书面申请，人民法院可以根据具体情况以适当高于执行费用的金额确定起拍价，但是股权所在公司经营严重异常，股权明显没有价值的除外。

依照前款规定确定的起拍价拍卖的，竞买人应当预交的保证金数额由人民法院根据实际情况酌定。

第十三条　人民法院拍卖被执行人的股权，应当采取网络司法拍卖方式。

依据处置参考价并结合具体情况计算，拍卖被冻结股权所得价款可能明显高于债权额及执行费用的，人民法院应当对相应部分的股权进行拍卖。对相应部分的股权拍卖严重减损被冻结股权价值的，经被执行人书面申请，也可以对超出部分的被冻结股权一并拍卖。

第十四条　被执行人、利害关系人以具有下列情形之一为由请求不得强制拍卖股权的，人民法院不予支持：

（一）被执行人未依法履行或者未依法全面履行出资义务；

（二）被执行人认缴的出资未届履行期限；

（三）法律、行政法规、部门规章等对该股权自行转让有限制；

（四）公司章程、股东协议等对该股权自行转让有限制。

人民法院对具有前款第一、二项情形的股权进行拍卖时，应当在拍卖公告中载明被执行人认缴出资额、实缴出资额、出资期限等信息。股权处置后，相关主体依照有关规定履行出资义务。

第十五条　股权变更应当由相关部门批准的，人民法院应当在拍卖公告中载明法律、行政法规或者国务院决定规定的竞买人应当具备的资格或者条件。必要时，人民法院可以就竞买资格或者条件征询相关部门意见。

拍卖成交后，人民法院应当通知买受人持成交确认书向相关部门申请办理股权变更批准手续。买受人取得批准手续的，人民法院作出拍卖成交裁定书；买受人未在合理期限内取得批准手续的，应当重新对股权进行拍卖。重新拍卖的，原买受人不得参加竞买。

买受人明知不符合竞买资格或者条件依然参加竞买，且在成交后未能在合理期限内取得相关部门股权变更批准手续的，交纳的保证金不予退还。保证金不足以支付拍卖产生的费用损失、弥补重新拍卖价款低于原拍卖价款差价的，人民法院可以裁定原买受人补交；拒不补交的，强制执行。

第十六条　生效法律文书确定被执行人交付股权，因股权所在公司在生效法律文书作出后增资或者减资导致被执行人实际持股比例降低或者升高的，人民法院应当按照下列情形分别处理：

（一）生效法律文书已经明确交付股权的出资额的，按照该出资额交付股权；

（二）生效法律文书仅明确交付一定比例的股权的，按照生效法律文书作出时该比例所对应出资额占当前公司注册资本总额的比例交付股权。

第十七条　在审理股东资格确认纠纷案件中，当事人提出要求公司签发出资证明书、记载于股东名册并办理公司登记机关登记的诉讼请求且其主张成立的，人民法院应当予以支持；当事人未提出前述诉讼请求的，可以根据案件具体情况向其释明。

生效法律文书仅确认股权属于当事人所有，当事人可以持该生效法律文书自行向股权所在公司、公司登记机关申请办理股权变更手续；向人民法院申请强制执行的，不予受理。

第十八条　人民法院对被执行人在其他营利法人享有的投资权益强制执行的，参照适用本规定。

第十九条　本规定自2022年1月1日起施行。

施行前本院公布的司法解释与本规定不一致的，以本规定为准。

**附件：主要文书参考样式**

×××人民法院
协助执行通知书
（××××）……执……号

×××市场监督管理局：

根据本院（××××）……执……号执行裁定，依照《中华人民共和国民事诉讼法》第二百四十二条、《最高人民法院关于人民法院强制执行股权若干问题的规定》第六条的规定，请协助执行下列事项：

一、对下列情况进行公示：冻结被执行人×××（证件种类、号码：……）持有×××……（股权的数额），冻结期限自××××年××月××日起至××××年××月××日止；

二、冻结期间,未经本院许可,在你局职权范围内,不得为被冻结股权办理_____等有碍执行的事项(根据不同的公司类型、冻结需求,载明具体的协助执行事项)。

××××年××月××日<br/>(院印)

经办人员:×××
联系电话:……

×××人民法院<br/>协助执行通知书<br/>(回执)

×××人民法院:

你院(××××)……执……号执行裁定书、(××××)……执……号协助执行通知书收悉,我局处理结果如下:

已于××××年××月××日在国家企业信用信息公示系统将你院冻结股权的情况进行公示,并将在我局职权范围内按照你院要求履行相关协助执行义务。

××××年××月××日<br/>(公章)

经办人员:×××
联系电话:……

## 最高人民法院关于执行担保若干问题的规定

- 2017年12月11日最高人民法院审判委员会第1729次会议通过
- 根据2020年12月23日最高人民法院审判委员会第1823次会议通过的《最高人民法院关于修改〈最高人民法院关于人民法院扣押铁路运输货物若干问题的规定〉等十八件执行类司法解释的决定》修正
- 2020年12月29日最高人民法院公告公布
- 自2021年1月1日起施行
- 法释〔2020〕21号

为了进一步规范执行担保,维护当事人、利害关系人的合法权益,根据《中华人民共和国民事诉讼法》等法律规定,结合执行实践,制定本规定。

**第一条** 本规定所称执行担保,是指担保人依照民事诉讼法第二百三十一条规定,为担保被执行人履行生效法律文书确定的全部或者部分义务,向人民法院提供的担保。

**第二条** 执行担保可以由被执行人提供财产担保,也可以由他人提供财产担保或者保证。

**第三条** 被执行人或者他人提供执行担保的,应当向人民法院提交担保书,并将担保书副本送交申请执行人。

**第四条** 担保书中应当载明担保人的基本信息、暂缓执行期限、担保期间、被担保的债权种类及数额、担保范围、担保方式、被执行人于暂缓执行期限届满后仍不履行时担保人自愿接受直接强制执行的承诺等内容。

提供财产担保的,担保书中还应当载明担保财产的名称、数量、质量、状况、所在地、所有权或者使用权归属等内容。

**第五条** 公司为被执行人提供执行担保的,应当提交符合公司法第十六条规定的公司章程、董事会或者股东会、股东大会决议。

**第六条** 被执行人或者他人提供执行担保,申请执行人同意的,应当向人民法院出具书面同意意见,也可以由执行人员将其同意的内容记入笔录,并由申请执行人签名或者盖章。

**第七条** 被执行人或者他人提供财产担保,可以依照民法典规定办理登记等担保物权公示手续;已经办理公示手续的,申请执行人可以依法主张优先受偿权。

申请执行人申请人民法院查封、扣押、冻结担保财产的,人民法院应当准许,但担保书另有约定的除外。

**第八条** 人民法院决定暂缓执行的,可以暂缓全部执行措施的实施,但担保书另有约定的除外。

**第九条** 担保书内容与事实不符,且对申请执行人合法权益产生实质影响的,人民法院可以依申请执行人的申请恢复执行。

**第十条** 暂缓执行的期限应当与担保书约定一致,但最长不得超过一年。

**第十一条** 暂缓执行期限届满后被执行人仍不履行义务,或者暂缓执行期间担保人有转移、隐藏、变卖、毁损担保财产等行为的,人民法院可以依申请执行人的申请恢复执行,并直接裁定执行担保财产或者保证人的财产,不得将担保人变更、追加为被执行人。

执行担保财产或者保证人的财产,以担保人应当履行义务部分的财产为限。被执行人有便于执行的现金、银行存款的,应当优先执行该现金、银行存款。

**第十二条** 担保期间自暂缓执行期限届满之日起计算。

担保书中没有记载担保期间或者记载不明的,担保期间为一年。

**第十三条** 担保期间届满后,申请执行人申请执行担保财产或者保证人财产的,人民法院不予支持。他人提供财产担保的,人民法院可以依其申请解除对担保财产的查封、扣押、冻结。

**第十四条** 担保人承担担保责任后,提起诉讼向被执行人追偿的,人民法院应予受理。

**第十五条** 被执行人申请变更、解除全部或者部分执行措施,并担保履行生效法律文书确定义务的,参照适用本规定。

**第十六条** 本规定自2018年3月1日起施行。

本规定施行前成立的执行担保,不适用本规定。

本规定施行前本院公布的司法解释与本规定不一致的,以本规定为准。

## 最高人民法院关于执行和解若干问题的规定

- 2017年11月6日最高人民法院审判委员会第1725次会议通过
- 根据2020年12月23日最高人民法院审判委员会第1823次会议通过的《最高人民法院关于修改〈最高人民法院关于人民法院扣押铁路运输货物若干问题的规定〉等十八件执行类司法解释的决定》修正
- 2020年12月29日最高人民法院公告公布
- 自2021年1月1日起施行
- 法释〔2020〕21号

为了进一步规范执行和解,维护当事人、利害关系人的合法权益,根据《中华人民共和国民事诉讼法》等法律规定,结合执行实践,制定本规定。

**第一条** 当事人可以自愿协商达成和解协议,依法变更生效法律文书确定的权利义务主体、履行标的、期限、地点和方式等内容。

和解协议一般采用书面形式。

**第二条** 和解协议达成后,有下列情形之一的,人民法院可以裁定中止执行:

(一)各方当事人共同向人民法院提交书面和解协议的;

(二)一方当事人向人民法院提交书面和解协议,其他当事人予以认可的;

(三)当事人达成口头和解协议,执行人员将和解协议内容记入笔录,由各方当事人签名或者盖章的。

**第三条** 中止执行后,申请执行人申请解除查封、扣押、冻结的,人民法院可以准许。

**第四条** 委托代理人代为执行和解,应当有委托人的特别授权。

**第五条** 当事人协商一致,可以变更执行和解协议,并向人民法院提交变更后的协议,或者由执行人员将变更后的内容记入笔录,并由各方当事人签名或者盖章。

**第六条** 当事人达成以物抵债执行和解协议的,人民法院不得依据该协议作出以物抵债裁定。

**第七条** 执行和解协议履行过程中,符合民法典第五百七十条规定情形的,债务人可以依法向有关机构申请提存;执行和解协议约定给付金钱的,债务人也可以向执行法院申请提存。

**第八条** 执行和解协议履行完毕的,人民法院作执行结案处理。

**第九条** 被执行人一方不履行执行和解协议的,申请执行人可以申请恢复执行原生效法律文书,也可以就履行执行和解协议向执行法院提起诉讼。

**第十条** 申请恢复执行原生效法律文书,适用民事诉讼法第二百三十九条申请执行期间的规定。

当事人不履行执行和解协议的,申请恢复执行期间自执行和解协议约定履行期间的最后一日起计算。

**第十一条** 申请执行人以被执行人一方不履行执行和解协议为由申请恢复执行,人民法院经审查,理由成立的,裁定恢复执行;有下列情形之一的,裁定不予恢复执行:

(一)执行和解协议履行完毕后申请恢复执行的;

(二)执行和解协议约定的履行期限尚未届至或者履行条件尚未成就的,但符合民法典第五百七十八条规定情形的除外;

(三)被执行人一方正在按照执行和解协议约定履行义务的;

(四)其他不符合恢复执行条件的情形。

**第十二条** 当事人、利害关系人认为恢复执行或者不予恢复执行违反法律规定的,可以依照民事诉讼法第二百二十五条规定提出异议。

**第十三条** 恢复执行后,对申请执行人就履行执行和解协议提起的诉讼,人民法院不予受理。

**第十四条** 申请执行人就履行执行和解协议提起诉讼,执行法院受理后,可以裁定终结原生效法律文书的执行。执行中的查封、扣押、冻结措施,自动转为诉讼中的保全措施。

第十五条　执行和解协议履行完毕，申请执行人因被执行人迟延履行、瑕疵履行遭受损害的，可以向执行法院另行提起诉讼。

第十六条　当事人、利害关系人认为执行和解协议无效或者应予撤销的，可以向执行法院提起诉讼。执行和解协议被确认无效或者撤销后，申请执行人可以据此申请恢复执行。

被执行人以执行和解协议无效或者应予撤销为由提起诉讼的，不影响申请执行人申请恢复执行。

第十七条　恢复执行后，执行和解协议已经履行部分应当依法扣除。当事人、利害关系人认为人民法院的扣除行为违反法律规定的，可以依照民事诉讼法第二百二十五条规定提出异议。

第十八条　执行和解协议中约定担保条款，且担保人向人民法院承诺在被执行人不履行执行和解协议时自愿接受直接强制执行的，恢复执行原生效法律文书后，人民法院可以依申请执行人申请及担保条款的约定，直接裁定执行担保财产或者保证人的财产。

第十九条　执行过程中，被执行人根据当事人自行达成但未提交人民法院的和解协议，或者一方当事人提交人民法院但其他当事人不予认可的和解协议，依照民事诉讼法第二百二十五条规定提出异议的，人民法院按照下列情形，分别处理：

（一）和解协议履行完毕的，裁定终结原生效法律文书的执行；

（二）和解协议约定的履行期限尚未届至或者履行条件尚未成就的，裁定中止执行，但符合民法典第五百七十八条规定情形的除外；

（三）被执行人一方正在按照和解协议约定履行义务的，裁定中止执行；

（四）被执行人不履行和解协议的，裁定驳回异议；

（五）和解协议不成立、未生效或者无效的，裁定驳回异议。

第二十条　本规定自2018年3月1日起施行。

本规定施行前本院公布的司法解释与本规定不一致的，以本规定为准。

# 最高人民法院关于民事执行中财产调查若干问题的规定

- 2017年1月25日最高人民法院审判委员会第1708次会议通过
- 根据2020年12月23日最高人民法院审判委员会第1823次会议通过的《最高人民法院关于修改〈最高人民法院关于人民法院扣押铁路运输货物若干问题的规定〉等十八件执行类司法解释的决定》修正
- 2020年12月29日最高人民法院公告公布
- 自2021年1月1日起施行
- 法释〔2020〕21号

为规范民事执行财产调查，维护当事人及利害关系人的合法权益，根据《中华人民共和国民事诉讼法》等法律的规定，结合执行实践，制定本规定。

第一条　执行过程中，申请执行人应当提供被执行人的财产线索；被执行人应当如实报告财产；人民法院应当通过网络执行查控系统进行调查，根据案件需要应当通过其他方式进行调查的，同时采取其他调查方式。

第二条　申请执行人提供被执行人财产线索，应当填写财产调查表。财产线索明确、具体的，人民法院应当在七日内调查核实；情况紧急的，应当在三日内调查核实。财产线索确实的，人民法院应当及时采取相应的执行措施。

申请执行人确因客观原因无法自行查明财产的，可以申请人民法院调查。

第三条　人民法院依申请执行人的申请或依职权责令被执行人报告财产情况的，应当向其发出报告财产令。金钱债权执行中，报告财产令应当与执行通知同时发出。

人民法院根据案件需要再次责令被执行人报告财产情况的，应当重新向其发出报告财产令。

第四条　报告财产令应当载明下列事项：

（一）提交财产报告的期限；

（二）报告财产的范围、期间；

（三）补充报告财产的条件及期间；

（四）违反报告财产义务应承担的法律责任；

（五）人民法院认为有必要载明的其他事项。

报告财产令应附财产调查表，被执行人必须按照要求逐项填写。

第五条　被执行人应当在报告财产令载明的期限内向人民法院书面报告下列财产情况：

（一）收入、银行存款、现金、理财产品、有价证券；

（二）土地使用权、房屋等不动产；
（三）交通运输工具、机器设备、产品、原材料等动产；
（四）债权、股权、投资权益、基金份额、信托受益权、知识产权等财产性权利；
（五）其他应当报告的财产。

被执行人的财产已出租、已设立担保物权等权利负担，或者存在共有、权属争议等情形的，应当一并报告；被执行人的动产由第三人占有，被执行人的不动产、特定动产、其他财产权等登记在第三人名下的，也应当一并报告。

被执行人在报告财产令载明的期限内提交书面报告确有困难的，可以向人民法院书面申请延长期限；申请有正当理由的，人民法院可以适当延长。

**第六条** 被执行人自收到执行通知之日前一年至提交书面财产报告之日，其财产情况发生下列变动的，应当将变动情况一并报告：
（一）转让、出租财产的；
（二）在财产上设立担保物权等权利负担的；
（三）放弃债权或延长债权清偿期的；
（四）支出大额资金的；
（五）其他影响生效法律文书确定债权实现的财产变动。

**第七条** 被执行人报告财产后，其财产情况发生变动，影响申请执行人债权实现的，应当自财产变动之日起十日内向人民法院补充报告。

**第八条** 对被执行人报告的财产情况，人民法院应当及时调查核实，必要时可以组织当事人进行听证。

申请执行人申请查询被执行人报告的财产情况的，人民法院应当准许。申请执行人及其代理人对查询过程中知悉的信息应当保密。

**第九条** 被执行人拒绝报告、虚假报告或者无正当理由逾期报告财产情况的，人民法院可以根据情节轻重对被执行人或者其法定代理人予以罚款、拘留；构成犯罪的，依法追究刑事责任。

人民法院对有前款规定行为之一的单位，可以对其主要负责人或者直接责任人员予以罚款、拘留；构成犯罪的，依法追究刑事责任。

**第十条** 被执行人拒绝报告、虚假报告或者无正当理由逾期报告财产情况的，人民法院应当依照相关规定将其纳入失信被执行人名单。

**第十一条** 有下列情形之一的，财产报告程序终结：

（一）被执行人履行完毕生效法律文书确定义务的；
（二）人民法院裁定终结执行的；
（三）人民法院裁定不予执行的；
（四）人民法院认为财产报告程序应当终结的其他情形。

发出报告财产令后，人民法院裁定终结本次执行程序的，被执行人仍应依照本规定第七条的规定履行补充报告义务。

**第十二条** 被执行人未按执行通知履行生效法律文书确定的义务，人民法院有权通过网络执行查控系统、现场调查等方式向被执行人、有关单位或个人调查被执行人的身份信息和财产信息，有关单位和个人应当依法协助办理。

人民法院对调查所需资料可以复制、打印、抄录、拍照或以其他方式进行提取、留存。

申请执行人申请查询人民法院调查的财产信息的，人民法院可以根据案件需要决定是否准许。申请执行人及其代理人对查询过程中知悉的信息应当保密。

**第十三条** 人民法院通过网络执行查控系统进行调查，与现场调查具有同等法律效力。

人民法院调查过程中作出的电子法律文书与纸质法律文书具有同等法律效力；协助执行单位反馈的电子查询结果与纸质反馈结果具有同等法律效力。

**第十四条** 被执行人隐匿财产、会计账簿等资料拒不交出的，人民法院可以依法采取搜查措施。

人民法院依法搜查时，对被执行人可能隐匿财产或者资料的处所、箱柜等，经责令被执行人开启而拒不配合的，可以强制开启。

**第十五条** 为查明被执行人的财产情况和履行义务的能力，可以传唤被执行人或被执行人的法定代表人、负责人、实际控制人、直接责任人员到人民法院接受调查询问。

对必须接受调查询问的被执行人、被执行人的法定代表人、负责人或者实际控制人，经依法传唤无正当理由拒不到场的，人民法院可以拘传其到场；上述人员下落不明的，人民法院可以依照相关规定通知有关单位协助查找。

**第十六条** 人民法院对已经办理查封登记手续的被执行人机动车、船舶、航空器等特定动产未能实际扣押的，可以依照相关规定通知有关单位协助查找。

**第十七条** 作为被执行人的法人或非法人组织不履行生效法律文书确定的义务，申请执行人认为其有拒绝报告、虚假报告财产情况，隐匿、转移财产等逃避债务情形或者其股东、出资人有出资不实、抽逃出资等情形的，可以书面申请人民法院委托审计机构对该被执行人进行审计。人民法院应当自收到书面申请之日起十日内决定是否准许。

**第十八条** 人民法院决定审计的，应当随机确定具备资格的审计机构，并责令被执行人提交会计凭证、会计账簿、财务会计报告等与审计事项有关的资料。

被执行人隐匿审计资料的，人民法院可以依法采取搜查措施。

**第十九条** 被执行人拒不提供、转移、隐匿、伪造、篡改、毁弃审计资料，阻挠审计人员查看业务现场或者有其他妨碍审计调查行为的，人民法院可以根据情节轻重对被执行人或其主要负责人、直接责任人员予以罚款、拘留；构成犯罪的，依法追究刑事责任。

**第二十条** 审计费用由提出审计申请的申请执行人预交。被执行人存在拒绝报告或虚假报告财产情况，隐匿、转移财产或者其他逃避债务情形的，审计费用由被执行人承担；未发现被执行人存在上述情形的，审计费用由申请执行人承担。

**第二十一条** 被执行人不履行生效法律文书确定的义务，申请执行人可以向人民法院书面申请发布悬赏公告查找可供执行的财产。申请书应当载明下列事项：

（一）悬赏金的数额或计算方法；

（二）有关人员提供人民法院尚未掌握的财产线索，使该申请执行人的债权得以全部或部分实现时，自愿支付悬赏金的承诺；

（三）悬赏公告的发布方式；

（四）其他需要载明的事项。

人民法院应当自收到书面申请之日起十日内决定是否准许。

**第二十二条** 人民法院决定悬赏查找财产的，应当制作悬赏公告。悬赏公告应当载明悬赏金的数额或计算方法、领取条件等内容。

悬赏公告应当在全国法院执行悬赏公告平台、法院微博或微信等媒体平台发布，也可以在执行法院公告栏或被执行人住所地、经常居住地等处张贴。申请执行人申请在其他媒体平台发布，并自愿承担发布费用的，人民法院应当准许。

**第二十三条** 悬赏公告发布后，有关人员向人民法院提供财产线索的，人民法院应当对有关人员的身份信息和财产线索进行登记；两人以上提供相同财产线索的，应当按照提供线索的先后顺序登记。

人民法院对有关人员的身份信息和财产线索应当保密，但为发放悬赏金需要告知申请执行人的除外。

**第二十四条** 有关人员提供人民法院尚未掌握的财产线索，使申请发布悬赏公告的申请执行人的债权得以全部或部分实现的，人民法院应当按照悬赏公告发放悬赏金。

悬赏金从前款规定的申请执行人应得的执行款中予以扣减。特定物交付执行或者存在其他无法扣减情形的，悬赏金由该申请执行人另行支付。

有关人员为申请执行人的代理人、有义务向人民法院提供财产线索的人员或者存在其他不应发放悬赏金情形的，不予发放。

**第二十五条** 执行人员不得调查与执行案件无关的信息，对调查过程中知悉的国家秘密、商业秘密和个人隐私应当保密。

**第二十六条** 本规定自 2017 年 5 月 1 日起施行。

本规定施行后，本院以前公布的司法解释与本规定不一致的，以本规定为准。

## 最高人民法院关于民事执行中变更、追加当事人若干问题的规定

- 2016 年 8 月 29 日最高人民法院审判委员会第 1691 次会议通过
- 根据 2020 年 12 月 23 日最高人民法院审判委员会第 1823 次会议通过的《最高人民法院关于修改〈最高人民法院关于人民法院扣押铁路运输货物若干问题的规定〉等十八件执行类司法解释的决定》修正
- 2020 年 12 月 29 日最高人民法院公告公布
- 自 2021 年 1 月 1 日起施行
- 法释〔2020〕21 号

为正确处理民事执行中变更、追加当事人问题，维护当事人、利害关系人的合法权益，根据《中华人民共和国民事诉讼法》等法律规定，结合执行实践，制定本规定。

**第一条** 执行过程中，申请执行人或其继承人、权利承受人可以向人民法院申请变更、追加当事人。申请符合法定条件的，人民法院应予支持。

**第二条** 作为申请执行人的自然人死亡或被宣告死亡，该自然人的遗产管理人、继承人、受遗赠人或其他因该自然人死亡或被宣告死亡依法承受生效法律文书确定权利的主体，申请变更、追加其为申请执行人的，人民法

院应予支持。

作为申请执行人的自然人被宣告失踪,该自然人的财产代管人申请变更、追加其为申请执行人的,人民法院应予支持。

**第三条** 作为申请执行人的自然人离婚时,生效法律文书确定的权利全部或部分分割给其配偶,该配偶申请变更、追加其为申请执行人的,人民法院应予支持。

**第四条** 作为申请执行人的法人或非法人组织终止,因该法人或非法人组织终止依法承受生效法律文书确定权利的主体,申请变更、追加其为申请执行人的,人民法院应予支持。

**第五条** 作为申请执行人的法人或非法人组织因合并而终止,合并后存续或新设的法人、非法人组织申请变更其为申请执行人的,人民法院应予支持。

**第六条** 作为申请执行人的法人或非法人组织分立,依分立协议约定承受生效法律文书确定权利的新设法人或非法人组织,申请变更、追加其为申请执行人的,人民法院应予支持。

**第七条** 作为申请执行人的法人或非法人组织清算或破产时,生效法律文书确定的权利依法分配给第三人,该第三人申请变更、追加其为申请执行人的,人民法院应予支持。

**第八条** 作为申请执行人的机关法人被撤销,继续履行其职能的主体申请变更、追加其为申请执行人的,人民法院应予支持,但生效法律文书确定的权利依法应由其他主体承受的除外;没有继续履行其职能的主体,且生效法律文书确定权利的承受主体不明确,作出撤销决定的主体申请变更、追加其为申请执行人的,人民法院应予支持。

**第九条** 申请执行人将生效法律文书确定的债权依法转让给第三人,且书面认可第三人取得该债权,该第三人申请变更、追加其为申请执行人的,人民法院应予支持。

**第十条** 作为被执行人的自然人死亡或被宣告死亡,申请执行人申请变更、追加该自然人的遗产管理人、继承人、受遗赠人或其他因该自然人死亡或被宣告死亡取得遗产的主体为被执行人,在遗产范围内承担责任的,人民法院应予支持。

作为被执行人的自然人被宣告失踪,申请执行人申请变更该自然人的财产代管人为被执行人,在代管的财产范围内承担责任的,人民法院应予支持。

**第十一条** 作为被执行人的法人或非法人组织因合并而终止,申请执行人申请变更合并后存续或新设的法人、非法人组织为被执行人的,人民法院应予支持。

**第十二条** 作为被执行人的法人或非法人组织分立,申请执行人申请变更、追加分立后新设的法人或非法人组织为被执行人,对生效法律文书确定的债务承担连带责任的,人民法院应予支持。但被执行人在分立前与申请执行人就债务清偿达成的书面协议另有约定的除外。

**第十三条** 作为被执行人的个人独资企业,不能清偿生效法律文书确定的债务,申请执行人申请变更、追加其出资人为被执行人的,人民法院应予支持。个人独资企业出资人作为被执行人的,人民法院可以直接执行该个人独资企业的财产。

个体工商户的字号为被执行人的,人民法院可以直接执行该字号经营者的财产。

**第十四条** 作为被执行人的合伙企业,不能清偿生效法律文书确定的债务,申请执行人申请变更、追加普通合伙人为被执行人的,人民法院应予支持。

作为被执行人的有限合伙企业,财产不足以清偿生效法律文书确定的债务,申请执行人申请变更、追加未按期足额缴纳出资的有限合伙人为被执行人,在未足额缴纳出资的范围内承担责任的,人民法院应予支持。

**第十五条** 作为被执行人的法人分支机构,不能清偿生效法律文书确定的债务,申请执行人申请变更、追加该法人为被执行人的,人民法院应予支持。法人直接管理的责任财产仍不能清偿债务的,人民法院可以直接执行该法人其他分支机构的财产。

作为被执行人的法人,直接管理的责任财产不能清偿生效法律文书确定债务的,人民法院可以直接执行该法人分支机构的财产。

**第十六条** 个人独资企业、合伙企业、法人分支机构以外的非法人组织作为被执行人,不能清偿生效法律文书确定的债务,申请执行人申请变更、追加依法对该非法人组织的债务承担责任的主体为被执行人的,人民法院应予支持。

**第十七条** 作为被执行人的营利法人,财产不足以清偿生效法律文书确定的债务,申请执行人申请变更、追加未缴纳或未足额缴纳出资的股东、出资人或依公司法规定对该出资承担连带责任的发起人为被执行人,在尚未缴纳出资的范围内依法承担责任的,人民法院应予支持。

**第十八条** 作为被执行人的营利法人,财产不足以清偿生效法律文书确定的债务,申请执行人申请变更、追加抽逃出资的股东、出资人为被执行人,在抽逃出资的范围内承担责任的,人民法院应予支持。

**第十九条** 作为被执行人的公司,财产不足以清偿生效法律文书确定的债务,其股东未依法履行出资义务即转让股权,申请执行人申请变更、追加该原股东或依公司法规定对该出资承担连带责任的发起人为被执行人,在未依法出资的范围内承担责任的,人民法院应予支持。

**第二十条** 作为被执行人的一人有限责任公司,财产不足以清偿生效法律文书确定的债务,股东不能证明公司财产独立于自己的财产,申请执行人申请变更、追加该股东为被执行人,对公司债务承担连带责任的,人民法院应予支持。

**第二十一条** 作为被执行人的公司,未经清算即办理注销登记,导致公司无法进行清算,申请执行人申请变更、追加有限责任公司的股东、股份有限公司的董事和控股股东为被执行人,对公司债务承担连带清偿责任的,人民法院应予支持。

**第二十二条** 作为被执行人的法人或非法人组织,被注销或出现被吊销营业执照、被撤销、被责令关闭、歇业等解散事由后,其股东、出资人或主管部门无偿接受其财产,致使该被执行人无遗留财产或遗留财产不足以清偿债务,申请执行人申请变更、追加该股东、出资人或主管部门为被执行人,在接受的财产范围内承担责任的,人民法院应予支持。

**第二十三条** 作为被执行人的法人或非法人组织,未经依法清算即办理注销登记,在登记机关办理注销登记时,第三人书面承诺对被执行人的债务承担清偿责任,申请执行人申请变更、追加该第三人为被执行人,在承诺范围内承担清偿责任的,人民法院应予支持。

**第二十四条** 执行过程中,第三人向执行法院书面承诺自愿代被执行人履行生效法律文书确定的债务,申请执行人申请变更、追加该第三人为被执行人,在承诺范围内承担责任的,人民法院应予支持。

**第二十五条** 作为被执行人的法人或非法人组织,财产依行政命令被无偿调拨、划转给第三人,致使该被执行人财产不足以清偿生效法律文书确定的债务,申请执行人申请变更、追加该第三人为被执行人,在接受的财产范围内承担责任的,人民法院应予支持。

**第二十六条** 被申请人在应承担责任范围内已承担相应责任的,人民法院不得责令其重复承担责任。

**第二十七条** 执行当事人的姓名或名称发生变更的,人民法院可以直接将姓名或名称变更后的主体作为执行当事人,并在法律文书中注明变更前的姓名或名称。

**第二十八条** 申请人申请变更、追加执行当事人,应当向执行法院提交书面申请及相关证据材料。

除事实清楚、权利义务关系明确、争议不大的案件外,执行法院应当组成合议庭审查并公开听证。经审查,理由成立的,裁定变更、追加;理由不成立的,裁定驳回。

执行法院应当自收到书面申请之日起六十日内作出裁定。有特殊情况需要延长的,由本院院长批准。

**第二十九条** 执行法院审查变更、追加被执行人申请期间,申请人申请对被申请人的财产采取查封、扣押、冻结措施的,执行法院应当参照民事诉讼法第一百条的规定办理。

申请执行人在申请变更、追加第三人前,向执行法院申请查封、扣押、冻结该第三人财产的,执行法院应当参照民事诉讼法第一百零一条的规定办理。

**第三十条** 被申请人、申请人或其他执行当事人对执行法院作出的变更、追加裁定或驳回申请裁定不服的,可以自裁定书送达之日起十日内向上一级人民法院申请复议,但依据本规定第三十二条的规定应当提起诉讼的除外。

**第三十一条** 上一级人民法院对复议申请应当组成合议庭审查,并自收到申请之日起六十日内作出复议裁定。有特殊情况需要延长的,由本院院长批准。

被裁定变更、追加的被申请人申请复议的,复议期间,人民法院不得对其争议范围内的财产进行处分。申请人请求人民法院继续执行并提供相应担保的,人民法院可以准许。

**第三十二条** 被申请人或申请人对执行法院依据本规定第十四条第二款、第十七条至第二十一条规定作出的变更、追加裁定或驳回申请裁定不服的,可以自裁定书送达之日起十五日内,向执行法院提起执行异议之诉。

被申请人提起执行异议之诉的,以申请人为被告。申请人提起执行异议之诉的,以被申请人为被告。

**第三十三条** 被申请人提起的执行异议之诉,人民法院经审理,按照下列情形分别处理:

(一)理由成立的,判决不得变更、追加被申请人为被执行人或者判决变更责任范围;

(二)理由不成立的,判决驳回诉讼请求。

诉讼期间,人民法院不得对被申请人争议范围内的财产进行处分。申请人请求人民法院继续执行并提供相应担保的,人民法院可以准许。

第三十四条　申请人提起的执行异议之诉,人民法院经审理,按照下列情形分别处理:

(一)理由成立的,判决变更、追加被申请人为被执行人并承担相应责任或者判决变更责任范围;

(二)理由不成立的,判决驳回诉讼请求。

第三十五条　本规定自2016年12月1日起施行。

本规定施行后,本院以前公布的司法解释与本规定不一致的,以本规定为准。

# 最高人民法院关于人民法院办理执行异议和复议案件若干问题的规定

- 2014年12月29日最高人民法院审判委员会第1638次会议通过
- 根据2020年12月23日最高人民法院审判委员会第1823次会议通过的《最高人民法院关于修改〈最高人民法院关于人民法院扣押铁路运输货物若干问题的规定〉等十八件执行类司法解释的决定》修正
- 2020年12月29日最高人民法院公告公布
- 自2021年1月1日起施行
- 法释〔2020〕21号

为了规范人民法院办理执行异议和复议案件,维护当事人、利害关系人和案外人的合法权益,根据民事诉讼法等法律规定,结合人民法院执行工作实际,制定本规定。

第一条　异议人提出执行异议或者复议申请人申请复议,应当向人民法院提交申请书。申请书应当载明具体的异议或者复议请求、事实、理由等内容,并附下列材料:

(一)异议人或者复议申请人的身份证明;

(二)相关证据材料;

(三)送达地址和联系方式。

第二条　执行异议符合民事诉讼法第二百二十五条或者第二百二十七条规定条件的,人民法院应当在三日内立案,并在立案后三日内通知异议人和相关当事人。不符合受理条件的,裁定不予受理;立案后发现不符合受理条件的,裁定驳回申请。

执行异议申请材料不齐备的,人民法院应当一次性告知异议人在三日内补足,逾期未补足的,不予受理。

异议人对不予受理或者驳回申请裁定不服的,可以自裁定送达之日起十日内向上一级人民法院申请复议。上一级人民法院审查后认为符合受理条件的,应当裁定撤销原裁定,指令执行法院立案或者对执行异议进行审查。

第三条　执行法院收到执行异议后三日内既不立案又不作出不予受理裁定,或者受理后无正当理由超过法定期限不作出异议裁定的,异议人可以向上一级人民法院提出异议。上一级人民法院审查后认为理由成立的,应当指令执行法院在三日内立案或者在十五日内作出异议裁定。

第四条　执行案件被指定执行、提级执行、委托执行后,当事人、利害关系人对原执行法院的执行行为提出异议的,由提出异议时负责该案件执行的人民法院审查处理;受指定或者受委托的人民法院是原执行法院的下级人民法院的,仍由原执行法院审查处理。

执行案件被指定执行、提级执行、委托执行后,案外人对原执行法院的执行标的提出异议的,参照前款规定处理。

第五条　有下列情形之一的,当事人以外的自然人、法人和非法人组织,可以作为利害关系人提出执行行为异议:

(一)认为人民法院的执行行为违法,妨碍其轮候查封、扣押、冻结的债权受偿的;

(二)认为人民法院的拍卖措施违法,妨碍其参与公平竞价的;

(三)认为人民法院的拍卖、变卖或者以物抵债措施违法,侵害其对执行标的的优先购买权的;

(四)认为人民法院要求协助执行的事项超出其协助范围或者违反法律规定的;

(五)认为其他合法权益受到人民法院违法执行行为侵害的。

第六条　当事人、利害关系人依照民事诉讼法第二百二十五条规定提出异议的,应当在执行程序终结之前提出,但对终结执行措施提出异议的除外。

案外人依照民事诉讼法第二百二十七条规定提出异议的,应当在异议指向的执行标的执行终结之前提出;执行标的由当事人受让的,应当在执行程序终结之前提出。

第七条　当事人、利害关系人认为执行过程中或者执行保全、先予执行裁定过程中的下列行为违法提出异议的,人民法院应当依照民事诉讼法第二百二十五条规定进行审查:

(一)查封、扣押、冻结、拍卖、变卖、以物抵债、暂缓执行、中止执行、终结执行等执行措施;

(二)执行的期间、顺序等应当遵守的法定程序;

（三）人民法院作出的侵害当事人、利害关系人合法权益的其他行为。

被执行人以债权消灭、丧失强制执行效力等执行依据生效之后的实体事由提出排除执行异议的，人民法院应当参照民事诉讼法第二百二十五条规定进行审查。

除本规定第十九条规定的情形外，被执行人以执行依据生效之前的实体事由提出排除执行异议的，人民法院应当告知其依法申请再审或者通过其他程序解决。

**第八条** 案外人基于实体权利既对执行标的提出排除执行异议又作为利害关系人提出执行行为异议的，人民法院应当依照民事诉讼法第二百二十七条规定进行审查。

案外人既基于实体权利对执行标的提出排除执行异议又作为利害关系人提出与实体权利无关的执行行为异议的，人民法院应当分别依照民事诉讼法第二百二十七条和第二百二十五条规定进行审查。

**第九条** 被限制出境的人认为对其限制出境错误的，可以自收到限制出境决定之日起十日内向上一级人民法院申请复议。上一级人民法院应当自收到复议申请之日起十五日内作出决定。复议期间，不停止原决定的执行。

**第十条** 当事人不服驳回不予执行公证债权文书申请的裁定的，可以自收到裁定之日起十日内向上一级人民法院申请复议。上一级人民法院应当自收到复议申请之日起三十日内审查，理由成立的，裁定撤销原裁定，不予执行该公证债权文书；理由不成立的，裁定驳回复议申请。复议期间，不停止执行。

**第十一条** 人民法院审查执行异议或者复议案件，应当依法组成合议庭。

指令重新审查的执行异议案件，应当另行组成合议庭。

办理执行实施案件的人员不得参与相关执行异议和复议案件的审查。

**第十二条** 人民法院对执行异议和复议案件实行书面审查。案情复杂、争议较大的，应当进行听证。

**第十三条** 执行异议、复议案件审查期间，异议人、复议申请人申请撤回异议、复议申请的，是否准许由人民法院裁定。

**第十四条** 异议人或者复议申请人经合法传唤，无正当理由拒不参加听证，或者未经法庭许可中途退出听证，致使人民法院无法查清相关事实的，由其自行承担不利后果。

**第十五条** 当事人、利害关系人对同一执行行为有多个异议事由，但未在异议审查过程中一并提出，撤回异议或者被裁定驳回异议后，再次就该执行行为提出异议的，人民法院不予受理。

案外人撤回异议或者被裁定驳回异议后，再次就同一执行标的提出异议的，人民法院不予受理。

**第十六条** 人民法院依照民事诉讼法第二百二十五条规定作出裁定时，应当告知相关权利人申请复议的权利和期限。

人民法院依照民事诉讼法第二百二十七条规定作出裁定时，应当告知相关权利人提起执行异议之诉的权利和期限。

人民法院作出其他裁定和决定时，法律、司法解释规定了相关权利人申请复议的权利和期限的，应当进行告知。

**第十七条** 人民法院对执行行为异议，应当按照下列情形，分别处理：

（一）异议不成立的，裁定驳回异议；

（二）异议成立的，裁定撤销相关执行行为；

（三）异议部分成立的，裁定变更相关执行行为；

（四）异议成立或者部分成立，但执行行为无撤销、变更内容的，裁定异议成立或者相应部分异议成立。

**第十八条** 执行过程中，第三人因书面承诺自愿代被执行人偿还债务而被追加为被执行人后，无正当理由反悔并提出异议的，人民法院不予支持。

**第十九条** 当事人互负到期债务，被执行人请求抵销，请求抵销的债务符合下列情形的，除依照法律规定或者按照债务性质不得抵销的以外，人民法院应予支持：

（一）已经生效法律文书确定或者经申请执行人认可；

（二）与被执行人所负债务的标的物种类、品质相同。

**第二十条** 金钱债权执行中，符合下列情形之一，被执行人以执行标的系本人及所扶养家属维持生活必需的居住房屋为由提出异议的，人民法院不予支持：

（一）对被执行人有扶养义务的人名下有其他能够维持生活必需的居住房屋的；

（二）执行依据生效后，被执行人为逃避债务转让其名下其他房屋的；

（三）申请执行人按照当地廉租住房保障面积标准为被执行人及所扶养家属提供居住房屋，或者同意参照当地房屋租赁市场平均租金标准从该房屋的变价款中扣除五至八年租金的。

执行依据确定被执行人交付居住的房屋，自执行通知送达之日起，已经给予三个月的宽限期，被执行人以该房屋系本人及所扶养家属维持生活的必需品为由提出异议的，人民法院不予支持。

**第二十一条** 当事人、利害关系人提出异议请求撤销拍卖，符合下列情形之一的，人民法院应予支持：

（一）竞买人之间、竞买人与拍卖机构之间恶意串通，损害当事人或者其他竞买人利益的；

（二）买受人不具备法律规定的竞买资格的；

（三）违法限制竞买人参加竞买或者对不同的竞买人规定不同竞买条件的；

（四）未按照法律、司法解释的规定对拍卖标的物进行公告的；

（五）其他严重违反拍卖程序且损害当事人或者竞买人利益的情形。

当事人、利害关系人请求撤销变卖的，参照前款规定处理。

**第二十二条** 公证债权文书对主债务和担保债务同时赋予强制执行效力的，人民法院应予执行；仅对主债务赋予强制执行效力未涉及担保债务的，对担保债务的执行申请不予受理；仅对担保债务赋予强制执行效力未涉及主债务的，对主债务的执行申请不予受理。

人民法院受理担保债务的执行申请后，被执行人仅以担保合同不属于赋予强制执行效力的公证债权文书范围为由申请不予执行的，不予支持。

**第二十三条** 上一级人民法院对不服异议裁定的复议申请审查后，应当按照下列情形，分别处理：

（一）异议裁定认定事实清楚，适用法律正确，结果应予维持的，裁定驳回复议申请，维持异议裁定；

（二）异议裁定认定事实错误，或者适用法律错误，结果应予纠正的，裁定撤销或者变更异议裁定；

（三）异议裁定认定基本事实不清、证据不足的，裁定撤销异议裁定，发回作出裁定的人民法院重新审查，或者查清事实后作出相应裁定；

（四）异议裁定遗漏异议请求或者存在其他严重违反法定程序的情形，裁定撤销异议裁定，发回作出裁定的人民法院重新审查；

（五）异议裁定对应当适用民事诉讼法第二百二十七条规定审查处理的异议，错误适用民事诉讼法第二百二十五条规定审查处理的，裁定撤销异议裁定，发回作出裁定的人民法院重新作出裁定。

除依照本条第一款第三、四、五项发回重新审查或者重新作出裁定的情形外，裁定撤销或者变更异议裁定且执行行为可撤销、变更的，应当同时撤销或者变更该裁定维持的执行行为。

人民法院对发回重新审查的案件作出裁定后，当事人、利害关系人申请复议的，上一级人民法院复议后不得再次发回重新审查。

**第二十四条** 对案外人提出的排除执行异议，人民法院应当审查下列内容：

（一）案外人是否系权利人；

（二）该权利的合法性与真实性；

（三）该权利能否排除执行。

**第二十五条** 对案外人的异议，人民法院应当按照下列标准判断其是否系权利人：

（一）已登记的不动产，按照不动产登记簿判断；未登记的建筑物、构筑物及其附属设施，按照土地使用权登记簿、建设工程规划许可、施工许可等相关证据判断；

（二）已登记的机动车、船舶、航空器等特定动产，按照相关管理部门的登记判断；未登记的特定动产和其他动产，按照实际占有情况判断；

（三）银行存款和存管在金融机构的有价证券，按照金融机构和登记结算机构登记的账户名称判断；有价证券由具备合法经营资质的托管机构名义持有的，按照该机构登记的实际出资人账户名称判断；

（四）股权按照工商行政管理机关的登记和企业信用信息公示系统公示的信息判断；

（五）其他财产和权利，有登记的，按照登记机构的登记判断；无登记的，按照合同等证明财产权属或者权利人的证据判断。

案外人依据另案生效法律文书提出排除执行异议，该法律文书认定的执行标的权利人与依照前款规定得出的判断不一致的，依照本规定第二十六条规定处理。

**第二十六条** 金钱债权执行中，案外人依据执行标的被查封、扣押、冻结前作出的另案生效法律文书提出排除执行异议，人民法院应当按照下列情形，分别处理：

（一）该法律文书就案外人与被执行人之间的权属纠纷以及租赁、借用、保管等不以转移财产权属为目的的合同纠纷，判决、裁决执行标的归属于案外人或者向其返还执行标的且其权利能够排除执行的，应予支持；

（二）该法律文书就案外人与被执行人之间除前项所列合同之外的债权纠纷，判决、裁决执行标的归属于案外人或者向其交付、返还执行标的的，不予支持。

(三) 该法律文书系案外人受让执行标的的拍卖、变卖成交裁定或者以物抵债裁定且其权利能够排除执行的,应予支持。

金钱债权执行中,案外人依据执行标的被查封、扣押、冻结后作出的另案生效法律文书提出排除执行异议的,人民法院不予支持。

非金钱债权执行中,案外人依据另案生效法律文书提出排除执行异议,该法律文书对执行标的的权属作出不同认定的,人民法院应当告知案外人依法申请再审或者通过其他程序解决。

申请执行人或者案外人不服人民法院依照本条第一、二款规定作出的裁定,可以依照民事诉讼法第二百二十七条规定提起执行异议之诉。

**第二十七条** 申请执行人对执行标的依法享有对抗案外人的担保物权等优先受偿权,人民法院对案外人提出的排除执行异议不予支持,但法律、司法解释另有规定的除外。

**第二十八条** 金钱债权执行中,买受人对登记在被执行人名下的不动产提出异议,符合下列情形且其权利能够排除执行的,人民法院应予支持:

(一) 在人民法院查封之前已签订合法有效的书面买卖合同;

(二) 在人民法院查封之前已合法占有该不动产;

(三) 已支付全部价款,或者已按照合同约定支付部分价款且将剩余价款按照人民法院的要求交付执行;

(四) 非因买受人自身原因未办理过户登记。

**第二十九条** 金钱债权执行中,买受人对登记在被执行的房地产开发企业名下的商品房提出异议,符合下列情形且其权利能够排除执行的,人民法院应予支持:

(一) 在人民法院查封之前已签订合法有效的书面买卖合同;

(二) 所购商品房系用于居住且买受人名下无其他用于居住的房屋;

(三) 已支付的价款超过合同约定总价款的百分之五十。

**第三十条** 金钱债权执行中,对被查封的办理了受让物权预告登记的不动产,受让人提出停止处分异议的,人民法院应予支持;符合物权登记条件,受让人提出排除执行异议的,应予支持。

**第三十一条** 承租人请求在租赁期内阻止向受让人移交占有被执行的不动产,在人民法院查封之前已签订合法有效的书面租赁合同并占有使用该不动产的,人民法院应予支持。

承租人与被执行人恶意串通,以明显不合理的低价承租被执行的不动产或者伪造交付租金证据的,对其提出的阻止移交占有的请求,人民法院不予支持。

**第三十二条** 本规定施行后尚未审查终结的执行异议和复议案件,适用本规定。本规定施行前已经审查终结的执行异议和复议案件,人民法院依法提起执行监督程序的,不适用本规定。

## 最高人民法院关于委托执行若干问题的规定

- 2011年4月25日最高人民法院审判委员会第1521次会议通过
- 根据2020年12月23日最高人民法院审判委员会第1823次会议通过的《最高人民法院关于修改〈最高人民法院关于人民法院扣押铁路运输货物若干问题的规定〉等十八件执行类司法解释的决定》修正
- 2020年12月29日最高人民法院公告公布
- 自2021年1月1日起施行
- 法释〔2020〕21号

为了规范委托执行工作,维护当事人的合法权益,根据《中华人民共和国民事诉讼法》的规定,结合司法实践,制定本规定。

**第一条** 执行法院经调查发现被执行人在本辖区内已无财产可供执行,且在其他省、自治区、直辖市内有可供执行财产的,可以将案件委托异地的同级人民法院执行。

执行法院确需赴异地执行案件的,应当经其所在辖区高级人民法院批准。

**第二条** 案件委托执行后,受托法院应当依法立案,委托法院应当在收到受托法院的立案通知书后作销案处理。

委托异地法院协助查询、冻结、查封、调查或者送达法律文书等有关事项的,受托法院不作为委托执行案件立案办理,但应当积极予以协助。

**第三条** 委托执行应当以执行标的物所在地或者执行行为实施地的同级人民法院为受托执行法院。有两处以上财产在异地的,可以委托主要财产所在地的人民法院执行。

被执行人是现役军人或者军事单位的,可以委托对其有管辖权的军事法院执行。

执行标的物是船舶的,可以委托有管辖权的海事法院执行。

**第四条** 委托执行案件应当由委托法院直接向受托法院办理委托手续,并层报各自所在的高级人民法院备案。

事项委托应当通过人民法院执行指挥中心综合管理平台办理委托事项的相关手续。

**第五条** 案件委托执行时,委托法院应当提供下列材料:

(一)委托执行函;

(二)申请执行书和委托执行案件审批表;

(三)据以执行的生效法律文书副本;

(四)有关案件情况的材料或者说明,包括本辖区无财产的调查材料、财产保全情况、被执行人财产状况、生效法律文书的履行情况等;

(五)申请执行人地址、联系电话;

(六)被执行人身份证件或者营业执照复印件、地址、联系电话;

(七)委托法院执行员和联系电话;

(八)其他必要的案件材料等。

**第六条** 委托执行时,委托法院应当将已经查封、扣押、冻结的被执行人的异地财产,一并移交受托法院处理,并在委托执行函中说明。

委托执行后,委托法院对被执行人财产已经采取查封、扣押、冻结等措施的,视为受托法院的查封、扣押、冻结措施。受托法院需要继续查封、扣押、冻结,持委托执行函和立案通知书办理相关手续。续封续冻时,仍为原委托法院的查封冻结顺序。

查封、扣押、冻结等措施的有效期限在移交受托法院时不足1个月的,委托法院应当先行续封或者续冻,再移交受托法院。

**第七条** 受托法院收到委托执行函后,应当在7日内予以立案,并及时将立案通知书通过委托法院送达申请执行人,同时将指定的承办人、联系电话等书面告知委托法院。

委托法院收到上述通知书后,应当在7日内书面通知申请执行人案件已经委托执行,并告知申请执行人可以直接与受托法院联系执行相关事宜。

**第八条** 受托法院如发现委托执行的手续、材料不全,可以要求委托法院补办。委托法院应当在30日内完成补办事项,在上述期限内未完成的,应当作出书面说明。委托法院既不补办又不说明原因的,视为撤回委托,受托法院可以将委托材料退回委托法院。

**第九条** 受托法院退回委托的,应当层报所在辖区高级人民法院审批。高级人民法院同意退回后,受托法院应当在15日内将有关委托手续和案卷材料退回委托法院,并作出书面说明。

委托执行案件退回后,受托法院已立案的,应当作销案处理。委托法院在案件退回原因消除之后可以再行委托。确因委托不当被退回的,委托法院应当决定撤销委托并恢复案件执行,报所在的高级人民法院备案。

**第十条** 委托法院在案件委托执行后又发现有可供执行财产的,应当及时告知受托法院。受托法院发现被执行人在受托法院辖区外另有可供执行财产的,可以直接异地执行,一般不再行委托执行。根据情况确需再行委托的,应当按照委托执行案件的程序办理,并通知案件当事人。

**第十一条** 受托法院未能在6个月内将受托案件执结的,申请执行人有权请求受托法院的上一级人民法院提级执行或者指定执行,上一级人民法院应当立案审查,发现受托法院无正当理由不予执行的,应当限期执行或者作出裁定提级执行或者指定执行。

**第十二条** 异地执行时,可以根据案件具体情况,请求当地法院协助执行,当地法院应当积极配合,保证执行人员的人身安全和执行装备、执行标的物不受侵害。

**第十三条** 高级人民法院应当对辖区内委托执行和异地执行工作实行统一管理和协调,履行以下职责:

(一)统一管理跨省、自治区、直辖市辖区的委托和受托执行案件;

(二)指导、检查、监督本辖区内的受托案件的执行情况;

(三)协调本辖区内跨省、自治区、直辖市辖区的委托和受托执行争议案件;

(四)承办需异地执行的有关案件的审批事项;

(五)对下级法院报送的有关委托和受托执行案件中的相关问题提出指导性处理意见;

(六)办理其他涉及委托执行工作的事项。

**第十四条** 本规定所称的异地是指本省、自治区、直辖市以外的区域。各省、自治区、直辖市内的委托执行,由各高级人民法院参照本规定,结合实际情况,制定具体办法。

**第十五条** 本规定施行之后,其他有关委托执行的司法解释不再适用。

# 最高人民法院关于人民法院民事执行中拍卖、变卖财产的规定

- 2004年10月26日最高人民法院审判委员会第1330次会议通过
- 根据2020年12月23日最高人民法院审判委员会第1823次会议通过的《最高人民法院关于修改〈最高人民法院关于人民法院扣押铁路运输货物若干问题的规定〉等十八件执行类司法解释的决定》修正
- 2020年12月29日最高人民法院公告公布
- 自2021年1月1日起施行
- 法释〔2020〕21号

为了进一步规范民事执行中的拍卖、变卖措施,维护当事人的合法权益,根据《中华人民共和国民事诉讼法》等法律的规定,结合人民法院民事执行工作的实践经验,制定本规定。

**第一条** 在执行程序中,被执行人的财产被查封、扣押、冻结后,人民法院应当及时进行拍卖、变卖或者采取其他执行措施。

**第二条** 人民法院对查封、扣押、冻结的财产进行变价处理时,应当首先采取拍卖的方式,但法律、司法解释另有规定的除外。

**第三条** 人民法院拍卖被执行人财产,应当委托具有相应资质的拍卖机构进行,并对拍卖机构的拍卖进行监督,但法律、司法解释另有规定的除外。

**第四条** 对拟拍卖的财产,人民法院可以委托具有相应资质的评估机构进行价格评估。对于财产价值较低或者价格依照通常方法容易确定的,可以不进行评估。

当事人双方及其他执行债权人申请不进行评估的,人民法院应当准许。

对被执行人的股权进行评估时,人民法院可以责令有关企业提供会计报表等资料;有关企业拒不提供的,可以强制提取。

**第五条** 拍卖应当确定保留价。

拍卖财产经过评估的,评估价即为第一次拍卖的保留价;未作评估的,保留价由人民法院参照市价确定,并应当征询有关当事人的意见。

如果出现流拍,再行拍卖时,可以酌情降低保留价,但每次降低的数额不得超过前次保留价的百分之二十。

**第六条** 保留价确定后,依据本次拍卖保留价计算,拍卖所得价款在清偿优先债权和强制执行费用后无剩余可能的,应当在实施拍卖前将有关情况通知申请执行人。

申请执行人于收到通知后五日内申请继续拍卖的,人民法院应当准许,但应当重新确定保留价;重新确定的保留价应当大于该优先债权及强制执行费用的总额。

依照前款规定流拍的,拍卖费用由申请执行人负担。

**第七条** 执行人员应当对拍卖财产的权属状况、占有使用情况等进行必要的调查,制作拍卖财产现状的调查笔录或者收集其他有关资料。

**第八条** 拍卖应当先期公告。

拍卖动产的,应当在拍卖七日前公告;拍卖不动产或者其他财产权的,应当在拍卖十五日前公告。

**第九条** 拍卖公告的范围及媒体由当事人双方协商确定;协商不成的,由人民法院确定。拍卖财产具有专业属性的,应当同时在专业性报纸上进行公告。

当事人申请在其他新闻媒体上公告或者要求扩大公告范围的,应当准许,但该部分的公告费用由其自行承担。

**第十条** 拍卖不动产、其他财产权或者价值较高的动产的,竞买人应当于拍卖前向人民法院预交保证金。申请执行人参加竞买的,可以不预交保证金。保证金的数额由人民法院确定,但不得低于评估价或者市价的百分之五。

应当预交保证金而未交纳的,不得参加竞买。拍卖成交后,买受人预交的保证金充抵价款,其他竞买人预交的保证金应当在三日内退还;拍卖未成交的,保证金应当于三日内退还竞买人。

**第十一条** 人民法院应当在拍卖五日前以书面或者其他能够确认收悉的适当方式,通知当事人和已知的担保物权人、优先购买权人或者其他优先权人于拍卖日到场。

优先购买权人经通知未到场的,视为放弃优先购买权。

**第十二条** 法律、行政法规对买受人的资格或者条件有特殊规定的,竞买人应当具备规定的资格或者条件。

申请执行人、被执行人可以参加竞买。

**第十三条** 拍卖过程中,有最高应价时,优先购买权人可以表示以该最高价买受,如无更高应价,则拍归优先购买权人;如有更高应价,而优先购买权人不作表示的,则拍归该应价最高的竞买人。

顺序相同的多个优先购买权人同时表示买受的,以抽签方式决定买受人。

**第十四条** 拍卖多项财产时,其中部分财产卖得的价款足以清偿债务和支付被执行人应当负担的费用的,

对剩余的财产应当停止拍卖,但被执行人同意全部拍卖的除外。

**第十五条** 拍卖的多项财产在使用上不可分,或者分别拍卖可能严重减损其价值的,应当合并拍卖。

**第十六条** 拍卖时无人竞买或者竞买人的最高应价低于保留价,到场的申请执行人或者其他执行债权人申请或者同意以该次拍卖所定的保留价接受拍卖财产的,应当将该财产交其抵债。

有两个以上执行债权人申请以拍卖财产抵债的,由法定受偿顺位在先的债权人优先承受;受偿顺位相同的,以抽签方式决定承受人。承受人应受清偿的债权额低于抵债财产的价额的,人民法院应当责令其在指定的期间内补交差额。

**第十七条** 在拍卖开始前,有下列情形之一的,人民法院应当撤回拍卖委托:

(一)据以执行的生效法律文书被撤销的;

(二)申请执行人及其他执行债权人撤回执行申请的;

(三)被执行人全部履行了法律文书确定的金钱债务的;

(四)当事人达成了执行和解协议,不需要拍卖财产的;

(五)案外人对拍卖财产提出确有理由的异议的;

(六)拍卖机构与竞买人恶意串通的;

(七)其他应当撤回拍卖委托的情形。

**第十八条** 人民法院委托拍卖后,遇有依法应当暂缓执行或者中止执行的情形的,应当决定暂缓执行或者裁定中止执行,并及时通知拍卖机构和当事人。拍卖机构收到通知后,应当立即停止拍卖,并通知竞买人。

暂缓执行期限届满或者中止执行的事由消失后,需要继续拍卖的,人民法院应当在十五日内通知拍卖机构恢复拍卖。

**第十九条** 被执行人在拍卖日之前向人民法院提交足额金钱清偿债务,要求停止拍卖的,人民法院应当准许,但被执行人应当负担因拍卖支出的必要费用。

**第二十条** 拍卖成交或者以流拍的财产抵债的,人民法院应当作出裁定,并于价款或者需要补交的差价全额交付后十日内,送达买受人或者承受人。

**第二十一条** 拍卖成交后,买受人应当在拍卖公告确定的期限或者人民法院指定的期限内将价款交付给人民法院或者汇入人民法院指定的账户。

**第二十二条** 拍卖成交或者以流拍的财产抵债后,买受人逾期未支付价款或者承受人逾期未补交差价而使拍卖、抵债的目的难以实现的,人民法院可以裁定重新拍卖。重新拍卖时,原买受人不得参加竞买。

重新拍卖的价款低于原拍卖价款造成的差价、费用损失及原拍卖中的佣金,由原买受人承担。人民法院可以直接从其预交的保证金中扣除。扣除后保证金有剩余的,应当退还原买受人;保证金数额不足的,可以责令原买受人补交;拒不补交的,强制执行。

**第二十三条** 拍卖时无人竞买或者竞买人的最高应价低于保留价,到场的申请执行人或者其他执行债权人不申请以该次拍卖所定的保留价抵债的,应当在六十日内再行拍卖。

**第二十四条** 对于第二次拍卖仍流拍的动产,人民法院可以依照本规定第十六条的规定将其作价交申请执行人或者其他执行债权人抵债。申请执行人或者其他执行债权人拒绝接受或者依法不能交付其抵债的,人民法院应当解除查封、扣押,并将该动产退还被执行人。

**第二十五条** 对于第二次拍卖仍流拍的不动产或者其他财产权,人民法院可以依照本规定第十六条的规定将其作价交申请执行人或者其他执行债权人抵债。申请执行人或者其他执行债权人拒绝接受或者依法不能交付其抵债的,应当在六十日内进行第三次拍卖。

第三次拍卖流拍且申请执行人或者其他执行债权人拒绝接受或者依法不能接受该不动产或者其他财产权抵债的,人民法院应当于第三次拍卖终结之日起七日内发出变卖公告。自公告之日起六十日内没有买受人愿意以第三次拍卖的保留价买受该财产,且申请执行人、其他执行债权人仍不表示接受该财产抵债的,应当解除查封、冻结,将该财产退还被执行人,但对该财产可以采取其他执行措施的除外。

**第二十六条** 不动产、动产或者其他财产权拍卖成交或者抵债后,该不动产、动产的所有权、其他财产权自拍卖成交或者抵债裁定送达买受人或者承受人时起转移。

**第二十七条** 人民法院裁定拍卖成交或者以流拍的财产抵债后,除有依法不能移交的情形外,应当于裁定送达后十五日内,将拍卖的财产移交买受人或者承受人。被执行人或者第三人占有拍卖财产应当移交而拒不移交的,强制执行。

**第二十八条** 拍卖财产上原有的担保物权及其他优先受偿权,因拍卖而消灭,拍卖所得价款,应当优先清偿担保物权人及其他优先受偿权人的债权,但当事人另有约定的除外。

拍卖财产上原有的租赁权及其他用益物权,不因拍卖而消灭,但该权利继续存在于拍卖财产上,对在先的担保物权或者其他优先受偿权的实现有影响的,人民法院应当依法将其除去后进行拍卖。

**第二十九条** 拍卖成交的,拍卖机构可以按照下列比例向买受人收取佣金:

拍卖成交价200万元以下的,收取佣金的比例不得超过5%;超过200万元至1000万元的部分,不得超过3%;超过1000万元至5000万元的部分,不得超过2%;超过5000万元至1亿元的部分,不得超过1%;超过1亿元的部分,不得超过0.5%。

采取公开招标方式确定拍卖机构的,按照中标方案确定的数额收取佣金。

拍卖未成交或者非因拍卖机构的原因撤回拍卖委托的,拍卖机构为本次拍卖已经支出的合理费用,应当由被执行人负担。

**第三十条** 在执行程序中拍卖上市公司国有股和社会法人股的,适用最高人民法院《关于冻结、拍卖上市公司国有股和社会法人股若干问题的规定》。

**第三十一条** 对查封、扣押、冻结的财产,当事人双方及有关权利人同意变卖的,可以变卖。

金银及其制品、当地市场有公开交易价格的动产、易腐烂变质的物品、季节性商品、保管困难或者保管费用过高的物品,人民法院可以决定变卖。

**第三十二条** 当事人双方及有关权利人对变卖财产的价格有约定的,按照其约定价格变卖;无约定价格但有市价的,变卖价格不得低于市价;无市价但价值较大、价格不易确定的,应当委托评估机构进行评估,并按照评估价格进行变卖。

按照评估价格变卖不成的,可以降低价格变卖,但最低的变卖价不得低于评估价的二分之一。

变卖的财产无人应买的,适用本规定第十六条的规定将该财产交申请执行人或者其他执行债权人抵债;申请执行人或者其他执行债权人拒绝接受或者依法不能交付其抵债的,人民法院应当解除查封、扣押,并将该财产退还被执行人。

**第三十三条** 本规定自2005年1月1日起施行。施行前本院公布的司法解释与本规定不一致的,以本规定为准。

# 最高人民法院关于人民法院民事执行中查封、扣押、冻结财产的规定

- 2004年10月26日最高人民法院审判委员会第1330次会议通过
- 根据2020年12月23日最高人民法院审判委员会第1823次会议通过的《最高人民法院关于修改〈最高人民法院关于人民法院扣押铁路运输货物若干问题的规定〉等十八件执行类司法解释的决定》修正
- 2020年12月29日最高人民法院公告公布
- 自2021年1月1日起施行
- 法释〔2020〕21号

为了进一步规范民事执行中的查封、扣押、冻结措施,维护当事人的合法权益,根据《中华人民共和国民事诉讼法》等法律的规定,结合人民法院民事执行工作的实践经验,制定本规定。

**第一条** 人民法院查封、扣押、冻结被执行人的动产、不动产及其他财产权,应当作出裁定,并送达被执行人和申请执行人。

采取查封、扣押、冻结措施需要有关单位或者个人协助的,人民法院应当制作协助执行通知书,连同裁定书副本一并送达协助执行人。查封、扣押、冻结裁定书和协助执行通知书送达时发生法律效力。

**第二条** 人民法院可以查封、扣押、冻结被执行人占有的动产、登记在被执行人名下的不动产、特定动产及其他财产权。

未登记的建筑物和土地使用权,依据土地使用权的审批文件和其他相关证据确定权属。

对于第三人占有的动产或者登记在第三人名下的不动产、特定动产及其他财产权,第三人书面确认该财产属于被执行人的,人民法院可以查封、扣押、冻结。

**第三条** 人民法院对被执行人下列的财产不得查封、扣押、冻结:

(一)被执行人及其所扶养家属生活所必需的衣服、家具、炊具、餐具及其他家庭生活必需的物品;

(二)被执行人及其所扶养家属所必需的生活费用。当地有最低生活保障标准的,必需的生活费用依照该标准确定;

(三)被执行人及其所扶养家属完成义务教育所必需的物品;

(四)未公开的发明或者未发表的著作;

(五)被执行人及其所扶养家属用于身体缺陷所必

需的辅助工具、医疗物品；

（六）被执行人所得的勋章及其他荣誉表彰的物品；

（七）根据《中华人民共和国缔结条约程序法》，以中华人民共和国、中华人民共和国政府或者中华人民共和国政府部门名义同外国、国际组织缔结的条约、协定和其他具有条约、协定性质的文件中规定免于查封、扣押、冻结的财产；

（八）法律或者司法解释规定的其他不得查封、扣押、冻结的财产。

**第四条** 对被执行人及其所扶养家属生活所必需的居住房屋，人民法院可以查封，但不得拍卖、变卖或者抵债。

**第五条** 对于超过被执行人及其所扶养家属生活所必需的房屋和生活用品，人民法院根据申请执行人的申请，在保障被执行人及其所扶养家属最低生活标准所必需的居住房屋和普通生活必需品后，可予以执行。

**第六条** 查封、扣押动产的，人民法院可以直接控制该项财产。人民法院将查封、扣押的动产交付其他人控制的，应当在该动产上加贴封条或者采取其他足以公示查封、扣押的适当方式。

**第七条** 查封不动产的，人民法院应当张贴封条或者公告，并可以提取保存有关财产权证照。

查封、扣押、冻结已登记的不动产、特定动产及其他财产权，应当通知有关登记机关办理登记手续。未办理登记手续的，不得对抗其他已经办理了登记手续的查封、扣押、冻结行为。

**第八条** 查封尚未进行权属登记的建筑物时，人民法院应当通知其管理人或者该建筑物的实际占有人，并在显著位置张贴公告。

**第九条** 扣押尚未进行权属登记的机动车辆时，人民法院应当在扣押清单上记载该机动车辆的发动机编号。该车辆在扣押期间权利人要求办理权属登记手续的，人民法院应当准许并及时办理相应的扣押登记手续。

**第十条** 查封、扣押的财产不宜由人民法院保管的，人民法院可以指定被执行人负责保管；不宜由被执行人保管的，可以委托第三人或者申请执行人保管。

由人民法院指定被执行人保管的财产，如果继续使用对该财产的价值无重大影响，可以允许被执行人继续使用；由人民法院保管或者委托第三人、申请执行人保管的，保管人不得使用。

**第十一条** 查封、扣押、冻结担保物权人占有的担保财产，一般应当指定该担保物权人作为保管人；该财产由人民法院保管的，质权、留置权不因转移占有而消灭。

**第十二条** 对被执行人与其他人共有的财产，人民法院可以查封、扣押、冻结，并及时通知共有人。

共有人协议分割共有财产，并经债权人认可的，人民法院可以认定有效。查封、扣押、冻结的效力及于协议分割后被执行人享有份额内的财产；对其他共有人享有份额内的财产的查封、扣押、冻结，人民法院应当裁定予以解除。

共有人提起析产诉讼或者申请执行人代位提起析产诉讼的，人民法院应当准许。诉讼期间中止对该财产的执行。

**第十三条** 对第三人为被执行人的利益占有的被执行人的财产，人民法院可以查封、扣押、冻结；该财产被指定给第三人继续保管的，第三人不得将其交付给被执行人。

对第三人为自己的利益依法占有的被执行人的财产，人民法院可以查封、扣押、冻结，第三人可以继续占有和使用该财产，但不得将其交付给被执行人。

第三人无偿借用被执行人的财产的，不受前款规定的限制。

**第十四条** 被执行人将其财产出卖给第三人，第三人已经支付部分价款并实际占有该财产，但根据合同约定被执行人保留所有权的，人民法院可以查封、扣押、冻结；第三人要求继续履行合同的，向人民法院交付全部余款后，裁定解除查封、扣押、冻结。

**第十五条** 被执行人将其所有的需要办理过户登记的财产出卖给第三人，第三人已经支付部分或者全部价款并实际占有该财产，但尚未办理产权过户登记手续的，人民法院可以查封、扣押、冻结；第三人已经支付全部价款并实际占有，但未办理过户登记手续的，如果第三人对此没有过错，人民法院不得查封、扣押、冻结。

**第十六条** 被执行人购买第三人的财产，已经支付部分价款并实际占有该财产，第三人依合同约定保留所有权的，人民法院可以查封、扣押、冻结。保留所有权已办理登记的，第三人的剩余价款从该财产变价款中优先支付；第三人主张取回该财产的，可以依据民事诉讼法第二百二十七条规定提出异议。

**第十七条** 被执行人购买需要办理过户登记的第三人的财产，已经支付部分或者全部价款并实际占有该财产，虽未办理产权过户登记手续，但申请执行人已向第三人支付剩余价款或者第三人同意剩余价款从该财产变价款中优先支付的，人民法院可以查封、扣押、冻结。

第十八条 查封、扣押、冻结被执行人的财产时,执行人员应当制作笔录,载明下列内容:
（一）执行措施开始及完成的时间;
（二）财产的所在地、种类、数量;
（三）财产的保管人;
（四）其他应当记明的事项。

执行人员及保管人应当在笔录上签名,有民事诉讼法第二百四十五条规定的人员到场的,到场人员也应当在笔录上签名。

第十九条 查封、扣押、冻结被执行人的财产,以其价额足以清偿法律文书确定的债权额及执行费用为限,不得明显超标的额查封、扣押、冻结。

发现超标的额查封、扣押、冻结的,人民法院应当根据被执行人的申请或者依职权,及时解除对超标的额部分财产的查封、扣押、冻结,但该财产为不可分物且被执行人无其他可供执行的财产或者其他财产不足以清偿债务的除外。

第二十条 查封、扣押的效力及于查封、扣押物的从物和天然孳息。

第二十一条 查封地上建筑物的效力及于该地上建筑物使用范围内的土地使用权,查封土地使用权的效力及于地上建筑物,但土地使用权与地上建筑物的所有权分属被执行人与他人的除外。

地上建筑物和土地使用权的登记机关不是同一机关的,应当分别办理查封登记。

第二十二条 查封、扣押、冻结的财产灭失或者毁损的,查封、扣押、冻结的效力及于该财产的替代物、赔偿款。人民法院应当及时作出查封、扣押、冻结该替代物、赔偿款的裁定。

第二十三条 查封、扣押、冻结协助执行通知书在送达登记机关时,登记机关已经受理被执行人转让不动产、特定动产及其他财产的过户登记申请,尚未完成登记的,应当协助人民法院执行。人民法院不得对登记机关已经完成登记的被执行人已转让的财产实施查封、扣押、冻结措施。

查封、扣押、冻结协助执行通知书在送达登记机关时,其他人民法院已向该登记机关送达了过户登记协助执行通知书的,应当优先办理过户登记。

第二十四条 被执行人就已经查封、扣押、冻结的财产所作的移转、设定权利负担或者其他有碍执行的行为,不得对抗申请执行人。

第三人未经人民法院准许占有查封、扣押、冻结的财产或者实施其他有碍执行的行为的,人民法院可以依据申请执行人的申请或者依职权解除其占有或者排除其妨害。

人民法院的查封、扣押、冻结没有公示的,其效力不得对抗善意第三人。

第二十五条 人民法院查封、扣押被执行人设定最高额抵押权的抵押物的,应当通知抵押权人。抵押权受抵押担保的债权数额自收到人民法院通知时起不再增加。

人民法院虽然没有通知抵押权人,但有证据证明抵押权人知道或者应当知道查封、扣押事实的,受抵押担保的债权数额从其知道或者应当知道该事实时起不再增加。

第二十六条 对已被人民法院查封、扣押、冻结的财产,其他人民法院可以进行轮候查封、扣押、冻结。查封、扣押、冻结解除的,登记在先的轮候查封、扣押、冻结即自动生效。

其他人民法院对已登记的财产进行轮候查封、扣押、冻结的,应当通知有关登记机关协助进行轮候登记,实施查封、扣押、冻结的人民法院应当允许其他人民法院查阅有关文书和记录。

其他人民法院对没有登记的财产进行轮候查封、扣押、冻结的,应当制作笔录,并经实施查封、扣押、冻结的人民法院执行人员及被执行人签字,或者书面通知实施查封、扣押、冻结的人民法院。

第二十七条 查封、扣押、冻结期限届满,人民法院未办理延期手续的,查封、扣押、冻结的效力消灭。

查封、扣押、冻结的财产已经被执行拍卖、变卖或者抵债的,查封、扣押、冻结的效力消灭。

第二十八条 有下列情形之一的,人民法院应当作出解除查封、扣押、冻结裁定,并送达申请执行人、被执行人或者案外人:
（一）查封、扣押、冻结案外人财产的;
（二）申请执行人撤回执行申请或者放弃债权的;
（三）查封、扣押、冻结的财产流拍或者变卖不成,申请执行人和其他执行债权人又不同意接受抵债,且对该财产又无法采取其他执行措施的;
（四）债务已经清偿的;
（五）被执行人提供担保且申请执行人同意解除查封、扣押、冻结的;
（六）人民法院认为应当解除查封、扣押、冻结的其他情形。

解除以登记方式实施的查封、扣押、冻结的,应当向登记机关发出协助执行通知书。

**第二十九条** 财产保全裁定和先予执行裁定的执行适用本规定。

**第三十条** 本规定自 2005 年 1 月 1 日起施行。施行前本院公布的司法解释与本规定不一致的,以本规定为准。

## 最高人民法院关于人民法院执行工作若干问题的规定(试行)

- 1998 年 6 月 11 日最高人民法院审判委员会第 992 次会议通过
- 根据 2020 年 12 月 23 日最高人民法院审判委员会第 1823 次会议通过的《最高人民法院关于修改〈最高人民法院关于人民法院扣押铁路运输货物若干问题的规定〉等十八件执行类司法解释的决定》修正
- 2020 年 12 月 29 日最高人民法院公告公布
- 自 2021 年 1 月 1 日起施行
- 法释〔2020〕21 号

为了保证在执行程序中正确适用法律,及时有效地执行生效法律文书,维护当事人的合法权益,根据《中华人民共和国民事诉讼法》(以下简称民事诉讼法)等有关法律的规定,结合人民法院执行工作的实践经验,现对人民法院执行工作若干问题作如下规定。

### 一、执行机构及其职责

1. 人民法院根据需要,依据有关法律的规定,设立执行机构,专门负责执行工作。

2. 执行机构负责执行下列生效法律文书:

(1)人民法院民事、行政判决、裁定、调解书,民事制裁决定、支付令,以及刑事附带民事判决、裁定、调解书,刑事裁判涉财产部分;

(2)依法应由人民法院执行的行政处罚决定、行政处理决定;

(3)我国仲裁机构作出的仲裁裁决和调解书,人民法院依据《中华人民共和国仲裁法》有关规定作出的财产保全和证据保全裁定;

(4)公证机关依法赋予强制执行效力的债权文书;

(5)经人民法院裁定承认其效力的外国法院作出的判决、裁定,以及国外仲裁机构作出的仲裁裁决;

(6)法律规定由人民法院执行的其他法律文书。

3. 人民法院在审理民事、行政案件中作出的财产保全和先予执行裁定,一般应当移送执行机构实施。

4. 人民法庭审结的案件,由人民法庭负责执行。其中复杂、疑难或被执行人不在本法院辖区的案件,由执行机构负责执行。

5. 执行程序中重大事项的办理,应由三名以上执行员讨论,并报经院长批准。

6. 执行机构应配备必要的交通工具、通讯设备、音像设备和警械用具等,以保障及时有效地履行职责。

7. 执行人员执行公务时,应向有关人员出示工作证件,并按规定着装。必要时应由司法警察参加。

8. 上级人民法院执行机构负责本院对下级人民法院执行工作的监督、指导和协调。

### 二、执行管辖

9. 在国内仲裁过程中,当事人申请财产保全,经仲裁机构提交人民法院的,由被申请人住所地或被申请保全的财产所在地的基层人民法院裁定并执行;申请证据保全的,由证据所在地的基层人民法院裁定并执行。

10. 在涉外仲裁过程中,当事人申请财产保全,经仲裁机构提交人民法院的,由被申请人住所地或被申请保全的财产所在地的中级人民法院裁定并执行;申请证据保全的,由证据所在地的中级人民法院裁定并执行。

11. 专利管理机关依法作出的处理决定和处罚决定,由被执行人住所地或财产所在地的省、自治区、直辖市有权受理专利纠纷案件的中级人民法院执行。

12. 国务院各部门、各省、自治区、直辖市人民政府和海关依照法律、法规作出的处理决定和处罚决定,由被执行人住所地或财产所在地的中级人民法院执行。

13. 两个以上人民法院都有管辖权的,当事人可以向其中一个人民法院申请执行;当事人向两个以上人民法院申请执行的,由最先立案的人民法院管辖。

14. 人民法院之间因执行管辖权发生争议的,由双方协商解决;协商不成的,报请双方共同的上级人民法院指定管辖。

15. 基层人民法院和中级人民法院管辖的执行案件,因特殊情况需要由上级人民法院执行的,可以报请上级人民法院执行。

### 三、执行的申请和移送

16. 人民法院受理执行案件应当符合下列条件:

(1)申请或移送执行的法律文书已经生效;

(2)申请执行人是生效法律文书确定的权利人或其继承人、权利承受人;

(3)申请执行的法律文书有给付内容,且执行标的和被执行人明确；

（4）义务人在生效法律文书确定的期限内未履行义务；

（5）属于受申请执行的人民法院管辖。

人民法院对符合上述条件的申请，应当在七日内予以立案；不符合上述条件之一的，应当在七日内裁定不予受理。

17. 生效法律文书的执行，一般应当由当事人依法提出申请。

发生法律效力的具有给付赡养费、扶养费、抚育费内容的法律文书、民事制裁决定书，以及刑事附带民事判决、裁定、调解书，由审判庭移送执行机构执行。

18. 申请执行，应向人民法院提交下列文件和证件：

（1）申请执行书。申请执行书中应当写明申请执行的理由、事项、执行标的，以及申请执行人所了解的被执行人的财产状况。

申请执行人书写申请执行书确有困难的，可以口头提出申请。人民法院接待人员对口头申请应当制作笔录，由申请执行人签字或盖章。

外国一方当事人申请执行的，应当提交中文申请执行书。当事人所在国与我国缔结或共同参加的司法协助条约有特别规定的，按照条约规定办理。

（2）生效法律文书副本。

（3）申请执行人的身份证明。自然人申请的，应当出示居民身份证；法人申请的，应当提交法人营业执照副本和法定代表人身份证明；非法人组织申请的，应当提交营业执照副本和主要负责人身份证明。

（4）继承人或权利承受人申请执行的，应当提交继承或承受权利的证明文件。

（5）其他应当提交的文件或证件。

19. 申请执行仲裁机构的仲裁裁决，应当向人民法院提交有仲裁条款的合同书或仲裁协议书。

申请执行国外仲裁机构的仲裁裁决的，应当提交经我国驻外使领馆认证或我国公证机关公证的仲裁裁决书中文本。

20. 申请执行人可以委托代理人代为申请执行。委托代理的，应当向人民法院提交经委托人签字或盖章的授权委托书，写明代理人的姓名或者名称、代理事项、权限和期限。

委托代理人代为放弃、变更民事权利，或代为进行执行和解，或代为收取执行款项的，应当有委托人的特别授权。

21. 执行申请费的收取按照《诉讼费用交纳办法》办理。

**四、执行前的准备**

22. 人民法院应当在收到申请执行书或者移交执行书后十日内发出执行通知。

执行通知中除应责令被执行人履行法律文书确定的义务外，还应通知其承担民事诉讼法第二百五十三条规定的迟延履行利息或者迟延履行金。

23. 执行通知书的送达，适用民事诉讼法关于送达的规定。

24. 被执行人未按执行通知书履行生效法律文书确定的义务的，应当及时采取执行措施。

人民法院采取执行措施，应当制作相应法律文书，送达被执行人。

25. 人民法院执行非诉讼生效法律文书，必要时可向制作生效法律文书的机构调取卷宗材料。

**五、金钱给付的执行**

26. 金融机构擅自解冻被人民法院冻结的款项，致冻结款项被转移的，人民法院有权责令其限期追回已转移的款项。在限期内未能追回的，应当裁定该金融机构在转移的款项范围内以自己的财产向申请执行人承担责任。

27. 被执行人为金融机构的，对其交存在人民银行的存款准备金和备付金不得冻结和扣划，但对其在本机构、其他金融机构的存款，及其在人民银行的其他存款可以冻结、划拨，并可对被执行人的其他财产采取执行措施，但不得查封其营业场所。

28. 作为被执行人的自然人，其收入转为储蓄存款的，应当责令其交出存单。拒不交出的，人民法院应当作出提取其存款的裁定，向金融机构发出协助执行通知书，由金融机构提取被执行人的存款交人民法院或存入人民法院指定的账户。

29. 被执行人在有关单位的收入尚未支取的，人民法院应当作出裁定，向该单位发出协助执行通知书，由其协助扣留或提取。

30. 有关单位收到人民法院协助执行被执行人收入的通知后，擅自向被执行人或其他人支付的，人民法院有权责令其限期追回；逾期未追回的，应当裁定其在支付的数额内向申请执行人承担责任。

31. 人民法院对被执行人所有的其他人享有抵押权、质押权或留置权的财产，可以采取查封、扣押措施。财产拍卖、变卖后所得价款，应当在抵押权人、质押权人或留置权人优先受偿后，其余额部分用于清偿申请执行人的债权。

32. 被执行人或其他人擅自处分已被查封、扣押、冻结财产的，人民法院有权责令责任人限期追回财产或承担相应的赔偿责任。

33. 被执行人申请对人民法院查封的财产自行变卖的，人民法院可以准许，但应当监督其按照合理价格在指定的期限内进行，并控制变卖的价款。

34. 拍卖、变卖被执行人的财产成交后，必须即时钱物两清。

委托拍卖、组织变卖被执行人财产所发生的实际费用，从所得价款中优先扣除。所得价款超出执行标的数额和执行费用的部分，应当退还被执行人。

35. 被执行人不履行生效法律文书确定的义务，人民法院有权裁定禁止被执行人转让其专利权、注册商标专用权、著作权（财产权部分）等知识产权。上述权利有登记主管部门的，应当同时向有关部门发出协助执行通知书，要求其不得办理财产权转移手续，必要时可以责令被执行人将产权或使用权证照交人民法院保存。

对前款财产权，可以采取拍卖、变卖等执行措施。

36. 对被执行人从有关企业中应得的已到期的股息或红利等收益，人民法院有权裁定禁止被执行人提取和有关企业向被执行人支付，并要求有关企业直接向申请执行人支付。

对被执行人预期从有关企业中应得的股息或红利等收益，人民法院可以采取冻结措施，禁止到期后被执行人提取和有关企业向被执行人支付。到期后人民法院可从有关企业中提取，并出具提取收据。

37. 对被执行人在其他股份有限公司中持有的股份凭证（股票），人民法院可以扣押，并强制被执行人按照公司法的有关规定转让，也可以直接采取拍卖、变卖的方式进行处分，或直接将股票抵偿给债权人，用于清偿被执行人的债务。

38. 对被执行人在有限责任公司、其他法人企业中的投资权益或股权，人民法院可以采取冻结措施。

冻结投资权益或股权的，应当通知有关企业不得办理被冻结投资权益或股权的转移手续，不得向被执行人支付股息或红利。被冻结的投资权益或股权不得自行转让。

39. 被执行人在其独资开办的法人企业中拥有的投资权益被冻结后，人民法院可以直接裁定予以转让，以转让所得清偿其对申请执行人的债务。

对被执行人在有限责任公司中被冻结的投资权益或股权，人民法院可以依据《中华人民共和国公司法》第七十一条、第七十二条、第七十三条的规定，征得全体股东过半数同意后，予以拍卖、变卖或以其他方式转让。不同意转让的股东，应当购买该转让的投资权益或股权，不购买的，视为同意转让，不影响执行。

人民法院也可允许并监督被执行人自行转让其投资权益或股权，将转让所得收益用于清偿对申请执行人的债务。

40. 有关企业收到人民法院发出的协助冻结通知后，擅自向被执行人支付股息或红利，或擅自为被执行人办理已冻结股权的转移手续，造成已转移的财产无法追回的，应当在所支付的股息或红利或转移的股权价值范围内向申请执行人承担责任。

**六、交付财产和完成行为的执行**

41. 生效法律文书确定被执行人交付特定标的物的，应当执行原物。原物被隐匿或非法转移的，人民法院有权责令其交出。原物确已毁损或灭失的，经双方当事人同意，可以折价赔偿。

双方当事人对折价赔偿不能协商一致的，人民法院应当终结执行程序。申请执行人可以另行起诉。

42. 有关组织或者个人持有法律文书指定交付的财物或票证，在接到人民法院协助执行通知书或通知书后，协同被执行人转移财物或票证的，人民法院有权责令其限期追回；逾期未追回的，应当裁定其承担赔偿责任。

43. 被执行人的财产经拍卖、变卖或裁定以物抵债后，需从现占有人处交付给买受人或申请执行人的，适用民事诉讼法第二百四十九条、第二百五十条和本规定第41条、第42条的规定。

44. 被执行人拒不履行生效法律文书中指定的行为的，人民法院可以强制其履行。

对于可以替代履行的行为，可以委托有关单位或他人完成，因完成上述行为发生的费用由被执行人承担。

对于只能由被执行人完成的行为，经教育，被执行人仍拒不履行的，人民法院应当按照妨害执行行为的有关规定处理。

**七、被执行人到期债权的执行**

45. 被执行人不能清偿债务，但对本案以外的第三人享有到期债权的，人民法院可以依申请执行人或被执行人的申请，向第三人发出履行到期债务的通知（以下简称履行通知）。履行通知必须直接送达第三人。

履行通知应当包含下列内容：

（1）第三人直接向申请执行人履行其对被执行人所负的债务，不得向被执行人清偿；

（2）第三人应当在收到履行通知后的十五日内向申请执行人履行债务；

（3）第三人对履行到期债权有异议的，应当在收到履行通知后的十五日内向执行法院提出；

（4）第三人违背上述义务的法律后果。

46．第三人对履行通知的异议一般应当以书面形式提出，口头提出的，执行人员应记入笔录，并由第三人签字或盖章。

47．第三人在履行通知指定的期间内提出异议的，人民法院不得对第三人强制执行，对提出的异议不进行审查。

48．第三人提出自己无履行能力或其与申请执行人无直接法律关系，不属于本规定所指的异议。

第三人对债务部分承认、部分有异议的，可以对其承认的部分强制执行。

49．第三人在履行通知指定的期限内没有提出异议，而又不履行的，执行法院有权裁定对其强制执行。此裁定同时送达第三人和被执行人。

50．被执行人收到人民法院履行通知后，放弃其对第三人的债权或延缓第三人履行期限的行为无效，人民法院仍可在第三人无异议又不履行的情况下予以强制执行。

51．第三人收到人民法院要求其履行到期债务的通知后，擅自向被执行人履行，造成已向被执行人履行的财产不能追回，除在已履行的财产范围内与被执行人承担连带清偿责任外，可以追究其妨害执行的责任。

52．在对第三人作出强制执行裁定后，第三人确无财产可供执行的，不得就第三人对他人享有的到期债权强制执行。

53．第三人按照人民法院履行通知向申请执行人履行了债务的或已被强制执行后，人民法院应当出具有关证明。

**八、执行担保**

54．人民法院在审理案件期间，保证人为被执行人提供保证，人民法院据此未对被执行人的财产采取保全措施或解除保全措施的，案件审结后如果被执行人无财产可供执行或其财产不足清偿债务时，即使生效法律文书中未确定保证人承担责任，人民法院有权裁定执行保证人在保证责任范围内的财产。

**九、多个债权人对一个债务人申请执行和参与分配**

55．多份生效法律文书确定金钱给付内容的多个债权人分别对同一被执行人申请执行，各债权人对执行标的物均无担保物权的，按照执行法院采取执行措施的先后顺序受偿。

多个债权人的债权种类不同的，基于所有权和担保物权而享有的债权，优先于金钱债权受偿。有多个担保物权的，按照各担保物权成立的先后顺序清偿。

一份生效法律文书确定金钱给付内容的多个债权人对同一被执行人申请执行，执行的财产不足清偿全部债务的，各债权人对执行标的物均无担保物权的，按照各债权比例受偿。

56．对参与被执行人财产的具体分配，应当由首先查封、扣押或冻结的法院主持进行。

首先查封、扣押、冻结的法院所采取的执行措施如系为执行财产保全裁定，具体分配应当在该院案件审理终结后进行。

**十、对妨害执行行为的强制措施的适用**

57．被执行人或其他人有下列拒不履行生效法律文书或者妨害执行行为之一的，人民法院可以依照民事诉讼法第一百一十一条的规定处理：

（1）隐藏、转移、变卖、毁损向人民法院提供执行担保的财产的；

（2）案外人与被执行人恶意串通转移被执行人财产的；

（3）故意撕毁人民法院执行公告、封条的；

（4）伪造、隐藏、毁灭有关被执行人履行能力的重要证据，妨碍人民法院查明被执行人财产状况的；

（5）指使、贿买、胁迫他人对被执行人的财产状况和履行义务的能力问题作伪证的；

（6）妨碍人民法院依法搜查的；

（7）以暴力、威胁或其他方法妨碍或抗拒执行的；

（8）哄闹、冲击执行现场的；

（9）对人民法院执行人员或协助执行人员进行侮辱、诽谤、诬陷、围攻、威胁、殴打或者打击报复的；

（10）毁损、抢夺执行案件材料、执行公务车辆、其他执行器械、执行人员服装和执行公务证件的。

58．在执行过程中遇有被执行人或其他人拒不履行生效法律文书或者妨害执行情节严重，需要追究刑事责任的，应将有关材料移交有关机关处理。

**十一、执行的中止、终结、结案和执行回转**

59．按照审判监督程序提审或再审的案件，执行机构根据上级法院或本院作出的中止执行裁定书中止执行。

60. 中止执行的情形消失后,执行法院可以根据当事人的申请或依职权恢复执行。

恢复执行应当书面通知当事人。

61. 在执行中,被执行人被人民法院裁定宣告破产的,执行法院应当依照民事诉讼法第二百五十七条第六项的规定,裁定终结执行。

62. 中止执行和终结执行的裁定书应当写明中止或终结执行的理由和法律依据。

63. 人民法院执行生效法律文书,一般应当在立案之日起六个月内执行结案,但中止执行的期间应当扣除。确有特殊情况需要延长的,由本院院长批准。

64. 执行结案的方式为:
(1) 执行完毕;
(2) 终结本次执行程序;
(3) 终结执行;
(4) 销案;
(5) 不予执行;
(6) 驳回申请。

65. 在执行中或执行完毕后,据以执行的法律文书被人民法院或其他有关机关撤销或变更的,原执行机构应当依照民事诉讼法第二百三十三条的规定,依当事人申请或依职权,按照新的生效法律文书,作出执行回转的裁定,责令原申请执行人返还已取得的财产及其孳息。拒不返还的,强制执行。

执行回转应重新立案,适用执行程序的有关规定。

66. 执行回转时,已执行的标的物系特定物的,应当退还原物。不能退还原物的,经双方当事人同意,可以折价赔偿。

双方当事人对折价赔偿不能协商一致的,人民法院应当终结执行回转程序。申请执行人可以另行起诉。

十二、执行争议的协调

67. 两个或两个以上人民法院在执行相关案件中发生争议的,应当协商解决。协商不成的,逐级报请上级法院,直至报请共同的上级法院协调处理。

执行争议经高级人民法院协商不成的,由有关的高级人民法院书面报请最高人民法院协调处理。

68. 执行中发现两地法院或人民法院与仲裁机构就同一法律关系作出不同裁判内容的法律文书的,各有关法院应当立即停止执行,报请共同的上级法院处理。

69. 上级法院协调处理有关执行争议案件,认为必要时,可以决定将有关款项划到本院指定的账户。

70. 上级法院协调下级法院之间的执行争议所作出的处理决定,有关法院必须执行。

十三、执行监督

71. 上级人民法院依法监督下级人民法院的执行工作。最高人民法院依法监督地方各级人民法院和专门法院的执行工作。

72. 上级法院发现下级法院在执行中作出的裁定、决定、通知或具体执行行为不当或有错误的,应当及时指令下级法院纠正,并可以通知有关法院暂缓执行。

下级法院收到上级法院的指令后必须立即纠正。如果认为上级法院的指令有错误,可以在收到该指令后五日内请求上级法院复议。

上级法院认为请求复议的理由不成立,而下级法院仍不纠正的,上级法院可直接作出裁定或决定予以纠正,送达有关法院及当事人,并可直接向有关单位发出协助执行通知书。

73. 上级法院发现下级法院执行的非诉讼生效法律文书有不予执行事由,应当依法作出不予执行裁定而不制作的,可以责令下级法院在指定时限内作出裁定,必要时可直接裁定不予执行。

74. 上级法院发现下级法院的执行案件(包括受委托执行的案件)在规定的期限内未能执行结案的,应当作出裁定、决定、通知而不制作的,或应当依法实施具体执行行为而不实施的,应当督促下级法院限期执行,及时作出有关裁定等法律文书,或采取相应措施。

对下级法院长期未能执结的案件,确有必要的,上级法院可以决定由本院执行或与下级法院共同执行,也可以指定本辖区其他法院执行。

75. 上级法院在监督、指导、协调下级法院执行案件中,发现据以执行的生效法律文书确有错误的,应当书面通知下级法院暂缓执行,并按照审判监督程序处理。

76. 上级法院在申诉案件复查期间,决定对生效法律文书暂缓执行的,有关审判庭应当将暂缓执行的通知抄送执行机构。

77. 上级法院通知暂缓执行的,应同时指定暂缓执行的期限。暂缓执行的期限一般不得超过三个月。有特殊情况需要延长的,应报经院长批准,并及时通知下级法院。

暂缓执行的原因消除后,应当及时通知执行法院恢复执行。期满后上级法院未通知继续暂缓执行的,执行法院可以恢复执行。

78. 下级法院不按照上级法院的裁定、决定或通知执行,造成严重后果的,按照有关规定追究有关主管人员和直接责任人员的责任。

**十四、附则**

79. 本规定自公布之日起试行。

本院以前作出的司法解释与本规定有抵触的，以本规定为准。本规定未尽事宜，按照以前的规定办理。

## 最高人民法院关于人民法院扣押铁路运输货物若干问题的规定

- 根据 2020 年 12 月 23 日最高人民法院审判委员会第 1823 次会议通过的《最高人民法院关于修改〈最高人民法院关于人民法院扣押铁路运输货物若干问题的规定〉等十八件执行类司法解释的决定》修正
- 2020 年 12 月 29 日最高人民法院公告公布
- 自 2021 年 1 月 1 日起施行
- 法释〔2020〕21 号

根据《中华人民共和国民事诉讼法》等有关法律的规定，现就人民法院扣押铁路运输货物问题作如下规定：

一、人民法院依法可以裁定扣押铁路运输货物。铁路运输企业依法应当予以协助。

二、当事人申请人民法院扣押铁路运输货物，应当提供担保，申请人不提供担保的，驳回申请。申请人的申请应当写明：要求扣押货物的发货站、到货站、托运人、收货人的名称，货物的品名、数量、货票号码等。

三、人民法院扣押铁路运输货物，应当制作裁定书并附协助执行通知书。协助执行通知书中应当载明：扣押货物的发货站、到货站、托运人、收货人的名称，货物的品名、数量和货票号码。在货物发送前扣押的，人民法院应当将裁定书副本和协助执行通知书送达始发地的铁路运输企业由其协助执行；在货物发送后扣押的，应当将裁定书副本和协助执行通知书送达目的地或最近中转编组站的铁路运输企业由其协助执行。

人民法院一般不应在中途站、中转站扣押铁路运输货物。必要时，在不影响铁路正常运输秩序、不损害其他自然人、法人和非法人组织合法权益的情况下，可在最近中转编组站或有条件的车站扣押。

人民法院裁定扣押国际铁路联运货物，应当通知铁路运输企业、海关、边防、商检等有关部门协助执行。属于进口货物的，人民法院应当向我国进口国（边）境站、到货站或有关部门送达裁定书副本和协助执行通知书；属于出口货物的，在货物发送前应当向发货站或有关部门送达，在货物发送后未出我国国（边）前，应当向我国出境站或有关部门送达。

四、经人民法院裁定扣押的铁路运输货物，该铁路运输企业与托运人之间签订的铁路运输合同中涉及被扣押货物部分合同终止履行的，铁路运输企业不承担责任。因扣押货物造成的损失，由有关责任人承担。

因申请人申请扣押错误所造成的损失，由申请人承担赔偿责任。

五、铁路运输企业及有关部门因协助执行扣押货物而产生的装卸、保管、检验、监护等费用，由有关责任人承担，但应由申请人垫付。申请人不是责任人的，可以再向责任人追偿。

六、扣押后的进出口货物，因尚未办结海关手续，人民法院在对此类货物作出最终处理决定前，应当先责令有关当事人补交关税并办理海关其他手续。

## 最高人民法院关于人民法院确定财产处置参考价若干问题的规定

- 2018 年 6 月 4 日最高人民法院审判委员会第 1741 次会议通过
- 2018 年 8 月 28 日最高人民法院公告公布
- 自 2018 年 9 月 1 日起施行
- 法释〔2018〕15 号

为公平、公正、高效确定财产处置参考价，维护当事人、利害关系人的合法权益，根据《中华人民共和国民事诉讼法》等法律规定，结合人民法院工作实际，制定本规定。

**第一条** 人民法院查封、扣押、冻结财产后，对需要拍卖、变卖的财产，应当在三十日内启动确定财产处置参考价程序。

**第二条** 人民法院确定财产处置参考价，可以采取当事人议价、定向询价、网络询价、委托评估等方式。

**第三条** 人民法院确定参考价前，应当查明财产的权属、权利负担、占有使用、欠缴税费、质量瑕疵等事项。

人民法院查明前款规定事项需要当事人、有关单位或者个人提供相关资料的，可以通知其提交；拒不提交的，可以强制提取；对妨碍强制提取的，参照民事诉讼法第一百一十一条、第一百一十四条的规定处理。

查明本条第一款规定事项需要审计、鉴定的，人民法院可以先行审计、鉴定。

**第四条** 采取当事人议价方式确定参考价的，除一方当事人拒绝议价或者下落不明外，人民法院应当以适当的方式通知或者组织当事人进行协商,当事人应当在指定期限内提交议价结果。

双方当事人提交的议价结果一致,且不损害他人合法权益的,议价结果为参考价。

**第五条** 当事人议价不能或者不成,且财产有计税基准价、政府定价或者政府指导价的,人民法院应当向确定参考价时财产所在地的有关机构进行定向询价。

双方当事人一致要求直接进行定向询价,且财产有计税基准价、政府定价或者政府指导价的,人民法院应当准许。

**第六条** 采取定向询价方式确定参考价的,人民法院应当向有关机构出具询价函,询价函应当载明询价要求、完成期限等内容。

接受定向询价的机构在指定期限内出具的询价结果为参考价。

**第七条** 定向询价不能或者不成,财产无需由专业人员现场勘验或者鉴定,且具备网络询价条件的,人民法院应当通过司法网络询价平台进行网络询价。

双方当事人一致要求或者同意直接进行网络询价,财产无需由专业人员现场勘验或者鉴定,且具备网络询价条件的,人民法院应当准许。

**第八条** 最高人民法院建立全国性司法网络询价平台名单库。

司法网络询价平台应当同时符合下列条件:

(一)具备能够依法开展互联网信息服务工作的资质;

(二)能够合法获取并整合全国各地区同种类财产一定时期的既往成交价、政府定价、政府指导价或者市场公开交易价等不少于三类价格数据,并保证数据真实、准确;

(三)能够根据数据化财产特征,运用一定的运算规则对市场既往交易价格、交易趋势予以分析;

(四)程序运行规范、系统安全高效、服务质优价廉;

(五)能够全程记载数据的分析过程,将形成的电子数据完整保存不少于十年,但法律、行政法规、司法解释另有规定的除外。

**第九条** 最高人民法院组成专门的评审委员会,负责司法网络询价平台的选定、评审和除名。每年引入权威第三方对已纳入和新申请纳入名单库的司法网络询价平台予以评审和公布结果。

司法网络询价平台具有下列情形之一的,应当将其从名单库中除名:

(一)无正当理由拒绝进行网络询价;

(二)无正当理由一年内累计五次未按期完成网络询价;

(三)存在恶意串通、弄虚作假、泄露保密信息等行为;

(四)经权威第三方评审认定不符合提供网络询价服务条件;

(五)存在其他违反询价规则以及法律、行政法规、司法解释规定的情形。

司法网络询价平台被除名后,五年内不得被纳入名单库。

**第十条** 采取网络询价方式确定参考价的,人民法院应当同时向名单库中的全部司法网络询价平台发出网络询价委托书。网络询价委托书应当载明财产名称、物理特征、规格数量、目的要求、完成期限以及其他需要明确的内容等。

**第十一条** 司法网络询价平台应当在收到人民法院网络询价委托书之日起三日内出具网络询价报告。网络询价报告应当载明财产的基本情况、参照样本、计算方法、询价结果及有效期等内容。

司法网络询价平台不能在期限内完成询价的,应当在期限届满前申请延长期限。全部司法网络询价平台均未能在期限内出具询价结果的,人民法院应当根据各司法网络询价平台的延期申请延期三日;部分司法网络询价平台在期限内出具网络询价结果的,人民法院对其他司法网络询价平台的延期申请不予准许。

全部司法网络询价平台均未在期限内出具或者补正网络询价报告,且未按照规定申请延长期限的,人民法院应当委托评估机构进行评估。

人民法院未在网络询价结果有效期内发布一拍拍卖公告或者直接进入变卖程序的,应当通知司法网络询价平台在三日内重新出具网络询价报告。

**第十二条** 人民法院应当对网络询价报告进行审查。网络询价报告均存在财产基本信息错误、超出财产范围或者遗漏财产等情形的,应当通知司法网络询价平台在三日内予以补正;部分网络询价报告不存在上述情形的,无需通知其他司法网络询价平台补正。

**第十三条** 全部司法网络询价平台均在期限内出具询价结果或者补正结果的,人民法院应当以全部司法网络询价平台出具结果的平均值为参考价;部分司法网络询价平台在期限内出具询价结果或者补正结果的,人民法院应当以该部分司法网络询价平台出具结果的平均值为参考价。

当事人、利害关系人依据本规定第二十二条的规定对全部网络询价报告均提出异议,且所提异议被驳回或者司法网络询价平台已作出补正的,人民法院应当以异议被驳回或者已作出补正的各司法网络询价平台出具结果的平均值为参考价;对部分网络询价报告提出异议的,人民法院应当以网络询价报告未被提出异议的各司法网络询价平台出具结果的平均值为参考价。

**第十四条** 法律、行政法规规定必须委托评估、双方当事人要求委托评估或者网络询价不能或不成的,人民法院应当委托评估机构进行评估。

**第十五条** 最高人民法院根据全国性评估行业协会推荐的评估机构名单建立人民法院司法评估机构名单库。按评估专业领域和评估机构的执业范围建立名单分库,在分库下根据行政区划设省、市两级名单子库。

评估机构无正当理由拒绝进行司法评估或者存在弄虚作假等情形的,最高人民法院可以商全国性评估行业协会将其从名单库中除名;除名后五年内不得被纳入名单库。

**第十六条** 采取委托评估方式确定参考价的,人民法院应当通知双方当事人在指定期限内从名单分库中协商确定三家评估机构以及顺序;双方当事人在指定期限内协商不成或者一方当事人下落不明的,采取摇号方式在名单分库或者财产所在地的名单子库中随机确定三家评估机构以及顺序。双方当事人一致要求在同一名单子库中随机确定的,人民法院应当准许。

**第十七条** 人民法院应当向顺序在先的评估机构出具评估委托书,评估委托书应当载明财产名称、物理特征、规格数量、目的要求、完成期限以及其他需要明确的内容等,同时应当将查明的财产情况及相关材料一并移交给评估机构。

评估机构应当出具评估报告,评估报告应当载明评估财产的基本情况、评估方法、评估标准、评估结果及有效期等内容。

**第十八条** 评估需要进行现场勘验的,人民法院应当通知当事人到场;当事人不到场的,不影响勘验的进行,但应当有见证人见证。现场勘验需要当事人、协助义务人配合的,人民法院依法责令其配合;不予配合的,可以依法强制进行。

**第十九条** 评估机构应当在三十日内出具评估报告。人民法院决定暂缓或者裁定中止执行的期间,应当从前述期限中扣除。

评估机构不能在期限内出具评估报告的,应当在期限届满五日前书面向人民法院申请延长期限。人民法院决定延长期限的,延期次数不超过两次,每次不超过十五日。

评估机构未在期限内出具评估报告、补正说明,且未按照规定申请延长期限的,人民法院应当通知该评估机构三日内将人民法院委托评估时移交的材料退回,另行委托下一顺序的评估机构重新进行评估。

人民法院未在评估结果有效期内发布一拍拍卖公告或者直接进入变卖程序的,应当通知原评估机构在十五日内重新出具评估报告。

**第二十条** 人民法院应当对评估报告进行审查。具有下列情形之一的,应当责令评估机构在三日内予以书面说明或者补正:

(一)财产基本信息错误;

(二)超出财产范围或者遗漏财产;

(三)选定的评估机构与评估报告上签章的评估机构不符;

(四)评估人员执业资格证明与评估报告上署名的人员不符;

(五)具有其他应当书面说明或者补正的情形。

**第二十一条** 人民法院收到定向询价、网络询价、委托评估、说明补正等报告后,应当在三日内发送给当事人及利害关系人。

当事人、利害关系人已提供有效送达地址的,人民法院应当将报告以直接送达、留置送达、委托送达、邮寄送达或者电子送达的方式送达;当事人、利害关系人下落不明或者无法获取其有效送达地址,人民法院无法按照前述规定送达的,应当在中国执行信息公开网上予以公示,公示满十五日即视为收到。

**第二十二条** 当事人、利害关系人认为网络询价报告或者评估报告具有下列情形之一的,可以在收到报告后五日内提出书面异议:

(一)财产基本信息错误;

(二)超出财产范围或者遗漏财产;

(三)评估机构或者评估人员不具备相应评估资质;

(四)评估程序严重违法。

对当事人、利害关系人依据前款规定提出的书面异议,人民法院应当参照民事诉讼法第二百二十五条的规定处理。

**第二十三条** 当事人、利害关系人收到评估报告后五日内对评估报告的参照标准、计算方法或者评估结果等提出书面异议的,人民法院应当在三日内交评估机构予以书面说明。评估机构在五日内未作说明或者当事人、利害关系人对作出的说明仍有异议的,人民法院应当交由相关行业协会在指定期限内组织专业技术评审,并根据专业技术评审出具的结论认定评估结果或者责令原评估机构予以补正。

当事人、利害关系人提出前款异议,同时涉及本规定第二十二条第一款第一、二项情形的,按照前款规定处理;同时涉及本规定第二十二条第一款第三、四项情形的,按照本规定第二十二条第二款先对第三、四项情形审查,异议成立的,应当通知评估机构三日内将人民法院委托评估时移交的材料退回,另行委托下一顺序的评估机构重新进行评估;异议不成立的,按照前款规定处理。

**第二十四条** 当事人、利害关系人未在本规定第二十二条、第二十三条规定的期限内提出异议或者对网络询价平台、评估机构、行业协会按照本规定第二十二条、第二十三条所作的补正说明、专业技术评审结论提出异议的,人民法院不予受理。

当事人、利害关系人对议价或者定向询价提出异议的,人民法院不予受理。

**第二十五条** 当事人、利害关系人有证据证明具有下列情形之一,且在发布一拍拍卖公告或者直接进入变卖程序之前提出异议的,人民法院应当按照执行监督程序进行审查处理:

(一)议价中存在欺诈、胁迫情形;

(二)恶意串通损害第三人利益;

(三)有关机构出具虚假定向询价结果;

(四)依照本规定第二十二条、第二十三条作出的处理结果确有错误。

**第二十六条** 当事人、利害关系人对评估报告未提出异议、所提异议被驳回或者评估机构已作出补正的,人民法院应当以评估结果或者补正结果为参考价;当事人、利害关系人对评估报告提出的异议成立的,人民法院应当以评估机构作出的补正结果或者重新作出的评估结果为参考价。专业技术评审对评估报告未作出否定结论的,人民法院应当以该评估结果为参考价。

**第二十七条** 司法网络询价平台、评估机构应当确定网络询价或者委托评估结果的有效期,有效期最长不得超过一年。

当事人议价的,可以自行协商确定议价结果的有效期,但不得超过前款规定的期限;定向询价结果的有效期,参照前款规定确定。

人民法院在议价、询价、评估结果有效期内发布一拍拍卖公告或者直接进入变卖程序,拍卖、变卖时未超过有效期六个月的,无需重新确定参考价,但法律、行政法规、司法解释另有规定的除外。

**第二十八条** 具有下列情形之一的,人民法院应当决定暂缓网络询价或者委托评估:

(一)案件暂缓执行或者中止执行;

(二)评估材料与事实严重不符,可能影响评估结果,需要重新调查核实;

(三)人民法院认为应当暂缓的其他情形。

**第二十九条** 具有下列情形之一的,人民法院应当撤回网络询价或者委托评估:

(一)申请执行人撤回执行申请;

(二)生效法律文书确定的义务已全部执行完毕;

(三)据以执行的生效法律文书被撤销或者被裁定不予执行;

(四)人民法院认为应当撤回的其他情形。

人民法院决定网络询价或者委托评估后,双方当事人议价确定参考价或者协商不再对财产进行变价处理的,人民法院可以撤回网络询价或者委托评估。

**第三十条** 人民法院应当在参考价确定后十日内启动财产变价程序。拍卖的,参照参考价确定起拍价;直接变卖的,参照参考价确定变卖价。

**第三十一条** 人民法院委托司法网络询价平台进行网络询价的,网络询价费用应当按次计付给出具网络询价结果与财产处置成交价最接近的司法网络询价平台;多家司法网络询价平台出具的网络询价结果相同或者与财产处置成交价差距相同的,网络询价费用平均分配。

人民法院依本规定第十一条第三款规定委托评估机构进行评估或者依本规定第二十九条规定撤回网络询价的,对司法网络询价平台不计付费用。

**第三十二条** 人民法院委托评估机构进行评估,财产处置未成交的,按照评估机构合理的实际支出计付费用;财产处置成交价高于评估价的,以评估价为基准计付费用;财产处置成交价低于评估价的,以财产处置成交价为基准计付费用。

人民法院依本规定第二十九条规定撤回委托评估的,按照评估机构合理的实际支出计付费用;人民法院依照本规定通知原评估机构重新出具评估报告的,按照前款规定的百分之三十计付费用。

人民法院依本规定另行委托评估机构重新进行评估的,对原评估机构不计付费用。

第三十三条　网络询价费及委托评估费由申请执行人先行垫付，由被执行人负担。

申请执行人通过签订保险合同的方式垫付网络询价费或者委托评估费的，保险人应当向人民法院出具担保书。担保书应当载明因申请执行人未垫付网络询价费或者委托评估费由保险人支付等内容，并附相关证据材料。

第三十四条　最高人民法院建设全国法院询价评估系统。询价评估系统与定向询价机构、司法网络询价平台、全国性评估行业协会的系统对接，实现数据共享。

询价评估系统应当具有记载当事人议价、定向询价、网络询价、委托评估、摇号过程等功能，并形成固化数据，长期保存、随案备查。

第三十五条　本规定自2018年9月1日起施行。
最高人民法院此前公布的司法解释及规范性文件与本规定不一致的，以本规定为准。

## 最高人民法院关于人民法院办理仲裁裁决执行案件若干问题的规定

- 2018年1月5日最高人民法院审判委员会第1730次会议通过
- 2018年2月22日最高人民法院公告公布
- 自2018年3月1日起施行
- 法释〔2018〕5号

为了规范人民法院办理仲裁裁决执行案件，依法保护当事人、案外人的合法权益，根据《中华人民共和国民事诉讼法》《中华人民共和国仲裁法》等法律规定，结合人民法院执行工作实际，制定本规定。

第一条　本规定所称的仲裁裁决执行案件，是指当事人申请人民法院执行仲裁机构依据仲裁法作出的仲裁裁决或者仲裁调解书的案件。

第二条　当事人对仲裁机构作出的仲裁裁决或者仲裁调解书申请执行的，由被执行人住所地或者被执行的财产所在地的中级人民法院管辖。

符合下列条件的，经上级人民法院批准，中级人民法院可以参照民事诉讼法第三十八条的规定指定基层人民法院管辖：

（一）执行标的额符合基层人民法院一审民商事案件级别管辖受理范围；

（二）被执行人住所地或者被执行的财产所在地在被指定的基层人民法院辖区内。

被执行人、案外人对仲裁裁决执行案件申请不予执行的，负责执行的中级人民法院应当另行立案审查处理；执行案件已指定基层人民法院管辖的，应当于收到不予执行申请后三日内移送原执行法院另行立案审查处理。

第三条　仲裁裁决或者仲裁调解书执行内容具有下列情形之一导致无法执行的，人民法院可以裁定驳回执行申请；导致部分无法执行的，可以裁定驳回该部分的执行申请；导致部分无法执行且该部分与其他部分不可分的，可以裁定驳回执行申请。

（一）权利义务主体不明确；

（二）金钱给付具体数额不明确或者计算方法不明确导致无法计算出具体数额；

（三）交付的特定物不明确或者无法确定；

（四）行为履行的标准、对象、范围不明确。

仲裁裁决或者仲裁调解书仅确定继续履行合同，但对继续履行的权利义务，以及履行的方式、期限等具体内容不明确，导致无法执行的，依照前款规定处理。

第四条　对仲裁裁决主文或者仲裁调解书中的文字、计算错误以及仲裁庭已经认定但在裁决主文中遗漏的事项，可以补正或说明的，人民法院应当书面告知仲裁庭补正或说明，或者向仲裁机构调阅仲裁案卷查明。仲裁庭不补正也不说明，且人民法院调阅仲裁案卷后执行内容仍然不明确具体无法执行的，可以裁定驳回执行申请。

第五条　申请执行人对人民法院依照本规定第三条、第四条作出的驳回执行申请裁定不服的，可以自裁定送达之日起十日内向上一级人民法院申请复议。

第六条　仲裁裁决或者仲裁调解书确定交付的特定物确已毁损或者灭失的，依照《最高人民法院关于适用〈中华人民共和国民事诉讼法〉的解释》第四百九十四条的规定处理。

第七条　被执行人申请撤销仲裁裁决并已由人民法院受理的，或者被执行人、案外人对仲裁裁决执行案件提出不予执行申请并提供适当担保的，执行法院应当裁定中止执行。中止执行期间，人民法院应当停止处分性措施，但申请执行人提供充分、有效的担保请求继续执行的除外；执行标的查封、扣押、冻结期限届满前，人民法院可以根据当事人申请或者依职权办理续行查封、扣押、冻结手续。

申请撤销仲裁裁决、不予执行仲裁裁决案件司法审查期间，当事人、案外人申请对已查封、扣押、冻结之外的财产采取保全措施的，负责审查的人民法院参照民事诉讼法第一百条的规定处理。司法审查后仍需继续执行的,保全措施自动转为执行中的查封、扣押、冻结措施;采取保全措施的人民法院与执行法院不一致的,应当将保全手续移送执行法院,保全裁定视为执行法院作出的裁定。

**第八条** 被执行人向人民法院申请不予执行仲裁裁决的,应当在执行通知书送达之日起十五日内提出书面申请;有民事诉讼法第二百三十七条第二款第四、六项规定情形且执行程序尚未终结的,应当自知道或者应当知道有关事实或案件之日起十五日内提出书面申请。

本条前款规定期限届满前,被执行人已向有管辖权的人民法院申请撤销仲裁裁决且已被受理的,自人民法院驳回撤销仲裁裁决申请的裁判文书生效之日起重新计算期限。

**第九条** 案外人向人民法院申请不予执行仲裁裁决或者仲裁调解书的,应当提交申请书以及证明其请求成立的证据材料,并符合下列条件:

(一)有证据证明仲裁案件当事人恶意申请仲裁或者虚假仲裁,损害其合法权益;

(二)案外人主张的合法权益所涉及的执行标的尚未执行终结;

(三)自知道或者应当知道人民法院对该标的采取执行措施之日起三十日内提出。

**第十条** 被执行人申请不予执行仲裁裁决,对同一仲裁裁决的多个不予执行事由应当一并提出。不予执行仲裁裁决申请被裁定驳回后,再次提出申请的,人民法院不予审查,但有新证据证明存在民事诉讼法第二百三十七条第二款第四、六项规定情形的除外。

**第十一条** 人民法院对不予执行仲裁裁决案件应当组成合议庭围绕被执行人申请的事由、案外人的申请进行审查;对被执行人没有申请的事由不予审查,但仲裁裁决可能违背社会公共利益的除外。

被执行人、案外人对仲裁裁决执行案件申请不予执行的,人民法院应当进行询问;被执行人在询问终结前提出其他不予执行事由的,应当一并审查。人民法院审查时,认为必要的,可以要求仲裁庭作出说明,或者向仲裁机构调阅仲裁案卷。

**第十二条** 人民法院对不予执行仲裁裁决案件的审查,应当在立案之日起两个月内审查完毕并作出裁定;有特殊情况需要延长的,经本院院长批准,可以延长一个月。

**第十三条** 下列情形经人民法院审查属实的,应当认定为民事诉讼法第二百三十七条第二款第二项规定的"裁决的事项不属于仲裁协议的范围或者仲裁机构无权仲裁的"情形:

(一)裁决的事项超出仲裁协议约定的范围;

(二)裁决的事项属于依照法律规定或者当事人选择的仲裁规则规定的不可仲裁事项;

(三)裁决内容超出当事人仲裁请求的范围;

(四)作出裁决的仲裁机构非仲裁协议所约定。

**第十四条** 违反仲裁法规定的仲裁程序、当事人选择的仲裁规则或者当事人对仲裁程序的特别约定,可能影响案件公正裁决,经人民法院审查属实的,应当认定为民事诉讼法第二百三十七条第二款第三项规定的"仲裁庭的组成或者仲裁的程序违反法定程序的"情形。

当事人主张未按照仲裁法或仲裁规则规定的方式送达法律文书导致其未能参与仲裁,或者仲裁员根据仲裁法或仲裁规则的规定应当回避而未回避,可能影响公正裁决,经审查属实的,人民法院应当支持;仲裁庭按照仲裁法或仲裁规则以及当事人约定的方式送达仲裁法律文书,当事人主张不符民事诉讼法有关送达规定的,人民法院不予支持。

适用的仲裁程序或仲裁规则经特别提示,当事人知道或者应当知道法定仲裁程序或选择的仲裁规则未被遵守,但仍然参加或者继续参加仲裁程序且未提出异议,在仲裁裁决作出之后以违反法定程序为由申请不予执行仲裁裁决的,人民法院不予支持。

**第十五条** 符合下列条件的,人民法院应当认定为民事诉讼法第二百三十七条第二款第四项规定的"裁决所根据的证据是伪造的"情形:

(一)该证据已被仲裁裁决采信;

(二)该证据属于认定案件基本事实的主要证据;

(三)该证据经查明确属通过捏造、变造、提供虚假证明等非法方式形成或者获取,违反证据的客观性、关联性、合法性要求。

**第十六条** 符合下列条件的,人民法院应当认定为民事诉讼法第二百三十七条第二款第五项规定的"对方当事人向仲裁机构隐瞒了足以影响公正裁决的证据的"情形:

(一)该证据属于认定案件基本事实的主要证据;

(二)该证据仅为对方当事人掌握,但未向仲裁庭提交;

(三)仲裁过程中知悉存在该证据,且要求对方当事人出示或者请求仲裁庭责令其提交,但对方当事人无正当理由未予出示或者提交。

当事人一方在仲裁过程中隐瞒己方掌握的证据，仲裁裁决作出后以己方所隐瞒的证据足以影响公正裁决为由申请不予执行仲裁裁决的，人民法院不予支持。

第十七条　被执行人申请不予执行仲裁调解书或者根据当事人之间的和解协议、调解协议作出的仲裁裁决，人民法院不予支持，但该仲裁调解书或者仲裁裁决违背社会公共利益的除外。

第十八条　案外人根据本规定第九条申请不予执行仲裁裁决或者仲裁调解书，符合下列条件的，人民法院应当支持：

（一）案外人系权利或者利益的主体；

（二）案外人主张的权利或者利益合法、真实；

（三）仲裁案件当事人之间存在虚构法律关系，捏造案件事实的情形；

（四）仲裁裁决主文或者仲裁调解书处理当事人民事权利义务的结果部分或者全部错误，损害案外人合法权益。

第十九条　被执行人、案外人对仲裁裁决执行案件逾期申请不予执行的，人民法院应当裁定不予受理；已经受理的，应当裁定驳回不予执行申请。

被执行人、案外人对仲裁裁决执行案件申请不予执行，经审查理由成立的，人民法院应当裁定不予执行；理由不成立的，应当裁定驳回不予执行申请。

第二十条　当事人向人民法院申请撤销仲裁裁决被驳回后，又在执行程序中以相同事由提出不予执行申请的，人民法院不予支持；当事人向人民法院申请不予执行被驳回后，又以相同事由申请撤销仲裁裁决的，人民法院不予支持。

在不予执行仲裁裁决案件审查期间，当事人向有管辖权的人民法院提出撤销仲裁裁决申请并被受理的，人民法院应当裁定中止对不予执行申请的审查；仲裁裁决被撤销或者决定重新仲裁的，人民法院应当裁定终结执行，并终结对不予执行申请的审查；撤销仲裁裁决申请被驳回或者申请执行人撤回撤销仲裁裁决申请的，人民法院应当恢复对不予执行申请的审查；被执行人撤回撤销仲裁裁决申请的，人民法院应当裁定终结对不予执行申请的审查，但案外人申请不予执行仲裁裁决的除外。

第二十一条　人民法院裁定驳回撤销仲裁裁决申请或者驳回不予执行仲裁裁决、仲裁调解书申请的，执行法院应当恢复执行。

人民法院裁定撤销仲裁裁决或者基于被执行人申请裁定不予执行仲裁裁决，原被执行人申请执行回转或者解除强制执行措施的，人民法院应当支持。原申请执行人对已履行或者被人民法院强制执行的款物申请保全的，人民法院应当依法准许；原申请执行人在人民法院采取保全措施之日起三十日内，未根据双方达成的书面仲裁协议重新申请仲裁或者向人民法院起诉的，人民法院应当裁定解除保全。

人民法院基于案外人申请裁定不予执行仲裁裁决或者仲裁调解书，案外人申请执行回转或者解除强制执行措施的，人民法院应当支持。

第二十二条　人民法院裁定不予执行仲裁裁决、驳回或者不予受理不予执行仲裁裁决申请后，当事人对该裁定提出执行异议或者申请复议的，人民法院不予受理。

人民法院裁定不予执行仲裁裁决的，当事人可以根据双方达成的书面仲裁协议重新申请仲裁，也可以向人民法院起诉。

人民法院基于案外人申请裁定不予执行仲裁裁决或者仲裁调解书，当事人不服的，可以自裁定送达之日起十日内向上一级人民法院申请复议；人民法院裁定驳回或者不予受理案外人提出的不予执行仲裁裁决、仲裁调解书申请，案外人不服的，可以自裁定送达之日起十日内向上一级人民法院申请复议。

第二十三条　本规定第八条、第九条关于对仲裁裁决执行案件申请不予执行的期限自本规定施行之日起重新计算。

第二十四条　本规定自2018年3月1日起施行，本院以前发布的司法解释与本规定不一致的，以本规定为准。

本规定施行前已经执行终结的执行案件，不适用本规定；本规定施行后尚未执行终结的执行案件，适用本规定。

## 最高人民法院关于人民法院网络司法拍卖若干问题的规定

· 2016年5月30日最高人民法院审判委员会第1685次会议通过
· 2016年8月2日最高人民法院公告公布
· 自2017年1月1日起施行
· 法释〔2016〕18号

为了规范网络司法拍卖行为，保障网络司法拍卖公开、公平、公正、安全、高效，维护当事人的合法权益，根据《中华人民共和国民事诉讼法》等法律的规定，结合人民法院执行工作的实际,制定本规定。

**第一条** 本规定所称的网络司法拍卖,是指人民法院依法通过互联网拍卖平台,以网络电子竞价方式公开处置财产的行为。

**第二条** 人民法院以拍卖方式处置财产的,应当采取网络司法拍卖方式,但法律、行政法规和司法解释规定必须通过其他途径处置,或者不宜采用网络拍卖方式处置的除外。

**第三条** 网络司法拍卖应当在互联网拍卖平台上向社会全程公开,接受社会监督。

**第四条** 最高人民法院建立全国性网络服务提供者名单库。网络服务提供者申请纳入名单库的,其提供的网络司法拍卖平台应当符合下列条件:

(一)具备全面展示司法拍卖信息的界面;

(二)具备本规定要求的信息公示、网上报名、竞价、结算等功能;

(三)具有信息共享、功能齐全、技术拓展等功能的独立系统;

(四)程序运作规范、系统安全高效、服务优质价廉;

(五)在全国具有较高的知名度和广泛的社会参与度。

最高人民法院组成专门的评审委员会,负责网络服务提供者的选定、评审和除名。最高人民法院每年引入第三方评估机构对已纳入和新申请纳入名单库的网络服务提供者予以评审并公布结果。

**第五条** 网络服务提供者由申请执行人从名单库中选择;未选择或者多个申请执行人的选择不一致的,由人民法院指定。

**第六条** 实施网络司法拍卖的,人民法院应当履行下列职责:

(一)制作、发布拍卖公告;

(二)查明拍卖财产现状、权利负担等内容,并予以说明;

(三)确定拍卖保留价、保证金的数额、税费负担等;

(四)确定保证金、拍卖款项等支付方式;

(五)通知当事人和优先购买权人;

(六)制作拍卖成交裁定;

(七)办理财产交付和出具财产权证照转移协助执行通知书;

(八)开设网络司法拍卖专用账户;

(九)其他依法由人民法院履行的职责。

**第七条** 实施网络司法拍卖的,人民法院可以将下列拍卖辅助工作委托社会机构或者组织承担:

(一)制作拍卖财产的文字说明及视频或者照片等资料;

(二)展示拍卖财产,接受咨询,引领查看,封存样品等;

(三)拍卖财产的鉴定、检验、评估、审计、仓储、保管、运输等;

(四)其他可以委托的拍卖辅助工作。

社会机构或者组织承担网络司法拍卖辅助工作所支出的必要费用由被执行人承担。

**第八条** 实施网络司法拍卖的,下列事项应当由网络服务提供者承担:

(一)提供符合法律、行政法规和司法解释规定的网络司法拍卖平台,并保障安全正常运行;

(二)提供安全便捷配套的电子支付对接系统;

(三)全面、及时展示人民法院及其委托的社会机构或者组织提供的拍卖信息;

(四)保证拍卖全程的信息数据真实、准确、完整和安全;

(五)其他应当由网络服务提供者承担的工作。

网络服务提供者不得在拍卖程序中设置阻碍适格竞买人报名、参拍、竞价以及监视竞买人信息等后台操控功能。

网络服务提供者提供的服务无正当理由不得中断。

**第九条** 网络司法拍卖服务提供者从事与网络司法拍卖相关的行为,应当接受人民法院的管理、监督和指导。

**第十条** 网络司法拍卖应当确定保留价,拍卖保留价即为起拍价。

起拍价由人民法院参照评估价确定;未作评估的,参照市价确定,并征询当事人意见。起拍价不得低于评估价或者市价的百分之七十。

**第十一条** 网络司法拍卖不限制竞买人数量。一人参与竞拍,出价不低于起拍价的,拍卖成交。

**第十二条** 网络司法拍卖应当先期公告,拍卖公告除通过法定途径发布外,还应同时在网络司法拍卖平台发布。拍卖动产的,应当在拍卖十五日前公告;拍卖不动产或者其他财产权的,应当在拍卖三十日前公告。

拍卖公告应当包括拍卖财产、价格、保证金、竞买人条件、拍卖财产已知瑕疵、相关权利义务、法律责任、拍卖时间、网络平台和拍卖法院等信息。

**第十三条** 实施网络司法拍卖的,人民法院应当在拍卖公告发布当日通过网络司法拍卖平台公示下列信息：

（一）拍卖公告；

（二）执行所依据的法律文书，但法律规定不得公开的除外；

（三）评估报告副本，或者未经评估的定价依据；

（四）拍卖时间、起拍价以及竞价规则；

（五）拍卖财产权属、占有使用、附随义务等现状的文字说明、视频或者照片等；

（六）优先购买权主体以及权利性质；

（七）通知或者无法通知当事人、已知优先购买权人的情况；

（八）拍卖保证金、拍卖款项支付方式和账户；

（九）拍卖财产产权转移可能产生的税费及承担方式；

（十）执行法院名称、联系、监督方式等；

（十一）其他应当公示的信息。

**第十四条** 实施网络司法拍卖的，人民法院应当在拍卖公告发布当日通过网络司法拍卖平台对下列事项予以特别提示：

（一）竞买人应当具备完全民事行为能力，法律、行政法规和司法解释对买受人资格或者条件有特殊规定的，竞买人应当具备规定的资格或者条件；

（二）委托他人代为竞买的，应当在竞价程序开始前经人民法院确认，并通知网络服务提供者；

（三）拍卖财产已知瑕疵和权利负担；

（四）拍卖财产以实物现状为准，竞买人可以申请实地看样；

（五）竞买人决定参与竞买的，视为对拍卖财产完全了解，并接受拍卖财产一切已知和未知瑕疵；

（六）载明买受人真实身份的拍卖成交确认书在网络司法拍卖平台上公示；

（七）买受人悔拍后保证金不予退还。

**第十五条** 被执行人应当提供拍卖财产品质的有关资料和说明。

人民法院已按本规定第十三条、第十四条的要求予以公示和特别提示，且在拍卖公告中声明不能保证拍卖财产真伪或者品质的，不承担瑕疵担保责任。

**第十六条** 网络司法拍卖的事项应当在拍卖公告发布三日前以书面或者其他能够确认收悉的合理方式，通知当事人、已知优先购买权人。权利人书面明确放弃权利的，可以不通知。无法通知的，应当在网络司法拍卖平台公示并说明无法通知的理由，公示满五日视为已经通知。

优先购买权人经通知未参与竞买的，视为放弃优先购买权。

**第十七条** 保证金数额由人民法院在起拍价的百分之五至百分之二十范围内确定。

竞买人应当在参加拍卖前以实名交纳保证金，未交纳的，不得参加竞买。申请执行人参加竞买的，可以不交保证金；但债权数额小于保证金数额的按差额部分交纳。

交纳保证金，竞买人可以向人民法院指定的账户交纳，也可以由网络服务提供者在其提供的支付系统中对竞买人的相应款项予以冻结。

**第十八条** 竞买人在拍卖竞价程序结束前交纳保证金经人民法院或者网络服务提供者确认后，取得竞买资格。网络服务提供者应当向取得资格的竞买人赋予竞买代码、参拍密码；竞买人以该代码参与竞买。

网络司法拍卖竞价程序结束前，人民法院及网络服务提供者对竞买人以及其他能够确认竞买人真实身份的信息、密码等，应当予以保密。

**第十九条** 优先购买权人经人民法院确认后，取得优先竞买资格以及优先竞买代码、参拍密码，并以优先竞买代码参与竞买；未经确认的，不得以优先购买权人身份参与竞买。

顺序不同的优先购买权人申请参与竞买的，人民法院应当确认其顺序，赋予不同顺序的优先竞买代码。

**第二十条** 网络司法拍卖从起拍价开始以递增出价方式竞价，增价幅度由人民法院确定。竞买人以低于起拍价出价的无效。

网络司法拍卖的竞价时间应当不少于二十四小时。竞价程序结束前五分钟内无人出价的，最后出价即为成交价；有出价的，竞价时间自该出价时点顺延五分钟。竞买人的出价时间以进入网络司法拍卖平台服务系统的时间为准。

竞买代码及其出价信息应当在网络竞买页面实时显示，并储存、显示竞价全程。

**第二十一条** 优先购买权人参与竞买的，可以与其他竞买人以相同的价格出价，没有更高出价的，拍卖财产由优先购买权人竞得。

顺序不同的优先购买权人以相同价格出价的，拍卖财产由顺序在先的优先购买权人竞得。

顺序相同的优先购买权人以相同价格出价的，拍卖财产由出价在先的优先购买权人竞得。

**第二十二条** 网络司法拍卖成交的,由网络司法拍卖平台以买受人的真实身份自动生成确认书并公示。

拍卖财产所有权自拍卖成交裁定送达买受人时转移。

**第二十三条** 拍卖成交后,买受人交纳的保证金可以充抵价款;其他竞买人交纳的保证金应当在竞价程序结束后二十四小时内退还或者解冻。拍卖未成交的,竞买人交纳的保证金应当在竞价程序结束后二十四小时内退还或者解冻。

**第二十四条** 拍卖成交后买受人悔拍的,交纳的保证金不予退还,依次用于支付拍卖产生的费用损失、弥补重新拍卖价款低于原拍卖价款的差价、冲抵本案被执行人的债务以及与拍卖财产相关的被执行人的债务。

悔拍后重新拍卖的,原买受人不得参加竞买。

**第二十五条** 拍卖成交后,买受人应当在拍卖公告确定的期限内将剩余价款交付人民法院指定账户。拍卖成交后二十四小时内,网络服务提供者应当将冻结的买受人交纳的保证金划入人民法院指定账户。

**第二十六条** 网络司法拍卖竞价期间无人出价的,本次拍卖流拍。流拍后应当在三十日内在同一网络司法拍卖平台再次拍卖,拍卖动产的应当在拍卖七日前公告;拍卖不动产或者其他财产权的应当在拍卖十五日前公告。再次拍卖的起拍价降价幅度不得超过前次起拍价的百分之二十。

再次拍卖流拍的,可以依法在同一网络司法拍卖平台变卖。

**第二十七条** 起拍价及其降价幅度、竞价增价幅度、保证金数额和优先购买权人竞买资格及其顺序等事项,应当由人民法院依法组成合议庭评议确定。

**第二十八条** 网络司法拍卖竞价程序中,有依法应当暂缓、中止执行等情形的,人民法院应当决定暂缓或者裁定中止拍卖;人民法院可以自行或者通知网络服务提供者停止拍卖。

网络服务提供者发现系统故障、安全隐患等紧急情况的,可以先行暂缓拍卖,并立即报告人民法院。

暂缓或者中止拍卖的,应当及时在网络司法拍卖平台公告原因或者理由。

暂缓拍卖期限届满或者中止拍卖的事由消失后,需要继续拍卖的,应当在五日内恢复拍卖。

**第二十九条** 网络服务提供者对拍卖形成的电子数据,应当完整保存不少于十年,但法律、行政法规另有规定的除外。

**第三十条** 因网络司法拍卖本身形成的税费,应当依照相关法律、行政法规的规定,由相应主体承担;没有规定或者规定不明的,人民法院可以根据法律原则和案件实际情况确定税费承担的相关主体、数额。

**第三十一条** 当事人、利害关系人提出异议请求撤销网络司法拍卖,符合下列情形之一的,人民法院应当支持:

(一)由于拍卖财产的文字说明、视频或者照片展示以及瑕疵说明严重失实,致使买受人产生重大误解,购买目的无法实现的,但拍卖时的技术水平不能发现或者已经就相关瑕疵以及责任承担予以公示说明的除外;

(二)由于系统故障、病毒入侵、黑客攻击、数据错误等原因致使拍卖结果错误,严重损害当事人或者其他竞买人利益的;

(三)竞买人之间,竞买人与网络司法拍卖服务提供者之间恶意串通,损害当事人或者其他竞买人利益的;

(四)买受人不具备法律、行政法规和司法解释规定的竞买资格的;

(五)违法限制竞买人参加竞买或者对享有同等权利的竞买人规定不同竞买条件的;

(六)其他严重违反网络司法拍卖程序且损害当事人或者竞买人利益的情形。

**第三十二条** 网络司法拍卖被人民法院撤销,当事人、利害关系人、案外人认为人民法院的拍卖行为违法致使其合法权益遭受损害的,可以依法申请国家赔偿;认为其他主体的行为违法致使其合法权益遭受损害的,可以另行提起诉讼。

**第三十三条** 当事人、利害关系人、案外人认为网络司法拍卖服务提供者的行为违法致使其合法权益遭受损害的,可以另行提起诉讼;理由成立的,人民法院应当支持,但具有法定免责事由的除外。

**第三十四条** 实施网络司法拍卖的,下列机构和人员不得竞买并不得委托他人代为竞买与其行为相关的拍卖财产:

(一)负责执行的人民法院;

(二)网络服务提供者;

(三)承担拍卖辅助工作的社会机构或者组织;

(四)第(一)至(三)项规定主体的工作人员及其近亲属。

**第三十五条** 网络服务提供者有下列情形之一的,应当将其从名单库中除名:

（一）存在违反本规定第八条第二款规定操控拍卖程序、修改拍卖信息等行为的；

（二）存在恶意串通、弄虚作假、泄漏保密信息等行为的；

（三）因违反法律、行政法规和司法解释等规定受到处罚，不适于继续从事网络司法拍卖的；

（四）存在违反本规定第三十四条规定行为的；

（五）其他应当除名的情形。

网络服务提供者有前款规定情形之一，人民法院可以依照《中华人民共和国民事诉讼法》的相关规定予以处理。

**第三十六条** 当事人、利害关系人认为网络司法拍卖行为违法侵害其合法权益的，可以提出执行异议。异议、复议期间，人民法院可以决定暂缓或者裁定中止拍卖。

案外人对网络司法拍卖的标的提出异议的，人民法院应当依据《中华人民共和国民事诉讼法》第二百二十七条及相关司法解释的规定处理，并决定暂缓或者裁定中止拍卖。

**第三十七条** 人民法院通过互联网平台以变卖方式处置财产的，参照本规定执行。

执行程序中委托拍卖机构通过互联网平台实施网络拍卖的，参照本规定执行。

本规定对网络司法拍卖行为没有规定的，适用其他有关司法拍卖的规定。

**第三十八条** 本规定自 2017 年 1 月 1 日起施行。施行前最高人民法院公布的司法解释和规范性文件与本规定不一致的，以本规定为准。

## 最高人民法院关于首先查封法院与优先债权执行法院处分查封财产有关问题的批复

- 2015 年 12 月 16 日最高人民法院审判委员会第 1672 次会议通过
- 2016 年 4 月 12 日最高人民法院公告公布
- 自 2016 年 4 月 14 日起施行
- 法释〔2016〕6 号

福建省高级人民法院：

你院《关于解决法院首封处分权与债权人行使优先受偿债权冲突问题的请示》（闽高法〔2015〕261 号）收悉。经研究，批复如下：

一、执行过程中，应当由首先查封、扣押、冻结（以下简称查封）法院负责处分查封财产。但已进入其他法院执行程序的债权人对查封财产有顺位在先的担保物权、优先权（该债权以下简称优先债权），自首先查封之日起已超过 60 日，且首先查封法院就该查封财产尚未发布拍卖公告或者进入变价程序的，优先债权执行法院可以要求将该查封财产移送执行。

二、优先债权执行法院要求首先查封法院将查封财产移送执行的，应当出具商请移送执行函，并附确认优先债权的生效法律文书及案件情况说明。

首先查封法院应当在收到优先债权执行法院商请移送执行函之日起 15 日内出具移送执行函，将查封财产移送优先债权执行法院执行，并告知当事人。

移送执行函应当载明将查封财产移送执行及首先查封债权的相关情况等内容。

三、财产移送执行后，优先债权执行法院在处分或继续查封该财产时，可以持首先查封法院移送执行函办理相关手续。

优先债权执行法院对移送的财产变价后，应当按照法律规定的清偿顺序分配，并将相关情况告知首先查封法院。

首先查封债权尚未经生效法律文书确认的，应当按照首先查封债权的清偿顺位，预留相应份额。

四、首先查封法院与优先债权执行法院就移送查封财产发生争议的，可以逐级报请双方共同的上级法院指定该财产的执行法院。

共同的上级法院根据首先查封债权所处的诉讼阶段、查封财产的种类及所在地、各债权数额与查封财产价值之间的关系等案件具体情况，认为由首先查封法院执行更为妥当的，也可以决定由首先查封法院继续执行，但应当督促其在指定期限内处分查封财产。

此复。

附件：1. ××××人民法院商请移送执行函
2. ××××人民法院移送执行函

附件 1

**××××人民法院**
**商请移送执行函**

（××××）……号

××××人民法院：

……（写明当事人姓名或名称和案由）一案的……（写明生效法律文书名称）已经发生法律效力。由于……[写明本案债权人依法享有顺位在先的担保物权（优先权）和首先查封法院没有及时对查封财产进行处理的情况，以及商请移送执行的理由]。根据《最高人民法院关于首先查封法院与优先债权执行法院处分查封财产有关问题的批复》之规定，请你院在收到本函之日起15日内向我院出具移送执行函，将……（写明具体查封财产）移送我院执行。

　　附件：1. 据以执行的生效法律文书
　　　　　2. 有关案件情况说明[内容包括本案债权依法享有顺位在先的担保物权（优先权）的具体情况、案件执行情况、执行员姓名及联系电话、申请执行人地址及联系电话等]
　　　　　3. 其他必要的案件材料

××××年××月××日<br>（院印）

本院地址：　　　　邮　编：
联 系 人：　　　　联系电话：

**附件2**

**××××人民法院**
**移送执行函**

（××××）……号

××××人民法院：

　　你院（××××）……号商请移送执行函收悉。我院于××××年××月××日对……（写明具体查封财产，以下简称查封财产）予以查封（或者扣押、冻结），鉴于你院（××××）……号执行案件债权人对该查封财产享有顺位在先的担保物权（优先权），现根据《最高人民法院关于首先查封法院与优先债权执行法院处分查封财产有关问题的批复》之规定及你院的来函要求，将上述查封财产移送你院执行，对该财产的续封、解封和变价、分配等后续工作，交由你院办理，我院不再负责。请你院在后续执行程序中，对我院执行案件债权人××作为首先查封债权人所享有的各项权利依法予以保护，并将执行结果及时告知我院。

　　附件：1. 据以执行的生效法律文书
　　　　　2. 有关案件情况的材料和说明（内容包括查封财产的查封、调查、异议、评估、处置和剩余债权数额等案件执行情况，执行员姓名及联系电话、申请执行人地址及联系电话等）
　　　　　3. 其他必要的案件材料

××××年××月××日<br>（院印）

本院地址：　　　　邮　编：
联 系 人：　　　　联系电话：

## 最高人民法院关于对人民法院终结执行行为提出执行异议期限问题的批复

- 2015年11月30日最高人民法院审判委员会第1668次会议通过
- 2016年2月14日最高人民法院公告公布
- 自2016年2月15日起施行
- 法释〔2016〕3号

**湖北省高级人民法院：**

　　你院《关于咸宁市广泰置业有限公司与咸宁市枫丹置业有限公司房地产开发经营合同纠纷案的请示》（鄂高法〔2015〕295号）收悉。经研究，批复如下：

　　当事人、利害关系人依照民事诉讼法第二百二十五条规定对终结执行行为提出异议的，应当自收到终结执行法律文书之日起六十日内提出；未收到法律文书的，应当自知道或者应当知道人民法院终结执行之日起六十日内提出。批复发布前终结执行的，自批复发布之日起六十日内提出。超出该期限提出执行异议的，人民法院不予受理。

　　此复。

## 最高人民法院关于限制被执行人高消费及有关消费的若干规定

- 2010年5月17日最高人民法院审判委员会第1487次会议通过
- 根据2015年7月6日最高人民法院审判委员会第1657次会议通过的《最高人民法院关于修改〈最高人民法院关于限制被执行人高消费的若干规定〉的决定》修正

　　为进一步加大执行力度，推动社会信用机制建设，最大限度保护申请执行人和被执行人的合法权益，根据《中华人民共和国民事诉讼法》的有关规定，结合人民法院民事执行工作的实践经验，制定本规定。

　　**第一条**　被执行人未按执行通知书指定的期间履行生效法律文书确定的给付义务的，人民法院可以采取限制消费措施，限制其高消费及非生活或者经营必需的有关消费。

纳入失信被执行人名单的被执行人,人民法院应当对其采取限制消费措施。

**第二条** 人民法院决定采取限制消费措施时,应当考虑被执行人是否有消极履行、规避执行或者抗拒执行的行为以及被执行人的履行能力等因素。

**第三条** 被执行人为自然人的,被采取限制消费措施后,不得有以下高消费及非生活和工作必需的消费行为:

(一)乘坐交通工具时,选择飞机、列车软卧、轮船二等以上舱位;

(二)在星级以上宾馆、酒店、夜总会、高尔夫球场等场所进行高消费;

(三)购买不动产或者新建、扩建、高档装修房屋;

(四)租赁高档写字楼、宾馆、公寓等场所办公;

(五)购买非经营必需车辆;

(六)旅游、度假;

(七)子女就读高收费私立学校;

(八)支付高额保费购买保险理财产品;

(九)乘坐G字头动车组列车全部座位、其他动车组列车一等以上座位等其他非生活和工作必需的消费行为。

被执行人为单位的,被采取限制消费措施后,被执行人及其法定代表人、主要负责人、影响债务履行的直接责任人员、实际控制人不得实施前款规定的行为。因私消费以个人财产实施前款规定行为的,可以向执行法院提出申请。执行法院审查属实的,应予准许。

**第四条** 限制消费措施一般由申请执行人提出书面申请,经人民法院审查决定;必要时人民法院可以依职权决定。

**第五条** 人民法院决定采取限制消费措施的,应当向被执行人发出限制消费令。限制消费令由人民法院院长签发。限制消费令应当载明限制消费的期间、项目、法律后果等内容。

**第六条** 人民法院决定采取限制消费措施的,可以根据案件需要和被执行人的情况向有义务协助调查、执行的单位送达协助执行通知书,也可以在相关媒体上进行公告。

**第七条** 限制消费令的公告费用由被执行人负担;申请执行人申请在媒体公告的,应当垫付公告费用。

**第八条** 被限制消费的被执行人因生活或者经营必需而进行本规定禁止的消费活动的,应当向人民法院提出申请,获批准后方可进行。

**第九条** 在限制消费期间,被执行人提供确实有效的担保或者经申请执行人同意的,人民法院可以解除限制消费令;被执行人履行完毕生效法律文书确定的义务的,人民法院应当在本规定第六条通知或者公告的范围内及时以通知或者公告解除限制消费令。

**第十条** 人民法院应当设置举报电话或者邮箱,接受申请执行人和社会公众对被限制消费的被执行人违反本规定第三条的举报,并进行审查认定。

**第十一条** 被执行人违反限制消费令进行消费的行为属于拒不履行人民法院已经发生法律效力的判决、裁定的行为,经查证属实的,依照《中华人民共和国民事诉讼法》第一百一十一条的规定,予以拘留、罚款;情节严重,构成犯罪的,追究其刑事责任。

有关单位在收到人民法院协助执行通知书后,仍允许被执行人进行高消费及非生活或者经营必需的有关消费的,人民法院可以依照《中华人民共和国民事诉讼法》第一百一十四条的规定,追究其法律责任。

## 最高人民法院关于执行程序中计算迟延履行期间的债务利息适用法律若干问题的解释

· 2014年6月9日最高人民法院审判委员会第1619次会议通过
· 2014年7月7日最高人民法院公告公布
· 自2014年8月1日起施行
· 法释〔2014〕8号

为规范执行程序中迟延履行期间债务利息的计算,根据《中华人民共和国民事诉讼法》的规定,结合司法实践,制定本解释。

**第一条** 根据民事诉讼法第二百五十三条规定加倍计算之后的迟延履行期间的债务利息,包括迟延履行期间的一般债务利息和加倍部分债务利息。

迟延履行期间的一般债务利息,根据生效法律文书确定的方法计算;生效法律文书未确定给付该利息的,不予计算。

加倍部分债务利息的计算方法为:加倍部分债务利息=债务人尚未清偿的生效法律文书确定的除一般债务利息之外的金钱债务×日万分之一点七五×迟延履行期间。

**第二条** 加倍部分债务利息自生效法律文书确定的履行期间届满之日起计算;生效法律文书确定分期履行的,自每次履行期间届满之日起计算;生效法律文书未确定履行期间的,自法律文书生效之日起计算。

**第三条** 加倍部分债务利息计算至被执行人履行完毕之日;被执行人分次履行的,相应部分的加倍部分债务利息计算至每次履行完毕之日。

人民法院划拨、提取被执行人的存款、收入、股息、红利等财产的,相应部分的加倍部分债务利息计算至划拨、提取之日;人民法院对被执行人财产拍卖、变卖或者以物抵债的,计算至成交裁定或者抵债裁定生效之日;人民法院对被执行人财产通过其他方式变价的,计算至财产变价完成之日。

非因被执行人的申请,对生效法律文书审查而中止或者暂缓执行的期间及再审中止执行的期间,不计算加倍部分债务利息。

**第四条** 被执行人的财产不足以清偿全部债务的,应当先清偿生效法律文书确定的金钱债务,再清偿加倍部分债务利息,但当事人对清偿顺序另有约定的除外。

**第五条** 生效法律文书确定给付外币的,执行时以该种外币按日万分之一点七五计算加倍部分债务利息,但申请执行人主张以人民币计算的,人民法院应予准许。

以人民币计算加倍部分债务利息的,应当先将生效法律文书确定的外币折算或者套算为人民币后再进行计算。

外币折算或者套算为人民币的,按照加倍部分债务利息起算之日的中国外汇交易中心或者中国人民银行授权机构公布的人民币对该外币的中间价折合成人民币计算;中国外汇交易中心或者中国人民银行授权机构未公布汇率中间价的外币,按照该日境内银行人民币对该外币的中间价折算成人民币,或者该外币在境内银行、国际外汇市场对美元汇率,与人民币对美元汇率中间价进行套算。

**第六条** 执行回转程序中,原申请执行人迟延履行金钱给付义务的,应当按照本解释的规定承担加倍部分债务利息。

**第七条** 本解释施行时尚未执行完毕部分的金钱债务,本解释施行前的迟延履行期间债务利息按照之前的规定计算;施行后的迟延履行期间债务利息按照本解释计算。

本解释施行前本院发布的司法解释与本解释不一致的,以本解释为准。

# 最高人民法院关于网络查询、冻结被执行人存款的规定

- 2013年8月26日最高人民法院审判委员会第1587次会议通过
- 2013年8月29日最高人民法院公告公布
- 自2013年9月2日起施行
- 法释〔2013〕20号

为规范人民法院办理执行案件过程中通过网络查询、冻结被执行人存款及其他财产的行为,进一步提高执行效率,根据《中华人民共和国民事诉讼法》的规定,结合人民法院工作实际,制定本规定。

**第一条** 人民法院与金融机构已建立网络执行查控机制的,可以通过网络实施查询、冻结被执行人存款等措施。

网络执行查控机制的建立和运行应当具备以下条件:

(一)已建立网络执行查控系统,具有通过网络执行查控系统发送、传输、反馈查控信息的功能;

(二)授权特定的人员办理网络执行查控业务;

(三)具有符合安全规范的电子印章系统;

(四)已采取足以保障查控系统和信息安全的措施。

**第二条** 人民法院实施网络执行查控措施,应当事前统一向相应金融机构报备有权通过网络采取执行查控措施的特定执行人员的相关公务证件。办理具体业务时,不再另行向相应金融机构提供执行人员的相关公务证件。

人民法院办理网络执行查控业务的特定执行人员发生变更的,应当及时向相应金融机构报备人员变更信息及相关公务证件。

**第三条** 人民法院通过网络查询被执行人存款时,应当向金融机构传输电子协助查询存款通知书。多案集中查询的,可以附汇总的案件查询清单。

对查询到的被执行人存款需要冻结或者续行冻结的,人民法院应当及时向金融机构传输电子冻结裁定书和协助冻结存款通知书。

对冻结的被执行人存款需要解除冻结的,人民法院应当及时向金融机构传输电子解除冻结裁定书和协助解除冻结存款通知书。

**第四条** 人民法院向金融机构传输的法律文书,应当加盖电子印章。

作为协助执行人的金融机构完成查询、冻结等事项

后，应当及时通过网络向人民法院回复加盖电子印章的查询、冻结等结果。

人民法院出具的电子法律文书、金融机构出具的电子查询、冻结等结果，与纸质法律文书及反馈结果具有同等效力。

**第五条** 人民法院通过网络查询、冻结、续冻、解冻被执行人存款，与执行人员赴金融机构营业场所查询、冻结、续冻、解冻被执行人存款具有同等效力。

**第六条** 金融机构认为人民法院通过网络执行查控系统采取的查控措施违反相关法律、行政法规规定的，应当向人民法院书面提出异议。人民法院应当在15日内审查完毕并书面回复。

**第七条** 人民法院应当依据法律、行政法规规定及相应操作规范使用网络执行查控系统和查控信息，确保信息安全。

人民法院办理执行案件过程中，不得泄露通过网络执行查控系统取得的查控信息，也不得用于执行案件以外的目的。

人民法院办理执行案件过程中，不得对被执行人以外的非执行义务主体采取网络查控措施。

**第八条** 人民法院工作人员违反第七条规定的，应当按照《人民法院工作人员处分条例》给予纪律处分；情节严重构成犯罪的，应当依法追究刑事责任。

**第九条** 人民法院具备相应网络扣划技术条件，并与金融机构协商一致的，可以通过网络执行查控系统采取扣划被执行人存款措施。

**第十条** 人民法院与工商行政管理、证券监管、土地房产管理等协助执行单位已建立网络执行查控机制，通过网络执行查控系统对被执行人股权、股票、证券账户资金、房地产等其他财产采取查控措施的，参照本规定执行。

## 最高人民法院关于在执行工作中如何计算迟延履行期间的债务利息等问题的批复

- 2009年3月30日最高人民法院审判委员会第1465次会议通过
- 2009年5月11日最高人民法院公告公布
- 自2009年5月18日起施行
- 法释〔2009〕6号

四川省高级人民法院：

你院《关于执行工作几个适用法律问题的请示》（川高法〔2007〕390号）收悉。经研究，批复如下：

一、人民法院根据《中华人民共和国民事诉讼法》第二百二十九条计算"迟延履行期间的债务利息"时，应当按照中国人民银行规定的同期贷款基准利率计算。

二、执行款不足以偿付全部债务的，应当根据还原则按比例清偿法律文书确定的金钱债务与迟延履行期间的债务利息，但当事人在执行和解中对清偿顺序另有约定的除外。

此复。

附：

### 具体计算方法

（1）执行款＝清偿的法律文书确定的金钱债务＋清偿的迟延履行期间的债务利息。

（2）清偿的迟延履行期间的债务利息＝清偿的法律文书确定的金钱债务×同期贷款基准利率×2×迟延履行期间。

## 最高人民法院关于办理申请执行监督案件若干问题的意见

- 2023年1月19日
- 法发〔2023〕4号

为进一步完善申请执行监督案件办理程序，推动法律正确统一适用，根据《中华人民共和国民事诉讼法》的规定和《最高人民法院关于进一步完善执行权制约机制加强执行监督的意见》的要求，结合执行工作实际，制定本意见。

**第一条** 当事人、利害关系人对于人民法院依照民事诉讼法第二百三十二条规定作出的执行复议裁定不服，向上一级人民法院申请执行监督，人民法院应当立案，但法律、司法解释或者本意见另有规定的除外。

申请人依法应当提出执行异议而未提出，直接向异议法院的上一级人民法院申请执行监督的，人民法院应当告知其向异议法院提出执行异议或者申请执行监督；申请人依法应当申请复议而未申请，直接向复议法院的上一级人民法院申请执行监督的，人民法院应当告知其向复议法院申请复议或者申请执行监督。

人民法院在办理执行申诉信访过程中，发现信访诉求符合前两款规定情形的，按照前两款规定处理。

**第二条** 申请执行人认为人民法院应当采取执行措

施而未采取,向执行法院请求采取执行措施的,人民法院应当及时审查处理,一般不立执行异议案件。

执行法院在法定期限内未执行,申请执行人依照民事诉讼法第二百三十三条规定请求上一级人民法院提级执行、责令下级人民法院限期执行或者指令其他人民法院执行的,应当立案办理。

**第三条** 当事人对执行裁定不服,向人民法院申请复议或者申请执行监督,有下列情形之一的,人民法院应当以适当的方式向其释明法律规定或者法定救济途径,一般不作为执行复议或者执行监督案件受理:

(一)依照民事诉讼法第二百三十四条规定,对案外人异议裁定不服,依照审判监督程序办理或者向人民法院提起诉讼的;

(二)依照《最高人民法院关于民事执行中变更、追加当事人若干问题的规定》第三十二条规定,对处理变更、追加当事人申请的裁定不服,可以向人民法院提起执行异议之诉的;

(三)依照民事诉讼法第二百四十四条规定,仲裁裁决被人民法院裁定不予执行,当事人可以重新申请仲裁或者向人民法院起诉的;

(四)依照《最高人民法院关于公证债权文书执行若干问题的规定》第二十条规定,公证债权文书被裁定不予执行或者部分不予执行,当事人可以向人民法院提起诉讼的;

(五)法律或者司法解释规定不通过执行复议程序进行救济的其他情形。

**第四条** 申请人向人民法院申请执行监督,有下列情形之一的,不予受理:

(一)针对人民法院就复议裁定作出的执行监督裁定提出执行监督申请的;

(二)在人民检察院对申请人的申请作出不予提出检察建议后又提出执行监督申请的。

前款第一项规定情形,人民法院应当告知当事人可以向人民检察院申请检察建议,但因人民检察院提出检察建议而作出执行监督裁定的除外。

**第五条** 申请人对执行复议裁定不服向人民法院申请执行监督的,参照民事诉讼法第二百一十二条规定,应当在执行复议裁定发生法律效力后六个月内提出。

申请人因超过提出执行异议期限或者申请复议期限向人民法院申请执行监督的,应当在提出异议期限或者申请复议期限届满之日起六个月内提出。

申请人超过上述期限向人民法院申请执行监督的,人民法院不予受理;已经受理的,裁定终结审查。

**第六条** 申请人对高级人民法院作出的执行复议裁定不服的,应当向原审高级人民法院申请执行监督;申请人向最高人民法院申请执行监督,符合下列情形之一的,最高人民法院应当受理:

(一)申请人对执行复议裁定认定的基本事实和审查程序无异议,但认为适用法律有错误的;

(二)执行复议裁定经高级人民法院审判委员会讨论决定的。

**第七条** 向最高人民法院申请执行监督的,执行监督申请书除依法必须载明的事项外,还应当声明对原裁定认定的基本事实、适用的审查程序没有异议,同时载明案件所涉法律适用问题的争议焦点、论证裁定适用法律存在错误的理由和依据。

申请人提交的执行监督申请书不符合前款规定要求的,最高人民法院应当给予指导和释明,一次性全面告知其在十日内予以补正;申请人无正当理由逾期未予补正的,按撤回监督申请处理。

**第八条** 高级人民法院作出的执行复议裁定适用法律确有错误,且符合下列情形之一的,最高人民法院可以立执行监督案件:

(一)具有普遍法律适用指导意义的;

(二)最高人民法院或者不同高级人民法院之间近三年裁判生效的同类案件存在重大法律适用分歧,截至案件审查时仍未解决的;

(三)最高人民法院认为应当立执行监督案件的其他情形。

最高人民法院对地方各级人民法院、专门人民法院已经发生法律效力的执行裁定,发现确有错误,且符合前款所列情形之一的,可以立案监督。

**第九条** 向最高人民法院申请的执行监督案件符合下列情形之一的,最高人民法院可以决定由原审高级人民法院审查:

(一)案件可能存在基本事实不清、审查程序违法、遗漏异议请求情形的;

(二)原执行复议裁定适用法律可能存在错误,但不具有普遍法律适用指导意义的。

**第十条** 高级人民法院经审查,认为原裁定适用法律确有错误,且符合本意见第八条第一项、第二项规定情形之一,需要由最高人民法院审查的,经该院审判委员会讨论决定后,可以报请最高人民法院审查。

最高人民法院收到高级人民法院根据前款规定提出

的报请后，认为有必要由本院审查的，应当立案审查；认为没有必要的，不予立案，并决定交高级人民法院立案审查。

第十一条 最高人民法院应当自收到执行监督申请书之日起三十日内，决定由本院或者作出执行复议裁定的高级人民法院立案审查。

最高人民法院决定由原审高级人民法院审查的，应当在作出决定之日起十日内将执行监督申请书和相关材料交原审高级人民法院立案审查，并及时通知申请人。

第十二条 除《最高人民法院关于执行案件立案、结案若干问题的意见》第二十六条规定的结案方式外，执行监督案件还可采用以下方式结案：

（一）撤销执行异议裁定和执行复议裁定，发回异议法院重新审查，或者撤销执行复议裁定，发回复议法院重新审查；

（二）按撤回执行监督申请处理；

（三）终结审查。

第十三条 人民法院审查执行监督案件，一般应当作出执行裁定，但不支持申诉请求的，可以根据案件具体情况作出驳回通知书。

第十四条 本意见自 2023 年 2 月 1 日起施行。本意见施行以后，最高人民法院之前有关意见的规定与本意见不一致的，按照本意见执行。

最高人民法院于本意见施行之前受理的申请执行监督案件，施行当日尚未审查完毕的，应当继续审查处理。

## 最高人民法院关于进一步完善执行权制约机制加强执行监督的意见

·2021 年 12 月 6 日
·法〔2021〕322 号

党的十八大以来，在以习近平同志为核心的党中央坚强领导下，全国法院坚决贯彻落实党的十八届四中全会关于"切实解决执行难"的重大决策部署，攻坚克难，锐意进取，如期实现"基本解决执行难"的阶段性目标，执行工作取得显著成效，人民群众获得感持续增强。但是，执行难在有些方面、有些地区仍然存在，甚至还比较突出。特别是全国政法队伍教育整顿以来执行领域暴露出的顽瘴痼疾和查处的违纪违法案件，反映出执行监督管理不到位，执行权制约机制不完善问题。为全面贯彻落实党中央关于全国政法队伍教育整顿决策部署，进一步规范执行行为，强化对执行权的监督制约，不断清除执行领域的顽瘴痼疾，筑牢不敢腐不能腐不想腐的制度堤坝，确保高效公正规范文明执行，切实维护人民群众合法权益，努力让人民群众在每一个司法案件中感受到公平正义，提出以下意见。

### 一、始终坚持执行工作正确的政治方向

1. 坚持党的绝对领导。坚持以习近平新时代中国特色社会主义思想为指导，深入贯彻落实习近平法治思想，始终把党的政治建设摆在首位，增强"四个意识"、坚定"四个自信"、做到"两个维护"，不断提高政治判断力、政治领悟力、政治执行力，筑牢政治忠诚，始终在思想上政治上行动上同以习近平同志为核心的党中央保持高度一致。严格落实执行领域重要工作、重大问题和重要事项向上级人民法院党组、地方党委请示报告制度，确保党中央决策部署在人民法院执行工作中不折不扣贯彻落实。充分发挥党总揽全局、协调各方的领导核心作用，统筹各方资源，构建从源头综合治理执行难的工作格局和常态化工作机制。

2. 突出政治教育。始终把政治建设摆在首位，加强理论武装，提高政治理论修养。深入持久开展理想信念教育，弘扬伟大建党精神，赓续红色司法基因，引导执行干警树立正确人生观、价值观、权力观。深入持久开展宗旨意识教育，坚持以人民为中心，带着对人民群众的深厚感情和高度责任感高效公正规范文明办理好每一个执行案件，切实解决群众观念缺失、"冷硬横推"、"吃拿卡要"等作风不正突出问题。

3. 强化警示教育。以刀刃向内、刮骨疗毒的自我革命精神，彻查执行领域违纪违法案件，清除害群之马，持续保持执行领域反腐倡廉高压态势。有针对性地深入持久开展执行人员纪法教育、警示教育，以案明纪、以案释法、以案促改，促使执行人员知敬畏、存戒惧、守底线，恪守司法良知。坚决杜绝违反"三个规定"、与当事人和律师不正当交往、违规干预过问案件、有令不行有禁不止、以权谋私等执行不廉行为。

4. 压实全面从严治党主体责任。各级人民法院党组要切实担负起执行领域党风廉政建设主体责任。党组书记、院长是本院执行领域党风廉政建设第一责任人，院领导、执行局长根据职责分工履行"一岗双责"，对职责范围内的党风廉政建设负领导责任。各级人民法院党组要定期研究部署执行领域的党风廉政建设工作，强化责任考核，倒逼责任落实。

### 二、深化审执分离改革

5. 深化审判权与执行权分离。有效发挥审判、破产、

国家赔偿程序对执行权的制约作用。执行中的重大实体争议问题，严格按照民事诉讼法及司法解释的规定，通过相应诉讼程序解决，避免违规以执代审。执行中发现企业法人不能清偿到期债务，并且资产不足以清偿全部债务或者明显缺乏清偿能力的，应当暂缓财产分配，及时询问申请执行人、被执行人是否申请或者同意将案件移送破产审查，避免影响各债权人的公平受偿权；对于无财产可供执行的终本案件，要及时启动执转破程序，清理僵尸企业，有序消化终本案件存量。人民法院收到移送破产审查决定书面通知的，应依法中止执行，坚决杜绝在破产案件受理后不配合解除相应保全措施、搞地方保护等现象。执行错误的，依法及时启动国家赔偿程序，完善执行错误案件国家赔偿制度机制，有效及时挽回因执行错误给当事人造成的损失，维护当事人的合法权益。

6. 深化执行裁决权与执行实施权分离。具备条件的人民法院可单独设立执行裁判庭，负责办理执行异议、复议、执行异议之诉案件，以及消极执行督办案件以外的执行监督案件。不具备条件的人民法院，执行异议、复议、消极执行督办案件以外的执行监督案件由执行机构专门合议庭负责审查，执行异议之诉案件由相关审判庭负责审理。充分发挥执行裁决权对执行实施权的制衡和约束作用。

7. 健全事务集约、繁简分流的执行权运行机制。首次执行案件应在立案后或者完成集中查控后，根据查控结果，以有无足额财产可供执行、有无财产需要处置、能否一次性有效执行等为标准，实施繁简分流，实现简案快执、难案攻坚。简易执行案件由快执团队办理，普通案件由以法官为主导的团队办理。做好简易执行案件与普通案件的衔接，简易执行案件无法在既定期限内执结的，应转为普通案件办理。通过对繁简案件分类考核、精准管理，有效避免繁简案件混杂引发的选择性执行问题。

8. 确立专人监督管理制度。建立流程节点自动预警和专人监管的双重管理机制。设专人履行专项监管职责，对案件承办团队是否及时查控财产、发放执行案款、终本案件是否合规等关键节点进行日常核查，及时提示办案人员采取相应措施纠正违规行为，对未采取相应纠正措施的，及时向有关负责同志报告。各级人民法院要对专人监督管理制度制定相应的实施办法。

9. 严格落实合议制度。依照法律和司法解释规定应当合议的事项，必须由合议庭讨论决定，不得搞变通，使合议流于形式。健全专业法官会议制度和审判委员会制度，完善合议庭评议、专业法官会议与审判委员会讨论等工作衔接机制。

10. 制定完善执行权力和责任清单。各级人民法院要根据法律规定和司法责任制要求，制定符合新的执行权运行模式的权力和责任清单，完善"四类案件"管理机制，并嵌入执行案件流程管理系统，实现对履职行为的提醒、留痕、倒查和监督，压实院长、执行局长监管职责，严格落实"谁审批、谁负责"要求。

11. 深化执行公开。进一步优化执行信息化公开平台，将执行当事人、终本案件、限制消费、失信惩戒、财产处置、执行裁判文书等信息向社会全面公开，对依法应当公开的执行流程节点、案件进展状态通过手机短信、微信、诉讼服务热线、手机 APP 等及时向案件当事人推送，实现执行案件办理过程全公开、节点全告知、程序全对接、文书全上网，保障当事人和社会公众的知情权、参与权和监督权，让执行权在阳光下运行。广泛开展"正在执行"全媒体直播等活动，凝聚全社会了解执行、理解执行、支持执行的共识。有效解决暗箱操作、权力寻租顽疾。

**三、强化执行流程关键节点管理**

12. 全面升级执行案件流程管理系统。实现四级法院对执行程序关键节点可视化监管。全面推行全案电子卷宗随案生成、信息自动回填、文书自动生成、执行节点自动提醒、执行过程自动公开、执行风险自动预警、违规操作自动拦截等智能化功能，做到全节点可查询、全进程可预期、全流程可追溯。确保执行程序关键节点信息真实全面准确，确保线下执行与线上系统信息的一致性，彻底堵塞执行程序关键节点信息随意填报、随意改动的技术漏洞。

13. 依法及时查封财产。执行部门收到立案部门移送的案件材料后，必须在 5 个工作日内通过"总对总""点对点"网络查控系统对被执行人财产发起查询，查询范围应覆盖系统已开通查询功能的全部财产类型。经线上查询反馈被执行人名下有财产可供执行的，应当立即采取控制措施，无法线上采取控制措施的，应当在收到反馈结果后 3 个工作日内采取控制措施。申请执行人或者案外人提供财产线索明确、具体，情况紧急的，应在 24 小时内启动调查核实，经查属实的，应当立即采取控制措施。有效解决消极、拖延执行、选择性执行顽疾。

14. 同步录入财产信息。人民法院必须将全部已查控财产统一纳入节点管控范围，对于通过网络查控系统线上控制到的财产，财产信息同步自动录入执行案件流程管理系统；对于线下查控到的财产，执行人员应当及时将财产信息手动录入执行案件流程管理系统。财产查控信息应及时向当事人推送,彻底消除查控财产情况不公开不透明、规避监管和"体外循环"现象。

15. 严禁超标的查封、乱查封。强制执行被执行人的财产,以其价值足以清偿生效法律文书确定的债权额为限,坚决杜绝明显超标的查封。冻结被执行人银行账户内存款,应当明确具体冻结数额,不得影响冻结之外资金的流转和账户的使用。需要查封的不动产整体价值明显超出债权额的,应当对该不动产相应价值部分采取查封措施;相关部门以不动产登记在同一权利证书下为由提出不能办理分割查封的,人民法院在对不动产进行整体查封后,经被执行人申请,应当及时协调相关部门办理分割登记并解除对超标的部分的查封。有多种财产的,选择对当事人生产生活影响较小且方便执行的财产查封。

人民法院采取诉讼保全措施,案外人对保全裁定或者保全裁定实施过程中的执行行为不服,基于对标的物享有实体权利提出异议的,人民法院应当依照民事诉讼法第二百二十七条规定处理,切实将案外人权利救济前移。

一方当事人以超标的查封为由提出执行异议,争议较大的,人民法院可以根据当事人申请进行评估,评估期间不停止查封。

16. 合理确定财产处置参考价。财产处置参考价应当通过全国法院询价评估系统确定。人民法院查封、扣押、冻结财产后,对需要拍卖、变卖的财产,应当在 30 日内启动确定财产处置参考价程序,参考价确定后 10 日内启动财产变价程序。

双方当事人议价一致的,优先采取议价方式确定财产处置参考价,当事人议价不成的,可以网络询价或者定向询价。无法采取上述方式确定参考价的,应当委托评估机构进行评估。

17. 探索建立被执行人自行处置机制。对不动产等标的额较大或者情况复杂的财产,被执行人认为委托评估确定的参考价过低、申请自行处置的,在可控制其拍卖款的情况下,人民法院可以允许其通过网络平台自行公开拍卖;有确定的交易对象,在征得申请执行人同意或者能够满足执行债权额度的情况下,人民法院可以允许其直接交易。自行处置期限由人民法院根据财产实际情况、市场行情等因素确定,但最长不得超过 90 日。

18. 坚持网络拍卖优先原则。人民法院以拍卖方式处置财产的,应当采取网络司法拍卖方式,但法律、行政法规和司法解释规定必须通过其他途径处置,或者不宜采用网络司法拍卖方式处置的除外。

各级人民法院不得在最高人民法院司法拍卖网络服务提供者名单库中进一步限定网络司法拍卖平台,不得干预、替代申请执行人进行选择。

拍卖财产为不动产且被执行人或者他人无权占用的,人民法院应当依法负责腾退,不得在公示信息中载明"不负责腾退交付"等信息。

严格贯彻落实《最高人民法院关于加强对司法拍卖辅助工作管理的通知》,由高级人民法院制定拍卖辅助机构管理办法,建立名单库并规范委托拍卖辅助机构开展拍卖辅助工作。

19. 完善"一案一账号"工作机制和信息化系统。各级人民法院要做到"一案一账号"系统与执行案件流程管理系统对接,全面实现执行案款管理的全流程化和信息化。

历史性执行案件往来款必须于 2021 年 12 月 30 日前全部甄别完毕,在此之后不得出现无法与执行案件对应的不明款。彻底解决款项混同、边清边积顽疾。

20. 完善"一案一账号"工作制度。执行立案时,必须向申请执行人确认接受案款方式和具体账户,以便案款发放准确及时。执行通知书、风险告知书等相关法律文书中必须载明:案件对应的具体账户;被执行人有权拒绝向文书指定账户以外的账户付款;如发现有执行人员指定其他案款交付途径的,可向 12368 举报。线下扣划时,严禁执行人员将案款扣划至文书指定账户以外的其他账户内。有效解决截留、挪用执行案款顽疾。

21. 推行设立案款专户专用。各级人民法院要协调财政部门为执行案款单独设立执行款专户,形成专户专用,对执行款建立专项管理、独立核算、专款专付的长效机制。

22. 及时发放执行案款。具备发放条件的,执行部门应当在执行案款到账后 10 个工作日内向财务部门发出支付案款通知,财务部门在接到通知后 5 个工作日内向申请执行人发放案款。部分案款有争议的,应当先将无争议部分及时发放。有效解决执行案款发放不及时问题。

执行案款发放要严格履行审批程序,层层把关,做到手续完备、线下和线上手续相互印证。对于有法定事由延缓发放或者提存的,应当在法定期限内提出申请,严格履行报批手续。

23. 严格规范失信惩戒及限制消费措施。严格区分和把握采取纳入失信名单及限制消费措施的适用条件,符合失信情形的，纳入失信名单同时限制消费，仅符合限制消费情形的，不得纳入失信名单。

被执行人履行完毕的，人民法院必须在3个工作日内解除限制消费令，因情况紧急当事人申请立即解除的，人民法院应当立即解除限制消费令；在限制消费期间，被执行人提供有效担保或者经申请执行人同意的，人民法院应当在3个工作日内解除限制消费令。被执行人的法定代表人发生变更的，应当依当事人申请及时解除对原法定代表人的限制消费令。

纳入失信名单必须严格遵守法律规定并制作决定书送达当事人。当事人对将其纳入失信名单提出纠正申请的，人民法院应及时审查，及时纠正，不得拖延。案件执行完毕的，人民法院应当及时屏蔽失信信息并向征信部门推送，完善失信被执行人信用修复机制。

探索施行宽限期制度。人民法院可以根据案件具体情况，设置一定宽限期，在宽限期内暂不执行限制消费令和纳入失信名单，通过宽限期给被执行人以警示，促使其主动履行。

24. 严格把握规范终结本次执行程序的程序标准和实质标准。严禁对有财产可供执行的案件以终结本次执行方式结案，严禁因追求结案率而弄虚作假、虚假终本，损害申请执行人的合法权益。

依法穷尽必要的合理的财产调查措施。必须使用"总对总""点对点"网络查控系统全面核查财产情况；当事人提供财产线索的，应当及时核查，有财产的立即采取控制措施；有初步线索和证据证明被执行人存在规避执行、逃避执行嫌疑的，人民法院应当根据申请执行人申请采取委托专项审计、搜查等措施，符合条件的，应当采取罚款、司法拘留或者追究拒执罪等措施。

执行中已查控到财产的，人民法院应当依法及时推进变价处置程序，不得滥用《最高人民法院关于严格规范终结本次执行程序的规定（试行）》第四条关于"发现的财产不能处置"的规定，不得以申请执行人未申请拍卖为由不进行处置而终结本次执行程序；不得对轮候查封但享有优先权的财产未经法定程序商请首封法院移送处置权而终结本次执行程序。

人民法院终结本次执行程序应当制作执行裁定书并送达当事人。申请执行人对终结本次执行程序有异议的，人民法院应及时受理。严禁诱导胁迫申请执行人同意终结本次执行程序或者撤回执行申请。

**四、加强层级指挥协调管理**

25. 以信息化为依托，健全"统一管理、统一指挥、统一协调"的执行工作机制。结合人民法院的职能定位，明确各层级监管职责，压实各层级监管责任，依托案件流程管理系统实现各层级法院对关键流程节点齐抓共管，构建"层级分明、责任清晰、齐抓共管"的执行案件监督管理体系。

26. 把执行工作重心下移到中级、基层人民法院，就地化解矛盾、解决纠纷。强化中级人民法院对辖区法院执行工作"统一管理、统一指挥、统一协调"枢纽作用。中级人民法院对基层人民法院执行工作全方位管理、指挥、协调，调配力量、调配案件并进行监督考核；对辖区内跨区域执行案件、一个被执行人涉及多起关联案件、疑难复杂案件等统筹调配执行力量，集中执行、交叉执行、联动执行。

探索建立"区（县）人民法院执行机构接受本级人民法院和中级人民法院执行机构双重领导，在执行业务上以上级执行机构领导为主"的管理体制，使"三统一"管理机制落到实处。

27. 依法及时协调执行争议案件。两个或者两个以上人民法院发生执行争议的，应及时协商解决，协商不成的，应逐级报共同上级人民法院协调解决。上级人民法院应当在1个月内解决争议，提出协调方案，下级人民法院对下达的协调意见必须在15个工作日内有效落实，无正当理由不得拖延。人民法院与检察机关、公安机关及税务、海关、土地、金融、市场管理等执法机关因执行发生争议的，要依法及时协商解决，协商不成的，及时书面报送同级党委政法委或者依法治省（市、区〔县〕）委员会协调，需要报上级人民法院协调有关部门的，应当在5个工作日内报请上级人民法院协调解决。上级人民法院应当在10个工作日内启动与其他部门的协调程序，切实有效解决因部门之间长期不能达成一致意见，久拖不决，损害人民群众合法权益问题。

实行执行案件委托向执行事项委托的彻底转变，强化全国执行一盘棋的理念，健全以执行事项委托为主的全国统一协作执行工作机制。依托执行指挥管理平台，畅通异地事项委托的运行渠道，切实提高事项委托办理效率，降低异地执行成本。

28. 纠正错误执行，防止消极执行。上级人民法院发现下级人民法院错误的执行裁定以及违法、失当、失范执行行为的，应函告下级人民法院自行纠正，或者直接下达裁定、决定予以纠正；对存在消极执行或者疑难重大复杂的案件，上级人民法院应充分运用民事诉讼法第二百二十六条规定，及时督促执行、提级执行或者指令其他法院执行；指令其他法院执行必须坚持有利于及时公正执行标准，严禁以"指令其他法院执行"之名，行消极执行、拖延执行之实。

29. 改革执行监督案件审查程序。当事人、利害关系人对高级人民法院依照民事诉讼法第二百二十五条作出的发生法律效力的复议裁定，认为有错误的，参照《最高人民法院关于完善四级法院审级职能定位改革试点的实施办法》第十一条至第十五条规定办理。

30. 充分发挥执行信访发现执行工作突出问题、解决人民群众"急难愁盼"的工作窗口作用。切实完善四级法院"统一办理机制、统一化解标准、统一解决程序"工作机制，确保接访即办，有错必纠，件件有录入，事事有回应。人民法院收到信访材料后5个工作日内必须录入执行信访办理系统，30个工作日内办结，并将办理结果及时反馈当事人。

31. 切实加强"一案双查"工作。各级人民法院要坚持执行工作"一案双查"制度，加强督察部门与执行部门的协作配合，严格落实《最高人民法院关于对执行工作实行"一案双查"的规定》，将检查案件执行情况与检查执行干警纪律作风情况同步进行，充分发挥"一案双查"的威慑、警示作用。要通过线索受理、涉执信访、日常舆情等途径，探索拓展"一案双查"覆盖领域。督察部门对当事人反映执行行为存在规范性合法性问题，情节较为严重的，应及时转执行部门核查处理。执行部门发现执行人员存在违纪违法问题的，应及时与督察部门会商并依程序移送处理。

32. 健全完善"一案双查"工作机制。各级人民法院要进一步完善督察部门与执行部门的联席会议和会商机制，适时召开联席会议，定期研究会商具体案件。健全完善依法履职保护机制，既要严肃整治消极执行、选择性执行、违法执行、弄虚作假、监管失职、不落实上级人民法院工作部署及意见等行为，确保依法规范公正廉洁执行，及时堵塞执行廉政风险漏洞，又要注重充分保护执行干警正当权益，防范和减少办案风险。

33. 充分发挥巡查督察作用。上级人民法院要加大对下级人民法院监督指导的力度，将执行领域存在的突出问题纳入司法巡查工作范围，适时组织开展执行专项巡查。充分发挥审务督察利剑作用，精准发现执行工作存在的司法作风、执行不规范等问题。对司法巡查、审务督察工作中发现的问题，要明确整改措施、整改期限，逐案整改、逐一销号，切实扭转执行领域违纪违法问题高发态势。

**五、主动接受外部监督**

34. 主动接受纪检监察专责监督。执行工作中发现的违纪违法线索，应当及时向纪检监察部门移送。纪检监察部门因办案需要，查看调取执行信息系统相关信息，人民法院应当主动积极配合。

35. 主动接受人大监督和民主监督。拓展主动接受人大、政协监督渠道。依法接受和配合人大常委会开展执法检查、专题调研、专题询问，积极争取人大、政协对执行工作的支持。各级人民法院要向人大常委会专题报告执行工作，听取意见建议，及时改进工作。对社会影响较大、群众关注度高的重大案件，邀请人大代表、政协委员参与听证、见证执行。

提升建议、提案办理及相关工作的办理质效。各级人民法院要健全人大代表建议、政协委员提案办理工作机制，加强对建议、提案反映问题的深入调查研究，及时沟通意见，形成有针对性、切实可行的答复意见，切实转化为工作成果有效落实。

36. 主动接受检察机关法律监督。切实落实《中共中央关于加强新时代检察机关法律监督工作的意见》，建立健全"全国执行与法律监督信息化工作平台"，推动建立法检信息共享，畅通监督渠道，与检察机关共同完善执行检察监督机制，使执行检察监督规范化、常态化、机制化。

对重大敏感复杂、群体性及人民群众反映强烈的执行案件，人民法院应主动邀请检察机关监督，必要时可邀请检察机关到现场监督执行活动。

37. 主动接受社会舆论监督。对媒体曝光反映的执行问题，及时核查、及时纠正、及时回应社会关切。

**六、加强执行队伍建设**

38. 加强执行人员配备。克服"重审判、轻执行"的错误观念，强化执行工作力量配备，确保在编人员占比符合中央文件要求。根据四级法院审级职能定位进一步优化执行资源配置，完善落实"以案定编""以案定额"的人员编制、员额动态调整机制，根据执行案件任务量足额配备员额法官。严把执行队伍入口关，提高准入门槛，真正将政治强、业务精、作风好的干部充实到执行队伍。畅通执行队伍出口，及时将不适应执行工作发展需要的人员调离岗位，不断优化队伍结构，切实加强对人员配备和保障的监督核查。

39. 加强执行局领导班子建设。坚持德才兼备、以德为先用人标准，选优配强各级人民法院执行局领导班子。积极争取组织部门支持，及时配齐执行局局长，增强执行工作领导力量。落实下级人民法院执行局长向上级人民法院报告述职制度。下级人民法院执行部门的主要负责人不称职的，上级人民法院可以建议有关部门予以调整、调离或者免职。

40. 加强执行队伍专业化建设。加强专业培训，开展执行人员分批分类培训和实操考核，对全国法院执行人员全员轮训。建立分级培训和考核工作机制，明确和落实四级法院的培训职责、任务和要求。探索实行上下级法院执行人员双向挂职锻炼制度。

41. 进一步从严管理执行队伍。加强执行队伍党风廉政建设，持续正风肃纪，深入开展规范执行行为专项整治活动，引导执行干警树牢公正、善意、文明执行理念。坚决纠治执行工作中的形式主义、官僚主义以及消极执行、选择性执行、乱执行等行为，以零容忍态度惩治执行领域司法腐败，努力建设一支纪律严明、行为规范、作风优良的执行铁军。健全与执行权力运行体系相适应的廉政风险防控体系，强化"事前预警、事中监控、事后查究"的监督防线。

42. 建立常态化交流轮岗机制。完善执行队伍交流机制，强化权力运行监督制约，执行部门担任领导职务的人员和独立承办案件的执行人员，在同一职位任职满5年的必须交流，其他人员在同一职位工作满10年的必须交流。

43. 健全执行人员激励机制。对执行工作业绩突出的干警要及时提拔任用。完善抚恤优待政策，落实带薪休假、调休轮休、心理疏导等机制，严防执行干警厌烦心理和畏难情绪，不断提高执行干警的职业荣誉感、自豪感。

## 最高法关于印发《人民法院办理执行案件"十个必须"》的通知

· 2021年11月11日
· 法办发〔2021〕7号

各省、自治区、直辖市高级人民法院，解放军军事法院，新疆维吾尔自治区高级人民法院生产建设兵团分院：

现将《人民法院办理执行案件"十个必须"》予以印发，请认真遵照执行。

### 人民法院办理执行案件"十个必须"

一、必须强化政治意识、宗旨意识，筑牢政治忠诚，践行执行为民，严禁"冷硬横推"、"吃拿卡要"、作风不正；

二、必须强化纪法意识，严守纪律规矩，严禁有令不行、有禁不止、弄权谋私、执行不廉；

三、必须严格遵守"三个规定"，严禁与当事人、律师不正当交往，违规干预过问案件；

四、必须高效公正执行，严禁消极执行、拖延执行、选择性执行；

五、必须规范文明执行，严禁违规评估、拍卖，超标的查封，乱执行；

六、必须严格把握无财产可供执行案件的结案标准，严禁未穷尽执行措施而以终结本次执行方式结案，应恢复执行而不及时恢复；

七、必须全面实行执行案款"一案一账号"管理模式，具备发放条件的十五个工作日内完成案款发放，严禁截留、挪用、超期发放；

八、必须接访即办，件件有录入、事事有回应，严禁敷衍塞责、程序空转、化解不到位；

九、必须深化执行公开，关键节点信息实时推送，严禁暗箱操作、权力寻租；

十、必须强化执行权监督制约，自觉接受各方监督，严禁恣意妄为、滥用职权。

## 最高人民法院印发《关于严格规范执行事项委托工作的管理办法（试行）》的通知

· 2017年9月8日
· 法发〔2017〕27号

各省、自治区、直辖市高级人民法院，解放军军事法院，新疆维吾尔自治区高级人民法院生产建设兵团分院：

现将最高人民法院《关于严格规范执行事项委托工作的管理办法（试行）》印发给你们，请认真贯彻执行。

### 关于严格规范执行事项委托工作的管理办法（试行）

为严格规范人民法院执行事项委托工作，加强各地法院之间的互助协作，发挥执行指挥中心的功能优势，节约人力物力，提高工作效率，结合人民法院执行工作实际，制定本办法。

**第一条** 人民法院在执行案件过程中遇有下列事项需赴异地办理的，可以委托相关异地法院代为办理。

（一）冻结、续冻、解冻、扣划银行存款、理财产品；

（二）公示冻结、续冻、解冻股权及其他投资权益；

（三）查封、续封、解封、过户不动产和需要登记的动产；

（四）调查被执行人财产情况；

（五）其他人民法院执行事项委托系统中列明的事项。

**第二条** 委托调查被执行人财产情况的，委托法院应当在委托函中明确具体调查内容、具体协助执行单位并附对应的协助执行通知书。调查内容应当为总对总查控系统尚不支持的财产类型及范围。

**第三条** 委托法院进行事项委托一律通过执行办案系统发起和办理，不再通过线下邮寄材料方式进行。受托法院收到线下邮寄材料的，联系委托法院线上补充提交事项委托后再予办理。

**第四条** 委托法院发起事项委托应当由承办人在办案系统事项委托模块中录入委托法院名称、受托法院名称、案号、委托事项、办理期限、承办人姓名、联系方式，并附相关法律文书。经审批后，该事项委托将推送至人民法院执行事项委托系统，委托法院执行指挥中心核查文书并加盖电子签章后推送给受托法院。

**第五条** 受托法院一般应当为委托事项办理地点的基层人民法院，委托同级人民法院更有利于事项委托办理的除外。

**第六条** 办理期限应当根据具体事项进行合理估算，一般不少于十天，不超过二十天。需要紧急办理的，推送事项委托后，通过执行指挥中心联系受托法院，受托法院应当于24小时内办理完毕。

**第七条** 相关法律文书应当包括执行裁定书、协助执行通知书、委托执行函、送达回证（或回执），并附执行公务证件扫描件。委托扣划或冻结款项的，应当提供执行依据扫描件并加盖委托法院电子签章。

**第八条** 受托法院通过人民法院执行事项委托系统收到事项委托后，应当尽快核实材料并签收办理。

**第九条** 委托办理的事项超出本办法第一条所列范围且受托法院无法办理的，受托法院与委托法院沟通后可予以退回。

**第十条** 委托法院提供的法律文书不符合要求或缺少必要文书，受托法院无法办理的，应及时与委托法院沟通告知应当补充的材料。未经沟通，受托法院不得直接退回该委托。委托法院应于三日内通过系统补充材料，补充材料后仍无法办理的，受托法院可说明原因后退回。

**第十一条** 受托法院应当及时签收并办理事项委托，完成后及时将办理情况及送达回证、回执或其他材料通过系统反馈委托法院，委托法院应当及时确认办结。

**第十二条** 执行事项委托不作为委托执行案件立案办理，事项委托由受托法院根据本地的实际按一定比例折合为执行实施案件计入执行人员工作量并纳入考核范围。

**第十三条** 委托法院可在人民法院执行事项委托系统中对已经办结的事项委托进行评价，或向受托法院的上级法院进行投诉并说明具体投诉原因，被投诉的受托法院可通过事项委托系统说明情况。评价、投诉信息将作为考核事项委托工作的一项指标。

**第十四条** 各高级、中级人民法院应当认真履行督促职责，通过执行指挥管理平台就辖区法院未及时签收并办理、未及时确认办结情况进行督办。最高人民法院、高级人民法院定期对辖区法院事项委托办理情况进行统计、通报。

## 最高人民法院印发《关于执行款物管理工作的规定》的通知

· 2017年2月27日
· 法发〔2017〕6号

各省、自治区、直辖市高级人民法院，解放军军事法院，新疆维吾尔自治区高级人民法院生产建设兵团分院：

为规范人民法院对执行款物的管理工作，维护当事人的合法权益，最高人民法院对2006年5月18日发布施行的《关于执行款物管理工作的规定（试行）》（法发〔2006〕11号）进行了修订。现将修订后的《最高人民法院关于执行款物管理工作的规定》予以印发，请遵照执行。

### 最高人民法院关于执行款物管理工作的规定

为规范人民法院对执行款物的管理工作，维护当事人的合法权益，根据《中华人民共和国民事诉讼法》及有关司法解释，参照有关财务管理规定，结合执行工作实际，制定本规定。

**第一条** 本规定所称执行款物，是指执行程序中依法应当由人民法院经管的财物。

**第二条** 执行款物的管理实行执行机构与有关管理部门分工负责、相互配合、相互监督的原则。

**第三条** 财务部门应当对执行款的收付进行逐案登记，并建立明细账。

对于由人民法院保管的查封、扣押物品，应当指定专人或部门负责，逐案登记，妥善保管，任何人不得擅自使用。

执行机构应当指定专人对执行款物的收发情况进行管理,设立台账、逐案登记,并与执行款物管理部门对执行款物的收发情况每月进行核对。

**第四条** 人民法院应当开设执行款专户或在案款专户中设置执行款科目,对执行款实行专项管理、独立核算、专款专付。

人民法院应当采取一案一账号的方式,对执行款进行归集管理,案号、款项、被执行人或交款人应当一一对应。

**第五条** 执行人员应当在执行通知书或有关法律文书中告知人民法院执行款专户或案款专户的开户银行名称、账号、户名,以及交款时应当注明执行案件案号、被执行人姓名或名称、交款人姓名或名称、交款用途等信息。

**第六条** 被执行人可以将执行款直接支付给申请执行人;人民法院也可以将执行款从被执行人账户直接划至申请执行人账户。但有争议或需再分配的执行款,以及人民法院认为确有必要的,应当将执行款划至执行款专户或案款专户。

人民法院通过网络执行查控系统扣划的执行款,应当划至执行款专户或案款专户。

**第七条** 交款人直接到人民法院交付执行款的,执行人员可以会同交款人或由交款人直接到财务部门办理相关手续。

交付现金的,财务部门应当即时向交款人出具收款凭证;交付票据的,财务部门应当即时向交款人出具收取凭证,在款项到账后三日内通知执行人员领取收款凭据。

收到财务部门的收款凭据后,执行人员应当及时通知被执行人或交款人在指定期限内用收取凭证更换收款凭据。被执行人或交款人未在指定期限内办理更换手续或明确拒绝更换的,执行人员应当书面说明情况,连同收款凭据一并附卷。

**第八条** 交款人采用转账汇款方式交付和人民法院采用扣划方式收取执行款的,财务部门应当在款项到账后三日内通知执行人员领取收款凭据。

收到财务部门的收款凭据后,执行人员应当参照本规定第七条第三款规定办理。

**第九条** 执行人员原则上不直接收取现金和票据;确有必要直接收取的,应当不少于两名执行人员在场,即时向交款人出具收取凭证,同时制作收款笔录,由交款人和在场人员签名。

执行人员直接收取现金或者票据的,应当在回院后当日将现金或票据移交财务部门;当日移交确有困难的,应当在回院后一日内移交并说明原因。财务部门应当按照本规定第七条第二款规定办理。

收到财务部门的收款凭据后,执行人员应当按照本规定第七条第三款规定办理。

**第十条** 执行人员应当在收到财务部门执行款到账通知之日起三十日内,完成执行款的核算、执行费用的结算、通知申请执行人领取和执行款发放等工作。

有下列情形之一的,报经执行局局长或主管院领导批准后,可以延缓发放:

(一)需要进行案款分配的;

(二)申请执行人因另案诉讼、执行或涉嫌犯罪等原因导致执行款被保全或冻结的;

(三)申请执行人经通知未领取的;

(四)案件被依法中止或者暂缓执行的;

(五)有其他正当理由需要延缓发放执行款的。

上述情形消失后,执行人员应当在十日内完成执行款的发放。

**第十一条** 人民法院发放执行款,一般应当采取转账方式。

执行款应当发放给申请执行人,确需发放给申请执行人以外的单位或个人的,应当组成合议庭进行审查,但依法应当退还给交款人的除外。

**第十二条** 发放执行款时,执行人员应当填写执行款发放审批表。执行款发放审批表中应当注明执行案件案号、当事人姓名或名称、交款人姓名或名称、交款金额、交款时间、交款方式、收款人姓名或名称、收款人账号、发款金额和方式等情况。报经执行局局长或主管院领导批准后,交由财务部门办理支付手续。

委托他人代为办理领取执行款手续的,应当附特别授权委托书、委托代理人的身份证复印件。委托代理人是律师的,应当附所在律师事务所出具的公函及律师执照复印件。

**第十三条** 申请执行人要求或同意人民法院采取转账方式发放执行款的,执行人员应当持执行款发放审批表及申请执行人出具的本人或本单位接收执行款的账户信息的书面证明,交财务部门办理转账手续。

申请执行人或委托代理人直接到人民法院办理领取执行款手续的,执行人员应当在查验领款人身份证件、授权委托手续后,持执行款发放审批表,会同领款人到财务部门办理支付手续。

**第十四条** 财务部门在办理执行款支付手续时,除应当查验执行款发放审批表,还应当按照有关财务管理规定进行审核。

**第十五条** 发放执行款时，收款人应当出具合法有效的收款凭证。财务部门另有规定的，依照其规定。

**第十六条** 有下列情形之一，不能在规定期限内发放执行款的，人民法院可以将执行款提存：

（一）申请执行人无正当理由拒绝领取的；

（二）申请执行人下落不明的；

（三）申请执行人死亡未确定继承人或者丧失民事行为能力未确定监护人的；

（四）按照申请执行人提供的联系方式无法通知其领取的；

（五）其他不能发放的情形。

**第十七条** 需要提存执行款的，执行人员应当填写执行款提存审批表并附具有提存情形的证明材料。执行款提存审批表中应注明执行案件案号、当事人姓名或名称、交款人姓名或名称、交款金额、交款时间、交款方式、收款人姓名或名称、提存金额、提存原因等情况。报经执行局局长或主管院领导批准后，办理提存手续。

提存费用应当由申请执行人负担，可以从执行款中扣除。

**第十八条** 被执行人将执行依据确定交付、返还的物品（包括票据、证照等）直接交付给申请执行人的，被执行人应当向人民法院出具物品接收证明；没有物品接收证明的，执行人员应当将履行情况记入笔录，经双方当事人签字后附卷。

被执行人将物品交由人民法院转交给申请执行人或由人民法院主持双方当事人进行交接的，执行人员应当将交付情况记入笔录，经双方当事人签字后附卷。

**第十九条** 查封、扣押至人民法院或被执行人、担保人等直接向人民法院交付的物品，执行人员应当立即通知保管部门对物品进行清点、登记，有价证券、金银珠宝、古董等贵重物品应当封存，并办理交接。保管部门接收物品后，应当出具收取凭证。

对于在异地查封、扣押，且不便运输或容易毁损的物品，人民法院可以委托物品所在地人民法院代为保管，代为保管的人民法院应当按照前款规定办理。

**第二十条** 人民法院应当确定专门场所存放本规定第十九条规定的物品。

**第二十一条** 对季节性商品、鲜活、易腐烂变质以及其他不宜长期保存的物品，人民法院可以责令当事人及时处理，将价款交付人民法院；必要时，执行人员可予以变卖，并将价款依照本规定要求交财务部门。

**第二十二条** 人民法院查封、扣押或被执行人交付，且属于执行依据确定交付、返还的物品，执行人员应当自查封、扣押或被执行人交付之日起三十日内，完成执行费用的结算、通知申请执行人领取和发放物品等工作。不属于执行依据确定交付、返还的物品，符合处置条件的，执行人员应当依法启动财产处置程序。

**第二十三条** 人民法院解除对物品的查封、扣押措施的，除指定由被执行人保管的外，应当自解除查封、扣押措施之日起十日内将物品发还给所有人或交付人。

物品在人民法院查封、扣押期间，因自然损耗、折旧所造成的损失，由物品所有人或交付人自行负担，但法律另有规定的除外。

**第二十四条** 符合本规定第十六条规定情形之一的，人民法院可以对物品进行提存。

物品不适于提存或者提存费用过高的，人民法院可以提存拍卖或者变卖该物品所得价款。

**第二十五条** 物品的发放、延缓发放、提存等，除本规定有明确规定外，参照执行款的有关规定办理。

**第二十六条** 执行款物的收发凭证、相关证明材料，应当附卷归档。

**第二十七条** 案件承办人调离执行机构，在移交案件时，必须同时移交执行款物收发凭证及相关材料。执行款物收发情况复杂的，可以在交接时进行审计。执行款物交接不清的，不得办理调离手续。

**第二十八条** 各高级人民法院在实施本规定过程中，结合行政事业单位内部控制建设的要求，以及执行工作实际，可制定具体实施办法。

**第二十九条** 本规定自2017年5月1日起施行。2006年5月18日施行的《最高人民法院关于执行款物管理工作的规定（试行）》（法发〔2006〕11号）同时废止。

## 最高人民法院印发《关于执行案件移送破产审查若干问题的指导意见》的通知

· 2017年1月20日

· 法发〔2017〕2号

各省、自治区、直辖市高级人民法院，解放军军事法院，新疆维吾尔自治区高级人民法院生产建设兵团分院：

现将《最高人民法院关于执行案件移送破产审查若干问题的指导意见》印发给你们，请认真遵照执行。

# 最高人民法院关于执行案件移送破产审查若干问题的指导意见

推进执行案件移送破产审查工作，有利于健全市场主体救治和退出机制，有利于完善司法工作机制，有利于化解执行积案，是人民法院贯彻中央供给侧结构性改革部署的重要举措，是当前和今后一段时期人民法院服务经济社会发展大局的重要任务。为促进和规范执行案件移送破产审查工作，保障执行程序与破产程序的有序衔接，根据《中华人民共和国企业破产法》《中华人民共和国民事诉讼法》《最高人民法院关于适用〈中华人民共和国民事诉讼法〉的解释》等规定，现对执行案件移送破产审查的若干问题提出以下意见。

**一、执行案件移送破产审查的工作原则、条件与管辖**

1. 执行案件移送破产审查工作，涉及执行程序与破产程序之间的转换衔接，不同法院之间、同一法院内部执行部门、立案部门、破产审判部门之间，应坚持依法有序、协调配合、高效便捷的工作原则，防止推诿扯皮，影响司法效率，损害当事人合法权益。

2. 执行案件移送破产审查，应同时符合下列条件：
（1）被执行人为企业法人；
（2）被执行人或者有关被执行人的任何一个执行案件的申请执行人书面同意将执行案件移送破产审查；
（3）被执行人不能清偿到期债务，并且资产不足以清偿全部债务或者明显缺乏清偿能力。

3. 执行案件移送破产审查，由被执行人住所地人民法院管辖。在级别管辖上，为适应破产审判专业化建设的要求，合理分配审判任务，实行以中级人民法院管辖为原则、基层人民法院管辖为例外的管辖制度。中级人民法院经高级人民法院批准，也可以将案件交由具备审理条件的基层人民法院审理。

**二、执行法院的征询、决定程序**

4. 执行法院在执行程序中应加强对执行案件移送破产审查有关事宜的告知和征询工作。执行法院采取财产调查措施后，发现作为被执行人的企业法人符合破产法第二条规定的，应当及时询问申请执行人、被执行人是否同意将案件移送破产审查。申请执行人、被执行人均不同意移送且无人申请破产的，执行法院应当按照《最高人民法院关于适用〈中华人民共和国民事诉讼法〉的解释》第五百一十六条的规定处理，企业法人的其他已经取得执行依据的债权人申请参与分配的，人民法院不予支持。

5. 执行部门应严格遵守执行案件移送破产审查的内部决定程序。承办人认为执行案件符合移送破产审查条件的，应提出审查意见，经合议庭评议同意后，由执行法院院长签署移送决定。

6. 为减少异地法院之间移送的随意性，基层人民法院拟将执行案件移送异地中级人民法院进行破产审查的，在作出移送决定前，应先报请其所在地中级人民法院执行部门审核同意。

7. 执行法院作出移送决定后，应当于五日内送达申请执行人和被执行人。申请执行人或被执行人对决定有异议的，可以在受移送法院破产审查期间提出，由受移送法院一并处理。

8. 执行法院作出移送决定后，应当书面通知所有已知执行法院，执行法院均应中止对被执行人的执行程序。但是，对被执行人的季节性商品、鲜活、易腐烂变质以及其他不宜长期保存的物品，执行法院应当及时变价处置，处置的价款不作分配。受移送法院裁定受理破产案件的，执行法院应当在收到裁定书之日起七日内，将该价款移交受理破产案件的法院。

案件符合终结本次执行程序条件的，执行法院可以同时裁定终结本次执行程序。

9. 确保对被执行人财产的查封、扣押、冻结措施的连续性。执行法院决定移送后、受移送法院裁定受理破产案件之前，对被执行人的查封、扣押、冻结措施不解除。查封、扣押、冻结期限在破产审查期间届满的，申请执行人可以向执行法院申请延长期限，由执行法院负责办理。

**三、移送材料及受移送法院的接收义务**

10. 执行法院作出移送决定后，应当向受移送法院移送下列材料：
（1）执行案件移送破产审查决定书；
（2）申请执行人或被执行人同意移送的书面材料；
（3）执行法院采取财产调查措施查明的被执行人的财产状况、已查封、扣押、冻结财产清单及相关材料；
（4）执行法院已分配财产清单及相关材料；
（5）被执行人债务清单；
（6）其他应当移送的材料。

11. 移送的材料不完备或内容错误，影响受移送法院认定破产原因是否具备的，受移送法院可以要求执行法院补齐、补正，执行法院应于十日内补齐、补正。该期间不计入受移送法院破产审查的期间。

受移送法院需要查阅执行程序中的其他案件材料，或者依法委托执行法院办理财产处置等事项的，执行法院应予协助配合。

12. 执行法院移送破产审查的材料,由受移送法院立案部门负责接收。受移送法院不得以材料不完备等为由拒绝接收。立案部门经审核认为移送材料完备的,应以"破申"作为案件类型代字编制案号登记立案,并及时将案件移送破产审判部门进行破产审查。破产审判部门在审查过程中发现本院对案件不具有管辖权的,应当按照《中华人民共和国民事诉讼法》第三十六条的规定处理。

### 四、受移送法院破产审查与受理

13. 受移送法院的破产审判部门应当自收到移送的材料之日起三十日内作出是否受理的裁定。受移送法院作出裁定后,应当在五日内送达申请执行人、被执行人,并送交执行法院。

14. 申请执行人申请或同意移送破产审查的,裁定书中以该申请执行人为申请人,被执行人为被申请人;被执行人申请或同意移送破产审查的,裁定书中以该被执行人为申请人;申请执行人、被执行人均同意移送破产审查的,双方均为申请人。

15. 受移送法院裁定受理破产案件的,在此前的执行程序中产生的评估费、公告费、保管费等执行费用,可以参照破产费用的规定,从债务人财产中随时清偿。

16. 执行法院收到受移送法院受理裁定后,应当于七日内将已经扣到到账的银行存款、实际扣押的动产、有价证券等被执行人财产移交给受理破产案件的法院或管理人。

17. 执行法院收到受移送法院受理裁定时,已通过拍卖程序处置且成交裁定已送达买受人的拍卖财产,通过以物抵债偿还债务且抵债裁定已送达债权人的抵债财产,已完成转账、汇款、现金交付的执行款,因财产所有权已经发生变动,不属于被执行人的财产,不再移交。

### 五、受移送法院不予受理或驳回申请的处理

18. 受移送法院做出不予受理或驳回申请裁定的,应当在裁定生效后七日内将接收的材料、被执行人的财产退回执行法院,执行法院应当恢复对被执行人的执行。

19. 受移送法院作出不予受理或驳回申请的裁定后,人民法院不得重复启动执行案件移送破产审查程序。申请执行人或被执行人以有新证据足以证明被执行人已经具备了破产原因为由,再次要求将执行案件移送破产审查的,人民法院不予支持。但是,申请执行人或被执行人可以直接向具有管辖权的法院提出破产申请。

20. 受移送法院裁定宣告被执行人破产或裁定终止和解程序、重整程序的,应当自裁定作出之日起五日内送交执行法院,执行法院应当裁定终结对被执行人的执行。

### 六、执行案件移送破产审查的监督

21. 受移送法院拒绝接收移送的材料,或者收到移送的材料后不按规定的期限作出是否受理裁定的,执行法院可函请受移送法院的上一级法院进行监督。上一级法院收到函件后应当指令受移送法院在十日内接收材料或作出是否受理的裁定。

受移送法院收到上级法院的通知后,十日内仍不接收材料或不作出是否受理裁定的,上一级法院可以径行对移送破产审查的案件行使管辖权。上一级法院裁定受理破产案件的,可以指令受移送法院审理。

## 最高人民法院、最高人民检察院印发《关于民事执行活动法律监督若干问题的规定》的通知

- 2016 年 11 月 2 日
- 法发〔2016〕30 号

各省、自治区、直辖市高级人民法院、人民检察院,军事法院、军事检察院,新疆维吾尔自治区高级人民法院生产建设兵团分院、新疆生产建设兵团人民检察院:

为促进人民法院依法执行,规范人民检察院民事执行法律监督活动,根据《中华人民共和国民事诉讼法》和其他有关法律规定,最高人民法院、最高人民检察院联合制定了《关于民事执行活动法律监督若干问题的规定》。现予印发,请认真贯彻执行。对执行中遇到的问题,请分别及时报告最高人民法院执行局和最高人民检察院民事行政检察厅。

## 最高人民法院、最高人民检察院关于民事执行活动法律监督若干问题的规定

为促进人民法院依法执行,规范人民检察院民事执行法律监督活动,根据《中华人民共和国民事诉讼法》和其他有关法律规定,结合人民法院民事执行和人民检察院民事执行法律监督工作实际,制定本规定。

**第一条** 人民检察院依法对民事执行活动实施法律监督。人民法院依法接受人民检察院的法律监督。

**第二条** 人民检察院办理民事执行监督案件,应当以事实为依据,以法律为准绳,坚持公开、公平、公正和诚实信用原则,尊重和保障当事人的诉讼权利,监督和支持人民法院依法行使执行权。

**第三条** 人民检察院对人民法院执行生效民事判决、裁定、调解书、支付令、仲裁裁决以及公证债权文书等

法律文书的活动实施法律监督。

**第四条** 对民事执行活动的监督案件,由执行法院所在地同级人民检察院管辖。

上级人民检察院认为确有必要的,可以办理下级人民检察院管辖的民事执行监督案件。下级人民检察院对有管辖权的民事执行监督案件,认为需要上级人民检察院办理的,可以报请上级人民检察院办理。

**第五条** 当事人、利害关系人、案外人认为人民法院的民事执行活动存在违法情形向人民检察院申请监督,应当提交监督申请书、身份证明、相关法律文书及证据材料。提交证据材料的,应当附证据清单。

申请监督材料不齐备的,人民检察院应当要求申请人限期补齐,并明确告知应补齐的全部材料。申请人逾期未补齐的,视为撤回监督申请。

**第六条** 当事人、利害关系人、案外人认为民事执行活动存在违法情形,向人民检察院申请监督,法律规定可以提出异议、复议或者提起诉讼,当事人、利害关系人、案外人没有提出异议、申请复议或者提起诉讼的,人民检察院不予受理,但有正当理由的除外。

当事人、利害关系人、案外人已经向人民法院提出执行异议或者申请复议,人民法院审查异议、复议期间,当事人、利害关系人、案外人又向人民检察院申请监督的,人民检察院不予受理,但申请对人民法院的异议、复议程序进行监督的除外。

**第七条** 具有下列情形之一的民事执行案件,人民检察院应当依职权进行监督:

(一)损害国家利益或者社会公共利益的;

(二)执行人员在执行该案时有贪污受贿、徇私舞弊、枉法执行等违法行为,司法机关已经立案的;

(三)造成重大社会影响的;

(四)需要跟进监督的。

**第八条** 人民检察院因办理监督案件的需要,依照有关规定可以调阅人民法院的执行卷宗,人民法院应当予以配合。

通过拷贝电子卷、查阅、复制、摘录等方式能够满足办案需要的,不调阅卷宗。

人民检察院调阅人民法院卷宗,由人民法院办公室(厅)负责办理,并在五日内提供,因特殊情况不能按时提供的,应当向人民检察院说明理由,并在情况消除后及时提供。

人民法院正在办理或者已结案尚未归档的案件,人民检察院办理民事执行监督案件时可以直接到办理部门查阅、复制、拷贝、摘录案件材料,不调阅卷宗。

**第九条** 人民检察院因履行法律监督职责的需要,可以向当事人或者案外人调查核实有关情况。

**第十条** 人民检察院认为人民法院在民事执行活动中可能存在怠于履行职责情形的,可以向人民法院书面了解相关情况,人民法院应当说明案件的执行情况及理由,并在十五日内书面回复人民检察院。

**第十一条** 人民检察院向人民法院提出民事执行监督检察建议,应当经检察长批准或者检察委员会决定,制作检察建议书,在决定之日起十五日内将检察建议书连同案件卷宗移送同级人民法院。

检察建议书应当载明检察机关查明的事实、监督理由、依据以及建议内容等。

**第十二条** 人民检察院提出的民事执行监督检察建议,统一由同级人民法院立案受理。

**第十三条** 人民法院收到人民检察院的检察建议书后,应当在三个月内将审查处理情况以回复意见函的形式回复人民检察院,并附裁定、决定等相关法律文书。有特殊情况需要延长的,经本院院长批准,可以延长一个月。

回复意见函应当载明人民法院查明的事实、回复意见和理由并加盖院章。不采纳检察建议的,应当说明理由。

**第十四条** 人民法院收到检察建议后逾期未回复或者处理结果不当的,提出检察建议的人民检察院可以依职权提请上一级人民检察院向其同级人民法院提出检察建议。上一级人民检察院认为应当跟进监督的,应当向其同级人民法院提出检察建议。人民法院应当在三个月内提出审查处理意见并以回复意见函的形式回复人民检察院,认为人民检察院的意见正确的,应当监督下级人民法院及时纠正。

**第十五条** 当事人在人民检察院审查案件过程中达成和解协议且不违反法律规定的,人民检察院应当告知其将和解协议送交人民法院,由人民法院依照民事诉讼法第二百三十条的规定进行处理。

**第十六条** 当事人、利害关系人、案外人申请监督的案件,人民检察院认为人民法院民事执行活动不存在违法情形的,应当作出不支持监督申请的决定,在决定之日起十五日内制作不支持监督申请决定书,发送申请人,并做好释法说理工作。

人民检察院办理依职权监督的案件,认为人民法院民事执行活动不存在违法情形的,应当作出终结审查决定。

**第十七条** 人民法院认为检察监督行为违反法律规定的，可以向人民检察院提出书面建议。人民检察院应当在收到书面建议后三个月内作出处理并将处理情况书面回复人民法院；人民法院对于人民检察院的回复有异议的，可以通过上一级人民法院向上一级人民检察院提出。上一级人民检察院认为人民法院建议正确的，应当要求下级人民检察院及时纠正。

**第十八条** 有关国家机关不依法履行生效法律文书确定的执行义务或者协助执行义务的，人民检察院可以向相关国家机关提出检察建议。

**第十九条** 人民检察院民事检察部门在办案中发现被执行人涉嫌构成拒不执行判决、裁定罪且公安机关不予立案侦查的，应当移送侦查监督部门处理。

**第二十条** 人民法院、人民检察院应当建立完善沟通联系机制，密切配合，互相支持，促进民事执行法律监督工作依法有序稳妥开展。

**第二十一条** 人民检察院对人民法院行政执行活动实施法律监督，行政诉讼法及有关司法解释没有规定的，参照本规定执行。

**第二十二条** 本规定自 2017 年 1 月 1 日起施行。

## 最高人民法院关于严格规范
## 终结本次执行程序的规定（试行）

- 2016 年 10 月 29 日
- 法〔2016〕373 号

为严格规范终结本次执行程序，维护当事人的合法权益，根据《中华人民共和国民事诉讼法》及有关司法解释的规定，结合人民法院执行工作实际，制定本规定。

**第一条** 人民法院终结本次执行程序，应当同时符合下列条件：

（一）已向被执行人发出执行通知、责令被执行人报告财产；

（二）已向被执行人发出限制消费令，并将符合条件的被执行人纳入失信被执行人名单；

（三）已穷尽财产调查措施，未发现被执行人有可供执行的财产或者发现的财产不能处置；

（四）自执行案件立案之日起已超过三个月；

（五）被执行人下落不明的，已依法予以查找；被执行人或者其他人妨害执行的，已依法采取罚款、拘留等强制措施，构成犯罪的，已依法启动刑事责任追究程序。

**第二条** 本规定第一条第一项中的"责令被执行人报告财产"，是指应当完成下列事项：

（一）向被执行人发出报告财产令；

（二）对被执行人报告的财产情况予以核查；

（三）对逾期报告、拒绝报告或者虚假报告的被执行人或者相关人员，依法采取罚款、拘留等强制措施，构成犯罪的，依法启动刑事责任追究程序。

人民法院应当将财产报告、核实及处罚的情况记录入卷。

**第三条** 本规定第一条第三项中的"已穷尽财产调查措施"，是指应当完成下列调查事项：

（一）对申请执行人或者其他人提供的财产线索进行核查；

（二）通过网络执行查控系统对被执行人的存款、车辆及其他交通运输工具、不动产、有价证券等财产情况进行查询；

（三）无法通过网络执行查控系统查询本款第二项规定的财产情况的，在被执行人住所地或者可能隐匿、转移财产所在地进行必要调查；

（四）被执行人隐匿财产、会计账簿等资料且拒不交出的，依法采取搜查措施；

（五）经申请执行人申请，根据案件实际情况，依法采取审计调查、公告悬赏等调查措施；

（六）法律、司法解释规定的其他财产调查措施。

人民法院应当将财产调查情况记录入卷。

**第四条** 本规定第一条第三项中的"发现的财产不能处置"，包括下列情形：

（一）被执行人的财产经法定程序拍卖、变卖未成交，申请执行人不接受抵债或者依法不能交付其抵债，又不能对该财产采取强制管理等其他执行措施的；

（二）人民法院在登记机关查封的被执行人车辆、船舶等财产，未能实际扣押的。

**第五条** 终结本次执行程序前，人民法院应当将案件执行情况、采取的财产调查措施、被执行人的财产情况、终结本次执行程序的依据及法律后果等信息告知申请执行人，并听取其对终结本次执行程序的意见。

人民法院应当将申请执行人的意见记录入卷。

**第六条** 终结本次执行程序应当制作裁定书，载明下列内容：

（一）申请执行的债权情况；

（二）执行经过及采取的执行措施、强制措施；

（三）查明的被执行人财产情况；

（四）实现的债权情况；

（五）申请执行人享有要求被执行人继续履行债务及依法向人民法院申请恢复执行的权利，被执行人负有继续向申请执行人履行债务的义务。

终结本次执行程序裁定书送达申请执行人后，执行案件可以作结案处理。人民法院进行相关统计时，应当对以终结本次执行程序方式结案的案件与其他方式结案的案件予以区分。

终结本次执行程序裁定书应当依法在互联网上公开。

**第七条** 当事人、利害关系人认为终结本次执行程序违反法律规定的，可以提出执行异议。人民法院应当依照民事诉讼法第二百二十五条的规定进行审查。

**第八条** 终结本次执行程序后，被执行人应当继续履行生效法律文书确定的义务。被执行人自动履行完毕的，当事人应当及时告知执行法院。

**第九条** 终结本次执行程序后，申请执行人发现被执行人有可供执行财产的，可以向执行法院申请恢复执行。申请恢复执行不受申请执行时效期间的限制。执行法院核查属实的，应当恢复执行。

终结本次执行程序后的五年内，执行法院应当每六个月通过网络执行查控系统查询一次被执行人的财产，并将查询结果告知申请执行人。符合恢复执行条件的，执行法院应当及时恢复执行。

**第十条** 终结本次执行程序后，发现被执行人有可供执行财产，不立即采取执行措施可能导致财产被转移、隐匿、出卖或者毁损的，执行法院可以依申请执行人申请或依职权立即采取查封、扣押、冻结等控制性措施。

**第十一条** 案件符合终结本次执行程序条件，又符合移送破产审查相关规定的，执行法院应当在作出终结本次执行程序裁定的同时，将执行案件相关材料移送被执行人住所地人民法院进行破产审查。

**第十二条** 终结本次执行程序裁定书送达申请执行人以后，执行法院应当在七日内将相关案件信息录入最高人民法院建立的终结本次执行程序案件信息库，并通过该信息库统一向社会公布。

**第十三条** 终结本次执行程序案件信息库记载的信息应当包括下列内容：

（一）作为被执行人的法人或者其他组织的名称、住所地、组织机构代码及其法定代表人或者负责人的姓名，作为被执行人的自然人的姓名、性别、年龄、身份证件号码和住址；

（二）生效法律文书的制作单位和文号，执行案号、立案时间、执行法院；

（三）生效法律文书确定的义务和被执行人的履行情况；

（四）人民法院认为应当记载的其他事项。

**第十四条** 当事人、利害关系人认为公布的终结本次执行程序案件信息错误的，可以向执行法院申请更正。执行法院审查属实的，应当在三日内予以更正。

**第十五条** 终结本次执行程序后，人民法院已对被执行人依法采取的执行措施和强制措施继续有效。

**第十六条** 终结本次执行程序后，申请执行人申请延长查封、扣押、冻结期限的，人民法院应当依法办理续行查封、扣押、冻结手续。

终结本次执行程序后，当事人、利害关系人申请变更、追加执行当事人，符合法定情形的，人民法院应予支持。变更、追加被执行人后，申请执行人申请恢复执行的，人民法院应予支持。

**第十七条** 终结本次执行程序后，被执行人或者其他人妨害执行的，人民法院可以依法予以罚款、拘留；构成犯罪的，依法追究刑事责任。

**第十八条** 有下列情形之一的，人民法院应当在三日内将案件信息从终结本次执行程序案件信息库中屏蔽：

（一）生效法律文书确定的义务执行完毕的；

（二）依法裁定终结执行的；

（三）依法应予屏蔽的其他情形。

**第十九条** 本规定自2016年12月1日起施行。

## 最高人民法院关于执行案件立案、结案若干问题的意见

· 2014年12月17日
· 法发〔2014〕26号

为统一执行案件立案、结案标准，规范执行行为，根据《中华人民共和国民事诉讼法》等法律、司法解释的规定，结合人民法院执行工作实际，制定本意见。

**第一条** 本意见所称执行案件包括执行实施类案件和执行审查类案件。

执行实施类案件是指人民法院因申请执行人申请、审判机构移送、受托、提级、指定和依职权，对已发生法律效力且具有可强制执行内容的法律文书所确定的事项予以执行的案件。

执行审查类案件是指在执行过程中,人民法院审查和处理执行异议、复议、申诉、请示、协调以及决定执行管辖权的移转等事项的案件。

**第二条** 执行案件统一由人民法院立案机构进行审查立案,人民法庭经授权执行自审案件的,可以自行审查立案,法律、司法解释规定可以移送执行的,相关审判机构可以移送立案机构办理立案登记手续。

立案机构立案后,应当依照法律、司法解释的规定向申请人发出执行案件受理通知书。

**第三条** 人民法院对符合法律、司法解释规定的立案标准的执行案件,应当予以立案,并纳入审判和执行案件统一管理体系。

人民法院不得有审判和执行案件统一管理体系之外的执行案件。

任何案件不得以任何理由未经立案即进入执行程序。

**第四条** 立案机构在审查立案时,应当按照本意见确定执行案件的类型代字和案件编号,不得违反本意见创设案件类型代字。

**第五条** 执行实施类案件类型代字为"执字",按照立案时间的先后顺序确定案件编号,单独进行排序;但执行财产保全裁定的,案件类型代字为"执保字",按照立案时间的先后顺序确定案件编号,单独进行排序;恢复执行的,案件类型代字为"执恢字",按照立案时间的先后顺序确定案件编号,单独进行排序。

**第六条** 下列案件,人民法院应当按照恢复执行案件予以立案:

(一)申请执行人因受欺诈、胁迫与被执行人达成和解协议,申请恢复执行原生效法律文书的;

(二)一方当事人不履行或不完全履行执行和解协议,对方当事人申请恢复执行原生效法律文书的;

(三)执行实施案件以裁定终结本次执行程序方式报结后,如发现被执行人有财产可供执行,申请执行人申请或者人民法院依职权恢复执行的;

(四)执行实施案件因委托执行结案后,确因委托不当被已立案的受托法院退回委托的;

(五)依照民事诉讼法第二百五十七条的规定而终结执行的案件,申请执行的条件具备时,申请执行人申请恢复执行的。

**第七条** 除下列情形外,人民法院不得人为拆分执行实施案件:

(一)生效法律文书确定的给付内容为分期履行的,各期债务履行期间届满,被执行人未自动履行,申请执行人可分期申请执行,也可以对几期或全部到期债权一并申请执行;

(二)生效法律文书确定有多个债务人各自单独承担明确的债务的,申请执行人可以对每个债务人分别申请执行,也可以对几个或全部债务人一并申请执行;

(三)生效法律文书确定有多个债权人各自享有明确的债权的(包括按份共有),每个债权人可以分别申请执行;

(四)申请执行赡养费、扶养费、抚养费的案件,涉及金钱给付内容的,人民法院应当根据申请执行时已发生的债权数额进行审查立案,执行过程中新发生的债权应当另行申请执行;涉及人身权内容的,人民法院应当根据申请执行时义务人未履行义务的事实进行审查立案,执行过程中义务人延续消极行为的,应当依据申请执行人的申请一并执行。

**第八条** 执行审查类案件按下列规则确定类型代字和案件编号:

(一)执行异议案件类型代字为"执异字",按照立案时间的先后顺序确定案件编号,单独进行排序;

(二)执行复议案件类型代字为"执复字",按照立案时间的先后顺序确定案件编号,单独进行排序;

(三)执行监督案件类型代字为"执监字",按照立案时间的先后顺序确定案件编号,单独进行排序;

(四)执行请示案件类型代字为"执请字",按照立案时间的先后顺序确定案件编号,单独进行排序;

(五)执行协调案件类型代字为"执协字",按照立案时间的先后顺序确定案件编号,单独进行排序。

**第九条** 下列案件,人民法院应当按照执行异议案件予以立案:

(一)当事人、利害关系人认为人民法院的执行行为违反法律规定,提出书面异议的;

(二)执行过程中,案外人对执行标的提出书面异议的;

(三)人民法院受理执行申请后,当事人对管辖权提出异议的;

(四)申请执行人申请追加、变更被执行人的;

(五)被执行人以债权消灭、超过申请执行期间或者其他阻止执行的实体事由提出阻止执行的;

(六)被执行人对仲裁裁决或者公证机关赋予强制执行效力的公证债权文书申请不予执行的;

(七)其他依法可以申请执行异议的。

**第十条** 下列案件,人民法院应当按照执行复议案件予以立案:

(一)当事人、利害关系人不服人民法院针对本意见第九条第(一)项、第(三)项、第(五)项作出的裁定,向上一级人民法院申请复议的;

(二)除因夫妻共同债务、出资人未依法出资、股权转让引起的追加和对一人公司股东的追加外,当事人、利害关系人不服人民法院针对本意见第九条第(四)项作出的裁定,向上一级人民法院申请复议的;

(三)当事人不服人民法院针对本意见第九条第(六)项作出的不予执行公证债权文书、驳回不予执行公证债权文书申请、不予执行仲裁裁决、驳回不予执行仲裁裁决申请的裁定,向上一级人民法院申请复议的;

(四)其他依法可以申请复议的。

**第十一条** 上级人民法院对下级人民法院,最高人民法院对地方各级人民法院依法进行监督的案件,应当按照执行监督案件予以立案。

**第十二条** 下列案件,人民法院应当按照执行请示案件予以立案:

(一)当事人向人民法院申请执行内地仲裁机构作出的涉港澳仲裁裁决或者香港特别行政区、澳门特别行政区仲裁机构作出的仲裁裁决或者临时仲裁庭在香港特别行政区、澳门特别行政区作出的仲裁裁决,人民法院经审查认为裁决存在依法不予执行的情形,在作出裁定前,报请所属高级人民法院进行审查,以及高级人民法院同意不予执行,报请最高人民法院的;

(二)下级人民法院依法向上级人民法院请示的。

**第十三条** 下列案件,人民法院应当按照执行协调案件予以立案:

(一)不同法院因执行程序、执行与破产、强制清算、审判等程序之间对执行标的产生争议,经自行协调无法达成一致意见,向共同上级人民法院报请协调处理的;

(二)对跨高级人民法院辖区的法院与公安、检察等机关之间的执行争议案件,执行法院报请所属高级人民法院与有关公安、检察等机关所在地的高级人民法院商有关机关协商解决或者报请最高人民法院协调处理的;

(三)当事人对内地仲裁机构作出的涉港澳仲裁裁决分别向不同人民法院申请撤销及执行,受理执行申请的人民法院对受理撤销申请的人民法院作出的决定撤销或者不予撤销的裁定存在异议,亦不能直接作出与该裁定相矛盾的执行或者不予执行的裁定,报请共同上级人民法院解决的;

(四)当事人对内地仲裁机构作出的涉港澳仲裁裁决向人民法院申请执行且人民法院已经作出应予执行的裁定后,一方当事人向人民法院申请撤销该裁决,受理撤销申请的人民法院认为裁决应予撤销且该人民法院与受理执行申请的人民法院非同一人民法院时,报请共同上级人民法院解决的;

(五)跨省、自治区、直辖市的执行争议案件报请最高人民法院协调处理的;

(六)其他依法报请协调的。

**第十四条** 除执行财产保全裁定、恢复执行的案件外,其他执行实施类案件的结案方式包括:

(一)执行完毕;

(二)终结本次执行程序;

(三)终结执行;

(四)销案;

(五)不予执行;

(六)驳回申请。

**第十五条** 生效法律文书确定的执行内容,经被执行人自动履行、人民法院强制执行,已全部执行完毕,或者是当事人达成执行和解协议,且执行和解协议履行完毕,可以以"执行完毕"方式结案。

执行完毕应当制作结案通知书并发送当事人。双方当事人书面确认执行完毕或口头认可执行完毕并记入笔录的,无需制作结案通知书。

执行和解协议应当附卷,没有签订书面执行和解协议的,应当将口头和解协议的内容作成笔录,经当事人签字后附卷。

**第十六条** 有下列情形之一的,可以以"终结本次执行程序"方式结案:

(一)被执行人确无财产可供执行,申请执行人书面同意人民法院终结本次执行程序的;

(二)因被执行人无财产而中止执行满两年,经查证被执行人确无财产可供执行的;

(三)申请执行人明确表示提供不出被执行人的财产或财产线索,并在人民法院穷尽财产调查措施之后,对人民法院认定被执行人无财产可供执行书面表示认可的;

(四)被执行人的财产无法拍卖变卖,或者动产经两次拍卖、不动产或其他财产权经三次拍卖仍然流拍,申请执行人拒绝接受或者依法不能交付其抵债,经人民法院穷尽财产调查措施,被执行人确无其他财产可供执行的;

(五)经人民法院穷尽财产调查措施,被执行人确无

财产可供执行或虽有财产但不宜强制执行,当事人达成分期履行和解协议,且未履行完毕的;

(六)被执行人确无财产可供执行,申请执行人属于特困群体,执行法院已经给予其适当救助的。

人民法院应当依法组成合议庭,就案件是否终结本次执行程序进行合议。

终结本次执行程序应当制作裁定书,送达申请执行人。裁定应当载明案件的执行情况、申请执行人债权已受偿和未受偿的情况、终结本次执行程序的理由,以及发现被执行人有可供执行财产,可以申请恢复执行等内容。

依据本条第一款第(二)(四)(五)(六)项规定的情形裁定终结本次执行程序前,应当告知申请执行人可以在指定的期限内提出异议。申请执行人提出异议的,应当另行组成合议庭组织当事人就被执行人是否有财产可供执行进行听证;申请执行人提供被执行人财产线索的,人民法院应当就其提供的线索重新调查核实,发现被执行人有财产可供执行的,应当继续执行;经听证认定被执行人确无财产可供执行,申请执行人亦不能提供被执行人有可供执行财产的,可以裁定终结本次执行程序。

本条第一款第(三)(四)(五)项中规定的"人民法院穷尽财产调查措施",是指至少完成下列调查事项:

(一)被执行人是法人或其他组织的,应当向银行业金融机构查询银行存款,向有关房地产管理部门查询房地产登记,向法人登记机关查询股权,向有关车管部门查询车辆等情况;

(二)被执行人是自然人的,应当向被执行人所在单位及居住地周边群众调查了解被执行人的财产状况或财产线索,包括被执行人的经济收入来源、被执行人到期债权等。如果根据财产线索判断被执行人有较高收入,应当按照对法人或其他组织的调查途径进行调查;

(三)通过最高人民法院的全国法院网络执行查控系统和执行法院所属高级人民法院的"点对点"网络执行查控系统能够完成的调查事项;

(四)法律、司法解释规定必须完成的调查事项。

人民法院裁定终结本次执行程序后,发现被执行人有财产的,可以依申请执行人的申请或依职权恢复执行。申请执行人申请恢复执行的,不受申请执行期限的限制。

第十七条 有下列情形之一的,可以以"终结执行"方式结案:

(一)申请人撤销申请或者是当事人双方达成执行和解协议,申请执行人撤回执行申请的;

(二)据以执行的法律文书被撤销的;

(三)作为被执行人的公民死亡,无遗产可供执行,又无义务承担人的;

(四)追索赡养费、扶养费、抚育费案件的权利人死亡的;

(五)作为被执行人的公民因生活困难无力偿还借款,无收入来源,又丧失劳动能力的;

(六)作为被执行人的企业法人或其他组织被撤销、注销、吊销营业执照或者歇业、终止后既无财产可供执行,又无义务承受人,也没有能够依法追加变更执行主体的;

(七)依照刑法第五十三条规定免除罚金的;

(八)被执行人被人民法院裁定宣告破产的;

(九)行政执行标的灭失的;

(十)案件被上级人民法院裁定提级执行的;

(十一)案件被上级人民法院裁定指定由其他法院执行的;

(十二)按照最高人民法院《关于委托执行若干问题的规定》,办理了委托执行手续,且收到受托法院立案通知书的;

(十三)人民法院认为应当终结执行的其他情形。

前款除第(十)项、第(十一)项、第(十二)项规定的情形外,终结执行的,应当制作裁定书,送达当事人。

第十八条 执行实施案件立案后,有下列情形之一的,可以以"销案"方式结案:

(一)被执行人提出管辖异议,经审查异议成立,将案件移送有管辖权的法院或申请执行人撤回申请的;

(二)发现其他有管辖权的人民法院已经立案在先的;

(三)受托法院报经高级人民法院同意退回委托的。

第十九条 执行实施案件立案后,被执行人对仲裁裁决或公证债权文书提出不予执行申请,经人民法院审查,裁定不予执行的,以"不予执行"方式结案。

第二十条 执行实施案件立案后,经审查发现不符合最高人民法院《关于人民法院执行工作若干问题的规定(试行)》第18条规定的受理条件,裁定驳回申请的,以"驳回申请"方式结案。

第二十一条 执行财产保全裁定案件的结案方式包括:

(一)保全完毕,即保全事项全部实施完毕;

(二)部分保全,即因未查询到足额财产,致使保全事项未能全部实施完毕;

(三)无标的物可实施保全,即未查到财产可供保全。

第二十二条 恢复执行案件的结案方式包括：
（一）执行完毕；
（二）终结本次执行程序；
（三）终结执行。

第二十三条 下列案件不得作结案处理：
（一）人民法院裁定中止执行的；
（二）人民法院决定暂缓执行的；
（三）执行和解协议未全部履行完毕，且不符合本意见第十六条、第十七条规定终结本次执行程序、终结执行条件的。

第二十四条 执行异议案件的结案方式包括：
（一）准予撤回异议或申请，即异议人撤回异议或申请的；
（二）驳回异议或申请，即异议不成立或者案外人虽然对执行标的享有实体权利但不能阻止执行的；
（三）撤销相关执行行为、中止对执行标的的执行、不予执行、追加变更当事人，即异议成立的；
（四）部分撤销并变更执行行为、部分不予执行、部分追加变更当事人，即异议部分成立的；
（五）不能撤销、变更执行行为，即异议成立或部分成立，但不能撤销、变更执行行为的；
（六）移送其他人民法院管辖，即管辖权异议成立的。

执行异议案件应当制作裁定书，并送达当事人。法律、司法解释规定对执行异议案件可以口头裁定的，应当记入笔录。

第二十五条 执行复议案件的结案方式包括：
（一）准许撤回申请，即申请复议人撤回复议申请的；
（二）驳回复议申请，维持异议裁定，即异议裁定认定事实清楚，适用法律正确，复议理由不成立的；
（三）撤销或变更异议裁定，即异议裁定认定事实错误或者适用法律错误，复议理由成立的；
（四）查清事实后作出裁定，即异议裁定认定事实不清，证据不足的；
（五）撤销异议裁定，发回重新审查，即异议裁定遗漏异议请求或者异议裁定错误对案外人异议适用执行行为异议审查程序的。

人民法院对重新审查的案件作出裁定后，当事人申请复议的，上级人民法院不得再次发回重新审查。

执行复议案件应当制作裁定书，并送达当事人。法律、司法解释规定对执行复议案件可以口头裁定的，应当记入笔录。

第二十六条 执行监督案件的结案方式包括：

（一）准许撤回申请，即当事人撤回监督申请的；
（二）驳回申请，即监督申请不成立的；
（三）限期改正，即监督申请成立，指定执行法院在一定期限内改正的；
（四）撤销并改正，即监督申请成立，撤销执行法院的裁定直接改正的；
（五）提级执行，即监督申请成立，上级人民法院决定提级自行执行的；
（六）指定执行，即监督申请成立，上级人民法院决定指定其他法院执行的；
（七）其他，即其他可以报结的情形。

第二十七条 执行请示案件的结案方式包括：
（一）答复，即符合请示条件的；
（二）销案，即不符合请示条件的。

第二十八条 执行协调案件的结案方式包括：
（一）撤回协调请求，即执行争议法院自行协商一致，撤回协调请求的；
（二）协调解决，即经过协调，执行争议法院达成一致协调意见，将协调意见记入笔录或者向执行争议法院发出协调意见函的。

第二十九条 执行案件的立案、执行和结案情况应当及时、完整、真实、准确地录入全国法院执行案件信息管理系统。

第三十条 地方各级人民法院不能制定与法律、司法解释和本意见规定相抵触的执行案件立案、结案标准和结案方式。

违反法律、司法解释和本意见的规定立案、结案，或者在全国法院执行案件信息管理系统录入立案、结案情况时弄虚作假的，通报批评；造成严重后果或恶劣影响的，根据《人民法院工作人员纪律处分条例》追究相关领导和工作人员的责任。

第三十一条 各高级人民法院应当积极推进执行信息化建设，通过建立、健全辖区三级法院统一使用、切合实际、功能完备、科学有效的案件管理系统，加强对执行案件立、结案的管理。实现立、审、执案件信息三位一体的综合管理；实现对终结本次执行程序案件的单独管理；实现对恢复执行案件的动态管理；实现辖区的案件管理系统与全国法院执行案件信息管理系统的数据对接。

第三十二条 本意见自 2015 年 1 月 1 日起施行。

## 最高人民法院印发《关于人民法院执行流程公开的若干意见》的通知

- 2014年9月3日
- 法发〔2014〕18号

各省、自治区、直辖市高级人民法院，解放军军事法院，新疆维吾尔自治区高级人民法院生产建设兵团分院：

为贯彻落实执行公开原则，规范人民法院执行流程公开工作，进一步提高执行工作的透明度，推进执行信息公开平台建设，最高人民法院制定了《关于人民法院执行流程公开的若干意见》。现将该意见予以印发，请加强组织领导，采取有效措施，按照该意见的要求，切实做好执行流程信息公开工作。

### 关于人民法院执行流程公开的若干意见

为贯彻落实执行公开原则，规范人民法院执行流程公开工作，方便当事人及时了解案件执行进展情况，更好地保障当事人和社会公众对执行工作的知情权、参与权、表达权和监督权，进一步提高执行工作的透明度，以公开促公正、以公正立公信，根据最高人民法院《关于人民法院执行公开的若干规定》（法发〔2006〕35号）、最高人民法院《关于推进司法公开三大平台建设的若干意见》（法发〔2013〕13号）等规定，结合执行工作实际，制定本意见。

#### 一、总体要求

**第一条** 人民法院执行流程信息以公开为原则、不公开为例外。对依法应当公开、可以公开的执行流程及其相关信息，一律予以公开，实现执行案件办理过程全公开、节点全告知、程序全对接、文书全上网，为当事人和社会公众提供全方位、多元化、实时性的执行公开服务，全面推进阳光执行。

**第二条** 人民法院执行流程公开工作，以各级人民法院互联网门户网站（政务网）为基础平台和主要公开渠道，辅以手机短信、电话语音系统、电子公告屏和触摸屏、手机应用客户端、法院微博、法院微信公众号等其他平台或渠道，将执行案件流程节点信息、案件进展状态及有关材料向案件当事人及委托代理人公开，将与法院执行工作有关的执行服务信息、执行公告信息等公共信息向社会公众公开。

各级人民法院应当在本院门户网站（政务网）下设的审判流程信息公开网上建立查询执行流程信息的功能模块。最高人民法院在政务网上建立"中国执行信息公开网"，开设"中国审判流程信息公开网"的入口，提供查询执行案件流程信息的功能以及全国各级人民法院执行流程信息公开平台的链接。各级人民法院应当建立电话语音系统，在立案大厅或信访接待等场所设立电子触摸屏，供案件当事人和委托代理人以及社会公众查阅有关执行公开事项。具备条件的法院，应当建立电子公告屏、在执行指挥系统建设中增加12368智能短信服务平台、法院微博以及法院微信公众号等公开渠道。

#### 二、公开的渠道和内容

**第三条** 下列执行案件信息应当向当事人及委托代理人公开：

（一）当事人名称、案号、案由、立案日期等立案信息；

（二）执行法官以及书记员的姓名和办公电话；

（三）采取执行措施信息，包括被执行人财产查询、查封、冻结、扣划、扣押等信息；

（四）采取强制措施信息，包括司法拘留、罚款、拘传、搜查以及限制出境、限制高消费、纳入失信被执行人名单库等信息；

（五）执行财产处置信息，包括委托评估、拍卖、变卖、以物抵债等信息；

（六）财产分配和执行款收付信息，包括财产分配方案、财产分配方案异议、财产分配方案修改、执行款进入法院执行专用账户、执行款划付等信息；

（七）暂缓执行、中止执行、委托执行、指定执行、提级执行等信息；

（八）执行和解协议信息；

（九）执行实施案件结案信息，包括执行结案日期、执行标的到位情况、结案方式、终结本次执行程序征求申请执行人意见等信息；

（十）执行异议、执行复议、案外人异议、执行主体变更和追加等案件的立案时间、案件承办法官和合议庭其他组成人员以及书记员的姓名和办公电话、执行裁决、结案时间等信息；

（十一）执行申诉信访、执行督促、执行监督等案件的立案时间、案件承办法官和合议庭其他组成人员以及书记员的姓名和办公电话、案件处理意见、结案时间等信息；

（十二）执行听证、询问的时间、地点等信息；

（十三）案件的执行期限或审查期限，以及执行期限或审查期限扣除、延长等变更情况；

（十四）执行案件受理通知书、执行通知书、财产申报通知书、询问通知、听证通知、传票和询问笔录、调查取证笔录、执行听证笔录等材料；

（十五）执行裁定书、决定书等裁判文书；

（十六）执行裁判文书开始送达时间、完成送达时间、送达方式等送达信息；

（十七）执行裁判文书在执行法院执行流程信息公开模块、中国执行信息公开网及中国裁判文书网公布的情况，包括公布时间、查询方式等；

（十八）有关法律或司法解释要求公布的其他执行流程信息。

**第四条** 具备条件的法院，询问当事人、执行听证和开展重大执行活动时应当进行录音录像。询问、听证和执行活动结束后，该录音录像应当向当事人及委托代理人公开。当事人及委托代理人申请查阅录音录像的，执行法院经核对身份信息后，及时提供查阅。

**第五条** 各级人民法院通过网上办案，自动生成执行案件电子卷宗。电子卷宗正卷应当向当事人及委托代理人公开。当事人及委托代理人申请查阅电子卷宗的，执行法院经核对身份信息后，及时提供查阅。

**第六条** 对于执行裁定书、决定书以外的程序性执行文书，各级法院通过执行流程信息公开模块，向当事人及诉讼代理人提供电子送达服务。当事人及委托代理人同意人民法院采用电子方式送达执行文书的，应当在立案时提交签名或者盖章的确认书。

**第七条** 各级人民法院通过互联网门户网站（政务网）向社会公众公开本院下列信息：

（一）法院地址、交通图示、联系方式、管辖范围、下辖法院、内设部门及其职能、投诉渠道等机构信息；

（二）审判委员会组成人员、审判执行人员的姓名、职务等人员信息；

（三）执行流程、执行裁判文书和执行信息的公开范围和查询方法等执行公开指南信息；

（四）执行立案条件、执行流程、申请执行书等执行文书样式、收费标准、执行费缓减免交的条件和程序、申请强制执行风险提示等执行指南信息；

（五）听证公告、悬赏公告、拍卖公告；

（六）评估、拍卖及其他社会中介入选机构名册等名册信息。

（七）司法解释、指导性案例、执行业务文件等。

### 三、公开的流程

**第八条** 除执行请示、执行协调案件外，各级人民法院受理的各类执行案件，应当及时向案件当事人及委托代理人预留的手机号码，自动推送短信，提示案件流程进展情况，提醒案件当事人及委托代理人及时接受电子送达的执行文书。

立案部门、执行机构在向案件当事人及其委托代理人送达案件受理通知书、执行通知书时，应当告知案件流程进展查询、接受电子送达执行文书的方法，并做好宣传、咨询服务等工作。

在执行过程中，追加或变更当事人、委托代理人的，由执行机构在送达相关法律文书时告知前述事项。

**第九条** 在执行案件办理过程中，案件当事人及委托代理人可凭有效证件号码或组织机构代码、手机号码以及执行法院提供的查询码、密码，通过执行流程信息公开模块、电话语音系统、电子公告屏和触摸屏、手机应用客户端、法院微博、法院微信公众号等多种载体，查询、下载有关执行流程信息、材料等。

**第十条** 执行流程信息公开模块应具备双向互动功能。案件当事人及委托代理人登录执行流程信息公开模块后，可向案件承办人留言。留言内容应于次日自动导入网上办案平台，案件承办人可通过网上办案平台对留言进行回复。

**第十一条** 同意采用电子方式送达执行文书的当事人及委托代理人，可以通过执行流程信息公开模块签收执行法院以电子方式送达的各类执行文书。

当事人及委托代理人下载或者查阅以电子方式送达的执行文书时，自动生成送达回证，记录受送达人下载文书的名称、下载时间、IP 地址等。自动生成的送达回证归入电子卷宗。

执行机构书记员负责跟踪受送达人接受电子送达的情况，提醒、指导受送达人及时下载、查阅电子送达的执行文书。提醒短信发出后三日内受送达人未下载或者查阅电子送达的执行文书的，应当通过电子邮件、传真、邮寄等方式及时送达。

### 四、职责分工

**第十二条** 具备网上办案条件的法院，应当严格按照网上办案的相关要求，在网上办案系统中流转、审批执行案件，制作各类文书、笔录和报告，及时、准确、完整地扫描、录入案件材料和案件信息。

执行案件因特殊情形未能严格实行网上办案的，案件信息录入工作应当与实际操作同步完成。

因具有特殊情形不能及时录入信息的,应当详细说明原因,报执行机构负责人和分管院领导审批。

**第十三条** 案件承办人认为具体案件不宜按照本意见第三条、第四条和第五条公开全部或部分流程信息及材料的,应当填写《执行流程信息不予公开审批表》,详细说明原因,经执行机构负责人审核后,呈报分管院领导审批。

**第十四条** 各级人民法院网上办案系统生成的执行流程数据和执行过程中生成的其他流程信息,应当存储在网上办案系统数据库中,作为执行信息公开的基础数据,通过数据摆渡的方式同步到互联网上的执行信息公开模块,并及时、全面、准确将执行案件流程数据录入全国法院执行案件信息管理系统数据库。

执行法院网上办案系统形成的执行裁判文书,通过数据摆渡的方式导出至执行法院互联网门户网站(政务网)下设的裁判文书公开网,并提供与中国裁判文书网和中国执行信息公开网链接的端口。

**第十五条** 案件承办人认为具体案件不宜按照本意见第三条、第四条和第五条公开全部或部分流程信息及材料的,应当填写《执行流程信息不予公开审批表》,详细说明原因,经执行机构负责人审核后,呈报分管院领导审批。

**第十六条** 已在执行流程信息公开平台上发布的信息,因故需要变更的,案件承办人应当呈报执行机构领导审批后,及时更正网上办案平台中的相关信息,并通知当事人及网管人员,由网管人员及时更新执行流程信息公开平台上的相关信息。

**第十七条** 各级人民法院立案部门、执行机构是执行流程信息公开平台具体执行案件进度信息公开工作的责任部门,负责确保案件信息的准确性、完整性和录入、公开的及时性。

**第十八条** 各级人民法院司法行政装备管理部门应当为执行信息公开工作提供物质保障。

信息技术部门负责网站建设、运行维护、技术支持,督促有关部门每日定时将网上办案平台中的有关信息数据,包括领导已经签发的各类执行文书等,导出至执行流程信息公开平台,并通过执行流程信息公开平台将收集的有关信息,包括自动生成的送达回证等,导入网上办案平台,实现网上办案平台与执行流程信息公开平台的数据安全传输和对接。

**第十九条** 审判管理部门负责组织实施执行流程公开工作,监管执行流程信息公开平台,适时组织检查,汇总工作信息,向院领导报告工作情况,编发通报,进行督促、督办等。

发现案件信息不完整、滞后公开或存在错误的,审判管理部门应当督促相关部门补正,并协调、指导信息技术部门及时做好信息更新等工作。

**第二十条** 向公众公开信息的发布和更新,由各级法院确定具体负责部门。

### 五、责任与考评

**第二十一条** 因过失导致公开的执行流程信息出现重大错漏,造成严重后果的,依据相关规定追究有关人员的责任。

**第二十二条** 执行流程信息公开工作纳入司法公开工作绩效考评范围,考评办法另行制定。

### 六、附　则

**第二十三条** 本意见自下发之日起执行。

## 最高人民法院办公厅关于切实保障执行当事人及案外人异议权的通知

· 2014年5月9日
· 法办〔2014〕62号

各省、自治区、直辖市高级人民法院,解放军军事法院,新疆维吾尔自治区高级人民法院生产建设兵团分院:

2007年民事诉讼法修正案实施之后,各级人民法院在执行案件压力大、任务重的情况下,办理了大量的执行异议和复议案件,有效维护了执行当事人及案外人的合法权益。但是,我院在处理人民群众来信来访的过程中,也发现在个别地方法院,仍然不同程度地存在忽视甚至漠视执行当事人及案外人异议权的一些问题:有的法院对执行当事人及案外人提出的异议不受理、不立案;有的法院受理异议后,无正当理由不按照法定的异议期限作出异议裁定;有的法院违背法定程序,对异议裁定一裁终局,剥夺异议当事人通过执行复议和异议之诉再行救济的权利。

出现上述问题,既有执行案件数量大幅增加、执行机构人手不够、法律规定不够完善等客观方面的原因,也有个别执行人员司法为民意识不强、素质不高等主观方面的原因。执行当事人及案外人异议权行使渠道不畅,将使当事人对执行程序的公正性存疑问,对强制执行产生抵触情绪,在一定程度上加剧"执行难";另一方面,也会使部分群众对人民法院的执行工作产生负面评价,降低司法公信力。因此,必须采取切实有力的措施加以解决。现就有关事项通知如下:

一、高度重视执行当事人异议权的保障。执行异议制度是2007年民事诉讼法修正案所建立的一项救济制度,它对于规范执行程序,维护执行当事人及案外人的合法权利和利益,防止执行权滥用和"执行乱"具有重要意义。各级人民法院要认真组织学习领会民事诉讼法的规定,纠正"提异议就会妨碍执行"的错误认识,克服"怕麻烦"的思想,真正把法律赋予执行当事人及案外人的这项救济权利在司法实践中落到实处。同时,还要注意把政治素质高、业务素质强、作风扎实的法官充实到执行异议审查机构中来,为执行当事人及案外人的异议审查提供人员保障。

二、严格依法受理和审查执行异议。对于符合法律规定条件的执行异议和复议、异议之诉案件,各级人民法院必须及时受理并办理正式立案手续,受理后必须及时审查、及时作出异议、复议裁定或者异议之诉判决。依法应当再审、另诉或者通过其他程序解决的,应当及时向异议当事人进行释明,引导当事人申请再审、另诉或者通过其他程序解决。上级人民法院应当格尽监督职责,对于执行当事人及案外人反映下级人民法院存在拒不受理异议或者受理异议后久拖不决的,应当责令下级人民法院依法及时受理和审查异议,必要时,可以指定异地人民法院受理和审查执行异议。

三、提高执行异议案件审查的质量。对于受理的执行异议案件,一要注意正确区分不同性质的异议,严守法定程序,确保认定事实清楚,适用法律正确,处理得当;二要注意提高法律文书质量,做到格式规范,逻辑清晰,说理透彻,依据充分;三要注意公开透明,该听证的要及时组织公开听证,确保当事人的知情权和程序参与权。

四、开展专项检查和抽查活动。各高级人民法院要结合最高人民法院安排的各项专项活动,对辖区内各级人民法院保障执行当事人及案外人异议权的情况进行检查,对检查中发现的问题应当及时提出意见、建议并报告我院。我院将结合群众来信来访时进行抽查。本通知下发之后,对于人民群众反映相关法院存在前述问题的案例,我院一经查实,将在全国法院范围内予以通报批评;情节严重的,要依法依纪严肃处理。

## 最高人民法院印发《关于依法制裁规避执行行为的若干意见》的通知

- 2011年5月27日
- 法〔2011〕195号

各省、自治区、直辖市高级人民法院,解放军军事法院,新疆维吾尔自治区高级人民法院生产建设兵团分院:

现将《关于依法制裁规避执行行为的若干意见》印发给你们,请认真贯彻执行。

**最高人民法院关于依法制裁规避执行行为的若干意见**

为了最大限度地实现生效法律文书确认的债权,提高执行效率,强化执行效果,维护司法权威,现就依法制裁规避执行行为提出以下意见:

**一、强化财产报告和财产调查,多渠道查明被执行人财产**

1. 严格落实财产报告制度。对于被执行人未按执行通知履行法律文书确定义务的,执行法院应当要求被执行人限期如实报告财产,并告知拒绝报告或者虚假报告的法律后果。对于被执行人暂时无财产可供执行的,可以要求被执行人定期报告。

2. 强化申请执行人提供财产线索的责任。各地法院可以根据案件的实际情况,要求申请执行人提供被执行人的财产状况或者财产线索,并告知不能提供的风险。各地法院也可根据本地的实际情况,探索尝试以调查令、委托调查函等方式赋予代理律师法律规定范围内的财产调查权。

3. 加强人民法院依职权调查财产的力度。各地法院要充分发挥执行联动机制的作用,完善与金融、房地产管理、国土资源、车辆管理、工商管理等各有关单位的财产查控网络,细化协助配合措施,进一步拓宽财产调查渠道,简化财产调查手续,提高财产调查效率。

4. 适当运用审计方法调查被执行人财产。被执行人未履行法律文书确定的义务,且有转移隐匿处分财产、投资开设分支机构、入股其他企业或者抽逃注册资金等情形的,执行法院可以根据申请执行人的申请委托中介机构对被执行人进行审计。审计费用由申请执行人垫付,被执行人确有转移隐匿处分财产等情形的,实际执行到位后由被执行人承担。

5. 建立财产举报机制。执行法院可以依据申请执行人的悬赏执行申请,向社会发布举报被执行人财产线索的悬赏公告。举报人提供的财产线索经查证属实并实际执行到位的,可按申请执行人承诺的标准或者比例奖励举报人。奖励资金由申请执行人承担。

**二、强化财产保全措施,加大对保全财产和担保财产的执行力度**

6. 加大对当事人的风险提示。各地法院在立案和审判阶段,要通过法律释明向当事人提示诉讼和执行风险,强化当事人的风险防范意识,引导债权人及时申请财产保全,有效防止债务人在执行程序开始前转移财产。

7. 加大财产保全力度。各地法院要加强立案、审判和执行环节在财产保全方面的协调配合,加大依法进行财产保全的力度,强化审判与执行在财产保全方面的衔接,降低债务人或者被执行人隐匿、转移财产的风险。

8. 对保全财产和担保财产及时采取执行措施。进入执行程序后,各地法院要加大对保全财产和担保财产的执行力度,对当事人、担保人或者第三人提出的异议要及时进行审查,审查期间应当依法对相应财产采取控制性措施,驳回异议后应当加大对相应财产的执行力度。

**三、依法防止恶意诉讼,保障民事审判和执行活动有序进行**

9. 严格执行关于案外人异议之诉的管辖规定。在执行阶段,案外人对人民法院已经查封、扣押、冻结的财产提起异议之诉的,应当依照《中华人民共和国民事诉讼法》第二百零四条和《最高人民法院关于适用民事诉讼法执行程序若干问题的解释》第十八条的规定,由执行法院受理。

案外人违反上述管辖规定,向执行法院之外的其他法院起诉,其他法院已经受理尚未作出裁判的,应当中止审理或者撤销案件,并告知案外人向作出查封、扣押、冻结裁定的执行法院起诉。

10. 加强对破产案件的监督。执行法院发现被执行人有虚假破产情形的,应当及时向受理破产案件的人民法院提出。申请执行人认为被执行人利用破产逃债的,可以向受理破产案件的人民法院或者其上级人民法院提出异议,受理异议的法院应当依法进行监督。

11. 对于当事人恶意诉讼取得的生效裁判应当依法再审。案外人违反上述管辖规定,向执行法院之外的其他法院起诉,并取得生效裁判文书将已被执行法院查封、扣押、冻结的财产确权或者分割给案外人,或者第三人与被执行人虚构事实取得人民法院生效裁判文书申请参与分配,执行法院认为该生效裁判文书系恶意串通规避执行损害执行债权人利益的,可以向作出该裁判文书的人民法院或者其上级人民法院提出书面建议,有关法院应当依照《中华人民共和国民事诉讼法》和有关司法解释的规定决定再审。

**四、完善对被执行人享有债权的保全和执行措施,运用代位权、撤销权诉讼制裁规避执行行为**

12. 依法执行已经生效法律文书确认的被执行人的债权。对于被执行人已经生效法律文书确认的债权,执行法院可以书面通知被执行人在限期内向有管辖权的人民法院申请执行该生效法律文书。限期届满被执行人仍怠于申请执行的,执行法院可以依法强制执行该到期债权。

被执行人已经申请执行的,执行法院可以请求执行该债权的人民法院协助扣留相应的执行款物。

13. 依法保全被执行人的未到期债权。对被执行人的未到期债权,执行法院可以依法冻结,待债权到期后参照到期债权予以执行。第三人仅以该债务未到期为由提出异议的,不影响对该债权的保全。

14. 引导申请执行人依法诉讼。被执行人怠于行使债权对申请执行人造成损害的,执行法院可以告知申请执行人依照《中华人民共和国合同法》第七十三条的规定,向有管辖权的人民法院提起代位权诉讼。

被执行人放弃债权、无偿转让财产或者以明显不合理的低价转让财产,对申请执行人造成损害的,执行法院可以告知申请执行人依照《中华人民共和国合同法》第七十四条的规定向有管辖权的人民法院提起撤销权诉讼。

**五、充分运用民事和刑事制裁手段,依法加强对规避执行行为的刑事处罚力度**

15. 对规避执行行为加大民事强制措施的适用。被执行人既不履行义务又拒绝报告财产或者进行虚假报告、拒绝交出或者提供虚假财务会计凭证、协助执行义务人拒不协助执行或者妨碍执行、到期债务第三人提出异议后又擅自向被执行人清偿等,给申请执行人造成损失的,应当依法对相关责任人予以罚款、拘留。

16. 对构成犯罪的规避执行行为加大刑事制裁力度。被执行人隐匿财产、虚构债务或者以其他方法隐藏、转移、处分可供执行的财产,拒不交出或者隐匿、销毁、制作虚假财务会计凭证或资产负债表等相关资料,以虚假诉讼或者仲裁手段转移财产、虚构优先债权或者申请参与分配,中介机构提供虚假证明文件或者提供的文件有重大失实,被执行人、担保人、协助义务人有能力执行而拒不执行或者拒不协助执行等,损害申请执行人或其他债权人利益,依照刑法的规定构成犯罪的,应当依法追究行为人的刑事责任。

17. 加强与公安、检察机关的沟通协调。各地法院应当加强与公安、检察机关的协调配合,建立快捷、便利、高效的协作机制,细化拒不执行判决裁定罪和妨害公务罪的适用条件。

18. 充分调查取证。各地法院在执行案件过程中,在行为人存在拒不执行判决裁定或者妨害公务行为的情况下,应当注意收集证据。认为构成犯罪的,应当及时将案件及相关证据材料移送犯罪行为发生地的公安机关立案查处。

19. 抓紧依法审理。对检察机关提起公诉的拒不执行判决裁定或者妨害公务案件,人民法院应当抓紧审理,依法审判,快速结案,加大判后宣传力度,充分发挥刑罚手段的威慑力。

### 六、依法采取多种措施,有效防范规避执行行为

20. 依法变更追加被执行主体或者告知申请执行人另行起诉。有充分证据证明被执行人通过离婚析产、不依法清算、改制重组、关联交易、财产混同等方式恶意转移财产规避执行的,执行法院可以通过依法变更追加被执行人或者告知申请执行人通过诉讼程序追回被转移的财产。

21. 建立健全征信体系。各地法院应当逐步建立健全与相关部门资源共享的信用平台,有条件的地方可以建立个人和企业信用信息数据库,将被执行人不履行债务的相关信息录入信用平台或者信息数据库,充分运用其形成的威慑力制裁规避执行行为。

22. 加大宣传力度。各地法院应当充分运用新闻媒体曝光、公开执行等手段,将被执行人因规避执行被制裁或者处罚的典型案例在新闻媒体上予以公布,以维护法律权威,提升公众自觉履行义务的法律意识。

23. 充分运用限制高消费手段。各地法院应当充分运用限制高消费手段,逐步构建与有关单位的协作平台,明确有关单位的监督责任,细化协作方式,完善协助程序。

24. 加强与公安机关的协作查找被执行人。对于因逃避执行而长期下落不明或者变更经营场所的被执行人,各地法院应当积极与公安机关协调,加大查找被执行人的力度。

# 最高人民法院印发《关于人民法院预防和处理执行突发事件的若干规定》(试行)的通知

・2009年9月22日
・法发〔2009〕50号

各省、自治区、直辖市高级人民法院,解放军军事法院,新疆维吾尔自治区高级人民法院生产建设兵团分院:

现将《最高人民法院关于人民法院预防和处理执行突发事件的若干规定》(试行)印发给你们,请结合各地实际,贯彻执行。

## 关于人民法院预防和处理执行突发事件的若干规定(试行)

为预防和减少执行突发事件的发生,控制、减轻和消除执行突发事件引起的社会危害,规范执行突发事件应急处理工作,保护执行人员及其他人员的人身财产安全,维护社会稳定,根据《中华人民共和国民事诉讼法》、《中华人民共和国突发事件应对法》等有关法律规定,结合执行工作实际,制定本规定。

**第一条** 本规定所称执行突发事件,是指在执行工作中突然发生,造成或可能危及执行人员及其他人员人身财产安全,严重干扰执行工作秩序,需要采取应急处理措施予以应对的群体上访、当事人自残、群众围堵执行现场、以暴力或暴力相威胁抗拒执行等事件。

**第二条** 按照危害程度、影响范围等因素,执行突发事件分为特别重大、重大、较大和一般四级。

特别重大的执行突发事件是指严重影响社会稳定、造成人员死亡或3人以上伤残的事件。

除特别重大执行突发事件外,分级标准由各高级人民法院根据辖区实际自行制定。

**第三条** 高级人民法院应当加强对辖区法院执行突发事件应急处理工作的指导。

执行突发事件的应急处理工作由执行法院或办理法院负责。各级人民法院应当成立由院领导负责的应急处理工作机构,并建立相关工作机制。

异地执行发生突发事件时,发生地法院必须协助执行法院做好现场应急处理工作。

**第四条** 执行突发事件应对工作实行预防为主、预防与应急处理相结合的原则。执行突发事件应急处理坚持人身安全至上、社会稳定为重的原则。

**第五条** 各级人民法院应当制定执行突发事件应急

处理预案。执行应急处理预案包括组织与指挥、处理原则与程序、预防和化解、应急处理措施、事后调查与报告、装备及人员保障等内容。

**第六条** 执行突发事件实行事前、事中和事后全程报告制度。执行人员应当及时将有关情况报告本院执行应急处理工作机构。

异地执行发生突发事件的，发生地法院应当及时将有关情况报告当地党委、政府。

**第七条** 各级人民法院应当定期对执行应急处理人员和执行人员进行执行突发事件应急处理有关知识培训。

**第八条** 执行人员办理案件时，应当认真研究全案执行策略，讲究执行艺术和执行方法，积极做好执行和解工作，从源头上预防执行突发事件的发生。

**第九条** 执行人员应当强化程序公正意识，严格按照法定执行程序采取强制执行措施，规范执行行为，防止激化矛盾引发执行突发事件。

**第十条** 执行人员必须严格遵守执行工作纪律有关规定，廉洁自律，防止诱发执行突发事件。

**第十一条** 执行人员应当认真做好强制执行准备工作，制定有针对性的执行方案。执行人员在采取强制措施前，应当全面收集并研究被执行人的相关信息，结合执行现场的社会情况，对发生执行突发事件的可能性进行分析，并研究相关应急化解措施。

**第十二条** 执行人员在执行过程中，发现有执行突发事件苗头，应当及时向执行突发事件应急处理工作机构报告。执行法院必须启动应急处理预案，采取有效措施全力化解执行突发事件危机。

**第十三条** 异地执行时，执行人员请求当地法院协助的，当地法院必须安排专人负责和协调，并做好应急准备。

**第十四条** 发生下列情形，必须启动执行突发事件应急处理预案：

（一）涉执上访人员在15人以上的；

（二）涉执上访人员有无理取闹、缠诉领导、冲击机关等严重影响国家机关办公秩序行为的；

（三）涉执上访人员有自残行为的；

（四）当事人及相关人员携带易燃、易爆物品及管制刀具等凶器上访的；

（五）当事人及相关人员聚众围堵，可能导致执行现场失控的；

（六）当事人及相关人员在执行现场使用暴力或以暴力相威胁抗拒执行的；

（七）其他严重影响社会稳定或危害执行人员安全的。

**第十五条** 执行突发事件发生后，执行人员应当立即报告执行突发事件应急处理工作机构。应急处理工作机构负责人应当迅速启动应急处理机制，采取有效措施防止事态恶性发展。同时协调公安机关及时出警控制现场，并将有关情况报告党委、政府。

**第十六条** 执行突发事件造成人伤亡或财产损失的，执行应急处理人员应当及时协调公安、卫生、消防等部门组织力量进行抢救，全力减轻损害和减少损失。

**第十七条** 对继续采取执行措施可能导致现场失控、激发暴力事件、危及人身安全的，执行人员应当立即停止执行措施，及时撤离执行现场。

**第十八条** 异地执行发生执行突发事件的，执行人员应当在第一时间将有关情况通报发生地法院，发生地法院应当积极协助组织开展应急处理工作。发生地法院必须立即派员赶赴现场，同时报告当地党委和政府，协调公安等有关部门出警控制现场，采取有效措施进行控制，防止事态恶化。

**第十九条** 执行突发事件发生后，执行法院必须就该事件进行专项调查，形成书面报告材料，在5个工作日内逐级上报至高级人民法院。对特别重大执行突发事件，高级人民法院应当立即组织调查，并在3个工作日内书面报告最高人民法院。

**第二十条** 执行突发事件调查报告应包括以下内容：

（一）事件发生的时间、地点和经过；

（二）事件后果及人员伤亡、财产损失；

（三）与事件相关的案件；

（四）有关法院采取的预防和处理措施；

（五）事件原因分析及经验、教训总结；

（六）事件责任认定及处理；

（七）其他需要报告的事项。

**第二十一条** 执行突发事件系由执行人员过错引发，或执行应急处理不当加重事件后果，或事后瞒报、谎报、缓报的，必须按照有关纪律处分办法追究相关人员责任。

**第二十二条** 对当事人及相关人员在执行突发事件中违法犯罪行为，有关法院应当协调公安、检察和纪检监察等有关部门，依法依纪予以严肃查处。

**第二十三条** 本规定自2009年10月1日起施行。

## 最高人民法院印发《关于进一步加强和规范执行工作的若干意见》的通知

- 2009年7月17日
- 法发〔2009〕43号

各省、自治区、直辖市高级人民法院，解放军军事法院，新疆维吾尔自治区高级人民法院生产建设兵团分院：

现将《最高人民法院关于进一步加强和规范执行工作的若干意见》印发给你们，请结合工作实际，认真贯彻落实。

### 关于进一步加强和规范执行工作的若干意见

近年来，在各级党委领导、人大监督、政府支持下，人民法院不断推进执行体制和机制改革，健全执行工作长效机制，组织开展集中清理执行积案活动，有力保障了人民群众的合法权益，维护了社会公平正义，促进了社会和谐稳定。但是执行难问题并未从根本上得到解决，执行工作规范化水平仍需进一步提高，执行的力度和时效性有待进一步加强。为此，各级人民法院要进一步贯彻落实科学发展观和中央一系列文件精神，以解决执行难为重点，切实改进和完善执行工作体制机制，着力推进执行工作长效机制建设，全面提升执行工作规范化水平。

**一、进一步加大执行工作力度**

（一）建立执行快速反应机制。要努力提高执行工作的快速反应能力，加强与公安、检察等部门的联系，及时处理执行线索和突发事件。高、中级人民法院应当成立执行指挥中心，组建快速反应力量。有条件的基层人民法院根据工作需要也可以成立执行指挥中心。指挥中心负责人由院长或其授权的副院长担任，执行局长具体负责组织实施。为了便于与纪检、公安、检察等有关部门的协调，统一调用各类司法资源，符合条件的执行局长可任命为党组成员。指挥中心办事机构设在执行局，并开通24小时值班电话。快速反应力量由辖区法院的执行人员、司法警察等人员组成，下设快速反应执行小组，根据指挥中心的指令迅速采取执行行动。

（二）完善立审执协调配合机制。加强立案、审判和执行三个环节的协作配合，形成法院内部解决执行难的合力。立案阶段要加强诉讼指导、法律释明、风险告知和审前和解，尤其是对符合法定条件的案件依法及时采取诉前财产保全措施。审判阶段对符合条件的案件要依法及时采取诉讼保全和先予执行措施；要大力推进诉讼调解，提高调解案件的当庭履行率和自觉履行率；要增强裁判文书的说理性，强化判后答疑制度，促使当事人服判息诉，案结事了；要努力提高裁判文书质量，增强说理性，对双方的权利义务要表述准确、清晰，并充分考虑判项的可执行性。

（三）建立有效的执行信访处理机制。各级人民法院要设立专门的执行申诉处理机构，负责执行申诉信访的审查和督办，在理顺与立案庭等部门职能分工的基础上，探索建立四级法院上下一体的执行信访审查处理机制。上级法院要建立辖区法院执行信访案件挂牌督办制度，在人民法院网上设置专页，逐案登记，加强督办，分类办结后销号。进一步规范执行信访案件的办理流程，畅通民意沟通途径，对重大、复杂信访案件一律实行公开听证。要重视初信初访，从基层抓起，从源头抓起。要加强与有关部门的协作配合，充分发挥党委领导下的信访终结机制的作用。加大信访案件督办力度，落实领导包案制度，开展执行信访情况排名通报。完善执行信访工作的考评机制，信访责任追究和责任倒查机制。

（四）强化执行宣传工作。各级人民法院要加强同党委宣传部门的联系，将执行工作作为法制宣传工作的重要内容，制定执行工作宣传的整体规划，提高全社会的法制意识和风险意识。要与广播、报纸、电视、网络等媒体建立稳定的合作关系，采取召开新闻发布会、专题报道、跟踪报道、现场采访、设置专栏等方式，开展执行法规政策讲解、重大执行活动报道、典型案例通报、被执行人逃避、规避或抗拒执行行为的曝光等宣传活动。要高度重视民意沟通工作，通过进农村、进社区、进企业等多种形式，广泛深入地了解人民群众和社会各界对执行工作的意见和建议，把合理的社情民意转化为改进工作的具体措施，提高执行工作水平。

**二、加快执行工作长效机制建设**

（一）建立执行工作联席会议制度。各级人民法院要在各级党委的领导下，充分发挥执行工作联席会议制度的作用，组织排查和清理阻碍执行的地方性规定和文件，解决执行工作中遇到的突出困难和法院自身难以解决的问题，督促查处党政部门、领导干部非法干预执行或特殊主体阻碍、抗拒执行的违法违纪行为，协调处理可能影响社会稳定的重大突发事件或暴力抗法事件、重大执行信访案件；组织集中清理执行积案活动，对各类重点执行案件实行挂牌督办；对政府机关、国有企业等特殊主体案件，研究解决办法。重大执行事项经联席会讨论作出决定或形成会议纪要后，交由相关部门负责落实，落实情况纳入综合治理考核范围。

(二)加快执行联动威慑机制建设。各级人民法院要力争取党委的支持,动员全社会的力量共同解决执行难问题。要在制度上明确与执行工作相关的党政管理部门,包括纪检监察、组织人事、新闻宣传、综合治理、检察、公安、政府法制、财政、民政、发展和改革、司法行政、国土资源管理、住房和城乡建设管理、人民银行、银行业监管、税务、工商行政管理和证券监管等部门在执行工作中的具体职责,积极协助人民法院开展有关工作。要建设好全国法院执行案件信息管理系统,积极参与社会信用体系建设,实现执行案件信息与其他部门信用信息的共享,并通过信用惩戒手段促使债务人自动履行义务。

(三)实施严格的执行工作考评机制。要完善和细化现有的执行工作考核体系,科学设定执行标的到位率、执行申诉率、执行结案率、执行结案合格率、自行履行率等指标,合理分配考核分值,建立规范有效的考核评价机制。考核由各级人民法院在辖区范围内定期、统一进行,考核结果实行公开排位,并建立末位情况分析制、报告制以及责任追究制。实行执行案件质量评查和超期限分析制度,将执行案件的质量和效率纳入质效管理部门的监管范围。各级人民法院要建立执行人员考评机制,建立质效档案,并将其作为考评定级、提职提级、评优评先的重要依据。要规定科学的结案标准,建立严格的无财产案件的程序终结制度,并作结案统计。建立上级法院执行局和本院质效管理部门对执行错案和瑕疵案件的分析和责任倒查制度。上级法院撤销或改变下级法院裁定或决定时,要附带对案件进行责任分析。本院质效管理部门发现执行案件存在问题的,也要进行责任分析。

**三、继续推进执行改革**

(一)优化执行职权配置。一是进一步完善高级人民法院执行机构统一管理、统一协调的执行工作管理机制,中级人民法院(直辖市除外)对所辖地区执行工作实行统一管理、统一协调。进一步推进"管案、管事、管人"相结合的管理模式。二是实行案件执行重心下移,最高人民法院和高级人民法院作为执行工作统一管理、统一协调的机构,原则上不执行具体案件,案件主要由中级人民法院和基层人民法院执行,也可以指定专门法院执行某些特定案件,以排除不当干预。三是科学界定执行审查权和执行实施权,并分别由不同的内设机构或者人员行使。将财产调查、控制、处分及交付和分配、采取罚款、拘留强制措施等事项交由实施机构办理,对各类执行异议、复议、案外人异议及变更执行法院的申请等事项交由审查机构办理。四是实行科学的执行案件流程管理,打破一个人负责到底的传统执行模式,积极探索建立分段集约执行的工作机制。指定专人负责统一调查、控制和处分被执行财产,以提高执行效率。要实施以节点控制为特征的流程管理制度,充分发挥合议庭和审判长(执行长)联席会议在审查、评议并提出执行方案方面的作用。

(二)统一执行机构设置。各级人民法院统一设立执行局,并统一执行局内设机构及职能。高级人民法院设立复议监督、协调指导、申诉审查以及综合管理机构,中级人民法院和基层人民法院设执行实施、执行审查、申诉审查和综合管理机构。复议监督机构负责执行案件的监督,并办理异议复议、申请变更执行法院和执行监督案件;协调指导机构负责跨辖区委托执行案件和异地执行案件的协调和管理,办理执行请示案件以及负责与同级政府有关部门的协调;申诉审查机构负责执行申诉信访案件的审查和督办等事项;综合管理机构负责辖区执行工作的管理部署、巡视督查、评估考核、起草规范性文件、调研统计等各类综合性事项。

(三)合理确定执行机构与其他部门的职责分工。要理顺执行机构与法院其他相关部门的职责分工,推进执行工作专业化和执行队伍职业化建设。实行严格的归口管理,明确行政非诉案件和行政诉讼案件的执行,财产保全、先予执行、财产刑等统一由执行机构负责实施。加强和规范司法警察参与执行工作。基层人民法院审判监督庭和高、中级人民法院的质效管理部门承担执行工作质量监督、瑕疵案件责任分析等职能。

**四、强化执行监督制约机制**

各级人民法院要把强化执行监督制约机制作为长效机制建设的重要内容,切实抓紧抓好。一是按照分权制衡的原则对执行权进行科学配置。区分执行审查权和执行实施权,分别由不同的内设机构或者人员行使,使各项权能之间相互制约、相互监督,保证执行权的正当行使。二是对执行实施的重点环节和关键节点进行风险防范。除编制很少的地区外,应当对执行实施权再行分解,总结出重点环节和关键节点,划分为若干阶段,由不同组织或人员负责,加强相互监督和制约,以此强化对执行工作的动态管理,防止执行权的滥用。三是加大上级法院对下级法院的监督力度。认真实施、严格落实修改后的民事诉讼法,通过办理执行异议、执行复议和案外人异议案件,以及上级法院提级执行、指定执行、交叉执行等途径,纠正违法执行和消极执行行为,加强对执行权行使的监督。四是进一步实行执行公开，自觉接受执行各方当事人的监督。建立执行立案阶段发放廉政监督卡或者执行监督卡、送达执行文书时公布或告知举报电话、当事人正当参与执行等制度。要抓好执行公开制度的贯彻落实，利用信息化手段和网络增强执行工作透明度，严禁暗箱操作，切实保障当事人的知情权、参与权、监督权，预防徇私枉法、权钱交易、违法干预办案等问题的发生，确保执行公正。五是拓宽监督渠道，主动接受社会各界对执行工作的监督。完善党委、人大、舆论等各类监督机制，探索人民陪审员和执行监督员参与执行工作的办法和途径，提高执行的公信力。

**五、进一步加强执行队伍建设**

各级人民法院要高度重视执行队伍建设。要加强对各级人民法院执行局负责人和执行人员的培训，开展执行人员与各业务部门审判人员的定期交流。要突出加强执行队伍廉政建设，逐步在执行机构配备廉政监察员，加大执行中容易产生腐败的重点环节的监督力度；加强对执行人员的职业道德教育、权力观教育和警示教育；规范执行人员与当事人、律师的交往，细化岗位职责，强化工作管理措施，化解廉政风险；建立顺畅的举报、检举、控告渠道和强有力的违法违纪行为的查纠机制，确保"五个严禁"在执行工作中得到全面贯彻。要根据执行工作的实际需要，配齐配强执行人员，确保实现中发〔1999〕11号文件规定的执行人员比例不少于全体干警现有编制总数15%的要求，确保执行人员的文化程度不低于所在法院人员的平均水平。要尽快制定下发《人民法院执行员条例》，对执行员的任职条件、任免程序、工作职责、考核培训等内容作出规定，努力建设一支公正、高效、廉洁、文明的执行队伍。

## 最高人民法院关于查封法院全部处分标的物后轮候查封的效力问题的批复

· 2007年9月11日
· 法函〔2007〕100号

北京市高级人民法院：

你院《关于查封法院全部处分标的物后，轮候查封的效力问题的请示》（京高法〔2007〕208号）收悉。经研究，答复如下：

根据《最高人民法院关于人民法院民事执行中查封、扣押、冻结财产的规定》（法释〔2004〕15号）第二十八条第一款的规定，轮候查封、扣押、冻结自在先的查封、扣押、冻结解除时自动生效，故人民法院对已查封、扣押、冻结的全部财产进行处分后，该财产上的轮候查封自始未产生查封、扣押、冻结的效力。同时，根据上述司法解释第三十条的规定，人民法院对已查封、扣押、冻结的财产进行拍卖、变卖或抵债的，原查封、扣押、冻结的效力消灭，人民法院无需先行解除该财产上的查封、扣押、冻结，可直接进行处分，有关单位应当协助办理有关财产权证照转移手续。

此复。

## 最高人民法院印发《关于人民法院执行公开的若干规定》和《关于人民法院办理执行案件若干期限的规定》的通知

· 2006年12月23日
· 法发〔2006〕35号

各省、自治区、直辖市高级人民法院，解放军军事法院，新疆维吾尔自治区高级人民法院生产建设兵团分院：

现将最高人民法院《关于人民法院执行公开的若干规定》和《关于人民法院办理执行案件若干期限的规定》印发给你们，请遵照执行。

执行中有何问题，请及时报告最高人民法院。

附一

## 关于人民法院执行公开的若干规定

为进一步规范人民法院执行行为，增强执行工作的透明度，保障当事人的知情权和监督权，进一步加强对执行工作的监督，确保执行公正，根据《中华人民共和国民事诉讼法》和有关司法解释等规定，结合执行工作实际，制定本规定。

**第一条** 本规定所称的执行公开，是指人民法院将案件执行过程和执行程序予以公开。

**第二条** 人民法院应当通过通知、公告或者法院网络、新闻媒体等方式，依法公开案件执行各个环节和有关信息，但涉及国家秘密、商业秘密等法律禁止公开的信息除外。

**第三条** 人民法院应当向社会公开执行案件的立案标准和启动程序。

人民法院对当事人的强制执行申请立案受理后，应当及时将立案的有关情况、当事人在执行程序中的权利和义务以及可能存在的执行风险书面告知当事人;不予立案的,应当制作裁定书送达申请人,裁定书应当载明不予立案的法律依据和理由。

**第四条** 人民法院应当向社会公开执行费用的收费标准和根据,公开执行费减、缓、免交的基本条件和程序。

**第五条** 人民法院受理执行案件后,应当及时将案件承办人或合议庭成员及联系方式告知双方当事人。

**第六条** 人民法院在执行过程中,申请执行人要求了解案件执行进展情况的,执行人员应当如实告知。

**第七条** 人民法院对申请执行人提供的财产线索进行调查后,应当及时将调查结果告知申请执行人;对依职权调查的被执行人财产状况和被执行人申报的财产状况,应当主动告知申请执行人。

**第八条** 人民法院采取查封、扣押、冻结、划拨等执行措施的,应当依法制作裁定书送达被执行人,并在实施执行措施后将有关情况及时告知双方当事人,或者以方便当事人查询的方式予以公开。

**第九条** 人民法院采取拘留、罚款、拘传等强制措施的,应当依法向被采取强制措施的人出示有关手续,并说明对其采取强制措施的理由和法律依据。采取强制措施后,应当将情况告知其他当事人。

采取拘留或罚款措施的,应当在决定书中告知被拘留或者被罚款的人享有向上级人民法院申请复议的权利。

**第十条** 人民法院拟委托评估、拍卖或者变卖被执行人财产的,应当及时告知双方当事人及其他利害关系人,并严格按照《中华人民共和国民事诉讼法》和最高人民法院《关于人民法院民事执行中拍卖、变卖财产的规定》等有关规定,采取公开的方式选定评估机构和拍卖机构,并依法公开进行拍卖、变卖。

评估结束后,人民法院应当及时向双方当事人及其他利害关系人送达评估报告;拍卖、变卖结束后,应当及时将结果告知双方当事人及其他利害关系人。

**第十一条** 人民法院在办理参与分配的执行案件时,应当将被执行人财产的处理方案、分配原则和分配方案以及相关法律规定告知申请参与分配的债权人。必要时,应当组织各方当事人举行听证会。

**第十二条** 人民法院对案外人异议、不予执行的申请以及变更、追加被执行主体等重大执行事项,一般应当公开听证进行审查;案情简单、事实清楚,没有必要听证的,人民法院可以直接审查。审查结果应当依法制作裁定书送达各方当事人。

**第十三条** 人民法院依职权对案件中止执行的,应当制作裁定书并送达当事人。裁定书应当说明中止执行的理由,并明确援引相应的法律依据。

对已经中止执行的案件,人民法院应当告知当事人中止执行案件的管理制度、申请恢复执行或者人民法院依职权恢复执行的条件和程序。

**第十四条** 人民法院依职权对据以执行的生效法律文书终结执行的,应当公开听证,但申请执行人没有异议的除外。

终结执行应当制作裁定书并送达双方当事人。裁定书应当充分说明终结执行的理由,并明确援引相应的法律依据。

**第十五条** 人民法院未能按照最高人民法院《关于人民法院办理执行案件若干期限的规定》中规定的期限完成执行行为的,应当及时向申请执行人说明原因。

**第十六条** 人民法院对执行过程中形成的各种法律文书和相关材料,除涉及国家秘密、商业秘密等不宜公开的文书材料外,其他一般都应当予以公开。

当事人及其委托代理人申请查阅执行卷宗的,经人民法院许可,可以按照有关规定查阅、抄录、复制执行卷宗正卷中的有关材料。

**第十七条** 对违反本规定不公开或不及时公开案件执行信息的,视情节轻重,依有关规定追究相应的责任。

**第十八条** 各高级人民法院在实施本规定过程中,可以根据实际需要制定实施细则。

**第十九条** 本规定自 2007 年 1 月 1 日起施行。

附二

## 最高人民法院关于人民法院办理执行案件若干期限的规定

为确保及时、高效、公正办理执行案件,依据《中华人民共和国民事诉讼法》和有关司法解释的规定,结合执行工作实际,制定本规定。

**第一条** 被执行人有财产可供执行的案件,一般应当在立案之日起 6 个月内执结;非诉执行案件一般应当在立案之日起 3 个月内执结。

有特殊情况须延长执行期限的,应当报请本院院长或副院长批准。

申请延长执行期限的,应当在期限届满前 5 日内提出。

**第二条** 人民法院应当在立案后7日内确定承办人。

**第三条** 承办人收到案件材料后，经审查认为情况紧急、需立即采取执行措施的，经批准后可立即采取相应的执行措施。

**第四条** 承办人应当在收到案件材料后3日内向被执行人发出执行通知书，通知被执行人按照有关规定申报财产，责令被执行人履行生效法律文书确定的义务。

被执行人在指定的履行期间内有转移、隐匿、变卖、毁损财产等情形的，人民法院在获悉后应当立即采取控制性执行措施。

**第五条** 承办人应当在收到案件材料后3日内通知申请执行人提供被执行人财产状况或财产线索。

**第六条** 申请执行人提供了明确、具体的财产状况或财产线索的，承办人应当在申请执行人提供财产状况或财产线索后5日内进行查证、核实。情况紧急的，应当立即予以核查。

申请执行人无法提供被执行人财产状况或财产线索，或者提供财产状况或财产线索确有困难，需人民法院进行调查的，承办人应当在申请执行人提出调查申请后10日内启动调查程序。

根据案件具体情况，承办人一般应当在1个月内完成对被执行人收入、银行存款、有价证券、不动产、车辆、机器设备、知识产权、对外投资权益及收益、到期债权等资产状况的调查。

**第七条** 执行中采取评估、拍卖措施的，承办人应当在10日内完成评估、拍卖机构的遴选。

**第八条** 执行中涉及不动产、特定动产及其他财产需办理过户登记手续的，承办人应当在5日内向有关登记机关送达协助执行通知书。

**第九条** 对执行异议的审查，承办人应当在收到异议材料及执行案卷后15日内提出审查处理意见。

**第十条** 对执行异议的审查需进行听证的，合议庭应当在决定听证后10日内组织异议人、申请执行人、被执行人及其他利害关系人进行听证。

承办人应当在听证结束后5日内提出审查处理意见。

**第十一条** 对执行异议的审查，人民法院一般应当在1个月内办理完毕。

需延长期限的，承办人应当在期限届满前3日内提出申请。

**第十二条** 执行措施的实施及执行法律文书的制作需报经审批的，相关负责人应当在7日内完成审批程序。

**第十三条** 下列期间不计入办案期限：
1. 公告送达执行法律文书的期间；
2. 暂缓执行的期间；
3. 中止执行的期间；
4. 就法律适用问题向上级法院请示的期间；
5. 与其他法院发生执行争议报请共同的上级法院协调处理的期间。

**第十四条** 法律或司法解释对办理期限有明确规定的，按照法律或司法解释规定执行。

**第十五条** 本规定自2007年1月1日起施行。

## 最高人民法院印发《关于执行案件督办工作的规定》等三项执行工作制度的通知

·2006年5月18日
·法发〔2006〕11号

各省、自治区、直辖市高级人民法院，解放军军事法院，新疆维吾尔自治区高级人民法院生产建设兵团分院：

现将《关于执行案件督办工作的规定（试行）》、《关于执行款物管理工作的规定（试行）》[①]、《人民法院执行文书立卷归档办法（试行）》等三项执行工作制度印发给你们，请认真贯彻执行。

执行中有何问题，请及时报告我院。

### 关于执行案件督办工作的规定（试行）

为了加强和规范上级法院对下级法院执行案件的监督，根据《中华人民共和国民事诉讼法》及有关司法解释的规定，结合人民法院执行工作的实践，制定本规定。

**第一条** 最高人民法院对地方各级人民法院执行案件进行监督。高级人民法院、中级人民法院对本辖区内人民法院执行案件进行监督。

**第二条** 当事人反映下级法院有消极执行或者案件长期不能执结，上级法院认为情况属实的，应当督促下级法院及时采取执行措施，或者在指定期限内办结。

**第三条** 上级法院应当在受理反映下级法院执行问题的申诉后十日内，对符合督办条件的案件制作督办函，

---

① 该文件被最高人民法院《关于严格规范执行事项委托工作的管理办法（试行）》废止。

并附相关材料函转下级法院。遇有特殊情况，上级法院可要求下级法院立即进行汇报，或派员实地进行督办。

下级法院在接到上级法院的督办函后，应指定专人办理。

**第四条** 下级法院应当在上级法院指定的期限内，将案件办理情况或者处理意见向督办法院作出书面报告。

**第五条** 对于上级法院督办的执行案件，被督办法院应当按照上一级法院的要求，及时制作案件督办函，并附案件相关材料函转至执行法院。被督办法院负责在上一级法院限定的期限届满前，将督办案件办理情况书面报告上一级法院，并附相关材料。

**第六条** 下级法院逾期未报告工作情况或案件处理结果的，上级法院根据情况可以进行催报，也可以直接调卷审查，指定其他法院办理，或者提级执行。

**第七条** 上级法院收到下级法院的书面报告后，认为下级法院的处理意见不当的，应当提出书面意见函告下级法院。下级法院应当按照上级法院的意见办理。

**第八条** 下级法院认为上级法院的处理意见错误，可以按照有关规定提请上级法院复议。

对下级法院提请复议的案件，上级法院应当另行组成合议庭进行审查。经审查认为原处理意见错误的，应当纠正；认为原处理意见正确的，应当拟函督促下级法院按照原处理意见办理。

**第九条** 对于上级法院督办的执行案件，下级法院无正当理由逾期未报告工作情况或案件处理结果，或者拒不落实、消极落实上级法院的处理意见，经上级法院催办后仍未纠正的，上级法院可以在辖区内予以通报，并依据有关规定追究相关法院或者责任人的责任。

**第十条** 本规定自公布之日起施行。

## 人民法院执行文书立卷归档办法（试行）

### 一、总 则

**第一条** 为了加强执行文书的立卷归档工作，根据《中华人民共和国档案法》、《人民法院档案管理办法》等有关规定，结合人民法院执行工作实际，制定本办法。

**第二条** 本办法所称的执行文书，是指人民法院在案件执行过程中所形成的一切与案件有关的各类文书材料。

**第三条** 人民法院办理的下列执行案件，纳入立卷归档的范围：

1. 本院直接受理的执行案件；
2. 提级执行、受指定执行的案件；
3. 受托执行的案件；
4. 执行监督、请示、协调的案件；
5. 申请复议的案件；
6. 其他执行案件。

**第四条** 执行案件由立案庭统一立案，按照案件类型分类编号。

执行案件必须一案一号。一个案件从收案到结案所形成的法律文书、公文、函电等所有司法文书以及执行文书的立卷、归档、保管均使用收案时编定的案号。

中止执行的案件恢复执行后，不得重新立案，应继续使用原案号。

**第五条** 执行文书材料由承办书记员负责收集、整理立卷，承办执行法官或执行员和部门领导负责检查卷宗质量，并监督承办书记员按期归档。

### 二、执行文书材料的收集

**第六条** 执行案件收案后，承办书记员即开始收集有关本案的各种文书材料，着手立卷工作。

**第七条** 执行文书材料应全面、真实地反映执行的整个过程和具体情况。

**第八条** 送达法律文书应当有送达回证附卷。

邮寄送达法律文书被退回的，挂号函件收据、附有邮局改退批条的退回邮件信扎应当附卷。

公告送达法律文书的，公告的原件和附件、刊登公告的报纸版面或张贴公告的照片应当附卷。

**第九条** 执行款物的收付材料必须附卷，包括收取执行款物的收据存根；交付、退回款物后当事人开具的收据；划款通知书；法院扣收申请执行费、实际支出费的票据；以物抵债裁定书及抵债物交付过程的材料；双方当事人签订和解协议后交付款物的收据复印件等。

**第十条** 入卷的执行法律文书，除卷内装订的外，应当随卷各附三份归档，装入卷底袋内备用。其他文书材料，一般只保存一份（有领导人批示的材料除外）。

**第十一条** 入卷的执行文书材料应当保留原件，未能提供原件的可保存一份复印件，但要注明没有原件的原因。执行人员依职权通过摘录、复制方式取得的与案件有关的证明材料，应注明来源、日期，并由经手人或经办人签名，同时加盖提供单位印章。

**第十二条** 下列文书材料一般不归档：

1. 没有证明价值的信封、工作材料；
2. 内容相同的重份材料；
3. 法规、条例复制件；

4. 一般的法律文书草稿（未定稿）；
5. 与本案无关的材料。

第十三条 在案件办结以后，执行人员应当认真检查全案的文书材料是否收集齐全，若发现法律文书不完备的，应当及时补齐。

### 三、执行文书材料的排列

第十四条 执行文书材料的排列顺序应当按照执行程序的进程、形成文书的时间顺序，兼顾文书材料之间的有机联系进行排列。

执行卷宗应当按照利于保密、方便利用的原则，分别立正卷和副卷。无不宜公开内容的案件可以不立副卷。

第十五条 执行案件正卷文书材料排列顺序：
1. 卷宗封面；2. 卷内目录；3. 立案审批表；4. 申请执行书；5. 执行依据；6. 受理案件通知书、举证通知书及送达回执；7. 案件受理费及实际支出费收据；8. 执行通知书、财产申报通知书及送达回执；9. 申请执行人、被执行人身份证明、工商登记资料、法定代表人身份证明及授权委托书、律师事务所函；10. 申请执行人、被执行人、案外人举证材料；11. 询问笔录、调查笔录、听证笔录、执行笔录及人民法院取证材料；12. 采取、解除、撤销强制执行措施（包括查询、查封、冻结、扣划、扣押、评估、拍卖、变卖、搜查、拘传、罚款、拘留等）文书材料；13. 追加、变更执行主体裁定书正本；14. 强制执行裁定书正本；15. 执行和解协议；16. 执行和解协议履行情况的证明材料；17. 以物抵债裁定书及相关材料；18. 中止执行、终结执行、不予执行裁定书及执行凭证；19. 执行款物收取、交付凭证及有关审批材料；20. 延长执行期限的审批表；21. 结案报告、结案审批表；22. 送达回证；23. 备考表；24. 证物袋；25. 卷底。

第十六条 执行监督案件正卷文书材料的排列顺序：
1. 卷宗封面；2. 卷内目录；3. 立案审批表；4. 执行监督申请书；5. 原执行裁定书；6. 当事人身份证明或法定代表人身份证明及授权委托书、律师事务所函；7. 当事人提供的证据材料；8. 听证笔录、调查笔录；9. 督办函；10. 执行法院书面报告；11. 监督结果或有关裁定书；12. 结案报告、结案审批表；13. 送达回证；14. 备考表；15. 证物袋；16. 卷底。

第十七条 执行协调案件文书材料的排列顺序：
1. 卷宗封面；2. 卷内目录；3. 立案审批表；4. 请求协调报告及相关证据材料；5. 协调函；6. 被协调法院的报告及相关证据材料；7. 协调会议记录；8. 承办人审查报告；9. 合议庭评议案件笔录；10. 执行局（庭）研究案件记录及会议纪要；11. 审判委员会研究案件记录及会议纪要；12. 协调意见书；13. 结案报告、结案审批表；14. 备考表；15. 证物袋；16. 卷底。

第十八条 执行请示案件文书材料的排列顺序：
1. 卷宗封面；2. 卷内目录；3. 立案审批表；4. 请示报告及相关证据材料；5. 承办人审查报告；6. 合议庭评议案件笔录；7. 执行局（庭）研究案件笔录及会议纪要；8. 本院审判委员会评议案件笔录及会议纪要；9. 向上级法院的请示或报告；10. 批复意见；11. 结案报告、结案审批表；12. 备考表；13. 证物袋；14. 卷底。

第十九条 执行复议案件正卷文书材料的排列顺序：
1. 卷宗封面；2. 卷内目录；3. 立案审批表；4. 复议申请书；5. 原决定书；6. 复议申请人身份证明、法定代表人身份证明及授权委托书、律师事务所函；7. 复议申请人提供的证据材料；8. 听证笔录、调查笔录；9. 复议决定书；10. 结案报告、结案审批表；11. 送达回证；12. 备考表；13. 证物袋；14. 卷底。

第二十条 各类执行案件副卷文书材料的排列顺序：
1. 卷宗封面；2. 卷内目录；3. 阅卷笔录；4. 执行方案；5. 承办人与有关部门内部交换意见的材料或笔录；6. 有关案件的内部请示与批复；7. 上级法院及有关单位领导人对案件的批示；8. 承办人审查报告；9. 合议庭评议案件笔录；10. 执行局（庭）研究案件记录及会议纪要；11. 审判委员会研究案件记录及会议纪要；12. 法律文书签发件；13. 其他不宜公开的材料；14. 备考表；15. 证物袋；16. 卷底。

### 四、执行文书的立卷及卷宗装订

第二十一条 人民法院执行文书材料经过系统收集、整理、排列后，逐页编号。页号一律用阿拉伯数字编写，正面书写在右上角，背面书写在左上角，背面无字迹的不编页号。卷宗封面、卷内目录、备考表、证物袋、卷底不编页号。

第二十二条 执行文书材料包括卷皮的书写、签发必须使用碳素墨水、蓝黑墨水或微机打印，如出现文书材料使用红、蓝墨水或铅笔、圆珠笔及易褪色不易长期保管书写工具书写的，要附复印件。需要归档的传真文书料必须复印，复印件归档，传真件不归档。

第二十三条 卷宗封面必须按项目要求填写齐全，

字迹工整、规范、清晰。卷面案号应当与卷内文件案号一致;案件类别栏填写"执行";案由栏填写执行依据确认的案由;当事人栏应当填写准确、完整,不能缩编、简称或省略;收、结案日期应当与卷内文书记载一致;执行标的栏,应当填写申请执行标的;执行结果栏,应当填写已经执行的金额或其他情况;裁决机关栏,应当填写作出生效法律文书的机关;结案方式栏,按不同情况分别填写自动履行、强制执行、终结执行、执行和解或不予执行等;结案日期栏,应当填写批准报结的日期。

第二十四条 卷内目录应当按文书材料顺序逐项填写。一份文书材料编一个顺序号。

第二十五条 卷内文件目录所在页的编号,除最后一份需填写起止号外,其余只填起号。

第二十六条 卷内备考表,由本卷情况说明、立卷人、检查人、验收人、立卷日期等项目组成。

"本卷情况说明"栏内填写卷内文书缺损、修改、补充、移出、销毁等情况;"立卷人"由立卷人签字;"检查人"由承办执行法官或执行员签字;"验收人"由档案部门接收人签字;"立卷日期"填写立卷完成的日期。

第二十七条 卷宗的装订必须牢固、整齐、美观,便于保管和利用。

每卷的厚度以不超过15毫米为宜,材料过多的,应当按顺序分册装订。每册案卷都从"1"开始编写页号。卷宗装订齐下齐右、三孔一线,长度以180毫米左右为宜,并在卷底装订线结扣处粘贴封条,由立卷人盖章。

第二十八条 卷宗装订前,要对文书材料进行全面检查,材料不完整的要补齐,破损或褪色、字迹扩散的要修补、复制。

卷内材料用纸以A4办公纸为标准。纸张过大的要修剪折叠,纸张过小、订口过窄的要加贴衬纸。

外文及少数民族文字材料应当附上汉语译文。

作为证据查考日期的信封,保留原件,打开展平加贴衬纸。

卷宗内严禁留置金属物。

### 五、执行卷宗的归档和保管

第二十九条 执行人员应当妥善保管执行卷宗,防止卷宗毁损、遗漏、丢失。

第三十条 承办书记员应当在案件报结后一个月内将执行卷宗装订完毕,并送有关部门或负责人核查是否符合案件归档条件,验收合格的应当立即归档。不合格的,应当及时予以补救。

执行卷宗应当在案件报结后的三个月内完成归档工作。

第三十一条 执行机构应当对执行卷宗的归档情况登记造册,归档案件必须有档案部门的签收手续。

第三十二条 中止执行的案件可以由执行机构统一保管执行卷宗,不得在执行人员处存放。

第三十三条 执行档案的保管期限由档案管理部门按照有关规定确定。

第三十四条 已经归档的卷宗不得抽取材料,确需增添材料的,应当征得档案管理人员同意后,按立卷要求办理。

第三十五条 对违反本办法未及时归档、任意从案卷中抽取文书材料或损毁、遗漏、丢失案卷材料的有关人员,视情节轻重,依有关规定作出相应处理。

### 六、附　则

第三十六条 各高级人民法院在实施本办法过程中,可以根据实际需要制定实施细则。

第三十七条 本办法自公布之日起施行。

## 最高人民法院关于冻结、扣划证券交易结算资金有关问题的通知

· 2004年11月9日
· 法[2004]239号

各省、自治区、直辖市高级人民法院,解放军军事法院,新疆维吾尔自治区高级人民法院生产建设兵团分院:

为了保障金融安全和社会稳定,维护证券市场正常交易结算秩序,保护当事人的合法权益,保障人民法院依法执行,经商中国证券监督管理委员会,现就人民法院冻结、扣划证券交易结算资金有关问题通知如下:

一、人民法院办理涉及证券交易结算资金的案件,应当根据资金的不同性质区别对待。证券交易结算资金,包括客户交易结算资金和证券公司从事自营证券业务的自有资金。证券公司将客户交易结算资金全额存放于客户交易结算资金专用存款账户和结算备付金账户,将自营证券业务的自有资金存放于自有资金专用存款账户,而上述账户均应报中国证券监督管理委员会备案。因此,对证券市场主体为被执行人的案件,要区别处理:

当证券公司为被执行人时,人民法院可以冻结、扣划该证券公司开设的自有资金存款账户中的资金,但不得冻结、扣划该证券公司开设的客户交易结算资金专用存款账户中的资金。

当客户为被执行人时,人民法院可以冻结、扣划该客户在证券公司营业部开设的资金账户中的资金,证券公司应当协助执行。但对于证券公司在存管银行开设的客户交易结算资金专用存款账户中属于所有客户共有的资金,人民法院不得冻结、扣划。

二、人民法院冻结、扣划证券结算备付金时,应当正确界定证券结算备付金与自营结算备付金。证券结算备付金是证券公司从客户交易结算资金、自营证券业务的自有资金中缴存于中国证券登记结算有限责任公司(以下简称登记结算公司)的结算备用资金,专用于证券交易成交后的清算,具有结算履约担保作用。登记结算公司对每个证券公司缴存的结算备付金分别设立客户结算备付金账户和自营结算备付金账户进行账务管理,并依照经中国证券监督管理委员会批准的规则确定结算备付金最低限额。因此,对证券公司缴存在登记结算公司的客户结算备付金,人民法院不得冻结、扣划。

当证券公司为被执行人时,人民法院可以向登记结算公司查询确认该证券公司缴存的自营结算备付金余额;对其最低限额以外的自营结算备付金,人民法院可以冻结、扣划,登记结算公司应当协助执行。

三、人民法院不得冻结、扣划新股发行验资专用账户中的资金。登记结算公司在结算银行开设的新股发行验资专用账户,专门用于证券市场的新股发行业务中的资金存放、调拨,并按照中国证券监督管理委员会批准的规则开立、使用、备案和管理,故人民法院不得冻结、扣划该专用账户中的资金。

四、人民法院在执行中应当正确处理清算交收程序与执行财产顺序的关系。当证券公司或者客户为被执行人时,人民法院可以冻结属于该被执行人的已完成清算交收后的证券或者资金,并以书面形式责令其在7日内提供可供执行的其他财产。被执行人提供了其他可供执行的财产的,人民法院应当先执行该财产;逾期不提供或者提供的财产不足清偿债务的,人民法院可以执行上述已经冻结的证券或者资金。

对被执行人的证券交易成交后进入清算交收期间的证券或者资金,以及被执行人为履行清算交收义务交付给登记结算公司但尚未清算的证券或者资金,人民法院不得冻结、扣划。

五、人民法院对被执行人证券账户内的流通证券采取执行措施时,应当查明该流通证券确属被执行人所有。

人民法院执行流通证券,可以指令被执行人所在的证券公司营业部在30个交易日内通过证券交易将该证券卖出,并将变卖所得价款直接划付到人民法院指定的账户。

六、人民法院在冻结、扣划证券交易结算资金的过程中,对于当事人或者协助执行人对相关资金是否属客户交易结算资金、结算备付金提出异议的,应当认真审查;必要时,可以提交中国证券监督管理委员会作出审查认定后,依法处理。

七、人民法院在证券交易、结算场所采取保全或者执行措施时,不得影响证券交易、结算业务的正常秩序。

八、本通知自发布之日起执行。发布前最高人民法院的其他规定与本通知的规定不一致的,以本通知为准。

特此通知。

## 最高人民法院关于在审理和执行民事、经济纠纷案件时不得查封、冻结和扣划社会保险基金的通知

·2000年2月18日
·法〔2000〕19号

各省、自治区、直辖市高级人民法院,新疆维吾尔自治区高级人民法院生产建设兵团分院:

近一个时期,少数法院在审理和执行社会保险机构原下属企业(现已全部脱钩)与其他企业、单位的经济纠纷案件时,查封社会保险机构开设的社会保险基金账户,影响了社会保险基金的正常发放,不利于社会的稳定。为杜绝此类情况的发生,特通知如下:

社会保险基金是由社会保险机构代参保人员管理,并最终由参保人员享用的公共基金,不属于社会保险机构所有。社会保险机构对该项基金设立专户管理,专款专用,专项用于保障企业退休职工、失业人员的基本生活需要,属专项资金,不得挪作他用。因此,各地人民法院在审理和执行民事、经济纠纷案件时,不得查封、冻结或扣划社会保险基金;不得用社会保险基金偿还社会保险机构及其原下属企业的债务。

各地人民法院如发现有违反上述规定的,应当及时依法予以纠正。

· 典型案例

## 1. 江苏天宇建设集团有限公司与无锡时代盛业房地产开发有限公司执行监督案①

**关键词** 执行/执行监督/和解协议/迟延履行/履行完毕

**【裁判要点】**

在履行和解协议的过程中，申请执行人因被执行人迟延履行申请恢复执行的同时，又继续接受并积极配合被执行人的后续履行，直至和解协议全部履行完毕的，属于民事诉讼法及相关司法解释规定的和解协议已经履行完毕不再恢复执行原生效法律文书的情形。

**【相关法条】**

《中华人民共和国民事诉讼法》第204条

**【基本案情】**

江苏天宇建设集团有限公司(以下简称天宇公司)与无锡时代盛业房地产开发有限公司(以下简称时代公司)建设工程施工合同纠纷一案，江苏省无锡市中级人民法院(以下简称无锡中院)于2015年3月3日作出(2014)锡民初字第00103号民事判决，时代公司应于本判决发生法律效力之日起五日内支付天宇公司工程款14454411.83元以及相应的违约金。时代公司不服，提起上诉，江苏省高级人民法院(以下简称江苏高院)二审维持原判。因时代公司未履行义务，天宇公司向无锡中院申请强制执行。

在执行过程中，天宇公司与时代公司于2015年12月1日签订《执行和解协议》，约定：一、时代公司同意以其名下三套房产(云港佳园53-106、107、108商铺，非本案涉及房产)就本案所涉金额抵全部债权；二、时代公司在15个工作日内，协助天宇公司将抵债房产办理到天宇公司名下或该公司指定人员名下，并将三套商铺的租赁合同关系的出租人变更为天宇公司名下或该公司指定人员名下；三、本案目前涉案拍卖房产中止15个工作日拍卖(已经成交的除外)。待上述事项履行完毕后，涉案房产将不再拍卖，如未按上述协议处理完毕，申请人可以重新申请拍卖；四、如果上述协议履行完毕，本案目前执行阶段执行已到位的财产，返还时代公司指定账户；五、本协议履行完毕后，双方再无其他经济纠葛。

和解协议签订后，2015年12月21日(和解协议约定的最后一个工作日)，时代公司分别与天宇公司签订两份商品房买卖合同，与李思奇签订一份商品房买卖合同，并完成三套房产的网签手续。2015年12月25日，天宇公司向时代公司出具两份转账证明，载明：兹有本公司购买硕放云港佳园53-108、53-106、53-107商铺，购房款冲抵本公司在空港一号承建工程中所欠工程余款，金额以法院最终裁决为准。2015年12月30日，时代公司、天宇公司在无锡中院主持下，就和解协议履行情况及查封房产解封问题进行沟通。无锡中院同意对查封的39套房产中的30套予以解封，并于2016年1月5日向无锡市不动产登记中心新区分中心送达协助解除通知书，解除了对时代公司30套房产的查封。因上述三套商铺此前已由时代公司于2014年6月出租给江苏银行股份有限公司无锡分行(以下简称江苏银行)。2016年1月，时代公司(甲方)、天宇公司(乙方)、李思奇(丙方)签订了一份《补充协议》，明确自该补充协议签订之日起时代公司完全退出原《房屋租赁合同》，天宇公司与李思奇应依照原《房屋租赁合同》中约定的条款，直接向江苏银行主张租金。同时三方确认，2015年12月31日前房屋租金已付清，租金收款单位为时代公司。2016年1月26日，时代公司向江苏银行发函告知。租赁关系变更后，天宇公司和李思奇已实际收取自2016年1月1日起的租金。2016年1月14日，天宇公司弓奎林接收三套商铺初始登记证和土地分割证。2016年2月25日，时代公司就上述三套商铺向天宇公司、李思奇开具共计三张《销售不动产统一发票(电子)》，三张发票金额总计11999999元。发票开具后，天宇公司以时代公司违约为由拒收，时代公司遂邮寄至无锡中院，请求无锡中院转交。无锡中院于2016年4月1日将发票转交给天宇公司，天宇公司接受。2016年11月，天宇公司、李思奇办理了三套商铺的所有权登记手续，李思奇又将其名下的商铺转让给案外人罗某明、陈某。经查，登记在天宇公司名下的两套商铺于2016年12月2日被甘肃省兰州市七里河区人民法院查封，并被该院其他案件轮候查封。

2016年1月27日及2016年3月1日，天宇公司两次向无锡中院提交书面申请，以时代公司违反和解协议，未办妥房产证及租赁合同变更事宜为由，请求恢复本案执行，对时代公司名下已被查封的9套房产进行拍卖，扣减三张发票载明的11999999元之后，继续清偿生效判决确定的债权数额。2016年4月1日，无锡中院通知天宇公司、时代公司：时代公司未能按照双方和解协议履行，由于之前查封

---

① 案例来源：最高人民法院指导案例第126号。

的财产中已经解封30套,故对于剩余9套房产继续进行拍卖,对于和解协议中三套房产价值按照双方合同及发票确定金额,可直接按照已经执行到位金额认定,从应当执行总金额中扣除。同日即2016年4月1日,无锡中院在淘宝网上发布拍卖公告,对查封的被执行人的9套房产进行拍卖。时代公司向无锡中院提出异议,请求撤销对时代公司财产的拍卖,按照双方和解协议确认本执行案件执行完毕。

【裁判结果】

江苏省无锡市中级人民法院于2016年7月27日作出(2016)苏02执异26号执行裁定:驳回无锡时代盛业房地产开发有限公司的异议申请。无锡时代盛业房地产开发有限公司不服,向江苏省高级人民法院申请复议。江苏省高级人民法院于2017年9月4日作出(2016)苏执复160号执行裁定:一、撤销江苏省无锡市中级人民法院(2016)苏02执异26号执行裁定。二、撤销江苏省无锡市中级人民法院于2016年4月1日作出的对剩余9套房产继续拍卖且按合同及发票确定金额扣减执行标的的通知。三、撤销江苏省无锡市中级人民法院于2016年4月1日发布的对被执行人无锡时代盛业房地产开发有限公司所有的云港佳园39-1203、21-1203、11-202、17-102、17-202、36-1402、36-1403、36-1404、37-1401室九套房产的拍卖。江苏天宇建设集团有限公司不服江苏省高级人民法院复议裁定,向最高人民法院提出申诉。最高人民法院于2018年12月29日作出(2018)最高法执监34号执行裁定:驳回申诉人江苏天宇建设集团有限公司的申诉。

【裁判理由】

最高人民法院认为,根据《最高人民法院关于适用〈中华人民共和国民事诉讼法〉的解释》第四百六十七条的规定,一方当事人不履行或者不完全履行在执行中双方自愿达成的和解协议,对方当事人申请执行原生效法律文书的,人民法院应当恢复执行,但和解协议已履行的部分应当扣除。和解协议已经履行完毕的,人民法院不予恢复执行。本案中,按照和解协议,时代公司违反了关于协助办理抵债房产转移登记等义务的时间约定。天宇公司在时代公司完成全部协助义务之前曾先后两次向人民法院申请恢复执行。但综合而言,本案仍宜认定和解协议已经履行完毕,不应恢复执行。

主要理由如下:

第一,和解协议签订于2015年12月1日,约定15个工作日即完成抵债房产的所有权转移登记并将三套商铺租赁合同关系中的出租人变更为天宇公司或其指定人,这本身具有一定的难度,天宇公司应该有所预知。第二,在约定期限的最后一日即2015年12月21日,时代公司分别与天宇公司及其指定人李思奇签订商品房买卖合同并完成三套抵债房产的网签手续。从实际效果看,天宇公司取得该抵债房产已经有了较充分的保障。而且时代公司又于2016年1月与天宇公司及其指定人李思奇签订《补充协议》,就抵债房产变更租赁合同关系及时代公司退出租赁合同关系作出约定;并于2016年1月26日向江苏银行发函,告知租赁标的出售的事实并函请江苏银行尽快与新的买受人办理出租人变更手续。租赁关系变更后,天宇公司和李思奇已实际收取自2016年1月1日起的租金。同时,2016年1月14日,时代公司交付了三套商铺的初始登记证和土地分割证。由此可见,在较短时间内时代公司又先后履行了变更抵债房产租赁关系、转移抵债房产收益权、交付初始登记证和土地分割证等义务,即时代公司一直在积极地履行义务。第三,对于时代公司上述一系列积极履行义务的行为,天宇公司在明知该履行已经超过约定期限的情况下仍一一予以接受,并且还积极配合时代公司向人民法院申请解封已被查封的财产。天宇公司的上述行为已充分反映其认可超期履行,并在继续履行和解协议上与时代公司形成较强的信赖关系,在没有新的明确约定的情况下,应当允许时代公司在合理期限内完成全部义务的履行。第四,在时代公司履行完一系列主要义务,并于1月26日函告抵债房产的承租方该房产产权变更情况,使得天宇公司及其指定人能实际取得租金收益后,天宇公司在1月27日即首次提出恢复执行,并在时代公司开出发票后拒收,有违诚信。第五,天宇公司并没有提供充分的证据证明本案中的迟延履行行为会导致签订和解协议的目的落空,严重损害其利益。相反从天宇公司积极接受履行且未及时申请恢复执行的情况看,迟延履行并未导致和解协议签订的目的落空。第六,在时代公司因天宇公司拒收发票而将发票邮寄法院请予转交时,其全部协助义务即应认为已履行完毕,此时法院尚未实际恢复执行,此后再恢复执行亦不适当。综上,本案宜认定和解协议已经履行完毕,不予恢复执行。

**2. 陈载果与刘荣坤、广东省汕头渔业用品进出口公司等申请撤销拍卖执行监督案**[①]

关键词  执行/执行监督/司法拍卖/网络司法拍卖/

---

① 案例来源:最高人民法院指导案例第125号。

强制执行措施

**【裁判要点】**

网络司法拍卖是人民法院通过互联网拍卖平台进行的司法拍卖，属于强制执行措施。人民法院对网络司法拍卖中产生的争议，应当适用民事诉讼法及相关司法解释的规定处理。

**【相关法条】**

《中华人民共和国民事诉讼法》第204条

**【基本案情】**

广东省汕头市中级人民法院(以下简称汕头中院)在执行申请执行人刘荣坤与被执行人广东省汕头渔业用品进出口公司等借款合同纠纷一案中，于2016年4月25日通过淘宝网司法拍卖网络平台拍卖被执行人所有的位于汕头市升平区永泰路145号13—1地号地块的土地使用权，申诉人陈载果先后出价5次，最后一次于2016年4月26日10时17分26秒出价5282360.00元确认成交，成交后陈载果未缴交尚欠拍卖款。

2016年8月3日，陈载果向汕头中院提出执行异议，认为拍卖过程一些环节未适用拍卖法等相关法律规定，请求撤销拍卖，退还保证金23万元。

**【裁判结果】**

广东省汕头市中级人民法院于2016年9月18日作出(2016)粤05执异38号执行裁定，驳回陈载果的异议。陈载果不服，向广东省高级人民法院申请复议。广东省高级人民法院于2016年12月12日作出(2016)粤执复字243号执行裁定，驳回陈载果的复议申请，维持汕头市中级人民法院(2016)粤05执异38号执行裁定。申诉人陈载果不服，向最高人民法院申诉。最高人民法院于2017年9月2日作出(2017)最高法执监250号，驳回申诉人陈载果的申诉请求。

**【裁判理由】**

最高人民法院认为：

一、关于对网络司法拍卖的法律调整问题

根据《中华人民共和国拍卖法》规定，拍卖法适用于中华人民共和国境内拍卖企业进行的拍卖活动，调整的是拍卖人、委托人、竞买人、买受人等平等主体之间的权利义务关系。拍卖人接受委托人委托对拍卖标的进行拍卖，是拍卖人和委托人之间"合意"的结果，该委托拍卖系合同关系，属于私法范畴。人民法院司法拍卖是人民法院依法行使强制执行权，就查封、扣押、冻结的财产强制进行拍卖变价进而清偿债务的强制执行行为，其本质上属于司法行为，具有公法性质。该强制执行权并非来自于当事人的授权，无须征得当事人的同意，也不以当事人的意志为转移，而是基于法律赋予的人民法院的强制执行权，即来源于民事诉讼法及相关司法解释的规定。即便是在传统的司法拍卖中，人民法院委托拍卖企业进行拍卖活动，该拍卖企业与人民法院之间也不是平等关系，该拍卖企业的拍卖活动只能在人民法院的授权范围内进行。因此，人民法院在司法拍卖中应适用民事诉讼法及相关司法解释对人民法院强制执行的规定。网络司法拍卖是人民法院司法拍卖的一种优选方式，亦应适用民事诉讼法及相关司法解释对人民法院强制执行的规定。

二、关于本项网络司法拍卖行为是否存在违法违规情形问题

在网络司法拍卖中，竞价过程、竞买号、竞价时间、是否成交等均在交易平台展示，该展示具有一定的公示效力，对竞买人具有拘束力。该项内容从申请人提供的竞买记录也可得到证实。且在本项网络司法拍卖时，民事诉讼法及相关司法解释均没有规定网络司法拍卖成交后必须签订成交确认书。因此，申诉人称未签订成交确认书、不能确定权利义务关系的主张不能得到支持。

关于申诉人提出的竞买号牌A7822与J8809蓄谋潜入竞买场合恶意串通，该标的物从底价230万抬至530万，事后经过查证号牌A7822竞买人是该标的物委托拍卖人刘荣坤等问题。网络司法拍卖是人民法院依法通过互联网拍卖平台，以网络电子竞价方式公开处置财产，本质上属于人民法院"自主拍卖"，不存在委托拍卖人的问题。《最高人民法院关于人民法院民事执行中拍卖、变卖财产的规定》第十五条第二款明确规定申请执行人、被执行人可以参加竞买，作为申请执行人刘荣坤只要满足网络司法拍卖的资格条件即可以参加竞买。在网络司法拍卖中，即竞买人是否加价竞买、是否放弃竞买、何时加价竞买、何时放弃竞买完全取决于竞买人对拍卖标的物的价值认识。从申诉人提供的竞买记录看，申诉人在2016年4月26日9时40分53秒出价2377360元后，在竞买人叫价达到5182360元时，分别在2016年4月26日10时01分16秒、10时05分10秒、10时08分29秒、10时17分26秒加价竞买，足以认定申诉人对于自身的加价竞买行为有清醒的判断。以竞买号牌A7822与J8809连续多次加价竞买就认定该两位竞买人系蓄谋潜入竞买场合恶意串通理据不足，不予支持。

## 3. 中国防卫科技学院与联合资源教育发展(燕郊)有限公司执行监督案①

**关键词** 执行/执行监督/和解协议/执行原生效法律文书

**【裁判要点】**

申请执行人与被执行人对执行和解协议的内容产生争议，客观上已无法继续履行的，可以执行原生效法律文书。对执行和解协议中原执行依据未涉及的内容，以及履行过程中产生的争议，当事人可以通过其他救济程序解决。

**【相关法条】**

《中华人民共和国民事诉讼法》204 条

**【基本案情】**

联合资源教育发展(燕郊)有限公司(以下简称联合资源公司)与中国防卫科技学院(以下简称中防院)合作办学合同纠纷案，经北京仲裁委员会审理，于 2004 年 7 月 29 日作出(2004)京仲裁字第 0492 号裁决书(以下简称 0492 号裁决书)，裁决：一、终止本案合同；二、被申请人(中防院)停止其燕郊校园内的一切施工活动；三、被申请人(中防院)撤出燕郊校园；四、驳回申请人(联合资源公司)其他仲裁请求和被申请人(中防院)仲裁反请求；五、本案仲裁费 363364.91 元，由申请人(联合资源公司)承担 50%，以上裁决第二、三项被申请人(中防院)的义务，应于本裁决书送达之日起 30 日内履行完毕。

联合资源公司依据 0492 号裁决书申请执行，三河市人民法院立案执行。2005 年 12 月 8 日双方签订《联合资源教育发展(燕郊)有限公司申请执行中国防卫科技学院撤出校园和解执行协议》(以下简称《协议》)。《协议》序言部分载明："为履行裁决，在法院主持下经过调解，双方同意按下述方案执行。本执行方案由人民法院监督执行，本方案分三个步骤完成。"具体内容如下：一、评估阶段：(一)资产的评估。联合资源公司资产部分：1. 双方同意在人民法院主持下对联合资源公司资产进行评估。2. 评估的内容包括联合资源公司所建房产、道路及设施等投入的整体评估，土地所有权的评估。3. 评估由双方共同选定评估单位，评估价作为双方交易的基本参考价。中防院部分：1. 双方同意在人民法院主持下对中防院投入联合资源公司校园中的资产进行评估。2. 评估的内容包括，(1)双方《合作办学合同》执行期间联合资源公司同意中防院投资的固定资产；(2)双方《合作办学合同》执行期间联合资源公司未同意中防院投资的固定资产；(3)双方《合作办学合同》裁定终止后中防院投资的固定资产。具体情况由中防院和联合资源公司共同向人民法院提供相关证据。(二)校园占用费由双方共同商定。(三)关于教学楼施工，鉴于在北京仲裁委员会仲裁时教学楼基础土方工作已完成，如不进行施工和填平，将会影响周边建筑及学生安全，同时为有利于中防院的招生，联合资源公司同意中防院继续施工。(四)违约损失费用评估。1. 鉴于中防卫技术服务中心 1000 万元的实际支付人是中防院，同时校园的实际使用人也是中防院，为此联合资源公司依据过去各方达成的意向协议，同意该 1000 万元在方案履行过程中进行考虑。2. 由中防卫技术服务中心违约给联合资源公司造成的实际损失，应由中防卫技术服务中心承担。3. 该部分费用双方协商解决，解决不成双方同意在法院主持下进行执行听证会，法院依听证结果进行裁决。二、交割阶段：1. 联合资源公司同意在双方达成一致的情况下，转让其所有的房产和土地使用权，中防院收购上述财产。2. 在中防院不同意收购联合资源公司资产情况下，联合资源公司收购中防院资产。3. 当 1、2 均无法实现时，双方同意由人民法院委托拍卖。4. 拍卖方案如下：A. 起拍价，按评估后全部资产价格总和为起拍价。B. 如出现流拍，则下次拍卖起拍价下浮 15%，但流拍不超过两次。C. 如拍卖价高于首次起拍价，则按下列顺序清偿，首先清偿联合资源公司同意中防院投资的固定资产和联合资源公司原资产，不足清偿则按比例清偿。当不足以清偿时联合资源公司同意将教学楼所占土地部分(含周边土地部分)出让给中防院，其资产由中防院独立享有。拍卖过程中双方均有购买权。

上述协议签订后，执行法院委托华信资产评估公司对联合资源公司位于燕郊开发区地块及地面附属物进行价值评估，评估报告送达当事人后联合资源公司对评估报告提出异议，此后在执行法院的主持下，双方多次磋商，一直未能就如何履行上述和解协议达成一致。双方当事人分别对本案在执行过程中所达成的和解协议的效力问题，向执行法院提出书面意见。

**【裁判结果】**

三河市人民法院于 2016 年 5 月 30 日作出(2005)三执字第 445 号执行裁定：一、申请执行人联合资源教育发展(燕郊)有限公司与被执行人中国防卫科技学院于 2005 年 12 月 8 日达成的和解协议有效。二、申请执行人联合资源教育发展(燕郊)有限公司与被执行人中国防卫科技学院在校园内的资产应按双方于 2005 年 12 月 8 日达成的

---

① 案例来源：最高人民法院指导案例第 124 号。

和解协议约定的方式处置。联合资源教育发展(燕郊)有限公司不服,向廊坊市中级人民法院申请复议。廊坊市中级人民法院于2016年7月22日作出(2016)冀10执复46号执行裁定:撤销(2005)三执字第445号执行裁定。三河市人民法院于2016年8月26日作出(2005)三执字第445号之一执行裁定:一、申请执行人联合资源教育发展(燕郊)有限公司与被执行人中国防卫科技学院于2005年12月8日达成的和解协议有效。二、申请执行人联合资源教育发展(燕郊)有限公司与被执行人中国防卫科技学院在校园内的资产应按双于方2005年12月8日达成的和解协议约定的方式处置。联合资源教育发展(燕郊)有限公司不服,向河北省高级人民法院提起执行申诉。河北省高级人民法院于2017年3月21日作出(2017)冀执监130号执行裁定:一、撤销三河市人民法院作出的(2005)三执字第445号执行裁定书、(2005)三执字第445号之一执行裁定书及河北省廊坊市中级人民法院作出的(2016)冀10执复46号执行裁定书。二、继续执行北京仲裁委员会作出的(2004)京仲裁字第0492号裁决书中的第三、五项内容(即被申请人中国防卫科技学院撤出燕郊校园、被申请人中国防卫科技学院应向申请人联合资源教育发展(燕郊)有限公司支付代其垫付的仲裁费用173407.45元)。三、驳回申诉人联合资源教育发展(燕郊)有限公司的其他申诉请求。中国防卫科技学院不服,向最高人民法院申诉。最高人民法院于2018年10月18日作出(2017)最高法执监344号执行裁定:一、维持河北省高级人民法院(2017)冀执监130号执行裁定第一、三项。二、变更河北省高级人民法院(2017)冀执监130号执行裁定第二项为继续执行北京仲裁委员会作出的(2004)京仲裁字第0492号裁决书中的第三项内容,即"被申请人中国防卫科技学院撤出燕郊校园"。三、驳回中国防卫科技学院的其他申诉请求。

**【裁判理由】**

最高人民法院认为:

第一,本案和解执行协议并不构成民法理论上的债的更改。所谓债的更改,即设定新债务以代替旧债务,并使旧债务归于消灭的民事法律行为。构成债的更改,应当以当事人之间有明确的以新债务的成立完全取代并消灭旧债务的意思表示。但在本案中,中防院与联合资源公司并未约定《协议》成立后0492号裁决书中的裁决内容即告消灭,而是明确约定双方当事人达成执行和解的目的,是为了履行0492号裁决书。该种约定实质上只是以成立新债务作为履行旧债务的手段,新债务未得到履行的,旧债务并不消灭。因此,本案和解协议并不构成债的更改。而按照一般执行和解与原执行依据之间关系的处理原则,只有通过和解协议的完全履行,才能使得原生效法律文书确定的债权债务关系得以消灭,执行程序得以终结。若和解协议约定的权利义务得不到履行,则原生效法律文书确定的债权仍然不能消灭。申请执行人仍然得以申请继续执行原生效法律文书。从本案的和解执行协议履行情况来看,该协议中关于资产处置部分的约定,由于未能得以完全履行,故其并未使原生效法律文书确定的债权债务关系得以消灭,即中防院撤出燕郊校园这一裁决内容仍需执行。中防院主张和解执行协议中的资产处置方案是对0492号裁决书中撤出校园一项的有效更改的申诉理由理据不足,不能成立。

第二,涉案和解协议的部分内容缺乏最终确定性,导致无法确定该协议的给付内容及违约责任承担,客观上已无法继续履行。在执行程序中,双方当事人达成的执行和解,具有合同的性质。由于合同是当事人享有权利承担义务的依据,这就要求权利义务的具体给付内容必须是确定的。本案和解执行协议约定了0492号裁决书未涵盖的双方资产处置的内容,同时,协议未约定双方如不能缔结特定的某一买卖法律关系,则应由何方承担违约责任之内容。整体来看,涉案和解协议客观上已经不能履行。中防院将该和解协议理解为有强制执行效力的协议,并认为法院在执行中应当按照和解协议的约定落实,属于对法律的误解。

鉴于本案和解协议在实际履行中陷入僵局,双方各执己见,一直不能达成关于资产收购的一致意见,导致本案长达十几年不能执行完毕。如以存在和解协议约定为由无限期僵持下去,本案继续长期不能了结,将严重损害生效裁判文书债权人的合法权益,人民法院无理由无限期等待双方自行落实和解协议,而不采取强制执行措施。

第三,从整个案件进展情况看,双方实际上均未严格按照和解协议约定履行,执行法院也一直是在按照0492号裁决书的裁决推进案件执行。一方面,从2006年资产评估开始,联合资源公司即提出异议,要求继续执行,此后虽协商在一定价格基础上由中防院收购资产,但双方均未实际履行。并不存在中防院所述其一直严格遵守和解协议,联合资源公司不断违约的情况。此外双方还提出了政府置换地块安置方案等,上述这些内容,实际上均已超出原和解协议约定的内容,改变了原和解协议约定的内容和条件。不能得出和解执行协议一直在被严格履行的结论。另一方面,执行法院在执行过程中,自2006年双方在履行涉案和解协议发生分歧时,一直是以0492号裁决书为基础,采取各项执行措施,包括多次协调、组织双方调解、说服教育、现场调查、责令中防院保管财产、限期迁出等,上级法院亦持续督办此案,要求尽快执行。在执行程序中,执行法院组织双方当事人进行协商、促成双方落实和解协议等,只是实务中的一种工作方式,本质上仍属于对生效裁判的执行,不能被理解为对和解协议的强制执行。中防院认为执行法院的上述执行行为不属于执行 0492 号裁决书的申诉理由,没有法律依据且与事实不符。

此外,关于本案属于继续执行还是恢复执行的问题。从程序上看,本案执行过程中,执行法院并未下发中止裁定,中止过对 0492 号裁决书的执行;从案件实际进程上看,根据前述分析和梳理,自双方对和解执行协议履行产生争议后,执行法院实际上也一直没有停止过对 0492 号裁决书的执行。因此,本案并不存在对此前已经中止执行的裁决书恢复执行的问题,而是对执行依据的继续执行,故中防院认为本案属于恢复执行而不是继续执行的申诉理由理据不足,河北省高级人民法院(2017)冀执监 130 号裁定认定本案争议焦点是对 0492 号裁决书是否继续执行,与本案事实相符,并无不当。

第四,和解执行协议中约定的原执行依据未涉及的内容,以及履行过程中产生争议的部分,相关当事人可以通过另行诉讼等其他程序解决。从履行执行依据内容出发,本案明确执行内容即为中防院撤出燕郊校园,而不在本案执行依据所包含的争议及纠纷,双方当事人可通过另行诉讼等其他法律途径解决。

## 4. 于红岩与锡林郭勒盟隆兴矿业有限责任公司执行监督案[①]

**关键词** 执行/执行监督/采矿权转让/协助执行/行政审批

**【裁判要点】**

生效判决认定采矿权转让合同依法成立但尚未生效,判令转让方按照合同约定办理采矿权转让手续,并非对采矿权归属的确定,执行法院依此向相关主管机关发出协助办理采矿权转让手续通知书,只具有启动主管机关审批采矿权转让手续的作用,采矿权能否转让应由相关主管机关依法决定。申请执行人请求变更采矿权受让人的,也应由相关主管机关依法判断。

**【相关法条】**

《中华人民共和国民事诉讼法》第 204 条
《探矿权采矿权转让管理办法》第 10 条

**【基本案情】**

2008 年 8 月 1 日,锡林郭勒盟隆兴矿业有限责任公司(以下简称隆兴矿业)作为甲方与乙方于红岩签订《矿权转让合同》,约定隆兴矿业将阿巴嘎旗巴彦图嘎三队李瑛萤石矿的采矿权有偿转让给于红岩。于红岩依约支付了采矿权转让费 150 万元,并在接收采矿区后对矿区进行了初步设计并进行了采矿工作。而隆兴矿业未按照《矿权转让合同》的约定,为于红岩办理矿权转让手续。2012 年 10 月,双方当事人发生纠纷诉至内蒙古自治区锡林郭勒盟中级人民法院(以下简称锡盟中院)。锡盟中院认为,隆兴矿业与于红岩签订的《矿权转让合同》,系双方当事人真实意思表示,该合同已经依法成立,但根据相关法律规定,该合同系行政机关履行行政审批手续后生效的合同,对于矿权受让人的资格审查,属行政机关的审批权力,非法院职权范围,故隆兴矿业主张于红岩不符合法律规定的采矿权人的申请条件,请求法院确认《矿权转让合同》无效并给付违约金的诉讼请求,该院不予支持。对于于红岩反诉请求判令隆兴矿业继续履行办理采矿权转让的各种批准手续的请求,因双方在《矿权转让合同》中明确约定,矿权转让手续由隆兴矿业负责办理,故该院予以支持。对于于红岩主张由隆兴矿业承担给付违约金的请求,因《矿权转让合同》虽然依法成立,但处于待审批尚未生效的状态,而违约责任以合同有效成立为前提,故不予支持。锡盟中院作出民事判决,主要内容为隆兴矿业于判决生效后十五日内,按照《矿权转让合同》的约定为于红岩办理矿权转让手续。

隆兴矿业不服提起上诉。内蒙古自治区高级人民法院(以下简称内蒙高院)认为,《矿权转让合同》系隆兴矿业与于红岩的真实意思表示,该合同自双方签字盖章时成立。根据《中华人民共和国合同法》第四十四条规定,依法成立的合同,自成立时生效。法律、行政法规规定应当办理批准、登记等手续生效的,依照其规定。《探矿权采矿权转让管理办法》第十条规定,申请转让探矿权、采矿权的,审批管理机关应当自收到转让申请之日起 40 日内,作出准予转让或者不准转让的决定,并通知转让人和受让人;批准转让的,转让合同自批准之日起生效;不准转让的,审批管理机关应当说明理由。《最高人民法院关于适用〈中华人民共和国合同法〉若干问题的解释(一)》第九条第一款规定,依照合同法第四十四条第二款的规定,法律、行政法规规定合同应当办理批准手续,或者办理批准、登记手续才生效,在一审法庭辩论终结前当事人仍未办理登记手

---

[①] 案例来源:最高人民法院指导案例第 123 号。

续的,或者仍未办理批准、登记等手续的,人民法院应当认定该合同未生效。双方签订的《矿权转让合同》尚未办理批准、登记手续,故《矿权转让合同》依法成立,但未生效,该合同的效力属效力待定。于红岩是否符合采矿权受让人条件,《矿权转让合同》能否经相关部门批准,并非法院审理范围。原审法院认定《矿权转让合同》成立,隆兴矿业应按照合同继续履行办理矿权转让手续并无不当。如《矿权转让合同》审批管理机关不予批准,双方当事人可依据合同法的相关规定另行主张权利。内蒙高院作出民事判决,维持原判。

锡盟中院根据于红岩的申请,立案执行,向被执行人隆兴矿业发出执行通知,要求其自动履行生效法律文书确定的义务。因隆兴矿业未自动履行,故向锡林郭勒盟国土资源局发出协助执行通知书,请其根据生效判决的内容,协助为本案申请执行人于红岩按照《矿权转让合同》的约定办理矿权过户转让手续。锡林郭勒盟国土资源局答复称,隆兴矿业与于红岩签订《矿权转让合同》后,未向其提交转让申请,且该合同是一个企业法人与自然人之间签订的矿权转让合同。依据法律、行政法规及地方法规的规定,对锡盟中院要求其协助执行的内容,按实际情况属协助不能,无法完成该协助通知书中的内容。

于红岩于2014年5月19日成立自然人独资的锡林郭勒盟辉澜萤石销售有限公司,并向锡盟中院申请将申请执行人变更为该公司。

【裁判结果】

内蒙古自治区锡林郭勒盟中级人民法院于2016年12月14日作出(2014)锡中法执字第11号执行裁定,驳回于红岩申请将申请执行人变更为锡林郭勒盟辉澜萤石销售有限公司的请求。于红岩不服,向内蒙古自治区高级人民法院申请复议。内蒙古自治区高级人民法院于2017年3月15日作出(2017)内执复4号执行裁定,裁定驳回于红岩的复议申请。于红岩不服内蒙古自治区高级人民法院复议裁定,向最高人民法院申诉。最高人民法院于2017年12月26日作出(2017)最高法执监136号执行裁定书,驳回于红岩的申诉请求。

【裁判理由】

最高人民法院认为,本案执行依据的判项为隆兴矿业按照《矿权转让合同》的约定为于红岩办理矿权转让手续。根据现行法律法规的规定,申请转让探矿权、采矿权的,须经审批管理机关审批,其批准转让的,转让合同自批准之日起生效。本案中,一、二审法院均认为对于矿权受让人的资格审查,属审批管理机关的审批权力,于红岩是否符合采矿权受让人条件,《矿权转让合同》能否经相关部门批准,并非法院审理范围,因该合同尚未经审批管理机关批准,因此认定该合同依法成立,但尚未生效。二审判决也认定,如审批管理机关对该合同不予批准,双方当事人对于合同的法律后果、权利义务,可另循救济途径主张权利。鉴于转让合同因未经批准而未生效的,不影响合同中关于履行报批义务的条款的效力,结合判决理由部分,本案生效判决所称的隆兴矿业按照《矿权转让合同》的约定为于红岩办理矿权转让手续,并非对矿业权权属的认定,而首先应是指履行促成合同生效的合同报批义务,合同经审批管理机关批准后,才涉及到办理矿权转让过户登记。因此,锡盟中院向锡林郭勒盟国土资源局发出协助办理矿权转让手续的通知,只是相当于完成了隆兴矿业向审批管理机关申请办理矿权转让手续的行为,启动了行政机关审批的程序,且在当前阶段,只能理解为要求锡林郭勒盟国土资源局依法履行转让合同审批的职能。

矿业权因涉及行政机关的审批和许可问题,不同于一般的民事权利,未经审批的矿权转让合同的权利承受问题,与普通的民事裁判中的权利承受及债权转让问题有较大差别,通过执行程序中的申请执行主体变更的方式,并不能最终解决。本案于红岩主张以其所成立的锡林郭勒盟辉澜萤石销售有限公司名义办理矿业权转让手续问题,本质上仍属于矿业权受让人主体资格是否符合法定条件的行政审批范围,应由审批管理机关根据矿权管理的相关规定作出判断。于红岩认为,其在履行生效判决确定的权利义务过程中,成立锡林郭勒盟辉澜萤石销售有限公司,是在按照行政机关的行政管理性规定完善办理矿权转让的相关手续,并非将《矿权转让合同》的权利向第三方转让,亦未损害国家利益和任何当事人的利益,其申请将采矿权转让手续办至锡林郭勒盟辉澜萤石销售有限公司名下,完全符合《中华人民共和国矿产资源法》《矿业权出让转让管理暂行规定》《矿产资源开采登记管理办法》,及内蒙古自治区国土资源厅《关于规范探矿权采矿权管理有关问题的补充通知》等行政机关在自然人签署矿权转让合同情况下办理矿权转让手续的行政管理规定,此观点应向相关审批管理机关主张。锡盟中院和内蒙高院裁定驳回于红岩变更主体的申请,符合本案生效判决就矿业权转让合同审批问题所表达的意见,亦不违反执行程序的相关法律和司法解释的规定。

## 5. 安徽省滁州市建筑安装工程有限公司与湖北追日电气股份有限公司执行复议案[①]

**关键词** 执行/执行复议/执行外和解/执行异议/审查依据

**【裁判要点】**

执行程序开始前，双方当事人自行达成和解协议并履行，一方当事人申请强制执行原生效法律文书的，人民法院应予受理。被执行人以已履行和解协议为由提出执行异议的，可以参照《最高人民法院关于执行和解若干问题的规定》第十九条的规定审查处理。

**【相关法条】**

《中华人民共和国民事诉讼法》第225条

**【基本案情】**

安徽省滁州市建筑安装工程有限公司(以下简称滁州建安公司)与湖北追日电气股份有限公司(以下简称追日电气公司)建设工程施工合同纠纷一案，青海省高级人民法院(以下简称青海高院)于2016年4月18日作出(2015)青民一初字第36号民事判决，主要内容为：一、追日电气公司于本判决生效后十日内给付滁州建安公司工程款1405.02533万元及相应利息；二、追日电气公司于本判决生效后十日内给付滁州建安公司律师代理费24万元。此外，还对案件受理费、鉴定费、保全费的承担作出了判定。后追日电气公司不服，向最高人民法院提起上诉。

二审期间，追日电气公司与滁州建安公司于2016年9月27日签订了《和解协议书》，约定："1. 追日电气公司在青海高院一审判决书范围内承担总金额463.3万元，其中1)合同内本金413万元；2)受理费11.4万元；3)鉴定费14.9万元；4)律师费24万元。……3. 滁州建安公司同意在本协议签订后七个工作日内申请青海高院解除对追日电气公司全部银行账户的查封，解冻后三日内由追日电气公司支付上述约定的463.3万元，至此追日电气公司与滁州建安公司所有账务结清，双方至此不再有任何经济纠纷"。和解协议签订后，追日电气公司依约向最高人民法院申请撤回上诉，滁州建安公司也依约向青海高院申请解除了对追日电气公司的保全措施。追日电气公司于2016年10月28日向滁州建安青海分公司支付了412.880667万元，滁州建安青海分公司开具了一张413万元的收据。2016年10月24日，滁州建安青海分公司出具了一份《情况说明》，要求追日电气公司将诉讼费、鉴定费、律师费共计50.3万元支付至程一男名下。后为开具发票，追日电气公司与程一男、王兴刚、何寿倒签了一份标的额为50万元的工程施工合同，追日电气公司于2016年11月23日向王兴刚支付40万元、2017年7月18日向王兴刚支付了10万元，青海省共和县国家税务局代开了一张50万元的发票。

后滁州建安公司于2017年12月25日向青海高院申请强制执行。青海高院于2018年1月4日作出(2017)青执108号执行裁定：查封、扣押、冻结被执行人追日电气公司所有的人民币1000万元或相应价值的财产。实际冻结了追日电气公司3个银行账户内的存款共计126.605118万元，并向追日电气公司送达了(2017)青执108号执行通知书及(2017)青执108号执行裁定。

追日电气公司不服青海高院上述执行裁定，向该院提出书面异议。异议称：双方于2016年9月27日协商签订《和解协议书》，现追日电气公司已完全履行了上述协议约定的全部义务。现滁州建安公司以协议的签字人王兴刚没有代理权而否定《和解协议书》的效力，提出强制执行申请的理由明显不能成立，并违反诚实信用原则，青海高院作出的执行裁定应当撤销。为此，青海高院作出(2017)青执异18号执行裁定，撤销该院(2017)青执108号执行裁定。申请执行人滁州建安公司不服，向最高人民法院提出了复议申请。主要理由是：案涉《和解协议书》的签字人为"王兴刚"，其无权代理滁州建安公司签订该协议，该协议应为无效；追日电气公司亦未按《和解协议书》履行付款义务；追日电气公司提出的《和解协议书》亦不是在执行阶段达成的，若其认为《和解协议书》有效，一审判决不应再履行，应申请再审或另案起诉处理。

**【裁判结果】**

青海省高级人民法院于2018年5月24日作出(2017)青执异18号执行裁定，撤销该院(2017)青执108号执行裁定。安徽省滁州市建筑安装工程有限公司不服，向最高人民法院申请复议。最高人民法院于2019年3月7日作出(2018)最高法执复88号执行裁定，驳回安徽省滁州市建筑安装工程有限公司的复议请求，维持青海省高级人民法院(2017)青执异18号执行裁定。

**【裁判理由】**

最高人民法院认为：

一、关于案涉《和解协议书》的性质

案涉《和解协议书》系当事人在执行程序开始前自行达成的和解协议，属于执行外和解。与执行和解协议相比，执行外和解协议不能自动对人民法院的强制执行产生

---

[①] 案例来源：最高人民法院指导案例第119号。

影响,当事人仍然有权向人民法院申请强制执行。追日电气公司以当事人自行达成的《和解协议书》已履行完毕为由提出执行异议的,人民法院可以参照《最高人民法院关于执行和解若干问题的规定》第十九条的规定对和解协议的效力及履行情况进行审查,进而确定是否终结执行。

二、关于案涉《和解协议书》的效力

虽然滁州建安公司主张代表其在案涉《和解协议书》上签字的王兴刚未经其授权,其亦未在《和解协议书》上加盖公章,《和解协议书》对其不发生效力,但是《和解协议书》签订后,滁州建安公司根据约定向青海高院申请解除了对追日电气公司财产的保全查封,并就《和解协议书》项下款项的支付及开具收据发票等事宜与追日电气公司进行多次协商,接收《和解协议书》项下款项、开具收据、发票,故滁州建安公司以实际履行行为表明其对王兴刚的代理权及《和解协议书》的效力是完全认可的,《和解协议书》有效。

三、关于案涉《和解协议书》是否已履行完毕

追日电气公司依据《和解协议书》的约定以及滁州建安公司的要求,分别向滁州建安公司和王兴刚等支付了412.880667万元、50万元款项,虽然与《和解协议书》约定的463.3万元尚差4000余元,但是滁州建安公司予以接受并为追日电气公司分别开具了413万元的收据及50万元的发票,根据《最高人民法院关于贯彻执行〈中华人民共和国民法通则〉若干问题的意见(试行)》第66条的规定,结合滁州建安公司在接受付款后较长时间未对付款金额提出异议的事实,可以认定双方以行为对《和解协议书》约定的付款金额进行了变更,构成合同的默示变更,故案涉《和解协议书》约定的付款义务已经履行完毕。关于付款期限问题,根据《最高人民法院关于执行和解若干问题的规定》第十五条的规定,若滁州建安公司认为追日电气公司延期付款对其造成损害,可另行提起诉讼解决,而不能仅以此为由申请执行一审判决。

## 6. 东北电气发展股份有限公司与国家开发银行股份有限公司、沈阳高压开关有限责任公司等执行复议案[①]

**关键词** 执行/执行复议/撤销权/强制执行

【裁判要点】

1. 债权人撤销权诉讼的生效判决撤销了债务人与受让人的财产转让合同,并判令受让人向债务人返还财产,

受让人未履行返还义务的,债权人可以债务人、受让人为被执行人申请强制执行。

2. 受让人未通知债权人,自行向债务人返还财产,债务人将返还的财产立即转移,致使债权人丧失申请法院采取查封、冻结等措施的机会,撤销权诉讼目的无法实现的,不能认定生效判决已经得到有效履行。债权人申请对受让人执行生效判决确定的财产返还义务的,人民法院应予支持。

【相关法条】

《中华人民共和国民事诉讼法》第225条

【基本案情】

国家开发银行股份有限公司(以下简称国开行)与沈阳高压开关有限责任公司(以下简称沈阳高开)、东北电气发展股份有限公司(以下简称东北电气)、沈阳变压器有限责任公司、东北建筑安装工程总公司、新东北电气(沈阳)高压开关有限公司(现已更名为沈阳兆利高压电器设备有限公司,以下简称新东北高开)、新东北电气(沈阳)高压隔离开关有限公司(原沈阳新泰高压电气有限公司,以下简称新东北隔离)、沈阳北富机械制造有限公司(原沈阳诚泰能源动力有限公司,以下简称北富机械)、沈阳东利物流有限公司(原沈阳新泰仓储物流有限公司,以下简称东利物流)借款合同、撤销权纠纷一案,经北京市高级人民法院(以下简称北京高院)一审、最高人民法院二审,最高人民法院于2008年9月5日作出(2008)民二终字第23号民事判决,最终判决结果为:一、沈阳高开偿还国开行借款本金人民币15000万元及利息、罚息等,沈阳变压器有限责任公司对债务中的14000万元及利息、罚息承担连带保证责任,东北建筑安装工程总公司对债务中的1000万元及利息、罚息承担连带保证责任。二、撤销东北电气以其对外享有的7666万元对外债权及利息与沈阳高开持有的在北富机械95%的股权和在东利物流95%的股权进行股权置换的合同;东北电气与沈阳高开相互返还股权和债权,如不能相互返还,东北电气在24711.65万元范围内赔偿沈阳高开的损失,沈阳高开在7666万元范围内赔偿东北电气的损失。三、撤销沈阳高开以其在新东北隔离74.4%的股权与东北电气持有的在沈阳添升通讯设备有限公司(以下简称沈阳添升)98.5%的股权进行置换的合同。双方相互返还股权,如果不能相互返还,东北电气应在13000万元扣除2787.88万元的范围内赔偿沈阳高开的损失。依据上述判决内容,东北电气需要向沈阳高开返还下列三项股权:在北富机械的95%股权、在东利物流的95%股权、

---

[①] 案例来源:最高人民法院指导案例第118号。

在新东北隔离的 74.4% 股权,如不能返还,扣除沈阳高开应返还东北电气的债权和股权,东北电气需要向沈阳高开支付的款项总额为 27000 万余元。判决生效后,经国开行申请,北京高院立案执行,并于 2009 年 3 月 24 日,向东北电气送达了执行通知,责令其履行法律文书确定的义务。

2009 年 4 月 16 日,被执行人东北电气向北京高院提交了《关于履行最高人民法院(2008)民二终字第 23 号民事判决的情况说明》(以下简称说明一),表明该公司已通过支付股权对价款的方式履行完毕生效判决确定的义务。北京高院经调查认定,根据中信银行沈阳分行铁西支行的有关票据记载,2007 年 12 月 20 日,东北电气支付的 17046 万元分为 5800 万元、5746 万元、5500 万元,通过转账付给沈阳高开;当日,沈阳高开向辽宁新泰电气设备经销有限公司(沈阳添升 98.5% 股权的实际持有人,以下简称辽宁新泰),辽宁新泰向新东北高开,新东北高开向新东北隔离,新东北隔离向东北电气通过转账支付了 5800 万元、5746 万元、5500 万元。故北京高院对东北电气已经支付完毕款项的说法未予认可。此后,北京高院裁定终结本次执行程序。

2013 年 7 月 1 日,国开行向北京高院申请执行东北电气因不能返还股权而按照判决应履行的赔偿义务,请求控制东北电气相关财产,并为此提供保证。2013 年 7 月 12 日,北京高院向工商管理机关发出协助执行通知书,冻结了东北电气持有的沈阳高东加干燥设备有限公司 67.887% 的股权及沈阳凯毅电气有限公司 10%(10 万元)的股权。

对此,东北电气于 2013 年 7 月 18 日向北京高院提出执行异议,理由是:一、北京高院在查封财产前未作出裁定;二、履行判决义务的主体为沈阳高开与东北电气,国开行无申请强制执行的主体资格;三、东北电气已经按本案生效判决之规定履行完毕向沈阳高开返还股权的义务,不应当再向国开行支付 17000 万元。同年 9 月 2 日,东北电气向北京高院出具《关于最高人民法院(2008)民二终字第 23 号判决书履行情况的说明》(以下简称说明二),具体说明本案终审判决生效后的履行情况:1. 关于在北富机械 95% 股权和东利物流 95% 股权返还的判项。2008 年 9 月 18 日,东北电气、沈阳高开、新东北高开(当时北富机械 95% 股权的实际持有人)、沈阳恒宇机械设备有限公司(当时东利物流 95% 股权的实际持有人,以下简称恒宇机械)签订四方协议,约定由新东北高开、恒宇机械代东北电气向沈阳高开分别返还北富机械 95% 股权和东利物流 95% 股权;2. 关于新东北隔离 74.4% 的股权返还的判项。东北电气与沈阳高开、阜新封闭母线有限责任公司(当时新东北隔离 74.4% 股权的实际持有人,以下简称阜新母线)、辽宁新泰于 2008 年 9 月 18 日签订四方协议,约定由阜新母线代替东北电气向沈阳高开返还新东北隔离 74.4% 的股权。2008 年 9 月 22 日,各方按照上述协议交割了股权,并完成了股权变更工商登记。相关协议中约定,股权代返还后,东北电气对代返还的三个公司承担对应义务。

2008 年 9 月 23 日,沈阳高开将新东北隔离的股权、北富机械的股权、东利物流的股权转让给沈阳德佳经贸有限公司,并在工商管理机关办理完毕变更登记手续。

【裁判结果】

北京市高级人民法院审查后,于 2016 年 12 月 30 日作出(2015)高执异字第 52 号执行裁定,驳回了东北电气发展股份有限公司的异议。东北电气发展股份有限公司不服,向最高人民法院申请复议。最高人民法院于 2017 年 8 月 31 日作出(2017)最高法执复 27 号执行裁定,驳回东北电气发展股份有限公司的复议请求,维持北京市高级人民法院(2015)高执异字第 52 号执行裁定。

【裁判理由】

最高人民法院认为:

一、关于国开行是否具备申请执行人的主体资格问题

经查,北京高院 2016 年 12 月 20 日的谈话笔录中显示,东北电气的委托代理人雷爱民明确表示放弃执行程序违法、国开行不具备主体资格两个异议请求。从雷爱民的委托代理权限看,其权限为:代为申请执行异议、应诉、答辩,代为承认、放弃、变更执行异议请求,代为接收法律文书。因此,雷爱民在异议审查程序中所作的意思表示,依法由委托人东北电气承担。故,东北电气在异议审查中放弃了关于国开行不具备申请执行人的主体资格的主张,在复议审查程序中再次提出该项主张,本院依法可不予审查。即使东北电气未放弃该主张,国开行申请执行的主体资格也无疑问。本案诉讼案由是借款合同、撤销权纠纷,法院经审理,判决支持了国开行的请求,判令东北电气偿还借款,并撤销了东北电气与沈阳高开股权置换的行为,判令东北电气和沈阳高开之间相互返还股权,东北电气如不能返还股权,则承担相应的赔偿责任。相互返还这一判决结果不是基于东北电气与沈阳高开双方之间的争议,而是基于国开行的诉讼请求。东北电气向沈阳高开返还股权,不仅是对沈阳高开的义务,而且实质上主要是对胜诉债权人国开行的义务。故国开行完全有权利向人民法院申请强制有关义务人履行该判决确定的义务。

二、关于东北电气是否履行了判决确定的义务问题

(一)不能认可本案返还行为的正当性

法律设置债权人撤销权制度的目的,在于纠正债务人

损害债权的不当处分财产行为,恢复债务人责任财产以向债权人清偿债务。东北电气返还股权、恢复沈阳高开的偿债能力的目的,是为了向国开行偿还其债务。只有在通知胜诉债权人,以使其有机会申请法院采取冻结措施,从而能够以返还的财产实现债权的情况下,完成财产返还行为,才是符合本案诉讼目的的履行行为。任何使国开行诉讼目的落空的所谓返还行为,都是严重背离该判决实质要求的行为。因此,认定东北电气所主张的履行是否构成符合判决要求的履行,都应以该判决的目的为基本指引。尽管在本案诉讼期间及判决生效后,东北电气与沈阳高开之间确实有运作股权返还的行为,但其事前不向人民法院和债权人作出任何通知,且股权变更登记到沈阳高开名下的次日即被转移给其他公司,在此情况下,该种行为实质上应认定为规避判决义务的行为。

(二)不能确定东北电气协调各方履行无偿返还义务的真实性

东北电气主张因为案涉股权已实际分别转由新东北高开、恒宇机械、阜新母线等三家公司持有,无法由东北电气直接从自己名下返还给沈阳高开,故由东北电气协调新东北高开、恒宇机械、阜新母线等三家公司将案涉股权无偿返还给沈阳高开。如其所主张的该事实成立,则也可以视为其履行了判决确定的返还义务。但依据本案证据不能认定该事实。

1. 东北电气的证据前后矛盾,不能做合理解释。本案在执行过程中,东北电气向北京高院提交过两次说明,即2009年4月16日提交的说明一和2013年9月2日提交的说明二。其中,说明一显示,东北电气与沈阳高开于2007年12月18日签订协议,鉴于双方无法按判决要求相互返还股权和债权,约定东北电气向沈阳高开支付股权转让对价款,东北电气已于2007年12月20日(二审期间)向沈阳高开支付了17046万元,并以2007年12月18日东北电气与沈阳高开签订的《协议书》、2007年12月20日中信银行沈阳分行铁西支行的三张银行进账单作为证据。说明二则称,2008年9月18日,东北电气与沈阳高开、新东北高开、恒宇机械签订四方协议,约定由新东北高开、恒宇机械代东北电气向沈阳高开返还了北富机械95%股权、东利物流95%股权;同日,东北电气与沈阳高开、阜新母线、辽宁新泰亦签订四方协议,约定由阜新母线代东北电气向沈阳高开返还新东北隔离74.4%的股权;2008年9月22日,各方按照上述协议交割了股权,并完成了股权变更工商登记。

对于其所称的履行究竟是返还上述股权还是以现金赔偿,东北电气的前后两个说明自相矛盾。第一,说明一表明,东北电气在二审期间已履行了支付股权对价款义务,而对于该支付行为,经过北京高院调查,该款项经封闭循环,又返回到东北电气,属虚假给付。第二,在执行程序中,东北电气2009年4月16日提交说明一时,案涉股权的交割已经完成,但东北电气并未提及2008年9月18日东北电气与沈阳高开、新东北高开、恒宇机械签订的四方协议;第三,既然2007年12月20日东北电气与沈阳高开已就股权对价款进行了交付,那么2008年9月22日又通过四方协议,将案涉股权返还给沈阳高开,明显不符合常理。第四,东北电气的《重大诉讼公告》于2008年9月26日发布,其中提到接受本院判决结果,但并未提到其已经于9月22日履行了判决,且称其收到诉讼代理律师转交的本案判决书的日期是9月24日,现在又坚持其在9月22日履行了判决,难以自圆其说。由此只能判断其在执行过程中所谓履行最高法院判决的说法,可能是对过去不同时期已经发生了的某种与涉案股权相关的转让行为,自行解释为是对本案判决的履行行为。故对四方协议的真实性及东北电气的不同阶段的解释的可信度高度存疑。

2. 经东北电气协调无偿返还涉案股权的事实不能认定。工商管理机关有关登记备案的材料载明,2008年9月22日,恒宇机械持有的东利物流的股权、新东北高开持有的北富机械的股权、阜新母线持有的新东北隔离的股权已过户至沈阳高开名下。但登记资料显示,沈阳高开与新东北高开、沈阳高开与恒宇机械、沈阳高开与阜新母线签订的《股权转让协议书》中约定有沈阳高开应分别向三公司支付相应的股权转让对价款。东北电气称,《股权转让协议书》系按照工商管理部门的要求而制作,实际上没有也无须支付股权转让对价款。对此,东北电气不能提供充分的证据予以证明,北京高院到沈阳市有关工商管理部门调查,亦未发现足以证明提交《股权转让协议书》确系为了满足工商备案登记要求的证据。且北京高院经查询案涉股权变更登记的工商登记档案,其中除了有《股权转让协议书》,还有主管部门同意股权转让的批复、相关公司同意转让、受让或接收股权的股东会决议、董事会决议等材料,这些材料均未提及作为本案执行依据的生效判决以及两份四方协议。在四方协议本身存在重大疑问的情况下,人民法院判断相关事实应当以经工商备案的资料为准,认定本案相关股权转让和变更登记是以备案的相关协议为基础的,即案涉股权于2008年9月22日登记到沈阳高开名下,属于沈阳高开依据转让协议有偿取得,与四方协议无关。沈阳高开自取得案涉股权至今是否实际上未支付对价,以及东北电气在异议复议过程中所提出的恒宇机械已经注销的事实,新东北高开、阜新母线关于放弃向沈阳高开要求支付股权对价的承诺等,并不具有最终意义,因其不能排除新东北高开、恒宇机械、阜新母线的债权人依据经工商登记备案的有偿《股权转让协议》,向沈阳高开主张权利,故不能改变《股权转让协议》的有偿性质。因此,依据现有证据无法认定案涉股权曾经变更登记到沈阳高开名下系经东北电气协调履行四方协议的结果,无法认定系东北电气履行了生效判决确定的返还股权义务。

## 7. 中建三局第一建设工程有限责任公司与澳中财富(合肥)投资置业有限公司、安徽文峰置业有限公司执行复议案[①]

**关键词** 执行/执行复议/商业承兑汇票/实际履行

**【裁判要点】**

根据民事调解书和调解笔录,第三人以债务承担方式加入债权债务关系的,执行法院可以在该第三人债务承担范围内对其强制执行。债务人用商业承兑汇票来履行执行依据确定的债务,虽然开具并向债权人交付了商业承兑汇票,但因汇票付款账户资金不足、被冻结等不能兑付的,不能认定实际履行了债务,债权人可以请求对债务人继续强制执行。

**【相关法条】**

《中华人民共和国民事诉讼法》第 225 条

**【基本案情】**

中建三局第一建设工程有限责任公司(以下简称中建三局一公司)与澳中财富(合肥)投资置业有限公司(以下简称澳中公司)建设工程施工合同纠纷一案,经安徽省高级人民法院(以下简称安徽高院)调解结案,安徽高院作出的民事调解书,确认各方权利义务。调解协议中确认的调解协议第一条第 6 款第 2 项、第 3 项约定本协议签订后为偿还澳中公司欠付中建三局一公司的工程款,向中建三局一公司交付付款人为安徽文峰置业有限公司(以下简称文峰公司)、收款人为中建三局一公司(或收款人为澳中公司并背书给中建三局一公司),金额总计为人民币 6000 万元的商业承兑汇票。同日,安徽高院组织中建三局一公司、澳中公司、文峰公司调解的笔录载明,文峰公司明确表示自己作为债务承担者加入调解协议,并表示知晓相关的义务及后果。之后,文峰公司分两次向中建三局一公司交付了金额总计为人民币陆仟万元的商业承兑汇票,但该汇票因文峰公司相关账户余额不足、被冻结而无法兑现,也即中建三局一公司实际未能收到 6000 万

元工程款。

中建三局一公司以澳中公司、文峰公司未履行调解书确定的义务为由,向安徽高院申请强制执行。案件进入执行程序后,执行法院冻结了文峰公司的银行账户。文峰公司不服,向安徽高院提出异议称,文峰公司不是本案被执行人,其已经出具了商业承兑汇票;另外,即使其应该对商业承兑汇票承担代付款责任,也应先执行债务人澳中公司,而不能直接冻结文峰公司的账户。

**【裁判结果】**

安徽省高级人民法院于 2017 年 9 月 12 日作出 (2017)皖执异 1 号执行裁定:一、变更安徽省高级人民法院(2015)皖执字第 00036 号执行案件被执行人为澳中财富(合肥)投资置业有限公司。二、变更合肥高新技术产业开发区人民(2016)皖 0191 执 10 号执行裁定被执行人为澳中财富(合肥)投资置业有限公司。中建三局第一建设工程有限责任公司不服,向最高人民法院申请复议。最高人民法院于 2017 年 12 月 28 日作出(2017)最高法执复 68 号执行裁定:撤销安徽省高级人民法院(2017)皖执异 1 号执行裁定。

**【裁判理由】**

最高人民法院认为,涉及票据的法律关系,一般包括原因关系(系当事人间接受票据的原因)、资金关系(系指当事人间在资金供给或资金补偿方面的关系)、票据预约关系(系当事人间有了原因关系之后,在发出票据之前,就票据种类、金额、到期日、付款地等票据内容及票据授受行为订立的合同)和票据关系(系当事人间基于票据行为而直接发生的债权债务关系)。其中,原因关系、资金关系、票据预约关系属于票据的基础关系,是一般民法上的法律关系。在分析具体案件时,要具体区分原因关系和票据关系。

本案中,调解书作出于 2015 年 6 月 9 日,其确认的调解协议第一条第 6 款第 2 项约定:本协议签订后 7 个工作日内向中建三局一公司交付付款人为文峰公司、收款人为中建三局一公司(或收款人为澳中公司并背书给中建三局一公司)、金额为人民币叁仟万元整、到期日不迟于 2015 年 9 月 25 日的商业承兑汇票;第 3 项约定:于本协议签订后 7 个工作日内向中建三局一公司交付付款人为文峰公司、收款人为中建三局一公司(或收款人为澳中公司并背书给中建三局一公司)、金额为人民币叁仟万元整、到期日不迟于 2015 年 12 月 25 日的商业承兑汇票。同日,安徽高

---

[①] 案例来源:最高人民法院指导案例第 117 号。

院组织中建三局一公司、澳中公司、文峰公司调解的笔录载明：承办法官询问文峰公司"你方作为债务承担者，对于加入本案和解协议的义务及后果是否知晓？"文峰公司代理人邵红卫答："我方知晓。"承办法官询问中建三局一公司"你方对于安徽文峰置业有限公司加入本案和解协议承担债务是否同意？"中建三局一公司代理人付琦答："我方同意。"综合上述情况，可以看出，三方当事人在签订调解协议时，有关文峰公司出具汇票的意思表示不仅对文峰公司出票及当事人之间授受票据等问题作出了票据预约关系范畴的约定，也对文峰公司加入中建三局一公司与澳中公司债务关系、与澳中公司一起向中建三局一公司承担债务问题作出了原因关系范畴的约定。因此，根据调解协议，文峰公司在票据预约关系层面有出票和交付票据的义务，在原因关系层面有就6000万元的债务承担向中建三局一公司清偿的义务。文峰公司如期出具真实、足额、合法的商业承兑汇票，仅是履行了其票据预约关系层面的义务，而对于其债务承担义务，因其票据付款账户余额不足、被冻结而不能兑付案涉汇票，其并未实际履行，中建三局一公司申请法院对文峰公司强制执行，并无不当。

## 8. 善意文明执行典型案例①

**案例1**

**某投资公司与某资源集团公司等财产保全案件**

——北京法院通过"换封"方式解除对债务人持有的某上市公司股票的保全冻结为民营企业发展营造更好司法环境

【摘要】

本案在执行保全裁定过程中，北京法院冻结了民营企业某资源集团公司持有的某上市公司的股票。某资源集团公司请求解除股票冻结，北京法院本着善意执行、文明执行的理念，积极与保全申请人沟通，最终通过"换封"方式解除了对某资源集团公司股票的冻结，在确保申请人实现债权不受影响的前提下，最大限度降低了对被申请人及相关上市公司的不利影响。

【基本案情】

某投资公司与某资源集团公司股权转让纠纷一案，北京法院在审理过程中，根据某投资公司申请，作出诉讼保全裁定，明确冻结某资源集团公司名下近两亿元的财产。之后，北京法院向证券登记结算机构发出协助执行通知书，冻结了某资源集团公司持有的某上市公司数量较大的股票。

股票冻结后，被申请人某资源集团公司、第三人某科技公司向法院提出书面申请，由第三人某科技公司以其所有的等值土地作为担保，请求解除对被申请人股票的冻结。为最大限度维护双方当事人合法权益，既保障保全申请人实现债权不受影响，又避免对被申请人及相关上市公司正常经营造成不利影响，北京法院积极沟通协调，保全申请人某投资公司最终同意了被申请人的"换封"方案。随后，北京法院作出变更保全裁定，查封了第三人某科技公司的土地，并解除了对某资源集团公司股票的冻结。

【典型意义】

在案件审理过程中，为防止债务人转移财产，债权人会向人民法院提出保全查封债务人财产的申请，这对于敦促债务人主动履行义务、确保生效法律文书得到有效执行具有重要意义。本案中，北京法院依保全申请人申请，冻结了被申请人在某上市公司数量较大的股票。由于上市公司股票冻结对该上市公司融资和正常经营会有一定影响，北京法院本着善意文明执行的理念，积极与保全申请人沟通，找准双方利益平衡点，通过"换封"方式，最大限度降低了对被申请人及相关上市公司正常经营的影响，为保障民营企业等市场主体合法权益，推动法治化营商环境改善提供了有力司法服务和保障。

**案例2**

**北京某房地产公司申请执行北京某生物科技公司等股权转让纠纷案件**

——北京一中院积极推动对涉案不动产的分割登记、部分查封

【摘要】

本案被执行人名下一座共二十层大厦只有一个产权证，整体查封明显超过了本案执行标的额，但按照法规规定对于不可分物且被执行人无其他可供执行的财产可以整体查封。北京一中院坚持善意执行理念，协调各登记管理机关，积极推动对不动产的分割登记，解除超出执行标的额部分的查封，避免因查封影响财产效用的发挥，尽量降低对债务人的不利影响。

【基本案情】

北京某房地产公司申请执行北京某生物科技公司、北京某投资公司、广州市某投资公司等一案，法院判决上述

---

① 案例来源：2020年1月2日最高人民法院公布。

被执行人连带清偿申请执行人股权转让款八千万元及赔偿相关利息损失,由北京市第一中级人民法院立案强制执行;与此同时,该院还执行多个涉及北京某投资公司的案件,案由有民间借贷纠纷、股权转让纠纷、诉讼代理合同纠纷等,总标的额约6亿元。

执行过程中,法院查封了北京某投资公司名下位于北京市海淀区知春路的房产,该大厦共二十层,估值在20亿左右。被执行公司提出申请,希望法院能解除对大厦的查封,表示公司会通过其他方式融资来清偿债务,但申请执行人坚决反对解除查封,担心一旦解除,自己的权利无法实现。

为保护各方当事人合法权益,执行法官多次前往北京住建委、规土委、不动产登记中心,反复协调沟通之后,将涉案大厦原有的一个产权证分割为二十四个产权证,然后办理了整栋大楼解除查封手续,变更为查封该大厦1-10层的房产,并重新查封了以上房屋之分摊土地面积,从而避免了超执行标的查封,使得被执行人得以盘活资产、进行融资,筹得款项清偿了涉案全部债务,系列案件得以全部顺利执行完毕。

【典型意义】

在执行案件中,一种常见的情形是被执行人名下的不动产估值远超过执行涉案金额,但整个不动产只有一个产权证,在执行中很难做到对不动产中涉案金额部分进行精准处置,但若整体处置又可能对被执行人的合法权益造成较大的影响,亟待人民法院采取灵活的执行措施,既能保障申请执行人的债权,又能尽量不影响被执行人的正常经营活动,避免不必要的损失。本案中,在最高人民法院统一调度和积极协调下,秉持善意执行理念,执行法院积极协调不动产登记机关,将涉案不动产共用的一个产权证分割为多个产权证,再查封案件标的范围内的部分不动产,使得被执行人可以对其他未查封部分房产进行正常经营、融资,使被执行人的利益免受不必要的损失,也促进了案件的顺利执结,用创新做法开创了执行工作的新局面,维护了各方当事人的合法权益。

## 案例3

**许某某等申请执行莆田市某房地产公司等借款纠纷系列案件**

——莆田中院引入战略投资者帮助盘活被执行企业资产

【摘要】

本案被执行人莆田市某房地产公司是有着十几年历史的企业,员工上千人,因一时投资决策失误,资金链骤然断裂,债务缠身,债权人纷纷诉至法院。莆田中院强化府院联系,主动沟通协调,积极引入第三方战略投资者,盘活被执行人资产,依法妥善采取执行措施,推动案件执行和解。

【基本案情】

在福建省莆田市中级人民法院,以莆田市某房地产公司作为被执行人的未结执行案件有491件,申请执行标的本息近30亿元,法院依法查封了该公司名下的财产,但该公司某房地产项目因资金链断裂面临"烂尾"的风险,且拖欠工程款造成工人多次信访,如果简单实施查封、拍卖等强制执行手段,不仅可能会造成系列案件无法全部受偿,购房业主利益得不到保障,且企业也会面临破产,无法清偿工人工资,给当地社会带来不稳定因素。

莆田中院深入走访调查后发现,该房地产项目有楼盘34.78万平方米,预计销售额可达40多亿元,但被执行人因资金困难,将上述楼盘的土地使用权抵押给上海某房地产公司,抵押金额本金达5.75亿,相关案件已经在上海市高级人民法院进入执行程序。鉴于被执行公司资大于债,只是资金周转暂时出现困难,莆田中院认真贯彻最高人民法院提出的"依法审慎采取强制措施,保护企业正常生产经营,维护非公经济主体的经营稳定"的要求,积极寻求市委、市政府的支持,召集了市国土、规划、住建、消防、金融办、商业银行等相关部门多次研究部署,推动莆田市某投资集团作为战略投资者向被执行人分期注资5亿元用于楼盘复工。

另外,莆田中院多次与上海高院、上海某房地产公司沟通协调,上海高院同意暂不拍卖已查封的地块,上海某房地产公司同意把涉案房地产项目土地使用权的抵押权人分期置换为莆田市某投资集团。上海某房地产公司与莆田市某投资集团双方签订协议,由莆田市某投资集团先行向其支付1.5亿元,有关银行则向上海某房地产公司出具为期一年的保函,置换出原抵押于上海某房地产公司的项目土地使用权,之后以该土地使用权证书向银行融资并投入该项目建设。在此基础上,莆田中院根据当事人达成的和解协议,通过以房抵债或售房款还债等形式,消灭前期债务。目前被执行人已经完成了融资,市政府将涉案房地产项目中的三幢楼作为莆田市引进人才公寓楼盘,有力推动涉案项目的销售。在此基础上,莆田中院根据双方当事人达成的和解协议,已陆续通过以房抵债或售房款形式有序偿还债权人,促使491件系列执行案件逐步得到妥善处理。该系列案件的解决,使得涉案房地产项目400多户购房户的房子得到交付,同时带动被执行人其它楼盘3425户业主的产权证件办理,支付拖欠的农民工工资2亿

【典型意义】

近年来，因房地产开发商资金链断裂、经营管理不善等原因导致房地产项目"烂尾"现象时有发生，引发拖欠借款、工程款以及商品房销售合同违约等一系列纠纷，涉及的利益主体众多，涉案标的巨大，解决问题的难度大，对社会稳定造成不利影响。如何既保障债权人合法权益，又能够使房地产项目得以盘活，让商品房得以交付是人民法院执行工作面临的重大难题。本系列案件的有效化解，是莆田中院解决涉金融案件"清理与拯救并重，要当好困境企业的医院"工作思路的生动体现，也是着眼服务大局、灵活运用善意执行手段的形象展示，更是积极争取地方党委、政府支持的有效成果。莆田中院多方联动、积极协调，盘活不良资产，避免了房地产项目"烂尾"的金融风险和社会矛盾的激化，得到了各界的肯定，为处理同类案件提供了可复制可推广的经验。

## 案例4

### 左某娃申请执行左某英物权保护纠纷案件

——南京秦淮法院帮助被执行人取回被他人强占的房屋

【摘要】

本案是年逾古稀的两位亲姐妹之间的案件，姐姐强占妹妹房屋拒不归还，妹妹申请强制腾房，执行法院秉持善意执行理念，没有机械执行，经多方努力，帮助被执行人收回被他人强占的房屋，解决了被执行人的居住问题与后顾之忧，促使本案圆满执结。

【基本案情】

本案双方当事人是一对年逾古稀的同父异母姐妹，姐姐左某英年轻时远嫁兰州，丈夫去世后，无房无业的她靠社会保障勉强维持生活，两个亲生女儿也是生活艰难。几年前左某英回到南京，强占了妹妹左某娃位于秦淮区的房屋，引发了诉讼。法院依法审理后认为，左某娃合法拥有该房屋的占有使用权，左某英无合法依据强占他人房屋，侵害了左某娃的合法权益，判决左某英须迁出并归还该房屋给左某娃。在本案执行过程中，执行法官发现被执行人左某英生活非常拮据，在南京无其他可供居住的房屋，且患有心脑血管疾病、有晕厥史，很容易发生意外，不适宜进行强制执行，遂根据掌握的线索远赴被执行人生活地兰州调查，了解到左某英在兰州有一套住房，但是被他人强占，无法收回房屋。执行法院积极与当地有关部门联系协调，经多方努力，最终由有关部门帮助被执行人左某英收回其在兰州的房屋，并且执行法官还说服其两个女儿到南京接左某英回兰州，以彻底化解此次矛盾纠纷。被执行人在得知自己的居所已经收回且女儿亲自来接其回家后，主动迁出涉案房屋，在家人的陪伴下回到了兰州，该案得以圆满解决。

【典型意义】

腾退房屋是一种常见的执行案件类型。本案中，依法应腾退房屋的被执行人，存在与申请执行人是亲戚关系、当地无其他可供居住的房屋、年逾古稀且身患疾病等情形，如果简单地采取强制腾退措施，可能引发一系列问题，激化矛盾。在本案办理过程中，执行法院秉持善意执行理念，努力帮助被执行人解决居住问题，有效平衡了执行力度与执行温度之间的关系，用柔性执法彰显了司法温度，达到了定分止争的目的，促成案结事了人和，取得了良好的法律效果与社会效果。

## 案例5

### 中国农业银行顺德勒流支行申请执行顺德某铜铝型材公司等金融借款合同纠纷案件

——顺德法院允许承租人继续使用查封厂房实现财产价值

【摘要】

广东省佛山市顺德区人民法院灵活采取查封措施，在处置涉案厂房期间，将厂房交由案外人继续占有使用并收取占用费，使查封财产能够物尽其用，避免资源浪费，并在此过程中，将占用费收取工作交由申请执行人管理，制作台账后交由法院审查备案，为进一步探索推行执行中的强制管理制度积累了经验。

【基本案情】

中国农业银行顺德勒流支行与顺德某铜铝型材公司等金融借款合同纠纷一案，人民法院判决被执行人应向银行清偿近亿元的本金及相关的利息、复利、罚息等。在本案执行过程中，法院查明被执行人名下有位于顺德某工业区的厂房。在法院拟拍卖该不动产的过程中，共有12名案外人以租赁使用涉案部分厂房为由向法院申报租赁关系。后经法院走访查明，上述厂房已分租给12名案外人使用，租户员工合计逾100人，部分租户已于2013、2014年入驻涉案厂房，因生产经营需要，大部分租户均投入了大量财物进行厂房升级改造，且因生产需要均配备大型机器设备，如强制清空，将对这12名案外人造成较大财产损失。

因涉案厂房内无证建筑物较多，需重新测量后交由国土部门入库审查，评估周期较长，法院在考虑12名案外人的实际情况后，为实现债权人权益最大化，避免查封财产的资源浪费,决定在处置涉案厂房期间,12名案外人可继续占有使用,但需参照所签订的租赁合同或市场价支付占用费。12名案外人均承诺继续使用涉案厂房至拍卖成交,如未能与新业主签订新租赁协议,将于拍卖成交之日起两个月内迁出涉案厂房。同时,顺德法院参照企业破产程序中破产管理人的制度,将占用费收取工作交由申请执行的银行负责,要求案外人将每月缴款的凭证发送给申请执行人,由申请执行人及时跟进、督促案外人支付占用费,并制作台账交由法院审查备案。以上执行措施既充分实现了暂无法处置的资产的价值,维护了各方当事人的合法权益,又有效节约了司法资源,赢得了各方好评。

【典型意义】

法院执行实务操作中,涉案房地产类型为大宗厂房或商场的,往往存在多个租客分租的情况,如何保障债权人、债务人、承租人三方的权益不受进一步损害,从而提高人民群众对法院执行工作的认可,是法院执行工作的一大难题。本案中法院通过灵活采取查封措施的方式,在评估、处置涉案厂房期间将其交由案外人继续占有使用并收取占用费,用于偿还申请执行人的债权,使查封财产能够物尽其用,避免资源浪费,体现了善意执行的理念。同时参照相关规定,将占用费收取工作交由申请执行人管理,也为进一步探索推行执行程序中的强制管理制度积累了经验。

## 案例6

### 重庆某投资公司申请执行青岛某化工公司等借款合同纠纷案件

——重庆五中院积极化解矛盾顺利一次性执结2.9亿元大案

【摘要】

重庆市第五中级人民法院成功执结重庆某投资公司申请执行青岛某化工公司等借款合同纠纷案,高达2.9亿元的执行标的额一次性执行到位。本案涉案标的额大、案情复杂、涉及当事人多,具有较高的社会关注度。法院发挥司法智慧,化解当事人之间的争议矛盾,成功执结本案,有效保障了当事人的权益,维护了和谐稳定,取得良好的法律效果和社会效果。

【基本案情】

重庆某投资公司与重庆某石化公司、青岛某化工公司甲、青岛某化工公司乙、青岛某化工公司丙借款合同纠纷案,法院判决重庆某石化公司应偿还重庆某投资公司借款本金1.5亿元及相关借款利息、滞纳金;重庆某投资公司对青岛某化工公司甲提供质押的存放于青岛某化工公司乙、丙的共计5万吨抽余油在判决确定的债权范围内享有优先受偿权;若重庆某石化公司不能清偿判决所确定的债务,且质押物存在不足的情形,则青岛三家公司在质押物缺失的现值范围内承担赔偿责任。

本案立案执行后,重庆五中院迅速启动查封冻结工作,依法冻结了被执行人青岛三家公司在多个银行账户中的存款,并查封了青岛三家公司10余处房地产,为本案的执行工作推进奠定了良好基础。根据判决主文设定的"先油后款"的操作模式,本案应当先确定涉案"抽余油"现状,但是本案执行过程中,青岛三家公司以质押人青岛某化工公司甲并非本案质押物的实际所有权人、本案质权并不成立等理由进行抗辩,迟迟不愿指认涉案质押油品并明确其现状。本案执行法官及时赶赴青岛,现场核实了涉案油品的实际情况。在确定涉案5万吨抽余油不存在的情况下,重庆五中院即时进行案情研判,相应调整执行策略,探索采取对虚拟资产进行种类物现值评估的方式,对涉案5万吨抽余油的现值进行评估,为科学确定青岛三家公司应承担的赔偿责任额度提供参考依据。

本案进入评估阶段后,执行法官协调解决了各方对于如何确定油品现值的基准日以及评估中是否应含税值评估等争议问题,同时督促评估机构规范评估程序并及时作出评估报告,从而明确了青岛三家公司应承担的责任。经执行法官多方面工作努力,被执行人青岛三家公司主动通过青岛某化工公司甲将3.2亿元汇入法院执行款账户,全额履行完毕本案判决确定的给付义务。重庆五中院及时将青岛三家公司被查控在案的全部财产予以解除,并在依法扣减本案执行款项后,将余款全部退回被执行人账户。

【典型意义】

本案中,执行法官"抽丝剥茧"找准矛盾焦点,及时核实涉案油品的实际情况。在确定涉案执行财产抽余油实际不存在的情况下,为推进执行工作,法院经过深入细致研判,探索采取对虚拟资产进行种类物现值评估的方式,科学确定相关当事人应当承担的赔偿责任,有效破解执行中的障碍,为后续执行工作顺利推进奠定了坚实基础。执行法院运用司法智慧妥善化解纷争,积极协调各方当事人,认真释法明理,坚持以对话代替对抗,以善意化解分歧,针对各方当事人关注的焦点问题主动提供解决方案,并督促评估机构规范评估涉案油品,最终成功促使各方当事人就履行本案判决确定的给付义务达成共识并及时履行,体现了强制执行工作中加大执行力度与善意执行理念的有机结合。

## 案例 7

### 宝山区罗泾镇某村委会申请执行上海某园林公司等土地租赁合同纠纷案件
——上海宝山法院多措并举化解矛盾强有力执结土地腾退案

【摘要】

本案执行法院积极争取区委、区政法委的支持,与公安机关、属地镇政府等多部门进行联动,准确掌握涉案场地的实际情况,摸排矛盾激化风险点,制定周密执行方案,多措并举,扫清执行障碍,高效完成百余亩土地的腾退工作。

【基本案情】

上海市宝山区罗泾镇某村委会与上海某园林公司、上海某机动车驾驶员培训公司土地租赁合同纠纷一案,法院判决解除原告宝山区罗泾镇某村委会、被告上海某园林公司间的土地租赁协议,并判令上海某园林公司及第三人上海某机动车驾驶员培训公司返还 132.8 亩租赁土地并支付拖欠的租金及相关费用。

本案进入执行程序后,执行法院查明,涉案的 132.8 亩土地作为第三人的驾驶员培训基地使用,有 470 余辆教练车,约 1.3 万名学员在基地学习。培训基地占用的其余 159 亩土地也属于违法用地,场地上存在多处违法搭建房屋和设施,生态环境保护部门已在巡查中发现该处违法用地,并挂牌督办该案件。另外,该驾校员工数百人曾联名信访,要求延期腾退,解决学员分流、补偿等事宜。此外,该驾校还存在大量学员因其他原因无法按期结业的情况,有矛盾激化的风险。

面对规模庞大的涉案土地、复杂的案情以及潜在的矛盾激化风险,宝山法院积极寻求宝山区委、区政府支持,在宝山区委、区政府的部署指挥下,成立了专案组,与公安机关、属地镇政府等多部门建立执行联动机制,群策群力。

针对驾校在涉案场地上持续招收新学员的行为,宝山法院向上海市交通委员会发函建议暂停办理驾校招录新学员的申请。同时,宝山法院会同宝山公安分局对驾校的法定代表人及其他股东进行约谈和法制教育,消除驾校股东的对抗情绪,督促其理性表达诉求,同时对被执行人采取了失信限消等措施,依法震慑了被执行人的法定代表人。为稳定驾校内部人员的情绪,宝山法院还协调由公安机关牵头,将涉案场地上的教练和学员分流安置至其他驾校进行培训活动,消除关键矛盾点。

通过前期充分的准备工作,在强大的执行威慑力保障下,最终该驾校主动表示愿意配合法院的执行工作。随后,宝山法院会同宝山公安分局、宝山区规土局执法大队、宝山区城管行政执法局等多家部门,对该涉案土地腾退及违法用地问题进行联合现场执法。在执行现场,请公证人员对相关财产的清理进行了公证,并登记造册。在涉案场地全部腾退完毕后,宝山法院将被执行人支付的场地占用费发还本案申请执行人,案件至此执行完毕。

【典型意义】

在本案的执行过程中,被执行人占用涉案土地作为驾校培训基地,对抗法院执行的主要筹码就是驾校中万余名教练与学员的安置问题。考虑到本案执行的主要目的是将涉案土地交还申请执行人,必须妥善安置驾校基地中的人员,避免因执行行为带来更大的社会矛盾。执行法官发函至上海市交通委员会,建议暂停驾校的招生活动,又运用多部门执行联动机制,会同公安机关协调其他驾校接受分流的教练与学员,将潜在的矛盾及时化解。此外,执行法官通过采取限制高消费、纳入失信名单等执行措施,让被执行人处处受限,对其形成高压态势。以强大的执行威慑力为后盾,做通被执行人的思想工作,由其配合法院的腾退,最终案件得以顺利执行完毕,充分体现了多措并举的强有力执行手段与善意执行理念的结合。

## 9. 富滇银行股份有限公司大理分行与杨凤鸣、大理建标房地产开发有限公司案外人执行异议之诉案①

【裁判摘要】

保证人与债权银行之间约定设立保证金账户,按比例存入一定金额的保证金用于履行某项保证责任,未经同意保证人不得使用保证金,债权银行有权从该账户直接扣收有关款项,并约定了保证期间等,应认定双方存在金钱质押的合意。保证金账户内资金的特定化不等于固定化,只要资金的浮动均与保证金业务对应、有关,未作日常结算使用,即应认定符合最高人民法院《关于适用〈中华人民共和国担保法〉若干问题的解释》第八十五条规定的金钱以特户形式特定化的要求。如债权银行实际控制和管理保证金账户,应认定已符合对出质金钱占有的要求。

原告(执行案外人):富滇银行股份有限公司大理分行,住所地:云南省大理白族自治州大理市经济开发区云岭大道。

---

① 案例来源:《最高人民法院公报》2020 年第 6 期(总第 284 期)。

负责人:赵俊峰,该行行长。

被告(申请执行人):杨凤鸣,女,49岁,住云南省大理白族自治州大理市经济开发区。

第三人(被执行人):大理建标房地产开发有限公司,住所地:云南省大理白族自治州大理市经济开发区满江片区。

法定代表人:刘宝承,该公司董事长。

原告富滇银行股份有限公司大理分行(以下简称富滇银行大理分行)因与被告杨凤鸣、第三人大理建标房地产开发有限公司(以下简称建标公司)发生执行异议纠纷,不服云南省大理白族自治州中级人民法院(以下简称大理中院)驳回其执行异议的裁定,向该院提起执行异议之诉。

富滇银行大理分行诉称:大理中院因杨凤鸣申请执行建标公司借款合同纠纷一案,冻结了建标公司在该行开设的保证金账户内的资金 280 万元,该保证金账户系建标公司根据其与富滇银行大理分行的贷款合作协议,为担保其"建标华城"楼宇按揭贷款购房户在富滇银行大理分行的贷款而开具的具有担保性质的专户,依据最高人民法院《关于适用〈中华人民共和国担保法〉若干问题的解释》第八十五条"债务人或者第三人将金钱以特户、封金、保证金等形式特定化后,移交债权人占有作为债权的担保,债务人不履行债务时,债权人可以以该金钱优先受偿"的规定,该行对保证金账户内的资金享有优先受偿权,诉请:1. 判令不得执行建标公司开立于富滇银行大理分行营业部 6596 保证金账户内的保证金 280 万元及其利息;2. 确认富滇银行大理分行对 6596 保证金账户内的保证金 280 万元及其利息享有质权。

杨凤鸣辩称:富滇银行大理分行与建标公司签订的《个人住房贷款合作协议书》约定的是建标公司承担连带保证责任而非动产质押责任,该协议书仅约定建标公司设立保证金账户并按比例存入资金,但对存入资金并未按照质押要求进行质押移交或扣划,没有让存入资金产生特定化的行为,质押不成立。请求驳回该行诉请。

建标公司一审未发表意见。

大理中院一审查明:

1. 2010 年 1 月 28 日,建标公司董事会通过决议,向富滇银行大理分行申请"建标华城"楼宇按揭额度 4.5 亿元,同意为在富滇银行大理分行办理"建标华城"项目按揭贷款的客户承担连带保证责任。2010 年 7 月至 8 月期间,富滇银行大理分行就向建标公司"建标华城"项目按揭额度授信 4.5 亿元事宜按照内部程序进行审批。当年 8 月 12 日经富滇银行总行信用审批委员会审议,同意给予建标公司 4.5 亿元楼宇按揭贷款授信额度,授信期限 3 年。2011 年 8 月 28 日,富滇银行大理分行与建标公司签订《个人住房贷款合作协议书》,约定:双方就建标公司开发建设的"建标华城"进行合作,对于符合贷款条件的购房户,富滇银行大理分行提供总额不超过 4.5 亿元的贷款,建标公司对购房户提供连带保证担保,建标公司应在富滇银行大理分行开立保证金账户,保持存放不低于富滇银行大理分行发放贷款最高额的 5% 的保证金,用于履行建标公司的连带保证责任,未经富滇银行大理分行同意,建标公司不得将保证金挪作他用。2012 年 11 月 19 日,富滇银行大理分行与建标公司再次签订《个人住房贷款合作协议书》,约定富滇银行大理分行为"建标华城"购房户提供总额不超过 4000 万元的贷款,建标公司对购房户提供连带保证担保,相关约定同 2011 年贷款合作协议书。2. 2010 年,建标公司在富滇银行大理分行开设"9700xxxxxxxxxx0990"保证金账户(以下简称 0990 账户),自 2010 年 10 月开始向该账户转入资金。后 0990 账户内的资金全部转结至 2011 年 6 月 17 日建标公司在富滇银行大理分行开设的"9700xxxxxxxxxx6596"保证金账户(以下简称 6596 账户)。自 2011 年 6 月开始,建标公司依约向 6596 账户转入资金,富滇银行大理分行对违约贷款保证金进行了扣划。3. 2017 年 9 月 8 日,大理中院在办理杨凤鸣申请执行建标公司借款合同纠纷一案中,冻结了 6596 账户内的存款 280 万元,富滇银行大理分行向大理中院提出执行异议,该院作出《执行裁定书》驳回富滇银行大理分行的执行异议,该行不服该裁定,提起本案执行异议之诉。

大理中院一审认为:

最高人民法院《关于适用〈中华人民共和国担保法〉若干问题的解释》第八十五条规定:"债务人或者第三人将其金钱以特户、封金、保证金等形式特定化后,移交债权人占有作为债权的担保,债务人不履行债务时,债权人可以以该金钱优先受偿。"《中华人民共和国物权法》第二百一十条第一款规定:"设立质权,当事人应当采取书面形式订立质权合同",本案富滇银行大理分行虽提交了建标公司按揭额度的申请、富滇银行审批的相关材料,但未提交可证明 2010 年至 2011 年 8 月期间与建标公司之间存在出质约定的《个人住房贷款合作协议书》,因缺乏双方就建标华城项目达成合作的最终协议,故富滇银行大理分行的举证不足以认定 2010 年至 2011 年 8 月期间保证金账户内的资金往来特定为建标公司为购房者交纳的保证金,未能就案争保证金账户内的金钱已全部特定化完成举证责任,应承担举证不能的不利后果,对其诉讼请求不予支持。

据此,大理中院依照《中华人民共和国物权法》第二百一十条、最高人民法院《关于适用〈中华人民共和国担保法〉若干问题的解释》第八十五条、《中华人民共和国民事诉讼法》第六十四条、第六十五条、最高人民法院《关于适用〈中华人民共和国民事诉讼法〉的解释》第九十条之规定,于2018年7月9日作出判决:

驳回原告富滇银行大理分行的诉讼请求。

富滇银行大理分行不服一审判决,向云南省高级人民法院提起上诉称:

建标公司与富滇银行大理分行自2010年就针对"建标华城"项目建立起贷款合作关系,建标公司自愿为按揭贷款客户承担连带保证责任,按贷款金额5%比例存入保证金。2010年8月授信审批通过后,富滇银行大理分行与建标公司当即签订以及在2011年8月、2012年11月逐年签订《个人住房贷款合作协议书》,虽然2010年授信审批通过后签订的第一份贷款合作协议因经办员工离职的客观原因未能向法院提交,但建标公司在富滇银行大理分行开设的0990账户即是根据2010年贷款合作协议开设的保证金专户。2011年6月,因银行内部审计发现0990账户记入的会计科目有误,将"按揭贷款担保保证金"记入"25101公司业务承兑保证金",建标公司重新开立6596保证金账户,0990账户内的保证金179.4万元全部转入6596账户。两账户存入的每笔资金均有相关凭证证实款项是按照当期发放的按揭贷款金额的5%比例存入的保证金,金额可一一对应。同时,6596账户内资金的扣划均是由于按揭购房户拖欠贷款未能归还该行直接扣划用于清偿借款。本案0990账户、6596账户系建标公司为担保业务而设立的保证金专户,不作为日常结算使用,账户内资金已特定化为保证金,该行对账户内的保证金享有控制权。根据最高人民法院《关于适用〈中华人民共和国担保法〉若干问题的解释》第八十五条的规定,该行对6596账户资金享有优先受偿权,请求改判支持该行诉请。

被上诉人杨凤鸣辩称:富滇银行大理分行无证据证明2010年10月至2011年8月期间该行与建标公司存在按揭贷款合作约定。2012年富滇银行大理分行与建标公司签订的《个人住房贷款合作协议书》仅约定建标公司承担连带保证责任而非动产质押,对存入保证金账户的资金也未进行质押移交或扣划。账户内资金存入转出不能一一对应,且处于不固定状态。资金没有特定化。请求驳回对方的上诉。

原审第三人建标公司述称:本公司与富滇银行大理分行没有关于保证金质押的具体协议,请求驳回富滇银行大理分行的上诉。

云南省高级人民法院经二审,确认了一审查明的事实。另查明:

1. 自2010年10月11日起,富滇银行大理分行就贷款给建标公司"建标华城"项目购房户,建标公司自该日起就在富滇银行大理分行与购房户签订的《个人购房(抵押)担保借款合同》中作为保证人承担连带、保证责任,该公司于当日在富滇银行大理分行开立0990保证金专用账户(科目号25101)并按同一时段(同一天)发生的按揭贷款金额的5%存入保证金。至2011年5月19日,发生按揭贷款合同总额3560万元,共计存入保证金179.4万元(其中重复计收了龚爱中按揭贷款对应的保证金1.4万元)。

2. 2011年6月1日,富滇银行内部审计,认为富滇银行大理分行营业部将建标公司0990保证金账户"按揭贷款担保保证金"记入"25101公司业务承兑保证金"属会计科目使用错误,建标公司于2011年6月17日开设6596保证金账户(科目类别:25102公司业务担保保证金),0990账户内的179.4万元于当年9月7日按银行转账操作程序分11笔(次)转入尾号0823账号后,当日又从该账号将179.4万元一次性转入6596账户,0990账户同时销户。转账过程中,各转账凭证均注明款项性质为保证金。

3. 6596保证金账户开设后,发生的按揭贷款需交存的保证金均存入该账户内。自2011年6月29日起,发生按揭贷款合同总额4869万元,应收保证金243.45万元,共计存入保证金245.2万元(其中重复计收董学军按揭贷款对应的保证金1.75万元)。期间:2015年6月18日,因有36户购房户结清贷款,富滇银行大理分行退回建标公司46.8万元;2015年12月17日,因有4笔按揭贷款逾期本息共计926 366.24元未还,富滇银行大理分行按照银行资金使用操作程序要求,使用尾号0101"暂收保证金存款销账本息"账户从6596账户转出保证金共计1 019 000元,扣划欠款金额926 366.24元后,剩余金额93 754.25元(含中转保证金时产生的利息1120.49元)又全额转回6596账户。现该账户余额为:179.4万元+245.2万元-46.8万元-1 019 000元+93 754.25元=2 852754.25元。

云南省高级人民法院二审认为:

本案二审的争议焦点为:富滇银行大理分行是否对案涉保证金账户内的资金享有质权。

一、关于0990账户性质及其与6596账户的关系问题。根据已查明的案件事实,0990账户性质为保证金账户,开设该账户的双方当事人对此无争议。虽该账户开设时科目处理出现瑕疵,但不影响其保证金专户的性质,且具体科目的处理属于银行内部的会计核算方式,对双方当事人开设该账户为保证金账户的合意不产生影响。0990账户销户后,其资金全部转入6596保证金账户,同时后续发生的按揭贷款的保证金存入该账户,两账户之间的关系为替换关系。

二、关于富滇银行大理分行与建标公司是否存在保证金质押的合意问题。《中华人民共和国物权法》第二百一十条规定:设立质权,当事人应当采取书面形式订立质权合同。质权合同一般包括下列条款:(一)被担保债权的种类和数额;(二)债务人履行债务的期限;(三)质押财产的名称、数量、质量、状况;(四)担保的范围;(五)质押财产交付的时间。虽然富滇银行大理分行陈述因职工离职原因无法提交2010年10月至2011年8月期间的贷款合作协议书,但根据2010年建标公司按揭额度的申请、富滇银行审批的相关材料、2011年和2012年的《个人住房贷款合作协议书》《个人购房(抵押)担保借款合同》,以及自2010年10月建标公司即开始交存保证金担保按揭贷款的客观事实等可以形成证据链,证实富滇银行大理分行与建标公司自2010年10月即存在贷款合作关系,双方对建标公司自2010年10月11日起,对购买"建标华城"项目的购房户提供连带保证担保,在富滇银行大理分行开立保证金账户,保持存放不低于富滇银行大理分行发放贷款最高额的5%的保证金,用于履行该公司的连带保证责任,未经富滇银行大理分行同意,该公司不得将保证金挪作他用,若保证人不按合同履行保证责任,富滇银行大理分行有权从其账户直接扣收有关款项,保证期间至抵押合同生效且抵押凭证送交富滇银行大理分行为止达成了合意,该合意具备质押合同的一般要件,故双方之间存在保证金质押关系。

三、关于质权是否设立即资金是否特定化及交付占有的问题。根据《中华人民共和国物权法》第二百一十二条"质权自出质人交付质押财产时设立",以及最高人民法院《关于适用〈中华人民共和国担保法〉若干问题的解释》第八十五条"债务人或者第三人将其金钱以特户、封金、保证金等形式特定化后,移交债权人占有作为债权的担保,债务人不履行债务时,债权人可以以该金钱优先受偿"的规定,金钱质押生效的条件包括金钱特定化和移交债权人占有两方面。本案0990、6596两个保证金专户开立后,存入的款项均注明为保证金,转出款项只有两次,一次为部分购房户还清贷款后银行退回相应保证金,一次为扣划清偿购房户的逾期欠款,款项进出均能一一对应。保证金以专户形式特定化并不等于固定化,案涉账户内的资金因业务发生浮动,但均与保证金业务相对应,除缴存保证金外,支出的款项均用于保证金的退还和扣划,未作日常结算使用,符合最高人民法院《关于适用〈中华人民共和国担保法〉若干问题的解释》第八十五条规定的金钱以特户形式特定化的要求。另占有是指对物进行控制和管理的事实状态,因案涉账户开立在富滇银行大理分行,该行实际控制和管理该账户,符合出质金钱移交债权人占有的要求,故案涉保证金质权依法设立。此外,扣划款项表明富滇银行大理分行对该账户资金享有处置权,属于实现质权的情形。另建标公司申请按揭贷款的额度为4.5亿元,富滇银行大理分行授信的额度也为4.5亿元,故杨凤鸣关于保证金账户内的最高金额超出对应的贷款总额的主张也不能成立。

综上,一审判决认定部分事实不清,适用法律不当,上诉人富滇银行大理分行的上诉请求有事实和法律依据,应予支持。因富滇银行大理分行诉请判处的金额为一审法院冻结的6596账户内的资金额280万元及其利息,故二审法院针对当事人的诉请范围予以判处,同时根据《中华人民共和国物权法》第二百一十三条之规定,质权的效力及于质押财产的孳息,对该行诉请判处的利息一并予以支持。云南省高级人民法院依照《中华人民共和国物权法》第二百一十条、第二百一十二条、第二百一十三条,最高人民法院《关于适用〈中华人民共和国担保法〉若干问题的解释》第八十五条,《中华人民共和国民事诉讼法》第一百七十条第一款第(二)项,最高人民法院《关于适用〈中华人民共和国民事诉讼法〉的解释》第三百一十二条之规定,于2018年12月28日作出判决:

一、撤销云南省大理白族自治州中级人民法院(2018)云29民初19号民事判决;

二、确认富滇银行股份有限公司大理分行对大理建标房地产开发有限公司开立于富滇银行股份有限公司大理分行营业部账号为"9700××××××××××6596"保证金账户内的保证金280万元及其利息享有质权;

三、不得执行大理建标房地产开发有限公司开立于富滇银行股份有限公司大理分行营业部账号为"9700××××××××××6596"保证金账户内的保证金280万元及其利息。

本判决为终审判决。

云南省大理白族自治州中级人民法院(2018)云29执异1号执行异议裁定于本判决生效时自动失效。

## 10. 最高法发布依法惩戒规避和抗拒执行典型案例①

### 案例1：龚某等与珠海市某餐饮公司劳动争议执行案件

**案情简介**：2020年4月底，珠海市某餐饮公司以受疫情影响为由与所有员工解除劳动关系，仅向员工发放了1000元的生活费。后经法院判决，该公司应向龚某等48名员工支付工资及经济补偿金共计230万元，2021年4月25日，龚某等48名员工向广东省珠海市香洲区人民法院申请强制执行。执行过程中，珠海市香洲区法院发现被执行人在该诉讼程序时法定代表人发生了变更，有逃避债务的嫌疑。珠海市香洲区法院通过实地调查、传唤被执行人总经理李某、财务总监万某接受调查发现，李某系被执行人的主要负责人。其后，执行干警再次责令被执行人如实申报财产，但李某表示已如实向法院申报，并无财产可履行义务。经执行干警现场调查核实，被执行人公司并非无履行能力。因被执行人拒不履行义务并不如实申报财产，法院依法对被执行人珠海市某饮食有限公司主要负责人李某作出司法拘留15日的决定，并最终促成当事人达成和解。2021年5月25日，被执行人当即向法院执行款收款账户支付150万元，剩余80万余元分两月支付完毕。

**典型意义**：欠薪问题事关劳动者切身利益与社会的和谐稳定，珠海市香洲区法院将《保障农民工工资支付条例》落实到实处，将兑现劳动者合法权益作为"我为群众办实事"的一项重要工作来抓，对涉农民工工资类案件做到优先执行、优先兑现，用足用好调查和惩戒措施，促使被执行人更快履行欠薪义务，全心全力为"护薪"提供更有力的司法保障。

### 案例2：吴某甲等人申请执行陈某乙刑事附带民事赔偿纠纷案件

**案情简介**：吴某甲等7人申请执行陈某乙交通肇事刑事附带民事赔偿一案，吴某甲等7人申请执行数额12万元，陈某乙支付了7万元后，一直以无财产为由拒绝履行支付剩余5万元的义务。2021年初，根据申请执行人提供线索，被执行人陈某乙长期与其妻子在当地经营家禽生意，执行法院广西壮族自治区合浦县人民法院突击前往一百余公里外的被执行人经营场所，对经营场所、货物、收款二维码等物品进行拍照固定，后将被执行人陈某乙带至最近的乡镇派出法庭进行调查询问和调解。被执行人陈某乙承认其与妻子从事家禽生意每月均有利润，因其账户已被法院冻结故使用妻子名下的微信收款码收账。经调解，吴某甲等申请执行人与陈某乙达成每月至少支付2000元的和解协议。数月后，申请执行人向执行法院反映，被执行人仅履行两期付款义务后拒绝继续履行。合浦县法院经研究，向被执行人陈某乙发出《司法拘留预先告知书》，限其三日内履行全部义务，否则将对其司法拘留15日，情节严重的，移交公安机关按拒执罪处理。同时，合浦县法院向被执行人所在村委会发出《关于陈某乙已被依法列为失信被执行人的告知及协助敦促陈某乙履行生效裁判的函》，请村委会协助敦促陈某乙履行生效裁判，并提醒村委会在协助敦促中注意保护当事人个人信息和个人隐私。陈某乙在收到司法拘留预先告知书的次日即主动联系执行法院，在执行法院见证下，一次性付清全部剩余款项。合浦县法院随即解除被执行人陈某乙的全部限制措施，并致函其所在村委会通报其已自动履行完毕的情况，对村委会的协助表示感谢。

**典型意义**：本案在执行过程中执行法院及时、准确固定了被执行人有能力履行而不履行的完整证据链，在被执行人符合司法拘留，甚至追究其拒执罪的情况下，考虑到被执行人拒不履行义务的主要原因在于其不懂法，不清楚拒不履行生效裁判的具体法律后果，执行法院向其严肃、充分的释法说理，并向被执行人发出法律文书，同时借助当地村委会的力量，充分发挥基层治理功能，向被执行人施加压力，最终促成案结事了。合浦县法院在疫情期间，综合运用各种执行措施，注重善意文明执行，既维护了申请执行人合法债权，又最大限度保障了被执行人生产生活。本案以最小的执行成本成功执行完毕，节约了大量司法资源，较好实现了法律效果和社会效果的统一。

### 案例3：殷某娟拒不执行判决、裁定罪自诉案

**案情简介**：2019年12月，徐某与殷某娟民间借贷纠纷一案，经江西省鹰潭市余江区人民法院主持调解达成调解协议并制作调解书，殷某娟需偿还徐某借款83万元及利息。但殷某娟未按照调解书履行还款义务。徐某遂向余江区法院申请强制执行，执行中殷某娟虽多次作出还款承诺，但届期均未履行，且有逃离住所等逃避执行的行为，法院对其作出了司法拘留和罚款决定。2021年初，申请执行人徐某遂以被执行人殷某娟涉嫌拒不执行判决、裁定罪向余江区人民法院提起刑事自诉。该院刑事立案后对被执行人殷某娟作出逮捕决定。2021年4月，江西省高级人

---

① 案例来源：2021年12月1日最高人民法院发布。

民法院联合多家媒体对该案开展"余江'猎狐'拘捕进行时"直播活动，观看量突破了60万人次，营造了强大的舆论氛围。在被决定逮捕后，被执行人殷某娟的家属与申请执行人徐某达成执行和解协议，该案得以顺利执结。

**典型意义**：本案是通过刑事自诉方式追究被执行人拒执罪的典型案例，且法院以案说法，通过与媒体深度合作，采取网络直播、全程见证抓捕等新媒体形式，形成强大的舆论威慑氛围，具有极强的教育意义和社会影响，真正起到了执行一案、教育一批、影响一片的积极效果。

### 案例4：丁某杨等人虚构债务被判拒执罪案

**案情简介**：中国民生银行分别诉丁某杨夫妇、庞某明夫妇欠款纠纷案，在案件审理期间，丁某杨等人串通各自亲属在法院保全前以各自房产为虚构的借款设定抵押并进行了公证。案件进入执行程序，执行法院苏州工业园区人民法院裁定拍卖了丁某杨夫妇、庞某明夫妇名下的两处房产，其亲属则以抵押权为由申请在拍卖价款中优先受偿。此外，其亲属以虚构的借款在异地起诉，并取得了生效判决，其持判决向执行法院申请参与分配。因抵押借贷存疑，执行法院向两案被执行人及其亲属就虚假诉讼逃避执行等法律规定作出释明，各当事人仍坚称抵押借贷真实存在并愿意承担法律责任。后执行法院调查确认，所谓的借款在出借后经过二十余次流转最终又回到了出借人处，借贷的事实并不成立。执行法院对两案被执行人虚构债务、虚假抵押、虚假诉讼规避执行的行为做出了总计罚款60万元的决定，因虚假诉讼取得的判决亦被再审撤销。2021年3月，苏州中院部署开展打击拒执犯罪专项行动，本案根据联动机制实现快移、快侦、快诉和快审。移送起诉期间，被执行人丁某杨夫妇将其所涉全部债务履行完毕。2021年4月，苏州工业园区人民法院以拒不执行判决、裁定罪，分别判处各被执行人从拘役六个月（缓期执行六个月）至一年三个月有期徒刑不等的刑罚。

**典型意义**：2021年以来，全国法院结合各地实际情况，部署开展打击拒执犯罪专项行动，并协调公安、检察等单位专题会商，对案件立案标准、证据采信、是否构罪等核心问题提前达成共识，充分凝聚打击拒执罪的工作合力，对拒执案件快移、快侦、快诉、快审，充分发挥了解决执行难的联动机制优势，彰显了打击拒执犯罪的决心。并通过集中组织旁听拒执罪庭审的方式在社会上起到了"判处一例、震慑一批、教育一片"的良好社会效果。

### 案例5：李某某利用电商平台规避执行案

**案情简介**：代某某申请执行李某某买卖合同纠纷一案，在执行过程中，广东省佛山市南海区人民法院通过传统调查和网络查控措施，未查到李某某可供执行财产，故拟对诉讼财产保全阶段冻结的李某某持有一商贸公司75%的股权份额进行处置。因该公司未能提供相关的财务账册等资料，导致股权评估无法进行。后经执行法院充分利用互联网平台和资源进行调查，发现该商贸公司注册有"某光阴旗舰店"微博账号，账号内发布的信息均与童装销售有关。执行法官又在淘宝、京东电商平台上发现该网店，并确认"某光阴旗舰店"就是由该商贸公司作为经营主体开设。经过进一步关联查询，执行法官还发现该商贸公司在淘宝网上开设有另一家名为"某花开童装旗舰店"的网店。经向浙江天猫网络有限公司调取两家网店的交易流水，"某光阴旗舰店"2017年1月1日起至2019年3月20日的营业额为1773667.81元，"某花开童装旗舰店"2017年1月1日起至2019年3月20日的营业额为7542580.03元。据此，执行法院判断该商贸公司的股权具有一定价值，被执行人具备履行能力。经执行法官多次督促和告诫，被执行人依然不理不睬，后执行法院将相关材料移送公安机关立案侦查，并对被执行人采取了拘留措施，被执行人家属随即代李某某主动履行了相应义务。

**典型意义**：本案中，南海区法院在用足用好现有财产调查措施的基础上，充分利用互联网平台和资源，另辟蹊径、深挖隐藏在公司背后的财产及财产收益，并因案施策，通过采取移送公安机关追究拒执罪的执行措施，有力震慑了被执行人，迫使其主动履行义务，依法保障了胜诉当事人的合法权益。如今，电商网店已经相当普遍，根据相关数据显示，仅在淘宝、京东等知名电商平台上就有超过一千万家网店。因此，法院执行工作不能仅停留于对被执行人名下的银行存款、有价证券、不动产、车辆等传统类型财产的查控，而是要用足用活执行手段，利用互联网平台和资源，对被执行人潜在的新类型财产线索充分挖掘，坚决打击那些挖空心思藏匿、转移财产并企图蒙混过关的失信被执行人，决不能让互联网变成拒不履行生效法律文书义务的温床。

### 案例6：深圳某甲科技公司逃避执行案

**案情简介**：深圳某甲科技有限公司申请执行深圳某乙科技有限公司买卖合同纠纷一案，2019年5月15日，双方在人民法院主持下达成调解协议：确认深圳某乙科技有限公司欠深圳某甲科技有限公司货款195000元，深圳某乙科技有限公司所欠货款分期支付至深圳某甲科技有限公司法定代表人权某某个人名下银行账户。执行中，深圳市龙华区人民法院依据生效调解书依法冻结并划扣了深圳某乙科技有限公司账户存款205625元,并在扣除执行费用后拟支付给申请执行人深圳某甲科技有限公司。但处理款项期间,执行法院通过关联案件检索发现,以深圳某甲科技有限公司为被执行人的案件共有四件,即贺某红等四名劳动者与该公司劳动争议纠纷执行案,执行标的额共计120399元。在上述案件执行过程中,该院未发现被执行人有可供执行财产,已于2019年5月10日终结本次执行程序。龙华区法院经审查,在该上述四案执行过程中,深圳某甲科技有限公司在其账户已被人民法院冻结的情况下,通过另案诉讼调解的方式将属于该公司的应收账款195000元约定支付至该公司法定代表人权某某个人账户,以达到其转移财产的目的,并已实际转入50000元。该公司行为直接影响了上述四案的强制执行,严重损害了贺某红等四名劳动者的合法权益。龙华区法院依法对深圳某甲科技有限公司罚款人民币10万元,对其法定代表人权某某罚款人民5万元,并将该公司与深圳某乙科技有限公司买卖合同纠纷执行案件中执行到位的款项划拨至上述四案,保障了四位劳动者的合法权益。

**典型意义**:本案被执行人以"合法民事法律行为"作为掩饰,逃避法律义务,具有很强的隐蔽性和欺骗性。本案执行中,执行人员综合利用信息化手段,积极主动进行查询,发现并掌握被执行人转移财产、逃避执行的行为,及时予以处理,既保护了另案劳动者的合法权益,又对拒不执行法院生效判决、裁定的行为进行了司法惩戒,取得了良好的法律效果和社会效果。本案是审执信息化平台在执行工作中的有效应用实例,具有一定的典型性。

### 案例7:韩某龙等10人申请执行黄某民间借贷纠纷案

**案情简介**:韩某龙、陈某祥、徐某金等10人与黄某民间借贷纠纷一案,上海市浦东新区人民法院判决黄某归还韩某龙等10原告借款本金320万元及利息,原告对被告名下位于浦东新区一房产折价、拍卖、变卖所得价款优先受偿。执行中,浦东新区法院前往涉案房产所在地张贴拍卖公告及裁定并进行现场调查。被执行人黄某母亲表示其无法配合搬离,并情绪激动,表示誓与房屋共存亡。为了缓解案外人的对抗情绪,避免激化矛盾,执行法官多次上门对被执行人黄某和其母亲进行劝解并释明强调被执行人的法律义务。因说理工作无效,2020年10月27日,被执行人黄某被司法拘留15日。此后,其仍然表示拒不搬离,对生效法律文书若罔闻,并继续阻碍法院执行。浦东新区法院研究认为,本案申请执行人众多,且多系六十岁以上老年人,体弱多病,有部分靠领取失业金生活,因此决定由浦东新区法院执行局启动绿色通道,引导申请执行人通过刑事自诉被执行人涉嫌拒执罪的方式寻求救济。2021年6月24日,刑事审判开庭传唤被告人黄某,经庭审训诫和释明风险,被执行人黄某当庭表示悔过,愿意配合法院执行,恳请法院从轻处理。截止2021年9月30日,涉案房已拍卖成交,足够覆盖十位申请人的所有债权本金及利息。

**典型意义**:本案是一起典型的腾退成功的财产处置案件,涉及的当事人众多,且多为老年人,系争借款也均系申请人的养老和治病钱,是事关百姓民生的涉众案件。本案中,浦东新区法院耐心释法的同时,针对被执行人拒不搬离、拒不配合的行为,采取逐步升级的惩戒措施,环环相扣,前后衔接,为追究拒执罪打下良好的铺垫,符合比例原则和实体公正。本案中,通过打通拒执罪的申请人自诉启动模式,由执行部门引导当事人提供证据材料自诉追究被执行人拒执罪的刑事责任,再由刑事审判庭与执行局部门之间就被执行人的违法情节进行协调和研判,刑事审判庭依法进行裁判的体系化流程,起到了很好的效果。

### 案例8:韩某某等拒不执行判决、裁定案

**案情简介**:申请执行人某融资租赁公司与被执行人唐山某实业集团有限公司、韩某某等融资租赁合同纠纷一案,依照山东省青岛市中级人民法院作出的生效民事判决书,被执行人需向申请执行人支付3800万元及利息。后被执行人未能自觉履行,申请人申请执行。青岛中院立案执行后,法院通过线上查控、线下走访等方式查明:被执行人将其名下所有的14套房产在法院查封后出售给公司员工,且被执行人通过设立新公司继续销售产品、收取货款,逃避法院的执行。青岛中院及时将本案拒不执行生效判决书的犯罪线索移送相关公安部门,追究其刑事责任。公安部门立案后对被执行人韩某某采取了刑事拘留措施,在强大的威慑力下,被执行人已将全部案款约4500万元交至法院,该案件得以顺利执结。

**典型意义**:因被执行人及相关案外人拒不配合法院执行工作,故意逃避执行,青岛中院对此重拳出击,及时移交公安机关追究其拒不履行判决、裁定罪的法律责任,面对巨大的威慑力,被执行人主动联系法院及案件申请人,及时履行其全部巨额债务,保障了当事人的合法权益,也体现了司法机关对拒不执行行为坚决打击的态势,切实维护了法律的尊严与司法权威。

## 11. 武汉和平华裕物流有限公司与乐昌市粤汉钢铁贸易有限公司等案外人执行异议之诉案①

### 【裁判摘要】

出租人将土地出租给承租人,当该土地被强制执行时,案外人主张承租人向其转租土地,且其在土地上兴建建筑物并对之享有足以排除强制执行的合法权益时,可通过案外人执行异议之诉主张权利。人民法院在审理次承租人以案外人提起的执行异议之诉案件时,既要依法维护次承租人的正当权利,也要防止其滥用案外人执行异议之诉,妨害强制执行程序的正常进行。对于次承租人提起的执行异议能否排除强制执行,应当依据《最高人民法院关于适用〈中华人民共和国民事诉讼法〉的解释》第三百一十一条(修改后第三百零九条)的规定进行审查。

### 最高人民法院民事判决书

(2019)最高法民终1790号

上诉人(原审原告):武汉和平华裕物流有限公司。住所地:湖北省武汉市东湖生态旅游风景区龚家岭。

法定代表人:李笛,该公司总经理。

委托诉讼代理人:王芳,湖北卓胜律师事务所律师。

被上诉人(原审被告):乐昌市粤汉钢铁贸易有限公司。住所地:广东省乐昌市站前路幸福家园B座首层02号。

法定代表人:孙光亮,该公司总经理。

委托诉讼代理人:徐秋林,湖北谦顺律师事务所律师。

委托诉讼代理人:梅占春,湖北汉丰律师事务所律师。

原审第三人:武汉华裕李氏经贸集团有限公司。住所地:湖北省武汉市东湖生态旅游风景区和平乡龚家岭青王路235号。

法定代表人:李少华,该公司总经理。

委托诉讼代理人:陈静,湖北蕙风和律师事务所律师。

原审第三人:李少华。

委托诉讼代理人:陈静,湖北蕙风和律师事务所律师。

上诉人武汉和平华裕物流有限公司(以下简称华裕物流公司)因与被上诉人乐昌市粤汉钢铁贸易有限公司(以下简称粤汉钢铁公司)及原审第三人武汉华裕李氏经贸集团有限公司(以下简称华裕李氏公司)、李少华案外人执行异议之诉一案,不服湖北省高级人民法院(2018)鄂民初99号民事判决,向本院提起上诉。本院于2019年10月10日立案后,依法组成合议庭,开庭进行了审理。上诉人华裕物流公司的委托诉讼代理人王芳,被上诉人粤汉钢铁公司的委托诉讼代理人徐秋林、梅占春,原审第三人华裕李氏公司的法定代表人李少华及委托诉讼代理人陈静,原审第三人李少华及其委托诉讼代理人陈静到庭参加诉讼。本案现已审理终结。

华裕物流公司上诉请求:一、撤销原审判决。二、停止执行位于湖北省武汉市东湖生态旅游风景区龚家岭村12组41.15亩土地(以下简称龚家岭地块)上所建地上建筑物的征收收益;停止执行位于湖北省武汉市东湖生态旅游风景区青王公路235号(原武汉市和平镀锌板厂,以下简称和平镀锌板厂)土地上所建厂房、仓库等地上建筑物的征收收益;停止执行原武汉市和平总观园工贸发展有限公司(以下简称总观园公司)厂房、仓库、办公楼等地上建筑物的征收收益;解除对上述建筑物的查封。三、请求确认龚家岭地块上所建地上建筑物以及湖北省武汉市东湖生态旅游风景区青王公路235号(和平镀锌板厂)土地上所建厂房、仓库等地上建筑物和总观园公司厂房、仓库、办公楼等地上建筑物的权利人为华裕物流公司。四、一、二审诉讼费用由粤汉钢铁公司承担。主要事实和理由:一、本案核心是案涉建筑物投资建设主体的认定问题,在华裕物流公司提交充分证据的前提下,原审法院未认定华裕物流公司系案涉建(构)筑物的实际权利人,属于认定事实错误。二、原审判决认定华裕物流公司提交的设计合同、施工图纸以及施工合同,对应的工程项目系围墙、路面、护坡、给排水等构筑物附属工程,与本案争议的厂房、仓库等主体建筑物无关,认定事实错误。(一)华裕物流公司原审提供的证据施工合同第一条第一项明确约定的工程范围包括室内仓库,同时结合本次提交的华裕物流公司与施工单位签订的结算文件,加之此前提供的三千万工程款的付款凭证,可以证明华裕物流公司投资建设的并非原审法院所认定的仅限附属工程,而包括主体工程厂房、仓库与附属工程。(二)即便如原审认定,华裕物流公司投资建设了围墙、护坡等附属工程,该建设行为亦非与案涉建筑物无关,粤汉钢铁公司申请对龚家岭地块、和平镀锌板厂地块上所建厂房、仓库等地上建筑物进行查封,可见查封范围并非限于厂房和仓库,而是及于地上的全部建(构)筑物在内,因此原审法院认定华裕物流公司举证与案涉查封标的无关,属于认定事实错误。三、原审判决认为"华裕物流公司以其对被查封的上述建筑物享有足以排除强制执行实体权利的理由不能成立"错误。(一)华裕物流公司虽未

---
① 案例来源:《最高人民法院公报》2022年第9期。

提供符合合同约定支付方式的租金支付凭证,但提供了实际对该地块进行投资、占有及使用管理的证据,而华裕李氏公司与华裕物流公司之间是否形成转租的事实,实质判断应以租赁标的(即案涉龚家岭地块)是否实际转移占有、使用为依据,而非仅以"是否存在租金支付凭证"作为主要判断依据,更何况华裕物流公司与华裕李氏公司是以转租方式使用龚家岭地块还是以其他方式使用案涉地块,均不影响对投资主体及权利人的判断。即使华裕李氏公司无偿将案涉地块转租给华裕物流公司使用,华裕物流公司在租赁地块上投资建设建(构)筑物,该建(构)筑物的权利人亦为华裕物流公司,而与华裕李氏公司无关,故原审判决以"华裕物流公司未能提交相关租金支付凭证及其他合同履行依据,无法认定转租关系成立"为由,未认定华裕物流公司作为投资人享有排除强制执行的权利,属于认定事实错误。(二)华裕物流公司原审中提交的大量证据证明和平镀锌板厂的资产已经转移给华裕物流公司且在资产转移后所涉建(构)筑物由华裕物流公司实际经营管理,且因集体土地性质及历史原因,和平镀锌板厂地块上的建筑物本身并未办理产权证,在变更转移至华裕物流公司时无法办理产权登记手续有其客观因素,原审判决认为"总观园公司在处置和平镀锌板厂移交的厂房、仓库等不动产时,应当依法进行登记,否则不发生物权变更的法律效力"错误,原审判决关于和平镀锌板厂地块上所建建筑物的权属问题认定,属于认定事实错误,应予纠正。四、原审对案涉建筑物能否享有收益及收益权归属认定的事实不清,且对执行标的实体权益的认定及证明标准适用法律方面存在错误。(一)本案为执行异议之诉,法院的审查范围不应仅包括华裕物流公司对执行标的是否拥有足以排除强制执行的权利,而应审查法院对执行标的采取执行行为的正当性以及被执行人华裕李氏公司对执行标的是否享有实体权益。在本案中,华裕物流公司针对执行标的提交了涵盖从设计、施工到对建筑物投资、占有、管理、使用、收益的大量证据,同时因案涉执行标的本身属于未办理任何规划手续且在村集体经济组织的土地上建设而成的建(构)筑物,所涉投资建设行为迄今已十多年之久,原审法院不应以十多年之后对证据形式及合法性的要求溯及适用至十多年前既已形成的有关事实、证据,而应根据《最高人民法院关于适用〈中华人民共和国民事诉讼法〉的解释》第一百零八条的规定,采用高度盖然性的证明标准,对华裕物流公司作为执行标的权利人的身份予以认定。(二)原审在对华裕物流公司作为执行标的权利人身份予以全面驳斥的前提下,却未对原审法院查封执行标的的法律依据以及华裕李氏公司是否执行标的享有实体权益作出说明,

涉及龚家岭地块上建筑物的查封行为,原审判决对依据何种法律规定以及事实认定对执行标的进行查封,亦未进行阐述。根据《最高人民法院关于人民法院民事执行中查封、扣押、冻结财产的规定》第二条"人民法院可以查封、扣押、冻结被执行人占有的动产、登记在被执行人名下的不动产、特定动产及其他财产权。未登记的建筑物和土地使用权,依据土地使用权的审批文件和其他相关证据确定权属"之规定,执行法院在财产保全中查封的范围应仅限于登记在被执行人华裕李氏公司名下的财产,而案涉房屋及土地并未登记在华裕李氏公司名下,也无土地使用权审批文件和其他相关证据可以确定权属为华裕李氏公司。因此,原审法院对案涉建筑物采取的查封措施,应予纠正。

粤汉钢铁公司答辩称:一、华裕物流公司主张其对位于龚家岭地块上所建厂房、仓库等地上建筑物享有所有权的证据不足,不足以排除强制执行。(一)粤汉钢铁公司申请查封龚家岭地块上所建厂房、仓库等地上建筑物有充分的依据,且经原审法院调查核实,该部分建筑物的权利归属于华裕李氏公司。(二)华裕物流公司以2010年1月1日其与华裕李氏公司签订的《土地租赁合同》、构筑物设计合同及图纸、租金支付凭证、施工合同、转租合同、供电合同等证据证明其对该部分建筑物享有所有权,其证据及证明目的存在诸多缺陷,证据真实性存疑,且多数证据无法与本案争议标的物建立关联,证据之间无法形成完整、有效的证据链以支持其享有足以排除强制执行的诉讼主张,原审对相关证据的认定合法合理,认定的事实清楚准确,华裕物流公司主张享有龚家岭地块上所建厂房、仓库等建筑物的所有权的证据不足,不足以排除强制执行。二、华裕物流公司主张其对"和平镀锌板厂"土地上所建厂房、仓库等地上建筑物"及"总观园公司厂房、仓库、办公楼等地上建筑物"享有所有权与事实相悖。(一)位于湖北省武汉市东湖生态旅游风景区青王公路235号(和平镀锌板厂)土地上所建厂房、仓库等地上建筑物已经转化为华裕李氏公司的固定资产,原审法院对该部分地上建筑物的查封合法合理。(二)华裕物流公司在举证中混淆了武汉东湖生态旅游风景区先锋村(以下简称先锋村)所有的82亩土地与武汉市洪山区和平街道资产管理中心所有的53亩土地,未证明"位于和平镀锌板厂土地上所建厂房、仓库等地上建筑物"以及"总观园公司厂房、仓库、办公楼等地上建筑物"属其所有。三、华裕物流公司主张的土地租赁(转租)、构筑物设计、施工、仓库出租等方面的证据,均不满足在执行异议程序中确权或排除强制执行的条件。(一)华裕物流公司提交的由华裕李氏公司分别向其转租龚家岭村41.15亩土地、先锋村82亩土地的《租赁合同》,合同真

实性存疑、合同签订时间早于华裕李氏公司与龚家岭村签订《土地股份合作协议》的时间、合同履行的证据不充分，举证对象混淆，无法证明华裕物流公司已实际承租相应地块。（二）华裕物流公司提交的设计合同、设计图纸、施工合同，无法体现与本案争议标的物具有关联性。（三）华裕物流公司提交的仓库转租经营、电力等方面的证据，不仅缺乏关联性，亦不能证明其享有所有权或者其他足以排除强制执行的实体权利。四、原审法院依据粤汉钢铁公司提供的《土地股份合作协议》《土地出租协议》等保全线索，依法核实并裁定对华裕李氏公司、李少华所有的财产采取保全措施合法合理，且有充分、详尽的调查资料予以佐证。华裕物流公司在本案中既未提供不动产权利登记证明，也未提供其他证据证明其对本案标的物享有足以排除强制执行的实体权利，其异议应予驳回。

原审第三人华裕李氏公司、李少华共同答辩称，同意华裕物流公司的诉讼请求，原审判决认定事实不清，结论错误。

华裕物流公司向原审法院起诉请求：一、停止执行龚家岭地块上所建地上建筑物的征收收益；停止执行位于湖北省武汉市东湖生态旅游风景区青王公路235号（和平镀锌板厂）土地上所建厂房、仓库等地上建筑物的征收收益；停止执行总观园公司厂房、仓库、办公楼等地上建筑物的征收收益，并解除对上述建筑物的查封。二、确认位于龚家岭地块上所建地上建筑物以及和平镀锌板厂土地上所建厂房等建筑物和总观园公司厂房等建筑物的权利人为华裕物流公司。三、案件受理费等由粤汉钢铁公司承担。

原审法院查明：2017年7月21日，湖北省高级人民法院立案受理粤汉钢铁公司与华裕李氏公司、李少华间借贷纠纷一案，该院于2017年12月25日作出（2017）鄂民初49号民事判决。粤汉钢铁公司不服，向最高人民法院提起上诉。最高人民法院于2018年4月27日作出（2018）最高法民终198号民事判决：一、撤销湖北省高级人民法院（2017）鄂民初49号民事判决；二、华裕李氏公司于判决生效之日起十日内：1. 偿还粤汉钢铁公司借款本金1 332 322元，并自2016年9月22日起至实际给付之日止，以1 332 322元为基数，按12%的年利率向粤汉钢铁公司支付利息；2. 偿还粤汉钢铁公司借款本金1377万元，并自2014年1月17日起至实际给付之日止，以1377万元为基数，按12%的年利率向粤汉钢铁公司支付利息；3. 偿还粤汉钢铁公司借款本金50万元，并自2014年2月20日起至实际给付之日止，以50万元为基数，按12%的年利率向粤汉钢铁公司支付利息；4. 偿还粤汉钢铁公司借款本金50万元，并自2014年2月21日起至实际给付之日止，以50万元为基数，按12%的年利率向粤汉钢铁公司支付利息；5. 偿还粤汉钢铁公司借款本金300万元，并自2014年3月7日起至实际给付之日止，以300万元为基数，按12%的年利率向粤汉钢铁公司支付利息；三、华裕李氏公司于判决生效之日起十日内偿还粤汉钢铁公司借款本金5000万元，并自2014年1月16日起至实际给付之日止，以5000万元为基数，按24%的年利率向粤汉钢铁公司支付利息；李少华对此承担连带保证责任；四、驳回粤汉钢铁公司其他诉讼请求。

在上述案件审理过程中，2017年8月3日，粤汉钢铁公司向湖北省高级人民法院提出财产保全申请，该院于2017年8月4日作出（2017）鄂民初49-1号民事裁定：查封、扣押、冻结华裕李氏公司、李少华价值141 763 252.11元的财产。2017年10月30日，该院依据上述民事裁定书作出（2017）鄂执保44号查封公告以及（2017）鄂执保44号之一查封公告，查封了龚家岭地块上所建的厂房、仓库等地上建筑物，和平镀锌板厂土地上所建厂房、仓库等地上建筑物以及李少华享有的总观园公司厂房、仓库、办公楼等地上建筑物80%的收益，查封期限自2017年11月30日起至2020年11月29日。2018年8月14日，华裕物流公司向湖北省高级人民法院提出执行异议，称上述被查封的财产均属该公司所有，并非华裕李氏公司的财产。该院经审查后，于2018年9月29日作出（2018）鄂执异6号执行裁定：驳回华裕物流公司的异议请求。华裕物流公司不服，于2018年10月26日向原审法院提起案外人执行异议之诉。

原审另明：2010年1月1日，华裕李氏公司（乙方）与龚家岭村（甲方）签订《土地股份合作协议》，约定：1. 甲方同意以龚家岭村闲置荒地与乙方合作，合作期限为贰拾年，从2010年1月1日至2029年12月31日止，土地方位为本村12组，面积41.15亩，届时以实测为准。2. 乙方在合作期内不论盈亏，每年必须定时足额向甲方付土地费用，即每年每亩陆仟元整（6000元/亩），每年分两次付清，即年中和年底各付一半。五年后，每亩按3%的幅度递增，每五年递增一次。……合作期满后，土地归还甲方。厂房设备及辅助设施和地上附着物乙方所有。同时，双方还对各自的权利义务及违约责任进行了约定。

2010年1月1日，华裕李氏公司（甲方）与华裕物流公司（乙方）签订《租赁合同》，约定：1. 乙方承租的范围。甲方同意将龚家岭特1号的41.15亩土地（约合27 406m²），有偿租赁给乙方开发建设仓储物流中心（仅限仓储物流业，不得另作他用）。2. 租赁期限。租赁期限约为15年。期限自2010年1月1日起至2025年12月31日止，期满本合同自行废止……。3.租赁费及缴费之规定。①土地租赁费按1.5万元/亩·年计,即年度租赁费为人民币陆拾壹万柒仟贰佰伍拾元整(¥61.725万元),整个租赁期(15年)租赁费为人民币玖佰贰拾伍万捌仟柒佰伍拾元整(¥925.875万元)。②土地租赁费缴费约定。土地租赁费按照"先租后用"的惯例,约定每三年缴纳一次。即本合同签订生效后三日内(若遇法定节假日可顺延),乙方一次性向甲方付讫三年期的土地租赁费(人民币壹佰捌拾伍万壹仟柒佰伍拾元整,¥185.175万元)。三年期满后(若遇法定节假日可顺延)第二次向甲方一次性付讫下三年期的土地租赁费(人民币壹佰捌拾伍万壹仟柒佰伍拾元整,¥185.175万元)。往后每三年期的土地租赁费,即第三、第四、第五次付款时限及金额均雷同,以此类推。双方还对各自责任及约定责任作了约定。

原审还查明:1.和平镀锌板厂原系和平乡人民政府资产管理中心所属集体企业。2003年12月22日,和平乡人民政府为推进和平镀锌板厂改制与总观园公司签订了《固定资产有偿转让合同书》,约定由总观园公司收购和平镀锌板厂的全部固定资产。协议签订后,和平乡将和平镀锌板厂的全部固定资产移交给总观园公司,并制作了资产移交表。2.2004年3月,总观园公司股东李少华、李安华共同以实物出资方式申请设立"武汉华裕镀锌板有限公司"。后经武汉华裕镀锌板有限公司申请,工商部门于2007年3月30日将"武汉华裕镀锌板有限公司"名称核准变更登记为华裕李氏公司。2007年5月8日,总观园公司经股东李少华、李安华申请注销清算,2011年8月23日的注销清算报告显示总观园公司固定资产为"零"。3.2007年6月18日,华裕李氏公司物流仓储分公司经工商管理部门核准成立,经营范围为仓储、货物代(办)。2007年9月26日,华裕物流公司经工商管理部门核准成立,注册资本为1800万元,法定代表人为黄华宇,银行进账单显示黄华宇出资的540万元由武汉华裕镀锌板有限公司即华裕李氏公司代缴。4.工商登记资料显示:华裕李氏公司和华裕物流公司在具体经营中,均开展了物流仓储、货物代办经营项目。其中,李卫东既是华裕李氏公司财务负责人,亦是华裕物流公司财务负责人、股东和监事。李文娟既是华裕李氏公司财务联络员,亦是华裕物流公司财务联络员。5.在庭审中,华裕物流公司、粤汉钢铁公司、华裕李氏公司、李少华均对粤汉钢铁公司提交的卫星图片的真实性无异议,并均认为和平镀锌板厂所占的53亩土地与先锋村82亩地块未发生重叠。

原审法院认为,本案争议焦点为华裕物流公司对案涉建筑物是否享有权益并足以排除强制执行的问题。

关于龚家岭地块所建地上建筑物的权属问题。根据各方当事人的诉辩意见,各方对华裕李氏公司承租龚家岭地块的事实均无异议,但是对华裕李氏公司是否将该地块转租给华裕物流公司以及华裕物流公司是否对该地块上的厂房、仓库等地上建筑物享有民事权益的事实存有重大争议。根据《最高人民法院关于适用〈中华人民共和国民事诉讼法〉的解释》第三百一十一条"案外人或者申请执行人提起执行异议之诉的,案外人应当就其对执行标的享有足以排除强制执行的民事权益承担举证证明责任"的规定,华裕物流公司应当对其提出的其与华裕李氏公司之间就龚家岭地块形成转租合同法律关系,并实际投资建设了龚家岭地块上的厂房、仓库等地上建筑物的主张承担举证责任。本案中,华裕物流公司提交了华裕李氏公司与华裕物流公司于2010年1月1日签订的《租赁合同》以及与相关设计、施工单位、银行签订的《建设工程设计合同》《建筑工程施工合同》《固定资产借款合同》及借款、转账凭证等证据。原审法院综合全案证据审查认为,华裕物流公司虽提交了其与华裕李氏公司之间的《租赁合同》,但未提交与该合同约定的租金数额、租期、支付方式相对应的租金支付凭证以及其他合同履行依据。因此,在无其他证据佐证的情况下,仅依据《租赁合同》尚不足以认定华裕物流公司与华裕李氏公司之间就龚家岭地块形成了转租关系的事实。华裕物流公司提交的《建设工程设计合同》《施工图》《建筑工程施工合同》,对应的工程项目均系路面、围墙、护坡、给排水等构筑物附属工程,与本案争议的厂房、仓库等主体建筑物并不一致。同时,也没有证据佐证相应的履约依据与上述合同相对应。《固定资产借款合同》及借款凭证只能证明华裕物流公司以仓储扩建的名义向武汉农村商业银行股份有限公司青山支行借款3000万元的事实,而该借款合同对应的具体工程项目不明,且转账凭证中用途亦未填写,无法证明与龚家岭地块地上建筑物存有关联。因此,上述证据均不足以证明华裕物流公司实际投资建设了龚家岭地块上的厂房、仓库等地上建筑物的主张。华裕物流公司在原审庭审中提出,上述合同、借款及转账凭证对应的是龚家岭地块、先锋村地块以及和平镀锌板厂的全部地上建筑物的建设工程项目,是统一设计、统一施工,但是无论从华裕物流公司提交的设计、施工合同的具体内容,还是借款及转账凭证中载明的款项用途,都无法与其主张相印证。因此,对华裕物流公司关于其与华裕李氏公司之间关于龚家岭地块形成了租赁关系以及实际投资建设了龚家岭地块地上建筑物的相关主张均不予支持。在华裕物流公司未能提交充分证据证明其实际承租以及投资建设了龚家岭地块地上建筑物的情形下,华裕物流公司对被查封的上述建筑物享有足以排除强制执行实体权利的理由不能成立。故依据相关法律规定查封龚家岭地块上的厂房、仓库等地上建筑物并无不当。此外，关于华裕物流公司提出的书面申请，要求对其提交的证据A4、A15及华裕物流公司向武汉农村商业银行股份有限公司青山支行借款3000万元的真实性进行调查核实的问题，因粤汉钢铁公司及第三人对证据A4、A15的真实性无异议，该院对此亦予以了确认，故该调查核实已无意义。对华裕物流公司向武汉农村商业银行股份有限公司青山支行借款真实性的问题，因该银行已经向原审法院提交了相关汇款原件资料，对此调查亦无意义，该院不予准许。

关于和平镀锌板厂地块上所建建筑物的权属问题。本案中，粤汉钢铁公司提交的《和平镀锌板厂资产移交表》显示，和平镀锌板厂的全部资产在经过改制之后已全部移交至总观园公司。总观园公司股东李少华、李安华将上述部分资产以实物作价的方式出资设立了华裕李氏公司。之后，李少华、李安华申请注销总观园公司。注销清算报告显示，总观园公司在申请注销时的固定资产为"零"。华裕物流公司认为，总观园公司的固定资产为零，表明该公司的资产已经发生转移，结合华裕物流公司是总观园公司现有资产管理人的实际情况，可以确定总观园公司的上述资产已被华裕物流公司合法接收。因此，华裕物流公司是和平镀锌板厂厂房、仓库等地上建筑物的实际权利人。对此，该院认为，根据《中华人民共和国物权法》第六条"不动产物权的设立、变更、转让和消灭，应当依照法律规定登记"的规定，总观园公司在处置和平镀锌板厂移交的厂房、仓库等不动产时，应当依法进行登记，否则不发生物权变更的法律效力。因此，即便华裕物流公司对和平镀锌板厂的相关资产行使着管理和收益的权利，在没有任何物权登记的情况下，也不能认定华裕物流公司系上述资产的实际权利人。华裕物流公司还认为，武汉市房产测绘中心出具的《武汉市房屋面积调查测丈表》以及武汉市青山区房产测绘站出具的《武汉市房地产平面图》可作为认定该公司系上述资产产权人的依据。对此，该院认为，首先，华裕物流公司、华裕李氏公司以及华裕李氏公司物流仓储分公司均有物流仓储经营项目，且部分管理和财务人员还存在重合，华裕物流公司与华裕李氏公司之间存在一定的关联关系，而上述文件中产权人记载的"华裕物流"以及"华裕物流仓储公司"，在无明确依据的情况下，上述记载明显指向不明；其次，上述文件均系房产测绘文件，即对房屋进行位置、面积、结构等内容的测定，而对于权属的审核和登记，不属于测绘部门的职责范围。因此，上述测绘资料不能作为认定争议执行标的物权属的依据。加之，从和平镀锌板厂的资产流转过程分析，现有证据只能证明上述资产通过李少华、李安华等人的操作，部分移交至华裕李氏公司名下，但不能证明上述资产合法移交至华裕物流公司。且华裕物流公司提交的《建设工程设计合同》《施工图》《建筑工程施工合同》均系2008年6月之后形成，而和平镀锌板厂的厂房、仓库等地上建筑物于2003年在和平镀锌板厂改制之前就已经存在。因此，华裕物流公司关于其对和平镀锌板厂的厂房、仓库等地上建筑物享有实体权利，并足以阻却执行措施的主张，缺乏相应的事实和法律依据，不予支持。综上，该院认为华裕物流公司的请求及理由依据不足，不予支持。依照《中华人民共和国民事诉讼法》第二百二十七条、《最高人民法院关于适用〈中华人民共和国民事诉讼法〉的解释》第三百一十二条第一款第二项之规定，判决：驳回华裕物流公司的诉讼请求。案件受理费750 616.26元，由华裕物流公司负担。

二审审理期间，华裕物流公司提交了以下新证据：

证据1：湖北省民族建筑工程有限责任公司（以下简称民族建筑公司）法定代表人叶佳斌出具的《法定代表人授权委托书》，内容为"授权委托该公司许才进为华裕物流公司厂房及基础配套工程项目经理"。拟证明：民族建筑公司为华裕物流公司厂房及基础配套工程的施工单位，许才进为项目实际施工人。粤汉钢铁公司质证认为：该证据形成于原审庭审之前，不属于新证据，对该证据的真实性、合法性、关联性均不予认可。

证据2：《工程决算书》六份。拟证明：华裕物流公司系案涉执行标的的投资主体，并就相关施工内容与民族建筑公司进行结算。粤汉钢铁公司质证认为：该证据仅首页加盖了建设单位华裕物流公司和施工单位民族建筑公司的印章，其余部分均为打印件或复印件，也无骑缝章，存在伪造嫌疑，真实性无法确定，也不属于新证据。

证据3：武汉农村商业银行股份有限公司青山支行2019年11月19日出具的《情况说明》。拟证明：华裕物流公司因支付室内仓库、露天货场改造道路及场坪等工程款，向该行贷款3000万元，支付对象为民族建筑公司。粤汉钢铁公司质证认为：对该证据的真实性、合法性、关联性均不予认可。

原审第三人华裕李氏公司、李少华对华裕物流公司提交的上述新证据均予认可。本院将结合庭审查明事实及在案其他证据对华裕物流公司提交的上述新证据的证明目的予以综合评判认定。

本院二审审理期间，被上诉人粤汉钢铁公司及原审第三人华裕李氏公司、李少华未提交新证据。

本院二审对原审查明的事实予以确认。

本院认为，根据当事人的诉辩主张和理由，本案二审争议的焦点为"华裕物流公司对案涉建筑物是否享有权益并足以排除强制执行"，而该焦点问题涉及的建筑物包括"龚家岭地块地上建筑物"和"和平镀锌板厂地块地上建筑物"两部分，本院对上述两地块分别进行评判。

首先，关于龚家岭地块上所建地上建筑物的权属问题。本院认为，本案中，本案各方对华裕李氏公司承租龚家岭地块的事实均无异议，但对华裕李氏公司是否将该地块转租给华裕物流公司以及华裕物流公司是否对该地块上的厂房、仓库等地上建筑物享有民事权益的事实存有争议。根据《最高人民法院关于适用〈中华人民共和国民事诉讼法〉的解释》第三百一十一条"案外人或者申请执行人提起执行异议之诉的，案外人应当就其对执行标的享有足以排除强制执行的民事权益承担举证证明责任"的规定，华裕物流公司应当提交证据证明其对龚家岭地块形成转租关系，并实际投资建设了龚家岭地块上的厂房、仓库等地上建筑物，进而证明其对龚家岭地块上所建地上建筑物享有足以排除强制执行的民事权益。对此，原审中，华裕物流公司仅提交了其与华裕李氏公司之间的《租赁合同》，但未提交与该合同约定的租金数额、租期、支付方式相对应的租金支付凭证以及其他合同履行依据，在无其他证据相印证的情形下，原审认定该证据尚不足以充分证明华裕物流公司与华裕李氏公司之间就龚家岭地块形成转租关系正确。华裕物流公司在原审中也提交了《建设工程设计合同》《施工图》《建筑工程施工合同》等证据，但原审亦查明认定，上述证据对应的工程项目系路面、围墙、护坡、给排水等构筑物附属工程，与案涉厂房、仓库等主体建筑物并不一致，同时也没有其他证据佐证相应的履约依据与上述合同相对应。而华裕物流公司原审中提交的《固定资产借款合同》及借款凭证，只能证明华裕物流公司以仓储扩建的名义向武汉农村商业银行股份有限公司青山支行借款3000万元的事实，而该借款合同对应的具体工程项目不明，且转账凭证中用途未填写，无法证明与龚家岭地块地上建筑物存在关联。在本院二审期间，华裕物流公司为证明其主张，又提交了《工程结算书》《法定代表人授权委托书》《情况说明》等证据。因本案原审已查明，华裕物流公司在原审提交的《建设工程设计合同》《施工图》《建筑工程施工合同》等证据对应的工程项目系路面、围墙、护坡、给排水等构筑物附属工程，与案涉厂房、仓库等主体建筑物并不一致，即使华裕物流公司提交的《工程结算书》《法定代表人授权委托书》为真实，也不能以此证明华裕物流公司投资建设了案涉厂房、仓库等主体建筑物。而《情况说明》显示华裕物流公司向武汉农村商业银行股份有限公司青山支行申请该笔贷款的申请理由，为支付室内仓库露天货场改造道路及场坪等工程款，尚不能证明该笔贷款实际用于案涉厂房、仓库等建筑物的建设。因此，华裕物流公司提交的上述新证据亦不能充分证明其投资建设了龚家岭地块上的建筑物。故原审认定华裕物流公司提交的证据无法证明其对龚家岭地块上所建地上建筑物享有足以排除强制执行的民事权益并无不当。华裕物流公司关于"其已提交充分证据的前提下，原审未认定华裕物流公司系案涉建（构）筑物实际权利人，属认定事实错误"等上诉理由不能成立，本院予以驳回。

其次，关于和平镀锌板厂地块上所建建筑物的权属问题。本院认为，本案已查明，和平镀锌板厂的全部资产经过改制后已全部移交至总观园公司。总观园公司股东李少华、李安华将上述部分资产以实物作价的方式出资设立了华裕李氏公司。华裕物流公司提交的现有证据无法证明总观园公司在和平镀锌板厂处置过程中移交的厂房、仓库等不动产已依法进行物权变更登记，因此，即便华裕物流公司对和平镀锌板厂的相关资产行使管理和收益的权利，在没有相关权属登记证明的情况下，华裕物流公司提交的现有证据不能证明华裕物流公司系上述资产的实际权利人。而本案也查明，和平镀锌板厂的厂房、仓库等地上建筑物在和平镀锌板厂2003年改制前就已经存在，华裕物流公司在原审提交的《建设工程设计合同》《施工图》《建筑工程施工合同》均形成于2008年6月后，晚于和平镀锌板厂地上建筑物形成时间。而且，对应的工程项目系路面、围墙、护坡、给排水等构筑物附属工程，与案涉厂房、仓库等主体建筑物并不一致，华裕物流公司即使在本案二审期间又提交了《工程结算书》《法定代表人授权委托书》《情况说明》等证据，也并不能形成完整的证据链条证明其为和平镀锌板厂相关资产的实际权利人。因此，原审关于华裕物流公司对和平镀锌板厂的厂房、仓库等地上建筑物不享有实体权利及不足以阻却执行的事实认定亦无不当，对华裕物流公司主张"其为上述资产的实际权利人"不予支持正确，本院予以维持。关于华裕物流公司主张武汉市房产测绘中心出具的《武汉市房屋面积调查测丈表》以及武汉市青山区房产测绘站出具的《武汉市房地产平面图》可作为认定该公司系上述资产产权人的依据的问题。原审已查明，华裕物流公司、华裕李氏公司以及华裕李氏公司物流仓储分公司均有物流仓储经营项目，而且，部分管理人员和财务人员还存在重合，华裕物流公司与华裕李氏公司之间存在一定的关联关系，而《武汉市房屋面积调查测丈表》《武汉市房地产平面图》中记载的产权人为"华裕物流"以及"华裕物流仓储公司"，在华裕物流公司未提供其他证据相互印证的情况下,上述记载无法明确指向华裕物流公司,亦不能证明华裕物流公司为上述文件所涉房产的权利人。而且,上述文件均系房产测绘文件,即对房屋进行位置、面积、结构等内容的测定,而对于权属的审核和登记,不属于测绘部门的职责范围。因此,原审认定上述测绘资料不能作为认定争议执行标的物权属的依据并无不当。综上,华裕物流公司主张其对和平镀锌板厂地块上所建筑物享有权益并足以排除强制执行的上诉理由亦不能成立,本院予以驳回。

关于原审对案涉建筑物能否享有收益权及收益权归属的事实认定是否清楚、对执行标的的实体权益的认定以及证明标准适用法律是否正确的问题。本院认为,本案为案外人执行异议之诉,根据《最高人民法院关于适用〈中华人民共和国民事诉讼法〉的解释》第三百一十一条"案外人或者申请执行人提起执行异议之诉,案外人应当就其对执行标的享有足以排除强制执行的民事权益承担举证证明责任"的规定,本案的审理范围主要为"案外人华裕物流公司对其主张的案涉建筑物能否享有足以排除强制执行的民事权益",而华裕物流公司上诉所主张的原审法院对案涉建(构)筑物采取的查封措施错误、未对执行行为的正当性进行审查等理由,并非本案的审理范围。所以,原审法院仅就华裕物流公司提供的证据是否足以排除强制执行进行审判认定,并无不当。根据《最高人民法院关于适用〈中华人民共和国民事诉讼法〉的解释》第三百一十二条第一款第二项"案外人就执行标的不享有足以排除强制执行的民事权益的,判决驳回诉讼请求"的规定,原审经审理后,认定华裕物流公司提交的证据不足以证明其为案涉建筑物的权利人且不享有足以排除强制执行的民事权益,并据此规定驳回诉讼请求适用法律亦无不当。

综上,华裕物流公司的上诉请求因缺乏相应的证据支持和法律依据,均不能成立,本院予以驳回。原审判决认定事实清楚,适用法律正确,依法应予维持。本院依照《中华人民共和国民事诉讼法》第一百七十条第一款第一项之规定,判决如下:

驳回上诉,维持原判。

一审案件受理费按一审判决执行。二审案件受理费750616.26元,由武汉和平华裕物流有限公司负担。

本判决为终审判决。

审 判 长 李相波
审 判 员 方　芳
审 判 员 朱　燕
二〇二〇年四月二十八日

法官助理 王　鑫
书 记 员 秦　爽

## 12. 国家开发银行河南省分行申请执行监督案

**【裁判摘要】**

进入破产重整程序的被执行人未通知此前已经进入执行程序的债权人申报债权,导致其失去在破产重整程序中主张债权的机会;重整计划执行完毕后,该债权人有权依照《中华人民共和国企业破产法》第九十二条规定,按照破产重整计划规定的同类债权的清偿条件行使权利,申请恢复执行。

**最高人民法院执行裁定书**

(2022)最高法执监121号

申诉人(复议申请人、申请执行人):国家开发银行河南省分行。住所地:河南省郑州市金水区金路266号。

负责人:马东祺,该分行行长。

委托诉讼代理人:杨立凯,河南明商律师事务所律师。

委托诉讼代理人:朱恪,河南明商律师事务所律师。

被执行人:莲花健康产业集团股份有限公司。住所地:河南省项城市莲花大道18号。

法定代表人:李厚文,该公司董事长。

被执行人:河南省莲花味精集团有限公司。住所地:河南省项城市莲花大道18号。

法定代表人:郭剑,该公司董事长。

申诉人国家开发银行河南省分行(以下简称国开行河南省分行)不服河南省高级人民法院(以下简称河南高院)(2021)豫执复339号执行裁定,向本院申诉。本院受理后,依法组成合议庭对本案进行了审查,本案现已审查终结。

河南省周口市中级人民法院(以下简称周口中院)在恢复执行国开行河南省分行与莲花健康产业集团股份有限公司(以下简称莲花健康公司)、河南省莲花味精集团有限公司(以下简称莲花集团)借款担保合同纠纷一案中,于2021年3月11日作出(2021)豫16执恢20号执行通知书;莲花健康公司对恢复执行不服,向周口中院提出执行异议,请求撤销(2021)豫16执恢20号执行通知书,终结执行程序。事实与理由:(一)莲花健康公司与国开行河南省分行双方已就债权清偿事宜达成执行和解,债权债务关系已经消灭。(二)鉴于莲花健康公司已经在周口中院主持下于2019年10月15日实施破产重整,即使国开行河南省分行对莲花健康公司享有债权,也应通过参与重整程序、申报债权的方式主张权利,依法获得确认并根据重整计划统一获得公平清偿。

周口中院查明:国开行河南省分行与莲花健康公司(原河南莲花味精股份有限公司)、莲花集团借款合同纠纷一案,周口中院于2006年12月8日作出(2006)周民初字第107号民事判决,判决莲花健康公司偿还国开行河南省分行借款本金99 577 909.47元及利息1 349 727.03元,支付违约金759 276.36元(利息和违约金均计至2006年9月20日,其后的利息按中国人民银行规定的借款利率计算,违约金按双方借款合同约定计算,至还款之日一并清偿);莲花集团对莲花健康公司所负债务承担连带责任,莲花集团向国开行河南省分行支付违约金1 138 914.54元(计至2006年9月20日)。后经国开行河南省分行申请,周口中院立案执行;2009年12月24日,周口中院作出(2007)周法执字第46-8号裁定,裁定本次执行程序终结。后国开行河南省分行申请恢复执行,周口中院于2021年3月11日立案,2021年3月22日作出(2021)豫16执恢20号恢复执行通知书,恢复(2006)周民初字第107号民事判决的执行。莲花健康公司对恢复该执行通知书不服,提起上述异议。

周口中院又查明:2009年9月1日,国开行河南省分行向周口市人民政府去函《关于拟对河南莲花味精股份有限公司提起破产诉讼申请的函》(开行豫函[2009]62号)。2009年10月19日,周口市人民政府复函《关于国家开发银行拟对莲花股份公司提起破产诉讼申请的复函》(周政函[2009]24号)载明:"经市政府办公会议研究,我市拟协调莲花股份公司和相关单位筹集3000万元资金用于归还贵行贷款,并建议你行对其剩余贷款本息予以核销处理。"12月,周口市人民政府出资1500万元,莲花健康公司出资1500万元,共3000万元支付国开行河南省分行,国开行河南省分行对剩余贷款本息予以核销。2012年10月30日,莲花健康公司第五届董事会第十五次会议议案公告:"双方在周口市人民政府的协调下,达成执行和解,周口中院于2009年下达裁定书,裁定本案本次执行程序终结。本案终结后,国家开发银行已在公司贷款卡信息中注销此笔贷款,公司通过查询贷款卡信息已无此笔债务。本案债权债务关系事实上已经消灭。"该议案获全票通过。

周口中院再查明:2019年10月15日,周口中院作出(2019)豫16破申7号民事裁定,裁定受理国厚资产管理股份有限公司对莲花健康公司的重整申请。2019年12月16日,周口中院作出(2019)豫16破7号之二民事裁定,裁定批准莲花健康公司重整计划,终止莲花健康公司重整程序。

周口中院认为,根据《中华人民共和国企业破产法》第十九条、第九十二条的规定,周口中院于2019年10月15日裁定受理对莲花健康公司的重整申请,于2019年12月16日裁定批准莲花健康公司重整计划,莲花健康公司后进入重整执行期间。国开行河南省分行在莲花健康公司重整期间未申报债权,现主张债权,该权利行使途径应该通过申报债权确定清偿数额,并获得清偿。现径自在莲花健康公司重整后申请恢复执行,与《莲花健康产业集团股份有限公司重整计划》(以下简称《重整计划》)的规定不符,国开行河南省分行主张的权利也不应在执行及执行异议程序中予以确定,故直接恢复执行并不适当,莲花健康公司的异议请求成立。周口中院经该院审委会研究决定,于2021年4月21日作出(2021)豫16执异40号裁定,撤销周口中院(2021)豫16执恢20号恢复执行通知书。

国开行河南省分行不服上述异议裁定,向河南高院申请复议,请求撤销周口中院(2021)豫16执异40号裁定,驳回莲花健康公司的执行异议,继续执行(2021)豫16执恢20号案件。事实与理由:(一)周口中院的裁定会导致国开行河南省分行没有实现债权的途径,造成巨额国有资产流失。莲花健康公司至今仍欠国开行河南省分行借款本金近7000万元加上利息,按照《重整计划》的清偿比例,仍需偿还3700余万元。周口中院裁定书虽然提及国开行河南省分行应按照莲花健康公司《重整计划》中未申报债权的相关内容,确定清偿数额,并获得清偿,但是重整程序已经终结,不能再申报债权,裁定书不具有可执行性。(二)周口中院裁定认为国开行河南省分行主张债权的途径,不应通过恢复执行去实现,显属错误。国开行河南省分行的债权已经生效判决确认,并进入执行程序。莲花健康公司破产重整程序已经结束。国开行河南省分行作为已知债权人,因周口中院未通知莲花健康公司破产重整及申报债权事宜,未能在申报债权期限内申报债权。根据《重整计划》相关内容,本案债权应由莲花健康公司通过后续生产经营所得资金按照《重整计划》规定的清偿率进行清偿。(三)本案国开行河南省分行依照规定走核销程序,不存在债权债务灭失的情形,国开行河南省分行仍然享有本案核销债权的合法权益,有权向法院申请恢复执行。

河南高院查明的事实与周口中院查明的事实基本一致。

河南高院另查明:《重整计划》规定,"四(二)4.普通债权,普通债权在经周口中院裁定确认后,按照以下限及方式进行清偿:(1)每家普通债权人10万元以下(含10万元)的债权部分,由莲花健康公司在本重整计划执行期限内以现金方式清偿完毕;(2)每家普通债权人超过10万元的债权部分,由莲花健康公司在本重整计划执行期限内按照17.48%的清偿比例以现金方式清偿完毕";"四(三)2.未申报债权,对于莲花健康公司账面记载但未依法申报的债权,如债权权利应受法律保护的,在本重整计划执行期间不得行使权利,但可以在重整计划执行完毕后要求莲花健康公司按照重整计划中规定的同类债权清偿方案进行清偿";"六(一)本重整计划的执行期限自重整计划获得周口中院裁定批准之日起计算,莲花健康公司应于2020年4月30日前执行完毕重整计划。在此期间,莲花健康公司应当严格依照重整计划的规定清偿债务,并随时支付重整费用";"八(五)3.对于未申报债权,本次重整计划不再预留偿债资金。相关债权在经周口中院确认后,以最终确认的债权金额为准,由莲花健康公司通过后续生产经营所得资金按照本重整计划规定的清偿率获得清偿"。

河南高院认为,本案的焦点问题是国开行河南省分行请求继续(2021)豫16执恢20号案件的执行是否应得到支持。《中华人民共和国企业破产法》第十九条规定:"人民法院受理破产申请后,有关债务人财产的保全措施应当解除,执行程序应当中止。"第九十二条规定:"经人民法院裁定批准的重整计划,对债务人和全体债权人均有约束力。债权人未依照本法规定申报债权的,在重整计划执行期间不得行使权利;在重整计划执行完毕后,可以按照重整计划规定的同类债权的清偿条件行使权利。债权人对债务人的保证人和其他连带债务人所享有的权利,不受重整计划的影响"。本案中,周口中院已于2019年10月15日裁定受理对莲花健康公司的重整申请,并于2019年12月16日裁定批准莲花健康公司重整计划,后莲花健康公司进入重整计划执行期间,重整计划至2020年4月30日执行完毕。国开行河南省分行在莲花健康公司重整期间未申报债权,现主张债权,应依据《重整计划》及相关破产法律规定的救济途径,通过向莲花健康公司及其管理人或周口中院等法定主体申报债权等法定程序行使权利,以此确定其破产债权人的身份及清偿数额并获得清偿。其认为因周口中院未通知莲花健康公司破产重整及申报债权事宜,导致未能在申报债权期限内申报债权,亦应通过上述途径主张,并非异议、复议案件审查范围。国开行河南省分行申请在莲花健康公司《重整计划》执行完毕后申请恢复执行,以个别清偿的方式主张债权,与破产重整计划的规定不符,也与我国破产法律制度规定的公平原则相悖。国开行河南省分行请求继续执行(2021)豫16执恢20号案件并无事实及法律依据,不应得到支持。周口中院异议裁定撤销该院(2021)豫16执恢20号恢复执行通知书,并无不当。据此,河南高院作出(2021)豫执复339号执行裁定,驳回国开行河南省分行复议申请,维持周口中院(2021)豫16执异40号异议裁定。

国开行河南省分行不服河南高院(2021)豫执复339号执行裁定,向本院申诉,请求:一、撤销河南高院(2021)豫执复339号执行裁定、周口中院(2021)豫16执异40号执行裁定。二、维持周口中院(2021)豫16执恢20号恢复执行通知书,由周口中院继续执行(2006)周民初字第107号民事判决,强制被执行人莲花健康依照其《重整计划》通过的清偿方案向国开行河南省分行清偿债权,被执行人莲花集团对(2006)周民初字第107号民事判决项下全部债务向国开行河南省分行继续清偿。事实和理由为:(一)由于河南高院、周口中院均裁定认为本案不应通过恢复执行程序解决,莲花健康亦未按照《重整计划》规定的清偿条件向国开行河南省分行清偿债权,国开行河南省分行目前没有有效的法律救济途径来主张合法权利,国开行河南省分行经过生效判决、裁定确定的债权无法实现。2021年4月及6月,国开行河南省分行向莲花健康及其管理人均发出《要求参与莲花破产重整分配的告知函》,管理人于2021年6月18日复函国开行河南省分行称,周口中院已裁定终结莲花健康重整程序,管理人监督职责已终止,告知国开行河南省分行向莲花健康申报债权。2021年6月21日,莲花健康以微信方式向国开行河南省分行工作人员告知申报资料。2021年7月12日,国开行河南省分行按照莲花健康要求的文件资料格式向莲花健康申报债权,但莲花健康至今未按照其《重整计划》确定的清偿条件向国开行河南省分行清偿债权,国开行河南省分行的金融债权至今无法得到清偿。(二)本案所涉程序问题为,在重整程序终结后未申报的债权应该如何按《重整计划》行使权利?由于法律对此并无明确规定,国开行河南省分行认为,由周口中院继续恢复执行本案是最有利于各方且最大限度节约司法资源的解决方案。莲花健康重整过程中,是因莲花健康未将国开行河南省分行作为债权人列入债权债务清册所致,国开行河南省分行对未申报债权没有过错。莲花健康公司的《重整计划》已经周口中院裁定批准,并且在《重整计划》中明确规定了未申报债权由莲花健康公司通过后续生产经营所得资金按照重整计划规定的清偿率获得清偿。按《重整计划》确定的比例在执行程序中受偿,不会损害其他债权人的合法权益。法律并未明确规定必须再次启动债权申报、召开债权人会议、重新核查债权等程序来处理未申报的债权,在重整程序终结之后,再次启动相关程序也会无端增加各方的负担。法律亦未禁止在重整程序终结后,债权人有权按照《重整计划》确定的同类债权的清偿条件申请执行法院继续执行。（三）如果国开行河南省分行另案起诉,受理法院仍是周口中院,国开行河南省分行可能面临违反一事不再理被驳回起诉或不予立案的风险,即便周口中院受理案件,则需要再次确认已经被该院审判、执行程序中已经确认过的债权,国开行河南省分行起诉后还可能会经历一审、二审甚至再审程序,最后还是会转入周口中院执行。如此在同一家法院循环往复的诉讼只为确认一个简单的数学计算公式,即莲花健康公司应清偿的债权数额等于国开行河南省分行在周口中院107号判决项下计算至2019年10月15日莲花健康公司重整之日的债权乘以莲花健康公司《重整计划》确定的清偿比例,这无疑会极大浪费司法资源,加重诉讼各方的负担。（四）本案所涉实体问题为,国开行河南省分行核销债权是否意味着莲花健康公司无需承担清偿责任？国开行河南省分行从未放弃对莲花健康公司享有的债权,周口中院（2007）周法执字第46-8号裁定系终结本次执行程序,并明确国开行河南省分行如发现被执行人有可供执行的财产,可以向该院再次申请执行。（五）本案被执行人除莲花健康公司外还有被执行人莲花集团,周口中院仅以国开行河南省分行不应在莲花健康公司重整后恢复执行为由,直接以（2021）豫16执恢20号执行裁定终结案件恢复执行程序并撤销（2021）豫16执恢20号恢复执行通知书,显然剥夺了国开行河南省分行要求另一被执行人莲花集团清偿的权利,应予纠正。

本院对周口中院、河南高院查明的事实予以确认。

本院又查明：莲花健康公司在本案破产重整程序中未通知国开行河南省分行其进入破产程序的情况,由此导致国开行河南省分行未在莲花健康公司破产重整程序中申报债权。

2021年6月11日,国开行河南省分行向莲花健康公司发出《要求参与莲花破产重整分配的告知函》,要求莲花健康公司按照《重整计划》规定的清偿率向该行清偿。同日,国开行河南省分行向莲花健康公司管理人发出《要求参与莲花破产分配的告知函》,要求管理人履行管理人职责,协调莲花健康公司依照《重整计划》规定的清偿率向该行清偿；莲花健康公司管理人于2021年6月18日复函国开行河南省分行,称周口中院已裁定终结莲花健康公司重整程序,管理人监督职责已终止,告知国开行河南省分行可向莲花健康公司申报债权。

本院认为,根据国开行河南省分行的申诉理由,结合本案异议法院、复议法院的认定,本案应重点审查的问题是：（一）本案能否通过执行程序处理国开行河南省分行的债权？（二）本案国开行河南省分行的债权应按照何种条件清偿？针对上述争议问题,本院分析认定如下：

（一）关于本案能否通过执行程序处理国开行河南省分行的债权的问题

本案中,国开行河南省分行于2006年取得对莲花健康公司的胜诉判决,案件进入执行程序,执行法院周口中院在执行到位部分金额后于2009年裁定该案终结本次执行程序。2019年,周口中院裁定受理对莲花健康公司的重整申请以及批准莲花健康公司破产重整计划,莲花健康公司进入重整执行期间,至2020年4月30日重整计划执行完毕。在莲花健康公司破产重整程序过程中,并未通知国开行河南省分行申报债权,由此导致该分行的债权未能在破产重整程序中获得清偿。虽然《中华人民共和国企业破产法》第九十二条第二款规定："债权人未依照本法规定申报债权的,在重整计划执行期间不得行使权利；在重整计划执行完毕后,可以按照重整计划规定的同类债权的清偿条件行使权利",但该条未明确在破产程序中由于被执行人未通知已经进入执行程序的债权人申报债权而导致该债权人未在破产重整程序中申报债权及获得清偿,应通过何种程序保护该债权人的合法利益？

对此,本院认为,就本案已经进入执行程序的债权人国开行河南省分行而言,针对莲花健康公司在本案破产重整程序中未通知其申报债权,由此导致国开行河南省分行失去在破产重整程序中主张债权的机会,对国开行河南省分行已经进入执行程序但未在破产程序中申报的债权,可通过执行程序处理。主要有以下几个方面的理由：

首先,通过执行程序处理该未申报债权,与《中华人民共和国企业破产法》第九十二条第二款规定"债权人未依照本法规定申报债权的,在重整计划执行期间不得行使权利；在重整计划执行完毕后,可以按照重整计划规定的同类债权的清偿条件行使权利"的文义相符；就本条规定文义而言,"在重整计划执行完毕后,可以按照重整计划规定的同类债权的清偿条件行使权利"应解释适用于在重整计划执行完毕后,未申报债权但是已经进入执行程序的债权人,可以直接参照重整计划确定的同类债权清偿比例,请求执行法院通过执行程序保护其未获得清偿的债权。进一步,在该法律规定文义并未排除执行程序中直接适用的情况下,从有利于保护债权人利益和节约司法资源、提高司法效率角度,则应解释适用于执行程序之中的债权人利益保护。

其次,通过执行程序解决本案进入执行程序的债权人利益保护问题,有利于提高保护债权人利益的效率,避免本案债权人利益保护缺乏救济途径而影响其利益保护。针对终结本次执行程序的债权人,由于未被通知其申报债权而导致其未在破产重整程序中行使债权的情形,《中华人民共和国企业破产法》未规定其债权保护和救济方式,但是根据该法第四条关于"破产案件审理程序,本法没有规定的,适用民事诉讼法的有关规定",则可以补充适用民事诉讼法有关规定、原则来处理。《中华人民共和国民事诉讼法》第八条规定,人民法院审理民事案件应当保障和便利当事人行使诉讼权利,故对于进入执行程序的债权人权利保护而言,执行工作在确定债权人行使权利的方式上亦应当注意保障和便利其依法行使权利。本案原审理破产重整案件的合议庭由于破产重整计划执行完毕,已经完成破产重整任务,往往以该破产案件结案处理;而破产管理人也由于破产重整计划执行完毕,其管理人任务已经完成,已不再具有相应职权。故向破产法院审判合议庭或者破产管理人请求行使权利,显然已经并无救济上的程序途径。在此情况下,强行要求债权人向原破产合议庭或破产管理人主张行使权利,则无异于徒然增加当事人行使权利的程序成本,而不会使其实体权益诉求得以实现。相反,案涉未清偿的债权在重整计划执行完毕后由执行法院通过恢复执行程序,按照《重整计划》所规定的债权清偿方式和比例予以保护,可使得债权人的权利得以直接实现,提高保护债权人利益的效率。

再次,由执行法院通过恢复执行程序处理,可以直接延续执行法院已开展的强制执行程序工作,节约司法资源,提高司法工作效率。本案中,债权人国开行河南省分行的债权已于2006年经生效判决确认,在债务人莲花健康公司在执行程序中清偿部分债权后,周口中院于2009年裁定终结本次执行程序。故案涉未清偿的债权属于已经法院生效判决确定并具有既判力的债权,已经不再具有再次审理和裁判的争议本质和法理基础。因此,对于该已经生效判决所确定并已经进入执行程序的债权,已经基于强制执行程序而属于具有强制执行效力的债权;对于该已启动强制执行程序的债权,执行法院对相关债权已经基于强制执行而获得清偿的债权数额及未获清偿的债权数额,已经基于执行案件而建立案件账目,且最为清楚;故由该执行法院恢复执行,有利于其及时高效计算债权人未获清偿债权的具体数额,在体现保护债权人利益工作延续性基础上,提高执行案件的执行效率;而通过在执行程序中直接按照破产重整计划确定的条件清偿未获清偿部分的债权,则可以避免让已经完成破产重整程序任务的破产审判合议庭和破产管理人重新启动工作,增加不必要的工作负担,进而有利于节约司法资源。

此种处理方式除适用于本案执行案件实施部门和破产案件审理合议庭属于同一法院的情形外,还适用于执行案件实施法院和债务人破产案件审理法院非同一法院的类似情形;即如果由于通知义务主体未通知执行案件债权人被执行人已经进入破产程序的事实,导致该执行案件债权人的债权在破产程序中未获得保护,则执行法院亦可参照上述程序处理,通过恢复执行程序处理,以实现裁判标准统一。

(二)关于本案国开行河南省分行的债权应按照何种条件清偿的问题

针对本案由于破产程序相关通知义务主体未通知执行案件债权人、导致执行案件债权人未通过破产重整程序申报的债权,由执行法院通过执行程序处理,则涉及人民法院在执行程序中如何执行的问题,即执行法院应按照何种条件保障该债权的执行问题。对此,本院认为,《中华人民共和国企业破产法》第九十二条第一款的规定,经人民法院裁定批准的重整计划,对债务人和全体债权人均有约束力,该规定当然能够适用于本案国开行河南省分行的情形,故针对国开行河南省分行已经进入执行程序但未获强制执行清偿的剩余债权,可以直接按照重整计划确定的清偿方案强制执行获得清偿。且就本案的事实而言,本案《重整计划》之四(三)2明确:"未申报债权,对于莲花健康公司账面记载但未依法申报的债权,如债权权利应受法律保护的,在本重整计划执行期间不得行使权利,但可以在重整计划执行完毕后要求莲花健康公司按照重整计划中规定的同类债权清偿方案进行清偿",故该《重整计划》亦明确了可按照《重整计划》同类债权清偿方案清偿。故就本案国开行河南省分行所享有的、已经进入执行程序但未依照《中华人民共和国企业破产法》规定申报的债权,在莲花健康公司重整计划执行完毕后,债权人国开行河南省分行可以按照《重整计划》规定的同类债权的清偿条件行使权利。

至于本案恢复执行之后,是否存在国开行河南省分行免除莲花健康公司债务的问题。鉴于本案周口中院、河南高院在异议、复议程序中均从本案不应通过执行程序处理的角度进行审查,并认定本案不应通过恢复执行程序处理,而未对是否存在国开行河南省分行免除莲花健康公司债务的问题进行审理。如针对国开行河南省分行是否存在免除莲花健康公司债务的实体问题,则本院原则上应将本案发回周口中院重新审理。但是,本院从明确法律适用标准、提高审判效率、节约司法资源角度出发,在明确本案应通过恢复执行程序处理案涉法律适用问题的情况下,不将本案发回重审,而是直接对周口中院、河南高院法律适用错误予以纠正。在该处理模式下,莲花健康公司仍可依据《最高人民法院关于人民法院办理执行异议和复议案件若干问题的规定》第七条第二款"被执行人以债权消灭、丧失强制执行效力等执行依据生效之后的实体事由提出排除执行异议的,人民法院应当参照民事诉讼法第二百二十五条规定进行审查"的规定,依法就是否存在国开行河南省分行免除其债务的问题向执行法院请求救济;如莲花健康公司提出该异议请求救济,则异议法院可在本案恢复执行的前提下,聚焦该焦点问题进行审理,从而节约司法资源、提高司法效率,进而提高保护合法权利人利益的效率。

综上,周口中院(2021)豫16执异40号执行裁定撤销该院(2021)豫16执恢20号恢复执行通知书;河南高院作出(2021)豫执复339号执行裁定,裁定驳回国开行河南省分行复议申请,维持周口中院(2021)豫16执异40号异议裁定,均适用法律错误,应予纠正;本院依据《中华人民共和国企业破产法》第九十二条、《中华人民共和国民事诉讼法》第二百一十一条、《最高人民法院关于人民法院执行工作若干问题的规定(试行)》第71条的规定,裁定如下:

一、撤销河南省高级人民法院(2021)豫执复339号执行裁定;

二、撤销河南省周口市中级人民法院(2021)豫16执异40号执行裁定。

审　判　长　刘慧卓
审　判　员　仲伟珩
审　判　员　林　莹
二〇二二年九月二十六日
法官助理　刘　伟
书记员　增　斌

## 13. 中国建设银行股份有限公司怀化市分行与中国华融资产管理股份有限公司湖南省分公司等案外人执行异议之诉案

【裁判摘要】

一、执行异议之诉案件可参照适用《最高人民法院关于人民法院办理执行异议和复议案件若干问题的规定》进行审查处理,同时需基于案件具体情况对案外人是否享有足以排除强制执行的民事权益进行实质审查。

二、非消费者购房人能否排除抵押权人的申请执行,可基于双方权利的性质、取得权利时间的先后、权利取得有无过错以及如何降低或者预防风险再次发生等因素,结合具体案情,对双方享有的权利进行实体审查后作出相应判断。

**最高人民法院民事判决书**

(2022)最高法民终34号

上诉人(原审原告):中国建设银行股份有限公司怀化市分行。住所地:湖南省怀化市鹤城区迎丰中路380号。
负责人:吴曙华,该分行行长。
委托诉讼代理人:蒋铁华,该分行员工。
委托诉讼代理人:雷少华,湖南融邦律师事务所律师。
被上诉人(原审被告):中国华融资产管理股份有限公司湖南省分公司。住所地:湖南省长沙市开福区五一大道976号。
负责人:龙志林,该分公司总经理。
委托诉讼代理人:周道明,湖南联合创业律师事务所律师。
委托诉讼代理人:李康裕,湖南联合创业律师事务所律师。
原审第三人:怀化英泰建设投资有限公司。住所地:湖南省怀化市鹤城区鹤州北路火车站广场。
法定代表人:谢永健,该公司董事长。
破产管理人:湖南通程律师事务所。
委托诉讼代理人:刘涛,破产管理人工作人员。
委托诉讼代理人:邓水苗,破产管理人工作人员。
原审第三人:东星建设工程集团有限公司。住所地:湖南省怀化市顺天北路。
法定代表人:谢永健,该公司董事长。
破产管理人:湖南通程律师事务所。
委托诉讼代理人:刘涛,破产管理人工作人员。
委托诉讼代理人:邓水苗,破产管理人工作人员。
原审第三人:湖南辰溪华中水泥有限公司。住所地:湖南省辰溪县火马冲工业园。
法定代表人:谢永健,该公司董事长。
破产管理人:湖南通程律师事务所。
委托诉讼代理人:刘涛,破产管理人工作人员。
委托诉讼代理人:邓水苗,破产管理人工作人员。
原审第三人:谢永健。
委托诉讼代理人:蒲亚飞,湖南省怀化市鹤城区迎丰街道办事处银湾社区居民。
原审第三人:陈桃芳。
委托诉讼代理人:蒲亚飞,湖南省怀化市鹤城区迎丰街道办事处银湾社区居民。

上诉人中国建设银行股份有限公司怀化市分行(以下简称建行怀化市分行)因与被上诉人中国华融资产管理股份有限公司湖南省分公司(以下简称华融湖南分公司)及

原审第三人怀化英泰建设投资有限公司(以下简称英泰公司)、东星建设工程集团有限公司(以下简称东星公司)、湖南辰溪华中水泥有限公司(以下简称华中公司)、谢永健、陈桃芳案外人执行异议之诉一案,不服湖南省高级人民法院(2020)湘民初1号民事判决,向本院提起上诉。本院于2022年2月8日立案后,依法组成合议庭,公开开庭进行了审理。上诉人建行怀化市分行委托诉讼代理人蒋铁华、雷少华,被上诉人华融湖南分公司委托诉讼代理人周道明、李康裕,原审第三人英泰公司、东星公司、华中公司共同委托诉讼代理人邓水苗,原审第三人谢永健、陈桃芳共同委托诉讼代理人蒲亚飞到庭参加诉讼。本案现已审理终结。

建行怀化市分行上诉请求:1.撤销一审判决;2.判令不得执行湖南省怀化市鹤城区迎丰西路英泰国际二期2栋1-16号房产(以下简称案涉房产);3.确认华融湖南分公司对案涉房产的优先受偿权不得对抗建行怀化市分行;4.本案一、二审诉讼费用由华融湖南分公司承担。事实与理由:(一)《最高人民法院关于人民法院办理执行异议和复议案件若干问题的规定》(以下简称《执行异议和复议规定》)第二十八条及《最高人民法院关于人民法院民事执行中查封、扣押、冻结财产的规定》(以下简称《民事执行查扣冻规定》)(2005年施行)第十七条适用于申请执行人对执行标的享有担保物权的情形,应当作为本案的审理依据。1.《执行异议和复议规定》第二十八条至第三十条是第二十七条关于"申请执行人对执行标的依法享有对抗案外人的担保物权等优先受偿权,人民法院对案外人提出的排除执行异议不予支持,但法律、司法解释另有规定的除外"的规定中的除外情形。2.《执行异议和复议规定》第二十八条至第三十条,实际上保护的是买受人的物权期待权。这三条司法解释所要解决的,就是特殊情形下虽未取得物权但对该物享有特定请求权的优先保护问题。3.《执行异议和复议规定》的理解与适用对第二十七条的解读也明确该条中"但法律、司法解释另有规定的除外"包括该司法解释第二十八条至第三十条。4. 最高人民法院(2018)最高法民申4090号民事裁定,亦认定《执行异议和复议规定》第二十八条、第二十九条属于第二十七条的除外情形,符合第二十八条、第二十九条规定条件的买受人物权期待权可以排除享有担保物权等优先权的申请执行人的强制执行。根据同案同判的原则,该判例在审理本案时应予以参考。(二)建行怀化市分行购买、占有案涉房产的相关事实,完全符合《执行异议和复议规定》第二十八条关于"金钱债权执行中,买受人对登记在被执行人名下的不动产提出异议,符合下列情形且其权利能够排除执行的,人民法院应予支持:(一)在人民法院查封之前已签订合法有效的书面买卖合同;(二)在人民法院查封之前已合法占有该不动产;(三)已支付全部价款,或者已按照合同约定支付部分价款且将剩余价款按照人民法院的要求交付执行;(四)非因买受人自身原因未办理过户登记"的规定,及《民事执行查扣冻规定》(2005年施行)第十七条关于"被执行人将其所有的需要办理过户登记的财产出卖给第三人,第三人已经支付部分或者全部价款并实际占有该财产,但尚未办理产权过户登记手续的,人民法院可以查封、扣押、冻结;第三人已经支付全部价款并实际占有,但未办理过户登记手续的,如果第三人对此没有过错,人民法院不得查封、扣押、冻结"的规定,建行怀化市分行对于案涉房产未过户或者预告登记无任何过错。1. 在抵押及人民法院查封之前建行怀化市分行已签订合法有效的书面买卖合同。建行怀化市分行与英泰公司就案涉房产签订《商品房买卖合同》的时间为2013年1月31日,而华融湖南分公司办理抵押的时间为2013年5月27日,人民法院查封案涉房产的时间为2014年9月29日。2. 在抵押及人民法院查封之前建行怀化市分行已合法占有该不动产。依照案涉《商品房买卖合同》约定,英泰公司在2013年3月29日前,就需将案涉房产交给建行怀化市分行,建行怀化市分行自2013年3月起占有了案涉房产后,在2013年8月进行装修,并持续使用至今。建行怀化市分行对案涉房产占有的时间,也均早于华融湖南分公司办理抵押和申请查封的时间。3. 建行怀化市分行已支付全部价款,或者已按照合同约定支付部分价款且将剩余价款按照人民法院的要求交付执行。建行怀化市分行在2013年3月28日,就已经支付了95%的房款16 163 110元;在2013年11月27日,又将价款支付至98%,在抵押和查封前,建行怀化市分行已经几乎支付了全部房款。剩余房款,建行怀化市分行也愿意按照法院要求交付执行。4. 非因建行怀化市分行自身原因未办理过户登记或预告登记。(1)案涉房产未办理过户登记是因房屋本身原因和出卖人原因,建行怀化市分行对此无任何过错。由于案涉房产在买卖时属于期房,无法办理房产证,且该房屋因出卖人英泰公司原因(包括抵押及查封的问题)至今不能办理房产证。因此,案涉房产未办理过户登记的手续,并非建行怀化市分行的原因,建行怀化市分行对此无任何过错。(2)依约定对《商品房买卖合同》进行预告登记的义务人为出卖人英泰公司而非建行怀化市分行,且出卖人英泰公司在极短时间内就将案涉房产抵押给华融湖南分公司,建行怀化市分行无力避免,案涉房产未办理预告登记并非建行怀化市分行的原因,因出卖人违约未办理预告登记不应归咎于建行怀化市分行。

(3)本案中认定建行怀化市分行对于案涉房产未过户或办理预告登记存在过错,不符合最高人民法院有关司法精神。本案案涉房产未办理预告登记手续,建行怀化市分行既有向出卖人提出办理登记请求的积极行为,也有关于未办理预告登记的充足客观理由,依据《全国法院民商事审判工作会议纪要》(2019 年)第 127 条的规定,不应认定建行怀化市分行有过错。(4)建行怀化市分行在购房后即缴纳了契税,履行了办理预告登记所需的各项前置义务。且建行怀化市分行与出卖人英泰公司签订的是外表为红皮硬壳、由怀化市工商行政管理局和房产管理局联合监制的正规商品房买卖合同文本。这些都足以给建行怀化市分行形成购房行为合法有效的合理信赖。(三)在华融湖南分公司对案涉房产办理抵押及法院查封案涉房产之前,建行怀化市分行已经依法占有了案涉房产。建行怀化市分行依合法有效的《商品房买卖合同》对案涉房产的合法占有同样属于受法律保护的权益。类比原《中华人民共和国物权法》等相关法律法规中对于在先租赁而取得占有的优先保护原则,作为比租赁关系更具有物权属性的买卖关系所形成的占有,更应当受到法律的优先保护。承租人基于先于抵押或查封设立的有效租赁而取得对房屋的占有优先于抵押权人或查封债权人受法律保护,即使处分该财产,也应当保护承租人的合法占有。综上,无论是从法律还是情理上,建行怀化市分行对案涉房产的权益,均应当优先于华融湖南分公司的抵押权,足以排除华融湖南分公司对案涉房产的执行。

华融湖南分公司答辩称:(一)建行怀化市分行认为其对案涉房产的民事权益符合《执行异议和复议规定》第二十八条关于一般不动产买受人排除执行的条件,于法不符,不能成立。本案法律适用的焦点问题是,符合《执行异议和复议规定》第二十八条规定的一般不动产买受人是否有权排除作为抵押权人的申请执行人对执行标的执行。建行怀化市分行认为有权排除执行,属于对法律的理解错误。1. 从对《执行异议和复议规定》第二十七条的理解来看,第二十八条规定的一般不动产买受人不属于第二十七条"但法律、司法解释另有规定除外"的情形。即在申请执行人对执行标的享有抵押权的情况下,《执行异议和复议规定》第二十八条规定没有适用的余地,案外人是否符合《执行异议和复议规定》第二十八条规定的四项条件不是裁判要件事实,无论是否符合都不能排除抵押权人对抵押物的申请执行。2. 最高人民法院类案裁判认为一般买受人不能对抗抵押权的执行(详见《类案检索报告》)。3. 从最高人民法院法官的学理解释来看,均认为一般不动产买受人不能对抗抵押权人。(二)即使将《执行异议和复议规定》第二十八条规定视为第二十七条规定的除外条款,建行怀化市分行也不符合适用第二十八条规定的条件。1. 建行怀化市分行对案涉房产的占有不是合法占有。华融湖南分公司办理抵押登记的时间为 2013 年 5 月 27 日,无论是华融湖南分公司与英泰公司签订的《抵押协议》,还是登记机关颁发的房屋他项权证,抵押物均记载为在建工程。所谓在建工程,即尚未完成竣工验收还处于建筑安装施工的建筑物,而且至今该抵押物仍未完成竣工验收,仍然是在建工程。《中华人民共和国建筑法》第六十一条第二款规定:"建筑工程竣工验收合格后,方可交付使用,未经验收或者验收不合格的,不得交付使用。"依据法律的禁止性规定,英泰公司将在建工程向建行怀化市分行交付,建行怀化市分行占有、使用未经竣工验收的在建工程,其行为都是违法的,故本案不符合《执行异议和复议规定》第二十八条第二项关于"在人民法院查封之前已合法占有该不动产"的条件。2. 建行怀化市分行不符合《执行异议和复议规定》第二十八条第四项关于"非因买受人自身原因未办理过户登记"的条件。最高人民法院在多份判决中都指出,要符合这一条件,必须存在"不动产买受人与出卖人已经共同向不动产登记机构提交办理所有权转移登记且经登记机构受理,或者案外人因办理所有权转移登记与出卖人发生纠纷并已起诉或者申请仲裁,或者有其他合理客观理由的情形",但本案建行怀化市分行却无任何证据证明其与英泰公司共同向不动产登记机关有过过户登记的申请;尽管建行怀化市分行与英泰公司签订的《商品房买卖合同》中有"在交付之后 30 日内,将办理权属登记的资料报送产权登记机关备案"的约定,但事实上英泰公司并未将买卖合同进行备案,建行怀化市分行也未督促其进行合同备案或权利预告登记。实际上,只要进行了《商品房买卖合同》的备案登记,相关登记机关就会依据《中华人民共和国城市房地产管理法》和《城市商品房预售管理办法》将交易的房产设置为权利受限状态,英泰公司也就不可能将案涉房产作为抵押物设立抵押。此外,2013 年 5 月 27 日华融湖南分公司对案涉房产取得抵押权,而在此之后,建行怀化市分行才于 2013 年 11 月 27 日向英泰公司支付最后一笔购房款,于 2013 年 11 月 18 日与物业管理公司签订物业管理合同,实际占有案涉房产。可见,在交易过程中,建行怀化市分行仍有机会发现案涉房产被抵押的事实,并及时采取补救措施,但由于疏忽大意而错失。从以上事实可以看出,建行怀化市分行对购房交易的合法合规与安全性未予以重视,案涉房产未能办理过户登记乃至被另行抵押均与建行怀化市分行的疏忽有关。故建行怀化市分行对案涉房产的占有是非善意,且未办理过户登记与其自身原因有关。3. 建行怀化市分行引用原《中华人民共和国物权法》及《民事执行查扣冻规定》等司法解释的规定，明显与本案争议无关。建行怀化市分行对本案诉讼程序的意见也与最高人民法院生效的裁判相悖，华融湖南分公司对此无需答辩。综上，无论是根据法律规定、法理还是同案同判原则，建行怀化市分行援引《执行异议和复议规定》第二十八条规定，阻却华融湖南分公司抵押权实现的理由均不成立，且建行怀化市分行也未能满足前述第二十八条规定所设置的适用条件，故其上诉请求与理由均于法相悖，不能成立。华融湖南分公司请求驳回建行怀化市分行的上诉请求，维持原判。

建行怀化市分行向一审法院起诉请求：1. 不得执行案涉房产；2. 确认华融湖南分公司对案涉房产的优先受偿权不得对抗建行怀化市分行。

一审法院认定事实：2013年1月31日，英泰公司与建行怀化市分行签订《商品房买卖合同》，约定：英泰公司将其开发的案涉房产出售给建行怀化市分行；商铺面积438.5m²，单价38 800元/m²，总计售价17 013 800元，相关税费1 055 891元；英泰公司应在2013年3月29日前，将该门面交付建行怀化市分行，并在交付之后30日内，将办理权属登记的资料报送产权登记机关备案；英泰公司承诺在交房后两年内办好房、地产权证。合同签订后，建行怀化市分行分别于2009年12月31日、2013年3月28日、2013年11月27日向英泰公司指定账户汇入订金及购房款1 000 000元、15 163 110.64元、500 000元，并交纳了相应的购房契税。2013年11月18日，建行怀化市分行与怀化英泰商城管理有限公司签订了《英泰国际物业管理合同》。2013年12月2日，建行怀化市分行向怀化英泰商城管理有限公司缴纳了23 679元物业管理费。

2013年5月23日，华融湖南分公司与英泰公司签订《抵押协议》（编号：湖南Y1830015-6），约定英泰公司以其位于怀化市鹤城区迎丰西路的英泰国际项目二期未售商业地产在建工程及其分摊的土地为其所欠华融湖南分公司债务提供抵押担保。2013年5月27日，华融湖南分公司与英泰公司对案涉房产在怀化市房产管理局办理了在建工程抵押登记。

2014年9月19日，一审法院受理华融湖南分公司诉英泰公司、东星公司、华中公司、谢永健、陈桃芳合同纠纷一案。2014年9月29日，一审法院作出（2014）湘高法民二初字第32-1号民事裁定，查封了英泰公司名下的案涉房产。2014年12月12日，一审法院作出（2014）湘高法民二初字第32号民事判决，判决解除华融湖南分公司与英泰公司签订的《债务重组协议》，由英泰公司向华融湖南分公司偿还债务9800万元及重组收益、违约金和律师代理费695 431元，东星公司、华中公司、谢永健、陈桃芳承担连带清偿责任。未按期履行清偿义务的，华融湖南分公司有权以英泰公司已办理抵押登记的房产3194.53m²、2709.09m²及相应土地使用权（房屋他项权证编号：怀房鹤他字第×××号、怀房建鹤城字第×××号）作为抵押物折价或者以拍卖、变卖该抵押物所得价款优先受偿。双方均未上诉，该判决生效。英泰公司未按期履行（2014）湘高法民二初字第32号民事判决所确定的清偿义务，华融湖南分公司向一审法院申请强制执行。一审法院执行立案后，于2017年8月21日作出（2015）湘高法执字第22号拍卖公告，拟拍卖（2014）湘高法民二初字第32号民事判决所确定的包括案涉房产在内英泰国际名下的多项房产，建行怀化市分行不服，向一审法院提出执行异议。2017年12月12日，一审法院作出（2017）湘执异75号执行裁定，驳回了建行怀化市分行的异议请求。建行怀化市分行遂提起本案诉讼。

一审法院另查明，湖南省怀化市中级人民法院于2018年6月5日作出（2018）湘12破申1号民事裁定，受理英泰公司的重整申请；2018年8月29日作出（2018）湘12破申6号、7号民事裁定，受理东星公司、华中公司的重整申请；2019年11月16日作出（2018）湘12执204号之一执行裁定，以英泰公司、东星公司、华中公司已进入破产重整程序为由，裁定中止（2014）湘高法民二初字第32号民事判决第一、二、三、四、五项判决的执行。

一审法院认为，综合各方当事人诉辩意见，本案的争议焦点为：1. 第三人进入破产程序后，本案执行异议之诉应否继续审理；2. 建行怀化市分行对案涉房产享有的民事权利能否排除人民法院强制执行。

（一）关于焦点一。华融湖南分公司主张，根据《中华人民共和国企业破产法》第十九条之规定，因被执行人英泰公司等进入破产重整程序，本案的执行程序已经被人民法院裁定中止，建行怀化市分行起诉的前提条件不成立，应予驳回。一审法院认为，执行异议之诉，虽因执行程序而产生，但本质上是一个独立的审判程序，具有其特定的程序与实体功能。第一，程序方面。本案系建行怀化市分行提起的案外人执行异议之诉，目的是请求排除人民法院对案涉房产的强制执行。人民法院对其起诉是否受理，应审查是否符合《中华人民共和国民事诉讼法》（2017年修正）第一百一十九条与《最高人民法院关于适用〈中华人民共和国民事诉讼法〉的解释》（2015年施行）第三百零五条规定的案外人执行异议之诉的起诉条件。经查，华融湖南分公司基于生效判决确认的抵押权对英泰公司名下的房产申请强制执行,案外人建行怀化市分行提出执行异议被驳回后,向一审法院提起案外人执行异议之诉,符合上述法律与司法解释的规定,依法应予受理。同时,本案提起执行异议之诉期间,被执行人英泰公司、东星公司、华中公司进入破产重整程序,根据《中华人民共和国企业破产法》第二十条之规定,"人民法院受理破产申请后,已经开始而尚未终结的有关债务人的民事诉讼或者仲裁应当中止;在管理人接管债务人的财产后,该诉讼或者仲裁继续进行。"本案审理期间,受理英泰公司、东星公司、华中公司破产重整申请的人民法院已确定其管理人,可以代表被执行人继续参与诉讼,故本案继续审理从程序上并无不当。第二,实体方面。首先,在功能上,执行异议之诉作为针对执行程序的救济手段,除了阻却法院强制执行的功能以外,还具有对实体权利顺序优先性确认之功能。本案中,虽然被执行人进入了破产重整程序,但无论破产企业最终是重整或清算,均不能代替执行异议之诉对债权人债权优先性的实体认定功能。其次,在效果上,案涉房产如因破产而解除查封,房产将转由被执行人的破产管理人接管;如因执行异议之诉胜诉而解除查封,建行怀化市分行则可以要求继续履行合同。同为解除查封措施,因被执行人进入破产程序而中止执行,与因执行异议之诉排除法院的执行措施而停止执行,两种程序的依据不同,所带来的法律效果以及对当事人权益的影响也不一致,故不能因被执行人进入破产程序中止执行而停止对执行异议之诉的审理。综上,华融湖南分公司的主张缺乏法律依据,本案被执行人进入破产程序后,执行异议之诉仍然应当继续审理。

(二)关于焦点二。本案中,华融湖南分公司依据(2014)湘高法民二初字第32号民事判决确定的抵押权,申请人民法院强制执行。建行怀化市分行基于其与英泰公司签订《商品房买卖合同》、支付购房款、占有使用房屋等行为所产生的民事权益,主张排除人民法院的强制执行。因此,建行怀化市分行能否排除强制执行,关键在于建行怀化市分行对案涉房产所享有的民事权益是否优先于华融湖南分公司的抵押权。建行怀化市分行诉称,其在案涉房产被人民法院查封前,已与英泰公司签订了合法有效的《商品房买卖合同》,缴纳了大部分房款并实际占有了房产,根据《民事执行查扣冻规定》(2005年施行)第十七条、《执行异议和复议规定》第二十八条的规定,享有足以排除人民法院强制执行的民事权利。一审法院认为:第一,建行怀化市分行至今尚未缴清案涉房产的购房款,且建行怀化市分行在与英泰公司签订《商品房买卖合同》后,既未及时办理合同备案登记,也未依法将案涉房产已由其购买的事实予以公示;同时,建行怀化市分行亦未提交证据证实,其曾及时催告英泰公司办理过户登记手续,故对案涉房产未办理过户登记存在过错。因此,案涉房产不符合《民事执行查扣冻规定》(2005年施行)第十七条规定的人民法院不得查封、扣押、冻结的情形,建行怀化市分行的该项主张不能成立,不予支持。第二,《执行异议和复议规定》第二十七条规定,除法律、司法解释明确规定外,案外人不得排除申请执行人基于担保物权等优先受偿权的强制执行;第二十八条规定,一般买房人在金钱债权执行中满足一定的条件时可以排除人民法院强制执行。因本案涉及抵押权与其他权利的优先性排序问题,故应参照《执行异议和复议规定》第二十七条的规定,但上述规定未明确法律、司法解释规定的例外情形是否包含本解释的其他条款,故在认定第二十七条的例外情形时,不宜直接适用包括该司法解释第二十八条在内的其他条款的规定。一审法院认为,原《最高人民法院关于建设工程价款优先受偿权问题的批复》第一条规定:"人民法院在审理房地产纠纷案件和办理执行案件中,应当依照《中华人民共和国合同法》第二百八十六条的规定,认定建筑工程的承包人的优先受偿权优于抵押权和其他债权";第二条规定:"消费者交付购买商品房的全部或者大部分款项后,承包人就该商品房享有的工程价款优先受偿权不得对抗买受人。"根据上述规定,交付全部或者大部分款项的商品房消费者的权利优先于抵押权人的抵押权,但该特别规定仅限于购买房屋用于居住并已支付全部或者大部分房款的商品房消费者,一般的房屋买卖合同的买受人,不适用上述规定。本案中,建行怀化市分行购买案涉房产系作为银行营业网点经营之用,并非用于居住。因此,根据上述司法解释的规定,本案建行怀化市分行对案涉房产享有的民事权益不属于《执行异议和复议规定》第二十七条规定的,可以优先于抵押权受偿的法定例外情形,不能优先于华融湖南分公司经登记并已由生效判决确认的抵押权受偿。建行怀化市分行的相关民事权益可在破产程序中依法主张。

综上所述,建行怀化市分行的诉讼请求不能成立,一审法院不予支持。一审法院依照《中华人民共和国民事诉讼法》(2017年修正)第一百一十九条、《中华人民共和国企业破产法》第二十条、《最高人民法院关于适用〈中华人民共和国民事诉讼法〉的解释》(2015年施行)第三百零六条、原《最高人民法院关于建设工程价款优先受偿权问题的批复》第一条、第二条之规定,参照《民事执行查扣冻规定》(2005年施行)第十七条、《执行异议和复议规定》第二十七条、第二十八条,判决:驳回建行怀化市分行的诉讼请求。一审案件受理费129 800元,由建行怀化市分行负担。

二审中,建行怀化市分行提出一审判决书中关于2013

年 11 月 27 日向英泰公司支付的 500 000 元不是购房款，系偿付英泰公司于 2013 年 4 月 25 日为其垫付的购房契税。建行怀化市分行对一审查明的其他事实无异议。华融湖南分公司对一审查明的事实无异议，对建行怀化市分行所述契税问题，请二审法院查明。英泰公司、东星公司、华中公司对建行怀化市分行所述契税问题予以认可，对一审查明的其他事实无异议。谢永健、陈桃芳对一审查明的事实无异议。

二审中，建行怀化市分行提交了本院（2021）最高法民终 534 号民事判决书作为新证据，拟证明：1. 该法律文书确认案涉房产在 2013 年 5 月 9 日就交付给买受人董玉容及其他买受人，该交付行为对英泰公司抵押给华融湖南分公司的包括案涉房产在内英泰国际二期 28 户面积合计 2709.09m² 房屋均具有公示效果，建行怀化市分行对案涉房产的占有在华融湖南分公司办理抵押以及申请法院查封之前；2. 华融湖南分公司受理包括案涉房产在内英泰国际二期 28 户抵押时，没有对房屋现状进行调查，存在重大过错。3. 基于同案同判的原则，本案上诉人建行怀化市分行与该案上诉人董玉容的权利性质一样，同样应当得到认可和保护。

华融湖南分公司对建行怀化市分行提交的上述证据发表质证意见：对证据的真实性无异议，但建行怀化市分行提交该份判决书的证明目的不能成立；该判决书确认董玉容所购房产交付时间为 2013 年 5 月 9 日，而建行怀化市分行所购房产是 2013 年 11 月 18 日之后才交付，二案所涉房产并非同一时间交付的；华融湖南分公司在办理抵押登记前，委托了中介机构对抵押标的进行了尽职调查，实地查看了抵押物情况、向登记部门查询了登记状况，均未发现房屋已经出售的事实，不能证明华融湖南分公司在办理抵押登记前存在重大过错。此外，华融湖南分公司对该民事判决本身也有异议，并提交了类案检索报告予以佐证。

英泰公司、东星公司、华中公司、谢永健、陈桃芳对建行怀化市分行提交的上述证据的真实性、合法性和关联性均无异议。

华融湖南分公司提交了湖南融城律师事务所出具的《商业化收购并重组业务法律尽职调查报告》作为二审新证据，拟证明：在该律所出具报告的 2013 年 5 月 17 日，案涉房产无论是从管理部门的登记档案还是从现场情况来看，都处于抵押无瑕疵状态；结合其一审中提交的怀化市房产管理局网上签约信息系统查阅结果，在取得案涉房产抵押过程中，其已经尽了审慎审查义务。

建行怀化市分行对华融湖南分公司提交的上述证据发表质证意见：对该证据的真实性、合法性、关联性均不予认可，该证据没有体现华融湖南分公司对案涉房产办理抵押时进行调查的过程，不能证明华融湖南分公司对案涉房产进行了相关调查；该证据反而体现了华融湖南分公司未尽到合理的注意义务，华融湖南分公司存在以下过错：1. 华融湖南分公司所谓的商业化资产收购重组，实际上是借用合法形式从事违反监管规定的发放借款行为，华融湖南分公司也未按照信贷的尽职调查标准，对借款人英泰公司的资信情况进行审核，存在重大过错。2. 华融湖南分公司进行所谓的债务重组时，没有对英泰公司的财务状况进行审慎调查分析。依华融湖南分公司所述，其仅仅收取了英泰公司自行制作的财务报表，没有要求英泰公司提供银行账户交易明细以及对财务报表进行审核，严重不合监管规定，存在重大过错。3. 华融湖南分公司办理案涉房产抵押时，没有尽到合理的注意义务。华融湖南分公司在案涉二期抵押房产于 2011 年 10 月取得预售许可证、提供抵押的房号不连续的情况下，应当知道案涉房产可能已经出售的事实。

英泰公司、东星公司、华中公司对华融湖南分公司提交的上述证据的真实性、合法性和关联性有异议。谢永健、陈桃芳对该证据的真实性、合法性和关联性持保留意见。

英泰公司于庭后提交了《关于建设银行怀化分行是否提前交房的情况说明》以及《英泰国际交房流程表》、《英泰国际合同预算单》、《英泰国际合同审批单》、向积林身份证复印件、《关于申请安装三相电到户的函》、湖南省怀化市中级人民法院（2018）湘 12 破 3 号之四民事裁定书、《重整计划草案》；之后英泰公司又就代缴 500 000 元契税事宜提交了《情况说明》及 1 000 000 元定金收款收据、进账单，15 163 110 元、500 000 元入账通知书等证据材料。

华融湖南分公司对英泰公司提交的上述证据材料提交书面质证意见：1. 对《关于建设银行怀化分行是否提前交房的情况说明》、《英泰国际交房流程表》、《英泰国际合同预算单》、《英泰国际合同审批单》、向积林身份证复印件的真实性、合法性和关联性均无异议。2. 对《关于申请安装三相电到户的函》的真实性无法确认，即便真实，该函也是建行怀化市分行对购买案涉房产提出的交付条件要求，该要求在交付前也可以提出，不能证明建行怀化市分行主张的案涉房产在抵押前交付的事实。3. 对怀化市中级人民法院民事裁定书，以及《重整计划草案》的真实性、合法性无异议，但与本案无关。4. 对代缴 500 000 元契税事宜的《情况说明》及相关付款凭据，从证据种类来看，该《情况说明》只是当事人单方面陈述，且其陈述内容以猜测为主，理据不足；且该《情况说明》只有公司盖章，没有负责人或者法定代表人甚至制作者的签名,不符合法定证据的要求;2013 年 11 月 27 日支付的 500 000 元不是契税,如果是代缴的契税,契税发票的开具时间应当与 2013 年 11 月 27 日相吻合或相近,但事实上二者相距半年之久,而且也没有证据证明英泰公司曾为建行怀化市分行代缴契税。

建行怀化市分行对英泰公司提交的上述证据材料提交书面质证意见:1. 对《关于建设银行怀化分行是否提前交房的情况说明》,本案及相关案件的证据显示,英泰公司向购房人交付英泰国际二期房屋的时间并不统一和固定,该情况说明陈述无法核实是否提前交房与此相吻合。建行怀化市分行的实际收房时间,可以从合同约定及装修进程确定。建行怀化市分行购房合同约定的交房时间为 2013 年 3 月 29 日前,而支付主要房款的时间为 2013 年 3 月 28 日,且不存在任何阻碍案涉房产交付的事由,英泰公司将案涉房产实际交给建行怀化市分行的时间应当是 2013 年 3 月 28 日符合情理。2013 年 5 月 10 日,建行怀化市分行向英泰公司申请安装三相电到户,证明在此之前建行怀化市分行已经占有了案涉房产,而装修方面的证据显示开工时间为 2013 年 8 月 28 日,考虑前期准备工作的时间,也再次证明英泰公司向建行怀化市分行交房的时间在 2013 年 3 月左右。本案证据即使不能证明英泰公司向建行怀化市分行具体交付房屋的时间,但足以证明至少是在 2013 年 5 月 10 日之前,早于华融湖南分公司办理抵押登记的时间。2. 对《英泰国际交房流程表》、《英泰国际合同预算单》、《英泰国际合同审批单》、《关于申请安装三相电到户的函》及民事裁定书的真实性没有异议,这些证据可以证明建行怀化市分行购房行为的真实性和合法性。但是《英泰国际交房流程表》上仅有销售部人员签字,其余签字人员、流程缺失,可以证明这并不是正式交房手续证明;具体交付房屋的时间,应当结合合同约定、房款支付、申请安装三相电到户以及装修开工等事实证据认定。其中《关于申请安装三相电到户的函》,与建行怀化市分行主张的交房事实相吻合,进一步证明交房时间至少在 2013 年 5 月 10 日之前。3. 对代缴 500 000 元契税事宜的《情况说明》及相关付款凭据的内容无异议,这些证据可以证明交易的真实性、合法性。

建行怀化市分行庭后提交了《商品房买卖意向书》、1 000 000 元购房定金支付凭据、收款收据等证据材料,以补强其就案涉房产实际支付 1 000 000 元购房定金的事实。鉴于各方当事人对于建行怀化市分行于 2009 年 12 月 31 日向英泰公司支付 1 000 000 元定金的事实没有异议,本院对该部分证据不再组织质证。

本院对上述证据材料认证如下:各方对其他当事人提交证据的真实性无异议的,本院予以确认;对当事人有异议且与本案有直接关联的证据材料,将在后文中结合相关事实予以评述。

基于各方当事人提交的上述证据材料和一审证据材料及各方诉辩意见,本院另查明:

2013 年 1 月 31 日,英泰公司(出卖人)与建行怀化市分行(买受人)签订《商品房买卖合同》,双方就建行怀化市分行购买案涉房产事宜达成协议,总售价 17 013 800 元,税费 1 055 891 元。其中第六条关于购房款支付方式约定:一次性付款,2013 年 3 月 22 日付清余款;第二十四条约定:本合同自双方签订之日起生效;第二十五条约定:商品房预售的,自本合同生效之日起 30 天内,由出卖人向当地房产管理局申请商品房预告登记。双方同时签订的附件四《费用收取补充协议》第一条关于办证费用约定:甲方(英泰公司)负责为乙方(建行怀化市分行)代办房产证和土地使用权证,但乙方应提供必要的办证资料,并负责办证所需的各种税和费,下列是甲方为乙方办理房产证和土地使用权证代收款项:1. 税务代收费:房产交易契税按照总房款的 4% 收取,即 680 552 元。2. 国土代收费:土地证工本费 10 元/证,土地权属调查费 100 平方米以下每宗 13 元,地基测绘费 312 元/证,合计 335 元。3. 房产代收费:所有权登记费 550 元/件,图纸利用费 100 元/幅,档案利用费 50 元/次,房屋维修基金为总房款的 2%,合计 340 976 元。4. 两证代办费:总房款的 0.2% [依据怀市价 (2009)34 号文件],即 34 028 元。以上四项费用合计 1 055 891 元。

2013 年 3 月 25 日,英泰公司针对案涉房产向建行怀化市分行开具金额为 17 013 800 元《销售不动产统一发票》,载明款项性质为"售房款"。

2013 年 3 月 28 日、2013 年 11 月 27 日,中国建设银行股份有限公司湖南省分行(以下简称建行湖南省分行)分别向英泰公司支付 15 163 110 元、500 000 元;建行怀化市分行原将该两笔款项作为其支付案涉房产的购房款,一审判决亦予以确认,各方对该事实均未提出异议。二审中,建行怀化市分行调整关于其付款的陈述,主张 2013 年 11 月 27 日向英泰公司支付的 500 000 元不是购房款,系偿付英泰公司于 2013 年 4 月 25 日为其垫付的购房契税。英泰公司、东星公司、华中公司对建行怀化市分行所述契税事宜予以认可,但华融湖南分公司对此持有异议。另,一审判决认定的 2013 年 3 月 28 日向英泰公司支付 15 163 110.64 元应系笔误,实为 15 163 110 元。

2013 年 4 月 25 日,怀化市税务机关开具《税收通用完税证》,载明:税种为契税 - 非普通住房,纳税人为建行怀化市分行，计税金额为 12 500 000 元，税率为 4%，实缴金额为 500 000 元。

2013 年 5 月 10 日，建行怀化市分行向英泰公司出具《关于申请安装三相电到户的函》，载明："我行购买的位于怀化火车站旁英泰国际裙楼的 1－16 号门面用于营业，因电气设备需要交流三相电，请贵公司安装到户为感！所产生的分摊费用本行自行承担。"

2013 年 11 月 29 日，英泰公司售楼部出具《英泰国际交房流程表》，载明：业主：建行怀化市分行；房号：1－16；面积 438.5(m²)。您好，您所购买的英泰国际商铺(公寓/写字间)现已具备交房条件，请按下列流程办理交房手续。其中列表第一项售楼部一栏中，交接内容为："1.核对客户身份；2.核验'商品房买卖合同'、业主身份、复印身份证一份、联系地址及电话；3.委托办理的应递交委托人授权书、被委托人身份证明"，向积林在该栏中签字；部门经办人杨文霞签字确认："该业主已交清房款及相关办证费用"；售楼部财务唐林签字注明："房款、办证费用未交齐"；销售部负责人黄武在该栏中签字，同时另注明："房款及办证费用由公司负责衔接。"

2013 年 12 月 6 日，怀化市公安局治安支队内保大队、怀化市公安局在《金融机构营业场所安全防护设施建设工程审批表》上签署"同意专家组意见"并加盖公章；该审批表上载明专家组于同日出具的意见："该金融机构营业场所，符合国家、公安部 GA38(2004)安全设施建设验收防护标准，准予营业。"另一份未加盖任何印章也无人签字的《金融机构营业场所安全设施建设工程验收审批表》载明：开工日期为 2013 年 8 月 28 日，完工日期为 2013 年 11 月 25 日。

2022 年 4 月 22 日，英泰公司向本院出具《关于建设银行怀化分行是否提前交房的情况说明》，载明："因怀化英泰建设投资有限公司破产以后，相关售楼部经手的职工已经离职，经过时间比较长，如今无法核实建设银行怀化分行是否存在提前交房的情况。"

除本院补充查明的上述事实外，对一审判决查明的其他事实，当事人均无异议，本院予以确认。

另，一审法院于 2022 年 6 月 13 日作出(2020)湘民初 1 号民事裁定：1.一审判决第十二页第十三行中"第二十八条规定的"补正为"第二十七条规定的"；2.一审判决第十三页第六行中"案件受理费 20 100 元"补正为"案件受理费 129 800 元"。本院据此已对一审判决所述相关内容进行了补正。

本院认为，结合各方当事人的诉辩主张，本案二审争议焦点为：建行怀化市分行对案涉房产是否享有足以排除强制执行的民事权益。

(一)关于本案的法律适用问题

执行异议之诉源于案外人执行异议，系案外人对执行标的提出异议后被执行法院裁定驳回或者支持，案外人或者申请执行人不服该裁定而启动的权利救济诉讼程序。由此，执行异议与执行异议之诉具有一定的关联性和共通性，但二者分属于不同的诉讼程序，其功能定位并不相同，对案外人民事权益的审查原则和审查标准也不尽一致。执行异议作为执行程序的一部分，更侧重于对执行标的上的权利进行形式审查，其制度功能在于快速、不间断地实现生效裁判文书确定的债权，其价值取向更注重程序效率性，同时兼顾实体公平性；而执行异议之诉作为与执行异议衔接的后续诉讼程序，是一个独立于执行异议的完整的实体审理程序，其价值取向是公平优先、兼顾效率，通过实质审查的方式对执行标的权属进行认定，进而作出案外人享有的民事权益是否足以排除强制执行的判断，以实现对案外人或者申请执行人民事权益的实体性权利救济。《执行异议和复议规定》作为执行程序中规范"执行异议和复议案件"的司法解释，原则上应仅适用于执行程序，但基于执行异议之诉与执行程序之间的关联性和共通性，在针对执行异议之诉具体审查标准的法律或者司法解释出台前，执行异议之诉案件可参照适用《执行异议和复议规定》的相关规定，对案外人享有的民事权益是否足以排除强制执行进行审查认定。但是，若《执行异议和复议规定》相关条款能否适用案涉纠纷在理论和实务中存在较大争议，当事人对此问题的认识亦存在较大分歧并各有理据的情况下，则不宜再参照适用该司法解释的相关规定处理案涉纠纷，而应回归执行异议之诉的本质，基于案件具体情况对案外人是否享有足以排除强制执行的民事权益进行实质审查，并依据《最高人民法院关于适用〈中华人民共和国民事诉讼法〉的解释》第三百一十条第一款关于"对案外人提起的执行异议之诉，人民法院经审理，按照下列情形分别处理：(一)案外人就执行标的享有足以排除强制执行的民事权益的，判决不得执行该执行标的；(二)案外人就执行标的不享有足以排除强制执行的民事权益的，判决驳回诉讼请求"的规定作出是否支持案外人异议请求的判断。

本案中，参照《执行异议和复议规定》第二十七条关于"申请执行人对执行标的依法享有对抗案外人的担保物权等优先受偿权，人民法院对案外人提出的排除执行异议不予支持，但法律、司法解释另有规定的除外"的规定，在抵押权人与购房人发生权利冲突时，抵押权应给予优先保护是一般原则，除非法律、司法解释另有规定。原《最高人民法院关于建设工程价款优先受偿权问题的批复》规定，消费者在交付购买商品房的全部或者大部分款项后,对所购商品房享有的权益可以对抗建设工程价款优先受偿权和抵押权,以保护消费者的生存权。但是,由于建行怀化市分行并非商品房消费者,所购房产系用于经营,故其不享有商品房消费者基于生存权而具有的特殊保护权益。建行怀化市分行主张《执行异议和复议规定》第二十七条"但书"包括该司法解释第二十八条关于一般不动产买受人(非消费者)物权期待权可排除执行的规定,本案应适用该条规定进行审查,而华融湖南分公司则坚持认为《执行异议和复议规定》第二十七条"但书"不包括第二十八条,本案没有适用该条规定的余地,双方并就各自主张提交了相应的依据和类案。为此,在法律、司法解释对此问题尚无明确规定的情形下,一审判决认为本案不宜直接适用包括该司法解释第二十八条在内的其他条款的规定,有一定的理据,但一审判决未结合执行异议之诉的自身特点,对案外异议人和申请执行人所享有的民事权益进行实体比较并依法作出相应的判断,仅依据原《最高人民法院关于建设工程价款优先受偿权问题的批复》的相关规定,认定建行怀化市分行不属于商品房消费者,即驳回其异议请求,适用法律存在一定瑕疵,本院予以纠正。

至于建行怀化市分行主张《民事执行查扣冻规定》(2005年施行)第十七条应当作为本案审理依据的问题,因《民事执行查扣冻规定》是为"进一步规范民事执行中的查封、扣押、冻结措施"而制定的司法解释,其中第十七条关于"被执行人将其所有的需要办理过户登记的财产出卖给第三人,第三人已经支付部分或者全部价款并实际占有该财产,但尚未办理产权过户登记手续的,人民法院可以查封、扣押、冻结;第三人已经支付全部价款并实际占有,但未办理过户登记手续的,如果第三人对此没有过错,人民法院不得查封、扣押、冻结"的规定,系对第三人已经支付价款并实际占有但尚未办理产权过户登记的财产能否查封、扣押、冻结而进行的程序规定,并未涉及申请执行人与购买该财产的第三人对该财产权利的实质比较判断以及第三人享有的民事权益能否排除强制执行的问题,并非当然适用执行异议之诉案件。

(二)关于建行怀化市分行对案涉房产享有的民事权益是否足以排除强制执行的问题

本案中,针对建行怀化市分行对案涉房产享有的民事权益是否足以排除华融湖南分公司申请的强制执行,可基于双方权利的性质,取得权利时间的先后,权利取得有无过错以及如何降低或者预防风险再次发生等因素,并结合具体案情,对双方享有的权利进行实体审查,比较何者占优、何者应优先保护,进而作出相应的判断。

1. 从权利的性质看,建行怀化市分行对案涉房产享有物权期待权,而华融湖南分公司享有抵押权,均优先于一般债权

物权期待权作为一种从债权过渡而来、处于物权取得预备阶段的权利状态,以实际占有为表征,具有与一般债权相区别、与物权相类似的效力特征。本案中,建行怀化市分行基于其与英泰公司签订的《商品房买卖合同》,有权请求英泰公司依约交付所购商品房,该请求权作为一般合同债权没有优先保护的权利基础;但建行怀化市分行在依约支付了绝大多数购房款并实际占有所购房产的情况下,其基于合同享有的一般债权就转化为对该房产的物权期待权。尽管该物权期待权仍属于债权的范畴,但已不同于一般债权。英泰公司作为出卖人向买受人建行怀化市分行让渡了其所售房产享有的占有、使用、收益及部分处分的物权权能,建行怀化市分行也因实际占有该房产获得了一定的对外公示效力,尽管该效力尚不能与不动产物权登记的法定效力相等同。据此,建行怀化市分行对案涉房产所享有的权利虽尚不属于《中华人民共和国民法典》意义上的物权(所有权),但已具备了物权的实质性要素,建行怀化市分行可以合理预期通过办理不动产登记将该物权期待权转化为《中华人民共和国民法典》意义上的物权(所有权);而且该基于占有产生的权利亦应受《中华人民共和国民法典》有关占有制度的保护,故该物权期待权具有优先于一般债权保护的权利基础。

而抵押权属于《中华人民共和国民法典》明确规定的一类担保物权,在债务人不履行到期债务或者发生当事人约定的实现抵押权的情形下,抵押权人有权就抵押财产优先受偿。本案中,华融湖南分公司与英泰公司签订《抵押协议》,英泰公司以包括案涉房产在内的英泰国际项目二期未售商业地产在建工程及其分摊的土地为其所欠华融湖南分公司债务提供抵押担保,并办理了在建工程抵押登记,华融湖南分公司对案涉抵押物享有的抵押权依法设立;湖南省高级人民法院(2014)湘高法民二初字第32号民事判决对华融湖南分公司就前述抵押物依法享有的优先受偿权也予以确认。由此,华融湖南分公司享有的抵押权具有优先于一般债权受偿的法律依据。

2. 从权利取得时间的先后看,华融湖南分公司的抵押权在先、建行怀化市分行的物权期待权在后

就建行怀化市分行对案涉房产享有的权利而言,基于已经查明的事实,2013年1月31日,英泰公司与建行怀化市分行签订《商品房买卖合同》,约定英泰公司将其开发的案涉房产出售给建行怀化市分行,总售价17 013 800元,税费1 055 891元;合同签订前后,建行怀化市分行或建行

湖南省分行分别于 2009 年 12 月 31 日、2013 年 3 月 28 日、2013 年 11 月 27 日向英泰公司指定账户汇入 1 000 000 元、15 163 110 元、500 000 元。2013 年 11 月 18 日，建行怀化市分行与怀化英泰商城管理有限公司签订《英泰国际物业管理合同》；2013 年 12 月 2 日，建行怀化市分行缴纳 23 679 元物业管理费。虽然建行怀化市分行主张依据《商品房买卖合同》约定，交房时间为 2013 年 3 月 29 日之前，其于 2013 年 3 月 28 日支付了大部分房款，并于当日实际收房，但建行怀化市分行并未提交此时实际收房的任何证据；而英泰公司提供的《英泰国际交房流程表》显示 2013 年 11 月 29 日办理的交房手续，建行怀化市分行对该证据的真实性并无异议，只是庭审时主张交房流程表记录的时间与实际交房时间不一致，与《金融机构营业场所安全设施建设工程验收审批表》上记录的时间也有矛盾，庭审后提交质证意见进一步认为该流程表存在瑕疵，不是正式交房手续证据。实际上，即便依据建行怀化市分行提供的《金融机构营业场所安全防护设施建设工程验收审批表》以及《金融机构营业场所安全设施建设工程验收审批表》所载，工程开工日期为 2013 年 8 月 28 日，怀化市公安机关验收时间为 2013 年 12 月 6 日，但仅依据该审批表尚不足以推定建行怀化市分行在该工程开工之日即实际占有该房产，更难以得出建行怀化市分行于 2013 年 3 月 28 日已经实际占有该房产的结论。至于英泰公司二审中提交的建行怀化市分行于 2013 年 5 月 10 日向英泰公司出具的《关于申请安装三相电到户的函》，即便真实存在，因其内容仅系建行怀化市分行向英泰公司申请安装交流三相电到户以及承诺负担因此产生的分摊费用，故难以据此认定此时或之前案涉房产已经实际交付给建行怀化市分行。而且英泰公司在二审庭审中陈述基于《英泰国际交房流程表》，其售楼部签字交房时间为 2013 年 11 月 29 日，而对是否存在提前向建行怀化市分行交付案涉房产的事实，英泰公司在庭后也提交书面说明，明确表示无法核实。综合案涉《英泰国际交房流程表》、《英泰国际物业管理合同》等证据材料及相关事实，英泰公司向建行怀化市分行交付案涉房产，建行怀化市分行实际占有案涉房产、对该房产享有物权期待权的时间应为 2013 年 11 月，如此认定符合本案实际情况。

而就华融湖南分公司的抵押权而言，基于已经查明的事实，2013 年 5 月 23 日，华融湖南分公司与英泰公司签订《抵押协议》，约定英泰公司以包括案涉房产在内的英泰国际项目二期未售商业地产在建工程及其分摊的土地为其所欠华融湖南分公司债务提供抵押担保；2013 年 5 月 27 日，华融湖南分公司与英泰公司对上述抵押物在怀化市房产管理局办理了在建工程抵押登记，华融湖南分公司对上述抵押物享有的抵押权依法设立。

由此，尽管建行怀化市分行签约时间早于华融湖南分公司，但其对案涉房产享有的物权期待权明显晚于华融湖南分公司依法设立的抵押权。

3. 从权利取得有无过错的角度看，现有证据不能证明华融湖南分公司在办理抵押过程中存在过错，而建行怀化市分行在购房过程中未尽应有的审慎注意义务，存在一定过失

二审中，华融湖南分公司提交了湖南融城律师事务所于 2013 年 5 月 17 日出具的《商业化收购并重组业务法律尽职调查报告》，结合其一审提交的《怀化市房管局网上签约信息系统查阅结果证明》，拟证明其在办理包括案涉抵押时已经尽了审慎核查义务，其委托的中介机构对案涉房产进行了现场查看且到房产登记部门查询了不动产登记状况，并未发现建行怀化市分行已经签约购买、实际占有案涉房产以及案涉房产被抵押、预告登记等事实。建行怀化市分行不认可前述《商业化收购并重组业务法律尽职调查报告》的真实性、合法性及关联性，并提交本院 (2021) 最高法民终 534 号民事判决书作为二审新证据，以该案认定华融湖南分公司在董玉容所购房产上设定抵押权时未尽应有的审慎注意义务为由，主张华融湖南分公司在本案中亦存在重大过错。经查，在 (2021) 最高法民终 534 号案中，董玉容作为购房人签约、占有所购房产均发生在华融湖南分公司设定抵押之前，与本案中建行怀化市分行占有所购房产在华融湖南分公司设定抵押之后的事实明显不同。在 (2021) 最高法民终 534 号案中，董玉容提供了《英泰国际交房流程表》、《英泰国际物业管理合同》、《业主公约》、《英泰国际消防安全责任书》等证据证明英泰公司于 2013 年 5 月 9 日将所购房产交付给董玉容；而本案中，《英泰国际交房流程表》、《英泰国际物业管理合同》等证据显示英泰公司将案涉房产交付给建行怀化市分行的时间为 2013 年 11 月。在开发商英泰公司恶意进行"先卖后抵 ( 押 )"，建行怀化市分行对所购房产未依规依约办理网签备案、预告登记，亦没有实际占有所购房产的情况下，华融湖南分公司设定抵押权时未能发现案涉房产已被出售的事实，并不违反惯常情理。由此，现有证据不能证明华融湖南分公司在办理案涉抵押过程中未尽审慎注意义务，建行怀化市分行主张华融湖南分公司在本案中存在重大过错，依据不足，不能成立。

而建行怀化市分行作为专业金融机构，往往具有更完备的合同管理措施，更严格的款项支付流程，更高的内控风险防范能力，在购买案涉房产过程中应尽到比其他一般

购房人更高的审慎注意义务。本案中,英泰公司(出卖方)与建行怀化市分行(买受人)于2013年1月31日签订的《商品房买卖合同》第二十四条约定:"本合同自双方签订之日起生效";第二十五条约定:"商品房预售的,自本合同生效之日起30天内,由出卖人向当地房产管理局申请商品房预告登记。"尽管合同约定办理预告登记系出卖人英泰公司的责任,但由于预告登记直接涉及买受人对所购房产的实体权利,建行怀化市分行作为买受人在英泰公司未在合同生效后30日内办理预告登记的情况下本应积极作为,采取催告或者暂停支付购房款等措施督促英泰公司依约办理预告登记。原《中华人民共和国物权法》第二十条第一款规定:"当事人签订买卖房屋或者其他不动产物权的协议,为保障将来实现物权,按照约定可以向登记机构申请预告登记。预告登记后,未经预告登记的权利人同意,处分该不动产的,不发生物权效力。"由此,案涉房产若办理了预告登记,就能受到物权法的保护,就会产生向不特定多数人公示该房产已被建行怀化市分行所购买的法律效果,也就可以避免英泰公司恶意进行"一房二卖""先卖后抵(押)"等违规操作,建行怀化市分行作为购房人的权益亦能得以有效保障。但实际上,现有证据显示在英泰公司未依约(自2013年1月31日起30日内)办理预告登记的情况下,建行怀化市分行不仅未催告英泰公司依约履行预告登记义务,反而又通过建行湖南省分行于2013年3月28日向英泰公司支付了大部分购房款(15 163 110元),明显系对自己权利的漠视,表明建行怀化市分行对其所购房产可能的权属变化、权利负担增加等未给予充分重视,为英泰公司恶意采取"先卖后抵(押)"违规操作提供了可乘之机,进而导致其作为在先购房人与华融湖南分公司作为在后抵押权人之间的权利冲突,对此建行怀化市分行存在一定的过失。建行怀化市分行辩称其对案涉房产未过户或未办理预告登记没有任何错,不能成立,本院不予支持。

4. 从降低或者预防风险再次发生的角度看,应公平分配前后交易相对人的风险责任承担

实践中,缺乏诚信的开发商往往利用信息不对称、卖方市场的优势地位,采取"一房二卖""先卖后抵(押)"等违规操作,损害在先购房人的合法利益,欺诈在后购房人或抵押权人,导致大量权利冲突及相应的纠纷诉讼,不仅耗费司法资源、增加当事人诉累,而且腐蚀社会诚信、影响社会稳定。为尽可能降低或者预防此类权利冲突、矛盾纠纷发生的风险,除依法依规由严重违背诚信的开发商承担相应的责任外,金融机构在接受抵押过程中也应严格依法依规进行审查,审慎、全面并善意地调查抵押物现状,降低或者防范开发商不诚信、恶意损害在先购房人权益的风险,亦避免自身卷入不必要的纠纷诉讼,确保信贷资金或者相关债权的安全,进而维护社会主义市场经济秩序的健康稳定发展;若抵押权人未依法依规进行审查,未尽必要的审慎注意义务,在知道或者应当知道债务人用于抵押的房产已经出售给他人情况下依然接受抵押,进而导致与在先购房人之间产生权利冲突及相应的纠纷诉讼,则可能就要承担相应的不利后果,负担相应的风险。而购房人,尤其如建行怀化市分行这样的专业金融机构,在购房时亦应在条件允许的情况下认真考察开发商的资质、资信及信誉,并在签约付款过程中尽快通过网签备案、预告登记、催告过户、暂停付款等合法手段积极维护自己的权利,避免所购房产因未公示、未登记导致权属一直处于未定状态,为不诚信开发商"一房二卖""先卖后抵(押)"等违规操作提供可乘之机,让自身财产权面临被其他权利人执行以及房产无法过户登记的巨大风险;若购房人未依约履行法定或约定义务,亦或漠视自己的权利,在完全能够采取必要措施且无须明显增加履约成本,即可以避免与他人权利产生冲突、造成自身损失的情况下,却怠于采取相关措施,则可能就要承担相应的不利后果,负担相应的风险。本案中,诚如前述,建行怀化市分行作为在先购房人,在英泰公司未依约就案涉房产办理预告登记的情况下,漠视自己权利,怠于采取相关措施,对案涉权利冲突和纠纷诉讼的发生负有一定过失;由建行怀化市分行在本案中承担不利后果、负担相应的风险,有利于降低或者预防案涉此类风险的再次发生,减少相关行为人不必要的诉累,亦符合公平原则和本案实际。建行怀化市分行在未来的商业运营过程中应增强契约意识、权利意识、风险意识,强化合同签订、款项支付等内控管理,尽可能避免与他人产生不必要的权利冲突,进而造成自身损失。

基于上述分析,华融湖南分公司对案涉房产享有抵押权、建行怀化市分行对案涉房产享有物权期待权,均优先于一般债权;建行怀化市分行的签约行为在先,但其取得案涉房产物权期待权的时间晚于华融湖南分公司取得抵押权的时间;现有证据不能证明华融湖南分公司在设定抵押权过程中存在过错,而建行怀化市分行对于英泰公司的违约行为未积极采取相应措施,对于案涉权利冲突和纠纷诉讼的发生,负有一定的过失;本案中,由建行怀化市分行承担不利后果有利于降低或者防范此类纠纷的再次发生。由此,华融湖南分公司对案涉房产享有的抵押权在本案中应优先于建行怀化市分行享有的物权期待权,一审判决未支持建行怀化市分行的异议,驳回建行怀化市分行的诉讼请求,并无不当,本院予以维持。

至于本院(2021)最高法民终534号民事判决,尽管参照适用了《执行异议和复议规定》第二十八条的规定,但同时也对董玉容和华融湖南分公司就所涉房产享有的权利进行了实体比较,确认董玉容购买并占有所涉房产在先,华融湖南分公司设定抵押权在后,华融湖南分公司在董玉容购买并已实际占有的房产上设定抵押,未尽应有的审慎注意义务,具有过错,董玉容对所涉房产享有的物权期待权应予优先保护。诚如前述,本案与(2021)最高法民终534号案的基本事实存在较大差异,建行怀化市分行主张基于同案同判的原则,本案应遵循(2021)最高法民终534号民事判决支持建行怀化市分行排除执行的诉讼请求,本院不予支持。

综上所述,建行怀化市分行的上诉请求不能成立,应予驳回;一审判决认定事实基本清楚,适用法律虽有瑕疵,但结果正确,本院予以维持。依照《中华人民共和国民事诉讼法》第一百七十七条第一款第一项、《最高人民法院关于适用〈中华人民共和国民事诉讼法〉的解释》第三百三十二条规定,判决如下:

驳回上诉,维持原判。

二审案件受理费129 800元,由中国建设银行股份有限公司怀化市分行负担。

本判决为终审判决。

审　判　长　贾清林
审　判　员　于　明
审　判　员　孙祥壮
二〇二二年六月二十九日
法官助理　乔希木
实习助理　葛智慧
书　记　员　张　蔚

· 文书范本

## 申请书(申请执行用)

### 申请执行书

　　申请执行人:×××,男/女,××××年××月××日出生,×族,……(写明工作单位和职务或者职业),住……。联系方式:……。

　　法定代理人/指定代理人:×××,……。

　　委托诉讼代理人:×××,……。

　　被执行人:×××,……。

　　……

　　(以上写明申请执行人、被执行人和其他诉讼参加人的姓名或者名称等基本信息)

　　申请执行人×××与被执行人×××……(写明案由)一案,××××人民法院(或其他生效法律文书的作出机关)(×××)……号民事判决(或其他生效法律文书)已发生法律效力。被执行人×××未履行/未全部履行生效法律文书确定的给付义务,特向你院申请强制执行。

　　请求事项

　　……(写明请求执行的内容)。

　　此致

××××人民法院

　　附:生效法律文书×份

申请执行人(签名或盖章)

××××年××月××日

【说明】

1. 本文书样式根据《中华人民共和国民事诉讼法》第二百三十六条、第二百三十七条第一款、第二百三十八条第一款,《最高人民法院关于人民法院执行工作若干问题的规定(试行)》第18条、19条、20条、21条、22条、23条规定制定,供申请执行人向人民法院申请执行时用。

2. 当事人是法人或者其他组织的,写明名称住所。另起一行写明法定代表人、主要负责人及其姓名、职务、联系方式。

3. 申请执行人向人民法院申请强制执行的内容,必须为生效法律文书确定的给付义务。

## 申请书(申请提级执行用)

### 提级执行申请书

　　申请执行人:×××,男/女,××××年××月××日出生,×族,……(写明工作单位和职务或者职业),住……。联系方式:……。

　　法定代理人/指定代理人:×××,……。

　　委托诉讼代理人:×××,……。

　　被执行人:×××,……。

……

(以上写明申请执行人、被执行人和其他诉讼参加人的姓名或者名称等基本信息)

请求事项：

请求依法对××××人民法院执行的(××××)……执……号案件提级执行。

事实和理由：

申请执行人×××与被执行人×××……(写明案由)一案,××××人民法院(或其他生效法律文书的作出机关)(×××)……号民事判决(或其他生效法律文书)已发生法律效力。……(写明申请提级执行的事实和理由)。

此致

××××人民法院

附:生效法律文书复印件×份

申请人(签名或盖章)

××××年××月××日

【说明】

1. 本样式根据《中华人民共和国民事诉讼法》第二百二十六条规定制定,供申请执行人向人民法院申请提级时用。

2. 当事人是法人或者其他组织的,写明名称住所。另起一行写明法定代表人、主要负责人及其姓名、职务、联系方式。

3. 人民法院自收到申请执行书之日起超过六个月未执行的,申请执行人可以向上一级人民法院申请执行。

## 保证书(执行担保用)

### 执行担保保证书

××××人民法院：

你院在执行……号……(写明当事人及案由)一案中,因……(写明申请暂缓执行的理由),被执行人向你院申请暂缓执行……(写明申请暂缓执行的期限)。本人/本单位自愿提供保证。如被执行人×××在你院决定暂缓执行的期限届满后仍不履行义务,你院可以直接执行本人/本单位的财产。

保证人(签名或者盖章)

××××年××月××日

【说明】

本样式根据《中华人民共和国民事诉讼法》第二百三十一条、《最高人民法院关于适用〈中华人民共和国民事诉讼法〉的解释》第四百七十条规定制定,供执行担保人向法院提供保证时用。

# 二十一、涉港澳台民事诉讼程序

## (一)涉港民事诉讼程序

### 最高人民法院关于内地与香港特别行政区法院相互认可和执行婚姻家庭民事案件判决的安排

- 2017年5月22日最高人民法院审判委员会第1718次会议通过
- 2022年2月14日最高人民法院公告公布
- 自2022年2月15日起施行
- 法释〔2022〕4号

根据《中华人民共和国香港特别行政区基本法》第九十五条的规定,最高人民法院与香港特别行政区政府经协商,现就婚姻家庭民事案件判决的认可和执行问题作出如下安排。

**第一条** 当事人向香港特别行政区法院申请认可和执行内地人民法院就婚姻家庭民事案件作出的生效判决,或者向内地人民法院申请认可和执行香港特别行政区法院就婚姻家庭民事案件作出的生效判决的,适用本安排。

当事人向香港特别行政区法院申请认可内地民政部门所发的离婚证,或者向内地人民法院申请认可依据《婚姻制度改革条例》(香港法例第178章)第V部、第VA部规定解除婚姻的协议书、备忘录的,参照适用本安排。

**第二条** 本安排所称生效判决:
(一)在内地,是指第二审判决,依法不准上诉或者超过法定期限没有上诉的第一审判决,以及依照审判监督程序作出的上述判决;
(二)在香港特别行政区,是指终审法院、高等法院上诉法庭及原讼法庭和区域法院作出的已经发生法律效力的判决,包括依据香港法律可以在生效后作出更改的命令。

前款所称判决,在内地包括判决、裁定、调解书,在香港特别行政区包括判决、命令、判词、讼费评定证明书、定额讼费证明书,但不包括双方依据其法律承认的其他国家和地区法院作出的判决。

**第三条** 本安排所称婚姻家庭民事案件:

(一)在内地是指:
1. 婚内夫妻财产分割纠纷案件;
2. 离婚纠纷案件;
3. 离婚后财产纠纷案件;
4. 婚姻无效纠纷案件;
5. 撤销婚姻纠纷案件;
6. 夫妻财产约定纠纷案件;
7. 同居关系子女抚养纠纷案件;
8. 亲子关系确认纠纷案件;
9. 抚养纠纷案件;
10. 扶养纠纷案件(限于夫妻之间扶养纠纷);
11. 确认收养关系纠纷案件;
12. 监护权纠纷案件(限于未成年子女监护权纠纷);
13. 探望权纠纷案件;
14. 申请人身安全保护令案件。

(二)在香港特别行政区是指:
1. 依据香港法例第179章《婚姻诉讼条例》第Ⅲ部作出的离婚绝对判令;
2. 依据香港法例第179章《婚姻诉讼条例》第Ⅳ部作出的婚姻无效绝对判令;
3. 依据香港法例第192章《婚姻法律程序与财产条例》作出的在讼案待决期间提供赡养令;
4. 依据香港法例第13章《未成年人监护条例》、第16章《分居令及赡养令条例》、第192章《婚姻法律程序与财产条例》第Ⅱ部、第ⅡA部作出的赡养令;
5. 依据香港法例第13章《未成年人监护条例》、第192章《婚姻法律程序与财产条例》第Ⅱ部、第ⅡA部作出的财产转让及出售财产令;
6. 依据香港法例第182章《已婚者地位条例》作出的有关财产的命令;
7. 依据香港法例第192章《婚姻法律程序与财产条例》在双方在生时作出的修改赡养协议的命令;
8. 依据香港法例第290章《领养条例》作出的领养令;
9. 依据香港法例第179章《婚姻诉讼条例》、第429章《父母与子女条例》作出的父母身份、婚生地位或者确立婚生地位的宣告；

10. 依据香港法例第 13 章《未成年人监护条例》、第 16 章《分居令及赡养令条例》、第 192 章《婚姻法律程序与财产条例》作出的管养令；

11. 就受香港法院监护的未成年子女作出的管养令；

12. 依据香港法例第 189 章《家庭及同居关系暴力条例》作出的禁制骚扰令、驱逐令、重返令或者更改、暂停执行就未成年子女的管养令、探视令。

**第四条** 申请认可和执行本安排规定的判决：

（一）在内地向申请人住所地、经常居住地或者被申请人住所地、经常居住地、财产所在地的中级人民法院提出；

（二）在香港特别行政区向区域法院提出。

申请人应当向符合前款第一项规定的其中一个人民法院提出申请。向两个以上有管辖权的人民法院提出申请的，由最先立案的人民法院管辖。

**第五条** 申请认可和执行本安排第一条第一款规定的判决的，应当提交下列材料：

（一）申请书；

（二）经作出生效判决的法院盖章的判决副本；

（三）作出生效判决的法院出具的证明书，证明该判决属于本安排规定的婚姻家庭民事案件生效判决；

（四）判决为缺席判决的，应当提交法院已经依法传唤当事人的证明文件，但判决已经对此予以明确说明或者缺席方提出申请的除外；

（五）经公证的身份证件复印件。

申请认可本安排第一条第二款规定的离婚证或者协议书、备忘录的，应当提交下列材料：

（一）申请书；

（二）经公证的离婚证复印件，或者经公证的协议书、备忘录复印件；

（三）经公证的身份证件复印件。

向内地人民法院提交的文件没有中文文本的，应当提交准确的中文译本。

**第六条** 申请书应当载明下列事项：

（一）当事人的基本情况，包括姓名、住所、身份证件信息、通讯方式等；

（二）请求事项和理由，申请执行的，还需提供被申请人的财产状况和财产所在地；

（三）判决是否已在其他法院申请执行和执行情况。

**第七条** 申请认可和执行判决的期间、程序和方式，应当依据被请求方法律的规定。

**第八条** 法院应当尽快审查认可和执行的请求，并作出裁定或者命令。

**第九条** 申请认可和执行的判决，被申请人提供证据证明有下列情形之一的，法院审查核实后，不予认可和执行：

（一）根据原审法院地法律，被申请人未经合法传唤，或者虽经合法传唤但未获得合理的陈述、辩论机会的；

（二）判决是以欺诈方法取得的；

（三）被请求方法院受理相关诉讼后，请求方法院又受理就同一争议提起的诉讼并作出判决的；

（四）被请求方法院已经就同一争议作出判决，或者已经认可和执行其他国家和地区法院就同一争议所作出的判决的。

内地人民法院认为认可和执行香港特别行政区法院判决明显违反内地法律的基本原则或者社会公共利益，香港特别行政区法院认为认可和执行内地人民法院判决明显违反香港特别行政区法律的基本原则或者公共政策的，不予认可和执行。

申请认可和执行的判决涉及未成年子女的，在根据前款规定审查决定是否认可和执行时，应当充分考虑未成年子女的最佳利益。

**第十条** 被请求方法院不能对判决的全部判项予以认可和执行时，可以认可和执行其中的部分判项。

**第十一条** 对于香港特别行政区法院作出的判决，一方当事人已经提出上诉，内地人民法院审查核实后，可以中止认可和执行程序。经上诉，维持全部或者部分原判决的，恢复认可和执行程序；完全改变原判决的，终止认可和执行程序。

内地人民法院就已经作出的判决裁定再审的，香港特别行政区法院审查核实后，可以中止认可和执行程序。经再审，维持全部或者部分原判决的，恢复认可和执行程序；完全改变原判决的，终止认可和执行程序。

**第十二条** 在本安排下，内地人民法院作出的有关财产归一方所有的判项，在香港特别行政区将被视为命令一方向另一方转让该财产。

**第十三条** 被申请人在内地和香港特别行政区均有可供执行财产的，申请人可以分别向两地法院申请执行。两地法院执行财产的总额不得超过判决确定的数额。应对方法院要求，两地法院应当相互提供本院执行判决的情况。

**第十四条** 内地与香港特别行政区法院相互认可和执行的财产给付范围，包括判决确定的给付财产和相应的利息、迟延履行金、诉讼费，不包括税收、罚款。

前款所称诉讼费，在香港特别行政区是指讼费评定证明书、定额讼费证明书核定或者命令支付的费用。

**第十五条** 被请求方法院就认可和执行的申请作出裁定或者命令后，当事人不服的，在内地可以于裁定送达之日起十日内向上一级人民法院申请复议，在香港特别行政区可以依据其法律规定提出上诉。

**第十六条** 在审理婚姻家庭民事案件期间，当事人申请认可和执行另一地法院就同一争议作出的判决的，应当受理。受理后，有关诉讼应当中止，待就认可和执行的申请作出裁定或者命令后，再视情终止或者恢复诉讼。

**第十七条** 审查认可和执行判决申请期间，当事人就同一争议提起诉讼的，不予受理；已经受理的，驳回起诉。

判决获得认可和执行后，当事人又就同一争议提起诉讼的，不予受理。

判决未获认可和执行的，申请人不得再次申请认可和执行，但可以就同一争议向被请求方法院提起诉讼。

**第十八条** 被请求方法院在受理认可和执行判决的申请之前或者之后，可以依据其法律规定采取保全或者强制措施。

**第十九条** 申请认可和执行判决的，应当依据被请求方有关诉讼收费的法律和规定交纳费用。

**第二十条** 内地与香港特别行政区法院自本安排生效之日起作出的判决，适用本安排。

**第二十一条** 本安排在执行过程中遇有问题或者需要修改的，由最高人民法院和香港特别行政区政府协商解决。

**第二十二条** 本安排自2022年2月15日起施行。

## 最高人民法院关于内地与香港特别行政区法院就仲裁程序相互协助保全的安排

- 2019年3月25日最高人民法院审判委员会第1763次会议通过
- 2019年9月26日最高人民法院公告公布
- 自2019年10月1日起生效
- 法释〔2019〕14号

根据《中华人民共和国香港特别行政区基本法》第九十五条的规定，最高人民法院与香港特别行政区政府经协商，现就内地与香港特别行政区法院关于仲裁程序相互协助保全作出如下安排：

**第一条** 本安排所称"保全"，在内地包括财产保全、证据保全、行为保全；在香港特别行政区包括强制令以及其他临时措施，以在争议得以裁决之前维持现状或者恢复原状、采取行动防止目前或者即将对仲裁程序发生的危害或者损害，或者不采取可能造成这种危害或者损害的行动、保全资产或者保全对解决争议可能具有相关性和重要性的证据。

**第二条** 本安排所称"香港仲裁程序"，应当以香港特别行政区为仲裁地，并且由以下机构或者常设办事处管理：

（一）在香港特别行政区设立或者总部设于香港特别行政区，并以香港特别行政区为主要管理地的仲裁机构；

（二）中华人民共和国加入的政府间国际组织在香港特别行政区设立的争议解决机构或者常设办事处；

（三）其他仲裁机构在香港特别行政区设立的争议解决机构或者常设办事处，且该争议解决机构或者常设办事处满足香港特别行政区政府订立的有关仲裁案件宗数以及标的金额等标准。

以上机构或者常设办事处的名单由香港特别行政区政府向最高人民法院提供，并经双方确认。

**第三条** 香港仲裁程序的当事人，在仲裁裁决作出前，可以参照《中华人民共和国民事诉讼法》《中华人民共和国仲裁法》以及相关司法解释的规定，向被申请人住所地、财产所在地或者证据所在地的内地中级人民法院申请保全。被申请人住所地、财产所在地或者证据所在地在不同人民法院辖区的，应当选择向其中一个人民法院提出申请，不得分别向两个或者两个以上人民法院提出申请。

当事人在有关机构或者常设办事处受理仲裁申请后提出保全申请的，应当由该机构或者常设办事处转递其申请。

在有关机构或者常设办事处受理仲裁申请前提出保全申请，内地人民法院采取保全措施后三十日内未收到有关机构或者常设办事处提交的已受理仲裁案件的证明函件的，内地人民法院应当解除保全。

**第四条** 向内地人民法院申请保全的，应当提交下列材料：

（一）保全申请书；

（二）仲裁协议；

（三）身份证明材料：申请人为自然人的，应当提交身份证件复印件；申请人为法人或者非法人组织的，应当提交注册登记证书的复印件以及法定代表人或者负责人的身份证件复印件；

（四）在有关机构或者常设办事处受理仲裁案件后申请保全的，应当提交包含主要仲裁请求和所根据的事实与理由的仲裁申请文件以及相关证据材料、该机构或者常设办事处出具的已受理有关仲裁案件的证明函件；

（五）内地人民法院要求的其他材料。

身份证明材料系在内地以外形成的，应当依据内地相关法律规定办理证明手续。

向内地人民法院提交的文件没有中文文本的，应当提交准确的中文译本。

**第五条** 保全申请书应当载明下列事项：

（一）当事人的基本情况：当事人为自然人的，包括姓名、住所、身份证件信息、通讯方式等；当事人为法人或者非法人组织的，包括法人或者非法人组织的名称、住所以及法定代表人或者主要负责人的姓名、职务、住所、身份证件信息、通讯方式等；

（二）请求事项，包括申请保全财产的数额、申请行为保全的内容和期限等；

（三）请求所依据的事实、理由和相关证据，包括关于情况紧急，如不立即保全将会使申请人合法权益受到难以弥补的损害或者将使仲裁裁决难以执行的说明等；

（四）申请保全的财产、证据的明确信息或者具体线索；

（五）用于提供担保的内地财产信息或者资信证明；

（六）是否已在其他法院、有关机构或者常设办事处提出本安排所规定的申请和申请情况；

（七）其他需要载明的事项。

**第六条** 内地仲裁机构管理的仲裁程序的当事人，在仲裁裁决作出前，可以依据香港特别行政区《仲裁条例》《高等法院条例》，向香港特别行政区高等法院申请保全。

**第七条** 向香港特别行政区法院申请保全的，应当依据香港特别行政区相关法律规定，提交申请、支持申请的誓章、附随的证物、论点纲要以及法庭命令的草拟本，并应当载明下列事项：

（一）当事人的基本情况：当事人为自然人的，包括姓名、地址；当事人为法人或者非法人组织的，包括法人或者非法人组织的名称、地址以及法定代表人或者主要负责人的姓名、职务、通讯方式等；

（二）申请的事项和理由；

（三）申请标的所在地以及情况；

（四）被申请人就申请作出或者可能作出的回应以及说法；

（五）可能会导致法庭不批准所寻求的保全，或者不在单方面申请的情况下批准该保全的事实；

（六）申请人向香港特别行政区法院作出的承诺；

（七）其他需要载明的事项。

**第八条** 被请求方法院应当尽快审查当事人的保全申请。内地人民法院可以要求申请人提供担保等，香港特别行政区法院可以要求申请人作出承诺、就费用提供保证等。

经审查，当事人的保全申请符合被请求方法律规定的，被请求方法院应当作出保全裁定或者命令等。

**第九条** 当事人对被请求方法院的裁定或者命令等不服的，按被请求方相关法律规定处理。

**第十条** 当事人申请保全的，应当依据被请求方有关诉讼收费的法律和规定交纳费用。

**第十一条** 本安排不减损内地和香港特别行政区的仲裁机构、仲裁庭、当事人依据对方法律享有的权利。

## 最高人民法院关于内地与香港特别行政区法院就民商事案件相互委托提取证据的安排

- 2016年10月31日最高人民法院审判委员会第1697次会议通过
- 2017年2月27日最高人民法院公告公布
- 自2017年3月1日起生效
- 法释〔2017〕4号

根据《中华人民共和国香港特别行政区基本法》第九十五条的规定，最高人民法院与香港特别行政区经协商，就民商事案件相互委托提取证据问题作出如下安排：

**第一条** 内地人民法院与香港特别行政区法院就民商事案件相互委托提取证据，适用本安排。

**第二条** 双方相互委托提取证据，须通过各自指定的联络机关进行。其中，内地指定各高级人民法院为联络机关；香港特别行政区指定香港特别行政区政府政务司司长办公室辖下行政署为联络机关。

最高人民法院可以直接通过香港特别行政区指定的联络机关委托提取证据。

**第三条** 受委托方的联络机关收到对方的委托书后，应当及时将委托书及所附相关材料转送相关法院或者其他机关办理，或者自行办理。

如果受委托方认为委托材料不符合本辖区相关法律

规定,影响其完成受托事项,应当及时通知委托方修改、补充。委托方应当按照受委托方的要求予以修改、补充,或者重新出具委托书。

如果受委托方认为受托事项不属于本安排规定的委托事项范围,可以予以退回并说明原因。

**第四条** 委托书及所附相关材料应当以中文文本提出。没有中文文本的,应当提供中文译本。

**第五条** 委托方获得的证据材料只能用于委托书所述的相关诉讼。

**第六条** 内地人民法院根据本安排委托香港特别行政区法院提取证据的,请求协助的范围包括:

(一)讯问证人;

(二)取得文件;

(三)检查、拍摄、保存、保管或扣留财产;

(四)取得财产样品或对财产进行试验;

(五)对人进行身体检验。

香港特别行政区法院根据本安排委托内地人民法院提取证据的,请求协助的范围包括:

(一)取得当事人的陈述及证人证言;

(二)提供书证、物证、视听资料及电子数据;

(三)勘验、鉴定。

**第七条** 受委托方应当根据本辖区法律规定安排取证。

委托方请求按照特殊方式提取证据的,如果受委托方认为不违反本辖区的法律规定,可以按照委托方请求的方式执行。

如果委托方请求其司法人员、有关当事人及其诉讼代理人(法律代表)在受委托取证时到场,以及参与录取证言的程序,受委托方可以按照其辖区内相关法律规定予以考虑批准。批准同意的,受委托方应当将取证时间、地点通知委托方联络机关。

**第八条** 内地人民法院委托香港特别行政区法院提取证据,应当提供加盖最高人民法院或者高级人民法院印章的委托书。香港特别行政区法院委托内地人民法院提取证据,应当提供加盖香港特别行政区高等法院印章的委托书。

委托书或者所附相关材料应当写明:

(一)出具委托书的法院名称和审理相关案件的法院名称;

(二)与委托事项有关的当事人或者证人的姓名或者名称、地址及其他一切有助于联络及辨别其身份的信息;

(三)要求提供的协助详情,包括但不限于:与委托事项有关的案件基本情况(包括案情摘要、涉及诉讼的性质及正在进行的审理程序等);需向当事人或者证人取得的指明文件、物品及询(讯)问的事项或问题清单;需要委托提取有关证据的原因等;必要时,需陈明有关证据对诉讼的重要性及用来证实的事实及论点等;

(四)是否需要采用特殊方式提取证据以及具体要求;

(五)委托方的联络人及其联络信息;

(六)有助执行委托事项的其他一切信息。

**第九条** 受委托方因执行受托事项产生的一般性开支,由受委托方承担。

受委托方因执行受托事项产生的翻译费用、专家费用、鉴定费用、应委托方要求的特殊方式取证所产生的额外费用等非一般性开支,由委托方承担。

如果受委托方认为执行受托事项或会引起非一般性开支,应先与委托方协商,以决定是否继续执行受托事项。

**第十条** 受委托方应当尽量自收到委托书之日起六个月内完成受托事项。受委托方完成受托事项后,应当及时书面回复委托方。

如果受委托方未能按委托方的请求完成受托事项,或者只能部分完成受托事项,应当向委托方书面说明原因,并按委托方指示及时退回委托书所附全部或者部分材料。

如果证人根据受委托方的法律规定,拒绝提供证言时,受委托方应当以书面通知委托方,并按委托方指示退回委托书所附全部材料。

**第十一条** 本安排在执行过程中遇有问题,或者本安排需要修改,应当通过最高人民法院与香港特别行政区政府协商解决。

**第十二条** 本安排在内地由最高人民法院发布司法解释和香港特别行政区完成有关内部程序后,由双方公布生效日期。

本安排适用于受委托方在本安排生效后收到的委托事项,但不影响双方根据现行法律考虑及执行在本安排生效前收到的委托事项。

# 最高人民法院关于内地与香港特别行政区法院相互认可和执行当事人协议管辖的民商事案件判决的安排

- 2006年6月12日最高人民法院审判委员会第1390次会议通过
- 2008年7月3日最高人民法院公告公布
- 自2008年8月1日起生效
- 法释〔2008〕9号

根据《中华人民共和国香港特别行政区基本法》第九十五条的规定，最高人民法院与香港特别行政区政府经协商，现就当事人协议管辖的民商事案件判决的认可和执行问题作出如下安排：

**第一条** 内地人民法院和香港特别行政区法院在具有书面管辖协议的民商事案件中作出的须支付款项的具有执行力的终审判决，当事人可以根据本安排向内地人民法院或者香港特别行政区法院申请认可和执行。

**第二条** 本安排所称"具有执行力的终审判决"：

（一）在内地是指：

1. 最高人民法院的判决；

2. 高级人民法院、中级人民法院以及经授权管辖第一审涉外、涉港澳台民商事案件的基层人民法院（名单附后）依法不准上诉或者已经超过法定期限没有上诉的第一审判决，第二审判决和依照审判监督程序由上一级人民法院提审后作出的生效判决。

（二）在香港特别行政区是指终审法院、高等法院上诉法庭及原讼法庭和区域法院作出的生效判决。

本安排所称判决，在内地包括判决书、裁定书、调解书、支付令；在香港特别行政区包括判决书、命令和诉讼费评定证明书。

当事人向香港特别行政区法院申请认可和执行后，内地人民法院对该案件依法再审的，由作出生效判决的上一级人民法院提审。

**第三条** 本安排所称"书面管辖协议"，是指当事人为解决与特定法律关系有关的已经发生或者可能发生的争议，自本安排生效之日起，以书面形式明确约定内地人民法院或者香港特别行政区法院具有唯一管辖权的协议。

本条所称"特定法律关系"，是指当事人之间的民商事合同，不包括雇佣合同以及自然人因个人消费、家庭事宜或者其他非商业目的而作为协议一方的合同。

本条所称"书面形式"是指合同书、信件和数据电文（包括电报、电传、传真、电子数据交换和电子邮件）等可以有形地表现所载内容、可以调取以备日后查用的形式。

书面管辖协议可以由一份或者多份书面形式组成。

除非合同另有规定，合同中的管辖协议条款独立存在，合同的变更、解除、终止或者无效，不影响管辖协议条款的效力。

**第四条** 申请认可和执行符合本安排规定的民商事判决，在内地向被申请人住所地、经常居住地或者财产所在地的中级人民法院提出，在香港特别行政区向香港特别行政区高等法院提出。

**第五条** 被申请人住所地、经常居住地或者财产所在地在内地不同的中级人民法院辖区的，申请人应当选择向其中一个人民法院提出认可和执行的申请，不得分别向两个或者两个以上人民法院提出申请。

被申请人的住所地、经常居住地或者财产所在地，既在内地又在香港特别行政区的，申请人可以同时分别向两地法院提出申请，两地法院分别执行判决的总额，不得超过判决确定的数额。已经部分或者全部执行判决的法院应当根据对方法院的要求提供已执行判决的情况。

**第六条** 申请人向有关法院申请认可和执行判决的，应当提交以下文件：

（一）请求认可和执行的申请书；

（二）经作出终审判决的法院盖章的判决书副本；

（三）作出终审判决的法院出具的证明书，证明该判决属于本安排第二条所指的终审判决，在判决作出地可以执行；

（四）身份证明材料：

1. 申请人为自然人的，应当提交身份证或者经公证的身份证复印件；

2. 申请人为法人或者其他组织的，应当提交经公证的法人或者其他组织注册登记证书的复印件；

3. 申请人是外国籍法人或者其他组织的，应当提交相应的公证和认证材料。

向内地人民法院提交的文件没有中文文本的，申请人应当提交证明无误的中文译本。

执行地法院对于本条所规定的法院出具的证明书，无需另行要求公证。

**第七条** 请求认可和执行申请书应当载明下列事项：

（一）当事人为自然人的，其姓名、住所；当事人为法人或者其他组织的，法人或者其他组织的名称、住所以及法定代表人或者主要负责人的姓名、职务和住所；

（二）申请执行的理由与请求的内容，被申请人的财产所在地以及财产状况；

（三）判决是否在原审法院地申请执行以及已执行的情况。

第八条　申请人申请认可和执行内地人民法院或者香港特别行政区法院判决的程序，依据执行地法律的规定。本安排另有规定的除外。

申请人申请认可和执行的期间为二年。

前款规定的期间，内地判决到香港特别行政区申请执行的，从判决规定履行期间的最后一日起计算，判决规定分期履行的，从规定的每次履行期间的最后一日起计算，判决未规定履行期间的，从判决生效之日起计算；香港特别行政区判决到内地申请执行的，从判决可强制执行之日起计算，该日为判决上注明的判决日期，判决对履行期间另有规定的，从规定的履行期间届满后开始计算。

第九条　对申请认可和执行的判决，原审判决中的债务人提供证据证明有下列情形之一的，受理申请的法院经审查核实，应当裁定不予认可和执行：

（一）根据当事人协议选择的原审法院地的法律，管辖协议属于无效。但选择法院已经判定该管辖协议为有效的除外；

（二）判决已获完全履行；

（三）根据执行地的法律，执行地法院对该案享有专属管辖权；

（四）根据原审法院地的法律，未曾出庭的败诉一方当事人未经合法传唤或者虽经合法传唤但未获依法律规定的答辩时间。但原审法院根据其法律或者有关规定公告送达的，不属于上述情形；

（五）判决是以欺诈方法取得的；

（六）执行地法院就相同诉讼请求作出判决，或者外国、境外地区法院就相同诉讼请求作出判决，或者有关仲裁机构作出仲裁裁决，已经为执行地法院所认可或执行的。

内地人民法院认为在内地执行香港特别行政区法院判决违反内地社会公共利益，或者香港特别行政区法院认为在香港特别行政区执行内地人民法院判决违反香港特别行政区公共政策的，不予认可和执行。

第十条　对于香港特别行政区法院作出的判决，判决确定的债务人已经提出上诉，或者上诉程序尚未完结的，内地人民法院审查核实后，可以中止认可和执行程序。经上诉，维持全部或者部分原判决的，恢复认可和执行程序；完全改变原判决的，终止认可和执行程序。

内地地方人民法院就已经作出的判决按照审判监督程序作出提审裁定，或者最高人民法院作出提起再审裁定的，香港特别行政区法院审查核实后，可以中止认可和执行程序。再审判决维持全部或者部分原判决的，恢复认可和执行程序；再审判决完全改变原判决的，终止认可和执行程序。

第十一条　根据本安排而获认可的判决与执行地法院的判决效力相同。

第十二条　当事人对认可和执行与否的裁定不服的，在内地可以向上一级人民法院申请复议，在香港特别行政区可以根据其法律规定提出上诉。

第十三条　在法院受理当事人申请认可和执行判决期间，当事人依相同事实再行提起诉讼的，法院不予受理。

已获认可和执行的判决，当事人依相同事实再行提起诉讼的，法院不予受理。

对于根据本安排第九条不予认可和执行的判决，申请人不得再行提起认可和执行的申请，但是可以按照执行地的法律依相同案件事实向执行地法院提起诉讼。

第十四条　法院受理认可和执行判决的申请之前或者之后，可以按照执行地法律关于财产保全或者禁制资产转移的规定，根据申请人的申请，对被申请人的财产采取保全或强制措施。

第十五条　当事人向有关法院申请执行判决，应当根据执行地有关诉讼收费的法律和规定交纳执行费或者法院费用。

第十六条　内地与香港特别行政区法院相互认可和执行的标的范围，除判决确定的数额外，还包括根据该判决须支付的利息、经法院核定的律师费以及诉讼费，但不包括税收和罚款。

在香港特别行政区诉讼费是指经法官或者司法常务官在诉讼费评定证明书中核定或者命令支付的诉讼费用。

第十七条　内地与香港特别行政区法院自本安排生效之日（含本日）起作出的判决，适用本安排。

第十八条　本安排在执行过程中遇有问题或者需要修改，由最高人民法院和香港特别行政区政府协商解决。

# 最高人民法院关于内地与香港特别行政区相互执行仲裁裁决的安排

- 1999年6月18日最高人民法院审判委员会第1069次会议通过
- 2000年1月24日最高人民法院公告公布
- 自2000年2月1日起施行
- 法释〔2000〕3号

根据《中华人民共和国香港特别行政区基本法》第九十五条的规定,经最高人民法院与香港特别行政区(以下简称香港特区)政府协商,香港特区法院同意执行内地仲裁机构(名单由国务院法制办公室经国务院港澳事务办公室提供)依据《中华人民共和国仲裁法》所作出的裁决,内地人民法院同意执行在香港特区按香港特区《仲裁条例》所作出的裁决。现就内地与香港特区相互执行仲裁裁决的有关事宜作出如下安排:

一、在内地或者香港特区作出的仲裁裁决,一方当事人不履行仲裁裁决的,另一方当事人可以向被申请人住所地或者财产所在地的有关法院申请执行。

二、上条所述的有关法院,在内地指被申请人住所地或者财产所在地的中级人民法院,在香港特区指香港特区高等法院。

被申请人住所地或者财产所在地在内地不同的中级人民法院辖区内的,申请人可以选择其中一个人民法院申请执行裁决,不得分别向两个或者两个以上人民法院提出申请。

被申请人的住所地或者财产所在地,既在内地又在香港特区的,申请人不得同时分别向两地有关法院提出申请。只有一地法院执行不足以偿还其债务时,才可就不足部分向另一地法院申请执行。两地法院先后执行仲裁裁决的总额,不得超过裁决数额。

三、申请人向有关法院申请执行在内地或者香港特区作出的仲裁裁决的,应当提交以下文书:

(一)执行申请书;

(二)仲裁裁决书;

(三)仲裁协议。

四、执行申请书的内容应当载明下列事项:

(一)申请人为自然人的情况下,该人的姓名、地址;申请人为法人或者其他组织的情况下,该法人或者其他组织的名称、地址及法定代表人姓名;

(二)被申请人为自然人的情况下,该人的姓名、地址;被申请人为法人或者其他组织的情况下,该法人或者其他组织的名称、地址及法定代表人姓名;

(三)申请人为法人或者其他组织的,应当提交企业注册登记的副本。申请人是外国籍法人或者其他组织的,应当提交相应的公证和认证材料;

(四)申请执行的理由与请求的内容,被申请人的财产所在地及财产状况。

执行申请书应当以中文文本提出,裁决书或者仲裁协议没有中文文本的,申请人应当提交正式证明的中文译本。

五、申请人向有关法院申请执行内地或者香港特区仲裁裁决的期限依据执行地法律有关时限的规定。

六、有关法院接到申请人申请后,应当按执行地法律程序处理及执行。

七、在内地或者香港特区申请执行的仲裁裁决,被申请人接到通知后,提出证据证明有下列情形之一的,经审查核实,有关法院可裁定不予执行:

(一)仲裁协议当事人依对其适用的法律属于某种无行为能力的情形;或者该项仲裁协议依约定的准据法无效;或者未指明以何种法律为准时,依仲裁裁决地的法律是无效的;

(二)被申请人未接到指派仲裁员的适当通知,或者因他故未能陈述意见的;

(三)裁决所处理的争议不是交付仲裁的标的或者不在仲裁协议条款之内,或者裁决载有关于交付仲裁范围以外事项的决定的;但交付仲裁事项的决定可与未交付仲裁的事项划分时,裁决中关于交付仲裁事项的决定部分应当予以执行;

(四)仲裁庭的组成或者仲裁庭程序与当事人之间的协议不符,或者在有关当事人没有这种协议时与仲裁地的法律不符的;

(五)裁决对当事人尚无约束力,或者业经仲裁地的法院或者按仲裁地的法律撤销或者停止执行的。

有关法院认定依执行地法律,争议事项不能以仲裁解决的,则可不予执行该裁决。

内地法院认定在内地执行该仲裁裁决违反内地社会公共利益,或者香港特区法院决定在香港特区执行该仲裁裁决违反香港特区的公共政策,则可不予执行该裁决。

八、申请人向有关法院申请执行在内地或者香港特区作出的仲裁裁决,应当根据执行地法院有关诉讼收费的办法交纳执行费用。

九、1997年7月1日以后申请执行在内地或者香港特区作出的仲裁裁决按本安排执行。

十、对1997年7月1日至本安排生效之日的裁决申请问题，双方同意：

1997年7月1日至本安排生效之日因故未能向内地或者香港特区法院申请执行，申请人为法人或者其他组织的，可以在本安排生效后6个月内提出；如申请人为自然人的，可以在本安排生效后1年内提出。

对于内地或香港特区法院在1997年7月1日至本安排生效之日拒绝受理或者拒绝执行仲裁裁决的案件，应允许当事人重新申请。

十一、本安排在执行过程中遇有问题和修改，应当通过最高人民法院和香港特区政府协商解决。

## 最高人民法院关于内地与香港特别行政区相互执行仲裁裁决的补充安排

- 2020年11月9日最高人民法院审判委员会第1815次会议通过
- 2020年11月26日最高人民法院公告公布
- 第一条、第四条自公布之日起施行，第二条、第三条在香港特别行政区完成有关程序后，由最高人民法院公告生效日期
- 法释〔2020〕13号

依据《最高人民法院关于内地与香港特别行政区相互执行仲裁裁决的安排》（以下简称《安排》）第十一条的规定，最高人民法院与香港特别行政区政府经协商，作出如下补充安排：

一、《安排》所指执行内地或者香港特别行政区仲裁裁决的程序，应解释为包括认可和执行内地或者香港特别行政区仲裁裁决的程序。

二、将《安排》序言及第一条修改为："根据《中华人民共和国香港特别行政区基本法》第九十五条的规定，经最高人民法院与香港特别行政区（以下简称香港特区）政府协商，现就仲裁裁决的相互执行问题作出如下安排：

"一、内地人民法院执行按香港特区《仲裁条例》作出的仲裁裁决，香港特区法院执行按《中华人民共和国仲裁法》作出的仲裁裁决，适用本安排。"

三、将《安排》第二条第三款修改为："被申请人在内地和香港特区均有住所地或者可供执行财产的，申请人可以分别向两地法院申请执行。应对方法院要求，两地法院应当相互提供本方执行仲裁裁决的情况。两地法院执行财产的总额，不得超过裁决确定的数额。"

四、在《安排》第六条中增加一款作为第二款："有关法院在受理执行仲裁裁决申请之前或者之后，可以依申请并按照执行地法律规定采取保全或者强制措施。"

五、本补充安排第一条、第四条自公布之日起施行，第二条、第三条在香港特别行政区完成有关程序后，由最高人民法院公布生效日期。

## 最高人民法院关于内地与香港特别行政区法院相互委托送达民商事司法文书的安排

- 1998年12月30日最高人民法院审判委员会第1038次会议通过
- 1999年3月29日最高人民法院公告公布
- 自1999年3月30日起施行
- 法释〔1999〕9号

根据《中华人民共和国香港特别行政区基本法》第九十五条的规定，经最高人民法院与香港特别行政区代表协商，现就内地与香港特别行政区法院相互委托送达民商事司法文书问题规定如下：

一、内地法院和香港特别行政区法院可以相互委托送达民商事司法文书。

二、双方委托送达司法文书，均须通过各高级人民法院和香港特别行政区高等法院进行。最高人民法院司法文书可以直接委托香港特别行政区高等法院送达。

三、委托方请求送达司法文书，须出具盖有其印章的委托书，并须在委托书中说明委托机关的名称、受送达人的姓名或者名称、详细地址及案件的性质。

委托书应当以中文文本提出。所附司法文书没有中文文本的，应当提供中文译本。以上文件一式两份。受送达人为2人以上的，每人一式两份。

受委托方如果认为委托书与本安排的规定不符，应当通知委托方，并说明对委托书的异议。必要时可以要求委托方补充材料。

四、不论司法文书中确定的出庭日期或者期限是否已过，受委托方均应送达。委托方应当尽量在合理期限内提出委托请求。

受委托方接到委托书后，应当及时完成送达，最迟不得超过自收到委托书之日起两个月。

五、送达司法文书后，内地人民法院应当出具送达回证；香港特别行政区法院应当出具送达证明书。出具送达回证和证明书，应当加盖法院印章。

受委托方无法送达的，应当在送达回证或者证明书

上注明妨碍送达的原因、拒收事由和日期,并及时退回委托书及所附全部文书。

六、送达司法文书,应当依照受委托方所在地法律规定的程序进行。

七、受委托方对委托方委托送达的司法文书的内容和后果不负法律责任。

八、委托送达司法文书费用互免。但委托方在委托书中请求以特定送达方式送达所产生的费用,由委托方负担。

九、本安排中的司法文书在内地包括:起诉状副本、上诉状副本、授权委托书、传票、判决书、调解书、裁定书、决定书、通知书、证明书、送达回证;在香港特别行政区包括:起诉状副本、上诉状副本、传票、状词、誓章、判案书、判决书、裁决书、通知书、法庭命令、送达证明。

上述委托送达的司法文书以互换司法文书样本为准。

十、本安排在执行过程中遇有问题和修改,应当通过最高人民法院与香港特别行政区高等法院协商解决。

## 最高人民法院关于开展认可和协助香港特别行政区破产程序试点工作的意见

·2021年5月11日
·法发〔2021〕15号

为贯彻落实《中华人民共和国香港特别行政区基本法》第九十五条的规定,进一步完善内地与香港特别行政区司法协助制度体系,促进经济融合发展,优化法治化营商环境,最高人民法院与香港特别行政区政府结合司法实践,就内地与香港特别行政区法院相互认可和协助破产程序工作进行会谈协商,签署《最高人民法院与香港特别行政区政府关于内地与香港特别行政区法院相互认可和协助破产程序的会谈纪要》。按照纪要精神,最高人民法院依据《中华人民共和国民事诉讼法》《中华人民共和国企业破产法》等相关法律,制定本意见。

一、最高人民法院指定上海市、福建省厦门市、广东省深圳市人民法院开展认可和协助香港破产程序的试点工作。

二、本意见所称"香港破产程序",是指依据香港特别行政区《公司(清盘及杂项条文)条例》《公司条例》进行的集体清偿程序,包括公司强制清盘、公司债权人自动清盘以及由清盘人或者临时清盘人提出并经香港特别行政区高等法院依据香港特别行政区《公司条例》第673条批准的公司债务重组程序。

三、本意见所称"香港管理人",包括香港破产程序中的清盘人和临时清盘人。

四、本意见适用于香港特别行政区系债务人主要利益中心所在地的香港破产程序。

本意见所称"主要利益中心",一般是指债务人的注册地。同时,人民法院应当综合考虑债务人主要办事机构所在地、主要营业地、主要财产所在地等因素认定。

在香港管理人申请认可和协助时,债务人主要利益中心应当已经在香港特别行政区连续存在6个月以上。

五、债务人在内地的主要财产位于试点地区、在试点地区存在营业地或者在试点地区设有代表机构的,香港管理人可以依据本意见申请认可和协助香港破产程序。

依据本意见审理的跨境破产协助案件,由试点地区的中级人民法院管辖。

向两个以上有管辖权的人民法院提出申请的,由最先立案的人民法院管辖。

六、申请认可和协助香港破产程序的,香港管理人应当提交下列材料:

(一)申请书;

(二)香港特别行政区高等法院请求认可和协助的函;

(三)启动香港破产程序以及委任香港管理人的有关文件;

(四)债务人主要利益中心位于香港特别行政区的证明材料,证明材料在内地以外形成的,还应当依据内地法律规定办理证明手续;

(五)申请予以认可和协助的裁判文书副本;

(六)香港管理人身份证件的复印件,身份证件在内地以外形成的,还应当依据内地法律规定办理证明手续;

(七)债务人在内地的主要财产位于试点地区、在试点地区存在营业地或者在试点地区设有代表机构的相关证据。

向人民法院提交的文件没有中文文本的,应当提交中文译本。

七、申请书应当载明下列事项:

(一)债务人的名称、注册地以及香港管理人所知悉的债务人主要负责人的姓名、职务、住所、身份证件信息、通讯方式等;

(二)香港管理人的姓名、住所、身份证件信息、通讯方式等;

(三)香港破产程序的进展情况和计划;

(四)申请认可和协助的事项和理由;

(五)债务人在内地的已知财产、营业地、代表机构和债权人情况;

（六）债务人在内地涉及的诉讼、仲裁以及有关债务人财产的保全措施、执行程序等情况；

（七）其他国家或者地区针对债务人进行破产程序的相关情况；

（八）其他应当载明的事项。

八、人民法院应当自收到认可和协助申请之日起五日内通知已知债权人等利害关系人，并予以公告。利害关系人有异议的，应当自收到通知或者发布公告之日起七日内向人民法院书面提出。

人民法院认为有必要的，可以进行听证。

九、在人民法院收到认可和协助申请之后、作出裁定之前，香港管理人申请保全的，人民法院依据内地相关法律规定处理。

十、人民法院裁定认可香港破产程序的，应当依申请同时裁定认可香港管理人身份，并于五日内公告。

十一、人民法院认可香港破产程序后，债务人对个别债权人的清偿无效。

十二、人民法院认可香港破产程序后，已经开始而尚未终结的有关债务人的民事诉讼或者仲裁应当中止；在香港管理人接管债务人的财产后，该诉讼或者仲裁继续进行。

十三、人民法院认可香港破产程序后，有关债务人财产的保全措施应当解除，执行程序应当中止。

十四、人民法院认可香港破产程序后，可以依申请裁定允许香港管理人在内地履行下列职责：

（一）接管债务人的财产、印章和账簿、文书等资料；

（二）调查债务人财产状况，制作财产状况报告；

（三）决定债务人的内部管理事务；

（四）决定债务人的日常开支和其他必要开支；

（五）在第一次债权人会议召开之前，决定继续或者停止债务人的营业；

（六）管理和处分债务人的财产；

（七）代表债务人参加诉讼、仲裁或者其他法律程序；

（八）接受内地债权人的债权申报并进行审核；

（九）人民法院认为可以允许香港管理人履行的其他职责。

香港管理人履行前款规定的职责时，如涉及放弃财产权益、设定财产担保、借款、将财产转移出内地以及实施其他对债权人利益有重大影响的财产处分行为，需经人民法院另行批准。

香港管理人履行职责，不得超出《中华人民共和国企业破产法》规定的范围，也不得超出香港特别行政区法律规定的范围。

十五、人民法院认可香港破产程序后，可以依香港管理人或者债权人的申请指定内地管理人。

指定内地管理人后，本意见第十四条规定的职责由内地管理人行使，债务人在内地的事务和财产适用《中华人民共和国企业破产法》处理。

两地管理人应当加强沟通与合作。

十六、人民法院认可香港破产程序后，可以依申请裁定对破产财产变价、破产财产分配、债务重组安排、终止破产程序等事项提供协助。

人民法院应当自收到上述申请之日起五日内予以公告。利害关系人有异议的，应当自发布公告之日起七日内向人民法院书面提出。

人民法院认为有必要的，可以进行听证。

十七、发现影响认可和协助香港破产程序情形的，人民法院可以变更、终止认可和协助。

发生前款情形的，管理人应当及时报告人民法院并提交相关材料。

十八、利害关系人提供证据证明有下列情形之一的，人民法院审查核实后，应当裁定不予认可或者协助香港破产程序：

（一）债务人主要利益中心不在香港特别行政区或者在香港特别行政区连续存在未满6个月的；

（二）不符合《中华人民共和国企业破产法》第二条规定的；

（三）对内地债权人不公平对待的；

（四）存在欺诈的；

（五）人民法院认为应当不予认可或者协助的其他情形。

人民法院认为认可或者协助香港破产程序违反内地法律的基本原则或者违背公序良俗的，应当不予认可或者协助。

十九、香港特别行政区和内地就同一债务人或者具有关联关系的债务人分别进行破产程序的，两地管理人应当加强沟通与合作。

二十、人民法院认可和协助香港破产程序的，债务人在内地的破产财产清偿其在内地依据内地法律规定应当优先清偿的债务后，剩余财产在相同类别债权人受到平等对待的前提下，按照香港破产程序分配和清偿。

二十一、人民法院作出裁定后，管理人或者利害关系人可以自裁定送达之日起十日内向上一级人民法院申请复议。复议期间不停止执行。

二十二、申请认可和协助香港破产程序的，应当依据内地有关诉讼收费的法律和规定交纳费用。

二十三、试点法院在审理跨境破产协助案件过程中，应当及时向最高人民法院报告、请示重大事项。

二十四、试点法院应当与香港特别行政区法院积极沟通和开展合作。

## （二）涉澳民事诉讼程序

### 最高人民法院关于内地与澳门特别行政区就仲裁程序相互协助保全的安排

- 2022年2月15日最高人民法院审判委员会第1864次会议通过
- 2022年2月24日最高人民法院公告公布
- 自2022年3月25日起施行
- 法释〔2022〕7号

根据《中华人民共和国澳门特别行政区基本法》第九十三条的规定，经最高人民法院与澳门特别行政区协商，现就内地与澳门特别行政区关于仲裁程序相互协助保全作出如下安排。

**第一条** 本安排所称"保全"，在内地包括财产保全、证据保全、行为保全；在澳门特别行政区包括为确保受威胁的权利得以实现而采取的保存或者预行措施。

**第二条** 按照澳门特别行政区仲裁法规向澳门特别行政区仲裁机构提起民商事仲裁程序的当事人，在仲裁裁决作出前，可以参照《中华人民共和国民事诉讼法》《中华人民共和国仲裁法》以及相关司法解释的规定，向被申请人住所地、财产所在地或者证据所在地的内地中级人民法院申请保全。被申请人住所地、财产所在地或者证据所在地在不同人民法院辖区的，应当选择向其中一个人民法院提出申请，不得分别向两个或者两个以上人民法院提出申请。

在仲裁机构受理仲裁案件前申请保全，内地人民法院采取保全措施后三十日内未收到仲裁机构已受理仲裁案件的证明函件的，内地人民法院应当解除保全。

**第三条** 向内地人民法院申请保全的，应当提交下列材料：

（一）保全申请书；

（二）仲裁协议；

（三）身份证明材料：申请人为自然人的，应当提交身份证件复印件；申请人为法人或者非法人组织的，应当提交注册登记证书的复印件以及法定代表人或者负责人的身份证件复印件；

（四）在仲裁机构受理仲裁案件后申请保全的，应当提交包含主要仲裁请求和所根据的事实与理由的仲裁申请文件以及相关证据材料、仲裁机构出具的已受理有关仲裁案件的证明函件；

（五）内地人民法院要求的其他材料。

身份证明材料系在内地以外形成的，应当依据内地相关法律规定办理证明手续。

向内地人民法院提交的文件没有中文文本的，应当提交中文译本。

**第四条** 向内地人民法院提交的保全申请书应当载明下列事项：

（一）当事人的基本情况：当事人为自然人的，包括姓名、住所、身份证件信息、通讯方式等；当事人为法人或者非法人组织的，包括法人或者非法人组织的名称、住所以及法定代表人或者主要负责人的姓名、职务、住所、身份证件信息、通讯方式等；

（二）请求事项，包括申请保全财产的数额、申请行为保全的内容和期限等；

（三）请求所依据的事实、理由和相关证据，包括关于情况紧急，如不立即保全将会使申请人合法权益受到难以弥补的损害或者将使仲裁裁决难以执行的说明等；

（四）申请保全的财产、证据的明确信息或者具体线索；

（五）用于提供担保的内地财产信息或者资信证明；

（六）是否已提出其他保全申请以及保全情况；

（七）其他需要载明的事项。

**第五条** 依据《中华人民共和国仲裁法》向内地仲裁机构提起民商事仲裁程序的当事人，在仲裁裁决作出前，可以根据澳门特别行政区法律规定，向澳门特别行政区初级法院申请保全。

在仲裁机构受理仲裁案件前申请保全的，申请人应当在澳门特别行政区法律规定的期间内，采取开展仲裁程序的必要措施，否则该保全措施失效。申请人应当将已作出必要措施及作出日期的证明送交澳门特别行政区法院。

**第六条** 向澳门特别行政区法院申请保全的，须附同下列资料：

（一）仲裁协议；

（二）申请人或者被申请人为自然人的，应当载明其姓名以及住所；为法人或者非法人组织的，应当载明其名称、住所以及法定代表人或者主要负责人的姓名、职务和住所；

（三）请求的详细资料，尤其包括请求所依据的事实和法律理由、申请标的的情况、财产的详细资料、须保全的金额、申请行为保全的详细内容和期限以及附同相关证据，证明权利受威胁以及解释恐防受侵害的理由；

（四）在仲裁机构受理仲裁案件后申请保全的，应当提交该仲裁机构出具的已受理有关仲裁案件的证明；

（五）是否已提出其他保全申请以及保全情况；

（六）法院要求的其他资料。

如向法院提交的文件并非使用澳门特别行政区的其中一种正式语文，则申请人应当提交其中一种正式语文的译本。

**第七条** 被请求方法院应当尽快审查当事人的保全申请，可以按照被请求方法律规定要求申请人提供担保。

经审查，当事人的保全申请符合被请求方法律规定的，被请求方法院应当作出保全裁定。

**第八条** 当事人对被请求方法院的裁定不服的，按被请求方相关法律规定处理。

**第九条** 当事人申请保全的，应当根据被请求方法律的规定交纳费用。

**第十条** 本安排不减损内地和澳门特别行政区的仲裁机构、仲裁庭、仲裁员、当事人依据对方法律享有的权利。

**第十一条** 本安排在执行过程中遇有问题或者需要修改的，由最高人民法院和澳门特别行政区协商解决。

**第十二条** 本安排自2022年3月25日起施行。

# 最高人民法院关于内地与澳门特别行政区法院就民商事案件相互委托送达司法文书和调取证据的安排

- 2001年8月7日最高人民法院审判委员会第1186次会议通过
- 根据2019年12月30日《最高人民法院关于修改〈关于内地与澳门特别行政区法院就民商事案件相互委托送达司法文书和调取证据的安排〉的决定》修正
- 2020年1月14日最高人民法院公告公布
- 自2020年3月1日起施行
- 法释〔2020〕1号

根据《中华人民共和国澳门特别行政区基本法》第九十三条的规定，最高人民法院与澳门特别行政区经协商，现就内地与澳门特别行政区法院就民商事案件相互委托送达司法文书和调取证据问题规定如下：

## 一、一般规定

**第一条** 内地人民法院与澳门特别行政区法院就民商事案件（在内地包括劳动争议案件，在澳门特别行政区包括民事劳工案件）相互委托送达司法文书和调取证据，均适用本安排。

**第二条** 双方相互委托送达司法文书和调取证据，通过各高级人民法院和澳门特别行政区终审法院进行。最高人民法院与澳门特别行政区终审法院可以直接相互委托送达和调取证据。

经与澳门特别行政区终审法院协商，最高人民法院可以授权部分中级人民法院、基层人民法院与澳门特别行政区终审法院相互委托送达和调取证据。

**第三条** 双方相互委托送达司法文书和调取证据，通过内地与澳门司法协助网络平台以电子方式转递；不能通过司法协助网络平台以电子方式转递的，采用邮寄方式。

通过司法协助网络平台以电子方式转递的司法文书、证据材料等文件，应当确保其完整性、真实性和不可修改性。

通过司法协助网络平台以电子方式转递的司法文书、证据材料等文件与原件具有同等效力。

**第四条** 各高级人民法院和澳门特别行政区终审法院收到对方法院的委托书后，应当立即将委托书及所附司法文书和相关文件转送根据其本辖区法律规定有权完成该受托事项的法院。

受委托方法院发现委托事项存在材料不齐全、信息不完整等问题，影响其完成受托事项的，应当及时通知委托方法院补充材料或者作出说明。

经授权的中级人民法院、基层人民法院收到澳门特别行政区终审法院委托书后，认为不属于本院管辖的，应当报请高级人民法院处理。

**第五条** 委托书应当以中文文本提出。所附司法文书及其他相关文件没有中文文本的，应当提供中文译本。

**第六条** 委托方法院应当在合理的期限内提出委托请求，以保证受委托方法院收到委托书后，及时完成受托事项。

受委托方法院应当优先处理受托事项。完成受托事项的期限，送达文书最迟不得超过自收到委托书之日起两个月，调取证据最迟不得超过自收到委托书之日起三个月。

**第七条** 受委托方法院应当根据本辖区法律规定执行受托事项。委托方法院请求按照特殊方式执行委托事项的，受委托方法院认为不违反本辖区的法律规定的，可以按照特殊方式执行。

第八条　委托方法院无须支付受委托方法院在送达司法文书、调取证据时发生的费用、税项。但受委托方法院根据其本辖区法律规定，有权在调取证据时，要求委托方法院预付鉴定人、证人、翻译人员的费用，以及因采用委托方法院在委托书中请求以特殊方式送达司法文书、调取证据所产生的费用。

第九条　受委托方法院收到委托书后，不得以其本辖区法律规定对委托方法院审理的该民商事案件享有专属管辖权或者不承认对该请求事项提起诉讼的权利为由，不予执行受托事项。

受委托方法院在执行受托事项时，发现该事项不属于法院职权范围，或者内地人民法院认为在内地执行该受托事项将违反其基本法律原则或社会公共利益，或者澳门特别行政区法院认为在澳门特别行政区执行该受托事项将违反其基本法律原则或公共秩序的，可以不予执行，但应当及时向委托方法院书面说明不予执行的原因。

## 二、司法文书的送达

第十条　委托方法院请求送达司法文书，须出具盖有其印章或者法官签名的委托书，并在委托书中说明委托机关的名称、受送达人的姓名或者名称、详细地址以及案件性质。委托方法院请求按特殊方式送达或者有特别注意的事项，应当在委托书中注明。

第十一条　采取邮寄方式委托的，委托书及所附司法文书和其他相关文件一式两份，受送达人为两人以上的，每人一式两份。

第十二条　完成司法文书送达事项后，内地人民法院应当出具送达回证；澳门特别行政区法院应当出具送达证明书。出具的送达回证和送达证明书，应当注明送达的方法、地点和日期以及司法文书接收人的身份，并加盖法院印章。

受委托方法院无法送达的，应当在送达回证或者送达证明书上注明妨碍送达的原因、拒收事由和日期，并及时书面回复委托方法院。

第十三条　不论委托方法院司法文书中确定的出庭日期或者期限是否已过，受委托方法院均应当送达。

第十四条　受委托方法院对委托方法院委托送达的司法文书和所附相关文件的内容和后果不负法律责任。

第十五条　本安排中的司法文书在内地包括：起诉状副本、上诉状副本、反诉状副本、答辩状副本、授权委托书、传票、判决书、调解书、裁定书、支付令、决定书、通知书、证明书、送达回证以及其他司法文书和所附相关文件；在澳门特别行政区包括：起诉状复本、答辩状复本、反诉状复本、上诉状复本、陈述书、申辩书、声明异议书、反驳书、申请书、撤诉书、认诺书、和解书、财产目录、财产分割表、和解建议书、债权人协议书、传唤书、通知书、法官批示、命令状、法庭许可令状、判决书、合议庭裁判书、送达证明书以及其他司法文书和所附相关文件。

## 三、调取证据

第十六条　委托方法院请求调取的证据只能是用于与诉讼有关的证据。

第十七条　双方相互委托代为调取证据的委托书应当写明：

（一）委托法院的名称；

（二）当事人及其诉讼代理人的姓名、地址和其他一切有助于辨别其身份的情况；

（三）委托调取证据的原因，以及委托调取证据的具体事项；

（四）被调查人的姓名、地址和其他一切有助于辨别其身份的情况，以及需要向其提出的问题；

（五）调取证据需采用的特殊方式；

（六）有助于执行该委托的其他一切情况。

第十八条　代为调取证据的范围包括：代为询问当事人、证人和鉴定人，代为进行鉴定和司法勘验，调取其他与诉讼有关的证据。

第十九条　委托方法院提出要求的，受委托方法院应当将取证的时间、地点通知委托方法院，以便有关当事人及其诉讼代理人能够出席。

第二十条　受委托方法院在执行委托调取证据时，根据委托方法院的请求，可以允许委托方法院派司法人员出席。必要时，经委托方允许，委托方法院的司法人员可以向证人、鉴定人等发问。

第二十一条　受委托方法院完成委托调取证据的事项后，应当向委托方法院书面说明。

未能按委托方法院的请求全部或者部分完成调取证据事项的，受委托方法院应当向委托方法院书面说明妨碍调取证据的原因，采取邮寄方式委托的，应及时退回委托书及所附文件。

当事人、证人根据受委托方的法律规定，拒绝作证或者推辞提供证言的，受委托方法院应当书面通知委托法院，采取邮寄方式委托的，应及时退回委托书及所附文件。

第二十二条　受委托方法院可以根据委托方法院的请求，并经证人、鉴定人同意，协助安排其辖区的证人、鉴定人到对方辖区出庭作证。

证人、鉴定人在委托方地域内逗留期间,不得因在其离开受委托方地域之前,在委托方境内所实施的行为或者针对他所作的裁决而被刑事起诉、羁押,不得为履行刑罚或者其他处罚而被剥夺财产或者扣留身份证件,不得以任何方式对其人身自由加以限制。

证人、鉴定人完成所需诉讼行为,且可自由离开委托方地域后,在委托方境内逗留超过七天,或者已离开委托方地域又自行返回时,前款规定的豁免即行终止。

证人、鉴定人到委托方法院出庭而导致的费用及补偿,由委托方法院预付。

本条规定的出庭作证人员,在澳门特别行政区还包括当事人。

**第二十三条** 受委托方法院可以根据委托方法院的请求,并经证人、鉴定人同意,协助安排其辖区的证人、鉴定人通过视频、音频作证。

**第二十四条** 受委托方法院取证时,被调查的当事人、证人、鉴定人等的代理人可以出席。

### 四、附 则

**第二十五条** 受委托方法院可以根据委托方法院的请求代为查询并提供本辖区的有关法律。

**第二十六条** 本安排在执行过程中遇有问题的,由最高人民法院与澳门特别行政区终审法院协商解决。

本安排需要修改的,由最高人民法院与澳门特别行政区协商解决。

**第二十七条** 本安排自 2001 年 9 月 15 日起生效。本安排的修改文本自 2020 年 3 月 1 日起生效。

## 最高人民法院关于内地与澳门特别行政区相互认可和执行仲裁裁决的安排

- 2007 年 9 月 17 日最高人民法院审判委员会第 1437 次会议通过
- 2007 年 12 月 12 日最高人民法院公告公布
- 自 2008 年 1 月 1 日起施行
- 法释〔2007〕17 号

根据《中华人民共和国澳门特别行政区基本法》第九十三条的规定,经最高人民法院与澳门特别行政区协商,现就内地与澳门特别行政区相互认可和执行仲裁裁决的有关事宜达成如下安排:

**第一条** 内地人民法院认可和执行澳门特别行政区仲裁机构及仲裁员按照澳门特别行政区仲裁法规在澳门作出的民商事仲裁裁决,澳门特别行政区法院认可和执行内地仲裁机构依据《中华人民共和国仲裁法》在内地作出的民商事仲裁裁决,适用本安排。

本安排没有规定的,适用认可和执行地的程序法律规定。

**第二条** 在内地或者澳门特别行政区作出的仲裁裁决,一方当事人不履行的,另一方当事人可以向被申请人住所地、经常居住地或者财产所在地的有关法院申请认可和执行。

内地有权受理认可和执行仲裁裁决申请的法院为中级人民法院。两个或者两个以上中级人民法院均有管辖权的,当事人应当选择向其中一个中级人民法院提出申请。

澳门特别行政区有权受理认可仲裁裁决申请的法院为中级法院,有权执行的法院为初级法院。

**第三条** 被申请人的住所地、经常居住地或者财产所在地分别在内地和澳门特别行政区的,申请人可以向一地法院提出认可和执行申请,也可以分别向两地法院提出申请。

当事人分别向两地法院提出申请的,两地法院都应当依法进行审查。予以认可的,采取查封、扣押或者冻结被执行人财产等执行措施。仲裁地法院应当优先进行执行清偿;另一地法院在收到仲裁地法院关于经执行债权未获清偿情况的证明后,可以对申请人未获清偿的部分进行执行清偿。两地法院执行财产的总额,不得超过依据裁决和法律规定所确定的数额。

**第四条** 申请人向有关法院申请认可和执行仲裁裁决的,应当提交以下文件或者经公证的副本:

(一)申请书;
(二)申请人身份证明;
(三)仲裁协议;
(四)仲裁裁决书或者仲裁调解书。

上述文件没有中文文本的,申请人应当提交经正式证明的中文译本。

**第五条** 申请书应当包括下列内容:

(一)申请人或者被申请人为自然人的,应当载明其姓名及住所;为法人或者其他组织的,应当载明其名称及住所,以及其法定代表人或者主要负责人的姓名、职务和住所;申请人是外国籍法人或者其他组织的,应当提交相应的公证和认证材料;

(二)请求认可和执行的仲裁裁决书或者仲裁调解书的案号或识别资料和生效日期;

(三)申请认可和执行仲裁裁决的理由及具体请求,

以及被申请人财产所在地、财产状况及该仲裁裁决的执行情况。

**第六条** 申请人向有关法院申请认可和执行内地或者澳门特别行政区仲裁裁决的期限，依据认可和执行地的法律确定。

**第七条** 对申请认可和执行的仲裁裁决，被申请人提出证据证明有下列情形之一的，经审查核实，有关法院可以裁定不予认可：

（一）仲裁协议一方当事人依对其适用的法律在订立仲裁协议时属于无行为能力的；或者依当事人约定的准据法，或当事人没有约定适用的准据法而依仲裁地法律，该仲裁协议无效的；

（二）被申请人未接到选任仲裁员或者进行仲裁程序的适当通知，或者因他故未能陈述意见的；

（三）裁决所处理的争议不是提交仲裁的争议，或者不在仲裁协议范围之内；或者裁决载有超出当事人提交仲裁范围的事项的决定，但裁决中超出提交仲裁范围的事项的决定与提交仲裁事项的决定可以分开的，裁决中关于提交仲裁事项的决定部分可以予以认可；

（四）仲裁庭的组成或者仲裁程序违反了当事人的约定，或者在当事人没有约定时与仲裁地的法律不符的；

（五）裁决对当事人尚无约束力，或者业经仲裁地的法院撤销或者拒绝执行的。

有关法院认定，依执行地法律，争议事项不能以仲裁解决的，不予认可和执行该裁决。

内地法院认定在内地认可和执行该仲裁裁决违反内地法律的基本原则或者社会公共利益，澳门特别行政区法院认定在澳门特别行政区认可和执行该仲裁裁决违反澳门特别行政区法律的基本原则或者公共秩序，不予认可和执行该裁决。

**第八条** 申请人依据本安排申请认可和执行仲裁裁决的，应当根据执行地法律的规定，交纳诉讼费用。

**第九条** 一方当事人向一地法院申请执行仲裁裁决，另一方当事人向另一地法院申请撤销该仲裁裁决，被执行人申请中止执行且提供充分担保的，执行法院应当中止执行。

根据经认可的撤销仲裁裁决的判决、裁定，执行法院应当终结执行程序；撤销仲裁裁决申请被驳回的，执行法院应当恢复执行。

当事人申请中止执行的，应当向执行法院提供其他法院已经受理申请撤销仲裁裁决案件的法律文书。

**第十条** 受理申请的法院应当尽快审查认可和执行的请求，并作出裁定。

**第十一条** 法院在受理认可和执行仲裁裁决申请之前或者之后，可以依当事人的申请，按照法院地法律规定，对被申请人的财产采取保全措施。

**第十二条** 由一方有权限公共机构（包括公证员）作成的文书正本或者经公证的文书副本及译本，在适用本安排时，可以免除认证手续在对方使用。

**第十三条** 本安排实施前，当事人提出的认可和执行仲裁裁决的请求，不适用本安排。

自1999年12月20日至本安排实施前，澳门特别行政区仲裁机构及仲裁员作出的仲裁裁决，当事人向内地申请认可和执行的期限，自本安排实施之日起算。

**第十四条** 为执行本安排，最高人民法院和澳门特别行政区终审法院应当相互提供相关法律资料。

最高人民法院和澳门特别行政区终审法院每年相互通报执行本安排的情况。

**第十五条** 本安排在执行过程中遇有问题或者需要修改的，由最高人民法院和澳门特别行政区协商解决。

**第十六条** 本安排自2008年1月1日起实施。

## 最高人民法院关于内地与澳门特别行政区相互认可和执行民商事判决的安排

· 2006年2月13日最高人民法院审判委员会第1378次会议通过
· 2006年3月21日最高人民法院公告公布
· 自2006年4月1日起生效
· 法释〔2006〕2号

根据《中华人民共和国澳门特别行政区基本法》第九十三条的规定，最高人民法院与澳门特别行政区经协商，就内地与澳门特别行政区法院相互认可和执行民商事判决事宜，达成如下安排：

**第一条** 内地与澳门特别行政区民商事案件（在内地包括劳动争议案件，在澳门特别行政区包括劳动民事案件）判决的相互认可和执行，适用本安排。

本安排亦适用于刑事案件中有关民事损害赔偿的判决、裁定。

本安排不适用于行政案件。

**第二条** 本安排所称"判决"，在内地包括：判决、裁定、决定、调解书、支付令；在澳门特别行政区包括：裁判、判决、确认和解的裁定、法官的决定或者批示。

本安排所称"被请求方"，指内地或者澳门特别行政区双方中,受理认可和执行判决申请的一方。

**第三条** 一方法院作出的具有给付内容的生效判决,当事人可以向对方有管辖权的法院申请认可和执行。

没有给付内容,或者不需要执行,但需要通过司法程序予以认可的判决,当事人可以向对方法院单独申请认可,也可以直接以该判决作为证据在对方法院的诉讼程序中使用。

**第四条** 内地有权受理认可和执行判决申请的法院为被申请人住所地、经常居住地或者财产所在地的中级人民法院。两个或者两个以上中级人民法院均有管辖权的,申请人应当选择向其中一个中级人民法院提出申请。

澳门特别行政区有权受理认可判决申请的法院为中级法院,有权执行的法院为初级法院。

**第五条** 被申请人在内地和澳门特别行政区均有可供执行财产的,申请人可以向一地法院提出执行申请。

申请人向一地法院提出执行申请的同时,可以向另一地法院申请查封、扣押或者冻结被执行人的财产。待一地法院执行完毕后,可以根据该地法院出具的执行情况证明,就不足部分向另一地法院申请采取处分财产的执行措施。

两地法院执行财产的总额,不得超过依据判决和法律规定所确定的数额。

**第六条** 请求认可和执行判决的申请书,应当载明下列事项:

(一)申请人或者被申请人为自然人的,应当载明其姓名及住所;为法人或者其他组织的,应当载明其名称及住所,以及其法定代表人或者主要负责人的姓名、职务和住所;

(二)请求认可和执行的判决的案号和判决日期;

(三)请求认可和执行判决的理由、标的,以及该判决在判决作出地法院的执行情况。

**第七条** 申请书应当附生效判决书副本,或者经作出生效判决的法院盖章的证明书,同时应当附作出生效判决的法院或者有权限机构出具的证明下列事项的相关文件:

(一)传唤属依法作出,但判决书已经证明的除外;

(二)无诉讼行为能力人依法得到代理,但判决书已经证明的除外;

(三)根据判决作出地的法律,判决已经送达当事人,并已生效;

(四)申请人为法人的,应当提供法人营业执照副本或者法人登记证明书;

(五)判决作出地法院发出的执行情况证明。

如被请求方法院认为已充分了解有关事项时,可以免除提交相关文件。

被请求方法院对当事人提供的判决书的真实性有疑问时,可以请求作出生效判决的法院予以确认。

**第八条** 申请书应当用中文制作。所附司法文书及其相关文件未用中文制作的,应当提供中文译本。其中法院判决书未用中文制作的,应当提供由法院出具的中文译本。

**第九条** 法院收到申请人请求认可和执行判决的申请后,应当将申请书送达被申请人。

被申请人有权提出答辩。

**第十条** 被请求方法院应当尽快审查认可和执行的请求,并作出裁定。

**第十一条** 被请求方法院经审查核实存在下列情形之一的,裁定不予认可:

(一)根据被请求方的法律,判决所确认的事项属被请求方法院专属管辖;

(二)在被请求方法院已存在相同诉讼,该诉讼先于待认可判决的诉讼提起,且被请求方法院具有管辖权;

(三)被请求方法院已认可或者执行被请求方法院以外的法院或仲裁机构就相同诉讼作出的判决或仲裁裁决;

(四)根据判决作出地的法律规定,败诉的当事人未得到合法传唤,或者无诉讼行为能力人未依法得到代理;

(五)根据判决作出地的法律规定,申请认可和执行的判决尚未发生法律效力,或者因再审被裁定中止执行;

(六)在内地认可和执行判决将违反内地法律的基本原则或者社会公共利益;在澳门特别行政区认可和执行判决将违反澳门特别行政区法律的基本原则或者公共秩序。

**第十二条** 法院就认可和执行判决的请求作出裁定后,应当及时送达。

当事人对认可与否的裁定不服的,在内地可以向上一级人民法院提请复议,在澳门特别行政区可以根据其法律规定提起上诉;对执行中作出的裁定不服的,可以根据被请求方法律的规定,向上级法院寻求救济。

**第十三条** 经裁定予以认可的判决,与被请求方院的判决具有同等效力。判决有给付内容的,当事人可以向该方有管辖权的法院申请执行。

**第十四条** 被请求方法院不能对判决所确认的所有请求予以认可和执行时,可以认可和执行其中的部分请求。

**第十五条** 法院受理认可和执行判决的申请之前或

者之后，可以按照被请求方法律关于财产保全的规定，根据申请人的申请，对被申请人的财产采取保全措施。

**第十六条** 在被请求方法院受理认可和执行判决的申请期间，或者判决已获认可和执行，当事人再行提起相同诉讼的，被请求方法院不予受理。

**第十七条** 对于根据本安排第十一条（一）、（四）、（六）项不予认可的判决，申请人不得再行提起认可和执行的申请。但根据被请求方的法律，被请求方法院有管辖权的，当事人可以就相同案件事实向当地法院另行提起诉讼。

本安排第十一条（五）项所指的判决，在不予认可的情形消除后，申请人可以再行提起认可和执行的申请。

**第十八条** 为适用本安排，由一方有权限公共机构（包括公证员）作成或者公证的文书正本、副本及译本，免除任何认证手续而可以在对方使用。

**第十九条** 申请人依据本安排申请认可和执行判决，应当根据被请求方法律规定，交纳诉讼费用、执行费用。

申请人在生效判决作出地获准缓交、减交、免交诉讼费用的，在被请求方法院申请认可和执行判决时，应当享有同等待遇。

**第二十条** 对民商事判决的认可和执行，除本安排有规定的以外，适用被请求方的法律规定。

**第二十一条** 本安排生效前提出的认可和执行请求，不适用本安排。

两地法院自1999年12月20日以后至本安排生效前作出的判决，当事人未向对方法院申请认可和执行，或者对方法院拒绝受理的，仍可于本安排生效后提出申请。

澳门特别行政区法院在上述期间内作出的判决，当事人向内地人民法院申请认可和执行的期限，自本安排生效之日起重新计算。

**第二十二条** 本安排在执行过程中遇有问题或者需要修改，应当由最高人民法院与澳门特别行政区协商解决。

**第二十三条** 为执行本安排，最高人民法院和澳门特别行政区终审法院应当相互提供相关法律资料。

最高人民法院和澳门特别行政区终审法院每年相互通报执行本安排的情况。

**第二十四条** 本安排自2006年4月1日起生效。

## （三）涉台民事诉讼程序

### 最高人民法院关于审理涉台民商事案件法律适用问题的规定

- 2010年4月26日最高人民法院审判委员会第1486次会议通过
- 根据2020年12月23日最高人民法院审判委员会第1823次会议通过的《最高人民法院关于修改〈最高人民法院关于破产企业国有划拨土地使用权应否列入破产财产等问题的批复〉等二十九件商事类司法解释的决定》修正
- 2020年12月29日最高人民法院公告公布
- 自2021年1月1日起施行
- 法释〔2020〕18号

为正确审理涉台民商事案件，准确适用法律，维护当事人的合法权益，根据相关法律，制定本规定。

**第一条** 人民法院审理涉台民商事案件，应当适用法律和司法解释的有关规定。

根据法律和司法解释中选择适用法律的规则，确定适用台湾地区民事法律的，人民法院予以适用。

**第二条** 台湾地区当事人在人民法院参与民事诉讼，与大陆当事人有同等的诉讼权利和义务，其合法权益受法律平等保护。

**第三条** 根据本规定确定适用有关法律违反国家法律的基本原则或者社会公共利益的，不予适用。

### 最高人民法院关于认可和执行台湾地区法院民事判决的规定

- 2015年6月2日最高人民法院审判委员会第1653次会议通过
- 2015年6月29日最高人民法院公告公布
- 自2015年7月1日起施行
- 法释〔2015〕13号

为保障海峡两岸当事人的合法权益，更好地适应海峡两岸关系和平发展的新形势，根据民事诉讼法等有关法律，总结人民法院涉台审判工作经验，就认可和执行台湾地区法院民事判决，制定本规定。

**第一条** 台湾地区法院民事判决的当事人可以根据本规定，作为申请人向人民法院申请认可和执行台湾地区有关法院民事判决。

**第二条** 本规定所称台湾地区法院民事判决，包括台湾地区法院作出的生效民事判决、裁定、和解笔录、调解笔录、支付命令等。

申请认可台湾地区法院在刑事案件中作出的有关民事损害赔偿的生效判决、裁定、和解笔录的,适用本规定。

申请认可由台湾地区乡镇市调解委员会等出具并经台湾地区法院核定,与台湾地区法院生效民事判决具有同等效力的调解文书的,参照适用本规定。

**第三条** 申请人同时提出认可和执行台湾地区法院民事判决申请的,人民法院先按照认可程序进行审查,裁定认可后,由人民法院执行机构执行。

申请人直接申请执行的,人民法院应当告知其一并提交认可申请;坚持不申请认可的,裁定驳回其申请。

**第四条** 申请认可台湾地区法院民事判决的案件,由申请人住所地、经常居住地或者被申请人住所地、经常居住地、财产所在地中级人民法院或者专门人民法院受理。

申请人向两个以上有管辖权的人民法院申请认可的,由最先立案的人民法院管辖。

申请人向被申请人财产所在地人民法院申请认可的,应当提供财产存在的相关证据。

**第五条** 对申请认可台湾地区法院民事判决的案件,人民法院应当组成合议庭进行审查。

**第六条** 申请人委托他人代理申请认可台湾地区法院民事判决的,应当向人民法院提交由委托人签名或者盖章的授权委托书。

台湾地区、香港特别行政区、澳门特别行政区或者外国当事人签名或者盖章的授权委托书应当履行相关的公证、认证或者其他证明手续,但授权委托书在人民法院法官的见证下签署或者经中国大陆公证机关公证证明是在中国大陆签署的除外。

**第七条** 申请人申请认可台湾地区法院民事判决,应当提交申请书,并附有台湾地区有关法院民事判决文书和民事判决确定证明书的正本或者经证明无误的副本。台湾地区法院民事判决为缺席判决的,申请人应当同时提交台湾地区法院已经合法传唤当事人的证明文件,但判决已经对此予以明确说明的除外。

申请书应当记明以下事项:

(一)申请人和被申请人姓名、性别、年龄、职业、身份证件号码、住址(申请人或者被申请人为法人或者其他组织的,应当记明法人或者其他组织的名称、地址、法定代表人或者主要负责人姓名、职务)和通讯方式;

(二)请求和理由;

(三)申请认可的判决的执行情况;

(四)其他需要说明的情况。

**第八条** 对于符合本规定第四条和第七条规定条件的申请,人民法院应当在收到申请后七日内立案,并通知申请人和被申请人,同时将申请书送达被申请人;不符合本规定第四条和第七条规定条件的,应当在七日内裁定不予受理,同时说明不予受理的理由;申请人对裁定不服的,可以提起上诉。

**第九条** 申请人申请认可台湾地区法院民事判决,应当提供相关证明文件,以证明该判决真实并且已经生效。

申请人可以申请人民法院通过海峡两岸调查取证司法互助途径查明台湾地区法院民事判决的真实性和是否生效以及当事人得到合法传唤的证明文件;人民法院认为必要时,也可以就有关事项依职权通过海峡两岸司法互助途径向台湾地区请求调查取证。

**第十条** 人民法院受理认可台湾地区法院民事判决的申请之前或者之后,可以按照民事诉讼法及相关司法解释的规定,根据申请人的申请,裁定采取保全措施。

**第十一条** 人民法院受理认可台湾地区法院民事判决的申请后,当事人就同一争议起诉的,不予受理。

一方当事人向人民法院起诉后,另一方当事人向人民法院申请认可的,对于认可的申请不予受理。

**第十二条** 案件虽经台湾地区有关法院判决,但当事人未申请认可,而是就同一争议向人民法院起诉的,应予受理。

**第十三条** 人民法院受理认可台湾地区法院民事判决的申请后,作出裁定前,申请人请求撤回申请的,可以裁定准许。

**第十四条** 人民法院受理认可台湾地区法院民事判决的申请后,应当在立案之日起六个月内审结。有特殊情况需要延长的,报请上一级人民法院批准。

通过海峡两岸司法互助途径送达文书和调查取证的期间,不计入审查期限。

**第十五条** 台湾地区法院民事判决具有下列情形之一的,裁定不予认可:

(一)申请认可的民事判决,是在被申请人缺席又未经合法传唤或者在被申请人无诉讼行为能力又未得到适当代理的情况下作出的;

(二)案件系人民法院专属管辖的;

(三)案件双方当事人订有有效仲裁协议,且无放弃仲裁管辖情形的;

（四）案件系人民法院已作出判决或者中国大陆的仲裁庭已作出仲裁裁决的；

（五）香港特别行政区、澳门特别行政区或者外国的法院已就同一争议作出判决且已为人民法院所认可或者承认的；

（六）台湾地区、香港特别行政区、澳门特别行政区或者外国的仲裁庭已就同一争议作出仲裁裁决且已为人民法院所认可或者承认的。

认可该民事判决将违反一个中国原则等国家法律的基本原则或者损害社会公共利益的，人民法院应当裁定不予认可。

**第十六条** 人民法院经审查能够确认台湾地区法院民事判决真实并且已经生效，而且不具有本规定第十五条所列情形的，裁定认可其效力；不能确认该民事判决的真实性或者已经生效的，裁定驳回申请人的申请。

裁定驳回申请的案件，申请人再次申请并符合受理条件的，人民法院应予受理。

**第十七条** 经人民法院裁定认可的台湾地区法院民事判决，与人民法院作出的生效判决具有同等效力。

**第十八条** 人民法院依据本规定第十五条和第十六条作出的裁定，一经送达即发生法律效力。

当事人对上述裁定不服的，可以自裁定送达之日起十日内向上一级人民法院申请复议。

**第十九条** 对人民法院裁定不予认可的台湾地区法院民事判决，申请人再次提出申请的，人民法院不予受理，但申请人可以就同一争议向人民法院起诉。

**第二十条** 申请人申请认可和执行台湾地区法院民事判决的期间，适用民事诉讼法第二百三十九条的规定，但申请认可台湾地区法院有关身份关系的判决除外。

申请人仅申请认可而未同时申请执行的，申请执行的期间自人民法院对认可申请作出的裁定生效之日起重新计算。

**第二十一条** 人民法院在办理申请认可和执行台湾地区法院民事判决案件中作出的法律文书，应当依法送达案件当事人。

**第二十二条** 申请认可和执行台湾地区法院民事判决，应当参照《诉讼费用交纳办法》的规定，交纳相关费用。

**第二十三条** 本规定自2015年7月1日起施行。《最高人民法院关于人民法院认可台湾地区有关法院民事判决的规定》（法释〔1998〕11号）、《最高人民法院关于当事人持台湾地区有关法院民事调解书或者有关机构出具或确认的调解协议书向人民法院申请认可人民法院应否受理的批复》（法释〔1999〕10号）、《最高人民法院关于当事人持台湾地区有关法院支付命令向人民法院申请认可人民法院应否受理的批复》（法释〔2001〕13号）和《最高人民法院关于人民法院认可台湾地区有关法院民事判决的补充规定》（法释〔2009〕4号）同时废止。

## 最高人民法院关于认可和执行台湾地区仲裁裁决的规定

- 2015年6月2日最高人民法院审判委员会第1653次会议通过
- 2015年6月29日最高人民法院公告公布
- 自2015年7月1日起施行
- 法释〔2015〕14号

为保障海峡两岸当事人的合法权益，更好地适应海峡两岸关系和平发展的新形势，根据民事诉讼法、仲裁法等有关法律，总结人民法院涉台审判工作经验，就认可和执行台湾地区仲裁裁决，制定本规定。

**第一条** 台湾地区仲裁裁决的当事人可以根据本规定，作为申请人向人民法院申请认可和执行台湾地区仲裁裁决。

**第二条** 本规定所称台湾地区仲裁裁决是指，有关常设仲裁机构及临时仲裁庭在台湾地区按照台湾地区仲裁规定就有关民商事争议作出的仲裁裁决，包括仲裁判断、仲裁和解和仲裁调解。

**第三条** 申请人同时提出认可和执行台湾地区仲裁裁决申请的，人民法院先按照认可程序进行审查，裁定认可后，由人民法院执行机构执行。

申请人直接申请执行的，人民法院应当告知其一并提交认可申请；坚持不申请认可的，裁定驳回其申请。

**第四条** 申请认可台湾地区仲裁裁决的案件，由申请人住所地、经常居住地或者被申请人住所地、经常居住地、财产所在地中级人民法院或者专门人民法院受理。

申请人向两个以上有管辖权的人民法院申请认可的，由最先立案的人民法院管辖。

申请人向被申请人财产所在地人民法院申请认可的，应当提供财产存在的相关证据。

**第五条** 对申请认可台湾地区仲裁裁决的案件，人民法院应当组成合议庭进行审查。

**第六条** 申请人委托他人代理申请认可台湾地区仲裁裁决的，应当向人民法院提交由委托人签名或者盖章的授权委托书。

台湾地区、香港特别行政区、澳门特别行政区或者外国当事人签名或者盖章的授权委托书应当履行相关的公证、认证或者其他证明手续,但授权委托书在人民法院法官的见证下签署或者经中国大陆公证机关公证证明是在中国大陆签署的除外。

**第七条** 申请人申请认可台湾地区仲裁裁决,应当提交以下文件或者经证明无误的副本:

(一)申请书;

(二)仲裁协议;

(三)仲裁判断书、仲裁和解书或者仲裁调解书。

申请书应当记明以下事项:

(一)申请人和被申请人姓名、性别、年龄、职业、身份证件号码、住址(申请人或者被申请人为法人或者其他组织的,应当记明法人或者其他组织的名称、地址、法定代表人或者主要负责人姓名、职务)和通讯方式;

(二)申请认可的仲裁判断书、仲裁和解书或者仲裁调解书的案号或者识别资料和生效日期;

(三)请求和理由;

(四)被申请人财产所在地、财产状况及申请认可的仲裁裁决的执行情况;

(五)其他需要说明的情况。

**第八条** 对于符合本规定第四条和第七条规定条件的申请,人民法院应当在收到申请后七日内立案,并通知申请人和被申请人,同时将申请书送达被申请人;不符合本规定第四条和第七条规定条件的,应当在七日内裁定不予受理,同时说明不予受理的理由;申请人对裁定不服的,可以提起上诉。

**第九条** 申请人申请认可台湾地区仲裁裁决,应当提供相关证明文件,以证明该仲裁裁决的真实性。

申请人可以申请人民法院通过海峡两岸调查取证司法互助途径查明台湾地区仲裁裁决的真实性;人民法院认为必要时,也可以就有关事项依职权通过海峡两岸司法互助途径向台湾地区请求调查取证。

**第十条** 人民法院受理认可台湾地区仲裁裁决的申请之前或者之后,可以按照民事诉讼法及相关司法解释的规定,根据申请人的申请,裁定采取保全措施。

**第十一条** 人民法院受理认可台湾地区仲裁裁决的申请后,当事人就同一争议起诉的,不予受理。

当事人未申请认可,而是就同一争议向人民法院起诉的,亦不予受理,但仲裁协议无效的除外。

**第十二条** 人民法院受理认可台湾地区仲裁裁决的申请后,作出裁定前,申请人请求撤回申请的,可以裁定准许。

**第十三条** 人民法院应当尽快审查认可台湾地区仲裁裁决的申请,决定予以认可的,应当在立案之日起两个月内作出裁定;决定不予认可或驳回申请的,应当在作出决定前按有关规定自立案之日起两个月内上报最高人民法院。

通过海峡两岸司法互助途径送达文书和调查取证的期间,不计入审查期限。

**第十四条** 对申请认可和执行的仲裁裁决,被申请人提出证据证明有下列情形之一的,经审查核实,人民法院裁定不予认可:

(一)仲裁协议一方当事人依对其适用的法律在订立仲裁协议时属于无行为能力的;或者依当事人约定的准据法,或当事人没有约定适用的准据法而依台湾地区仲裁规定,该仲裁协议无效的;或者当事人之间没有达成书面仲裁协议的,但申请认可台湾地区仲裁调解的除外;

(二)被申请人未接到选任仲裁员或进行仲裁程序的适当通知,或者由于其他不可归责于被申请人的原因而未能陈述意见的;

(三)裁决所处理的争议不是提交仲裁的争议,或者不在仲裁协议范围之内;或者裁决载有超出当事人提交仲裁范围的事项的决定,但裁决中超出提交仲裁范围的事项的决定与提交仲裁事项的决定可以分开的,裁决中关于提交仲裁事项的决定部分可以予以认可;

(四)仲裁庭的组成或者仲裁程序违反当事人的约定,或者在当事人没有约定时与台湾地区仲裁规定不符的;

(五)裁决对当事人尚无约束力,或者业经台湾地区法院撤销或者驳回执行申请的。

依据国家法律,该争议事项不能以仲裁解决的,或者认可该仲裁裁决将违反一个中国原则等国家法律的基本原则或损害社会公共利益的,人民法院应当裁定不予认可。

**第十五条** 人民法院经审查能够确认台湾地区仲裁裁决真实,而且不具有本规定第十四条所列情形的,裁定认可其效力;不能确认该仲裁裁决真实性的,裁定驳回申请。

裁定驳回申请的案件,申请人再次申请并符合受理条件的,人民法院应予受理。

**第十六条** 人民法院依据本规定第十四条和第十五条作出的裁定,一经送达即发生法律效力。

**第十七条** 一方当事人向人民法院申请认可或者执行台湾地区仲裁裁决,另一方当事人向台湾地区法院起诉撤销该仲裁裁决,被申请人申请中止认可或者执行并且提供充分担保的,人民法院应当中止认可或者执行程序。

申请中止认可或者执行的,应当向人民法院提供台湾地区法院已经受理撤销仲裁裁决案件的法律文书。

台湾地区法院撤销该仲裁裁决的,人民法院应当裁定不予认可或者裁定终结执行;台湾地区法院驳回撤销仲裁裁决请求的,人民法院应当恢复认可或者执行程序。

**第十八条** 对人民法院裁定不予认可的台湾地区仲裁裁决,申请人再次提出申请的,人民法院不予受理。但当事人可以根据双方重新达成的仲裁协议申请仲裁,也可以就同一争议向人民法院起诉。

**第十九条** 申请人申请认可和执行台湾地区仲裁裁决的期间,适用民事诉讼法第二百三十九条的规定。

申请人仅申请认可而未同时申请执行的,申请执行的期间自人民法院对认可申请作出的裁定生效之日起重新计算。

**第二十条** 人民法院在办理申请认可和执行台湾地区仲裁裁决案件中所作出的法律文书,应当依法送达案件当事人。

**第二十一条** 申请认可和执行台湾地区仲裁裁决,应当参照《诉讼费用交纳办法》的规定,交纳相关费用。

**第二十二条** 本规定自 2015 年 7 月 1 日起施行。

本规定施行前,根据《最高人民法院关于人民法院认可台湾地区有关法院民事判决的规定》(法释〔1998〕11号),人民法院已经受理但尚未审结的申请认可和执行台湾地区仲裁裁决的案件,适用本规定。

## 最高人民法院关于人民法院办理海峡两岸送达文书和调查取证司法互助案件的规定

- 2010 年 12 月 16 日最高人民法院审判委员会第 1506 次会议通过
- 2011 年 6 月 14 日最高人民法院公告公布
- 自 2011 年 6 月 25 日起施行
- 法释〔2011〕15 号

为落实《海峡两岸共同打击犯罪及司法互助协议》(以下简称协议),进一步推动海峡两岸司法互助业务的开展,确保协议中涉及人民法院有关送达文书和调查取证司法互助工作事项的顺利实施,结合各级人民法院开展海峡两岸司法互助工作实践,制定本规定。

### 一、总 则

**第一条** 人民法院依照协议,办理海峡两岸民事、刑事、行政诉讼案件中的送达文书和调查取证司法互助业务,适用本规定。

**第二条** 人民法院应当在法定职权范围内办理海峡两岸司法互助业务。

人民法院办理海峡两岸司法互助业务,应当遵循一个中国原则,遵守国家法律的基本原则,不得违反社会公共利益。

### 二、职责分工

**第三条** 人民法院和台湾地区业务主管部门通过各自指定的协议联络人,建立办理海峡两岸司法互助业务的直接联络渠道。

**第四条** 最高人民法院是与台湾地区业务主管部门就海峡两岸司法互助业务进行联络的一级窗口。最高人民法院台湾司法事务办公室主任是最高人民法院指定的协议联络人。

最高人民法院负责:就协议中涉及人民法院的工作事项与台湾地区业务主管部门开展磋商、协调和交流;指导、监督、组织、协调地方各级人民法院办理海峡两岸司法互助业务;就海峡两岸调查取证司法互助业务与台湾地区业务主管部门直接联络,并在必要时具体办理调查取证司法互助案件;及时将本院和台湾地区业务主管部门指定的协议联络人的姓名、联络方式及变动情况等工作信息通报高级人民法院。

**第五条** 最高人民法院授权高级人民法院就办理海峡两岸送达文书司法互助案件,建立与台湾地区业务主管部门联络的二级窗口。高级人民法院应当指定专人作为经最高人民法院授权的二级联络窗口联络人。

高级人民法院负责:指导、监督、组织、协调本辖区人民法院办理海峡两岸送达文书和调查取证司法互助业务;就办理海峡两岸送达文书司法互助案件与台湾地区业务主管部门直接联络,并在必要时具体办理送达文书和调查取证司法互助案件;登记、统计本辖区人民法院办理的海峡两岸送达文书司法互助案件;定期向最高人民法院报告本辖区人民法院办理海峡两岸送达文书司法互助业务情况;及时将本院联络人的姓名、联络方式及变动情况报告最高人民法院,同时通报台湾地区联络人和下级人民法院。

**第六条** 中级人民法院和基层人民法院应当指定专人负责海峡两岸司法互助业务。

中级人民法院和基层人民法院负责；具体办理海峡两岸送达文书和调查取证司法互助案件；定期向高级人民法院层报本院办理海峡两岸送达文书司法互助业务情况；及时将本院海峡两岸司法互助业务负责人员的姓名、联络方式及变动情况层报高级人民法院。

### 三、送达文书司法互助

**第七条** 人民法院向住所地在台湾地区的当事人送达民事和行政诉讼司法文书，可以采用下列方式：

（一）受送达人居住在大陆的，直接送达。受送达人是自然人，本人不在的，可以交其同住成年家属签收；受送达人是法人或者其他组织的，应当由法人的法定代表人、其他组织的主要负责人或者该法人、其他组织负责收件的人签收。

受送达人不在大陆居住，但送达时在大陆的，可以直接送达。

（二）受送达人在大陆有诉讼代理人的，向诉讼代理人送达。但受送达人在授权委托书中明确表明其诉讼代理人无权代为接收的除外。

（三）受送达人有指定代收人的，向代收人送达。

（四）受送达人在大陆有代表机构、分支机构、业务代办人的，向其代表机构或者经受送达人明确授权接受送达的分支机构、业务代办人送达。

（五）通过协议确定的海峡两岸司法互助方式，请求台湾地区送达。

（六）受送达人在台湾地区的地址明确的，可以邮寄送达。

（七）有明确的传真号码、电子信箱地址的，可以通过传真、电子邮件方式向受送达人送达。

采用上述方式均不能送达或者台湾地区当事人下落不明的，可以公告送达。

人民法院需要向住所地在台湾地区的当事人送达刑事司法文书，可以通过协议确定的海峡两岸司法互助方式，请求台湾地区送达。

**第八条** 人民法院协助台湾地区法院送达司法文书，应当采用民事诉讼法、刑事诉讼法、行政诉讼法等法律和相关司法解释规定的送达方式，并应当尽可能采用直接送达方式，但不采用公告送达方式。

**第九条** 人民法院协助台湾地区送达司法文书，应当充分负责，及时努力送达。

**第十条** 审理案件的人民法院需要台湾地区协助送达司法文书的，应当填写《〈海峡两岸共同打击犯罪及司法互助协议〉送达文书请求书》附录部分，连同需要送达的司法文书，一式二份，及时送交高级人民法院。

需要台湾地区协助送达的司法文书中有指定开庭日期等类似期限的，一般应当为协助送达程序预留不少于六个月的时间。

**第十一条** 高级人民法院收到本院或者下级人民法院《〈海峡两岸共同打击犯罪及司法互助协议〉送达文书请求书》附录部分和需要送达的司法文书后，应当在七个工作日内完成审查。经审查认为可以请求台湾地区协助送达的，高级人民法院联络人应当填写《〈海峡两岸共同打击犯罪及司法互助协议〉送达文书请求书》正文部分，连同附录部分和需要送达的司法文书，立即寄送台湾地区联络人；经审查认为欠缺相关材料、内容或者认为不需要请求台湾地区协助送达的，应当立即告知提出请求的人民法院补充相关材料、内容或者在说明理由后将材料退回。

**第十二条** 台湾地区成功送达并将送达证明材料寄送高级人民法院联络人，或者未能成功送达并将相关材料送还，同时出具理由说明给高级人民法院联络人的，高级人民法院应当在收到之日起七个工作日内，完成审查并转送提出请求的人民法院。经审查认为欠缺相关材料或者内容的，高级人民法院联络人应当立即与台湾地区联络人联络并请求补充相关材料或者内容。

自高级人民法院联络人向台湾地区寄送有关司法文书之日起满四个月，如果未能收到送达证明材料或者说明文件，且根据各种情况不足以认定已经送达的，视为不能按照协议确定的海峡两岸司法互助方式送达。

**第十三条** 台湾地区请求人民法院协助送达台湾地区法院的司法文书并通过其联络人将请求书和相关司法文书寄送高级人民法院联络人的，高级人民法院应当在七个工作日内完成审查。经审查认为可以协助送达的，应当立即转送有关下级人民法院送达或者由本院送达；经审查认为欠缺相关材料、内容或者认为不宜协助送达的，高级人民法院联络人应当立即向台湾地区联络人说明情况并告知其补充相关材料、内容或者将材料送还。

具体办理送达文书司法互助案件的人民法院应当在收到高级人民法院转送的材料之日起五个工作日内，以"协助台湾地区送达民事（刑事、行政诉讼）司法文书"案由立案，指定专人办理，并应当自立案之日起十五日内完成协助送达，最迟不得超过两个月。

收到台湾地区送达文书请求时，司法文书中指定的开庭日期或者其他期限逾期的，人民法院亦应予以送达，同时高级人民法院联络人应当及时向台湾地区联络人说明情况。

**第十四条** 具体办理送达文书司法互助案件的人民法院成功送达的，应当由送达人在《〈海峡两岸共同打击犯罪及司法互助协议〉送达回证》上签名或者盖章，并在成功送达之日起七个工作日内将送达回证送交高级人民法院；未能成功送达的，应当由送达人在《〈海峡两岸共同打击犯罪及司法互助协议〉送达回证》上注明未能成功送达的原因并签名或者盖章，在确认不能送达之日起七个工作日内，将该送达回证和未能成功送达的司法文书送交高级人民法院。

高级人民法院应当在收到前款所述送达回证之日起七个工作日内完成审查，由高级人民法院联络人在前述送达回证上签名或者盖章，同时出具《〈海峡两岸共同打击犯罪及司法互助协议〉送达文书回复书》，连同该送达回证和未能成功送达的司法文书，立即寄送台湾地区联络人。

### 四、调查取证司法互助

**第十五条** 人民法院办理海峡两岸调查取证司法互助业务，限于与台湾地区法院相互协助调取与诉讼有关的证据，包括取得证言及陈述；提供书证、物证及视听资料；确定关系人所在地或者确认其身份、前科等情况；进行勘验、检查、扣押、鉴定和查询等。

**第十六条** 人民法院协助台湾地区法院调查取证，应当采用民事诉讼法、刑事诉讼法、行政诉讼法等法律和相关司法解释规定的方式。

在不违反法律和相关规定、不损害社会公共利益、不妨碍正在进行的诉讼程序的前提下，人民法院应当尽力协助调查取证，并尽可能依照台湾地区请求的内容和形式予以协助。

台湾地区调查取证请求书所述的犯罪事实，依照大陆法律规定不认为涉嫌犯罪的，人民法院不予协助，但有重大社会危害并经双方业务主管部门同意予以个案协助的除外。台湾地区请求促使大陆居民至台湾地区作证，但未作出非经大陆主管部门同意不得追诉其进入台湾地区之前任何行为的书面声明的，人民法院可以不予协助。

**第十七条** 审理案件的人民法院需要台湾地区协助调查取证的，应当填写《〈海峡两岸共同打击犯罪及司法互助协议〉调查取证请求书》附录部分，连同相关材料，一式三份，及时送交高级人民法院。

高级人民法院应当在收到前款所述材料之日起七个工作日内完成初步审查，并将审查意见和《〈海峡两岸共同打击犯罪及司法互助协议〉调查取证请求书》附录部分及相关材料，一式二份，立即转送最高人民法院。

**第十八条** 最高人民法院收到高级人民法院转送的《〈海峡两岸共同打击犯罪及司法互助协议〉调查取证请求书》附录部分和相关材料以及高级人民法院审查意见后，应当在七个工作日内完成最终审查。经审查认为可以请求台湾地区协助调查取证的，最高人民法院联络人应当填写《〈海峡两岸共同打击犯罪及司法互助协议〉调查取证请求书》正文部分，连同附录部分和相关材料，立即寄送台湾地区联络人；经审查认为欠缺相关材料、内容或者认为不需要请求台湾地区协助调查取证的，应当立即通过高级人民法院告知提出请求的人民法院补充相关材料、内容或者在说明理由后将材料退回。

**第十九条** 台湾地区成功调查取证并将取得的证据材料寄送最高人民法院联络人，或者未能成功调查取证并将相关材料送还，同时出具理由说明给最高人民法院联络人的，最高人民法院应当在收到之日起七个工作日内完成审查并转送高级人民法院，高级人民法院应当在收到之日起七个工作日内转送提出请求的人民法院。经审查认为欠缺相关材料或者内容的，最高人民法院联络人应当立即与台湾地区联络人联络并请求补充相关材料或者内容。

**第二十条** 台湾地区请求人民法院协助台湾地区法院调查取证并通过其联络人将请求书和相关材料寄送最高人民法院联络人的，最高人民法院应当在收到之日起七个工作日内完成审查。经审查认为可以协助调查取证的，应当立即转送有关高级人民法院或者由本院办理，高级人民法院应当在收到之日起七个工作日内转送有关下级人民法院办理或者由本院办理；经审查认为欠缺相关材料、内容或者认为不宜协助调查取证的，最高人民法院联络人应当立即向台湾地区联络人说明情况并告知其补充相关材料、内容或者将材料送还。

具体办理调查取证司法互助案件的人民法院应当在收到高级人民法院转送的材料之日起五个工作日内，以"协助台湾地区民事（刑事、行政诉讼）调查取证"案由立案，指定专人办理，并应当自立案之日起一个月内完成协助调查取证，最迟不得超过三个月。因故不能在期限届满前完成的，应当提前函告高级人民法院，并由高级人民法院转报最高人民法院。

**第二十一条** 具体办理调查取证司法互助案件的人民法院成功调查取证的，应当在完成调查取证之日起七个工作日内将取得的证据材料一式三份，连同台湾地区提供的材料，并在必要时附具情况说明，送交高级人民法院;未能成功调查取证的,应当出具说明函一式三份,连同台湾地区提供的材料,在确认不能成功调查取证之日起七个工作日内送交高级人民法院。

高级人民法院应当在收到前款所述材料之日起七个工作日内完成初步审查,并将审查意见和前述取得的证据材料或者说明函等,一式二份,连同台湾地区提供的材料,立即转送最高人民法院。

最高人民法院应当在收到之日起七个工作日内完成最终审查,由最高人民法院联系人出具《〈海峡两岸共同打击犯罪及司法互助协议〉调查取证回复书》,必要时连同相关材料,立即寄台湾地区联系人。

证据材料不适宜复制或者难以取得备份的,可不按本条第一款和第二款的规定提供备份材料。

### 五、附　则

**第二十二条**　人民法院对于台湾地区请求协助所提供的和执行请求所取得的相关资料应当予以保密。但依据请求目的使用的除外。

**第二十三条**　人民法院应当依据请求书载明的目的使用台湾地区协助提供的资料。但最高人民法院和台湾地区业务主管部门另有商定的除外。

**第二十四条**　对于依照协议和本规定从台湾地区获得的证据和司法文书等材料,不需要办理公证、认证等形式证明。

**第二十五条**　人民法院办理海峡两岸司法互助业务,应当使用统一、规范的文书样式。

**第二十六条**　对于执行台湾地区的请求所发生的费用,由有关人民法院负担。但下列费用应当由台湾地区业务主管部门负责支付:

(一)鉴定费用;

(二)翻译费用和誊写费用;

(三)为台湾地区提供协助的证人和鉴定人,因前往、停留、离开台湾地区所发生的费用;

(四)其他经最高人民法院和台湾地区业务主管部门商定的费用。

**第二十七条**　人民法院在办理海峡两岸司法互助案件中收到、取得、制作的各种文件和材料,应当以原件或者复制件形式,作为诉讼档案保存。

**第二十八条**　最高人民法院审理的案件需要请求台湾地区协助送达司法文书和调查取证的,参照本规定由本院自行办理。

专门人民法院办理海峡两岸送达文书和调查取证司法互助业务,参照本规定执行。

**第二十九条**　办理海峡两岸司法互助案件和执行本规定的情况,应当纳入对有关人民法院及相关工作人员的工作绩效考核和案件质量评查范围。

**第三十条**　此前发布的司法解释与本规定不一致的,以本规定为准。

## 最高人民法院关于涉台民事诉讼文书送达的若干规定

· 最高人民法院审判委员会第1421次会议通过
· 2008年4月17日最高人民法院公告公布
· 自2008年4月23日起施行
· 法释〔2008〕4号

为维护涉台民事案件当事人的合法权益,保障涉台民事案件诉讼活动的顺利进行,促进海峡两岸人员往来和交流,根据民事诉讼法的有关规定,制定本规定。

**第一条**　人民法院审理涉台民事案件向住所地在台湾地区的当事人送达民事诉讼文书,以及人民法院接受台湾地区有关法院的委托代为向住所地在大陆的当事人送达民事诉讼文书,适用本规定。

涉台民事诉讼文书送达事务的处理,应当遵守一个中国原则和法律的基本原则,不违反社会公共利益。

**第二条**　人民法院送达或者代为送达的民事诉讼文书包括:起诉状副本、上诉状副本、反诉状副本、答辩状副本、授权委托书、传票、判决书、调解书、裁定书、支付令、决定书、通知书、证明书、送达回证以及与民事诉讼有关的其他文书。

**第三条**　人民法院向住所地在台湾地区的当事人送达民事诉讼文书,可以采用下列方式:

(一)受送达人居住在大陆的,直接送达。受送达人是自然人,本人不在的,可以交其同住成年家属签收;受送达人是法人或者其他组织的,应当由法人的法定代表人、其他组织的主要负责人或者该法人、组织负责收件的人签收;

受送达人不在大陆居住,但送达时在大陆的,可以直接送达;

(二)受送达人在大陆有诉讼代理人的,向诉讼代理人送达。受送达人在授权委托书中明确表明其诉讼代理人无权代为接收的除外;

(三)受送达人有指定代收人的,向代收人送达;

(四)受送达人在大陆有代表机构、分支机构、业务代办人的,向其代表机构或者经受送达人明确授权接受送达的分支机构、业务代办人送达;

(五)受送达人在台湾地区的地址明确的,可以邮寄送达;

(六)有明确的传真号码、电子信箱地址,可以通过传真、电子邮件方式向受送达人送达;

(七)按照两岸认可的其他途径送达。

采用上述方式不能送达或者台湾地区的当事人下落不明的,公告送达。

**第四条** 采用本规定第三条第一款第(一)、(二)、(三)、(四)项方式送达的,由受送达人、诉讼代理人或者有权接受送达的人在送达回证上签收或者盖章,即为送达;拒绝签收或者盖章的,可以依法留置送达。

**第五条** 采用本规定第三条第一款第(五)项方式送达的,应当附有送达回证。受送达人未在送达回证上签收但在邮件回执上签收的,视为送达,签收日期为送达日期。

自邮寄之日起满三个月,如果未能收到送达与否的证明文件,且根据各种情况不足以认定已经送达的,视为未送达。

**第六条** 采用本规定第三条第一款第(六)项方式送达的,应当注明人民法院的传真号码或者电子信箱地址,并要求受送达人在收到传真件或者电子邮件后及时予以回复。以能够确认受送达人收悉的日期为送达日期。

**第七条** 采用本规定第三条第一款第(七)项方式送达的,应当由有关的高级人民法院出具盖有本院印章的委托函。委托函应当写明案件各方当事人的姓名或者名称、案由、案号;受送达人姓名或者名称、受送达人的详细地址以及需送达的文书种类。

**第八条** 采用公告方式送达的,公告内容应当在境内外公开发行的报刊或者权威网站上刊登。

公告送达的,自公告之日起满三个月,即视为送达。

**第九条** 人民法院按照两岸认可的有关途径代为送达台湾地区法院的民事诉讼文书的,应当有台湾地区有关法院的委托函。

人民法院收到台湾地区有关法院的委托函后,经审查符合条件的,应当在收到委托函之日起两个月内完成送达。

民事诉讼文书中确定的出庭日期或者其他期限逾期的,受委托的人民法院亦应予送达。

**第十条** 人民法院按照委托函中的受送达人姓名或者名称、地址不能送达的,应当附函写明情况,将委托送达的民事诉讼文书退回。

完成送达的送达回证以及未完成送达的委托材料,可以按照原途径退回。

**第十一条** 受委托的人民法院对台湾地区有关法院委托送达的民事诉讼文书的内容和后果不负法律责任。

• 典型案例

1. 黄艺明、苏月弟与周大福代理人有限公司、亨满发展有限公司以及宝宜发展有限公司合同纠纷案[①]

**【裁判摘要】**
涉港民商事纠纷案件中,应当参照我国国际私法冲突规范的规定以及国际私法理论,针对涉及的不同问题采用分割方法确定应当适用的法律。本案涉及的定性、程序事项适用法院地法——内地法律;先决问题因涉及法定继承、夫妻财产关系,根据我国冲突规范的指引,适用内地法律;合同争议本身以及诉讼时效问题,根据我国冲突规范的规定,适用当事人选择的香港法律。当事人有义务向法院提供其选择适用的香港法律。

**最高人民法院**
**民事判决书**

(2015)民四终字第9号

上诉人(一审原告):黄艺明。
委托代理人:董立坤,万商天勤(深圳)律师事务所律师。
委托代理人:母健荣,广东星辰律师事务所律师。
上诉人(一审原告):苏月弟。
委托代理人:张淑钿,广东广深律师事务所律师。
委托代理人:母健荣,广东星辰律师事务所律师。
上诉人(一审被告):周大福代理人有限公司(chow tai fook nominee limited)。住所地:香港特别行政区中环皇后

---

① 案例来源:《最高人民法院公报》2016年第7期。

大道 16-18 号新世界广场 31 楼（31/new world tower，16-18，queen's rd. c. hongkong）。

代表人：郑锦标（cheng kam biu wilson），该公司董事。

委托代理人：苏宝，北京大成（广州）律师事务所律师。

委托代理人：文斌，北京大成（广州）律师事务所律师。

上诉人（一审被告）：亨满发展有限公司（pacific gain development limied）。住所地：香港特别行政区中环金融街 8 号国际金融中心二期 72-76 楼（72-76/f.，two international finance centre，8 finance street，central，hongkong）。

代表人：冯李焕琼（fung lee woon king），该公司董事。

委托代理人：苏宝，北京大成（广州）律师事务所律师。

委托代理人：文斌，北京大成（广州）律师事务所律师。

被上诉人（一审被告）：宝宜发展有限公司（global ease development limited）。住所地：香港特别行政区中环皇后大道 18 号新世界广场一期 14 楼 1401 号（room 1401，14/f.，new world tower i，18 queen's road，central，hongkong）。

代表人：郑锦超（cheng kam chiu stewart），该公司董事。

委托代理人：邱金勇，北京大成（广州）律师事务所律师。

委托代理人：梁松旺，北京大成（广州）律师事务所律师。

上诉人黄艺明、苏月弟因与上诉人周大福代理人有限公司（以下简称周大福公司）、亨满发展有限公司（以下简称亨满公司）以及被上诉人宝宜有限公司（以下简称宝宜公司）合同纠纷一案，不服广东省高级人民法院于 2014 年 11 月 13 日作出的（2012）粤高法民四初字第 1 号民事判决，向本院提起上诉。本院依法组成合议庭，于 2015 年 4 月 21 日在第一巡回法庭公开开庭审理了本案，上诉人黄艺明的委托代理人董立坤、上诉人苏月弟的委托代理人张淑钿，两人的共同委托代理人母健荣、上诉人周大福公司和亨满公司的共同委托代理人苏宝、文斌以及被上诉人宝宜公司的委托代理人邱金勇、梁松旺均到庭参加了诉讼。本案现已审理终结。

黄艺明、苏月弟起诉称：1992 年，郑裕彤和李兆基共同捐资 1.6 亿元人民币（以下未特别注明处均为人民币）将顺德市华侨中学异地重建，后郑裕彤和李兆基要求顺德市政府把原顺德市华侨中学的土地使用权以捐资款 1.6 亿元出让给宝宜公司，1993 年 7 月郑裕彤和李兆基代表宝宜公司与顺德市规划国土局签订《顺德市华侨中学原地块土地使用权转让协议书》。2000 年 6 月 1 日和 19 日，周大福公司的董事郑裕培、亨满公司的董事林高演作为周大福公司和亨满公司的代表与黄冠芳（苏月弟之夫、黄艺明之父）签订《有关买卖宝宜发展有限公司股份的备忘录》（以下简称《备忘录》）和《买卖股权协议》，约定周大福公司和亨满公司向黄冠芳转让宝宜公司股权和股东贷款权益。《备忘录》规定了完成股权买卖的先决条件，即宝宜公司向顺德市规划国土局领取以宝宜公司为使用者的原华侨中学地块的国有土地使用权证和宝宜公司向顺德市政府有关部门领取房地产买卖执照等。同年 7 月 30 日，郑裕培又以宝宜公司董事和代表的身份与顺德市规划国土局签订了《顺德市国有土地使用权出让合同书》。2000 年 9 月 18 日、11 月 14 日、2001 年 6 月 15 日和 2002 年 1 月 2 日，郑裕培和林高演等再次以周大福公司和亨满公司代表身份与黄冠芳签署了四次补充协议，主要是变更付款币种、付款时间和利息支付等内容。截至 2006 年 7 月 6 日，黄冠芳先后向周大福公司和亨满公司支付了合同款项折合人民币 121 652 826.60 元以及《备忘录》约定的 2000 万元诚意金，后因周大福公司和亨满公司不能履行《备忘录》及《买卖股权协议》约定义务，导致合同无法继续履行。故请求判令解除黄冠芳与周大福公司、亨满公司签署的《备忘录》、《买卖股权协议》及其全部补充协议；周大福公司、亨满公司、宝宜公司共同偿还转让款本金及利息 2.341 亿元人民币（包括《备忘录》约定的诚意金 2000 万元、第四次补充协议中双方确认已支付的 2000 万港元、人民币 9 350 万元，基于协议产生的利息人民币 4 861 217 元，合计人民币 141 652 826.6 元。诚意金 2000 万元的利息从 2000 年 6 月 19 日起计算，其余款项的利息从 2002 年 1 月 25 日起计算，暂计至 2010 年 8 月 1 日）、依约支付损害赔偿金 4500 万港元。

一审法院查明：2000 年 6 月 19 日，周大福公司、亨满公司与黄冠芳签订《买卖股权协议》，约定：周大福公司、亨满公司将持有的宝宜公司 100%股份及股东贷款权益转让给黄冠芳；转让对价和股东贷款总额为 1.845 亿港元。合同第 3 条约定款项支付方式，(a)签订协议后 8 个工作日内支付 4500 万港元（订金）。(b)土地使用权证颁发后 1 个月内支付 4500 万港元。(c)余款应在协议签订后 8 个月内支付。合同第 5 条约定，依据第 3 条约定，转让应当在协议签订后 8 个月最后一天或之前完成，或在双方约定的更早日期内完成，转让方应在转让完成之日且所有余款付清后，将如下文件移交给受让方：(i)有效履行的协议和有利于受让方和（或）其任命之人的转让文书及相关股权证书；……(vii)土地使用权证。合同第 7 条约定，依据第 3 条的约定，在转让完成时，每个转让方应执行贷款转让，签署附件 c，合法地将股东各自的贷款转让给受让方或其指定的人。合同第 9 条"最大勤勉"约定，(a)转让方同意,在按照第3条(a)项收到订金后,应在转让完成前尽最大努力帮助受让方控制土地,包括但不限于发出必要通知以终止租赁关系、驱逐居住者、非法占有者、房客。但是,在转让完成时及以后,股权出让方并不保证在移交土地时,土地是腾空的。为避免疑问,受让方知晓土地出售之方式,转让方不承担因受让方腾空土地所产生的费用和支出,但发出终止租赁关系通知的费用由转让方承担。(b)转让方同意保证,以其最大努力帮助和同意受让方申请在中国设立一家当地公司,名字为顺德宝宜房地产有限公司(以下简称为顺德宝宜公司),并任命受让方指定的人员为顺德宝宜公司的法定代表人……顺德宝宜公司的主要活动和目的是为了开发《顺德市华侨中学原地块土地使用权转让协议书》项下的土地。(c)自土地使用权证颁发起,转让方承诺采取所有必要措施,尽最大努力帮助受让方向有关政府部门或机关申请有关土地建设、建造或开发的许可……(d)转让方承诺和同意,在转让完成前不对土地进行任何建设、建造和开发。合同第15条"不一致"约定,在不损害受让方的其他权利和在任何时候寻求救济的权利的情形下,除非另有约定,当在股权完成之前对本协议的保证、陈述和承诺构成实质性违反,或无论因为何种情况或原因转让方无法履行本协议项下的任何义务,受让方有权认为转让方拒绝本协议。合同第18条"受让方违约"约定,如果受让方出现违约或未能支付二期款项或转让的余款(不归于转让方的责任),当转让方已经按照本协议约定的方式履行了义务,转让方有权认为受让方拒绝协议并没收订金4500万港元作为损害赔偿金。自此以后,双方不得另外索赔,多余的款项(高于4500万港元)应由转让方退还给受让方,但无需支付利息。合同第19条"转让方违约"约定,除因受让方的原因外,在土地使用权证颁发后,转让方未能履行本协议义务或违反协议条款,受让方有权解除本协议,转让方应退还港元4500万并另外向受让方支付4500万作为损害赔偿金,双方不得另外索赔。合同第23条约定,时间是本协议的核心部分。合同第25条"完整协议"约定,本协议包括双方所有的谅解和协议,无论是缔约方自行或他人以缔约方名义作出的,有关或产生于股权获得的陈述、保证,无论是明示或者暗示,法定或其他的,如果没有包含在、或协议或任何附件中提及的,均不会导致陈述和保证作出者承担任何责任。合同第27条"法律适用和争议解决"约定,本协议适用香港特别行政区法律并依香港法律解释,各方约定由香港法院行使非排他性管辖。该协议由周大福公司、亨满公司盖章、授权人签名,香港杜伟强律师事务所 w. k. to&co.、henry w. h. wong 签名,黄冠芳签名以及香港何君柱、方燕律师事务所 k. c. ho&fong、fong yin cheung 签名。

2000年9月18日,周大福公司、亨满公司与黄冠芳签订第一补充协议,其中"鉴于"第2条约定,依据主协议的第3(b)条和转让方律师 messrs. w. k. to&co. 向受让方律师 messrs. k. c. ho&fong 发出的通知,股份和股东贷款的对价(主协议有更多的特殊规定)的一部分4500万港元由受让方于2000年9月7日或之前支付。第3条约定,转让方基于受让方的要求,已同意按以下方式变更主协议第3(b)条所指的股份和股东贷款的支付条款。变更主协议条款第1条约定,主协议第3(b)条规定的应支付对价4500万港元变更为5000万元人民币,变更为第二批分期付款,并作为股份和股东贷款的对价的一部分:(a)2000年9月20日或之前,受让方支付人民币1500万元给转让方;(b)2000年10月20日或之前,受让方支付人民币1500万元给转让方;(c)2000年11月20日或之前,受让方支付余额人民币2000万元给转让方。该协议由周大福公司、亨满公司盖章、授权人签名,黄冠芳签名以及香港何君柱、方燕律师事务所 k. c. ho&fong、fong yin cheung 签名。

2000年11月14日,周大福公司、亨满公司与黄冠芳签订第二补充协议,其中"鉴于"第2条约定,根据"上述协议",受让方已向股权转让方支付了以下款项:(a)主协议第3(a)项下的订金4500万港元;(b)补充协议第1(a)项下的人民币1500万元;以及(c)补充协议1(b)项下的部分支付款项人民币800万元(转让方在此承认已经收到该款项)。第3条约定,转让方基于受让方的要求,已同意按以下方式变更"上述协议"中的支付条款。变更条款第1条约定,根据补充协议第1(b)条,2000年10月20日到期支付的余额总计人民币700万元,受让方应在2000年11月15日或之前支付给转让方。第2条约定,根据补充协议第1(c)条,2000年11月20日到期支付的人民币2000万元及从2000年11月21日起到付款日止按年利率6.5%计算产生的利息一并延迟到2001年1月20日或之前支付。第3条约定,按照主协议第3(c)条在2000年2月19日前应支付的总计9450万港元的总对价的余额部分应延迟到2001年5月20日或之前支付,包括从2001年2月20日起到付款日止按年利率6.5%计算产生的利息。第4条约定,如果受让方没有支付上述1、2、3条规定的任何一期款项,受让方依据协议应支付的所有未支付款项的全部或余额部分,连同上述达成一致的利息,在违约日将立即成为到期应付款项。该协议由周大福公司、亨满公司盖章、授权人签名及香港杜伟强律师事务所 w. k. to&co.、henry-yw. h. wong 签名,黄冠芳签名以及香港何君柱、方燕律师事务所 k. c. ho&fong、casey k. c. ho 签名。

2001年6月15日，周大福公司、亨满公司与黄冠芳签订第三补充协议，其中"鉴于"第2条约定，根据"上述协议"，受让方已经支付的总额为1000万港元和人民币8930万元（转让方在此承认已经收到该款项），剩下的购买价格的余款人民币1.05亿元从2001年5月20日起成为到期应付款项，应支付给转让方。第3条约定，根据第二补充协议产生的变化，转让方有权按年利率6.5%索要利息。该协议由周大福公司、亨满公司盖章、授权人签名，黄冠芳签名以及香港何君柱、方燕律师事务所 k. c. ho&fong、casey k. c. ho 签名。

2002年1月25日，周大福公司、亨满公司与黄冠芳签订第四补充协议，其中"鉴于"第4条约定，尽管在"上述协议"中，受让方仅已支付了部分购买价格，付款总额为2000万港元和人民币9350万元（转让方在此承认已经收到该款项），剩余的购买价格的余款为人民币9000万元，该款项在2001年7月21日成为到期应付款项。转让方承认受让方已经支付给转让方总计人民币4 861 217元基于协议产生的利息，到2001年11月30日，购买价格的余款产生的利息还有人民币291 609.60元未支付。第5条约定，转让方基于受让方的要求，已同意按以下方式进一步变更"上述协议"中的支付条款。变更条款第1条约定，受让方在此确认并证实，在2001年11月30日，基于"上述协议"，由受让方向转让方支付的利息在本协议签订日成为到期应付款项，总额为人民币291 609.60元（"应计利息"）。为充分执行本协议，受让方应向转让方支付"应计利息"。第2条约定，基于"上述协议"，到期应付购买价格的未支付余款人民币9000万元应在2002年5月31日前由受让方支付给转让方。第3条约定，利息的计算方式为，购买价格的未支付余款和未支付的利息按年利率6.5%计算，从2001年12月1日至付款日止的利息，该利息应从2001年12月开始，连续每月的最后一天支付，首次支付应在2001年12月31日进行。第4条约定，转让应在收到购买价格的余款和上文第3条规定的利息的全额付款后即刻完成。第5条约定，尽管存在本协议和"上述协议"中的条款，但转让方有权在以后任何时刻，自由决定以书面方式通知受让方，宣告"上述协议"下的购买价格的未支付余款和所有应计利息或其任何部分成为到期应付款项，届时同样应立即到期支付。第6条约定，本协议中任何条款的子条款应视为上述协议的子条款，本协议所列任何权利和补救措施应视为除上述协议下转让方权利和补救措施外，并且不影响上述协议下转让方权利和补救措施的新增权利和补救措施。第7条约定，所有的费用和开支，包括但不限于罚金或内地政府部门征收的费用、附带的土地开发费用以及主协议中规定的特殊费用，均完全由受让方承担。第8条约定，附带谈判、筹备和执行本协议的所有费用及开支，包括但不限于转让方法律代表的法律费用，全部由受让方承担。该协议由周大福公司、亨满公司盖章、授权人签名，黄冠芳签名以及香港何君柱、方燕律师事务所 k. c. ho&fong、nk ka pin 签名。

一审过程中，黄艺明、苏月弟确认，2002年1月25日之后没有向周大福公司、亨满公司支付过款项。

2006年5月30日，香港杜伟强律师事务所去函香港何君柱、方燕律师事务所，告知受让方黄冠芳已违反协议，即时终止合同。周大福公司、亨满公司认为黄冠芳存在严重违约，导致涉案协议于2006年5月30日终止。黄艺明、苏月弟确认周大福公司、亨满公司于2006年5月30日正式终止履行股权转让协议，合同无法继续履行，黄艺明、苏月弟在周大福公司、亨满公司通知终止合同后，仍与周大福公司、亨满公司协商解决合同终止后的相关问题。黄艺明、苏月弟认为由于周大福公司、亨满公司拒绝返还款项，权益受损，故起诉的诉因产生日期是2006年5月30日。

另查明：黄艺明、苏月弟起诉时提交了2000年6月1日签署的《备忘录》，主张《备忘录》是周大福公司、亨满公司与黄冠芳签订的。周大福公司、亨满公司予以否认。《备忘录》上没有周大福公司、亨满公司的盖章，有黄冠芳的签名，黄艺明、苏月弟主张另两个签名是周大福公司的董事"郑裕培"与亨满公司的董事"林高演"，周大福公司、亨满公司予以否认。

一审期间，2010年10月12日周大福公司提出的管辖异议申请书、2010年10月29日亨满公司提出的管辖异议申请书、2011年8月3日周大福公司和亨满公司提交的答辩状、2011年8月3日和2011年8月26日宝宜公司提交的答辩状中，均陈述"周大福公司、亨满公司与黄冠芳于2000年6月1日签署《备忘录》"。黄艺明、苏月弟提交的周大福公司、亨满公司、宝宜公司于2012年1月3日在香港起诉黄艺明、苏月弟时的起诉状载明："大约于2000年5至6月左右，周大福公司、亨满公司与黄冠芳草拟了《备忘录》，但双方并没有签署上述《备忘录》。"黄艺明、苏月弟提交的《备忘录》第3.2.1条约定："买方于签订买卖协议前支付卖方人民币2000万元作诚意定金，但诚意定金不计入买卖协议的金额内。买卖协议签订后八个工作日内，买方支付卖方指定账户人民币5000万元。"第4条"先决条件"中第4.1条约定，完成买卖须在下列条件符合后方会进行：(1)宝宜公司向国土局领取了以宝宜公司为使用者的该地块的国有土地使用证；(2)宝宜公司向顺德市政府有关部门领取了房地产买卖的有关执照；(3)该地块必须是吉地,除了本备忘录附件中列出的依附物可留于该地块上外,其余临时建筑必须拆除及清理,而所有现有的租约必须终止。第4.2条约定,买方可于任何时间以书面方式豁免第4.1条条文所列的先决条件。第17.1条约定,本备忘录受香港法律管辖,并须按香港法律解释。

黄艺明、苏月弟认为周大福公司、亨满公司违约是指违反如下合同约定:1.根据《备忘录》第4.1条,周大福公司、亨满公司、宝宜公司要承担三项义务。(1)宝宜公司领取国有土地使用权证;(2)宝宜公司向顺德市政府有关部门领取房地产买卖的有关执照;(3)该地块必须是吉地,除备忘录有记载外的其他临时建筑物必须拆除及清理,所有现有的租约必须终止。该三项义务中,第一项义务国有土地使用权证已于2000年8月领取,但第二、三项义务未履行,构成违约。2.《买卖股权协议》第9条约定的四项义务,周大福公司、亨满公司除领取国有土地使用权证、发出清理租约通知和清理部分租约外,其余义务均未履行,构成违约。

双方一致确认,本案股权转让适用香港特别行政区法律。双方均向一审法院提交了法律意见书。黄艺明、苏月弟提交《香港合同法》上、下册、《香港合约法纲要》及《关于适用于本案的内地法律和香港法律的有关规定和说明》。《关于适用于本案的内地法律和香港法律的有关规定和说明》载明:一、本案适用香港法律的基本原则。根据内地相关法律规定,本案可以适用香港法律。当事人约定的香港法律只能适用于解决当事人间的合同争议。判断当事人能否履行与内地法律有关的合同义务的法律是内地的法律。二、应当适用于本案合同争议的香港法律的有关规定。(一)提供的香港法律的来源及其权威性说明。苏月弟、黄艺明向法庭提供两套共三本香港合同法的著作,即《香港合同法》(中文翻译版)(上、下册)与《香港合约法纲要》。(二)应当适用于本案合同争议的香港法律的有关规定。1.契约自由与合同神圣是香港合同法律制度的基本原则,为此,本案中有关合同义务及违约责任等应严格按照合同的规定进行审理。2.关于因违约而解除合同的责任承担问题,香港法律和本案所涉合同规定是一致的。(1)根据香港法律,当事人可以约定可解除合同的违约行为,法院会要求当事人遵守这些条款。(2)根据香港法律,当事人可以约定违约的损害赔偿数额,约定违约赔偿金条款可强制执行。本案中,由于周大福公司、亨满公司未能履行《备忘录》规定的先决条件和《买卖股权协议》规定的义务,因此,黄艺明、苏月弟有权解除协议,并要求周大福公司、亨满公司根据《买卖股权协议》第19条退还已经支付的全部款项以及4500万港元的损害赔偿金。(3)根据香港法律,合同解除之后,周大福公司、亨满公司应返还但未返还的款项产生的利息属于不当得利,应偿还给苏月弟、黄艺明。(4)根据香港法律,在周大福公司、亨满公司不履行合同或者合同不可能履行时,苏月弟、黄艺明可以拒绝履行合同义务。三、无论根据香港法律或内地法律,宝宜公司都应承担还款责任。1.根据香港法律和宝宜公司诉讼行为表明,宝宜公司是本案所涉合同的实际当事人,也是本案的被告。2.根据香港法律,苏月弟、黄艺明有权起诉宝宜公司承担还款责任。3.根据内地法律,宝宜公司也应承担还款责任。周大福公司、亨满公司、宝宜公司提交《法律意见书证明》载明:香港执业大律师许家为根据周大福公司、亨满公司、宝宜公司提交的文件、陈述,查证并提供香港法律,法律意见书的结论如下:一、《买卖股权协议》是有效的,并对各方当事人有约束力。二、黄冠芳未能按时付款,破坏整个合同的根本,违反了合同条文的"条件",足以让周大福公司及亨满公司作为守约方有权选择终止合同。周大福公司及亨满公司于2006年信函有效地终止合同。三、合同有效终止后,周大福公司及亨满公司有权根据《买卖股权协议》及四份补充协议没收黄冠芳已付的款项,同时也有权追讨因其违约而遭受的损失。四、宝宜公司是《买卖股权协议》的目标公司,是股东贷款的债务人,非转让方或受让方,非《买卖股权协议》缔约方,不受合约约束,也没有合同的权利及义务。五、黄冠芳或其合法继承人无权向宝宜公司主张任何合同或股东贷款权益。六、何君柱、方燕翔律师楼是黄冠芳签署《买卖股权协议》的合法代表律师。七、《买卖股权协议》中第25条"完整契约条款"把签署双方的合约关系局限于《买卖股权协议》的整份书面文件之内,于《买卖股权协议》未有记载,或于《买卖股权协议》签订之前的任何文件和承诺等,将不会成为《买卖股权协议》的一部分,也没有法律效力。八、《买卖股权协议》中第26条"继承受让条款"令各缔约方的合法继承人或受让人承继合同权益及受合同约束,唯任何一方转让合同权益前需要先得到对方同意。根据香港法律,"继承人"是指获法院授予之"遗嘱执行人"或"遗产管理人",因为《买卖股权协议》受香港法律管辖,黄艺明、苏月弟并没有根据香港法律申请成为黄冠芳的"遗嘱执行人"或"遗产管理人",故不具备继承《买卖股权协议》权益的资格。九、黄冠芳或其自称继承人如以周大福公司及亨满公司违约作为提告的诉因,必须在违约行为发生当天起计六年之内提出。期限一过,该人等将不可以就有关违约行为提出诉讼。十、股权及股东贷款转让是合法及有效的普遍商业行为。

黄冠芳是佛山市顺德人。黄冠芳与苏月弟于1979年11月8日在佛山市顺德区登记结婚,婚后生育两个儿子黄艺明、黄世明。黄冠芳于 2008 年 1 月 19 日在佛山市顺德区死亡。根据黄艺明、苏月弟提供的公证证明，黄冠芳的父母均先于其死亡，黄冠芳生前没有立遗嘱，黄冠芳的法定继承人均对继承权进行了声明或处分。苏月弟以经公证的声明书表示放弃继承黄冠芳的遗产。黄世明以经我国驻曼彻斯特总领事馆公证的声明书表示放弃对黄冠芳遗产的继承。

一审法院依据黄艺明、苏月弟提出的财产保全申请，查封了宝宜公司名下位于广东省佛山市顺德区大良镇清晖路原华侨中学校址顺府国用（2000）字第 0100878 号土地使用权。宝宜公司表示被查封土地目前空置未开发。

一审法院认为：本案是涉港股权转让合同纠纷案件。依据最高人民法院于 2011 年 11 月 30 日作出（2011）民四终字第 32 号民事裁定，该院对本案享有管辖权。《备忘录》第 17.1 条约定，"本备忘录受香港法律管辖，并须按香港法律解释"；《买卖股权协议》第 27 条约定，"本协议适用香港特别行政区法律并依香港法律解释"。本案诉讼过程中，各方当事人均确认本案应适用香港特别行政区法律。《中华人民共和国民法通则》第一百四十五条第一款规定："涉外合同的当事人可以选择处理合同争议所适用的法律，法律另有规定的除外。"本案是涉港案件，应当参照上述规定确定准据法。因此，本案适用香港特别行政区法律处理。

关于黄艺明、苏月弟作为本案原告的诉讼主体是否适格的问题。黄冠芳与苏月弟均是佛山市顺德人，黄冠芳生前与苏月弟的婚姻关系无涉外或涉港澳台因素，故在其婚姻关系存续期间所得财产包括本案所涉财产权益的认定，应适应《中华人民共和国婚姻法》。根据该法第十七条的规定，本案所涉财产权益属黄冠芳与苏月弟的夫妻共同财产，苏月弟作为共有人，就其财产份额有权提起本案诉讼。在黄冠芳与苏月弟、黄艺明、黄世明之间的继承法律关系中，亦无涉外或涉港澳台因素，故黄艺明是否适格继承人的认定，应适用《中华人民共和国继承法》等相关法律的规定。在第一顺序继承人中，苏月弟、黄世明明确表示放弃继承，黄艺明成为黄冠芳遗产的唯一继承人。根据《中华人民共和国继承法》第二十五条的规定，黄艺明作为本案原告适格。周大福公司、亨满公司抗辩认为本案有关继承的主体资格应适用香港法，黄艺明、苏月弟作为本案原告的诉讼主体不适格的主张，法律依据不足，不予支持。

关于诉讼时效问题。双方当事人均援引了香港《时效条例》第 4(1)(a) 条的规定，即基于合约或侵权行为的诉讼，于诉讼因由产生的日期起计满六年后，不得提出。故确认本案诉讼时效期限为诉讼因由产生的日期起计六年。2002 年 1 月 25 日第四补充协议约定，黄冠芳应于 2002 年 5 月 31 日前支付余款人民币 9000 万元，但黄冠芳未按该约定履行付款义务。本案诉讼过程中，周大福公司、亨满公司提供的信函显示，在第四补充协议约定的最后付款期限 2002 年 5 月 31 日之后，周大福公司、亨满公司仍就合同履行问题与黄冠芳协商。至 2006 年 5 月 30 日，周大福公司、亨满公司致函黄冠芳明确告知终止股权转让协议。至此，双方就合同履行开始产生纠纷，一方要求解除合同的诉讼因由产生，黄艺明、苏月弟基于涉案股权转让协议的解除、返还款项及违约责任等提起本案诉讼，诉讼因由产生的日期应为 2006 年 5 月 30 日周大福公司、亨满公司明确告知黄冠芳终止股权转让协议之日，故本案诉讼时效应自 2006 年 5 月 30 日起计算。黄艺明、苏月弟于 2010 年 9 月 2 日向一审法院起诉，没有超过六年的时效期间。黄艺明、苏月弟认为其起诉周大福公司、亨满公司诉因产生日期是周大福公司、亨满公司致函黄冠芳解除合同的 2006 年 5 月 30 日，依据充分，予以支持。周大福公司、亨满公司抗辩认为黄艺明、苏月弟起诉已超过六年的时效限制，依据不足，不予支持。

关于违约方认定的问题。第一，黄冠芳与周大福公司、亨满公司就涉案股权转让先后签订了《买卖股权协议》及四份补充协议，对此双方没有异议，予以确认。双方向法院提交的法律意见中均认为，契约自由与合同神圣是香港合同法律制度的基本原则，《买卖股权协议》及四份补充协议是有效的，对双方当事人均有约束力，确认《买卖股权协议》及四份补充协议有效，双方均应按照《买卖股权协议》及四份补充协议履行各自义务。第二，黄艺明、苏月弟认为双方还签订了《备忘录》，周大福公司、亨满公司予以否认。周大福公司、亨满公司在本案中提交的管辖异议申请书和答辩状、宝宜公司提交的答辩状均明确确认，"周大福公司、亨满公司与黄冠芳于 2000 年 6 月 1 日签署《备忘录》"。周大福公司、亨满公司后又抗辩认为其从未签署《备忘录》，依据不足，不予采信。因此，确认黄冠芳与周大福公司、亨满公司于 2000 年 6 月 1 日签署了《备忘录》。第三，黄艺明、苏月弟认为周大福公司、亨满公司违反《备忘录》第 4.1 条第(2)、(3)项的约定，已构成违约。《备忘录》第 4.1 条第(2)、(3)约定的"宝宜公司向顺德市政府有关部门领取房地产买卖的有关执照"及"拆除清理临时建筑物及终止租约"两项事项，在《买卖股权协议》第 9 条中已作变更，《买卖股权协议》第 9 条(a)约定，"发出必要通知以终止租赁关系……但是，在转让完成时及以后，股权出让方并不保证在移交土地时，土地是腾空的"；(b)约定，"转让方同意和帮助受让方在中国当地设立顺德宝宜公司,……顺德宝宜公司的主要活动和目的是为了开发《顺德市华侨中学原地块土地使用权转让协议书》项下的土地";(c)约定,"……尽最大努力帮助受让方向有关政府部门或机关申请有关土地建设、建造或开发的许可……"。由于双方已经对《备忘录》第4.1条第(2)、(3)项约定的权利义务作出变更,该约定对双方当事人不再产生约束力,双方应依新的约定行使权利、履行义务。因此,黄艺明、苏月弟认为周大福公司、亨满公司违反《备忘录》第4.1条第(2)、(3)项的约定已构成违约,依据不足,不予支持。第四,黄艺明、苏月弟认为周大福公司、亨满公司违反《买卖股权协议》第9条的约定,已构成违约。《买卖股权协议》第9条是"最大勤勉"约定,即转让方尽最大努力帮助受让方控制土地,转让方以其最大努力帮助和同意受让方设立顺德宝宜公司,转让方尽最大努力帮助受让方向有关政府部门申请有关土地建设、建造或开发的许可等等,该"最大勤勉"条款要求周大福公司、亨满公司尽最大努力帮助黄冠芳完成有关事项,是周大福公司、亨满公司对黄冠芳的协助义务,本案中没有证据显示黄冠芳就设立顺德宝宜公司、向有关政府部门申请开发许可等有关事项采取过任何措施,也没有证据显示黄冠芳向周大福公司、亨满公司提出过协助其完成有关事项的请求。由于黄冠芳并未开始办理有关事项,周大福公司、亨满公司无履行相应的协助义务的前提。且本案诉讼中,黄艺明、苏月弟确认周大福公司、亨满公司已发出清理租约通知和清理部分租约,也没有证据显示涉案土地已进行开发建设。故黄艺明、苏月弟认为周大福公司、亨满公司违反《买卖股权协议》第9条的约定已构成违约,依据不足,不予支持。第五,由于黄冠芳没有按照《买卖股权协议》的约定支付股权转让款,周大福公司、亨满公司与黄冠芳先后签订四份补充协议,约定对黄冠芳的付款期限予以延期。2002年1月25日第四补充协议明确约定黄冠芳应将余款人民币9000万元在2002年5月31日前支付,但此后黄冠芳并未依约向周大福公司、亨满公司付款,故黄冠芳的行为已构成违约。综上,黄艺明、苏月弟主张周大福公司、亨满公司违约的依据不足,不予支持。周大福公司、亨满公司抗辩认为黄冠芳迟延付款已构成违约,依据充分,予以支持。

关于周大福公司、亨满公司应否向黄艺明、苏月弟返还款项及其数额的问题。第一,按照2002年1月25日第四补充协议约定,周大福公司、亨满公司与黄冠芳共同确认黄冠芳已支付的款项为2000万港元、人民币9350万元、人民币4 861 217元迟延付款利息,对此付款数额予以确认。黄艺明、苏月弟认为其已按照《备忘录》向周大福公司、亨满公司支付了人民币2000万元诚意金,周大福公司、亨满公司对此不予认可。由于黄艺明、苏月弟未能提供证据证明黄冠芳已向周大福公司、亨满公司支付了人民币2000万元诚意金,故对黄艺明、苏月弟该主张不予支持。第二,《买卖股权协议》第18条"受让方违约"约定,"如果受让方出现违约或未能支付二期款项或股权转让的余款(不归于转让方的责任),当转让方已经按照本协议约定的方式履行了义务,转让方有权认为受让方拒绝协议并没收订金4500万港元作为损害赔偿金。自此以后,双方不得另外索赔,多余的款项(高于4500万港元)应由转让方退还给受让方,但无需支付利息"。由于黄冠芳未按约定支付剩余股权转让款已构成违约,2006年5月30日周大福公司、亨满公司致函黄冠芳明确告知终止股权转让协议,本案诉讼过程中,双方均确认《买卖股权协议》及四份补充协议已于2006年5月30日解除,故确认《买卖股权协议》及四份补充协议解除。由于《备忘录》与《买卖股权协议》均是就涉案股权转让事宜所签订的合同,在双方确认解除《买卖股权协议》及四份补充协议的情况下,黄艺明、苏月弟诉请解除《备忘录》,依据充分,予以支持。合同解除后,按照《买卖股权协议》第18条的约定,黄冠芳已向周大福公司、亨满公司支付2000万港元及人民币98 361 217元,周大福公司、亨满公司在扣除4500万港元后,其余款项应返还给黄艺明、苏月弟。由于《买卖股权协议》第18条明确约定,双方不得另外索赔及所退还的款项无需支付利息,黄艺明、苏月弟诉请支付利息,依据不足,不予支持。综上,周大福公司、亨满公司应向黄艺明、苏月弟返还的款项为人民币98 361 217元减去2500万港元(按2006年5月30日中国人民银行公布的人民币对港元汇率中间价折算为人民币后扣减)。

关于宝宜公司应否承担还款责任的问题。本案是股权转让合同纠纷,周大福公司、亨满公司与黄冠芳签订《买卖股权协议》约定向黄冠芳转让所持有的宝宜公司100%股权和股东贷款权益。黄艺明、苏月弟主张宝宜公司应与周大福公司、亨满公司共同承担还款责任。宝宜公司仅是《买卖股权协议》转让股份的目标公司,并不是合同当事人,也不是股东贷款权益的转、受让方,是合同以外的第三人,故不受合同的约束。黄艺明、苏月弟诉请宝宜公司与周大福公司、亨满公司共同承担还款责任,依据不足,不予支持。

综上,黄艺明、苏月弟部分请求依据充分,予以支持;其他诉讼请求依据不足,予以驳回。该院依照《中华人民共和国民法通则》第一百四十五条第一款、《中华人民共和国婚姻法》第十七条、《中华人民共和国继承法》第二十五条、《中华人民共和国民事诉讼法》第六十四条、第六十九条的规定,判决:一、确认周大福公司、亨满公司与黄冠芳于 2000 年 6 月 1 日签订的《备忘录》解除；周大福公司、亨满公司与黄冠芳于 2000 年 6 月 19 日签订的《买卖股权协议》、于 2000 年 9 月 18 日签订的第一补充协议、于 2000 年 11 月 14 日签订的第二补充协议、2001 年 6 月 15 日签订的第三补充协议、于 2002 年 1 月 25 日签订的第四补充协议解除；二、周大福公司、亨满公司应于判决发生法律效力之日起三十日内向黄艺明、苏月弟返还如下款项：人民币 98 361 217 元减去 2500 万港元（按 2006 年 5 月 30 日中国人民银行公布的人民币对港元汇率中间价折算为人民币后扣减）；三、驳回黄艺明、苏月弟的其他诉讼请求。如果未按判决指定的期间履行给付金钱义务，应当依照《中华人民共和国民事诉讼法》第二百五十三条的规定，加倍支付迟延履行期间的债务利息。一审案件受理费 1 212 255.50 元，由黄艺明、苏月弟负担 812 255.50 元，周大福公司、亨满公司负担 40 万元。

黄艺明、苏月弟不服上述一审判决，向本院提起上诉称：（一）一审判决将本案性质仅仅认定为股权转让纠纷错误。本案争议不仅包括股权转让，还包括股东贷款权益转让。1. 根据《备忘录》第 3.1 条、第 3.2 条以及《买卖股权协议》"鉴于"部分、第 2 条、第 3 条、第 4 条的约定，合同转让的标的不仅包括股权，还包括股东对公司的贷款债权。2. 周大福公司、亨满公司和宝宜公司向一审法院提交的管辖权异议申请书、向最高人民法院提交的答辩状中，均确认本案为股权转让和债权转让纠纷。3. 一审法院在管辖权裁定和一审判决事实查明部分中均确认，本案既涉及股权转让，也涉及债权转让。4. 最高人民法院裁定中已经指出，"本案所涉合同虽名为股权转让合同，但同时涉及债权转让"。（二）一审判决认定宝宜公司不应共同承担还款责任错误。根据香港法律和内地法律，宝宜公司作为本案债务人，应与周大福公司、亨满公司共同承担还款责任。1. 根据香港《法律修订及改革（合并）条例》第 9 条规定，当事人通过书面合同方式转让债权，受让人有权利取得转让方对债务人的所有法律权利，包括诉讼和救济的权利。在得知转让方和受让方就债权转让发生争议时，债务人如果要对该债权进行清偿，债务人应当向法庭缴存该笔债项。2. 最高人民法院裁定明确宝宜公司为本案的债务人，根据香港法律，宝宜公司作为本案债权转让纠纷的债务人，黄艺明、苏月弟有权要求其承担共同还款责任。3. 宝宜公司在香港对黄艺明、苏月弟提起的对抗诉讼以及宝宜公司提供的证据，均表明宝宜公司是本案债务人，依法应承担还款义务。2011 年 3 月 24 日，周大福公司、亨满公司和宝宜公司分别以第一、第二和第三原告的身份，在香港高等法院起诉黄艺明、苏月弟，案号 hca 499/2011，请求判决：（1）确认买卖股权协议和补充协议受香港法律管辖且依法有效；（2）确认黄冠芳违约，周大福公司、亨满公司已合法终止买卖股权协议；（3）颁令黄艺明、苏月弟向周大福公司、亨满公司支付违约赔偿金，确认周大福公司、亨满公司有权并已合法没收黄冠芳根据买卖股权协议和补充协议规定已支付的所有款项；（4）颁布禁制令，禁制黄艺明、苏月弟在中国或其他司法管辖区向三位原告就上述事项（特别是经补充之买卖股权协议）展开及/或继续任何法律程序，包括但不限于广东诉讼案。（5）支付利息、讼费和其他法院认为恰当的济助。香港高等法院受理了该案。2012 年 1 月 4 日，宝宜公司又向香港高等法院提交变更诉讼请求申请，变更后的诉讼请求为：确认黄冠芳违约，而周大福公司、亨满公司已经合法终止了买卖股权协议及其补充协议。显然，宝宜公司是作为合同当事方向香港法院提出的请求。4. 依据香港代理法，宝宜公司应受《备忘录》和《买卖股权协议》的约束。宝宜公司《章程》规定，公司董事负责公司的运营，并代表公司处理重大事务等。周大福公司、亨满公司是宝宜公司的股东，持有全部股权，代表宝宜公司与顺德市政府签署《土地使用权转让协议书》的郑裕彤和李兆基以及代表宝宜公司与顺德市政府签订《土地使用权出让合同》的郑裕培都是与黄冠芳签订《备忘录》与《买卖股权协议》的代表。可见，《备忘录》和《买卖股权协议》及其补充协议均是由宝宜公司的董事签署，签署该文件董事的数额超过宝宜公司董事人数的 50%。宝宜公司的董事是宝宜公司的代理人，因此，宝宜公司应受合同条款约束。5. 根据《中华人民共和国合同法》第七十三条和第八十条的规定，黄艺明、苏月弟有权要求宝宜公司与周大福公司、亨满公司共同承担合同解除后的还款责任。6.《备忘录》第 4.2 条和《买卖股权协议》第 9 条约定的"领取国有土地使用证、房地产买卖执照，和清理土地上临时建筑物与租约"、"终止租赁关系、驱逐居住者、非法占有者、房东"、成立顺德宝宜公司以及申请相关许可证等行为，必须是宝宜公司才有资格履行的义务，可见宝宜公司受合同条款约束。7. 宝宜公司提交其给第三方卢康明先生的函表明，其承认签署了本案所涉《备忘录》。（三）一审判决认定周大福公司、亨满公司没有违约，认定事实错误。周大福公司、亨满公司和宝宜公司未能完成《备忘录》约定的先决条件，也未能全部履行《买卖股权协议》约定的义务，导致合同目的无法实现，应承担违约责任。黄冠芳行使抗辩权而停止付款的行为不应被认定为违约行为。1.《备忘录》和《买卖股权协议》各自独立约定了周大福公司、亨满公司、宝宜公司应承担的合同义务，两者之间不存在代替关系。《备忘录》约定的先决条件没有被《买卖股权协议》第9条所改变,也没有被其他条款改变。2.从《备忘录》第4条看,此项交易须在周大福公司、亨满公司、宝宜公司完成领取国有土地使用权证、领取房地产买卖执照和清除及拆除土地上的所有临时建筑和终止所有现有租约三项义务后才能进行,三项义务须在《备忘录》签订日起八个月内完成,否则,应承担违约责任。而周大福公司、亨满公司、宝宜公司除领取国有土地使用权证外,其他两项义务一直未完成。由于周大福公司、亨满公司、宝宜公司的行为导致合同先决条件不能成就,致使《备忘录》约定的以转让顺德市原华侨中学土地使用权为基本内容的股权及股东贷款权益转让不能进行。3.根据《买卖股权协议》第32条的约定,不能根据合同中的标题对相关条款作出结论性解释,因此,第9条有关终止租赁关系、成立顺德宝宜公司和取得土地权证的行为都是只有周大福公司、亨满公司、宝宜公司才能够完成的行为,是其应该履行的合同义务,此时黄冠芳尚未取得宝宜公司股东资格,根本不可能办理上述事项。4.根据合同约定和香港法律规定,周大福公司、亨满公司、宝宜公司违约时,黄冠芳有权行使抗辩权,有权解除合同,并请求返还款项、支付赔偿金。5.2012年12月7日,香港高等法院在黄艺明、苏月弟缺席的情况下,根据香港法作出了裁决,裁定撤销周大福公司、亨满公司和宝宜公司提出的有关确认黄冠芳违约以及周大福公司、亨满公司已经合法终止买卖股权协议和补充协议的申请。可见,香港高等法院已经根据香港法律认定黄冠芳并不存在违约行为。(四)一审法院在确认《备忘录》有效的情况下,仅以无付款凭证为由否认黄冠芳支付2000万元诚意金,既违反了合同约定,也违反了民事诉讼优势证据原则。周大福公司、亨满公司、宝宜公司应当偿还黄冠芳根据《备忘录》支付的2000万元诚意金。1.《备忘录》约定2000万元诚意金是签订《股权买卖协议》的前提条件,《股权买卖协议》的签证证明黄冠芳已经支付了该笔款项。2.《备忘录》和《股权买卖协议》对转让金额的约定,也证明黄冠芳已经支付了该笔款项。(五)一审判决认定合同解除,周大福公司、亨满公司承担还款责任,但无需支付利息,是对合同条款的错误理解,也违反了法律规定。根据香港法律,合同解除后,应返还但未返还的款项产生的利息属于不当得利,周大福公司、亨满公司、宝宜公司应承担自合同解除之日起未返还款项的利息。《股权买卖协议》第18条"无需支付利息"指的是合同解除前已付款项的利息无需支付,不包括合同解除后拖延还款的利息。综上,请求撤销一审判决,改判支持其全部诉讼请求。

周大福公司、亨满公司答辩称:(一)在《买卖股权协议》履行过程中,周大福公司、亨满公司为守约方,不存在任何违约行为。周大福公司、亨满公司从未与黄冠芳签署过《备忘录》,故黄艺明、苏月弟引用《备忘录》中"先决条件"指证周大福公司、亨满公司存在违约行为不能成立。即使存在《备忘录》,根据《买卖股权协议》第25条的约定,双方都不能依赖在合同签订前、协商过程中所产生的文件、书信、讨论内容及对话内容等反驳该合同书面记载的任何内容,因此,在《买卖股权协议》签署之前形成的《备忘录》实际已不再具有任何法律效力。《买卖股权协议》第9条约定的只是周大福公司、亨满公司对黄冠芳的协助义务,是一种附随义务,其履行前提取决于黄冠芳对有关事项先行主动采取了措施,且为此向周大福公司、亨满公司提出过协助、帮助其完成有关事项的请求,而本案中并无证据证实黄冠芳有此行为。(二)根据《买卖股权协议》及四份补充协议的约定,黄冠芳拒不按约履行付款义务事实清楚,虽然周大福公司、亨满公司已在股权转让款的支付时间上给予黄冠芳多次宽限,但黄冠芳始终没有按约定的期限和数额支付股权转让款及逾期付款利息,构成根本违约。作为违约方,黄艺明、苏月弟无权对守约的周大福公司、亨满公司行使抗辩权。(三)黄艺明、苏月弟要求返还款项及支付损害赔偿金的诉请均建立于周大福公司、亨满公司违约的基础上,因此,对其诉讼请求依法应予驳回。(四)《备忘录》并非真实有效,且黄艺明、苏月弟没有证据证明黄冠芳已支付了2000万元诚意金,故对黄艺明、苏月弟关于返还2000万元诚意金的诉讼请求应予驳回。(五)《买卖股权协议》及四份补充协议系因黄冠芳的违约而被依法解除,根据合同约定及香港法律规定,周大福公司、亨满公司有权没收黄冠芳已支付的全部股权转让款(含订金4500万港元),无须向黄艺明、苏月弟返还任何款项。

宝宜公司答辩称:(一)黄冠芳未能依据《买卖股权协议》及四份补充协议的约定取得宝宜公司的股权及股东贷款债权,黄艺明、苏月弟无权向宝宜公司提出任何权利主张。(二)宝宜公司仅系周大福公司、亨满公司股东贷款的债务人,不是黄冠芳的债务人,更不能据此认定宝宜公司须向黄冠芳承担还款责任。(三)本案系黄艺明、苏月弟与周大福公司、亨满公司之间因履行《买卖股权协议》而引起的纠纷,合同的签订、履行均发生在香港,内地法院本无管辖权,但黄艺明、苏月弟却将与本案无关的宝宜公司列为被告,通过滥用诉权取得内地法院的管辖权。本案的审理结果表明,宝宜公司无需承担责任。黄冠芳生前在履行合同过程中由于资金不足,要求延期付款,并与周大福公司、亨满公司签订多份补充协议,黄艺明、苏月弟却认为周大福公司、亨满公司违约,并提出高达2亿多元的诉讼请求,图谋非法利益,其诉讼请求不应得到支持。

周大福公司、亨满公司亦不服一审判决,向本院提起上诉称:(一)一审法院确认周大福公司、亨满公司与黄冠芳签署了《备忘录》,与客观事实不符。黄艺明、苏月弟提交的《备忘录》的真实性不能成立。1.《备忘录》上所载"郑裕培"英文签名是恶意冒充。2. 林高演在一审时已向法院递交了书面声明文件,否认曾在《备忘录》上签名,周大福公司、亨满公司亦向一审法院申请对《备忘录》进行笔迹司法鉴定,但未获准许。3. 周大福公司、亨满公司和宝宜公司在管辖权异议阶段提交的管辖异议申请书和答辩状,仅是为了解决案件管辖这一程序问题暂时援引了黄艺明、苏月弟在诉状中陈述的内容,并不代表已经认可《备忘录》的真实性。4. 在香港的诉讼中,周大福公司、亨满公司和宝宜公司起诉状载明,"周大福公司、亨满公司与黄冠芳草拟了《备忘录》,但双方并没有签署上述《备忘录》"。(二)在已经确认黄冠芳违约的前提下,黄艺明、苏月弟以周大福公司、亨满公司和宝宜公司违约为由提出的诉讼请求应予驳回,一审判决主文第二项严重违背了民事诉讼"不告不理"的基本原则。是否以及如何追究黄冠芳违约后产生的法律责任,应当另案处理,这是属于周大福公司、亨满公司的权利。(三)一审法院认定事实错误。1. 第四补充协议中所确认的4 861 217元利息,是黄冠芳因未能按时支付转让款而自愿额外向周大福公司、亨满公司承担的责任,并非转让款本金。2. 根据香港法律的规定,本案诉讼时效期限为诉讼因由产生的日期起计六年。黄艺明、苏月弟明确表示合同已于2002年5月31日解除,要求自该日起由周大福公司、亨满公司和宝宜公司承担法律责任,因此,其诉讼因由产生的日期应当是2002年5月31日,由此计算,本案显然已经超过了六年的时效期间。3. 本案适用香港法律,在黄冠芳去世后,黄艺明、苏月弟并未能提供证据证明其已按香港法律规定在香港履行法定手续成为黄冠芳的遗嘱执行人或者遗产管理人,因此,其不具备提起本案诉讼的主体资格。(四)最高人民法院裁定认为,本案所涉合同虽名为股权转让合同,但同时涉及股东贷款权益的转让,宝宜公司作为债务人,就与本案存在法律上的利害关系,因本案被告宝宜公司在广东省内有可供扣押财产,故一审法院对本案享有管辖权,但该裁定赋予一审法院的只是对本案的暂定管辖权。根据一审查明的事实,宝宜公司无须承担任何责任,该暂定管辖权已经丧失继续存在的事实基础。根据《中华人民共和国民事诉讼法》第二百六十五条的规定以及《买卖股权协议》第27条的约定,本案应由香港法院管辖。此外,根据最高人民法院《关于适用〈中华人民共和国民事诉讼法〉的解释》第五百三十二条确立的"不方便法院原则"的规定,应判令驳回黄艺明、苏月弟的起诉。综上,请求改判,删除一审判决主文第一项中关于解除《备忘录》部分,撤销一审判决主文第二项,驳回黄艺明、苏月弟的其他诉讼请求。

黄艺明、苏月弟答辩称:(一)周大福公司、亨满公司、宝宜公司与黄冠芳签订并部分履行了《备忘录》,《备忘录》条款并没有被《买卖股权协议》修订。本案不仅是股权转让纠纷,更是债权转让纠纷,一审法院错误认定本案为股权转让纠纷,并继而错误认定宝宜公司是股权转让的目标公司,判决宝宜公司不承担还款责任,明显错误。《买卖股权协议》的签订证明黄冠芳已经支付了《备忘录》第3.2.1条约定的诚意金,《买卖股权协议》约定的合同总价格是依《备忘录》约定总价扣除2000万诚意金,一审判决忽视这些事实,没有认定黄冠芳支付了2000万元诚意金,是错误的。(二)周大福公司、亨满公司和宝宜公司提供的证据证明其不但违反了《备忘录》,而且违反了《买卖股权协议》。2003年7月25日,黄冠芳曾要求周大福公司、亨满公司和宝宜公司提供付清1.6亿元土地出让款的收据、提供顺德华侨中学原地址的"报建及报批手续"等以便完成交易,但其至今未履行该义务。(三)周大福公司、亨满公司和宝宜公司并未就黄冠芳是否违约、是否承担违约责任和是否扣除赔偿金等问题提出反诉,因此,一审判决认定黄冠芳违约并应承担违约责任,违反了"不告不理"原则。(四)本案没有超过诉讼时效。香港《时效条例》第4条(1)(a)规定,基于简单合约或侵权行为的诉讼,于诉讼因由产生的日期起计满六年后,不得提出。本合同为该类案件,时效应为诉因产生之日起计六年。在《备忘录》、《买卖股权协议》以及补充协议签订后履行期间,直到2006年5月30日周大福公司等致函黄冠芳告知终止协议时,双方就合同解除以及款项返还才开始发生争议。因此,黄艺明、苏月弟基于本案合同解除、款项返还和违约责任追究的诉因产生日期应为2006年5月30日。在协商未果的情况下,黄艺明、苏月弟于2010年7月提起本案诉讼,因此,没有超过六年时效期间。(五)根据内地法律,黄艺明为黄冠芳遗产的继承人,苏月弟为黄冠芳妻子,黄艺明、苏月弟具备本案诉讼主体资格,且周大福公司和宝宜公司已经以自己的诉讼行为认可了黄艺明、苏月弟的诉讼主体资格。故应驳回周大福公司、亨满公司的上诉。

本院二审查明:《买卖股权协议》第14条关于"保证和陈述"约定,转让方对受让方就如下陈述予以保证:(f)(x)除了缔结中文协议和土地出租协议外,宝宜公司没有也不会实施经营活动或从事导致或有债务的行为,但已经披露的除外(包括但不限于建设、建筑和开发土地)。第32条关于"标题"约定,本协议任何标题或副标题仅作参考,不得对相关条款作出结论性解释。

二审期间,周大福公司、亨满公司申请对《备忘录》上"郑裕培"、"林高演"签名的真实性进行司法鉴定。虽然周大福公司、亨满公司否认《备忘录》的真实性,但周大福公司、亨满公司和宝宜公司在香港的起诉状中陈述,"大约于2000年5至6月左右,周大福公司、亨满公司(共同以卖方的身份)与黄冠芳(以买方的身份)就买卖宝宜公司股份进行商谈。商谈过程中更草拟了一份名为《备忘录》的文件",还述及"虽然买卖双方并没有签署上述《备忘录》,但周大福公司、亨满公司(共同以卖方身份)与黄冠芳(以买方身份)其后于2000年6月19日签订《股权买卖协议》",并将《备忘录》作为对其有利的证据提交香港高等法院原讼法庭。由此可见,周大福公司、亨满公司并不否认《备忘录》本身的真实性,只是认为其并未正式签署。因此,一审法院确认《备忘录》的真实性是正确的。因而,没有必要对《备忘录》上"郑裕培"、"林高演"签名的真实性进行司法鉴定。对周大福公司、亨满公司的鉴定申请,不予准许。

各方当事人对一审判决认定的其他事实并无异议,二审期间亦没有提交新证据。因此,除上述对合同部分内容补充外,本院对一审判决认定的事实予以确认。

本院认为:(一)关于本案案由问题。根据最高人民法院《关于适用〈中华人民共和国涉外民事关系法律适用法〉若干问题的解释(一)》第十九条以及《中华人民共和国涉外民事关系法律适用法》第八条的规定,本案纠纷定性应当适用法院地法—内地法律。从本案系争合同的内容看,包括两方面权益转让,一是周大福公司、亨满公司将持有的宝宜公司全部股权转让给黄冠芳,二是周大福公司、亨满公司将其对宝宜公司的股东贷款权益转让给黄冠芳,因此,本案实质系股权及债权转让合同纠纷。根据法(2011)42号最高人民法院《关于印发修改后的〈民事案件案由规定〉的通知》的要求及其所附《民事案件案由规定》,对于第三级案由没有规定的,适用相应的第二级案由,本案案由应确定为合同纠纷。一审法院仅将本案定性为股权转让纠纷欠妥,应予纠正。黄艺明、苏月弟关于本案不仅涉及股权转让,还涉及债权转让的观点是正确的,但案由仍应确定为合同纠纷。

(二)关于黄艺明、苏月弟是否本案适格原告问题。原告是否适格的问题首先是程序法上的问题。程序法事项自应适用法院地法—内地法律。《中华人民共和国民事诉讼法》第一百一十九条规定,"原告是与本案有直接利害关系的公民、法人和其他组织"。黄艺明、苏月弟是否是与本案有直接利害关系的公民?这是本案的先决问题。最高人民法院《关于适用〈中华人民共和国涉外民事关系法律适用法〉若干问题的解释(一)》第十二条规定:"涉外民事争议的解决须以另一涉外民事关系的确认为前提时,人民法院应当根据该先决问题自身的性质确定其应当适用的法律。"本案中,黄艺明系以黄冠芳法定继承人的身份主张权益,苏月弟以黄冠芳夫妻财产共有权人的身份主张权益。《中华人民共和国涉外民事关系法律适用法》第三十一条规定:"法定继承,适用被继承人死亡时经常居所地法律,但不动产法定继承,适用不动产所在地法律。"被继承人黄冠芳死亡时经常居所地是内地,因此,一审法院适用内地法律并根据《中华人民共和国继承法》第二十五条第一款的规定,确定黄艺明是黄冠芳的合法继承人,黄艺明有权继承本案所涉财产,是正确的。《中华人民共和国涉外民事关系法律适用法》第二十四条规定:"夫妻财产关系,当事人可以协议选择适用一方当事人经常居所地法律、国籍国法律或者主要财产所在地法律。当事人没有选择的,适用共同经常居所地法律;没有共同经常居所地的,适用共同国籍国法律。"黄冠芳与苏月弟的共同经常居所地是内地,因此,一审法院适用内地法律并根据《中华人民共和国婚姻法》第十七条的规定,认定本案所涉财产属于黄冠芳与苏月弟的夫妻共同财产,苏月弟是本案系争财产的共有人,是正确的。黄冠芳去世后,黄艺明、苏月弟分别作为其财产继承人和财产共有人,提起本案诉讼,显然符合《中华人民共和国民事诉讼法》第一百一十九条关于"原告"的规定,是本案适格的原告。周大福公司、亨满公司关于应当适用香港法律确定黄艺明、苏月弟是否本案适格诉讼主体的观点是错误的。

(三)关于本案管辖权问题。本院(2011)民四终字第32号民事裁定已经确定内地法院对本案享有管辖权,当事人无权再就管辖权问题提出异议。此外,根据管辖恒定原则,即便据以确定管辖的事实在诉讼过程中发生变化,也不影响原告起诉、法院受理之时已经确定的法院的管辖权,以维护程序安定和诉讼效率等价值。黄艺明、苏月弟将宝宜公司列为本案被告,宝宜公司应否承担责任,是需要经过实体审理才能最终确定的。因此,周大福公司、亨满公司以所谓暂定管辖权、不方便法院原则等理由认为本案应当裁定驳回黄艺明、苏月弟起诉的观点,不能成立。

(四)关于本案所涉合同项下违约责任承担问题。本案系涉港合同纠纷案件。《备忘录》第17条约定:"本备忘录受香港法律管辖,并须按香港法律解释。"《买卖股权协议》第27条约定:"本协议适用香港特别行政区法律并依香港法律解释。"一审法院适用《中华人民共和国民法通则》第一百四十五条第一款的规定,确定本案合同纠纷应当适用香港特别行政区法律是正确的。各方当事人对此并无异议。从合同形式、当事人订约资格、意思表示、对价、合同目的等方面考察,《备忘录》《买卖股权协议》及其四份补充协议均符合香港合同法上关于合同有效的条件,一审法院认定《备忘录》《买卖股权协议》及其四份补充协议均为有效正确。双方当事人均表达了解除合同的意愿,《备忘录》《买卖股权协议》及其四份补充协议应予解除。

《买卖股权协议》第25条约定:"本协议包括双方所有的谅解和协议,无论是缔约方自行或他人以缔约方名义作出的,有关或产生于股权获得的陈述、保证,无论是明示或者暗示,法定或其他的,如果没有包含在、或在协议或任何附件中提及的,均不会导致陈述和保证作出者承担任何责任。"根据该约定,违反《备忘录》的约定不须承担法律责任,从这个意义上讲,《买卖股权协议》已经事实上替代了《备忘录》。黄艺明、苏月弟根据《备忘录》第4条的约定追究周大福公司、亨满公司的违约责任,缺乏依据。根据《买卖股权协议》的约定,周大福公司、亨满公司的主要合同义务是在转让款付清后将宝宜公司全部股权和对宝宜公司的股东贷款权益转让给黄冠芳,黄冠芳的主要合同义务是支付1.845亿港元价款,其中第9条约定对于转让方周大福公司、亨满公司而言,属于附随义务。本案中,黄冠芳未能依据《买卖股权协议》约定的期限完成付款义务,在先后签订四次补充协议、推迟付款期限的情况下,仍未完成。《买卖股权协议》并未明确约定转让款的支付以周大福公司、亨满公司履行特定义务为前提。因此,一审法院认定黄冠芳构成违约,且没有支持黄艺明、苏月弟关于认定周大福公司、亨满公司违约的诉讼请求,并无不当。黄艺明、苏月弟关于周大福公司、亨满公司应承担违约责任、其为行使抗辩权而停止付款的行为不构成违约的上诉理由,不能成立。

《股权买卖协议》第18条约定,在受让方违约的情况下,转让方有权"没收订金4500万港元作为损害赔偿金",且"自此以后,双方不得另外索赔,多余的款项应由转让方退还给受让方,但无需支付利息"。根据该约定,在黄冠芳违约的情况下,周大福公司、亨满公司仅有权扣收4500万港元,其余款项均应予退还,且不得另外索赔。黄冠芳已经支付2000万港元、9350万元人民币以及4 861 217元人民币,在此基础上扣除4500万港元,一审法院判令周大福公司、亨满公司向黄艺明、苏月弟返还"98 361 217元人民币减去2500万港元"款项是正确的。尽管其中黄冠芳已付的4 861 217元人民币当时是作为利息支付,但由于黄冠芳承担的违约责任就是4500万港元,因此,其已付款项不论性质为何,均应统一计算在已付款总额中,由周大福公司、亨满公司在扣除4500万港元后将余款退还。周大福公司、亨满公司关于4 861 217元人民币不应予以返还的上诉理由,不能成立。同时,《买卖股权协议》第18条已经明确约定,余款由转让方退还给受让方无需支付利息,因此,黄艺明、苏月弟无权就此主张利息,其关于周大福公司、亨满公司应就还款支付利息的观点是对合同条款的错误解释,该上诉理由不能成立。

法院根据查明的事实,在认定黄冠芳违约的情况下,确定合同解除后各方当事人应当承担的法律责任,是解决合同争议的应有之义。一审判决在驳回黄艺明、苏月弟以周大福公司、亨满公司违约为由提出的诉讼请求的同时,将周大福公司、亨满公司根据合同应当返还的款项一并在本案中作出处理是正确的,并未超出本案的审理范围,不存在所谓违反"不告不理"诉讼基本原则的问题。周大福公司、亨满公司关于黄冠芳违约后产生的法律责任应当另案处理的上诉理由,不能成立。

(五)关于《备忘录》项下2000万元人民币诚意金是否已经支付问题。黄艺明、苏月弟认为黄冠芳已经依据《备忘录》支付了2000万元诚意金,周大福公司、亨满公司不予认可,在此情形下,黄艺明、苏月弟并未举出充分的证据证明黄冠芳实际向周大福公司、亨满公司支付了该笔款项,其仅仅是根据《备忘录》关于诚意金的约定以及《买卖股权协议》确定价款等情节,推定黄冠芳已经支付2000万诚意金,不能达到高度可能性的证明标准,无法使法官形成内心确信。因此,一审法院未予认定黄冠芳支付2000万元诚意金这一事实并无不妥。黄艺明、苏月弟关于周大福公司、亨满公司应该返还2000万元诚意金的上诉理由,因缺乏事实依据,不能成立。

(六)关于宝宜公司应否承担本案债务的问题。宝宜公司并非《备忘录》《买卖股权协议》及其四份补充协议的当事方,其仅是合同约定的股权转让项下的目标公司和债权转让项下的债务人,根据香港《法律修订及改革(合并)条例》第9条的规定,不能得出宝宜公司在本案中负有向黄艺明、苏月弟承担清偿责任的结论。一审法院没有支持黄艺明、苏月弟对宝宜公司提出的承担还款责任的主张,是正确的。黄艺明、苏月弟关于根据香港法律和内地法律,宝宜公司均应与周大福公司、亨满公司共同承担本案还款责任的上诉理由,不能成立。

(七)关于本案的诉讼时效问题。《中华人民共和国涉外民事关系法律适用法》第七条规定:"诉讼时效,适用相关涉外民事关系应当适用的法律。"本案诉讼时效即应当根据合同纠纷所适用的法律——香港特别行政区法律确定。香港《时效条例》第 4 条(1)(a)规定,基于合约或侵权行为的诉讼,于诉讼因由产生之日起计六年。一审法院根据该规定认定本案诉讼时效为六年正确。各方当事人对此并无异议,但对于该时效期间的起算点存在争议。黄艺明、苏月弟认为应当从 2006 年 5 月 30 日起计算,而周大福公司、亨满公司认为应当从 2002 年 5 月 31 日起计算。黄艺明、苏月弟提起本案诉讼,系基于黄冠芳与周大福公司、亨满公司之间签订的合同,请求确认合同解除并由周大福公司、亨满公司、宝宜公司返还已付转让款及其利息并赔偿损失。虽然合同约定黄冠芳的付款期限届满是 2002 年 5 月 31 日,但周大福公司、亨满公司通知黄冠芳解除合同的时间是 2006 年 5 月 30 日,此后双方继续对合同终止后的相关问题进行了协商,在双方不能达成一致的情况下,黄艺明、苏月弟才提起本案诉讼。可见,本案诉讼因由产生于 2006 年 5 月 30 日,而不是 2002 年 5 月 31 日。因此,一审判决认定本案并未超过诉讼时效期间是正确的。周大福公司、亨满公司关于本案已超过诉讼时效期间的上诉理由,不能成立。

综上,一审法院认定基本事实清楚,适用法律正确,应予维持。上诉人黄艺明、苏月弟以及上诉人周大福公司、亨满公司的上诉理由均不能成立,不应予以支持。本院依照《中华人民共和国民事诉讼法》第一百七十条第一款第一项的规定,判决如下:

驳回上诉,维持原判。

二审案件受理费 1 212 255.50 元,由上诉人黄艺明、苏月弟负担 606 127.75 元,上诉人周大福公司、亨满公司负担 606 127.75 元。

本判决为终审判决。

## 2. 人民法院台胞权益保障十大典型案例[①]

### (1) 北京某科技公司诉台湾地区居民姜某某劳动争议纠纷案

**关键词** 同等劳动待遇

**【基本案情】**

2019 年 1 月 24 日,台湾地区居民姜某某入职北京某科技公司。姜某某入职后,在 2019 年 5 月 1 日至 8 月 31 日四个月里,该科技公司向其支付的工资低于双方约定的每月 20000 元标准。姜某某于 2019 年 9 月离职,随后以要求该科技公司支付上述四个月工资差额为由,向北京市海淀区劳动人事争议仲裁委员会申请仲裁。仲裁委员会裁决该科技公司支付姜某某工资差额 27198 元。

该科技公司不服仲裁裁决,起诉至北京市海淀区人民法院,称姜某某系台湾地区居民,未办理台港澳人员就业证,故其与姜某某不能成立劳动关系,仅构成劳务合同关系;而且,其已于 2019 年 8 月与姜某某协商降低劳务费标准,故无需向姜某某支付争议的工资差额。姜某某辩称,双方之间系劳动关系,科技公司应按约定工资标准支付工资差额。

**【裁判结果】**

北京市海淀区人民法院一审认为,2018 年 8 月 23 日实施的《人力资源社会保障部关于香港澳门台湾居民在内地(大陆)就业有关事项的通知》规定:"2018 年 7 月 28 日起,港澳台人员在内地(大陆)就业不再需要办理《台港澳人员就业证》",因此,姜某某具备建立劳动关系的主体资格,其自 2019 年 1 月 24 日入职北京某科技公司时,即与该科技公司建立劳动关系。就 2019 年 5 月至 8 月的争议工资差额,因该科技公司没有充分证据证明姜某某同意降薪,其应按照约定标准足额支付姜某某工资,差额部分应予补足,故判决该科技公司支付姜某某工资差额 27198 元。北京市第一中级人民法院二审维持原判。

**【典型意义】**

2019 年 3 月 26 日,最高人民法院印发《关于为深化两岸融合发展提供司法服务的若干措施》(以下简称"司法 36 条惠台措施"),其中,第 1 条即提出依法保障台湾同胞在大陆学习、创业、就业、生活逐步享有同等待遇。本案是人民法院坚持公正高效司法,依法保障台湾同胞就业权益的一个典型案例。

本案涉及的一个核心问题是台湾地区居民在大陆建立劳动关系的主体资格。国务院于 2018 年 7 月 28 日印发《关于取消一批行政许可事项的决定》(以下简称《决定》),取消港澳台居民在内地(大陆)就业许可。为贯彻落实《决定》精神,最高人民法院对有关涉劳动争议司法解释及时作出调整,反映出保障港澳台居民在内地(大陆)平等就业的司法立场。本案中,人民法院准确理解和把握取消港澳台居民内地(大陆)就业许可的法律意义,依法认定北京某科技公司与姜某某之间存在劳动关系,传达出司法维护在大陆就业台湾同胞合法劳动权益的明确信号:在《决定》实施后,用人单位不得以台湾地区居民未办理就业证为由,认为其不具备建立劳动关系主体资格,进而否认双方存在劳动关系。这有利于纠正个别用人单位在涉台就业管理中的错误理解和做法,有利于公正高效维护台湾

---

[①] 案例来源:2021 年 12 月 14 日最高人民法院发布。

同胞合法权益,有利于进一步鼓励台湾同胞到大陆就业和进一步促进两岸融合发展。

### (2)某台资自行车公司诉广州两自行车公司虚假宣传纠纷案

**关键词** 知识产权保护、反不正当竞争

**【基本案情】**

某台资自行车公司发现,广州两自行车公司在举行新产品战略及产品发布会过程中,将该台资自行车公司生产的销售量较大、市场竞争力较强的主打自行车产品,与该两家自行车公司的产品,从自行车车架、前叉、变速系统、刹车系统、轮组五个方面进行片面比对,刻意忽略产品其他要素,得出该两家公司生产的同样性能产品,只需该台资自行车公司产品一半价格的结论,以获取不正当竞争优势。该台资自行车公司遂诉至法院,主张广州两自行车公司为获取不正当竞争优势,构成虚假宣传等行为。

**【裁判结果】**

江苏省苏州市中级人民法院认为,广州两自行车公司通过对商品进行片面比对,主观上具有借某台资自行车公司品牌来扩大自己新产品市场影响力的故意,客观上使消费者误解该台资自行车公司产品性价比低而自身新产品物美价廉,以影响消费者对该台资自行车公司产品的认知评价和购买选择,构成引人误解的虚假宣传。故判决两公司赔偿该台资自行车公司经济损失50000元及合理开支4080元。

**【典型意义】**

最高人民法院"司法36条惠台措施"第2条强调,要加强产权司法保护和知识产权保护,让台湾同胞在大陆专心创业、放心投资、安心经营。

本案是一起典型的通过片面比对等不正当手段,造成消费者误解,以谋取不正当竞争优势的案件。在案件审理中,人民法院从完善市场结构和维护公平竞争的角度,依法判令不正当竞争者承担法律责任,彰显人民法院依法加大对破坏市场公平竞争秩序及搭便车行为打击力度、严格保护包括台胞台企在内的所有市场主体产权和知识产权的立场与决心,让台湾同胞切实感受到大陆良好的司法环境与营商环境,安心投资创业。

### (3)某台资塑胶公司诉浙江某进出口公司及其股东宁波某塑胶公司买卖合同纠纷案

**关键词** 营造良好营商环境

**【基本案情】**

某台资塑胶公司就购买原料与宁波某塑胶公司进行业务磋商。在业务磋商期间,宁波某塑胶公司投资新设浙江某进出口公司(以下简称进出口公司)。宁波某塑胶公司表示,其与该台资塑胶公司的买卖合同将由其新设立的进出口公司出面签订。其后,进出口公司与该台资塑胶公司签订了一份《产品销售合同》,约定该台资塑胶公司向进出口公司购买3000吨苯乙烯。该台资塑胶公司支付货款后,进出口公司仍有接近3000万元的货物未予交付。该台资塑胶公司起诉要求进出口公司承担违约责任,并以构成公司人格混同为由,要求宁波某塑胶公司承担连带责任。

**【裁判结果】**

浙江省宁波市中级人民法院一审认为,宁波某塑胶公司在与该台资塑胶公司业务磋商期间,投资新设进出口公司,由进出口公司出面签约,进出口公司与其股东宁波某塑胶公司在经营范围、场所、高管、财务人员等方面,存在一定的混同或交叉;且两公司在财务关系上存在严重异常,进出口公司在没有真实交易的情况下,将其收到的该台资塑胶公司货款迅速转移到宁波某塑胶公司账户。宁波某塑胶公司作为进出口公司的股东,显然存在滥用公司法人独立地位、逃避债务、损害债权人利益的情形。故判决进出口公司应返还该台资塑胶公司货款29748642.27元并赔偿利息损失,宁波某塑胶公司依法应承担连带责任。浙江省高级人民法院二审维持原判。

**【典型意义】**

本案是一起典型的通过适用法人人格否认制度,追究股东连带责任的案件。人民法院在适用法人人格否认制度时,是非常慎重的,在对宁波某塑胶公司和进出口公司在组织机构、公司员工、业务范围、办事机构、财产独立等方面进行深入分析的基础上,依法得出宁波某塑胶公司存在滥用公司法人独立地位、逃避债务、损害债务人利益的结论,判令宁波某塑胶公司和进出口公司就返还台资塑胶公司货款承担连带责任,有力维护了诚实信用的市场规则和公平正义。

本案让台胞台企看到了人民法院公正适用法律的坚定立场和能力水平,坚定了对大陆良好营商环境的信任与信心。案件审结后,该台资塑胶公司在台湾地区的母公司特地向浙江省高级人民法院寄来感谢信,盛赞人民法院精细审理,使其"深刻感受到大陆的司法公正及浙江良好的政经环境,对于今后加码投资更具信心"。

### (4)广东某拉链公司诉厦门某服饰公司、黄某某买卖合同纠纷案

**关键词** 依法慎用限制出境措施

**【基本案情】**

台湾地区居民黄某某作为保证人之一,自愿在保证文书上签字,承诺对厦门某服饰公司向广东某拉链公司清偿所

有货款及利息承担连带责任。因厦门某服饰公司没有按期清偿货款,广东某拉链公司向法院申请对该服饰公司、黄某某及其他保证人进行诉前保全,并申请对黄某某采取限制出境措施,同时向法院提交了保险公司出具的担保函,作为诉前保全申请的担保。随后,广东某拉链公司向法院正式起诉,要求厦门某服饰公司支付拖欠货款及逾期付款违约金。

【裁判结果】

关于广东某拉链公司申请限制黄某某出境问题,福建省厦门市海沧区人民法院认为,鉴于案涉纠纷事实较为清楚、黄某某所应承担的担保责任较为清晰、临近春节黄某某有近期出境风险,而且申请人已就此提供了充分担保等情况,遂依法限制黄某某出境。

该案正式起诉立案后,厦门某服饰公司和案外人等提供相应担保,申请解除对黄某某的限制出境措施。厦门市海沧区人民法院认为,厦门某服饰公司等提供的担保已达到广东某拉链公司申请保全标的额,足以保障后者的权益,遂依法解除了对黄某某的限制出境措施。

【典型意义】

限制出境措施是人民法院依法采取的强制措施之一。根据《中华人民共和国出境入境管理法》第十二条的规定,中国公民有未了结的民事案件,人民法院可以依法不准其出境。但同时,人民法院对于适用限制出境等强制措施一直持审慎态度,这也体现在最高人民法院"司法36条惠台措施"中,其第4条明确要求依法慎用限制出境措施。

本案中,黄某某是未了结民事案件的当事人,厦门市海沧区人民法院根据案件审理需要,限制其出境,符合法律规定。在厦门某服饰公司、案外人等提供充分有效财产担保,请求解除对黄某某限制出境措施的情况下,厦门市海沧区人民法院综合考量申请人权益实现已有可靠保障、黄某某个人生活需要等因素,依法解除对黄某某限制出境措施,同样符合法律规定,并且体现出善意、文明、审慎适用限制措施的理念,最大限度降低了对台湾同胞、台湾企业正常生活、经营的不利影响。

### (5)台湾地区某保险公司诉利比里亚某海运公司、台湾地区某海运公司、林某某、张某船舶碰撞损害赔偿纠纷案

关键词  区际海事纠纷解决、台湾地区民商事规则适用

【基本案情】

台湾地区公务船舶"CG126"轮和利比里亚籍集装箱运输船"柏明"(YM CYPRESS)轮,在台湾地区台南国圣港外水域发生碰撞事故。台湾地区某保险公司作为"CG126"轮的保险人,进行保险赔偿后取得对"柏明"轮的代位求偿权。该保险公司通过诉前海事请求保全,在深圳蛇口港扣押了"柏明"轮,由此形成管辖权连结点,并向广州海事法院提起诉讼,请求判令利比里亚某海运公司("柏明"轮船舶登记所有人)、台湾地区某海运公司("柏明"轮船舶管理人和经营人)、林某某(当值船员)、张某(当值船员)连带赔偿损失及利息,并承担诉前扣押船舶申请费。案经广州海事法院一审后,又经广东省高级人民法院作出终审判决。

【裁判结果】

广东省高级人民法院经审理认为,"CG126"轮对碰撞事故负75%主要责任,"柏明"轮负25%次要责任,根据国家法律和司法解释中选择适用法律的规则,适用台湾地区民商事规则解决本案实体纠纷,最终判决利比里亚某海运公司、台湾地区某海运公司、张某连带赔偿台湾地区某保险公司船舶碰撞损失新台币26350271.25元及相应利息。

【典型意义】

本案系由发生在台湾地区水域的船舶碰撞事故引发。具体审理中,人民法院将法律适用作为处理实体争议的先决问题先予解决,根据国家法律和司法解释中选择适用法律的规则,在不违反法律基本原则和社会公共利益的前提下,准确适用台湾地区民商事规则。

特别是,涉案船舶分别是台湾地区公务船舶和台湾地区大型航运企业所属的利比里亚籍集装箱运输船,与大陆海事法院本无管辖权连结点。在此情况下,原告台湾地区某保险公司作为台湾地区公务船舶的保险人,通过在深圳申请扣押当事船舶形成连结点,在大陆法院提起诉讼,充分反映出台湾地区当事人对大陆司法公正性与专业性的信任,也反映出大陆法院在区际海事纠纷解决领域的影响力。

### (6)江苏某台资电子科技公司诉江苏某台资半导体公司、纪某某买卖合同纠纷案

关键词  智慧司法

【基本案情】

江苏某台资电子科技公司(以下简称电子科技公司)与江苏某台资半导体公司(以下简称半导体公司)在电子元件领域长期存在贸易往来。受多种因素影响,半导体公司的日常经营陷入困境,资金链暂时断裂,未能及时向电子科技公司支付货款347万余元。电子科技公司经多次索要无果后,将半导体公司及其法定代表人纪某某(台湾地区居民)诉至江苏省南通市中级人民法院,要求其立即支付货款及逾期付款利息。

【处理结果】

诉讼发生时双方公司负责人均在台湾地区,根据当时

疫情防控要求，均无法按时到庭应诉。在征得双方当事人同意后，江苏省南通市中级人民法院通过"支云"庭审系统，以互联网庭审方式组织双方先行调解。调解过程中，双方就所欠货款、利息及诉讼费承担等问题最终达成一致意见。法官现场制作调解协议，并显示在"支云"庭审手机APP上。双方当事人在各自的手机终端对调解协议进行了签名确认。本案通过网络调解方式成功调解，之后，双方当事人如期履行了调解协议。

【典型意义】

本案是"智慧法院"建设便利台湾同胞诉讼的一个典型案例。最高人民法院"司法36条惠台措施"第14条强调，要适应涉台案件特点，不断完善便利台湾同胞的在线起诉、应诉、举证、质证、参与庭审、申请执行等信息化平台。2021年2月3日和6月17日，最高人民法院分别发布《关于为跨境诉讼当事人提供网上立案服务的若干规定》和《人民法院在线诉讼规则》，为包括台湾地区居民在内的当事人提供跨境网上立案服务和在线诉讼指引。涉台诉讼较多的人民法院通过建设涉台司法服务网站、24小时自助式诉讼服务中心、智慧法院APP、授权见证平台、移动微法院等方式引导台胞开展线上诉讼，想方设法为广大台胞提供更大诉讼便利。疫情期间，"智慧法院"建设实现审判"不打烊"、公平"不掉线"，让包括台湾同胞在内的人民群众切实享受到智慧司法红利，增强了对司法的获得感和幸福感。

**（7）陈某某盗窃、抢夺案**

**关键词** 刑事案件律师辩护全覆盖

【基本案情】

被告人陈某某系台湾地区居民。2020年7月至8月，陈某某经事先策划后多次使用撬棍等工具撬动某珠宝店门窗，欲进入店内偷取金器，但均因无法撬开而未得逞。2020年8月12日，陈某某经事先策划，到另一珠宝店，以购买金器为由，趁被害人郑某某不备，将郑某某拿出供其挑选的黄金项链3条、黄金吊坠2个夺走，逃离现场。经当地价格认证中心价格认定，被抢金器价值人民币72527元。2020年8月13日，陈某某被抓获，公安机关当场查扣赃物黄金项链3条、黄金吊坠2个，并发还被害人。

【裁判结果】

该案立案后，陈某某对被指控的事实、罪名及量刑建议无异议，自愿签具了认罪认罚具结书。审理阶段，福建省福清市人民法院经征求被告人陈某某意见后，为其指派了刑事辩护经验丰富的律师作为辩护人。在庭审中，法院加强对陈某某认罪认罚自愿性、知悉性和合法性的审查，辩护人提出被告人陈某某具有未遂、坦白、认罪认罚等从轻、从宽处理情节的辩护意见。法院对辩护意见予以采纳，同时根据其犯罪情节、认罪认罚等因素，依法确定从宽幅度，最终判决陈某某犯盗窃罪、抢夺罪。

【典型意义】

2017年以来，最高人民法院单独或者会同有关单位发布了多件关于刑事案件律师辩护全覆盖的司法文件，尊重和保障人权，促进司法公正。最高人民法院"司法36条惠台措施"中明确规定，对符合法律援助条件的台湾当事人，应主动协调法律援助机构及时提供法律援助。台湾被告人没有委托辩护人的，可以通知法律援助机构指派律师为其提供辩护。

本案办理中，法院积极协调法律援助机构指派律师担任陈某某辩护人，为其提供法律援助，使其准确了解大陆法律规定，在依法有效惩治犯罪的同时，切实保障台湾被告人的诉讼权利。

**（8）江某某、游某康、游某丽诉李某某、某船务公司、谢某某海上人身损害责任纠纷案**

**关键词** 台胞权益保障法官工作室、台胞陪审员

【基本案情】

台湾地区居民李某某系某货船的实际所有权人。2019年1月，李某某与大陆居民谢某某联名，以光船租赁方式将该船挂靠在某船务公司进行经营。2019年8月，受李某某雇佣、任该船船长的游某某，在工作岗位上意外死亡。

事故发生后，李某某与游某某的亲属江某某等签订一份《协议书》，承诺支付死亡赔偿金、丧葬费等70万元，并将船舶证书交予江某某等作为质押担保。之后，李某某支付10万元后返回台湾地区，剩余款项未支付。江某某等人起诉至厦门海事法院，请求判令李某某、某船务公司及谢某某承担连带赔偿责任，并主张对该货船享有船舶优先权。

【处理结果】

本案系一起典型的涉台案件，厦门海事法院依法确定台胞陪审员阮某某参与本案审理，并依托台胞权益保障法官工作室启动先行调解机制。在台胞陪审员阮某某的全程参与下，最终促成当事人达成分期支付赔偿款项、附条件解除船舶限制的和解方案。各方当事人随即自动履行，纠纷得到圆满解决。

【典型意义】

最高人民法院"司法36条惠台措施"提出要加强涉台案件办理的组织机构建设，完善多元化纠纷解决机制，扩大台湾同胞参与司法工作，推动两岸司法交流，其中，第29

条明确提出,选任符合条件的台湾同胞担任涉台案件的人民陪审员。

为贯彻落实最高人民法院"司法36条惠台措施",各地人民法院特别是涉台案件较多的人民法院开展了积极有益的探索。例如,为促进涉台矛盾纠纷化解,近年来,福建法院设立60家台胞权益保障法官工作室,以法律咨询、强化调解、司法建议和法律宣传等为主要工作内容,搭建司法与台胞之间联系沟通的桥梁;此外,选任台胞担任涉台案件的人民陪审员,定期与台胞陪审员座谈、开展培训等,为其履职提供保障。

实践证明,依托台胞权益保障法官工作室和台胞陪审员机制,有利于妥善化解各类涉台纠纷,帮助包括台湾同胞在内的各方当事人尽快摆脱讼累,维护好各方当事人合法权益,是落实最高人民法院"司法36条惠台措施"的一个成功范例。

### (9)天津某台资电子公司与某客运公司、某旅行社旅游合同纠纷执行案

**关键词** 善意文明执行、疫情期间复工复产

**【基本案情】**

天津某台资电子公司(以下简称电子公司)与某旅行社签订旅游服务合同,由该旅行社安排电子公司实习生乘坐某客运公司的大巴车前往北京旅游。大巴车行驶过程中,与一辆水泥罐车相撞发生交通事故,造成大巴车所载人员4人死亡、49人受伤。事故发生后,电子公司对伤亡人员损失先行垫付赔偿完毕后,就追偿问题起诉某旅行社及某客运公司。法院经审理,判决某旅行社及某客运公司连带赔偿电子公司1429098.24元。但因为某旅行社及某客运公司受疫情冲击较大,自身经营严重困难,均未如期履行判决。电子公司遂向天津市河西区人民法院申请强制执行。

**【执行情况】**

执行过程中,执行法院天津市河西区人民法院充分考虑双方当事人受疫情影响,经营严重困难的现实,没有简单机械采取强制执行措施,而是积极拓展工作思路,多次与事故车辆的保险公司沟通,争取保险公司主动协助执行,同时,协调当事人配合保险公司工作要求,履行相关理赔手续,最终实现了理赔顺利完成,理赔款项及时到位,案件圆满执结。

**【典型意义】**

人民法院认真贯彻落实中央决策部署,立足服务保障常态化疫情防控和全面恢复经济社会秩序目标,全面落实最高人民法院在疫情期间单独或者会同有关单位制定的20余部司法文件,认真落实"司法36条惠台措施"依法慎用查封扣押冻结措施的要求,坚持善意文明执行理念,在实现公平正义的同时,帮助包括台资企业在内的所有企业纾困解忧、复工复产,用司法努力连通两岸同胞心灵,增进守望相助的手足情谊。本案即是一个典型。申请执行人电子公司在结案后的感谢信中说到,该案执行工作使其对人民法院的责任感、使命感、人文关怀及高速的办事效率有了全新认识,坚定了台资企业投资和持续发展的决心和信心。

### (10)陈某某诉耿某某房屋租赁合同纠纷案

**关键词** 涉台纠纷多元化解、台胞调解员

**【案情简介】**

陈某某是知名台商,通过在大陆开办茶馆的形式推销台湾地区的高山茶等产品。在山东省青岛市黄岛区,陈某某租赁耿某某的房屋,开办了一个茶馆。2018年以来,该租赁房屋的正常水电供应无法保障,导致陈某某茶馆不能正常经营。陈某某遂起诉要求耿某某退还其已交房租并赔偿装修损失共计20余万元,而陈某某则反诉要求耿某某支付房屋占用费、物业费、电费等共计15万元。

**【处理结果】**

一审法院宣判后,原、被告双方均提起上诉。二审法院山东省青岛市中级人民法院考虑到该案事实较为复杂、双方当事人矛盾又较为尖锐,遂及时启动与山东省青岛市人民政府台港澳事务办公室建立的"涉台纠纷特邀调解机制",邀请知名台商作为特邀调解员参与案件调解,最终推动双方当事人达成了一致意见。案件以调解方式结案,且调解书得以即时履行,该涉台房屋租赁纠纷被妥善化解。

**【典型意义】**

"司法36条惠台措施"第26条强调:完善调解、仲裁、诉讼等有机衔接、相互协调的多元化纠纷解决机制,提高涉台纠纷解决效率,降低纠纷解决成本。各地法院特别是涉台案件较多的法院,加大与当地台办、贸促会、仲裁机构和调解组织的沟通合作,联合建立了一批各具特色、颇有实效的涉台纠纷联处工作机制,其中一项重要内容即是聘请有一定知名度的台胞担任特邀调解员,参与诉前、诉中及执行中的调解、和解工作。本案邀请两位台湾同胞担任涉台纠纷特邀调解员,从维护台商合法权益、着眼长远投资利益等角度释明利害,促进矛盾纠纷高效化解,实现案结事了人和。

# 二十二、涉外民事诉讼程序

## 中华人民共和国涉外民事关系法律适用法

- 2010年10月28日第十一届全国人民代表大会常务委员会第十七次会议通过
- 2010年10月28日中华人民共和国主席令第36号公布
- 自2011年4月1日起施行

### 第一章 一般规定

**第一条** 【立法宗旨】为了明确涉外民事关系的法律适用,合理解决涉外民事争议,维护当事人的合法权益,制定本法。

**第二条** 【本法的适用与最密切联系原则】涉外民事关系适用的法律,依照本法确定。其他法律对涉外民事关系法律适用另有特别规定的,依照其规定。

本法和其他法律对涉外民事关系法律适用没有规定的,适用与该涉外民事关系有最密切联系的法律。

**第三条** 【当事人意思自治原则】当事人依照法律规定可以明示选择涉外民事关系适用的法律。

**第四条** 【强制性法律直接适用】中华人民共和国法律对涉外民事关系有强制性规定的,直接适用该强制性规定。

**第五条** 【公共秩序保留】外国法律的适用将损害中华人民共和国社会公共利益的,适用中华人民共和国法律。

**第六条** 【冲突规范指向多法域国家时的处理】涉外民事关系适用外国法律,该国不同区域实施不同法律的,适用与该涉外民事关系有最密切联系区域的法律。

**第七条** 【诉讼时效的准据法】诉讼时效,适用相关涉外民事关系应当适用的法律。

**第八条** 【涉外民事关系定性的准据法】涉外民事关系的定性,适用法院地法律。

**第九条** 【不适用反致制度】涉外民事关系适用的外国法律,不包括该国的法律适用法。

**第十条** 【外国法的查明】涉外民事关系适用的外国法律,由人民法院、仲裁机构或者行政机关查明。当事人选择适用外国法律的,应当提供该国法律。

不能查明外国法律或者该国法律没有规定的,适用中华人民共和国法律。

### 第二章 民事主体

**第十一条** 【自然人民事权利能力的准据法】自然人的民事权利能力,适用经常居所地法律。

**第十二条** 【自然人民事行为能力的准据法】自然人的民事行为能力,适用经常居所地法律。

自然人从事民事活动,依照经常居所地法律为无民事行为能力,依照行为地法律为有民事行为能力的,适用行为地法律,但涉及婚姻家庭、继承的除外。

**第十三条** 【宣告失踪或死亡的准据法】宣告失踪或者宣告死亡,适用自然人经常居所地法律。

**第十四条** 【法人及其分支机构属人法的确定】法人及其分支机构的民事权利能力、民事行为能力、组织机构、股东权利义务等事项,适用登记地法律。

法人的主营业地与登记地不一致的,可以适用主营业地法律。法人的经常居所地,为其主营业地。

**第十五条** 【人格权的准据法】人格权的内容,适用权利人经常居所地法律。

**第十六条** 【代理关系的准据法】代理适用代理行为地法律,但被代理人与代理人的民事关系,适用代理关系发生地法律。

当事人可以协议选择委托代理适用的法律。

**第十七条** 【信托关系的准据法】当事人可以协议选择信托适用的法律。当事人没有选择的,适用信托财产所在地法律或者信托关系发生地法律。

**第十八条** 【仲裁协议效力的准据法】当事人可以协议选择仲裁协议适用的法律。当事人没有选择的,适用仲裁机构所在地法律或者仲裁地法律。

**第十九条** 【自然人国籍冲突的处理】依照本法适用国籍国法律,自然人具有两个以上国籍的,适用有经常居所的国籍国法律;在所有国籍国均无经常居所的,适用与其有最密切联系的国籍国法律。自然人无国籍或者国籍不明的,适用其经常居所地法律。

**第二十条** 【自然人经常居所地不明时的处理】依照本法适用经常居所地法律,自然人经常居所不明的,适用其现在居所地法律。

## 第三章 婚姻家庭

**第二十一条 【结婚实质要件的准据法】**结婚条件,适用当事人共同经常居所地法律;没有共同经常居所地的,适用共同国籍国法律;没有共同国籍,在一方当事人经常居所地或者国籍国缔结婚姻的,适用婚姻缔结地法律。

**第二十二条 【结婚形式要件的准据法】**结婚手续,符合婚姻缔结地法律、一方当事人经常居所地法律或者国籍国法律的,均为有效。

**第二十三条 【夫妻人身关系的准据法】**夫妻人身关系,适用共同经常居所地法律;没有共同经常居所地的,适用共同国籍国法律。

**第二十四条 【夫妻财产关系的准据法】**夫妻财产关系,当事人可以协议选择适用一方当事人经常居所地法律、国籍国法律或者主要财产所在地法律。当事人没有选择的,适用共同经常居所地法律;没有共同经常居所地的,适用共同国籍国法律。

**第二十五条 【父母子女人身财产关系的准据法】**父母子女人身、财产关系,适用共同经常居所地法律;没有共同经常居所地的,适用一方当事人经常居所地法律或者国籍国法律中有利于保护弱者权益的法律。

**第二十六条 【协议离婚的准据法】**协议离婚,当事人可以协议选择适用一方当事人经常居所地法律或者国籍国法律。当事人没有选择的,适用共同经常居所地法律;没有共同经常居所地的,适用共同国籍国法律;没有共同国籍的,适用办理离婚手续机构所在地法律。

**第二十七条 【诉讼离婚的准据法】**诉讼离婚,适用法院地法律。

**第二十八条 【收养关系的准据法】**收养的条件和手续,适用收养人和被收养人经常居所地法律。收养的效力,适用收养时收养人经常居所地法律。收养关系的解除,适用收养时被收养人经常居所地法律或者法院地法律。

**第二十九条 【扶养关系的准据法】**扶养,适用一方当事人经常居所地法律、国籍国法律或者主要财产所在地法律中有利于保护被扶养人权益的法律。

**第三十条 【监护的准据法】**监护,适用一方当事人经常居所地法律或者国籍国法律中有利于保护被监护人权益的法律。

## 第四章 继 承

**第三十一条 【法定继承的准据法】**法定继承,适用被继承人死亡时经常居所地法律,但不动产法定继承,适用不动产所在地法律。

**第三十二条 【遗嘱方式的准据法】**遗嘱方式,符合遗嘱人立遗嘱时或者死亡时经常居所地法律、国籍国法律或者遗嘱行为地法律的,遗嘱均为成立。

**第三十三条 【遗嘱效力的准据法】**遗嘱效力,适用遗嘱人立遗嘱时或者死亡时经常居所地法律或者国籍国法律。

**第三十四条 【遗产管理等事项的准据法】**遗产管理等事项,适用遗产所在地法律。

**第三十五条 【无人继承遗产的准据法】**无人继承遗产的归属,适用被继承人死亡时遗产所在地法律。

## 第五章 物 权

**第三十六条 【不动产物权的准据法】**不动产物权,适用不动产所在地法律。

**第三十七条 【动产物权的准据法】**当事人可以协议选择动产物权适用的法律。当事人没有选择的,适用法律事实发生时动产所在地法律。

**第三十八条 【运输中的动产物权的准据法】**当事人可以协议选择运输中动产物权发生变更适用的法律。当事人没有选择的,适用运输目的地法律。

**第三十九条 【有价证券的准据法】**有价证券,适用有价证券权利实现地法律或者其他与该有价证券有最密切联系的法律。

**第四十条 【权利质权的准据法】**权利质权,适用质权设立地法律。

## 第六章 债 权

**第四十一条 【合同的准据法的一般规定】**当事人可以协议选择合同适用的法律。当事人没有选择的,适用履行义务最能体现该合同特征的一方当事人经常居所地法律或者其他与该合同有最密切联系的法律。

**第四十二条 【消费者合同的准据法】**消费者合同,适用消费者经常居所地法律;消费者选择适用商品、服务提供地法律或者经营者在消费者经常居所地没有从事相关经营活动的,适用商品、服务提供地法律。

**第四十三条 【劳动合同的准据法】**劳动合同,适用劳动者工作地法律;难以确定劳动者工作地的,适用用人单位主营业地法律。劳务派遣,可以适用劳务派出地法律。

**第四十四条 【侵权责任的准据法的一般规定】**侵权责任,适用侵权行为地法律,但当事人有共同经常居所地的,适用共同经常居所地法律。侵权行为发生后,当事人协议选择适用法律的,按照其协议。

**第四十五条 【产品责任的准据法】**产品责任,适用被侵权人经常居所地法律；被侵权人选择适用侵权人主营业地法律、损害发生地法律的，或者侵权人在被侵权人经常居所地没有从事相关经营活动的，适用侵权人主营业地法律或者损害发生地法律。

**第四十六条 【以媒体方式侵害人格权的准据法】**通过网络或者采用其他方式侵害姓名权、肖像权、名誉权、隐私权等人格权的，适用被侵权人经常居所地法律。

**第四十七条 【不当得利和无因管理的准据法】**不当得利、无因管理，适用当事人协议选择适用的法律。当事人没有选择的，适用当事人共同经常居所地法律；没有共同经常居所地的，适用不当得利、无因管理发生地法律。

### 第七章 知识产权

**第四十八条 【知识产权的准据法的一般规定】**知识产权的归属和内容，适用被请求保护地法律。

**第四十九条 【知识产权转让和许可合同的准据法】**当事人可以协议选择知识产权转让和许可使用适用的法律。当事人没有选择的，适用本法对合同的有关规定。

**第五十条 【知识产权侵权责任的准据法】**知识产权的侵权责任，适用被请求保护地法律，当事人也可以在侵权行为发生后协议选择适用法院地法律。

### 第八章 附 则

**第五十一条 【新法与旧法的协调适用】**《中华人民共和国民法通则》第一百四十六条、第一百四十七条，《中华人民共和国继承法》第三十六条，与本法的规定不一致的，适用本法。

**第五十二条 【本法的时间效力】**本法自2011年4月1日起施行。

## 最高人民法院关于适用《中华人民共和国涉外民事关系法律适用法》若干问题的解释（一）

- 2012年12月10日最高人民法院审判委员会第1563次会议通过
- 根据2020年12月23日最高人民法院审判委员会第1823次会议通过的《最高人民法院关于修改〈最高人民法院关于破产企业国有划拨土地使用权应否列入破产财产等问题的批复〉等二十九件商事类司法解释的决定》修正
- 2020年12月29日最高人民法院公告公布
- 自2021年1月1日起施行
- 法释〔2020〕18号

为正确审理涉外民事案件，根据《中华人民共和国涉外民事关系法律适用法》的规定，对人民法院适用该法的有关问题解释如下：

**第一条** 民事关系具有下列情形之一的，人民法院可以认定为涉外民事关系：

（一）当事人一方或双方是外国公民、外国法人或者其他组织、无国籍人；

（二）当事人一方或双方的经常居所地在中华人民共和国领域外；

（三）标的物在中华人民共和国领域外；

（四）产生、变更或者消灭民事关系的法律事实发生在中华人民共和国领域外；

（五）可以认定为涉外民事关系的其他情形。

**第二条** 涉外民事关系法律适用法实施以前发生的涉外民事关系，人民法院应当根据该涉外民事关系发生时的有关法律规定确定应当适用的法律；当时法律没有规定的，可以参照涉外民事关系法律适用法的规定确定。

**第三条** 涉外民事关系法律适用法与其他法律对同一涉外民事关系法律适用规定不一致的，适用涉外民事关系法律适用法的规定，但《中华人民共和国票据法》《中华人民共和国海商法》《中华人民共和国民用航空法》等商事领域法律的特别规定以及知识产权领域法律的特别规定除外。

涉外民事关系法律适用法对涉外民事关系的法律适用没有规定而其他法律有规定的，适用其他法律的规定。

**第四条** 中华人民共和国法律没有明确规定当事人可以选择涉外民事关系适用的法律，当事人选择适用法律的，人民法院应认定该选择无效。

**第五条** 一方当事人以双方协议选择的法律与系争的涉外民事关系没有实际联系为由主张选择无效的，人民法院不予支持。

**第六条** 当事人在一审法庭辩论终结前协议选择或者变更选择适用的法律的，人民法院应予准许。

各方当事人援引相同国家的法律且未提出法律适用异议的，人民法院可以认定当事人已经就涉外民事关系适用的法律做出了选择。

**第七条** 当事人在合同中援引尚未对中华人民共和国生效的国际条约的，人民法院可以根据该国际条约的内容确定当事人之间的权利义务，但违反中华人民共和国社会公共利益或中华人民共和国法律、行政法规强制性规定的除外。

**第八条** 有下列情形之一，涉及中华人民共和国社会公共利益、当事人不能通过约定排除适用、无需通过冲突规范指引而直接适用于涉外民事关系的法律、行政法规的规定，人民法院应当认定为涉外民事关系法律适用法第四条规定的强制性规定：

（一）涉及劳动者权益保护的；

（二）涉及食品或公共卫生安全的；

（三）涉及环境安全的；

（四）涉及外汇管制等金融安全的；

（五）涉及反垄断、反倾销的；

（六）应当认定为强制性规定的其他情形。

第九条　一方当事人故意制造涉外民事关系的连结点，规避中华人民共和国法律、行政法规的强制性规定的，人民法院应认定为不发生适用外国法律的效力。

第十条　涉外民事争议的解决须以另一涉外民事关系的确认为前提时，人民法院应当根据该先决问题自身的性质确定其应当适用的法律。

第十一条　案件涉及两个或者两个以上的涉外民事关系时，人民法院应当分别确定应当适用的法律。

第十二条　当事人没有选择涉外仲裁协议适用的法律，也没有约定仲裁机构或者仲裁地，或者约定不明的，人民法院可以适用中华人民共和国法律认定该仲裁协议的效力。

第十三条　自然人在涉外民事关系产生或者变更、终止时已经连续居住一年以上且作为其生活中心的地方，人民法院可以认定为涉外民事关系法律适用法规定的自然人的经常居所地，但就医、劳务派遣、公务等情形除外。

第十四条　人民法院应当将法人的设立登记地认定为涉外民事关系法律适用法规定的法人的登记地。

第十五条　人民法院通过由当事人提供、已对中华人民共和国生效的国际条约规定的途径、中外法律专家提供等合理途径仍不能获得外国法律的，可以认定为不能查明外国法律。

根据涉外民事关系法律适用法第十条第一款的规定，当事人应当提供外国法律，其在人民法院指定的合理期限内无正当理由未提供该外国法律的，可以认定为不能查明外国法律。

第十六条　人民法院应当听取各方当事人对应当适用的外国法律的内容及其理解与适用的意见，当事人对该外国法律的内容及其理解与适用均无异议的，人民法院可以予以确认；当事人有异议的，由人民法院审查认定。

第十七条　涉及香港特别行政区、澳门特别行政区的民事关系的法律适用问题，参照适用本规定。

第十八条　涉外民事关系法律适用法施行后发生的涉外民事纠纷案件，本解释施行后尚未终审的，适用本解释；本解释施行前已经终审，当事人申请再审或者按照审判监督程序决定再审的，不适用本解释。

第十九条　本院以前发布的司法解释与本解释不一致的，以本解释为准。

## 最高人民法院关于适用《中华人民共和国涉外民事关系法律适用法》若干问题的解释（二）

- 2023年8月30日最高人民法院审判委员会第1898次会议通过
- 2023年11月30日最高人民法院公告公布
- 自2024年1月1日起施行
- 法释〔2023〕12号

为正确适用《中华人民共和国涉外民事关系法律适用法》，结合审判实践，就人民法院审理涉外民商事案件查明外国法律制定本解释。

第一条　人民法院审理涉外民商事案件适用外国法律的，应当根据涉外民事关系法律适用法第十条第一款的规定查明该国法律。

当事人选择适用外国法律的，应当提供该国法律。

当事人未选择适用外国法律的，由人民法院查明该国法律。

第二条　人民法院可以通过下列途径查明外国法律：

（一）由当事人提供；

（二）通过司法协助渠道由对方的中央机关或者主管机关提供；

（三）通过最高人民法院请求我国驻该国使领馆或者该国驻我国使领馆提供；

（四）由最高人民法院建立或者参与的法律查明合作机制参与方提供；

（五）由最高人民法院国际商事专家委员会专家提供；

（六）由法律查明服务机构或者中外法律专家提供；

（七）其他适当途径。

人民法院通过前款规定的其中一项途径无法获得外国法律或者获得的外国法律内容不明确、不充分的，应当通过该款规定的不同途径补充查明。

人民法院依据本条第一款第一项的规定要求当事人协助提供外国法律的，不得仅以当事人未予协助提供为由认定外国法律不能查明。

**第三条** 当事人提供外国法律的，应当提交该国法律的具体规定并说明获得途径、效力情况、与案件争议的关联性等。外国法律为判例法的，还应当提交判例全文。

**第四条** 法律查明服务机构、法律专家提供外国法律的，除提交本解释第三条规定的材料外，还应当提交法律查明服务机构的资质证明、法律专家的身份及资历证明，并附与案件无利害关系的书面声明。

**第五条** 查明的外国法律的相关材料均应当在法庭上出示。人民法院应当听取各方当事人对外国法律的内容及其理解与适用的意见。

**第六条** 人民法院可以召集庭前会议或者以其他适当方式，确定需要查明的外国法律的范围。

**第七条** 人民法院认为有必要的，可以通知提供外国法律的法律查明服务机构或者法律专家出庭接受询问。当事人申请法律查明服务机构或者法律专家出庭，人民法院认为有必要的，可以准许。

法律查明服务机构或者法律专家现场出庭确有困难的，可以在线接受询问，但法律查明服务机构或者法律专家所在国法律对跨国在线参与庭审有禁止性规定的除外。

出庭的法律查明服务机构或者法律专家只围绕外国法律及其理解发表意见，不参与其他法庭审理活动。

**第八条** 人民法院对外国法律的内容及其理解与适用，根据以下情形分别作出处理：

（一）当事人对外国法律的内容及其理解与适用均无异议的，人民法院可以予以确认；

（二）当事人对外国法律的内容及其理解与适用有异议的，应当说明理由。人民法院认为有必要的，可以补充查明或者要求当事人补充提供材料。经过补充查明或者补充提供材料，当事人仍有异议的，由人民法院审查认定；

（三）外国法律的内容已为人民法院生效裁判所认定的，人民法院应当予以确认，但有相反证据足以推翻的除外。

**第九条** 人民法院应当根据外国法律查明办理相关手续等所需时间确定当事人提供外国法律的期限。当事人有具体理由说明无法在人民法院确定的期限内提供外国法律而申请适当延长期限的，人民法院视情可予准许。

当事人选择适用外国法律，其在人民法院确定的期限内无正当理由未提供该外国法律的，人民法院可以认定为不能查明外国法律。

**第十条** 人民法院依法适用外国法律审理案件，应当在裁判文书中载明外国法律的查明过程及外国法律的内容；人民法院认定外国法律不能查明的，应当载明不能查明的理由。

**第十一条** 对查明外国法律的费用负担，当事人有约定的，从其约定；没有约定的，人民法院可以根据当事人的诉讼请求和具体案情，在作出裁判时确定上述合理费用的负担。

**第十二条** 人民法院查明香港特别行政区、澳门特别行政区的法律，可以参照适用本解释。有关法律和司法解释对查明香港特别行政区、澳门特别行政区的法律另有规定的，从其规定。

**第十三条** 本解释自 2024 年 1 月 1 日起施行。

本解释公布施行后，最高人民法院以前发布的司法解释与本解释不一致的，以本解释为准。

## 最高人民法院关于涉外民商事案件管辖若干问题的规定

- 2022 年 8 月 16 日最高人民法院审判委员会第 1872 次会议通过
- 2022 年 11 月 14 日最高人民法院公告公布
- 自 2023 年 1 月 1 日起施行
- 法释〔2022〕18 号

为依法保护中外当事人合法权益，便利当事人诉讼，进一步提升涉外民商事审判质效，根据《中华人民共和国民事诉讼法》的规定，结合审判实践，制定本规定。

**第一条** 基层人民法院管辖第一审涉外民商事案件，法律、司法解释另有规定的除外。

**第二条** 中级人民法院管辖下列第一审涉外民商事案件：

（一）争议标的额大的涉外民商事案件。

北京、天津、上海、江苏、浙江、福建、山东、广东、重庆辖区中级人民法院，管辖诉讼标的额人民币 4000 万元以上（包含本数）的涉外民商事案件；

河北、山西、内蒙古、辽宁、吉林、黑龙江、安徽、江西、河南、湖北、湖南、广西、海南、四川、贵州、云南、西藏、陕西、甘肃、青海、宁夏、新疆辖区中级人民法院，解放军各战区、总直属军事法院，新疆维吾尔自治区高级人民法院生产建设兵团分院所辖各中级人民法院，管辖诉讼标的额人民币 2000 万元以上（包含本数）的涉外民商事案件。

（二）案情复杂或者一方当事人人数众多的涉外民商事案件。

（三）其他在本辖区有重大影响的涉外民商事案件。

法律、司法解释对中级人民法院管辖第一审涉外民商事案件另有规定的，依照相关规定办理。

**第三条** 高级人民法院管辖诉讼标的额人民币50亿元以上（包含本数）或者其他在本辖区有重大影响的第一审涉外民商事案件。

**第四条** 高级人民法院根据本辖区的实际情况，认为确有必要的，经报最高人民法院批准，可以指定一个或数个基层人民法院、中级人民法院分别对本规定第一条、第二条规定的第一审涉外民商事案件实行跨区域集中管辖。

依据前款规定实行跨区域集中管辖的，高级人民法院应及时向社会公布该基层人民法院、中级人民法院相应的管辖区域。

**第五条** 涉外民商事案件由专门的审判庭或合议庭审理。

**第六条** 涉外海事海商纠纷案件、涉外知识产权纠纷案件、涉外生态环境损害赔偿纠纷案件以及涉外环境民事公益诉讼案件，不适用本规定。

**第七条** 涉及香港、澳门特别行政区和台湾地区的民商事案件参照适用本规定。

**第八条** 本规定自2023年1月1日起施行。本规定施行后受理的案件适用本规定。

**第九条** 本院以前发布的司法解释与本规定不一致的，以本规定为准。

## 最高人民法院关于涉外民事或商事案件司法文书送达问题若干规定

- 2006年7月17日最高人民法院审判委员会第1394次会议通过
- 根据2020年12月23日最高人民法院审判委员会第1823次会议通过的《最高人民法院关于修改〈最高人民法院关于人民法院民事调解工作若干问题的规定〉等十九件民事诉讼类司法解释的决定》修正
- 2020年12月29日最高人民法院公告公布
- 自2021年1月1日起施行
- 法释〔2020〕20号

为规范涉外民事或商事案件司法文书送达，根据《中华人民共和国民事诉讼法》（以下简称民事诉讼法）的规定，结合审判实践，制定本规定。

**第一条** 人民法院审理涉外民事或商事案件时，向在中华人民共和国领域内没有住所的受送达人送达司法文书，适用本规定。

**第二条** 本规定所称司法文书，是指起诉状副本、上诉状副本、反诉状副本、答辩状副本、传票、判决书、调解书、裁定书、支付令、决定书、通知书、证明书、送达回证以及其他司法文书。

**第三条** 作为受送达人的自然人或者企业、其他组织的法定代表人、主要负责人在中华人民共和国领域内的，人民法院可以向该自然人或者法定代表人、主要负责人送达。

**第四条** 除受送达人在授权委托书中明确表明其诉讼代理人无权代为接收有关司法文书外，其委托的诉讼代理人为民事诉讼法第二百六十七条第（四）项规定的有权代其接受送达的诉讼代理人，人民法院可以向该诉讼代理人送达。

**第五条** 人民法院向受送达人送达司法文书，可以送达给其在中华人民共和国领域内设立的代表机构。

受送达人在中华人民共和国领域内有分支机构或者业务代办人的，经该受送达人授权，人民法院可以向其分支机构或者业务代办人送达。

**第六条** 人民法院向在中华人民共和国领域内没有住所的受送达人送达司法文书时，若该受送达人所在国与中华人民共和国签订有司法协助协定，可以依照司法协助协定规定的方式送达；若受送达人所在国是《关于向国外送达民事或商事司法文书和司法外文书公约》的成员国，可以依照该公约规定的方式送达。

依照受送达人所在国与中华人民共和国缔结或者共同参加的国际条约中规定的方式送达的，根据《最高人民法院关于依据国际公约和双边司法协助条约办理民商事案件司法文书送达和调查取证司法协助请求的规定》办理。

**第七条** 按照司法协助协定、《关于向国外送达民事或商事司法文书和司法外文书公约》或者外交途径送达司法文书，自我国有关机关将司法文书转递受送达人所在国有关机关之日起满六个月，如果未能收到送达与否的证明文件，且根据各种情况不足以认定已经送达的，视为不能用该种方式送达。

**第八条** 受送达人所在国允许邮寄送达的，人民法院可以邮寄送达。

邮寄送达时应附有送达回证。受送达人未在送达回证上签收但在邮件回执上签收的，视为送达，签收日期为送达日期。

自邮寄之日起满三个月，如果未能收到送达与否的证明文件，且根据各种情况不足以认定已经送达的，视为不能用邮寄方式送达。

第九条　人民法院依照民事诉讼法第二百六十七条第(八)项规定的公告方式送达时,公告内容应在国内外公开发行的报刊上刊登。

第十条　除本规定上述送达方式外,人民法院可以通过传真、电子邮件等能够确认收悉的其他适当方式向受送达人送达。

第十一条　除公告送达方式外,人民法院可以同时采取多种方式向受送达人进行送达,但应根据最先实现送达的方式确定送达日期。

第十二条　人民法院向受送达人在中华人民共和国领域内的法定代表人、主要负责人、诉讼代理人、代表机构以及有权接受送达的分支机构、业务代办人送达司法文书,可以适用留置送达的方式。

第十三条　受送达人未对人民法院送达的司法文书履行签收手续,但存在以下情形之一的,视为送达：

(一)受送达人书面向人民法院提及了所送达司法文书的内容;

(二)受送达人已经按照所送达司法文书的内容履行;

(三)其他可以视为已经送达的情形。

第十四条　人民法院送达司法文书,根据有关规定需要通过上级人民法院转递的,应附申请转递函。

上级人民法院收到下级人民法院申请转递的司法文书,应在七个工作日内予以转递。

上级人民法院认为下级人民法院申请转递的司法文书不符合有关规定需要补正的,应在七个工作日内退回申请转递的人民法院。

第十五条　人民法院送达司法文书,根据有关规定需要提供翻译件的,应由受理案件的人民法院委托中华人民共和国领域内的翻译机构进行翻译。

翻译件不加盖人民法院印章,但应由翻译机构或翻译人员签名或盖章证明译文与原文一致。

第十六条　本规定自公布之日起施行。

## 最高人民法院关于设立国际商事法庭若干问题的规定

- 2018年6月25日最高人民法院审判委员会第1743次会议通过
- 2018年6月27日最高人民法院公告公布
- 自2018年7月1日起施行
- 法释〔2018〕11号

为依法公正及时审理国际商事案件,平等保护中外当事人合法权益,营造稳定、公平、透明、便捷的法治化国际营商环境,服务和保障"一带一路"建设,依据《中华人民共和国人民法院组织法》《中华人民共和国民事诉讼法》等法律,结合审判工作实际,就设立最高人民法院国际商事法庭相关问题规定如下：

第一条　最高人民法院设立国际商事法庭。国际商事法庭是最高人民法院的常设审判机构。

第二条　国际商事法庭受理下列案件：

(一)当事人依照民事诉讼法第三十四条的规定协议选择最高人民法院管辖且标的额为人民币3亿元以上的第一审国际商事案件;

(二)高级人民法院对其所管辖的第一审国际商事案件,认为需要由最高人民法院审理并获准许的;

(三)在全国有重大影响的第一审国际商事案件;

(四)依照本规定第十四条申请仲裁保全、申请撤销或者执行国际商事仲裁裁决的;

(五)最高人民法院认为应当由国际商事法庭审理的其他国际商事案件。

第三条　具有下列情形之一的商事案件,可以认定为本规定所称的国际商事案件：

(一)当事人一方或者双方是外国人、无国籍人、外国企业或者组织的;

(二)当事人一方或者双方的经常居所地在中华人民共和国领域外的;

(三)标的物在中华人民共和国领域外的;

(四)产生、变更或者消灭商事关系的法律事实发生在中华人民共和国领域外的。

第四条　国际商事法庭法官由最高人民法院在具有丰富审判工作经验,熟悉国际条约、国际惯例以及国际贸易投资实务,能够同时熟练运用中文和英文作为工作语言的资深法官中选任。

第五条　国际商事法庭审理案件,由三名或者三名以上法官组成合议庭。

合议庭评议案件,实行少数服从多数的原则。少数意见可以在裁判文书中载明。

第六条　国际商事法庭作出的保全裁定,可以指定下级人民法院执行。

第七条　国际商事法庭审理案件,依照《中华人民共和国涉外民事关系法律适用法》的规定确定争议适用的实体法律。

当事人依照法律规定选择适用法律的,应当适用当事人选择的法律。

**第八条** 国际商事法庭审理案件应当适用域外法律时,可以通过下列途径查明:

(一)由当事人提供;

(二)由中外法律专家提供;

(三)由法律查明服务机构提供;

(四)由国际商事专家委员提供;

(五)由与我国订立司法协助协定的缔约对方的中央机关提供;

(六)由我国驻该国使领馆提供;

(七)由该国驻我国使馆提供;

(八)其他合理途径。

通过上述途径提供的域外法律资料以及专家意见,应当依照法律规定在法庭上出示,并充分听取各方当事人的意见。

**第九条** 当事人向国际商事法庭提交的证据材料系在中华人民共和国领域外形成的,不论是否已办理公证、认证或者其他证明手续,均应当在法庭上质证。

当事人提交的证据材料系英文且经对方当事人同意的,可以不提交中文翻译件。

**第十条** 国际商事法庭调查收集证据以及组织质证,可以采用视听传输技术及其他信息网络方式。

**第十一条** 最高人民法院组建国际商事专家委员会,并选定符合条件的国际商事调解机构、国际商事仲裁机构与国际商事法庭共同构建调解、仲裁、诉讼有机衔接的纠纷解决平台,形成"一站式"国际商事纠纷解决机制。

国际商事法庭支持当事人通过调解、仲裁、诉讼有机衔接的纠纷解决平台,选择其认为适宜的方式解决国际商事纠纷。

**第十二条** 国际商事法庭在受理案件后七日内,经当事人同意,可以委托国际商事专家委员会成员或者国际商事调解机构调解。

**第十三条** 经国际商事专家委员会成员或者国际商事调解机构主持调解,当事人达成调解协议的,国际商事法庭可以依照法律规定制发调解书;当事人要求发给判决书的,可以依协议的内容制作判决书送达当事人。

**第十四条** 当事人协议选择本规定第十一条第一款规定的国际商事仲裁机构仲裁的,可以在申请仲裁前或者仲裁程序开始后,向国际商事法庭申请证据、财产或者行为保全。

当事人向国际商事法庭申请撤销或者执行本规定第十一条第一款规定的国际商事仲裁机构作出的仲裁裁决,国际商事法庭依民事诉讼法等相关法律规定进行审查。

**第十五条** 国际商事法庭作出的判决、裁定,是发生法律效力的判决、裁定。

国际商事法庭作出的调解书,经双方当事人签收后,即具有与判决同等的法律效力。

**第十六条** 当事人对国际商事法庭作出的已经发生法律效力的判决、裁定和调解书,可以依照民事诉讼法的规定向最高人民法院本部申请再审。

最高人民法院本部受理前款规定的申请再审案件以及再审案件,均应当另行组成合议庭。

**第十七条** 国际商事法庭作出的发生法律效力的判决、裁定和调解书,当事人可以向国际商事法庭申请执行。

**第十八条** 国际商事法庭通过电子诉讼服务平台、审判流程信息公开平台以及其他诉讼服务平台为诉讼参与人提供诉讼便利,并支持通过网络方式立案、缴费、阅卷、证据交换、送达、开庭等。

**第十九条** 本规定自2018年7月1日起施行。

## 最高人民法院办公厅关于印发《最高人民法院国际商事法庭程序规则(试行)》的通知

·2018年11月21日

·法办发〔2018〕13号

各省、自治区、直辖市高级人民法院,解放军军事法院,新疆维吾尔自治区高级人民法院生产建设兵团分院;本院各单位:

为方便当事人通过最高人民法院国际商事法庭解决纠纷,最高人民法院审判委员会第1751次会议2018年10月29日审议通过了《最高人民法院国际商事法庭程序规则(试行)》,现予以印发。

### 最高人民法院国际商事法庭程序规则(试行)

为方便当事人通过最高人民法院国际商事法庭(以下简称国际商事法庭)解决纠纷,根据《中华人民共和国民事诉讼法》《最高人民法院关于设立国际商事法庭若干问题的规定》(以下简称《规定》)等法律和司法解释的规定,制定本规则。

**第一章 一般规定**

**第一条** 国际商事法庭为当事人提供诉讼、调解、仲裁有机衔接的国际商事纠纷解决机制,公正、高效、便捷、低成本地解决纠纷。

第二条　国际商事法庭依法尊重当事人意思自治,充分尊重当事人解决纠纷方式的选择。

第三条　国际商事法庭平等保护中外当事人的合法权益,保障中外当事人充分行使诉讼权利。

第四条　国际商事法庭支持通过网络方式受理、缴费、送达、调解、阅卷、证据交换、庭前准备、开庭等,为诉讼参加人提供便利。

第五条　当事人可以通过国际商事法庭官方网站(cicc.court.gov.cn)上的诉讼平台向国际商事法庭提交材料。如确有困难,当事人可以采取以下方式提交材料:

(一)电子邮件;

(二)邮寄;

(三)现场提交;

(四)国际商事法庭许可的其他方式。

通过前款第二项、第三项方式提交的,应提供纸质文件并按对方当事人人数提供副本,附光盘或其他可携带的储存设备。

第六条　国际商事法庭根据当事人的申请,为当事人提供翻译服务,费用由当事人负担。

第七条　国际商事法庭设立案件管理办公室,负责接待当事人,受理和管理案件,协调诉讼与调解、仲裁等诉讼外纠纷解决方式的衔接,统筹管理翻译、域外法律查明等事务。

## 第二章　受　理

第八条　原告根据《规定》第二条第一项向国际商事法庭提起诉讼,应当提交以下材料:

(一)起诉状;

(二)选择最高人民法院或第一国际商事法庭、第二国际商事法庭管辖的书面协议;

(三)原告是自然人的,应当提交身份证明。原告是法人或者非法人组织的,应当提交营业执照或者其他登记证明、法定代表人或者负责人身份证明;

(四)委托律师或者其他人代理诉讼的,应当提交授权委托书、代理人身份证明;

(五)支持诉讼请求的相关证据材料;

(六)填妥的《送达地址确认书》;

(七)填妥的《审前分流程序征询意见表》。

前款第三项、第四项规定的证明文件,在中华人民共和国领域外形成的,应当办理公证、认证等证明手续。

第九条　国际商事法庭在接收原告根据第八条提交的材料后,出具电子或纸质凭证,并注明收到日期。

第十条　高级人民法院根据《规定》第二条第二项报请最高人民法院审理的,在报请时,应当说明具体理由并附有关材料。最高人民法院批准的,由国际商事法庭受理。

第十一条　最高人民法院根据《规定》第二条第三项、第五项决定由国际商事法庭审理的案件,国际商事法庭应予受理。

第十二条　国际商事法庭对符合民事诉讼法第一百一十九条规定条件的起诉,且原告在填妥的《审前分流程序征询意见表》中表示同意审前调解的,予以登记、编号,暂不收取案件受理费;原告不同意审前调解的,予以正式立案。

## 第三章　送　达

第十三条　国际商事法庭应向被告及其他当事人送达原告提交的起诉状副本、证据材料、《审前分流程序征询意见表》和《送达地址确认书》。

第十四条　当事人在《送达地址确认书》中同意接收他方当事人向其送达诉讼材料,他方当事人向其直接送达、邮寄送达、电子方式送达等,能够确认受送达人收悉的,国际商事法庭予以认可。

第十五条　当事人在《送达地址确认书》中填写的送达地址变更的,应当及时告知国际商事法庭。

第十六条　因受送达人拒不提供送达地址、提供的送达地址不准确、送达地址变更未告知国际商事法庭,导致相关诉讼文书未能被实际接收的,视为送达。

## 第四章　审前调解

第十七条　案件管理办公室在起诉材料送达被告之日起七个工作日内(有多名被告的,自最后送达之日起算)召集当事人和/或委托代理人举行案件管理会议,讨论、确定审前调解方式,并应当商定调解期限,一般不超过二十个工作日;当事人不同意审前调解的,确定诉讼程序时间表。

当事人同意由最高人民法院国际商事专家委员会成员(以下简称专家委员)进行审前调解的,可以共同选择一至三名专家委员担任调解员;不能达成一致的,由国际商事法庭指定一至三名专家委员担任调解员。

当事人同意由国际商事调解机构进行审前调解的,可以在最高人民法院公布的国际商事调解机构名单中共同选择调解机构。

第十八条　案件管理会议以在线视频方式召开。不适宜以在线视频方式召开的,通知当事人和/或委托代理人到场召开。

**第十九条** 案件管理会议结束后,案件管理办公室应当形成《案件管理备忘录》并送达当事人。

当事人应当遵循《案件管理备忘录》确定的事项安排。

**第二十条** 专家委员主持调解,应当依照相关法律法规,遵守本规则以及《最高人民法院国际商事专家委员会工作规则(试行)》对调解的有关规定,在各方自愿的基础上,促成和解。

**第二十一条** 专家委员主持调解不公开进行。调解应当记录调解情况,当事人和调解员应当签署。

**第二十二条** 专家委员主持调解过程中,有下列情形之一的,应当终止调解:

(一)各方或者任何一方当事人书面要求终止调解程序;

(二)当事人在商定的调解期限内未能达成调解协议,但当事人一致同意延期的除外;

(三)专家委员无法履行、无法继续履行或者不适合履行调解职责且不能另行选定或者指定专家委员;

(四)其他情形。

**第二十三条** 国际商事调解机构主持调解,应依照相关法律法规,遵守该机构的调解规则或者当事人协商确定的规则。

**第二十四条** 经专家委员或者国际商事调解机构主持调解,当事人达成调解协议的,国际商事专家委员会办公室或者国际商事调解机构应在三个工作日内将调解协议及案件相关材料送交案件管理办公室,由国际商事法庭依法审查后制发调解书;当事人要求发给判决书的,国际商事法庭可以制发判决书。

**第二十五条** 当事人未能达成调解协议或者因其他原因终止调解的,国际商事专家委员会办公室或者国际商事调解机构应在三个工作日内将《调解情况表》及案件相关材料送交案件管理办公室。

案件管理办公室收到材料后,应当正式立案并确定诉讼程序时间表。

**第二十六条** 调解记录及当事人为达成调解协议作出妥协而认可的事实,不得在诉讼程序中作为对其不利的根据,但是当事人均同意的除外。

### 第五章 审 理

**第二十七条** 国际商事法庭在答辩期届满后召开庭前会议,做好审理前的准备。有特殊情况的,在征得当事人同意后,可在答辩期届满前召开。

庭前会议包括下列内容:

(一)明确原告的诉讼请求和被告的答辩意见;

(二)审查处理当事人增加、变更诉讼请求的申请和提出的反诉,以及第三人提出的与本案有关的诉讼请求;

(三)听取对合并审理、追加当事人等事项的意见;

(四)听取回避申请;

(五)确定是否公开开庭审理;

(六)根据当事人的申请决定证人出庭、调查收集证据、委托鉴定、要求当事人提供证据、进行勘验、进行证据保全;

(七)组织证据交换;

(八)明确域外法律的查明途径;

(九)确定是否准许专家委员出庭做辅助说明;

(十)归纳案件争议焦点;

(十一)进行调解;

(十二)安排翻译;

(十三)当事人申请通过在线视频方式开庭的,由国际商事法庭根据情况确定;

(十四)其他程序性事项。

**第二十八条** 庭前会议可以采取在线视频、现场或国际商事法庭认为合适的其他方式进行。

**第二十九条** 庭前会议可以由合议庭全体法官共同主持,也可以由合议庭委派一名法官主持。

**第三十条** 通过在线视频方式开庭,除经查明属网络故障、设备损坏、电力中断或者不可抗力等原因外,当事人不按时参加在线庭审的,视为拒不到庭;庭审中擅自退出的,视为中途退庭。

**第三十一条** 在案件审理过程中,合议庭认为需要就国际条约、国际商事规则以及域外法律等专门性法律问题向专家委员咨询意见的,应当根据《最高人民法院国际商事专家委员会工作规则(试行)》向国际商事专家委员会办公室提出,并指定合理的答复期限,附送有关材料。

### 第六章 执 行

**第三十二条** 国际商事法庭作出的发生法律效力的判决、裁定和调解书,当事人可以向国际商事法庭申请执行。国际商事法庭可以交相关执行机构执行。

**第三十三条** 国际商事法庭作出的发生法律效力的判决、裁定和调解书,如果被执行人或者其财产不在中华人民共和国领域内,当事人请求执行的,依照民事诉讼法第二百八十条第一款的规定办理。

## 第七章 支持仲裁解决纠纷

**第三十四条** 当事人依照《规定》第十四条第一款的规定，就标的额人民币三亿元以上或其他有重大影响的国际商事案件申请保全的，应当由国际商事仲裁机构将当事人的申请依照民事诉讼法、仲裁法等法律规定提交国际商事法庭。国际商事法庭应当立案审查，并依法作出裁定。

**第三十五条** 当事人依照《规定》第十四条第二款的规定，对国际商事仲裁机构就标的额人民币三亿元以上或其他有重大影响的国际商事案件作出的仲裁裁决向国际商事法庭申请撤销或者执行的，应当提交申请书，同时提交仲裁裁决书或者调解书原件。国际商事法庭应当立案审查，并依法作出裁定。

## 第八章 费用承担

**第三十六条** 对国际商事法庭立案审理的案件，当事人应当按照《诉讼费用交纳办法》的规定交纳案件受理费和其他诉讼费用。

**第三十七条** 由专家委员调解的案件，专家委员为调解支出的必要费用，由当事人协商解决；协商不成的，由当事人共同承担。

**第三十八条** 由国际商事调解机构调解的案件，调解费用适用该调解机构的收费办法。

## 第九章 附则

**第三十九条** 本规则自 2018 年 12 月 5 日起施行。
**第四十条** 本规则由最高人民法院负责解释。

## 最高人民法院关于明确第一审涉外民商事案件级别管辖标准以及归口办理有关问题的通知

·2017 年 12 月 7 日
·法〔2017〕359 号

各省、自治区、直辖市高级人民法院、解放军军事法院、新疆维吾尔自治区高级人民法院生产建设兵团分院：

为合理定位四级法院涉外民商事审判职能，统一裁判尺度，维护当事人的合法权益，保障开放型经济的发展，现就第一审涉外民商事案件级别管辖标准以及归口办理的有关问题，通知如下：

一、关于第一审涉外民商事案件的级别管辖标准

北京、上海、江苏、浙江、广东高级人民法院管辖诉讼标的额人民币 2 亿元以上的第一审涉外民商事案件；直辖市中级人民法院以及省会城市、计划单列市、经济特区所在地的市中级人民法院管辖诉讼标的额人民币 2000 万元以上的第一审涉外民商事案件，其他中级人民法院管辖诉讼标的额人民币 1000 万元以上的第一审涉外民商事案件。

天津、河北、山西、内蒙古、辽宁、安徽、福建、山东、河南、湖北、湖南、广西、海南、四川、重庆高级人民法院管辖诉讼标的额人民币 8000 万元以上的第一审涉外民商事案件；直辖市中级人民法院以及省会城市、计划单列市、经济特区所在地的市中级人民法院管辖诉讼标的额人民币 1000 万元以上的第一审涉外民商事案件，其他中级人民法院管辖诉讼标的额人民币 500 万元以上的第一审涉外民商事案件。

吉林、黑龙江、江西、云南、陕西、新疆高级人民法院和新疆生产建设兵团分院管辖诉讼标的额人民币 4000 万元以上的第一审涉外民商事案件；省会城市、计划单列市中级人民法院，管辖诉讼标的额人民币 500 万元以上的第一审涉外民商事案件，其他中级人民法院管辖诉讼标的额人民币 200 万元以上的第一审涉外民商事案件。

贵州、西藏、甘肃、青海、宁夏高级人民法院管辖诉讼标的额人民币 2000 万元以上的第一审涉外民商事案件；省会城市、计划单列市中级人民法院，管辖诉讼标的额人民币 200 万元以上的第一审涉外民商事案件，其他中级人民法院管辖诉讼标的额人民币 100 万元以上的第一审涉外民商事案件。

各高级人民法院发布的本辖区级别管辖标准，除于 2011 年 1 月后经我院批复同意的外，不再作为确定第一审涉外民商事案件级别管辖的依据。

二、下列案件由涉外审判庭或专门合议庭审理：

（一）当事人一方或者双方是外国人、无国籍人、外国企业或者组织，或者当事人一方或者双方的经常居所地在中华人民共和国领域外的民商事案件；

（二）产生、变更或者消灭民事关系的法律事实发生在中华人民共和国领域外，或者标的物在中华人民共和国领域外的民商事案件；

（三）外商投资企业设立、出资、确认股东资格、分配利润、合并、分立、解散等与该企业有关的民商事案件；

（四）一方当事人为外商独资企业的民商事案件；

（五）信用证、保函纠纷案件，包括申请止付保全案件；

（六）对第一项至第五项案件的管辖权异议裁定提起上诉的案件；

（七）对第一项至第五项案件的生效裁判申请再审

的案件,但当事人依法向原审人民法院申请再审的除外;

(八)跨境破产协助案件;

(九)民商事司法协助案件;

(十)最高人民法院《关于仲裁司法审查案件归口办理有关问题的通知》确定的仲裁司法审查案件。

前款规定的民商事案件不包括婚姻家庭纠纷、继承纠纷、劳动争议、人事争议、环境污染侵权纠纷及环境公益诉讼。

三、海事海商及知识产权纠纷案件,不适用本通知。

四、涉及香港、澳门特别行政区和台湾地区的民商事案件参照适用本通知。

五、本通知自2018年1月1日起执行。之前已经受理的案件不适用本通知。

本通知执行过程中遇到的问题,请及时报告我院。

· 典型案例

## 1. 安徽省外经建设(集团)有限公司诉东方置业房地产有限公司保函欺诈纠纷案[1]

(最高人民法院审判委员会讨论通过
2019年2月25日发布)

【关键词】

民事/保函欺诈/基础交易审查/有限及必要原则/独立反担保函

【裁判要点】

1. 认定构成独立保函欺诈需对基础交易进行审查时,应坚持有限及必要原则,审查范围应限于受益人是否明知基础合同的相对人并不存在基础合同项下的违约事实,以及是否存在受益人明知自己没有付款请求权的事实。

2. 受益人在基础合同项下的违约情形,并不影响其按照独立保函的规定提交单据并进行索款的权利。

3. 认定独立反担保函项下是否存在欺诈时,即使独立保函存在欺诈情形,独立保函项下已经善意付款的,人民法院亦不得裁定止付独立反担保函项下款项。

【相关法条】

《中华人民共和国涉外民事关系法律适用法》第8条、第44条

【基本案情】

2010年1月16日,东方置业房地产有限公司(以下简称东方置业公司)作为开发方,与作为承包方的安徽省外经建设(集团)有限公司(以下简称外经集团公司)、作为施工方的安徽外经建设中美洲有限公司(以下简称外经中美洲公司)在哥斯达黎加共和国圣何塞市签订了《哥斯达黎加湖畔华府项目施工合同》(以下简称《施工合同》),约定承包方为三栋各十四层综合商住楼施工。外经集团公司于2010年5月26日向中国建设银行股份有限公司安徽省分行(以下简称建行安徽省分行)提出申请,并以哥斯达黎加银行作为转开行,向作为受益人的东方置业公司开立履约保函,保证事项为哥斯达黎加湖畔华府项目。2010年5月28日,哥斯达黎加银行开立编号为G051225的履约保函,担保人为建行安徽省分行,委托人为外经集团公司,受益人为东方置业公司,担保金额为2008000美元,有效期至2011年10月12日,后延期至2012年2月12日。保函说明:无条件的、不可撤销的、必须的、见索即付的保函。执行此保函需要受益人给哥斯达黎加银行中央办公室外贸部提交一式两份的证明文件,指明执行此保函的理由,另外由受益人出具公证过的声明指出通知外经中美洲公司因为违约而产生此请求的日期,并附上保函证明原件和已经出具过的修改件。建行安徽省分行同时向哥斯达黎加银行开具编号为34147020000289的反担保函,承诺自收到哥斯达黎加银行通知后二十日内支付保函项下的款项。反担保函是"无条件的、不可撤销的、随时要求支付的",并约定"遵守国际商会出版的458号《见索即付保函统一规则》"。

《施工合同》履行过程中,2012年1月23日,建筑师Jose Brenes和Mauricio Mora出具《项目工程检验报告》。该报告认定了施工项目存在"施工不良""品质低劣"且需要修改或修理的情形。2012年2月7日,外经中美洲公司以东方置业公司为被申请人向哥斯达黎加建筑师和工程师联合协会争议解决中心提交仲裁请求,认为东方置业公司拖欠应支付之已完成施工量的工程款及相应利息,请求解除合同并裁决东方置业公司赔偿损失。2月8日,东方置业公司向哥斯达黎加银行提交索赔声明、违约通知书、违约声明、《项目工程检验报告》等保函兑付文件,要求执行保函。2月10日,哥斯达黎加银行向建行安徽省分行发

---

[1] 案例来源:最高人民法院指导案例109号。

出电文,称东方置业公司提出索赔,要求支付 G051225 号银行保函项下 2008000 美元的款项,哥斯达黎加银行进而要求建行安徽省分行须于 2012 年 2 月 16 日前支付上述款项。2 月 12 日,应外经中美洲公司申请,哥斯达黎加共和国行政诉讼法院第二法庭下达临时保护措施禁令,裁定哥斯达黎加银行暂停执行 G051225 号履约保函。

2 月 23 日,外经集团公司向合肥市中级人民法院提起保函欺诈纠纷诉讼,同时申请中止支付 G051225 号保函、34147020000289 号保函项下款项。一审法院于 2 月 27 日作出(2012)合民四初字第 00005-1 号裁定,裁定中止支付 G051225 号保函及 34147020000289 号保函项下款项,并于 2 月 28 日向建行安徽省分行送达了上述裁定。2 月 29 日,建行安徽省分行向哥斯达黎加银行发送电文告知了一审法院已作出的裁定事由,并于当日向哥斯达黎加银行寄送了上述裁定书的复印件,哥斯达黎加银行于 3 月 5 日收到上述裁定书复印件。

3 月 6 日,哥斯达黎加共和国行政诉讼法院第二法庭判决外经中美洲公司申请预防性措施败诉,解除了临时保护措施禁令。3 月 20 日,应哥斯达黎加银行的要求,建行安徽省分行延长了 34147020000289 号保函的有效期。3 月 21 日,哥斯达黎加银行向东方置业公司支付了 G051225 号保函项下款项。

2013 年 7 月 9 日,哥斯达黎加建筑师和工程师联合协会做出仲裁裁决,该仲裁裁决认定东方置业公司在履行合同过程中严重违约,并裁决终止《施工合同》,东方置业公司向外经中美洲公司支付 1 号至 18 号工程进度款共计 800058.45 美元及利息;第 19 号工程因未获得开发商验收,相关工程款请求未予支持;因 G051225 号保函项下款项已经支付,不支持外经中美洲公司退还保函的请求。

【裁判结果】
安徽省合肥市中级人民法院于 2014 年 4 月 9 日作出(2012)合民四初字第 00005 号民事判决:一、东方置业公司针对 G051225 号履约保函的索赔行为构成欺诈;二、建行安徽省分行终止向哥斯达黎加银行支付编号为 34147020000289 的银行保函项下 2008000 美元的款项;三、驳回外经集团公司的其他诉讼请求。东方置业公司不服一审判决,提起上诉。安徽省高级人民法院于 2015 年 3 月 19 日作出(2014)皖民二终字第 00389 号民事判决:驳回上诉,维持原判。东方置业公司不服二审判决,向最高人民法院申请再审。最高人民法院于 2017 年 12 月 14 日作出(2017)最高法民再 134 号民事判决:一、撤销安徽省高级人民法院(2014)皖民二终字第 00389 号、安徽省合肥市中级人民法院(2012)合民四初字第 00005 号民事判决;

二、驳回外经集团公司的诉讼请求。

【裁判理由】
最高人民法院认为:第一,关于本案涉及的独立保函欺诈案件的识别依据、管辖权以及法律适用问题。本案争议的当事方东方置业公司及哥斯达黎加银行的经常居所地位于我国领域外,本案系涉外商事纠纷。根据《中华人民共和国涉外民事关系法律适用法》第八条"涉外民事关系的定性,适用法院地法"的规定,外经集团公司作为外经中美洲公司在国内的母公司,是涉案保函的开立申请人,其申请建行安徽省分行向哥斯达黎加银行开立见索即付的反担保保函,由哥斯达黎加银行向受益人东方置业公司转开履约保函。根据保函文本内容,哥斯达黎加银行与建行安徽省分行的付款义务均独立于基础交易关系及保函申请法律关系,因此,上述保函可以确定为见索即付独立保函,上述反担保保函可以确定为见索即付独立反担保函。外经集团公司以保函欺诈为由向一审法院提起诉讼,本案性质为保函欺诈纠纷。被请求止付的独立反担保函由建行安徽省分行开具,该分行所在地应当认定为外经集团公司主张的侵权结果发生地。一审法院作为侵权行为地法院对本案具有管辖权。因涉案保函载明适用《见索即付保函统一规则》,应当认定上述规则的内容构成争议保函的组成部分。根据《中华人民共和国涉外民事关系法律适用法》第四十四条"侵权责任,适用侵权行为地法律"的规定,《见索即付保函统一规则》未予涉及的保函欺诈之认定标准应适用中华人民共和国法律。我国没有加入《联合国独立保证与备用信用证公约》,本案当事人亦未约定适用上述公约或将公约有关内容作为国际交易规则订入保函,依据意思自治原则,《联合国独立保证与备用信用证公约》不应适用。

第二,关于东方置业公司作为受益人是否具有基础合同项下的初步证据证明其索赔请求具有事实依据的问题。

人民法院在审理独立保函及与独立保函相关的反担保函案件时,对基础交易的审查,应当坚持有限原则和必要原则,审查的范围应当限于受益人是否明知基础合同的相对人并不存在基础合同项下的违约事实或者不存在其他导致独立保函付款的事实。否则,对基础合同的审查将会动摇独立保函"见索即付"的制度价值。

根据《最高人民法院关于贯彻执行〈中华人民共和国民法通则〉若干问题的意见(试行)》第六十八条的规定,欺诈主要表现为虚构事实与隐瞒真相。根据再审查明的事实,哥斯达黎加银行开立编号为 G051225 的履约保函,该履约保函明确规定了实现保函需要提交的文件为:说明执行保函理由的证明文件、通知外经中美洲公司执行保函请求的日期、保函证明原件和已经出具过的修改件。外经集团公司主张东方置业公司的行为构成独立保函项下的欺诈,应当提交证据证明东方置业公司在实现独立保函时具有下列行为之一:1. 为索赔提交内容虚假或者伪造的单据;2. 索赔请求完全没有事实基础和可信依据。本案中,保函担保的是"施工期间材料使用的质量和耐性,赔偿或补偿造成的损失,和/或承包方未履行义务的赔付",意即,保函担保的是施工质量和其他违约行为。因此,受益人只需提交能够证明存在施工质量问题的初步证据,即可满足保函实现所要求的"说明执行保函理由的证明文件"。本案基础合同履行过程中,东方置业公司的项目监理人员 Jose Brenes 和 Mauricio Mora 于 2012 年 1 月 23 日出具《项目工程检验报告》。该报告认定了施工项目存在"施工不良"、"品质低劣"且需要修改或修理的情形,该《项目工程检验报告》构成证明存在施工质量问题的初步证据。

本案当事方在《施工合同》中以及在保函项下并未明确约定实现保函时应向哥斯达黎加银行提交《项目工程检验报告》,因此,东方置业公司有权自主选择向哥斯达黎加银行提交"证明执行保函理由"之证明文件的类型,其是否向哥斯达黎加银行提交该报告不影响其保函项下权利的实现。另外,《施工合同》以及保函亦未规定上述报告须由 AIA 国际建筑师事务所或者具有美国建筑师协会国际会员身份的人员出具,因此,Jose Brenes 和 Mauricio Mora 是否具有美国建筑师协会国际会员身份并不影响其作为发包方的项目监理人员出具《项目工程检验报告》。外经集团公司对 Jose Brenes 和 Mauricio Mora 均为发包方的项目监理人员身份是明知的,在其出具《项目工程检验报告》并领取工程款项时对 Jose Brenes 和 Mauricio Mora 的监理身份是认可的,其以自身认可的足以证明 Jose Brenes 和 Mauricio Mora 监理身份的证据反证 Jose Brenes 和 Mauricio Mora 出具的《项目工程检验报告》虚假,逻辑上无法自洽。因外经集团公司未能提供其他证据证明东方置业公司实现案涉保函完全没有事实基础或者提交虚假或伪造的文件,东方置业公司据此向哥斯达黎加银行申请实现保函权利具有事实依据。

综上,《项目工程检验报告》构成证明外经集团公司基础合同项下违约行为的初步证据,外经集团公司提供的证据不足以证明上述报告存在虚假或者伪造,亦不足以证明东方置业公司明知基础合同的相对人并不存在基础合同项下的违约事实或者不存在其他导致独立保函付款的事实而要求实现保函。东方置业公司基于外经集团公司基础合同项下的违约行为,依据合同的规定,提出实现独立保函项下的权利不构成保函欺诈。

第三,关于独立保函受益人基础合同项下的违约情形,是否必然构成独立保函项下的欺诈索款问题。

外经集团公司认为,根据《最高人民法院关于审理独立保函纠纷案件若干问题的规定》(以下简称独立保函司法解释)第十二条第三项、第四项、第五项,应当认定东方置业公司构成独立保函欺诈。根据独立保函司法解释第二十五条的规定,经庭审释明,外经集团公司仍坚持认为本案处理不应违反独立保函司法解释的规定精神。结合外经集团公司的主张,最高人民法院对上述涉及独立保函司法解释的相关问题作出进一步阐释。

独立保函独立于委托人和受益人之间的基础交易,出具独立保函的银行只负责审查受益人提交的单据是否符合保函条款的规定并有权自行决定是否付款,担保行的付款义务不受委托人与受益人之间基础交易项下抗辩权的影响。东方置业公司作为受益人,在提交证明存在工程质量问题的初步证据时,即使未启动任何诸如诉讼或者仲裁等争议解决程序并经上述程序确认相对方违约,都不影响其保函权利的实现。即使基础合同存在正在进行的诉讼或者仲裁程序,只要相关争议解决程序尚未做出基础交易债务人没有付款或者赔偿责任的最终认定,亦不影响受益人保函权利的实现。进而言之,即使生效判决或者仲裁裁决认定受益人构成基础合同项下的违约,该违约事实的存在亦不必然成为构成保函"欺诈"的充分必要条件。

本案中,保函担保的事项是施工质量和其他违约行为,而受益人未支付工程款项的违约事实与工程质量出现问题不存在逻辑上的因果关系,东方置业公司作为受益人,其自身在基础合同履行中存在的违约情形,并不必然构成独立保函项下的欺诈索款。独立保函司法解释第十二条第三项的规定内容,将独立保函欺诈认定的条件限定为"法院判决或仲裁裁决认定基础交易债务人没有付款或赔偿责任",因此,除非保函另有约定,对基础合同的审查应当限定在保函担保范围内的履约事项,在将受益人自身在基础合同中是否存在违约行为纳入保函欺诈的审查范围时应当十分审慎。虽然哥斯达黎加建筑师和工程师联合协会做出仲裁裁决,认定东方置业公司在履行合同过程中违约,但上述仲裁程序于 2012 年 2 月 7 日由外经集团公司发动,东方置业公司并未提出反请求,2013 年 7 月 9 日做出的仲裁裁决仅针对外经集团公司的请求事项认定东方置业公司违约,但未认定外经集团公司因对方违约行为的存在而免除付款或者赔偿责任。因此,不能依据上述仲裁裁决的内容认定东方置业公司构成独立保函司法解释第十二条第三项规定的保函欺诈。

另外,双方对工程质量发生争议的事实以及哥斯达黎加建筑师和工程师联合协会争议解决中心作出的《仲裁裁决书》中涉及工程质量问题部分的表述能够佐证,外经中美洲公司在《施工合同》项下的义务尚未完全履行,本案并不存在东方置业公司确认基础交易债务已经完全履行或者付款到期事件并未发生的情形。现有证据亦不能证明东方置业公司明知其没有付款请求权仍滥用权利。东方置业公司作为受益人,其自身在基础合同履行中存在的违约情形,虽经仲裁裁决确认但并未因此免除外经集团公司的付款或者赔偿责任。综上,即使按照外经集团公司的主张适用独立保函司法解释,本案情形亦不构成保函欺诈。

第四,关于本案涉及的与独立保函有关的独立反担保函问题。

基于独立保函的特点,担保人于债务人之外构成对受益人的直接支付责任,独立保函与主债务之间没有抗辩权上的从属性,即使债务人在某一争议解决程序中行使抗辩权,并不当然使独立担保人获得该抗辩利益。另外,即使存在受益人在独立保函项下的欺诈性索款情形,亦不能推定担保行在独立反担保函项下构成欺诈性索款。只有担保行明知受益人系欺诈性索款且违反诚实信用原则付款,并向反担保行主张独立反担保函项下款项时,才能认定担保行构成独立反担保函项下的欺诈性索款。

外经集团公司以保函欺诈为由提起本案诉讼,其应当举证证明哥斯达黎加银行明知东方置业公司存在独立保函欺诈情形,仍然违反诚信原则予以付款,并进而以受益人身份在见索即付独立反担保函项下提出索款请求并构成反担保函项下的欺诈性索款。现外经集团公司不仅不能证明哥斯达黎加银行向东方置业公司支付独立保函项下款项存在欺诈,亦没有举证证明哥斯达黎加银行在独立反担保函项下存在欺诈性索款情形,其主张止付独立反担保函项下款项没有事实依据。

## 2. 斯万斯克蜂蜜加工公司申请承认和执行外国仲裁裁决案

(最高人民法院审判委员会讨论通过
2022年12月27日发布)

**【关键词】**

民事/申请承认和执行外国仲裁裁决/快速仲裁/临时仲裁

**【裁判要点】**

仲裁协议仅约定通过快速仲裁解决争议,未明确约定仲裁机构的,由临时仲裁庭作出裁决,不属于《承认及执行外国仲裁裁决公约》第五条第一款规定的情形,被申请人以采用临时仲裁不符合仲裁协议约定为由,主张不予承认和执行该临时仲裁裁决的,人民法院不予支持。

**【相关法条】**

1.《中华人民共和国民事诉讼法》第290条(本案适用的是2017年6月27日修正的《中华人民共和国民事诉讼法》第283条)

2.《承认及执行外国仲裁裁决公约》第5条

**【基本案情】**

2013年5月17日,卖方南京常力蜂业有限公司(以下简称常力蜂业公司)与买方斯万斯克蜂蜜加工公司(SvenskHonungsfora--dlingAB)(以下简称斯万斯克公司)签订了编号为NJRS13001的英文版蜂蜜销售《合同》,约定的争议解决条款为"in case of disputes governed by Swedish law and that disputes should be settled by Expedited Arbitration in Sweden."(中文直译为:"在受瑞典法律管辖的情况下,争议应在瑞典通过快速仲裁解决。")。另《合同》约定了相应的质量标准:蜂蜜其他参数符合欧洲(2001/112/EC,2001年12月20日),无美国污仔病、微粒子虫、瓦螨病等。

在合同履行过程中,双方因蜂蜜品质问题发生纠纷。2015年2月23日,斯万斯克公司以常力蜂业公司为被申请人就案涉《合同》向瑞典斯德哥尔摩商会仲裁院申请仲裁,请求常力蜂业公司赔偿。该仲裁院于2015年12月18日以其无管辖权为由作出SCCF2015/023仲裁裁决,驳回了斯万斯克公司的申请。

2016年3月22日,斯万斯克公司再次以常力蜂业公司为被申请人就案涉《合同》在瑞典申请临时仲裁。在仲裁审查期间,临时仲裁庭及斯德哥尔摩地方法院向常力蜂业公司及该公司法定代表人邮寄了相应材料,但截止2017年5月4日,临时仲裁庭除了收到常力蜂业公司关于陈述《合同》没有约定仲裁条款、不应适用瑞典法的两份电子邮件外,未收到其他任何意见。此后临时仲裁庭收到常力蜂业公司代理律师提交的关于反对仲裁庭管辖权及延长提交答辩书的意见书。2018年3月5日、6日,临时仲裁庭组织双方当事人进行了听证。听证中,常力蜂业公司的代理人对仲裁庭的管辖权不再持异议,常力蜂业公司的法定代表人赵上生也未提出相应异议。该临时仲裁庭于2018年6月9日依据瑞典仲裁法作出仲裁裁决:1.常力蜂业公司违反了《合同》约定,应向斯万斯克公司支付286230美元及相应利息;2.常力蜂业公司应向斯万斯克公司赔偿781614瑞典克朗、1021718.45港元。

2018年11月22日,斯万斯克公司向江苏省南京市中级人民法院申请承认和执行上述仲裁裁决。

法院审查期间,双方均认为应当按照瑞典法律来理解《合同》中的仲裁条款。斯万斯克公司认为争议解决条款的中文意思是"如发生任何争议,应适用瑞典法律并在瑞典通过快速仲裁解决。"而常力蜂业公司则认为上述条款的中文意思是"为瑞典法律管辖下的争议在瑞典进行快速仲裁解决。"

【裁判结果】

江苏省南京市中级人民法院于2019年7月15日作出(2018)苏01协外认8号民事裁定,承认和执行由Peter-Thorp、StureLarsson和NilsEliasson组成的临时仲裁庭于2018年6月9日针对斯万斯克公司与常力蜂业公司关于NJRS13001《合同》作出的仲裁裁决。

【裁判理由】

法院生效裁判认为:依据查明及认定的事实,由Peter-Thorp、StureLarsson和NilsEliasson组成的临时仲裁庭作出的案涉仲裁裁决不具有《承认及执行外国仲裁裁决公约》第五条第一款乙、丙、丁项规定的不予承认和执行的情形,也不违反我国加入该公约时所作出的保留性声明条款,或违反我国公共政策或争议事项不能以仲裁解决的情形,故对该裁决应当予以承认和执行。

关于临时仲裁裁决的程序是否存在与仲裁协议不符的情形。该项争议系双方对《合同》约定的争议解决条款"in case of disputes governed by Swedish law and that disputes should be settled by Expedited Arbitration in Sweden."的理解问题。从双方对该条款中文意思的表述看,双方对在瑞典通过快速仲裁解决争端并无异议,仅对快速仲裁是否可以通过临时仲裁解决发生争议。快速仲裁相对于普通仲裁而言,更加高效、便捷、经济,其核心在于简化了仲裁程序、缩短了仲裁时间,降低了仲裁费用等,从而使当事人的争议以较为高效和经济的方式得到解决。而临时仲裁庭相对于常设的仲裁机构而言,也具有高效、便捷、经济的特点。具体到本案,双方同意通过快速仲裁的方式解决争议,但该快速仲裁并未排除通过临时仲裁的方式解决,当事人在仲裁听证过程中也没有对临时仲裁提出异议,在此情况下,由临时仲裁庭作出裁决,符合双方当事人的合意。故应认定案涉争议通过临时仲裁庭处理,并不存在与仲裁协议不符的情形。

• 文书范本

## 申请书(当事人申请承认和执行外国法院生效判决、裁定或仲裁裁决用)

### 申请书

申请人:×××,男/女,××××年××月××日出生,×族,……(写明工作单位和职务或者职业),住……。联系方式:……。

法定代理人/指定代理人:×××,……。

委托诉讼代理人:×××,……。

被申请人:×××,……。

……

(以上写明当事人和其他诉讼参加人的姓名或者名称等基本信息)

请求事项:

请求承认和执行××国××法院××××年××月××日作出的……号民事判决/××国××仲裁机构作出的……号仲裁裁决。

事实和理由:

……(写明事实和理由)。

此致

××××中级人民法院

附:

1. 本申请书副本×份

2. 外国法院判决书或者仲裁裁决书正本或者经证明无误的副本以及中文译本

申请人(签名或者盖章)

××××年××月××日

【说明】

1. 本样式根据《中华人民共和国民事诉讼法》第二百八十一条、二百八十三条,《最高人民法院关于适用〈中华人民共和国民事诉讼法〉的解释》第五百四十三条、五百四十五条制定,供当事人向中华人民共和国有管辖权的中级人民法院申请承认和执行外国法院发生法律效力的判决、裁定或仲裁裁决用。

2. 当事人是法人或者其他组织的,写明名称住所。另起一行写明法定代表人、主要负责人及其姓名、职务、联系方式。

3. 申请人向人民法院申请承认和执行外国法院作出

的发生法律效力的判决、裁定,应当提交申请书,并附外国法院作出的发生法律效力的判决、裁定正本或者经证明无误的副本以及中文译本。外国法院判决、裁定为缺席判决、裁定的,申请人应当同时提交该外国法院已经合法传唤的证明文件,但判决、裁定已经对此予以明确说明的除外。中华人民共和国缔结或者参加的国际条约对提交文件有规定的,按照规定办理。

4. 可被申请承认(和执行)的外国法院裁判文书种类,不仅包括判决还包括裁定以及依据国际公约、双边条约或者协定中规定其他裁判文书形式。对被申请承认(和执行)的外国法院裁判文书具体名称和文号的表述和援引应依据其翻译件的内容进行。

# 二十三、仲　裁

## 中华人民共和国仲裁法

- 1994年8月31日第八届全国人民代表大会常务委员会第九次会议通过
- 根据2009年8月27日第十一届全国人民代表大会常务委员会第十次会议《关于修改部分法律的决定》第一次修正
- 根据2017年9月1日第十二届全国人民代表大会常务委员会第二十九次会议《关于修改〈中华人民共和国法官法〉等八部法律的决定》第二次修正

### 第一章　总　则

**第一条**　【立法宗旨】为保证公正、及时地仲裁经济纠纷，保护当事人的合法权益，保障社会主义市场经济健康发展，制定本法。

**第二条**　【适用范围】平等主体的公民、法人和其他组织之间发生的合同纠纷和其他财产权益纠纷，可以仲裁。

**第三条**　【适用范围的例外】下列纠纷不能仲裁：

（一）婚姻、收养、监护、扶养、继承纠纷；

（二）依法应当由行政机关处理的行政争议。

**第四条**　【自愿仲裁原则】当事人采用仲裁方式解决纠纷，应当双方自愿，达成仲裁协议。没有仲裁协议，一方申请仲裁的，仲裁委员会不予受理。

**第五条**　【或裁或审原则】当事人达成仲裁协议，一方向人民法院起诉的，人民法院不予受理，但仲裁协议无效的除外。

**第六条**　【仲裁机构的选定】仲裁委员会应当由当事人协议选定。

仲裁不实行级别管辖和地域管辖。

**第七条**　【以事实为根据、符合法律规定、公平合理解决纠纷的原则】仲裁应当根据事实，符合法律规定，公平合理地解决纠纷。

**第八条**　【仲裁独立原则】仲裁依法独立进行，不受行政机关、社会团体和个人的干涉。

**第九条**　【一裁终局制度】仲裁实行一裁终局的制度。裁决作出后，当事人就同一纠纷再申请仲裁或者向人民法院起诉的，仲裁委员会或者人民法院不予受理。

裁决被人民法院依法裁定撤销或者不予执行的，当事人就该纠纷可以根据双方重新达成的仲裁协议申请仲裁，也可以向人民法院起诉。

### 第二章　仲裁委员会和仲裁协会

**第十条**　【仲裁委员会的设立】仲裁委员会可以在直辖市和省、自治区人民政府所在地的市设立，也可以根据需要在其他设区的市设立，不按行政区划层层设立。

仲裁委员会由前款规定的市的人民政府组织有关部门和商会统一组建。

设立仲裁委员会，应当经省、自治区、直辖市的司法行政部门登记。

**第十一条**　【仲裁委员会的设立条件】仲裁委员会应当具备下列条件：

（一）有自己的名称、住所和章程；

（二）有必要的财产；

（三）有该委员会的组成人员；

（四）有聘任的仲裁员。

仲裁委员会的章程应当依照本法制定。

**第十二条**　【仲裁委员会的组成人员】仲裁委员会由主任1人、副主任2至4人和委员7至11人组成。

仲裁委员会的主任、副主任和委员由法律、经济贸易专家和有实际工作经验的人员担任。仲裁委员会的组成人员中，法律、经济贸易专家不得少于2/3。

**第十三条**　【仲裁员的条件】仲裁委员会应当从公道正派的人员中聘任仲裁员。

仲裁员应当符合下列条件之一：

（一）通过国家统一法律职业资格考试取得法律职业资格，从事仲裁工作满8年的；

（二）从事律师工作满8年的；

（三）曾任法官满8年的；

（四）从事法律研究、教学工作并具有高级职称的；

（五）具有法律知识、从事经济贸易等专业工作并具有高级职称或者具有同等专业水平的。

仲裁委员会按照不同专业设仲裁员名册。

**第十四条**　【仲裁委员会与行政机关以及仲裁委员

会之间的关系】仲裁委员会独立于行政机关,与行政机关没有隶属关系。仲裁委员会之间也没有隶属关系。

**第十五条 【中国仲裁协会】**中国仲裁协会是社会团体法人。仲裁委员会是中国仲裁协会的会员。中国仲裁协会的章程由全国会员大会制定。

中国仲裁协会是仲裁委员会的自律性组织,根据章程对仲裁委员会及其组成人员、仲裁员的违纪行为进行监督。

中国仲裁协会依照本法和民事诉讼法的有关规定制定仲裁规则。

## 第三章 仲裁协议

**第十六条 【仲裁协议的形式和内容】**仲裁协议包括合同中订立的仲裁条款和以其他书面方式在纠纷发生前或者纠纷发生后达成的请求仲裁的协议。

仲裁协议应当具有下列内容:
(一)请求仲裁的意思表示;
(二)仲裁事项;
(三)选定的仲裁委员会。

**第十七条 【仲裁协议无效的情形】**有下列情形之一的,仲裁协议无效:
(一)约定的仲裁事项超出法律规定的仲裁范围的;
(二)无民事行为能力人或者限制民事行为能力人订立的仲裁协议;
(三)一方采取胁迫手段,迫使对方订立仲裁协议的。

**第十八条 【对内容不明确的仲裁协议的处理】**仲裁协议对仲裁事项或者仲裁委员会没有约定或者约定不明确的,当事人可以补充协议;达不成补充协议的,仲裁协议无效。

**第十九条 【合同的变更、解除、终止或者无效对仲裁协议效力的影响】**仲裁协议独立存在,合同的变更、解除、终止或者无效,不影响仲裁协议的效力。

仲裁庭有权确认合同的效力。

**第二十条 【对仲裁协议的异议】**当事人对仲裁协议的效力有异议的,可以请求仲裁委员会作出决定或者请求人民法院作出裁定。一方请求仲裁委员会作出决定,另一方请求人民法院作出裁定的,由人民法院裁定。

当事人对仲裁协议的效力有异议,应当在仲裁庭首次开庭前提出。

## 第四章 仲裁程序

### 第一节 申请和受理

**第二十一条 【申请仲裁的条件】**当事人申请仲裁应当符合下列条件:
(一)有仲裁协议;
(二)有具体的仲裁请求和事实、理由;
(三)属于仲裁委员会的受理范围。

**第二十二条 【申请仲裁时应递交的文件】**当事人申请仲裁,应当向仲裁委员会递交仲裁协议、仲裁申请书及副本。

**第二十三条 【仲裁申请书的内容】**仲裁申请书应当载明下列事项:
(一)当事人的姓名、性别、年龄、职业、工作单位和住所,法人或者其他组织的名称、住所和法定代表人或者主要负责人的姓名、职务;
(二)仲裁请求和所根据的事实、理由;
(三)证据和证据来源、证人姓名和住所。

**第二十四条 【仲裁申请的受理与不受理】**仲裁委员会收到仲裁申请书之日起 5 日内,认为符合受理条件的,应当受理,并通知当事人;认为不符合受理条件的,应当书面通知当事人不予受理,并说明理由。

**第二十五条 【受理后的准备工作】**仲裁委员会受理仲裁申请后,应当在仲裁规则规定的期限内将仲裁规则和仲裁员名册送达申请人,并将仲裁申请书副本和仲裁规则、仲裁员名册送达被申请人。

被申请人收到仲裁申请书副本后,应当在仲裁规则规定的期限内向仲裁委员会提交答辩书。仲裁委员会收到答辩书后,应当在仲裁规则规定的期限内将答辩书副本送达申请人。被申请人未提交答辩书的,不影响仲裁程序的进行。

**第二十六条 【仲裁协议的当事人一方向人民法院起诉的处理】**当事人达成仲裁协议,一方向人民法院起诉未声明有仲裁协议,人民法院受理后,另一方在首次开庭前提交仲裁协议的,人民法院应驳回起诉,但仲裁协议无效的除外;另一方在首次开庭前未对人民法院受理该案提出异议的,视为放弃仲裁协议,人民法院应当继续审理。

**第二十七条 【仲裁请求的放弃、变更、承认、反驳以及反请求】**申请人可以放弃或者变更仲裁请求。被申请人可以承认或者反驳仲裁请求,有权提出反请求。

**第二十八条 【财产保全】**一方当事人因另一方当事人的行为或者其他原因,可能使裁决不能执行或者难以执行的,可以申请财产保全。

当事人申请财产保全的,仲裁委员会应当将当事人的申请依照民事诉讼法的有关规定提交人民法院。

申请有错误的,申请人应当赔偿被申请人因财产保全所遭受的损失。

**第二十九条** 【仲裁代理】当事人、法定代理人可以委托律师和其他代理人进行仲裁活动。委托律师和其他代理人进行仲裁活动的,应当向仲裁委员会提交授权委托书。

## 第二节 仲裁庭的组成

**第三十条** 【仲裁庭的组成】仲裁庭可以由3名仲裁员或者1名仲裁员组成。由3名仲裁员组成的,设首席仲裁员。

**第三十一条** 【仲裁员的选任】当事人约定由3名仲裁员组成仲裁庭的,应当各自选定或者各自委托仲裁委员会主任指定1名仲裁员,第三名仲裁员由当事人共同选定或者共同委托仲裁委员会主任指定。第三名仲裁员是首席仲裁员。

当事人约定由1名仲裁员成立仲裁庭的,应当由当事人共同选定或者共同委托仲裁委员会主任指定仲裁员。

**第三十二条** 【仲裁员的指定】当事人没有在仲裁规则规定的期限内约定仲裁庭的组成方式或者选定仲裁员的,由仲裁委员会主任指定。

**第三十三条** 【仲裁庭组成情况的书面通知】仲裁庭组成后,仲裁委员会应当将仲裁庭的组成情况书面通知当事人。

**第三十四条** 【仲裁员回避的方式与理由】仲裁员有下列情形之一的,必须回避,当事人也有权提出回避申请:

(一)是本案当事人或者当事人、代理人的近亲属;

(二)与本案有利害关系;

(三)与本案当事人、代理人有其他关系,可能影响公正仲裁的;

(四)私自会见当事人、代理人,或者接受当事人、代理人的请客送礼的。

**第三十五条** 【回避申请的提出】当事人提出回避申请,应当说明理由,在首次开庭前提出。回避事由在首次开庭后知道的,可以在最后一次开庭终结前提出。

**第三十六条** 【回避的决定】仲裁员是否回避,由仲裁委员会主任决定;仲裁委员会主任担任仲裁员时,由仲裁委员会集体决定。

**第三十七条** 【仲裁员的重新确定】仲裁员因回避或者其他原因不能履行职责的,应当依照本法规定重新选定或者指定仲裁员。

因回避而重新选定或者指定仲裁员后,当事人可以请求已进行的仲裁程序重新进行,是否准许,由仲裁庭决定;仲裁庭也可以自行决定已进行的仲裁程序是否重新进行。

**第三十八条** 【仲裁员的除名】仲裁员有本法第三十四条第四项规定的情形,情节严重的,或者有本法第五十八条第六项规定的情形的,应当依法承担法律责任,仲裁委员会应当将其除名。

## 第三节 开庭和裁决

**第三十九条** 【仲裁审理的方式】仲裁应当开庭进行。当事人协议不开庭的,仲裁庭可以根据仲裁申请书、答辩书以及其他材料作出裁决。

**第四十条** 【开庭审理的方式】仲裁不公开进行。当事人协议公开的,可以公开进行,但涉及国家秘密的除外。

**第四十一条** 【开庭日期的通知与延期开庭】仲裁委员会应当在仲裁规则规定的期限内将开庭日期通知双方当事人。当事人有正当理由的,可以在仲裁规则规定的期限内请求延期开庭。是否延期,由仲裁庭决定。

**第四十二条** 【当事人缺席的处理】申请人经书面通知,无正当理由不到庭或者未经仲裁庭许可中途退庭的,可以视为撤回仲裁申请。

被申请人经书面通知,无正当理由不到庭或者未经仲裁庭许可中途退庭的,可以缺席裁决。

**第四十三条** 【证据提供与收集】当事人应当对自己的主张提供证据。

仲裁庭认为有必要收集的证据,可以自行收集。

**第四十四条** 【专门性问题的鉴定】仲裁庭对专门性问题认为需要鉴定的,可以交由当事人约定的鉴定部门鉴定,也可以由仲裁庭指定的鉴定部门鉴定。

根据当事人的请求或者仲裁庭的要求,鉴定部门应当派鉴定人参加开庭。当事人经仲裁庭许可,可以向鉴定人提问。

**第四十五条** 【证据的出示与质证】证据应当在开庭时出示,当事人可以质证。

**第四十六条** 【证据保全】在证据可能灭失或者以后难以取得的情况下,当事人可以申请证据保全。当事人申请证据保全的,仲裁委员会应当将当事人的申请提交证据所在地的基层人民法院。

**第四十七条** 【当事人的辩论】当事人在仲裁过程中有权进行辩论。辩论终结时,首席仲裁员或者独任仲裁员应当征询当事人的最后意见。

**第四十八条　【仲裁笔录】**仲裁庭应当将开庭情况记入笔录。当事人和其他仲裁参与人认为对自己陈述的记录有遗漏或者差错的，有权申请补正。如果不予补正，应当记录该申请。

笔录由仲裁员、记录人员、当事人和其他仲裁参与人签名或者盖章。

**第四十九条　【仲裁和解】**当事人申请仲裁后，可以自行和解。达成和解协议的，可以请求仲裁庭根据和解协议作出裁决书，也可以撤回仲裁申请。

**第五十条　【达成和解协议、撤回仲裁申请后反悔的处理】**当事人达成和解协议，撤回仲裁申请后反悔的，可以根据仲裁协议申请仲裁。

**第五十一条　【仲裁调解】**仲裁庭在作出裁决前，可以先行调解。当事人自愿调解的，仲裁庭应当调解。调解不成的，应当及时作出裁决。

调解达成协议的，仲裁庭应当制作调解书或者根据协议的结果制作裁决书。调解书与裁决书具有同等法律效力。

**第五十二条　【仲裁调解书】**调解书应当写明仲裁请求和当事人协议的结果。调解书由仲裁员签名，加盖仲裁委员会印章，送达双方当事人。

调解书经双方当事人签收后，即发生法律效力。

在调解书签收前当事人反悔的，仲裁庭应当及时作出裁决。

**第五十三条　【仲裁裁决的作出】**裁决应当按照多数仲裁员的意见作出，少数仲裁员的不同意见可以记入笔录。仲裁庭不能形成多数意见时，裁决应当按照首席仲裁员的意见作出。

**第五十四条　【裁决书的内容】**裁决书应当写明仲裁请求、争议事实、裁决理由、裁决结果、仲裁费用的负担和裁决日期。当事人协议不愿写明争议事实和裁决理由的，可以不写。裁决书由仲裁员签名，加盖仲裁委员会印章。对裁决持不同意见的仲裁员，可以签名，也可以不签名。

**第五十五条　【先行裁决】**仲裁庭仲裁纠纷时，其中一部分事实已经清楚，可以就该部分先行裁决。

**第五十六条　【裁决书的补正】**对裁决书中的文字、计算错误或者仲裁庭已经裁决但在裁决书中遗漏的事项，仲裁庭应当补正；当事人自收到裁决书之日起 30 日内，可以请求仲裁庭补正。

**第五十七条　【裁决书生效】**裁决书自作出之日起发生法律效力。

### 第五章　申请撤销裁决

**第五十八条　【申请撤销仲裁裁决的法定情形】**当事人提出证据证明裁决有下列情形之一的，可以向仲裁委员会所在地的中级人民法院申请撤销裁决：

（一）没有仲裁协议的；

（二）裁决的事项不属于仲裁协议的范围或者仲裁委员会无权仲裁的；

（三）仲裁庭的组成或者仲裁的程序违反法定程序的；

（四）裁决所根据的证据是伪造的；

（五）对方当事人隐瞒了足以影响公正裁决的证据的；

（六）仲裁员在仲裁该案时有索贿受贿，徇私舞弊，枉法裁决行为的。

人民法院经组成合议庭审查核实裁决有前款规定情形之一的，应当裁定撤销。

人民法院认定该裁决违背社会公共利益的，应当裁定撤销。

**第五十九条　【申请撤销仲裁裁决的期限】**当事人申请撤销裁决的，应当自收到裁决书之日起 6 个月内提出。

**第六十条　【人民法院对撤销申请的审查与处理】**人民法院应当在受理撤销裁决申请之日起两个月内作出撤销裁决或者驳回申请的裁定。

**第六十一条　【申请撤销仲裁裁决的后果】**人民法院受理撤销裁决的申请后，认为可以由仲裁庭重新仲裁的，通知仲裁庭在一定期限内重新仲裁，并裁定中止撤销程序。仲裁庭拒绝重新仲裁的，人民法院应当裁定恢复撤销程序。

### 第六章　执　行

**第六十二条　【仲裁裁决的执行】**当事人应当履行裁决。一方当事人不履行的，另一方当事人可以依照民事诉讼法的有关规定向人民法院申请执行。受申请的人民法院应当执行。

**第六十三条　【仲裁裁决的不予执行】**被申请人提出证据证明裁决有民事诉讼法第二百一十三条第二款规定的情形之一的，经人民法院组成合议庭审查核实，裁定不予执行。

**第六十四条　【仲裁裁决的执行中止、终结与恢复】**一方当事人申请执行裁决，另一方当事人申请撤销裁决的，人民法院应当裁定中止执行。

人民法院裁定撤销裁决的,应当裁定终结执行。撤销裁决的申请被裁定驳回的,人民法院应当裁定恢复执行。

### 第七章　涉外仲裁的特别规定

**第六十五条**　【涉外仲裁的法律适用】涉外经济贸易、运输和海事中发生的纠纷的仲裁,适用本章规定。本章没有规定的,适用本法其他有关规定。

**第六十六条**　【涉外仲裁委员会的设立】涉外仲裁委员会可以由中国国际商会组织设立。

涉外仲裁委员会由主任 1 人、副主任若干人和委员若干人组成。

涉外仲裁委员会的主任、副主任和委员可以由中国国际商会聘任。

**第六十七条**　【涉外仲裁委员会仲裁员的聘任】涉外仲裁委员会可以从具有法律、经济贸易、科学技术等专门知识的外籍人士中聘任仲裁员。

**第六十八条**　【涉外仲裁的证据保全】涉外仲裁的当事人申请证据保全的,涉外仲裁委员会应当将当事人的申请提交证据所在地的中级人民法院。

**第六十九条**　【涉外仲裁的开庭笔录与笔录要点】涉外仲裁的仲裁庭可以将开庭情况记入笔录,或者作出笔录要点,笔录要点可以由当事人和其他仲裁参与人签字或者盖章。

**第七十条**　【涉外仲裁裁决的撤销】当事人提出证据证明涉外仲裁裁决有民事诉讼法第二百五十八条第一款规定的情形之一的,经人民法院组成合议庭审查核实,裁定撤销。

**第七十一条**　【涉外仲裁裁决的不予执行】被申请人提出证据证明涉外仲裁裁决有民事诉讼法第二百五十八条第一款规定的情形之一的,经人民法院组成合议庭审查核实,裁定不予执行。

**第七十二条**　【涉外仲裁裁决的执行】涉外仲裁委员会作出的发生法律效力的仲裁裁决,当事人请求执行的,如果被执行人或者其财产不在中华人民共和国领域内,应当由当事人直接向有管辖权的外国法院申请承认和执行。

**第七十三条**　【涉外仲裁规则】涉外仲裁规则可以由中国国际商会依照本法和民事诉讼法的有关规定制定。

### 第八章　附　则

**第七十四条**　【仲裁时效】法律对仲裁时效有规定的,适用该规定。法律对仲裁时效没有规定的,适用诉讼时效的规定。

**第七十五条**　【仲裁暂行规则的判定】中国仲裁协会制定仲裁规则前,仲裁委员会依照本法和民事诉讼法的有关规定可以制定仲裁暂行规则。

**第七十六条**　【仲裁费用】当事人应当按照规定交纳仲裁费用。

收取仲裁费用的办法,应当报物价管理部门核准。

**第七十七条**　【本法适用的例外】劳动争议和农业集体经济组织内部的农业承包合同纠纷的仲裁,另行规定。

**第七十八条**　【本法施行前制定的有关仲裁的规定的效力】本法施行前制定的有关仲裁的规定与本法的规定相抵触的,以本法为准。

**第七十九条**　【本法施行前后仲裁机构的衔接与过渡】本法施行前在直辖市、省、自治区人民政府所在地的市和其他设区的市设立的仲裁机构,应当依照本法的有关规定重新组建;未重新组建的,自本法施行之日起届满 1 年时终止。

本法施行前设立的不符合本法规定的其他仲裁机构,自本法施行之日起终止。

**第八十条**　【施行日期】本法自 1995 年 9 月 1 日起施行。

## 最高人民法院关于适用《中华人民共和国仲裁法》若干问题的解释

- 2005 年 12 月 26 日最高人民法院审判委员会第 1375 次会议通过
- 2006 年 8 月 23 日最高人民法院公告公布
- 自 2006 年 9 月 8 日起施行
- 法释〔2006〕7 号

根据《中华人民共和国仲裁法》和《中华人民共和国民事诉讼法》等法律规定,对人民法院审理涉及仲裁案件适用法律的若干问题作如下解释:

**第一条**　仲裁法第十六条规定的"其他书面形式"的仲裁协议,包括以合同书、信件和数据电文(包括电报、电传、传真、电子数据交换和电子邮件)等形式达成的请求仲裁的协议。

**第二条**　当事人概括约定仲裁事项为合同争议的,基于合同成立、效力、变更、转让、履行、违约责任、解释、解除等产生的纠纷都可以认定为仲裁事项。

第三条　仲裁协议约定的仲裁机构名称不准确，但能够确定具体的仲裁机构的，应当认定选定了仲裁机构。

第四条　仲裁协议仅约定纠纷适用的仲裁规则的，视为未约定仲裁机构，但当事人达成补充协议或者按照约定的仲裁规则能够确定仲裁机构的除外。

第五条　仲裁协议约定两个以上仲裁机构的，当事人可以协议选择其中的一个仲裁机构申请仲裁；当事人不能就仲裁机构选择达成一致的，仲裁协议无效。

第六条　仲裁协议约定由某地的仲裁机构仲裁且该地仅有一个仲裁机构的，该仲裁机构视为约定的仲裁机构。该地有两个以上仲裁机构的，当事人可以协议选择其中的一个仲裁机构申请仲裁；当事人不能就仲裁机构选择达成一致的，仲裁协议无效。

第七条　当事人约定争议可以向仲裁机构申请仲裁也可以向人民法院起诉的，仲裁协议无效。但一方向仲裁机构申请仲裁，另一方未在仲裁法第二十条第二款规定期间内提出异议的除外。

第八条　当事人订立仲裁协议后合并、分立的，仲裁协议对其权利义务的继受人有效。

当事人订立仲裁协议后死亡的，仲裁协议对承继其仲裁事项中的权利义务的继承人有效。

前两款规定情形，当事人订立仲裁协议时另有约定的除外。

第九条　债权债务全部或者部分转让的，仲裁协议对受让人有效，但当事人另有约定、在受让债权债务时受让人明确反对或者不知有单独仲裁协议的除外。

第十条　合同成立后未生效或者被撤销的，仲裁协议效力的认定适用仲裁法第十九条第一款的规定。

当事人在订立合同时就争议达成仲裁协议的，合同未成立不影响仲裁协议的效力。

第十一条　合同约定解决争议适用其他合同、文件中的有效仲裁条款的，发生合同争议时，当事人应当按照该仲裁条款提请仲裁。

涉外合同应当适用的有关国际条约中有仲裁规定的，发生合同争议时，当事人应当按照国际条约中的仲裁规定提请仲裁。

第十二条　当事人向人民法院申请确认仲裁协议效力的案件，由仲裁协议约定的仲裁机构所在地的中级人民法院管辖；仲裁协议约定的仲裁机构不明确的，由仲裁协议签订地或者被申请人住所地的中级人民法院管辖。

申请确认涉外仲裁协议效力的案件，由仲裁协议约定的仲裁机构所在地、仲裁协议签订地、申请人或者被申请人住所地的中级人民法院管辖。

涉及海事海商纠纷仲裁协议效力的案件，由仲裁协议约定的仲裁机构所在地、仲裁协议签订地、申请人或者被申请人住所地的海事法院管辖；上述地点没有海事法院的，由就近的海事法院管辖。

第十三条　依照仲裁法第二十条第二款的规定，当事人在仲裁庭首次开庭前没有对仲裁协议的效力提出异议，而后向人民法院申请确认仲裁协议无效的，人民法院不予受理。

仲裁机构对仲裁协议的效力作出决定后，当事人向人民法院申请确认仲裁协议效力或者申请撤销仲裁机构的决定的，人民法院不予受理。

第十四条　仲裁法第二十六条规定的"首次开庭"是指答辩期满后人民法院组织的第一次开庭审理，不包括审前程序中的各项活动。

第十五条　人民法院审理仲裁协议效力确认案件，应当组成合议庭进行审查，并询问当事人。

第十六条　对涉外仲裁协议的效力审查，适用当事人约定的法律；当事人没有约定适用的法律但约定了仲裁地的，适用仲裁地法律；没有约定适用的法律也没有约定仲裁地或者仲裁地约定不明的，适用法院地法律。

第十七条　当事人以不属于仲裁法第五十八条或者民事诉讼法第二百五十八条规定的事由申请撤销仲裁裁决的，人民法院不予支持。①

第十八条　仲裁法第五十八条第一款第一项规定的"没有仲裁协议"是指当事人没有达成仲裁协议。仲裁协议被认定无效或者被撤销的，视为没有仲裁协议。

第十九条　当事人以仲裁裁决事项超出仲裁协议范围为由申请撤销仲裁裁决，经审查属实，人民法院应当撤销仲裁裁决中的超裁部分。但超裁部分与其他裁决事项不可分的，人民法院应当撤销仲裁裁决。

第二十条　仲裁法第五十八条规定的"违反法定程序"，是指违反仲裁法规定的仲裁程序和当事人选择的仲裁规则可能影响案件正确裁决的情形。

第二十一条　当事人申请撤销国内仲裁裁决的案件属于下列情形之一的，人民法院可以依照仲裁法第六十一条的规定通知仲裁庭在一定期限内重新仲裁：

---

① 本条根据《最高人民法院关于调整司法解释等文件中引用〈中华人民共和国民事诉讼法〉条文序号的决定》（法释〔2008〕18号）第79条调整。

（一）仲裁裁决所根据的证据是伪造的；

（二）对方当事人隐瞒了足以影响公正裁决的证据的。

人民法院应当在通知中说明要求重新仲裁的具体理由。

**第二十二条** 仲裁庭在人民法院指定的期限内开始重新仲裁的，人民法院应当裁定终结撤销程序；未开始重新仲裁的，人民法院应当裁定恢复撤销程序。

**第二十三条** 当事人对重新仲裁裁决不服的，可以在重新仲裁裁决书送达之日起六个月内依据仲裁法第五十八条规定向人民法院申请撤销。

**第二十四条** 当事人申请撤销仲裁裁决的案件，人民法院应当组成合议庭审理，并询问当事人。

**第二十五条** 人民法院受理当事人撤销仲裁裁决的申请后，另一方当事人申请执行同一仲裁裁决的，受理执行申请的人民法院应当在受理后裁定中止执行。

**第二十六条** 当事人向人民法院申请撤销仲裁裁决被驳回后，又在执行程序中以相同理由提出不予执行抗辩的，人民法院不予支持。

**第二十七条** 当事人在仲裁程序中未对仲裁协议的效力提出异议，在仲裁裁决作出后以仲裁协议无效为由主张撤销仲裁裁决或者提出不予执行抗辩的，人民法院不予支持。

当事人在仲裁程序中对仲裁协议的效力提出异议，在仲裁裁决作出后又以此为由主张撤销仲裁裁决或者提出不予执行抗辩，经审查符合仲裁法第五十八条或者民事诉讼法第二百一十三条、第二百五十八条规定的，人民法院应予支持。①

**第二十八条** 当事人请求不予执行仲裁调解书或者根据当事人之间的和解协议作出的仲裁裁决书的，人民法院不予支持。

**第二十九条** 当事人申请执行仲裁裁决案件，由被执行人住所地或者被执行的财产所在地的中级人民法院管辖。

**第三十条** 根据审理撤销、执行仲裁裁决案件的实际需要，人民法院可以要求仲裁机构作出说明或者向相关仲裁机构调阅仲裁案卷。

人民法院在办理涉及仲裁的案件过程中作出的裁定，可以送相关的仲裁机构。

**第三十一条** 本解释自2006年9月8日起实施。

本院以前发布的司法解释与本解释不一致的，以本解释为准。

## 最高人民法院关于仲裁司法
## 审查案件报核问题的有关规定

- 2017年11月20日最高人民法院审判委员会第1727次会议通过
- 根据2021年11月15日最高人民法院审判委员会第1850次会议通过的《最高人民法院关于修改〈最高人民法院关于仲裁司法审查案件报核问题的有关规定〉的决定》修正
- 自2022年1月1日起施行
- 法释〔2021〕21号

为正确审理仲裁司法审查案件，统一裁判尺度，依法保护当事人合法权益，保障仲裁发展，根据《中华人民共和国民事诉讼法》《中华人民共和国仲裁法》等法律规定，结合审判实践，制定本规定。

**第一条** 本规定所称仲裁司法审查案件，包括下列案件：

（一）申请确认仲裁协议效力案件；

（二）申请撤销我国内地仲裁机构的仲裁裁决案件；

（三）申请执行我国内地仲裁机构的仲裁裁决案件；

（四）申请认可和执行香港特别行政区、澳门特别行政区、台湾地区仲裁裁决案件；

（五）申请承认和执行外国仲裁裁决案件；

（六）其他仲裁司法审查案件。

**第二条** 各中级人民法院或者专门人民法院办理涉外涉港澳台仲裁司法审查案件，经审查拟认定仲裁协议无效，不予执行或者撤销我国内地仲裁机构的仲裁裁决，不予认可和执行香港特别行政区、澳门特别行政区、台湾地区仲裁裁决，不予承认和执行外国仲裁裁决，应当向本辖区所属高级人民法院报核；高级人民法院经审查拟同意的，应当向最高人民法院报核。待最高人民法院审核后，方可依最高人民法院的审核意见作出裁定。

各中级人民法院或者专门人民法院办理非涉外涉港澳台仲裁司法审查案件，经审查拟认定仲裁协议无效，不予执行或者撤销我国内地仲裁机构的仲裁裁决，应当向本辖区所属高级人民法院报核；待高级人民法院审核后，

---

① 本条根据《最高人民法院关于调整司法解释等文件中引用〈中华人民共和国民事诉讼法〉条文序号的决定》（法释〔2008〕18号）第80条调整。

方可依高级人民法院的审核意见作出裁定。

第三条　本规定第二条第二款规定的非涉外涉港澳台仲裁司法审查案件，高级人民法院经审查，拟同意中级人民法院或者专门人民法院以违背社会公共利益为由不予执行或者撤销我国内地仲裁机构的仲裁裁决的，应当向最高人民法院报核，待最高人民法院审核后，方可依最高人民法院的审核意见作出裁定。

第四条　依据本规定第二条第二款由高级人民法院审核的案件，高级人民法院应当在作出审核意见之日起十五日内向最高人民法院报备。

第五条　下级人民法院报请上级人民法院审核的案件，应当将书面报告和案件卷宗材料一并上报。书面报告应当写明审查意见及具体理由。

第六条　上级人民法院收到下级人民法院的报核申请后，认为案件相关事实不清的，可以询问当事人或者退回下级人民法院补充查明事实后再报。

第七条　上级人民法院应当以复函的形式将审核意见答复下级人民法院。

第八条　在民事诉讼案件中，对于人民法院因涉及仲裁协议效力而作出的不予受理、驳回起诉、管辖权异议的裁定，当事人不服提起上诉，第二审人民法院经审查拟认定仲裁协议不成立、无效、失效、内容不明确无法执行的，须按照本规定第二条的规定逐级报核，待上级人民法院审核后，方可依上级人民法院的审核意见作出裁定。

第九条　本规定自2018年1月1日起施行，本院以前发布的司法解释与本规定不一致的，以本规定为准。

## 最高人民法院关于审理仲裁司法审查案件若干问题的规定

· 2017年12月4日最高人民法院审判委员会1728次会议通过
· 2017年12月26日最高人民法院公告公布
· 自2018年1月1日起施行
· 法释〔2017〕22号

为正确审理仲裁司法审查案件，依法保护各方当事人合法权益，根据《中华人民共和国民事诉讼法》《中华人民共和国仲裁法》等法律规定，结合审判实践，制定本规定。

第一条　本规定所称仲裁司法审查案件，包括下列案件：

（一）申请确认仲裁协议效力案件；

（二）申请执行我国内地仲裁机构的仲裁裁决案件；

（三）申请撤销我国内地仲裁机构的仲裁裁决案件；

（四）申请认可和执行香港特别行政区、澳门特别行政区、台湾地区仲裁裁决案件；

（五）申请承认和执行外国仲裁裁决案件；

（六）其他仲裁司法审查案件。

第二条　申请确认仲裁协议效力的案件，由仲裁协议约定的仲裁机构所在地、仲裁协议签订地、申请人住所地、被申请人住所地的中级人民法院或者专门人民法院管辖。

涉及海事海商纠纷仲裁协议效力的案件，由仲裁协议约定的仲裁机构所在地、仲裁协议签订地、申请人住所地、被申请人住所地的海事法院管辖；上述地点没有海事法院的，由就近的海事法院管辖。

第三条　外国仲裁裁决与人民法院审理的案件存在关联，被申请人住所地、被申请人财产所在地均不在我国内地，申请人申请承认外国仲裁裁决的，由受理关联案件的人民法院管辖。受理关联案件的人民法院为基层人民法院的，申请承认外国仲裁裁决的案件应当由该基层人民法院的上一级人民法院管辖。受理关联案件的人民法院是高级人民法院或者最高人民法院的，由上述法院决定自行审查或者指定中级人民法院审查。

外国仲裁裁决与我国内地仲裁机构审理的案件存在关联，被申请人住所地、被申请人财产所在地均不在我国内地，申请人申请承认外国仲裁裁决的，由受理关联案件的仲裁机构所在地的中级人民法院管辖。

第四条　申请人向两个以上有管辖权的人民法院提出申请的，由最先立案的人民法院管辖。

第五条　申请人向人民法院申请确认仲裁协议效力的，应当提交申请书及仲裁协议正本或者经证明无误的副本。

申请书应当载明下列事项：

（一）申请人或者被申请人为自然人的，应当载明其姓名、性别、出生日期、国籍及住所；为法人或者其他组织的，应当载明其名称、住所以及法定代表人或者代表人的姓名和职务；

（二）仲裁协议的内容；

（三）具体的请求和理由。

当事人提交的外文申请书、仲裁协议及其他文件，应当附有中文译本。

第六条　申请人向人民法院申请执行或者撤销我国内地仲裁机构的仲裁裁决、申请承认和执行外国仲裁裁决的，应当提交申请书及裁决书正本或者经证明无误的副本。

申请书应当载明下列事项：

（一）申请人或者被申请人为自然人的，应当载明其姓名、性别、出生日期、国籍及住所；为法人或者其他组织的，应当载明其名称、住所以及法定代表人或者代表人的姓名和职务；

（二）裁决书的主要内容及生效日期；

（三）具体的请求和理由。

当事人提交的外文申请书、裁决书及其他文件，应当附有中文译本。

**第七条** 申请人提交的文件不符合第五条、第六条的规定，经人民法院释明后提交的文件仍然不符合规定的，裁定不予受理。

申请人向对案件不具有管辖权的人民法院提出申请，人民法院应当告知其向有管辖权的人民法院提出申请，申请人仍不变更申请的，裁定不予受理。

申请人对不予受理的裁定不服的，可以提起上诉。

**第八条** 人民法院立案后发现不符合受理条件的，裁定驳回申请。

前款规定的裁定驳回申请的案件，申请人再次申请并符合受理条件的，人民法院应予受理。

当事人对驳回申请的裁定不服的，可以提起上诉。

**第九条** 对于申请人的申请，人民法院应当在七日内审查决定是否受理。

人民法院受理仲裁司法审查案件后，应当在五日内向申请人和被申请人发出通知书，告知其受理情况及相关的权利义务。

**第十条** 人民法院受理仲裁司法审查案件后，被申请人对管辖权有异议的，应当自收到人民法院通知之日起十五日内提出。人民法院对被申请人提出的异议，应当审查并作出裁定。当事人对裁定不服的，可以提起上诉。

在中华人民共和国领域内没有住所的被申请人对人民法院的管辖权有异议的，应当自收到人民法院通知之日起三十日内提出。

**第十一条** 人民法院审查仲裁司法审查案件，应当组成合议庭并询问当事人。

**第十二条** 仲裁协议或者仲裁裁决具有《最高人民法院关于适用〈中华人民共和国涉外民事关系法律适用法〉若干问题的解释（一）》第一条规定情形的，为涉外仲裁协议或者涉外仲裁裁决。

**第十三条** 当事人协议选择确认涉外仲裁协议效力适用的法律，应当作出明确的意思表示，仅约定合同适用的法律，不能作为确认合同中仲裁条款效力适用的法律。

**第十四条** 人民法院根据《中华人民共和国涉外民事关系法律适用法》第十八条的规定，确定确认涉外仲裁协议效力适用的法律时，当事人没有选择适用的法律，适用仲裁机构所在地的法律与适用仲裁地的法律将对仲裁协议的效力作出不同认定的，人民法院应当适用确认仲裁协议有效的法律。

**第十五条** 仲裁协议未约定仲裁机构和仲裁地，但根据仲裁协议约定适用的仲裁规则可以确定仲裁机构或者仲裁地的，应当认定其为《中华人民共和国涉外民事关系法律适用法》第十八条中规定的仲裁机构或者仲裁地。

**第十六条** 人民法院适用《承认及执行外国仲裁裁决公约》审查当事人申请承认和执行外国仲裁裁决案件时，被申请人以仲裁协议无效为由提出抗辩的，人民法院应当依照该公约第五条第一款（甲）项的规定，确定确认仲裁协议效力应当适用的法律。

**第十七条** 人民法院对申请执行我国内地仲裁机构作出的非涉外仲裁裁决案件的审查，适用《中华人民共和国民事诉讼法》第二百三十七条的规定。

人民法院对申请执行我国内地仲裁机构作出的涉外仲裁裁决案件的审查，适用《中华人民共和国民事诉讼法》第二百七十四条的规定。

**第十八条** 《中华人民共和国仲裁法》第五十八条第一款第六项和《中华人民共和国民事诉讼法》第二百三十七条第二款第六项规定的仲裁员在仲裁该案时有索贿受贿，徇私舞弊，枉法裁决行为，是指已经由生效刑事法律文书或者纪律处分决定所确认的行为。

**第十九条** 人民法院受理仲裁司法审查案件后，作出裁定前，申请人请求撤回申请的，裁定准许。

**第二十条** 人民法院在仲裁司法审查案件中作出的裁定，除不予受理、驳回申请、管辖权异议的裁定外，一经送达即发生法律效力。当事人申请复议、提出上诉或者申请再审的，人民法院不予受理，但法律和司法解释另有规定的除外。

**第二十一条** 人民法院受理的申请确认涉及香港特别行政区、澳门特别行政区、台湾地区仲裁协议效力的案件，申请执行或者撤销我国内地仲裁机构作出的涉及香港特别行政区、澳门特别行政区、台湾地区仲裁裁决的案件，参照适用涉外仲裁司法审查案件的规定审查。

**第二十二条** 本规定自2018年1月1日起施行，本院以前发布的司法解释与本规定不一致的，以本规定为准。

• 典型案例

## 1. 湖南华厦建筑有限责任公司与常德工艺美术学校不服执行裁定申诉案①

**【裁判摘要】**

一、当事人自愿达成合法有效协议或仲裁条款选定仲裁机构解决其争议纠纷，是采用仲裁方式解决争议纠纷的前提。如果当事人没有约定其争议纠纷由仲裁机构解决，通常情况下，仲裁机构无权对该争议纠纷予以仲裁。

二、当事人在主合同中约定其争议纠纷由仲裁机构解决，对于没有约定争议纠纷解决方式的补充协议可否适用该约定，其关键在于主合同与补充协议之间是否具有可分性。如果主合同与补充协议之间相互独立且可分，在没有特别约定的情况下，对于两个完全独立且可分的合同或协议，其争议解决方式应按合同或补充协议约定处理。如果补充协议是对主合同内容的补充，必须依附于主合同而不能独立存在，则主合同所约定的争议解决条款也适用于补充协议。

**最高人民法院**
**执行裁定书**

（2015）执申字第33号

申诉人（申请执行人）：湖南华厦建筑有限责任公司。住所地：湖南省常德市桃源县漳江镇洞庭宫社区建设东路057号。
法定代表人：余大华，该公司董事长。
委托代理人：李益友，湖南经卫律师事务所律师。
被申诉人（被执行人）：常德工艺美术学校，住所地：湖南省常德市武陵区滨湖西路2876号。
法定代表人：余鹏，该校董事长。
委托代理人：张荣光，湖南昌祥律师事务所律师。
委托代理人：龚智勇，湖南昌祥律师事务所律师。

申诉人湖南华厦建筑有限责任公司不服湖南省高级人民法院（2013）湘高法执监字第14号执行裁定，向本院申诉。本院受理后，依法组成合议庭审查。本案现已审查终结。

本院经审查查明，2011年7月7日，湖南华厦建筑有限责任公司因其与常德工艺美术学校发生工程欠款纠纷到常德市仲裁委员会申请仲裁，要求裁令常德工艺美术学校支付工程款2 902 107.5元及工程款利息156 713.81元。常德工艺美术学校向常德仲裁委员会提出仲裁反申请，要求湖南华厦建筑有限责任公司赔偿因其延误工期、施工质量低劣致使常德工艺美术学校遭受的损失。应常德工艺美术学校申请，常德仲裁委员会委托湖南宏源中柱工程项目管理有限公司对学生宿舍楼由湖南华厦建筑有限责任公司所做的水电工程和装饰工程的工程造价依合同约定的结算标准进行了司法鉴定，鉴定这两部分的工程造价为1 471 605元。2012年1月6日，常德仲裁委员会作出（2011）常仲字第163号裁决，确认：常德工艺美术学校已向湖南华厦建筑有限责任公司给付工程款2 367 067元，余款未付。裁令：1. 常德工艺美术学校在收到裁决书之日起十日内向湖南华厦建筑有限责任公司支付工程欠款2 442 792.16元。2. 常德工艺美术学校在收到裁决书之日起十日内向湖南华厦建筑有限责任公司支付常德工艺美术学校学生宿舍楼主体建筑工程款利息（该利息以971 187.16元为基数，自2009年12月4日开始至实际给付之日，按人民银行规定的同期贷款利率计算）。3. 常德工艺美术学校请求湖南华厦建筑有限责任公司赔偿工期延误以及质量不合格等造成的各项损失600 000元的请求不予支持。

常德工艺美术学校向常德市中级人民法院申请不予执行常德仲裁委员会作出的（2011）常仲字第163号仲裁裁决，理由是：1. 仲裁裁决适用法律错误；2. 仲裁裁决认定事实的证据不足；3. 仲裁裁决违背社会公共利益。常德市中级人民法院于2012年7月19日作出（2012）常执不字第8号执行裁定。

常德市中级人民法院认为，仲裁庭在认定事实和法律方面，有一定的自由裁量权，当事人选择了仲裁途径，就应当承担相应的后果。人民法院在执行程序中对不予执行仲裁裁决请求的审查，不同于案件的重新审理，除具有民事诉讼法第二百一十三条所规定的情形外，不应轻易否定。本案中，常德工艺美术学校在收到湖南华厦建筑有限责任公司提供的工程结算文件后逾期没有答复，且在工程还未验收情况下就投入使用，仲裁庭据此对合同的结算条款作出常德工艺美术学校逾期不答复即视为认可结算文件的解释，在事实认定和适用法律方面并无明显的错误。

---

① 案例来源：《最高人民法院公报》2016年第8期。

从本案情况看,仲裁裁决的执行并不存在违背社会公共利益的情节,以违背社会公共利益为由不予执行仲裁裁决缺乏依据。遂裁定驳回常德工艺美术学校的申请。

常德工艺美术学校不服常德市中级人民法院(2012)常执不字第 8 号执行裁定,向湖南省高级人民法院申诉,请求监督,裁定案件不予执行。理由是:1. 双方实际履行的协议和补充协议没有仲裁条款,常德仲裁委员会对案件进行仲裁错误;2. 仲裁认定事实的主要证据不足,常德工艺美术学校收到湖南华厦建筑有限责任公司工程结算文件后双方对工程结算问题多次进行了协商,并非不予答复,应当裁定不予执行;3. 裁决支付工程款利息证据不足;4. 工程中标价为 1 671 814 元,不含水电安装工程、装饰工程等,但仲裁认定水电安装及装饰工程部分造价 147 万元,超出仲裁协议范围,应不予执行。

湖南省高级人民法院认为,"双方于 2007 年 11 月 30 日签订的协议虽然没有约定处理争议的管辖方式,但双方于 2007 年 12 月 8 日经过招投标而签订的合同明确约定,双方发生争议由常德市仲裁委员会管辖,该合同是在行政规章要求下进行的,是依法定程序签订的合法有效协议,应当遵照执行。该合同明确了协议仲裁管辖,故常德仲裁委员会对该案具有管辖权。同时,该合同也明确约定桩基础、室内外装饰、门窗、水电安装及附属工程等是不包含在承包范围内,补充协议虽对水电安装和装饰部分造价作了约定,但并未约定争议的解决方式,因此,水电安装及装饰工程等工程造价不属于仲裁协议的范围,但裁决书对这部分工程造价作出了裁决,超出了仲裁裁决范围。依照当时生效的《中华人民共和国民事诉讼法》第二百一十三条第二款(二)项、最高人民法院《关于人民法院执行工作若干问题的规定(试行)》第一百二十九条的规定,于 2013 年 6 月 6 日作出(2013)湘高法执监字第 14 号执行裁定书,裁定:1. 撤销常德市中级人民法院(2012)常执不字第 8 号执行裁定;2. 对常德仲裁委员会(2011)常仲裁字第 163 号仲裁裁决不予执行。"

另查明,2007 年 11 月 30 日,常德工艺美术学校与湖南华厦建筑有限责任公司签订《常德市工艺美术学校学生宿舍楼施工承包合同书》,双方约定:工程发包方是常德工艺美术学校,工程承包方是湖南华厦建筑有限责任公司。常德工艺美术学校拟建一座学生宿舍楼,建筑面积 4100 m²,经常德工艺美术学校对湖南华厦建筑有限责任公司考察核实,同意湖南华厦建筑有限责任公司承包。在"一、工程概况"部分约定承包方式:①在乙方承包工程范围内的有:包工包料按图施工西头宿舍楼现浇板改为空心预制板。整栋两头所有水磨石改为普通合格地面砖(楼梯踏步为水磨石),消防只负责材料及工资费,房屋外墙边周围 1 米范围内止。±0 提高部分。②不在乙方承包工程范围内的有:弱电、空调、电扇、桩基础;消防除材料费之外的其他费用由甲方负责。增加工程,除预算已包括在内,还包括如下项目:水电包括在内,基础包括在弱电线管工资费在内 M1、M5 门包括在内,一层地面做法按 2-6 层标准做包括在内。未预算及超出设计图纸以外的工程,按 1999 年定额及取费标准和当时各项调价文件精神按实结算。在"十、其他"部分约定:本合同未尽事宜,可经双方协商达成共识后加签补充协议以附件形式附后,其附件视为本合约同等效力。2007 年 12 月 28 日,常德工艺美术学校与湖南华厦建筑有限责任公司双方签订《建设工程施工合同》(GF-1999-0201),约定工程承包范围:土建主体工程。注:桩基础、室内、外装饰、门窗、水电及其附属工程不在承包范围内。在"第三部分专用条款 37. 争议"部分约定:本合同在履行过程中发生的争议,由双方当事人协商解决,协商不成的提交常德市仲裁委员会仲裁;2008 年 3 月 20 日常德工艺美术学校与湖南华厦建筑有限责任公司签订《常德工艺美术学校学生宿舍楼施工承包合同补充协议》,约定:甲方新建学校宿舍楼一栋,建筑面积 4526 平方米。经协商双方已于 2007 年 12 月 28 日签订了合同。(合同文本为 GF-1999-0201),为完善条款,进一步保证双方合法权益。对未尽事宜和可能出现的新问题补签如下协议条款,以资双方遵守。该补充协议:一、甲方委托黄生工程师编制的第一次预算文本,为甲乙双方签约依据(即预算下浮百分之十五后为发包依据;水电未进入预算,但由乙方承担)。乙方为招投标人。单方委托黄工编制的工程主体部分预算,只用于招投标。在打决算时只服从第一预算文本。二、本项工程中增加的节能等项目发包计价均按同一预算编制,国家标准下浮百分之十五计价。三、工程各项明细依据甲乙双方于 2007 年 11 月 30 日签订的《常德市工艺美术学校学生宿舍楼施工承包合同书》履行。该合同在文本最后一页写有"正本"两字。四、未尽事宜仍可经双方协商加签再补充协议,所签补充协议与前签协议有同等效力,且补充条款是最终履约依据。

申诉人湖南华厦建筑有限责任公司不服湖南省高级人民法院(2013)湘高法执监字第 14 号执行裁定,向本院申诉,主要理由是:1. 湖南省高级人民法院(2013)湘高法执监字第 14 号执行裁定超越职权、违法受理。常德工艺美术学校向常德市中级人民法院申请不予执行仲裁裁决的理由与不服常德市中级人民法院驳回不予执行仲裁裁决申请裁定向湖南省高级人民法院申诉的理由不同,之前未涉及仲裁管辖问题;2. 湖南省高级人民法院(2013)湘高法执监字第 14 号执行裁定没有依法送达法律文书,且没有依照《湖南省高级人民法院关于执行听证的规定》中规定的对仲裁机构作出的仲裁裁决书裁定不予执行的,必须实行听证的规定;3. 湖南省高级人民法院(2013)湘高法执监字第 14 号执行裁定没有对常德市中级人民法院(2012)常执不字第 8 号执行裁定作出评判,且没有任何证据证明常德市中级人民法院(2012)常执不字第 8 号执行裁定错误,就直接撤销常德市中级人民法院(2012)常执不字第 8 号执行裁定,并裁定对常德仲裁委员会(2011)常仲裁字第 163 号仲裁裁决不予执行,超出了审查范围。并且常德工艺美术学校没以仲裁裁决事项超出仲裁协议范围为由申请撤销仲裁裁决;4. 湖南省高级人民法院(2013)湘高法执监字第 14 号执行裁定事实认定不清。一是该裁定称仲裁裁决超出合同约定。在招标合同中,水电及装饰部分是不包含在内的,补充协议也确定不是与主体一同计算,而且,补充协议对水电安装和装饰部分造价作了约定,但并未约定争议的解决方式,仲裁裁决也指出关于这部分的造价未经招标而无效,但裁定书对这部分工程造价作出了裁决,是超出了仲裁裁决范围的。这与双方签订的《建设工程施工合同》(GF-1999-0201)第十条 37.1 对争议的约定、《常德市工艺美术学校学生宿舍楼施工承包合同书》第八条、第十条的约定、《常德市工艺美术学校学生宿舍楼施工承包合同补充协议》第三条内容不符;二是双方实际选择的争议解决方式为仲裁,在仲裁庭审笔录中双方都明确表示同意仲裁管辖。常德工艺美术学校在仲裁中,就补充协议部分工程造价向仲裁委员会申请了司法鉴定,常德工艺美术学校缴纳了鉴定费,仲裁委员会依据该鉴定结论作出了裁决。

本院经审查认为:

一、关于增加申诉理由部分是否要审查的问题。常德工艺美术学校在向湖南省高级人民法院提出的申诉理由中增加了"双方实际履行的协议和补充协议没有仲裁条款"等内容。因常德工艺美术学校向常德市中级人民法院和湖南省高级人民法院提出的请求均为不予执行仲裁裁决,其前后请求并没有发生改变,湖南省高级人民法院针对常德工艺美术学校提出的请求,并结合具体的申诉理由(新增理由)进行审查并无不当。

二、关于申诉人称没有听证、没有依法送达法律文书的问题。根据最高人民法院《关于人民法院执行公开的若干规定》第十二条的规定,人民法院对案外人异议、不予执行的申请以及变更、追加被执行主体等重大执行事项,一般应当公开听证进行审查;案情简单、事实清楚,没有必要听证的,人民法院可以直接审查,因此,湖南省高级人民法院有权根据案件情况决定是否听证。人民法院对其作出的法律文书应当依法进行送达。本案申诉人湖南华厦建筑有限责任公司不服湖南省高级人民法院(2013)湘高法执监字第 14 号执行裁定,向本院申诉,说明其不仅已知晓该裁定书内容,而且向本院提交了该执行裁定书文本,但并不排除湖南省高级人民法院应当依法送达的义务。

三、关于湖南省高级人民法院的审查是否超出常德工艺美术学校申请不予执行仲裁裁决理由范围的问题。依据当时生效的《中华人民共和国民事诉讼法》第二百一十三条第二款的规定,被申请人提出证据证明仲裁裁决有本条规定的六种情形之一的,经人民法院组成合议庭审查核实,裁定不予执行。因此,湖南省高级人民法院在对常德工艺美术学校向法院申请不予执行仲裁裁决审查过程中,依据上述规定认定仲裁裁决是否构成不予执行的理由并无不当。

四、关于主合同约定的争议解决方式是仲裁,补充协议没有约定争议解决方式,仲裁机构是否可对主合同和补充协议一并进行仲裁的问题。本院认为,当事人自愿达成合法有效协议或仲裁条款选定仲裁机构解决其争议纠纷,是采用仲裁方式解决争议纠纷的前提。如果当事人没有约定其争议纠纷由仲裁机构解决,通常情况下,仲裁机构无权对该争议纠纷予以仲裁。但存在主合同与补充协议的情形时,当事人在主合同中约定其争议纠纷由仲裁机构解决,对于没有约定争议纠纷解决方式的补充协议可否适用该约定,其关键在于主合同与补充协议之间是否具有可分性。如果主合同与补充协议之间是相互独立且可分,那么,在没有特别约定的情况下,对于两个完全独立且可分的合同或协议,其争议解决方式应按合同或补充协议约定处理。如果补充协议是对主合同内容的补充,必须依附于主合同,而不能独立于主合同存在,那么,主合同所约定的争议解决条款也适用于补充协议。本案中,双方当事人于 2007 年 12 月 28 日经过招投标而签订的合同明确约定,双方当事人发生争议由常德市仲裁委员会管辖,故常德仲裁委员会对该案具有管辖权。此后双方当事人于 2008 年 3 月 20 日签订的补充协议明确约定双方已于 2007 年 12 月 28 日签订了合同,为完善条款,对未尽事宜和可能出现的新问题补签该补充协议,且明确约定"所签补充协议与前签协议有同等效力。"由此可见,主合同所约定的发生争议提交常德市仲裁委员会仲裁的争议解决条款也应适用于补充协议。此外,依据法律规定当事人对仲裁协议的效力有异议,应当在仲裁庭首次开庭前提出。本案中湖南华厦建筑有限责任公司向常德市仲裁委员会申请仲裁后,常德工艺美术学校并没有在仲裁庭首次开庭前,对仲裁协议的效力提出异议,而是向常德仲裁委员会提出仲裁反申请,并申请常德仲裁委员会委托对水电工程和装饰工程的工程造价依合同约定的结算标准进行了司法鉴定,这表明双方认可依照约定选择的常德仲裁委员会解决双方工程欠款纠纷。常德工艺美术学校在向湖南省高级人民法院申诉中称双方实际履行的合同和补充协议没有仲裁条款,常德仲裁委员会对案件进行仲裁错误的理由不予支持。故湖南省高级人民法院(2013)湘高法执监字第14号执行裁定中有关"补充协议中未约定争议的解决方式,因此,补充协议中水电安装及装饰工程等工程造价不属于仲裁协议的范围,仲裁裁决书对这部分工程造价作出了裁决,超出了仲裁裁决范围"部分的认定不正确,应予纠正。常德市中级人民法院(2012)常执不字第8号执行裁定结果正确,应予维持。

综上,根据《中华人民共和国仲裁法》第二十条第二款、最高人民法院《关于人民法院执行工作若干问题的规定(试行)》第129条的规定,裁定如下:

1. 撤销湖南省高级人民法院(2013)湘高法执监字第14号执行裁定;

2. 维持常德市中级人民法院(2012)常执不字第8号执行裁定。

本裁定送达后即发生法律效力。

## 2. 高哲宇与深圳市云丝路创新发展基金企业、李斌申请撤销仲裁裁决案

最高人民法院审判委员会讨论通过
2022年12月27日发布

**【关键词】**
民事/申请撤销仲裁裁决/比特币/社会公共利益

**【裁判要点】**
仲裁裁决裁定被申请人赔偿与比特币等值的美元,再将美元折算成人民币,属于变相支持比特币与法定货币之间的兑付交易,违反了国家对虚拟货币金融监管的规定,违背了社会公共利益,人民法院应当裁定撤销仲裁裁决。

**【相关法条】**
《中华人民共和国仲裁法》第58条

**【基本案情】**
2017年12月2日,深圳市云丝路创新发展基金企业(以下简称云丝路企业)、高哲宇、李斌签订了《股权转让协议》,根据该协议约定,云丝路企业将其持有的深圳极驱科技有限公司(以下简称极驱公司)5%股权以55万元转让给高哲宇;李斌同意代替高哲宇向云丝路企业支付30万元股权转让款,高哲宇直接向云丝路企业支付25万元股权转让款,同时高哲宇将李斌委托其进行理财的比特币全部归还至李斌的电子钱包。该协议签订后,高哲宇未履行合同义务。

云丝路企业、李斌向深圳仲裁委员会申请仲裁,主要请求为:变更云丝路企业持有的极驱公司5%股权到高哲宇名下,高哲宇向云丝路企业支付股权款25万元,高哲宇向李斌归还与比特币资产相等价值的美金493158.40美元及利息,高哲宇支付李斌违约金10万元。

仲裁庭经审理认为,高哲宇未依照案涉合同的约定交付双方共同约定并视为有财产意义的比特币等,构成违约,应予赔偿。仲裁庭参考李斌提供的okcoin.com网站公布的合同约定履行时点有关比特币收盘价的公开信息,估算应赔偿的财产损失为401780美元。仲裁庭裁决,变更云丝路企业持有的极驱公司5%股权至高哲宇名下;高哲宇向云丝路企业支付股权转让款25万元;高哲宇向李斌支付401780美元(按裁决作出之日的美元兑人民币汇率结算为人民币);高哲宇向李斌支付违约金10万元。

高哲宇认为该仲裁裁决违背社会公共利益,请求人民法院予以撤销。

**【裁判结果】**
广东省深圳市中级人民法院于2020年4月26日作出(2018)粤03民特719号民事裁定,撤销深圳仲裁委员会(2018)深仲裁字第64号仲裁裁决。

**【裁判理由】**
法院生效裁判认为:《中国人民银行工业和信息化部中国银行业监督管理委员会中国证券监督管理委员会中国保险监督管理委员会关于防范比特币风险的通知》(银发〔2013〕289号)明确规定,比特币不具有与货币等同的法律地位,不能且不应作为货币在市场上流通使用。2017年中国人民银行等七部委联合发布关于防范代币发行融资风险的公告,重申了上述规定,同时从防范金融风险的角度,进一步提出任何所谓的代币融资交易平台不得从事法定货币与代币、虚拟货币相互之间的兑换业务,不得买卖或作为中央对手方买卖代币或虚拟货币,不得为代币或虚拟货币提供定价、信息中介等服务。上述文件实质上禁止了比特币的兑付、交易及流通,炒作比特币等行为涉嫌从事非法金融活动,扰乱金融秩序,影响金融稳定。涉案仲裁裁决高哲宇赔偿李斌与比特币等值的美元,再将美元折算成人民币,实质上是变相支持了比特币与法定货币之间的兑付、交易,与上述文件精神不符,违背了社会公共利益,该仲裁裁决应予撤销。

## 3. 中国工商银行股份有限公司岳阳分行与刘友良申请撤销仲裁裁决案

最高人民法院审判委员会讨论通过
2022 年 12 月 27 日发布

【关键词】

民事/申请撤销仲裁裁决/仲裁协议/实际施工人

【裁判要点】

实际施工人并非发包人与承包人签订的施工合同的当事人，亦未与发包人、承包人订立有效仲裁协议，不应受发包人与承包人的仲裁协议约束。实际施工人依据发包人与承包人的仲裁协议申请仲裁，仲裁机构作出仲裁裁决后，发包人请求撤销仲裁裁决的，人民法院应予支持。

【相关法条】

《中华人民共和国仲裁法》第 58 条

【基本案情】

2012 年 8 月 30 日，中国工商银行股份有限公司岳阳分行(以下简称工行岳阳分行)与湖南巴陵建设有限公司(以下简称巴陵公司)签订《装修工程施工合同》，工行岳阳分行将其办公大楼整体装修改造内部装饰项目发包给巴陵公司，同时在合同第 15.11 条约定"本合同发生争议时，先由双方协商解决，协商不成时，向岳阳仲裁委员会申请仲裁解决。"2012 年 9 月 10 日，巴陵公司与刘友良签订《内部项目责任承包合同书》，巴陵公司将工行岳阳分行办公大楼整体装修改造内部装饰项目的工程内容及保修以大包干方式承包给刘友良，并收取一定的管理费及相关保证金。2013 年 7 月 23 日，工行岳阳分行与巴陵公司又签订了《装饰安装工程施工补充合同》，工行岳阳分行将其八楼主机房碳纤维加固、防水、基层装饰、外屏管道整修、室内拆旧及未进入决算的相关工程发包给巴陵公司。由于工行岳阳分行未能按照约定支付工程款，2017 年 7 月 4 日，刘友良以工行岳阳分行为被申请人向岳阳仲裁委员会申请仲裁。2017 年 8 月 7 日，工行岳阳分行以其与刘友良未达成仲裁协议为由提出仲裁管辖异议。2017 年 8 月 8 日，岳阳仲裁委员会以岳仲决字〔2017〕8 号决定驳回了工行岳阳分行的仲裁管辖异议。2017 年 12 月 22 日，岳阳仲裁委员会作出岳仲决字〔2017〕696 号裁决，裁定工行岳阳分行向刘友良支付到期应付工程价款及违约金。工行岳阳分行遂向湖南省岳阳市中级人民法院申请撤销该仲裁裁决。

【裁判结果】

湖南省岳阳市中级人民法院于 2018 年 11 月 12 日作出(2018)湘 06 民特 1 号民事裁定，撤销岳阳仲裁委员会岳仲决字〔2017〕696 号裁决。

【裁判理由】

法院生效裁判认为，仲裁协议是当事人达成的自愿将他们之间业已产生或可能产生的有关特定的无论是契约性还是非契约性的法律争议的全部或特定争议提交仲裁的合意。仲裁协议是仲裁机构取得管辖权的依据，是仲裁合法性、正当性的基础，其集中体现了仲裁自愿原则和协议仲裁制度。本案中，工行岳阳分行与巴陵公司签订的《装修工程施工合同》第 15.11 条约定"本合同发生争议时，先由双方协商解决，协商不成时，向岳阳仲裁委员会申请仲裁"，故工行岳阳分行与巴陵公司之间因工程款结算及支付引起的争议应当通过仲裁解决。但刘友良作为实际施工人，其并非工行岳阳分行与巴陵公司签订的《装修工程施工合同》的当事人，刘友良与工行岳阳分行及巴陵公司之间均未达成仲裁合意，不受该合同中仲裁条款的约束。除非另有约定，刘友良无权援引工行岳阳分行与巴陵公司之间《装修工程施工合同》中的仲裁条款向合同当事方主张权利。刘友良以巴陵公司的名义施工，巴陵公司作为《装修工程施工合同》的主体仍然存在并承担相应的权利义务，案件当事人之间并未构成《最高人民法院关于适用〈中华人民共和国仲裁法〉若干问题的解释》第八条规定的合同仲裁条款"承继"情形，亦不构成上述解释第九条规定的合同主体变更情形。2004 年《最高人民法院关于审理建设工程施工合同纠纷案件适用法律问题的解释》第二十六条虽然规定实际施工人可以发包人为被告主张权利且发包人只在欠付工程款的范围内对实际施工人承担责任，但上述内容仅规定了实际施工人对发包人的诉权以及发包人承担责任的范围，不应视为实际施工人援引《装修工程施工合同》中仲裁条款的依据。综上，工行岳阳分行与刘友良之间不存在仲裁协议，岳阳仲裁委员会基于刘友良的申请以仲裁方式解决工行岳阳分行与刘友良之间的工程款争议无法律依据。实际施工人依据发包人与承包人的仲裁协议申请仲裁，仲裁机构作出仲裁裁决后，发包人请求撤销仲裁裁决的，人民法院应予支持。

## 4. 深圳市实正共盈投资控股有限公司与深圳市交通运输局申请确认仲裁协议效力案

最高人民法院审判委员会讨论通过
2022 年 12 月 27 日发布

【关键词】

民事/申请确认仲裁协议效力/首次开庭/重新仲裁

【裁判要点】

当事人未在仲裁庭首次开庭前对仲裁协议的效力提出异议的,应当认定当事人接受仲裁庭对案件的管辖权。虽然案件重新进入仲裁程序,但仍是对同一纠纷进行的仲裁程序,当事人在重新仲裁开庭前对仲裁协议效力提出异议的,不属于《中华人民共和国仲裁法》第二十条第二款规定的"在仲裁庭首次开庭前提出"的情形。

【相关法条】

《中华人民共和国仲裁法》第 20 条第 2 款

【基本案情】

深圳市实正共盈投资控股有限公司(以下简称实正共盈公司)诉称:实正共盈公司与深圳市交通运输局的纠纷由深圳国际仲裁院于 2020 年 2 月 20 日作出重新裁决的决定,该案目前尚未重新组庭,处于首次开庭前的阶段。两个案件程序相互独立,现在提起确认仲裁协议的效力时间应当被认定为首次开庭前,一审裁定依据《最高人民法院关于适用〈中华人民共和国仲裁法〉若干问题的解释》第十三条规定属于法律适用错误。

广东省深圳市交通运输局辩称:案涉仲裁案件于 2017 年 8 月 18 日首次开庭审理,庭审过程中,实正共盈公司当庭确认其对仲裁庭已经进行的程序没有异议,实正共盈公司已认可深圳国际仲裁院对案涉仲裁案件的管辖,其无权因案件进入重新仲裁程序而获得之前放弃的权利。一审裁定适用法律正确。

法院经审理查明:华南国际经济贸易仲裁委员会(又名深圳国际仲裁院,曾名中国国际经济贸易仲裁委员会华南分会、中国国际经济贸易仲裁委员会深圳分会)于 2016 年受理本案所涉仲裁案件。2017 年 8 月 18 日,仲裁庭进行开庭审理,在仲裁申请人陈述和固定仲裁请求依据的事实和理由前,仲裁庭询问"双方当事人对本案已经进行的程序,是否有异议",本案申请人回答"没有异议";在庭审结束时,本案申请人表示,"截止到目前为止对于已经进行的仲裁程序"没有异议。2018 年 3 月 29 日,华南国际经济贸易仲裁委员会作出裁决书。该裁决作出后,实正共盈公司向深圳市中级人民法院申请不予执行该仲裁裁决。法院经审查认为,可以由仲裁庭重新仲裁,由于仲裁庭在法院指定的期限内已同意重新仲裁,故不予执行仲裁裁决的审查程序应予终结。2020 年 2 月 26 日,法院裁定终结该案审查程序。

【裁判结果】

广东省深圳市中级人民法院于 2020 年 6 月 3 日作出(2020)粤 03 民特 249 号民事裁定,驳回申请人实正共盈公司的申请。实正共盈公司不服,向广东省高级人民法院提起上诉。广东省高级人民法院于 2020 年 9 月 18 日作出(2020)粤民终 2212 号民事裁定,驳回上诉,维持原裁定。

【裁判理由】

法院生效裁判认为:《中华人民共和国仲裁法》第二十条第二款规定:"当事人对仲裁协议的效力有异议,应当在仲裁庭首次开庭前提出",当事人未在仲裁庭首次开庭前对仲裁协议的效力提出异议的,视为当事人接受仲裁庭对案件的管辖权。本案虽然进入重新仲裁程序,但仍为同一纠纷,实正共盈公司在仲裁过程中未对仲裁协议效力提出异议并确认对仲裁程序无异议,其行为在重新仲裁过程中仍具有效力。根据《最高人民法院关于适用〈中华人民共和国仲裁法〉若干问题的解释》第十三条"依照仲裁法第二十条第二款的规定,当事人在仲裁庭首次开庭前没有对仲裁协议的效力提出异议,而后向人民法院申请确认仲裁协议无效的,人民法院不予受理"的规定,一审法院不应受理实正共盈公司提出的确认仲裁协议效力申请。一审法院受理本案后,根据《最高人民法院审理仲裁司法审查案件若干问题的规定》第八条第一款"人民法院立案后发现不符合受理条件的,裁定驳回申请"的规定,裁定驳回实正共盈公司的申请,并无不当。

## 5. 运裕有限公司与深圳市中苑城商业投资控股有限公司申请确认仲裁协议效力案

最高人民法院审判委员会讨论通过
2022 年 12 月 27 日发布

【关键词】

民事/申请确认仲裁协议效力/仲裁条款成立

【裁判要点】

1. 当事人以仲裁条款未成立为由请求确认仲裁协议不存在的,人民法院应当按照申请确认仲裁协议效力案件予以审查。

2. 仲裁条款独立存在,其成立、效力与合同其他条款是独立、可分的。当事人在订立合同时对仲裁条款进行磋商并就提交仲裁达成合意的,合同成立与否不影响仲裁条款的成立、效力。

【相关法条】

《中华人民共和国仲裁法》第 16 条、第 19 条、第 20 条第 1 款

【基本案情】

中国旅游集团有限公司(以下简称中旅公司),原名为中国旅游集团公司、中国港中旅集团公司,是国有独资公

司。香港中旅(集团)有限公司(以下简称香港中旅公司)是中旅公司的全资子公司,注册于香港。运裕有限公司(以下简称运裕公司)是香港中旅公司的全资子公司,注册于英属维尔京群岛。新劲公司是运裕公司的全资子公司,亦注册于英属维尔京群岛。

2016年3月24日,中旅公司作出《关于同意挂牌转让NEWPOWERENTERPRISESINC.100%股权的批复》,同意运裕公司依法合规转让其所持有的新劲公司100%的股权。2017年3月29日,运裕公司通过北交所公开挂牌转让其持有的新劲公司100%的股权。深圳市中苑城商业投资控股有限公司(以下简称中苑城公司)作为意向受让人与运裕公司等就签订案涉项目的产权交易合同等事宜开展磋商。

2017年5月9日,港中旅酒店有限公司(中旅公司的全资子公司)投资管理部经理张欣发送电子邮件给深圳市泰隆金融控股集团有限公司(中苑城公司的上级集团公司)风控法务张瑞瑞。电子邮件的附件《产权交易合同》,系北交所提供的标准文本,载明甲方为运裕公司,乙方为中苑城公司,双方根据合同法和《企业国有产权转让管理暂行办法》等相关法律、法规、规章的规定,就运裕公司向中苑城公司转让其拥有的新劲公司100%股权签订《产权交易合同》。合同第十六条管辖及争议解决方式:16.1本合同及产权交易中的行为均适用中华人民共和国法律;16.2有关本合同的解释或履行,当事人之间发生争议的,应由双方协商解决;协商解决不成的,提交北京仲裁委员会仲裁。上述电子邮件的附件《债权清偿协议》第十二条约定:本协议适用中华人民共和国法律。有关本协议的解释或履行,当事人之间发生争议的,应由各方协商解决;协商解决不成的,任何一方均有权提交北京仲裁委员会以仲裁方式解决。

2017年5月10日,张瑞瑞发送电子邮件给张欣、刘祯,内容为:"附件为我们公司对合同的一个修改意见,请贵公司在基于平等、公平的原则及合同签订后的有效原则慎重考虑加以确认"。在该邮件的附件中,《产权交易合同》文本第十六条"管辖及争议解决方式"修改为"16.1本合同及产权交易中的行为均适用中华人民共和国法律。16.2有关本合同的解释或履行,当事人之间发生争议的,应由双方协商解决;协商解决不成的,提交深圳国际仲裁院仲裁";《债权清偿协议》文本第十二条修改为"本协议适用中华人民共和国法律。有关本协议的解释或履行,当事人之间发生争议的,应由各方协商解决;协商解决不成的,任何一方均有权提交深圳国际仲裁院以仲裁方式解决"。

2017年5月11日13时42分,张欣发送电子邮件给张瑞瑞和中苑城公司高级管理人员李俊,针对中苑城公司对两个合同文本提出的修改意见进行了回应,并表示"现将修订后的合同草签版发送给贵司,请接到附件内容后尽快回复意见。贵方与我司确认后的合同将被提交至北交所及我司内部审批流程,经北交所及我司集团公司最终确认后方可签署(如有修改我司会再与贵司确认)"。该邮件附件《产权交易合同》(草签版)第十六条"管辖及争议解决方式"与《债权清偿协议》(草签版)第十二条和上述5月10日张瑞瑞发送给张欣、刘祯的电子邮件附件中的有关内容相同。同日18时39分,张瑞瑞发送电子邮件给张欣,内容为"附件为我司签署完毕的《产权交易合同》(草签版)及《债权清偿协议》(草签版)、项目签约说明函等扫描件,请查收并回复"。该邮件附件《产权交易合同》(草签版)和《债权清偿协议》(草签版)的管辖及争议解决方式的内容与张欣在同日发送电子邮件附件中的有关内容相同。中苑城公司在合同上盖章,并将该文本送达运裕公司。

2017年5月17日,张欣发送电子邮件给李俊,载明:"深圳项目我司集团最终审批流程目前正进行中,如审批顺利计划可在本周五上午在北京维景国际大酒店举办签约仪式,具体情况待我司确认后通知贵司。现将《产权交易合同》及《债权清偿协议》拟签署版本提前发送给贵司以便核对。"该邮件附件1为《股权转让项目产权交易合同》(拟签署版),附件2为《股权转让项目债权清偿协议》(拟签署版)。上述两个合同文本中的仲裁条款仍与草签版相同。

2017年10月27日,运裕公司发函中苑城公司取消交易。2018年4月4日,中苑城公司根据《产权交易合同》(草签版)第16.2条及《债权清偿协议》(草签版)第十二条的约定,向深圳国际仲裁院提出仲裁申请,将运裕公司等列为共同被申请人。在仲裁庭开庭前,运裕公司等分别向广东省深圳市中级人民法院提起诉讼,申请确认仲裁协议不存在。该院于2018年9月11日立案,形成了本案和另外两个关联案件。在该院审查期间,最高人民法院认为,本案及关联案件有重大法律意义,由国际商事法庭审查有利于统一适用法律,且有利于提高纠纷解决效率,故依照民事诉讼法第三十八条第一款、《最高人民法院关于设立国际商事法庭若干问题的规定》第二条第五项之规定,裁定本案由最高人民法院第一国际商事法庭审查。

【裁判结果】

最高人民法院于2019年9月18日作出(2019)最高法民特1号民事裁定,驳回运裕有限公司的申请。

**【裁判理由】**

最高人民法院认为：运裕公司在中苑城公司申请仲裁后，以仲裁条款未成立为由，向人民法院申请确认双方之间不存在有效的仲裁条款。虽然这不同于要求确认仲裁协议无效，但是仲裁协议是否存在与是否有效同样直接影响到纠纷解决方式，同样属于需要解决的先决问题，因而要求确认当事人之间不存在仲裁协议也属于广义的对仲裁协议效力的异议。仲裁法第二十条第一款规定："当事人对仲裁协议的效力有异议的，可以请求仲裁委员会作出决定或者请求人民法院作出裁定。据此，当事人以仲裁条款未成立为由要求确认仲裁协议不存在的，属于申请确认仲裁协议效力案件，人民法院应予立案审查。"

在确认仲裁协议效力时，首先要确定准据法。涉外民事关系法律适用法第十八条规定："当事人可以协议选择仲裁协议适用的法律。当事人没有选择的，适用仲裁机构所在地法律或者仲裁地法律。"在法庭询问时，各方当事人均明确表示同意适用中华人民共和国法律确定案涉仲裁协议效力。因此，本案仲裁协议适用中华人民共和国法律。

仲裁法第十六条第一款规定："仲裁协议包括合同中订立的仲裁条款和以其他书面方式在纠纷发生前或者纠纷发生后达成的请求仲裁的协议。"可见，合同中的仲裁条款和独立的仲裁协议这两种类型，都属于仲裁协议，仲裁条款的成立和效力的认定也适用关于仲裁协议的法律规定。

仲裁协议独立性是广泛认可的一项基本法律原则，是指仲裁协议与主合同是可分的，互相独立，它们的存在与效力，以及适用于它们的准据法都是可分的。由于仲裁条款是仲裁协议的主要类型，仲裁条款与合同其他条款出现在同一文件中，赋予仲裁条款独立性，比强调独立的仲裁协议具有独立性更有实践意义，甚至可以说仲裁协议独立性主要是指仲裁条款和主合同是可分的。对于仲裁协议的独立性，中华人民共和国法律和司法解释均有规定。仲裁法第十九条第一款规定："仲裁协议独立存在，合同的变更、解除、终止或者无效，不影响仲裁协议的效力。"从上下文关系看，该条是在仲裁法第十六条明确了仲裁条款属于仲裁协议之后，规定了仲裁协议的独立性。因此，仲裁条款独立于合同。对于仲裁条款能否完全独立于合同而成立，仲裁法的规定似乎不是特别清晰，不如已成立合同的变更、解除、终止或者无效不影响仲裁协议效力的规定那么明确。在司法实践中，合同是否成立与其中的仲裁条款是否成立这两个问题常常纠缠不清。但是，仲裁法第十九条第一款开头部分"仲裁协议独立存在"，是概括性、总领性的表述，应当涵盖仲裁协议是否存在即是否成立的问题，之后的表述则是进一步强调列举的几类情形也不能影响仲裁协议的效力。《最高人民法院关于适用〈中华人民共和国仲裁法〉若干问题的解释》第十条第二款进一步明确："当事人在订立合同时就争议达成仲裁协议的，合同未成立不影响仲裁协议的效力。"因此，在确定仲裁条款效力包括仲裁条款是否成立时，可以先行确定仲裁条款本身的效力；在确有必要时，才考虑对整个合同的效力包括合同是否成立进行认定。本案亦依此规则，先根据本案具体情况来确定仲裁条款是否成立。

仲裁条款是否成立，主要是指当事人双方是否将争议提交仲裁的合意，即是否达成了仲裁协议。仲裁协议是一种合同，判断双方是否就仲裁达成合意，应适用合同法关于要约、承诺的规定。从本案磋商情况看，当事人双方一直共同认可将争议提交仲裁解决。本案最早的《产权交易合同》，系北交所提供的标准文本，连同《债权清偿协议》由运裕公司等一方发给中苑城公司，两份合同均包含将争议提交北京仲裁委员会仲裁的条款。之后，当事人就仲裁机构进行了磋商。运裕公司等一方发出的合同草签版的仲裁条款，已将仲裁机构确定为深圳国际仲裁院。就仲裁条款而言，这是运裕公司等发出的要约。中苑城公司在合同草签版上盖章，表示同意，并于2017年5月11日将盖章合同文本送达运裕公司，这是中苑城公司的承诺。根据合同法第二十五条、第二十六条相关规定，承诺通知到达要约人时生效，承诺生效时合同成立。因此，《产权交易合同》《债权清偿协议》中的仲裁条款于2017年5月11日分别在两个合同的各方当事人之间成立。之后，当事人就合同某些其他事项进行交涉，但从未对仲裁条款有过争议。鉴于运裕公司等并未主张仲裁条款存在法定无效情形，故应当认定双方当事人之间存在有效的仲裁条款，双方争议应由深圳国际仲裁院进行仲裁。虽然运裕公司等没有在最后的合同文本上盖章，其法定代表人也未在文本上签字，不符合合同经双方法定代表人或授权代表签字并盖章后生效的要求，但根据《最高人民法院关于适用〈中华人民共和国仲裁法〉若干问题的解释》第十条第二款的规定，即使合同未成立，仲裁条款的效力也不受影响。在当事人已达成仲裁协议的情况下，对于本案合同是否成立的问题无需再行认定，该问题应在仲裁中解决。综上，运裕公司的理由和请求不能成立，人民法院驳回其申请。

• 文书范本

## 仲裁申请书

申请人：＿＿＿＿＿＿＿＿＿
地址：＿＿＿＿＿＿＿＿＿
法定代表人：＿＿＿＿＿＿＿职务：＿＿＿＿＿＿电话：＿＿＿＿＿＿
委托代理人：＿＿＿＿＿＿工作单位＿＿＿＿＿＿＿＿＿
　　　性别：＿＿＿＿年龄：＿＿＿＿＿
　　　职务：＿＿＿＿＿＿电话：＿＿＿＿＿＿＿
被申请人：＿＿＿＿＿＿＿＿＿
地址：＿＿＿＿＿＿＿＿＿
法定代表人：＿＿＿＿＿＿＿职务：＿＿＿＿＿＿电话：＿＿＿＿＿＿
委托代理人：＿＿＿＿＿＿工作单位＿＿＿＿＿＿＿＿＿
　　　性别：＿＿＿＿年龄：＿＿＿＿＿
　　　职务：＿＿＿＿＿＿电话：＿＿＿＿＿＿＿
仲裁请求：
　　（1）裁决被申请人因其违约行为向申请人支付贷款＿＿＿＿＿＿元和经济损失＿＿＿＿＿＿元；
　　（2）仲裁费用由被申请人负担。
事实与理由：
　　（事实经过）＿＿＿＿＿＿＿＿＿＿＿＿＿
　　（要求被申请人承担责任的理由）＿＿＿＿＿＿＿＿
此致
＿＿＿＿＿仲裁委员会
　　　　　　　　　　申请人：＿＿＿＿＿＿
　　　　　　　　　　　　（盖章）
　　　　　　　　　　＿＿＿年＿＿＿月＿＿＿日
附：1. ＿＿＿＿＿＿＿
　　2. ＿＿＿＿＿＿＿

## 仲裁答辩书

答辩人：＿＿＿＿＿＿＿＿＿
地址：＿＿＿＿＿＿＿＿＿
法定代表人：＿＿＿＿＿＿＿职务：＿＿＿＿＿＿电话：＿＿＿＿＿＿
委托代理人：＿＿＿＿＿＿工作单位＿＿＿＿＿＿＿＿＿
　　　性别：＿＿＿＿年龄：＿＿＿＿＿
　　　职务：＿＿＿＿＿＿电话：＿＿＿＿＿＿＿
被答辩人：＿＿＿＿＿＿＿＿＿
地址：＿＿＿＿＿＿＿＿＿
法定代表人：＿＿＿＿＿＿＿职务：＿＿＿＿＿＿电话：＿＿＿＿＿＿
委托代理人：＿＿＿＿＿＿工作单位＿＿＿＿＿＿＿＿＿
　　　性别：＿＿＿＿年龄：＿＿＿＿＿
　　　职务：＿＿＿＿＿＿电话：＿＿＿＿＿＿＿
我方就被答辩人＿＿＿＿＿＿＿＿因与我方之间发生的＿＿＿＿＿＿＿＿争议向你会提出的仲裁请求，提出答辩如下：＿＿＿＿＿＿＿＿＿＿＿＿＿＿＿＿＿
＿＿＿＿＿＿＿＿＿＿＿＿＿＿＿＿＿＿＿
此致
＿＿＿＿＿仲裁委员会
　　　　　　　　　　答辩人：＿＿＿＿＿＿
　　　　　　　　　　　　（盖章）
　　　　　　　　　　＿＿＿年＿＿＿月＿＿＿日
附：1. ＿＿＿＿＿＿＿
　　2. ＿＿＿＿＿＿＿
　　3. ＿＿＿＿＿＿＿

# 二十四、公　证

## 中华人民共和国公证法

- 2005年8月28日第十届全国人民代表大会常务委员会第十七次会议通过
- 根据2015年4月24日第十二届全国人民代表大会常务委员会第十四次会议《关于修改〈中华人民共和国义务教育法〉等五部法律的决定》第一次修正
- 根据2017年9月1日第十二届全国人民代表大会常务委员会第二十九次会议《关于修改〈中华人民共和国法官法〉等八部法律的决定》第二次修正

### 第一章　总　则

**第一条**　为规范公证活动，保障公证机构和公证员依法履行职责，预防纠纷，保障自然人、法人或者其他组织的合法权益，制定本法。

**第二条**　公证是公证机构根据自然人、法人或者其他组织的申请，依照法定程序对民事法律行为、有法律意义的事实和文书的真实性、合法性予以证明的活动。

**第三条**　公证机构办理公证，应当遵守法律，坚持客观、公正的原则。

**第四条**　全国设立中国公证协会，省、自治区、直辖市设立地方公证协会。中国公证协会和地方公证协会是社会团体法人。中国公证协会章程由会员代表大会制定，报国务院司法行政部门备案。

公证协会是公证业的自律性组织，依据章程开展活动，对公证机构、公证员的执业活动进行监督。

**第五条**　司法行政部门依照本法规定对公证机构、公证员和公证协会进行监督、指导。

### 第二章　公证机构

**第六条**　公证机构是依法设立，不以营利为目的，依法独立行使公证职能、承担民事责任的证明机构。

**第七条**　公证机构按照统筹规划、合理布局的原则，可以在县、不设区的市、设区的市、直辖市或者市辖区设立；在设区的市、直辖市可以设立一个或者若干个公证机构。公证机构不按行政区划层层设立。

**第八条**　设立公证机构，应当具备下列条件：

（一）有自己的名称；

（二）有固定的场所；

（三）有二名以上公证员；

（四）有开展公证业务所必需的资金。

**第九条**　设立公证机构，由所在地的司法行政部门报省、自治区、直辖市人民政府司法行政部门按照规定程序批准后，颁发公证机构执业证书。

**第十条**　公证机构的负责人应当在有三年以上执业经历的公证员中推选产生，由所在地的司法行政部门核准，报省、自治区、直辖市人民政府司法行政部门备案。

**第十一条**　根据自然人、法人或者其他组织的申请，公证机构办理下列公证事项：

（一）合同；

（二）继承；

（三）委托、声明、赠与、遗嘱；

（四）财产分割；

（五）招标投标、拍卖；

（六）婚姻状况、亲属关系、收养关系；

（七）出生、生存、死亡、身份、经历、学历、学位、职务、职称、有无违法犯罪记录；

（八）公司章程；

（九）保全证据；

（十）文书上的签名、印鉴、日期，文书的副本、影印本与原本相符；

（十一）自然人、法人或者其他组织自愿申请办理的其他公证事项。

法律、行政法规规定应当公证的事项，有关自然人、法人或者其他组织应当向公证机构申请办理公证。

**第十二条**　根据自然人、法人或者其他组织的申请，公证机构可以办理下列事务：

（一）法律、行政法规规定由公证机构登记的事务；

（二）提存；

（三）保管遗嘱、遗产或者其他与公证事项有关的财产、物品、文书；

（四）代写与公证事项有关的法律事务文书；

（五）提供公证法律咨询。

**第十三条**　公证机构不得有下列行为：

（一）为不真实、不合法的事项出具公证书；

（二）毁损、篡改公证文书或者公证档案；

（三）以诋毁其他公证机构、公证员或者支付回扣、佣金等不正当手段争揽公证业务；

（四）泄露在执业活动中知悉的国家秘密、商业秘密或者个人隐私；

（五）违反规定的收费标准收取公证费；

（六）法律、法规、国务院司法行政部门规定禁止的其他行为。

**第十四条** 公证机构应当建立业务、财务、资产等管理制度，对公证员的执业行为进行监督，建立执业过错责任追究制度。

**第十五条** 公证机构应当参加公证执业责任保险。

## 第三章 公证员

**第十六条** 公证员是符合本法规定的条件，在公证机构从事公证业务的执业人员。

**第十七条** 公证员的数量根据公证业务需要确定。省、自治区、直辖市人民政府司法行政部门应当根据公证机构的设置情况和公证业务的需要核定公证员配备方案，报国务院司法行政部门备案。

**第十八条** 担任公证员，应当具备下列条件：

（一）具有中华人民共和国国籍；

（二）年龄二十五周岁以上六十五周岁以下；

（三）公道正派，遵纪守法，品行良好；

（四）通过国家统一法律职业资格考试取得法律职业资格；

（五）在公证机构实习二年以上或者具有三年以上其他法律职业经历并在公证机构实习一年以上，经考核合格。

**第十九条** 从事法学教学、研究工作，具有高级职称的人员，或者具有本科以上学历，从事审判、检察、法制工作、法律服务满十年的公务员、律师，已经离开原工作岗位，经考核合格的，可以担任公证员。

**第二十条** 有下列情形之一的，不得担任公证员：

（一）无民事行为能力或者限制民事行为能力的；

（二）因故意犯罪或者职务过失犯罪受过刑事处罚的；

（三）被开除公职的；

（四）被吊销公证员、律师执业证书的。

**第二十一条** 担任公证员，应当由符合公证员条件的人员提出申请，经公证机构推荐，由所在地的司法行政部门报省、自治区、直辖市人民政府司法行政部门审核同意后，报请国务院司法行政部门任命，并由省、自治区、直辖市人民政府司法行政部门颁发公证员执业证书。

**第二十二条** 公证员应当遵纪守法，恪守职业道德，依法履行公证职责，保守执业秘密。

公证员有权获得劳动报酬，享受保险和福利待遇；有权提出辞职、申诉或者控告；非因法定事由和非经法定程序，不被免职或者处罚。

**第二十三条** 公证员不得有下列行为：

（一）同时在二个以上公证机构执业；

（二）从事有报酬的其他职业；

（三）为本人及近亲属办理公证或者办理与本人及近亲属有利害关系的公证；

（四）私自出具公证书；

（五）为不真实、不合法的事项出具公证书；

（六）侵占、挪用公证费或者侵占、盗窃公证专用物品；

（七）毁损、篡改公证文书或者公证档案；

（八）泄露在执业活动中知悉的国家秘密、商业秘密或者个人隐私；

（九）法律、法规、国务院司法行政部门规定禁止的其他行为。

**第二十四条** 公证员有下列情形之一的，由所在地的司法行政部门报省、自治区、直辖市人民政府司法行政部门提请国务院司法行政部门予以免职：

（一）丧失中华人民共和国国籍的；

（二）年满六十五周岁或者因健康原因不能继续履行职务的；

（三）自愿辞去公证员职务的；

（四）被吊销公证员执业证书的。

## 第四章 公证程序

**第二十五条** 自然人、法人或者其他组织申请办理公证，可以向住所地、经常居住地、行为地或者事实发生地的公证机构提出。

申请办理涉及不动产的公证，应当向不动产所在地的公证机构提出；申请办理涉及不动产的委托、声明、赠与、遗嘱的公证，可以适用前款规定。

**第二十六条** 自然人、法人或者其他组织可以委托他人办理公证，但遗嘱、生存、收养关系等应当由本人办理公证的除外。

**第二十七条** 申请办理公证的当事人应当向公证机构如实说明申请公证事项的有关情况，提供真实、合法、充分的证明材料；提供的证明材料不充分的，公证机构可以要求补充。

公证机构受理公证申请后,应当告知当事人申请公证事项的法律意义和可能产生的法律后果,并将告知内容记录存档。

第二十八条 公证机构办理公证,应当根据不同公证事项的办证规则,分别审查下列事项:

(一)当事人的身份、申请办理该项公证的资格以及相应的权利;

(二)提供的文书内容是否完备,含义是否清晰,签名、印鉴是否齐全;

(三)提供的证明材料是否真实、合法、充分;

(四)申请公证的事项是否真实、合法。

第二十九条 公证机构对申请公证的事项以及当事人提供的证明材料,按照有关办证规则需要核实或者对其有疑义的,应当进行核实,或者委托异地公证机构代为核实,有关单位或者个人应当依法予以协助。

第三十条 公证机构经审查,认为申请提供的证明材料真实、合法、充分,申请公证的事项真实、合法的,应当自受理公证申请之日起十五个工作日内向当事人出具公证书。但是,因不可抗力、补充证明材料或者需要核实有关情况的,所需时间不计算在期限内。

第三十一条 有下列情形之一的,公证机构不予办理公证:

(一)无民事行为能力人或者限制民事行为能力人没有监护人代理申请办理公证的;

(二)当事人与申请公证的事项没有利害关系的;

(三)申请公证的事项属专业技术鉴定、评估事项的;

(四)当事人之间对申请公证的事项有争议的;

(五)当事人虚构、隐瞒事实,或者提供虚假证明材料的;

(六)当事人提供的证明材料不充分或者拒绝补充证明材料的;

(七)申请公证的事项不真实、不合法的;

(八)申请公证的事项违背社会公德的;

(九)当事人拒绝按照规定支付公证费的。

第三十二条 公证书应当按照国务院司法行政部门规定的格式制作,由公证员签名或者加盖签名章并加盖公证机构印章。公证书自出具之日起生效。

公证书应当使用全国通用的文字;在民族自治地方,根据当事人的要求,可以制作当地通用的民族文字文本。

第三十三条 公证书需要在国外使用,使用国要求先认证的,应当经中华人民共和国外交部或者外交部授权的机构和有关国家驻中华人民共和国使(领)馆认证。

第三十四条 当事人应当按照规定支付公证费。

对符合法律援助条件的当事人,公证机构应当按照规定减免公证费。

第三十五条 公证机构应当将公证文书分类立卷,归档保存。法律、行政法规规定应当公证的事项等重要的公证档案在公证机构保存期满,应当按照规定移交地方档案馆保管。

## 第五章 公证效力

第三十六条 经公证的民事法律行为、有法律意义的事实和文书,应当作为认定事实的根据,但有相反证据足以推翻该项公证的除外。

第三十七条 对经公证的以给付为内容并载明债务人愿意接受强制执行承诺的债权文书,债务人不履行或者履行不适当的,债权人可以依法向有管辖权的人民法院申请执行。

前款规定的债权文书确有错误的,人民法院裁定不予执行,并将裁定书送达双方当事人和公证机构。

第三十八条 法律、行政法规规定未经公证的事项不具有法律效力的,依照其规定。

第三十九条 当事人、公证事项的利害关系人认为公证书有错误的,可以向出具该公证书的公证机构提出复查。公证书的内容违法或者与事实不符的,公证机构应当撤销该公证书并予以公告,该公证书自始无效;公证书有其他错误的,公证机构应当予以更正。

第四十条 当事人、公证事项的利害关系人对公证书的内容有争议的,可以就该争议向人民法院提起民事诉讼。

## 第六章 法律责任

第四十一条 公证机构及其公证员有下列行为之一的,由省、自治区、直辖市或者设区的市人民政府司法行政部门给予警告;情节严重的,对公证机构处一万元以上五万元以下罚款,对公证员处一千元以上五千元以下罚款,并可以给予三个月以上六个月以下停止执业的处罚;有违法所得的,没收违法所得:

(一)以诋毁其他公证机构、公证员或者支付回扣、佣金等不正当手段争揽公证业务的;

(二)违反规定的收费标准收取公证费的;

(三)同时在二个以上公证机构执业的;

(四)从事有报酬的其他职业的;

（五）为本人及近亲属办理公证或者办理与本人及近亲属有利害关系的公证的；

（六）依照法律、行政法规的规定，应当给予处罚的其他行为。

**第四十二条** 公证机构及其公证员有下列行为之一的，由省、自治区、直辖市或者设区的市人民政府司法行政部门对公证机构给予警告，并处二万元以上十万元以下罚款，并可以给予一个月以上三个月以下停业整顿的处罚；对公证员给予警告，并处二千元以上一万元以下罚款，并可以给予三个月以上十二个月以下停止执业的处罚；有违法所得的，没收违法所得；情节严重的，由省、自治区、直辖市人民政府司法行政部门吊销公证员执业证书；构成犯罪的，依法追究刑事责任：

（一）私自出具公证书的；

（二）为不真实、不合法的事项出具公证书的；

（三）侵占、挪用公证费或者侵占、盗窃公证专用物品的；

（四）毁损、篡改公证文书或者公证档案的；

（五）泄露在执业活动中知悉的国家秘密、商业秘密或者个人隐私的；

（六）依照法律、行政法规的规定，应当给予处罚的其他行为。

因故意犯罪或者职务过失犯罪受刑事处罚的，应当吊销公证员执业证书。

被吊销公证员执业证书的，不得担任辩护人、诉讼代理人，但系刑事诉讼、民事诉讼、行政诉讼当事人的监护人、近亲属的除外。

**第四十三条** 公证机构及其公证员因过错给当事人、公证事项的利害关系人造成损失的，由公证机构承担相应的赔偿责任；公证机构赔偿后，可以向有故意或者重大过失的公证员追偿。

当事人、公证事项的利害关系人与公证机构因赔偿发生争议的，可以向人民法院提起民事诉讼。

**第四十四条** 当事人以及其他个人或者组织有下列行为之一的，给他人造成损失的，依法承担民事责任；违反治安管理的，依法给予治安管理处罚；构成犯罪的，依法追究刑事责任：

（一）提供虚假证明材料，骗取公证书的；

（二）利用虚假公证书从事欺诈活动的；

（三）伪造、变造或者买卖伪造、变造的公证书、公证机构印章的。

### 第七章 附 则

**第四十五条** 中华人民共和国驻外使（领）馆可以依照本法的规定或者中华人民共和国缔结或者参加的国际条约的规定，办理公证。

**第四十六条** 公证费的收费标准由省、自治区、直辖市人民政府价格主管部门会同同级司法行政部门制定。

**第四十七条** 本法自2006年3月1日起施行。

## 公证程序规则

· 2020年10月20日司法部令第145号公布
· 自2021年1月1日起施行

### 第一章 总 则

**第一条** 为了规范公证程序，保证公证质量，根据《中华人民共和国公证法》（以下简称《公证法》）和有关法律、行政法规的规定，制定本规则。

**第二条** 公证机构办理公证，应当遵守法律，坚持客观、公正、便民的原则，遵守公证执业规范和执业纪律。

**第三条** 公证机构依法独立行使公证职能，独立承担民事责任，任何单位、个人不得非法干预，其合法权益不受侵犯。

**第四条** 公证机构应当根据《公证法》的规定，受理公证申请，办理公证业务，以本公证机构的名义出具公证书。

**第五条** 公证员受公证机构指派，依照《公证法》和本规则规定的程序办理公证业务，并在出具的公证书上署名。

依照《公证法》和本规则的规定，在办理公证过程中须公证员亲自办理的事务，不得指派公证机构的其他工作人员办理。

**第六条** 公证机构和公证员办理公证，不得有《公证法》第十三条、第二十三条禁止的行为。

公证机构的其他工作人员以及依据本规则接触到公证业务的相关人员，不得泄露在参与公证业务活动中知悉的国家秘密、商业秘密或者个人隐私。

**第七条** 公证机构应当建立、健全公证业务管理制度和公证质量管理制度，对公证员的执业行为进行监督。

**第八条** 司法行政机关依照《公证法》和本规则规定，对公证机构和公证员的执业活动和遵守程序规则的情况进行监督、指导。

公证协会依据章程和行业规范，对公证机构和公证员的执业活动和遵守程序规则的情况进行监督。

## 第二章 公证当事人

**第九条** 公证当事人是指与公证事项有利害关系并以自己的名义向公证机构提出公证申请，在公证活动中享有权利和承担义务的自然人、法人或者其他组织。

**第十条** 无民事行为能力人或者限制民事行为能力人申办公证，应当由其监护人代理。

法人申办公证，应当由其法定代表人代表。

其他组织申办公证，应当由其负责人代表。

**第十一条** 当事人可以委托他人代理申办公证，但申办遗嘱、遗赠扶养协议、赠与、认领亲子、收养关系、解除收养关系、生存状况、委托、声明、保证及其他与自然人人身有密切关系的公证事项，应当由其本人亲自申办。

公证员、公证机构的其他工作人员不得代理当事人在本公证机构申办公证。

**第十二条** 居住在香港、澳门、台湾地区的当事人，委托他人代理申办涉及继承、财产权益处分、人身关系变更等重要公证事项的，其授权委托书应当经其居住地的公证人（机构）公证，或者经司法部指定的机构、人员证明。

居住在国外的当事人，委托他人代理申办前款规定的重要公证事项的，其授权委托书应当经其居住地的公证人（机构）、我驻外使（领）馆公证。

## 第三章 公证执业区域

**第十三条** 公证执业区域是指由省、自治区、直辖市司法行政机关，根据《公证法》第二十五条和《公证机构执业管理办法》第十条的规定以及当地公证机构设置方案，划定的公证机构受理公证业务的地域范围。

公证机构的执业区域，由省、自治区、直辖市司法行政机关在办理该公证机构设立或者变更审批时予以核定。

公证机构应当在核定的执业区域内受理公证业务。

**第十四条** 公证事项由当事人住所地、经常居住地、行为地或者事实发生地的公证机构受理。

涉及不动产的公证事项，由不动产所在地的公证机构受理；涉及不动产的委托、声明、赠与、遗嘱的公证事项，可以适用前款规定。

**第十五条** 二个以上当事人共同申办同一公证事项的，可以共同到行为地、事实发生地或者其中一名当事人住所地、经常居住地的公证机构申办。

**第十六条** 当事人向二个以上可以受理该公证事项的公证机构提出申请的，由最先受理申请的公证机构办理。

## 第四章 申请与受理

**第十七条** 自然人、法人或者其他组织向公证机构申请办理公证，应当填写公证申请表。公证申请表应当载明下列内容：

（一）申请人及其代理人的基本情况；

（二）申请公证的事项及公证书的用途；

（三）申请公证的文书的名称；

（四）提交证明材料的名称、份数及有关证人的姓名、住址、联系方式；

（五）申请的日期；

（六）其他需要说明的情况。

申请人应当在申请表上签名或者盖章，不能签名、盖章的由本人捺指印。

**第十八条** 自然人、法人或者其他组织申请办理公证，应当提交下列材料：

（一）自然人的身份证明，法人的资格证明及其法定代表人的身份证明，其他组织的资格证明及其负责人的身份证明；

（二）委托他人代为申请的，代理人须提交当事人的授权委托书，法定代理人或者其他代理人须提交有代理权的证明；

（三）申请公证的文书；

（四）申请公证的事项的证明材料，涉及财产关系的须提交有关财产权利证明；

（五）与申请公证的事项有关的其他材料。

对于前款第四项、第五项所规定的申请人应当提交的证明材料，公证机构能够通过政务信息资源共享方式获取的，当事人可以不提交，但应当作出有关信息真实合法的书面承诺。

**第十九条** 符合下列条件的申请，公证机构可以受理：

（一）申请人与申请公证的事项有利害关系；

（二）申请人之间对申请公证的事项无争议；

（三）申请公证的事项符合《公证法》第十一条规定的范围；

（四）申请公证的事项符合《公证法》第二十五条的规定和该公证机构在其执业区域内可以受理公证业务的范围。

法律、行政法规规定应当公证的事项，符合前款第一项、第二项、第四项规定条件的，公证机构应当受理。

对不符合本条第一款、第二款规定条件的申请，公证机构不予受理,并通知申请人。对因不符合本条第一款第四项规定不予受理的,应当告知申请人向可以受理该公证事项的公证机构申请。

**第二十条** 公证机构受理公证申请后,应当指派承办公证员,并通知当事人。当事人要求该公证员回避,经查属于《公证法》第二十三条第三项规定应当回避情形的,公证机构应当改派其他公证员承办。

**第二十一条** 公证机构受理公证申请后,应当告知当事人申请公证事项的法律意义和可能产生的法律后果,告知其在办理公证过程中享有的权利、承担的义务。告知内容、告知方式和时间,应当记录归档,并由申请人或其代理人签字。

公证机构受理公证申请后,应当在全国公证管理系统录入办证信息,加强公证办理流程管理,方便当事人查询。

**第二十二条** 公证机构受理公证申请后,应当按照规定向当事人收取公证费。公证办结后,经核定的公证费与预收数额不一致的,应当办理退还或者补收手续。

对符合法律援助条件的当事人,公证机构应当按照规定减收或者免收公证费。

## 第五章 审 查

**第二十三条** 公证机构受理公证申请后,应当根据不同公证事项的办证规则,分别审查下列事项:

(一)当事人的人数、身份、申请办理该项公证的资格及相应的权利;

(二)当事人的意思表示是否真实;

(三)申请公证的文书的内容是否完备,含义是否清晰,签名、印鉴是否齐全;

(四)提供的证明材料是否真实、合法、充分;

(五)申请公证的事项是否真实、合法。

**第二十四条** 当事人应当向公证机构如实说明申请公证的事项的有关情况,提交的证明材料应当真实、合法、充分。

公证机构在审查中,对申请公证的事项的真实性、合法性有疑义的,认为当事人的情况说明或者提供的证明材料不充分、不完备或者有疑义的,可以要求当事人作出说明或者补充证明材料。

当事人拒绝说明有关情况或者补充证明材料的,依照本规则第四十八条的规定处理。

**第二十五条** 公证机构在审查中,对当事人的身份、申请公证的事项以及当事人提供的证明材料,按照有关办证规则需要核实或者对其有疑义的,应当进行核实,或者委托异地公证机构代为核实。有关单位或者个人应当依法予以协助。

审查自然人身份,应当采取使用身份识别核验设备等方式,并记录附卷。

**第二十六条** 公证机构在审查中,应当询问当事人有关情况,释明法律风险,提出法律意见建议,解答当事人疑问;发现有重大、复杂情形的,应当由公证机构集体讨论。

**第二十七条** 公证机构可以采用下列方式,核实公证事项的有关情况以及证明材料:

(一)通过询问当事人、公证事项的利害关系人核实;

(二)通过询问证人核实;

(三)向有关单位或者个人了解相关情况或者核实、收集相关书证、物证、视听资料等证明材料;

(四)通过现场勘验核实;

(五)委托专业机构或者专业人员鉴定、检验检测、翻译。

**第二十八条** 公证机构进行核实,应当遵守有关法律、法规和有关办证规则的规定。

公证机构派员外出核实的,应当由二人进行,但核实、收集书证的除外。特殊情况下只有一人外出核实的,应当有一名见证人在场。

**第二十九条** 采用询问方式向当事人、公证事项的利害关系人或者有关证人了解、核实公证事项的有关情况以及证明材料的,应当告知被询问人享有的权利、承担的义务及其法律责任。询问的内容应当制作笔录。

询问笔录应当载明:询问日期、地点、询问人、记录人,询问事由,被询问人的基本情况,告知内容、询问谈话内容等。

询问笔录应当交由被询问人核对后签名或者盖章、捺指印。笔录中修改处应当由被询问人盖章或者捺指印认可。

**第三十条** 在向当事人、公证事项的利害关系人、证人或者有关单位、个人核实或者收集有关公证事项的证明材料时,需要摘抄、复印(复制)有关资料、证明原件、档案材料或者对实物证据照相并作文字描述记载的,摘抄、复印(复制)的材料或者物证照片及文字描述记载应当与原件或者物证相符,并由资料、原件、物证所有人或者档案保管人对摘抄、复印(复制)的材料或者物证照片及文字描述记载核对后签名或者盖章。

**第三十一条** 采用现场勘验方式核实公证事项及其

有关证明材料的,应当制作勘验笔录,由核实人员及见证人签名或者盖章。根据需要,可以采用绘图、照相、录像或者录音等方式对勘验情况或者实物证据予以记载。

第三十二条 需要委托专业机构或者专业人员对申请公证的文书或者公证事项的证明材料进行鉴定、检验检测、翻译的,应当告知当事人由其委托办理,或者征得当事人的同意代为办理。鉴定意见、检验检测结论、翻译材料,应当由相关专业机构及承办鉴定、检验检测、翻译的人员盖章和签名。

委托鉴定、检验检测、翻译所需的费用,由当事人支付。

第三十三条 公证机构委托异地公证机构核实公证事项及其有关证明材料的,应当出具委托核实函,对需要核实的事项及内容提出明确的要求。受委托的公证机构收到委托函后,应当在一个月内完成核实。因故不能完成或者无法核实的,应当在上述期限内函告委托的公证机构。

第三十四条 公证机构在审查中,认为申请公证的文书内容不完备、表达不准确的,应当指导当事人补正或者修改。当事人拒绝补正、修改的,应当在工作记录中注明。

应当事人的请求,公证机构可以代为起草、修改申请公证的文书。

## 第六章 出具公证书

第三十五条 公证机构经审查,认为申请公证的事项符合《公证法》、本规则及有关办证规则规定的,应当自受理之日起十五个工作日内向当事人出具公证书。

因不可抗力、补充证明材料或者需要核实有关情况的,所需时间不计算在前款规定的期限内,并应当及时告知当事人。

第三十六条 民事法律行为的公证,应当符合下列条件:

(一)当事人具有从事该行为的资格和相应的民事行为能力;

(二)当事人的意思表示真实;

(三)该行为的内容和形式合法,不违背社会公德;

(四)《公证法》规定的其他条件。

不同的民事法律行为公证的办证规则有特殊要求的,从其规定。

第三十七条 有法律意义的事实或者文书的公证,应当符合下列条件:

(一)该事实或者文书与当事人有利害关系;

(二)事实或者文书真实无误;

(三)事实或者文书的内容和形式合法,不违背社会公德;

(四)《公证法》规定的其他条件。

不同的有法律意义的事实或者文书公证的办证规则有特殊要求的,从其规定。

第三十八条 文书上的签名、印鉴、日期的公证,其签名、印鉴、日期应当准确、属实;文书的副本、影印本等文本的公证,其文本内容应当与原本相符。

第三十九条 具有强制执行效力的债权文书的公证,应当符合下列条件:

(一)债权文书以给付为内容;

(二)债权债务关系明确,债权人和债务人对债权文书有关给付内容无疑义;

(三)债务履行方式、内容、时限明确;

(四)债权文书中载明当债务人不履行或者不适当履行义务时,债务人愿意接受强制执行的承诺;

(五)债权人和债务人愿意接受公证机构对债务履行情况进行核实;

(六)《公证法》规定的其他条件。

第四十条 符合《公证法》、本规则及有关办证规则规定条件的公证事项,由承办公证员拟制公证书,连同被证明的文书、当事人提供的证明材料及核实情况的材料、公证审查意见,报公证机构的负责人或其指定的公证员审批。但按规定不需要审批的公证事项除外。

公证机构的负责人或者被指定负责审批的公证员不得审批自己承办的公证事项。

第四十一条 审批公证事项及拟出具的公证书,应当审核以下内容:

(一)申请公证的事项及其文书是否真实、合法;

(二)公证事项的证明材料是否真实、合法、充分;

(三)办证程序是否符合《公证法》、本规则及有关办证规则的规定;

(四)拟出具的公证书的内容、表述和格式是否符合相关规定。

审批重大、复杂的公证事项,应当在审批前提交公证机构集体讨论。讨论的情况和形成的意见,应当记录归档。

第四十二条 公证书应当按照司法部规定的格式制作。公证书包括以下主要内容:

(一)公证书编号;

(二)当事人及其代理人的基本情况;

（三）公证证词；
（四）承办公证员的签名（签名章）、公证机构印章；
（五）出具日期。
公证证词证明的文书是公证书的组成部分。
有关办证规则对公证书的格式有特殊要求的，从其规定。

**第四十三条** 制作公证书应当使用全国通用的文字。在民族自治地方，根据当事人的要求，可以同时制作当地通用的民族文字文本。两种文字的文本，具有同等效力。
发往香港、澳门、台湾地区使用的公证书应当使用全国通用的文字。
发往国外使用的公证书应当使用全国通用的文字。根据需要和当事人的要求，公证书可以附外文译本。

**第四十四条** 公证书自出具之日起生效。
需要审批的公证事项，审批人的批准日期为公证书的出具日期；不需要审批的公证事项，承办公证员的签发日期为公证书的出具日期；现场监督类公证需要现场宣读公证证词的，宣读日期为公证书的出具日期。

**第四十五条** 公证机构制作的公证书正本，由当事人各方各收执一份，并可以根据当事人的需要制作若干份副本。公证机构留存公证书原本（审批稿、签发稿）和一份正本归档。

**第四十六条** 公证书出具后，可以由当事人或其代理人到公证机构领取，也可以应当事人的要求由公证机构发送。当事人或其代理人收到公证书应当在回执上签收。

**第四十七条** 公证书需要办理领事认证的，根据有关规定或者当事人的委托，公证机构可以代为办理公证书认证，所需费用由当事人支付。

### 第七章  不予办理公证和终止公证

**第四十八条** 公证事项有下列情形之一的，公证机构应当不予办理公证：
（一）无民事行为能力人或者限制民事行为能力人没有监护人代理申请办理公证的；
（二）当事人与申请公证的事项没有利害关系的；
（三）申请公证的事项属专业技术鉴定、评估事项的；
（四）当事人之间对申请公证的事项有争议的；
（五）当事人虚构、隐瞒事实，或者提供虚假证明材料的；
（六）当事人提供的证明材料不充分又无法补充，或者拒绝补充证明材料的；
（七）申请公证的事项不真实、不合法的；
（八）申请公证的事项违背社会公德的；
（九）当事人拒绝按照规定支付公证费的。

**第四十九条** 不予办理公证的，由承办公证员写出书面报告，报公证机构负责人审批。不予办理公证的决定应当书面通知当事人或其代理人。
不予办理公证的，公证机构应当根据不予办理的原因及责任，酌情退还部分或者全部收取的公证费。

**第五十条** 公证事项有下列情形之一的，公证机构应当终止公证：
（一）因当事人的原因致使该公证事项在六个月内不能办结的；
（二）公证书出具前当事人撤回公证申请的；
（三）因申请公证的自然人死亡、法人或者其他组织终止，不能继续办理公证或者继续办理公证已无意义的；
（四）当事人阻挠、妨碍公证机构及承办公证员按规定的程序、期限办理公证的；
（五）其他应当终止的情形。

**第五十一条** 终止公证的，由承办公证员写出书面报告，报公证机构负责人审批。终止公证的决定应当书面通知当事人或其代理人。
终止公证的，公证机构应当根据终止的原因及责任，酌情退还部分收取的公证费。

### 第八章  特别规定

**第五十二条** 公证机构办理招标投标、拍卖、开奖等现场监督类公证，应当由二人共同办理。承办公证员应当依照有关规定，通过事前审查、现场监督，对其真实性、合法性予以证明，现场宣读公证证词，并在宣读后七日内将公证书发送当事人。该公证书自宣读公证证词之日起生效。
办理现场监督类公证，承办公证员发现当事人有弄虚作假、徇私舞弊、违反活动规则、违反国家法律和有关规定行为的，应当即时要求当事人改正；当事人拒不改正的，应当不予办理公证。

**第五十三条** 公证机构办理遗嘱公证，应当由二人共同办理。承办公证员应当全程亲自办理，并对遗嘱人订立遗嘱的过程录音录像。
特殊情况下只能由一名公证员办理时，应当请一名见证人在场，见证人应当在询问笔录上签名或者盖章。
公证机构办理遗嘱公证，应当查询全国公证管理系统。出具公证书的，应当于出具当日录入办理信息。

第五十四条  公证机构派员外出办理保全证据公证的,由二人共同办理,承办公证员应当亲自外出办理。

办理保全证据公证,承办公证员发现当事人是采用法律、法规禁止的方式取得证据的,应当不予办理公证。

第五十五条  债务人不履行或者不适当履行经公证的具有强制执行效力的债权文书的,公证机构应当对履约情况进行核实后,依照有关规定出具执行证书。

债务人履约、公证机构核实、当事人就债权债务达成新的协议等涉及强制执行的情况,承办公证员应当制作工作记录附卷。

执行证书应当载明申请人、被申请执行人、申请执行标的和申请执行的期限。债务人已经履行的部分,应当在申请执行标的中予以扣除。因债务人不履行或者不适当履行而发生的违约金、滞纳金、利息等,可以应债权人的要求列入申请执行标的。

第五十六条  经公证的事项在履行过程中发生争议的,出具公证书的公证机构可以应当事人的请求进行调解。经调解后当事人达成新的协议并申请公证的,公证机构可以办理公证;调解不成的,公证机构应当告知当事人就该争议依法向人民法院提起民事诉讼或者向仲裁机构申请仲裁。

## 第九章  公证登记和立卷归档

第五十七条  公证机构办理公证,应当填写公证登记簿,建立分类登记制度。

登记事项包括:公证事项类别、当事人姓名(名称)、代理人(代表人)姓名、受理日期、承办人、审批人(签发人)、结案方式、办结日期、公证书编号等。

公证登记簿按年度建档,应当永久保存。

第五十八条  公证机构在出具公证书后或者作出不予办理公证、终止公证的决定后,应当依照司法部、国家档案局制定的有关公证文书立卷归档和公证档案管理的规定,由承办公证员将公证文书和相关材料,在三个月内完成汇总整理、分类立卷、移交归档。

第五十九条  公证机构受理公证申请后,承办公证员即应当着手立卷的准备工作,开始收集有关的证明材料,整理询问笔录和核实情况的有关材料等。

对不能附卷的证明原件或者实物证据,应当按照规定将其原件复印件(复制件)、物证照片及文字描述记载留存附卷。

第六十条  公证案卷应当根据公证事项的类别、内容,划分为普通卷、密卷,分类归档保存。

公证案卷应当根据公证事项的类别、用途及其证据价值确定保管期限。保管期限分短期、长期、永久三种。

涉及国家秘密、遗嘱的公证事项,列为密卷。立遗嘱人死亡后,遗嘱公证案卷转为普通卷保存。

公证机构内部对公证事项的讨论意见和有关请示、批复等材料,应当装订成副卷,与正卷一起保存。

## 第十章  公证争议处理

第六十一条  当事人认为公证书有错误的,可以在收到公证书之日起一年内,向出具该公证书的公证机构提出复查。

公证事项的利害关系人认为公证书有错误的,可以自知道或者应当知道该项公证之日起一年内向出具该公证书的公证机构提出复查,但能证明自己不知道的除外。提出复查的期限自公证书出具之日起最长不得超过二十年。

复查申请应当以书面形式提出,载明申请人认为公证书存在的错误及其理由,提出撤销或者更正公证书的具体要求,并提供相关证明材料。

第六十二条  公证机构收到复查申请后,应当指派原承办公证员之外的公证员进行复查。复查结论及处理意见,应当报公证机构的负责人审批。

第六十三条  公证机构进行复查,应当对申请人提出的公证书的错误及其理由进行审查、核实,区别不同情况,按照以下规定予以处理:

(一)公证书的内容合法、正确、办理程序无误的,作出维持公证书的处理决定;

(二)公证书的内容合法、正确,仅证词表述或者格式不当的,应当收回公证书,更正后重新发给当事人;不能收回的,另行出具补正公证书;

(三)公证书的基本内容违法或者与事实不符的,应当作出撤销公证书的处理决定;

(四)公证书的部分内容违法或者与事实不符的,可以出具补正公证书,撤销对违法或者事实不符部分的证明内容;也可以收回公证书,对违法或者事实不符的部分进行删除、更正后,重新发给当事人;

(五)公证书的内容合法、正确,但在办理过程中有违反程序规定、缺乏必要手续的情形,应当补办缺漏的程序和手续;无法补办或者严重违反公证程序的,应当撤销公证书。

被撤销的公证书应当收回,并予以公告,该公证书自始无效。

公证机构撤销公证书或出具补正公证书的,应当于撤销决定作出或补正公证书出具当日报地方公证协会备案,并录入全国公证管理系统。

**第六十四条** 公证机构应当自收到复查申请之日起三十日内完成复查,作出复查处理决定,发给申请人。需要对公证书作撤销或者更正、补正处理的,应当在作出复查处理决定后十日内完成。复查处理决定及处理后的公证书,应当存入原公证案卷。

公证机构办理复查,因不可抗力、补充证明材料或者需要核实有关情况的,所需时间不计算在前款规定的期限内,但补充证明材料或者需要核实有关情况的,最长不得超过六个月。

**第六十五条** 公证机构发现出具的公证书的内容及办理程序有本规则第六十三条第二项至第五项规定情形的,应当通知当事人,按照本规则第六十三条的规定予以处理。

**第六十六条** 公证书被撤销的,所收的公证费按以下规定处理:
(一)因公证机构的过错撤销公证书的,收取的公证费应当全部退还当事人;
(二)因当事人的过错撤销公证书的,收取的公证费不予退还;
(三)因公证机构和当事人双方的过错撤销公证书的,收取的公证费酌情退还。

**第六十七条** 当事人、公证事项的利害关系人对公证机构作出的撤销或者不予撤销公证书的决定有异议的,可以向地方公证协会投诉。

投诉的处理办法,由中国公证协会制定。

**第六十八条** 当事人、公证事项的利害关系人对公证书涉及当事人之间或者当事人与公证事项的利害关系人之间实体权利义务的内容有争议的,公证机构应当告知其可以就该争议向人民法院提起民事诉讼。

**第六十九条** 公证机构及其公证员因过错给当事人、公证事项的利害关系人造成损失的,由公证机构承担相应的赔偿责任;公证机构赔偿后,可以向有故意或者重大过失的公证员追偿。

当事人、公证事项的利害关系人与公证机构因过错责任和赔偿数额发生争议,协商不成的,可以向人民法院提起民事诉讼,也可以申请地方公证协会调解。

## 第十一章 附 则

**第七十条** 有关办证规则对不同的公证事项的办证程序有特殊规定的,从其规定。

公证机构采取在线方式办理公证业务,适用本规则。司法部另有规定的,从其规定。

**第七十一条** 公证机构根据《公证法》第十二条规定受理的提存、登记、保管等事务,依照有关专门规定办理;没有专门规定的,参照本规则办理。

**第七十二条** 公证机构及其公证员在办理公证过程中,有违反《公证法》第四十一条、第四十二条以及本规则规定行为的,由司法行政机关依据《公证法》、《公证机构执业管理办法》、《公证员执业管理办法》给予相应的处罚;有违反公证行业规范行为的,由公证协会给予相应的行业处分。

**第七十三条** 本规则由司法部解释。

**第七十四条** 本规则自2006年7月1日起施行。司法部2002年6月18日发布的《公证程序规则》(司法部令第72号)同时废止。

## 最高人民法院关于审理涉及公证活动相关民事案件的若干规定

· 2014年4月28日最高人民法院审判委员会第1614次会议通过
· 根据2020年12月23日最高人民法院审判委员会第1823次会议通过的《最高人民法院关于修改〈最高人民法院关于人民法院民事调解工作若干问题的规定〉等十九件民事诉讼类司法解释的决定》修正
· 2020年12月29日最高人民法院公告公布
· 自2021年1月1日起施行
· 法释〔2020〕20号

为正确审理涉及公证活动相关民事案件,维护当事人的合法权益,根据《中华人民共和国民法典》《中华人民共和国公证法》《中华人民共和国民事诉讼法》等法律的规定,结合审判实践,制定本规定。

**第一条** 当事人、公证事项的利害关系人依照公证法第四十三条规定向人民法院起诉请求民事赔偿的,应当以公证机构为被告,人民法院应作为侵权责任纠纷案件受理。

**第二条** 当事人、公证事项的利害关系人起诉请求变更、撤销公证书或者确认公证书无效的,人民法院不予受理,告知其依照公证法第三十九条规定可以向出具公证书的公证机构提出复查。

**第三条** 当事人、公证事项的利害关系人对公证书所公证的民事权利义务有争议的,可以依照公证法第四十条规定就该争议向人民法院提起民事诉讼。

当事人、公证事项的利害关系人对具有强制执行效力的公证债权文书的民事权利义务有争议直接向人民法院提起民事诉讼的,人民法院依法不予受理。但是,公证债权文书被人民法院裁定不予执行的除外。

第四条 当事人、公证事项的利害关系人提供证据证明公证机构及其公证员在公证活动中具有下列情形之一的,人民法院应当认定公证机构有过错:

(一)为不真实、不合法的事项出具公证书的;

(二)毁损、篡改公证书或者公证档案的;

(三)泄露在执业活动中知悉的商业秘密或者个人隐私的;

(四)违反公证程序、办证规则以及国务院司法行政部门制定的行业规范出具公证书的;

(五)公证机构在公证过程中未尽到充分的审查、核实义务,致使公证书错误或者不真实的;

(六)对存在错误的公证书,经当事人、公证事项的利害关系人申请仍不予纠正或者补正的;

(七)其他违反法律、法规、国务院司法行政部门强制性规定的情形。

第五条 当事人提供虚假证明材料申请公证致使公证书错误造成他人损失的,当事人应当承担赔偿责任。公证机构依法尽到审查、核实义务的,不承担赔偿责任;未依法尽到审查、核实义务的,应当承担与其过错相应的补充赔偿责任;明知公证证明的材料虚假或者与当事人恶意串通的,承担连带赔偿责任。

第六条 当事人、公证事项的利害关系人明知公证机构所出具的公证书不真实、不合法而仍然使用造成自己损失,请求公证机构承担赔偿责任的,人民法院不予支持。

第七条 本规定施行后,涉及公证活动的民事案件尚未终审的,适用本规定;本规定施行前已经终审,当事人申请再审或者按照审判监督程序决定再审的,不适用本规定。

## 最高人民法院关于公证债权文书执行若干问题的规定

- 2018年6月25日最高人民法院审判委员会第1743次会议通过
- 2018年9月30日最高人民法院公告公布
- 自2018年10月1日起施行
- 法释〔2018〕18号

为了进一步规范人民法院办理公证债权文书执行案件,确保公证债权文书依法执行,维护当事人、利害关系人的合法权益,根据《中华人民共和国民事诉讼法》《中华人民共和国公证法》等法律规定,结合执行实践,制定本规定。

第一条 本规定所称公证债权文书,是指根据公证法第三十七条第一款规定经公证赋予强制执行效力的债权文书。

第二条 公证债权文书执行案件,由被执行人住所地或者被执行的财产所在地人民法院管辖。

前款规定案件的级别管辖,参照人民法院受理第一审民商事案件级别管辖的规定确定。

第三条 债权人申请执行公证债权文书,除应当提交作为执行依据的公证债权文书等申请执行所需的材料外,还应当提交证明履行情况等内容的执行证书。

第四条 债权人申请执行的公证债权文书应当包括公证证词、被证明的债权文书等内容。权利义务主体、给付内容应当在公证证词中列明。

第五条 债权人申请执行公证债权文书,有下列情形之一的,人民法院应当裁定不予受理;已经受理的,裁定驳回执行申请:

(一)债权文书属于不得经公证赋予强制执行效力的文书;

(二)公证债权文书未载明债务人接受强制执行的承诺;

(三)公证证词载明的权利义务主体或者给付内容不明确;

(四)债权人未提交执行证书;

(五)其他不符合受理条件的情形。

第六条 公证债权文书赋予强制执行效力的范围同时包含主债务和担保债务的,人民法院应当依法予以执行;仅包含主债务的,对担保债务部分的执行申请不予受理;仅包含担保债务的,对主债务部分的执行申请不予受理。

第七条 债权人对不予受理、驳回执行申请裁定不服,可以自裁定送达之日起十日内向上一级人民法院申请复议。

申请复议期满未申请复议,或者复议申请被驳回的,当事人可以就公证债权文书涉及的民事权利义务争议向人民法院提起诉讼。

第八条 公证机构决定不予出具执行证书的,当事人可以就公证债权文书涉及的民事权利义务争议直接向人民法院提起诉讼。

第九条 申请执行公证债权文书的期间自公证债权文书确定的履行期间的最后一日起计算;分期履行的,自公证债权文书确定的每次履行期间的最后一日起计算。

债权人向公证机构申请出具执行证书的,申请执行时效自债权人提出申请之日起中断。

**第十条** 人民法院在执行实施中,根据公证债权文书并结合申请执行人的申请依法确定给付内容。

**第十一条** 因民间借贷形成的公证债权文书,文书中载明的利率超过人民法院依照法律、司法解释规定应予支持的上限的,对超过的利息部分不纳入执行范围;载明的利率未超过人民法院依照法律、司法解释规定应予支持的上限,被执行人主张实际超过的,可以依照本规定第二十二条第一款规定提起诉讼。

**第十二条** 有下列情形之一的,被执行人可以依照民事诉讼法第二百三十八条第二款规定申请不予执行公证债权文书:

(一)被执行人未到场且未委托代理人到场办理公证的;

(二)无民事行为能力人或者限制民事行为能力人没有监护人代为办理公证的;

(三)公证员为本人、近亲属办理公证,或者办理与本人、近亲属有利害关系的公证的;

(四)公证员办理该项公证有贪污受贿、徇私舞弊行为,已经由生效刑事法律文书等确认的;

(五)其他严重违反法定公证程序的情形。

被执行人以公证债权文书的内容与事实不符或者违反法律强制性规定等实体事由申请不予执行的,人民法院应当告知其依照本规定第二十二条第一款规定提起诉讼。

**第十三条** 被执行人申请不予执行公证债权文书,应当在执行通知书送达之日起十五日内向执行法院提出书面申请,并提交相关证据材料;有本规定第十二条第一款第三项、第四项规定情形且执行程序尚未终结的,应当自知道或者应当知道有关事实之日起十五日内提出。

公证债权文书执行案件被指定执行、提级执行、委托执行后,被执行人申请不予执行的,由提出申请时负责该案件执行的人民法院审查。

**第十四条** 被执行人认为公证债权文书存在本规定第十二条第一款规定的多个不予执行事由的,应当在不予执行案件审查期间一并提出。

不予执行申请被裁定驳回后,同一被执行人再次提出申请的,人民法院不予受理。但有证据证明不予执行事由在不予执行申请被裁定驳回后知道的,可以在执行程序终结前提出。

**第十五条** 人民法院审查不予执行公证债权文书案件,案情复杂、争议较大的,应当进行听证。必要时可以向公证机构调阅公证案卷,要求公证机构作出书面说明,或者通知公证员到庭说明情况。

**第十六条** 人民法院审查不予执行公证债权文书案件,应当在受理之日起六十日内审查完毕并作出裁定;有特殊情况需要延长的,经本院院长批准,可以延长三十日。

**第十七条** 人民法院审查不予执行公证债权文书案件期间,不停止执行。

被执行人提供充分、有效的担保,请求停止相应处分措施的,人民法院可以准许;申请执行人提供充分、有效的担保,请求继续执行的,应当继续执行。

**第十八条** 被执行人依照本规定第十二条第一款规定申请不予执行,人民法院经审查认为理由成立的,裁定不予执行;理由不成立的,裁定驳回不予执行申请。

公证债权文书部分内容具有本规定第十二条第一款规定情形的,人民法院应当裁定对该部分不予执行;应当不予执行部分与其他部分不可分的,裁定对该公证债权文书不予执行。

**第十九条** 人民法院认定执行公证债权文书违背公序良俗的,裁定不予执行。

**第二十条** 公证债权文书被裁定不予执行的,当事人可以就该公证债权文书涉及的民事权利义务争议向人民法院提起诉讼;公证债权文书被裁定部分不予执行的,当事人可以就该部分争议提起诉讼。

当事人对不予执行裁定提出执行异议或者申请复议的,人民法院不予受理。

**第二十一条** 当事人不服驳回不予执行申请裁定的,可以自裁定送达之日起十日内向上一级人民法院申请复议。上一级人民法院应当自收到复议申请之日起三十日内审查。经审查,理由成立的,裁定撤销原裁定,不予执行该公证债权文书;理由不成立的,裁定驳回复议申请。复议期间,不停止执行。

**第二十二条** 有下列情形之一的,债务人可以在执行程序终结前,以债权人为被告,向执行法院提起诉讼,请求不予执行公证债权文书:

(一)公证债权文书载明的民事权利义务关系与事实不符;

(二)经公证的债权文书具有法律规定的无效、可撤销等情形;

(三)公证债权文书载明的债权因清偿、提存、抵销、免除等原因全部或者部分消灭。

债务人提起诉讼,不影响人民法院对公证债权文书的执行。债务人提供充分、有效的担保,请求停止相应处分措施的,人民法院可以准许;债权人提供充分、有效的担保,请求继续执行的,应当继续执行。

**第二十三条** 对债务人依照本规定第二十二条第一款规定提起的诉讼,人民法院经审理认为理由成立的,判决不予执行或者部分不予执行;理由不成立的,判决驳回诉讼请求。

当事人同时就公证债权文书涉及的民事权利义务争议提出诉讼请求的,人民法院可以在判决中一并作出裁判。

**第二十四条** 有下列情形之一的,债权人、利害关系人可以就公证债权文书涉及的民事权利义务争议直接向有管辖权的人民法院提起诉讼:

(一)公证债权文书载明的民事权利义务关系与事实不符;

(二)经公证的债权文书具有法律规定的无效、可撤销等情形。

债权人提起诉讼,诉讼案件受理后又申请执行公证债权文书的,人民法院不予受理。进入执行程序后债权人又提起诉讼的,诉讼案件受理后,人民法院可以裁定终结公证债权文书的执行;债权人请求继续执行其未提出争议部分的,人民法院可以准许。

利害关系人提起诉讼,不影响人民法院对公证债权文书的执行。利害关系人提供充分、有效的担保,请求停止相应处分措施的,人民法院可以准许;债权人提供充分、有效的担保,请求继续执行的,应当继续执行。

**第二十五条** 本规定自2018年10月1日起施行。

本规定施行前最高人民法院公布的司法解释与本规定不一致的,以本规定为准。

# 二十五、人大代表建议、政协委员提案答复

## （一）人大代表建议的答复

### 对十三届全国人大五次会议第8238号建议的答复

· 2022年6月30日

您提出的关于提升一站式多元纠纷解决和诉讼服务体系建设成果的建议收悉，现答复如下：

2019年以来，人民法院坚持和发展新时代"枫桥经验"，提出一站式多元纠纷解决和诉讼服务体系建设重大改革部署，立足服务党和国家工作大局，服务人民群众、服务社会治理、服务审判执行的功能定位，充分满足人民群众对美好生活和公平正义向往的需要。经过三年多的不懈努力，集约集成、在线融合、普惠均等的中国特色一站式多元纠纷解决和诉讼服务体系全面建成，走出了一条中国特色司法为民之路。您一直高度关注人民法院一站式建设工作，多次提出宝贵建议，对人民法院工作给予大力支持。2021年5月，我们专门邀请您参加矛盾纠纷多元化解理论与实务研讨会，您围绕一站式建设工作提出很好的意见建议。您此次围绕巩固提升中国特色一站式多元纠纷解决和诉讼服务体系建设成果提出四点建议，对深化一站式建设具有借鉴意义，我们将在工作中积极吸收，认真抓好落实。

**一、关于健全覆盖城乡、便捷高效的现代化诉讼服务体系，加强"一窗通办"的建议**

目前，全国四级法院均已建成的诉讼服务大厅、在线服务平台、12368服务热线、巡回审判"厅网线巡"立体化诉讼服务渠道和一站式信息化集约化诉讼服务中心，使当事人走进一个服务场所，应用一个在线平台，拨打统一服务热线，就能解决诉讼的所有问题。人民法院为满足群众多层次多样化司法需求，积极推进一站式建设向基层延伸，加强乡村地区优质司法资源供给，在3056家基层人民法院和10145个人民法庭普遍设立诉讼服务站点，提供"家门口"解纷服务，打通服务群众的"最后一公里"，让全体人民共享同质化、均等化、便捷化的一站式多元解纷服务。今年，我们将出台诉讼服务中心分类建设指导意见，推动平台入口统一化、在线诉讼标准化、服务功能同质化、大厅建设特色化、巡回服务便捷化。通过整合诉讼服务大厅办理频率高、流程关联度高的业务，实现一次受理、集成服务、一窗通办，提高业务办理效率、减少群众等待时间，更加便利群众办理诉讼事项；通过着力解决群众异地诉讼不便的问题，推动跨域诉讼服务向电子材料收转、委托送达、事项申请、网上开庭、视频调解等主要诉讼事务拓展，实现就近可办、全国通办；通过上线满意度评价系统，实现满意度评价线上线下全覆盖，将全部对外服务事项纳入"好差评"范围，确保差评件件有响应、有整改、有反馈，真正把评判诉讼服务质效的"表决器"交到群众手中。

**二、关于发挥人大代表、政协委员、基层调解组织、专家学者、律师、退休法律工作者作用，推进多元纠纷解决体系发展的建议**

人民法院紧紧依靠党的领导和社会主义制度优势，加快建设"法院+社会各界"多元共治格局，线上依托人民法院调解平台、线下依托诉讼服务中心，不断拓展社会力量参与纠纷化解渠道，完善诉讼与非诉讼实质性对接机制，加强调解联动工作，形成优势互补、专群结合、融合发力的矛盾纠纷多元共治格局，丰富群众选择适合渠道解决纠纷的"菜单库"，形成内部自治协商先行、非诉挺前、诉讼托底的多元解纷格局，依法及时高效化解矛盾纠纷。最高人民法院在出台《人民法院在线调解规则》的同时，与中央台办、全国总工会、中国侨联、全国工商联、国家发展改革委、人力资源和社会保障部、退役军人事务部、中国人民银行、中国银保监会、中国证监会、国家知识产权局、中小企业协会等12家单位建立覆盖四级法院的"总对总"诉调对接机制，覆盖劳动争议、证券期货、金融消费、银行保险、知识产权、民营企业、医疗纠纷、价格争议、涉侨、涉台等纠纷领域。各地法院广泛邀请人大代表、政协委员、人民调解、行政调解、行业专家、律师学者、退休法律工作者、基层网格员等入驻法院线上线下解纷平台，充分发挥各类主体身份优势、专业优势、语言优势、文化优势、资源优势等，让大量矛盾纠纷通过多元调解得到化解。截至2022年6月中旬，人民法院调解平台入驻

调解组织 7.3 万家、调解员 32 万名，其中，三成以上为律师和行业专业调解员，累计诉前多元调解 2286.1 万件，平均每个工作日有 4.5 万件矛盾纠纷在调解平台调解，每分钟有 51 件矛盾纠纷成功化解在诉前。今年，我们将继续推动一站式多元解纷向网上延伸、向社会延伸、向基层延伸、向重点行业领域延伸，做实多元增效工程，扩大"总对总"在线诉调对接范围，丰富群众解纷"菜单库"，加大知识产权、金融、医疗等重点矛盾纠纷多元化解，完善调解组织和调解员资质认证制度，增强诉讼服务中心一站解纷能力，更好为人民群众提供菜单式、集约式、一站式多元解纷服务。

三、关于关注老年人、残疾人等特殊群体司法需求，增加面对面服务效能的建议

人民法院始终从群众需求出发，坚持多渠道服务群众，既顺应互联网时代发展需要，为使用网络应用系统的群众提供"掌上服务""指尖服务"，也开通 12368 诉讼服务热线，通过电话为当事人提供咨询、帮助办理诉讼事务。目前，全国 3451 家法院已经开通绿色服务窗口，帮助老年人等现场办理诉讼事务。此外，跨域立案服务实现四级法院和人民法庭全覆盖，为不会使用网络系统的当事人提供异地立案服务，让立案就近可办、全国通办；吉林、河北、山东等法院推出"肩并肩""代办式"立案服务，帮助存在立案困难的当事人办理立案手续；有的法院为出行不便的群众提供上门立案服务；有的法院精准对接山高路远偏僻地区群众司法需求，加强巡回审判，进村入户，送法上门。上述便民举措最大限度消除诉讼不便，努力把诉讼服务送到群众身边。今年，我们将出台诉讼服务中心分类建设意见，对在诉讼服务大厅为老年人、残疾人等特殊群体提供诉讼服务作出明确要求，原则上不引导自助立案，直接提供窗口立案服务。同时，加强智能化设备应用的指导辅导，由法院工作人员或者志愿者帮助指导老年人、残疾人操作自助诉讼服务设备。通过线上服务与线下渠道相结合、传统服务与智能服务相结合的混合诉讼服务模式，让不擅于或者不会使用智能手机的老年人、残疾人等特殊群体，既能享受互联网带来的便利，也能够摆脱"数字鸿沟"带来的隔阂，更加方便参与诉讼。

感谢您对人民法院工作的关心和支持。

## 对十三届全国人大五次会议第 7481 号建议的答复

· 2022 年 7 月 18 日

您提出的《关于修改民诉法解释第一百六十五条的建议》收悉，现答复如下：

财产保全是民事诉讼法赋予当事人实现债权的一项重要制度安排，对于担保民事判决执行、为债权人提供预先救济具有重要价值。为贯彻实施民事诉讼法保全制度规定，近年来，最高人民法院发布了系列司法解释和指导性意见，不断规范财产保全案件办理程序，统一法律适用尺度，依法保护各方当事人合法权益。

您所提到的《最高人民法院关于适用〈中华人民共和国民事诉讼法〉的解释》（以下简称《民诉法解释》）第一百六十五条，是关于非经法院不得解除保全措施的规定。该条规定："人民法院裁定采取保全措施后，除作出保全裁定的人民法院自行解除或者其上级人民法院决定解除外，在保全期限内，任何单位不得解除保全措施。"从本条的文义看，只有作出保全裁定的人民法院有权自行解除或者由其上级人民法院决定解除保全措施。

对于存在上述保全措施又出现移送管辖时，如何保障当事人权益做好保全程序衔接，有必要结合《民诉法解释》第一百六十五条和第一百六十条进行体系化解读。《民诉法解释》第一百六十条规定："当事人向采取诉前保全措施以外的其他有管辖权的人民法院起诉的，采取诉前保全措施的人民法院应当将保全手续移送受理案件的人民法院。诉前保全的裁定视为受移送人民法院作出的裁定。"根据该条规定，当作出诉前保全裁定法院与受理案件法院不一致时，前者应当向后者移送保全手续，且诉前保全裁定视为受移送人民法院作出的裁定。尽管该条规定的是诉前财产保全，但该条规定精神可参照适用于诉中财产保全。原作出诉中保全裁定的人民法院移送管辖，其实质是对案件进行移送。财产保全属于当事人诉讼活动的一部分，是处理案件实体争议的附属部分，受移送人民法院在实际取得审理案件争议权后，也应一并取得与诉讼有关的附随权力。也就是说，受移送人民法院依法取得对原保全裁定予以变更或解除的权力。综合上述两条规定，可以较好地解决保全裁定的效力衔接问题，减轻当事人的诉累，更加公平地保护好各方当事人利益。

综上，您所提建议反映了实践中的客观情况，具有很强的针对性，给我们提供了积极参考。下一步，我们将结合您的建议内容继续加强调查研究，适时通过修改相关

司法解释或者发布指导性案例和典型案例等方式切实加强对下指导。

感谢您对人民法院工作的关心和支持。

## 对十三届全国人大五次会议第7003号建议的答复

· 2022年8月16日

您提出的《关于强化互联网一站式纠纷解决和诉讼服务体系建设推动粤港澳大湾区数字经济融合发展的建议》收悉。经商中央政法委、司法部，现答复如下：

党的十八大以来，以习近平同志为核心的党中央高度重视现代科技应用和智能化建设，对全面贯彻网络强国战略、加强数字中国建设作出一系列重大决策部署。中央政法委深入贯彻习近平总书记重要指示精神，把智治作为社会治理现代化的重要方式大力推进，要求各级政法机关按照适度超前、实战实用、共建共享、安全经济的基本思路，推进现代科技与社会法治深度融合。人民法院坚持以习近平新时代中国特色社会主义思想为指导，深入贯彻落实习近平法治思想，把增强"四个意识"、坚定"四个自信"、做到"两个维护"落实在具体行动中，坚持服务大局、司法为民、公正司法，主动适应互联网发展的新形势新要求。

**一、关于互联网司法服务数字经济发展需要的建议**

1. 加强网络权益司法保护，营造清朗有序网络空间。人民法院针对不当收集、管理、利用个人信息、公共数据问题，通过依法裁判规范网络交易行为，维护网络信息安全。比如，杭州互联网法院审理的全国首例大数据权属案和首例公共数据不正当竞争案，合理划定数据资源利用和个人信息保护的边界；广州互联网法院审理的全国首例借名直播案，明确实际使用人劳动创造的网络虚拟财产受法律保护，推动构建良好的虚拟财产保护与经济发展秩序。

2. 营造公平竞争秩序，保障互联网新技术新业态新模式健康有序发展。针对新兴互联网产业发展不规范、打法律擦边球问题，通过个案裁判明确互联网商业模式创新的法律边界，促进生产要素合理流动，保护公平竞争的市场秩序。比如，杭州互联网法院审理的全国首例消费者状告电商平台提供的检索服务违约案，在充分尊重电商平台自主经营权的基础上，明确检索算法设置的审查标准；北京互联网法院审理的全国首例"暗刷流量案"，旗帜鲜明反对"暗刷流量"交易行为，有力打击网络黑灰产业，维护社会公共利益；广州互联网法院审理的网络水军"薅羊毛"案，规制流量经济时代的网络水军行为，保障互联网平台经济健康有序发展。

3. 加强网络知识产权保护，促进数字经济创新发展。针对网络环境下知识产权保护的新特点、新需求，明确新类型知识产权的权利属性、保护范围和追责机制，加大司法保护力度，鼓励数字经济创新发展。比如，杭州互联网法院审理的"微信小程序"第一案，细化网络服务者应当采取"必要措施"的内涵及判断标准，促进小程序新业态的健康发展；北京互联网法院审理的"抖音短视频案"，保护具有独创价值的短视频著作权，打击新型著作权侵权行为，鼓励短视频领域内容创新；广州互联网法院审理的"网络游戏著作权案"，探索完善知识产权新客体保护规则，认定采取挂机方式形成的游戏整体画面构成作品，应受著作权法保护。

4. 明晰裁判规则，确立发展规划。最高人民法院先后制定出台人民法院在线诉讼、在线调解、在线运行"三大规则"，于2020年9月出台《关于审理涉电子商务平台知识产权民事案件的指导意见》，依法保护电子商务领域各方主体的合法权益。广州互联网法院专门制定《关于建设粤港澳大湾区互联网司法引擎的五年规划（2019-2023）》，在推动网络经济创新发展、保障网络安全、构建互联网治理体系方面发挥重要作用。

下一步，人民法院将继续深入开展调查研究，审理更多具有填补空白、树立规则、先导示范意义的互联网案件，实现以司法裁判定标尺、明边界、促治理，健全大数据、人工智能等新领域新业态裁判规则；制定司法政策和宣传典型案例，合理确定平台责任和行为边界，规范商业模式创新，保护用户合法权益，引导数字经济健康有序发展。

**二、关于互联网司法服务知识产权保护和粤港澳大湾区建设、"一带一路"建设大局的建议**

1. 服务知识产权保护。最高人民法院牵头建立全国法院首个技术类知识产权裁判规则数据库，向条线法院开放访问端口，构建司法大数据分析平台知识产权法庭分平台，有效支撑类案检索、审判管理与司法决策，实现数据要素高效有序流通。健全完善互联网审判新模式，大力推进知识产权纠纷案件在线诉讼，有效解决实物证据在线质证难题，便利当事人参加诉讼。全面推行诉讼文书集约送达。比如，最高人民法院知识产权法庭目前超过98%的案件采用电子送达，成功率96%，平均周期10.3小时，送达时间大大缩短；探索推动上诉案件卷宗电子化移送流转，已实现与5家地方法院的卷宗电子化流转,力争 2022 年实现全面取消上诉案件纸质卷宗移送,进一步提高司法效率。

2. 服务粤港澳大湾区建设、"一带一路"建设。近年来,人民法院依法精准服务大湾区建设和"一带一路"建设发展,积极推进司法审判智慧化建设,通过互联网司法平等保护当事人权益,积极服务高水平对外开放,促进营造公开透明的法治环境和平等竞争的市场环境,展示我国保护创新、开放包容的自信与决心,提出网络空间治理的中国方案。比如,杭州互联网法院审理的"小猪佩奇"著作权纠纷案,依法维护英国版权人的合法权益,彰显我国平等保护知识产权的良好国际形象;北京互联网法院审理的"亚马逊海外购系列案",否定域外管辖中不合理限制我国消费者权利条款的效力,有力维护我国司法主权和消费者合法权益;广州互联网法院审理的国际域名权属纠纷案,合理扩张解释"实际联系原则",依法将案件纳入管辖并依法裁判,有效保护我国域名持有人合法权益。

下一步,人民法院将继续推动互联网司法发展,依法公正审理知识产权案件和涉外、涉港澳台案件,深入推进国际知识产权诉讼优选地建设,开展数字化知识产权法律保护研究,促进形成高效规范、公平竞争的统一市场体系。

**三、关于健全分层递进一站式多元解纷机制的建议**

1. 建设完善一站式多元纠纷解决和诉讼服务体系。2021 年,平安中国建设协调小组印发《关于加强诉源治理推动矛盾纠纷源头化解的意见》,特别强调要充分运用大数据、人工智能、区块链等信息化手段,加强在线矛盾纠纷多元化解平台建设,汇聚人民调解、行业调解、律师调解、法院特邀调解等各类解纷资源,推动实现矛盾纠纷在线咨询、在线评估、在线分流、在线调解、在线确认,促进纠纷层层过滤、"一站式"预防化解。探索建立"互联网+诉源治理"服务管理模式,提高司法大数据分析应用能力,推动诉源治理工作数据化、可视化,推动构建横向到边、纵向到底的信息化治理网络。

在调解、仲裁、审判各种解纷方式中,群众需要什么方式,人民法院就提供什么方式,着力建设和完善一站式多元解纷机制、一站式诉讼服务中心,切实丰富完善人民群众选择的"菜单库",真正做到方便快捷、诉非对接、线上线下联动。2016 年,最高人民法院发布《关于人民法院进一步深化多元化纠纷解决机制改革的意见》,不断加强与商事调解组织、行业调解组织的对接,积极推动具备条件的商会、行业协会、调解协会、民办非企业单位、商事仲裁机构等设立商事调解组织、行业调解组织。2019 年,最高人民法院发布《关于建设一站式多元解纷机制一站式诉讼服务中心的意见》,不断完善"法院+社会各界"多元共治格局,拓展社会力量参与纠纷化解渠道,陆续与中央台办、全国总工会、中国侨联、全国工商联、国家发展改革委、人力资源和社会保障部、中国人民银行、中国银保监会、中国证监会、国家知识产权局、中小企业协会等 11 家单位建立覆盖四级法院的"总对总"诉调对接机制,各地法院广泛邀请人大代表、政协委员、人民调解、行政调解、行业专家、律师学者、退休法律工作者、基层网格员等入驻法院线上线下解纷平台,具有区域特色、民族特色、专业行业特色的多元解纷品牌蓬勃发展。截至 2021 年,全国法院对接调解组织和调解员数量达 6.3 万个和 26 万名,借助社会力量诉前成功调解案件 610.7 万件,同比增长 43.86%,诉前调解平均时长 17 天,大量矛盾纠纷通过调解方式及时高效化解在诉前。经过不懈努力,人民法院全面建成集约集成、在线融合、普惠均等的中国特色一站式多元纠纷解决和诉讼服务体系,不断回应人民群众司法新需求。

2. 规范开展在线多元解纷和诉调对接。最高人民法院以人民法院在线服务平台为总入口,集成在线调解、电子送达、委托鉴定等 10 个平台,实现在线服务四级法院全覆盖,群众打官司从原来的耗时费力变为全流程"掌上办理"。2021 年,全国法院在线调解纠纷突破 1000 万件,平均每分钟 51 件成功化解在诉前,诉前调解案件平均办理时长 17 天,比诉讼用时少 39 天。完善分调裁审机制。2021 年,全国法院诉讼服务中心全部设立速裁工作室,速裁快审案件 871.5 万件,平均审理周期 32 天,较一审民商事案件缩短 43%。2021 年,最高人民法院在全球率先出台首部指导法院在线调解工作的司法解释《人民法院在线调解规则》,明确规定人民法院可以邀请符合条件的外国人、港澳台地区居民入驻人民法院调解平台开展多元调解工作,同时对人民法院建立国际商事及涉港澳台侨纠纷专业行业特邀调解名册作出规定,为充实港澳台乃至"一带一路"国家的调解员,引入专业调解机构入驻法院调解平台提供了制度依据。

司法部指导中国互联网协会、腾讯等互联网协会、企业、平台建立调解组织,充分发挥调解职能优势,及时有效化解互联网领域矛盾纠纷。

3. 试点拓宽司法确认程序适用范围。最高人民法院发布《民事诉讼程序繁简分流改革试点实施办法》,指导各试点法院优化调解协议的司法确认程序,建立特邀调解名册，确定特邀调解组织和特邀调解员。对经特邀调解组织调解达成的调解协议，当事人可共同向人民法院申请司法确认，经司法程序确认的调解协议，具有执行力。自2020年1月至2021年12月，在包括广东省在内的全国15个省（区、市）的20个城市开展了为期两年的民事诉讼程序繁简分流改革试点工作，试点工作如期圆满完成，民事诉讼法顺利修改，有力推动了我国民事诉讼制度的发展完善。试点两年来，试点法院依法拓宽司法确认程序适用范围，完善案件管辖规则，加强特邀调解与司法确认制度衔接。各试点法院全部建立特邀调解名册，纳入特邀调解组织4503家，诉前委派调解纠纷391.01万件，成功化解139.44万件，纠纷诉前化解率35.66%，有效减少诉讼增量，及时高效化解纠纷；受理司法确认申请29.34万件，裁定确认调解协议有效28.71万件，确认有效率达98%，诉前调解质量显著提升，司法确认案件数量平稳可控。各试点法院大力建设在线调解平台，整合汇聚多元解纷资源，实现"在线调解+司法确认"无缝衔接，大大降低了群众解决纠纷的时间、精力和费用成本，有力促进和培育多元解纷力量发展壮大。其中，最高人民法院多次指导广东省高级人民法院推动深圳市加快试点商事调解组织名册制度，并支持由广东省内有管辖权的法院审查确认纳入调解名册的组织主持达成的调解协议。

4. 构建粤港澳大湾区共商共建共享的多元化纠纷解决机制和"一带一路"国际商事多元化纠纷解决机制。人民法院探索充实港澳台乃至"一带一路"国家调解员参与跨境商事纠纷化解。最高人民法院指导广东三级法院先行先试，发挥"一国两制三法域"的独特优势，共聘请108名港澳资深退休法官、商事律师、法学专家等担任港澳特邀调解员；特别是深圳前海合作区人民法院的"一带一路"国际商事诉调对接中心，已经涵盖47家域内外调解组织，聘请75名外籍和港澳台特邀调解员。在聘请调解员的基础上，最高人民法院指导广东省高级人民法院推动建立调解员统一名册，已将61名港澳特邀调解员纳入名册，参与全省法院跨境商事纠纷调解工作，有力推动了粤港澳大湾区调解规则的统一和调解员的共享，提升纠纷解决合力，已成为很好的改革样板。

最高人民法院于2018年6月发布《关于设立国际商事法庭若干问题的规定》，决定设立国际商事法庭，于同年12月发布《最高人民法院办公厅关于确定首批纳入"一站式"国际商事纠纷多元化解决机制的国际商事仲裁及调解机构的通知》等三个配套规范性文件，标志着诉讼与仲裁、调解有机衔接的"一站式"国际商事多元化纠纷解决平台正式落成，进入实质运行阶段。此后，最高人民法院携手国际仲裁、调解机构，建立起"一站式"国际商事纠纷多元化解决机制，当事人达成调解协议的，国际商事法庭可依照法律规定制发调解书，以确保调解协议得到执行。此外，除了纳入"一站式"平台的国际调解机构，国际商事专家委员会聘任的来自25个国家的52名专家委员也参与到调解中来，为提升国际商事调解水平与影响力提供了有力保障。

司法部指导广东省司法厅研发智能移动调解系统，通过微信小程序、公众号等为当事人提供更加灵活便捷智能的调解服务；指导广东省加强粤港澳大湾区调解平台建设，与香港、澳门共同建立粤港澳大湾区调解工作委员会，发布《调解员资格资历评审标准》《调解员专业操守最佳准则》等；会同国家知识产权局制定《关于加强知识产权纠纷调解工作的意见》。

下一步，最高人民法院将充分发挥人民法院调解平台在线集成优势，稳步扩大调解员队伍；鼓励入驻平台的调解组织引入外籍调解员，稳妥引入海外调解组织和国际调解机构入驻平台，多元化解涉外纠纷；推动建立全国性特邀调解组织名册，完善在线调解组织和调解员资质认证制度，进一步总结各地在线调解国际商事案例和有益经验做法，向全国法院推广。司法部将指导广东省加强与香港、澳门有关方面的沟通协调，健全完善粤港澳大湾区调解平台，加强国际化、专业化调解员队伍建设。

此外，最高人民法院以科技融合为支撑，推动内地与港澳司法协助工作蓬勃发展。2016年1月1日，最高人民法院上线首个涵盖四级法院的区际司法协助案件管理平台系统，实现了涉港澳送达、取证等各类司法协助案件在四级法院间的全流程网上办理，为在司法协助领域推进科技成果同司法工作的深度融合进行了有益探索。2020年1月14日，最高人民法院与澳门特别行政区政府签署《关于内地与澳门特别行政区法院就民商事案件相互委托送达司法文书和调取证据的安排》修改文本，建立内地与澳门司法协助网络平台，实现了两地送达和取证案件的全流程在线转递、在线审查、在线办理、在线追踪。截至2022年6月底，通过内地与澳门司法协助网络平台办理案件总计728件。人民法院以信息化手段不断提升区际司法协助效能，有力服务了粤港澳大湾区融合发展，成效显著。

最高人民法院将继续立足司法职能，在中央政法委领导下，与司法部等有关部门分工配合，建立健全、优化完善有机衔接、协调联动、高效便捷的一站式纠纷解决和诉讼服务体系，优质高效化解知识产权纠纷和涉互联网纠纷，鼓励各类市场主体通过技术进步和科技创新实现产业升级，激发数字经济发展活力，推动粤港澳大湾区数字经济融合发展。

感谢您对人民法院工作的关心和支持。

## 对十三届全国人大五次会议第 6912 号建议的答复

·2022 年 7 月 12 日

您提出的《关于最高法院完善利息损失计算标准的建议》收悉，现答复如下：

您在建议中指出，人民法院在审理案件时应当对借贷纠纷和其他商业纠纷作区分处理，不宜一律按照中国人民银行授权全国银行间同业拆借中心发布的贷款市场报价利率（LPR）计算利息损失，否则，在按照 LPR 计算的利息远低于实际损失或者网贷平台利息的情况下，将变相鼓励当事人故意拖延诉讼、放任其失信行为。我们认为，现行法律和司法解释规定与您的建议精神是一致的。司法实践中人民法院根据案件所涉纠纷性质，依据法律确定的规则认定当事人的损失，而非统一按照中国人民银行授权全国银行间同业拆借中心发布的贷款市场报价利率（LPR）计算当事人所受损失。

在借款合同中，利息是借款人为使用他人资金所支付的对价，故在借款合同有效的前提下，原则上应当尊重当事人对于利息计算标准的约定，借款合同对支付利息没有约定或者自然人之间的借款合同对于支付利息约定不明确的，视为没有利息。我国向来禁止高利放贷，而金融管理机关作出的利率规制只针对正规金融机构，从司法层面对民间借贷利率司法保护上限作出规定，就成为现实的必然选择和要求。一方面，民间借贷是正规金融的有益补充，民间借贷利率的司法保护上限适度高于正规金融市场的平均利率，有利于理性激发民间资本活力，有利于解决中小微企业融资难、融资贵问题，也有利于切实发挥民间借贷服从、服务于实体经济发展的作用；另一方面，民间借贷利率的司法保护上限又不宜过度高于实体经济的利润率，否则既不利于实体经济发展，也不利于民间融资的有序规范开展。鉴此，最高人民法院于 2015 年颁布了《最高人民法院关于审理民间借贷案件适用法律若干问题的规定》，并于 2020 年进行了两次修正。根据现行《最高人民法院关于审理民间借贷案件适用法律若干问题的规定》第二十五条的规定，民间借贷合同当事人在合同中约定的利率不超过合同成立时一年期贷款市场报价利率四倍的，人民法院应予支持。

而在其他合同纠纷中，利息损失通常只是当事人所受的损失之一。《中华人民共和国民法典》第五百七十七条规定，当事人一方不履行合同义务或者履行合同义务不符合约定的，应当承担继续履行、采取补救措施或者赔偿损失等违约责任。根据前述法律规定，如果守约方因为对方的违约而导致房屋租金、返工费用等损失，有权依法请求对方赔偿相应的损失，人民法院并不会仅因守约方所受实际损失超过按照全国银行间同业拆借中心发布的贷款市场报价利率（LPR）计算的利息损失而对其请求不予支持。

您建议，对于当事人实际发生的合法却远高于当前利息计算标准的损失，应通过司法解释明确如何提取证据、如何采纳其意见。您的这项建议主要涉及民事诉讼中的举证证明责任和证明标准问题，《中华人民共和国民事诉讼法》及相关司法解释已有相应规定。根据《中华人民共和国民事诉讼法》《最高人民法院关于民事诉讼证据的若干规定》《最高人民法院关于适用〈中华人民共和国民事诉讼法〉的解释》的相关规定，当事人对自己提出的主张，有责任提供证据；当事人因客观原因不能自行收集的证据，可以申请人民法院调查收集；在作出判决前，当事人未能提供证据或者证据不足以证明其事实主张的，由负有举证证明责任的当事人承担不利的后果。鉴于《中华人民共和国民事诉讼法》及相关司法解释已经对证据的种类、证据的调查收集和保全、证据的审核认定等事项作出了详细规定，目前尚无必要专门就网贷等融资业态纠纷中的证据问题制定司法解释。

您提出，应以适当方式告知被执行人应承担因其未履行义务而产生的利息，给予被执行人合理和必要的压力。我们认为您的建议非常合理，目前司法实践中的做法也体现了您的意见精神。最高人民法院制定的《人民法院民事裁判文书制作规范》《民事诉讼文书样式》均明确要求，一审判决中具有金钱给付义务的，应当在所有判项之后另起一行写明："如果未按本判决指定的期间履行给付金钱义务，应当依照《中华人民共和国民事诉讼法》（2022 年修正）第二百六十条规定，加倍支付迟延履行期间的债务利息。"如果二审判决具有金钱给付义务且属于二审改判的，无论一审判决是否写入了上述告知内容，均应在所有判项之后另起一行写明上述告知内容。在判决书中载明上述迟延履行责任告知事项，对于督促债务人及时履行义务和补偿债权人损失，具有积极作用。

您还建议,对于利息损失和加倍延迟金,应按照当事人实际其他垫资利息的2倍计算。您此项建议涉及《中华人民共和国民事诉讼法》(2022年修正)第二百六十条所规定的"迟延履行期间的债务利息"的计算问题,包括迟延履行期间的一般债务利息和加倍部分债务利息两部分。为规范迟延履行期间债务利息的计算,最高人民法院审判委员会于2014年6月9日第1619次会议通过了《关于执行程序中计算迟延履行期间的债务利息适用法律若干问题的解释》,该司法解释对于迟延履行期间的一般债务利息和加倍部分债务利息的计算方法作了十分详尽的规定。其中,加倍部分债务利息的计算方法为:加倍部分债务利息=债务人尚未清偿的生效法律文书确定的除一般债务利息之外的金钱债务×日万分之一点七五×迟延履行期间。该司法解释起草过程中曾有观点主张迟延履行期间的债务利息按照一般债务利息率的2倍计算,但经反复研究论证后,司法解释最终没有采纳该观点。主要是基于以下考虑:一是因为将迟延履行期间的债务利息与一般债务利息率挂钩,违反了平等保护当事人合法权益的基本原则。社会生活纷繁复杂,一般债务利息率千差万别,迟延履行期间的债务利息以一般债务利息率的2倍计算,扩大了这种差别。如果迟延履行期间的债务利息一律按照一般债务利息率的2倍计算,将导致法律对债务人的惩罚幅度不相同,对债权人的保护程度不一致。二是因为此种方法计算的结果在部分类型案件中可能畸高。如果按照一般债务利息率的2倍计算迟延履行利息,迟延履行期间的债务利息就有可能远远超过民间借贷利率的司法保护上限,对债务人来说负担过于沉重。自2014年8月1日实施以来,《关于执行程序中计算迟延履行期间的债务利息适用法律若干问题的解释》适用情况良好,故尚不需要修改。

感谢您对人民法院工作的关心和支持。

## 对十三届全国人大五次会议第6824号建议的答复

·2022年8月30日

您提出的《关于推行异地执行听证健全我国执行听证制度建设的建议》收悉,现答复如下:

### 一、关于执行听证程序的基本情况

执行听证是由执行法官就案件的事实认定、法律适用、处理结果听取相关方意见的一种司法活动。听证程序对于增进司法公开透明、自觉接受社会监督、保障当事人程序参与权和监督权,准确查明相关事实、化解执行过程中的矛盾,确保执行行为和执行异议裁决的科学性和公正性,促进案件高效办理,具有重要意义。目前虽然没有法律明文规定,但《最高人民法院关于加强人民法院审判公开工作的若干意见》《最高人民法院关于人民法院执行公开的若干规定》对应当进行听证的事项作出原则规定,同时要求对办案过程中涉及当事人或案外人重大权益的事项,法律没有规定办理程序的,各级人民法院应当根据实际情况,建立灵活、方便的听证机制,举行听证。一些地方法院探索建立了当地执行听证的程序规则,并广泛运用于具体的执行工作中。执行实施阶段的听证具有灵活、方便的特点,目前在执行实施活动方面,涉及被执行人履行能力的调查、确定执行方案、采取重大执行措施、协商推进拍卖变卖变价程序、进行执行和解、执行财产在多个债权人之间的分配、终结本次执行程序等,一般会根据情况安排听证。

随着执行异议、复议和异议之诉法律制度的建立和完善,对处理执行过程中发生争议问题的听证,例如对当事人、利害关系人提出的执行异议、变更或追加被执行人的请求,主要是在进入法定的执行异议和复议程序中进行听证。有的案件还要进一步进入异议之诉审判程序,通过开庭审理。根据《最高人民法院关于人民法院办理执行异议和复议案件若干问题的规定》,人民法院对执行异议和复议案件实行书面审查,案情复杂、争议较大的,应当进行听证。另外,根据《最高人民法院关于刑事裁判涉财产部分执行的若干规定》第十四条规定,在刑事裁判涉财产部分执行中,案外人对执行标的提出执行异议及执行复议的,应当公开听证。实践中各级人民法院按照上述原则确定进行听证的案件范围。

目前实务中,执行异议听证程序主要是参照民事审判中的开庭审理规则进行。一般由合议庭审判长或承办法官主持,实行公开原则及回避制度。参加人主要是申请人和被申请人,以及利害关系人、案外人,允许公众旁听。执行听证主要围绕当事人双方争议的事实和法律关系进行调查,程序包括相关事实和证据质证、认证和辩论等阶段,合议庭会就争议焦点及事实证据质证,并认真听取各方意见,充分保障当事人陈述和辩论的权利。对一些重大案件或者社会关注度较高的执行案件,法院会专门邀请人大代表、政协委员、特约监督员等人员列席听证会,使听证程序更加公开透明。对一些疑难复杂,特别是争议焦点涉及专业问题的案件,也会专门征求相关专家的意见。

您在建立全国检察院、法院统一的听证员库的建议中提到关于检察机关建立的听证员制度，与人民法院审判工作中的人民陪审员制度有相似之处。根据《中华人民共和国人民陪审员法》的规定，人民法院在审理涉及群体利益和公共利益、人民群众广泛关注或者其他社会影响较大等情形的第一审刑事、民事、行政案件时，由人民陪审员和法官组成合议庭进行。人民陪审员依法参加审判活动、独立发表意见，并在三人合议庭中可以就法律适用问题行使表决权。各级人民法院审判案件需要由人民陪审员参加合议庭审判的，在基层人民法院的人民陪审员名单中随机抽取确定。根据最高人民法院、司法部《关于适用〈中华人民共和国人民陪审员法〉实施若干问题的答复》，人民法院目前不能安排人民陪审员参加案件执行工作。实践中不少地方法院也在探索和尝试在执行听证中引入人民陪审员参与制度。

下一步，我们将认真总结执行听证和人民陪审员参与的实践经验，梳理已有司法解释文件，进一步完善执行听证制度和运行机制，切实规范执行听证程序，确保听证过程实质化，不走过场，促进执行案件公正、高效办理。

二、关于搭建"云听证"平台，推行异地"云"听证

最高人民法院一直致力于推动利用信息化科技手段服务执法办案，以信息化促审判体系和审判能力现代化。疫情期间，为提高执行案件质效，确保执行审判公开，最高人民法院及各地法院积极探索将疫情防控和执行听证统筹开展，充分保障当事人诉讼权利。例如，最高人民法院全面建设和推广应用"中国移动微法院"，保障人民法院"审判执行不停摆、公平正义不止步"。"中国移动微法院"（2022年3月更名为"人民法院在线服务"）平台，具有网上立案、网上诉前调解、远程庭审及"云听证"的服务功能，案件当事人可以通过微信小程序登录"人民法院在线服务"平台，与主审法官进行沟通，并在约定时间举行在线听证，听证后还可以立即在线阅读听证笔录、在线签字，使听证流程更加方便、快捷、公开。同时，全国各高级人民法院依托该平台搭建自己的"移动微法院"，集成地方法院特色服务功能，构建地方特色服务区，也有地方法院独立开发建设"云上法庭"，部分法院还利用微信视频会议等第三方平台进行网上听证，取得良好效果。

最高人民法院建设的连结四级法院的"人民法院执行指挥中心综合管理平台"也具有远程视频功能，必要时可以请执行案件当事人、利害关系人及代表委员、专家学者等到当地法院通过该平台参加执行远程听证。下一步，我们将继续探索利用现代技术手段，持续优化完善最高人民法院"人民法院在线服务""人民法院执行指挥中心综合管理平台"等平台，进一步整合人民法院司法服务能力，推行信息化"云"听证，提升人民群众的在线应用体验，不断满足人民群众多元化司法需求，进一步实现司法公开透明，增进司法监督，促进司法公正。

感谢您对人民法院工作的关心和支持。

## 对十三届全国人大五次会议第6141号建议的答复

· 2022年8月17日

您提出的《关于明确审慎冻结企业基本账户等规则的建议》收悉，现答复如下：

关于所涉商品房预售资金监管账户问题。2022年1月，最高人民法院联合住房和城乡建设部、中国人民银行出台《关于规范人民法院保全执行措施确保商品房预售资金用于项目建设的通知》，从依法保全、确保监管资金用于商品房开发等角度对人民法院的保全、执行行为进行规范，确保商品房预售资金用于有关项目建设，切实保护购房人与债权人合法权益。该规范还同时明确住房和城乡建设部门、相关商业银行职责，切实实现相关部门联动，通过强化行政部门的监管，确保商品房预售资金依法、依规用于预售商品房项目建设，保护购房人合法权益，维护国家金融秩序稳定。就目前我们所掌握的情况来看，该规范较好平衡了购房人和债权人的利益保护，实现了政治效果、法律效果、社会效果的有机统一。我们将继续监督指导地方法院贯彻落实好该通知精神。

关于企业银行基本账户能否保全问题，目前缺乏法律规定，执行实务领域存在不同做法，理论研究存在认识分歧。最高人民法院非常重视您的建议，已经对相关问题展开研究，并将继续开展以下工作：

一是强化理念指引，切实提高全国法院执行干警服务大局、为民司法意识。最高人民法院将持续要求全国各级人民法院在执行工作中对标党中央决策部署，切实找准做好"六稳"工作、落实"六保"任务等重要工作的结合点，进一步强化善意文明执行理念，坚持比例原则，尽量避免和纠正在对企业银行结算账户采取保全措施时对企业生产经营造成不利影响，维护社会经济、金融秩序平稳发展。

二是强化理论研究，力争尽快厘清所涉银行基本账户保全问题的理论基础。最高人民法院将以目前全国人大正在起草出台强制执行法为契机，强化所涉强制执行问题的基础理论研究，配合强制执行法出台和贯彻实施，及时对包括企业基本账户保全问题在内的所涉疑难执行

问题研究出台规范性意见，为全国法院对涉企业基本账户采取保全措施提供可操作性的规范依据。

三是强化典型引领，加强指导性案例和经验做法的发布推广工作，为全国各级人民法院在对涉企业基本账户采取保全措施时提供案例指引。我们完全赞同您推广厦门中院典型做法的建议，将适时对厦门中院及其他地方法院的经验做法进行调研、总结、提炼，向全国其他法院推广。

四是强化信访监督工作，加强对企业基本账户采取保全行为影响企业正常生产经营的个案监督救济。最高人民法院将依托人民法院执行申诉信访办理系统，指导地方各级人民法院贯彻落实好《最高人民法院关于建立健全执行信访案件"接访即办"工作机制的意见》，对企业反映强烈的保全企业基本账户影响企业正常生产经营问题的案件，监督指导相关法院以服务大局、善意文明执行理念为指引，依法妥善处理，确保企业正常生产经营和债权人利益的保护依法实现平衡。

感谢您对人民法院工作的关心和支持。

## 对十三届全国人大五次会议第 5730 号建议的答复

· 2022 年 7 月 8 日

您提出的《关于加大法院案件调解力度的建议》收悉。经研究，现答复如下：

在经济社会高质量发展的新时代，随着改革的不断深化，社会各方面利益关系发生了深刻调整，各类新问题、新情况不断涌现，社会矛盾纠纷数量呈现整体上升趋势。调解和裁判作为化解矛盾的两大手段，都是推动矛盾纠纷纳入法治化轨道解决的重要途径。相对于裁判，调解具有缓和当事人矛盾、降低当事人维权成本和节约司法资源等优势，是"马锡五审判方式"在当代司法审判中的具体运用，被誉为"东方经验"。增强法官调解能力、提高案件调解率对于及时化解矛盾纠纷、维护社会和谐稳定具有重要意义。

最高人民法院高度重视调解工作，不断总结实践经验，加强顶层设计，建立了贯穿诉讼全过程的调解工作机制，在构建调解平台、完善调解规则、利用社会力量、开展在线调解、做好诉调衔接等方面持续发力，有效促进矛盾纠纷源头治理、多元化解、高效调解。以诉前调解为例，2021 年，全国法院对接调解组织和调解员数量达 6.3 万个和 26 万名，借助社会力量诉前调解成功案件 610.7 万件，同比增长 43.86%，诉前调解平均时长 17 天，大量矛盾纠纷通过调解方式解决。

应当看到，调解在化解矛盾纠纷中的作用还没有充分发挥，有的法院调解结案率不高、利用社会力量参与调解的渠道不畅，有的法官做群众工作的能力不强、调解能力有待提高，有的法官对调解的重视程度不够。对您提出的意见建议，我们将结合审判职能，加强研究，积极吸收，认真落实。

关于提高法官业务水平的建议。人民法院将进一步加强法官队伍建设，将法官的专业知识水平与群众工作能力相结合，不断提升法官调解意识和调解能力水平；通过法官教法官等方式，让调解经验丰富、调解能力强的法官向其他法官讲解调解的技巧和方法，传授调解艺术；不断完善中国特色一站式多元纠纷解决和诉讼服务体系，充分利用人民调解、行政调解、行业调解的作用，通过诉前调解、诉讼调解、委托调解、在线调解等方式进一步加强调解工作，提高案件调解率和满意度。

关于加大对案件调解的监督的建议。2021 年，最高人民法院印发《关于加强和完善法官考核工作的指导意见》，明确要求将包括调解工作在内的"诉源治理""多元解纷"等作为法官考核的重要指标。同时，指导地方法院在考核法官办案工作量时，将法官开展调解等作为案件权重系数设置的因素之一，以全面准确反映法官工作量。下一步，最高人民法院将指导地方各级法院认真落实考核指导意见，同时继续加强研究，根据人民群众、社会发展对调解工作的需要，不断完善考核和奖惩机制，增强法官调解优先意识，把全程调解贯穿于审判的各个环节，对能够调解的案件争取通过调解的方式解决。

感谢您对人民法院工作的关心和支持。

## 对十三届全国人大五次会议第 5368 号建议的答复

· 2022 年 7 月 1 日

您提出的关于审级职能定位改革下基层法院的自身应对与政策纾困的建议收悉，现答复如下：

您积极关注审级职能定位改革背景下基层人民法院试点工作情况，对当前存在的现实问题进行深入分析，并从内外机制改革两方面提出具体建议，相关意见立足实际、针对性强，十分中肯和宝贵，对我们进一步深化审级职能定位改革、推进基层试点工作、提升人民法院审判能力和水平具有重要意义。

完善四级法院审级职能定位改革，是党中央部署的重要改革任务。改革的目的是通过调整案件分布格局、优化司法职权配置,形成更为科学合理的审级监督体系,推动人民法院工作高质量发展。其中调整民事、行政案件的级别管辖标准,推动审判重心进一步下沉,实现基层人民法院重在多元解纷、化解矛盾职能作用是改革试点重要任务之一。审级职能定位改革试点推进以来,最高人民法院建立了贯通四级法院的组织实施体系,建立了常态化的工作报告与数据反馈机制,强化中、高级人民法院主体责任,密切关注基层人民法院试点推进和整体工作情况,尤其在案件受理、人员配置、审判质效方面加强跟踪督导。同时,结合近年来人民法院采取的一系列相关改革举措,注重纵横两面和内外结合,强化改革系统集成,突出保障基层人民法院审判工作和改革试点成效。

**一、推动基层人民法院审级职能定位改革试点任务有效落实**

一是加强案件审判监督指导。最高人民法院积极指导各高、中级人民法院通过开展专题培训、发布典型案例、出台业务指导文件、完善沟通衔接机制等方式,不断完善审判监督管理举措,加大对下指导力度,特别是对试点后不同区域基层人民法院收案变化情况和趋势加强统计分析,密切关注下沉后大标的额案件和行政案件的审理质效和社会效果,突出条线指导,加强规范指引,确保案件质效。从反馈情况来看,截至2022年第一季度,全国各基层人民法院受理的"下沉案件"数量可控、增幅合理、质量稳定。行政案件方面,12个试点省份基层人民法院共受理"四类行政案件"9439件,占试点基层人民法院第一审行政案件比例7.23%,较试点前三个月提升1.73个百分点,案件增幅相对合理,审结"四类行政案件"5192件,二审改发率2.18%,提起再审率0.23%,较试点前三个月分别下降1.01和0.13个百分点,审判质量稳中向好;民事案件方面,绝大多数基层人民法院"下沉"案件数量增幅不大,整体上未出现审判负担异常增大的情形。

二是完善案件提级管辖机制。最高人民法院制定下发《关于完善四级法院审级职能定位改革试点的实施办法》,完善提级管辖制度机制,指导各高、中级人民法院严格贯彻落实提级管辖工作要求,制定实施细则,明确"特殊类型案件"的指导性标准,完善报请程序,强化较高层级法院提级管辖案件的示范、指导意义,推动案件"有上有下、良性运行",为基层人民法院有效落实提级管辖试点任务提供明确标准、完善指引。截至2022年第一季度,各中、高级人民法院共依职权提级管辖案件23件,各中级、基层人民法院报请提级管辖案件268件,被上一级法院提级管辖83件。

三是健全改革试点制度配套。强化高级人民法院对辖区法院人财物的省级统筹和协调配置,指导各中级、基层人民法院结合改革后案件结构、审判态势、审级职能变化情况,积极依托党委政府,协调优化基层人民法院机构编制和员额配备,推动审判资源向一线倾斜,确保"人案均衡",切实避免人案矛盾。

**二、深化诉讼制度改革,实现案件繁简分流、轻重分离、快慢分道**

根据中央改革部署和全国人大常委会授权,2020年1月15日至2021年12月31日,最高人民法院在全国部分法院启动开展民事诉讼程序繁简分流改革试点,优化司法确认程序,完善小额诉讼程序和简易程序规则,扩大独任制适用范围,健全电子诉讼规则,推动形成繁简分流的程序体系,使司法资源配置更加合理,审判质效明显提升,权利保障更加充分。在全面总结试点经验,充分吸收社会各方意见基础上,2021年12月24日,十三届全国人大常委会第三十二次会议审议通过了《全国人民代表大会常务委员会关于修改〈中华人民共和国民事诉讼法〉的决定》,试点探索的有益经验做法上升为立法规范,实现了制度转化,民事诉讼繁简分流机制不断健全完善。经过上述改革,基层人民法院强化了内部审判机制改革,完善了案件分流程序,激活了基层诉讼制度活力,进一步优化了人案资源的科学配置。

**三、推动诉源治理,协同社会各方力量促进纠纷源头化解**

正如您在建议中提出的,深化诉源治理是基层人民法院强化纠纷化解职能的必要举措。最高人民法院近年来一直致力于推进社会纠纷多元化解,推动共建共治,突出源头治理。通过指导全国各级人民法院坚持把非诉讼纠纷解决机制挺在前面,合理配置社会解纷资源,以完善委派调解、委托调解、特邀调解等为抓手,加强与社会综治部门、行政机关、调解组织、仲裁机构、律师协会等单位的协调配合,建立人民调解、行政调解、司法调解、行业调解等全覆盖的诉调对接机制,提供线上线下分层次、多途径、高效率、低成本的纠纷解决方案,构建多元化纠纷化解工作格局,努力从源头上减少诉讼增量。2021年,人民法院诉前调解成功案件610.68万件,同比增长43.86%;速裁快审案件871.51万件,同比增长25.7%,推动实现矛盾纠纷源头预防、源头化解。

**四、强化信息技术支撑,以科技应用促进审判提质增效**

近年来,最高人民法院不断推动信息技术与法院工作深度融合，深入推进互联网司法建设，总结推广互联网法院和移动微法院成功实践，进一步完善推广在线诉讼模式，推动实现司法工作模式的现代化转型；加强在线司法制度建设，先后发布人民法院在线诉讼规则、在线调解规则、在线法院运行规则，构建完善适应数字时代需求的互联网司法规则体系；强化办案智能辅助，推动大数据、人工智能、区块链等现代科技深度嵌入各审理环节，为法官提供类案推送、期限预警、文书生成等服务，大大提升了基层人民法院的司法质量、效率和公信力。

在下一步工作中，最高人民法院将立足基层人民法院整体工作和法院发展宏观大局，全面深化司法体制改革，进一步深化各项改革任务，完善诉源治理机制，推动诉讼制度创新，细化规则规范，激活程序效能，构建完善协同高效、运行顺畅协调的司法职能体系，促进基层人民法院人案平衡，保障案件审判质效，积极回应人民群众多元司法需求，发挥好维护社会公平正义、保障群众合法权益的审判职能作用。

感谢您对人民法院工作的关心和支持。

## 对十三届全国人大五次会议第3813号建议的答复

· 2022年7月1日

您提出的关于加大发挥案例指导作用的建议收悉，现答复如下：

案例指导制度是中国特色社会主义司法制度的重要组成部分，是扎实推进统一法律适用工作的重要机制。最高人民法院高度重视您所提建议，组织相关部门进行认真研究。我们认为，您反映的问题客观中肯，提出的建议有效可行，我们将结合您所提建议内容，对案例指导工作进行全面系统检视，着力健全完善相关工作措施。

**一、提高思想认识，加强组织领导**

做好案例指导工作，是深入贯彻习近平法治思想，加快建设公正高效权威的社会主义司法制度，更好发挥人民法院审判职能作用的重要举措，对于确保裁判尺度统一、促进法律正确实施、提高审判质效和司法公信力具有重要作用。最高人民法院党组对此高度重视，多次听取汇报并安排部署案例指导工作，在召开全国法院案例指导工作推进会的基础上，先后印发《关于建立法律适用分歧解决机制的实施办法》《关于统一法律适用加强类案检索的指导意见（试行）》《关于推进案例指导工作高质量发展的若干意见》，就案例指导工作作出一系列部署。下一步，最高人民法院将进一步加强案例指导工作，确保裁判尺度统一，促进法律正确实施，维护国家法制统一、尊严、权威。

**二、坚持以人民为中心，高度重视代表建议**

做好代表建议办理工作，是深入贯彻习近平新时代中国特色社会主义思想和习近平总书记关于坚持和完善人民代表大会制度重要思想，深入践行全过程人民民主，坚定不移走中国特色社会主义法治道路的必然要求。最高人民法院始终把人民群众呼声作为第一信号，把认真听取人大代表意见建议作为改进人民法院工作的强大动力，转化为服务大局、司法为民、公正司法的具体举措，不断提高办理代表建议工作的质量和效果。对您提出的具体建议，我们将在下一步工作中认真研究，抓好落实，促进案例指导工作积极回应人民群众的司法需求，发挥好"一个案例胜过一打文件"的示范作用，以案例指导的"小切口"解决司法实践中的难点问题。

**三、提高指导性案例发布数量，丰富案例种类**

近年来，最高人民法院通过完善工作机制、加大工作力度，努力提高指导性案例发布数量、丰富案例种类，同时不断完善类型化指导性案例发布机制，以专题形式，提高聚焦度，增强专业性，扩大影响力。例如第16批知识产权专题案例、第20批网络犯罪专题案例、第21批涉"一带一路"专题案例、第24批生态环境保护专题案例、第25批弘扬社会主义核心价值观专题案例、第31批保护生物多样性专题案例等，都取得了较好的法律效果和社会效果。下一步，我们将继续把专题形式发布指导性案例作为重要工作方式，更好地发挥类型化案例的指导作用。

**四、健全完善指导性案例工作机制**

多年来，最高人民法院不断健全工作机制，加强案例审查论证，完善案例指导工作网络，有效提升案例指导工作效果。下一步，我们将不断拓宽指导性案例来源，注重在审判执行工作中发现具有典型性、示范性、指导性的案件，形成备选指导性案例；进一步健全案例专业会议机制，对拟推荐的指导性案例进行深入研究论证，及时总结提炼裁判规则；注重发挥资深法官和专家学者优势，深化理论研究，广泛征求意见，确保案例发布质量；进一步完善审判委员会讨论机制，加强对案例指导工作的统筹管理，提升案例讨论质效；进一步督促引导各级人民法院结合各地工作实际，建立完善案例指导工作机制。

**五、提升指导性案例检索、应用水平**

近年来，最高人民法院不断巩固提升智慧法院建设成果，全面推进审判体系和审判能力现代化。在案例指导工作中，我们充分运用智慧法院及信息化建设成果，加快建设以"法信"为依托的指导性案例信息化平台,较好发挥了对审判工作的指导作用。下一步,我们将进一步借助信息化手段,全面提升案例推荐、审查、检索、应用、评估等工作信息化水平。特别是认真落实《关于统一法律适用加强类案检索的指导意见(试行)》等规定,要求法官审判、执行案件应先行检索现行有效的指导性案例,制作类案检索报告,并对是否参照或者参考类案予以分析说明。公诉机关、案件当事人及其辩护人、诉讼代理人等提交指导性案例作为控(诉)辩理由的,人民法院应当在裁判文书说理中回应是否参照并说明理由;提交其他类案作为控(诉)辩理由的,人民法院可以通过释明等方式予以回应。

**六、持续加强培训,完善考核机制**

目前,最高人民法院已经建立形式多样的指导性案例培训机制,将指导性案例培训列入国家法官学院教学内容。同时,在审判质效考核中把应进行类案检索的是否检索、应参照指导性案例的是否参照等内容列为考核内容。下一步,我们将继续加强对法官的培训,进一步完善考核机制,促使法官在审判工作中更加自觉地参照指导性案例,更加严格地统一司法裁判尺度。

感谢您对人民法院工作的关心和支持。

## 对十三届全国人大五次会议第3418号建议的答复

· 2022年7月1日

您提出的关于立法设立调解前置制度的建议收悉,现答复如下:

最高人民法院高度重视诉前调解工作。2016年出台的《关于人民法院进一步深化多元化纠纷解决机制改革的意见》第二十七条规定:"探索建立调解前置程序。探索适用调解前置程序的纠纷范围和案件类型。有条件的基层人民法院对家事纠纷、相邻关系、小额债务、消费者权益保护、交通事故、医疗纠纷、物业管理等适宜调解的纠纷,在征求当事人意愿的基础上,引导当事人在登记立案前由特邀调解组织或者特邀调解员先行调解。"2019年,为贯彻落实习近平总书记关于"要坚持把非诉讼纠纷解决机制挺在前面"重要指示精神,最高人民法院全力推进一站式多元纠纷解决和诉讼服务体系建设,为当事人提供菜单式、集约式、一站式多元解纷服务,让大量矛盾纠纷预防在源头、化解在萌芽、解决在诉前、审理在前端。在建设过程中,我们认真落实中共中央办公厅、国务院办公厅《关于完善矛盾纠纷多元化解机制的意见》要求,加强"法院+社会"多元解纷格局建设,与中央台办、全国总工会、中国侨联、全国工商联、国家发展改革委、人力资源和社会保障部、退役军人事务部、中国人民银行、中国银保监会、中国证监会、国家知识产权局、中国中小企业协会等12家单位建立"总对总"在线诉调对接机制,广泛邀请人大代表、政协委员、人民调解、行政调解、工会、商会、行业专家、律师学者、退休法律工作者、基层干部、网格员等解纷力量参与多元调解,在诉讼服务中心设立类型化调解工作室,加强诉前调解引导辅导服务,让大量矛盾纠纷通过社会力量调解解决在诉前。2021年,全国法院依托一站式多元解纷机制,诉前调解纠纷超过1000万件,调解成功610.7万件。

您在深入调研基础上建议在民事诉讼立法层面增加设立调解前置制度,我们深表认同。从法院工作实际看,因缺乏立法方面支持,法院在引导当事人及其诉讼代理人选择诉前调解方面还面临诸多问题困难;相关职能部门因缺乏明确合理分工,各方面解纷资源统筹配置不到位,联动配合不足,未能形成有效化解合力;各地多元解纷工作模式不统一,地区不平衡问题长期存在;调解员培训尚未形成规范体系,专业化水平有待提升,行业性专业性调解组织力量不足,难以满足群众多元解纷需求;市场化调解试点刚刚起步,调解员经费保障仍受制于各地财政水平,难以充分调动调解员积极性,充分释放诉前调解活力与效能;等等。这些短板问题亟待通过立法予以明确和规范。

您建议开展相关立法调研,将调解前置尽早列入立法研究议事日程。我们将以深化一站式多元解纷机制为抓手,加强线上线下诉前多元调解实践,以在上海交通大学共建的人民法院矛盾纠纷源头治理研究基地为依托,总结上海等地调解前置工作经验做法,适时在其他地区进行推广。在此基础上,进一步加强与全国人大常委会法制工作委员会沟通,对允许授权开展试点的,做好支持配合,制定完善相关规范性文件,为下步民事诉讼法的修改提供实践基础。

感谢您对人民法院工作的关心和支持。

## 对十三届全国人大五次会议第3194号建议的答复

· 2022年7月1日

您提出的关于规范法官自由裁量权行使的建议收悉,现答复如下:

最高人民法院始终高度重视规范法官裁量权的工

作。您提出的建议非常具有针对性，其中，有的工作我们正在推进，有的工作我们已经列入工作计划。

**一、关于不断提升法官自身素养，以保障法官裁量的规范性和合理性的建议**

近年来，人民法院高度重视法官政治素质和业务素质的培养。通过不断加强思想政治教育，切实提升法官的政治意识、大局意识、为民意识，确保法官在执法办案中坚持为民情怀，顺应社情民意，正确行使裁量权；通过不断加强理想信念教育，进一步锤炼法官敬业担当精神，培养法官甘于奉献、勇于担当的优良作风，鼓励法官加强调查研究，认真钻研法律，敢于主动正确规范行使裁量权；通过着力拓展人民法院教育培训工作，不断加大业务培训力度，切实提高法官业务能力和水平，提升法官司法理念、法律素养，提高法官审判执行工作能力水平，妥善应对各种新情况新问题新挑战。例如，国家法官学院及其各地分院有针对性地开展刑事、民事、行政、执行、国家赔偿等各领域重点案件类型行使裁量权的专项培训，不断提高法官司法能力。各级法院也注重强化法官能力培养，提升业务水平，如河南省高级人民法院开通河南法官培训网，依托河南法官学院举办司法能力类培训，在全省法院持续开展大学习大调研。在开展线下培训的基础上，各级法院还充分利用中国法院培训网、"云课堂"开展线上同步、异步免费培训，让因出差、开庭、调解而错过培训的法官能够随时随地补课自学。除加强法律、司法解释、案例分析等法律业务培训外，也注重对类案检索方法、科技应用等方面的培训，切实提升法官应用法院信息化建设成果的能力水平。

**二、关于切实落实合议制度，避免法官独断专行的建议**

近年来，各级法院不断加强案件评查，强化案件质效监管。通过常态化开展案件评查，将承办法官审理案件行使裁量权是否超出法律、司法解释的界限，是否进行类案检索，以及合议庭是否实质评议，对核心证据、关键争议点、类案裁判规则等问题的评议情况，是否依照规定提交专业法官会议、审判委员会讨论等情况，作为案件评查的重点，确保法官规范行使裁量权。各级法院还在考核制度中加入相应考核指标，如宁夏回族自治区高级人民法院制定《法官审判业绩评价办法》，遵循司法审判规律，不断优化绩效考评机制，激励法官规范行使裁量权。

**三、关于增强司法裁量的说理性，提升裁判的有效性及可接受性的建议**

人民法院不断加强裁判文书说理，提高裁判文书公开工作力度和规范化水平，让裁量权在阳光下运行，接受人民群众全方位监督，倒逼法官全面提升司法能力，不断提高裁判文书制作水平。2018年，最高人民法院出台《关于加强和规范裁判文书释法说理的指导意见》，从立足司法规律出发，着重提出五方面的要求：一是裁判文书释法说理要恪守五项原则，即合法性原则、正当性原则、层次性原则、针对性原则和繁简适度原则；二是合理界定裁判文书说理的内容范围，即阐明事理、释明法理、讲明情理和讲究文理；三是科学划分裁判文书说理的类型，即审查判断证据说理、认定事实说理、适用法律说理和行使自由裁量权说理，并以问题为导向，重点针对实践中存在的突出问题提出具体的规范要求；四是准确把握裁判文书制作的规范化和个性化的有机统一；五是科学构建符合裁判文书释法说理规律的统一裁判文书质量评估体系和评价机制。人民法院通过裁判文书说理展现法律适用的理由和裁量过程，以公开促公正、树公信，杜绝暗箱操作，让人民群众更加了解司法、信赖司法，不断提升司法公信力。

**四、关于运用人工智能等方式保障法官裁量的可预测性的建议**

最高人民法院将充分考虑一线法官需求，搭建完全自主、集法律和案例检索、应用、研究于一体的统一法律适用平台和数据库，实现智能分析和人工筛查相结合，为进一步完善类案检索、规范裁量权行使、推进统一法律适用提供科技支撑。在此基础上，加快建立以最高人民法院指导性案例、审判委员会案例、其他生效裁判及有指导价值的案例为主体资源的最高人民法院类案检索数据库，实现案例库体系完整、有点有面、要旨统一，解决实践中类案检索平台不明确、法官检索到无效类案信息过多、难以归纳总结参考等问题。

下一步，最高人民法院将进一步健全审判权力运行机制，加大审判管理监督指导力度，有效规范法官裁量权，努力建设公正高效权威的社会主义司法制度，让人民群众在每一个司法案件中感受到公平正义。

感谢您对人民法院工作的关心和支持。

## 对十三届全国人大五次会议第2430号建议的答复

·2022年7月1日

您提出的关于民事案件管辖权下沉后完善审判配套措施的建议收悉，现答复如下：

您分析了民事案件级别管辖标准调整后可能产生的

基层人民法院"案多人少"矛盾加剧、案件质量难以保证、地方保护主义抬头等问题，提出根据地域差异设定中级人民法院一审民事案件受案标准、推动法官员额向基层倾斜、上级法院法官到下级法院挂职办理重大疑难案件等具体建议。您所提问题中肯、建议合理，对于缓解基层人民法院人案矛盾、保障基层人民法院办案质量具有重要参考意义。

完善四级法院审级职能定位改革，是党中央部署的重要改革任务。改革的目的是为了通过调整四级法院案件结构，推动审判资源进一步优化配置，实现四级法院各归其位、各司其职、各尽其能，形成更为科学合理的审级监督体系，推动人民法院工作高质量发展。其中，调整民事案件的级别管辖标准是改革的重要内容之一，同时也是实现基层人民法院重在准确查明事实、实质化解纠纷职能的关键举措。民事一审案件级别管辖标准调整以来，最高人民法院建立了常态化的工作报告和数据反馈机制，密切关注基层人民法院案件数量结构变化，通过强化最高人民法院审判指导、激活提级管辖案件机制、督促各高、中级人民法院加强条线监督、指导优化基层人民法院法官配置等方式，切实加强审判质效的跟踪督导，推动实现案件"有上有下，良性运行"。截至目前，各基层人民法院普遍反映并未出现案件数量激增、审判质量下滑及地方保护主义的情况。

一是最高人民法院加强审判工作指导。最高人民法院积极履行监督指导全国审判工作、确保法律正确统一适用的审级职能，通过召开本条线全国会议、发布座谈会纪要、举办专题培训、开展专项调研等形式，加大对下审判指导力度；完善跨审判机构合议庭和专业法官会议工作机制，规范类案检索，推动建立统一法律适用平台数据库，推动实现裁判尺度统一；制定人民法院审判业务文件、参考性案例备案工作办法，进一步规范高级人民法院制定审判业务文件、编发参考性案例工作，充分发挥典型案例指导审判的示范作用。

二是加强审判条线业务监督指导。各高、中级人民法院高度关注基层人民法院审理大标的额、新类型民事案件的质效问题，通过开展专题培训、发布典型案例、出台业务指导文件、完善沟通衔接机制等方式，健全审判监督制约机制，加大对下指导力度，提升基层人民法院审判能力和水平。如浙江宁波市中级人民法院组织开展下沉案件办理专题培训，印发类案办理指导手册，明确对下沉的案件一律适用普通程序，由院庭长承办或担任审判长，并成立专门团队指定专人负责对下指导，确保基层人民法院办案质量；山东济宁市中级人民法院成立民商事审判执行工作业务指导组，加强上下级法院沟通交流；天津各中级人民法院围绕建设工程合同、买卖合同、破产强制清算、民间借贷等案件，出台类案办理指引，统一裁量标准；山西省高级人民法院对基层人民法院审理的大标的额案件要求探索跨部门合议庭审理。

三是完善案件提级管辖机制。最高人民法院制定下发《关于完善四级法院审级职能定位改革试点的实施办法》，完善提级管辖制度机制，指导各高、中级人民法院严格贯彻落实提级管辖工作要求，制定实施细则，规范指引基层人民法院报请案件提级管辖，明确对于可能存在诉讼主客场、地方保护主义等因素的案件属于"特殊类型案件"范围，应予提级管辖审理，充分发挥较高层级法院抵御地方干预、促进审判公平正义的优势，强化较高层级法院提级管辖案件的示范、指导意义。截至 2022 年第一季度，各中、高级人民法院共依职权提级管辖案件 23 件，各中级、基层人民法院报请提级管辖案件 268 件，被上一级法院提级管辖 83 件。

四是推动审判资源向一线下沉。根据四级法院审级职能定位改革试点运行情况反馈，在最高人民法院的指导下，各试点法院结合改革后案件结构、审判态势、审级职能变化情况，调整审判资源配备，确保审判资源向一线倾斜。目前吉林、辽宁、广东、新疆、云南、福建、江苏等地都已开展人员编制动态调整，加大基层人民法院法官配备力度，其中吉林省高级人民法院向中级、基层人民法院动态下放机动编制 294 个；广东省高级人民法院跨地域调整中级、基层人民法院员额 98 名，核增员额的 86%分配至基层人民法院；新疆维吾尔自治区高级人民法院为 9 个人案矛盾突出的法院调整编制 50 个。

五是建立常态化法官挂职交流机制。2021 年 11 月，最高人民法院印发《关于建立健全人民法院人员内部交流机制的若干意见》，进一步明确定期交流机制和挂职交流入额政策，有效推动法院内部交流常态化、制度化、规范化。各地高级人民法院严格贯彻落实人员交流有关规定，加强上下级法院挂职交流，高、中级人民法院法官到基层人民法院挂职办案，加强案件办理业务指导，有效促进提升了基层人民法院办案能力和水平。

下一步，最高人民法院将持续密切关注基层人民法院整体运行情况，及时收集了解级别管辖调整过程中存在的问题和困难，通过系统集成诉源治理、诉讼繁简分流、智慧法院建设等改革举措，进一步深化四级法院审级职能定位改革试点，加强基层人民法院的保障性建设，提升基层人民法院整体审判能力和水平，积极回应人民群众多元司法需求，切实维护社会公平正义。

## 对十三届全国人大五次会议第 2260 号建议的答复

· 2022 年 6 月 30 日

您提出的关于完善指定管辖制度的建议收悉，现答复如下：

**一、关于赋予当事人申请指定管辖权利的建议**

《中华人民共和国民事诉讼法》（以下简称《民事诉讼法》）专章规定了管辖制度。同时，为及时纠正管辖错误，保障当事人程序利益，《民事诉讼法》赋予当事人提出管辖权异议的诉讼权利，对管辖权异议的提出、审查、移送以及驳回、上诉作了较为完善的制度安排。根据《民事诉讼法》第三十七条、第三十八条的规定，指定管辖是上级人民法院以裁定方式，指定下级人民法院对某一案件行使管辖权的制度，涉及人民法院行使职权，解决内部具体分工和协调问题。实践中，适用以下三种情形：一是受移送的法院认为受移送的案件依照规定不属于本院管辖的；二是有管辖权的法院由于特殊原因不能行使管辖权的；三是法院之间因管辖权发生争议，且协商解决不了的。因此，从法律规定的角度，根据当事人申请适用指定管辖，无法律依据。

**二、关于发回重审案件指定其他法院管辖的建议**

发回重审制度通常指的是第二审和再审程序中，第二审法院和再审法院对上诉案件和再审案件经过审理后，依法裁定撤销原判决，发回重审。根据《最高人民法院关于适用〈中华人民共和国民事诉讼法〉的解释》第三十八条的规定，上级人民法院发回重审的案件，由原审人民法院重审。因此，实践中，对于发回重审案件，一般由原审法院审理。对于存在特殊情形、不宜由原审法院审理的，可视案件具体情况由第二审法院或者再审法院研究决定。

**三、关于民事管辖权异议案件提级审理的建议**

管辖权异议是指人民法院受理案件后，当事人对受案法院是否具有管辖权提出异议的一项诉讼制度。正如您所言，根据《民事诉讼法》第一百三十条第一款的规定，对当事人提出的管辖权异议，由受诉法院审查。因此，将民事管辖权异议案件提级审理，无法律依据。此外，倘若将民事管辖权异议案件提级审理，也会出现诉讼迟延的问题，增加当事人诉累，不利于保障当事人诉讼权利。对于您提到的个别法院之间争管辖、存在地方保护的问题，最高人民法院历来高度重视，突出强调要坚持依法平等保护各方当事人合法权益，通过全面落实司法责任制，严格执行防止干预司法"三个规定"、新时代政法干警"十个严禁"等铁规禁令，切实筑牢司法公正防线。

您的建议非常具有前瞻性和建设性。下一步我们将加强调查研究，密切关注管辖审判实践中出现的新情况、新问题，指导全国法院依法准确适用《民事诉讼法》关于指定管辖、移送管辖等有关规定，依法保护当事人的诉讼权利，减轻当事人诉累。

感谢您对人民法院工作的关心和支持。

## 对十三届全国人大五次会议第 1343 号建议的答复

· 2022 年 7 月 29 日

您提出的《关于加快推进金融纠纷多元化解信息化建设的建议》收悉。经商中国人民银行、中国银行保险监督管理委员会，现答复如下：

习近平总书记深刻指出，要"坚持把非诉讼纠纷解决机制挺在前面"。金融纠纷多元化解机制的建立和运行，是坚持以人民为中心的发展理念、保护金融消费者合法权益的重要举措，对于推进我国社会治理体系和治理能力现代化、优化法治营商环境、防范化解金融风险具有十分重大的意义。

**一、关于加强金融纠纷多元化解信息化建设顶层设计和系统规划的建议**

最高人民法院始终高度关注保险、证券、银行等金融领域纠纷的多元化解工作，与有关单位联合印发《关于在全国部分地区开展建立保险纠纷诉讼与调解对接机制试点工作的通知》《关于在全国部分地区开展证券期货纠纷多元化解机制试点工作的通知》《关于全面推进保险纠纷诉讼与调解对接机制建设的意见》《关于全面推进证券期货纠纷多元化解机制建设的意见》《关于全面推进金融纠纷多元化解机制建设的意见》《关于建立金融纠纷在线诉调对接机制的通知》，从顶层设计的高度理顺机制，凝聚司法机关和金融管理部门合力，强化科技赋能，加强金融纠纷多元化解信息化建设的整体规划、统筹协调与信息共享。先后发布证券期货纠纷多元化解十大典型案例、金融纠纷多元化解十大典型案例，并定期与中国人民银行、中国银行保险监督管理委员会、中国证券监督管理委员会通过联席会议制度协调推进工作，对各地开展金融领域纠纷多元化解工作进行摸底调查，组织各地交流相关工作经验，不断完善金融领域纠纷多元化解机制,畅通金融消费者权利救济渠道,满足人民群众日益增长的司法和金融需求,为有效防范化解金融风险和金融服务实体经济提供有力服务和保障。

积极构建"总对总"金融纠纷在线诉调对接机制。2020年8月,中国金融消费纠纷调解网与最高人民法院调解平台实现互联互通。截至目前,508家人民银行调解组织、3841名行业调解员入驻最高人民法院调解平台,合作开展在线诉调对接案件2.21万件。2021年7月,最高人民法院与中国银行保险监督管理委员会联合开发上线银行业保险业纠纷在线调解系统,利用信息技术手段开展在线调解,"让数据多跑腿、群众少跑路"。截至目前,510家银行业保险业纠纷调解组织、5673名行业调解员入驻该系统,2022年一季度接受各地法院委派诉前调解案件3万余件。中国人民银行组织力量建设中国金融消费纠纷调解网,打破调解服务地域限制,让各地调解组织、金融机构、金融消费者共享调解资源。2021年,中国人民银行指导金融纠纷调解组织通过线上方式调解纠纷3.9万余件,是2020年全年在线调解量的16倍;2022年1-4月,指导金融纠纷调解组织通过线上方式调解纠纷2.65万件,是2021年全年在线调解量的67.9%。

下一步,最高人民法院、中国人民银行、中国银行保险监督管理委员会将继续密切沟通合作,加强科技赋能,优化完善金融纠纷诉调对接在线办理工作流程,加强对银行业保险业纠纷调解组织的指导,鼓励调解组织加强自身建设、创新工作方法,推动提升金融纠纷多元化解信息化水平。

一是用好"总对总"金融纠纷在线诉调对接机制。落实调解组织入驻调解平台各项工作,加强各层级人民银行、各地银行业保险业纠纷调解组织与人民法院的沟通合作,积极推广金融纠纷在线诉调对接工作模式,提升诉调对接工作效率,切实将矛盾纠纷化解在基层。

二是积极优化金融纠纷在线调解平台各项功能。中国人民银行将组织力量对中国金融消费纠纷调解网开展常态化评估,进一步理顺全流程在线调解流程,重点优化线上调解案例库建设、电子案件存档等重要功能,打造让调解员满意、让消费者放心的多功能解纷平台。

三是鼓励各地法院积极探索深化金融纠纷多元化解信息化建设工作。此次办理您所提建议的过程中,最高人民法院的承办人还与你行法律部负责同志就你行与北京、浙江等地开展省级层面金融纠纷多元化解信息化建设的经验进行深入交流。我们后续将持续跟进先行地区研发金融纠纷多元化解信息化系统进展情况,会同相关金融机构适时开展现场调研座谈,共同研究系统拓展应用场景。

**二、关于建立类型化的金融贷款纠纷证据标准的建议**

建立类型化的金融贷款纠纷证据标准,既可以使金融机构在参与纠纷多元化解机制时严格按照清单准备证据材料,提高证据材料准备效率,减轻解纷机构审核压力,也有利于金融机构对照证据清单,在前端规范贷款业务行为,及时固定相关证据,减少后续争议。

此次办理您所提建议的过程中,针对金融贷款纠纷证据标准化的问题,我们与你行法律部负责同志进行探讨,调研了解部分商业银行贷款类业务诉讼所需证据清单,结合审判实务对证据标准化、规范化的可行性进行评估。近年来,中国银行保险监督管理委员会加强对各地银行业保险业纠纷调解组织的指导,鼓励各地及时总结金融调解实践经验,加强案件梳理,对具有典型性、类型化的案件,总结形成调解证据清单和示范案例,推动调解工作规范化开展。

下一步,我们将结合前期调研了解的情况,会同相关金融机构共同研究制定针对标准化贷款及信用卡业务的诉讼证据清单,在进一步征求金融机构分支机构及基层人民法院意见建议的基础上,研究诉讼证据标准化、规范化的具体实施路径。

**三、关于建立高效批量化解小额金融纠纷机制的建议**

小额信用类贷款、小额信用卡透支等小额金融纠纷具有案情相对简单、诉求集中、数量多等特点,适合运用简易化、标准化的方式加以解决。建立小额金融纠纷批量化解机制,有利于缩短纠纷化解时长,降低各方当事人解纷成本,提高解纷效率。

此次办理您所提建议的过程中,针对批量化解小额金融纠纷的问题,我们与你行法律部负责同志进行交流,结合北京等地拟试点线上批量诉讼立案的系统研发方案,对批量诉讼立案的具体操作模式、所需证据材料及诉讼要素表等进行评估分析。中国金融消费纠纷调解网与最高人民法院调解平台的系统对接,以及最高人民法院与中国银行保险监督管理委员会联合开发的银行业保险业纠纷在线调解系统为小额诉讼案件批量化解决搭建了有效的线上途径,为调解工作和当事人及时有效履行提供了便利条件。近年来,中国银行保险监督管理委员会积极推动行业调解组织针对不同类型的纠纷细化优化调解流程，形成类型化调解思路和调解模式，并通过与银行保险机构签订协议，或者由相关行业社团组织成员机构签订自律公约等形式，探索建立银行业保险业小额纠纷快速解决机制。

**四、关于探索建立具有公信力的区块链存证平台的建议**

中国人民银行牵头制定《金融业网络安全和信息化"十四五"发展规划》，发布《区块链技术金融应用评估规则》《金融分布式账本技术安全规范》等行业标准，引导金融机构深入探索区块链技术在参与主体多、验真成本高、交易流程长的金融场景应用。在保证信息安全的前提下，我们支持有利于提升调解质效、减轻调解各方负担的新技术的应用，将积极配合做好相关调研分析，形成合力，进一步提升金融领域区块链技术应用水平。

感谢您对人民法院工作的关心和支持。

# 对十三届全国人大五次会议第 0209 号建议的答复

·2022 年 6 月 30 日

您提出的关于强化司法保障维护国企资产安全的建议收悉，现答复如下：

**一、关于加强立案监督，维护企业立案权利的建议**

最高人民法院高度重视保障当事人诉权，坚决贯彻落实党的十八届四中全会关于"改革法院案件受理制度，变立案审查制为立案登记制"的决策部署。2015 年 5 月 1 日全面施行立案登记制改革，并及时出台《关于人民法院登记立案若干问题的规定》，明确登记立案范围、适用要求、操作规程等，对依法应该受理的案件，做到"有案必立、有诉必理"。经过几年的实践，长期以来困扰当事人诉权行使的"立案难"问题得到根本解决。

为进一步方便当事人起诉，最高人民法院于 2019 年 7 月下发跨域立案服务工作规范和技术规范，为群众提供"异地受理、无差别办理"的立案服务，实现跨域立案服务四级法院全覆盖。2019 年 7 月，最高人民法院发布《关于建设一站式多元解纷机制一站式诉讼服务中心的意见》，对当场立案、一次办结、自助立案、网上立案等提出明确工作要求。对符合法律规定、要素齐备的诉状，一律接收，当场登记立案；对当事人提交的诉状和材料不符合要求的，一次性书面告知在指定期限内补正；对当场不能判定是否符合法律规定的，在法律规定期限内仍不能决定的，先行立案。在此基础上，不断畅通现场立案、自助立案、网上立案、巡回立案、邮寄立案、12368 热线立案和跨域立案服务等立体化诉讼渠道，确保当事人在任何一家法院，通过任何一个渠道，都能享受同样标准、同样品质的立案服务。

针对人民群众反映强烈的年底拖延立案、限制立案问题，及时出台《最高人民法院关于整治年底不立案问题的意见》，上线人民法院立案偏离度预警系统，建立 12368 不立案投诉机制，开展不立案预警"灭灯行动"。2021 年底立案量较 2020 年同期增长 104.16%，12 月未出现不立案一级预警，"灭灯行动"取得全面胜利，年底不立案问题得到根本扭转，充分兑现了"有案必立、有诉必理"的庄严承诺。

下一步，最高人民法院将继续贯彻落实立案登记制，深化"两个一站式"建设，为人民群众提供优质、高效的立案服务。同时进一步加强立案监督，坚决打击各类违法不立案问题，维护企业等当事人的立案权利。

**二、关于严控审理期限，缩短企业诉讼周期的建议**

我国民事诉讼法规定，适用普通程序审理的第一审案件，审限为六个月；适用简易程序审理的第一审案件，审限为三个月。审理对判决的上诉案件，审限为三个月；审理对裁定的上诉案件，审限为三十日。根据《最高人民法院关于严格规范民商事案件延长审限和延期开庭问题的规定》，法律规定有特殊情况需要延长审限的，独任审判员或合议庭应当在期限届满十五日前向本院院长提出申请，并说明详细情况和理由。院长应当在期限届满五日前作出决定。经本院院长批准延长审限后尚不能结案，需要再次延长的，应当在期限届满十五日前报请上级人民法院批准。上级人民法院应当在审限届满五日前作出决定。

为充分发挥司法职能作用，积极营造稳定公平透明、可预期的营商环境，2019 年，最高人民法院发布《关于修改〈严格规范民商事案件延长审限和延期开庭问题的规定〉的决定》，明确延期开庭审理次数和限制情形兜底条款，为缩审审判时间提供制度保障，有利于保障人民群众的知情权、参与权和监督权。同时，适当扩大简易程序适用范围，充分发挥简易程序在立案、送达、审理、判决等程序中简单快捷的制度优势，达到简化程序、快速审判的效果。

下一步，最高人民法院将继续坚持新发展理念，进一步完善民事程序规则，严格审限管理，为保持经济持续健康发展和社会大局稳定提供有力司法服务和保障。

**三、关于加大执行力度，兑现企业胜诉权益的建议**

您的此项建议不仅是法院执行工作的重点，也是执行工作需要长期贯彻落实的主要内容。人民法院将通过完善细化相关法律规范，持续推动执行联动机制建设，不断加强执行队伍作风建设，继续努力解决执行难问题。

一是进一步完善强制执行法律体系及配套制度建设，着力推进强制执行法的制定出台工作。民法典实施后，最高人民法院先后发布《关于人民法院强制执行股权若干问题的规定》《关于充分发挥司法职能作用助力中小微企业发展的指导意见》，并全力推进民事强制执行法草案的研究、起草、论证、修改工作。在今年6月召开的十三届全国人大常委会第三十五次会议上，最高人民法院提出了关于提请审议民事强制执行法草案的议案。同时，通过进一步加大典型案例和指导性案例的发布力度，指导地方各级人民法院准确贯彻执行相关法律、司法解释、规范性意见。

二是持续推动执行联动机制建设，拓展被执行人财产发现途径，进一步形成执行合力。认真落实中央政法委提出的"共建、共治、共享"要求，由政法委牵头各协作、协助部门健全联席会议制度，强化人民法院主体责任，把执行联动各项工作纳入各联动部门职责范围，通过明确任务、夯实责任、加强考核，促进执行联动工作机制常态化运转，切实解决"联而不动、动而乏力"的问题，努力构筑齐抓共管的大执行格局。人民法院将持续完善"总对总"网络执行查控系统，通过进一步完善囊括被执行人一切财产形式的网络查控系统，着力扩大财产查控范围和内容，加大对不同案件被执行人特点的调查研究，加大财产调查力度，强化财产报告制度威慑力，加大执行搜查措施应用，推进律师调查被执行人财产、审计调查、公证取证、悬赏举报等制度，不断拓宽财产发现渠道，确保执行工作更好地开展。

三是强化执行公开，全面推进阳光执行。2014年11月，最高人民法院开通中国执行信息公开网并于2018年进行改版升级。执行信息公开网整合执行公开与诉讼服务，打通执行公开系统与执行办案系统、执行指挥管理平台之间的数据壁垒，有效拓宽执行信息公开范围，向全社会公开终结本次执行案件信息、失信被执行人信息、执行法律文书等6大类信息，提供执行指南、法律法规、典型案例等10类栏目信息，当事人可以登录查询执行立案、执行人员、程序变更、执行措施等十余项执行案件流程节点信息，在线了解执行案件进展情况，并通过留言功能与办案法官进行交流互动，充分保障当事人和社会的知情权，实现执行公开模式的重大变革。最高人民法院还研发了"智慧执行"APP，并将其拓展到公众端和人大代表、政协委员、廉政监督员及其他社会联动单位端，畅通人民群众和代表委员获取信息的渠道。

四是加强执行监督管理和执行队伍作风建设。2021年，最高人民法院在全国第二批政法队伍教育整顿期间开展执行领域突出问题集中整治。通过对所有执行案款进行"拉网式"全面清查、组织各高级人民法院对执行案件进行交叉评查、对涉及不及时查封等案件逐一对账督办、启动违法执行与违纪问题"一案双查"等方式，解决了一批影响司法权威和司法公信的消极执行、拖延执行案件，取得明显成效。进一步健全执行权力运行监督制约机制，2021年发布的《最高人民法院关于进一步完善执行权制约机制加强执行监督的意见》全面系统设计制约监督执行权的制度机制，打造执行权运行的"制度铁笼""数据铁笼"。

感谢您对人民法院工作的关心和支持。

## （二）政协委员提案的答复

### 关于政协第十三届全国委员会第五次会议第04784号（政治法律类343号）提案答复的函

·2022年7月1日

您提出的《关于优化司法确认制度，促进诉调精准对接的提案》收悉，现答复如下：

2019年以来，为贯彻落实习近平总书记关于"要坚持把非诉讼纠纷解决机制挺在前面"重要指示精神和党中央重大部署要求，人民法院立足国家治理体系和治理能力现代化，建设更高水平的平安中国的政治高度，将建设中国特色一站式多元纠纷解决机制作为弘扬新时代"枫桥经验"的重要载体，为不同需求的当事人提供多样化"菜单式"纠纷解决服务，创造了特色鲜明的多元纠纷解决中国方案，真正让老百姓解决纠纷更多元可选、更便捷高效、更普惠均等。

一是加强机制对接。先后出台《关于人民法院进一步深化多元化纠纷解决机制改革的意见》《关于进一步完善委派调解机制的指导意见》《关于人民法院深化"分调裁审"机制改革的意见》《关于深化人民法院一站式多元解纷机制建设推动矛盾纠纷源头化解的实施意见》和《人民法院在线调解规则》，对于诉前调解与诉讼对接的方式要求、组织形式、工作机制、程序安排等作出规范，建立诉前调解自动履行激励机制，优化司法确认程序，让大量矛盾纠纷通过诉前多元调解及时高效、低成本、不伤和气地得到解决。

二是加强平台对接。以人民法院调解平台为主渠道，实现与中央台办、全国总工会、中国侨联、全国工商联、人社部、退役军人事务部、中国人民银行、银保监会、证监会、国家知识产权局、国家发改委价格认证中心、中小企业协会等12家单位"总对总"在线诉调对接，同时邀请各类社会主体入驻平台，提供委派调解、司法确认、立案、速裁快审等全流程、菜单式、集约化"一网通调"解纷服务。目前，人民法院调解平台入驻调解组织7.3万家、调解员32万名，其中三成以上为律师和行业专业调解员。自2018年2月至2022年6月28日，累计诉前调解纠纷2300万件，调解成功率达65%。

三是加强人员对接。各级人民法院指派专人负责诉调对接工作，及时加强沟通，协同推进工作。开展"量体裁衣"式培训指导，最高人民法院去年以来共举办调解直播培训14场，累计培训调解员18.97万人次，最多一场培训人数达2.85万人，有力提升参与法院调解人员能力水平。

四是加强保障对接。建立覆盖全面、衔接紧密、运转顺畅的保障机制，加强在线司法确认，2021年当事人通过调解平台在线申请司法确认685007件，大大提高司法确认质效。

您在提案中对诉前调解，特别是司法确认工作中存在的问题和原因进行了深入分析，您提出的专业行业调解力量不足、虚假调解防范难等问题确实在一定程度上影响一站式多元解纷机制健康运行。推进诉前多元调解工作是一项系统工程，需要依靠党委领导、政府主导，社会各界积极参与和大力支持，同时有赖于立法、执法、司法、守法等各环节的协同推进。对提出的相关建议，我们将认真吸收借鉴，不断改进工作，更好为人民群众提供一站式解纷服务。

**一、关于加强顶层统筹规划的建议**

您在提案中建议要立足司法确认性质定位，进一步统一法律规范，理顺细化救济程序。新修改的《中华人民共和国民事诉讼法》已经将司法确认程序适用范围从原来的仅限于"人民调解协议"，扩展至依法设立的调解组织调解达成的调解协议，为其他依法设立的调解组织参与调解提供有力保障。其中，第二百零二条区分不同情形对申请司法确认调解协议作出新的规定。2022年1月1日正式施行的《人民法院在线调解规则》，对诉前在线调解达成的调解协议进行司法确认作出进一步规范明确，为推进这项工作提供政策指引。下一步，最高人民法院将严格按照《中华人民共和国民事诉讼法》《人民法院在线调解规则》等规定，指导各级人民法院规范司法确认工作。

**二、关于扩大案件管辖法院的建议**

新修订的民事诉讼法第二百零一条对申请司法确认调解协议的管辖作出明确规定：经依法设立的调解组织调解达成调解协议，申请司法确认的，由双方当事人自调解协议生效之日起三十日内，共同向下列人民法院提出：（一）人民法院邀请调解组织开展先行调解的，向作出邀请的人民法院提出；（二）调解组织自行开展调解的，向当事人住所地、标的物所在地、调解组织所在地的基层人民法院提出；调解协议所涉纠纷应当由中级人民法院管辖的，向相应的中级人民法院提出。上述规定明确调解协议所涉纠纷应当由中级人民法院管辖的，应当向中级人民法院提出，可以说经过人民法院长期实践后，通过立法形式明确了中级人民法院可以受理调解协议司法确认申请。

**三、关于提高调解协议质量的建议**

最高人民法院高度重视调解规范化建设，探索建立双向交流机制。一方面，各地法院通过参与矛盾纠纷诉源治理、调解平台进乡村、进网格、进社区等工作，加强对行政机关、社会力量和基层组织调解的指导，目前全国9500多家人民法庭与5.5万多家基层治理单位进行对接，通过视频系统或到现场以联合调解方式进行指导。另一方面，在人民法院诉讼服务中心建立类型化调解室，邀请各类社会力量入驻法院，并将调解员纳入法院速裁团队，通过全流程指导，促进提升社会各类主体化解矛盾纠纷能力，提高调解质量。在此基础上，创新建立司法联络员制度，各基层治理单位、专业行业调解组织通过指派司法联络员与人民法院开展诉源治理对接工作，有效开展沟通交流，共同推进矛盾纠纷源头治理和多元化解工作。

**四、关于继续推广线上确认的建议**

目前，人民法院调解平台已经与在线服务、律师服务、委托鉴定等其他服务平台打通，实现一个入口服务当事人和调解员，方便一站式在线开展咨询评估、调解申请、委派委托调解、音视频调解、司法确认、网上立案等事务。今年，我们将以《人民法院在线调解规则》为指引，全面升级人民法院调解平台，推进司法确认工作线上、线下良性互动，让人民群众更加便捷高效的解决矛盾纠纷。

**五、关于加强虚假协议确认风险管理的建议**

人民法院高度重视虚假诉讼、实施虚假调解行为的防范工作。《人民法院在线调解规则》专门对实施虚假调解行为作出规制,明确人民法院在审查司法确认申请或者出具调解书过程中,发现当事人可能采取恶意串通、伪造证据、捏造事实、虚构法律关系等手段实施虚假调解行为,侵害他人合法权益的,可以要求当事人提供相关证据,当事人不提供相关证据的,人民法院不予确认调解协议效力或者出具调解书;经审查认为构成虚假调解的,依照《中华人民共和国民事诉讼法》等相关法律规定处理;发现涉嫌刑事犯罪的,及时将线索和材料移送有管辖权的机关。下一步,最高人民法院将继续深化一站式建设,充分发挥立案辅助系统等信息化手段自动识别、预警虚假诉讼、滥用诉权作用,加大虚假调解预警管理和制裁力度,促使当事人诚信诉讼。

**六、关于加大宣传告知力度的建议**

为引导人民群众选择非诉讼方式及时高效化解纠纷,人民法院通过召开新闻发布会、制作动漫小视频、在诉讼服务大厅张贴调解指引等方式,积极宣传推广调解工作的优势特点。2022年2月24日,最高人民法院举办《人民法院一站式多元纠纷解决和诉讼服务体系建设(2019-2021)》新闻发布会,通报涉及劳动争议、婚姻家庭、证券期货、金融保险、知识产权、价格争议、涉侨等8件在线多元调解案例,充分展现通过"法院+社会各界"在线多元解纷机制,有效发挥行业解纷优势和司法保障作用。下一步,我们将继续联合中央部委加强在线调解案例宣传,并在"全国法院一站式建设优秀改革创新成果"评选活动中,多渠道收集调解典型案例,全媒体进行发布工作,吸引更多群众选择诉前调解方式解决纠纷。

感谢您对人民法院工作的关心和支持。

### 关于政协第十三届全国委员会第五次会议第04183号(政治法律类307号)提案答复的函

· 2022年7月2日

你界别提出的《关于进一步规范法官自由裁量权的提案》收悉,现答复如下:

近年来,最高人民法院高度重视统一法律适用和裁判制度,通过制定《关于深化司法责任制综合配套改革的实施意见》《最高人民法院关于完善统一法律适用标准工作机制的意见》《关于统一法律适用加强类案检索的指导意见(试行)》等多个指导性文件,努力从立案、审理、裁判和追责等多环节规范法官裁量权,努力让人民群众在每一个司法案件中感受到公平正义。

在立案环节上,最高人民法院坚决贯彻落实十八届四中全会关于改革法院案件受理制度的重要部署,变立案审查制为立案登记制,在立案环节对符合法律规定的起诉予以登记立案,做到有案必立、有诉必理,充分保障当事人诉权。对于是否应将案件合并审理,需在实体审理中结合当事人答辩情况予以判定。

在审理环节上,最高人民法院高度重视裁判文书公开与释法说理工作,注重提升司法透明度,规范法官行使裁量权,近年来多次印发涉及裁判文书公开与释法说理的指导性文件,不断规范裁判文书公开和说理范围、方法、要求和程序。同时,多措并举健全完善裁判文书公开上网和释法说理的配套机制建设,开通中国裁判文书网,建立全国法院统一的裁判文书公开平台;开展"全国法院百篇优秀裁判文书"评选,充分发挥优秀裁判文书的示范引领作用。地方各级法院也采取各种形式加强教育培训,有效提高裁判文书质量和法官释法说理能力。

在执行环节上,最高人民法院高度重视对执行法官裁判权的规范,进行重点规制。对于"随意追加被执行主体""执行案外人财产"等问题,最高人民法院已经出台了相关司法解释、指导性文件等,从制度层面予以规制;对于"无故拖延执行时间"等问题,在制度上予以规范的同时,还通过动态管理、开展专项行动等方式予以治理。

在监督和追责环节上,最高人民法院持续推进顶层设计,扎实开展法官惩戒各项工作。2021年,最高人民法院印发《法官惩戒工作程序规定(试行)》,着重对惩戒对象、线索受理、调查核实、提请审议、作出惩戒、申诉复核等工作程序进行明确。同时推动建立与纪检监察机关协同配合机制,明确人民法院与纪检监察机关在法官惩戒中的职责范围和任务分工,建立相互之间的沟通协作及情况通报机制,共同形成监督合力。

下一步,最高人民法院将继续推进统一法律适用和裁判尺度,严格落实审判执行各项制度,切实加强对下指导监督职能,规范法官裁量权,确保司法公正公开,促进社会和谐稳定。

感谢你界别对人民法院工作的关心和支持。

### 关于政协第十三届全国委员会第五次会议第03836号(财税金融类250号)提案答复的函

· 2022年8月29日

您提出的《关于完善证券虚假陈述案件审理中利用专家工作机制的提案》收悉,经商财政部,现答复如下:

证券虚假陈述民事赔偿案件的审理,涉及到会计学、金融学等多学科的知识,在审判工作中引入和发挥专业力量,是人民法院证券审判一直以来的改革方向和重点。在认定会计师事务所的民事责任时,对被审计单位的会计责任和会计师事务所的审计责任作必要区分,不仅是正确认定案件事实的需要,也是准确适用法律的必然要求,这对法官的专业能力提出了较高的要求。为帮助一线法官作出符合审计业务特点的专业判断,除了您在提案中提到的最高人民法院和中国证券监督管理委员会联合发布的《关于适用〈最高人民法院关于审理证券市场虚假陈述侵权民事赔偿案件的若干规定〉有关问题的通知》外,我们在《全国法院审理债券纠纷案件座谈会纪要》以及为科创板、新三板提供司法保障的相关政策文件中,明确规定了委托专业机构提供专业意见、推动建立专家陪审制度、加快制定专家证人的资格认定和管理办法等机制。此外,在《注册会计师法》修订中,财政部还建议建立职业责任鉴定机制,也将为我们的工作提供有力支持。

我们完全赞成您关于最高人民法院与财政部联合建立专家工作机制的建议,在工作节奏和时间节点方面,考虑到《注册会计师法》正在修订,拟在修法工作完成后,以贯彻落实《注册会计师法》为契机,与财政部联合调研、深入论证,力争制定一套解决行业问题、适应监管要求、符合司法规律的联合工作机制。在此之前,我们将按照相关改革方向和要求,根据各地实际情况,继续依法推动专家咨询机制落实,以进一步增强案件审理的专业化建设。

下一步,我们将继续加强与有关部门的沟通协调,不断完善证券侵权民事赔偿制度,公平合理认定审计机构责任,维护投资者合法权益,为资本市场健康发展提供优质的司法保障。

## 关于政协第十三届全国委员会第五次会议第03437号(政治法律类272号)提案答复的函

· 2022年7月2日

您提出的《关于完善诉讼制度的提案》收悉,现提出答复如下:

**一、关于年底撤案后重新立案问题**

最高人民法院历来重视做好年底立案工作。2021年,院党组和周强院长亲自部署、亲自安排,贺荣常务副院长在12368热线不立案专报上作出批示,将整治年底不立案问题作为教育整顿顽瘴痼疾一项重要内容。最高人民法院及时出台《关于整治年底不立案问题的意见》,上线人民法院立案偏离度预警系统,建立12368不立案投诉机制,开展不立案预警"灭灯行动",打出整治年底不立案组合拳。

**二、关于加大对服判息诉率的考核权重**

最高人民法院将审判绩效考核作为深化司法责任制综合配套改革的重要内容持续推进,2021年出台《关于加强和完善法官考核工作的指导意见》及配套的案件权重系数设置指引,重点突出对法官办案业绩的考核,从办案数量、办案质量、办案效率、办案效果四个维度设置考核指标。其中"服判息诉"是重要的考评指标之一,在考核中正确运用该指标,能够引导法官重视提高一审裁判的正确率,进一步提升司法公信力。

**三、关于加强调解队伍建设**

人民法院始终注重不断提高法官队伍的调解能力和水平。坚持和发展新时代"枫桥经验",不断强化在一审诉前、立案、审判和判后各环节对于当事人的疑问进行解释和说明的制度,推动调解平台进乡村、进社区、进网格。"马锡五审判方式"在新时代焕发新的生机活力,巡回审判、马背法庭、车载法庭深入田间地头,就地立案、就地调解、就地审判、督促就地履行。

**四、关于强化审判监督管理职责**

近年来,最高人民法院持续深化司法体制综合配套改革,不断加强司法责任体系建设。2021年,最高人民法院印发《关于进一步完善"四类案件"监督管理工作机制的指导意见》,细化"四类案件"监督管理,确保院庭长监督不缺位、不越位、可追溯。出台法官惩戒工作程序规定,扎紧违法审判责任追究的制度闭环。

**五、关于畅通当事人的监督反馈渠道**

最高人民法院牢固树立以人民为中心的发展思想,高度重视广大群众特别是当事人对法院和法官的监督,依托互联网上线运行覆盖四级法院的"法院工作人员违纪违法举报中心",主动接受社会各界群众特别是当事人的监督。群众只要在互联网上登陆举报中心网站,即可查询全国任意一家法院受理群众投诉的邮寄地址、热线电话、网址等信息,根据自身实际选择合适的投诉方式,并跟踪投诉办理的进展。

**六、关于加大对于法官行为规范的监督与考核**

为进一步加强对法官司法行为的有效监督,2022年初,最高人民法院部署全国法院开展为期3个月的司法作风突出问题集中整治,重点整治法官庭审行为和诉讼服务行为不规范问题。为进一步监督规范办案法官和法院服务窗口法官行为，最高人民法院定期汇总梳理通过智能审务督察系统发现的各地法院庭审行为、诉讼服务行为不规范典型问题，及时通报相关法院督促整改。

下一步，最高人民法院将结合您提出的宝贵建议，不断深化司法体制改革，完善司法责任制，健全审判权力运行机制，严格落实立案登记制、审判绩效考核制度，优化调解队伍结构，加大审判管理监督指导力度，畅通当事人的监督反馈渠道，努力实现社会公平正义。

感谢您对人民法院工作的关心和支持。

## 关于政协第十三届全国委员会第五次会议第02548号(商贸监管类107号)提案答复的函

· 2022年8月16日

您提出的《关于完善涉外法治体系，增强我国对外贸易综合竞争力的提案》收悉，现答复如下：

以习近平同志为核心的党中央立足国内国际两个大局，对涉外法治工作作出一系列重要部署，提出"坚持统筹推进国内法治和涉外法治"，为我们做好新时代涉外法治工作指明了发展方向、提供了根本遵循。人民法院涉外商事审判工作是涉外法治工作的重要组成部分，肩负着维护国家主权、安全、发展利益，营造市场化法治化国际化营商环境，依法平等保护中外当事人合法权益，护航高水平开放型经济新体制发展的重要职能，在统筹推进国内法治和涉外法治建设中占据重要地位。

**一、健全国际商事争端争决机制**

国际商事纠纷的公正高效便捷解决是国际法治竞争力的重要标志。中共中央办公厅、国务院办公厅《关于建立"一带一路"国际商事争端解决机制和机构的意见》提出，要坚持共商共建共享原则、公正高效便利原则、尊重当事人意思自治原则、纠纷解决方式多元化原则，为推进"一带一路"建设、实行高水平贸易和投资自由化便利化政策、推动建设开放型世界经济提供更加有力的司法服务和保障。2018年6月29日，最高人民法院分别在广东深圳和陕西西安设立第一、第二国际商事法庭，发布《关于设立国际商事法庭若干问题的规定》《最高人民法院国际商事法庭程序规则》，实现了案件管辖、诉讼证据、裁判文书、智慧审判等机制上的重大创新，在有效解决国际贸易争端中发挥着重要作用；首倡国际商事专家委员会制度，聘请来自22个国家和地区47位专家组成国际商事专家委员会，成为国际商事争端解决的"智囊团"；建立诉讼与仲裁、调解有机衔接的"一站式"国际商事纠纷多元化解决机制，吸纳10个国际商事仲裁机构和2个国际商事调解机构加入"一站式"平台；启动国际商事法庭中英双语网站，提供诉讼服务和法律数据库服务，网站境内外总浏览量已突破378万人次，覆盖全球149个国家和地区的用户。苏州、北京、成都等地方法院相继设立国际商事法庭，积极打造国际商事纠纷多元化解平台，完善诉调、诉仲对接机制，努力建设国际商事纠纷解决新高地。

您在提案中建议"成立国际商事法院""加强国际商事争端解决法治专家团队建设"，对此我们高度重视。我们将进一步加强国际商事纠纷多元化解决机制建设，完善国际商事法庭管辖制度；健全国际商事专家委员会工作机制，建设国际一流法律智库；适时吸收域外国际知名商事仲裁机构和商事调解机构纳入"一站式"国际商事纠纷解决机制，推动"一带一路"国际商事法律服务示范区建设。

**二、促进涉外法治体系建设**

您在提案中有关完善涉外法治体系建设，修改民事诉讼法第四编涉外民事诉讼程序的特别规定和涉外民事关系法律适用法的建议，我们认为非常重要。协调、统一的法律规则能够稳定商业预期、降低交易成本、便利争议解决。最高人民法院高度重视涉外审判裁判标准的统一和诉讼程序的完善，相继发布扣押与拍卖船舶、审理独立保函纠纷、适用外商投资法、审理涉船员纠纷案件等司法解释；发布《关于适用〈中华人民共和国外商投资法〉若干问题的解释》，确保外商投资准入前国民待遇加负面清单管理制度落地实施。目前，最高人民法院正在按照全国人大部署，承担民事诉讼法涉外编的修订任务，在起草的修订稿中拟就适度扩大涉外纠纷管辖权作出规定。最高人民法院多次就海警法的制订、海上交通安全法的修改提出意见建议，深度参与海商法修订工作，推动海事诉讼特别程序法修法进程，明确修法目标和方向，进一步提升和完善特色鲜明、科学合理的海事法律体系。

最高人民法院将继续围绕跨境物流服务、智能化港口建设、自由贸易港航运、国际船舶登记等重点领域，加强调查研究，及时提出立法建议，及时出台相关司法解释或规范性文件，进一步统一涉外商事海事案件裁判尺度；完善涉外诉讼程序规则、国际条约和国际惯例适用规则、域外法查明规则等；加强对国际法基础理论的研究和运用，发挥研究类基地的"智库"优势，积极开展平行诉讼、跨境破产、跨境数据流动、主权豁免、国家责任、跨国公司等国际法热点问题研究,夯实涉外法治的理论基础;深化对有关国家法律制度的跟踪研究,加强我国法律域外适用相关条款的前瞻性研究;积极参与全球治理体系改革和国际法规则制定,促进国际贸易法律规则的协调统一,推动形成公正合理透明的国际规则体系,维护多边贸易体制和国际法治秩序。

感谢您对人民法院工作的关心和支持。

## 关于政协第十三届全国委员会第五次会议第02423号(政治法律类196号)提案答复的函

· 2022年7月15日

您提出的《关于在横琴粤澳深度合作区探索法治创新强化法治保障的提案》收悉,经商司法部、国务院港澳事务办公室,现答复如下:

**一、关于完善多元化民商事纠纷解决机制的建议**

党的十八大以来,习近平总书记从推进国家治理体系和治理能力现代化、建设更高水平平安中国的高度,就正确处理人民内部矛盾、加强和创新社会治理、预防和化解社会矛盾等提出一系列新理念、新思想、新战略。最高人民法院坚持把非诉讼纠纷解决机制挺在前面,不断加强诉讼与仲裁等非诉讼解纷方式衔接,完善人民调解、司法调解联动工作体系,为群众提供方便快捷、诉非衔接的多元化纠纷解决方式。

关于整合分散调解资源、建立统一服务平台的建议。2019年以来,人民法院致力于建设一站式多元解纷和诉讼服务体系,取得了阶段性的成果。目前,一站式平台与全国总工会、中国侨联、全国工商联、国家发展改革委、人力资源社会保障部、中国人民银行、银保监会、证监会、国家知识产权局、中国中小企业协会等单位建立起"总对总"诉调对接,已汇聚调解组织6.1万余家,调解员25.5万余名。为推动港澳台侨在线调解工作,我院已与中央台办联合印发《最高人民法院办公厅中共中央台湾工作办公室秘书局关于建立"总对总"涉台纠纷在线诉调对接机制的通知》,80多名台湾同胞调解员入驻调解平台。目前,我们正在与国务院港澳办、香港中联办等加强沟通,探索邀请港澳地区的调解组织和调解员入驻人民法院调解平台,推动粤港澳大湾区在线多元解纷工作。

关于提升港澳调解员参调率、发挥澳门街坊总会等调解组织作用的建议。为加强粤港澳大湾区调解平台建设,司法部指导广东省司法厅与香港律政司、澳门行政法务司共同建立粤港澳大湾区调解工作委员会,已发布《调解员资格资历评审标准》《调解员专业操守最佳准则》等,并就制定粤港澳大湾区跨境争议统一的调解规则进行深入研究,支持粤港澳商事调解协同发展,为纠纷多元化解提供更多选择。广东省高级人民法院建立粤港澳大湾区跨境商事纠纷特邀调解员机制,目前已有61名港澳特邀调解员纳入统一名册,可参与全省法院跨境商事纠纷调解工作,在调解领域开拓规则衔接新局面。我们也将继续推进在横琴粤澳深度合作区共商共建共管共享的新体制下,支持港澳特邀调解员、调解组织参与多元解纷工作,为保障跨境矛盾纠纷多元化解、服务经济社会发展贡献力量。

**二、关于依托澳门专业机构建立域外法查明中心的建议**

最高人民法院与澳门特别行政区签署的《关于内地与澳门特别行政区法院就民商事案件相互委托送达司法文书和调取证据的安排》第二十三条规定,"受委托方法院可以根据委托方法院的请求代为查询并提供本辖区的有关法律。"据此,内地与澳门法院间建立了通过司法协助查明法律的机制,并已开展多年的司法实践。

随着粤港澳大湾区建设逐步推进,内地与港澳人员和经贸往来愈加频繁,跨境民商事纠纷日益增多,对港澳法律查明需求迫切。2021年,最高人民法院与澳门特别行政区签署《关于进一步加强司法法律交流合作的会谈纪要》,其中规定:"双方同意加强法律查明方面的合作。推动建立高效专业权威的跨境法律查明机制,探索共建法律查明资源库和法律查明案例库。优化法院间依据司法协助安排相互提供法律查明协助机制;支持内地与澳门有关法律专家、法律查明服务机构、专家委员会委员等,通过向两地法院提供法律资料及专家意见等多种方式协助查明域外法,充分保障当事人依法选择适用域外法的权利。"《最高人民法院关于支持和保障横琴粤澳深度合作区建设的意见》也规定:"完善域外法查明和适用机制。支持在横琴粤澳深度合作区人民法院(以下简称横琴法院)设立域外法查明机构,重点加强包括葡语系国家(地区)、澳门在内的域外法查明服务,支持境内外法律专家在横琴法院出庭提供法律查明协助。"

目前我们正在积极推进有关工作,拟与澳门大学开展合作,推动建立"中国-葡语国家司法法律研究中心",完善涉澳及涉葡语国家的法律查明机制。同时,我们也在积极探索与港澳建立法律查明合作机制,依托广东法院已经建立的"域外法查明通"等在线平台,力争为当事人提供更全面、系统、便捷的域外法在线查明服务。

### 三、关于简化司法协助程序提升司法协助效率的建议

澳门回归祖国以来,最高人民法院积极与澳门有关方面推进司法协助安排商签,提升司法协助质效,不断丰富"一国两制"在司法领域的实践。目前,最高人民法院与澳门共签署了5项司法协助安排,实现了"一国两制"下司法协助的多项突破。

关于区际司法协助全流程在线办理的建议。最高人民法院与澳门特别行政区于2020年签署《关于内地与澳门特别行政区法院就民商事案件相互委托送达司法文书和调取证据的安排》的修改文本,建立司法协助网络平台,运用信息化手段提升司法协助质效,与澳门法院共享智慧法院建设成果。2020年3月1日平台正式开通,实现了两地送达取证案件的全流程在线转递、在线审查、在线办理和在线追踪,有效提升司法协助案件办理质效,案件平均办理周期缩短至原来的五分之一。

关于授权横琴法院与澳门建立直接委托协助机制的建议。2022年1月13日,最高人民法院已下发通知,授权横琴粤澳深度合作区人民法院等三家法院自当年2月1日起,可以直接与澳门终审法院相互委托送达司法文书和调取证据,推动横琴与澳门法院民商事司法协助提速增效。

关于简化判决和仲裁互认与执行机制的建议。最高人民法院与澳门特别行政区于2006年签署《关于内地与澳门特别行政区相互认可和执行民商事判决的安排》,建立涵盖两地全部民商事案件的互认与执行机制;2007年签署《关于内地与澳门特别行政区相互认可和执行仲裁裁决的安排》,并于2022年2月签署《关于内地与澳门特别行政区就仲裁程序相互协助保全的安排》,实现内地与澳门仲裁领域相互协助的全面覆盖,促进仲裁在解决跨境争议方面更好发挥作用,支持澳门仲裁业发展。目前相关协助机制运转良好,我们会进一步加强调查研究,坚持问题导向,不断提升相关机制的运行质效,高效化解跨境纠纷。

### 四、关于在横琴粤澳深度合作区探索法治创新的建议

建设横琴粤澳深度合作区是习近平总书记亲自谋划、亲自部署、亲自推动的重大决策,是丰富"一国两制"实践的新示范。《横琴粤澳深度合作区建设总体方案》提出,要"研究强化拓展横琴新区法院职能和作用,为合作区建设提供高效便捷的司法服务和保障。"2021年12月17日,珠海横琴新区人民法院更名为横琴粤澳深度合作区人民法院。

关于扩大澳门法律适用范围以及简化认证手续的建议。2022年1月17日最高人民法院发布《关于支持和保障横琴粤澳深度合作区建设的意见》,明确提出"支持横琴法院申请授权试点探索域外法适用机制,在不违反我国法律基本原则或者不损害国家主权、安全和社会公共利益的前提下,允许在横琴合作区注册的港资、澳资、台资及外商投资企业协议选择域外法解决合同纠纷,或者适用国际条约、国际惯例和国际商事规则化解纠纷。""简化涉港澳案件诉讼程序。支持横琴法院简化港澳诉讼主体资格司法确认、授权委托见证、送达程序及诉讼证据审查认定。"我们将继续指导横琴粤澳深度合作区人民法院坚守"一国"之本,善用"两制"之利,开拓创新,服务粤澳共商共建共管共享新机制,促进粤澳法治融合发展。

关于扩大横琴法院涉澳民商事案件管辖范围、允许澳门法官参与审判等建议。我们将继续加强对《中华人民共和国民事诉讼法》第三十四条"实际联系"等问题的研究,支持横琴粤澳深度合作区人民法院发挥先行先试优势,探索允许当事人将与合作区虽无连接点但约定管辖的涉港澳民商事争议提交合作区人民法院审理,稳定合作区内投资者对于纠纷化解成本和法律适用的预期;同时更加积极推动任命澳门人民陪审员等工作,支持澳门同胞参与人民法院审判工作。

### 五、关于加强粤澳两地法律界交流合作的建议

澳门有"联结东西、面向世界"的优势,是国家双向开放的桥头堡。近年来,内地与澳门司法法律界交流合作的广度与深度不断拓展,特别是粤澳两地文化同源、人缘相亲,司法交流合作不断深化。最高人民法院通过举办海峡两岸暨香港澳门司法高层论坛,邀请澳门司法高层作为中方代表参与中华司法研究会、海上丝绸之路司法合作国际论坛、数字经济法治论坛等活动,交流司法经验、凝聚司法共识;通过举办五期澳门特别行政区司法范畴培训班,圆满实现澳门现职法官的首轮全员内地研修,不断增强内地与澳门司法法律界的联系。广东法院也充分发挥地缘优势,通过举办粤港澳大湾区司法案例研讨会等,深化粤澳司法交流与合作。

此外,国家法官学院自2021年开始建立了与澳门大学的合作培养机制,目前已选派20余名内地法官参加硕士、博士培养项目。司法部连续三年组织港澳青年律师、青年委托公证人来内地访问培训,加强粤澳两地调解组织、律师之间的交流合作。下步我们将继续拓展内地与澳门司法交流与合作的广度与深度,支持内地青年法律

人才到澳门学习深造，为澳门青年法律学生来内地实习就业等提供更好的支持和保障。

感谢您对人民法院工作的关心和支持。

## 关于政协第十三届全国委员会第五次会议第01804号（政治法律类142号）提案答复的函

· 2022 年 7 月 6 日

您提出的《关于建立全国性的府院联动常态机制促进企业破产重整的提案》收悉，经商国家发展和改革委员会，现答复如下：

您对府院联动机制价值功能的认识，对搭建制度平台，推动"府院联动"常态化、科学化、规范化的建议，我们深表认同。企业破产是一项系统工程，无论是破产财产处置、打击逃废债务、管理人履职保障，还是企业职工安置、企业税费减免、重整企业信用修复，都需要政府相关职能部门的支持及社会多方的配合。府院协调机制有利于强化市场调节机制，优化破产程序中的政府参与环节，有助于缓解市场和政府双重失灵的困境。但搭建起一个良性互动的府院协调制度化平台，需要从完善破产制度规定、提高破产处理的经济效益两个方面着手，是一个包含了法律制度、权责划分、运行方式等多方面的系统性工程，需要各部门协同配合，持续推进。在现有法律制度框架内，建立完善破产审判府院联动机制，也是由司法权与行政权的科学分工所决定的。

为了协调解决破产程序中的各类问题，最高人民法院一直在积极推动法院与政府破产案件协调、破产费用保障、管理人行业自律等破产审判配套机制的优化。2021年初，最高人民法院联合国家发展改革委等十三个部门出台《关于推动和保障管理人在破产程序中依法履职进一步优化营商环境的意见》，搭建保障管理人依法履职的府院协调平台，为推动和保障管理人履职，加快打造高品位、高水平营商环境提供法治保障。

在最高人民法院鼓励支持下，全国各地法院也纷纷联合或推动当地政府出台相关实施意见，多地法院积极与当地政府构建府院协调机制，建立工作联席会议、信息共享、案情通报、风险评估预警和重大突发事件处置等工作机制，在产业结构调整、环境保护、税费优惠减免、职工安置与稳定、企业信用修复等方面发挥了积极作用。此外，按照《国务院关于开展营商环境创新试点工作的意见》要求，最高人民法院指导试点城市法院通过府院协调联动机制试点解决企业重整期间信用修复、破产企业土地房产处置、破产财产解封处置等长期以来困扰破产制度有效实施的难点问题，形成一些可复制可推广的制度创新成果，为全国营商环境建设作出重要示范。

当然，司法解释和司法政策无法从根本上解决我国目前破产法律制度不充分、不完善的问题，企业清算和重整都会涉及到政府管理的诸多方面，如财产处置与登记、人员安置、社会保障、工商登记注销、税收缴纳减免、信用修复、打击逃费债等，这些需求难以通过司法解决。最高人民法院将积极推动企业破产法的修订，加强"府院联动"顶层设计和制度支持，积极协调推动政府有关部门加快研究和探索。

感谢您对人民法院工作的关心和支持。

# 附 录

## 民事诉讼法条文新旧对照表

(左栏黑体字部分为新增加的内容,右栏删除线部分
为删除的内容,两栏下划线部分为修改的内容)

| 修正后(2023年9月1日) | 修正前(2021年12月24日) |
|---|---|
| 目　录 | 目　录 |
| 第一编　总　则 | 第一编　总　则 |
| 第一章　任务、适用范围和基本原则 | 第一章　任务、适用范围和基本原则 |
| 第二章　管　辖 | 第二章　管　辖 |
| 　第一节　级别管辖 | 　第一节　级别管辖 |
| 　第二节　地域管辖 | 　第二节　地域管辖 |
| 　第三节　移送管辖和指定管辖 | 　第三节　移送管辖和指定管辖 |
| 第三章　审判组织 | 第三章　审判组织 |
| 第四章　回　避 | 第四章　回　避 |
| 第五章　诉讼参加人 | 第五章　诉讼参加人 |
| 　第一节　当事人 | 　第一节　当事人 |
| 　第二节　诉讼代理人 | 　第二节　诉讼代理人 |
| 第六章　证　据 | 第六章　证　据 |
| 第七章　期间、送达 | 第七章　期间、送达 |
| 　第一节　期　间 | 　第一节　期　间 |
| 　第二节　送　达 | 　第二节　送　达 |
| 第八章　调　解 | 第八章　调　解 |
| 第九章　保全和先予执行 | 第九章　保全和先予执行 |
| 第十章　对妨害民事诉讼的强制措施 | 第十章　对妨害民事诉讼的强制措施 |
| 第十一章　诉讼费用 | 第十一章　诉讼费用 |
| 第二编　审判程序 | 第二编　审判程序 |
| 第十二章　第一审普通程序 | 第十二章　第一审普通程序 |
| 　第一节　起诉和受理 | 　第一节　起诉和受理 |
| 　第二节　审理前的准备 | 　第二节　审理前的准备 |
| 　第三节　开庭审理 | 　第三节　开庭审理 |
| 　第四节　诉讼中止和终结 | 　第四节　诉讼中止和终结 |
| 　第五节　判决和裁定 | 　第五节　判决和裁定 |
| 第十三章　简易程序 | 第十三章　简易程序 |
| 第十四章　第二审程序 | 第十四章　第二审程序 |

| 修正后(2023年9月1日) | 修正前(2021年12月24日) |
|---|---|
| 第十五章　特别程序<br>　第一节　一般规定<br>　第二节　选民资格案件<br>　第三节　宣告失踪、宣告死亡案件<br>　**第四节　指定遗产管理人案件**<br>　第五节　认定公民无民事行为能力、限制民事行为能力案件<br>　第六节　认定财产无主案件<br>　第七节　确认调解协议案件<br>　第八节　实现担保物权案件<br>第十六章　审判监督程序<br>第十七章　督促程序<br>第十八章　公示催告程序<br>第三编　执行程序<br>第十九章　一般规定<br>第二十章　执行的申请和移送<br>第二十一章　执行措施<br>第二十二章　执行中止和终结<br>第四编　涉外民事诉讼程序的特别规定<br>第二十三章　一般原则<br>第二十四章　管　辖<br>第二十五章　送达、**调查取证**、期间<br>第二十六章　仲　裁<br>第二十七章　司法协助 | 第十五章　特别程序<br>　第一节　一般规定<br>　第二节　选民资格案件<br>　第三节　宣告失踪、宣告死亡案件<br>　第四节　认定公民无民事行为能力、限制民事行为能力案件<br>　第五节　认定财产无主案件<br>　第六节　确认调解协议案件<br>　第七节　实现担保物权案件<br>第十六章　审判监督程序<br>第十七章　督促程序<br>第十八章　公示催告程序<br>第三编　执行程序<br>第十九章　一般规定<br>第二十章　执行的申请和移送<br>第二十一章　执行措施<br>第二十二章　执行中止和终结<br>第四编　涉外民事诉讼程序的特别规定<br>第二十三章　一般原则<br>第二十四章　管　辖<br>第二十五章　送达、期间<br>第二十六章　仲　裁<br>第二十七章　司法协助 |
| 第一编　总　则 | 第一编　总　则 |
| 第一章　任务、适用范围和基本原则 | 第一章　任务、适用范围和基本原则 |
| **第一条**　中华人民共和国民事诉讼法以宪法为根据,结合我国民事审判工作的经验和实际情况制定。 | **第一条**　中华人民共和国民事诉讼法以宪法为根据,结合我国民事审判工作的经验和实际情况制定。 |
| **第二条**　中华人民共和国民事诉讼法的任务,是保护当事人行使诉讼权利,保证人民法院查明事实,分清是非,正确适用法律,及时审理民事案件,确认民事权利义务关系,制裁民事违法行为,保护当事人的合法权益,教育公民自觉遵守法律,维护社会秩序、经济秩序,保障社会主义建设事业顺利进行。 | **第二条**　中华人民共和国民事诉讼法的任务,是保护当事人行使诉讼权利,保证人民法院查明事实,分清是非,正确适用法律,及时审理民事案件,确认民事权利义务关系,制裁民事违法行为,保护当事人的合法权益,教育公民自觉遵守法律,维护社会秩序、经济秩序,保障社会主义建设事业顺利进行。 |
| **第三条**　人民法院受理公民之间、法人之间、其他组织之间以及他们相互之间因财产关系和人身关系提起的民事诉讼,适用本法的规定。 | **第三条**　人民法院受理公民之间、法人之间、其他组织之间以及他们相互之间因财产关系和人身关系提起的民事诉讼,适用本法的规定。 |

| 修正后(2023年9月1日) | 修正前(2021年12月24日) |
| --- | --- |
| 第四条　凡在中华人民共和国领域内进行民事诉讼,必须遵守本法。 | 第四条　凡在中华人民共和国领域内进行民事诉讼,必须遵守本法。 |
| 第五条　外国人、无国籍人、外国企业和组织在人民法院起诉、应诉,同中华人民共和国公民、法人和其他组织有同等的诉讼权利义务。<br>外国法院对中华人民共和国公民、法人和其他组织的民事诉讼权利加以限制的,中华人民共和国人民法院对该国公民、企业和组织的民事诉讼权利,实行对等原则。 | 第五条　外国人、无国籍人、外国企业和组织在人民法院起诉、应诉,同中华人民共和国公民、法人和其他组织有同等的诉讼权利义务。<br>外国法院对中华人民共和国公民、法人和其他组织的民事诉讼权利加以限制的,中华人民共和国人民法院对该国公民、企业和组织的民事诉讼权利,实行对等原则。 |
| 第六条　民事案件的审判权由人民法院行使。<br>人民法院依照法律规定对民事案件独立进行审判,不受行政机关、社会团体和个人的干涉。 | 第六条　民事案件的审判权由人民法院行使。<br>人民法院依照法律规定对民事案件独立进行审判,不受行政机关、社会团体和个人的干涉。 |
| 第七条　人民法院审理民事案件,必须以事实为根据,以法律为准绳。 | 第七条　人民法院审理民事案件,必须以事实为根据,以法律为准绳。 |
| 第八条　民事诉讼当事人有平等的诉讼权利。人民法院审理民事案件,应当保障和便利当事人行使诉讼权利,对当事人在适用法律上一律平等。 | 第八条　民事诉讼当事人有平等的诉讼权利。人民法院审理民事案件,应当保障和便利当事人行使诉讼权利,对当事人在适用法律上一律平等。 |
| 第九条　人民法院审理民事案件,应当根据自愿和合法的原则进行调解;调解不成的,应当及时判决。 | 第九条　人民法院审理民事案件,应当根据自愿和合法的原则进行调解;调解不成的,应当及时判决。 |
| 第十条　人民法院审理民事案件,依照法律规定实行合议、回避、公开审判和两审终审制度。 | 第十条　人民法院审理民事案件,依照法律规定实行合议、回避、公开审判和两审终审制度。 |
| 第十一条　各民族公民都有用本民族语言、文字进行民事诉讼的权利。<br>在少数民族聚居或者多民族共同居住的地区,人民法院应当用当地民族通用的语言、文字进行审理和发布法律文书。<br>人民法院应当对不通晓当地民族通用的语言、文字的诉讼参与人提供翻译。 | 第十一条　各民族公民都有用本民族语言、文字进行民事诉讼的权利。<br>在少数民族聚居或者多民族共同居住的地区,人民法院应当用当地民族通用的语言、文字进行审理和发布法律文书。<br>人民法院应当对不通晓当地民族通用的语言、文字的诉讼参与人提供翻译。 |
| 第十二条　人民法院审理民事案件时,当事人有权进行辩论。 | 第十二条　人民法院审理民事案件时,当事人有权进行辩论。 |
| 第十三条　民事诉讼应当遵循诚信原则。<br>当事人有权在法律规定的范围内处分自己的民事权利和诉讼权利。 | 第十三条　民事诉讼应当遵循诚信原则。<br>当事人有权在法律规定的范围内处分自己的民事权利和诉讼权利。 |
| 第十四条　人民检察院有权对民事诉讼实行法律监督。 | 第十四条　人民检察院有权对民事诉讼实行法律监督。 |

| 修正后(2023年9月1日) | 修正前(2021年12月24日) |
|---|---|
| 第十五条　机关、社会团体、企业事业单位对损害国家、集体或者个人民事权益的行为,可以支持受损害的单位或者个人向人民法院起诉。 | 第十五条　机关、社会团体、企业事业单位对损害国家、集体或者个人民事权益的行为,可以支持受损害的单位或者个人向人民法院起诉。 |
| 第十六条　经当事人同意,民事诉讼活动可以通过信息网络平台在线进行。<br>民事诉讼活动通过信息网络平台在线进行的,与线下诉讼活动具有同等法律效力。 | 第十六条　经当事人同意,民事诉讼活动可以通过信息网络平台在线进行。<br>民事诉讼活动通过信息网络平台在线进行的,与线下诉讼活动具有同等法律效力。 |
| 第十七条　民族自治地方的人民代表大会根据宪法和本法的原则,结合当地民族的具体情况,可以制定变通或者补充的规定。自治区的规定,报全国人民代表大会常务委员会批准。自治州、自治县的规定,报省或者自治区的人民代表大会常务委员会批准,并报全国人民代表大会常务委员会备案。 | 第十七条　民族自治地方的人民代表大会根据宪法和本法的原则,结合当地民族的具体情况,可以制定变通或者补充的规定。自治区的规定,报全国人民代表大会常务委员会批准。自治州、自治县的规定,报省或者自治区的人民代表大会常务委员会批准,并报全国人民代表大会常务委员会备案。 |
| 第二章　管　辖 | 第二章　管　辖 |
| 第一节　级别管辖 | 第一节　级别管辖 |
| 第十八条　基层人民法院管辖第一审民事案件,但本法另有规定的除外。 | 第十八条　基层人民法院管辖第一审民事案件,但本法另有规定的除外。 |
| 第十九条　中级人民法院管辖下列第一审民事案件:<br>(一)重大涉外案件;<br>(二)在本辖区有重大影响的案件;<br>(三)最高人民法院确定由中级人民法院管辖的案件。 | 第十九条　中级人民法院管辖下列第一审民事案件:<br>(一)重大涉外案件;<br>(二)在本辖区有重大影响的案件;<br>(三)最高人民法院确定由中级人民法院管辖的案件。 |
| 第二十条　高级人民法院管辖在本辖区有重大影响的第一审民事案件。 | 第二十条　高级人民法院管辖在本辖区有重大影响的第一审民事案件。 |
| 第二十一条　最高人民法院管辖下列第一审民事案件:<br>(一)在全国有重大影响的案件;<br>(二)认为应当由本院审理的案件。 | 第二十一条　最高人民法院管辖下列第一审民事案件:<br>(一)在全国有重大影响的案件;<br>(二)认为应当由本院审理的案件。 |
| 第二节　地域管辖 | 第二节　地域管辖 |
| 第二十二条　对公民提起的民事诉讼,由被告住所地人民法院管辖;被告住所地与经常居住地不一致的,由经常居住地人民法院管辖。<br>对法人或者其他组织提起的民事诉讼,由被告住所地人民法院管辖。<br>同一诉讼的几个被告住所地、经常居住地在两个以上人民法院辖区的,各该人民法院都有管辖权。 | 第二十二条　对公民提起的民事诉讼,由被告住所地人民法院管辖;被告住所地与经常居住地不一致的,由经常居住地人民法院管辖。<br>对法人或者其他组织提起的民事诉讼,由被告住所地人民法院管辖。<br>同一诉讼的几个被告住所地、经常居住地在两个以上人民法院辖区的,各该人民法院都有管辖权。 |

| 修正后(2023年9月1日) | 修正前(2021年12月24日) |
| --- | --- |
| 第二十三条　下列民事诉讼,由原告住所地人民法院管辖;原告住所地与经常居住地不一致的,由原告经常居住地人民法院管辖:<br>(一)对不在中华人民共和国领域内居住的人提起的有关身份关系的诉讼;<br>(二)对下落不明或者宣告失踪的人提起的有关身份关系的诉讼;<br>(三)对被采取强制性教育措施的人提起的诉讼;<br>(四)对被监禁的人提起的诉讼。 | 第二十三条　下列民事诉讼,由原告住所地人民法院管辖;原告住所地与经常居住地不一致的,由原告经常居住地人民法院管辖:<br>(一)对不在中华人民共和国领域内居住的人提起的有关身份关系的诉讼;<br>(二)对下落不明或者宣告失踪的人提起的有关身份关系的诉讼;<br>(三)对被采取强制性教育措施的人提起的诉讼;<br>(四)对被监禁的人提起的诉讼。 |
| 第二十四条　因合同纠纷提起的诉讼,由被告住所地或者合同履行地人民法院管辖。 | 第二十四条　因合同纠纷提起的诉讼,由被告住所地或者合同履行地人民法院管辖。 |
| 第二十五条　因保险合同纠纷提起的诉讼,由被告住所地或者保险标的物所在地人民法院管辖。 | 第二十五条　因保险合同纠纷提起的诉讼,由被告住所地或者保险标的物所在地人民法院管辖。 |
| 第二十六条　因票据纠纷提起的诉讼,由票据支付地或者被告住所地人民法院管辖。 | 第二十六条　因票据纠纷提起的诉讼,由票据支付地或者被告住所地人民法院管辖。 |
| 第二十七条　因公司设立、确认股东资格、分配利润、解散等纠纷提起的诉讼,由公司住所地人民法院管辖。 | 第二十七条　因公司设立、确认股东资格、分配利润、解散等纠纷提起的诉讼,由公司住所地人民法院管辖。 |
| 第二十八条　因铁路、公路、水上、航空运输和联合运输合同纠纷提起的诉讼,由运输始发地、目的地或者被告住所地人民法院管辖。 | 第二十八条　因铁路、公路、水上、航空运输和联合运输合同纠纷提起的诉讼,由运输始发地、目的地或者被告住所地人民法院管辖。 |
| 第二十九条　因侵权行为提起的诉讼,由侵权行为地或者被告住所地人民法院管辖。 | 第二十九条　因侵权行为提起的诉讼,由侵权行为地或者被告住所地人民法院管辖。 |
| 第三十条　因铁路、公路、水上和航空事故请求损害赔偿提起的诉讼,由事故发生地或者车辆、船舶最先到达地、航空器最先降落地或者被告住所地人民法院管辖。 | 第三十条　因铁路、公路、水上和航空事故请求损害赔偿提起的诉讼,由事故发生地或者车辆、船舶最先到达地、航空器最先降落地或者被告住所地人民法院管辖。 |
| 第三十一条　因船舶碰撞或者其他海事损害事故请求损害赔偿提起的诉讼,由碰撞发生地、碰撞船舶最先到达地、加害船舶被扣留地或者被告住所地人民法院管辖。 | 第三十一条　因船舶碰撞或者其他海事损害事故请求损害赔偿提起的诉讼,由碰撞发生地、碰撞船舶最先到达地、加害船舶被扣留地或者被告住所地人民法院管辖。 |
| 第三十二条　因海难救助费用提起的诉讼,由救助地或者被救助船舶最先到达地人民法院管辖。 | 第三十二条　因海难救助费用提起的诉讼,由救助地或者被救助船舶最先到达地人民法院管辖。 |
| 第三十三条　因共同海损提起的诉讼,由船舶最先到达地、共同海损理算地或者航程终止地的人民法院管辖。 | 第三十三条　因共同海损提起的诉讼,由船舶最先到达地、共同海损理算地或者航程终止地的人民法院管辖。 |

| 修正后(2023年9月1日) | 修正前(2021年12月24日) |
| --- | --- |
| 　　**第三十四条**　下列案件,由本条规定的人民法院专属管辖:<br>　　(一)因不动产纠纷提起的诉讼,由不动产所在地人民法院管辖;<br>　　(二)因港口作业中发生纠纷提起的诉讼,由港口所在地人民法院管辖;<br>　　(三)因继承遗产纠纷提起的诉讼,由被继承人死亡时住所地或者主要遗产所在地人民法院管辖。 | 　　**第三十四条**　下列案件,由本条规定的人民法院专属管辖:<br>　　(一)因不动产纠纷提起的诉讼,由不动产所在地人民法院管辖;<br>　　(二)因港口作业中发生纠纷提起的诉讼,由港口所在地人民法院管辖;<br>　　(三)因继承遗产纠纷提起的诉讼,由被继承人死亡时住所地或者主要遗产所在地人民法院管辖。 |
| 　　**第三十五条**　合同或者其他财产权益纠纷的当事人可以书面协议选择被告住所地、合同履行地、合同签订地、原告住所地、标的物所在地等与争议有实际联系的地点的人民法院管辖,但不得违反本法对级别管辖和专属管辖的规定。 | 　　**第三十五条**　合同或者其他财产权益纠纷的当事人可以书面协议选择被告住所地、合同履行地、合同签订地、原告住所地、标的物所在地等与争议有实际联系的地点的人民法院管辖,但不得违反本法对级别管辖和专属管辖的规定。 |
| 　　**第三十六条**　两个以上人民法院都有管辖权的诉讼,原告可以向其中一个人民法院起诉;原告向两个以上有管辖权的人民法院起诉的,由最先立案的人民法院管辖。 | 　　**第三十六条**　两个以上人民法院都有管辖权的诉讼,原告可以向其中一个人民法院起诉;原告向两个以上有管辖权的人民法院起诉的,由最先立案的人民法院管辖。 |
| 第三节　移送管辖和指定管辖 | 第三节　移送管辖和指定管辖 |
| 　　**第三十七条**　人民法院发现受理的案件不属于本院管辖的,应当移送有管辖权的人民法院,受移送的人民法院应当受理。受移送的人民法院认为受移送的案件依照规定不属于本院管辖的,应当报请上级人民法院指定管辖,不得再自行移送。 | 　　**第三十七条**　人民法院发现受理的案件不属于本院管辖的,应当移送有管辖权的人民法院,受移送的人民法院应当受理。受移送的人民法院认为受移送的案件依照规定不属于本院管辖的,应当报请上级人民法院指定管辖,不得再自行移送。 |
| 　　**第三十八条**　有管辖权的人民法院由于特殊原因,不能行使管辖权的,由上级人民法院指定管辖。<br>　　人民法院之间因管辖权发生争议,由争议双方协商解决;协商解决不了的,报请它们的共同上级人民法院指定管辖。 | 　　**第三十八条**　有管辖权的人民法院由于特殊原因,不能行使管辖权的,由上级人民法院指定管辖。<br>　　人民法院之间因管辖权发生争议,由争议双方协商解决;协商解决不了的,报请它们的共同上级人民法院指定管辖。 |
| 　　**第三十九条**　上级人民法院有权审理下级人民法院管辖的第一审民事案件;确有必要将本院管辖的第一审民事案件交下级人民法院审理的,应当报请其上级人民法院批准。<br>　　下级人民法院对它所管辖的第一审民事案件,认为需要由上级人民法院审理的,可以报请上级人民法院审理。 | 　　**第三十九条**　上级人民法院有权审理下级人民法院管辖的第一审民事案件;确有必要将本院管辖的第一审民事案件交下级人民法院审理的,应当报请其上级人民法院批准。<br>　　下级人民法院对它所管辖的第一审民事案件,认为需要由上级人民法院审理的,可以报请上级人民法院审理。 |

| 修正后(2023年9月1日) | 修正前(2021年12月24日) |
|---|---|
| 第三章　审　判　组　织 | 第三章　审　判　组　织 |
| **第四十条**　人民法院审理第一审民事案件,由审判员、**人民陪审员**共同组成合议庭或者由审判员组成合议庭。合议庭的成员人数,必须是单数。<br><br>　　适用简易程序审理的民事案件,由审判员一人独任审理。基层人民法院审理的基本事实清楚、权利义务关系明确的第一审民事案件,可以由审判员一人适用普通程序独任审理。<br>　　**人民陪审员**在**参加审判活动**时,**除法律另有规定外**,与审判员有同等的权利义务。 | **第四十条**　人民法院审理第一审民事案件,由审判员、陪审员共同组成合议庭或者由审判员组成合议庭。合议庭的成员人数,必须是单数。<br><br>　　适用简易程序审理的民事案件,由审判员一人独任审理。基层人民法院审理的基本事实清楚、权利义务关系明确的第一审民事案件,可以由审判员一人适用普通程序独任审理。<br>　　陪审员在<u>执行陪审职务</u>时,与审判员有同等的权利义务。 |
| **第四十一条**　人民法院审理第二审民事案件,由审判员组成合议庭。合议庭的成员人数,必须是单数。<br>　　中级人民法院对第一审适用简易程序审结或者不服裁定提起上诉的第二审民事案件,事实清楚、权利义务关系明确的,经双方当事人同意,可以由审判员一人独任审理。<br>　　发回重审的案件,原审人民法院应当按照第一审程序另行组成合议庭。<br>　　审理再审案件,原来是第一审的,按照第一审程序另行组成合议庭;原来是第二审的或者是上级人民法院提审的,按照第二审程序另行组成合议庭。 | **第四十一条**　人民法院审理第二审民事案件,由审判员组成合议庭。合议庭的成员人数,必须是单数。<br>　　中级人民法院对第一审适用简易程序审结或者不服裁定提起上诉的第二审民事案件,事实清楚、权利义务关系明确的,经双方当事人同意,可以由审判员一人独任审理。<br>　　发回重审的案件,原审人民法院应当按照第一审程序另行组成合议庭。<br>　　审理再审案件,原来是第一审的,按照第一审程序另行组成合议庭;原来是第二审的或者是上级人民法院提审的,按照第二审程序另行组成合议庭。 |
| **第四十二条**　人民法院审理下列民事案件,不得由审判员一人独任审理:<br>　　(一)涉及国家利益、社会公共利益的案件;<br>　　(二)涉及群体性纠纷,可能影响社会稳定的案件;<br>　　(三)人民群众广泛关注或者其他社会影响较大的案件;<br>　　(四)属于新类型或者疑难复杂的案件;<br>　　(五)法律规定应当组成合议庭审理的案件;<br>　　(六)其他不宜由审判员一人独任审理的案件。 | **第四十二条**　人民法院审理下列民事案件,不得由审判员一人独任审理:<br>　　(一)涉及国家利益、社会公共利益的案件;<br>　　(二)涉及群体性纠纷,可能影响社会稳定的案件;<br>　　(三)人民群众广泛关注或者其他社会影响较大的案件;<br>　　(四)属于新类型或者疑难复杂的案件;<br>　　(五)法律规定应当组成合议庭审理的案件;<br>　　(六)其他不宜由审判员一人独任审理的案件。 |
| **第四十三条**　人民法院在审理过程中,发现案件不宜由审判员一人独任审理的,应当裁定转由合议庭审理。<br>　　当事人认为案件由审判员一人独任审理违反法律规定的,可以向人民法院提出异议。人民法院对当事人提出的异议应当审查,异议成立的,裁定转由合议庭审理;异议不成立的,裁定驳回。 | **第四十三条**　人民法院在审理过程中,发现案件不宜由审判员一人独任审理的,应当裁定转由合议庭审理。<br>　　当事人认为案件由审判员一人独任审理违反法律规定的,可以向人民法院提出异议。人民法院对当事人提出的异议应当审查,异议成立的,裁定转由合议庭审理;异议不成立的,裁定驳回。 |

| 修正后(2023年9月1日) | 修正前(2021年12月24日) |
|---|---|
| 第四十四条　合议庭的审判长由院长或者庭长指定审判员一人担任;院长或者庭长参加审判的,由院长或者庭长担任。 | 第四十四条　合议庭的审判长由院长或者庭长指定审判员一人担任;院长或者庭长参加审判的,由院长或者庭长担任。 |
| 第四十五条　合议庭评议案件,实行少数服从多数的原则。评议应当制作笔录,由合议庭成员签名。评议中的不同意见,必须如实记入笔录。 | 第四十五条　合议庭评议案件,实行少数服从多数的原则。评议应当制作笔录,由合议庭成员签名。评议中的不同意见,必须如实记入笔录。 |
| 第四十六条　审判人员应当依法秉公办案。<br>　　审判人员不得接受当事人及其诉讼代理人请客送礼。<br>　　审判人员有贪污受贿,徇私舞弊,枉法裁判行为的,应当追究法律责任;构成犯罪的,依法追究刑事责任。 | 第四十六条　审判人员应当依法秉公办案。<br>　　审判人员不得接受当事人及其诉讼代理人请客送礼。<br>　　审判人员有贪污受贿,徇私舞弊,枉法裁判行为的,应当追究法律责任;构成犯罪的,依法追究刑事责任。 |
| 第四章　回　　避 | 第四章　回　　避 |
| 第四十七条　审判人员有下列情形之一的,应当自行回避,当事人有权用口头或者书面方式申请他们回避:<br>　　(一)是本案当事人或者当事人、诉讼代理人近亲属的;<br>　　(二)与本案有利害关系的;<br>　　(三)与本案当事人、诉讼代理人有其他关系,可能影响对案件公正审理的。<br>　　审判人员接受当事人、诉讼代理人请客送礼,或者违反规定会见当事人、诉讼代理人的,当事人有权要求他们回避。<br>　　审判人员有前款规定的行为的,应当依法追究法律责任。<br>　　前三款规定,适用于**法官助理**、书记员、**司法技术人员**、翻译人员、鉴定人、勘验人。 | 第四十七条　审判人员有下列情形之一的,应当自行回避,当事人有权用口头或者书面方式申请他们回避:<br>　　(一)是本案当事人或者当事人、诉讼代理人近亲属的;<br>　　(二)与本案有利害关系的;<br>　　(三)与本案当事人、诉讼代理人有其他关系,可能影响对案件公正审理的。<br>　　审判人员接受当事人、诉讼代理人请客送礼,或者违反规定会见当事人、诉讼代理人的,当事人有权要求他们回避。<br>　　审判人员有前款规定的行为的,应当依法追究法律责任。<br>　　前三款规定,适用于书记员、翻译人员、鉴定人、勘验人。 |
| 第四十八条　当事人提出回避申请,应当说明理由,在案件开始审理时提出;回避事由在案件开始审理后知道的,也可以在法庭辩论终结前提出。<br>　　被申请回避的人员在人民法院作出是否回避的决定前,应当暂停参与本案的工作,但案件需要采取紧急措施的除外。 | 第四十八条　当事人提出回避申请,应当说明理由,在案件开始审理时提出;回避事由在案件开始审理后知道的,也可以在法庭辩论终结前提出。<br>　　被申请回避的人员在人民法院作出是否回避的决定前,应当暂停参与本案的工作,但案件需要采取紧急措施的除外。 |
| 第四十九条　院长担任审判长或者独任审判员时的回避,由审判委员会决定;审判人员的回避,由院长决定;其他人员的回避,由审判长或者独任审判员决定。 | 第四十九条　院长担任审判长或者独任审判员时的回避,由审判委员会决定;审判人员的回避,由院长决定;其他人员的回避,由审判长或者独任审判员决定。 |

| 修正后(2023年9月1日) | 修正前(2021年12月24日) |
| --- | --- |
| 　　第五十条　人民法院对当事人提出的回避申请,应当在申请提出的三日内,以口头或者书面形式作出决定。申请人对决定不服的,可以在接到决定时申请复议一次。复议期间,被申请回避的人员,不停止参与本案的工作。人民法院对复议申请,应当在三日内作出复议决定,并通知复议申请人。 | 　　第五十条　人民法院对当事人提出的回避申请,应当在申请提出的三日内,以口头或者书面形式作出决定。申请人对决定不服的,可以在接到决定时申请复议一次。复议期间,被申请回避的人员,不停止参与本案的工作。人民法院对复议申请,应当在三日内作出复议决定,并通知复议申请人。 |
| 第五章　诉讼参加人 | 第五章　诉讼参加人 |
| 第一节　当事人 | 第一节　当事人 |
| 　　第五十一条　公民、法人和其他组织可以作为民事诉讼的当事人。<br>　　法人由其法定代表人进行诉讼。其他组织由其主要负责人进行诉讼。 | 　　第五十一条　公民、法人和其他组织可以作为民事诉讼的当事人。<br>　　法人由其法定代表人进行诉讼。其他组织由其主要负责人进行诉讼。 |
| 　　第五十二条　当事人有权委托代理人,提出回避申请,收集、提供证据,进行辩论,请求调解,提起上诉,申请执行。<br>　　当事人可以查阅本案有关材料,并可以复制本案有关材料和法律文书。查阅、复制本案有关材料的范围和办法由最高人民法院规定。<br>　　当事人必须依法行使诉讼权利,遵守诉讼秩序,履行发生法律效力的判决书、裁定书和调解书。 | 　　第五十二条　当事人有权委托代理人,提出回避申请,收集、提供证据,进行辩论,请求调解,提起上诉,申请执行。<br>　　当事人可以查阅本案有关材料,并可以复制本案有关材料和法律文书。查阅、复制本案有关材料的范围和办法由最高人民法院规定。<br>　　当事人必须依法行使诉讼权利,遵守诉讼秩序,履行发生法律效力的判决书、裁定书和调解书。 |
| 　　第五十三条　双方当事人可以自行和解。 | 　　第五十三条　双方当事人可以自行和解。 |
| 　　第五十四条　原告可以放弃或者变更诉讼请求。被告可以承认或者反驳诉讼请求,有权提起反诉。 | 　　第五十四条　原告可以放弃或者变更诉讼请求。被告可以承认或者反驳诉讼请求,有权提起反诉。 |
| 　　第五十五条　当事人一方或者双方为二人以上,其诉讼标的是共同的,或者诉讼标的是同一种类、人民法院认为可以合并审理并经当事人同意的,为共同诉讼。<br>　　共同诉讼的一方当事人对诉讼标的有共同权利义务的,其中一人的诉讼行为经其他共同诉讼人承认,对其他共同诉讼人发生效力;对诉讼标的没有共同权利义务的,其中一人的诉讼行为对其他共同诉讼人不发生效力。 | 　　第五十五条　当事人一方或者双方为二人以上,其诉讼标的是共同的,或者诉讼标的是同一种类、人民法院认为可以合并审理并经当事人同意的,为共同诉讼。<br>　　共同诉讼的一方当事人对诉讼标的有共同权利义务的,其中一人的诉讼行为经其他共同诉讼人承认,对其他共同诉讼人发生效力;对诉讼标的没有共同权利义务的,其中一人的诉讼行为对其他共同诉讼人不发生效力。 |
| 　　第五十六条　当事人一方人数众多的共同诉讼,可以由当事人推选代表人进行诉讼。代表人的诉讼行为对其所代表的当事人发生效力,但代表人变更、放弃诉讼请求或者承认对方当事人的诉讼请求,进行和解,必须经被代表的当事人同意。 | 　　第五十六条　当事人一方人数众多的共同诉讼,可以由当事人推选代表人进行诉讼。代表人的诉讼行为对其所代表的当事人发生效力,但代表人变更、放弃诉讼请求或者承认对方当事人的诉讼请求,进行和解,必须经被代表的当事人同意。 |

| 修正后(2023 年 9 月 1 日) | 修正前(2021 年 12 月 24 日) |
| --- | --- |
| 第五十七条　诉讼标的是同一种类、当事人一方人数众多在起诉时人数尚未确定的,人民法院可以发出公告,说明案件情况和诉讼请求,通知权利人在一定期间向人民法院登记。<br>　　向人民法院登记的权利人可以推选代表人进行诉讼;推选不出代表人的,人民法院可以与参加登记的权利人商定代表人。<br>　　代表人的诉讼行为对其所代表的当事人发生效力,但代表人变更、放弃诉讼请求或者承认对方当事人的诉讼请求,进行和解,必须经被代表的当事人同意。<br>　　人民法院作出的判决、裁定,对参加登记的全体权利人发生效力。未参加登记的权利人在诉讼时效期间提起诉讼的,适用该判决、裁定。 | 第五十七条　诉讼标的是同一种类、当事人一方人数众多在起诉时人数尚未确定的,人民法院可以发出公告,说明案件情况和诉讼请求,通知权利人在一定期间向人民法院登记。<br>　　向人民法院登记的权利人可以推选代表人进行诉讼;推选不出代表人的,人民法院可以与参加登记的权利人商定代表人。<br>　　代表人的诉讼行为对其所代表的当事人发生效力,但代表人变更、放弃诉讼请求或者承认对方当事人的诉讼请求,进行和解,必须经被代表的当事人同意。<br>　　人民法院作出的判决、裁定,对参加登记的全体权利人发生效力。未参加登记的权利人在诉讼时效期间提起诉讼的,适用该判决、裁定。 |
| 第五十八条　对污染环境、侵害众多消费者合法权益等损害社会公共利益的行为,法律规定的机关和有关组织可以向人民法院提起诉讼。<br>　　人民检察院在履行职责中发现破坏生态环境和资源保护、食品药品安全领域侵害众多消费者合法权益等损害社会公共利益的行为,在没有前款规定的机关和组织或者前款规定的机关和组织不提起诉讼的情况下,可以向人民法院提起诉讼。前款规定的机关或者组织提起诉讼的,人民检察院可以支持起诉。 | 第五十八条　对污染环境、侵害众多消费者合法权益等损害社会公共利益的行为,法律规定的机关和有关组织可以向人民法院提起诉讼。<br>　　人民检察院在履行职责中发现破坏生态环境和资源保护、食品药品安全领域侵害众多消费者合法权益等损害社会公共利益的行为,在没有前款规定的机关和组织或者前款规定的机关和组织不提起诉讼的情况下,可以向人民法院提起诉讼。前款规定的机关或者组织提起诉讼的,人民检察院可以支持起诉。 |
| 第五十九条　对当事人双方的诉讼标的,第三人认为有独立请求权的,有权提起诉讼。<br>　　对当事人双方的诉讼标的,第三人虽然没有独立请求权,但案件处理结果同他有法律上的利害关系的,可以申请参加诉讼,或者由人民法院通知他参加诉讼。人民法院判决承担民事责任的第三人,有当事人的诉讼权利义务。<br>　　前两款规定的第三人,因不能归责于本人的事由未参加诉讼,但有证据证明发生法律效力的判决、裁定、调解书的部分或者全部内容错误,损害其民事权益的,可以自知道或者应当知道其民事权益受到损害之日起六个月内,向作出该判决、裁定、调解书的人民法院提起诉讼。人民法院经审理,诉讼请求成立的,应当改变或者撤销原判决、裁定、调解书;诉讼请求不成立的,驳回诉讼请求。 | 第五十九条　对当事人双方的诉讼标的,第三人认为有独立请求权的,有权提起诉讼。<br>　　对当事人双方的诉讼标的,第三人虽然没有独立请求权,但案件处理结果同他有法律上的利害关系的,可以申请参加诉讼,或者由人民法院通知他参加诉讼。人民法院判决承担民事责任的第三人,有当事人的诉讼权利义务。<br>　　前两款规定的第三人,因不能归责于本人的事由未参加诉讼,但有证据证明发生法律效力的判决、裁定、调解书的部分或者全部内容错误,损害其民事权益的,可以自知道或者应当知道其民事权益受到损害之日起六个月内,向作出该判决、裁定、调解书的人民法院提起诉讼。人民法院经审理,诉讼请求成立的,应当改变或者撤销原判决、裁定、调解书;诉讼请求不成立的,驳回诉讼请求。 |

| 修正后(2023年9月1日) | 修正前(2021年12月24日) |
| --- | --- |
| 第二节　诉讼代理人 | 第二节　诉讼代理人 |
| 　　第六十条　无诉讼行为能力人由他的监护人作为法定代理人代为诉讼。法定代理人之间互相推诿代理责任的,由人民法院指定其中一人代为诉讼。 | 　　第六十条　无诉讼行为能力人由他的监护人作为法定代理人代为诉讼。法定代理人之间互相推诿代理责任的,由人民法院指定其中一人代为诉讼。 |
| 　　第六十一条　当事人、法定代理人可以委托一至二人作为诉讼代理人。<br>　　下列人员可以被委托为诉讼代理人:<br>　　(一)律师、基层法律服务工作者;<br>　　(二)当事人的近亲属或者工作人员;<br>　　(三)当事人所在社区、单位以及有关社会团体推荐的公民。 | 　　第六十一条　当事人、法定代理人可以委托一至二人作为诉讼代理人。<br>　　下列人员可以被委托为诉讼代理人:<br>　　(一)律师、基层法律服务工作者;<br>　　(二)当事人的近亲属或者工作人员;<br>　　(三)当事人所在社区、单位以及有关社会团体推荐的公民。 |
| 　　第六十二条　委托他人代为诉讼,必须向人民法院提交由委托人签名或者盖章的授权委托书。<br>　　授权委托书必须记明委托事项和权限。诉讼代理人代为承认、放弃、变更诉讼请求,进行和解,提起反诉或者上诉,必须有委托人的特别授权。<br>　　侨居在国外的中华人民共和国公民从国外寄交或者托交的授权委托书,必须经中华人民共和国驻该国的使领馆证明;没有使领馆的,由与中华人民共和国有外交关系的第三国驻该国的使领馆证明,再转由中华人民共和国驻该第三国使领馆证明,或者由当地的爱国华侨团体证明。 | 　　第六十二条　委托他人代为诉讼,必须向人民法院提交由委托人签名或者盖章的授权委托书。<br>　　授权委托书必须记明委托事项和权限。诉讼代理人代为承认、放弃、变更诉讼请求,进行和解,提起反诉或者上诉,必须有委托人的特别授权。<br>　　侨居在国外的中华人民共和国公民从国外寄交或者托交的授权委托书,必须经中华人民共和国驻该国的使领馆证明;没有使领馆的,由与中华人民共和国有外交关系的第三国驻该国的使领馆证明,再转由中华人民共和国驻该第三国使领馆证明,或者由当地的爱国华侨团体证明。 |
| 　　第六十三条　诉讼代理人的权限如果变更或者解除,当事人应当书面告知人民法院,并由人民法院通知对方当事人。 | 　　第六十三条　诉讼代理人的权限如果变更或者解除,当事人应当书面告知人民法院,并由人民法院通知对方当事人。 |
| 　　第六十四条　代理诉讼的律师和其他诉讼代理人有权调查收集证据,可以查阅本案有关材料。查阅本案有关材料的范围和办法由最高人民法院规定。 | 　　第六十四条　代理诉讼的律师和其他诉讼代理人有权调查收集证据,可以查阅本案有关材料。查阅本案有关材料的范围和办法由最高人民法院规定。 |
| 　　第六十五条　离婚案件有诉讼代理人的,本人除不能表达意思的以外,仍应出庭;确因特殊情况无法出庭的,必须向人民法院提交书面意见。 | 　　第六十五条　离婚案件有诉讼代理人的,本人除不能表达意思的以外,仍应出庭;确因特殊情况无法出庭的,必须向人民法院提交书面意见。 |
| 第六章　证　据 | 第六章　证　据 |
| 　　第六十六条　证据包括:<br>　　(一)当事人的陈述;<br>　　(二)书证;<br>　　(三)物证; | 　　第六十六条　证据包括:<br>　　(一)当事人的陈述;<br>　　(二)书证;<br>　　(三)物证; |

| 修正后(2023年9月1日) | 修正前(2021年12月24日) |
| --- | --- |
| (四)视听资料;<br>(五)电子数据;<br>(六)证人证言;<br>(七)鉴定意见;<br>(八)勘验笔录。<br>证据必须查证属实,才能作为认定事实的根据。 | (四)视听资料;<br>(五)电子数据;<br>(六)证人证言;<br>(七)鉴定意见;<br>(八)勘验笔录。<br>证据必须查证属实,才能作为认定事实的根据。 |
| **第六十七条** 当事人对自己提出的主张,有责任提供证据。<br>当事人及其诉讼代理人因客观原因不能自行收集的证据,或者人民法院认为审理案件需要的证据,人民法院应当调查收集。<br>人民法院应当按照法定程序,全面地、客观地审查核实证据。 | **第六十七条** 当事人对自己提出的主张,有责任提供证据。<br>当事人及其诉讼代理人因客观原因不能自行收集的证据,或者人民法院认为审理案件需要的证据,人民法院应当调查收集。<br>人民法院应当按照法定程序,全面地、客观地审查核实证据。 |
| **第六十八条** 当事人对自己提出的主张应当及时提供证据。<br>人民法院根据当事人的主张和案件审理情况,确定当事人应当提供的证据及其期限。当事人在该期限内提供证据确有困难的,可以向人民法院申请延长期限,人民法院根据当事人的申请适当延长。当事人逾期提供证据的,人民法院应当责令其说明理由;拒不说明理由或者理由不成立的,人民法院根据不同情形可以不予采纳该证据,或者采纳该证据但予以训诫、罚款。 | **第六十八条** 当事人对自己提出的主张应当及时提供证据。<br>人民法院根据当事人的主张和案件审理情况,确定当事人应当提供的证据及其期限。当事人在该期限内提供证据确有困难的,可以向人民法院申请延长期限,人民法院根据当事人的申请适当延长。当事人逾期提供证据的,人民法院应当责令其说明理由;拒不说明理由或者理由不成立的,人民法院根据不同情形可以不予采纳该证据,或者采纳该证据但予以训诫、罚款。 |
| **第六十九条** 人民法院收到当事人提交的证据材料,应当出具收据,写明证据名称、页数、份数、原件或者复印件以及收到时间等,并由经办人员签名或者盖章。 | **第六十九条** 人民法院收到当事人提交的证据材料,应当出具收据,写明证据名称、页数、份数、原件或者复印件以及收到时间等,并由经办人员签名或者盖章。 |
| **第七十条** 人民法院有权向有关单位和个人调查取证,有关单位和个人不得拒绝。<br>人民法院对有关单位和个人提出的证明文书,应当辨别真伪,审查确定其效力。 | **第七十条** 人民法院有权向有关单位和个人调查取证,有关单位和个人不得拒绝。<br>人民法院对有关单位和个人提出的证明文书,应当辨别真伪,审查确定其效力。 |
| **第七十一条** 证据应当在法庭上出示,并由当事人互相质证。对涉及国家秘密、商业秘密和个人隐私的证据应当保密,需要在法庭出示的,不得在公开开庭时出示。 | **第七十一条** 证据应当在法庭上出示,并由当事人互相质证。对涉及国家秘密、商业秘密和个人隐私的证据应当保密,需要在法庭出示的,不得在公开开庭时出示。 |
| **第七十二条** 经过法定程序公证证明的法律事实和文书,人民法院应当作为认定事实的根据,但有相反证据足以推翻公证证明的除外。 | **第七十二条** 经过法定程序公证证明的法律事实和文书,人民法院应当作为认定事实的根据,但有相反证据足以推翻公证证明的除外。 |

| 修正后(2023年9月1日) | 修正前(2021年12月24日) |
| --- | --- |
| 第七十三条　书证应当提交原件。物证应当提交原物。提交原件或者原物确有困难的,可以提交复制品、照片、副本、节录本。<br>提交外文书证,必须附有中文译本。 | 第七十三条　书证应当提交原件。物证应当提交原物。提交原件或者原物确有困难的,可以提交复制品、照片、副本、节录本。<br>提交外文书证,必须附有中文译本。 |
| 第七十四条　人民法院对视听资料,应当辨别真伪,并结合本案的其他证据,审查确定能否作为认定事实的根据。 | 第七十四条　人民法院对视听资料,应当辨别真伪,并结合本案的其他证据,审查确定能否作为认定事实的根据。 |
| 第七十五条　凡是知道案件情况的单位和个人,都有义务出庭作证。有关单位的负责人应当支持证人作证。<br>不能正确表达意思的人,不能作证。 | 第七十五条　凡是知道案件情况的单位和个人,都有义务出庭作证。有关单位的负责人应当支持证人作证。<br>不能正确表达意思的人,不能作证。 |
| 第七十六条　经人民法院通知,证人应当出庭作证。有下列情形之一的,经人民法院许可,可以通过书面证言、视听传输技术或者视听资料等方式作证:<br>(一)因健康原因不能出庭的;<br>(二)因路途遥远,交通不便不能出庭的;<br>(三)因自然灾害等不可抗力不能出庭的;<br>(四)其他有正当理由不能出庭的。 | 第七十六条　经人民法院通知,证人应当出庭作证。有下列情形之一的,经人民法院许可,可以通过书面证言、视听传输技术或者视听资料等方式作证:<br>(一)因健康原因不能出庭的;<br>(二)因路途遥远,交通不便不能出庭的;<br>(三)因自然灾害等不可抗力不能出庭的;<br>(四)其他有正当理由不能出庭的。 |
| 第七十七条　证人因履行出庭作证义务而支出的交通、住宿、就餐等必要费用以及误工损失,由败诉一方当事人负担。当事人申请证人作证的,由该当事人先行垫付;当事人没有申请,人民法院通知证人作证的,由人民法院先行垫付。 | 第七十七条　证人因履行出庭作证义务而支出的交通、住宿、就餐等必要费用以及误工损失,由败诉一方当事人负担。当事人申请证人作证的,由该当事人先行垫付;当事人没有申请,人民法院通知证人作证的,由人民法院先行垫付。 |
| 第七十八条　人民法院对当事人的陈述,应当结合本案的其他证据,审查确定能否作为认定事实的根据。<br>当事人拒绝陈述的,不影响人民法院根据证据认定案件事实。 | 第七十八条　人民法院对当事人的陈述,应当结合本案的其他证据,审查确定能否作为认定事实的根据。<br>当事人拒绝陈述的,不影响人民法院根据证据认定案件事实。 |
| 第七十九条　当事人可以就查明事实的专门性问题向人民法院申请鉴定。当事人申请鉴定的,由双方当事人协商确定具备资格的鉴定人;协商不成的,由人民法院指定。<br>当事人未申请鉴定,人民法院对专门性问题认为需要鉴定的,应当委托具备资格的鉴定人进行鉴定。 | 第七十九条　当事人可以就查明事实的专门性问题向人民法院申请鉴定。当事人申请鉴定的,由双方当事人协商确定具备资格的鉴定人;协商不成的,由人民法院指定。<br>当事人未申请鉴定,人民法院对专门性问题认为需要鉴定的,应当委托具备资格的鉴定人进行鉴定。 |
| 第八十条　鉴定人有权了解进行鉴定所需要的案件材料,必要时可以询问当事人、证人。<br>鉴定人应当提出书面鉴定意见,在鉴定书上签名或者盖章。 | 第八十条　鉴定人有权了解进行鉴定所需要的案件材料,必要时可以询问当事人、证人。<br>鉴定人应当提出书面鉴定意见,在鉴定书上签名或者盖章。 |

| 修正后(2023 年 9 月 1 日) | 修正前(2021 年 12 月 24 日) |
| --- | --- |
| 第八十一条　当事人对鉴定意见有异议或者人民法院认为鉴定人有必要出庭的,鉴定人应当出庭作证。经人民法院通知,鉴定人拒不出庭作证的,鉴定意见不得作为认定事实的根据;支付鉴定费用的当事人可以要求返还鉴定费用。 | 第八十一条　当事人对鉴定意见有异议或者人民法院认为鉴定人有必要出庭的,鉴定人应当出庭作证。经人民法院通知,鉴定人拒不出庭作证的,鉴定意见不得作为认定事实的根据;支付鉴定费用的当事人可以要求返还鉴定费用。 |
| 第八十二条　当事人可以申请人民法院通知有专门知识的人出庭,就鉴定人作出的鉴定意见或者专业问题提出意见。 | 第八十二条　当事人可以申请人民法院通知有专门知识的人出庭,就鉴定人作出的鉴定意见或者专业问题提出意见。 |
| 第八十三条　勘验物证或者现场,勘验人必须出示人民法院的证件,并邀请当地基层组织或者当事人所在单位派人参加。当事人或者当事人的成年家属应当到场,拒不到场的,不影响勘验的进行。<br>有关单位和个人根据人民法院的通知,有义务保护现场,协助勘验工作。<br>勘验人应当将勘验情况和结果制作笔录,由勘验人、当事人和被邀参加人签名或者盖章。 | 第八十三条　勘验物证或者现场,勘验人必须出示人民法院的证件,并邀请当地基层组织或者当事人所在单位派人参加。当事人或者当事人的成年家属应当到场,拒不到场的,不影响勘验的进行。<br>有关单位和个人根据人民法院的通知,有义务保护现场,协助勘验工作。<br>勘验人应当将勘验情况和结果制作笔录,由勘验人、当事人和被邀参加人签名或者盖章。 |
| 第八十四条　在证据可能灭失或者以后难以取得的情况下,当事人可以在诉讼过程中向人民法院申请保全证据,人民法院也可以主动采取保全措施。<br>因情况紧急,在证据可能灭失或者以后难以取得的情况下,利害关系人可以在提起诉讼或者申请仲裁前向证据所在地、被申请人住所地或者对案件有管辖权的人民法院申请保全证据。<br>证据保全的其他程序,参照适用本法第九章保全的有关规定。 | 第八十四条　在证据可能灭失或者以后难以取得的情况下,当事人可以在诉讼过程中向人民法院申请保全证据,人民法院也可以主动采取保全措施。<br>因情况紧急,在证据可能灭失或者以后难以取得的情况下,利害关系人可以在提起诉讼或者申请仲裁前向证据所在地、被申请人住所地或者对案件有管辖权的人民法院申请保全证据。<br>证据保全的其他程序,参照适用本法第九章保全的有关规定。 |
| 第七章　期间、送达 | 第七章　期间、送达 |
| 第一节　期　　间 | 第一节　期　　间 |
| 第八十五条　期间包括法定期间和人民法院指定的期间。<br>期间以时、日、月、年计算。期间开始的时和日,不计算在期间内。<br>期间届满的最后一日是法定休假日的,以法定休假日后的第一日为期间届满的日期。<br>期间不包括在途时间,诉讼文书在期满前交邮的,不算过期。 | 第八十五条　期间包括法定期间和人民法院指定的期间。<br>期间以时、日、月、年计算。期间开始的时和日,不计算在期间内。<br>期间届满的最后一日是法定休假日的,以法定休假日后的第一日为期间届满的日期。<br>期间不包括在途时间,诉讼文书在期满前交邮的,不算过期。 |

| 修正后(2023年9月1日) | 修正前(2021年12月24日) |
| --- | --- |
| 第八十六条　当事人因不可抗拒的事由或者其他正当理由耽误期限的,在障碍消除后的十日内,可以申请顺延期限,是否准许,由人民法院决定。 | 第八十六条　当事人因不可抗拒的事由或者其他正当理由耽误期限的,在障碍消除后的十日内,可以申请顺延期限,是否准许,由人民法院决定。 |
| 第二节　送　达 | 第二节　送　达 |
| 第八十七条　送达诉讼文书必须有送达回证,由受送达人在送达回证上记明收到日期,签名或者盖章。<br>受送达人在送达回证上的签收日期为送达日期。 | 第八十七条　送达诉讼文书必须有送达回证,由受送达人在送达回证上记明收到日期,签名或者盖章。<br>受送达人在送达回证上的签收日期为送达日期。 |
| 第八十八条　送达诉讼文书,应当直接送交受送达人。受送达人是公民的,本人不在交他的同住成年家属签收;受送达人是法人或者其他组织的,应当由法人的法定代表人、其他组织的主要负责人或者该法人、组织负责收件的人签收;受送达人有诉讼代理人的,可以送交其代理人签收;受送达人已向人民法院指定代收人的,送交代收人签收。<br>受送达人的同住成年家属,法人或者其他组织的负责收件的人,诉讼代理人或者代收人在送达回证上签收的日期为送达日期。 | 第八十八条　送达诉讼文书,应当直接送交受送达人。受送达人是公民的,本人不在交他的同住成年家属签收;受送达人是法人或者其他组织的,应当由法人的法定代表人、其他组织的主要负责人或者该法人、组织负责收件的人签收;受送达人有诉讼代理人的,可以送交其代理人签收;受送达人已向人民法院指定代收人的,送交代收人签收。<br>受送达人的同住成年家属,法人或者其他组织的负责收件的人,诉讼代理人或者代收人在送达回证上签收的日期为送达日期。 |
| 第八十九条　受送达人或者他的同住成年家属拒绝接收诉讼文书的,送达人可以邀请有关基层组织或者所在单位的代表到场,说明情况,在送达回证上记明拒收事由和日期,<br>由送达人、见证人签名或者盖章,把诉讼文书留在受送达人的住所;也可以把诉讼文书留在受送达人的住所,并采用拍照、录像等方式记录送达过程,即视为送达。 | 第八十九条　受送达人或者他的同住成年家属拒绝接收诉讼文书的,送达人可以邀请有关基层组织或者所在单位的代表到场,说明情况,在送达回证上记明拒收事由和日期,<br>由送达人、见证人签名或者盖章,把诉讼文书留在受送达人的住所;也可以把诉讼文书留在受送达人的住所,并采用拍照、录像等方式记录送达过程,即视为送达。 |
| 第九十条　经受送达人同意,人民法院可以采用能够确认其收悉的电子方式送达诉讼文书。通过电子方式送达的判决书、裁定书、调解书,受送达人提出需要纸质文书的,人民法院应当提供。<br>采用前款方式送达的,以送达信息到达受送达人特定系统的日期为送达日期。 | 第九十条　经受送达人同意,人民法院可以采用能够确认其收悉的电子方式送达诉讼文书。通过电子方式送达的判决书、裁定书、调解书,受送达人提出需要纸质文书的,人民法院应当提供。<br>采用前款方式送达的,以送达信息到达受送达人特定系统的日期为送达日期。 |
| 第九十一条　直接送达诉讼文书有困难的,可以委托其他人民法院代为送达,或者邮寄送达。邮寄送达的,以回执上注明的收件日期为送达日期。 | 第九十一条　直接送达诉讼文书有困难的,可以委托其他人民法院代为送达,或者邮寄送达。邮寄送达的,以回执上注明的收件日期为送达日期。 |
| 第九十二条　受送达人是军人的,通过其所在部队团以上单位的政治机关转交。 | 第九十二条　受送达人是军人的,通过其所在部队团以上单位的政治机关转交。 |

| 修正后(2023 年 9 月 1 日) | 修正前(2021 年 12 月 24 日) |
|---|---|
| 　　**第九十三条**　受送达人被监禁的,通过其所在监所转交。<br>　　受送达人被采取强制性教育措施的,通过其所在强制性教育机构转交。 | 　　**第九十三条**　受送达人被监禁的,通过其所在监所转交。<br>　　受送达人被采取强制性教育措施的,通过其所在强制性教育机构转交。 |
| 　　**第九十四条**　代为转交的机关、单位收到诉讼文书后,必须立即交受送达人签收,以在送达回证上的签收日期,为送达日期。 | 　　**第九十四条**　代为转交的机关、单位收到诉讼文书后,必须立即交受送达人签收,以在送达回证上的签收日期,为送达日期。 |
| 　　**第九十五条**　受送达人下落不明,或者用本节规定的其他方式无法送达的,公告送达。自发出公告之日起,经过三十日,即视为送达。<br>　　公告送达,应当在案卷中记明原因和经过。 | 　　**第九十五条**　受送达人下落不明,或者用本节规定的其他方式无法送达的,公告送达。自发出公告之日起,经过三十日,即视为送达。<br>　　公告送达,应当在案卷中记明原因和经过。 |
| 第八章　调　解 | 第八章　调　解 |
| 　　**第九十六条**　人民法院审理民事案件,根据当事人自愿的原则,在事实清楚的基础上,分清是非,进行调解。 | 　　**第九十六条**　人民法院审理民事案件,根据当事人自愿的原则,在事实清楚的基础上,分清是非,进行调解。 |
| 　　**第九十七条**　人民法院进行调解,可以由审判员一人主持,也可以由合议庭主持,并尽可能就地进行。<br>　　人民法院进行调解,可以用简便方式通知当事人、证人到庭。 | 　　**第九十七条**　人民法院进行调解,可以由审判员一人主持,也可以由合议庭主持,并尽可能就地进行。<br>　　人民法院进行调解,可以用简便方式通知当事人、证人到庭。 |
| 　　**第九十八条**　人民法院进行调解,可以邀请有关单位和个人协助。被邀请的单位和个人,应当协助人民法院进行调解。 | 　　**第九十八条**　人民法院进行调解,可以邀请有关单位和个人协助。被邀请的单位和个人,应当协助人民法院进行调解。 |
| 　　**第九十九条**　调解达成协议,必须双方自愿,不得强迫。调解协议的内容不得违反法律规定。 | 　　**第九十九条**　调解达成协议,必须双方自愿,不得强迫。调解协议的内容不得违反法律规定。 |
| 　　**第一百条**　调解达成协议,人民法院应当制作调解书。调解书应当写明诉讼请求、案件的事实和调解结果。<br>　　调解书由审判人员、书记员署名,加盖人民法院印章,送达双方当事人。<br>　　调解书经双方当事人签收后,即具有法律效力。 | 　　**第一百条**　调解达成协议,人民法院应当制作调解书。调解书应当写明诉讼请求、案件的事实和调解结果。<br>　　调解书由审判人员、书记员署名,加盖人民法院印章,送达双方当事人。<br>　　调解书经双方当事人签收后,即具有法律效力。 |
| 　　**第一百零一条**　下列案件调解达成协议,人民法院可以不制作调解书:<br>　　(一)调解和好的离婚案件;<br>　　(二)调解维持收养关系的案件;<br>　　(三)能够即时履行的案件;<br>　　(四)其他不需要制作调解书的案件。<br>　　对不需要制作调解书的协议,应当记入笔录,由双方当事人、审判人员、书记员签名或者盖章后,即具有法律效力。 | 　　**第一百零一条**　下列案件调解达成协议,人民法院可以不制作调解书:<br>　　(一)调解和好的离婚案件;<br>　　(二)调解维持收养关系的案件;<br>　　(三)能够即时履行的案件;<br>　　(四)其他不需要制作调解书的案件。<br>　　对不需要制作调解书的协议,应当记入笔录,由双方当事人、审判人员、书记员签名或者盖章后,即具有法律效力。 |

| 修正后(2023年9月1日) | 修正前(2021年12月24日) |
| --- | --- |
| **第一百零二条** 调解未达成协议或者调解书送达前一方反悔的,人民法院应当及时判决。 | **第一百零二条** 调解未达成协议或者调解书送达前一方反悔的,人民法院应当及时判决。 |
| 第九章 保全和先予执行 | 第九章 保全和先予执行 |
| **第一百零三条** 人民法院对于可能因当事人一方的行为或者其他原因,使判决难以执行或者造成当事人其他损害的案件,根据对方当事人的申请,可以裁定对其财产进行保全、责令其作出一定行为或者禁止其作出一定行为;当事人没有提出申请,人民法院在必要时也可以裁定采取保全措施。<br>人民法院采取保全措施,可以责令申请人提供担保,申请人不提供担保的,裁定驳回申请。<br>人民法院接受申请后,对情况紧急的,必须在四十八小时内作出裁定;裁定采取保全措施的,应当立即开始执行。 | **第一百零三条** 人民法院对于可能因当事人一方的行为或者其他原因,使判决难以执行或者造成当事人其他损害的案件,根据对方当事人的申请,可以裁定对其财产进行保全、责令其作出一定行为或者禁止其作出一定行为;当事人没有提出申请,人民法院在必要时也可以裁定采取保全措施。<br>人民法院采取保全措施,可以责令申请人提供担保,申请人不提供担保的,裁定驳回申请。<br>人民法院接受申请后,对情况紧急的,必须在四十八小时内作出裁定;裁定采取保全措施的,应当立即开始执行。 |
| **第一百零四条** 利害关系人因情况紧急,不立即申请保全将会使其合法权益受到难以弥补的损害的,可以在提起诉讼或者申请仲裁前向被保全财产所在地、被申请人住所地或者对案件有管辖权的人民法院申请采取保全措施。申请人应当提供担保,不提供担保的,裁定驳回申请。<br>人民法院接受申请后,必须在四十八小时内作出裁定;裁定采取保全措施的,应当立即开始执行。<br>申请人在人民法院采取保全措施后三十日内不依法提起诉讼或者申请仲裁的,人民法院应当解除保全。 | **第一百零四条** 利害关系人因情况紧急,不立即申请保全将会使其合法权益受到难以弥补的损害的,可以在提起诉讼或者申请仲裁前向被保全财产所在地、被申请人住所地或者对案件有管辖权的人民法院申请采取保全措施。申请人应当提供担保,不提供担保的,裁定驳回申请。<br>人民法院接受申请后,必须在四十八小时内作出裁定;裁定采取保全措施的,应当立即开始执行。<br>申请人在人民法院采取保全措施后三十日内不依法提起诉讼或者申请仲裁的,人民法院应当解除保全。 |
| **第一百零五条** 保全限于请求的范围,或者与本案有关的财物。 | **第一百零五条** 保全限于请求的范围,或者与本案有关的财物。 |
| **第一百零六条** 财产保全采取查封、扣押、冻结或者法律规定的其他方法。人民法院保全财产后,应当立即通知被保全财产的人。<br>财产已被查封、冻结的,不得重复查封、冻结。 | **第一百零六条** 财产保全采取查封、扣押、冻结或者法律规定的其他方法。人民法院保全财产后,应当立即通知被保全财产的人。<br>财产已被查封、冻结的,不得重复查封、冻结。 |
| **第一百零七条** 财产纠纷案件,被申请人提供担保的,人民法院应当裁定解除保全。 | **第一百零七条** 财产纠纷案件,被申请人提供担保的,人民法院应当裁定解除保全。 |
| **第一百零八条** 申请有错误的,申请人应当赔偿被申请人因保全所遭受的损失。 | **第一百零八条** 申请有错误的,申请人应当赔偿被申请人因保全所遭受的损失。 |
| **第一百零九条** 人民法院对下列案件,根据当事人的申请,可以裁定先予执行: | **第一百零九条** 人民法院对下列案件,根据当事人的申请,可以裁定先予执行: |

| 修正后(2023年9月1日) | 修正前(2021年12月24日) |
|---|---|
| （一）追索赡养费、扶养费、抚养费、抚恤金、医疗费用的；<br>（二）追索劳动报酬的；<br>（三）因情况紧急需要先予执行的。 | （一）追索赡养费、扶养费、抚养费、抚恤金、医疗费用的；<br>（二）追索劳动报酬的；<br>（三）因情况紧急需要先予执行的。 |
| 第一百一十条　人民法院裁定先予执行的，应当符合下列条件：<br>（一）当事人之间权利义务关系明确，不先予执行将严重影响申请人的生活或者生产经营的；<br>（二）被申请人有履行能力。<br>人民法院可以责令申请人提供担保，申请人不提供担保的，驳回申请。申请人败诉的，应当赔偿被申请人因先予执行遭受的财产损失。 | 第一百一十条　人民法院裁定先予执行的，应当符合下列条件：<br>（一）当事人之间权利义务关系明确，不先予执行将严重影响申请人的生活或者生产经营的；<br>（二）被申请人有履行能力。<br>人民法院可以责令申请人提供担保，申请人不提供担保的，驳回申请。申请人败诉的，应当赔偿被申请人因先予执行遭受的财产损失。 |
| 第一百一十一条　当事人对保全或者先予执行的裁定不服的，可以申请复议一次。复议期间不停止裁定的执行。 | 第一百一十一条　当事人对保全或者先予执行的裁定不服的，可以申请复议一次。复议期间不停止裁定的执行。 |
| 第十章　对妨害民事诉讼的强制措施 | 第十章　对妨害民事诉讼的强制措施 |
| 第一百一十二条　人民法院对必须到庭的被告，经两次传票传唤，无正当理由拒不到庭的，可以拘传。 | 第一百一十二条　人民法院对必须到庭的被告，经两次传票传唤，无正当理由拒不到庭的，可以拘传。 |
| 第一百一十三条　诉讼参与人和其他人应当遵守法庭规则。<br>人民法院对违反法庭规则的人，可以予以训诫，责令退出法庭或者予以罚款、拘留。<br>人民法院对哄闹、冲击法庭，侮辱、诽谤、威胁、殴打审判人员，严重扰乱法庭秩序的人，依法追究刑事责任；情节较轻的，予以罚款、拘留。 | 第一百一十三条　诉讼参与人和其他人应当遵守法庭规则。<br>人民法院对违反法庭规则的人，可以予以训诫，责令退出法庭或者予以罚款、拘留。<br>人民法院对哄闹、冲击法庭，侮辱、诽谤、威胁、殴打审判人员，严重扰乱法庭秩序的人，依法追究刑事责任；情节较轻的，予以罚款、拘留。 |
| 第一百一十四条　诉讼参与人或者其他人有下列行为之一的，人民法院可以根据情节轻重予以罚款、拘留；构成犯罪的，依法追究刑事责任：<br>（一）伪造、毁灭重要证据，妨碍人民法院审理案件的；<br>（二）以暴力、威胁、贿买方法阻止证人作证或者指使、贿买、胁迫他人作伪证的；<br>（三）隐藏、转移、变卖、毁损已被查封、扣押的财产，或者已被清点并责令其保管的财产，转移已被冻结的财产的；<br>（四）对司法工作人员、诉讼参加人、证人、翻译人员、鉴定人、勘验人、协助执行的人，进行侮辱、诽谤、诬陷、殴打或者打击报复的； | 第一百一十四条　诉讼参与人或者其他人有下列行为之一的，人民法院可以根据情节轻重予以罚款、拘留；构成犯罪的，依法追究刑事责任：<br>（一）伪造、毁灭重要证据，妨碍人民法院审理案件的；<br>（二）以暴力、威胁、贿买方法阻止证人作证或者指使、贿买、胁迫他人作伪证的；<br>（三）隐藏、转移、变卖、毁损已被查封、扣押的财产，或者已被清点并责令其保管的财产，转移已被冻结的财产的；<br>（四）对司法工作人员、诉讼参加人、证人、翻译人员、鉴定人、勘验人、协助执行的人，进行侮辱、诽谤、诬陷、殴打或者打击报复的； |

| 修正后（2023年9月1日） | 修正前（2021年12月24日） |
|---|---|
| （五）以暴力、威胁或者其他方法阻碍司法工作人员执行职务的；<br>（六）拒不履行人民法院已经发生法律效力的判决、裁定的。<br>　　人民法院对有前款规定的行为之一的单位，可以对其主要负责人或者直接责任人员予以罚款、拘留；构成犯罪的，依法追究刑事责任。 | （五）以暴力、威胁或者其他方法阻碍司法工作人员执行职务的；<br>（六）拒不履行人民法院已经发生法律效力的判决、裁定的。<br>　　人民法院对有前款规定的行为之一的单位，可以对其主要负责人或者直接责任人员予以罚款、拘留；构成犯罪的，依法追究刑事责任。 |
| 　　**第一百一十五条**　当事人之间恶意串通，企图通过诉讼、调解等方式侵害**国家利益、社会公共利益或者**他人合法权益的，人民法院应当驳回其请求，并根据情节轻重予以罚款、拘留；构成犯罪的，依法追究刑事责任。<br>　　**当事人单方捏造民事案件基本事实，向人民法院提起诉讼，企图侵害国家利益、社会公共利益或者他人合法权益的，适用前款规定。** | 　　**第一百一十五条**　当事人之间恶意串通，企图通过诉讼、调解等方式侵害他人合法权益的，人民法院应当驳回其请求，并根据情节轻重予以罚款、拘留；构成犯罪的，依法追究刑事责任。 |
| 　　**第一百一十六条**　被执行人与他人恶意串通，通过诉讼、仲裁、调解等方式逃避履行法律文书确定的义务的，人民法院应当根据情节轻重予以罚款、拘留；构成犯罪的，依法追究刑事责任。 | 　　**第一百一十六条**　被执行人与他人恶意串通，通过诉讼、仲裁、调解等方式逃避履行法律文书确定的义务的，人民法院应当根据情节轻重予以罚款、拘留；构成犯罪的，依法追究刑事责任。 |
| 　　**第一百一十七条**　有义务协助调查、执行的单位有下列行为之一的，人民法院除责令其履行协助义务外，并可以予以罚款：<br>　　（一）有关单位拒绝或者妨碍人民法院调查取证的；<br>　　（二）有关单位接到人民法院协助执行通知书后，拒不协助查询、扣押、冻结、划拨、变价财产的；<br>　　（三）有关单位接到人民法院协助执行通知书后，拒不协助扣留被执行人的收入、办理有关财产权证照转移手续、转交有关票证、证照或者其他财产的；<br>　　（四）其他拒绝协助执行的。<br>　　人民法院对有前款规定的行为之一的单位，可以对其主要负责人或者直接责任人员予以罚款；对仍不履行协助义务的，可以予以拘留；并可以向监察机关或者有关机关提出予以纪律处分的司法建议。 | 　　**第一百一十七条**　有义务协助调查、执行的单位有下列行为之一的，人民法院除责令其履行协助义务外，并可以予以罚款：<br>　　（一）有关单位拒绝或者妨碍人民法院调查取证的；<br>　　（二）有关单位接到人民法院协助执行通知书后，拒不协助查询、扣押、冻结、划拨、变价财产的；<br>　　（三）有关单位接到人民法院协助执行通知书后，拒不协助扣留被执行人的收入、办理有关财产权证照转移手续、转交有关票证、证照或者其他财产的；<br>　　（四）其他拒绝协助执行的。<br>　　人民法院对有前款规定的行为之一的单位，可以对其主要负责人或者直接责任人员予以罚款；对仍不履行协助义务的，可以予以拘留；并可以向监察机关或者有关机关提出予以纪律处分的司法建议。 |
| 　　**第一百一十八条**　对个人的罚款金额，为人民币十万元以下。对单位的罚款金额，为人民币五万元以上一百万元以下。<br>　　拘留的期限，为十五日以下。<br>　　被拘留的人，由人民法院交公安机关看管。在拘留期间，被拘留人承认并改正错误的，人民法院可以决定提前解除拘留。 | 　　**第一百一十八条**　对个人的罚款金额，为人民币十万元以下。对单位的罚款金额，为人民币五万元以上一百万元以下。<br>　　拘留的期限，为十五日以下。<br>　　被拘留的人，由人民法院交公安机关看管。在拘留期间，被拘留人承认并改正错误的，人民法院可以决定提前解除拘留。 |

| 修正后(2023年9月1日) | 修正前(2021年12月24日) |
|---|---|
| 第一百一十九条 拘传、罚款、拘留必须经院长批准。<br>拘传应当发拘传票。<br>罚款、拘留应当用决定书。对决定不服的,可以向上一级人民法院申请复议一次。复议期间不停止执行。 | 第一百一十九条 拘传、罚款、拘留必须经院长批准。<br>拘传应当发拘传票。<br>罚款、拘留应当用决定书。对决定不服的,可以向上一级人民法院申请复议一次。复议期间不停止执行。 |
| 第一百二十条 采取对妨害民事诉讼的强制措施必须由人民法院决定。任何单位和个人采取非法拘禁他人或者非法私自扣押他人财产追索债务的,应当依法追究刑事责任,或者予以拘留、罚款。 | 第一百二十条 采取对妨害民事诉讼的强制措施必须由人民法院决定。任何单位和个人采取非法拘禁他人或者非法私自扣押他人财产追索债务的,应当依法追究刑事责任,或者予以拘留、罚款。 |
| 第十一章 诉讼费用 | 第十一章 诉讼费用 |
| 第一百二十一条 当事人进行民事诉讼,应当按照规定交纳案件受理费。财产案件除交纳案件受理费外,并按照规定交纳其他诉讼费用。<br>当事人交纳诉讼费用确有困难的,可以按照规定向人民法院申请缓交、减交或者免交。<br>收取诉讼费用的办法另行制定。 | 第一百二十一条 当事人进行民事诉讼,应当按照规定交纳案件受理费。财产案件除交纳案件受理费外,并按照规定交纳其他诉讼费用。<br>当事人交纳诉讼费用确有困难的,可以按照规定向人民法院申请缓交、减交或者免交。<br>收取诉讼费用的办法另行制定。 |
| 第二编 审判程序 | 第二编 审判程序 |
| 第十二章 第一审普通程序 | 第十二章 第一审普通程序 |
| 第一节 起诉和受理 | 第一节 起诉和受理 |
| 第一百二十二条 起诉必须符合下列条件:<br>(一)原告是与本案有直接利害关系的公民、法人和其他组织;<br>(二)有明确的被告;<br>(三)有具体的诉讼请求和事实、理由;<br>(四)属于人民法院受理民事诉讼的范围和受诉人民法院管辖。 | 第一百二十二条 起诉必须符合下列条件:<br>(一)原告是与本案有直接利害关系的公民、法人和其他组织;<br>(二)有明确的被告;<br>(三)有具体的诉讼请求和事实、理由;<br>(四)属于人民法院受理民事诉讼的范围和受诉人民法院管辖。 |
| 第一百二十三条 起诉应当向人民法院递交起诉状,并按照被告人数提出副本。<br>书写起诉状确有困难的,可以口头起诉,由人民法院记入笔录,并告知对方当事人。 | 第一百二十三条 起诉应当向人民法院递交起诉状,并按照被告人数提出副本。<br>书写起诉状确有困难的,可以口头起诉,由人民法院记入笔录,并告知对方当事人。 |
| 第一百二十四条 起诉状应当记明下列事项:<br>(一)原告的姓名、性别、年龄、民族、职业、工作单位、住所、联系方式,法人或者其他组织的名称、住所和法定代表人或者主要负责人的姓名、职务、联系方式;<br>(二)被告的姓名、性别、工作单位、住所等信息,法人或者其他组织的名称、住所等信息; | 第一百二十四条 起诉状应当记明下列事项:<br>(一)原告的姓名、性别、年龄、民族、职业、工作单位、住所、联系方式,法人或者其他组织的名称、住所和法定代表人或者主要负责人的姓名、职务、联系方式;<br>(二)被告的姓名、性别、工作单位、住所等信息,法人或者其他组织的名称、住所等信息; |

| 修正后（2023年9月1日） | 修正前（2021年12月24日） |
|---|---|
| （三）诉讼请求和所根据的事实与理由；<br>（四）证据和证据来源，证人姓名和住所。 | （三）诉讼请求和所根据的事实与理由；<br>（四）证据和证据来源，证人姓名和住所。 |
| **第一百二十五条** 当事人起诉到人民法院的民事纠纷，适宜调解的，先行调解，但当事人拒绝调解的除外。 | **第一百二十五条** 当事人起诉到人民法院的民事纠纷，适宜调解的，先行调解，但当事人拒绝调解的除外。 |
| **第一百二十六条** 人民法院应当保障当事人依照法律规定享有的起诉权利。对符合本法第一百二十二条的起诉，必须受理。符合起诉条件的，应当在七日内立案，并通知当事人；不符合起诉条件的，应当在七日内作出裁定书，不予受理；原告对裁定不服的，可以提起上诉。 | **第一百二十六条** 人民法院应当保障当事人依照法律规定享有的起诉权利。对符合本法第一百二十二条的起诉，必须受理。符合起诉条件的，应当在七日内立案，并通知当事人；不符合起诉条件的，应当在七日内作出裁定书，不予受理；原告对裁定不服的，可以提起上诉。 |
| **第一百二十七条** 人民法院对下列起诉，分别情形，予以处理：<br>（一）依照行政诉讼法的规定，属于行政诉讼受案范围的，告知原告提起行政诉讼；<br>（二）依照法律规定，双方当事人达成书面仲裁协议申请仲裁、不得向人民法院起诉的，告知原告向仲裁机构申请仲裁；<br>（三）依照法律规定，应当由其他机关处理的争议，告知原告向有关机关申请解决；<br>（四）对不属于本院管辖的案件，告知原告向有管辖权的人民法院起诉；<br>（五）对判决、裁定、调解书已经发生法律效力的案件，当事人又起诉的，告知原告申请再审，但人民法院准许撤诉的裁定除外；<br>（六）依照法律规定，在一定期限内不得起诉的案件，在不得起诉的期限内起诉的，不予受理；<br>（七）判决不准离婚和调解和好的离婚案件，判决、调解维持收养关系的案件，没有新情况、新理由，原告在六个月内又起诉的，不予受理。 | **第一百二十七条** 人民法院对下列起诉，分别情形，予以处理：<br>（一）依照行政诉讼法的规定，属于行政诉讼受案范围的，告知原告提起行政诉讼；<br>（二）依照法律规定，双方当事人达成书面仲裁协议申请仲裁、不得向人民法院起诉的，告知原告向仲裁机构申请仲裁；<br>（三）依照法律规定，应当由其他机关处理的争议，告知原告向有关机关申请解决；<br>（四）对不属于本院管辖的案件，告知原告向有管辖权的人民法院起诉；<br>（五）对判决、裁定、调解书已经发生法律效力的案件，当事人又起诉的，告知原告申请再审，但人民法院准许撤诉的裁定除外；<br>（六）依照法律规定，在一定期限内不得起诉的案件，在不得起诉的期限内起诉的，不予受理；<br>（七）判决不准离婚和调解和好的离婚案件，判决、调解维持收养关系的案件，没有新情况、新理由，原告在六个月内又起诉的，不予受理。 |
| 第二节　审理前的准备 | 第二节　审理前的准备 |
| **第一百二十八条** 人民法院应当在立案之日起五日内将起诉状副本发送被告，被告应当在收到之日起十五日内提出答辩状。答辩状应当记明被告的姓名、性别、年龄、民族、职业、工作单位、住所、联系方式；法人或者其他组织的名称、住所和法定代表人或者主要负责人的姓名、职务、联系方式。人民法院应当在收到答辩状之日起五日内将答辩状副本发送原告。<br>被告不提出答辩状的，不影响人民法院审理。 | **第一百二十八条** 人民法院应当在立案之日起五日内将起诉状副本发送被告，被告应当在收到之日起十五日内提出答辩状。答辩状应当记明被告的姓名、性别、年龄、民族、职业、工作单位、住所、联系方式；法人或者其他组织的名称、住所和法定代表人或者主要负责人的姓名、职务、联系方式。人民法院应当在收到答辩状之日起五日内将答辩状副本发送原告。<br>被告不提出答辩状的，不影响人民法院审理。 |

| 修正后(2023年9月1日) | 修正前(2021年12月24日) |
|---|---|
| 第一百二十九条　人民法院对决定受理的案件,应当在受理案件通知书和应诉通知书中向当事人告知有关的诉讼权利义务,或者口头告知。 | 第一百二十九条　人民法院对决定受理的案件,应当在受理案件通知书和应诉通知书中向当事人告知有关的诉讼权利义务,或者口头告知。 |
| 第一百三十条　人民法院受理案件后,当事人对管辖权有异议的,应当在提交答辩状期间提出。人民法院对当事人提出的异议,应当审查。异议成立的,裁定将案件移送有管辖权的人民法院;异议不成立的,裁定驳回。<br>　　当事人未提出管辖异议,并应诉答辩**或者提出反诉**的,视为受诉人民法院有管辖权,但违反级别管辖和专属管辖规定的除外。 | 第一百三十条　人民法院受理案件后,当事人对管辖权有异议的,应当在提交答辩状期间提出。人民法院对当事人提出的异议,应当审查。异议成立的,裁定将案件移送有管辖权的人民法院;异议不成立的,裁定驳回。<br>　　当事人未提出管辖异议,并应诉答辩的,视为受诉人民法院有管辖权,但违反级别管辖和专属管辖规定的除外。 |
| 第一百三十一条　审判人员确定后,应当在三日内告知当事人。 | 第一百三十一条　审判人员确定后,应当在三日内告知当事人。 |
| 第一百三十二条　审判人员必须认真审核诉讼材料,调查收集必要的证据。 | 第一百三十二条　审判人员必须认真审核诉讼材料,调查收集必要的证据。 |
| 第一百三十三条　人民法院派出人员进行调查时,应当向被调查人出示证件。<br>　　调查笔录经被调查人校阅后,由被调查人、调查人签名或者盖章。 | 第一百三十三条　人民法院派出人员进行调查时,应当向被调查人出示证件。<br>　　调查笔录经被调查人校阅后,由被调查人、调查人签名或者盖章。 |
| 第一百三十四条　人民法院在必要时可以委托外地人民法院调查。<br>　　委托调查,必须提出明确的项目和要求。受委托人民法院可以主动补充调查。<br>　　受委托人民法院收到委托书后,应当在三十日内完成调查。因故不能完成的,应当在上述期限内函告委托人民法院。 | 第一百三十四条　人民法院在必要时可以委托外地人民法院调查。<br>　　委托调查,必须提出明确的项目和要求。受委托人民法院可以主动补充调查。<br>　　受委托人民法院收到委托书后,应当在三十日内完成调查。因故不能完成的,应当在上述期限内函告委托人民法院。 |
| 第一百三十五条　必须共同进行诉讼的当事人没有参加诉讼的,人民法院应当通知其参加诉讼。 | 第一百三十五条　必须共同进行诉讼的当事人没有参加诉讼的,人民法院应当通知其参加诉讼。 |
| 第一百三十六条　人民法院对受理的案件,分别情形,予以处理:<br>　　(一)当事人没有争议,符合督促程序规定条件的,可以转入督促程序;<br>　　(二)开庭前可以调解的,采取调解方式及时解决纠纷;<br>　　(三)根据案件情况,确定适用简易程序或者普通程序;<br>　　(四)需要开庭审理的,通过要求当事人交换证据等方式,明确争议焦点。 | 第一百三十六条　人民法院对受理的案件,分别情形,予以处理:<br>　　(一)当事人没有争议,符合督促程序规定条件的,可以转入督促程序;<br>　　(二)开庭前可以调解的,采取调解方式及时解决纠纷;<br>　　(三)根据案件情况,确定适用简易程序或者普通程序;<br>　　(四)需要开庭审理的,通过要求当事人交换证据等方式,明确争议焦点。 |

| 修正后(2023年9月1日) | 修正前(2021年12月24日) |
|---|---|
| 第三节　开庭审理 | 第三节　开庭审理 |
| 　　第一百三十七条　人民法院审理民事案件,除涉及国家秘密、个人隐私或者法律另有规定的以外,应当公开进行。<br>　　离婚案件,涉及商业秘密的案件,当事人申请不公开审理的,可以不公开审理。 | 　　第一百三十七条　人民法院审理民事案件,除涉及国家秘密、个人隐私或者法律另有规定的以外,应当公开进行。<br>　　离婚案件,涉及商业秘密的案件,当事人申请不公开审理的,可以不公开审理。 |
| 　　第一百三十八条　人民法院审理民事案件,根据需要进行巡回审理,就地办案。 | 　　第一百三十八条　人民法院审理民事案件,根据需要进行巡回审理,就地办案。 |
| 　　第一百三十九条　人民法院审理民事案件,应当在开庭三日前通知当事人和其他诉讼参与人。公开审理的,应当公告当事人姓名、案由和开庭的时间、地点。 | 　　第一百三十九条　人民法院审理民事案件,应当在开庭三日前通知当事人和其他诉讼参与人。公开审理的,应当公告当事人姓名、案由和开庭的时间、地点。 |
| 　　第一百四十条　开庭审理前,书记员应当查明当事人和其他诉讼参与人是否到庭,宣布法庭纪律。<br>　　开庭审理时,由审判长或者独任审判员核对当事人,宣布案由,宣布审判人员、**法官助理**、书记员**等**的名单,告知当事人有关的诉讼权利义务,询问当事人是否提出回避申请。 | 　　第一百四十条　开庭审理前,书记员应当查明当事人和其他诉讼参与人是否到庭,宣布法庭纪律。<br>　　开庭审理时,由审判长或者独任审判员核对当事人,宣布案由,宣布审判人员、书记员名单,告知当事人有关的诉讼权利义务,询问当事人是否提出回避申请。 |
| 　　第一百四十一条　法庭调查按照下列顺序进行:<br>　　(一)当事人陈述;<br>　　(二)告知证人的权利义务,证人作证,宣读未到庭的证人证言;<br>　　(三)出示书证、物证、视听资料和电子数据;<br>　　(四)宣读鉴定意见;<br>　　(五)宣读勘验笔录。 | 　　第一百四十一条　法庭调查按照下列顺序进行:<br>　　(一)当事人陈述;<br>　　(二)告知证人的权利义务,证人作证,宣读未到庭的证人证言;<br>　　(三)出示书证、物证、视听资料和电子数据;<br>　　(四)宣读鉴定意见;<br>　　(五)宣读勘验笔录。 |
| 　　第一百四十二条　当事人在法庭上可以提出新的证据。<br>　　当事人经法庭许可,可以向证人、鉴定人、勘验人发问。<br>　　当事人要求重新进行调查、鉴定或者勘验的,是否准许,由人民法院决定。 | 　　第一百四十二条　当事人在法庭上可以提出新的证据。<br>　　当事人经法庭许可,可以向证人、鉴定人、勘验人发问。<br>　　当事人要求重新进行调查、鉴定或者勘验的,是否准许,由人民法院决定。 |
| 　　第一百四十三条　原告增加诉讼请求,被告提出反诉,第三人提出与本案有关的诉讼请求,可以合并审理。 | 　　第一百四十三条　原告增加诉讼请求,被告提出反诉,第三人提出与本案有关的诉讼请求,可以合并审理。 |
| 　　第一百四十四条　法庭辩论按照下列顺序进行:<br>　　(一)原告及其诉讼代理人发言;<br>　　(二)被告及其诉讼代理人答辩;<br>　　(三)第三人及其诉讼代理人发言或者答辩;<br>　　(四)互相辩论。 | 　　第一百四十四条　法庭辩论按照下列顺序进行:<br>　　(一)原告及其诉讼代理人发言;<br>　　(二)被告及其诉讼代理人答辩;<br>　　(三)第三人及其诉讼代理人发言或者答辩;<br>　　(四)互相辩论。 |

| 修正后(2023年9月1日) | 修正前(2021年12月24日) |
|---|---|
| 法庭辩论终结,由审判长或者独任审判员按照原告、被告、第三人的先后顺序征询各方最后意见。 | 法庭辩论终结,由审判长或者独任审判员按照原告、被告、第三人的先后顺序征询各方最后意见。 |
| 第一百四十五条 法庭辩论终结,应当依法作出判决。判决前能够调解的,还可以进行调解,调解不成的,应当及时判决。 | 第一百四十五条 法庭辩论终结,应当依法作出判决。判决前能够调解的,还可以进行调解,调解不成的,应当及时判决。 |
| 第一百四十六条 原告经传票传唤,无正当理由拒不到庭的,或者未经法庭许可中途退庭的,可以按撤诉处理;被告反诉的,可以缺席判决。 | 第一百四十六条 原告经传票传唤,无正当理由拒不到庭的,或者未经法庭许可中途退庭的,可以按撤诉处理;被告反诉的,可以缺席判决。 |
| 第一百四十七条 被告经传票传唤,无正当理由拒不到庭的,或者未经法庭许可中途退庭的,可以缺席判决。 | 第一百四十七条 被告经传票传唤,无正当理由拒不到庭的,或者未经法庭许可中途退庭的,可以缺席判决。 |
| 第一百四十八条 宣判前,原告申请撤诉的,是否准许,由人民法院裁定。<br>人民法院裁定不准许撤诉的,原告经传票传唤,无正当理由拒不到庭的,可以缺席判决。 | 第一百四十八条 宣判前,原告申请撤诉的,是否准许,由人民法院裁定。<br>人民法院裁定不准许撤诉的,原告经传票传唤,无正当理由拒不到庭的,可以缺席判决。 |
| 第一百四十九条 有下列情形之一的,可以延期开庭审理:<br>(一)必须到庭的当事人和其他诉讼参与人有正当理由没有到庭的;<br>(二)当事人临时提出回避申请的;<br>(三)需要通知新的证人到庭,调取新的证据,重新鉴定、勘验,或者需要补充调查的;<br>(四)其他应当延期的情形。 | 第一百四十九条 有下列情形之一的,可以延期开庭审理:<br>(一)必须到庭的当事人和其他诉讼参与人有正当理由没有到庭的;<br>(二)当事人临时提出回避申请的;<br>(三)需要通知新的证人到庭,调取新的证据,重新鉴定、勘验,或者需要补充调查的;<br>(四)其他应当延期的情形。 |
| 第一百五十条 书记员应当将法庭审理的全部活动记入笔录,由审判人员和书记员签名。<br>法庭笔录应当当庭宣读,也可以告知当事人和其他诉讼参与人当庭或者在五日内阅读。当事人和其他诉讼参与人认为对自己的陈述记录有遗漏或者差错的,有权申请补正。如果不予补正,应当将申请记录在案。<br>法庭笔录由当事人和其他诉讼参与人签名或者盖章。拒绝签名盖章的,记明情况附卷。 | 第一百五十条 书记员应当将法庭审理的全部活动记入笔录,由审判人员和书记员签名。<br>法庭笔录应当当庭宣读,也可以告知当事人和其他诉讼参与人当庭或者在五日内阅读。当事人和其他诉讼参与人认为对自己的陈述记录有遗漏或者差错的,有权申请补正。如果不予补正,应当将申请记录在案。<br>法庭笔录由当事人和其他诉讼参与人签名或者盖章。拒绝签名盖章的,记明情况附卷。 |
| 第一百五十一条 人民法院对公开审理或者不公开审理的案件,一律公开宣告判决。<br>当庭宣判的,应当在十日内发送判决书;定期宣判的,宣判后立即发给判决书。<br>宣告判决时,必须告知当事人上诉权利、上诉期限和上诉的法院。 | 第一百五十一条 人民法院对公开审理或者不公开审理的案件,一律公开宣告判决。<br>当庭宣判的,应当在十日内发送判决书;定期宣判的,宣判后立即发给判决书。<br>宣告判决时,必须告知当事人上诉权利、上诉期限和上诉的法院。 |

| 修正后(2023年9月1日) | 修正前(2021年12月24日) |
| --- | --- |
| 宣告离婚判决,必须告知当事人在判决发生法律效力前不得另行结婚。 | 宣告离婚判决,必须告知当事人在判决发生法律效力前不得另行结婚。 |
| **第一百五十二条** 人民法院适用普通程序审理的案件,应当在立案之日起六个月内审结。有特殊情况需要延长的,经本院院长批准,可以延长六个月;还需要延长的,报请上级人民法院批准。 | **第一百五十二条** 人民法院适用普通程序审理的案件,应当在立案之日起六个月内审结。有特殊情况需要延长的,经本院院长批准,可以延长六个月;还需要延长的,报请上级人民法院批准。 |
| 第四节 诉讼中止和终结 | 第四节 诉讼中止和终结 |
| **第一百五十三条** 有下列情形之一的,中止诉讼:<br>(一)一方当事人死亡,需要等待继承人表明是否参加诉讼的;<br>(二)一方当事人丧失诉讼行为能力,尚未确定法定代理人的;<br>(三)作为一方当事人的法人或者其他组织终止,尚未确定权利义务承受人的;<br>(四)一方当事人因不可抗拒的事由,不能参加诉讼的;<br>(五)本案必须以另一案的审理结果为依据,而另一案尚未审结的;<br>(六)其他应当中止诉讼的情形。<br>中止诉讼的原因消除后,恢复诉讼。 | **第一百五十三条** 有下列情形之一的,中止诉讼:<br>(一)一方当事人死亡,需要等待继承人表明是否参加诉讼的;<br>(二)一方当事人丧失诉讼行为能力,尚未确定法定代理人的;<br>(三)作为一方当事人的法人或者其他组织终止,尚未确定权利义务承受人的;<br>(四)一方当事人因不可抗拒的事由,不能参加诉讼的;<br>(五)本案必须以另一案的审理结果为依据,而另一案尚未审结的;<br>(六)其他应当中止诉讼的情形。<br>中止诉讼的原因消除后,恢复诉讼。 |
| **第一百五十四条** 有下列情形之一的,终结诉讼:<br>(一)原告死亡,没有继承人,或者继承人放弃诉讼权利的;<br>(二)被告死亡,没有遗产,也没有应当承担义务的人的;<br>(三)离婚案件一方当事人死亡的;<br>(四)追索赡养费、扶养费、抚养费以及解除收养关系案件的一方当事人死亡的。 | **第一百五十四条** 有下列情形之一的,终结诉讼:<br>(一)原告死亡,没有继承人,或者继承人放弃诉讼权利的;<br>(二)被告死亡,没有遗产,也没有应当承担义务的人的;<br>(三)离婚案件一方当事人死亡的;<br>(四)追索赡养费、扶养费、抚养费以及解除收养关系案件的一方当事人死亡的。 |
| 第五节 判决和裁定 | 第五节 判决和裁定 |
| **第一百五十五条** 判决书应当写明判决结果和作出该判决的理由。判决书内容包括:<br>(一)案由、诉讼请求、争议的事实和理由;<br>(二)判决认定的事实和理由、适用的法律和理由;<br>(三)判决结果和诉讼费用的负担;<br>(四)上诉期间和上诉的法院。<br>判决书由审判人员、书记员署名,加盖人民法院印章。 | **第一百五十五条** 判决书应当写明判决结果和作出该判决的理由。判决书内容包括:<br>(一)案由、诉讼请求、争议的事实和理由;<br>(二)判决认定的事实和理由、适用的法律和理由;<br>(三)判决结果和诉讼费用的负担;<br>(四)上诉期间和上诉的法院。<br>判决书由审判人员、书记员署名,加盖人民法院印章。 |

| 修正后（2023 年 9 月 1 日） | 修正前（2021 年 12 月 24 日） |
| --- | --- |
| 第一百五十六条　人民法院审理案件，其中一部分事实已经清楚，可以就该部分先行判决。 | 第一百五十六条　人民法院审理案件，其中一部分事实已经清楚，可以就该部分先行判决。 |
| 第一百五十七条　裁定适用于下列范围：<br>（一）不予受理；<br>（二）对管辖权有异议的；<br>（三）驳回起诉；<br>（四）保全和先予执行；<br>（五）准许或者不准许撤诉；<br>（六）中止或者终结诉讼；<br>（七）补正判决书中的笔误；<br>（八）中止或者终结执行；<br>（九）撤销或者不予执行仲裁裁决；<br>（十）不予执行公证机关赋予强制执行效力的债权文书；<br>（十一）其他需要裁定解决的事项。<br>对前款第一项至第三项裁定，可以上诉。<br>裁定书应当写明裁定结果和作出该裁定的理由。裁定书由审判人员、书记员署名，加盖人民法院印章。口头裁定的，记入笔录。 | 第一百五十七条　裁定适用于下列范围：<br>（一）不予受理；<br>（二）对管辖权有异议的；<br>（三）驳回起诉；<br>（四）保全和先予执行；<br>（五）准许或者不准许撤诉；<br>（六）中止或者终结诉讼；<br>（七）补正判决书中的笔误；<br>（八）中止或者终结执行；<br>（九）撤销或者不予执行仲裁裁决；<br>（十）不予执行公证机关赋予强制执行效力的债权文书；<br>（十一）其他需要裁定解决的事项。<br>对前款第一项至第三项裁定，可以上诉。<br>裁定书应当写明裁定结果和作出该裁定的理由。裁定书由审判人员、书记员署名，加盖人民法院印章。口头裁定的，记入笔录。 |
| 第一百五十八条　最高人民法院的判决、裁定，以及依法不准上诉或者超过上诉期没有上诉的判决、裁定，是发生法律效力的判决、裁定。 | 第一百五十八条　最高人民法院的判决、裁定，以及依法不准上诉或者超过上诉期没有上诉的判决、裁定，是发生法律效力的判决、裁定。 |
| 第一百五十九条　公众可以查阅发生法律效力的判决书、裁定书，但涉及国家秘密、商业秘密和个人隐私的内容除外。 | 第一百五十九条　公众可以查阅发生法律效力的判决书、裁定书，但涉及国家秘密、商业秘密和个人隐私的内容除外。 |
| 第十三章　简易程序 | 第十三章　简易程序 |
| 第一百六十条　基层人民法院和它派出的法庭审理事实清楚、权利义务关系明确、争议不大的简单的民事案件，适用本章规定。<br>基层人民法院和它派出的法庭审理前款规定以外的民事案件，当事人双方也可以约定适用简易程序。 | 第一百六十条　基层人民法院和它派出的法庭审理事实清楚、权利义务关系明确、争议不大的简单的民事案件，适用本章规定。<br>基层人民法院和它派出的法庭审理前款规定以外的民事案件，当事人双方也可以约定适用简易程序。 |
| 第一百六十一条　对简单的民事案件，原告可以口头起诉。<br>当事人双方可以同时到基层人民法院或者它派出的法庭，请求解决纠纷。基层人民法院或者它派出的法庭可以当即审理，也可以另定日期审理。 | 第一百六十一条　对简单的民事案件，原告可以口头起诉。<br>当事人双方可以同时到基层人民法院或者它派出的法庭，请求解决纠纷。基层人民法院或者它派出的法庭可以当即审理，也可以另定日期审理。 |

| 修正后（2023年9月1日） | 修正前（2021年12月24日） |
| --- | --- |
| 第一百六十二条　基层人民法院和它派出的法庭审理简单的民事案件，可以用简便方式传唤当事人和证人、送达诉讼文书、审理案件，但应当保障当事人陈述意见的权利。 | 第一百六十二条　基层人民法院和它派出的法庭审理简单的民事案件，可以用简便方式传唤当事人和证人、送达诉讼文书、审理案件，但应当保障当事人陈述意见的权利。 |
| 第一百六十三条　简单的民事案件由审判员一人独任审理，并不受本法第一百三十九条、第一百四十一条、第一百四十四条规定的限制。 | 第一百六十三条　简单的民事案件由审判员一人独任审理，并不受本法第一百三十九条、第一百四十一条、第一百四十四条规定的限制。 |
| 第一百六十四条　人民法院适用简易程序审理案件，应当在立案之日起三个月内审结。有特殊情况需要延长的，经本院院长批准，可以延长一个月。 | 第一百六十四条　人民法院适用简易程序审理案件，应当在立案之日起三个月内审结。有特殊情况需要延长的，经本院院长批准，可以延长一个月。 |
| 第一百六十五条　基层人民法院和它派出的法庭审理事实清楚、权利义务关系明确、争议不大的简单金钱给付民事案件，标的额为各省、自治区、直辖市上年度就业人员年平均工资百分之五十以下的，适用小额诉讼的程序审理，实行一审终审。<br>基层人民法院和它派出的法庭审理前款规定的民事案件，标的额超过各省、自治区、直辖市上年度就业人员年平均工资百分之五十但在二倍以下的，当事人双方也可以约定适用小额诉讼的程序。 | 第一百六十五条　基层人民法院和它派出的法庭审理事实清楚、权利义务关系明确、争议不大的简单金钱给付民事案件，标的额为各省、自治区、直辖市上年度就业人员年平均工资百分之五十以下的，适用小额诉讼的程序审理，实行一审终审。<br>基层人民法院和它派出的法庭审理前款规定的民事案件，标的额超过各省、自治区、直辖市上年度就业人员年平均工资百分之五十但在二倍以下的，当事人双方也可以约定适用小额诉讼的程序。 |
| 第一百六十六条　人民法院审理下列民事案件，不适用小额诉讼的程序：<br>（一）人身关系、财产确权案件；<br>（二）涉外案件；<br>（三）需要评估、鉴定或者对诉前评估、鉴定结果有异议的案件；<br>（四）一方当事人下落不明的案件；<br>（五）当事人提出反诉的案件；<br>（六）其他不宜适用小额诉讼的程序审理的案件。 | 第一百六十六条　人民法院审理下列民事案件，不适用小额诉讼的程序：<br>（一）人身关系、财产确权案件；<br>（二）涉外案件；<br>（三）需要评估、鉴定或者对诉前评估、鉴定结果有异议的案件；<br>（四）一方当事人下落不明的案件；<br>（五）当事人提出反诉的案件；<br>（六）其他不宜适用小额诉讼的程序审理的案件。 |
| 第一百六十七条　人民法院适用小额诉讼的程序审理案件，可以一次开庭审结并且当庭宣判。 | 第一百六十七条　人民法院适用小额诉讼的程序审理案件，可以一次开庭审结并且当庭宣判。 |
| 第一百六十八条　人民法院适用小额诉讼的程序审理案件，应当在立案之日起两个月内审结。有特殊情况需要延长的，经本院院长批准，可以延长一个月。 | 第一百六十八条　人民法院适用小额诉讼的程序审理案件，应当在立案之日起两个月内审结。有特殊情况需要延长的，经本院院长批准，可以延长一个月。 |
| 第一百六十九条　人民法院在审理过程中，发现案件不宜适用小额诉讼的程序的，应当适用简易程序的其他规定审理或者裁定转为普通程序。 | 第一百六十九条　人民法院在审理过程中，发现案件不宜适用小额诉讼的程序的，应当适用简易程序的其他规定审理或者裁定转为普通程序。 |

| 修正后（2023年9月1日） | 修正前（2021年12月24日） |
|---|---|
| 当事人认为案件适用小额诉讼的程序审理违反法律规定的，可以向人民法院提出异议。人民法院对当事人提出的异议应当审查，异议成立的，应当适用简易程序的其他规定审理或者裁定转为普通程序；异议不成立的，裁定驳回。 | 当事人认为案件适用小额诉讼的程序审理违反法律规定的，可以向人民法院提出异议。人民法院对当事人提出的异议应当审查，异议成立的，应当适用简易程序的其他规定审理或者裁定转为普通程序；异议不成立的，裁定驳回。 |
| **第一百七十条** 人民法院在审理过程中，发现案件不宜适用简易程序的，裁定转为普通程序。 | **第一百七十条** 人民法院在审理过程中，发现案件不宜适用简易程序的，裁定转为普通程序。 |
| 第十四章　第二审程序 | 第十四章　第二审程序 |
| **第一百七十一条** 当事人不服地方人民法院第一审判决的，有权在判决书送达之日起十五日内向上一级人民法院提起上诉。<br>当事人不服地方人民法院第一审裁定的，有权在裁定书送达之日起十日内向上一级人民法院提起上诉。 | **第一百七十一条** 当事人不服地方人民法院第一审判决的，有权在判决书送达之日起十五日内向上一级人民法院提起上诉。<br>当事人不服地方人民法院第一审裁定的，有权在裁定书送达之日起十日内向上一级人民法院提起上诉。 |
| **第一百七十二条** 上诉应当递交上诉状。上诉状的内容，应当包括当事人的姓名，法人的名称及其法定代表人的姓名或者其他组织的名称及其主要负责人的姓名；原审人民法院名称、案件的编号和案由；上诉的请求和理由。 | **第一百七十二条** 上诉应当递交上诉状。上诉状的内容，应当包括当事人的姓名，法人的名称及其法定代表人的姓名或者其他组织的名称及其主要负责人的姓名；原审人民法院名称、案件的编号和案由；上诉的请求和理由。 |
| **第一百七十三条** 上诉状应当通过原审人民法院提出，并按照对方当事人或者代表人的人数提出副本。<br>当事人直接向第二审人民法院上诉的，第二审人民法院应当在五日内将上诉状移交原审人民法院。 | **第一百七十三条** 上诉状应当通过原审人民法院提出，并按照对方当事人或者代表人的人数提出副本。<br>当事人直接向第二审人民法院上诉的，第二审人民法院应当在五日内将上诉状移交原审人民法院。 |
| **第一百七十四条** 原审人民法院收到上诉状，应当在五日内将上诉状副本送达对方当事人，对方当事人在收到之日起十五日内提出答辩状。人民法院应当在收到答辩状之日起五日内将副本送达上诉人。对方当事人不提出答辩状的，不影响人民法院审理。<br>原审人民法院收到上诉状、答辩状，应当在五日内连同全部案卷和证据，报送第二审人民法院。 | **第一百七十四条** 原审人民法院收到上诉状，应当在五日内将上诉状副本送达对方当事人，对方当事人在收到之日起十五日内提出答辩状。人民法院应当在收到答辩状之日起五日内将副本送达上诉人。对方当事人不提出答辩状的，不影响人民法院审理。<br>原审人民法院收到上诉状、答辩状，应当在五日内连同全部案卷和证据，报送第二审人民法院。 |
| **第一百七十五条** 第二审人民法院应当对上诉请求的有关事实和适用法律进行审查。 | **第一百七十五条** 第二审人民法院应当对上诉请求的有关事实和适用法律进行审查。 |
| **第一百七十六条** 第二审人民法院对上诉案件应当开庭审理。经过阅卷、调查和询问当事人，对没有提出新的事实、证据或者理由，人民法院认为不需要开庭审理的，可以不开庭审理。<br>第二审人民法院审理上诉案件，可以在本院进行，也可以到案件发生地或者原审人民法院所在地进行。 | **第一百七十六条** 第二审人民法院对上诉案件应当开庭审理。经过阅卷、调查和询问当事人，对没有提出新的事实、证据或者理由，人民法院认为不需要开庭审理的，可以不开庭审理。<br>第二审人民法院审理上诉案件，可以在本院进行，也可以到案件发生地或者原审人民法院所在地进行。 |

| 修正后(2023年9月1日) | 修正前(2021年12月24日) |
|---|---|
| 第一百七十七条　第二审人民法院对上诉案件,经过审理,按照下列情形,分别处理:<br>(一)原判决、裁定认定事实清楚,适用法律正确的,以判决、裁定方式驳回上诉,维持原判决、裁定;<br>(二)原判决、裁定认定事实错误或者适用法律错误的,以判决、裁定方式依法改判、撤销或者变更;<br>(三)原判决认定基本事实不清的,裁定撤销原判决,发回原审人民法院重审,或者查清事实后改判;<br>(四)原判决遗漏当事人或者违法缺席判决等严重违反法定程序的,裁定撤销原判决,发回原审人民法院重审。<br>原审人民法院对发回重审的案件作出判决后,当事人提起上诉的,第二审人民法院不得再次发回重审。 | 第一百七十七条　第二审人民法院对上诉案件,经过审理,按照下列情形,分别处理:<br>(一)原判决、裁定认定事实清楚,适用法律正确的,以判决、裁定方式驳回上诉,维持原判决、裁定;<br>(二)原判决、裁定认定事实错误或者适用法律错误的,以判决、裁定方式依法改判、撤销或者变更;<br>(三)原判决认定基本事实不清的,裁定撤销原判决,发回原审人民法院重审,或者查清事实后改判;<br>(四)原判决遗漏当事人或者违法缺席判决等严重违反法定程序的,裁定撤销原判决,发回原审人民法院重审。<br>原审人民法院对发回重审的案件作出判决后,当事人提起上诉的,第二审人民法院不得再次发回重审。 |
| 第一百七十八条　第二审人民法院对不服第一审人民法院裁定的上诉案件的处理,一律使用裁定。 | 第一百七十八条　第二审人民法院对不服第一审人民法院裁定的上诉案件的处理,一律使用裁定。 |
| 第一百七十九条　第二审人民法院审理上诉案件,可以进行调解。调解达成协议,应当制作调解书,由审判人员、书记员署名,加盖人民法院印章。调解书送达后,原审人民法院的判决即视为撤销。 | 第一百七十九条　第二审人民法院审理上诉案件,可以进行调解。调解达成协议,应当制作调解书,由审判人员、书记员署名,加盖人民法院印章。调解书送达后,原审人民法院的判决即视为撤销。 |
| 第一百八十条　第二审人民法院判决宣告前,上诉人申请撤回上诉的,是否准许,由第二审人民法院裁定。 | 第一百八十条　第二审人民法院判决宣告前,上诉人申请撤回上诉的,是否准许,由第二审人民法院裁定。 |
| 第一百八十一条　第二审人民法院审理上诉案件,除依照本章规定外,适用第一审普通程序。 | 第一百八十一条　第二审人民法院审理上诉案件,除依照本章规定外,适用第一审普通程序。 |
| 第一百八十二条　第二审人民法院的判决、裁定,是终审的判决、裁定。 | 第一百八十二条　第二审人民法院的判决、裁定,是终审的判决、裁定。 |
| 第一百八十三条　人民法院审理对判决的上诉案件,应当在第二审立案之日起三个月内审结。有特殊情况需要延长的,由本院院长批准。<br>人民法院审理对裁定的上诉案件,应当在第二审立案之日起三十日内作出终审裁定。 | 第一百八十三条　人民法院审理对判决的上诉案件,应当在第二审立案之日起三个月内审结。有特殊情况需要延长的,由本院院长批准。<br>人民法院审理对裁定的上诉案件,应当在第二审立案之日起三十日内作出终审裁定。 |
| 第十五章　特别程序 | 第十五章　特别程序 |
| 第一节　一般规定 | 第一节　一般规定 |
| 第一百八十四条　人民法院审理选民资格案件、宣告失踪或者宣告死亡案件、**指定遗产管理人案件**、认定公民无民事行为能力或者限制民事行为能力案件、认定财产无主案件、确认调解协议案件和实现担保物权案件,适用本章规定。本章没有规定的,适用本法和其他法律的有关规定。 | 第一百八十四条　人民法院审理选民资格案件、宣告失踪或者宣告死亡案件、认定公民无民事行为能力或者限制民事行为能力案件、认定财产无主案件、确认调解协议案件和实现担保物权案件,适用本章规定。本章没有规定的,适用本法和其他法律的有关规定。 |

| 修正后（2023年9月1日） | 修正前（2021年12月24日） |
|---|---|
| **第一百八十五条** 依照本章程序审理的案件,实行一审终审。选民资格案件或者重大、疑难的案件,由审判员组成合议庭审理;其他案件由审判员一人独任审理。 | **第一百八十五条** 依照本章程序审理的案件,实行一审终审。选民资格案件或者重大、疑难的案件,由审判员组成合议庭审理;其他案件由审判员一人独任审理。 |
| **第一百八十六条** 人民法院在依照本章程序审理案件的过程中, | **第一百八十六条** 人民法院在依照本章程序审理案件的过程中, |
| 发现本案属于民事权益争议的,应当裁定终结特别程序,并告知利害关系人可以另行起诉。 | 发现本案属于民事权益争议的,应当裁定终结特别程序,并告知利害关系人可以另行起诉。 |
| **第一百八十七条** 人民法院适用特别程序审理的案件,应当在立案之日起三十日内或者公告期满后三十日内审结。有特殊情况需要延长的,由本院院长批准。但审理选民资格的案件除外。 | **第一百八十七条** 人民法院适用特别程序审理的案件,应当在立案之日起三十日内或者公告期满后三十日内审结。有特殊情况需要延长的,由本院院长批准。但审理选民资格的案件除外。 |
| 第二节　选民资格案件 | 第二节　选民资格案件 |
| **第一百八十八条** 公民不服选举委员会对选民资格的申诉所作的处理决定,可以在选举日的五日以前向选区所在地基层人民法院起诉。 | **第一百八十八条** 公民不服选举委员会对选民资格的申诉所作的处理决定,可以在选举日的五日以前向选区所在地基层人民法院起诉。 |
| **第一百八十九条** 人民法院受理选民资格案件后,必须在选举日前审结。<br>审理时,起诉人、选举委员会的代表和有关公民必须参加。<br>人民法院的判决书,应当在选举日前送达选举委员会和起诉人,并通知有关公民。 | **第一百八十九条** 人民法院受理选民资格案件后,必须在选举日前审结。<br>审理时,起诉人、选举委员会的代表和有关公民必须参加。<br>人民法院的判决书,应当在选举日前送达选举委员会和起诉人,并通知有关公民。 |
| 第三节　宣告失踪、宣告死亡案件 | 第三节　宣告失踪、宣告死亡案件 |
| **第一百九十条** 公民下落不明满二年,利害关系人申请宣告其失踪的,向下落不明人住所地基层人民法院提出。<br>申请书应当写明失踪的事实、时间和请求,并附有公安机关或者其他有关机关关于该公民下落不明的书面证明。 | **第一百九十条** 公民下落不明满二年,利害关系人申请宣告其失踪的,向下落不明人住所地基层人民法院提出。<br>申请书应当写明失踪的事实、时间和请求,并附有公安机关或者其他有关机关关于该公民下落不明的书面证明。 |
| **第一百九十一条** 公民下落不明满四年,或者因意外事件下落不明满二年,或者因意外事件下落不明,经有关机关证明该公民不可能生存,利害关系人申请宣告其死亡的,向下落不明人住所地基层人民法院提出。<br>申请书应当写明下落不明的事实、时间和请求,并附有公安机关或者其他有关机关关于该公民下落不明的书面证明。 | **第一百九十一条** 公民下落不明满四年,或者因意外事件下落不明满二年,或者因意外事件下落不明,经有关机关证明该公民不可能生存,利害关系人申请宣告其死亡的,向下落不明人住所地基层人民法院提出。<br>申请书应当写明下落不明的事实、时间和请求,并附有公安机关或者其他有关机关关于该公民下落不明的书面证明。 |

| 修正后（2023年9月1日） | 修正前（2021年12月24日） |
| --- | --- |
| **第一百九十二条** 人民法院受理宣告失踪、宣告死亡案件后，应当发出寻找下落不明人的公告。宣告失踪的公告期间为三个月，宣告死亡的公告期间为一年。因意外事件下落不明，经有关机关证明该公民不可能生存的，宣告死亡的公告期间为三个月。<br>公告期间届满，人民法院应当根据被宣告失踪、宣告死亡的事实是否得到确认，作出宣告失踪、宣告死亡的判决或者驳回申请的判决。 | **第一百九十二条** 人民法院受理宣告失踪、宣告死亡案件后，应当发出寻找下落不明人的公告。宣告失踪的公告期间为三个月，宣告死亡的公告期间为一年。因意外事件下落不明，经有关机关证明该公民不可能生存的，宣告死亡的公告期间为三个月。<br>公告期间届满，人民法院应当根据被宣告失踪、宣告死亡的事实是否得到确认，作出宣告失踪、宣告死亡的判决或者驳回申请的判决。 |
| **第一百九十三条** 被宣告失踪、宣告死亡的公民重新出现，经本人或者利害关系人申请，人民法院应当作出新判决，撤销原判决。 | **第一百九十三条** 被宣告失踪、宣告死亡的公民重新出现，经本人或者利害关系人申请，人民法院应当作出新判决，撤销原判决。 |
| 第四节 指定遗产管理人案件 | |
| **第一百九十四条** 对遗产管理人的确定有争议，利害关系人申请指定遗产管理人的，向被继承人死亡时住所地或者主要遗产所在地基层人民法院提出。<br>申请书应当写明被继承人死亡的时间、申请事由和具体请求，并附有被继承人死亡的相关证据。 | |
| **第一百九十五条** 人民法院受理申请后，应当审查核实，并按照有利于遗产管理的原则，判决指定遗产管理人。 | |
| **第一百九十六条** 被指定的遗产管理人死亡、终止、丧失民事行为能力或者存在其他无法继续履行遗产管理职责情形的，人民法院可以根据利害关系人或者本人的申请另行指定遗产管理人。 | |
| **第一百九十七条** 遗产管理人违反遗产管理职责，严重侵害继承人、受遗赠人或者债权人合法权益的，人民法院可以根据利害关系人的申请，撤销其遗产管理人资格，并依法指定新的遗产管理人。 | |
| 第五节 认定公民无民事行为能力、限制民事行为能力案件 | 第四节 认定公民无民事行为能力、限制民事行为能力案件 |
| **第一百九十八条** 申请认定公民无民事行为能力或者限制民事行为能力，由利害关系人或者有关组织向该公民住所地基层人民法院提出。<br>申请书应当写明该公民无民事行为能力或者限制民事行为能力的事实和根据。 | **第一百九十四条** 申请认定公民无民事行为能力或者限制民事行为能力，由利害关系人或者有关组织向该公民住所地基层人民法院提出。<br>申请书应当写明该公民无民事行为能力或者限制民事行为能力的事实和根据。 |

| 修正后(2023年9月1日) | 修正前(2021年12月24日) |
|---|---|
| **第一百九十九条** 人民法院受理申请后,必要时应当对被请求认定为无民事行为能力或者限制民事行为能力的公民进行鉴定。申请人已提供鉴定意见的,应当对鉴定意见进行审查。 | **第一百九十五条** 人民法院受理申请后,必要时应当对被请求认定为无民事行为能力或者限制民事行为能力的公民进行鉴定。申请人已提供鉴定意见的,应当对鉴定意见进行审查。 |
| **第二百条** 人民法院审理认定公民无民事行为能力或者限制民事行为能力的案件,应当由该公民的近亲属为代理人,但申请人除外。近亲属互相推诿的,由人民法院指定其中一人为代理人。该公民健康情况许可的,还应当询问本人的意见。<br>人民法院经审理认定申请有事实根据的,判决该公民为无民事行为能力或者限制民事行为能力人;认定申请没有事实根据的,应当判决予以驳回。 | **第一百九十六条** 人民法院审理认定公民无民事行为能力或者限制民事行为能力的案件,应当由该公民的近亲属为代理人,但申请人除外。近亲属互相推诿的,由人民法院指定其中一人为代理人。该公民健康情况许可的,还应当询问本人的意见。<br>人民法院经审理认定申请有事实根据的,判决该公民为无民事行为能力或者限制民事行为能力人;认定申请没有事实根据的,应当判决予以驳回。 |
| **第二百零一条** 人民法院根据被认定为无民事行为能力人、限制民事行为能力人本人、利害关系人或者有关组织的申请,证实该公民无民事行为能力或者限制民事行为能力的原因已经消除,应当作出新判决,撤销原判决。 | **第一百九十七条** 人民法院根据被认定为无民事行为能力人、限制民事行为能力人本人、利害关系人或者有关组织的申请,证实该公民无民事行为能力或者限制民事行为能力的原因已经消除,应当作出新判决,撤销原判决。 |
| 第六节 认定财产无主案件 | 第五节 认定财产无主案件 |
| **第二百零二条** 申请认定财产无主,由公民、法人或者其他组织向财产所在地基层人民法院提出。<br>申请书应当写明财产的种类、数量以及要求认定财产无主的根据。 | **第一百九十八条** 申请认定财产无主,由公民、法人或者其他组织向财产所在地基层人民法院提出。<br>申请书应当写明财产的种类、数量以及要求认定财产无主的根据。 |
| **第二百零三条** 人民法院受理申请后,经审查核实,应当发出财产认领公告。公告满一年无人认领的,判决认定财产无主,收归国家或者集体所有。 | **第一百九十九条** 人民法院受理申请后,经审查核实,应当发出财产认领公告。公告满一年无人认领的,判决认定财产无主,收归国家或者集体所有。 |
| **第二百零四条** 判决认定财产无主后,原财产所有人或者继承人出现,在民法典规定的诉讼时效期间可以对财产提出请求,人民法院审查属实后,应当作出新判决,撤销原判决。 | **第二百条** 判决认定财产无主后,原财产所有人或者继承人出现,在民法典规定的诉讼时效期间可以对财产提出请求,人民法院审查属实后,应当作出新判决,撤销原判决。 |
| 第七节 确认调解协议案件 | 第六节 确认调解协议案件 |
| **第二百零五条** 经依法设立的调解组织调解达成调解协议,申请司法确认的,由双方当事人自调解协议生效之日起三十日内,共同向下列人民法院提出:<br>(一)人民法院邀请调解组织开展先行调解的,向作出邀请的人民法院提出;<br>(二)调解组织自行开展调解的,向当事人住所地、标的 | **第二百零一条** 经依法设立的调解组织调解达成调解协议,申请司法确认的,由双方当事人自调解协议生效之日起三十日内,共同向下列人民法院提出:<br>(一)人民法院邀请调解组织开展先行调解的,向作出邀请的人民法院提出;<br>(二)调解组织自行开展调解的,向当事人住所地、标的 |

| 修正后(2023年9月1日) | 修正前(2021年12月24日) |
| --- | --- |
| 物所在地、调解组织所在地的基层人民法院提出；调解协议所涉纠纷应当由中级人民法院管辖的，向相应的中级人民法院提出。 | 物所在地、调解组织所在地的基层人民法院提出；调解协议所涉纠纷应当由中级人民法院管辖的，向相应的中级人民法院提出。 |
| 　　**第二百零六条**　人民法院受理申请后，经审查，符合法律规定的，裁定调解协议有效，一方当事人拒绝履行或者未全部履行的，对方当事人可以向人民法院申请执行；不符合法律规定的，裁定驳回申请，当事人可以通过调解方式变更原调解协议或者达成新的调解协议，也可以向人民法院提起诉讼。 | 　　**第二百零二条**　人民法院受理申请后，经审查，符合法律规定的，裁定调解协议有效，一方当事人拒绝履行或者未全部履行的，对方当事人可以向人民法院申请执行；不符合法律规定的，裁定驳回申请，当事人可以通过调解方式变更原调解协议或者达成新的调解协议，也可以向人民法院提起诉讼。 |
| 第**八**节　实现担保物权案件 | 第**七**节　实现担保物权案件 |
| 　　**第二百零七条**　申请实现担保物权，由担保物权人以及其他有权请求实现担保物权的人依照民法典等法律，向担保财产所在地或者担保物权登记地基层人民法院提出。 | 　　**第二百零三条**　申请实现担保物权，由担保物权人以及其他有权请求实现担保物权的人依照民法典等法律，向担保财产所在地或者担保物权登记地基层人民法院提出。 |
| 　　**第二百零八条**　人民法院受理申请后，经审查，符合法律规定的，裁定拍卖、变卖担保财产，当事人依据该裁定可以向人民法院申请执行；不符合法律规定的，裁定驳回申请，当事人可以向人民法院提起诉讼。 | 　　**第二百零四条**　人民法院受理申请后，经审查，符合法律规定的，裁定拍卖、变卖担保财产，当事人依据该裁定可以向人民法院申请执行；不符合法律规定的，裁定驳回申请，当事人可以向人民法院提起诉讼。 |
| 第十六章　审判监督程序 | 第十六章　审判监督程序 |
| 　　**第二百零九条**　各级人民法院院长对本院已经发生法律效力的判决、裁定、调解书，发现确有错误，认为需要再审的，应当提交审判委员会讨论决定。<br>　　最高人民法院对地方各级人民法院已经发生法律效力的判决、裁定、调解书，上级人民法院对下级人民法院已经发生法律效力的判决、裁定、调解书，发现确有错误的，有权提审或者指令下级人民法院再审。 | 　　**第二百零五条**　各级人民法院院长对本院已经发生法律效力的判决、裁定、调解书，发现确有错误，认为需要再审的，应当提交审判委员会讨论决定。<br>　　最高人民法院对地方各级人民法院已经发生法律效力的判决、裁定、调解书，上级人民法院对下级人民法院已经发生法律效力的判决、裁定、调解书，发现确有错误的，有权提审或者指令下级人民法院再审。 |
| 　　**第二百一十条**　当事人对已经发生法律效力的判决、裁定，认为有错误的，可以向上一级人民法院申请再审；当事人一方人数众多或者当事人双方为公民的案件，也可以向原审人民法院申请再审。当事人申请再审的，不停止判决、裁定的执行。 | 　　**第二百零六条**　当事人对已经发生法律效力的判决、裁定，认为有错误的，可以向上一级人民法院申请再审；当事人一方人数众多或者当事人双方为公民的案件，也可以向原审人民法院申请再审。当事人申请再审的，不停止判决、裁定的执行。 |
| 　　**第二百一十一条**　当事人的申请符合下列情形之一的，人民法院应当再审：<br>　　(一)有新的证据，足以推翻原判决、裁定的；<br>　　(二)原判决、裁定认定的基本事实缺乏证据证明的； | 　　**第二百零七条**　当事人的申请符合下列情形之一的，人民法院应当再审：<br>　　(一)有新的证据，足以推翻原判决、裁定的；<br>　　(二)原判决、裁定认定的基本事实缺乏证据证明的； |

| 修正后(2023年9月1日) | 修正前(2021年12月24日) |
|---|---|
| （三）原判决、裁定认定事实的主要证据是伪造的；<br>（四）原判决、裁定认定事实的主要证据未经质证的；<br>（五）对审理案件需要的主要证据，当事人因客观原因不能自行收集，书面申请人民法院调查收集，人民法院未调查收集的；<br>（六）原判决、裁定适用法律确有错误的；<br>（七）审判组织的组成不合法或者依法应当回避的审判人员没有回避的；<br>（八）无诉讼行为能力人未经法定代理人代为诉讼或者应当参加诉讼的当事人，因不能归责于本人或者其诉讼代理人的事由，未参加诉讼的；<br>（九）违反法律规定，剥夺当事人辩论权利的；<br>（十）未经传票传唤，缺席判决的；<br>（十一）原判决、裁定遗漏或者超出诉讼请求的；<br>（十二）据以作出原判决、裁定的法律文书被撤销或者变更的；<br>（十三）审判人员审理该案件时有贪污受贿，徇私舞弊，枉法裁判行为的。 | （三）原判决、裁定认定事实的主要证据是伪造的；<br>（四）原判决、裁定认定事实的主要证据未经质证的；<br>（五）对审理案件需要的主要证据，当事人因客观原因不能自行收集，书面申请人民法院调查收集，人民法院未调查收集的；<br>（六）原判决、裁定适用法律确有错误的；<br>（七）审判组织的组成不合法或者依法应当回避的审判人员没有回避的；<br>（八）无诉讼行为能力人未经法定代理人代为诉讼或者应当参加诉讼的当事人，因不能归责于本人或者其诉讼代理人的事由，未参加诉讼的；<br>（九）违反法律规定，剥夺当事人辩论权利的；<br>（十）未经传票传唤，缺席判决的；<br>（十一）原判决、裁定遗漏或者超出诉讼请求的；<br>（十二）据以作出原判决、裁定的法律文书被撤销或者变更的；<br>（十三）审判人员审理该案件时有贪污受贿，徇私舞弊，枉法裁判行为的。 |
| 　　第二百一十二条　当事人对已经发生法律效力的调解书，提出证据证明调解违反自愿原则或者调解协议的内容违反法律的，可以申请再审。经人民法院审查属实的，应当再审。 | 　　第二百零八条　当事人对已经发生法律效力的调解书，提出证据证明调解违反自愿原则或者调解协议的内容违反法律的，可以申请再审。经人民法院审查属实的，应当再审。 |
| 　　第二百一十三条　当事人对已经发生法律效力的解除婚姻关系的判决、调解书，不得申请再审。 | 　　第二百零九条　当事人对已经发生法律效力的解除婚姻关系的判决、调解书，不得申请再审。 |
| 　　第二百一十四条　当事人申请再审的，应当提交再审申请书等材料。人民法院应当自收到再审申请书之日起五日内将再审申请书副本发送对方当事人。对方当事人应当自收到再审申请书副本之日起十五日内提交书面意见；不提交书面意见的，不影响人民法院审查。人民法院可以要求申请人和对方当事人补充有关材料，询问有关事项。 | 　　第二百一十条　当事人申请再审的，应当提交再审申请书等材料。人民法院应当自收到再审申请书之日起五日内将再审申请书副本发送对方当事人。对方当事人应当自收到再审申请书副本之日起十五日内提交书面意见；不提交书面意见的，不影响人民法院审查。人民法院可以要求申请人和对方当事人补充有关材料，询问有关事项。 |
| 　　第二百一十五条　人民法院应当自收到再审申请书之日起三个月内审查，符合本法规定的，裁定再审；不符合本法规定的，裁定驳回申请。有特殊情况需要延长的，由本院院长批准。<br>　　因当事人申请裁定再审的案件由中级人民法院以上的人民法院审理，但当事人依照本法<u>第二百一十条</u>的规定 | 　　第二百一十一条　人民法院应当自收到再审申请书之日起三个月内审查，符合本法规定的，裁定再审；不符合本法规定的，裁定驳回申请。有特殊情况需要延长的，由本院院长批准。<br>　　因当事人申请裁定再审的案件由中级人民法院以上的人民法院审理，但当事人依照本法<u>第二百零六条</u>的规定 |

| 修正后（2023年9月1日） | 修正前（2021年12月24日） |
| --- | --- |
| 选择向基层人民法院申请再审的除外。最高人民法院、高级人民法院裁定再审的案件，由本院再审或者交其他人民法院再审，也可以交原审人民法院再审。 | 选择向基层人民法院申请再审的除外。最高人民法院、高级人民法院裁定再审的案件，由本院再审或者交其他人民法院再审，也可以交原审人民法院再审。 |
| 　　**第二百一十六条**　当事人申请再审，应当在判决、裁定发生法律效力后六个月内提出；有本法第二百一十一条第一项、第三项、第十二项、第十三项规定情形的，自知道或者应当知道之日起六个月内提出。 | 　　**第二百一十二条**　当事人申请再审，应当在判决、裁定发生法律效力后六个月内提出；有本法第二百零七条第一项、第三项、第十二项、第十三项规定情形的，自知道或者应当知道之日起六个月内提出。 |
| 　　**第二百一十七条**　按照审判监督程序决定再审的案件，裁定中止原判决、裁定、调解书的执行，但追索赡养费、扶养费、抚养费、抚恤金、医疗费用、劳动报酬等案件，可以不中止执行。 | 　　**第二百一十三条**　按照审判监督程序决定再审的案件，裁定中止原判决、裁定、调解书的执行，但追索赡养费、扶养费、抚养费、抚恤金、医疗费用、劳动报酬等案件，可以不中止执行。 |
| 　　**第二百一十八条**　人民法院按照审判监督程序再审的案件，发生法律效力的判决、裁定是由第一审法院作出的，按照第一审程序审理，所作的判决、裁定，当事人可以上诉；发生法律效力的判决、裁定是由第二审法院作出的，按照第二审程序审理，所作的判决、裁定，是发生法律效力的判决、裁定；上级人民法院按照审判监督程序提审的，按照第二审程序审理，所作的判决、裁定是发生法律效力的判决、裁定。<br>　　人民法院审理再审案件，应当另行组成合议庭。 | 　　**第二百一十四条**　人民法院按照审判监督程序再审的案件，发生法律效力的判决、裁定是由第一审法院作出的，按照第一审程序审理，所作的判决、裁定，当事人可以上诉；发生法律效力的判决、裁定是由第二审法院作出的，按照第二审程序审理，所作的判决、裁定，是发生法律效力的判决、裁定；上级人民法院按照审判监督程序提审的，按照第二审程序审理，所作的判决、裁定是发生法律效力的判决、裁定。<br>　　人民法院审理再审案件，应当另行组成合议庭。 |
| 　　**第二百一十九条**　最高人民检察院对各级人民法院已经发生法律效力的判决、裁定，上级人民检察院对下级人民法院已经发生法律效力的判决、裁定，发现有本法第二百一十一条规定情形之一的，或者发现调解书损害国家利益、社会公共利益的，应当提出抗诉。<br>　　地方各级人民检察院对同级人民法院已经发生法律效力的判决、裁定，发现有本法第二百一十一条规定情形之一的，或者发现调解书损害国家利益、社会公共利益的，可以向同级人民法院提出检察建议，并报上级人民检察院备案；也可以提请上级人民检察院向同级人民法院提出抗诉。<br>　　各级人民检察院对审判监督程序以外的其他审判程序中审判人员的违法行为，有权向同级人民法院提出检察建议。 | 　　**第二百一十五条**　最高人民检察院对各级人民法院已经发生法律效力的判决、裁定，上级人民检察院对下级人民法院已经发生法律效力的判决、裁定，发现有本法第二百零七条规定情形之一的，或者发现调解书损害国家利益、社会公共利益的，应当提出抗诉。<br>　　地方各级人民检察院对同级人民法院已经发生法律效力的判决、裁定，发现有本法第二百零七条规定情形之一的，或者发现调解书损害国家利益、社会公共利益的，可以向同级人民法院提出检察建议，并报上级人民检察院备案；也可以提请上级人民检察院向同级人民法院提出抗诉。<br>　　各级人民检察院对审判监督程序以外的其他审判程序中审判人员的违法行为，有权向同级人民法院提出检察建议。 |
| 　　**第二百二十条**　有下列情形之一的，当事人可以向人民检察院申请检察建议或者抗诉：<br>　　（一）人民法院驳回再审申请的； | 　　**第二百一十六条**　有下列情形之一的，当事人可以向人民检察院申请检察建议或者抗诉：<br>　　（一）人民法院驳回再审申请的； |

| 修正后(2023年9月1日) | 修正前(2021年12月24日) |
|---|---|
| (二)人民法院逾期未对再审申请作出裁定的；<br>(三)再审判决、裁定有明显错误的。<br>　　人民检察院对当事人的申请应当在三个月内进行审查，作出提出或者不予提出检察建议或者抗诉的决定。当事人不得再次向人民检察院申请检察建议或者抗诉。 | (二)人民法院逾期未对再审申请作出裁定的；<br>(三)再审判决、裁定有明显错误的。<br>　　人民检察院对当事人的申请应当在三个月内进行审查，作出提出或者不予提出检察建议或者抗诉的决定。当事人不得再次向人民检察院申请检察建议或者抗诉。 |
| 　　<u>第二百二十一条</u>　人民检察院因履行法律监督职责提出检察建议或者抗诉的需要，可以向当事人或者案外人调查核实有关情况。 | 　　<u>第二百一十七条</u>　人民检察院因履行法律监督职责提出检察建议或者抗诉的需要，可以向当事人或者案外人调查核实有关情况。 |
| 　　<u>第二百二十二条</u>　人民检察院提出抗诉的案件，接受抗诉的人民法院应当自收到抗诉书之日起三十日内作出再审的裁定；有本法<u>第二百一十一条</u>第一项至第五项规定情形之一的，可以交下一级人民法院再审，但经该下一级人民法院再审的除外。 | 　　<u>第二百一十八条</u>　人民检察院提出抗诉的案件，接受抗诉的人民法院应当自收到抗诉书之日起三十日内作出再审的裁定；有本法<u>第二百零七条</u>第一项至第五项规定情形之一的，可以交下一级人民法院再审，但经该下一级人民法院再审的除外。 |
| 　　<u>第二百二十三条</u>　人民检察院决定对人民法院的判决、裁定、调解书提出抗诉的，应当制作抗诉书。 | 　　<u>第二百一十九条</u>　人民检察院决定对人民法院的判决、裁定、调解书提出抗诉的，应当制作抗诉书。 |
| 　　<u>第二百二十四条</u>　人民检察院提出抗诉的案件，人民法院再审时，应当通知人民检察院派员出席法庭。 | 　　<u>第二百二十条</u>　人民检察院提出抗诉的案件，人民法院再审时，应当通知人民检察院派员出席法庭。 |
| 第十七章　督促程序 | 第十七章　督促程序 |
| 　　<u>第二百二十五条</u>　债权人请求债务人给付金钱、有价证券，符合下列条件的，可以向有管辖权的基层人民法院申请支付令：<br>　　(一)债权人与债务人没有其他债务纠纷的；<br>　　(二)支付令能够送达债务人的。<br>　　申请书应当写明请求给付金钱或者有价证券的数量和所根据的事实、证据。 | 　　<u>第二百二十一条</u>　债权人请求债务人给付金钱、有价证券，符合下列条件的，可以向有管辖权的基层人民法院申请支付令：<br>　　(一)债权人与债务人没有其他债务纠纷的；<br>　　(二)支付令能够送达债务人的。<br>　　申请书应当写明请求给付金钱或者有价证券的数量和所根据的事实、证据。 |
| 　　<u>第二百二十六条</u>　债权人提出申请后，人民法院应当在五日内通知债权人是否受理。 | 　　<u>第二百二十二条</u>　债权人提出申请后，人民法院应当在五日内通知债权人是否受理。 |
| 　　<u>第二百二十七条</u>　人民法院受理申请后，经审查债权人提供的事实、证据，对债权债务关系明确、合法的，应当在受理之日起十五日内向债务人发出支付令；申请不成立的，裁定予以驳回。<br>　　债务人应当自收到支付令之日起十五日内清偿债务，或者向人民法院提出书面异议。<br>　　债务人在前款规定的期间不提出异议又不履行支付令的，债权人可以向人民法院申请执行。 | 　　<u>第二百二十三条</u>　人民法院受理申请后，经审查债权人提供的事实、证据，对债权债务关系明确、合法的，应当在受理之日起十五日内向债务人发出支付令；申请不成立的，裁定予以驳回。<br>　　债务人应当自收到支付令之日起十五日内清偿债务，或者向人民法院提出书面异议。<br>　　债务人在前款规定的期间不提出异议又不履行支付令的，债权人可以向人民法院申请执行。 |

| 修正后(2023年9月1日) | 修正前(2021年12月24日) |
| --- | --- |
| **第二百二十八条** 人民法院收到债务人提出的书面异议后,经审查,异议成立的,应当裁定终结督促程序,支付令自行失效。<br>支付令失效的,转入诉讼程序,但申请支付令的一方当事人不同意提起诉讼的除外。 | **第二百二十四条** 人民法院收到债务人提出的书面异议后,经审查,异议成立的,应当裁定终结督促程序,支付令自行失效。<br>支付令失效的,转入诉讼程序,但申请支付令的一方当事人不同意提起诉讼的除外。 |
| 第十八章 公示催告程序 | 第十八章 公示催告程序 |
| **第二百二十九条** 按照规定可以背书转让的票据持有人,因票据被盗、遗失或者灭失,可以向票据支付地的基层人民法院申请公示催告。依照法律规定可以申请公示催告的其他事项,适用本章规定。<br>申请人应当向人民法院递交申请书,写明票面金额、发票人、持票人、背书人等票据主要内容和申请的理由、事实。 | **第二百二十五条** 按照规定可以背书转让的票据持有人,因票据被盗、遗失或者灭失,可以向票据支付地的基层人民法院申请公示催告。依照法律规定可以申请公示催告的其他事项,适用本章规定。<br>申请人应当向人民法院递交申请书,写明票面金额、发票人、持票人、背书人等票据主要内容和申请的理由、事实。 |
| **第二百三十条** 人民法院决定受理申请,应当同时通知支付人停止支付,并在三日内发出公告,催促利害关系人申报权利。公示催告的期间,由人民法院根据情况决定,但不得少于六十日。 | **第二百二十六条** 人民法院决定受理申请,应当同时通知支付人停止支付,并在三日内发出公告,催促利害关系人申报权利。公示催告的期间,由人民法院根据情况决定,但不得少于六十日。 |
| **第二百三十一条** 支付人收到人民法院停止支付的通知,应当停止支付,至公示催告程序终结。<br>公示催告期间,转让票据权利的行为无效。 | **第二百二十七条** 支付人收到人民法院停止支付的通知,应当停止支付,至公示催告程序终结。<br>公示催告期间,转让票据权利的行为无效。 |
| **第二百三十二条** 利害关系人应当在公示催告期间向人民法院申报。<br>人民法院收到利害关系人的申报后,应当裁定终结公示催告程序,并通知申请人和支付人。<br>申请人或者申报人可以向人民法院起诉。 | **第二百二十八条** 利害关系人应当在公示催告期间向人民法院申报。<br>人民法院收到利害关系人的申报后,应当裁定终结公示催告程序,并通知申请人和支付人。<br>申请人或者申报人可以向人民法院起诉。 |
| **第二百三十三条** 没有人申报的,人民法院应当根据申请人的申请,作出判决,宣告票据无效。判决应当公告,并通知支付人。自判决公告之日起,申请人有权向支付人请求支付。 | **第二百二十九条** 没有人申报的,人民法院应当根据申请人的申请,作出判决,宣告票据无效。判决应当公告,并通知支付人。自判决公告之日起,申请人有权向支付人请求支付。 |
| **第二百三十四条** 利害关系人因正当理由不能在判决前向人民法院申报的,自知道或者应当知道判决公告之日起一年内,可以向作出判决的人民法院起诉。 | **第二百三十条** 利害关系人因正当理由不能在判决前向人民法院申报的,自知道或者应当知道判决公告之日起一年内,可以向作出判决的人民法院起诉。 |
| 第三编 执行程序 | 第三编 执行程序 |
| 第十九章 一般规定 | 第十九章 一般规定 |
| **第二百三十五条** 发生法律效力的民事判决、裁定,以及刑事判决、裁定中的财产部分,由第一审人民法院或 | **第二百三十一条** 发生法律效力的民事判决、裁定,以及刑事判决、裁定中的财产部分,由第一审人民法院或 |

| 修正后(2023年9月1日) | 修正前(2021年12月24日) |
|---|---|
| 者与第一审人民法院同级的被执行的财产所在地人民法院执行。<br>　　法律规定由人民法院执行的其他法律文书,由被执行人住所地或者被执行的财产所在地人民法院执行。 | 者与第一审人民法院同级的被执行的财产所在地人民法院执行。<br>　　法律规定由人民法院执行的其他法律文书,由被执行人住所地或者被执行的财产所在地人民法院执行。 |
| 　　**第二百三十六条**　当事人、利害关系人认为执行行为违反法律规定的,可以向负责执行的人民法院提出书面异议。当事人、利害关系人提出书面异议的,人民法院应当自收到书面异议之日起十五日内审查,理由成立的,裁定撤销或者改正;理由不成立的,裁定驳回。当事人、利害关系人对裁定不服的,可以自裁定送达之日起十日内向上一级人民法院申请复议。 | 　　**第二百三十二条**　当事人、利害关系人认为执行行为违反法律规定的,可以向负责执行的人民法院提出书面异议。当事人、利害关系人提出书面异议的,人民法院应当自收到书面异议之日起十五日内审查,理由成立的,裁定撤销或者改正;理由不成立的,裁定驳回。当事人、利害关系人对裁定不服的,可以自裁定送达之日起十日内向上一级人民法院申请复议。 |
| 　　**第二百三十七条**　人民法院自收到申请执行书之日起超过六个月未执行的,申请执行人可以向上一级人民法院申请执行。上一级人民法院经审查,可以责令原人民法院在一定期限内执行,也可以决定由本院执行或者指令其他人民法院执行。 | 　　**第二百三十三条**　人民法院自收到申请执行书之日起超过六个月未执行的,申请执行人可以向上一级人民法院申请执行。上一级人民法院经审查,可以责令原人民法院在一定期限内执行,也可以决定由本院执行或者指令其他人民法院执行。 |
| 　　**第二百三十八条**　执行过程中,案外人对执行标的提出书面异议的,人民法院应当自收到书面异议之日起十五日内审查,理由成立的,裁定中止对该标的的执行;理由不成立的,裁定驳回。案外人、当事人对裁定不服,认为原判决、裁定错误的,依照审判监督程序办理;与原判决、裁定无关的,可以自裁定送达之日起十五日内向人民法院提起诉讼。 | 　　**第二百三十四条**　执行过程中,案外人对执行标的提出书面异议的,人民法院应当自收到书面异议之日起十五日内审查,理由成立的,裁定中止对该标的的执行;理由不成立的,裁定驳回。案外人、当事人对裁定不服,认为原判决、裁定错误的,依照审判监督程序办理;与原判决、裁定无关的,可以自裁定送达之日起十五日内向人民法院提起诉讼。 |
| 　　**第二百三十九条**　执行工作由执行员进行。<br>　　采取强制执行措施时,执行员应当出示证件。执行完毕后,应当将执行情况制作笔录,由在场的有关人员签名或者盖章。<br>　　人民法院根据需要可以设立执行机构。 | 　　**第二百三十五条**　执行工作由执行员进行。<br>　　采取强制执行措施时,执行员应当出示证件。执行完毕后,应当将执行情况制作笔录,由在场的有关人员签名或者盖章。<br>　　人民法院根据需要可以设立执行机构。 |
| 　　**第二百四十条**　被执行人或者被执行的财产在外地的,可以委托当地人民法院代为执行。受委托人民法院收到委托函件后,必须在十五日内开始执行,不得拒绝。执行完毕后,应当将执行结果及时函复委托人民法院;在三十日内如果还未执行完毕,也应当将执行情况函告委托人民法院。<br>　　受委托人民法院自收到委托函件之日起十五日内不执行的,委托人民法院可以请求受委托人民法院的上级人民法院指令受委托人民法院执行。 | 　　**第二百三十六条**　被执行人或者被执行的财产在外地的,可以委托当地人民法院代为执行。受委托人民法院收到委托函件后,必须在十五日内开始执行,不得拒绝。执行完毕后,应当将执行结果及时函复委托人民法院;在三十日内如果还未执行完毕,也应当将执行情况函告委托人民法院。<br>　　受委托人民法院自收到委托函件之日起十五日内不执行的,委托人民法院可以请求受委托人民法院的上级人民法院指令受委托人民法院执行。 |

| 修正后(2023年9月1日) | 修正前(2021年12月24日) |
|---|---|
| 第二百四十一条 在执行中,双方当事人自行和解达成协议的,执行员应当将协议内容记入笔录,由双方当事人签名或者盖章。<br>申请执行人因受欺诈、胁迫与被执行人达成和解协议,或者当事人不履行和解协议的,人民法院可以根据当事人的申请,恢复对原生效法律文书的执行。 | 第二百三十七条 在执行中,双方当事人自行和解达成协议的,执行员应当将协议内容记入笔录,由双方当事人签名或者盖章。<br>申请执行人因受欺诈、胁迫与被执行人达成和解协议,或者当事人不履行和解协议的,人民法院可以根据当事人的申请,恢复对原生效法律文书的执行。 |
| 第二百四十二条 在执行中,被执行人向人民法院提供担保,并经申请执行人同意的,人民法院可以决定暂缓执行及暂缓执行的期限。被执行人逾期仍不履行的,人民法院有权执行被执行人的担保财产或者担保人的财产。 | 第二百三十八条 在执行中,被执行人向人民法院提供担保,并经申请执行人同意的,人民法院可以决定暂缓执行及暂缓执行的期限。被执行人逾期仍不履行的,人民法院有权执行被执行人的担保财产或者担保人的财产。 |
| 第二百四十三条 作为被执行人的公民死亡的,以其遗产偿还债务。作为被执行人的法人或者其他组织终止的,由其权利义务承受人履行义务。 | 第二百三十九条 作为被执行人的公民死亡的,以其遗产偿还债务。作为被执行人的法人或者其他组织终止的,由其权利义务承受人履行义务。 |
| 第二百四十四条 执行完毕后,据以执行的判决、裁定和其他法律文书确有错误,被人民法院撤销的,对已被执行的财产,人民法院应当作出裁定,责令取得财产的人返还;拒不返还的,强制执行。 | 第二百四十条 执行完毕后,据以执行的判决、裁定和其他法律文书确有错误,被人民法院撤销的,对已被执行的财产,人民法院应当作出裁定,责令取得财产的人返还;拒不返还的,强制执行。 |
| 第二百四十五条 人民法院制作的调解书的执行,适用本编的规定。 | 第二百四十一条 人民法院制作的调解书的执行,适用本编的规定。 |
| 第二百四十六条 人民检察院有权对民事执行活动实行法律监督。 | 第二百四十二条 人民检察院有权对民事执行活动实行法律监督。 |
| 第二十章 执行的申请和移送 | 第二十章 执行的申请和移送 |
| 第二百四十七条 发生法律效力的民事判决、裁定,当事人必须履行。一方拒绝履行的,对方当事人可以向人民法院申请执行,也可以由审判员移送执行员执行。<br>调解书和其他应当由人民法院执行的法律文书,当事人必须履行。一方拒绝履行的,对方当事人可以向人民法院申请执行。 | 第二百四十三条 发生法律效力的民事判决、裁定,当事人必须履行。一方拒绝履行的,对方当事人可以向人民法院申请执行,也可以由审判员移送执行员执行。<br>调解书和其他应当由人民法院执行的法律文书,当事人必须履行。一方拒绝履行的,对方当事人可以向人民法院申请执行。 |
| 第二百四十八条 对依法设立的仲裁机构的裁决,一方当事人不履行的,对方当事人可以向有管辖权的人民法院申请执行。受申请的人民法院应当执行。<br>被申请人提出证据证明仲裁裁决有下列情形之一的,经人民法院组成合议庭审查核实,裁定不予执行:<br>(一)当事人在合同中没有订有仲裁条款或者事后没有达成书面仲裁协议的; | 第二百四十四条 对依法设立的仲裁机构的裁决,一方当事人不履行的,对方当事人可以向有管辖权的人民法院申请执行。受申请的人民法院应当执行。<br>被申请人提出证据证明仲裁裁决有下列情形之一的,经人民法院组成合议庭审查核实,裁定不予执行:<br>(一)当事人在合同中没有订有仲裁条款或者事后没有达成书面仲裁协议的; |

| 修正后(2023年9月1日) | 修正前(2021年12月24日) |
| --- | --- |
| （二）裁决的事项不属于仲裁协议的范围或者仲裁机构无权仲裁的；<br>（三）仲裁庭的组成或者仲裁的程序违反法定程序的；<br>（四）裁决所根据的证据是伪造的；<br>（五）对方当事人向仲裁机构隐瞒了足以影响公正裁决的证据的；<br>（六）仲裁员在仲裁该案时有贪污受贿，徇私舞弊，枉法裁决行为的。<br>人民法院认定执行该裁决违背社会公共利益的，裁定不予执行。<br>裁定书应当送达双方当事人和仲裁机构。<br>仲裁裁决被人民法院裁定不予执行的，当事人可以根据双方达成的书面仲裁协议重新申请仲裁，也可以向人民法院起诉。 | （二）裁决的事项不属于仲裁协议的范围或者仲裁机构无权仲裁的；<br>（三）仲裁庭的组成或者仲裁的程序违反法定程序的；<br>（四）裁决所根据的证据是伪造的；<br>（五）对方当事人向仲裁机构隐瞒了足以影响公正裁决的证据的；<br>（六）仲裁员在仲裁该案时有贪污受贿，徇私舞弊，枉法裁决行为的。<br>人民法院认定执行该裁决违背社会公共利益的，裁定不予执行。<br>裁定书应当送达双方当事人和仲裁机构。<br>仲裁裁决被人民法院裁定不予执行的，当事人可以根据双方达成的书面仲裁协议重新申请仲裁，也可以向人民法院起诉。 |
| **第二百四十九条** 对公证机关依法赋予强制执行效力的债权文书，一方当事人不履行的，对方当事人可以向有管辖权的人民法院申请执行，受申请的人民法院应当执行。<br>公证债权文书确有错误的，人民法院裁定不予执行，并将裁定书送达双方当事人和公证机关。 | **第二百四十五条** 对公证机关依法赋予强制执行效力的债权文书，一方当事人不履行的，对方当事人可以向有管辖权的人民法院申请执行，受申请的人民法院应当执行。<br>公证债权文书确有错误的，人民法院裁定不予执行，并将裁定书送达双方当事人和公证机关。 |
| **第二百五十条** 申请执行的期间为二年。申请执行时效的中止、中断，适用法律有关诉讼时效中止、中断的规定。<br>前款规定的期间，从法律文书规定履行期间的最后一日起计算；法律文书规定分期履行的，从最后一期履行期限届满之日起计算；法律文书未规定履行期间的，从法律文书生效之日起计算。 | **第二百四十六条** 申请执行的期间为二年。申请执行时效的中止、中断，适用法律有关诉讼时效中止、中断的规定。<br>前款规定的期间，从法律文书规定履行期间的最后一日起计算；法律文书规定分期履行的，从最后一期履行期限届满之日起计算；法律文书未规定履行期间的，从法律文书生效之日起计算。 |
| **第二百五十一条** 执行员接到申请执行书或者移交执行书，应当向被执行人发出执行通知，并可以立即采取强制执行措施。 | **第二百四十七条** 执行员接到申请执行书或者移交执行书，应当向被执行人发出执行通知，并可以立即采取强制执行措施。 |
| 第二十一章 执行措施 | 第二十一章 执行措施 |
| **第二百五十二条** 被执行人未按执行通知履行法律文书确定的义务，应当报告当前以及收到执行通知之日前一年的财产情况。被执行人拒绝报告或者虚假报告的，人民法院可以根据情节轻重对被执行人或者其法定代理人、有关单位的主要负责人或者直接责任人员予以罚款、拘留。 | **第二百四十八条** 被执行人未按执行通知履行法律文书确定的义务，应当报告当前以及收到执行通知之日前一年的财产情况。被执行人拒绝报告或者虚假报告的，人民法院可以根据情节轻重对被执行人或者其法定代理人、有关单位的主要负责人或者直接责任人员予以罚款、拘留。 |

| 修正后(2023年9月1日) | 修正前(2021年12月24日) |
| --- | --- |
| 第二百五十三条　被执行人未按执行通知履行法律文书确定的义务,人民法院有权向有关单位查询被执行人的存款、债券、股票、基金份额等财产情况。人民法院有权根据不同情形扣押、冻结、划拨、变价被执行人的财产。人民法院查询、扣押、冻结、划拨、变价的财产不得超出被执行人应当履行义务的范围。<br>　　人民法院决定扣押、冻结、划拨、变价财产,应当作出裁定,并发出协助执行通知书,有关单位必须办理。 | 第二百四十九条　被执行人未按执行通知履行法律文书确定的义务,人民法院有权向有关单位查询被执行人的存款、债券、股票、基金份额等财产情况。人民法院有权根据不同情形扣押、冻结、划拨、变价被执行人的财产。人民法院查询、扣押、冻结、划拨、变价的财产不得超出被执行人应当履行义务的范围。<br>　　人民法院决定扣押、冻结、划拨、变价财产,应当作出裁定,并发出协助执行通知书,有关单位必须办理。 |
| 第二百五十四条　被执行人未按执行通知履行法律文书确定的义务,人民法院有权扣留、提取被执行人应当履行义务部分的收入。但应当保留被执行人及其所扶养家属的生活必需费用。<br>　　人民法院扣留、提取收入时,应当作出裁定,并发出协助执行通知书,被执行人所在单位、银行、信用合作社和其他有储蓄业务的单位必须办理。 | 第二百五十条　被执行人未按执行通知履行法律文书确定的义务,人民法院有权扣留、提取被执行人应当履行义务部分的收入。但应当保留被执行人及其所扶养家属的生活必需费用。<br>　　人民法院扣留、提取收入时,应当作出裁定,并发出协助执行通知书,被执行人所在单位、银行、信用合作社和其他有储蓄业务的单位必须办理。 |
| 第二百五十五条　被执行人未按执行通知履行法律文书确定的义务,人民法院有权查封、扣押、冻结、拍卖、变卖被执行人应当履行义务部分的财产。但应当保留被执行人及其所扶养家属的生活必需品。<br>　　采取前款措施,人民法院应当作出裁定。 | 第二百五十一条　被执行人未按执行通知履行法律文书确定的义务,人民法院有权查封、扣押、冻结、拍卖、变卖被执行人应当履行义务部分的财产。但应当保留被执行人及其所扶养家属的生活必需品。<br>　　采取前款措施,人民法院应当作出裁定。 |
| 第二百五十六条　人民法院查封、扣押财产时,被执行人是公民的,应当通知被执行人或者他的成年家属到场;被执行人是法人或者其他组织的,应当通知其法定代表人或者主要负责人到场。拒不到场的,不影响执行。被执行人是公民的,其工作单位或者财产所在地的基层组织应当派人参加。<br>　　对被查封、扣押的财产,执行员必须造具清单,由在场人签名或者盖章后,交被执行人一份。被执行人是公民的,也可以交他的成年家属一份。 | 第二百五十二条　人民法院查封、扣押财产时,被执行人是公民的,应当通知被执行人或者他的成年家属到场;被执行人是法人或者其他组织的,应当通知其法定代表人或者主要负责人到场。拒不到场的,不影响执行。被执行人是公民的,其工作单位或者财产所在地的基层组织应当派人参加。<br>　　对被查封、扣押的财产,执行员必须造具清单,由在场人签名或者盖章后,交被执行人一份。被执行人是公民的,也可以交他的成年家属一份。 |
| 第二百五十七条　被查封的财产,执行员可以指定被执行人负责保管。因被执行人的过错造成的损失,由被执行人承担。 | 第二百五十三条　被查封的财产,执行员可以指定被执行人负责保管。因被执行人的过错造成的损失,由被执行人承担。 |
| 第二百五十八条　财产被查封、扣押后,执行员应当责令被执行人在指定期间履行法律文书确定的义务。被执行人逾期不履行的,人民法院应当拍卖被查封、扣押的财产;不适于拍卖或者当事人双方同意不进行拍卖的,人民法院可以委托有关单位变卖或者自行变卖。国家禁止自由买卖的物品,交有关单位按照国家规定的价格收购。 | 第二百五十四条　财产被查封、扣押后,执行员应当责令被执行人在指定期间履行法律文书确定的义务。被执行人逾期不履行的,人民法院应当拍卖被查封、扣押的财产;不适于拍卖或者当事人双方同意不进行拍卖的,人民法院可以委托有关单位变卖或者自行变卖。国家禁止自由买卖的物品,交有关单位按照国家规定的价格收购。 |

| 修正后(2023年9月1日) | 修正前(2021年12月24日) |
| --- | --- |
| **第二百五十九条** 被执行人不履行法律文书确定的义务,并隐匿财产的,人民法院有权发出搜查令,对被执行人及其住所或者财产隐匿地进行搜查。<br><br>采取前款措施,由院长签发搜查令。 | **第二百五十五条** 被执行人不履行法律文书确定的义务,并隐匿财产的,人民法院有权发出搜查令,对被执行人及其住所或者财产隐匿地进行搜查。<br><br>采取前款措施,由院长签发搜查令。 |
| **第二百六十条** 法律文书指定交付的财物或者票证,由执行员传唤双方当事人当面交付,或者由执行员转交,并由被交付人签收。<br><br>有关单位持有该项财物或者票证的,应当根据人民法院的协助执行通知书转交,并由被交付人签收。<br><br>有关公民持有该项财物或者票证的,人民法院通知其交出。拒不交出的,强制执行。 | **第二百五十六条** 法律文书指定交付的财物或者票证,由执行员传唤双方当事人当面交付,或者由执行员转交,并由被交付人签收。<br><br>有关单位持有该项财物或者票证的,应当根据人民法院的协助执行通知书转交,并由被交付人签收。<br><br>有关公民持有该项财物或者票证的,人民法院通知其交出。拒不交出的,强制执行。 |
| **第二百六十一条** 强制迁出房屋或者强制退出土地,由院长签发公告,责令被执行人在指定期间履行。被执行人逾期不履行的,由执行员强制执行。<br><br>强制执行时,被执行人是公民的,应当通知被执行人或者他的成年家属到场;被执行人是法人或者其他组织的,应当通知其法定代表人或者主要负责人到场。拒不到场的,不影响执行。被执行人是公民的,其工作单位或者房屋、土地所在地的基层组织应当派人参加。执行员应当将强制执行情况记入笔录,由在场人签名或者盖章。<br><br>强制迁出房屋被搬出的财物,由人民法院派人运至指定处所,交给被执行人。被执行人是公民的,也可以交给他的成年家属。因拒绝接收而造成的损失,由被执行人承担。 | **第二百五十七条** 强制迁出房屋或者强制退出土地,由院长签发公告,责令被执行人在指定期间履行。被执行人逾期不履行的,由执行员强制执行。<br><br>强制执行时,被执行人是公民的,应当通知被执行人或者他的成年家属到场;被执行人是法人或者其他组织的,应当通知其法定代表人或者主要负责人到场。拒不到场的,不影响执行。被执行人是公民的,其工作单位或者房屋、土地所在地的基层组织应当派人参加。执行员应当将强制执行情况记入笔录,由在场人签名或者盖章。<br><br>强制迁出房屋被搬出的财物,由人民法院派人运至指定处所,交给被执行人。被执行人是公民的,也可以交给他的成年家属。因拒绝接收而造成的损失,由被执行人承担。 |
| **第二百六十二条** 在执行中,需要办理有关财产权证照转移手续的,人民法院可以向有关单位发出协助执行通知书,有关单位必须办理。 | **第二百五十八条** 在执行中,需要办理有关财产权证照转移手续的,人民法院可以向有关单位发出协助执行通知书,有关单位必须办理。 |
| **第二百六十三条** 对判决、裁定和其他法律文书指定的行为,被执行人未按执行通知履行的,人民法院可以强制执行或者委托有关单位或者其他人完成,费用由被执行人承担。 | **第二百五十九条** 对判决、裁定和其他法律文书指定的行为,被执行人未按执行通知履行的,人民法院可以强制执行或者委托有关单位或者其他人完成,费用由被执行人承担。 |
| **第二百六十四条** 被执行人未按判决、裁定和其他法律文书指定的期间履行给付金钱义务的,应当加倍支付迟延履行期间的债务利息。被执行人未按判决、裁定和其他法律文书指定的期间履行其他义务的,应当支付迟延履行金。 | **第二百六十条** 被执行人未按判决、裁定和其他法律文书指定的期间履行给付金钱义务的,应当加倍支付迟延履行期间的债务利息。被执行人未按判决、裁定和其他法律文书指定的期间履行其他义务的,应当支付迟延履行金。 |

| 修正后（2023年9月1日） | 修正前（2021年12月24日） |
|---|---|
| 第二百六十五条　人民法院采取本法第二百五十三条、第二百五十四条、第二百五十五条规定的执行措施后，被执行人仍不能偿还债务的，应当继续履行义务。债权人发现被执行人有其他财产的，可以随时请求人民法院执行。 | 第二百六十一条　人民法院采取本法第二百四十九条、第二百五十条、第二百五十一条规定的执行措施后，被执行人仍不能偿还债务的，应当继续履行义务。债权人发现被执行人有其他财产的，可以随时请求人民法院执行。 |
| 第二百六十六条　被执行人不履行法律文书确定的义务的，人民法院可以对其采取或者通知有关单位协助采取限制出境，在征信系统记录、通过媒体公布不履行义务信息以及法律规定的其他措施。 | 第二百六十二条　被执行人不履行法律文书确定的义务的，人民法院可以对其采取或者通知有关单位协助采取限制出境，在征信系统记录、通过媒体公布不履行义务信息以及法律规定的其他措施。 |
| 第二十二章　执行中止和终结 | 第二十二章　执行中止和终结 |
| 第二百六十七条　有下列情形之一的，人民法院应当裁定中止执行：<br>（一）申请人表示可以延期执行的；<br>（二）案外人对执行标的提出确有理由的异议的；<br>（三）作为一方当事人的公民死亡，需要等待继承人继承权利或者承担义务的；<br>（四）作为一方当事人的法人或者其他组织终止，尚未确定权利义务承受人的；<br>（五）人民法院认为应当中止执行的其他情形。<br>中止的情形消失后，恢复执行。 | 第二百六十三条　有下列情形之一的，人民法院应当裁定中止执行：<br>（一）申请人表示可以延期执行的；<br>（二）案外人对执行标的提出确有理由的异议的；<br>（三）作为一方当事人的公民死亡，需要等待继承人继承权利或者承担义务的；<br>（四）作为一方当事人的法人或者其他组织终止，尚未确定权利义务承受人的；<br>（五）人民法院认为应当中止执行的其他情形。<br>中止的情形消失后，恢复执行。 |
| 第二百六十八条　有下列情形之一的，人民法院裁定终结执行：<br>（一）申请人撤销申请的；<br>（二）据以执行的法律文书被撤销的；<br>（三）作为被执行人的公民死亡，无遗产可供执行，又无义务承担人的；<br>（四）追索赡养费、扶养费、抚养费案件的权利人死亡的；<br>（五）作为被执行人的公民因生活困难无力偿还借款，无收入来源，又丧失劳动能力的；<br>（六）人民法院认为应当终结执行的其他情形。 | 第二百六十四条　有下列情形之一的，人民法院裁定终结执行：<br>（一）申请人撤销申请的；<br>（二）据以执行的法律文书被撤销的；<br>（三）作为被执行人的公民死亡，无遗产可供执行，又无义务承担人的；<br>（四）追索赡养费、扶养费、抚养费案件的权利人死亡的；<br>（五）作为被执行人的公民因生活困难无力偿还借款，无收入来源，又丧失劳动能力的；<br>（六）人民法院认为应当终结执行的其他情形。 |
| 第二百六十九条　中止和终结执行的裁定，送达当事人后立即生效。 | 第二百六十五条　中止和终结执行的裁定，送达当事人后立即生效。 |
| 第四编　涉外民事诉讼程序的特别规定 | 第四编　涉外民事诉讼程序的特别规定 |
| 第二十三章　一般原则 | 第二十三章　一般原则 |
| 第二百七十条　在中华人民共和国领域内进行涉外民事诉讼，适用本编规定。本编没有规定的，适用本法其他有关规定。 | 第二百六十六条　在中华人民共和国领域内进行涉外民事诉讼，适用本编规定。本编没有规定的，适用本法其他有关规定。 |

| 修正后(2023年9月1日) | 修正前(2021年12月24日) |
|---|---|
| **第二百七十一条** 中华人民共和国缔结或者参加的国际条约同本法有不同规定的,适用该国际条约的规定,但中华人民共和国声明保留的条款除外。 | **第二百六十七条** 中华人民共和国缔结或者参加的国际条约同本法有不同规定的,适用该国际条约的规定,但中华人民共和国声明保留的条款除外。 |
| **第二百七十二条** 对享有外交特权与豁免的外国人、外国组织或者国际组织提起的民事诉讼,应当依照中华人民共和国有关法律和中华人民共和国缔结或者参加的国际条约的规定办理。 | **第二百六十八条** 对享有外交特权与豁免的外国人、外国组织或者国际组织提起的民事诉讼,应当依照中华人民共和国有关法律和中华人民共和国缔结或者参加的国际条约的规定办理。 |
| **第二百七十三条** 人民法院审理涉外民事案件,应当使用中华人民共和国通用的语言、文字。当事人要求提供翻译的,可以提供,费用由当事人承担。 | **第二百六十九条** 人民法院审理涉外民事案件,应当使用中华人民共和国通用的语言、文字。当事人要求提供翻译的,可以提供,费用由当事人承担。 |
| **第二百七十四条** 外国人、无国籍人、外国企业和组织在人民法院起诉、应诉,需要委托律师代理诉讼的,必须委托中华人民共和国的律师。 | **第二百七十条** 外国人、无国籍人、外国企业和组织在人民法院起诉、应诉,需要委托律师代理诉讼的,必须委托中华人民共和国的律师。 |
| **第二百七十五条** 在中华人民共和国领域内没有住所的外国人、无国籍人、外国企业和组织委托中华人民共和国律师或者其他人代理诉讼,从中华人民共和国领域外寄交或者托交的授权委托书,应当经所在国公证机关证明,并经中华人民共和国驻该国使领馆认证,或者履行中华人民共和国与该所在国订立的有关条约中规定的证明手续后,才具有效力。 | **第二百七十一条** 在中华人民共和国领域内没有住所的外国人、无国籍人、外国企业和组织委托中华人民共和国律师或者其他人代理诉讼,从中华人民共和国领域外寄交或者托交的授权委托书,应当经所在国公证机关证明,并经中华人民共和国驻该国使领馆认证,或者履行中华人民共和国与该所在国订立的有关条约中规定的证明手续后,才具有效力。 |
| 第二十四章 管 辖 | 第二十四章 管 辖 |
| **第二百七十六条** 因涉外民事纠纷,对在中华人民共和国领域内没有住所的被告提起<u>除身份关系以外的</u>诉讼,如果合同签订地、合同履行地、诉讼标的物所在地、可供扣押财产所在地、侵权行为地、代表机构住所地位于<u>中华人民共和国领域内的</u>,可以由合同签订地、合同履行地、诉讼标的物所在地、可供扣押财产所在地、侵权行为地、代表机构住所地人民法院管辖。<br>除前款规定外,涉外民事纠纷与中华人民共和国存在其他适当联系的,可以由人民法院管辖。 | **第二百七十二条** 因合同纠纷或者其他财产权益纠纷,对在中华人民共和国领域内没有住所的被告提起的诉讼,如果合同<u>在中华人民共和国领域内签订或者履行</u>,<u>或者诉讼标的物在</u>中华人民共和国领域内,~~或者被告在中华人民共和国领域内有可供扣押的财产~~,~~或者被告在中华人民共和国领域内设有代表机构~~,可以由合同签订地、合同履行地、诉讼标的物所在地、可供扣押财产所在地、侵权行为地<u>或者</u>代表机构住所地人民法院管辖。 |
| **第二百七十七条** 涉外民事纠纷的当事人书面协议选择人民法院管辖的,可以由人民法院管辖。 | |
| **第二百七十八条** 当事人未提出管辖异议,并应诉答辩或者提出反诉的,视为人民法院有管辖权。 | |

| 修正后（2023年9月1日） | 修正前（2021年12月24日） |
| --- | --- |
| 第二百七十九条　下列民事案件，由人民法院专属管辖：<br>（一）因在中华人民共和国领域内设立的法人或者其他组织的设立、解散、清算，以及该法人或者其他组织作出的决议的效力等纠纷提起的诉讼；<br>（二）因与在中华人民共和国领域内审查授予的知识产权的有效性有关的纠纷提起的诉讼；<br>（三）因在中华人民共和国领域内履行中外合资经营企业合同、中外合作经营企业合同、中外合作勘探开发自然资源合同发生纠纷提起的诉讼。 | 第二百七十三条　因在中华人民共和国履行中外合资经营企业合同、中外合作经营企业合同、中外合作勘探开发自然资源合同发生纠纷提起的诉讼，由中华人民共和国人民法院管辖。 |
| 第二百八十条　当事人之间的同一纠纷，一方当事人向外国法院起诉，另一方当事人向人民法院起诉，或者一方当事人既向外国法院起诉，又向人民法院起诉，人民法院依照本法有管辖权的，可以受理。当事人订立排他性管辖协议选择外国法院管辖且不违反本法对专属管辖的规定，不涉及中华人民共和国主权、安全或者社会公共利益的，人民法院可以裁定不予受理；已经受理的，裁定驳回起诉。 | |
| 第二百八十一条　人民法院依据前条规定受理案件后，当事人以外国法院已经先于人民法院受理为由，书面申请人民法院中止诉讼的，人民法院可以裁定中止诉讼，但是存在下列情形之一的除外：<br>（一）当事人协议选择人民法院管辖，或者纠纷属于人民法院专属管辖；<br>（二）由人民法院审理明显更为方便。<br>外国法院未采取必要措施审理案件，或者未在合理期限内审结的，依当事人的书面申请，人民法院应当恢复诉讼。<br>外国法院作出的发生法律效力的判决、裁定，已经被人民法院全部或者部分承认，当事人对已经获得承认的部分又向人民法院起诉的，裁定不予受理；已经受理的，裁定驳回起诉。 | |
| 第二百八十二条　人民法院受理的涉外民事案件，被告提出管辖异议，且同时有下列情形的，可以裁定驳回起诉，告知原告向更为方便的外国法院提起诉讼：<br>（一）案件争议的基本事实不是发生在中华人民共和国领域内，人民法院审理案件和当事人参加诉讼均明显不方便； | |

| 修正后(2023年9月1日) | 修正前(2021年12月24日) |
|---|---|
| (二)当事人之间不存在选择人民法院管辖的协议；<br>(三)案件不属于人民法院专属管辖；<br>(四)案件不涉及中华人民共和国主权、安全或者社会公共利益；<br>(五)外国法院审理案件更为方便。<br>裁定驳回起诉后，外国法院对纠纷拒绝行使管辖权，或者未采取必要措施审理案件，或者未在合理期限内审结，当事人又向人民法院起诉的，人民法院应当受理。 |  |
| 第二十五章 送达、**调查取证**、期间 | 第二十五章 送达、期间 |
| **第二百八十三条** 人民法院对在中华人民共和国领域内没有住所的当事人送达诉讼文书，可以采用下列方式：<br>(一)依照受送达人所在国与中华人民共和国缔结或者共同参加的国际条约中规定的方式送达；<br>(二)通过外交途径送达；<br>(三)对具有中华人民共和国国籍的受送达人，可以委托中华人民共和国驻受送达人所在国的使领馆代为送达；<br>(四)向受送达人**在本案中**委托的诉讼代理人送达；<br>(五)向受送达人在中华人民共和国领域内设立的<u>独资企业</u>、代表机构、分支机构或者有权接受送达的业务代办人送达；<br>(六)受送达人为外国人、无国籍人，其在中华人民共和国领域内设立的法人或者其他组织担任法定代表人或者主要负责人，且与该法人或者其他组织为共同被告的，向该法人或者其他组织送达；<br>(七)受送达人为外国法人或者其他组织，其法定代表人或者主要负责人在中华人民共和国领域内的，向其法定代表人或者主要负责人送达；<br>(八)受送达人所在国的法律允许邮寄送达的，可以邮寄送达，自邮寄之日起满三个月，送达回证没有退回，但根据各种情况足以认定已经送达的，期间届满之日视为送达；<br>(九)采用能够确认受送达人收悉的**电子**方式送达，但是受送达人所在国法律禁止的除外；<br>(十)以受送达人同意的其他方式送达，但是受送达人所在国法律禁止的除外。<br>不能用上述方式送达的，公告送达，<u>自发出公告之日起，经过六十日</u>，即视为送达。 | **第二百七十四条** 人民法院对在中华人民共和国领域内没有住所的当事人送达诉讼文书，可以采用下列方式：<br>(一)依照受送达人所在国与中华人民共和国缔结或者共同参加的国际条约中规定的方式送达；<br>(二)通过外交途径送达；<br>(三)对具有中华人民共和国国籍的受送达人，可以委托中华人民共和国驻受送达人所在国的使领馆代为送达；<br>(四)向受送达人委托的~~有权代其接受送达的~~诉讼代理人送达；<br>(五)向受送达人在中华人民共和国领域内设立的代表机构或者有权接受送达的分支机构、业务代办人送达；<br>(六)受送达人所在国的法律允许邮寄送达的，可以邮寄送达，自邮寄之日起满三个月，送达回证没有退回，但根据各种情况足以认定已经送达的，期间届满之日视为送达；<br>(七)采用~~传真、电子邮件~~等能够确认受送达人收悉的方式送达；<br>~~(八)~~不能用上述方式送达的，公告送达，自公告之日起满三个月，即视为送达。 |

| 修正后（2023年9月1日） | 修正前（2021年12月24日） |
| --- | --- |
| 第二百八十四条　当事人申请人民法院调查收集的证据位于中华人民共和国领域外，人民法院可以依照证据所在国与中华人民共和国缔结或者共同参加的国际条约中规定的方式，或者通过外交途径调查收集。<br>在所在国法律不禁止的情况下，人民法院可以采用下列方式调查收集：<br>（一）对具有中华人民共和国国籍的当事人、证人，可以委托中华人民共和国驻当事人、证人所在国的使领馆代为取证；<br>（二）经双方当事人同意，通过即时通讯工具取证；<br>（三）以双方当事人同意的其他方式取证。 |  |
| 第二百八十五条　被告在中华人民共和国领域内没有住所的，人民法院应当将起诉状副本送达被告，并通知被告在收到起诉状副本后三十日内提出答辩状。被告申请延期的，是否准许，由人民法院决定。 | 第二百七十五条　被告在中华人民共和国领域内没有住所的，人民法院应当将起诉状副本送达被告，并通知被告在收到起诉状副本后三十日内提出答辩状。被告申请延期的，是否准许，由人民法院决定。 |
| 第二百八十六条　在中华人民共和国领域内没有住所的当事人，不服第一审人民法院判决、裁定的，有权在判决书、裁定书送达之日起三十日内提起上诉。被上诉人在收到上诉状副本后，应当在三十日内提出答辩状。当事人不能在法定期间提起上诉或者提出答辩状，申请延期的，是否准许，由人民法院决定。 | 第二百七十六条　在中华人民共和国领域内没有住所的当事人，不服第一审人民法院判决、裁定的，有权在判决书、裁定书送达之日起三十日内提起上诉。被上诉人在收到上诉状副本后，应当在三十日内提出答辩状。当事人不能在法定期间提起上诉或者提出答辩状，申请延期的，是否准许，由人民法院决定。 |
| 第二百八十七条　人民法院审理涉外民事案件的期间，不受本法第一百五十二条、第一百八十三条规定的限制。 | 第二百七十七条　人民法院审理涉外民事案件的期间，不受本法第一百五十二条、第一百八十三条规定的限制。 |
| 第二十六章　仲　裁 | 第二十六章　仲　裁 |
| 第二百八十八条　涉外经济贸易、运输和海事中发生的纠纷，当事人在合同中订有仲裁条款或者事后达成书面仲裁协议，提交中华人民共和国涉外仲裁机构或者其他仲裁机构仲裁的，当事人不得向人民法院起诉。<br>当事人在合同中没有订有仲裁条款或者事后没有达成书面仲裁协议的，可以向人民法院起诉。 | 第二百七十八条　涉外经济贸易、运输和海事中发生的纠纷，当事人在合同中订有仲裁条款或者事后达成书面仲裁协议，提交中华人民共和国涉外仲裁机构或者其他仲裁机构仲裁的，当事人不得向人民法院起诉。<br>当事人在合同中没有订有仲裁条款或者事后没有达成书面仲裁协议的，可以向人民法院起诉。 |
| 第二百八十九条　当事人申请采取保全的，中华人民共和国的涉外仲裁机构应当将当事人的申请，提交被申请人住所地或者财产所在地的中级人民法院裁定。 | 第二百七十九条　当事人申请采取保全的，中华人民共和国的涉外仲裁机构应当将当事人的申请，提交被申请人住所地或者财产所在地的中级人民法院裁定。 |
| 第二百九十条　经中华人民共和国涉外仲裁机构裁决的，当事人不得向人民法院起诉。一方当事人不履行仲裁裁决的，对方当事人可以向被申请人住所地或者财产所在地的中级人民法院申请执行。 | 第二百八十条　经中华人民共和国涉外仲裁机构裁决的，当事人不得向人民法院起诉。一方当事人不履行仲裁裁决的，对方当事人可以向被申请人住所地或者财产所在地的中级人民法院申请执行。 |

| 修正后（2023年9月1日） | 修正前（2021年12月24日） |
| --- | --- |
| **第二百九十一条** 对中华人民共和国涉外仲裁机构作出的裁决，被申请人提出证据证明仲裁裁决有下列情形之一的，经人民法院组成合议庭审查核实，裁定不予执行：<br>（一）当事人在合同中没有订有仲裁条款或者事后没有达成书面仲裁协议的；<br>（二）被申请人没有得到指定仲裁员或者进行仲裁程序的通知，或者由于其他不属于被申请人负责的原因未能陈述意见的；<br>（三）仲裁庭的组成或者仲裁的程序与仲裁规则不符的；<br>（四）裁决的事项不属于仲裁协议的范围或者仲裁机构无权仲裁的。<br>人民法院认定执行该裁决违背社会公共利益的，裁定不予执行。 | **第二百八十一条** 对中华人民共和国涉外仲裁机构作出的裁决，被申请人提出证据证明仲裁裁决有下列情形之一的，经人民法院组成合议庭审查核实，裁定不予执行：<br>（一）当事人在合同中没有订有仲裁条款或者事后没有达成书面仲裁协议的；<br>（二）被申请人没有得到指定仲裁员或者进行仲裁程序的通知，或者由于其他不属于被申请人负责的原因未能陈述意见的；<br>（三）仲裁庭的组成或者仲裁的程序与仲裁规则不符的；<br>（四）裁决的事项不属于仲裁协议的范围或者仲裁机构无权仲裁的。<br>人民法院认定执行该裁决违背社会公共利益的，裁定不予执行。 |
| **第二百九十二条** 仲裁裁决被人民法院裁定不予执行的，当事人可以根据双方达成的书面仲裁协议重新申请仲裁，也可以向人民法院起诉。 | **第二百八十二条** 仲裁裁决被人民法院裁定不予执行的，当事人可以根据双方达成的书面仲裁协议重新申请仲裁，也可以向人民法院起诉。 |
| 第二十七章　司法协助 | 第二十七章　司法协助 |
| **第二百九十三条** 根据中华人民共和国缔结或者参加的国际条约，或者按照互惠原则，人民法院和外国法院可以相互请求，代为送达文书、调查取证以及进行其他诉讼行为。<br>外国法院请求协助的事项有损于中华人民共和国的主权、安全或者社会公共利益的，人民法院不予执行。 | **第二百八十三条** 根据中华人民共和国缔结或者参加的国际条约，或者按照互惠原则，人民法院和外国法院可以相互请求，代为送达文书、调查取证以及进行其他诉讼行为。<br>外国法院请求协助的事项有损于中华人民共和国的主权、安全或者社会公共利益的，人民法院不予执行。 |
| **第二百九十四条** 请求和提供司法协助，应当依照中华人民共和国缔结或者参加的国际条约所规定的途径进行；没有条约关系的，通过外交途径进行。<br>外国驻中华人民共和国的使领馆可以向该国公民送达文书和调查取证，但不得违反中华人民共和国的法律，并不得采取强制措施。<br>除前款规定的情况外，未经中华人民共和国主管机关准许，任何外国机关或者个人不得在中华人民共和国领域内送达文书、调查取证。 | **第二百八十四条** 请求和提供司法协助，应当依照中华人民共和国缔结或者参加的国际条约所规定的途径进行；没有条约关系的，通过外交途径进行。<br>外国驻中华人民共和国的使领馆可以向该国公民送达文书和调查取证，但不得违反中华人民共和国的法律，并不得采取强制措施。<br>除前款规定的情况外，未经中华人民共和国主管机关准许，任何外国机关或者个人不得在中华人民共和国领域内送达文书、调查取证。 |
| **第二百九十五条** 外国法院请求人民法院提供司法协助的请求书及其所附文件，应当附有中文译本或者国际条约规定的其他文字文本。 | **第二百八十五条** 外国法院请求人民法院提供司法协助的请求书及其所附文件，应当附有中文译本或者国际条约规定的其他文字文本。 |

| 修正后(2023年9月1日) | 修正前(2021年12月24日) |
| --- | --- |
| 人民法院请求外国法院提供司法协助的请求书及其所附文件,应当附有该国文字译本或者国际条约规定的其他文字文本。 | 人民法院请求外国法院提供司法协助的请求书及其所附文件,应当附有该国文字译本或者国际条约规定的其他文字文本。 |
| <u>第二百九十六条</u> 人民法院提供司法协助,依照中华人民共和国法律规定的程序进行。外国法院请求采用特殊方式的,也可以按照其请求的特殊方式进行,但请求采用的特殊方式不得违反中华人民共和国法律。 | 第二百八十六条 人民法院提供司法协助,依照中华人民共和国法律规定的程序进行。外国法院请求采用特殊方式的,也可以按照其请求的特殊方式进行,但请求采用的特殊方式不得违反中华人民共和国法律。 |
| <u>第二百九十七条</u> 人民法院作出的发生法律效力的判决、裁定,如果被执行人或者其财产不在中华人民共和国领域内,当事人请求执行的,可以由当事人直接向有管辖权的外国法院申请承认和执行,也可以由人民法院依照中华人民共和国缔结或者参加的国际条约的规定,或者按照互惠原则,请求外国法院承认和执行。<br><u>在中华人民共和国领域内依法作出的发生法律效力的仲裁裁决</u>,当事人请求执行的,如果被执行人或者其财产不在中华人民共和国领域内,<u>当事人可以</u>直接向有管辖权的外国法院申请承认和执行。 | 第二百八十七条 人民法院作出的发生法律效力的判决、裁定,如果被执行人或者其财产不在中华人民共和国领域内,当事人请求执行的,可以由当事人直接向有管辖权的外国法院申请承认和执行,也可以由人民法院依照中华人民共和国缔结或者参加的国际条约的规定,或者按照互惠原则,请求外国法院承认和执行。<br>中华人民共和国涉外仲裁机构作出的发生法律效力的仲裁裁决,当事人请求执行的,如果被执行人或者其财产不在中华人民共和国领域内,<u>应当由当事人</u>直接向有管辖权的外国法院申请承认和执行。 |
| <u>第二百九十八条</u> 外国法院作出的发生法律效力的判决、裁定,需要人民法院承认和执行的,可以由当事人直接向有管辖权的中级人民法院申请承认和执行,也可以由外国法院依照该国与中华人民共和国缔结或者参加的国际条约的规定,或者按照互惠原则,请求人民法院承认和执行。 | 第二百八十八条 外国法院作出的发生法律效力的判决、裁定,需要~~中华人民共和国~~人民法院承认和执行的,可以由当事人直接向~~中华人民共和国~~有管辖权的中级人民法院申请承认和执行,也可以由外国法院依照该国与中华人民共和国缔结或者参加的国际条约的规定,或者按照互惠原则,请求人民法院承认和执行。 |
| <u>第二百九十九条</u> 人民法院对申请或者请求承认和执行的外国法院作出的发生法律效力的判决、裁定,依照中华人民共和国缔结或者参加的国际条约,或者按照互惠原则进行审查后,认为不违反中华人民共和国法律的基本原则<u>且不损害</u>国家主权、安全、社会公共利益的,裁定承认其效力<u>;</u>需要执行的,发出执行令,依照本法的有关规定执行。 | 第二百八十九条 人民法院对申请或者请求承认和执行的外国法院作出的发生法律效力的判决、裁定,依照中华人民共和国缔结或者参加的国际条约,或者按照互惠原则进行审查后,认为不违反中华人民共和国法律的基本原则~~或者~~国家主权、安全、社会公共利益的,裁定承认其效力,需要执行的,发出执行令,依照本法的有关规定执行。~~违反中华人民共和国法律的基本原则或者国家主权、安全、社会公共利益的,不予承认和执行。~~ |
| 第三百条 对申请或者请求承认和执行的外国法院作出的发生法律效力的判决、裁定,人民法院经审查,有下列情形之一的,裁定不予承认和执行:<br>(一)依据本法第三百零一条的规定,外国法院对案件无管辖权;<br>(二)被申请人未得到合法传唤或者虽经合法传唤但未获得合理的陈述、辩论机会,或者无诉讼行为能力的 | |

| 修正后(2023年9月1日) | 修正前(2021年12月24日) |
|---|---|
| 当事人未得到适当代理;<br>（三）判决、裁定是通过欺诈方式取得;<br>（四）人民法院已对同一纠纷作出判决、裁定,或者已经承认第三国法院对同一纠纷作出的判决、裁定;<br>（五）违反中华人民共和国法律的基本原则或者损害国家主权、安全、社会公共利益。 | |
| 第三百零一条　有下列情形之一的,人民法院应当认定该外国法院对案件无管辖权:<br>（一）外国法院依照其法律对案件没有管辖权,或者虽然依照其法律有管辖权但与案件所涉纠纷无适当联系;<br>（二）违反本法对专属管辖的规定;<br>（三）违反当事人排他性选择法院管辖的协议。 | |
| 第三百零二条　当事人向人民法院申请承认和执行外国法院作出的发生法律效力的判决、裁定,该判决、裁定涉及的纠纷与人民法院正在审理的纠纷属于同一纠纷的,人民法院可以裁定中止诉讼。<br>外国法院作出的发生法律效力的判决、裁定不符合本法规定的承认条件的,人民法院裁定不予承认和执行,并恢复已经中止的诉讼;符合本法规定的承认条件的,人民法院裁定承认其效力;需要执行的,发出执行令,依照本法的有关规定执行;对已经中止的诉讼,裁定驳回起诉。 | |
| 第三百零三条　当事人对承认和执行或者不予承认和执行的裁定不服,可以自裁定送达之日起十日内向上一级人民法院申请复议。 | |
| 第三百零四条　在中华人民共和国领域外作出的发生法律效力的仲裁裁决,需要人民法院承认和执行的,当事人可以直接向被执行人住所地或者其财产所在地的中级人民法院申请。被执行人住所地或者其财产不在中华人民共和国领域内的,当事人可以向申请人住所地或者与裁决的纠纷有适当联系的地点的中级人民法院申请。人民法院应当依照中华人民共和国缔结或者参加的国际条约,或者按照互惠原则办理。 | 第二百九十条　国外仲裁机构的裁决,需要中华人民共和国人民法院承认和执行的,应当由当事人直接向被执行人住所地或者其财产所在地的中级人民法院申请,人民法院应当依照中华人民共和国缔结或者参加的国际条约,或者按照互惠原则办理。 |
| 第三百零五条　涉及外国国家的民事诉讼,适用中华人民共和国有关外国国家豁免的法律规定;有关法律没有规定的,适用本法。 | |
| 第三百零六条　本法自公布之日起施行,《中华人民共和国民事诉讼法(试行)》同时废止。 | 第二百九十一条　本法自公布之日起施行,《中华人民共和国民事诉讼法(试行)》同时废止。 |

图书在版编目（CIP）数据

中华人民共和国民事诉讼法及司法解释全书：含指导案例：2024年版／中国法制出版社编．—北京：中国法制出版社，2024.1
　（法律法规全书系列）
　ISBN 978-7-5216-4051-9

Ⅰ.①中… Ⅱ.①中… Ⅲ.①中华人民共和国民事诉讼法-法律解释 Ⅳ.①D925.105

中国国家版本馆CIP数据核字（2023）第247853号

策划编辑：袁笋冰　　　　责任编辑：卜范杰　　　　封面设计：李　宁

中华人民共和国民事诉讼法及司法解释全书：含指导案例：2024年版
ZHONGHUA RENMIN GONGHEGUO MINSHI SUSONGFA JI SIFA JIESHI QUANSHU：HAN ZHIDAO ANLI：2024 NIAN BAN

经销/新华书店
印刷/三河市紫恒印装有限公司
开本/787毫米×960毫米　16开　　　　　印张/46　字数/1310千
版次/2024年1月第1版　　　　　　　　　2024年1月第1次印刷

中国法制出版社出版
书号 ISBN 978-7-5216-4051-9　　　　　　　　　　　　　定价：98.00元

北京市西城区西便门西里甲16号西便门办公区
邮政编码：100053　　　　　　　　　　　　传真：010-63141600
网址：http：//www.zgfzs.com　　　　　　编辑部电话：010-63141673
市场营销部电话：010-63141612　　　　　印务部电话：010-63141606

（如有印装质量问题，请与本社印务部联系。）